Informationssicherheit und Datenschutz

Autoren:

Christian Blaicher (Kapitel 3, 4)
Milan Burgdorf (Kapitel 3, 8, 22, 29)
Dirk Fox (Kapitel 2, 9, 13, 26)
Stefan Gora (Kapitel 1, 5, 6, 11, 12, 15, 21, 32)
Volker Hammer (Kapitel 8, 24, 25, 29)
Kai Jendrian (Kapitel 7, 10, 23, 31)
Hans-Joachim Knobloch (Kapitel 16)
Jannis Pinter (Kapitel 14, 17, 20)
Friederike Schellhas-Mende (Kapitel 3, 4)
Jochen Schlichting (Kapitel 18, 19, 27, 28, 30)

Redaktion:

Susanne Cussler, Dirk Fox
Secorvo Security Consulting GmbH

Secorvo Security Consulting (Hrsg.)

Informationssicherheit und Datenschutz

Handbuch für Praktiker und Begleitbuch zum T.I.S.P.

4., aktualisierte und erweiterte Auflage

dpunkt.verlag

secorvo security consulting

Lektorat: Sandra Bollenbacher
Copy-Editing: Petra Heubach-Erdmann, Düsseldorf
Satz & Layout: Birgit Bäuerlein
Herstellung: Stefanie Weidner, Frank Heidt
Umschlaggestaltung: Helmut Kraus, *www.exclam.de*
Druck und Bindung: BELTZ Grafische Betriebe GmbH, Bad Langensalza

Bibliografische Information der Deutschen Nationalbibliothek
Die Deutsche Nationalbibliothek verzeichnet diese Publikation in der Deutschen Nationalbibliografie; detaillierte bibliografische Daten sind im Internet unter *http://dnb.d-nb.de* abrufbar.

ISBN:
Print 978-3-86490-978-8
PDF 978-3-98890-010-4
ePub 978-3-98890-011-1

4., aktualisierte und erweiterte Auflage 2024

Wieblinger Weg 17
69123 Heidelberg

FSC® www.fsc.org MIX Papier | Fördert gute Waldnutzung FSC® C089473

Hinweis:
Dieses Buch wurde mit mineralölfreien Farben auf FSC®-zertifiziertem Papier aus nachhaltiger Waldwirtschaft gedruckt. Der Umwelt zuliebe verzichten wir zusätzlich auf die Einschweißfolie.
Hergestellt in Deutschland.

Schreiben Sie uns:
Falls Sie Anregungen, Wünsche und Kommentare haben, lassen Sie es uns wissen: *hallo@dpunkt.de*.

5 4 3 2 1 0

Vorwort des TeleTrusT Deutschland e.V.

Zur vierten Auflage

T.I.S.P. – TeleTrusT Information Security Professional

Gerade in Zeiten des wirtschaftlichen Umbruchs steigen das Interesse von Beschäftigten, spezielle Qualifikationen zu erwerben und nachweisen zu können, und der Bedarf seitens der Arbeitgeber, wirklich qualifizierte Fachkräfte zu beschäftigen.

Die Sicherheit von informationsverarbeitenden Prozessen ist ein Querschnittsthema, das praktisch alle Wirtschaftsbereiche betrifft. Das T.I.S.P.-Zertifikat ist das erste Expertenzertifikat im Bereich der Informationssicherheit, das speziell auf den deutschen bzw. europäischen Raum abgestimmt ist und die dort verbreiteten Standards und Gesetzgebungen berücksichtigt. »T.I.S.P.« steht für profundes Wissen auf dem Gebiet der Informationssicherheit.

Ein Blick in die USA zeigt, dass derartige Expertenzertifikate weite Verbreitung und Anerkennung erfahren können. Gleichwohl sind nicht alle ausländischen Zertifikate für den deutschsprachigen und europäischen Raum geeignet, da sich Standards und Gesetzgebung z. B. in den USA von europäischen Richtlinien und Gesetzen stark unterscheiden.

Aus den Reihen der TeleTrusT-Mitgliedsunternehmen kam der Anstoß für die Entwicklung eines Expertenzertifikats für den Bereich Informationssicherheit. Daraus resultierte ein Zertifizierungsprogramm, das sich inzwischen auf dem Markt etabliert hat und stetig wachsende Anerkennung findet.

Das vorliegende Buch geht auf die Nachfrage nach spezieller T.I.S.P.-Literatur ein und trägt so zur Vermittlung von Fachwissen ebenso wie zur weiteren Verbreitung des T.I.S.P. als Zeichen für herausgehobene Fachqualifizierung bei. Der Bundesverband IT-Sicherheit (TeleTrusT), unter dessen Schirmherrschaft das T.I.S.P.-Zertifikat entwickelt wurde, begrüßt diese Publikation deshalb in besonderer Weise.

Dr. Holger Mühlbauer
Geschäftsführer des TeleTrusT Deutschland e.V.
Berlin, im Januar 2024

Vorwort zur vierten Auflage

Die Informationssicherheit gehört zu den am schnellsten wachsenden Gebieten der Informationstechnik – nicht nur wirtschaftlich, sondern auch inhaltlich. Und so erscheint es zunächst einmal verwegen, sich an einer Zusammenstellung des Grundwissens der Informationssicherheit zu versuchen. Umgekehrt benötigt ein Fachgebiet, das ständiger Weiterentwicklung und Veränderung unterliegt, genau das in besonderem Maße: einen Grundkanon an Basiskenntnissen, der dem Einsteiger Orientierung bietet und dem Fortgeschrittenen dabei hilft, neues Wissen einzuordnen, es in Beziehung zu setzen und zu bewerten.

Vor 20 Jahren wagte sich der Unternehmensverband TeleTrusT e.V. mit der Konzeption des T.I.S.P.-Zertifikats (TeleTrustT Information Security Professional), der zugehörigen Prüfung und des Seminar-Curriculums an eine erste Definition eines solchen Grundkanons im Gebiet Informationssicherheit. In den darauf folgenden Jahren führten die inhaltlichen Abstimmungen zwischen den Seminaranbietern und die Weiterentwicklung des Seminarkonzepts zu einer gemeinsamen und damit zugleich immer solideren und anerkannteren Vorstellung davon, was zu diesem Grundwissen der Informationssicherheit zählt. Sicher auch aus diesem Grund hat sich das T.I.S.P.-Zertifikat als eine weithin geschätzte, berufsqualifizierende Auszeichnung für Experten in der IT- und Informationssicherheit durchsetzen können: Über 2000 Experten tragen mittlerweile diesen Titel.

Als wir im Jahr 2007 beschlossen, die zur damaligen Zeit wichtigsten Grundlagen der Informationssicherheit auszuwählen und aufzuschreiben, konnten wir auf diesen Erfahrungen, Einsichten und Ergebnissen aufbauen. Dennoch war die Arbeit gewaltig, und so dauerte es vier Jahre, bis wir uns mit der ersten Ausgabe unter dem Titel »Zentrale Bausteine der Informationssicherheit« im Jahr 2011 in die Fachöffentlichkeit wagten.

Die Nachfrage ermutigte uns, und so ergänzten wir in der zweiten Auflage 2014 wichtige Themenbereiche wie »Rechtliche Aspekte«, »IPv6« und »Incident-Management«, die wir zunächst ausgespart hatten. Auch mussten wir mehrere der inzwischen 32 Kapitel aktualisieren und inhaltlich konsolidieren. Für die dritte Auflage 2019 nahmen wir eine zweite Überarbeitung in Angriff. Sie fiel nicht so umfangreich aus – offenbar war es zuvor schon recht gut gelungen, das Basiswissen von schnelllebigerem (und damit auch früher veraltendem) Detailwissen zu trennen. Neben der Berücksichtigung vieler aktueller Entwicklungen – insbesondere in Rechtsfragen und beim BSI-Grundschutz – ergänzten wir ein Kapitel zur »Sicherheit in mobilen Endgeräten«. Die 2022 für die nun vorliegende vierte Auflage begonnene dritte Überarbeitung zielte – neben zahlreichen, der technischen Entwicklung und der Gesetzgebung geschuldeten Aktualisierungen und Ergänzungen im Detail – vor allem darauf ab, dem Thema »Datenschutz« mehr Raum zuzubilligen: ein eigenes Hauptkapitel und zwei zusätzliche Kapitel zu »Datenschutzkonzept« und »Löschkonzept«. Auch das Thema »Cloud Security« ist nun mit einem eigenen Kapitel vertreten.

Aus den »Zentralen Bausteinen« der ersten Auflage ist inzwischen ein umfangreiches, über 900 Seiten starkes Handbuch geworden: mit kondensierter Praxiserfahrung angereichertes Grundlagenwissen zu Informationssicherheit und Datenschutz, verfasst von Praktikern für Praktiker. Nach wie vor ist es das Begleitbuch zur T.I.S.P.-Zertifizierung; es eignet sich aber sowohl für ein Selbststudium als auch als Nachschlagewerk.

Wir hoffen, dass Sie viele interessante, einige neue und vor allem für Sie und Ihre Berufspraxis wichtige Erkenntnisse aus der Lektüre ziehen werden. Und sollte Ihnen etwas auffallen, fehlen oder auch besonders gut gefallen – in jedem Fall freuen wir uns über Ihre Rückmeldung an *tisp-buch@secorvo.de*.

Für die Autoren und die gesamte Redaktion
Dirk Fox
Januar 2024

Inhaltsübersicht

Inhaltsverzeichnis

1 Aufgaben und Ziele der Informationssicherheit

Einleitung

Viele Trends verstärken die Integration unternehmensinterner Abläufe in die Informationstechnik: von der Einbindung von Kunden und Partnern in die eigenen Prozesse über mobile Anwendungen, der verstärkten Nutzung und Verzahnung von Cloud-Diensten bis hin zu Industrie 4.0 und vielfältigen Anwendungen im Internet of Things. Damit wächst auch die Abhängigkeit der Geschäftsprozesse vom korrekten Funktionieren der Technik und der Verfügbarkeit integrer Datenbestände. Die in der Literaturliste am Ende dieses Kapitels aufgeführten Studien und Lageberichte zeigen, dass die Probleme der Informationssicherheit und die durch Angreifer verursachten Schäden kontinuierlich zunehmen.

Bei den Angriffen ist eine deutliche Kommerzialisierung feststellbar. Ging es vor vielen Jahren noch um »Ruhm« und »Ehre« der sogenannten Hacker[1], so spielen inzwischen finanzielle Motive krimineller Institutionen die Hauptrolle. Mit Kryptotrojanern und Mining-Bots kann viel Geld verdient werden. Die Vermietung von Bots und die Erpressung von Onlineanbietern mit der Androhung verteilter Denial-of-Service-Angriffe sind keine Seltenheit. Zudem wird Wirtschaftsspionage gezielt über IT-Systeme und Anwendungen betrieben. Das unerlaubte Kopieren oder Versenden von Daten mit Geschäftsgeheimnissen oder die Auftragsentwicklung eines Trojaners, um einen Wettbewerber gezielt ausspähen zu können, sind durch reale Fälle belegt. Neben diesen primär wirtschaftlich motivierten Angriffen nehmen auch politisch motivierte Attacken in Form von »Cyber War« und »Cyber-Terrorismus« zu.

Um der hohen Abhängigkeit von der Informationstechnik, den modernen und vielfältigen Angriffsformen und den rechtlichen Vorgaben Rechnung zu tragen, muss das Thema Informationssicherheit im Unternehmen mit einer klaren Strategie angegangen und umgesetzt werden. Dies soll durch ein Informationssicherheitsmanagementsystem (ISMS) erreicht werden. Ohne ein ISMS bestehen große Risiken für die Werte und die Produktionsabläufe des jeweiligen Unternehmens.

Der erste Abschnitt dieses Kapitels gibt einen kurzen Überblick über die wichtigsten Aspekte eines ISMS. Anschließend werden im zweiten Abschnitt die grundlegenden Sicherheitsziele dargestellt, die häufig als Ausgangspunkt zur Auswahl von Sicherheitsmaßnahmen herangezogen werden. Diese Einleitung stellt damit zugleich den inhaltlichen Rahmen der T.I.S.P.-Kurse und der Prüfung für das T.I.S.P.-Zertifikat auf und soll den Einstieg ins Thema erleichtern.

1 Nach dem Selbstverständnis der Szene ist der Begriff Hacker nicht negativ besetzt. Ein Hacker ist eine Person mit hohem Begeisterungsgrad für technische Zusammenhänge, der auch nach Lücken in IT-Systemen sucht und darüber informiert. Sein Ziel ist es, durch Hinweise auf Schwachstellen aufzuklären, vor Gefahren zu warnen und gegebenenfalls auch zu einer Verbesserung der Technik beizutragen. Der Begriff wird heute aber häufig als Synonym für einen Angreifer verwendet.

1.1 Aufgaben und Anforderungen eines ISMS

Ein Informationssicherheitsmanagementsystem (englisch: Information Security Management System) soll geordnete Prozesse zum Umgang mit den Problemstellungen der Informationssicherheit bereitstellen. Ein ISMS benötigt:

- eine Informationssicherheitsorganisation, mit Rollen und Ressourcen sowie Regelungen zur Verantwortung,
- definierte Prozesse, in denen Risiken erfasst und bewertet werden, unter anderem ein Risikomanagement mit Analyse von Gefährdungen und Angreifermodellen sowie ein Sicherheitskonzept, in dem dokumentiert wird, welche Maßnahmen ergriffen werden sollen, um ein angestrebtes Sicherheitsniveau zu erreichen,
- Maßnahmen, mit denen die Einhaltung der Sicherheitsvorgaben überprüft wird.

Eine Übersicht zu den Elementen eines ISMS geben die folgenden Abschnitte, weitere Details zum Aufbau und Betrieb eines ISMS sind in Kapitel 8 und unter dem Blickwinkel des IT-Grundschutzes in Kapitel 7 dargestellt.

1.1.1 Risikomanagement

Die Möglichkeit eines Schadens wird als Risiko bezeichnet, wobei die Höhe des Risikos von der Wahrscheinlichkeit des Eintritts und der Schadenshöhe bestimmt wird. Risiken sollen für ein Unternehmen nur in dem Umfang bestehen, der als tragbar bewertet wird. Um zu wissen, welche Risiken für ein Unternehmen bestehen, muss identifiziert und bewertet werden,

- welche Gefährdungen zu Störfällen führen können,
- welche Sicherheitsmaßnahmen die Wahrscheinlichkeit von Störfällen vermindern oder den Schaden begrenzen sollen und
- welche Restrisiken verbleiben und vom Unternehmen getragen werden müssen.

Genau dies ist die Aufgabe des Risikomanagements: die unternehmensspezifische Bewertungsmethodik[2] für die Faktoren von Risiken und für »tragbare« Risiken zu entwickeln sowie den Analyseprozess umzusetzen und laufend zu überwachen. Im Mittelpunkt dazu stehen die Bestandsaufnahme der Unternehmenswerte, die Zusammenstellung der Gefährdungen, durch die Schäden der Unternehmenswerte auftreten können und die Bewertung der gewonnenen Ergebnisse.

Als Grundlage für das Risikomanagement mit Bezug zu Informationen und IT-Systemen sind insbesondere die folgenden Fragestellungen zu klären:

- Welche Werte hat das Unternehmen oder die Institution? Mit welchen Geschäftsprozessen wird Umsatz und Rendite erwirtschaftet? Welches sind die wichtigsten Geschäftsprozesse?

---

2 Hierfür wird in der Regel eine qualitative Bewertung, z. B. mit den Stufen niedrig, mittel und hoch, ausreichen. Die mathematische »Berechnung« eines Risikowerts ist dagegen in den meisten Fällen problematisch. Zum Beispiel tragen einfache Formeln, wie die Multiplikation von Wahrscheinlichkeit und Schadenshöhe, der existenziellen Bedeutung hoher Schäden für ein Unternehmen nur unzureichend Rechnung. Für eine aussagekräftige Berechnung liegen in der Praxis auch kaum die notwendigen validen Ausgangswerte vor.

- Welche IT-Ressourcen sind zur Unterstützung dieser Geschäftsprozesse erforderlich? Welche Systeme und Anwendungen werden benötigt? Welche Möglichkeiten bestehen, die Prozesse mit eingeschränkter oder ohne IT-Unterstützung weiterzuführen?
- Welche Schwachstellen sind in den Architekturen, Systemen und Anwendungen vorhanden, die zu Störungen führen können? Welchen weiteren Gefährdungen sind die Prozesse ausgesetzt? Wie können diese erfasst und systematisiert werden?
- Welche Schäden können auftreten, wenn die verschiedenen Gefährdungen eintreten? Wie wirken sich Störungen bspw. auf Produktion, Vertrieb, Umsatz, Kundenbindung oder öffentliches Ansehen der Organisation aus?

Im Rahmen der Bewertung der Risiken wird entschieden, welche Risiken durch Gegenmaßnahmen vermindert werden sollen und welche tragbar sind. Gegebenenfalls können Risiken auch externalisiert werden, bspw. durch vertragliche Regelungen mit Lieferanten oder durch Versicherungsverträge.

Veränderungen im Unternehmen, die Umgestaltung von Geschäftsprozessen und die Entwicklungsdynamik der Informationstechnik führen dazu, dass sich die Risiken und die Wirksamkeit der Sicherheitsmaßnahmen im Laufe der Zeit verändern. Die Risikoanalyse für ein Unternehmen kann deshalb nicht eine einmalige Bestandsaufnahme sein, sondern muss als regelmäßig wiederkehrender Prozess organisiert werden. Ein definierter Risikomanagementprozess soll erreichen, dass Risiken möglichst frühzeitig identifiziert und im Verlauf der Zeit beobachtet werden. Je früher Risiken festgestellt und bewertet werden können, desto eher kann von den Entscheidungsträgern festgelegt werden, wie mit ihnen umgegangen werden soll.

1.1.2 Gefährdungen erkennen und bewerten

Der zentrale Faktor für die Wahrscheinlichkeit von Störfällen im Bereich der Informationsverarbeitung sind Gefährdungen. Beschäftigt man sich mit der Frage, in welcher Form informationsverarbeitende Prozesse gefährdet sind, können vielerlei Möglichkeiten identifiziert werden, durch die die technischen Prozesse gestört, Daten verändert oder vernichtet sowie Informationen unbefugt eingesehen werden können.

Zu den **unbeabsichtigten Ursachen** von Schäden gehören insbesondere Feuer, Wassereinbruch oder Hardwaredefekte (z. B. Festplattenausfälle). Auch die Fehlbedienung durch Benutzer oder Administratoren können dieser Kategorie zugeordnet werden. Für **Gefährdungen aus Angriffsszenarien** müssen die Möglichkeiten absichtlicher Manipulationen und Störungen betrachtet werden, hierbei können sowohl Außentäter als auch Innentäter eine Rolle spielen. Für die Bewertung von Risiken sind daher Angreifermodelle auszuwählen, die für die Organisation relevant erscheinen. Die Angreifer können ihre Ressourcen einsetzen, um Angriffsszenarien zu realisieren, bspw. das Eindringen in IT-Systeme, das Abhören von Kommunikationsverbindungen oder gezielte Angriffe gegen einen Prozess. Details zu Angriffsmethoden sind unter anderem in Kapitel 5 dargestellt.

Auch Schwachstellen in der Software dienen Angreifern als Ansatzpunkte. Bei diesen Schwachstellen handelt es sich oft um konzeptionelle Fehler, wie fest implementierte Kennwörter, schwache Kryptografie oder die unzulängliche Prüfung von Benutzereingaben.

Schwachstellen aufgrund von Fehlern in der Software werden vom Hersteller des Produkts verursacht und können vom Betreiber kaum vermieden werden. Umso wichtiger ist es, für die Systeme und Anwendungen durch ein geordnetes Patch-Management zeitnah für einen möglichst aktuellen Stand der eingesetzten Produkte zu sorgen.[3] Eine wesentliche Weichenstellung wird aber schon mit der Auswahl der Softwareprodukte vorgenommen. Um spätere Gefährdungen zu vermindern, müssen die qualitativen Anforderungen an die Software definiert sowie ausreichende Ressourcen für die Umsetzung und Prüfung von Sicherheitsanforderungen bereitgestellt werden.

Das IT-Grundschutz-Kompendium des BSI (Bundesamt für Sicherheit in der Informationstechnik) enthält eine gut strukturierte Sammlung von sogenannten »elementaren Gefährdungen«. Sie bieten somit einen sehr guten Ausgangspunkt zur Erfassung und Beurteilung von Gefährdungen und Risiken für die eigene IT-Landschaft. Als ein Teil dieser Fragestellungen müssen Angreifermodelle betrachtet werden.

1.1.3 Angreifermodelle betrachten

Sicherheitsmaßnahmen sollen einerseits wirksam und andererseits kostengünstig sein. Ein Zuwenig an Maßnahmen gegen Angriffe könnte leerlaufen, die Investitionen würden nur eingeschränkt wirken. Würden dagegen Maßnahmen gegen unrealistische Angriffe realisiert, sind unnötige Kosten und Zeitaufwände zu erwarten. Um Sicherheitsmaßnahmen sinnvoll auswählen und kombinieren zu können, muss geprüft werden, welche Angreifer und Angreifermodelle in den Angriffsszenarien zu berücksichtigen sind.

Viele Fälle aus der Praxis zeigen, dass Störungen und Informationsabfluss nicht von »außen«, sondern absichtlich oder fahrlässig durch die Mitarbeiter verursacht wurden. Einige Länder geben offen zu, dass die eigenen Geheimdienste für die jeweilige Industrie auch Spionage betreiben und dazu entweder versuchen, Mitarbeiter des Zielunternehmens anzuwerben, eigene Mitarbeiter einzuschleusen oder über externe Wege an die gewünschten Informationen zu gelangen. Neben dem mehr oder weniger anonymen Angreifer aus dem Internet sollten deshalb gezielte Ausforschung, Interessen der Mitbewerber oder eigene Mitarbeiter bei den Betrachtungen berücksichtigt werden.

Die Überlegungen zu Angreifermodellen münden unter anderem in Annahmen zu den Ressourcen, die einem potenziellen Angreifer zur Verfügung stehen. Werden diesen die Werte des Unternehmens gegenübergestellt, kann entschieden werden, ob z. B. nur gegen einen Gelegenheitstäter aus dem Internet, gegenüber verärgerten Mitarbeitern oder möglichst auch vor einer Institution mit professionellen Angriffsmöglichkeiten Schutz geboten werden soll. Diese Entscheidungen gehen in die Identifikation von Angriffsszenarien und damit die Risikoanalyse ein.

1.1.4 Hauptursachen für Sicherheitsprobleme identifizieren

Die Hauptursachen für Sicherheitsprobleme werden in der Regel in den »Hackern« oder »unachtsamen Mitarbeitern« gesehen. Die Verantwortlichen für die Informationsverarbeitung müssen sich aber vor Augen führen, dass die wirklichen Ursachen oft tiefer liegen.

Voraussetzungen für erfolgreiche Angriffe sind oft Schwachstellen in der Software. Auch viele unbeabsichtigte Fehler könnten durch »gute« Software vermieden werden. Fehler in den Programmen entstehen oder werden übersehen, weil Software häufig unter

3 Aktuelle Meldungen zu Schwachstellen und Software-Patchs kann man den einschlägigen Newstickern und Mailinglisten entnehmen, Beispiele siehe Literaturverzeichnis am Ende dieses Kapitels.

sehr hohem Zeitdruck entwickelt wird. Das Einhalten des Release-Termins wird hoch priorisiert, Maßnahmen zur Qualitätssicherung dagegen zurückgestellt. Solche Produkte erscheinen gelegentlich als »Bananen-Software«: Die Software reift beim Kunden. Die Qualitätssicherung wird erst durch den Anwender durchgeführt. Die Lernkurve beinhaltet dann potenziell viele Störfälle durch Fehler wie auch Angriffe. Unzureichende Qualitätssicherungs- und Abnahmeprozesse sind deshalb eine der Hauptursachen für Sicherheitsprobleme.

Eine weitere Ursache für Sicherheitsprobleme wird oft in der Komplexität der jeweiligen IT-Landschaft gesehen. Dazu trägt die Abhängigkeit der zahlreichen IT-Komponenten untereinander, die sich ständig ändernde Technologie oder auch die Kompliziertheit von einzelnen Softwarelösungen bei. Auch wenn diese Aspekte eine Rolle für Sicherheitsprobleme spielen, tragen zu Störfällen mit komplexen Ursachen und Manipulationsmöglichkeiten eher die unzureichende Kapselung von Teilsystemen und die daraus entstehenden unerwarteten Wechselwirkungen bei. Schnelle, unbedachte Einführungsprozesse, die Randbedingungen für die Informationssicherheit nicht berücksichtigen, tragen dann zu Sicherheitsproblemen und Unternehmensrisiken bei.

Schließlich fehlt es oft auch bei Produkten mit hohem Qualitätsstandard an den notwendigen personellen Ressourcen, um sie mit den gebotenen Sicherheitsmechanismen einzusetzen. Viele sinnvolle Sicherheitsfunktionen werden in der Praxis wegen Zeitdruck, aus Unkenntnis oder aus Bequemlichkeit nicht genutzt. Der Mangel an Ressourcen, und damit sind vor allem Zeit und qualifizierte Mitarbeiter gemeint, ist eine weitere wesentliche Ursache für Sicherheitsprobleme. Um dieser Ursache zu begegnen, muss den Sicherheitszielen von der Unternehmensleitung ein hoher Stellenwert eingeräumt werden. Mitarbeiter müssen dazu qualifiziert werden und die zeitlichen Spielräume bekommen, um Sicherheitsmaßnahmen im Alltag umzusetzen.

Um effektiv auf Sicherheitsprobleme reagieren und Schwachstellen möglichst von vornherein vermeiden zu können, sollte die Organisation ein Sicherheitskonzept erstellen und umsetzen.

1.1.5 Sicherheitskonzept erstellen

Es erscheint sinnvoll, auf Sicherheitsprobleme wirksam zu reagieren. Daher muss festgelegt werden, welche nicht tragbaren Risiken wie zu vermindern sind. Im Sicherheitskonzept werden deshalb den in der Risikoanalyse erkannten Sicherheitsproblemen systematisch die Maßnahmen zu ihrer Verringerung oder Vermeidung gegenübergestellt. Eine bewährte Praxis ist es, Maßnahmen gegen Bedrohungen anhand von vier generischen Sicherheitszielen der Informationssicherheit abzuleiten. Die Maßnahmen umfassen alle Bereiche, wie technische, bauliche, organisatorische, personelle, informationstechnische Maßnahmen oder auch Maßnahmen der Qualifikation und Motivation von Mitarbeitern (Awareness). Im Sicherheitskonzept müssen die Verantwortlichkeiten und das Vorgehen für die Umsetzung der Maßnahmen geregelt sein. Dadurch soll gewährleistet werden, dass die finanziellen und personellen Ressourcen für die Umsetzung zur Verfügung stehen.[4]

Das Sicherheitskonzept soll ebenso alle Phasen im Lebenszyklus von Geschäftsprozessen oder IT-Produkten berücksichtigen. Wie oben dargestellt, ist das richtige Prozess-

4 Siehe dazu auch Kapitel 8.

design oder die Auswahl geeigneter Softwareprodukte für das erreichbare Sicherheitsniveau genauso wichtig, wie die Maßnahmen während der Einführung und des Betriebs. Aber auch das »Lebensende« von Datenbeständen muss einbezogen werden, in dem die Verantwortlichen ein sicheres Löschen und eine adäquate Entsorgung von Datenträgern gewährleisten.[5]

Die Auswahl und Gestaltung der Maßnahmen im Sicherheitskonzept wird von mehreren Faktoren beeinflusst. Im Vordergrund steht regelmäßig die Bewertung der Eignung und des Nutzens von Maßnahmen unter Berücksichtigung der monetären Kosten wie auch der betrieblichen Aufwände und des Beitrags zur Verbesserung des Sicherheitsniveaus. Häufig muss auch zwischen Zielkonflikten balanciert werden. So kann die durchgängige Verschlüsselung von Daten in bestimmten Störfall-Szenarien zu einem Datenverlust führen, wenn nicht mehr auf den notwendigen Schlüssel zurückgegriffen werden kann. Zielkonflikte zwischen Sicherheitsmaßnahmen auf der einen Seite und der Eignung für die Nutzer auf der anderen Seite treten immer dann auf, wenn zusätzliche Eingaben erwartet werden, weitere Voraussetzungen erfüllt sein müssen (z. B. »Chipkarte muss stecken«), Zeitverzögerungen nicht akzeptiert werden oder ein erforderliches Know-how benutzerseitig nicht gegeben ist. Die Auswahl von Maßnahmen muss deshalb in die Sicherheitskultur des Unternehmens passen und auch Anforderungen an eine gute Ergonomie berücksichtigen.

Das Sicherheitskonzept muss in Form eines oder mehrerer Dokumente schriftlich vorliegen. Nur so kann diese komplexe Aufgabenstellung bewältigt und Entscheidungen nachvollzogen werden. Ein dokumentiertes Sicherheitskonzept ist zudem eine zwingende Voraussetzung, um bspw. durch Audits überprüfen zu können, ob die Sicherheitsmaßnahmen umgesetzt sind.

Für den Aufbau eines Sicherheitskonzepts gibt es keine formale Vorgabe oder Vorgehensweise. Eine Orientierung an etablierten Standards wie bspw. dem IT-Grundschutz (s. Kap. 7) wird empfohlen. In der Regel bietet es sich an, das Gesamtkonzept auf mehrere Dokumente oder Webseiten aufzuteilen. Dazu sollte vorab eine Dokumentationsstruktur festgelegt werden, damit die Informationen nicht redundant dargestellt werden und mit möglichst geringem Aufwand gepflegt werden können.

Ein hierarchischer Ansatz bietet den Vorteil, dass allgemeine Teile »vor die Klammer« gezogen werden können. Auf den unteren Ebenen können die Dokumente dann auf Zielgruppen ausgerichtet werden, z. B. nach Verantwortlichkeiten oder für Umsetzungsbereiche sowie konkrete technische Vorgaben für einzelne Systeme oder Systemgruppen.

Für die Durchsetzung der Sicherheitsmaßnahmen ist es entscheidend, dass das ISMS und das Sicherheitskonzept von der Unternehmensleitung in einer Sicherheitsleitlinie verankert werden. Nur wenn so deutlich wird, dass die Geschäftsführung Informationssicherheit als ein wichtiges Unternehmensziel sieht und die Ressourcen dafür bereitstellt, haben die Verantwortlichen für Informationssicherheit den notwendigen Rückhalt.

5 Siehe dazu auch Kapitel 24.

Abbildung 1.1: Beispiel für eine Dokumentenstruktur im ISMS

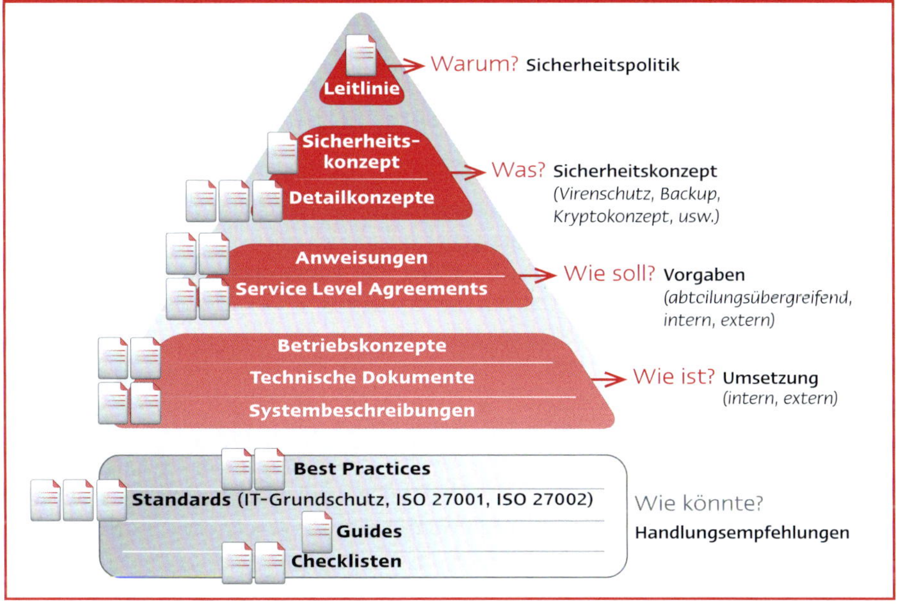

Die Geschäftsprozesse, die Risikobewertung wie auch die eingesetzten Techniksysteme unterliegen regelmäßigen Veränderungen. Deshalb muss auch das Sicherheitskonzept regelmäßig überprüft und an die Veränderungen angepasst werden.

1.1.6 Sicherheitsmaßnahmen überprüfen

In Organisationen besteht aus unterschiedlichen Gründen häufig eine mehr oder weniger große Abweichung zwischen den Vorgaben für Prozesse und Systeme und der Betriebspraxis. Dies gilt leider auch für Sicherheitsmaßnahmen und -prozesse. Um zu gewährleisten, dass die Sicherheitsmaßnahmen umgesetzt werden, ist es deshalb notwendig, deren Realisierung zu überprüfen. Eine sinnvolle Prüfung ist nur möglich, wenn es eine definierte Soll-Vorgabe gibt. Idealerweise wird das Sicherheitskonzept mit den nachgeordneten Dokumenten so gestaltet, dass diese Soll-Vorgabe und damit die Prüfbedingungen einfach abgeleitet werden können.

Die Analyse von Sicherheitsvorfällen ist eine zweite wichtige Quelle für die Überprüfung des Sicherheitskonzepts. Sie kann Erkenntnisse zum Incident-Prozess und zur Wirksamkeit von technischen Maßnahmen sowie organisatorischen Prozessen liefern. Durch geplante interne oder externe Audits kann zusätzlich festgestellt werden, ob Lücken im Sicherheitskonzept oder der Umsetzung bestehen. Sie bilden somit eine gute Grundlage, die Realisierung des Konzepts und die Wirksamkeit der Maßnahmen zu überprüfen (s. a. [Gora07]).

Die Prozesse des Informationssicherheitsmanagements müssen gewährleisten, dass die Ergebnisse der Überprüfungen in die nächste Risikobewertung einfließen. Auch die Maßnahmen des Sicherheitskonzepts sind hinsichtlich der Wirksamkeit und der Kosten-Nutzen-Aspekte neu zu bewerten, soweit Erkenntnisse dafür relevant sind. Falls notwendig, muss im Sicherheitskonzept bei der Auswahl von Maßnahmen und der Gestaltung von Prozessen entsprechend nachgesteuert werden.

1.2 Generische Sicherheitsziele

Die Auswahl von Maßnahmen und die Gestaltung des Sicherheitskonzepts werden an den Sicherheitszielen der Organisation ausgerichtet. Als Grundlage für die spezifischen Sicherheitsziele ist es sinnvoll, die vier generischen Sicherheitsziele der Informationssicherheit heranzuziehen. Sie haben sich seit den 90er-Jahren etabliert und zielen darauf, die folgenden Eigenschaften von Daten zu gewährleisten:

- **V**ertraulichkeit
- **I**ntegrität
- **V**erfügbarkeit
- **A**uthentizität

Diese vier Sicherheitsziele werden auch als VIVA-Kriterien bezeichnet und sind als diese Abkürzung gut zu merken. Im Folgenden werden die vier generischen Sicherheitsziele kurz vorgestellt.[6]

1.2.1 Vertraulichkeit

Abbildung 1.2: Verlust der Vertraulichkeit

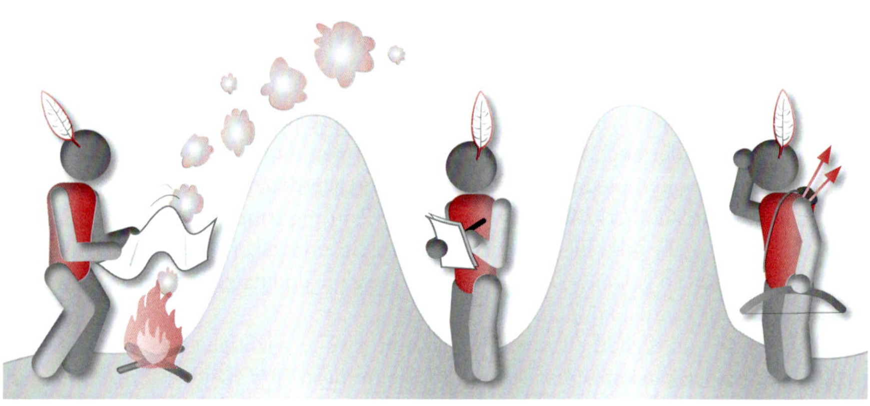

Grafikvorlage: Secunet AG, Foliensatz 2007

Für das Ziel Vertraulichkeit muss der Schutz von Informationen vor der Kenntnisnahme durch unbefugte Personen gewährleistet werden. Um die Vertraulichkeit zu erreichen, können bspw. für den Zugriff auf Datenbestände in Anwendungen oder für die Zugriffs-

6 Auf weitere Sicherheitsziele wird im Index unter dem Stichwort »Sicherheitsziele« verwiesen.

sicherung von Dateien geeignete Berechtigungen vergeben werden. Eine Verschlüsselung kann bei der Übertragung von Daten wie auch zur Absicherung von Beständen auf Speichermedien oder im Hauptspeicher eingesetzt werden. Auch physische Maßnahmen, wie eine Zutrittssicherung oder die Verwendung von Tresoren können erforderlich sein, um die Vertraulichkeit von Daten zu erreichen. Abbildung 1.2 zeigt ein historisches Beispiel für eine Gefährdung der Vertraulichkeit.

1.2.2 Integrität

Ein weiteres Sicherheitsziel ist der Schutz der Integrität von Daten bei der Speicherung oder Übertragung. Dazu sollte verhindert werden, dass Daten unbefugt verändert werden oder zumindest muss erkannt werden, dass Veränderungen vorgenommen wurden. Beispiele für schützenswerte Bestände sind Finanztransaktionen, die Rezeptur für ein Medikament oder eine von einem Server heruntergeladene Software, die so wie vom Hersteller bereitgestellt installiert werden soll.

Abbildung 1.3: Verlust der Integrität von Daten

Grafikvorlage: Secunet AG, Foliensatz 2007

Um unberechtigte Veränderungen an Daten zu verhindern, sind unbefugte Benutzer vom Zugriff auszuschließen. Die Maßnahmen der Zugriffskontrolle und physische Sicherheitsmaßnahmen können den Zugang und damit die Möglichkeit zu Manipulationen erschweren. Mit einer anderen Gruppe von Maßnahmen können Veränderungen an Daten nachträglich erkannt werden. Dafür eignen sich kryptografische Prüfsummen, wie Message Authentication Codes (MAC) oder digitale Signaturen. Auch eine nicht mehr entschlüsselbare Datei kann ein Indiz für eine Veränderung sein. In der Abbildung 1.3 könnte der Empfänger die Veränderung nur dann feststellen, wenn der Angreifer ungeschickt ist und die Nachricht deshalb sinnlos wird.

1.2.3 Verfügbarkeit

Geschäftsprozesse und andere Vorgänge sind für ihren reibungslosen Ablauf darauf angewiesen, dass Daten, Software und Hardware geeignet verfügbar sind. Zu den geforderten Zeiten soll für autorisierte Benutzer der Zugriff auf Programme und Daten möglich sein. Je »wertvoller« der Geschäftsprozess ist und je mehr Anwender auf eine IT-Unterstützung angewiesen sind, desto höher sind in der Regel die Verfügbarkeitsanforderungen.

Abbildung 1.4: Verlust der Verfügbarkeit

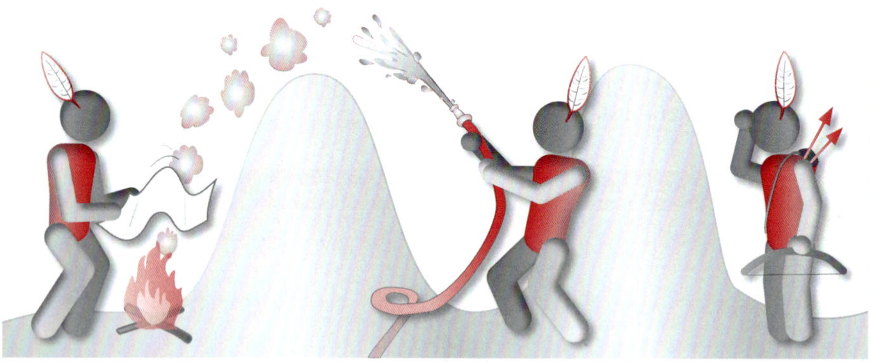

Grafikvorlage: Secunet AG, Foliensatz 2007

Der Ausschluss unbefugter Benutzer vom Zugriff kommt auch hier wieder zum Tragen, weil dadurch für Unbefugte die Angriffe gegen die Verfügbarkeit erschwert werden. Daneben kann durch das Vorhalten redundanter Komponenten die Verfügbarkeit erhöht werden. Zu den einfachsten Maßnahmen gehören Backups und Ersatzsysteme. In Abhängigkeit vom Schutzbedarf können aber auch redundante Systeme, von RAID-Platten über Server-Cluster mit Lastverteilung bis hin zu Reserverechenzentren im Hot-Standby-Betrieb oder in der Cloud, eingesetzt werden. Reaktionsmöglichkeiten bei Denial-of-Service-Angriffen aus dem Internet können durch gezielte Maßnahmen des Monitorings, Filtermechanismen für Web-Anfragen und angepasste Lastverteilung oder spezielle Dienstleister verbessert werden. Wichtige Aspekte zur Verbesserung der Verfügbarkeit sind auch die Qualitätssicherung von Software sowohl hinsichtlich Fehlervermeidung als auch bezüglich Lasttests.

Eine Verfügbarkeit von 100%, also 24 Stunden am Tag, 7 Tage die Woche und 365 Tage im Jahr ist praktisch kaum zu erreichen, da Wartungsfenster, Migrationserfordernisse und ungeplante Systemausfälle zumindest zu kurzzeitigen Ausfällen führen können. In der Praxis hat es sich daher bewährt, Verfügbarkeitskategorien zu definieren und Prozentwerte wie 99% oder 99,9% von den erforderlichen Betriebszeiten anzugeben.

1.2.4 Authentizität

Für das Sicherheitsziel Authentizität und der damit zusammenhängenden Nicht-Abstreitbarkeit von Daten müssen die Daten einem Absender eindeutig zugeordnet werden können. Der Absender kann eine Person oder auch ein System oder eine Anwendung sein. Das Sicherheitsziel ist erfüllt, wenn ein Dritter überprüfen kann, ob die Daten wirklich vom angenommenen Absender stammen. Auch für dieses Sicherheitsziel soll eine Grafik skizzieren, wie die Authentizität verfälscht werden kann.

Je nach Anwendungskontext kann die Anforderung an den Nachweis unterschiedlich weit gehen. In einfachen Szenarien kann schon ein unternehmensinterner Nachweis ausreichen. Die Prüfmöglichkeit könnte dann bspw. für einen digitalen Workflow erreicht werden, wenn durch ein mit engen Zugriffsrechten geschütztes Log-Protokoll nachvollzogen werden kann, wer für einzelne Arbeits- und Genehmigungsschritte verantwortlich ist. Umfassende Szenarien fordern dagegen sogar die Möglichkeit zum Nachweis vor Gericht mit hohem Beweiswert. Eine Sicherheitsmaßnahme, die dieses Ziel unterstützt, ist die elektronische Signatur: Damit kann bspw. auch der Absender einer E-Mail eindeutig bestimmt werden.

Abbildung 1.5: Störung der Authentizität einer Nachricht

Grafikvorlage: Secunet AG, Foliensatz 2007

1.2.5 Sicherheitsziele und Sicherheitskonzept

Verschiedene Störungsursachen können sich auf die Sicherheitsziele auf unterschiedliche Weise auswirken. Beispielsweise kann die Verfälschung von Daten (Integrität) oder das Scheitern einer Signaturprüfung (Authentizität) eine Prozessstörung und damit eine Verfügbarkeitseinschränkung zur Folge haben. Auch können Sicherheitsmaßnahmen zugunsten mehrerer Sicherheitsziele wirken. Für die Maßnahmen der Zutritts- und Zugriffsbeschränkung, durch die Unbefugte ausgeschlossen werden sollen, wurde dies oben angedeutet. Auch können Zielkonflikte bei der Auswahl von Maßnahmen auftreten. So führt die Verschlüsselung von Daten in den meisten Fällen dazu, dass ein zusätzliches Störfall-Szenario für die Verfügbarkeit, nämlich der Schlüsselverlust, beherrscht werden muss. Schließlich müssen auch andere Anforderungsbereiche berücksichtigt werden. Die Vorgaben des Datenschutzrechts schränken bspw. die Möglichkeiten der Überwachung von Benutzern ein. Wenn Aspekte der Ergonomie nicht berücksichtigt werden, scheitern Sicherheitsmaßnahmen in der Praxis oft daran, dass die Benutzer sie nicht ausführen wollen oder nicht über die Zeit oder die Fähigkeiten verfügen, sie einsetzen zu können.

Für die Erarbeitung eines Sicherheitskonzepts ist es daher wichtig, nach den verschiedenen Sicherheitszielen zu unterscheiden. Denn es hängt von den jeweiligen Unternehmensanforderungen, der Ausgestaltung der Geschäftsprozesse und dem IT-Einsatz ab, wie der Schutzbedarf spezifischer Komponenten einzustufen ist. Je nachdem wie stark die Sicherung von Verfügbarkeit, Vertraulichkeit, Integrität oder Authentizität gefordert ist, müssen im Sicherheitskonzept Maßnahmen unterschiedlich gewichtet und kombiniert werden. So könnte es für ein Unternehmen eher akzeptabel sein, die Produktion eines Medikaments auszusetzen, als eine Charge mit falscher Rezeptur zu vertreiben. Bei einer Farbproduktion ist dagegen Liefertreue möglicherweise das entscheidende Kriterium, während geringfügige Abweichungen im Farbton von den Kunden toleriert werden. Die Gewichtung der Sicherheitsziele ist daher zentral für das Sicherheitskonzept. Darüber hinaus können auch weitere Faktoren Einfluss auf die Gestaltung des Sicherheitskonzepts haben, damit es erfolgreich in der Praxis umgesetzt wird. So müssen die Maßnahmen derart ausgewählt werden, dass sie von den Verantwortlichen auch umgesetzt werden können, also bspw. die Zuständigkeiten und Ressourcenlage berücksichtigen. Ein weicherer Faktor ist die Unternehmenskultur, die bspw. stärker auf Kontrolle, auf klare Anweisungen oder die Motivation und Eigenverantwortung der Mitarbeiter ausgerichtet sein kann. Auch solche Kriterien sollten bei der Auswahl von Alternativen berücksichtigt werden.

In der folgenden Tabelle sind noch einmal zusammenfassend die vier Sicherheitsziele, ausgewählte Beispiele für IT-basierte Angriffe und Sicherheitsmaßnahmen aufgeführt.

Tabelle 1.1: Sicherheitsziele, Angriffsbeispiele und Beispiele für Sicherheitsmaßnahmen

Sicherheitsziel (englische Bezeichnung)	Angriffsbeispiel	Beispielsmaßnahmen
Vertraulichkeit (confidentiality)	Abhören des Übertragungsmediums	Verschlüsselung, Zugangskontrolle, Berechtigungskonzepte
Integrität (integrity)	Einspielen falscher Datenpakete	Verwendung von Prüfsummen, definierte Installationsprozesse
Verfügbarkeit (availability)	Denial-of-Service-Angriffe	Einsatz von Filtermechanismen, hohe Leistungsreserven Hardware, redundante Auslegung
Authentizität (authenticity)	Fälschung der Datenherkunft (Person, E-Mail, IP-Adresse)	Digitale Signatur, organisatorische Prozesse

Ein gutes Sicherheitskonzept stellt das Gewicht der Sicherheitsziele für die verschiedenen Unternehmens- und Technikbereiche dar und begründet unter Berücksichtigung von Zielkonflikten, Restrisiken und anderen Faktoren, eine ausgewogene Auswahl von Sicherheitsmaßnahmen. Die weiteren Kapitel dieses Buches vertiefen hierzu relevante Aspekte wie technische Lösungen und konzeptionelle Fragen, z. B. von rechtlichen Fragestellungen über Standards der Informationssicherheit bis hin zu Business Continuity.

Zusammenfassung

In diesem Kapitel wurde die Notwendigkeit eines kontrollierten und gesteuerten Umgangs mit dem Thema Informationssicherheit durch ein Informationssicherheitsmanagementsystem sowie die wesentlichen Sicherheitsziele der Informationssicherheit dargestellt. Welche Maßnahmen und Methoden geeignet sind, die Sicherheitsziele und ein angemessenes Maß an Informationssicherheit zu erreichen, werden in den folgenden Kapiteln detailliert ausgeführt.

Literatur

[Gora07] *Gora, S.:* Security Audits, Secorvo White Paper, 2007; *https://www.secorvo.de/publikationen/secorvo-wp14.pdf* (Stand: 17.01.2024)

[BSI17] *Bundesamt für Sicherheit in der Informationstechnik (BSI):* BSI-Lagebericht IT-Sicherheit; *https://www.bsi.bund.de/DE/Service-Navi/Publikationen/Lagebericht/lagebericht_node.html* (Stand: 17.01.2024)

[HEISE] *heise online:* Heise Newsticker; *http://www.heisec.de* (Stand: 17.01.2024)

[NCSC] *Nationales Zentrum für Cybersicherheit:* Lageberichte; *https://www.ncsc.admin.ch/ncsc/de/home/dokumentation/berichte/lageberichte.html* (Stand: 17.01.2024)

2 Betriebswirtschaftliche Aspekte der Informationssicherheit

Einleitung

Jede unternehmerische Aktivität ist zahlreichen Risiken ausgesetzt. Daher ist unternehmerisches Handeln zu einem erheblichen Teil Risikomanagement: Jede unternehmerische Entscheidung soll Chancen ergreifen und zielt zugleich auf die Minimierung ganz unterschiedlicher Arten von Risiken. Dabei stehen vor allem Marktrisiken im Fokus; aber auch finanzielle Risiken (Liquiditätsrisiko, Zahlungsausfälle bei Kunden) und rechtliche Risiken (Patente, gesetzliche Anforderungen, Prozessrisiken) spielen im Kontext der Globalisierung und steigender Erwartungen der Marktteilnehmer an den unternehmerischen Erfolg eine immer wichtigere Rolle.

Das gilt insbesondere für die Besserung der Kreditwürdigkeit oder wenn der Unternehmenswert ermittelt wird, z. B. im Vorfeld eines Unternehmensverkaufs oder bei einer Börsennotierung. Dabei kommt der Bewertung der bestehenden Risiken und der Einschätzung der diesbezüglichen Stärke des Unternehmens ein erhebliches Gewicht zu. Seit einigen Jahren spielen dabei neben externen Risiken auch sogenannte operationelle Risiken eine immer größere Rolle. Darunter werden alle betrieblichen Risiken innerhalb eines Unternehmens mit wirtschaftlichen Auswirkungen verstanden. In der Eigenkapitalvereinbarung Basel II, nach der seit Inkrafttreten von Kreditinstituten erstmals auch operationelle Risiken bei der Eigenkapitalhinterlegung zu berücksichtigen sind, werden diese definiert als »*Risiko von Verlusten, die durch die Unangemessenheit oder das Versagen von internen Verfahren, Menschen und Systemen oder durch externe Ereignisse verursacht werden.*« [Wiki_23]. In diese Kategorie fallen insbesondere alle Ausfälle und Fehler der Informationstechnik – unabhängig davon, ob diese durch technisches Versagen, durch gezielte oder ungezielte, externe oder interne Manipulation verursacht werden.

Alle Arten von Bedrohungen der Informationssicherheit zählen daher zu den operationellen Unternehmensrisiken. Daher wird – auch vor dem Hintergrund zunehmender Compliance-Anforderungen – die Informationssicherheit inzwischen in vielen Unternehmen als aktives Risikomanagement verstanden. Zum einen, weil in einer globalisierten Wirtschaft ein unkontrollierter Abfluss von Informationen irreparable wirtschaftliche Schäden verursachen kann, zum anderen, weil immer mehr Geschäftsprozesse von dem störungsfreien Funktionieren der Informationstechnik abhängen. Selbst aus dem Datenschutz können Risiken mit betriebswirtschaftlichen Auswirkungen erwachsen: Beschwerden von Kunden oder Mitarbeitern bei der Aufsichtsbehörde wegen Verstößen gegen geltendes Datenschutzrecht oder meldepflichtige Datenschutz-Vorfälle können nicht nur die Einleitung von Untersuchungen der Aufsichtsbehörde, sondern auch schmerzhafte Bußgelder und Schadensersatzforderungen der Betroffenen zur Folge haben.

Damit hat auch die betriebswirtschaftliche Bewertung von Maßnahmen der Informationssicherheit und des Datenschutzes an Bedeutung gewonnen. Der Schlüssel zu einer angemessenen betriebswirtschaftlichen Betrachtung und Bewertung ist dabei die vollständige

Erfassung und eine adäquate Quantifizierung der bestehenden Risiken einerseits sowie der Kosten und Wirksamkeit von Risiko senkenden Maßnahmen andererseits. Unternehmerisch lässt sich nur auf der Grundlage möglichst konkreter, quantitativ unterlegter Bedrohungsszenarien und Lösungsalternativen entscheiden, wie mit bestimmten Risiken zu verfahren ist. Dazu lassen sich im Wesentlichen vier Möglichkeiten der Risikobehandlung unterscheiden: ignorieren, verringern, versichern oder verhindern (s. a. Abschnitt 2.3.3).

Eine solche Quantifizierung liefert zugleich eine einfache Bewertung des erreichten Sicherheitsniveaus: Dieses ist angemessen, wenn alle nicht akzeptablen Risiken durch geeignete Maßnahmen ausgeschlossen und alle verbleibenden durch passende Maßnahmen in ihren Auswirkungen begrenzt werden. Leider scheitert dieser Ansatz an zwei praktischen Schwierigkeiten: So ist erstens in den meisten Fällen eine hinreichend präzise Quantifizierung der Risiken nicht möglich, und es gelingt zweitens nur mit wenigen Maßnahmen, ein bestimmtes Risiko mit vertretbarem Aufwand treffsicher und vollständig auszuschließen.

Die folgenden Abschnitte zeigen, dass die Betrachtung der Informationssicherheit aus betriebswirtschaftlicher Perspektive trotz verschiedener praktischer Schwierigkeiten dennoch einige wertvolle Ansätze bereithält. Unvermeidlich ist die Beschäftigung mit dieser Perspektive ohnehin, da mit der steigenden Bedeutung der Informationstechnik und immer umfangreicherer Verarbeitung personenbezogener Daten die Informationssicherheit und der Datenschutz zu immer wichtigeren Elementen des Risikomanagements werden.

2.1 Risikomanagement

Unter Risikomanagement werden alle Prozesse eines Unternehmens zum Umgang mit Geschäftsrisiken verstanden. Die ISO 31000 definiert das Risikomanagement als die »koordinierte Aktivität zur Lenkung und Steuerung einer Organisation in Bezug auf Risiken« [ISO_18]. Das beginnt bei der Identifikation und Analyse von Risiken, ihrer Bewertung, des Umgangs mit den identifizierten Risiken und ihrer Überwachung. Große Unternehmen fassen meist die Behandlung aller Risiken in einem übergreifenden Risikomanagementprozess zusammen, um eine einheitliche Risikobehandlung sicherzustellen. In vielen Branchen gibt es hier aufsichtsbehördliche Anforderungen, die zu erfüllen sind und sowohl eine Dokumentation der Risikobehandlung als auch eine regelmäßige interne und externe Auditierung des Risikomanagements erfordern. Ähnliche Anforderungen leiten sich aus einer Börsennotierung des Unternehmens ab.

Den Gesamtprozess des Risikomanagements kann man sich – vereinfacht – vorstellen, wie in Abbildung 2.1 gezeigt: Regelmäßig (z. B. jährlich) sowie anlassbezogen (beim Auftreten eines neuen Risikos, z. B. durch die technische Entwicklung oder eine Unternehmensakquisition) werden die Risiken aus der Risikoübersicht geprüft: Sind sie (noch) relevant? Wenn ja, wie sind die Risiken zu bewerten? Wenn sie als hohes Risiko zu bewerten sind: Können Maßnahmen getroffen werden, um das Risiko zu senken? Wenn nicht: Kann das (verbleibende) Risiko dennoch akzeptiert werden?

Abbildung 2.1: Risikomanagementprozess

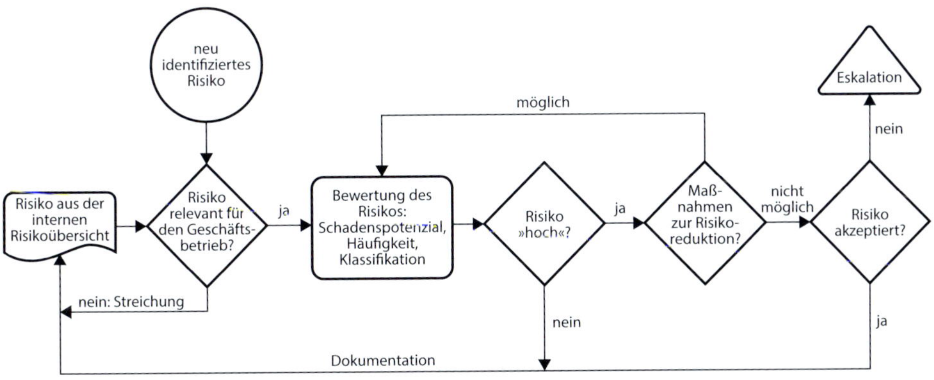

Bei der Identifikation von Risiken können Bedrohungsszenarien helfen, wie z. B. in der »Risiko-Toolbox« der Enisa vorgeschlagen [ENISA_23]. Die Klassifikation dieser (IT-Sicherheits-)Risiken erfolgt dann in der Regel durch eine Einordnung in eine Risikomatrix (Abb. 2.4): Schadenspotenzial (Schadenshöhe) und Eintrittswahrscheinlichkeit (Häufigkeit) werden in drei bis vier, selten auch fünf Stufen unterteilt (niedrig, mittel, hoch, ggf. sehr hoch) [BITKOM_05, BSI_17]. Die Zuordnung zu einer Stufe wird dabei entweder mit quantitativen Bewertungsmodellen oder qualitativ vorgenommen. Aus der resultierenden Risikoklasse leitet sich dann in der Regel ein unterschiedlicher Umgang mit den identifizierten Risiken ab. Die ISO/IEC 27005:2022 beschreibt einen solchen systematischen Prozess zur Identifikation, Bewertung, Behandlung und Überwachung der IT-Sicherheitsrisiken [ISO_22]. Dieses Management der IT-Sicherheitsrisiken sollte dann geeignet in den unternehmensweiten Risk-Management-Prozess (Enterprise Risk Management – ERM) integriert werden [NIST_20].

2.2 Quantitative Modelle

Aus betriebswirtschaftlicher Perspektive muss jeder Sicherheitsmaßnahme eine angemessene Risikoreduktion gegenüberstehen – der für die Umsetzung der Maßnahme erforderliche Aufwand muss sich »lohnen«. Für diese betriebswirtschaftliche Abwägung und Maßnahmenbewertung wurden Berechnungsmodelle zur Bestimmung eines quantitativen *Return on Security Investment* (ROSI) entwickelt.

Risiken und Sicherheitsmaßnahmen lassen sich betriebswirtschaftlich als Kosten ausdrücken: Risiken werden im Falle ihres Eintretens zu einem quantifizierbaren Schaden; Sicherheitsmaßnahmen hingegen verursachen unmittelbare direkte Kosten.

Abbildung 2.2: Verhältnis von Risikoreduktion und Kosten

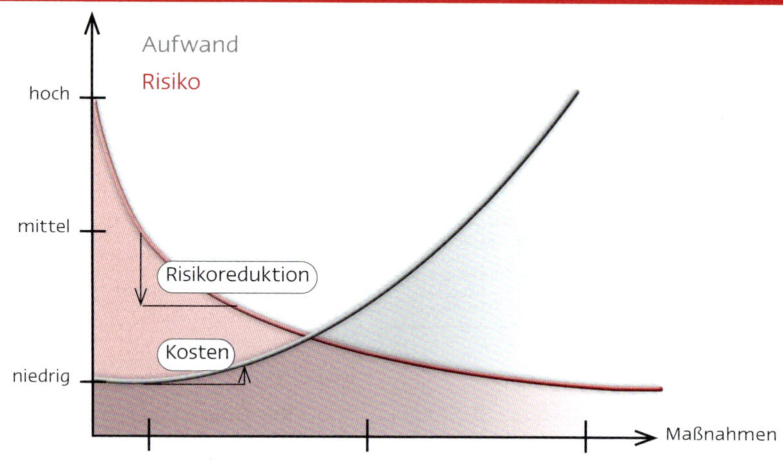

Den Kosten für eine Sicherheitsmaßnahme sollte, damit die Investition wirtschaftlich ist, eine (nachhaltige) Risikoreduktion gegenüberstehen. Ziel dabei ist, eine hinreichende Risikoreduktion mit moderaten Kosten zu erreichen. Denn übersteigen die Kosten einer Sicherheitsmaßnahme das tatsächliche Risiko, ist es wirtschaftlicher, auf die Sicherheitsmaßnahme zu verzichten und das Risiko billigend in Kauf zu nehmen.

Abbildung 2.2 zeigt in einer vereinfachten Schemagrafik das idealtypische Verhältnis von Risiken, Kosten (Aufwand) und Sicherheitsmaßnahmen. Dabei wurde angenommen, dass die Maßnahmen nach »Wirkungsgrad« ergriffen wurden: Maßnahmen mit hoher Risikoreduktion, aber geringen Kosten wurden zuerst ergriffen, Maßnahmen mit hohen Kosten und geringer Risikoreduktion später – daher der stetige Verlauf der Kurven. Tatsächlich werden die Maßnahmen in der Praxis nicht in solcherart idealisierter Reihenfolge (die wirksamsten Maßnahmen zuerst) umgesetzt – einerseits aufgrund von Abhängigkeiten der Maßnahmen untereinander und der daraus resultierenden Schwierigkeit, die tatsächliche Risikoreduktion zu bestimmen, andererseits wegen der Abhängigkeit von externen Faktoren. Ein »realer« Kurvenverlauf wird in der Praxis daher nicht so stetig ausfallen (können).

In den folgenden Abschnitten werden Modelle zur Quantifizierung der Kosten von Risiken und Maßnahmen vorgestellt.

2.2.1 Kosten von Risiken

Die Festlegung eines akzeptablen Risikolevels ist eine unternehmerische Frage, die im Zweifel von der Geschäftsleitung beantwortet werden muss. Eine vernünftige Einschätzung ist allerdings nur dann möglich, wenn das Risiko in einer finanziellen Größenordnung ausgedrückt werden kann. Im Risikomanagement wird dafür üblicherweise der zu erwartende jährliche Verlust (*Annual Loss Expectancy*, ALE) bestimmt. Der ALE errechnet sich aus der finanziellen Höhe (*Loss*, L) und der Eintrittswahrscheinlichkeit (*Probability*, P) eines möglichen Schadens:

$$ALE = L \cdot P$$

Der erwartete Gesamtverlust ergibt sich als Summe der Erwartungswerte aller betrachteten Einzelrisiken:

$$ALE_{tot} = \sum_{i=1}^{n} L_i \cdot P_i$$

Die Anwendung der Berechnung des ALE für Bedrohungen der Informationstechnik geht auf die (inzwischen zurückgezogene) Richtlinie FIPS PUB 65 des NIST aus dem Jahr 1979 zurück [FIPS65]. Sie bildet die Grundlage für zahlreiche Ansätze von Kosten-Nutzen-Modellen der Informationssicherheit, insbesondere auch des ROSI-Ansatzes (s. u.). Die Reduktion eines spezifischen Risikos kann danach auf zweierlei Weise erfolgen:

- Entweder wird durch geeignete Gegenmaßnahmen die Eintrittswahrscheinlichkeit des Schadens verringert, z. B. durch einen Viren-Scanner auf einem E-Mail-Server oder den Betrieb einer Firewall,
- oder es werden Maßnahmen ergriffen, die die Auswirkungen des Schadens begrenzen, wie z. B. die konsequente Umsetzung des Need-to-know-Prinzips bei der Berechtigungsvergabe oder ausgearbeitete und trainierte Notfallpläne, betriebsbereite Ersatzsysteme und ausgefeilte Wiederanlaufprozesse.

Damit ist das Problem der Quantifizierung eines Risikos jedoch noch nicht gelöst, denn

- für die Eintrittswahrscheinlichkeit eines Schadens in der Informationstechnik existieren – anders als für viele andere, versicherbare Schäden – keine belastbaren Erfahrungswerte,
- durch die Schnelllebigkeit und die kurzen Innovationszyklen der Informationstechnik ändern sich sowohl die tatsächlichen Risiken als auch die möglichen Auswirkungen und deren Eintrittswahrscheinlichkeiten in sehr kurzen Zeiträumen und
- der errechnete erwartete Verlust ist eine rein statistische Größe – er kann im Einzelfall erheblich über- oder unterschritten werden.

Da sich mit diesem Berechnungsansatz nur ein einzelnes Risiko betrachten lässt, geht das ALE-Modell außerdem implizit von der Annahme aus, dass einzelne Bedrohungen und Gegenmaßnahmen isoliert betrachtet werden können. Das ist in der Praxis jedoch in den meisten Fällen eine grobe Vereinfachung. So gibt es Gegenmaßnahmen, die Schutz vor mehreren Bedrohungen bieten, wie z. B. eine Firewall (externer Denial-of-Service-Angriff auf Client-Systeme, Missbrauch des E-Mail-Servers, unberechtigter externer Zugriff auf vertrauliche Daten), und es gibt Maßnahmen, die neue Risiken verursachen, wie z. B. die Auslagerung von Backups.

Schließlich berücksichtigt das ALE-Modell keine kumulativen Effekte. Die Einzelrisiken werden einfach addiert. In der Praxis aber wird sich die Zahl der verlorenen Kunden aufgrund eines einstündigen Ausfalls des Onlinebankings bei einem Kreditinstitut in Grenzen halten; kommt es hingegen in kurzer Zeit wiederholt zu solchen Ausfällen, kann dies einen erheblichen Image-Schaden mit schmerzlichem Kundenverlust zur Folge haben – und einen Schaden verursachen, der die Summe der erwarteten Einzelschäden erheblich übersteigt.

Nicht zuletzt kann in dem Modell nicht zwischen großen Schäden mit geringer Eintrittswahrscheinlichkeit und geringen Schäden mit hoher Eintrittswahrscheinlichkeit unterschieden werden – obwohl sich Letztere meist sehr gut kontrollieren lassen, Erstere aber existenzbedrohend sein können und ihr Eintritt daher durch geeignete Maßnahmen in jedem Fall verhindert werden sollte.

Daher wurde das ursprüngliche ROSI-Modell mehrfach verfeinert, um verwertbarere Aussagen zu erhalten.

2.2.2 Kosten von Sicherheitsvorfällen

Die Kosten eines Sicherheitsvorfalls sind meist – insbesondere, wenn es tatsächlich zum Eintritt eines Schadens gekommen ist – deutlich einfacher zu quantifizieren. Leider bestimmen und dokumentieren nur die wenigsten Unternehmen die tatsächlichen Kosten eines Schadensfalls hinreichend genau, und das oft nicht einmal wegen des damit verbundenen Aufwands. Dabei ergäben sich aus diesen Erfahrungswerten sowohl eine hilfreiche Datenbasis für die finanzielle Abschätzung bestimmter Schäden als auch die Chance, geeignete Maßnahmen zu ergreifen, mit denen sich bei ähnlichen Vorfällen zukünftig das Schadensausmaß gezielt verringern ließe.

Die Kosten eines Sicherheitsvorfalls setzen sich aus den folgenden Einzelkosten zusammen:

- **Umsatzeinbußen und Wertverlust**
  unmittelbar durch Ausfallzeiten (diese Kosten sind in der Regel größer als die Gemeinkosten, d. h. die Betriebskosten während der Ausfallzeit) und mittelbar durch den Verlust von Kunden oder Aufträgen, bspw. aufgrund eines nachfolgenden Image-Schadens. Wertverlust und Umsatzrückgang oder -ausfall (*Loss*, L) lassen sich in Abhängigkeit von der Dauer t der Wirkung ausdrücken: Li(t).
- **Wiederherstellungskosten**
  Ersetzung oder Wiederanlauf der betroffenen Systeme, Wiedereinspielen von Images, Betriebssystemen oder Daten von Backups, gegebenenfalls Rettung teildefekter Datenträger. Die Wiederherstellungskosten setzen sich aus externen (leicht exakt quantifizierbaren) Kosten (Recovery, Re) für Unterstützungsleistungen beim Wiederanlauf und internem Aufwand (überwiegend investierte Arbeitszeit, also Personalkosten) Ri(t) zusammen.
- **Schadensersatzleistungen**
  Vertragsstrafen bei Lieferverzögerungen infolge eines Defekts oder Systemausfalls, Kosten für Rückrufe und Ersatzlieferungen, Haftung für verursachte Schäden Dritter (bspw. durch ungewollte Verbreitung von Schadsoftware). Dies sind leicht quantifizierbare Einmal-Kosten (*Fine*, F), deren Höhe unabhängig ist von der Dauer des Vorfalls.

Daraus ergibt sich eine einfache Formel für den Gesamtverlust (L) in Abhängigkeit von der Dauer eines Vorfalls (respektive seiner Auswirkungen):

Weitere, manchmal »immateriell« genannte Schäden sind betriebswirtschaftlich nicht relevant. Denn sofern sie Kosten verursachen, fließen sie »automatisch« in eine der drei oben genannten Schadenskategorien ein. So ist z. B. ein Imageschaden, der keine Umsatzeinbußen zur Folge hat, kein betriebswirtschaftlich zu berücksichtigender Schaden – sondern eine (wenn auch ungeplante) Marketingmaßnahme. Führt er hingegen zu Umsatzausfällen, ist er in Li(t) bereits berücksichtigt. Anders ausgedrückt: Jeder relevante Schaden ist ein materieller Schaden – und lässt sich einer der drei Schadenskategorien zuordnen.

2.2.3 Kosten von Sicherheitsmaßnahmen

Auch die Kosten einer Sicherheitsmaßnahme setzen sich aus unterschiedlichen Elementen zusammen. Dabei sollte eine Gesamtkostenbetrachtung angestellt werden (*Total Cost of Ownership*, TCO), die nicht nur die Anschaffungskosten, sondern auch alle weiteren direkten und indirekten (Folge-)Kosten einer Sicherheitsinvestition berücksichtigt:

- **Konzeptionskosten C_c**
  Architektur, Lösungsauswahl, Testbetrieb, gegebenenfalls Anpassungen an der eigenen Infrastruktur (Konfiguration, Dokumentation) oder der gewählten Lösung
- **Investitionskosten C_i**
  Hardware, Software, Installation und Konfiguration, Dokumentation, Inbetriebnahme und Mitarbeiterschulungen (Administratoren, Benutzer)
- **Betriebskosten C_m**
  Support, Updates, jährliche Lizenzkosten, Betriebsprozesse (Betreuung, Hotline)

Aus diesen drei Kostenblöcken werden die Gesamtkosten der Sicherheitsinvestition (TCOSI) berechnet. Dabei werden die Einmalkosten (Konzeption, Investition) über den Betriebszeitraum y (in Jahren) abgeschrieben, während die Betriebskosten jährlich anfallen:

$$TCO_{SI} = \frac{(C_c + C_i)}{y} + C_m$$

Sonnenreich und seine Mitautoren weisen in ihrer Arbeit [SoAS_06] zu Recht darauf hin, dass in der Regel mit der Einführung einer Sicherheitsmaßnahme auch Produktivitätsverluste bei den Anwendern einhergehen. So kann eine Maßnahme zur Folge haben, dass sich das Starten der Client-Rechner verlängert, die Eingabe eines zusätzlichen Passworts oder längere Reaktionszeiten beim Zugriff auf verschlüsselte Daten Bearbeitungsprozesse verlangsamen oder regelmäßige Backups wertvolle Arbeitszeit binden. Eine faire Berechnung sollte daher auch Produktivitätsverluste als Teil der »Betriebskosten« einer Sicherheitsmaßnahme in der Kalkulation berücksichtigen.

2.2.4 Das ROSI-Modell

Nach dem Platzen der »Dotcom-Blase« im Jahr 2000 sahen sich IT-Verantwortliche angesichts der (steigenden) Kosten der Informationstechnik zunehmend dem kritischen Blick der Controller ausgesetzt. Wie bei anderen Investitionen auch wurde in vielen Unternehmen die Berechnung eines Return on Investment (ROI) als Bewertungsverfahren für die Wirtschaftlichkeit einer IT-Investition eingefordert. Die Kennzahl ROI geht auf Donaldson Brown (1885 – 1965) zurück, der sie im Jahr 1913 einführte. Sie sollte die Bewertung der Wirtschaftlichkeit (Rendite) einer unternehmerischen Investition ermöglichen und ist definiert als das Produkt aus Umsatzrendite (= Gewinn/Nettoumsatz · 100) in Prozent und dem Kapitalumschlag (= Nettoumsatz/Gesamtkapital). Daraus ergibt sich die folgende einfache Berechnungsformel:

$$ROI = \frac{Gewinn}{Gesamtkapital} \cdot 100\ [\%]$$

Der ROI gibt also das prozentuale Verhältnis des Gewinns zum eingesetzten Kapital an. Diese Kennzahl kann sowohl zur Bestimmung der Wirtschaftlichkeit einer Gesamtinvestition (Unternehmen) als auch zur Bewertung des betriebswirtschaftlichen Erfolgs einer Periode (Monat, Quartal, Jahr) verwendet werden.

Ein erweitertes Verständnis des ROI erlaubt außerdem Wirtschaftlichkeitsbetrachtungen von Einzelinvestitionen, sofern der einer bestimmten Investition anteilig zuzurechnende Gewinn separiert werden kann:

$$ROI = \frac{Gewinnanteil}{Kapitaleinsatz} \cdot 100\ [\%]$$

Dabei wird der Gewinnanteil über die Nutzungsdauer der getätigten Investition berechnet. Diese Entwicklung blieb nicht ohne Auswirkung auf die IT-Sicherheit. So basiert der Ansatz zur Berechnung eines *Return on Security Investment* (ROSI), der auf Arbeiten von Kevin J. Soo Hoo an der Stanford University [Hoo_00] und (unabhängig von Hoo) Huaqiang Wei an der University of Idaho zurückgeht [WeFr_01], auf Browns ROI-Kennzahl. Darin stellen die Autoren eine Risk-Management-basierte Kosten-Nutzen-Berechnung für Sicherheitsinvestitionen vor. Wei gibt ein Rechenbeispiel für ein Intrusion-Detection-System, Hoo berechnet die Einsparungen für ein ganzes Bündel von Sicherheitsmaßnahmen. Allgemein bekannt wurde das ROSI-Konzept im Jahr 2002 durch eine Veröffentlichung von Scott Berinato im CIO Magazin [Beri_02].

Der Kern des ROSI-Berechnungsmodells ist einfach: Jede wirksame Sicherheitsinvestition (SI) reduziert entweder die Eintrittswahrscheinlichkeit (P) oder die Höhe eines bestimmten Schadens (L). Damit sinkt der erwartete Schaden, die *Annual Loss Expectancy* (ALE). Der »Gewinn« einer Sicherheitsmaßnahme ergibt sich damit aus der Verringerung dieses Erwartungswerts minus den Gesamtkosten der Maßnahme (TCOSI) und die Kennzahl ROSISI als Quotient aus Gewinn und Kosten [Enisa_12]:

$$ALE_{neu} = L_{neu} \cdot P_{neu}$$

$$\text{"Gewinn"} = ALE_{alt} - ALE_{neu} - TCO_{SI}$$

$$ROSI = \frac{ALE_{alt} - ALE_{neu} - TCO_{SI}}{TCO_{SI}} \cdot 100\ [\%]$$

2.2.5 Grenzen des ROSI-Ansatzes

Eine grundsätzliche Schwierigkeit ist zunächst einmal, dass der »Gewinn« einer Sicherheitsinvestition selten in eine *messbare* Verminderung von Ausgaben oder eine Erhöhung von Einnahmen mündet. Der Gewinn besteht in einer Verminderung eines operationellen Risikos, also eines Erwartungswerts für die Kosten von Sicherheitsvorfällen – ob dadurch tatsächlich Einsparungen erzielt worden sind, lässt sich selbst ex post nicht zuverlässig feststellen. Denn auch wenn – bspw. bei häufigen Schadensereignissen – ein Rückgang beobachtet werden kann, ist der ursächliche Zusammenhang mit der Sicherheitsmaßnahme in der Regel nicht belegbar.

> *Beispiel 1*
> *Sie investieren in ein modernes, mehrstufiges Firewall-System. Wenn anschließend die Zahl der Angriffsversuche sinkt, kann das auch daran liegen, dass andere Angriffsziele vielversprechender waren, oder schlicht die Zahl der breit gestreuten Angriffe insgesamt abgenommen hat.*

> *Beispiel 2*
> *Sie führen eine Security-Awareness-Kampagne durch, die insbesondere für einen sicherheitssensiblen Umgang mit mobilen Geräten wirbt. Wenn anschließend die Zahl der entwendeten Laptops zurückgeht, kann das auf die Kampagne zurückzuführen sein – oder aber darauf, dass Ihre Laptop-Modelle inzwischen einen geringeren Diebstahlanreiz bieten.*

Aber auch die berechneten Erwartungswerte besitzen eine systematische Schwäche: Sie beruhen – anders als bei der Berechnung von zahlreichen anderen, versicherbaren Risiken – auf keinen verlässlichen und ausreichend vergleichbaren Daten aus der Vergangenheit. Damit sind sie zumeist sehr grobe »Bauchschätzungen«. Je geringer die Schadenswahrscheinlichkeit, desto weniger Erfahrungswerte gibt es und dementsprechend größer ist die Ungenauigkeit der Schätzung.

Zudem besitzen die Schätzungen der Höhe der Kosten eines Vorfalls eine sehr große »Unschärfe« (Varianz). So hängen bspw. die Kosten eines Recoverys von Client-Systemen u. a. davon ab, ob virtuelle Maschinen, vereinheitlichte Images oder sehr heterogene, individuell konfigurierte oder dezentral betreute Systeme betroffen sind. Auch gibt es insbesondere bei der Erfassung tatsächlicher Angriffe eine hohe Dunkelziffer: Die Zahl erfolgreicher Angriffe, entdeckter erfolgreicher Angriffe und berichteter erfolgreicher Angriffe differieren erheblich (s. z. B. [Hoo_00]).

Schließlich liegt dem Modell eine vereinfachende Annahme zugrunde, durch die die durchgeführten Kalkulationen im Einzelfall Makulatur werden können. So werden im ROSI-Modell Einzelrisiken und darauf bezogene Sicherheitsmaßnahmen jeweils isoliert betrachtet – dabei wirken Sicherheitsmaßnahmen in der Praxis häufig auf zahlreiche Einzelrisiken, umgekehrt treten in einem Schadensfall erfahrungsgemäß meist Folgen aus kumulierten Risiken ein.

Nicht zuletzt sorgt die hohe Entwicklungsgeschwindigkeit in der Informationstechnik dafür, dass für die Amortisation einer Sicherheitsinvestition in der Regel nur kurze Zeit bleibt, da die ständige Veränderung der IT-Infrastrukturen die Wirksamkeit einer Sicherheitsmaßnahme erheblich beeinträchtigen kann. Werden bspw. mobile Geräte (Laptops, Smartphones) mit direktem Internet-Zugang eingeführt, benötigen sie Personal Firewalls, will man das durch die Firewall-Infrastruktur erreichte Sicherheitsniveau nicht absenken – eine zusätzliche Investition, die die ROSI-Erfolgsrechnung der Firewall verschlechtern kann.

Auf einen wichtigen, allerdings ebenfalls schwer kalkulierbaren, in den Modellen von Hoo und Wei unberücksichtigten Kostenfaktor bei Sicherheitsinvestitionen weisen Sonnenreich et. al. [SoAS_06] hin: den Produktivitätsverlust, der mit einigen Sicherheitsmaßnahmen einhergeht. In Einzelfällen kann eine Sicherheitsmaßnahme auch durch Seiteneffekte produktivitätsfördernd wirken, so bspw., wenn eine systematische Vergabe von Benutzerrechten und die Etablierung von Prozessen den Aufwand für die Administration (bspw. durch Gruppenbildung) verringert oder Single Sign-On (SSO) die Authentisierungsprozesse beschleunigt.

2.2.6 Alternative quantitative Modelle

In den vergangenen Jahren wurden zahlreiche Erweiterungen oder Anpassungen des ROSI-Modells vorgestellt, die einige der Nachteile des ursprünglichen Modells abschwächen. Zwei dieser Modelle sind besonders vielversprechend und werden im Folgenden vorgestellt: ein Ansatz, der eine statistische Verteilung von Eintrittswahrscheinlichkeit und Schadenshöhe berücksichtigt, und ein zweiter, der die betriebswirtschaftliche Sicht eines Angreifers modelliert.

Der Lockstep-Ansatz

Dem Problem der »Unschärfe« widmet sich ein Ansatz der Australischen Bundesbehörden, der von Lockstep Consulting entwickelt wurde [GCIO_04]. Er basiert auf dem Australischen Risikomanagement-Standard AS 4360, der eine Klassifikation von Eintrittswahrscheinlichkeiten für IT-Sicherheitsvorfälle sowie die Schadenshöhe bietet (*Threat & Risk Assessment*, TRA). Anstatt nun feste Werte für die Eintrittswahrscheinlichkeit und die Kosten eines Schadensereignisses zu verwenden, wird für jede Klasse ein Bereich definiert (minimale/maximale Häufigkeit/Kosten). Mit einem Zufallsgenerator werden dann über mehrere Iterationen unterschiedliche Werte nach einer vorgegebenen statistischen Verteilung gewählt und die Erwartungswerte für den jährlichen Verlust mit und ohne Sicherheitsmaßnahmen berechnet.

Ergebnis dieser Kalkulation sind Histogramm-Darstellungen, die die Häufigkeitsverteilung der erwarteten Schadenshöhen und der Einsparungen durch Sicherheitsmaßnahmen angeben. Die Genauigkeit des Ergebnisses steigt dabei mit der Zahl der berechneten Iterationen. Über die Summierung der Häufigkeiten lässt sich aus den Histogrammen bspw. ablesen, wie hoch die Schadenssumme in 90 % der Fälle maximal ist, und dass man mit einer 50 %igen Wahrscheinlichkeit eine bestimmte Mindesteinsparung durch Sicherheitsmaßnahmen erzielt.

Auch dieses Modell beruht auf einer vereinfachenden Annahme: Für die Eintrittswahrscheinlichkeit wurde eine uniforme Verteilung angenommen, für die Kosten eine Dreiecksverteilung zwischen Minimum, Maximum und wahrscheinlichstem Wert. Diese Einschränkung, die den als Excel-Erweiterung genutzten Freeware-Tools geschuldet ist, kann durch entsprechende Anpassungen leicht reduziert werden.

Das Modell schwächt einen erheblichen Nachteil des ursprünglichen ROSI-Modells ab. Allerdings sind auch hier bestimmte Annahmen wie die Definition des Wertebereichs und der statistischen Verteilung der Ausgangswerte (Eintrittswahrscheinlichkeit und Schadenshöhe) entscheidend für die Qualität des Resultats – und für diese Zahlen gibt es keine belastbaren Erfahrungswerte.

Das Mizzi-Modell

Von Adrian Mizzi [Mizz_05] stammt ein Berechnungsmodell, das die ROSI-Kalkulation um eine interessante Perspektive ergänzt (Abb. 2.3): Die betriebswirtschaftliche Perspektive des Unternehmens wird ins Verhältnis gesetzt zu betriebswirtschaftlichen Betrachtungen aus der Sicht eines potenziellen Angreifers. Denn auch dem Angreifer entstehen Kosten – nämlich der Aufwand zur Konzeption des Angriffs (Identifikation einer Schwachstelle, C_a; abhängig von der Kompetenz des Angreifers können die dafür erforderlichen Kosten erheblich differieren) und für deren Umsetzung (also der konkreten Ausnutzung einer gefundenen Schwachstelle, C_b), für die er Zeit benötigt und Investitionen in Hardware und Software tätigen muss.

Abbildung 2.3: Das Mizzi-Modell - ROSI-Kalkulation des Angreifers

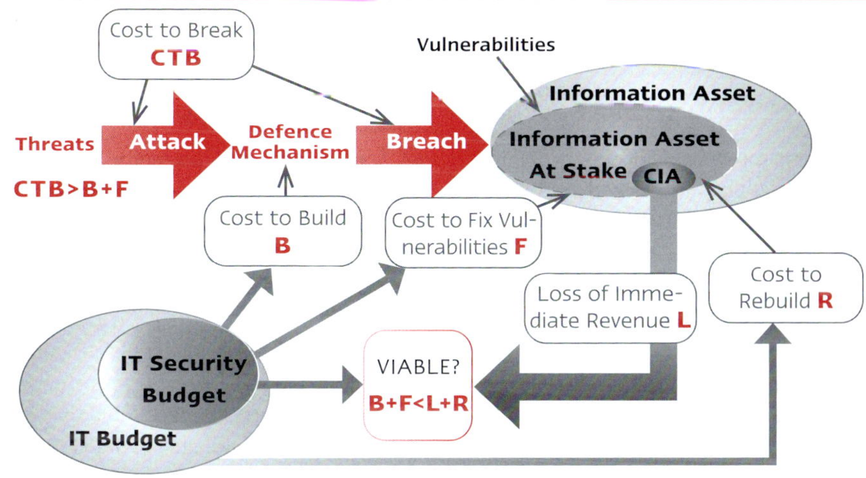

Grafikvorlage: Adrian Mizzi [Mizz_05]

Diesen Kosten muss aus Sicht des Angreifers ein Wert gegenüberstehen, der die Kosten deutlich übersteigt und ihn zur Durchführung des Angriffs motiviert.[1] Betriebswirtschaftlich gesehen kann dies entweder der Wert einer durch den Angriff gewonnenen Information (I) sein, oder aber die Höhe des Schadens, den er dem angegriffenen Unternehmen dabei zufügen kann (L_{tot}). Bei einem (betriebs)wirtschaftlich handelnden Angreifer ist ein Angriff genau dann zu erwarten, wenn gilt:

$$I + L_{tot} \gg C_a + C_b$$

1. Diese betriebswirtschaftliche Perspektive blendet »irrationale« Motive eines Angreifers (Fanatismus, Wahnvorstellungen usw.) aus.

Eine große Stärke dieses Ansatzes ist die Unabhängigkeit von wenig verlässlichen Wahrscheinlichkeitsannahmen, die die Aussagekraft der Ergebnisse beim ROSI-Modell erheblich einschränken. Auch ermöglicht der Ansatz, aktuelle Entwicklungen zu berücksichtigen, wie z. B. die Veröffentlichung einer kritischen Schwachstelle einer Standard-Anwendung und die Verbreitung von daran angepasster Exploit-Software, durch die der Aufwand des Angreifers sinken kann.

Gewichtig sind aber auch die Nachteile des Modells: Die Risikoberechnung basiert auf erheblich vereinfachenden Annahmen über die Angreifermotivation. Denn viele Hacker denken keineswegs betriebswirtschaftlich – zwar versuchen sie möglicherweise, eine (vor allem in der Szene) beeindruckende Wirkung mit einem Hack zu erzielen; viele zielen aber keineswegs auf Schadensmaximierung oder Informationsgewinnung. Dennoch ist der Ansatz wertvoll, denn er dient dazu, die Kosten-Nutzen-Situation des Angreifers zu prüfen, die für einen gezielten Angriff relevant sein dürfte. Daraus kann folgen, dass einem theoretisch denkbaren Angriffsszenario nur eine geringe praktische Bedeutung zuzumessen ist. Außerdem zwingt das Modell dazu, den Wert bestimmter Informationen zu quantifizieren.

2.3 Qualitative Betrachtungen

2.3.1 Grenzen betriebswirtschaftlicher Betrachtungen

Nicht erst seit dem »Gesetz zur Kontrolle und Transparenz im Unternehmensbereich« (KonTraG, 1998) sind Geschäftsführer und Vorstände von Kapitalgesellschaften zur Reduktion unternehmenskritischer Risiken verpflichtet. Einen planvollen Umgang mit operationellen Risiken gebietet allein schon die allgemeine Sorgfaltspflicht (»Sorgfalt des ordentlichen und gewissenhaften Geschäftsleiters«, § 93 Aktiengesetz und § 43 GmbH-Gesetz).

Tatsächlich gibt es darüber hinaus gesetzliche Einzelbestimmungen wie bspw. die Datenschutz-Grundverordnung (DSGVO), das Telekommunikationsgesetz (TKG) oder das Kreditwesengesetz (KWG), die z. T. sehr konkrete Anforderungen an den Informationsschutz und die IT-Sicherheit stellen. Diese gesetzlichen Anforderungen sind damit einer rein betriebswirtschaftlichen Bewertung als Entscheidungsgrundlage entzogen, da ihre Umsetzung gesetzlich geboten ist.

Neben gesetzlichen Erfordernissen (Compliance) gibt es einen zweiten Bereich, in dem die Investition in Sicherheitsmaßnahmen außer Frage steht: neue Onlineangebote, seien es E-Commerce-Lösungen oder Kunden-Services. Denn ohne ein Minimum an geeigneten Sicherheitsmaßnahmen ist das Vertrauen von Nutzern in Onlineangebote nachweislich schwer zu gewinnen – man stelle sich Onlinebanking ohne PIN, TAN und andere Sicherheitsmechanismen vor.

Die betriebswirtschaftliche Perspektive hilft jedoch auch in diesen Fällen, in denen die Umsetzung von Sicherheitsmaßnahmen nicht infrage steht, dabei, die dafür erforderlichen Investitionsentscheidungen zu treffen.

2.3.2 Wirtschaftlichkeit von Investitionsentscheidungen

Grundsätzlich lassen sich drei Wirtschaftlichkeitsprinzipien unterscheiden, an denen eine einzelne Investitionsentscheidung ausgerichtet werden kann:

- **Minimierungsprinzip**
  Ist das Ziel konkret vorgegeben, werden die Maßnahmen ergriffen, die das Ziel mit einem möglichst geringen Aufwand erreichen.
- **Maximierungsprinzip**
  Sind die maximal einsetzbaren Mittel (Budget) zur Erreichung eines Ziels vorgegeben, werden die Maßnahmen ergriffen, die eine möglichst große Wirkung erzielen.
- **Extremumsprinzip**
  Das Extremumsprinzip zielt auf eine Optimierung des Kosten-Nutzen-Verhältnisses – mit möglichst geringem Mitteleinsatz soll ein möglichst gutes Ergebnis erzielt werden. Da die Kostenkurve sich nicht bei jeder Investition proportional zum Sicherheitsgewinn entwickelt, kann es mehrere »lokale« Extrema geben – die Bestimmung des Optimums ist in solchen Fällen gegebenenfalls aufwendig.

In der Praxis stehen vor einer Investitionsentscheidung zumeist das Ziel (Risikoreduktion) und die Mittel (festzulegender Anteil an einem Gesamtbudget) nur ungenau fest. Daher sind Investitionsentscheidungen in der IT-Sicherheit im Ganzen zunächst eine allgemeine und sehr komplexe Optimierungsaufgabe nach dem Extremumsprinzip.

Sind die (Jahres-)Ziele konkretisiert, wird deren Erfüllung meist nach dem Minimierungsprinzip umgesetzt: Bei der Wahl einer konkreten Lösung zur Erreichung eines präzisierten Teilziels gilt es, mit möglichst geringen Ressourcen auszukommen. Häufig aber steht auch der Budgetrahmen fest, z. B. als festgelegter Anteil des IT-Budgets: Dann gilt es, mit begrenzten Mitteln einen möglichst großen Sicherheitsgewinn zu erzielen – nach dem Maximierungsprinzip.

2.3.3 Risikomatrix

Eine Alternative zur quantitativen Risikobewertung ist die Einordnung von Risiken in eine »Risikomatrix«, in der die potenzielle Schadenshöhe und die Eintrittswahrscheinlichkeit eines Risikos lediglich grob und im Vergleich zu anderen Risiken eingeschätzt werden.

Anschließend werden die Risiken durch Gruppierung bestimmten »Klassen« zugeordnet: Risiken mit eher kleiner Schadenshöhe und geringer Wahrscheinlichkeit werden toleriert; Risiken mit höherer Wahrscheinlichkeit beobachtet. Gegen Risiken mit höherem Schaden und höherer Eintrittswahrscheinlichkeit werden Maßnahmen ergriffen, und Risiken mit erheblicher Schadenshöhe, aber geringer Eintrittswahrscheinlichkeit können z. B. mit einer Versicherung transferiert werden (Abb. 2.4).

Abbildung 2.4: Risikomatrix

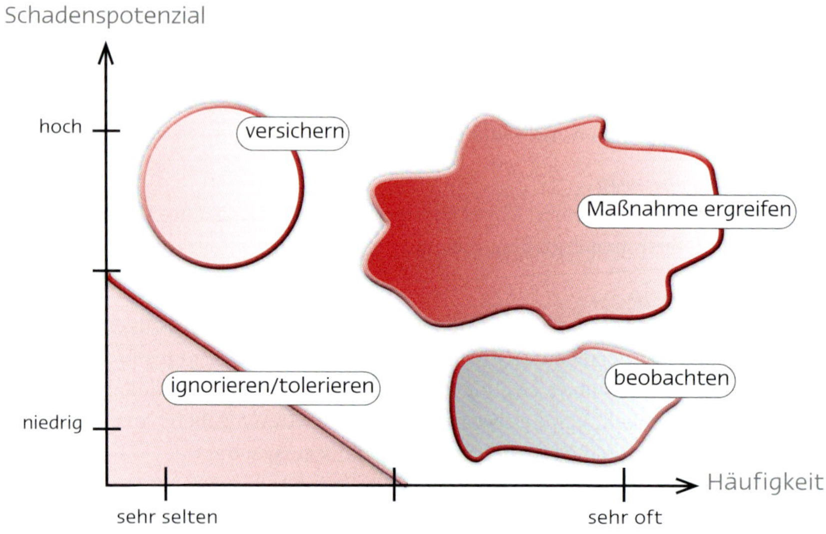

Die Risikomatrix hat den Vorteil, dass alle Risiken überblicksartig erfasst und dokumentiert werden; damit fällt es leichter, den Überblick über offene (Rest-)Risiken zu behalten. Auch hier handelt es sich bei der Eintrittswahrscheinlichkeit um eine grobe Schätzung – allerdings beansprucht diese keine quantitative Genauigkeit. Unberücksichtigt bleiben bei dieser Betrachtung mögliche Abhängigkeiten zwischen einzelnen Risiken und die Kosten von Gegenmaßnahmen.

Die Aufstellung einer Risikomatrix ergänzt jedoch eine quantitative Betrachtung um eine wertvolle Gesamtübersicht und sollte daher grundsätzlich erstellt werden.

2.3.4 Pareto-Prinzip

Auch für die IT-Sicherheit gilt das Gesetz vom abnehmenden Grenznutzen (Gossen'sches Gesetz): Der Zusatznutzen (Sicherheitsgewinn) sinkt mit der Zahl der Maßnahmen. In der Praxis hilft es daher, sich bei Investitionen in die Informationssicherheit am Pareto-Prinzip, auch 80/20-Regel genannt, zu orientieren: So erreicht man erfahrungsgemäß mit ca. 20 % des Aufwands etwa 80 % des angestrebten Ziels; die verbleibenden 20 % verursachen hingegen ein Vielfaches dieses Aufwands. Übertragen auf die Informationssicherheit bedeutet dies, dass der größte Sicherheitsgewinn in der Regel mit vergleichsweise moderatem Aufwand erreicht wird. Betriebswirtschaftlich ist es daher sinnvoll, in allen von IT-Risiken betroffenen Bereichen die Maßnahmen zu ergreifen, die ein sehr gutes Kosten-Nutzen-Verhältnis aufweisen – und erst später das Sicherheitsniveau in Bereichen mit besonders großem Risiko zu maximieren.

Auch der BSI-Ansatz des IT-Grundschutzes nutzt das Pareto-Prinzip: Der für den Grundschutz angenommene »normale« Schutzbedarf sollte die untere Grenze für schutzwürdige Infrastrukturen darstellen und sich mit einer vergleichsweise moderaten Investition erreichen lassen. Als vordefinierter Soll-Zustand bietet er eine gute Vergleichbarkeit und die Möglichkeit, das eigene Sicherheitsniveau zu bewerten. Zusätzliche Investitionen in Individualmaßnahmen sind nur dann erforderlich, wenn ein höherer Schutzbedarf vorliegt. Abbildung 2.4 zeigt, dass sich das Kosten-Nutzen-Verhältnis ergänzender Sicherheitsmaßnahmen typischerweise immer weiter verschlechtert – so lange, bis der erforderliche Aufwand den Gewinn an Sicherheit nicht mehr rechtfertigt.

Allerdings ist dabei zu berücksichtigen, dass der Sicherheitsgewinn einer Maßnahme schwierig zu quantifizieren ist – daher ist die Entscheidung, welche Maßnahme das bessere Kosten-Nutzen-Verhältnis aufweist, meist nicht leicht zu treffen.

2.3.5 Erfahrungswerte – Best Practice

Zwar gibt es wenige allgemeine oder verallgemeinerbare Erfahrungswerte über Eintrittswahrscheinlichkeiten von Schadensereignissen und Schadenshöhen im Bereich der Informationssicherheit; auch die Angaben über die Höhe der Investitionen von Unternehmen in Sicherheitsmaßnahmen in Studien schwanken stark und sind meist schlecht vergleichbar, da nicht klar abgegrenzt wird, welche Ausgaben der IT-Sicherheit zugeordnet werden. So kann bspw. das Patch-Management sowohl aus dem Budget der IT-Sicherheit als auch aus dem des IT-Betriebs finanziert sein. Eine Orientierung an solchen Angaben ist daher nur sehr eingeschränkt möglich. Eine grobe Orientierung können solche Angaben aber dennoch bieten. Im Jahr 2017 lag nach einem Global Enterprise Security Survey von Fortinet das IT-Sicherheitsbudget bei 36 % der Unternehmen unter 10 %, bei ebenso vielen (36 %) hingegen bei über 15 % des IT-Budgets.

Insgesamt lässt sich allerdings – selbst bei Unterstellung eingeschränkter statistischer Signifikanz solcher Untersuchungen – über alle Studien hinweg ein eindeutiger Trend erkennen: Der Anteil der Ausgaben für IT-Sicherheit gemessen am IT-Budget steigt bei den meisten Unternehmen signifikant; bei Banken und Versicherungen liegt er außerdem deutlich höher als bei Unternehmen anderer Branchen.

Und ein zweiter deutlicher Trend ist erkennbar: Die Bedeutung von IT-Sicherheitsrisiken steigt in den Augen des Managements angesichts der wachsenden Anzahl erfolgreicher Angriffe auf Unternehmen in den vergangenen Jahren (z. B. durch Verschlüsselungstrojaner). Im 25. »Annual Global CEO Survey« von PwC aus dem Jahr 2022, in dem 4446 CEOs aus 89 Ländern befragt wurden, rangierten »Cyber Risks« unter den »Risiken der kommenden 12 Monate« an erster Stelle – vor Gesundheits- und (global verursachten) wirtschaftlichen Risiken (Abb. 2.5).

Abbildung 2.5: Größte Risiken aus Sicht von Unternehmensleitungen

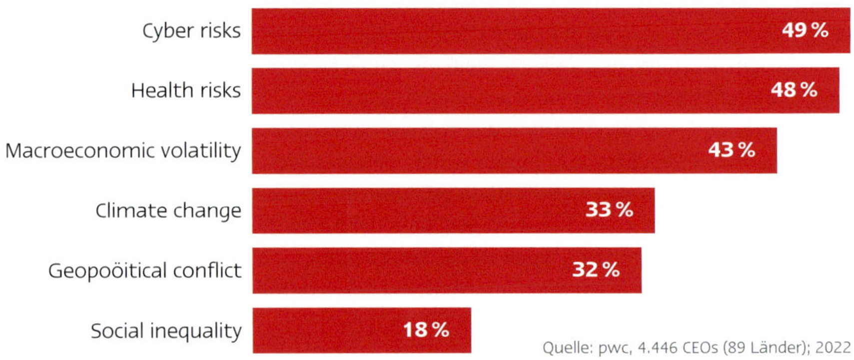

Quelle: pwc, 4.446 CEOs (89 Länder); 2022

Zusammenfassung

Die Qualität der mit den unterschiedlichen Modellen kalkulierbaren quantitativen Aussagen steht und fällt mit der Genauigkeit der Angaben zur Eintrittswahrscheinlichkeit, Schadenshöhe und den Gesamtkosten einer geeigneten Sicherheitsmaßnahme. Da aus den genannten Gründen in absehbarer Zeit auf keine hinreichend verlässliche Zahlenbasis aus Erfahrungswerten für die unterschiedlichen IT-Risiken zurückgegriffen werden kann, lassen sich auch in nächster Zukunft nur für Schadensereignisse mit hoher Eintrittswahrscheinlichkeit aussagekräftige ROSI-Berechnungen durchführen.

Gerade für häufige Schadensereignisse ist jedoch der »Return« einer Sicherheitsmaßnahme meist offensichtlich und auch ohne ein ausgefeiltes Modell sehr leicht abzuschätzen. So liegt es auf der Hand, dass ein wirksamer Spam-Filter, der unerwünschte elektronische Nachrichten (oft mit maliziösem Anhang) mit einer hohen Trefferquote und ohne *False Positives* (fälschlich als »Spam« deklarierte E-Mails) aussortiert, einen unmittelbaren »Return« in Form gesteigerter Produktivität und einer Abnahme des Risikos eines erfolgreichen Angriffs bewirkt.

Hingegen wäre für die seltenen Schadensereignisse mit hohem Schadenspotenzial, die sich einer »Pi mal Daumen«-Schätzung entziehen, eine ROSI-Kalkulation besonders wertvoll. Genau das leisten jedoch auch die quantitativen Modelle nicht.

In der Praxis kommen daher überwiegend qualitative Ansätze zur betriebswirtschaftlichen Steuerung von Sicherheitsstrategien zum Einsatz, wie die Checklisten des IT-Grundschutzes oder die Erfahrungswerte und Strategien aus vergleichbaren Unternehmen.

Literatur

[BBS_07] *Brocke, Jan; Buddendick, Christian; Strauch, Gereon*: Return on Security Investments – Design Principles of Measurement Systems Based on Capital Budgeting, AMCIS Proceedings 2007, S. 4

[Beri_02] *Berinato, S.*: Finally, a Real Return on Security Spending, CIO Magazine, 08.04.2002

[BITKOM_05] *BITKOM*: IT-Risiko- und Chancenmanagement im Unternehmen. Ein Leitfaden für kleinere und mittlere Unternehmen. 23.05.2006; *https://www.bitkom.org/sites/main/files/file/import/060601-Bitkom-Leitfaden-IT-Risikomanagement-V10-final.pdf* (Stand: 17.01.2024)

[BSI_18] *Bundesamt für Sicherheit in der Informationstechnik (BSI)*: Risikoanalyse auf der Basis von IT-Grundschutz. BSI-Standard 200-3, Oktober 2018

[Enisa_12] *Enisa*: Introduction to Return on Security Investment, Dec. 2012; *https://www.enisa.europa.eu/publications/introduction-to-return-on-security-investment* (Stand: 25.01.2024)

[Enisa_23] *Enisa*: Interoperable EU Risk Management Toolbox, Feb. 2023; *https://www.enisa.europa.eu/publications/interoperable-eu-risk-management-toolbox* (Stand: 25.01.2024)

[FIPS_65] *National Institute of Standards and Technology (NIST)*: Guideline for Automatic Data Processing Risk Analysis, FIPS PUB 65, 01.08.1975 (zurückgezogen am 25.08.1995, abgelöst durch SP 800-30 [NIST_12])

[Fox_11] *Fox, Dirk*: Betriebswirtschaftliche Bewertung von Security Investments in der Praxis, Datenschutz und Datensicherheit (DuD), 1/2011, S. 50–55

[GCIO_04] *Government Chief Information Office*: A Guide for Government Agencies Calculation Return on Security Investment; New South Wales Government, Department of Commerce; Version 2.0, 13.06.2004; *https://webarchive.nla.gov.au/awa/20091124224132/http://pandora.nla.gov.au/pan/111462/20091125-0940/www.gcio.nsw.gov.au/products-and-services/policies-guidelines/Lockstep_ROSI_Guideline_SGW_282_2_29.pdf* (Stand: 25.01.2024)

[Hoo_00] *Hoo, Kevin J. Soo*: How Much Is Enough? A Risk-Management Approach to Computer Security, Working Paper, CRISP, Stanford University, June 2000; *https://cisac.fsi.stanford.edu/publications/how_much_is_enough__a_riskmanagement_approach_to_computer_security* (Stand: 17.01.2024)

[ISO_18] *International Organisation for Standardization (ISO)*: Risk management – Guidelines. ISO 31000:2018, 2018

[ISO_22] *International Organisation for Standardization (ISO)*: Information technology – Security techniques – Information security risk management. ISO/IEC 27005:2022, Oktober 2022

[Mizz_05] *Mizzi, A.*: Return on Information Security Investment – Are you spending enough? Are you spending too much? Januar 2005; *http://adrianmizzi.com/ROISI-Paper.pdf* (Stand: 17.01.2024)

[MöTe_06] *Möricke, M.; Teufel, S. (Hrsg.)*: Kosten & Nutzen von IT-Sicherheit, Praxis der Wirtschaftsinformatik, HMD Heft 248, April 2006, dpunkt.verlag 2006

[NFKP_05] *Nowey, T.; Federrath, H.; Klein, C.; Plößl, K.*: Ansätze zur Evaluierung von Sicherheitsinvestitionen, In: Sicherheit 2005, Lecture Notes in Informatics, P-62, Köllen-Verlag, Bonn 2005, S. 15–26

[NIST_11] *National Institute of Standards and Technology (NIST):* Managing Information Security Risks. NIST Special Publication 800-39, March 2011; *https://nvlpubs.nist.gov/nistpubs/legacy/sp/nistspecialpublication800-39.pdf* (Stand: 17.01.2024)

[NIST_12] *National Institute of Standards and Technology (NIST)*: Guide for Conducting Risk Assessments. NIST Special Publication 800-30, Rev. 1, September 2012; *https://nvlpubs.nist.gov/nistpubs/Legacy/SP/nistspecialpublication800-30r1.pdf* (Stand: 17.01.2024)

[NIST_20] *Stine, K.; Quinn, S.; Witte, G.; Gardner, R. K.*: Integrating Cybersecurity and Enterprise Risk Management (ERM). National Institute of Standards and Technology (NIST) Interagency Report, NIST IR 8286, October 2020; *https://nvlpubs.nist.gov/nistpubs/ir/2020/NIST.IR.8286.pdf* (Stand: 17.01.2024)

[ROSI_11] *Return on Security Investment (ROSI)*: Calculator; *http://www.iso27001standard.com/en/rosi/return-on-security-investment* (Stand: 17.01.2024)

[SoAS_06] *Sonnenreich, W.; Albanese, J.; Stout, B.*: Return On Security Investment (ROSI) – A Practical Quantitative Model. Journal of Research and Practice in Information Technology, Vol. 38, No. 1, February 2006, S. 55–66; *https://www.scitepress.org/papers/2005/25802/25802.pdf* (Stand: 25.01.2024)

[WeFr_01] *Wei, H.; Frinke, D. et al.*: Cost-Benefit Analysis for Network Intrusion Detection Systems. In: Proceedings of the 28th Annual Computer Security Conference October 2001; *http://www.csds.uidaho.edu/deb/costbenefit.pdf* (Stand: 17.01.2024)

[Wiki_23] *Wikipedia*: Operationelles Risiko, 2023

3 Informationssicherheit und rechtliche Anforderungen

Einleitung

Neben der betriebswirtschaftlich getriebenen Risikoreduktion gibt es eine zweite wichtige Motivation und Zielsetzung bei der Einführung von Maßnahmen der Informationssicherheit in Unternehmen und Behörden: gesetzliche Regelungen und weitere rechtliche Anforderungen mit Bezug zur Informationssicherheit. Organisationen unterliegen dem geltenden Recht und müssen somit Ressourcen investieren, um ihre Abläufe regelkonform zu gestalten. Verstöße gegen gesetzliche Bestimmungen sind mit Sanktionen bewehrt (in der Regel Bußgeldern), können den Ruf schädigen, schmerzhafte wettbewerbsrechtliche Konsequenzen zur Folge haben oder zu Schadensersatz gegenüber dem Vertragspartner führen. Sie erfüllen in bestimmten Fällen sogar Straftatbestände. Die Beschäftigung mit den rechtlichen Anforderungen an die Informationssicherheit ist daher eine wichtige Voraussetzung für die adäquate Ausgestaltung von technischen und organisatorischen Schutzmaßnahmen.

Im Gegensatz zu Arbeitsrecht, IT-Recht, Datenschutzrecht oder Strafrecht gibt es jedoch noch immer kein Rechtsgebiet »Informationssicherheitsrecht«, das alle Rechtsfragen der Informationssicherheit zusammenhängend behandelt.[1] Bereits für die genannten Rechtsmaterien gibt es nicht das eine Gesetz, das die Materie umfassend und ausschließlich regelt. Das »Informationssicherheitsrecht« ist in noch stärkerem Maße eine Querschnittsmaterie, auf die rechtliche Bestimmungen aus ganz unterschiedlichen Richtungen Einfluss nehmen. Da jedoch rechtliche Bestimmungen einen erheblichen Einfluss auf die Gestaltung von Informationssicherheit haben – von Rahmenbedingungen über direkte Anforderungen bis hin zu rechtlichen Grenzen für konkrete Sicherheitsmaßnahmen –, müssen rechtliche Bestimmungen aus unterschiedlichen Gebieten, aus denen sich direkte oder indirekte Bezüge zur Informationssicherheit ergeben, betrachtet werden.

So leiten sich bspw. aus dem Arbeitsrecht Rahmenbedingungen und Anforderungen an die organisatorische Gestaltung von Informationssicherheit ab, die etwa in Form von hierauf bezogenen Arbeitsanweisungen, innerbetrieblichen Richtlinien oder Betriebsvereinbarungen umgesetzt werden können.

Neueren Ursprungs sind die direkten Anforderungen aus dem »IT-Sicherheitsgesetz«[2] und dem »IT-Sicherheitsgesetz 2.0«[3], die allerdings vor allem die Betreiber Kritischer Infrastrukturen und weitere regulierte Unternehmen unmittelbar betreffen. Da diese ihre Anforderungen jedoch wiederum an ihre Dienstleister und Zulieferer weitergeben müssen, erweitert sich der Einflussbereich schnell.

1 Eine Tendenz zur Entwicklung eines solchen Rechtsgebiets ist jedoch anhand erster zusammenfassender Beschreibungen erkennbar, s. RePo 2007; ScTh 2018; AuCo 2016, § 33.

2 Gesetz zur Erhöhung der Sicherheit informationstechnischer Systeme (IT-Sicherheitsgesetz) vom 17.07.2015, BGBl I Nr. 31 vom 24.07.2015, S. 1324.

3 Zweites Gesetz zur Erhöhung der Sicherheit informationstechnischer Systeme (IT-Sicherheitsgesetz 2.0) vom 18.05.2021, BGBl. I Nr. 25 vom 27.05.2021, S. 1122.

Eine maßgebliche Quelle liefert zudem das Datenschutzrecht, das sich durch die seit Mai 2018 geltende Datenschutz-Grundverordnung[4] (DSGVO) allerdings auch in Bezug auf die informationssicherheitsrechtlichen Anforderungen stark in Bewegung befindet.

Aus systematischer Sicht besteht eine Reihe von verschiedenen Perspektiven bei der Betrachtung der Informationssicherheit aus rechtlicher Sicht:

- Rechtsregeln können Quelle von Anforderungen an die Umsetzung von Informationssicherheit sein.
- Rechtsregeln können ebenso Quelle von Maßnahmengrenzen sein.
- Das Recht kann Infrastrukturen der Informations- und Kommunikationstechnik regulieren, Sicherheitsmaßnahmen vorgeben und Rechtsfolgen mit dem vorgegebenen Sicherheitsniveau verknüpfen (bspw. im Signaturrecht). In diesem Fall erfüllt das Recht die Rolle eines Vertrauensankers für bestimmte technische Verfahren.
- Das Recht kann ein Gestaltungsmittel für organisatorische Maßnahmen zur Informationssicherheit darstellen (bspw. Verträge, arbeitsrechtliche Instrumente).
- Das Recht kann die Informationssicherheit gefährdende Handlungen verbieten und unter Strafe stellen (Strafrecht) und hierdurch direkten Schutz der Informationssicherheit betreiben.

Um einen Überblick über die verschiedenen relevanten Rechtsgebiete zu geben, wird in diesem Kapitel ein weiter Bogen gespannt. Dabei werden einzelne besonders praxisrelevante Aspekte vertieft.

Grundlegender Zielkonflikt

Das Recht der Informationssicherheit ist jedoch nicht nur durch den Querschnittscharakter und seine verschiedenen Anwendungsperspektiven schwer zu greifen, es wird zudem durch einen grundlegenden Zielkonflikt geprägt. So erfordern unter anderem die Rechte der Unternehmenseigentümer, die Rechte von Dritten wie Vertragspartnern, der Datenschutz bezüglich der Betroffeneninteressen und auch das öffentliche Sicherheitsinteresse Maßnahmen der Informationssicherheit. Die Umsetzung von Informationssicherheit folgt also rechtlichen Verpflichtungen. Zugleich greifen aber Maßnahmen der Informationssicherheit regelmäßig in die Rechte von IT-Nutzern, Arbeitnehmern oder Dritten ein, indem bspw. personenbezogene Daten in Log-Protokollen gespeichert und ausgewertet, Verhaltensregeln aufgestellt und Freiheiten eingeschränkt werden. Es bestehen also ebenso rechtliche Verpflichtungen, die exzessive Maßnahmen zur Informationssicherheit unterbinden. Sowohl das Unterlassen rechtlich gebotener Sicherheitsmaßnahmen als auch die Gestaltung von Sicherheitsmaßnahmen ohne die Beachtung möglicher rechtlicher Hindernisse können erhebliche Konsequenzen zur Folge haben. Diese drohen nicht zuletzt durch das Eintreten von Haftungsfolgen oder durch Bußgelder und Anordnungen. Es können aber auch schon hohe Kosten entstehen, wenn rechtliche Anforderungen nicht von Beginn an berücksichtigt wurden und dadurch Systeme oder Prozesse mit hohem Aufwand nachträglich umgestaltet werden müssen.

---

4 Verordnung (EU) 2016/679 des Europäischen Parlaments und des Rats vom 27. April 2016 zum Schutz natürlicher Personen bei der Verarbeitung personenbezogener Daten, zum freien Datenverkehr und zur Aufhebung der Richtlinie 95/46/EG, ABl. L 119 vom 4.5.2016, S. 1–88.

3.1 Informationssicherheit und Recht im Überblick

Informationssicherheit ist letztlich ein Mittel oder Erfordernis zum Schutz von Rechtsgütern, wie der informationellen Selbstbestimmung oder des Eigentums. Doch auch wenn Informationssicherheit kein eigenständiges Rechtsgut und keinen Selbstzweck darstellt, kann ihr trotzdem eine hohe Bedeutung zukommen. So kommt es nicht von ungefähr, dass die 2007 eingeführten § 100g StPO[5] und §§ 113a bis 113 f. TKG[6], besser bekannt als Rechtsgrundlagen der sogenannten TK-Vorratsdatenspeicherung, am 10.03.2010 durch das Bundesverfassungsgericht nicht wegen des Eingriffs in das Telekommunikationsgeheimnis, in das Recht auf informationelle Selbstbestimmung oder in die Rechte der Provider für nichtig erklärt wurden, sondern wegen der unzureichenden Regelungen zu Sicherheitspflichten bei der Aufbewahrung, Übermittlung und Nutzung dieser Daten.[7]

Informationssicherheit wird in § 2 Abs. 2 BSIG[8] legal definiert als die Einhaltung bestimmter Sicherheitsstandards, die die Verfügbarkeit, Unversehrtheit oder Vertraulichkeit von Informationen betreffen, durch Sicherheitsvorkehrungen in oder bei der Anwendung von informationstechnischen Systemen, Komponenten oder Prozessen. Dies entspricht dem Verständnis, das auch in Abschnitt 1.2 dargestellt ist.

Die Sicherheitsziele lassen sich direkt aus verschiedenen Grundrechten ableiten. Das Recht auf informationelle Selbstbestimmung, die Grundlage des deutschen Datenschutzrechts, erfordert bspw. den Schutz der Vertraulichkeit, aber auch den Schutz der Verfügbarkeit und der Integrität personenbezogener Daten. Der Schutz des Eigentums (Art. 14 GG[9]) etwa der Gesellschafter von Unternehmen erfordert einerseits den Schutz von Vertraulichkeit, bspw. bezüglich der Geschäftsgeheimnisse, andererseits den Schutz der Verfügbarkeit der gesamten – heute regelmäßig essenziellen – Informationsinfrastruktur. Der Gesetzgeber erlässt daher zunehmend Regelungen von Sicherheitsanforderungen, um seiner Pflicht zum Schutz dieser Grundrechte nachzukommen.

Mit seiner Entscheidung über die Regelungen zum staatlichen Trojaner-Einsatz im Verfassungsschutzgesetz von Nordrhein-Westfalen hat das Bundesverfassungsgericht zudem aus dem allgemeinen Persönlichkeitsrecht das Grundrecht auf »Gewährleistung der Vertraulichkeit und Integrität informationstechnischer Systeme« abgeleitet.[10] Dieses Grundrecht, auch als »Computer-Grundrecht« oder »IT-Grundrecht« bezeichnet, schützt die IT-Systeme eines Grundrechtsträgers gegen Zugriffe des Staats. Das Grundrecht stellt heimliche staatliche Zugriffe unter einen Richtervorbehalt und fordert enge gesetzliche Eingriffsvoraussetzungen.

5 Strafprozessordnung

6 Telekommunikationsgesetz

7 BVerfGE 125, 260.

8 Gesetz über das Bundesamt für Sicherheit in der Informationstechnik, *https://www.gesetze-im-internet.de/bsig_2009/BJNR282110009.html*, zuletzt geändert am 23.06.2021.

9 Grundgesetz

10 BVerfG, Urteil v. 27.02.2008, AZ: 1 BvR 370/07; s. auch [Hor 2008].

Wesentliche Motivation des Bundesverfassungsgerichts für die Ableitung eines neuen Grundrechts, das mit der Vertraulichkeit und Integrität zwei der generischen Sicherheitsziele verfolgt, ist die steigende Bedeutung von IT-Systemen für die Persönlichkeitsentfaltung der Nutzer. Die Informationssicherheit hat durch das oben erwähnte Urteil rechtlich eine deutliche Aufwertung erfahren.

Grundrechte wirken jedoch nicht nur gegen staatliches Handeln, sondern sind auch bei der Auslegung der Gesetze des Privatrechts heranzuziehen. Hierin liegt die sogenannte »Drittwirkung der Grundrechte«. Sie können außerdem Schutzpflichten des Staats für das geschützte Rechtsgut begründen. Daher besteht die Hoffnung, dass durch zukünftige Gesetzgebung oder Rechtsprechung die Rechtsvorschriften zur Informationssicherheit bzw. deren Auslegung ergänzt und ausgestaltet werden. Das IT-Sicherheitsgesetz stellt hier einen ersten Schritt dar, der aber auch exemplarisch die praktischen Herausforderungen des Gesetzgebers vorführt. Diese bestehen unter anderem darin, Raum für fortschreitende technische Entwicklungen sowohl mit Blick auf Risiken als auch auf Maßnahmen zu lassen, andererseits aber ein möglichst konkretes Anforderungslevel zu regeln, um Rechtssicherheit zu schaffen. Um die notwendige Flexibilität der Anforderungen zu erhalten, werden sich auch künftig die gesetzlichen Regelungen auf sehr allgemeine Anforderungen beschränken, selbst in Gesetzen, die spezifisch auf die Informationssicherheit gerichtet sind. Die konkreteren Anforderungen werden weiterhin auf Verordnungen, technische Richtlinien, Standards und Verwaltungsvorschriften verschoben werden.

Die Darstellung in den folgenden Abschnitten stellt die rechtlichen Anforderungen an die Informationssicherheit aus verschiedenen Rechtsbereichen dar. Am Anfang jeden Rechtsgebiets wird auch der Kontext skizziert, in dem diese Sicherheitsanforderungen gelten.

Rechtsbereiche mit Sicherheitsanforderungen

Die rechtlichen Anforderungen an Informationssicherheit in Unternehmen werden im Folgenden nach einzelnen Rechtsbereichen oder Branchenregulierungen untergliedert. Hierfür werden jedoch zuerst Grundlagen des Risikomanagements erklärt, da sie für einen Teil der nachfolgend erläuterten Anforderungen eine maßgebliche Rolle zum Verständnis spielen.

3.1.1 Risikomanagement als rechtliche Anforderung

Die Forderung nach einem dokumentierten, nachvollziehbaren und Sicherheit fördernden Risikomanagement hat in einige gesetzliche Vorgaben Einzug gehalten, vor allem aber in viele Standards, die die Erfüllung unternehmensbezogener Sorgfaltspflichten näher beschreiben. Beispiele sind etwa § 25a Abs. 1 KWG[11] oder der Katalog von Sicherheitsanforderungen der Bundesnetzagentur nach § 167 (ehemals § 109) TKG[12]. Die Einführung eines Risikomanagements selbst ist ebenfalls Gegenstand von Standardisierungsvorschlägen.

11 Kreditwesengesetz

12 Telekommunikationsgesetz

Grundlagen des Risikomanagements

Nach ISO 31000[13] wird Risiko definiert als »Auswirkung von Unsicherheit auf Zielsetzungen«. Die Norm selbst dient nicht zu Zertifizierungszwecken, sondern liefert vielmehr Empfehlungen, um die Unternehmensstrategie zu verwirklichen. Die Entwicklung einer maßgeschneiderten Risikomanagementstrategie, die Identifikation von Risiken und deren Abschwächung soll zur Unternehmenszielerreichung führen und dem Schutz von Unternehmenswerten dienen. Die Norm legt Grundsätze für den Umgang mit Risiken fest. Diese Grundsätze sollten als Basis für die Gestaltung der Unternehmensprozesse berücksichtigt werden. Der Umgang mit den Risiken basiert auf dem sogenannten Deming-Kreis[14] und umfasst die Risikomanagementkomponenten Integration – Gestaltung – Implementierung – Bewertung – Verbesserung. Risikomanagement ist demnach als dynamischer Prozess zu sehen, der kontinuierlich an die Unternehmensziele und Prozessabläufe angepasst werden muss. Neben ISO 31000 gibt es einen weiteren wichtigen Risikomanagementansatz, den COSO-Ansatz[15]. 2004 veröffentlichte COSO das Enterprise Risk Management (ERM) – Integrated Framework, wobei COSO die Auffassung vertritt, dass der ERM-Ansatz umfangreicher ist als ein internes Kontrollsystem (IKS). Ein IKS umfasst sämtliche in einem Unternehmen eingesetzten Methoden und Maßnahmen, die das Unternehmensvermögen und die Einhaltung der gesetzlichen Vorschriften und definierten Unternehmensrichtlinien, das heißt Legal und Compliance, sichern sollen. COSO definiert dagegen ERM als Prozess, der bei der Festlegung von Strategien im gesamten Unternehmen angewendet wird und eine entsprechende Sicherheit in Bezug auf die Unternehmenszielerreichung ermöglichen soll.

Einer der wesentlichsten Unterschiede liegt in der unterschiedlichen Betrachtungsweise von »Auswirkungen der Risiken auf die Unternehmenszielerreichung« (ISO 31000) gegenüber den »risikorelevanten Ereignissen« (COSO ERM). Ob sich ein Unternehmen also auf das versuchte Vorherbestimmen von Ereignissen im Sinne einer Compliance-basierten Funktion oder auf die Fokussierung auf Ziele im Sinne von strategischen risikobasierten Entscheidungen konzentriert, sollte vor Beginn der Aufnahme des Risikomanagements sorgfältig abgewogen und entschieden werden.

Grundlagen zur Informationssicherheit aus dem Risikomanagement

Das Bundesamt für Sicherheit in der Informationstechnik (BSI) definiert Informationssicherheit als Synonym von Datensicherheit, das heißt dem Schutz von Daten hinsichtlich der Schutzziele Vertraulichkeit, Verfügbarkeit und Integrität. Da jede mögliche Bedrohung ein Risiko darstellt, kommt dem Risikomanagement auch im Rahmen der Informationssicherheit eine hohe Bedeutung zu. Damit ein Mindestmaß an Sicherheit gewährleistet ist, sollten Maßnahmen zur Risikominimierung definiert und regelmäßig überprüft werden.

13 ISO/IEC 31000:2018, Risk management – Guidelines.

14 Sogenannter PDCA-Zyklus; PDCA steht für die englischen Begriffe Plan, Do, Check, Act, das heißt der kontinuierlichen Prozessverbesserung und Qualitätssicherung.

15 COSO steht für »Committee of Sponsoring Organizations of the Treadway Commission«.

Dieser Vorgang kann durch eine externe Zertifizierung, bspw. anhand ISO 27001[16], erfolgen. Es gibt jedoch eine Vielzahl unterschiedlicher Standards und Verfahren, anhand derer der Nachweis über das Vorhandensein entsprechender Sicherheitsniveaus erbracht werden kann, bspw. Common Criteria, Control Objectives for Information and related Technology (COBIT) oder IT Infrastructure Library (ITIL), die teilweise zertifizierbar sind.

Anforderungen an die Informationssicherheit aus dem Risikomanagement

Damit Informationssicherheit überprüf- und darstellbar wird, muss sie messbar sein. Wie bereits erläutert, gibt es unterschiedliche Ansätze, Risikomanagement zu betreiben. Dies gilt auch für den Bereich der Informationssicherheit. Allen Ansätzen ist gemein, dass sie ein strukturiertes Vorgehen fordern, anhand dessen die individuellen Sicherheitsmaßnahmen für die IT-Landschaft eines Unternehmens abgeleitet werden. Durch eine entsprechende Analyse, bspw. basierend auf ISO 27001, werden die zu schützenden Unternehmenswerte ermittelt. Diese Art der Risikoanalyse liefert wertvolle Informationen, kann jedoch mit einem hohen personellen und finanziellen Aufwand verbunden sein und erfordert detailliertes Know-how. Eine Alternative zu diesem Vorgehen bietet bspw. der IT-Grundschutz des BSI, der dazu beiträgt, den Aufwand für die Informationssicherheit zu reduzieren und durch die Bündelung und Wiederverwendung bekannter Vorgehensweisen zur Entwicklung der Informationssicherheit beizutragen. Die Messbarkeit wird hierbei durch die Abfrage der Umsetzung der Katalogmaßnahmen und die Angabe des Umsetzungsgrads erreicht.

3.1.2 Anforderungen aus dem Gesellschaftsrecht

Das Gesellschaftsrecht steht für die Gesamtheit der Vorschriften, die der Regulierung von privatrechtlichen Personenvereinigungen dienen, also etwa der Aktiengesellschaften, der Gesellschaften mit beschränkter Haftung, aber auch der Gesellschaften bürgerlichen Rechts, der offenen Handelsgesellschaften oder der eingetragenen Vereine. Das Gesellschaftsrecht enthält Anforderungen an die IT-Sicherheit vor allem durch seine Vorgaben an die Unternehmensleitung und die Organpflichten innerhalb der Unternehmen sowie durch die Einführung von Pflichten zum Risikomanagement. Mit Organpflichten sind hierbei die Pflichten weiterer vom Gesetz vorgesehener Unternehmensgremien gemeint, etwa Pflichten eines Aufsichtsrats. Teil dieser Vorgaben ist auch die Kontrolle der Einhaltung sowohl der ein Unternehmen treffenden Rechtsvorgaben als auch der internen Unternehmensregeln, die sogenannte Compliance. Informationssicherheit wird deshalb auch unter dem Aspekt der IT-Compliance behandelt.[17] Rechtliche Konkretisierungen mit Blick auf die Unternehmens-IT finden sich insbesondere im Recht der Aktiengesellschaften, das zum Schutz der Aktionäre besondere Pflichten (insbesondere des Vorstands) vorsieht.

---

16 ISO/IEC 27001:2013, Information technology – Security techniques – Information security management systems – Requirements.

17 Weiterführend [Fal 2011, S. 35] oder [NoBe 2008].

Grundlagen zur Informationssicherheit im Gesellschaftsrecht

Bezüglich der Rechtsgründe, Maßnahmen zur IT-Sicherheit zu treffen, ist zunächst zwischen den Gesellschaftsformen zu unterscheiden:

- Für die Kapitalgesellschaften (GmbH – Gesellschaft mit beschränkter Haftung, AG – Aktiengesellschaft) ergeben sich Pflichten aus den Aufgaben und Sorgfaltspflichten der Unternehmensleitung sowie aus der Verpflichtung zum Risikomanagement.
- Für Personengesellschaften (GbR – Gesellschaft bürgerlichen Rechts, KG – Kommanditgesellschaft, OHG – offene Handelsgesellschaft) entfallen diese Pflichten. Für sie bestehen Sorgfaltspflichten der Geschäftsführer oder der geschäftsführenden persönlich haftenden Gesellschafter sowohl gegenüber Dritten als auch gegenüber den Mitgesellschaftern.

Die Unternehmens-IT ist in den meisten Unternehmen eine lebenswichtige Infrastruktur, ohne die der Geschäftsablauf nicht mehr möglich ist. Für viele Unternehmen ist zudem die Vertraulichkeit der gespeicherten Daten – personen- oder geschäftsbezogen – von essenzieller Bedeutung.

Die Gewährleistung von Informationssicherheit und die Organisation diesbezüglicher Aufgaben und Zuständigkeiten gehören daher zu den bestandssichernden Kernaufgaben der Unternehmensleitung. § 93 Abs. 1 AktG [18] legt als Pflicht für den Vorstand einer Aktiengesellschaft fest, dass dieser die Sorgfalt eines ordentlichen und gewissenhaften Geschäftsleiters anzuwenden hat. Diese Pflicht ergibt sich auch aus § 43 Abs. 1 GmbHG[19] und § 347 Abs. 1 HGB[20] entsprechend für Geschäftsführer am Handelsverkehr teilnehmender juristischer Personen.

Zu dieser Sorgfalt gehört zunächst eine sorgfältige Personalauswahl bezüglich der Verantwortlichen für die Umsetzung von Informationssicherheit und gegebenenfalls des IT-Sicherheitsbeauftragten. Dann ist eine Organisationsstruktur zur Gewährleistung von Informationssicherheit zu schaffen und die informationssicherheitsbezogenen Aufgaben sind festzulegen. Der Unternehmensleitung bleibt die fortdauernde Pflicht, die Umsetzung und die Wirksamkeit der vorhandenen Organisation und Maßnahmen zu überwachen und zu kontrollieren. Hierzu gehören sowohl die regelmäßige Vorlage von Berichten als auch Kontrollen, etwa durch Audits. Angesichts der Entwicklungsgeschwindigkeit des IT-Bereichs und der kontinuierlichen Veränderung der Risiken kommt der regelmäßigen Wirksamkeitsüberprüfung und Anpassung von Maßnahmen eine hohe Bedeutung zu.

Um Haftungsrisiken zu vermeiden, sollte die Unternehmensleitung dokumentieren, mit welchen Maßnahmen sie ihre Sorgfaltspflichten erfüllt. Die Dokumentation ermöglicht auch die gesetzlich vorgesehenen Kontrollen und Überwachungen.

Unter dem Aspekt der Compliance, das heißt der Regelkonformität, gilt dies noch weitergehender für die Einhaltung sämtlicher gesetzlicher Vorgaben. Das Ziel der Regelkonformität bedingt auch die Gestaltung und Überwachung der Einhaltung der unterneh-

18 Aktiengesetz

19 Gesetz betreffend die Gesellschaften mit beschränkter Haftung

20 Handelsgesetzbuch

mensinternen IT-Richtlinien einschließlich der Informationssicherheit.[21] Einzuschließen sind die hier und im Weiteren dargestellten gesetzlichen Vorgaben, bspw. die Bereiche Datenschutz, Banken- oder Telekommunikationsregulierung. Auch Regelungsbereiche, die nur eine indirekte Beziehung aufweisen wie das Urheberrecht (Lizenzmanagement) oder das Betriebsverfassungsrecht (Mitbestimmungspflichtigkeit von Sicherheitsmaßnahmen) sind zu beachten.

§ 91 Abs. 2 AktG[22] begründet eine weitere Handlungspflicht für den Vorstand der Aktiengesellschaft. Der Vorstand muss geeignete Maßnahmen zur Früherkennung von den Fortbestand der Gesellschaft gefährdenden Entwicklungen treffen und insbesondere ein diesbezügliches Überwachungssystem einrichten. Laut Gesetzesbegründung soll diese Pflicht auch auf andere Gesellschaftsformen, vor allem die Gesellschaft mit beschränkter Haftung, Anwendung finden.[23] Die Früherkennung bedingt, dass Entwicklungen, die nachteilige Veränderungen auf die Vermögens-, Ertrags- oder Finanzlage der Gesellschaft nach sich ziehen können (Bestandsgefährdungen), der Unternehmensleitung bekannt werden müssen.[24] Folge des Erkennens solcher Entwicklungspotenziale ist das Ergreifen entsprechender risikobegrenzender Maßnahmen, die in der zweiten Stufe durch das insbesondere geforderte Überwachungssystem neben der Wirksamkeit der Früherkennungsmaßnahmen auf ihre Umsetzung kontrolliert werden sollen. Angesichts der oben dargestellten Bedeutung der IT-Infrastruktur ist deren Betrachtung durch das einzurichtende interne Kontrollsystem (IKS) ein wesentlicher Bestandteil.

Die Ergebnisse der Risikobewertung und ergriffene Maßnahmen sind zudem in den von mittelgroßen und großen Kapitalgesellschaften zu erstellenden Lagebericht aufzunehmen (§ 289 HGB).

Unternehmen, die in den USA börsennotiert sind, haben über die Anforderungen des deutschen Rechts hinaus die Anforderungen des Sarbanes-Oxley-Acts von 2002 zu berücksichtigen, die ebenfalls die Einrichtung eines internen Kontrollsystems beinhalten. Die hierbei zu überwachenden und zu dokumentierenden Inhalte ergeben sich aus zugehörigen Standards. Bezüglich der Standards bei der Prüfung des Abschluss- und Lageberichts und der Kooperation mit Drittstaaten sind zudem wenigstens bei der Rechtsauslegung die Bestimmungen der Richtlinie 2006/43/EG zu beachten.[25]

---

21 Der Bereich Compliance wird auch als Maßnahme des Informationssicherheitsmanagements in ISO 27002 aufgeführt. Insofern besteht inzwischen eine enge Wechselwirkung zwischen Rechtsvorgaben und Maßnahmen zur Informationssicherheit.

22 § 91 Abs. 2 AktG wurde 1998 durch das Gesetz zur Kontrolle und Transparenz im Unternehmensbereich (KonTraG) eingeführt (Bundesgesetzblatt (BGBl.) Teil I, S. 786 v. 27.04.1998).

23 Bundestagsdrucksache (BT-Drs.) 13/9712, S. 15.

24 Hüf 2010, § 91 Rn. 6 ff.

25 Richtlinie 2006/43/EG des Europäischen Parlaments und des Rats vom 17.05.2006 über Abschlussprüfungen von Jahresabschlüssen und konsolidierten Abschlüssen [...].

Anforderungen an die Informationssicherheit im Gesellschaftsrecht

Weder die aufgeführten Sorgfaltspflichten der Vorstände oder Geschäftsführer noch die Verpflichtung zu einem Risikomanagement enthalten konkrete Vorgaben zu Maßnahmen zum Schutz der Informationssicherheit. Sie sind beschränkt auf allgemeine Kontroll-, Überwachungs- und Organisationspflichten.

Eine Konkretisierung der zu treffenden Maßnahmen findet sich erst in technischen Standards, die zur Auslegung der gesetzlichen Vorgaben und als Maßstab für den Stand der Technik herangezogen werden können, wie:[26]

- ISO 2700x
- IT-Grundschutzkataloge des BSI
- Control Objectives for Information and Related Technology (CoBIT) IT-Infrastructure Library (ITIL)
- Common Criteria

Keiner dieser Standards hat jedoch Gesetzesrang. Standards werden überwiegend durch private, internationale oder nationale Organisationen verabschiedet und haben innerhalb des jeweiligen nationalen Rechts keine *formale rechtliche Verbindlichkeit*. Da der Gesetzgeber auf ihren veränderbaren Inhalt keinen Einfluss hat, können Gesetze auch nicht direkt auf Standards verweisen, sondern lediglich auf den Stand der Technik[27]. Ihre *faktische Verbindlichkeit* erlangen Standards durch die Rechtsprechung und Literatur. Dort werden sie bspw. als Maßstab für den Stand der Technik, zur Bemessung der verkehrsüblichen Sorgfaltspflichten, als Bezugspunkt von vertraglichen Verpflichtungen, durch Bezugnahmen in Verwaltungsvorschriften oder als Ausschreibungskriterien herangezogen.

Teile der sich auf diese Weise ergebenden Pflichten der Unternehmensleitung betreffen Anforderungen an die physische und logische Sicherheit, bspw. die Notfallplanung, Klassifizierung von Informationen und Systemen, betriebliche Verfahren und Zuständigkeiten, Vorkehrungen für eine ausreichende Datensicherung und die Absicherung der Systeme gegen Angriffe usw.

Durchsetzung der Informationssicherheit im Gesellschaftsrecht

Die Durchsetzung der durch das Gesellschaftsrecht bestehenden Anforderungen an die IT-Sicherheit erfolgt in erster Linie über die für die verschiedenen Gesellschaftsformen vorgesehenen Kontrollmechanismen. Dazu gehört bspw. in einer Aktiengesellschaft die Kontrolle der vorzulegenden Berichte durch den Aufsichtsrat. Die Durchsetzung der Pflichten erfolgt außerdem über die Haftungsvorschriften für die jeweilige Unternehmensleitung.

Die Haftung des Vorstands einer Aktiengesellschaft ist in § 93 Abs. 2 AktG geregelt. Bei Verletzung der oben erläuterten Sorgfaltspflichten haften die Vorstandsmitglieder gegenüber ihrer Gesellschaft als Gesamtschuldner. Eine Entlastungsmöglichkeit besteht, wenn die Vorstandsmitglieder auf Grundlage angemessener Informationen bei einer unternehmerischen Entscheidung vernünftigerweise annehmen durften, zum Wohle der

26 Zu den Standards siehe Kapitel 6 und 7 sowie die Übersicht zu Standards der Informationssicherheit im Anhang.

27 Verweise auf den »Stand der Technik« finden sich in bestimmten Gesetzen, wie etwa in § 8a Abs. 1 BSIG, § Abs. 6 Bundesimmissionsschutzgesetz oder auch im Patentgesetz.

Gesellschaft zu handeln (sogenannte Business Judgement Rules). Auch aus diesem Grund sind ein Berichtswesen und eine nachvollziehbare Risikoabschätzung unabdingbar. Der Nachweis, mit der erforderlichen Sorgfalt gehandelt zu haben, obliegt dem Vorstand. Daher reichen gut funktionierende und an sich angemessene Maßnahmen allein bei Eintritt eines Schadens nicht aus. Für den Nachweis der Pflichterfüllung benötigt der Vorstand eine Dokumentation des internen Kontrollsystems und der getroffenen Maßnahmen. Für die Geschäftsführer einer GmbH gilt Entsprechendes, auch wenn eine ausdrückliche gesetzliche Regelung lediglich für Aktiengesellschaften besteht.

Fehlt eine solche Dokumentation gänzlich, kann der Unternehmensleitung die Entlastung verweigert oder eine erteilte Entlastung mit der Folge fortbestehender Haftung angefochten werden.[28] Für Vorstände der Aktiengesellschaft sieht § 93 Abs. 2 AktG zudem bei einer durch die Gesellschaft abgeschlossenen D&O-Versicherung[29] einen zwingenden Selbstbehalt von mindestens 10% des Schadens vor, der erst nach Erreichen der anderthalbfachen Jahresvergütung des Vorstandsmitglieds begrenzt werden kann.

Nach § 316 Abs. 1 HGB sind der Jahresabschluss und der Lagebericht durch unabhängige Wirtschaftsprüfer zu prüfen. Nach § 317 Abs. 4 HGB ist hierbei insbesondere das durch § 91 Abs. 2 AktG einzurichtende Überwachungssystem einzubeziehen, nach § 321 Abs. 4 HGB sogar in einem gesonderten Berichtsteil des Prüfungsberichts. Die Abschlussprüfer haben hierbei über Gesetzesverstöße oder bestandsgefährdende Tatsachen zu berichten, sodass die Beseitigung der Missstände durchgesetzt werden kann.

3.1.3 Anforderungen aus dem Bankenrecht

Das Bankenrecht gilt im Vergleich zum Gesellschaftsrecht nur für einen eng begrenzten Anwenderkreis, ist aber als Orientierung und durch die Ausstrahlung auf die Dienstleister der Adressaten auch darüber hinaus relevant.

Das Kreditwesengesetz regelt die Aufsicht über die Banken. Es soll Schäden im Kreditwesen und Verluste der Bankengläubiger abwenden. Hierfür wird von den Banken gefordert, ein Risikomanagement zu betreiben und dabei die operationellen Risiken auch der Unternehmens-IT zu erfassen. Die §§ 25a und 25b KWG gehen inhaltlich über die allgemeinen Anforderungen des Aktiengesetzes hinaus. Soweit[30] sie übertragbar sind, können sie deshalb zur genaueren Bestimmung und Auslegung des Pflichtenumfangs im AktG für Unternehmen außerhalb des Finanzsektors herangezogen werden.

Zur Harmonisierung der Finanzmärkte im europäischen Binnenmarkt wurde die »Markets in Financial Instruments Directive« (MiFID)[31] erlassen. 2018 wurde MiFID I durch

28 LG München I, Urteil v. 5.4.2007, AZ: 5 HK O 15964/06.

29 Directors & Officers Versicherung, eine für Organe und leitende Angestellte abgeschlossene Vermögensschadenshaftpflichtversicherung.

30 Das heißt, soweit es nicht um die Besonderheiten des Finanzsektors geht.

31 Richtlinie 2004/39/EG des Europäischen Parlaments und des Rats vom 21. April 2004 über Märkte für Finanzinstrumente, zur Änderung der Richtlinien 85/611/EWG und 93/6/EWG des Rats und der Richtlinie 2000/12/EG des Europäischen Parlaments und des Rats und zur Aufhebung der Richtlinie 93/22/EWG des Rats.

MiFID II[32] abgelöst und verfolgt die Ziele des erhöhten Anlegerschutzes, des gestärkten Wettbewerbs und der Harmonisierung des europäischen Finanzmarkts. Die Stärkung des Anlegerschutzes und der Strukturierung der Wertpapier- und Derivatemärkte umfasst bspw. die Regulierung des Hochfrequenzhandels und die Einführung von Vor- und Nachhandelstransparenzanforderungen. MIFID II wird durch eine begleitende Verordnung (MiFIR) ergänzt,[33] die weitere Anforderungen und Durchsetzungsmittel enthält.

Die Umsetzung von MiFID in nationales Recht erfolgte mit dem Finanzmarktrichtlinie-Umsetzungsgesetz (FRUG) in Verbindung mit der Wertpapierdienstleistungs-, Verhaltens- und Organisationsverordnung (WpDVerOV). MiFID gilt definitionsgemäß für Wertpapierfirmen, Kreditinstitute sowie bestimmte weitere Subjekte der Bankenregulierung durch Basel III resp. Eigenkapitalrichtlinie.

Mitte der 70er-Jahre wurde zudem der sogenannte Basler Ausschuss für Bankenaufsicht gegründet. Die aktuellen Regelungen des Ausschusses – derzeit Basel III – klären die Anforderungen an das Eigenkapital von Banken für die Kreditvergabe zur Reduktion von Insolvenzrisiken. Zu diesem Zweck werden Kreditnehmer bspw. durch Bonitätschecks überprüft und anhand der Ermittlung von Scoring-Werten bewertet. Je höher das Kreditrisiko, desto höher muss das Eigenkapital der kreditvergebenden Bank sein. Die Regelungen nach Basel III sind in der EU in Form der »Eigenkapitalrichtlinie«[34] umgesetzt. Aufgrund eines umfassenden Schutzmechanismus, der aus mehreren Puffern in Form einer erforderlichen Eigenkapitalquote von 8 %, eines erforderlichen Kernkapitals von 6 % sowie eines Kapitalerhaltungspuffers von 2,5 % besteht, soll dazu beigetragen werden, dass Banken auch in Krisenzeiten nicht an Stabilität einbüßen und ihre Solvenz und Liquidität gewährleistet bleiben.

Hierfür spielt wiederum die Bewertung der operationellen Risiken der kreditnehmenden Unternehmen eine Rolle. Dadurch kann sich ein nachweisbar hoher Standard bei der Informationssicherheit beim Kreditnehmer auf die Bewilligung und den Zinssatz eines Kredits auswirken. Somit besteht durch Basel II auch für normale Unternehmen ein Anreiz, sich um Informationssicherheit zu kümmern. Versäumen sie dies und weisen sie offenkundige Informationssicherheitsmängel auf, riskieren sie ihre Kreditwürdigkeit.

Die für den Bankensektor konkretisierten Anforderungen strahlen außerdem auf die Unternehmen aus, die (IT-)Dienstleistungen für Kredit- oder Finanzdienstleistungsinstitute erbringen. Diese sind von den Banken in ihr Risikomanagement einzubeziehen, sodass sie die für ihre Auftraggeber geltenden Anforderungen in weiten Teilen ebenfalls erfüllen müssen

32 Richtlinie 2014/65/EU des Europäischen Parlaments und des Rats vom 15. Mai 2014 über Märkte für Finanzinstrumente sowie zur Änderung der Richtlinien 2002/92/EG und 2011/61/EU.

33 Verordnung (EU) Nr. 600/2014 des Europäischen Parlaments und des Rats vom 15.05.2014 über Märkte für Finanzinstrumente und zur Änderung der Verordnung (EU) Nr. 648/2012.

34 Richtlinie 2013/36/EU des Europäischen Parlaments und des Rats vom 26. Juni 2013 über den Zugang zur Tätigkeit von Kreditinstituten und die Beaufsichtigung von Kreditinstituten und Wertpapierfirmen, zur Änderung der Richtlinie 2002/87/EG und zur Aufhebung der Richtlinien 2006/48/EG und 2006/49/EG.

Grundlagen zur Informationssicherheit im Bankenrecht

Gegenüber den Banken sind Anforderungen, die auch ausdrücklich die Informationssicherheit betreffen, in den §§ 25a und 25b KWG in der Gesetzesfassung ab 2014 enthalten. In § 25a Abs. 1 KWG werden die Finanzinstitute zunächst zu dem besagten angemessenen und wirksamen Risikomanagement verpflichtet, zu dem die Einrichtung eines internen Kontrollsystems und einer internen Revision gehört. Zum internen Kontrollsystem wiederum gehört eine ordnungsgemäße Geschäftsorganisation in Form von aufbau- und ablauforganisatorischen Regelungen, die unter anderem eine klare Abgrenzung der Verantwortungsbereiche schaffen. Die Verantwortungszuweisungen und die zu schaffenden Regelungen müssen auch die IT umfassen. Zum internen Kontrollsystem gehört ausdrücklich eine Compliance-Funktion. Diese muss die Einhaltung der das Institut betreffenden gesetzlichen Bestimmungen gewährleisten. Die Verantwortung hierfür wird der Unternehmensleitung zugewiesen.

Für die IT wird neben dem internen Kontrollsystem auch eine angemessene personelle und technisch-organisatorische Ausstattung sowie die Festlegung und Umsetzung eines angemessenen Notfallkonzepts gefordert. Das Finanzinstitut muss insbesondere durch geeignete Maßnahmen eine angemessene Qualifikation der IT-Mitarbeiter gewährleisten. Bezüglich der technisch-organisatorischen Ausstattung wird die Angemessenheit an den gängigen technischen Standards orientiert. Sämtliche Maßnahmen sind als Teil der ordnungsgemäßen Geschäftsorganisation vollständig und nachvollziehbar zu dokumentieren.

Eine weitere Ergänzung mit möglichen Auswirkungen für die Informationssicherheit ist die Verpflichtung zur Einrichtung eines Whistleblowing-Systems. Ein solches System muss die Vertraulichkeit der Identität von meldenden Mitarbeitern gewährleisten. Es ist daher zwangsläufig Gegenstand der Informationssicherheit. Gleichzeitig ist es ein Durchsetzungs- und Überwachungsinstrument für die organisatorischen Maßnahmen der Informationssicherheit.

In § 25b KWG finden sich Regelungen zur Auslagerung, die auch bei IT-Anwendungen, Infrastrukturen und -Prozessen anzuwenden sind. Inhaltlich ähneln sie den Vorschriften zur datenschutzrechtlichen Auftragsverarbeitung, gelten aber auch unabhängig von personenbezogenen Daten. Die Verantwortung für die Einhaltung der gesetzlichen Bestimmungen verbleibt auch hier beim auslagernden Finanzinstitut (§ 25b Abs. 2 S. 2 KWG).[35] Die Regelungen setzen einerseits Grenzen für die Auslagerung von Aufgaben und Arbeiten und formulieren andererseits Gestaltungsanforderungen. Grundsätzlich sind Maßnahmen zu ergreifen, um übermäßige zusätzliche Risiken durch die Auslagerung zu vermeiden. Auch nach einer Auslagerung muss ein angemessenes Risikomanagement sichergestellt sein. Die Auslagerung ist schriftlich zu vereinbaren, Prüf- und Kontrollrechte, Weisungs- und Kündigungsrechte des auslagernden Unternehmens sowie die entsprechenden Pflichten des Dienstleistungsunternehmens, das mit den ausgelagerten Aufgaben betraut wird, müssen in der Vereinbarung geregelt werden.

Der Auftraggeber muss das Risikomanagement auf die ausgelagerten Tätigkeiten erstrecken. Daher sind auch die beim Auftragnehmer zu treffenden technischen und organisatorischen Sicherheitsmaßnahmen in die Vereinbarung aufzunehmen. Die Verein-

35 Näheres zu den diesbezüglichen Anforderungen der BaFin und der Deutschen Bundesbank in [Le2019].

barung muss so konkret gefasst werden, dass externe Prüfer anhand der Dokumentation entscheiden können, ob die Maßnahmen angemessen und tauglich sind. Die Vereinbarung muss außerdem geeignet sein, um die konkreten Maßnahmen einfordern zu können.

Das Kontrollrecht der BaFin[36] und der Institutsprüfer darf durch eine Auslagerung an ein Unternehmen mit Sitz innerhalb des Europäischen Wirtschaftsraums oder in einem Drittstaat nicht eingeschränkt werden (§ 44 Abs. 1 und 2 KWG). Damit wird der BaFin Rechnung getragen, die als Behörde in ihrer Hoheitsmacht auf Deutschland beschränkt ist. Für Finanzunternehmen ergibt sich daraus ein Hindernis, Aufgaben an beliebige Dritte auszulagern.

Anforderungen an die Informationssicherheit im Bankenrecht

Aus den oben dargestellten gesetzlichen Anforderungen lassen sich bereits abstrakte Anforderungen ableiten, etwa zur Prüfung der IT-Ausstattung, zur Organisation des Geschäftsbereichs IT, zum Erstellen eines Notfallplans und zur vertraglichen Gestaltung von Auslagerungen.

Eine weitere Konkretisierung erfahren diese Anforderungen durch das Rundschreiben 10/2021 (BA) der BaFin vom 19.08.2021, das Mindestanforderungen an das Risikomanagement (MaRisk)[37] seit Dezember 2005 definiert. Den MaRisk kommt zwar eine hohe faktische Verbindlichkeit zu, rechtlich hat das Rundschreiben, in dem sie veröffentlicht wurden, aber keinen Gesetzesrang und damit keine direkte Verbindlichkeit. Die Anforderungen sind auch nicht als abschließend zu verstehen; für Institute besonderer Größe oder mit besonders komplexen Tätigkeitsfeldern können für ein angemessenes Sicherheitsniveau auch Maßnahmen über die MaRisk hinaus notwendig sein.

Die MaRisk beschreibt zunächst die Rollen und Verantwortlichkeiten der verschiedenen Funktionen wie Geschäftsleitung, Compliance, Risikocontrolling und interne Revision. Gesondert behandelt werden die geforderten Dokumentationen. Kontroll- und Überwachungsunterlagen sind danach grundsätzlich fünf Jahre lang aufzubewahren (MaRisk AT 6). Maßnahmen und Regelungen sind nachvollziehbar zu dokumentieren. Im allgemeinen Teil der MaRisk (MaRisk AT 7.2) werden die Anforderungen an die technisch-organisatorische Ausstattung konkretisiert. Sicherzustellen sind die Integrität, Verfügbarkeit, Authentizität und Vertraulichkeit der Daten durch Beachtung der gängigen Standards. Es sind Prozesse zur IT-Berechtigungsvergabe einzurichten, die die Rechte jedes Mitarbeiters auf das für seine Tätigkeit Erforderliche beschränken. IT-Systeme sind vor ihrem Einsatz und nach wesentlichen Veränderungen zu testen und abzunehmen sowie regelmäßig auf ihre Eignung zu prüfen. Die Produktions- und die Testumgebung sind hierbei zu trennen.

36 Bundesanstalt für Finanzdienstleistungsaufsicht

37 Die MaRisk enthalten die Anforderungen der BaFin, die Prüfungen von Kreditinstituten und Finanzdienstleistungsinstituten zugrunde gelegt werden, siehe *https://www.bafin.de/DE/RechtRegelungen/Verwaltungspraxis/Rundschreiben/rundschreiben_node.html;* zusätzlich veröffentlicht die BaFin sogenannte Erläuterungen zum Rundschreiben 10/2021 (BA) vom 16.08.2021, siehe *https://www.bafin.de/SharedDocs/Downloads/DE/Rundschreiben/dl_rs1021_MaRisk_Erlaeuterungen.pdf* der Schwerpunkt der Änderungen der MaRisk lag in den Teilgebieten: Non Performing Loans, Auslagerungen, Kreditprozesse und Notfallmanagement.

Nähere Bestimmungen ergehen auch zum Notfallkonzept. Dessen Wirksamkeit und Angemessenheit sind durch regelmäßige Notfalltests zu überprüfen. Mit Auslagerungsunternehmen sind die Notfallkonzepte gegenseitig abzustimmen. Das Konzept muss gewährleisten, dass zeitnah Ersatzlösungen zur Verfügung stehen und in angemessenem Zeitrahmen die Rückkehr zum Normalbetrieb möglich ist. Das Konzept muss für die beteiligten Mitarbeiter zur Verfügung stehen (MaRisk AT 7.3).

Die Kontrolle dieser Vorgaben obliegt der internen Revision. Schwerwiegende Mängel sind unverzüglich der Geschäftsleitung zu melden und andere Mängel bezüglich ihrer fristgerechten Beseitigung zu überwachen. Gegebenenfalls ist hierzu eine Nachschauprüfung (Follow-up-Prüfung) anzusetzen. Erfolgt die Beseitigung nicht, besteht eine Berichtspflicht an den zuständigen Geschäftsleiter, danach an die gesamte Geschäftsleitung. Diese wiederum hat über schwerwiegende und nicht beseitigte Mängel mindestens jährlich ihrem Aufsichtsorgan zu berichten.

Nebst einer regelmäßigen Risikoberichterstellung, bspw. Berichte bestimmter Risikoarten (u. a. operationelle Risiken) und Gesamtrisikoberichte, müssen die Bankinstitute auch ad hoc Berichterstellungen tätigen können, bspw. in besonderen Risikosituationen. (z. B. Gefahrenrisiken). Das Aufsichtsorgan wird durch die Geschäftsleitung mindestens vierteljährlich zur Risikosituation informiert. Die Berichterstattung beinhaltet eine Beurteilung der Risikoverhältnisse.

Neben MaRisk hat die BaFin auf Grundlage von § 25a Abs. 1 KWG in Form von Verwaltungsanweisungen die bankenaufsichtlichen Anforderungen an die IT (BAIT)[38] mit Rundschreiben 10/2017 (BA) in der Fassung vom 16.08.2021 veröffentlicht. Die BAIT konkretisieren die gesetzlichen Anforderungen, indem sie die sichere Ausgestaltung der IT-Systeme, der zugehörigen Prozesse und der Anforderungen an die IT-Governance beschreiben.

Durchsetzung von Informationssicherheit im Bankenrecht

Die Maßnahmen zum Risikomanagement werden durch die oben dargestellten Prüf- und Berichtspflichten durchgesetzt. Sie zwingen letztlich die Geschäftsleitung, vertragliche Konsequenzen und mögliche Haftungsfolgen zu vermeiden. Als Folge der Berichte an die Unternehmensleitung greifen die oben zum allgemeinen Gesellschaftsrecht dargestellten Rechtsregeln.

Darüber hinaus unterliegen auch die der Informationssicherheit dienenden Maßnahmen der Aufsicht der BaFin, die nach § 25a Abs. 2 KWG Auflagen zu deren Durchsetzung erteilen kann. Dasselbe gilt für die Beseitigung von Beeinträchtigungen der Kontrollmöglichkeiten der BaFin durch Auslagerungen. § 25b Abs. 4 KWG gibt auch hier der BaFin das Recht, im Einzelfall Anordnungen zu treffen. Die Anordnungen erfolgen als Verwaltungsakt und können dementsprechend durch Zwangsgelder oder Ersatzvornahmen vollstreckt werden.

Wird der BaFin bekannt, dass ein Institut nicht bereit oder in der Lage ist, die erforderlichen Vorkehrungen unter anderem für die Informationssicherheit zu schaffen, kann sie sogar die Betriebserlaubnis aufheben (§§ 35 Abs. 2 Nr. 3, 33 Abs. 1 Nr. 7 KWG).

---

38 Rundschreiben 10/2017 (BA) – Bankaufsichtliche Anforderungen an die IT (BAIT) vom 16.08.2021, siehe *https://www.bafin.de/SharedDocs/Downloads/DE/Rundschreiben/dl_rs_1710_ba_BAIT.pdf*.

Anforderungen an Informationssicherheit in mit dem Bankenrecht verwandten Rechtsgebieten

Die BaFin ist noch für weitere Finanzmarkt-Branchen zuständig und hat für diese ebenfalls Verwaltungsanweisungen erlassen, die die sichere Ausgestaltung der IT-Systeme, zugehöriger Prozesse und diesbezüglicher Anforderungen an die IT-Governance beschreiben und die Anforderung an Auslagerungen aufstellen:

- Zahlungsdiensteaufsichtliche Anforderungen an die IT von Zahlungs- und E-Geld-Instituten (ZAIT)[39]
- Kapitalverwaltungsaufsichtliche Anforderungen an die IT (KAIT)[40]
- Versicherungsaufsichtliche Anforderungen an die IT (VAIT)[41]

Zukünftige Anforderungen der EU an die Informationssicherheit im Finanzsektor

Im Mai 2022 haben sich das Europäische Parlament und der Europäische Rat auf einen Vorschlag für eine Verordnung über die Betriebsstabilität digitaler Systeme des Finanzsektors (englisch Digital Operational Resilience Act – DORA) verständigt.[42] Mit DORA will die EU die IT-Sicherheit von Finanzunternehmen wie Banken, Versicherungsunternehmen und Wertpapierfirmen angesichts der ständig zunehmenden Gefahr von Cyberangriffen stärken. Mit DORA werden einheitliche Anforderungen für die Sicherheit der Netz- und Informationssysteme von im Finanzsektor tätigen Unternehmen und Organisationen sowie kritischen Dritten, die ihnen Dienstleistungen im Bereich IKT (Informations- und Kommunikationstechnologien) wie Cloud-Plattformen oder Datenanalysedienste bereitstellen, festgelegt. Die Finanzunternehmen sollen mit DORA eine digitale Betriebsstabilität schaffen und müssen dafür sicherstellen, dass sie in der Lage sind, allen Arten von Störungen und Bedrohungen im Zusammenhang mit IKT standzuhalten, darauf zu reagieren und sich von ihnen zu erholen.[43] DORA ist zum 16. Januar 2023 in Kraft getreten[44] und soll dann um weitere, präzisierende Rechtsakte (Leitlinien (Guidelines), technische

39 Rundschreiben 11/2021 (BA) – Zahlungsdiensteaufsichtliche Anforderungen an die IT (ZAIT) vom 16.08.2021, siehe *https://www.bafin.de/SharedDocs/Downloads/DE/Rundschreiben/dl_rs_1121_BA_ZAIT.pdf*.

40 Rundschreiben 11/2019 (WA) – Kapitalverwaltungsaufsichtliche Anforderungen an die IT (KAIT) vom 01.10.2019, siehe *https://www.bafin.de/SharedDocs/Downloads/DE/Rundschreiben/dl_rs_1911_kait_wa.pdf*.

41 Rundschreiben 10/2018 (VA) – Versicherungsaufsichtliche Anforderungen an die IT (VAIT)in der Fassung vom 03.03.2022, siehe *https://www.bafin.de/SharedDocs/Downloads/DE/Rundschreiben/dl_rs_1810_vait_va_Aktualisierung_2022.pdf*.

42 Verordnung des Europäischen Parlaments und des Rats über die Betriebsstabilität digitaler Systeme des Finanzsektors und zur Änderung der Verordnungen (EG) Nr. 1060/2009, (EU) Nr. 648/2012, (EU) Nr. 600/2014 und (EU) Nr. 909/2014, Vorschlag siehe *https://eur-lex.europa.eu/legal-content/DE/TXT/?uri=CELEX%3A52020PC0595*.

43 *https://www.consilium.europa.eu/de/press/press-releases/2022/05/11/digital-finance-provisional-agreement-reached-on-dora*.

44 Die DORA-Verordnung gilt ab dem 17. Januar 2025, ähnlich wie beim Inkrafttreten der DSGVO ist es aber sinnvoll, sich möglichst früh mit dem Regelwerk auseinanderzusetzen, und nicht erst wenn die Regelungen unmittelbar anwendbar sind.

Regulierungsstandards (Regulatory Technical Standards – RTS) und technische Durchführungsstandards (Implementing Technical Standards – ITS) ergänzt ab Ende 2024 zur Anwendung kommen.

3.1.4 Anforderungen aus dem Steuer- und Handelsrecht

Das Steuer- und Handelsrecht hat lediglich für einen eng begrenzten Bereich, die Buchführung und die Aufbewahrung der zugehörigen Dokumente, einen Bezug zur Informationssicherheit und auch nur, wenn die Buchführung elektronisch erfolgt, was sowohl § 239 Abs. 4 HGB als auch § 147 Abs. 2 AO[45] ermöglichen.

Zur Buchführung ist handelsrechtlich jeder Kaufmann verpflichtet, der in zwei aufeinanderfolgenden Geschäftsjahren mehr als 50.000 Euro Jahresüberschuss und mehr als 500.000 Euro Umsatz erzielt (§§ 238 Abs. 1, 241a HGB). Die steuerrechtliche Buchführungspflicht nach §§ 140, 141 Abs. 1 AO entspricht dem weitestgehend.

Grundlagen zur Informationssicherheit im Steuer- und Handelsrecht

Grundsätzlich sind die Unterlagen der Buchhaltung, in der Terminologie des Steuerrechts Bücher, nach den Grundsätzen ordnungsmäßiger Buchführung zu führen (§ 238 Abs. 1 HGB). Sämtliche Geschäftsvorfälle müssen sich über die Bücher in ihrer Entstehung und Abwicklung nachvollziehen lassen (§ 238 Abs. 1 S. 3 HGB). Eine maßgebliche Anforderung ist hierbei, dass die Eintragungen oder Aufzeichnungen nach ihrer Eintragung nicht mehr in einer Weise verändert werden können und dürfen, dass ihr ursprünglicher Inhalt nicht mehr feststellbar ist (§ 239 Abs. 3 HGB). Werden die Bücher auf Datenträgern geführt, muss weiter sichergestellt sein, dass sie während der Aufbewahrungsfrist von zehn Jahren verfügbar sind und jederzeit innerhalb angemessener Frist lesbar gemacht werden können.

Zu den relevanten Unterlagen gehören neben den eigentlichen Buchungen weitere Dokumente. Soweit diese elektronisch vorgehalten werden, sind sie genauso angemessen zu sichern. Zu den Unterlagen zählen – ebenfalls mit einer Aufbewahrungsfrist von zehn Jahren – die buchungsbegründenden Unterlagen wie Rechnungen, Gutschriften, Quittungen oder Gehaltsabrechnungen. Mit einer kürzeren Frist von sechs Jahren müssen Handelsbriefe aufbewahrt werden. Dieser leider etwas unscharfe Begriff umfasst Unterlagen, die der Vorbereitung, Durchführung, dem Abschluss oder der Rückgängigmachung eines Geschäfts dienen, bspw. Vertragsunterlagen. Werden solche Unterlagen eingescannt oder nur elektronisch erstellt und verarbeitet, sind die oben genannten Rechtsvorschriften einschlägig. Sie gelten daher häufig nicht nur für Buchhaltungs-, sondern auch für CRM- oder Dokumentenmanagementsysteme.

Die Abgabenordnung enthält in § 146 Abs. 2a AO eine besondere Bestimmung, die bei einer Auslagerung der Buchführung an Web- oder Cloud-Dienste zu berücksichtigen ist: Elektronische Bücher und sonstige Aufzeichnungen sind innerhalb der Europäischen Union oder innerhalb des Europäischen Wirtschaftsraums zu führen. Die Aufbewahrung außerhalb Deutschlands muss von der zuständigen Finanzbehörde auf schriftlichen Antrag

45 Abgabenordnung

hin genehmigt werden. Für den Antrag ist unter anderem der Standort des eingesetzten Datenverarbeitungssystems und bei Beauftragung eines Dritten dessen Anschrift mitzuteilen.

Anforderungen an die Informationssicherheit im Steuer- und Handelsrecht

Die Grundsätze ordnungsmäßiger DV-gestützter Buchführungssysteme (GoBS) umfassten Regeln zur Buchführung mit Datenverarbeitungssystemen. Diese Regeln wurden 1995 durch das Bundesfinanzministerium veröffentlicht und stellten eine Spezifizierung der Grundsätze ordnungsmäßiger Buchführung (GoB) dar. Die GoBS wurden 2014 in die Grundsätze zur ordnungsmäßigen Führung und Aufbewahrung von Büchern, Aufzeichnungen und Unterlagen in elektronischer Form sowie zum Datenzugriff (GoBD)[46] überführt, die vom Bundesministerium für Finanzen herausgegeben werden. Durch die GoBD wurden nicht nur die GoBS, sondern auch die Grundsätze zum Datenzugriff und zur Prüfbarkeit digitaler Unterlagen (GDPdU) abgelöst.

Die GoBD beantworten Einzelheiten zur digitalen Archivierung unter steuerlichen Gesichtspunkten und berücksichtigen deshalb auch Datenschutz-Anforderungen für die elektronische Aufbewahrung geschäftsrelevanter Unterlagen. Die zwei wichtigsten Grundsätze umfassen die Aspekte »Datensicherheit« und »Datenunveränderbarkeit«, wobei der erste Begriff den Schutz der Daten vor Verlust und unberechtigten Zugriffen, der zweite die Unveränderbarkeit im Sinne von Veränderungen, Überschreibungen, Ersetzen von Daten ohne Kennzeichnung usw. umfasst. Diese Grundsätze müssen während der gesamten Aufbewahrung nachweislich erfüllt sein, damit die Nachvollziehbarkeit und Überprüfbarkeit ununterbrochen gewahrt bleiben.

Die GoBD von 2019 sehen eine Vielzahl von Erleichterungen vor, bspw. in den Bereichen Digitalisierung von Belegen mittels mobiler Endgeräte und der Konvertierung aufbewahrungspflichtiger Unterlagen in unternehmenseigene Formate, wenngleich weiterhin die Unveränderbarkeit elektronisch erzeugter Unterlagen verlangt wird, was ohne die Implementierung und Verwendung von revisionssicheren Dokumentenmanagementsystemen kaum möglich ist.

Die Beweiskraft der Buchführung wird durch die Verknüpfung von Beleg mit der Buchung herbeigeführt. Gemäß § 146 Abs. 1 AO und § 239 Abs. 2 HBG sind Buchungen zeitgerecht vorzunehmen, das heißt, sie müssen so zeitnah wie möglich gebucht werden im Sinne eines engen zeitlichen Zusammenhangs. Die steuerliche Relevanz zur Feststellung, ob es sich um steuerliche relevante Daten im Sinne der GoBD handelt, muss grundsätzlich für jeden Fall einzeln geklärt werden. Daten der Finanz-, Lohn- und Anlagenbuchhaltung gehören grundsätzlich dazu. Auch liefert § 147 Abs. 1 AO diesbezüglich erste Antworten (Bücher und Aufzeichnungen, Geschäfts- und Handelsbriefe, Buchungsbelege). Gemäß

46 Grundsätze zur ordnungsmäßigen Führung und Aufbewahrung von Büchern, Aufzeichnungen und Unterlagen in elektronischer Form sowie zum Datenzugriff (GoBD), zuletzt veröffentlicht am 28.11.2019, siehe *https://ao.bundesfinanzministerium.de/ao/2021/Anhaenge/BMF-Schreiben-und-gleichlautende-Laendererlasse/Anhang-64/anhang-64.html*.

einer Entscheidung des Bundesfinanzhofs[47] sind danach alle Unterlagen aufzubewahren, die zum Verständnis und zur Überprüfung der für die Besteuerung gesetzlich vorgeschriebenen Aufzeichnungen im Einzelfall von Bedeutung sein können.

Für die Unternehmen bestehen Mitwirkungspflichten bei der Datenbereitstellung, bspw. bei Überprüfung durch das Finanzamt, § 146 Abs. 6 AO. Dies kann bspw. in einem Lese-Zugriff auf das Datenverarbeitungssystem resultieren mit entsprechender Zugangs- und Zugriffsberechtigung.

Technische Anforderungen an die elektronische Erfassung der Daten ergeben sich unter anderem aus der möglichen maschinellen Auswertbarkeit von Daten. Für elektronische Rechnungen bspw. PDF/A-3 (Dateiformat zur Langzeitarchivierung digitaler Dokumente), wobei das Format aus zwei Teilen besteht (Bild der Rechnung und maschinenlesbarer Teil in XML-Format mit Rechnungsdaten). Eine maschinelle Auswertbarkeit eines Dokuments ist nur dann gegeben, wenn beide Teile vorhanden sind.

Durchsetzung der Informationssicherheit im Steuer- und Handelsrecht

Nur einer ordnungsgemäßen Buchführung kommt nach § 158 AO Beweiskraft zu. Folge einer nicht ordnungsmäßigen Buchführung kann eine Steuerschätzung nach § 162 AO sein. Unzureichende Sicherheitsmaßnahmen bergen daher große Steuerrisiken für Unternehmen. Wenn durch die nicht ordnungsgemäße Buchführung eine Steuerverkürzung möglich wird, kann dies zusätzlich als Ordnungswidrigkeit geahndet werden (§ 379 Abs. 1 AO).

3.1.5 Informationssicherheit für Kritische Infrastrukturen

Mit dem IT-Sicherheitsgesetz hat der deutsche Gesetzgeber die IT-Sicherheit selbst zum Hauptgegenstand seiner Gesetzgebung gemacht und gezielt bestimmte Branchen in die Pflicht genommen. Für einige der betroffenen Branchen (Telekommunikationsbranche, Energiewirtschaft) sind die bereits oben dargestellten inhaltlichen Anforderungen zwar nur geringfügig verändert worden, der Konkretisierungsgrad des Gesetzes selbst ist nicht höher als der der bisherigen Regelungen, die Nachweis- und Dokumentationspflichten sowie die Durchsetzungsmittel sind jedoch hierdurch erheblich verschärft.

Grundlagen der Regelungen für Kritische Infrastrukturen

Das Gesetz zur Erhöhung der Sicherheit informationstechnischer Systeme, kurz IT-Sicherheitsgesetz[48], ist am 25.07.2015 in Kraft getreten. Der Beginn der Umsetzungsfristen für die einzelnen Pflichten der Adressaten wurde jedoch mit dem Inkrafttreten von Verordnungsbestimmungen (Verordnungen nach § 10 Abs. 1 BSIG) verknüpft, die den Adressatenkreis, also die Betreiber Kritischer Infrastrukturen, näher definieren sollen. Die Verordnungen bestimmen anhand eines Katalogs von Schwellenwerten die Zugehörigkeit eines Branchenunternehmens zu den Kritischen Infrastrukturen. Die Kritikalität bemisst sich dabei beinahe ausschließlich an dem Ausfallsrisiko und der Versorgungsbedeutung.

47 Urteil des Bundesfinanzhofs vom 24.06.2009 VIII R/80/06, siehe *https://datenbank.nwb.de/Dokument/350333*.

48 BGBl I Nr. 31, 24.07.2015, S. 1324.

Der erste Korb dieser sogenannten BSI-Kritisverordnung (BSI-KritisV)[49] hat die Branchen Energie, Wasser, Ernährung sowie Informations- und Kommunikationstechnik zum Gegenstand. Er ist am 03.05.2016 in Kraft getreten, sodass die nach Schwellenwerten über den tatsächlichen Versorgungsgrad bestimmten Adressaten die neuen Pflichten nach einer zweijährigen Umsetzungspflicht[50] ab Mai 2018 erfüllen mussten. Der zweite Korb (Erste Verordnung zur Änderung der BSI-KritisV) hat die verbleibenden Branchen Finanz- und Versicherungswesen, Transport und Verkehr sowie den Gesundheitssektor erfasst und die diesbezüglichen Schwellenwerte hinzugefügt. Dieser zweite Teil ist am 22.06.2017 in Kraft getreten, sodass diese zweijährige Umsetzungsfrist im Juni 2019 endet.

Dem heutigen Gesetz sind in Deutschland lange Beratungen des »UP-KRITIS«, einer öffentlich-privaten Kooperation von Betreibern, deren Verbänden und der zuständigen staatlichen Stellen, vor allem des Bundesamts für Sicherheit in der Informationstechnik (BSI) und des Bundesinnenministeriums vorangegangen. Ziel des Gesetzes und der vorherigen Umsetzungspläne ist es, eine signifikante Verbesserung der Sicherheit informationstechnischer Systeme in Deutschland zu erreichen sowie den Schutz der Bürger im Internet zu stärken.

Während es sich beim eigentlichen IT-Sicherheitsgesetz um ein Artikelgesetz mit Änderungen verschiedener Einzelbestimmungen handelt (Änderungen des Atomgesetzes, des Energiewirtschaftsgesetzes, des Telekommunikationsgesetzes, des Telemediengesetzes und weiterer Gesetze), liegt der Kern der Rechtsänderungen in den Einfügungen und Ergänzungen des BSI-Gesetzes (des Gesetzes über das Bundesamt für Sicherheit in der Informationstechnik). Da die weiteren Gesetzesänderungen im Wesentlichen die zusätzlichen Bestimmungen des BSIG in anderen Branchenregelungen abbilden, lässt sich das Vorgehen des Gesetzgebers am besten anhand des BSI-Gesetzes darstellen. Eingeführt wurde eine allgemeine Pflicht, angemessene technische und organisatorische Vorkehrungen nach Stand der Technik zur Vermeidung von Störungen der Verfügbarkeit, Integrität, Authentizität und Vertraulichkeit bei den betriebenen Kritischen Infrastrukturen zu ergreifen (§ 8a Abs. 1 BSIG). Diese Pflicht wird von einer Nachweispflicht flankiert, nach der die Betreiber alle zwei Jahre die Erfüllung der Anforderungen durch Sicherheitsaudits, Prüfungen oder Zertifizierungen gegenüber dem BSI oder der sonst zuständigen Aufsichtsbehörde nachzuweisen haben (§ 8a Abs. 3 BSIG). Das BSI kann die Verfahrensanforderungen für diese Nachweisformen weiter festlegen (§ 8a Abs. 5 BSIG), ist dem bislang aber lediglich mit einer Orientierungshilfe und verschiedenen Formularen zur Ergebniseinreichung nachgekommen.[51] Eine weitere Verpflichtung betrifft die beidseitige Kommunikation zu Störfällen und beinhaltet zum einen die Einrichtung einer Kontaktstelle und zum anderen eine Meldepflicht über Störungen, die zu einem durch Schwellenwerte bestimmten Ausfall geführt haben, und über erhebliche Störungen, die

49 BGBl. I Nr. 20 vom 02.05.2016, S. 958.

50 Die zweijährige Umsetzungspflicht bezieht sich vor allem auf die Umsetzung der technischen und organisatorischen Vorkehrungen zur Störungsvermeidung nach § 8a Abs. 1 BSIG als Kernpflicht. Die Kontaktstelle nach § 8b Abs. 3 BSIG ist dagegen bereits nach sechs Monaten umzusetzen gewesen.

51 Orientierungshilfe zu Nachweisen nach § 8a Abs. 3 BSIG vom 30.06.2017, abrufbar unter *https://www.dqs.de/fileadmin/user_upload/Produkte/Kritis/Downloads/Orientierungshilfe_8a_3.pdf* und Formulare abrufbar unter *https://www.bsi.bund.de/DE/Themen/KRITIS-und-regulierte-Unternehmen/Kritische-Infrastrukturen/Service-fuer-KRITIS-Betreiber/KRITIS-Downloads/kritis-downloads_node.html.*

zu einem Ausfall oder zu einer erheblichen Beeinträchtigung der Funktionsfähigkeit der Infrastruktur führen können (§ 8b Abs. 3, 4 BSIG).

Die Inhalte des IT-Sicherheitsgesetzes haben im Juni 2017 ihre erste Überarbeitung erfahren.[52] Durch die Regelungen sollte die sogenannte NIS-Richtlinie[53] in nationales Recht umgesetzt werden. Bezüglich der »wesentlichen Dienste«, so die Bezeichnung der Richtlinie für die Kritischen Infrastrukturen deutschen Rechts, wurden die Vorlage- und Überprüfungsrechte des BSI und der Aufsichtsbehörden nochmals verschärft. Zudem wurde eine Berichtspflicht des BSI gegenüber der Europäischen Kommission ergänzt und das Meldewesen über die durch die Verordnung erfassten Betreiber hinaus ausgedehnt sowie um einen europäischen Austausch erweitert. Mit dem neuen § 8c BSIG wurden jedoch auch die »Anbieter digitaler Dienste« einer Regulierung unterworfen, die den für Kritische Infrastrukturen geltenden Anforderungen im Wesentlichen entspricht. Umfasst werden durch die in § 2 Abs. 11 und 12 BSIG definierten »Anbieter digitaler Dienste« unter anderem Onlinemarktplätze, Suchmaschinenbetreiber und Cloud-Dienste.[54] Geregelt werden die Verpflichtung zu Sicherheitsmaßnahmen, eine Meldepflicht zu Sicherheitsvorfällen gegenüber dem BSI und eine Anwendungsregelung für internationale Anbieter. Die Anbieter digitaler Dienste sind jedoch nicht zur Vorlage von Auditberichten im Zweijahresturnus verpflichtet und haben lediglich bei Anhaltspunkten für die Nichteinhaltung Dokumentationen und Nachweise vorzulegen sowie Mängel zu beseitigen.[55] Zur näheren Bestimmung der Anforderungen hat die Europäische Kommission als Durchführungsrechtsakt (§ 8c Abs. 3 S. 2 BSIG) eine Durchführungsverordnung erlassen.[56] Die Regulierung für die digitalen Dienste gilt ab dem 10.05.2018.

52 Gesetz zur Umsetzung der Richtlinie (EU) 2016/1148 des Europäischen Parlaments und des Rats vom 6. Juli 2016 über Maßnahmen zur Gewährleistung eines hohen gemeinsamen Sicherheitsniveaus von Netz- und Informationssystemen in der Union vom 23.06.2017.

53 Richtlinie (EU) 2016/1148 des Europäischen Parlaments und des Rats vom 6. Juli 2016 über Maßnahmen zur Gewährleistung eines hohen gemeinsamen Sicherheitsniveaus von Netz- und Informationssystemen in der Union, abrufbar unter *https://eur-lex.europa.eu*.

54 Die NIS-RL verweist für die Definition der digitalen Dienste auf die Definition der »Dienstleistungen der Informationsgesellschaft«, Art. 1 b) und Anhang I der I Richtlinie (EU) 2015/1535 des Europäischen Parlaments und des Rats vom 9. September 2015 über ein Informationsverfahren auf dem Gebiet der technischen Vorschriften und der Vorschriften für die Dienste der Informationsgesellschaft.

55 ScTh 2018, S. 497 ff.

56 Durchführungsverordnung (EU) 2018/151 der Kommission vom 30.01.2018 über Vorschriften für die Anwendung der Richtlinie (EU) 2016/1148 des Europäischen Parlaments und des Rats hinsichtlich der weiteren Festlegung der von Anbietern digitaler Dienste beim Risikomanagement in Bezug auf die Sicherheit von Netz- und Informationssystemen zu berücksichtigenden Elemente und der Parameter für die Feststellung erheblicher Auswirkungen eines Sicherheitsvorfalls, abrufbar unter *https://eur-lex.europa.eu*.

NIS-2-Richtlinie

Im Dezember 2022 wurde die sog. NIS-2-Richtlinie[57] von Parlament und Rat der EU angenommen und muss innerhalb von 21 Monaten in nationales Recht umgesetzt werden. Viele der Inhalte sind in Deutschland durch das IT-Sicherheitsgesetz 2.0 schon umgesetzt, die Neuerungen müssen bis Oktober 2024 noch entsprechend umgesetzt werden. Ziel der Richtlinie ist eine einheitlichere IT-Sicherheit innerhalb der EU, angepasst an die seit dem Beginn des Ukraine-Krieges nochmals wesentlich erhöhte Bedrohungslage und den damit gewachsenen Anforderungen an die IT-Sicherheit.

Neuerungen, die NIS-2 mit sich bringt, sind eine erhöhte Anzahl von wesentlichen Einrichtungen auf insgesamt sieben, bei den wichtigen Einrichtungen hat sich die Anzahl auf elf erhöht (Art. 2 NIS-2-Richtlinie). Diese Begriffe werden im BSIG mit den Begriffen »kritische Infrastrukturen«, »digitale Dienste« und »Unternehmen im öffentlichen Interesse« bezeichnet und erfasst.

Anwendbar ist die NIS-2-Richtlinie auf mittlere und größere Unternehmen, ab einer Mitarbeiterzahl von 50 Mitarbeitern und 10 Millionen Euro Umsatz (Betreiber). Einige Betreiber, nämlich Teile der digitalen Infrastruktur und der öffentlichen Verwaltung, sollen unabhängig von der Größe reguliert werden.

Die Betreiber solcher Einrichtungen müssen »geeignete und verhältnismäßige technische, operative und organisatorische Maßnahmen« nach dem »Stand der Technik« ergreifen (Art. 21 Abs. 1 NIS-2-Richtlinie), die sie nach einer »systemischen Analyse« festlegen. Diese Analyse soll einerseits menschliche Faktoren genauso berücksichtigen wie den Grad der Abhängigkeit von Netz- und Informationssystemen. Andererseits ist eine Verhältnismäßigkeitsprüfung vorgesehen, um unverhältnismäßige finanzielle und administrative Belastungen für die betroffenen Einrichtungen zu vermeiden. Im Rahmen der Verhältnismäßigkeitsprüfung sind wiederum die möglichen gesellschaftlichen und wirtschaftlichen Auswirkungen eines Cybersicherheitsvorfalls zu berücksichtigen.

Neben den Cybersicherheitsgefahren müssen im Rahmen eines gefahrenübergreifenden Ansatzes auch physische Beeinträchtigungen wie Diebstahl, Feuer, Überschwemmungen sowie Telekommunikations- oder Stromausfälle berücksichtigt werden. Deshalb wurde zeitgleich mit der NIS-2-Richtlinie die »Richtlinie über die Resilienz kritischer Infrastrukturen«[58] veröffentlicht, in der Vorgaben zur physischen Sicherheit gemacht werden.

Die NIS-2-Richtlinie enthält eine Meldepflicht für »erhebliche Sicherheitsvorfälle« (Art. 23 Abs. 1 NIS-2-Richtlinie).

Zuständig für die Umsetzung der Maßnahmen ist die Geschäftsführung, diese muss die zum Risikomanagement zugehörigen Maßnahmen genehmigen, die Umsetzung überwachen und kann bei Verstößen haftbar gemacht werden (Art. 20 Abs. 1 NIS-2-Richtlinie).

---

57 Richtlinie (EU) 2022/2555 des Europäischen Parlaments und des Rats vom 14.12.2022 über Maßnahmen für ein hohes gemeinsames Cybersicherheitsniveau in der Union, zur Änderung der Verordnung (EU) Nr. 910/2014 und der Richtlinie (EU) 2018/1972 sowie zur Aufhebung der Richtlinie (EU) 2016/1148 (NIS-2-Richtlinie), abrufbar unter:
https://eur-lex.europa.eu/legal-content/DE/TXT/PDF/?uri=CELEX:32022L2555&from=DE.

58 Abrufbar unter:
https://eur-lex.europa.eu/legal-content/DE/TXT/HTML/?uri=CELEX:32022L2557&from=EN.

Es ist insoweit erforderlich, dass die wesentlichen Einrichtungen die dort getroffenen Maßnahmen systematisch mithilfe eines implementierten Risikomanagementsystems dokumentieren.

Die Aufsicht liegt gemäß Art. 32 f. NIS-2-Richtlinie bei den staatlichen Behörden (Art. 32 Abs. 2 1. HS NIS-2-Richtlinie) und soll in Form von Vor-Ort-Kontrollen, Ad-hoc-Prüfungen, Sicherheitsaudits und Sicherheitsscans ausgeübt werden (Art. 32 und 33 NIS-2-Richtlinie). In Deutschland ist das Bundesamt für Sicherheit in der Informationstechnik die zuständige Aufsichtsbehörde. Die Bußgelder bei Verstößen wurden an die Bußgelder der DSGVO angepasst, das heißt, im Falle eines Verstoßes können die Aufsichtsbehörden Bußgelder von bis zu 10 Mio. Euro beziehungsweise 2 % des weltweiten Jahresumsatzes bei wesentlichen Einrichtungen bzw. 7 Mio. Euro und 1,4 % des Jahresumsatzes bei wichtigen Einrichtungen verhängen (Art. 34 Abs. 4 und 5 NIS-2-Richtlinie).

Anforderungen an die Betreiber Kritischer Infrastrukturen und Anbieter digitaler Dienste

Die Anforderungen an die Betreiber Kritischer Infrastrukturen und an die Anbieter digitaler Dienste ergeben sich aus den §§ 8a,b BSIG bzw. § 8c BSIG für die Anbieter digitaler Dienste. Für Unternehmen, die dem Telekommunikationsgesetz unterfallen, gelten die §§ 109, 109a TKG. Die Anwendung der §§ 8a, 8b BSIG des BSIG ist in § 8d Abs. 2 Nr. 1, Abs. 3 Nr. 1 BSIG für diesen Bereich ausgeschlossen. Für Betreiber von Energieversorgungsnetzen oder Energieanlagen, die dem Energiewirtschaftsgesetz (EnWG) unterfallen, gelten die §§ 11 Abs. 1a–1c EnWG. Dieser Bereich wird durch § 8d Abs. 2 Nr. 2 und Abs. 333 Nr. 2 BSIG aus dem Anwendungsbereich der §§ 8a, 8b BSIG ausgenommen, so wie das allgemeiner auch für weitere Branchen und Kritische Infrastrukturen der Fall ist, die bereits einer entsprechenden Regulierung unterliegen. Ein Beispiel hierfür dürften Unternehmen des Finanzsektors sein, die mit den bereits dargestellten §§ 25a,b KWG bereits gleichwertigen Pflichten unterliegen.

Wie bereits dargestellt besteht die Kernpflicht der Betreiber im Ergreifen angemessener technischer und organisatorischer Maßnahmen, um funktionsbeeinträchtigende Störungen der Verfügbarkeit, aber auch von Integrität, Authentizität und Vertraulichkeit der informationstechnischen Systeme, Komponenten oder Prozesse ihrer Infrastrukturen zu vermeiden. Maßstab für die Angemessenheit der Maßnahmen ist zum einen die Einhaltung des Stands der Technik, zum anderen die Abwägung der Verhältnismäßigkeit zwischen dem erforderlichen Aufwand und den Folgen eines Ausfalls oder einer Beeinträchtigung der Kritischen Infrastruktur.

Bei dem »Stand der Technik« handelt es sich um einen unbestimmten Rechtsbegriff, der bereits auf eine lange Geschichte zurückblickt und als Maßstab in allen Bereichen des Technikrechts eingesetzt wird. Dementsprechend ist seine gängige Auslegung zunächst einmal nicht an der schnellen Entwicklung und Wandlungsfähigkeit der IT-Technik orientiert. Die übliche Definition der Rechtsprechung geht auf ein Urteil des Bundesverfassungsgerichts zu § 7 des Atomgesetzes und auf das Bundesimmissionsschutzgesetz zurück. Sie lautet: Stand der Technik in diesem Sinne ist der Entwicklungsstand fortschrittlicher Verfahren, Einrichtungen oder Betriebsweisen, der die praktische Eignung einer Maßnahme zum Schutz der Funktionsfähigkeit von informationstechnischen Systemen, Komponenten oder Prozessen gegen Beeinträchtigungen der Verfügbarkeit, Integrität, Authentizität und Vertraulichkeit gesichert erscheinen lässt. Bei der Bestimmung des Stands der Technik sind insbesondere einschlägige internationale, europäische und nationale Normen und Standards heranzuziehen, aber auch vergleichbare Verfahren, Einrichtungen und Betriebsweisen, die mit Erfolg in der Praxis erprobt wurden.[59]

§ 8a Abs. 2 BSIG sieht vor, dass die Betreiber Kritischer Infrastrukturen und ihre Branchenverbände eigene branchenspezifische Sicherheitsstandards vorschlagen können. Das BSI kann diese dann in Abstimmung mit den zuständigen Aufsichtsbehörden, bspw. der Bundesnetzagentur, als geeignet annehmen. Während eine Reihe von Branchenstandards bereits angenommen wurde, sind derzeit über die einschlägige Seite des BSI nur der Branchenstandard für den Bereich Datacenter & Hosting im Volltext veröffentlicht.[60] Neben diesen stehen noch die Kataloge der Bundesnetzagentur, von denen der Katalog gemäß § 11 Abs. 1b EnWG abrufbar ist.[61] Die Standards orientieren sich im Wesentlichen an den ISO-27000-Standards und passen diese auf die besonderen Risikolagen und Gegebenheiten der jeweiligen Branche an. Eine der wesentlichsten gemeinsamen Forderungen ist dementsprechend die Einführung eines Informations-Sicherheitsmanagement-Systems (ISMS), das sich an der ISO/IEC 27001:2013 orientieren kann, aber nicht muss.

Über die Einhaltung des jeweiligen Branchenstandards oder, da die meisten Standards erst nach Ablauf oder kurz vor Ablauf der Umsetzungsfrist zur Verfügung standen, zunächst eigendefinierter angemessener Maßnahmen hat der Betreiber Nachweis zu führen. § 8a Abs. 3 BSIG sieht vor, dass dieser Nachweis alle zwei Jahre durch Sicherheitsaudits, Prüfungen oder Zertifizierungen erfolgen muss. Dem BSI oder der zuständigen Aufsichtsbehörde außerhalb des Anwendungsbereichs des § 8a BSIG sind die Ergebnisse einschließlich der Feststellungen mitzuteilen. Das Bundesamt kann danach die Vorlage der gesamten Dokumentation verlangen. Es hat die Befugnis, im Anschluss die Beseitigung der aufgezeigten Mängel zu fordern. Für das Erbringen der erforderlichen Nachweise hat das BSI eine Reihe von Formularen bereitgestellt und seine Erwartungen an die Nachweisdurchführung in eine Orientierungshilfe vom 30.06.2017 gegossen. Die Orientierungshilfe stellt Anforderungen an die Dokumentation, die Scope-Beschreibung, die Prüfstelle und die Zusammensetzung des Prüfteams sowie die eigentliche Prüfungsdurchführung zusammen.[62]

Die auf das Unternehmen und auf Sicherheitsmaßnahmen bezogenen Pflichten werden ergänzt durch das mit § 8b Abs. 3 BSIG und seinen Entsprechungen eingeführte Meldewesen, in dessen Zentrum das BSI steht. Die Betreiber haben eine Kontaktstelle in ihrem Unternehmen einzurichten, über die sie jederzeit für das BSI erreichbar sind. Über diese kann das BSI über sein von ihm zu erstellendes Lagebild sowie über wesentliche Informa-

---

59 Ausführlicher zum »Stand der Technik« in den verschiedenen Regelungen zur IT-Sicherheit Kno 2017. Zur sogenannten Dreistufentheorie des Bundesverfassungsgerichts (Kalkar-Entscheidung). BVerfGE 49, 89 (135f) vom 8.8.1978. S. auch § 3 Abs. 6 BImSchG.

60 Das BSI informiert über die Standards und ihre Annahme unter *https://www.bsi.bund.de/SharedDocs/Downloads/DE/BSI/KRITIS/Themen-Downloads/IT-TK/b3s-hosting-housing-cdn.pdf.*

61 Abrufbar unter *https://www.bundesnetzagentur.de/SharedDocs/Downloads/DE/Sachgebiete/Energie/Unternehmen_Institutionen/Versorgungssicherheit/IT_Sicherheit/IT_Sicherheitskatalog_2018.pdf?__blob=publicationFile&v=4*

62 Das BSI stellt Formulare bereit unter *https://www.bsi.bund.de/DE/Themen/KRITIS-und-regulierte-Unternehmen/Kritische-Infrastrukturen/KRITIS-Nachweise/OH_Nachweise/orientierungshilfe_node.html.*

tionen zur Informationssicherheit, zu Sicherheitslücken, Schadprogrammen und aktuelle Angriffsversuche informieren. Die Betreiber haben ihrerseits über ihre Kontaktstellen über Störungen ihrer informationstechnischen Systeme, Komponenten oder Prozesse zu berichten, soweit diese zu einem Ausfall oder einer erheblichen Beeinträchtigung der Funktionsfähigkeit der Kritischen Infrastruktur geführt haben. Bei erheblichen Störungen reicht bereits die Möglichkeit einer solchen Funktionsbeeinträchtigung für das Eintreten der Meldepflicht. Die Identität des Betreibers wird jedoch nur dann zum verpflichtenden Meldeinhalt, wenn tatsächlich eine Beeinträchtigung der Funktionsfähigkeit eingetreten ist. Die Meldung muss Angaben zu den technischen Rahmenbedingungen und möglichen grenzübergreifenden Auswirkungen, zur vermuteten oder tatsächlichen Ursache, den betroffenen Komponenten, zur durch die Stelle erbrachten kritischen Dienstleistung und zu den Auswirkungen auf diese Dienstleistung enthalten. Die Meldung hat unverzüglich zu erfolgen.

Die Pflichten der Anbieter digitaler Dienste entsprechen in ihrem Aufbau denen der Betreiber Kritischer Infrastrukturen weitgehend (§ 8c BSIG). Den Kern bildet das Ergreifen angemessener Maßnahmen nach Stand der Technik. Dem sind die zu berücksichtigenden Maßnahmenkategorien Sicherheitsgewährleistung für Systeme und Anlagen, die Vorfallerkennung, das Betriebskontinuitätsmanagement, Evaluation und die Beachtung internationaler Normen an die Seite gestellt. Anstelle der aktiven Nachweispflicht steht jedoch lediglich ein Recht des BSI, entsprechende Dokumentation und Nachweise anzufordern, wenn Anhaltspunkte für eine nicht ausreichende Erfüllung vorliegen. Die Meldepflicht dagegen entspricht bis hin zum Verweis auf den Meldeinhalt der Pflicht zu den ritischen Infrastrukturen. Es entfällt allerdings die Pflicht, eine Kontaktstelle zu betreiben.

Nähere Ausgestaltung erhalten die Pflichten durch den in der NIS-Richtlinie vorgesehenen ergänzenden Rechtsakt der Kommission, die Durchführungsverordnung 2018/151/EU der Kommission vom 30.01.2018, die seit dem 10.05.2018 direkte Geltung in allen Mitgliedstaaten entfaltet.[63] Die Verordnung regelt inhaltliche Elemente, etwa die Vorgabe eines systematischen Managements der Netz- und Informationssysteme, die Gewährleistung physischer Sicherheit, die Notfall-Planung, die Zugriffs- und Zugangskontrolle und Maßgaben zur Bewältigung von Vorfällen, von Erkennungsverfahren über den Meldeprozess bis hin zu Reaktions- und Analyseprozessen. Die Verordnung enthält auch eine prüftaugliche Dokumentationspflicht für die getroffenen Maßnahmen. Weiter werden Maßstäbe zur Feststellung der Vorfallerheblichkeit abstrakt vorgegeben.

Durchsetzung der Anforderungen

Die Durchsetzung der gesetzlichen Pflichten sowohl der Betreiber Kritischer Infrastrukturen als auch der Anbieter digitaler Dienste liegt in den Händen des BSI und der besonderen Aufsichtsbehörden, etwa der Bundesnetzagentur. Nach § 8a Abs. 4 BSIG kann das Bundesamt selbst die Einhaltung der Anforderungen prüfen oder sich hierzu Dritter

63 Durchführungsverordnung (EU) 2018/151 der Kommission vom 30.01.2018 über Vorschriften für die Anwendung der Richtlinie (EU) 2016/1148 des Europäischen Parlaments und des Rats hinsichtlich der weiteren Festlegung der von Anbietern digitaler Dienste beim Risikomanagement in Bezug auf die Sicherheit von Netz- und Informationssystemen zu berücksichtigenden Elemente und der Parameter für die Feststellung erheblicher Auswirkungen eines Sicherheitsvorfalls, abrufbar unter *https://eur-lex.europa.eu*.

bedienen. Hierzu besteht ein Betretungs- und Einsichtsrecht des Bundesamts bezüglich der Unternehmen. Das Bundesamt kann ferner die Beseitigung von festgestellten Umsetzungsmängeln verlangen (§§ 8a Abs. 3, 8c Abs. 4 Nr. 2 BSIG).

Verstöße gegen die Pflichten aus den §§ 8a, b oder c BSIG sind zudem als Ordnungswidrigkeiten mit Bußgeldern belegt. Die Höchstsumme beträgt bei Missachtung einer Anordnung 100.000 Euro, für alle übrigen Verfehlungen 50.000 Euro, einschließlich der Verletzung der Meldepflicht.

3.2 Telekommunikationsrecht

Das Telekommunikationsrecht hat neben der Wettbewerbsregulierung das Ziel, die Nutzerinteressen und das Fernmeldegeheimnis zu schützen (§§ 1, 2 Abs. 2 TKG[64]). Gegenstand des Telekommunikationsrechts ist die Telekommunikation, das heißt der technische Vorgang des Aussendens, Übermittelns, Vermittelns und Empfangens von Nachrichten in Form von elektromagnetischen oder optischen Signalen mittels technischer Einrichtungen (§ 3 Nr. 59, 60 TKG). Zentraler Ansatzpunkt sind außerdem Telekommunikationsdienste (§ 3 Nr. 61 TKG). Dabei handelt es sich um in der Regel gegen Entgelt erbrachte Dienste, die ganz oder überwiegend in der Übertragung von Signalen über Telekommunikationsnetze bestehen. Mittels dieser Dienstdefinition wird die Abgrenzung zu den Telemediendiensten erreicht (zu Letzteren siehe Abschnitt 3.7.3).

Für die Informationssicherheit ist das Telekommunikationsrecht von Interesse, weil ähnlich wie für die Banken auch für die Telekommunikationsprovider als Betreiber einer Kritischen Infrastruktur besondere Sicherheitsvorgaben in Teil 10 Abschnitt 3 »Öffentliche Sicherheit« des TKG geschaffen wurden. Schutzgüter sind neben der informationellen Selbstbestimmung und der flächendeckenden Verfügbarkeit von Telekommunikation vor allem die Wahrung des ebenfalls grundrechtlich (Art. 10 Abs. 1 GG) geschützten Fernmeldegeheimnisses (§ 3 des Gesetzes über den Datenschutz und den Schutz der Privatsphäre in der Telekommunikation und bei Telemedien (TTDSG)), also der Vertraulichkeit der Kommunikation und ihrer Umstände. Teile der vorgegebenen Maßnahmen können als Orientierung auch für andere Infrastrukturen herangezogen werden, etwa die Anforderungen an den Inhalt eines Sicherheitskonzepts. Die Definition der Maßnahmenangemessenheit ist an § 2 Abs. 9b BSIG angelehnt und nicht mehr an die Regelungen des Datenschutzrechts (§ 165 Abs. 3 TKG).

Das Thema Telekommunikationsrecht setzt aber auch spezifische rechtliche Grenzen für Sicherheitsmaßnahmen. Die aus dem Telekommunikationsverhalten entstehenden Daten, u. a. auch Standortdaten, bieten besonders umfangreiche Möglichkeiten zur Profilbildung. Betriebliche Sicherheitsmaßnahmen unter Rückgriff auf TK-Daten, vor allem bei einer erlaubten privaten Nutzung, können daher besonders leicht rechtliche Grenzen überschreiten. Diese Aspekte werden in Abschnitt 3.7.2 behandelt.

64 Telekommunikationsgesetz

3.2.1 Grundlagen zur Informationssicherheit im Telekommunikationsrecht

Das Telekommunikationsrecht enthält in §§ 65 ff. TKG Vorgaben für technische Schutzmaßnahmen zur Gewährleistung des Fernmeldegeheimnisses und des Schutzes personenbezogener Daten. Grundsätzlich sind die hierfür unter Beachtung des Stands der Technik erforderlichen technischen Vorkehrungen und sonstigen Maßnahmen zu treffen (§ 165 Abs. 1 S. 2 und Abs. 2 S. 3 TKG). Der Katalog von Sicherheitsanforderungen ergibt sich aus § 165 Abs. 3 i.V.m. § 167 TKG. Diese Pflicht betrifft alle Diensteanbieter, das heißt jeden, der Telekommunikationsdienste erbringt oder hieran mitwirkt (§ 3 Nr. 1, 61 TKG). Die weiteren Vorgaben der §§ 165 Abs. 2 – 9, 166 TKG betreffen überwiegend die Betreiber öffentlicher Kommunikationsnetze und die Anbieter öffentlich zugänglicher Telekommunikationsdienste.

Zu ergreifen sind angemessene Maßnahmen, die gegen Störungen der Verfügbarkeit der Dienste schützen und der Beherrschung der Risiken für die Sicherheit von Telekommunikationsnetzen und -diensten dienen. Die Maßnahmen sind regelmäßig angemessen, wenn der erforderliche technische und wirtschaftliche Aufwand in einem angemessenen Verhältnis zur Bedeutung der zu schützenden Rechte und der zu schützenden Netze oder Dienste steht (§ 165 Abs. 6 S. 1 TKG). Der Stand der Technik ist hierbei zu berücksichtigen. Letztlich ist eine Abwägung unter Identifizierung der Risiken und der möglichen Schutzmaßnahmen vorzunehmen. Im Vordergrund steht hierbei der Schutz des Telekommunikationsgeheimnisses, das einen hohen Rang besitzt, also bei entsprechender Gefährdung einen verhältnismäßig hohen Aufwand für Sicherheitsmaßnahmen erfordert.

Die datenschutzrechtlichen Grundsätze zur Auftragsdatenverarbeitung[65] finden in allgemeiner Form Anwendung (§ 165 Abs. 6 S. 2 TKG). Das bedeutet, dass unabhängig von personenbezogenen Daten bei der Beauftragung externer Dienstleister auch zum Schutz der Verfügbarkeit der Dienste und des Fernmeldegeheimnisses die Weisungsbindung und Zuverlässigkeit zu vereinbaren bzw. sicherzustellen sind.

Die Betreiber öffentlicher Telekommunikationsnetze oder -dienste sind zudem verpflichtet, einen Sicherheitsbeauftragten zu bestellen und ein Sicherheitskonzept zu erstellen (§ 166 TKG). Das Sicherheitskonzept hat mindestens eine Beschreibung der betriebenen Netze oder Dienste zu enthalten. Es muss also eine ausreichende Dokumentation der vorhandenen Einrichtungen vorliegen. Hieran anknüpfend hat das Sicherheitskonzept die anzunehmenden Gefährdungen darzustellen. Es ist also eine Risikoanalyse vorzunehmen. Den Kern bilden die ergriffenen oder geplanten technischen oder sonstigen Schutzmaßnahmen. Unter sonstigen Schutzmaßnahmen sind die organisatorischen Regelungen und Kontrollen zu verstehen sowie die vertraglichen Absicherungen, etwa in entsprechender Anwendung von Art. 28 DSGVO für die Auftragsdatenverarbeitung. Die Sicherheitsmaßnahmen müssen wenigstens geeignet sein, die realistischen Gefahren für die Schutzgüter auszuschließen, und die jeweiligen Sicherheitsziele vollumfänglich erreichen. Mit dem Schutzkonzept hat der Diensteanbieter der Bundesnetzagentur eine Erklärung vorzulegen, dass die aufgeführten Schutzmaßnahmen umgesetzt sind oder unverzüglich umgesetzt

65 Siehe Abschnitt 4.2.5.

werden. Die Bundesnetzagentur kann dem Diensteanbieter auferlegen, sich durch eine unabhängige qualifizierte Stelle oder eine zuständige nationale Behörde auf die ausreichende Umsetzung der Anforderungen des § 165 TKG überprüfen zu lassen (§ 165 Abs. 9 TKG).

Konkrete technische Vorgaben enthält auch § 165 TKG nicht. Eine Verpflichtung zu einem Risikomanagement vergleichbar § 25a KWG ist nicht enthalten. § 165 TKG stellt jedoch den grundsätzlichen Pflichtenumfang klar und schafft die Voraussetzung für eine weitreichende Überprüfung der Einhaltung dieser grundsätzlichen Handlungspflicht durch die Aufsichtsbehörden.

3.2.2 Anforderungen an Informationssicherheit im Telekommunikationsrecht

§ 167 TKG enthält eine Verpflichtung der Bundesnetzagentur, im Benehmen mit dem Bundesamt für Sicherheit in der Informationstechnik und dem Bundesdatenschutzbeauftragten einen Katalog mit Sicherheitsanforderungen zu erstellen. Dieser Katalog ist die Grundlage für das von den Diensteanbietern zu erstellende Sicherheitskonzept und dient zur Präzisierung der technischen und organisatorischen Maßnahmen, die sie ergreifen müssen. Die Bundesnetzagentur ist dem durch Veröffentlichung eines Katalogs mit Stand vom 8.5.2013 nachgekommen [BNA 2013]. Der Katalog wurde zuletzt 2020 neu veröffentlicht[66] und bezieht sich noch auf die alte Fassung des TKG. Es empfiehlt sich daher, soweit ein Sicherheitskonzept auf Grundlage des Sicherheitskatalogs erstellt wird, regelmäßig zu überprüfen, ob dies noch den aktuellen Anforderungen der jeweils geltenden Version entspricht. [67] Der Katalog enthält zunächst allgemeine Hinweise zur Zielsetzung, den Schutzzielen, zum Vorgehen beim Erstellen des Sicherheitskonzepts, zur Aufteilung der IT-Systeme und Netze in Sicherheitsteilsysteme und zu Beispielen von Gefährdungen. In Teil 5 wird die Umsetzung der Sicherheitsanforderungen beschrieben, konkrete Anforderungen und Maßnahmen ergeben sich aus den Anhängen. Der Katalog verweist dabei sowohl bezüglich der Maßnahmen als auch der Dokumentationserstellung und Gefährdungsbeurteilung mehrfach auf das BSI-IT-Grundschutzkompendium. Anstelle des Katalogs der Bundesnetzagentur kann das Sicherheitskonzept ausdrücklich auch auf Basis anderer Standards, etwa BSI-Grundschutzkompendium oder ISO 27000, erstellt werden. Der Katalog erhebt keinen Anspruch auf Vollständigkeit und soll lediglich Beispiele für Maßnahmen aufführen.

Am Anfang der Sicherheitsanforderungen zum Schutz des Fernmeldegeheimnisses stehen allgemeine Datenschutzprinzipien wie die Einhaltung von »Datensparsamkeit« und die Einhaltung von gesetzlichen Löschfristen. Zur Ergänzung von Zutritts-, Zugangs- und Zugriffsschutzmaßnahmen sollen geeignete Verschlüsselungsverfahren zur Anwendung gebracht werden. Die Zuteilung von Zugriffsrechten soll sich am Need-to-know Prinzip orientieren, zur Entdeckung widerrechtlicher Zugriffe soll ein Monitoring angewendet werden. Der Umgang mit dem Telekommunikationsgeheimnis unterliegenden Daten ist

66 *https://www.bundesnetzagentur.de/SharedDocs/Downloads/DE/Sachgebiete/Telekommunikation/Unternehmen_Institutionen/Anbieterpflichten/OeffentlicheSicherheit/KatalogSicherheitsanforderungen/KatalogSicherheitsanforderungen.pdf.*

67 Abrufbar unter: *https://www.bundesnetzagentur.de/DE/Fachthemen/Telekommunikation/OeffentlicheSicherheit/KatalogSicherheitsanforderungen/Sicherheitsanforderungen-node.html.*

durch Verfahrensanweisungen zu regeln, eine entsprechende Schulung der Beschäftigten wird empfohlen.

Im Weiteren werden generelle Maßnahmen von der Mitarbeitersensibilisierung über den Zutritts-, Zugangs- und Zugriffsschutz, etwa durch Verwendung eines Rollenkonzepts, oder die Festlegung von Verfahren für Datenübermittlungen aufgeführt. Externe Fernwartungszugänge sollen mit Schutzmechanismen versehen werden, die automatisch den unberechtigten Zugriff auf die Datenverarbeitungsanlage verweigern. Gefordert wird auch, dass Datenveränderungen oder -löschungen durch entsprechende Protokollierungsmechanismen nachvollziehbar sind.

Die Bundesnetzagentur verweist für umfassendere Maßnahmenempfehlungen jedoch weiter auf die Schriftenreihen zur Internetsicherheit (ISi-Reihe) und die Cybersicherheitsempfehlungen für Internetservice-Provider des BSI.

Dies ist dadurch veranlasst, dass die Maßnahmenempfehlungen eine eher exemplarische, wenig systematische und wenig konkretisierende Aufzählung möglicher Schutzmaßnahmen darstellen. Die Anwendung zusätzlicher Standards zur Konkretisierung der abstrakten Anforderungen des § 165 TKG ist zwingend notwendig.

3.2.3 Durchsetzung von Informationssicherheit im Telekommunikationsrecht

Die Aufsicht über Telekommunikationsdiensteanbieter liegt bei der Bundesnetzagentur. Deren Befugnisse zur Durchsetzung der Verpflichtungen aus § 165 TKG sind in § 183 TKG gesondert geregelt. Aus § 203 TKG ergeben sich zudem umfangreiche Auskunftsrechte der Bundesnetzagentur gegenüber den Unternehmen. Zur Überprüfung von Beschwerden oder bei Annahme von Pflichtverstößen kann die Bundesnetzagentur gezielt Auskunftsverlangen stellen. Betreiber öffentlicher Telekommunikationsnetze haben zudem das nach § 166 Abs. 1 Nr. 3 TKG zu erstellende Sicherheitskonzept nach Aufnahme des Netzbetriebs unverzüglich vorzulegen (§ 166 Abs. 2 TKG). Anbieter öffentlicher Telekommunikationsdienste können hierzu von der Bundesnetzagentur aufgefordert werden. Die Bundesnetzagentur kann zur Überprüfung die Geschäfts- und Betriebsräume während der Geschäftszeiten betreten und besichtigen. Werden Sicherheitsmängel im Konzept oder bei dessen Umsetzung festgestellt, kann die Bundesnetzagentur deren unverzügliche Beseitigung verlangen (§ 166 Abs. 4 TKG).

Zur Durchsetzung der Behebung festgestellter Verstöße kann die Bundesnetzagentur Zwangsgelder von bis zu 100.000 Euro festsetzen. Führen mildere Maßnahmen nicht zum Ziel, steht der Bundesnetzagentur auch das Mittel der teilweisen oder vollständigen Betriebsuntersagung zur Verfügung (§ 83 Abs. 4 TKG).

§ 169 Abs. 1 TKG sieht außerdem eine Benachrichtigung der Bundesnetzagentur und des Bundesdatenschutzbeauftragten vor, wenn der Schutz personenbezogener Daten verletzt wird. Drohen den Betroffenen schwerwiegende Beeinträchtigungen, sind sie ebenfalls zu benachrichtigen. Eine Ausnahme hiervon gilt nur, wenn durch das Sicherheitskonzept ein geeigneter Schutz der betroffenen personenbezogenen Daten nachgewiesen werden kann. Die Bundesnetzagentur kann allerdings auch dann unter Berücksichtigung der möglichen Folgen für die Betroffenen deren Benachrichtigung anordnen. Ein ausführliches und vollständiges Sicherheitskonzept kann dem Diensteanbieter also die Offenbarung eines Vorfalls gegenüber dem Kunden ersparen. Trifft den Diensteanbieter die Pflicht, die Betroffenen zu benachrichtigen, hat er mindestens über die Art der Schutzverletzung, die Möglichkeit, weitere Informationen zu erhalten, und Empfehlungen zu Maßnahmen, um mögliche Schäden zu verhindern oder zu begrenzen, zu informieren. Über die Verletzungen des Schutzes personenbezogener Daten haben die Diensteanbieter zudem ein Verzeichnis zu führen, das die Umstände von Vorkommnissen der letzten fünf Jahre, die Auswirkungen und die Abhilfemaßnahmen aufführt. Dieses Verzeichnis steht der Bundesnetzagentur oder dem Bundesdatenschutzbeauftragten für die Überprüfung der Einhaltung des § 109 TKG zur Verfügung (§ 169 Abs. 3 TKG).

Verstöße gegen die Verpflichtung, ein Sicherheitskonzept vorzulegen oder bei Sicherheitsvorfällen die Bundesnetzagentur zu benachrichtigen, sind zudem in § 228 Abs. 2 Nr. 38, TKG mit Geldbußen von bis zu 100.000 Euro belegt. Werden Störungen nicht mitgeteilt oder das Vorfallsverzeichnis nicht geführt, ist dies gem. § 228 Abs. 2 Nr. 40, 41 ebenfalls eine Ordnungswidrigkeit und bußgeldbewehrt.

3.3 Strafrecht

Auch das Strafrecht enthält Anforderungen und Durchsetzungsmechanismen für die Informationssicherheit. Strafbar machen kann sich ein Unternehmen als solches nicht. Nur natürliche Personen, das heißt Menschen, sind Adressaten von Strafrechtsnormen und Strafen. Für das Unternehmen sind daher Fälle relevant, in denen ein Mitarbeiter die Unternehmens-IT missbraucht oder in denen ein externer Angreifer seine Aktionen mithilfe der Unternehmens-IT durchführt. Das Unternehmen und seine Infrastruktur können in diesen Fällen Ziel oder Gegenstand von Ermittlungsmaßnahmen werden, die unter Umständen zu Funktionseinschränkungen führen können. Unternehmen sind daher gut beraten, wenn sie durch Maßnahmen der Informationssicherheit den Missbrauch der IT verhindern oder wenigstens nachvollziehbar machen und damit strafrechtliche Ermittlungen, die den IT-Betrieb beeinträchtigen, vermeiden. Insofern ist die Motivation für Sicherheitsmaßnahmen aus dem Strafrecht indirekt.

Bestimmte Verhaltensweisen, z. B. das Ausforschen des Netzwerkverkehrs oder das Brechen von Passwörtern mit dem Ziel unbefugten Datenzugriffs, verstoßen gegen Strafvorschriften. Solche Maßnahmen werden auch – mit berechtigtem Interesse – zur Überprüfung des Sicherheitsniveaus im Unternehmen selbst eingesetzt. Daraus ergibt sich im Bereich des Strafrechts ein grundsätzlicher Konflikt zwischen dem Sicherheitsziel der Rechtsvorschriften und Maßnahmen, die zur Absicherung von IT-Infrastrukturen eingesetzt werden. Um diesen Zielkonflikt aufzulösen, müssen im Unternehmen geeignete Regelungen für den Einsatz der Werkzeuge getroffen werden.

Bestimmte Sicherheitsmaßnahmen können außerdem ihrerseits zu Verstößen gegen Strafrechtsnormen führen, z. B. können bestimmte Überwachungen des Internetverkehrs in einem Unternehmen gegen das Fernmeldegeheimnis verstoßen. Nicht zuletzt deshalb werden auch Strafrechtsnormen mit Telekommunikationsbezug in Abschnitt 3.7.2 unter dem Aspekt der rechtlichen Grenze für IT-Sicherheitsmaßnahmen nochmals aufgegriffen. Im Mittelpunkt stehen dort Straftatbestände, die Geheimnisse oder Persönlichkeitsrechte schützen.

Die originäre Funktion des Strafrechts ist jedoch das Verbot von Handlungen oder Angriffen, die sich direkt gegen die Informationssicherheit oder geschützte Rechtsgüter richten. Das strafrechtliche Verbot unterstützt aus dieser Perspektive die Informationssicherheit. Die wichtigsten Tatbestände werden im Abschnitt 4.8.1 vorgestellt.

3.4 Verträge und Vertragsrecht

Verträge und vertragliche Verpflichtungen spielen eine sehr wichtige Rolle für die Informationssicherheit und die rechtliche Gestaltung der datenschutzrechtlichen Anforderungen, da mit einer vermehrten Aufgabenteilung und Spezialisierung einhergeht, dass für die Informations- und Datenverarbeitung häufig mehrere Stellen zusammenarbeiten. Gegenstand der Zusammenarbeit kann das Verarbeiten oder Hosten von Daten und Anwendungen sein, das Erstellen und Warten von Anwendungen oder auch nur das Lizenzieren einer Anwendung. Sogar das Herstellen, Prüfen oder Überwachen von Informationssicherheit und datenschutzrechtlicher Anforderungen kann Gegenstand sein. Die Zusammenarbeit, häufig in Form von Dienstleistungen, die eine Partei für die andere erbringt, ist gewöhnlich in Verträgen geregelt.

Hieraus ergeben sich zwei Perspektiven: Für den Auftragnehmer ergeben sich aus den Verträgen Pflichten zur Gewährleistung von Informationssicherheit und Datenschutz oder zu im Vertrag festgelegten Maßnahmen der Informationssicherheit. Den Auftraggeber als Verantwortlichen oder Auftragsverarbeiter treffen, wie bereits dargestellt, eigene Sorgfaltspflichten bei der Informationsverarbeitung und eigene Pflichten bei Datenverarbeitungen sei es gegenüber Aktionären oder Gesellschaftern des eigenen Unternehmens, sei es gegenüber den eigenen Vertragspartnern oder gegenüber den Arbeitnehmern, sei es gegenüber den Betroffenen gegenüber und Dritten. Für den Auftraggeber/ Verantwortlichen ist der Vertrag das entscheidende Mittel, Dienstleistungen so zu gestalten, dass diesen Sorgfalts-/ Pflichten Rechnung getragen wird, indem der Dienstleister zu Sicherheitsmaßnahmen oder bestimmten Garantien verpflichtet wird.

Das Vertragsrecht, hauptsächlich das allgemeine und besondere Schuldrecht des Bürgerlichen Gesetzbuchs (BGB), liefert hierfür den Rechtsrahmen. Es regelt u. a. die Rechtsfolgen für Pflichtverstöße, bestimmte grundsätzliche Pflichten der Vertragspartner je nach Art des Vertrags und Durchsetzungsmechanismen.

3.4.1 Anforderungen an Informationssicherheit in Verträgen und im Vertragsrecht

Bei den Anforderungen an Informationssicherheit aus Verträgen und datenschutzrechtlichen Anforderungen aus Verträgen oder aus dem Vertragsrecht und bei den Anforderungen an Verträge aus der Sicht der Informationssicherheit bzw. des Datenschutzes ist nach den oben genannten Perspektiven zu unterscheiden: Verantwortlicher, Auftragsverarbeiter und Betroffener. In der Informationssicherheit entspricht die Perspektive des Auftragnehmers dem Blick der bisherigen Abschnitte.

Auch Verträge sind Rechtsquellen, aus denen sich Pflichten zur Wahrung von Informationssicherheit, zur Wahrung des Datenschutzes, aber auch des Geheimnisschutzes ergeben können ergeben können.

Die Perspektive des Auftraggebers, Verantwortlichen oder Auftragsverarbeiters ist die der Vertragsgestaltung, der Umsetzung von Anforderungen durch Verträge. Die Quellen dieser Anforderungen sind vielfach die Gegenstände der vorangegangenen Abschnitte, nicht zuletzt das Gesellschaftsrecht (Abschnitt 3.1.2) sowie der Anforderungen wie sie im folgenden Kapitel 4 dargestellt sind.

Informationssicherheitspflichten aus Sicht des Auftragnehmers

Sowohl IT-Sicherheit als auch Datenschutz können entweder als Haupt- oder als Nebenleistungspflicht Bestandteil eines Vertrags sein. Ist es Teil der vertraglichen Leistung, Daten des Vertragspartners aufzubewahren, zu bearbeiten oder Zugriff auf diese zu vermitteln, ist ein Mindestmaß an Informationssicherheit regelmäßig eine vertragliche Nebenpflicht (§ 241 Abs. 2 BGB). Als solche braucht diese Verpflichtung nicht einmal im Vertrag erwähnt zu werden, sie ergibt sich aus dem gegenseitigen vertraglichen Rücksichtnahmegebot. Vertragspartner sind im Rahmen der Vertragserfüllung zur Fürsorge für das Eigentum und das Vermögen des Vertragspartners verpflichtet. Wie weit diese Pflicht reicht, ergibt sich aus dem Verkehrsüblichen, sodass auch hier der Rückgriff auf die vorhandenen Best Practices und Standards eine Bestimmungsmöglichkeit darstellt.

Darüber hinaus können Informationssicherheitsmaßnahmen ausdrücklich vereinbart und damit Teil der Hauptleistungspflichten sein. In diesem Fall ist auch ihr Umfang in der Regel klar bestimmt. Vereinbarungen zur Informationssicherheit ergeben sich bspw. regelmäßig aus Auftragsdatenverarbeitungsverträgen.

Für den Auftragnehmer ist wichtig, seine Vertragspflichten zu bestimmen und für ihre Umsetzung Sorge zu tragen.

Informationssicherheitsanforderungen aus Sicht der Auftraggeber

Für den Auftraggeber ist eine klare Festlegung von Leistungspflichten wichtig, denn nur auf Grundlage klarer Pflichten und Beschreibungen können Mängel in deren Umsetzung bezeichnet und geltend gemacht werden sowie Nachbesserungen rechtssicher eingefordert und eingeklagt werden. Für den Auftraggeber ergibt sich zudem aus einer klaren vertraglichen Benennung der Nachweis, dass er selbst seine Sorgfaltspflichten bezüglich der von ihm geforderten Sicherheitsmaßnahmen erfüllt hat.

Werden ganze Anwendungen für den Auftraggeber erstellt oder ganze Prozesse ausgelagert, so sind Sicherheitsmaßnahmen in das Lastenheft zur Leistungsbeschreibung aufzunehmen. Ein typisches Beispiel für aus Sicherheitssicht erforderliche Klauseln sind Verfügbarkeitsregelungen, Service-Level-Agreements, Vertraulichkeitserklärungen, Leistungstermine und Dokumentationspflichten. Sind personenbezogene Daten betroffen, so sind die in Art. 28 DSGVO zur Auftragsdatenverarbeitung geregelten Inhalte in den Vertrag aufzunehmen oder gesondert zu regeln.

Wegen ihrer hohen Praxisrelevanz besonders hervorzuheben sind in diesem Zusammenhang Vertraulichkeitsvereinbarungen (Non-Disclosure Agreements, NDA). Hier geht es zumeist um eine Vereinbarung zwischen einem Unternehmer und einem Dienstleister, die den Auftraggeber und gegebenenfalls auch den Dienstleister vor der Weitergabe vertraulicher Informationen an Dritte schützen soll. Der Unterzeichner stimmt dabei zu, ihm im Rahmen seiner Tätigkeit zugänglich gemachte Daten, Informationen und Wissen, insbesondere Betriebsgeheimnisse wie technologisches oder Prozesswissen, geheim zu halten.

Eine Besonderheit stellen aus Sicherheitssicht oft erforderliche Escrow-Klauseln dar. Diese regeln bspw. die Hinterlegung des Softwarequelltexts und der Dokumentation oder sonstiger Informationen. Die Regelung soll verhindern, dass etwa im Fall der Insolvenz oder Auflösung des Herstellers eine essenzielle Software nicht mehr gesichert fortbetrieben oder gepflegt werden kann. In diesem Fall kann der Auftraggeber auf die Unterlagen zugreifen. Von besonderem Interesse kann dies bei Cloud-Diensten der Form Software as a Service (SaaS) sein, wenn der Diensteanbieter kurzfristig den Dienst einstellt.

Gerade Cloud-Dienste erfordern als Ausgleich für den Kontrollverlust des Auftraggebers sorgfältige Vertragsbestimmungen, da diese die eigenen Sicherheitsmaßnahmen ersetzen müssen.[68] Angesichts der typischen Intransparenz von Cloud-Angeboten und -Prozessen ist die Gestaltung von Prüfrechten schwierig. Hier bieten sich vertragliche Regelungen zur regelmäßigen Vorlage von Zertifikaten zuverlässiger Prüfinstanzen an. Aus dem Datenschutzrecht folgt häufig das Erfordernis, die Cloud auf europäische Serverstandorte zu beschränken.[69]

3.4.2 Durchsetzung von Informationssicherheit in Verträgen und im Vertragsrecht

Die Mittel zur Durchsetzung von Vertragspflichten – also auch informationssicherheitsbezogenen Pflichten – und die Rechtsfolgen ihrer Verletzung ergeben sich zunächst aus dem besonderen und ergänzend aus dem allgemeinen Schuldrecht des BGB. Die Rechte, die dem Auftraggeber, dem Vertragsgläubiger bei einer Vertragsverletzung entstehen, reichen von dem Recht auf Mängelbeseitigung und gegebenenfalls Selbstvornahme über die Minderung der Gegenleistung bis hin zur Vertragskündigung oder zum Rücktritt vom Vertrag und anschließendem Schadensersatz. Auch Schäden durch unterlassene Informationssicherheitsmaßnahmen, die als Nebenpflicht anzusehen gewesen wären, führen zu Schadensersatzansprüchen des Vertragspartners. Die Vertragspartner können jedoch auch eigene Rechtsfolgen vereinbaren und eigene Durchsetzungsmechanismen schaffen. Das wichtigste Beispiel hierfür sind Vertragsstrafen. Eine andere Möglichkeit ist bspw. die Vereinbarung eines Einstehens für bei Dritten verursachte Schäden.

Vor allem in Service-Level-Agreements, bei Kundenschutzklauseln, im Zusammenhang mit Vertraulichkeitsvereinbarungen oder bei wichtigen Lieferterminen kann es für den Auftraggeber als Druckmittel für die Einhaltung der jeweiligen Verpflichtung sinnvoll sein, eine Zuwiderhandlung mit einer Vertragsstrafe zu versehen.

Die Vertragsstrafe hat den Vorteil, dass der durch die Pflichtverletzung entstandene Schaden nicht bewiesen werden muss – andernfalls liegt die Beweislast im Hinblick auf einen Schaden beim Auftraggeber. Nach der gesetzlichen Regelung in § 339 Bürgerliches Gesetzbuch (BGB) greift eine Vertragsstrafe nur, wenn der Vertragspartner den Verstoß zu vertreten hat. Dazu genügt es, wenn der Auftraggeber das Verschulden des Auftragnehmers nachweist. Von dieser gesetzlichen Regelung kann nur direkt in Vertragsbestimmungen abgewichen werden, jedoch nicht in allgemeinen Geschäftsbedingungen (AGB). Gemäß § 343 BGB kann eine unverhältnismäßig hohe Vertragsstrafe auf Antrag

68 S. umfassend [Bed 2013].

69 S. hierzu [Hoer 2019, 380 ff.].

des Schuldners durch Urteil auf den angemessenen Betrag herabgesetzt werden. Bei der Beurteilung der Angemessenheit ist aber jedes berechtigte Interesse des Gläubigers, nicht bloß das Vermögensinteresse, in Betracht zu ziehen. Im Geschäftsverkehr zwischen Vollkaufleuten ist § 334 BGB nicht anwendbar (vgl. § 348 HGB). Eine Herabsetzung ist in diesen Fällen daher ausgeschlossen.

In AGB unterliegen unverhältnismäßig hohe Vertragsstrafen der sogenannten Inhaltskontrolle nach § 307 BGB, auch im unternehmerischen Geschäftsverkehr. In der Rechtsprechung gilt dafür der Grundsatz, dass die maximale Vertragsstrafe den Wert von fünf Prozent der (Netto-)Auftragssumme nicht übersteigen darf. Die Vertragsstrafe schließt aber weiteren über sie hinausgehenden Schadensersatz in der Regel nicht aus.

3.5 Arbeitsrecht

Die gesetzlichen Anforderungen an die Informationssicherheit sind nur in geringem Umfang Quelle von arbeitsrechtlichen Pflichten. Solche Pflichten leiten sich vielmehr aus anderen Rechtsbereichen, bspw. bezüglich des Schutzes von Beschäftigtendaten, vorrangig aus dem Datenschutzrecht oder den Sozialgesetzbüchern ab.

Im Bereich der Informationssicherheit ist das Arbeitsrecht vielmehr für die Umsetzung von Maßnahmen im Innenverhältnis zwischen Arbeitgeber und Arbeitnehmer relevant, da Arbeitnehmer in aller Regel bei der Umsetzung von Informationssicherheitsmaßnahmen mitwirken. Sie sind dabei Adressaten organisatorischer Maßnahmen und auch potenzielle Verletzungsurheber oder Bedrohungen der Informationssicherheit.

Grundlage für das Erteilen von Weisungen, den Erlass von Richtlinien und von Sanktionen für informationssicherheitsbezogenes Fehlverhalten ist das sich aus dem Arbeitsvertrag ergebende Arbeitsverhältnis. Dieses ist auch Voraussetzung und Quelle des in § 106 GewO[70] geregelten Direktionsrechts des Arbeitgebers, also des Rechts, dem Arbeitnehmer tätigkeitsbezogene Weisungen zu erteilen. Das Arbeitsrecht wiederum ist einerseits das spezielle Vertragsrecht des Arbeitsverhältnisses und regelt die Rechte und Pflichten von Arbeitgebern und Arbeitnehmern. Teil dieser Regelungen für das ansonsten frei gestaltbare Arbeitsverhältnis (§ 105 GewO) sind auch die Grundsätze der Arbeitnehmerhaftung. Sie bestimmen, in welchem Umfang der Arbeitnehmer neben dem Unternehmen oder gegenüber dem Unternehmen auch bezüglich der Folgen von Verstößen gegen Regelungen der Informationssicherheit haftet. Andererseits regelt das Arbeitsrecht vor allem in dem Betriebsverfassungsgesetz aber auch kollektive Belange des Verhältnisses der Arbeitnehmerschaft, die durch einen Betriebsrat vertreten werden kann, zu den jeweiligen Arbeitgebern. Dieser Teil des Arbeitsrechts ist das Betriebsverfassungsrecht, in dessen Zentrum wiederum die betriebliche Mitbestimmung steht.

Quellen des Arbeitsrechts sind – neben vielen weiteren Vorschriften – § 611 BGB, das Betriebsverfassungsgesetz, das Arbeitssicherheitsgesetz, das Arbeitszeitgesetz, das Kündigungsschutzgesetz oder gesetzliche Regelungen zur Arbeitstätigkeit Jugendlicher.

70 Gewerbeordnung

3.5.1 Arbeitsrecht als Gestaltungsmittel der Informationssicherheit

Der Arbeitgeber gestaltet Prozesse und Abläufe auch zur Erfüllung von Sicherheitszielen, z. B. durch technische Abläufe oder Weisungen. Viele Informationssicherheitsmaßnahmen betreffen das Festlegen von Verhaltensregeln von Arbeitsprozessen oder bedingen Anweisungen an die Arbeitnehmer als Nutzer der Unternehmens-IT. Mit diesen Maßnahmen wird letztlich das Arbeitsverhältnis ausgestaltet. Das Arbeitsrecht im Sinne des durch das im Arbeitsverhältnis geschaffenen Rechts ist daher ein Gestaltungsmittel, um Informationssicherheit zu gewährleisten. Viele Maßnahmen der Informationssicherheit unterliegen auch der betrieblichen Mitbestimmung. Diese legt Rechtspflichten des Arbeitgebers vor allem gegenüber dem Betriebsrat bei der Umsetzung von Informationssicherheit fest.

Die weitaus meisten der der Informationssicherheit dienenden Verhaltensregeln werden durch Richtlinien oder Arbeitsanweisungen ausgestaltet. Deren rechtliche Verbindlichkeit leitet sich aus dem Arbeitsvertrag und dem arbeitgeberseitigen Direktionsrecht (s. o.) ab. Zur Erfüllung der organisatorischen informationssicherheitsbezogenen Rechtspflichten sind Richtlinien, Anweisungen und andere Formen von Verhaltensvorgaben notwendige Mittel. Häufig sind auf diese Weise die Nutzung der Unternehmens-IT, der Umgang mit Passwörtern, das Unterlassen des Installierens von Fremdsoftware, die (private) Internet-Nutzung oder der Umgang mit Datenträgern geregelt.

Eine weitere Gestaltungsmöglichkeit liegt in Betriebsvereinbarungen. Diese dienen zum einen der Umsetzung von Mitbestimmungsrechten. Zum anderen können aber auch mittels der Betriebsvereinbarungen Verhaltensweisen geregelt oder Maßnahmen legitimiert werden, bspw. die Umsetzung von Protokollierungen als Maßnahmen zur Informationssicherheit.

3.5.2 Regelungen im Arbeitsverhältnis

Bestimmte Aspekte der Informationssicherheit sind bereits bei der Gestaltung des Arbeitsvertrags zu berücksichtigen. Je nach Position und Aufgabe eines Mitarbeiters, bspw. einer Befassung mit Informationssicherheits- oder Administrationsaufgaben, kann die Aufnahme einer Verschwiegenheits- oder Geheimhaltungsklausel bereits in den Arbeitsvertrag empfehlenswert sein. Die Gegenstände der Geheimhaltung sollten allerdings möglichst genau bezeichnet werden. In dieser Klausel kann auch die Fortgeltung der Geheimhaltungspflicht nach Beendigung des Arbeitsverhältnisses vereinbart werden. Es ist jedoch zu berücksichtigen, dass eine zu weit gehende Klausel rechtswidrig sein und die Arbeitgeberposition durch ihre Nichtigkeit sogar verschlechtern kann. Auch ohne vertragliche Regelung besteht eine Verschwiegenheitspflicht bezüglich der Betriebs- und Geschäftsgeheimnisse bereits aus der allgemeinen Treuepflicht des Arbeitnehmers (§ 242 BGB).

Neben der Treuepflicht stellt zudem § 4 Geschäftsgeheimnisgesetz u. a. die unbefugte Weitergabe von Geschäfts- und Betriebsgeheimnissen aus bestimmten Motiven wie Eigennutz oder Schädigungsabsicht (durch Beschäftigte) unter Strafe (Freiheitsstrafe bis zu drei Jahren). Aus den Treue- und arbeitsvertraglichen Nebenpflichten des Arbeitnehmers kann neben der Verschwiegenheitspflicht auch informationssicherheitsrelevantes Verhalten umfasst sein, etwa das Unterlassen von allgemein als Sicherheitsrisiko bekannten Handlungen. Beispiele wären das Öffnen von Anhängen, in denen der Arbeitnehmer Viren bereits vermutet[71] oder das innerbetriebliche Anfertigen von Raubkopien.

Generell trifft den Arbeitnehmer die Verpflichtung, durch sein Verhalten, soweit er es selbst steuern kann, den Arbeitgeber nicht zu schädigen (arbeitsvertragliche Nebenpflichten). Allerdings hat der Arbeitgeber eigene Organisationspflichten. Er kann sich nicht auf die arbeitsvertraglichen Nebenpflichten des Arbeitnehmers zurückziehen, sondern muss seinerseits durch Arbeitsanweisungen, Richtlinien und Schulungen für die Vermeidung schädlicher Handlungen sorgen.

Bereits bei der Gestaltung des Arbeitsvertrags ist auf eine sorgfältige Aufgabenbeschreibung zu achten. Diese kann zwar die Flexibilität des Arbeitnehmereinsatzes einschränken, an die Beschreibung können aber auch entsprechende Sorgfalts- und Verhaltenspflichten des Arbeitnehmers bis hin zu Verhaltenspflichten im Privatleben anknüpfen. Für einen Administrator oder mit Sicherheitsaufgaben betrauten Arbeitnehmer resultieren etwa bereits aus seinen Aufgaben bestimmte Sorgfaltspflichten, bspw. bei der Wahrnehmung von Aufgaben von zu Hause aus oder für den Schutz seiner Schlüssel oder Berechtigungen. Zu einigen Tätigkeiten, wie gerade der des Administrators, beginnt sich ein festes Rollenbild zu entwickeln, das bestimmte Rechte und Pflichten ergänzend zu den arbeitsvertraglichen Regeln mit sich bringt.

Durchsetzung von Sicherheitsmaßnahmen im Arbeitsverhältnis

Das Arbeitsrecht hält eine Reihe von Sanktionen bereit, mit denen der Arbeitgeber Informationssicherheitsmaßnahmen gegenüber seinen Arbeitnehmern durchsetzen kann. Verstößt ein Arbeitnehmer gegen hinreichend klare und bekannt gemachte Arbeitsanweisungen oder Verhaltensrichtlinien, verletzt er seine Pflichten aus dem Arbeitsvertrag. Dem Arbeitgeber steht hierbei zunächst das weitgehend folgenlose Instrument der Ermahnung, dann der Abmahnung zur Verfügung. Erschüttert der Vertrauensverstoß grundsätzlich das Vertrauensverhältnis, besteht auch die Möglichkeit zur verhaltensbedingten ordentlichen oder sogar zur sofortigen, fristlosen Kündigung aus wichtigem Grund (§ 626 Abs. 1 BGB), bspw. nach Verwirklichung eines Straftatbestands. Wichtig ist hierbei jedoch stets, dass der Arbeitgeber in der Lage ist, den maßgeblichen Verstoß ausreichend zu dokumentieren. Häufig fehlt es an festgelegten Verfahren bei der Aufdeckung von Verstößen, die eine gute Dokumentation der Aufklärungsmaßnahmen gewährleisten und verhindern, dass Maßnahmen des Arbeitgebers vor Gericht mangels valider Beweisführung scheitern.

Die Sanktionsmöglichkeiten hängen zudem von der Dokumentation und der Qualität der informationssicherheitsbezogenen Anweisungen ab. Das Bundesarbeitsgericht hat selbst bei einem IT-Leiter, der geschäftliche Daten teilweise ausschließlich auf einer privaten, unverschlüsselten Festplatte gespeichert hatte, mangels hinreichend genauer Anweisungen zur Datenspeicherung und Sicherung eine Abmahnung für erforderlich gehalten

71 BAG, Urteil v. 31.05.2007, AZ: 2 AZR 200/06.

und eine außerordentliche Kündigung abgelehnt.[72] Für den Arbeitgeber sind die Sanktionsmöglichkeiten jedoch nicht nur mit Blick auf den Einzelfall oder die Gefahr durch einen einzelnen, unachtsamen Arbeitnehmer von Bedeutung. Erlangt der Arbeitgeber von informationssicherheitsbezogenen Richtlinienverstößen Kenntnis, ist ein Einschreiten wenigstens mittels Ermahnungen erforderlich. Ansonsten riskiert die Geschäftsleitung, dass jene zur Erfüllung von Organisationspflichten erlassenen Richtlinien durch eine gegenläufige betriebliche Übung aufgehoben werden.[73]

Haftung der Arbeitnehmer

Auch die Regeln der Arbeitnehmerhaftung können zur Durchsetzung von Sicherheitsmaßnahmen beitragen.

Da die praktische Umsetzung von Informationssicherheit zu wesentlichen Teilen in den Händen der Arbeitnehmer liegt und von ihrem Verhalten abhängt, stellt sich nämlich die Frage nach der Haftung für die Folgen von Fehlverhalten. Grundsätzlich haftet ein Arbeitnehmer gegenüber dem Arbeitgeber nach den gleichen Regeln wie auch andere Vertragspartner, nämlich für vorsätzliche oder fahrlässige Verstöße gegen Vertragspflichten. Bereits Anfang des letzten Jahrhunderts erkannte aber die Rechtsprechung, dass für das Arbeitsverhältnis Begrenzungen angemessen waren. Für Arbeitnehmer steht häufig das Schadensrisiko nicht selbstbestimmter Tätigkeit außer Verhältnis zur vertraglichen Gegenleistung, dem Lohn. Daher wird dem Arbeitgeber grundsätzlich die Sach- oder Betriebsgefahr zugerechnet. Für die Haftungsverteilung wird zwischen deren Realisierung und dem Grad des Verschuldens des Arbeitnehmers abgewogen.

Regelmäßig haftet der Arbeitnehmer voll bei Vorsatz und grober Fahrlässigkeit, bei mittlerer Fahrlässigkeit kommt es zu einer Verteilung nach Quoten und bei leichter Fahrlässigkeit hat der Arbeitgeber den Schaden voll zu tragen. Abweichungen sind nach den Umständen des Einzelfalls aber möglich. Grobe Fahrlässigkeit liegt vor, wenn selbst einfachste, jedem einleuchtende Überlegungen zu den eigenen Sorgfaltspflichten außer Acht gelassen werden. Unter leichte Fahrlässigkeit fallen dagegen leicht entschuldbare Pflichtwidrigkeiten, die im Laufe der Zeit jedem passieren können, oder kurze, nur momentane Unaufmerksamkeiten. Für den Bereich der Informationssicherheit werden Pflichtverletzungen wie das vergessene Sperren des Bildschirms bei kurzer Abwesenheit, verpasste Softwareupdates, unsichere Passwörter und Ähnliches als leichte Fahrlässigkeit gelten können. Der bewusste Verstoß gegen Richtlinien nach Aufklärung über dadurch entstehende Risiken dagegen kann eine grobe Fahrlässigkeit darstellen. Bei der Abwägung werden auch die Stellung und die Pflichten des Arbeitnehmers sowie die Awareness-Maßnahmen des Arbeitgebers berücksichtigt. Sind relevante Sicherheitsanweisungen des Arbeitgebers

---

72 BAG, Urteil v. 24.03.2011, AZ: 2 AZR 282/10. Trotz der Ablehnung im konkreten Fall, in dem das Vorliegen bestimmter Gefährdungen nicht eindeutig vorgetragen war, ist dem Urteil zu entnehmen, dass Verstöße gegen klar formulierte IT-Richtlinien mindestens Abmahnungsgründe darstellen. Bei der sofortigen, fristlosen Kündigung geht das Bundesarbeitsgericht bezüglich der IT-Richtlinien davon aus, dass eine Abmahnung geeignet ist, ein regelkonformes Verhalten zukünftig sicherzustellen (s. a. BAG, Urteil v. 12.1.2006, AZ: 2 AZR 179/05 bezüglich der Abwägung zwischen Abmahnung und erforderlicher fristloser Kündigung). Mit steigendem allgemeinem Risikobewusstsein kann sich diese Tendenz jedoch ändern.

73 Zu weiteren Nachweisen und zur Vertiefung, s. [TrSc 2009].

unzureichend, fehlerhaft oder unverständlich, geht dies zulasten des Arbeitgebers. Dies gilt auch, wenn die tatsächlichen Arbeitsbedingungen verhindern, dass ansonsten wichtige Regelungen zur Informationssicherheit umgesetzt werden können.

Gegenüber Dritten haftet der Arbeitnehmer unbeschränkt. Wird nicht der Arbeitgeber geschädigt, sondern ein Dritter infolge der Pflichtwidrigkeit des Arbeitnehmers, so kann sich der Dritte also gleichermaßen an Arbeitgeber und Arbeitnehmer halten. Ein Arbeitnehmer hat jedoch im Fall seiner Inanspruchnahme einen Erstattungsanspruch gegen den Arbeitgeber in Höhe des Schadens, der bei einer Haftung im Arbeitsverhältnis vom Arbeitgeber zu tragen gewesen wäre. Eine Absicherung des Arbeitnehmers durch seine private Haftpflichtversicherung besteht in der Regel nicht, da Schäden aus der Berufstätigkeit durch die Versicherungsbedingungen gewöhnlich ausgeschlossen werden.

Die bestehenden Haftungsrisiken sollten für Arbeitnehmer ein guter Grund sein, Anweisungen mit Sicherheitsrelevanz zu beachten.

3.5.3 Regelungen durch Betriebsvereinbarung

Die betriebliche Mitbestimmung hat mehrere Bezugspunkte zur Informationssicherheit. Sie kann zum einen die Ausgestaltung von Sicherheitsmaßnahmen betreffen. Weiter können aus Betriebsvereinbarungen Verpflichtungen für den Arbeitgeber zu Maßnahmen der Informationssicherheit entstehen, wenn mitbestimmungspflichtige Verfahren eingeführt werden, die Beschäftigtendaten betreffen. Nicht zuletzt können auch organisatorische Regelungen wie Sicherheits- oder Verhaltensrichtlinien der Mitbestimmung unterliegen. Diese Aspekte der betrieblichen Mitbestimmung werden im Weiteren kurz beleuchtet. Sie gelten entsprechend im öffentlich-rechtlichen Bereich für die Mitbestimmung im Rahmen der Personalvertretungsgesetze des Bundes und der Länder.

Die betriebliche Mitbestimmung ist im Betriebsverfassungsgesetz, in den §§ 74 ff. BetrVG geregelt.[74] Der Betriebsrat wird durch das Betriebsverfassungsgesetz verpflichtet, die Einhaltung von Arbeitnehmer schützenden Gesetzen zu überwachen und eine Reihe von Zielen wie Geschlechtergleichstellung oder die Integration bestimmter Arbeitnehmergruppen zu fördern (§ 80 BetrVG). Unter die Arbeitnehmer schützenden Gesetze fällt bspw. das Bundesdatenschutzgesetz, sodass auch der Betriebsrat den Schutz der Beschäftigtendaten überwacht.

Die Bedeutung der betrieblichen Mitbestimmung ergibt sich vor allem aus § 87 Abs. 1 Nr. 1 und Nr. 6 BetrVG. Der Betriebsrat hat danach bei Fragen der Ordnung des Betriebs und des Verhaltens der Arbeitnehmer im Betrieb mitzubestimmen. Werden also Richtlinien zur Internetnutzung, Telefonnutzung oder zum Auftreten als Betriebsangehöriger in sozialen Netzwerken erlassen, besteht das Mitbestimmungsrecht. Die zweite, noch wichtigere Grundlage in Bezug auf die Informationssicherheit ist die Mitbestimmung bei der Einführung und Anwendung von technischen Einrichtungen, die dazu bestimmt sind, das Verhalten der Arbeitnehmer zu überwachen. Das »Bestimmt-Sein« wird in der ständigen Rechtsprechung als Eignung zu diesem Zweck verstanden. Da praktisch jedes IT-System Protokoll-Dateien über seine Nutzung anlegt, eine Nutzerverwaltung besitzt oder auf andere Weise arbeitnehmerbezogene Aufzeichnungen vornimmt, ermöglicht es immer auch eine Arbeitnehmerüberwachung. Daher hat der Betriebsrat regelmäßig bei

74 Das Bundespersonalvertretungsgesetz regelt Entsprechendes in den §§ 69 ff. BPersVG.

neuen IT-Anwendungen oder -Verfahren mitzubestimmen. Erst recht besteht die Mitbestimmung natürlich, wenn IT-Anwendungen, die auf die direkte Nutzerkontrolle zielen, eingeführt werden sollen, wie eine Whistleblowing-Plattform, ein System für das Security Incident and Event Management oder ein zentraler Filter für Internet-Zugriffe.

Bezüglich der Mitbestimmungsbereiche hat der Betriebsrat zunächst ein Informationsrecht gegenüber dem Arbeitgeber. Dieser hat den Betriebsrat frühzeitig zu unterrichten und die notwendigen Informationen bereitzustellen. Das klassische Mittel, um erzielte Einigungen festzuhalten, sind Betriebsvereinbarungen. Die Regelungen einer Betriebsvereinbarung gelten zwingend gegenüber allen Arbeitnehmern des Betriebs. Eine Betriebsvereinbarung kann allerdings für Arbeitnehmer gesetzlich geltende Schutzbestimmungen nicht unterschreiten oder abändern. Eine Konkretisierung gesetzlicher Schutzpflichten auf bestimmte Formen der Umsetzung ist dagegen möglich. So kann eine Betriebsvereinbarung etwa die Protokollierung von Systemnutzungen durch Arbeitnehmer genauer ausgestalten und Verfahren zu deren Auswertung, die Aufbewahrungsdauer oder die inhaltliche Reichweite der Protokollierung regeln.

Bei der Umsetzung oder Planung von IT-Sicherheitsmaßnahmen ist daher stets zu prüfen, ob bereits in Betriebsvereinbarungen einschlägige Regelungen getroffen worden sind oder ob ein Mitbestimmungsverfahren einzuleiten ist.

3.6 Regulierte Infrastrukturen

Die bisherige Darstellung hat Rechtsvorgaben an die Informationssicherheit betrachtet, die Unternehmenspflichten begründen oder der Durchsetzung von Sicherheitsmaßnahmen im Innenverhältnis von Organisationen dienen.

Der Gesetzgeber hat jedoch einen weiteren Blickwinkel, mit dem er das Thema Informationssicherheit steuert. Vor allem im Bereich des elektronischen Rechtsverkehrs hat sich gezeigt, dass neue elektronische Kommunikationsformen rechtlichen Unsicherheiten unterliegen. Das Fehlen von Rechtsregeln oder die Probleme, die für herkömmliche Kommunikationsformen bestehenden Regeln zu übertragen, führen zu Hindernissen, elektronische Medien im Rechtsverkehr einzusetzen.

3.6.1 eIDAS-Verordnung

E-Mails, elektronische Dokumente oder andere elektronische Übermittlungen haben eine geringe Beweiskraft hinsichtlich ihrer Integrität und Authentizität. Werden sie für Rechtsgeschäfte und rechtsverbindliche Erklärungen verwendet, kann Rechtsunsicherheit für die Beteiligten entstehen. Darüber hinaus können die genannten Kommunikations- oder Dokumentationsformen herkömmliche, auf die handschriftliche Unterschrift ausgerichtete rechtliche Formerfordernisse zunächst nicht erfüllen, was ihrer Verwendung im Rechtsverkehr Grenzen setzt.

Um den Eigenschaften der elektronischen Kommunikationsformen Rechnung zu tragen, haben der europäische und der deutsche Gesetzgeber versucht, Infrastrukturen zu fördern, die bestimmte rechtliche Zusicherungen gewährleisten. Bis Ende Juli 2017 galten das Signaturgesetz (SigG)[75] und die Signaturverordnung. Sie wurden durch die eIDAS-Verordnung (VO) abgelöst, die am 17. September 2014 in Kraft trat.[76] Seit Juli 2016, nach Verstreichen der Übergangsfrist, müssen nun die Regelungen aus der eIDAS-VO in Deutschland angewendet werden. EU-Verordnungen sind, anders als vom nationalen Gesetzgeber noch umzusetzende Richtlinien, unmittelbar anwendbares Recht und gehen diesem als solches im Zweifel vor. Der deutsche Gesetzgeber hat, in Ergänzung zur unmittelbar geltenden eIDAS-VO, das Vertrauensdienstegesetz (VDG)[77] erlassen, das das deutsche Signaturrecht an die eIDAS-VO anpasst[78] und in der eIDAS-VO enthaltene Regelungslücken (dafür seien nur die Barrierefreiheit der Dienste und das Thema Datenschutz beispielhaft genannt) schließt. So konnte sichergestellt werden, dass die Kontinuität beim deutschen Signaturrecht gewährleistet ist und bereits existierende Dienste weiterbestehen konnten. Außerdem werden mit dem VDG Zuständigkeiten festgelegt, etwa für die Zertifizierung von qualifizierten Signaturerstellungseinheiten und für das Führen und Veröffentlichen der deutschen Vertrauensliste.

Mit der Verordnung werden die Rahmenbedingungen für elektronische Signaturen, Siegel und Zeitstempel geregelt. Die Anforderungen an die Sicherheitsniveaus verschiedener Signaturstufen sind dort festgelegt, und die Pflichten für die Vertrauensdiensteanbieter werden definiert. In weiteren Gesetzen sind die Rechtsfolgen der Signaturverwendung normiert (s. u.). Dazu gehört auch die Möglichkeit, mit der qualifizierten elektronischen Signatur die Schriftform zu ersetzen. Dadurch wird natürlichen Personen ermöglicht, Willenserklärungen abzugeben. Mit dem elektronischen Siegel wurde für juristische Personen ein Herkunftsnachweis geschaffen. So kann bspw. bei amtlichen Bescheiden, Urkunden, Kontoauszügen usw. die Authentizität nachgewiesen werden. Technisch sind die elektronischen Siegel mit den elektronischen Signaturen vergleichbar (Art. 3 Nr. 25 bis 27 eIDAS-VO).[79]

In der Vergangenheit gab es innerhalb der EU noch große Unterschiede, diese Problematik zu bewältigen. Auch daher hat die EU mit der eIDAS-VO versucht, eine Harmonisierung des Rechts herbeizuführen.

---

75 Gesetz zur digitalen Signatur vom 22.07.1997 (BGBl. I, 1870), neu erlassen am 16.05.2001 (BGBl. I 976) und zuletzt geändert durch Art. 4 Abs. 111 des Gesetzes vom 07.08.2013 (BGBl. I 3154) und aufgehoben zum 29. Juli 2017.

76 Verordnung (EU) Nr. 910/2014 des Europäischen Parlaments und des Rats vom 23. Juli 2014 über elektronische Identifizierung und Vertrauensdienste für elektronische Transaktionen im Binnenmarkt und zur Aufhebung der Richtlinie 1999/93/EG (ABl. L 257 vom 28.8.2014, S. 73), kurz eIDAS-Verordnung.

77 Vertrauensdienstegesetz vom 18. Juli 2017 (BGBl. I S. 2745), das durch Artikel 2 des Gesetzes vom 18. Juli 2017 (BGBl. I S. 2745) geändert worden ist.

78 Weitere Informationen der Bundesnetzagentur als zuständige Aufsichtsbehörde unter *https://www.bundesnetzagentur.de/DE/Service-Funktionen/ElektronischeVertrauensdienste/ElektronischeVertrauensdienste-node.html.*

79 Aufgrund der Ähnlichkeit wird im Folgenden nur noch auf die elektronischen Signaturen eingegangen.

Zusätzlich wurden in den Rechtsregeln die technischen Anforderungen definiert. Werden diese erfüllt, ergeben sich entsprechende Rechtsfolgen, z. B. die Gleichstellung eines elektronisch signierten Dokuments mit einer herkömmlichen Papierurkunde. Durch rechtliche Verpflichtungen der Anbieter und eine entsprechende Aufsichtsstruktur wird die Sicherheit gewährleistet.

Ziel der Aufsichtsbehörden ist es, eine Harmonisierung von Sicherheit und Kosten herzustellen und zu gewährleisten.

Die eIDAS-VO hat folgende Ziele zum Inhalt:

- Einheitliche Richtlinien für alle Mitgliedstaaten innerhalb der EU
- Sichere digitale Abläufe durch anerkannte Identifizierungsmöglichkeiten
- Ermöglichung einer digitalen Fernunterschrift auch für Nutzung bei mobilen Endgeräten
- Erhöhte Rechtssicherheit im Bereich elektronischer Signaturen
- Abbau und Vereinfachung von bürokratischen Prozessen

Eine auf diese Weise für den elektronischen Rechtsverkehr geschaffene regulierte Infrastruktur stellen die sogenannten Vertrauensdienste (Art. 3 Nr. 16 eIDAS-VO) dar. Diese sind im Einzelnen:

- Erstellung, Überprüfung und Validierung von elektronischen Signaturen, elektronischen Siegeln oder elektronischen Zeitstempeln
- Zustellung elektronischer Einschreiben (in Deutschland: De-Mail)
- Erstellung, Überprüfung und Validierung von Zertifikaten für die Website-Authentifizierung
- Bewahrung von diese Dienste betreffenden elektronischen Signaturen, Siegeln oder Zertifikaten
- elektronische Bewahrungsdienste

Bislang haben sich die in Deutschland eingeführten elektronischen Signaturen und De-Mail in der Praxis nur in sehr begrenzten Bereichen durchgesetzt. Etabliert haben sie sich dort, wo ihre Verwendung für bestimmte Zwecke und Berufsgruppen vorgeschrieben ist. Dennoch kommt ihnen, rechtlich betrachtet, eine große Bedeutung zu, da sie für ihren Bereich Standards setzen. Die Regelungen haben auch Orientierungscharakter für andere Bereiche, da die Forderung nach Sicherheitskonzepten und viele der geforderten Sicherheitsmaßnahmen grundsätzlich übertragbar sind.

Es gibt aktuell nur wenige Einsatzgebiete, in denen qualifizierte elektronische Signaturen zum Einsatz kommen müssen. Dies ist insbesondere im Bereich der Verwaltung und bei der Rechtspflege der Fall. So können Rechtsanwälte und Notare derartig signierte Dokumente an die elektronischen Gerichts- und Verwaltungspostfächer der Gerichte senden und damit rechtswirksame Handlungen, z. B. Übermittlung von Schriftsätzen, Anmeldungen zum Handelsregister usw. vornehmen.

Weitere Einsatzgebiete sind öffentliche Vergabeverfahren, die Abrechnung der Vertragsärzte der gesetzlichen Krankenkassen gegenüber der Kassenärztlichen Vereinigung, Meldungen von Steuerberatern und steuerpflichtigen Personen an das ELSTER-Portal, hier insbesondere im Bereich der Umsatzsteuervoranmeldungen und bei der Grundsteuererklärung, sowie bestimmte behördliche Verfahren, wie bspw. Meldungen zum Personenstandsregister oder auch im Abfallnachweisverfahren.

Durch die Nutzung von De-Mail als sicherem Übermittlungsweg kann andererseits aber auch auf die Verwendung qualifizierter elektronischer Signaturen verzichtet werden. Privatleute sind hingegen nicht verpflichtet, die angebotenen Vertrauensdienste zu nutzen. Wohl auch deshalb hat sich De-Mail in Deutschland nicht durchgesetzt, Anbieter wie bspw. die Telekom haben den Dienst inzwischen eingestellt oder haben eine Einstellung des Dienstes angekündigt, weshalb im Weiteren auf Ausführungen dazu verzichtet wird.

Mit der Zertifizierung nach der Technischen Richtlinie BSI TR-03145[80] werden die technischen und organisatorischen Sicherheitsanforderungen der eIDAS-Verordnung für qualifizierte Signatur und Siegelzertifikate erfüllt.[81] Diese technischen Prüfungen werden i. d. R. nicht im BSI, sondern von externen Prüfstellen, d. h. von unabhängigen privatwirtschaftlichen Stellen, die durch das BSI gemäß ISO 17025 anerkannt wurden und die ihre Fachkompetenz für einen oder mehrere TR-Prüfbereiche nachgewiesen haben, durchgeführt.

Bereits 2021 hat die EU-Kommission einen Reformvorschlag für die eiDAS-VO veröffentlicht. Dieser sieht unter anderen die Einführung einer europäischen digitalen Identität (eID) vor, die alle EU-Bürger in einer »digitalen Brieftasche« speichern können/sollen. Damit möchte die EU-Kommission eine vertrauenswürdige und sichere Möglichkeit schaffen, sich mittels qualifizierter Datenattribute online zu authentifizieren und auszutauschen. Der Vorschlag wurde seitens der Datenschützer heftig kritisiert. Der Europäische Rat hat dem Vorschlag im Dezember 2022 zugestimmt.[82] Die Zustimmung des EU-Parlaments steht allerdings noch aus. Es ist daher sinnvoll zu prüfen, ob sich im Hinblick auf die hier dargestellten Grundlagen nach der Reform Änderungen ergeben haben.

3.6.2 Rolle und Anforderungen an Vertrauensdiensteanbieter

Qualifizierte Zertifikate werden durch Vertrauensdiensteanbieter erteilt, die im Wesentlichen die Adressaten der eIDAS-Verordnung und des Vertrauensdienstegesetzes (insbesondere Teil 2) sind. Vertrauensdiensteanbieter müssen durch ein Sicherheitskonzept die Erfüllung der gesetzlichen Sicherheitsanforderungen nachweisen, die erforderliche Zuverlässigkeit und Fachkunde besitzen und eine Deckungsvorsorge über mindestens 250.000 Euro pro haftungsauslösendem Ereignis (§ 10 VDG). Der Betrieb eines Vertrauensdiensts ist genehmigungsfrei, muss aber der Bundesnetzagentur als Aufsichtsbehörde angezeigt werden. Ein Vertrauensdiensteanbieter, der einen qualifizierten Vertrauensdienst erbringt und qualifizierter Anbieter von qualifizierten Vertrauensdiensten werden möchte, muss nach Artikel 21 Absatz 1 eIDAS-VO der Aufsichtsstelle vorab unter anderem einen Konformitätsbewertungsbericht vorlegen. Im Rahmen der Konformitätsbewertung werden von der Aufsichtsbehörde der zu erbringende Vertrauensdienst und der Anbieter vorab und in regelmäßigen Abständen geprüft. Vertrauensdiensteanbieter müssen sich gemäß Art. 20

80 Abrufbar unter: *https://www.bsi.bund.de/DE/Themen/Oeffentliche-Verwaltung/eIDAS-Verordnung/Elektronische-Signaturen-Siegel-und-Zeitstempel/elektronische-signaturen-siegel-und-zeitstempel_node.html.*

81 Im Einzelnen nachzulesen beim BSI, abrufbar unter *https://www.bsi.bund.de/SharedDocs/Downloads/EN/BSI/EIDAS/Mapping_qTrustCerts_eIDAS.pdf?__blob=publicationFile&v=5.*

82 *https://www.consilium.europa.eu/de/press/press-releases/2022/12/06/european-digital-identity-eid-council-adopts-its-position-on-a-new-regulation-for-a-digital-wallet-at-eu-level.*

eIDAS-VO mindestens alle 24 Monate auditieren lassen. Die Bundesnetzagentur hat eine detaillierte Verfahrensbeschreibung zur Qualifikation veröffentlicht.[83] Zu den Pflichten des Vertrauensdiensteanbieters gehören nach Art. 24 Abs. 2 eIDAS-VO:

- Sie unterrichten die Aufsichtsbehörde über alle Änderungen bei der Erbringung ihrer qualifizierten Vertrauensdienste und eine beabsichtigte Einstellung dieser Tätigkeiten.
- Sie unterrichten Personen, die einen qualifizierten Vertrauensdienst nutzen wollen, klar und umfassend über die genauen Bedingungen für die Nutzung des Diensts, einschließlich Nutzungsbeschränkungen, bevor sie vertragliche Beziehungen zu dieser Person eingehen.
- Sie verwenden vertrauenswürdige Systeme und Produkte, die vor Veränderungen geschützt sind und die technische Sicherheit und Zuverlässigkeit der von ihnen unterstützten Prozesse sicherstellen.
- Sie ergreifen geeignete Maßnahmen gegen Fälschung und Diebstahl von Daten.
- Sie verfügen über einen fortlaufend aktualisierten Beendigungsplan, um die Dienstleistungskontinuität nach den von der Aufsichtsstelle gemäß Artikel 17 Absatz 4 Buchstabe i geprüften Vorgaben sicherzustellen.
- Sie stellen eine rechtmäßige Verarbeitung personenbezogener Daten gemäß der Datenschutz-Grundverordnung (DSGVO) sicher.
- Sie erstellen im Falle qualifizierter Vertrauensdiensteanbieter, die qualifizierte Zertifikate ausstellen, eine Zertifikatsdatenbank und halten sie auf dem neuesten Stand.

Daneben gehören weitere in Art. 24 Abs. 2 eIDAS-VO aufgezählte Inhalte zu ihren Pflichten. So ist der Widerruf von Zertifikaten zeitnah in der Zertifikatsdatenbank zu registrieren und innerhalb von 24 Stunden nach Erhalt des Ersuchens zu veröffentlichen. Des Weiteren gilt hinsichtlich des Widerrufs § 14 VDG, in dem die Voraussetzungen bzw. die Gründe des Widerrufs niedergelegt sind.

Angeboten werden die Vertrauensdienste von Vertrauensdiensteanbietern, die qualifiziert oder nichtqualifiziert sein können, diese haften für die von ihnen angebotenen Vertrauensdienste. Durch die Regelungen zur qualifizierten elektronischen Signatur können für diese Signaturen bestimmte Sicherheitseigenschaften angenommen werden. Durch die Anbieterakkreditierung wurde zusätzlich eine Aufsichtsstruktur für das Sicherheitsniveau der Zertifikatsvergabe geschaffen. Werden die Anforderungen entgegen dem Gesetz von einem Anbieter nicht erfüllt, so sind hierfür Haftungsfolgen geregelt (Art. 13 eIDAS-VO). Zudem sind bestimmte Verstöße von Anbietern gegen die eIDAS-VO und das VDG als Ordnungswidrigkeiten sanktioniert, wobei die Bußgeldhöhe bei 20.000 Euro liegt und nur für drei hervorgehobene Verstöße 100.000 Euro erreicht. Eine ernsthafte Abschreckungswirkung bezüglich der erfassten Verstöße dürfte von diesen Beträgen bei einem gewinnorientierten Vertrauensdienstebetrieb kaum ausgehen.

Die Leistungen der Vertrauensdiensteanbieter, die dafür ergriffenen technischen und organisatorischen Sicherheitsmaßnahmen und die Rechtsregeln, mit denen sie vereinheitlicht und abgesichert werden, bilden die Zertifizierungsinfrastruktur für den Rechtsverkehr.

83 Abrufbar unter *https://www.bundesnetzagentur.de/EVD/SharedDocuments/Downloads/QES/AntragaufQualifikation/Verfahrensbeschreibung_zur_Qualifikation.pdf?__blob=publicationFile&v=3.*

3.6.3 Arten von elektronischen Signaturen

Wie oben dargestellt hat sich die Nutzung elektronischer Signaturen oder auch qualifizierter elektronischer Signaturen bis auf wenige Bereiche, in denen die Nutzung obligatorisch ist oder in absehbarer Zeit wird, noch nicht durchgesetzt. Bislang werden die Dienste daher nur von solchen Anwendern verwendet, die in unmittelbarem Kontakt mit öffentlichen Stellen stehen, die ihrerseits diese Dienste verwenden. Es gibt auch nur wenige Informationen darüber, welche Arten von elektronischen Signaturen überwiegend genutzt werden. Dass eine Nutzung gerade aus Gründen der Informationssicherheit sinnvoll ist, steht dabei außer Frage.

Einfache elektronische Signaturen (1. Stufe)

Elektronische Signaturen sind nach der Gesetzesdefinition jegliche Daten, die anderen elektronischen Daten beigefügt oder logisch mit diesen verknüpft werden, um den Autor zu authentifizieren. Nach dieser Definition handelt es sich also auch bei einer eingescannten und in ein Dokument kopierten Unterschrift oder bei den Identitäts- und Adressdaten unter einer Mail um elektronische Signaturen. Solche »einfachen« und anforderungslosen Signaturen bilden die erste Signaturstufe. Signaturen dieses Typs haben keine besondere Beweiskraft, da sie von jedem auf sehr einfache Weise erzeugt und damit auch gefälscht werden können. Sie dienen in erster Linie also der Preisgabe von Absenderinformationen.

Fortgeschrittene elektronische Signaturen: Art. 3 Nr. 11 & 26 eIDAS-VO (2. Stufe)

Die zweite Signaturstufe besteht aus den »fortgeschrittenen elektronischen Signaturen«. Für fortgeschrittene elektronische Signaturen gelten die folgenden Anforderungen (Art. 3 Nr. 11, 26 eIDAS-VO): Die signierten Daten müssen mit »elektronischen Signaturerstellungsdaten« (Art. 3 Nr. 13 eIDAS-VO) versehen und mit der fortgeschrittenen Signatur so verknüpft werden, dass eine nachträgliche Veränderung dieser Daten erkannt werden kann. Die eIDAS-VO gibt nicht vor, welches Verfahren hierfür zu verwenden ist. Maßgeblich ist lediglich, dass die in der elektronischen Signatur verwendeten Daten eindeutig dem Unterzeichner zugewiesen werden können. Dies kann praktisch dadurch erfolgen, dass ein Hash-Wert über die Daten oder das elektronische Dokument verwendet wird und dieser mittels eines Signaturschlüssels verschlüsselt wird. Die EU als Gesetzgeber hat hier versucht, eine Festlegung auf ein bestimmtes technisches Verfahren zu vermeiden, und hat nur in den notwendigen Fällen durch Durchführungsrechtsakte technische Standards vorgegeben.

Dem Europäischen Komitee für Normung und dem europäischen Komitee für Telekommunikationsnormen wurde dafür das EU-Mandat/460 erteilt, sodass diese die EN 319 411-2 und weitere Normen und Standards für die qualifizierten Vertrauensdienste verabschieden konnten.

Insgesamt geht aber die Verordnung von der Verwendung privater und öffentlicher kryptografischer Schlüssel aus. Mit dem öffentlichen Schlüssel kann der Hash-Wert zurückberechnet und mit dem zur Prüfung der Daten gebildeten Hash-Wert verglichen werden. Weichen die Hash-Werte voneinander ab, hat eine Veränderung der Daten stattgefunden. Der Signaturschlüssel einer fortgeschrittenen elektronischen Signatur muss ausschließlich dem Signaturschlüsselinhaber zugeordnet sein und auf diese Weise seine

Identifizierung ermöglichen. Um eine Identifizierung anhand des Schlüssels zu ermöglichen, muss der Schlüssel den Identitätsdaten des Schlüsselinhabers in Form eines Zertifikats zugeordnet sein.

Darüber hinaus muss die Signatur mit Mitteln erzeugt werden, die der Unterzeichner mit einem hohen Maß an Vertrauen unter seiner alleinigen Kontrolle halten kann. Diese Anforderung ist jedenfalls dann erfüllt, wenn Chipkarten oder vergleichbare Medien mit einem zusätzlichen Zugriffsschutz genutzt werden, der verhindert, dass Dritte unbefugt das Medium nutzen oder den Schlüssel kopieren.

Werden die Anforderungen erfüllt, kann durch die Signatur die Authentizität und die Integrität elektronischer Daten nachgewiesen werden.

Nach der eIDAS-VO dürfen die Rechtswirkung und die Zulässigkeit einer elektronischen Signatur nicht schon wegen ihrer elektronischen Form verneint werden. Der Gesetzgeber, d. h. die EU, differenziert aber in Bezug auf ihre Rechtswirkungen genau, in welcher Form eine elektronische Signatur vorliegt. So gelten für die fortgeschrittene Signatur jedoch noch keine Beweisregeln, sodass für jede fortgeschrittene Signatur und jedes fortgeschrittene Signaturverfahren im jeweiligen Einzelfall gewürdigt werden muss, ob die Authentizität und Integrität hinreichend bewiesen sind. Mit der fortgeschrittenen elektronischen Signatur besteht allerdings ein technischer Anknüpfungspunkt für solche Prüfungen, der bei einem unsignierten oder einfach signierten Dokument gänzlich fehlt.

Qualifizierte elektronische Signaturen: Art. 3 Nr. 12 eIDAS-VO (3. Stufe)

Die weitgehende Gleichstellung zur eigenhändigen Unterschrift (Art. 25 Abs. 2 eIDAS-VO) und Beweisvermutungen im Prozessrecht knüpfen erst an diese Signaturstufe an, die qualifizierte elektronische Signatur (Art. 3 Nr. 12 eIDAS-VO). Diese setzt zusätzlich zu den Anforderungen an die fortgeschrittene elektronische Signatur voraus, dass die elektronische Signatur auf einem zum Zeitpunkt des Signierens von Daten gültigen qualifizierten Zertifikat beruht und mit einer qualifizierten elektronischen Signaturerstellungseinheit erzeugt wurde.

Für die qualifizierten elektronischen Signaturerstellungseinheiten werden die besonderen Anforderungen in Art. 29 und Anhang II eIDAS-VO aufgeführt. Danach müssen qualifizierte elektronische Sicherungseinheiten durch geeignete Technik und Verfahren mindestens gewährleisten,

- dass die Vertraulichkeit der zur Erstellung der elektronischen Signatur verwendeten elektronischen Signaturerstellungsdaten in einem angemessenen Maß sichergestellt ist,
- dass die für die Erstellung der elektronischen Signatur verwendeten elektronischen Signaturerstellungsdaten praktisch nur einmal vorkommen können,
- dass sie mit hinreichender Sicherheit nicht abgeleitet werden können und dass es im Hinblick auf die Verwendung der elektronischen Signatur einen am Stand der aktuellen Technik orientierten verlässlichen Schutz vor Fälschungen gibt,
- dass der rechtmäßige Unterzeichner dafür Sorge trägt, dass eine Verwendung durch Nichtberechtigte verlässlich ausgeschlossen ist.

Daneben dürfen die zu unterzeichnenden Daten nicht durch die qualifizierten elektronischen Signaturerstellungseinheiten verändert werden bzw. darf durch diese die Anzeige beim Unterzeichner nicht verhindert werden, wenn er die Daten unterzeichnet.

Die elektronischen Signaturerstellungsdaten (im Namen eines Unterzeichners) dürfen nur von einem qualifizierten Vertrauensdiensteanbieter erzeugt oder verwaltet werden.

Fernsignatur

Neben diesen »herkömmlichen« qualifizierten elektronischen Signaturen gibt es durch die eIDAS-VO auch die Möglichkeit der Fernsignatur. Dadurch wird es möglich, mit mobilen Endgeräten eine rechtssichere Unterschrift (Signatur) zu erzeugen, die den Anforderungen der eIDAS-VO entspricht. Ziel dieser Neuerung ist es, die Verbreitung von elektronischen Signaturen voranzutreiben und dadurch flächendeckend zum Einsatz zu bringen, wie dies schon in anderen EU-Staaten der Fall ist. Fernsignaturen gibt es ebenfalls in verschiedenen Zertifikatsstufen, also als einfache (Basissignatur), fortgeschrittene und/oder qualifizierte (elektronische) Signatur.

3.6.4 Anforderungen an die Erstellung qualifizierter Zertifikate

Qualifizierte Zertifikate dürfen nur nach einer zuverlässigen Identifizierung der Person, für deren elektronische Signatur oder Siegel das qualifizierte Zertifikat bestimmt ist, vergeben werden. Die möglichen Identifizierungsverfahren müssen gem. Art. 24 Abs. 1 eIDAS-VO geeignet sein und mit dem nationalen Recht in Einklang stehen. Daher regelt § 11 VDG, wie die Identitätsprüfung in Deutschland zu erfolgen hat. Die Verwendung von Pseudonymen anstelle des Namens ist auf Verlangen möglich.

Qualifizierte Zertifikate müssen nach Anhang I der eIDAS-VO folgende Angaben enthalten:

a) eine Angabe, dass das Zertifikat als qualifiziertes Zertifikat für elektronische Signaturen ausgestellt wurde, zumindest in einer zur automatischen Verarbeitung geeigneten Form,
b) einen Datensatz, der den qualifizierten Vertrauensdiensteanbieter, der die qualifizierten Zertifikate ausstellt, eindeutig repräsentiert und zumindest die Angabe des Mitgliedstaats enthält, in dem der Vertrauensdiensteanbieter niedergelassen ist, sowie

   - **bei einer juristischen Person**
     den Namen und gegebenenfalls die Registriernummer gemäß der amtlichen Eintragung,
   - **bei einer natürlichen Person**
     den Namen der Person,

c) mindestens den Namen des Unterzeichners oder ein Pseudonym; wird ein Pseudonym verwendet, ist dies eindeutig anzugeben,
d) elektronische Signaturvalidierungsdaten, die den elektronischen Signaturerstellungsdaten entsprechen,
e) Angaben zu Beginn und Ende der Gültigkeitsdauer des Zertifikats,
f) den Identitätscode des Zertifikats, der für den qualifizierten Vertrauensdiensteanbieter eindeutig sein muss,

g) die fortgeschrittene elektronische Signatur oder das fortgeschrittene elektronische Siegel des ausstellenden qualifizierten Vertrauensdiensteanbieters,
h) den Zugriffsort, an dem das Zertifikat, das der fortgeschrittenen elektronischen Signatur oder dem fortgeschrittenen elektronischen Siegel zugrunde liegt, kostenlos zur Verfügung steht,
i) den Zugriffsort der Dienste, die genutzt werden können, um den Gültigkeitsstatus des qualifizierten Zertifikats zu überprüfen,
j) falls sich die elektronischen Signaturerstellungsdaten, die den elektronischen Signaturvalidierungsdaten entsprechen, in einer qualifizierten elektronischen Signaturerstellungseinheit befinden – eine geeignete Angabe dieses Umstands, zumindest in einer zur automatischen Verarbeitung geeigneten Form.

Bei Bedarf können in einem Attributzertifikat Angaben zur Vertretungsmacht oder zur Person aufgenommen werden. Die Verfahren zur Bestätigung der Attributsangaben sind im Vertrauensdienstegesetz geregelt.

Die Regelungen zur langfristigen Beweiserhaltung sind in § 15 VDG geregelt, da eine entsprechende Regelung in der eIDAS-VO fehlt.

3.6.5 Rechtsfolgen und Beweisrecht beim Einsatz von Vertrauensdiensten

Mit der eIDAS-VO gab es wesentliche Änderungen im Bereich des Beweisrechts, d.h. der Rechtsfolgen des Einsatzes von Vertrauensdiensten.

Maßgeblich hervorzuheben sind hier zum einen Regelungen zur Beweislast, d.h. der Frage, wer den Beweis einer Tatsache erbringen muss. So gibt es bei der Haftung für die Bereitstellung von Vertrauensdiensten durch qualifizierte oder eben nichtqualifizierte Vertrauensdienste einen grundlegenden Unterschied hinsichtlich der Haftung für von Vertrauensdiensteanbietern verursachte Schäden. Einem qualifizierten Vertrauensdiensteanbieter wird von Gesetzes wegen Vorsatz oder Fahrlässigkeit unterstellt, wenn er nicht den Beweis des Gegenteils erbringt. Anders liegt es bei nichtqualifizierten Vertrauensdiensten, hier muss die geschädigte natürliche oder juristische Person beweisen, dass der Vertrauensdiensteanbieter vorsätzlich oder fahrlässig gehandelt hat.

Die Aufnahme von beweisrechtlichen Regelungen durch eIDAS-VO Änderungen in das deutsche Recht wird in der Literatur als problematisch betrachtet[84]. Verwendet bspw. die Sekretärin die zertifizierte und qualifizierte Signatur ihres Vorgesetzten, so wird vermutet, dass die Daten von diesem stammen und auch unversehrt sind. Eine Überprüfung der jeweiligen Gültigkeit der qualifizierten Sicherungselemente wird nicht verlangt.

Durch die mit der eIDAS-VO und dem VDG geschaffenen rechtlichen Voraussetzungen geht der Gesetzgeber für qualifizierte elektronische Signaturen davon aus, dass die Authentizität und Integrität signierter Willenserklärungen oder anderer rechtsrelevanter Dokumente sichergestellt ist. Mit ergänzenden Regelungen zur Schriftform und zur Beweiswürdigung qualifiziert elektronisch signierter Dokumente hat der Gesetzgeber hierauf Bezug genommen.

84 Vergleiche dazu ausführlich [Jan 2015].

Nicht berücksichtigt wurde, dass in Deutschland weitere Rechtsvorgaben zur Verwendung qualifizierter elektronischer Signaturen für bestimmte Verwaltungsverfahren oder prozessuale Akten wie die elektronische Einreichung von Klageschriften für verschiedene Rechtsgebiete bestehen.

Die erste Anknüpfung ist die Einführung der **elektronischen Form** in § 126a Bürgerliches Gesetzbuch (BGB). Die elektronische Form zur Ersetzung der Schriftform ist erfüllt, wenn ein Dokument mit dem Namen unterschrieben und mit einer qualifizierten elektronischen Signatur versehen wird. Ist für einen Vertrag die Schriftform vorgeschrieben, muss ein gleichlautendes Dokument von den Vertragsparteien jeweils mit einer qualifizierten elektronischen Signatur versehen werden.

Im Bereich des Zivilrechts kann die Schriftform, also eine eigenhändig mit Namensunterschrift versehene Urkunde, nach dem Ausnahmetatbestand des § 126 Abs. 3 BGB durch die elektronische Form ersetzt werden, solange nicht etwas anderes gesetzlich geregelt ist. Tatsächlich werden bestimmte Arten von Erklärungen ausdrücklich ausgenommen, vor allem dann, wenn der Warnfunktion der Unterschrift eine große Bedeutung zukommt oder wenn das Rechtsgeschäft eine besondere Bedeutung hat, bspw. bei Bürgschaftserklärungen, Testamenten, Zeugnissen oder Verbraucherdarlehen.

Für das Verwaltungsrecht ist ein ähnliches Verfahren gewählt worden. § 3a Abs. 2 Verwaltungsverfahrensgesetz (VwVfG) trifft für das Verwaltungsrecht eine zu § 126 Abs. 3 BGB entsprechende Regelung.

Für elektronische Dokumente oder Kommunikationsformen besteht auch Unsicherheit, ob und inwieweit sie als Beweis zur Durchsetzung eines Anspruchs zum Erfolg führen.

Für klassische Urkunden ist die Beweiskraft besonders geregelt. Unter einer Urkunde wird eine schriftlich verkörperte Gedankenerklärung verstanden, die zum Beweis im Rechtsverkehr geeignet und bestimmt ist. Für qualifiziert signierte Dokumente schafft die Zivilprozessordnung (ZPO) ebenfalls eine die Beweiskraft festlegende Regelung, die einen sogenannten Anscheinsbeweis vorsieht.

Für private elektronische Dokumente, die qualifiziert elektronisch signiert sind, begründet § 371a Abs. 1 ZPO einen Anschein der Echtheit, der nur durch Tatsachen erschüttert werden kann, die ernsthafte Zweifel an der Authentizität begründen. Für elektronische Dokumente, die von einer Behörde erstellt und qualifiziert elektronisch signiert worden sind, gilt sogar eine Vermutung der Echtheit. Diese kann nur durch einen Gegenbeweis widerlegt werden. Hier ist zu beachten, dass die eIDAS-VO geringere Anforderungen stellt, da keine ausdrückliche Pflicht zur Validierung der qualifizierten Signatur/des qualifizierten Siegels bei der Anwendung der Beweisvorschriften vorgesehen ist. Dies wird in der Literatur im Vergleich zum Status quo vor Einführung der Vertrauensdienste durch die eIDAS-VO ebenfalls bemängelt.[85] Das Problem besteht darin, dass nachträgliche Veränderungen so nicht ausgeschlossen und nur schwer erkennbar sind. Dadurch wird der Beweiswert erheblich gemindert. Diese Bedenken sind auch im Hinblick auf die IT-Sicherheit beachtlich, da die EIDAS-VO so zu einer Verringerung des Sicherheitsniveaus qualifizierter elektronischer Signaturen geführt hat.

85 Wie vor und ebenso Alexander Roßnagel, Beweiswirkungen elektronischer Vertrauensdienste – Neue Regelungen durch die eIDAS-Verordnung der Europäischen Union, MMR 2016, 647 ff., mit weiteren Nachweisen [Roß 2016].

Unsignierte elektronische Dokumente oder mit einer fortgeschrittenen Signatur versehene Dokumente sind ebenfalls zulässige Beweismittel. Sie unterliegen jedoch der freien richterlichen Beweiswürdigung im Augenscheinbeweis. Die Annahme eines Anscheins der Echtheit ist durch die gesetzlichen Regelungen ausgeschlossen, da dieser das Vorliegen einer qualifizierten elektronischen Signatur voraussetzt.

3.7 Rechtliche Grenzen für Sicherheitsmaßnahmen

Der Konflikt zwischen dem Einsatz von Staatsmacht mit dem Ziel, Sicherheit zu garantieren, und der Wahrung der Freiheitsrechte des Einzelnen wird seit den 80er-Jahren immer wieder öffentlich diskutiert. Die Entwicklung des Datenschutzrechts ist ein wichtiges Ergebnis dieser Diskussion.

Bezüglich der Maßnahmen in Betrieben und öffentlichen Stellen zur Herstellung von Informationssicherheit verhält es sich oftmals nicht viel anders: Eines der Gefahrenpotenziale für die Vertraulichkeit, Integrität und Verfügbarkeit der Information und der IT-Infrastruktur stellen stets die Benutzer dar. Zum Schutz der Informationssicherheit wird deshalb in Unternehmen das Nutzerverhalten protokolliert, und die Protokolle werden auf Auffälligkeiten ausgewertet. Der Zutritt zu IT-Anlagen wird gegebenenfalls videoüberwacht. Beispielsweise zur Aktualisierung und Wartung von Sicherheitssoftware wird Administratoren Zugriff auch auf teilweise privat genutzte Geräte eingeräumt und vieles mehr. Auch bei diesen Maßnahmen zieht das Recht zum Schutz des Einzelnen Grenzen, um einen permanenten Überwachungsdruck oder unverhältnismäßige Eingriffe in die Freiheit von Einzelnen oder Beschäftigten zu unterbinden.

Neben den zuvor betrachteten Rechtspflichten zur Gewährleistung von Informationssicherheit enthalten daher die gleichen Gesetze oder Rechtsmaterien teilweise auch Vorgaben, die den Einsatz von Sicherheitsmaßnahmen beschränken und bei der Gestaltung von einzelnen Maßnahmen und Sicherheitskonzepten zu beachten sind. Vielfach handelt es sich um datenschutzrechtliche Belange vor allem der Beschäftigten. Im Folgenden werden deshalb die rechtlichen Einschränkungen betrachtet, denen das Herstellen von Informationssicherheit unterliegt.

3.7.1 Datenschutzrecht

Das Datenschutzrecht zieht mehrere Grenzen für die Erhebung und Verwendung personenbezogener Daten für Sicherheitszwecke. Dazu gehören regelmäßig:

- die Verhältnismäßigkeit von Maßnahmen
- die enge Zweckbindung von Sicherheitsprotokollen und Sicherungskopien
- die Rechte bei privater Nutzung von IT-Systemen des Unternehmens oder der eigenen Mobilgeräte für Firmenzwecke
- Schranken bei der Auslagerung der Verarbeitung personenbezogener Daten zu Sicherheitszwecken an Dritte (Kontrollpflichten bei der Auftrags[daten]verarbeitung)

Erforderlichkeit und Verhältnismäßigkeit

Auch Sicherheitsmaßnahmen unterliegen dem Grundprinzip der Erforderlichkeit und dem Gebot der Datenminimierung. Bei allen Sicherheitsmaßnahmen, für die personenbezogene Daten erhoben und verwendet werden, ist deshalb zu prüfen, welche Angaben zur Abwehr oder zur Feststellung und Aufklärung von Fehlern, Störungen oder Angriffen tatsächlich benötigt werden.

Dies gilt insbesondere auch für den Umfang von Protokollen. Die Protokollierung ist auf den notwendigen Umfang zu beschränken. Auch sind die Prozesse zur Prüfung und Auswertung festzulegen. Hierfür sind zum einen die Berechtigten einzuschränken, zum anderen ist anhand dieser Prozesse die Aufbewahrungsdauer der Protokolle festzulegen. Sind Protokolldaten für ihren Zweck nicht mehr erforderlich, sind sie zu löschen. Wird erkannt, dass eine Auswertung nicht zu erwarten oder unrealistisch ist, ist die Erstellung der Protokolle wahrscheinlich nicht verhältnismäßig und deshalb unzulässig.

Weitere Grenzen zieht § 26 BDSG, der die Datenverwendung für Zwecke des Beschäftigungsverhältnisses gesondert regelt. Die gezielte Datenerhebung und -verwendung zur Aufdeckung von Straftaten, also etwa das Durchsuchen von Rechnern oder das gezielte Kontrollieren eines bestimmten Nutzungsverhaltens mit Blick auf eine Straftat, also Betrug, Geheimnisverrat oder die Computerstraftaten, ist nur erlaubt, wenn zu dokumentierende tatsächliche Anhaltspunkte den Verdacht begründen, dass der Betroffene oder die Betroffenen eine Straftat im Beschäftigungsverhältnis begangen haben. Darüber hinaus muss die Datenverwendung zur Aufklärung erforderlich sein. Das Interesse an der Aufdeckung ist mit dem Interesse des Betroffenen am Ausschluss der Datenverwendung in Abwägung zu stellen, wobei Letzteres nicht überwiegen darf, wenn die Datenverwendung zulässig sein soll. Dabei ist besonders zu beachten, ob Art und Ausmaß der Datenverwendung mit Blick auf den Anlass, also die vermutete Straftat, verhältnismäßig sind.

Präventive Maßnahmen wie etwa eine Protokollierung von Nutzungsdaten, die der Störungsbeseitigung und gegebenenfalls der Angriffserkennung dient, wird jedoch nicht hierdurch, sondern durch § 26 Abs.1 S.1 BDSG erfasst. Auch hier sind Einschränkungen zu beachten. So muss die Maßnahme zur Durchführung des Beschäftigungsverhältnisses erforderlich sein. Sie muss gleichzeitig das mildeste Mittel zur Ausübung der Kontrollbefugnis des Arbeitgebers sein. Der Arbeitgeber muss ein berechtigtes Interesse an der Maßnahme haben, dem kein überwiegendes schutzwürdiges Interesse der Betroffenen gegenübersteht.

Die hieraus folgende Prüfung betrifft jedoch nicht nur die mehr oder weniger gezielte Erfassung von Nutzerdaten bei der Systemüberwachung. Die Prüfung ist genauso anzustellen etwa bei der Einführung biometrischer Authentifizierungsmittel für den Zugangs- oder Zugriffsschutz oder bei der Einführung einer Schließanlage mit der Möglichkeit, sämtliche Zugangsversuche, Schlüssel- oder Token-Einsätze personenbezogen aufzuzeichnen. Für die biometrischen Daten wäre bspw. ein ausreichender Schutz zu gewährleisten. In allen Fällen wäre der Verwendungszweck genau festzulegen, die Erforderlichkeit der Aufzeichnung zu begründen und dann die Aufbewahrungsdauer und das Zugriffsverfahren zu regeln. Eine Dokumentation dieser Festlegungen kann häufig bereits mit der regelmäßig erforderlichen Betriebsvereinbarung geschaffen werden.

Besonderer Schutz für Protokolle und Sicherungskopien

Protokolle enthalten Einträge zu Ereignissen und deren Auslösern und damit in vielen Fällen personenbezogene Daten. Auf Protokolle wird zurückgegriffen, um Systeme zu überwachen, Vorfälle zu erkennen oder aufzuklären, die Auslastung von Systemen zu bestimmen oder andere Fragen des Systembetriebs oder zu Geschäftsprozessen zu beantworten. Protokolle sind vielfach Teil von Sicherheitsmaßnahmen.

Protokollierungen finden in der Regel für den Nutzer nicht erkennbar statt. Noch weniger kann er abschätzen, welche Auswertungen erfolgen. Eine erste datenschutzrechtliche Pflicht soll daher die Transparenz der Sicherheitsmaßnahmen für die Betroffenen herstellen. Art. 14 DSGVO verpflichtet die verantwortliche Stelle, den Betroffenen von der Speicherung zu unterrichten, wenn sie ohne seine Kenntnis erfolgt und die Daten nicht bei ihm direkt erhoben werden. Auch über die Zweckbestimmung der Datenverwendung und über die verantwortliche Stelle ist zu informieren.

Die verantwortliche Stelle kann diese Transparenz durch AGB, Datenschutzerklärungen/-hinweise, im Rahmen von Unternehmensrichtlinien, Nutzungsinformationen oder Betriebsvereinbarungen herstellen. Es ist jedoch zu beachten, dass der durch Art. 14 DSGVO vorgegebene Informationskatalog einen beträchtlichen Umfang und Detaillierungsgrad aufweist. Im Systembetrieb fallen viele Daten an, die zur Datenschutzkontrolle[86] oder aus Zwecken der Datensicherheit erhoben werden. Außerdem benötigt ein geordneter Systembetrieb regelmäßige Sicherheitskopien. Der Gesetzgeber lässt die Verwendung dieser Daten über die technisch-organisatorischen Maßnahmen und als Teil eines berechtigten Interesses zu. Gleichzeitig unterliegen sie aber grundsätzlich der Zweckbindung. Wenn Daten nur zur Datenschutzkontrolle, zur Datensicherung oder zur Sicherstellung eines ordnungsgemäßen Betriebs erhoben wurden, ist eine Verwendung zu anderen Zwecken regelmäßig nicht möglich. Sollen die Daten auch für andere Zwecke verwendet werden, muss die Rechtsgrundlage dafür bereits vor der Erhebung geschaffen sein, bspw. durch eine Betriebsvereinbarung.

Private Nutzung, eigene Geräte

Auch beim Einsatz mobiler, privat genutzter unternehmenseigener Geräte und erst recht bei der Einbindung privater Mobilgeräte in die Unternehmens-IT *(Bring your own device)* setzt der Datenschutz Grenzen für Sicherheitsmaßnahmen. Hier kollidieren in besonderem Maß das Recht auf informationelle Selbstbestimmung am privat genutzten Teil des Geräts und die Informationssicherheitspflichten des Unternehmens. Letztere bedingen den Einsatz von Sicherheitssoftware, bestimmte Konfigurationen des Geräts wie einen ausreichenden Zugangsschutz, Verschlüsselung der lokalen Daten, ein Patch-Management und die Kontrolle über die installierten Anwendungen sowie allgemein die Umsetzungskontrolle dieser Maßnahmen. Das Unternehmen muss die Sicherheit seiner Daten auf dem Mobilgerät gewährleisten und sicherstellen, dass bei Zugriffen über das Mobilgerät auf das Unternehmensnetz kein Einfallstor für unbefugte Dritte geschaffen wird. Hierzu muss das Unternehmen wenigstens über den betrieblich genutzten Teil des Geräts entscheiden

86 Siehe Abschnitt 4.1.9.

können und Kontrollmöglichkeiten haben. Beides darf aber nicht dazu führen, dass das Unternehmen Einblick in die privaten Daten des Nutzers erhält, denn hierfür fehlt dem Arbeitgeber eine Rechtsgrundlage.

Selbst eine Einwilligung kann nur begrenzt zur Lösung beitragen, denn

- die Inhalte, auf die ein Zugriff entsteht, können nur schwer festgelegt werden,
- die Wirksamkeit der Einwilligung wird häufig in Zweifel gezogen, weil ein Abhängigkeitsverhältnis zum Arbeitgeber besteht, was zu Zweifeln an der Freiwilligkeit führt und
- die individuelle Widerrufsmöglichkeit der Einwilligung steht einer unternehmensweit einheitlichen Ausgestaltung entgegen.

Eine datenschutzgerechte Lösung kann nur durch eine technische Trennung des betrieblichen Geräteteils und des privat genutzten Teils herbeigeführt werden.

Datenschutz-Folgeabschätzung

Eine zu beachtende Pflicht ist die Durchführung einer Datenschutz-Folgenabschätzung (DSFA oder auch PIA (privacy impact assessment), Art. 35 DSGVO). Hieraus können sich Grenzen für die Verwendung von personenbezogenen Daten oder auch die Anpassung oder Ergänzung von Sicherheitsmaßnahmen ergeben. Wie der Name sagt, ist die DSFA vor Beginn der Verarbeitung der personenbezogenen Daten, also bereits im Rahmen der Einführung von Verfahren durchzuführen und zu dokumentieren.

Der Verantwortliche hat unter Beteiligung des betrieblichen Datenschutzbeauftragten eine DSFA durchzuführen, soweit eine automatisierte Verarbeitung voraussichtlich hohe Risiken für die Rechte und Freiheiten der Betroffenen begründet. Hiervon wird ausgegangen, wenn die Verarbeitung eine systematische Bewertung auf Grundlage eines automatisierten Profilings beinhaltet und als Grundlage für rechtserhebliche Entscheidungen dient. Die systematische Überwachung öffentlich zugänglicher Bereiche oder die umfangreiche Verarbeitung besonderer Kategorien personenbezogener Daten führt ebenfalls regelmäßig zur Erforderlichkeit einer DSFA. Die Vorabprüfung, ob eine DSFA durchzuführen ist, wird als Schwellenwertanalyse bezeichnet.

In der DSFA ist die Einhaltung der datenschutzrechtlichen Bestimmungen zu überprüfen. Dazu gehören: das Vorliegen einer Rechtsgrundlage, die Erfüllung von deren Tatbestandsvoraussetzungen, das Vorhandensein angemessener technisch-organisatorischer Maßnahmen zum Schutz der Daten, die Einhaltung von Mitbestimmungsrechten, das Vorliegen einer ausreichenden Dokumentation und das Treffen von Vorkehrungen zur Herstellung von Transparenz und zur Gewährleistung von Betroffenenrechten, z. B. das Erteilen von Auskünften nach Art. 15 DSGVO. Insbesondere aber sind die Risiken systematisch abzuschätzen und darzustellen. Darzustellen ist auch, welche Maßnahmen ergriffen werden, um die möglichen Risiken, in der Regel durch technische und organisatorische Maßnahmen, abzustellen oder abzumildern Das Ergebnis ist zu dokumentieren.

Sicherheitsmaßnahmen durch Externe

Datenschutzrechtliche Grenzen sind auch bei der Auslagerung von Sicherheitsmaßnahmen zu beachten, bspw. der Auswertung von Protokollen oder der Wartung oder Installation von Sicherheitsanwendungen durch Dritte. Regelmäßig wird dies in Form einer *Auftragsdatenverarbeitung* geschehen müssen. Deren Voraussetzungen wurden bereits oben unter Auftragsverarbeitung dargestellt: Gefordert sind die dort bereits genannten Voraussetzungen: die Eignung der technisch-organisatorischen Maßnahmen des Auftragnehmers, die schriftliche Regelung der in Art. 28 DSGVO aufgeführten Inhalte und die Prüfung des Auftragnehmers.

3.7.2 Telekommunikationsrecht

Auch aus dem Telekommunikationsrecht ergeben sich Beschränkungen für Sicherheitsmaßnahmen, die sogar für eine große Zahl von Unternehmen relevant sind. Sicherheitsmaßnahmen, die auf der Auswertung von Verbindungsdaten beruhen oder sogar mit dem Einblick auf Kommunikationsinhalte wie E-Mails einhergehen, können ihre Grenze in dem Telekommunikationsgeheimnis (§ 3 TTDSG) finden.

Privatnutzung von Telekommunikationsdiensten im Unternehmen

Die Schranken des Telekommunikationsrechts gelten speziell für Telekommunikationsdiensteanbieter. Wie oben bereits angesprochen, fällt aber unter den Begriff Diensteanbieter nach der gesetzlichen Definition in § 3 Nr. 1 TKG jeder, der Telekommunikationsdienste erbringt oder daran mitwirkt. Telekommunikationsdienste sind in der Regel gegen Entgelt erbrachte Dienste, die überwiegend aus der Signalübertragung über TK-Netze bestehen (§ 3 Nr. 61 TKG). Hierunter fällt auch das reine Vermitteln eines Internetzugangs und die Übertragung von E-Mails sowie Voice-over-IP-Telefonie. Chat-Dienste, Messenger-Dienste und Kooperationsplattformen fallen teilweise in den Bereich der nummernabhängigen bzw. nummernunabhängigen interpersonellen Telekommunikationsdienste, d. h. zum Beispiel Videokonferenzen, aber auch damit verbundene Chat-Dienste etc. Davon abzugrenzen sind die Telemediendienste gem. § 1 Abs. 1 Telemediengesetz (TMG), die insbesondere die elektronischen Informations- und Kommunikationsdienste (z. B. Videostreaming, Teleshopping, Online-Computerspiele) umfassen. Für diese gelten das Telemediengesetz und auch das TTDSG.

Für Unternehmen kommt es darauf an, ob ihre Arbeitnehmer als Dritte einzuordnen sind. Solange Arbeitnehmer zur Nutzung von Telefon, Internet und E-Mail nur für geschäftliche Zwecke berechtigt sind, ist das nicht der Fall. Dienstlich veranlasste Privatgespräche oder Mitteilungen wie etwa die Ankündigung eines längeren Arbeitstags bleiben unberührt. Hier sind die Arbeitnehmer Teil des Betriebs, das Unternehmen wird nicht zum Telekommunikationsanbieter.

Diese Einstufung ändert sich jedoch mit einer erlaubten Privatnutzung. Hier werden die Arbeitnehmer zu Dritten, denen das Unternehmen außerhalb der betrieblichen Nutzung Telekommunikationsdienste anbietet.[87] Gestattet das Unternehmen die private Nutzung, so hat es gegenüber seinen Arbeitnehmern das Telekommunikationsgeheimnis zu beachten. Dessen Reichweite endet zwar bei lokal gespeicherten Kommunikationsdaten und -inhalten. Das heißt bspw., die E-Mail-Postfächer auf Dienstrechnern werden gegen Zugriffe des Arbeitgebers nur durch die informationelle Selbstbestimmung und das Datenschutzrecht geschützt, nicht aber durch das Telekommunikationsgeheimnis. Auf den Servern und für den Übertragungsvorgang sind die Kommunikation und ihre Begleitumstände, also vor allem die Inhalts- und die Verbindungsdaten, jedoch durch das Telekommunikationsgeheimnis gegen Einsichtnahmen rechtlich geschützt. Außer zu Zwecken der Störungskontrolle (§ 88 Abs. 3 TKG) darf der Arbeitgeber hier keinen Zugriff nehmen und kann diese Daten nicht für Informationssicherheitszwecke heranziehen.

Spam-Filterung

Ein Beispiel für die Erforderlichkeit einer solchen Prüfung sind die verschiedenen Methoden der Spam-Bekämpfung. Diese Maßnahmen sind so zu gestalten, dass § 206 StGB nicht zur Anwendung kommt: Er regelt die Verletzung des Post- oder Fernmeldegeheimnisses. Voraussetzung dafür, dass die für ein Unternehmen handelnden Personen als Täter in Betracht kommen, ist auch hier, dass das Unternehmen als TK-Anbieter auftritt.

§ 206 Abs. 2 Nr. 2 StGB stellt das Unterdrücken einer Sendung unter Strafe. Die Sendung muss als Voraussetzung einem geschäftsmäßig Telekommunikationsdienste erbringenden Unternehmen zur Übermittlung anvertraut worden sein. § 206 Abs. 2 Nr. 1 StGB stellt außerdem das Öffnen oder die Kenntnisnahme vom Sendungsinhalt unter Anwendung technischer Mittel unter Strafe.

Bei erlaubter Privatnutzung ist daher das Filtern und Löschen von Spam-Mails strafbar, da dies als Unterdrücken der Sendungen bewertet wird. Die Filterung unter Kenntnisnahme vom Sendungsinhalt und Kennzeichnung der Sendung als Spam ist ebenso verboten, kann aber durch eine Einwilligung des Nutzers legitimiert werden.

Eine kurze Verzögerung der Sendungszustellung durch ein testweises Zurückweisen der Mail beim »Greylisting« gilt dagegen als zulässig, da hierdurch die Mailzustellung nicht verhindert wird. Das Löschen von Schadsoftware dagegen betrachtet die Rechtsprechung als zulässig.[88]

87 Einige Gerichte haben zuletzt die Anbieterstellung des Arbeitgebers generell infrage gestellt. Gegen Anbieterstellung LArbG Berlin-Brandenburg, Urteil v. 16.2.2011, AZ: 4 Sa 2132/10; differenzierend mwN. LArbG Hannover, Urteil v. 31.5.2010, AZ: 12 Sa 875/09. Es ist jedoch davon auszugehen, dass die Rechtsprechung weiter mehrheitlich und auch berechtigt die Anbieterstellung bei Privatnutzung annimmt.

88 OLG Karlsruhe, Beschluss v. 10.1.2005, AZ 1 Ws 152/04.

Mitschneiden von Anrufen und Audits

Grenzen bestehen auch für das Mithören oder Mitschneiden von Anrufen, etwa zum Zweck einer Auditierung oder des Coachings, vor allem im Bereich des Callcenter-Betriebs, aber auch in betrieblichen Telefonanlagen. Ein Mitschneiden kann dabei bereits gegen § 201 StGB verstoßen, da hierdurch bereits der objektive Tatbestand für die Verletzung der Vertraulichkeit des Wortes erfüllt sein kann. Die Strafbarkeit kann aber durch die Einwilligung des Gesprächspartners ausgeschlossen werden. Dieser ist also vor Start der Aufnahme um Erlaubnis zu fragen.

Ein Mithören bspw. zum Zweck des Anruf-Coachings von einer Nebenstelle aus fällt nicht unter diese Strafbestimmung. Allerdings ergibt sich ein Eingriff in die Persönlichkeitsrechte des Anrufers. Es ist also auch hier zu verlangen, dass der Gesprächspartner rechtzeitig in Kenntnis gesetzt wird.[89]

Die rechtlichen Grenzen gelten auch, wenn im Rahmen von IT-Audits der Netzwerkverkehr einer Voice-over-IP-Anlage mitgeschnitten wird.

Geo-Lokalisierung von Mobilgeräten

Eine weitere Grenze zieht der Gesetzgeber im Telekommunikationsgesetz für die Verwendung von Standortdaten, die aus den Standorten von Basisstationen vom Telekommunikationsanbieter für die Mobilgeräte ermittelt werden. Diese Datenverarbeitung ist besonders problematisch wegen der im Unternehmenskontext häufig vorliegenden Rollenkonstellation. Die Standortdaten werden durch den TK-Provider ermittelt und durch einen Anbieter von Zusatzdiensten verarbeitet. Vertragspartner und Teilnehmer ist in der Regel das Unternehmen. Betroffener der Standortermittlung ist aber der Gerätenutzer, regelmäßig ein Arbeitnehmer. Sowohl zu Sicherheitszwecken als auch für Zwecke im Rahmen von Geschäftsprozessen kann der Teilnehmer Gebrauch von Diensten mit Zusatznutzen machen. Ein Beispiel ist die Steuerung von Transportkapazitäten auf dem Straßennetz, für die die Standorte der Mobilgeräte in einer Zentrale angezeigt und verarbeitet werden. Unproblematisch sind Ortungsdienste, die nur dem Benutzer des Mobilgeräts selbst auf seinem Gerät angezeigt werden. Eine Übermittlung vom Gerät aus an andere Personen ist rechtlich nur dann zulässig, wenn hierfür die Einwilligung des Benutzers vorliegt.

In die Erhebung der Standortdaten durch einen Anbieter von Zusatzdiensten über den Provider kann jedoch der Teilnehmer einwilligen. Werden die Daten von einem Anbieter von Zusatzdiensten an andere Geräte gesendet, ist der Nutzer des georteten Geräts hiervon per Textnachricht durch den Telekommunikationsanbieter zu unterrichten (§ 98 Abs. 1 S. 2 TKG). Werden die Standortdaten Dritten übermittelt, ist eine gesonderte schriftliche Einwilligungserklärung des Teilnehmers gegenüber dem Anbieter des Ortungsdiensts erforderlich. Im Arbeitsverhältnis weicht der Teilnehmer – in der Regel das Unternehmen – regelmäßig vom Gerätenutzer ab. Für diese Konstellation schreibt § 13 Abs. 1 S. 4 TTDSG vor, dass der Teilnehmer die Gerätenutzer zu unterrichten hat, wenn er gegenüber dem Dienstleister in Ortungsverfahren einwilligt und diese beauftragt. Neben den Bestimmungen des § 13 TTDSG wird für die Standortüberwachung allerdings regelmäßig auch die betriebliche Mitbestimmung zu beachten sein.

89 BAG, Urteil vom 1.3.1973, 5 AZR 453/72; [Gola 2005].

3.7.3 Telemedienrecht

Das Telemedienrecht enthält spezielle Begrenzungen der Verarbeitung personenbezogener Daten, die vor allem die Internetnutzung und das Angebot von Websites betreffen, und ist inzwischen im TTDSG geregelt.

Verwendungsgrenzen für Nutzungsdaten

Das TMG beschränkte die Erfassung und Verwendung von Nutzungsdaten und Bestandsdaten zu Telemediendiensten in §§ 14, 15 TMG. Erfasst waren hiervon die Aufzeichnung von IP-Adressen der Seitenbesucher und die Erfassung weiterer personenbeziehbarer Daten in Protokollen. Diese Regelungen sind mit Inkrafttreten des TTDSG ersatzlos weggefallen, spezifische Erlaubnistatbestände gibt es dort nicht mehr, sodass hier nun mehr Art. 6 und 9 der DSGVO maßgeblich sind.

Eine besondere Erlaubnis zur Nutzung zur Abwehr von Störungen ist nicht geregelt, jedoch dürfen Verpflichtete gem. § 12 TTDSG Verkehrsdaten im Falle von Störungen von Telekommunikationsanlagen und beim Missbrauch von Telekommunikationsanlagen verarbeiten.

Gem. § 19 Abs. 4 TTDSG haben Anbieter von Telemedien im Rahmen ihrer jeweiligen Verantwortlichkeit für geschäftsmäßig angebotene Telemedien durch technische und organisatorische Vorkehrungen sicherzustellen, dass

1. kein unerlaubter Zugriff auf die für ihre Telemedienangebote genutzten technischen Einrichtungen möglich ist und
2. diese gesichert sind gegen Störungen, auch soweit sie durch äußere Angriffe bedingt sind.

Dies trifft allerdings nur dann zu, sofern dies sowohl technisch möglich sowie wirtschaftlich zumutbar ist. Die technischen und organisatorischen Maßnahmen richten sich nach dem Stand der Technik. Der Gesetzgeber nennt hier als Beispiel einer technischen Maßnahme die Verwendung von sicher anerkannten Verschlüsselungsverfahren. Unberührt bleibt die Anordnungsbefugnis des BSI gegenüber Anbietern von Telemedien gem. § 7d BSIG in Fällen, in denen erheblicher Gefahren für informationstechnische Systeme für eine Vielzahl von Nutzern ausgehen.

Für innerbetriebliche Telemediendienste, etwa innerbetriebliche Chaträume, Wikis, Kooperationsplattformen und ähnliche Dienste, gelten die Schranken, wenn die Privatnutzung zulässig ist. Ist die Privatnutzung gestattet, darf der Arbeitgeber die Nutzungsdaten außer zur Dienstbereitstellung nicht verwenden.

3.7.4 Betriebliche Mitbestimmung

Aus der betrieblichen Mitbestimmung ergeben sich keine festen Grenzen für Informationssicherheitsmaßnahmen. Aus den Mitbestimmungsverfahren in den Betrieben können sich aber jeweils konkrete Begrenzungen von Maßnahmen ergeben. Die Anknüpfungspunkte wurden bereits oben dargestellt (Abschnitt 3.5.1). Viele Sicherheitsmaßnahmen erlauben eine Verhaltens- oder auch Leistungskontrolle, und weitere Maßnahmen betreffen die

Ordnung des Betriebs oder Verhaltensregeln. Die Durchführung des Mitbestimmungsverfahrens ist daher eine feste Grenze bei der Umsetzung von Sicherheitsmaßnahmen, soweit ein Betriebsrat gewählt ist.

Betriebsräte sind regelmäßig bestrebt, Leistungskontrollen auszuschließen. Dazu können sie zunächst versuchen, die Sicherheitsmaßnahmen so mitzugestalten, dass die erhobenen Daten bspw. nur einen geringen Umfang haben, zeitnah verdichtet und früh gelöscht werden. Bleiben trotzdem noch Bedenken gegen den Einsatz von Maßnahmen bestehen, kann die Begrenzung der Verwendung durch Regelungen in Betriebsvereinbarungen zu Lösungen führen. In Bezug auf Arbeitnehmer obliegt dem Betriebsrat zudem ebenfalls die Überwachung der Einhaltung datenschutzrechtlicher Vorschriften. Auch deren Umsetzung in Bezug auf Informationssicherheitsmaßnahmen wird daher regelmäßig Teil einschlägiger Betriebsvereinbarungen sein.

Konflikte mit dem Betriebsrat sollten möglichst vermieden werden: Sie werden möglicherweise erst in einer Einigungsstelle oder im Rechtsstreit entschieden. Daher ist es sinnvoll, neben dem betrieblichen Datenschutzbeauftragten auch die Beschäftigtenvertreter frühzeitig in IT-Projekte einzubinden. Dann können die Parteien vertretbare Kompromisse aushandeln, bevor fertige Systeme Fakten und Konflikte schaffen. Gelingt eine vertrauensvolle Zusammenarbeit, lassen sich viele technische Notwendigkeiten oder Grenzen über organisatorisch-rechtliche Vereinbarungen regeln. Verbindliche Arbeitsanweisungen und Betriebsvereinbarungen gestalten dann auch den Einsatz von Sicherheitsmaßnahmen.

Zusammenfassung

Rechtliche Regelungen verpflichten Unternehmensleitungen auf vielfältige Weise einerseits zur Informationssicherheit und definieren andererseits auch Grenzen für den Einsatz von Sicherheitsmaßnahmen. Zwischen verschiedenen Dienstleistungs- und Industriesektoren bestehen dabei erhebliche Unterschiede, mindestens in der Regelungsdichte. Für die Sekundärmotivation zur Durchsetzung der Vorgaben greift der Gesetzgeber bereichsspezifisch auf Aufsichtsbehörden, Bußgelder für Ordnungswidrigkeiten, Veröffentlichungspflichten bei Störfällen, Straftatbestände oder – im Verhältnis zwischen privaten Akteuren – auf Haftungsregelungen zurück. Durch die Vielfalt der Regelungen, die für die Praxis meist konkretisierungsbedürftig sind, ist das Rechtsgebiet der Informationssicherheit allerdings unübersichtlich.

Die Vorgaben für Sicherungsmaßnahmen sind im Allgemeinen technikoffen formuliert. Dieses Vorgehen des Gesetzgebers trägt sowohl der Vielfalt der Einsatzszenarien in den Unternehmen als auch der Dynamik der Technikentwicklung Rechnung. Die Unternehmen müssen daher ihre Sicherheitskonzepte und Maßnahmen entsprechend ihren Gegebenheiten und den für sie einschlägigen Rechtsvorschriften ausgestalten. In vielen Fällen kann ein Rückgriff auf anerkannte Standards, den Stand der Technik oder Best Practices ausreichen.

Die konkretesten Vorgaben für Sicherheitsmaßnahmen trafen bislang das Telekommunikationsrecht, das Bankenrecht und das Datenschutzrecht. Sowohl die Einrichtung eines Informationssicherheitsmanagements im Rahmen des Bankenrechts als auch die Erstellung eines Sicherheitskonzepts nach dem TKG sind Pflichten, die allgemein für kritische IT-Infrastrukturen zumindest entsprechend angewendet werden können. Für das Telekommunikationsrecht ist durch den Katalog der Bundesnetzagentur zu § 109 TKG

a. F. bzw. § 165 TKG n. F. skizziert, wie sich eine Aufsichtsbehörde Sicherheitskonzepte, ihre Umsetzung und deren Überprüfung vorstellt. Das IT-Sicherheitsgesetz und die für Betreiber Kritischer Infrastrukturen entstehenden Branchenkataloge führen dies nun fort. Ansonsten implizieren Rechtsvorgaben häufig Sicherheitsmaßnahmen nach dem Stand der Technik. Diese finden sich bspw. in Standards.

Auch wenn die Rechtslage uneinheitlich und teilweise schwer zu durchschauen ist und sich durch europäische gesetzliche Vorgaben noch weiter ändern wird: Die Unternehmensleitung darf sich nicht zurücklehnen. Sonst drohen neben Schäden aus Störfällen und der negativen Öffentlichkeitswirkung auch die oben genannten Sanktionen. Insofern ist die Rechtslage auch eine starke Motivation, die Informationssicherheit im Unternehmen systematisch und angemessen umzusetzen.

Literatur

Bundesgesetze werden unter *http://www.gesetze-im-internet.de* bereitgestellt.

[AuCo 2016] *Auer-Reinsdorff, C., Conrad, I.:* Handbuch IT- und Datenschutzrecht, München, 2. Aufl. 2016

[Bed 2013] *Bedner M.:* Cloud Computing – Technik, Sicherheit und rechtliche Gestaltung, Kassel 2013

[BNA 2013] *Bundesnetzagentur:* Katalog von Sicherheitsanforderungen für das Betreiben von Telekommunikations- und Datenverarbeitungssystemen sowie für die Verarbeitung personenbezogener Daten nach § 109 TKG Version 1.0, Stand: 08.05.2013, abrufbar unter *http://www.bundesnetzagentur.de* (bspw. über erweiterte Suche »Katalog Sicherheitsanforderungen«, Bereich = »Telekommunikation«, Dokumenttyp = »Download«; Stand: 17.01.2024)

[Bren 2013] *Brennscheidt, K.:* Cloud Computing und Datenschutz, Baden-Baden 2013

[Eck 2008] *Eckhardt, J.:* Rechtliche Grundlagen der IT-Sicherheit, DuD 2008, 330

[Fal 2011] *Falk, M.:* IT-Compliance in der Corporate Governance, Gießen 2011

[GeBr 2009] *Gercke, M.; Brunst, P.:* Praxishandbuch Internetstrafrecht, 1. Auflage, Stuttgart 2009

[Gola 2005] *Gola, P.:* Das Mithören und Aufzeichnen von Call Center-Telefonaten, RDV 2005, S. 105

[Hoer 2018] *Hoeren, Th.:* Internetrecht, 2018; *https://www.itm.nrw/wp-content/uploads/Skript-Internetrecht-Maerz-2018.pdf* (Stand: 24.01.2024)

[Hoer 2019] *Hoeren, Th.:* IT-Vertragsrecht, 2019; *https://www.itm.nrw/wp-content/uploads/Skript IT Stand Januar 2019.pdf* (Stand: 17.01.2024)

[Hüf 2010] *Hüffer, U.:* Aktiengesetz, 9. Aufl. München 2010

[Jan 2015] *Jandt, S.:* Beweissicherheit im elektronischen Rechtsverkehr – Folgen der europäischen Harmonisierung, NJW 2015, S. 1205

[Kno 2017] *Knopp, M.:* Stand der Technik, DuD 2017, S. 663; *https://www.secorvo.de/publikationen/stand-der-technik-knopp-2017.pdf* (Stand: 17.01.2024)

[Len 2019] *Lensdorf, L.:* Die Empfehlungen der BaFin und der Deutschen Bundesbank für Anforderungen an die Beschaffung von Cloud-Leistungen, CR 2019, S. 8.

[NoBe 2008] *Nolte, N.; Becker, T.:* IT-Compliance, BB Beilage 2008, Nr. 5, 23

[Hol 2003] *Holznagel, B.:* Recht der IT-Sicherheit, München 2003

[Hor 2008] *Hornung, G.:* Ein neues Grundrecht, CR 2008, S. 299

[RePo 2007] *Reinhard, T.; Pohl, L.; Capellaro, H.-J.:* IT-Sicherheit und Recht, Berlin 2007

[Roß 2013] *Roßnagel, A. (Hrsg.):* Beck'scher Kommentar zum Recht der Telemediendienste, München 2013

[Roß 2016] *Roßnagel A.:* Beweiswirkungen elektronischer Vertrauensdienste – Neue Regelungen durch die eIDAS-Verordnung der Europäischen Union, MMR 2016, S. 647

[ScTh 2018] *Schläger, U.; Thode, J.-C.:* Handbuch Datenschutz und IT-Sicherheit, Berlin 2018

[TrSc 2009] *Trappehl, B.; Schmidl, M.:* Arbeitsrechtliche Konsequenzen von IT-Sicherheitsverstößen, NZA 2009, 985

4 Datenschutzrecht

Einleitung

Dem Datenschutzrecht kommt im Rechtsrahmen der Informationssicherheit eine besondere Rolle zu. Zum einen, da es in vielen Fällen der Ursprung von Sicherheitsanforderungen ist, zum anderen, da viele Maßnahmen zur Informationssicherheit ihrerseits am Datenschutzrecht zu messen sind. Dieser Abschnitt vermittelt einen Überblick über die Grundzüge des Datenschutzrechts.

Die Darstellung des Datenschutzrechts beschränkt sich jedoch auf die Darstellung der Ziele des Datenschutzes, in welchem rechtlichen Rahmen sich Verantwortliche zu bewegen haben und wie diese rechtlichen Vorgaben umzusetzen sind. Dabei wird einerseits ein Blick auf einzelne Verarbeitungstätigkeiten geworfen sowie andererseits die sich aus der Datenschutz-Grundverordnung (DSGVO) ergebenden Rechte und Pflichten erläutert. Zum Schluss wird ein Blick auf den spezifischen Datenschutz im Bereich der Telemedien und Telekommunikation sowie weitere Rechtsvorschriften geworfen, die datenschutzrechtliche Regelungen enthalten.

4.1 Ziele des Datenschutzrechts

Das Datenschutzrecht dient dem Schutz des Einzelnen vor Beeinträchtigungen seines Persönlichkeitsrechts durch den Umgang mit seinen personenbezogenen Daten (vgl. Art. 1 Abs. 2 DSGVO). Das heißt, dass jede natürliche Person selbst bestimmen kann, wer, wie, wann und welche personenbezogenen Daten über einen selbst verarbeiten darf. Dies bedeutet auch, dass Daten jeglicher Art gegen Bedrohungen, Manipulation, unberechtigten Zugriff oder Kenntnisnahme abgesichert werden müssen.

Darüber hinaus schützt das Datenschutzrecht auch den freien Verkehr personenbezogener Daten innerhalb der Union, sodass dieser aus Gründen des Schutzes natürlicher Personen bei der Verarbeitung personenbezogener Daten weder eingeschränkt noch verboten werden darf (vgl. Art. 1 Abs. 3 DSGVO).

4.1.1 Entwicklung des Datenschutzrechts

Um das System des Datenschutzrechts und seine Wirkungsweise zu verstehen, ist ein Blick auf die Geschichte des Datenschutzes hilfreich. Das weltweit erste Datenschutzgesetz wurde 1970 in Hessen verabschiedet. Weitere Bundesländer folgten und 1977 erließ auch der Bund ein Datenschutzgesetz, das Bundesdatenschutzgesetz (BDSG).

Begleitet wurde die Datenschutzgesetzgebung durch die Rechtsprechung des Bundesverfassungsgerichts. Bis heute prägende Bedeutung hat vor allem das Volkszählungsurteil vom 15.12.1983,[1] in dem mit dem *Recht auf informationelle Selbstbestimmung* eine Ausprägung des allgemeinen Persönlichkeitsrechts geschaffen wurde. Das Recht auf informationelle Selbstbestimmung ist bis heute aus deutscher Sicht das grundrechtliche Funda-

1 BVerfGE 65, 1.

ment des Datenschutzes. Daneben haben die meisten Landesverfassungen das Recht auf informationelle Selbstbestimmung in ihren Grundrechtskatalog aufgenommen.

Auch Art. 8 der Charta der Grundrechte der Europäischen Union (GRCh) enthält seit dem Jahr 2000 eine Grundrechtsbestimmung zum Datenschutz. Art. 8 GRCh regelt das verfassungsrechtliche Fundament des europäischen Datenschutzes. Die dortige Regelung enthält eine Beschränkung der Verarbeitung personenbezogener Daten, wonach diese nur unter Voraussetzung einer gesetzlich geregelten Erlaubnisgrundlage oder auf Grundlage einer Einwilligung verarbeitet werden dürfen. Auch werden dort die Zweckbindung, das individuelle Auskunftsrecht und die dort verankerte Überwachung zur Einhaltung dieser Vorschrift durch unabhängige Stellen begründet. Im europäischen Kontext ist das Recht auf informationelle Selbstbestimmung nicht als Freiheitsrecht, sondern als Recht auf staatlichen Schutz formuliert ist. Dennoch spielt die Selbstbestimmungsmöglichkeit des Einzelnen auch in der Datenschutz-Grundverordnung eine große Rolle, was an den gestärkten Betroffenen- und Transparenzrechten deutlich wird.

Die Datenschutz-Grundverordnung trat am 25.05.2016 in Kraft und gilt als Verordnung unmittelbar ohne weiteren Umsetzungsakt in allen Mitgliedstaaten. Das BDSG alter Fassung wurde mit Geltung der Grundverordnung zum 25.05.2018 aufgehoben und durch ein neues Bundesdatenschutzgesetz ersetzt.[2]

Wie sich aus der Bezeichnung der Datenschutz-*Grund*verordnung bereits ergibt, regelt diese lediglich die Grundlagen des Datenschutzrechts. Daneben enthält sie sog. *Öffnungsklauseln*, die den Mitgliedstaaten ermöglichen, die Datenschutz-Grundverordnung zu konkretisieren und zu ergänzen. Das »neue« Bundesdatenschutzgesetz enthält daher nur noch eine Reihe von Konkretisierungen zur Datenschutz-Grundverordnung. Dazu gehören Regelungen des Beschäftigtendatenschutzes und ansonsten Umsetzungsbestimmungen u. a. zum Aufbau der Datenschutzaufsicht. Neben dem Bundesdatenschutzgesetz hat der deutsche Gesetzgeber in weiteren Spezialgesetzen wie dem Handelsgesetzbuch, der Abgabenordnung, dem 10. Sozialgesetzbuch und dem Einkommensteuergesetz von den Öffnungsklauseln Gebrauch gemacht.

Daneben wurde die Interpretation der Datenschutz-Grundverordnung durch die Rechtsprechung des Europäischen Gerichtshofs wesentlich mitgestaltet. So wirken sich insbesondere die sog. »Schrems-Urteile«[3] wesentlich aus. Die Urteile haben für den Datentransfer in unsichere Drittländer weitreichende Folgen. Bei Drittländern handelt es sich um Länder, bei denen die Europäische Kommission per Angemessenheitsbeschluss kein angemessenes Datenschutzniveau bestätigt hat. Im Wege der »Schrems-Urteile« hatte der Europäische Gerichtshof zwischenstaatliche Vereinbarungen einer genauen Prüfung unterzogen und daraufhin (insbesondere das Safe-Harbour-Abkommen und das EU-US Privacy Shield zwischen den USA und der Europäischen Union) untersagt. Infolgedessen sind Datenübermittlungen in Drittstaaten immer dann erschwert, wenn die Drittstaaten kein anerkanntes, ähnliches Datenschutzniveau wie die EU aufweisen.

2 Gesetz zur Anpassung des Datenschutzrechts an die Verordnung 2016/679/EU und zur Umsetzung der Richtlinie 2016/680/EU (Datenschutz-Anpassungs- und -Umsetzungsgesetz EU – DSAnpUG-EU), BGBl I vom 5.7.2017, S. 2097.

3 EuGH, 06.10.2015 – C-362/14 (Schrems I); EuGH, 16.07.2020 – C-311/18 (Schrems II).

4.1.2 Anwendungsbereich und Begriffsbestimmungen

Bei der Anwendung des Datenschutzrechts ist entscheidend, in welchem Anwendungsfall welches Gesetz zur Anwendung kommt sowie wo welches Gesetz räumlich Anwendung findet. Dabei ist zwischen dem räumlichen und sachlichen Anwendungsbereich zu unterscheiden.

4.1.3 Sachlicher Anwendungsbereich

Der sachliche Anwendungsbereich der Datenschutz-Grundverordnung umfasst gemäß Art. 2 Abs. 1 DSGVO »die ganz oder teilweise automatisierte Verarbeitung personenbezogener Daten sowie die nichtautomatisierte Verarbeitung personenbezogener Daten, die in einem Dateisystem gespeichert sind oder gespeichert werden sollen«. Die Grenzen des sachlichen Anwendungsbereichs regelt Art. 2 Abs. 2 DSGVO. Darunter fällt bspw. die Verarbeitung personenbezogener Daten für ausschließlich persönliche oder familiäre Tätigkeiten (Art. 2 Abs. 2 lit. c DSGVO).

Eine Besonderheit des Datenschutzes ist insbesondere bei nicht personenbezogenen Daten zu beachten, die aber aufgrund anderer Umstände als besonders sensibel betrachtet werden. Zwar fallen diese nicht in den sachlichen Anwendungsbereich der Datenschutz-Grundverordnung. Jedoch greift gegebenenfalls in diesem Fall der Schutz durch das Geschäftsgeheimnisgesetz.

4.1.4 Personenbezogene Daten

Das Verständnis von Datenschutz ist unmittelbar an den Begriff der personenbezogenen Daten geknüpft. Art. 4 Nr. 1 DSGVO definiert personenbezogene Daten als »alle Informationen, die sich auf eine identifizierte oder identifizierbare natürliche Person beziehen«. Im zweiten Halbsatz wird dann die Identifizierbarkeit, also der Personenbezug als Möglichkeit, eine Person direkt oder indirekt, insbesondere mittels Zuordnung zu einer Kennung oder zu besonderen Merkmalen, zu identifizieren, erläutert. Erfasst sind damit sämtliche Informationen, die auf eine konkrete Person bezogen werden können, unabhängig von deren Bedeutung für den Betroffenen. Die bloße Möglichkeit des Personenbezugs kann jedoch zu Abgrenzungsschwierigkeiten führen. Pseudonymisierte Daten (Art. 4 Nr. 5 DSGVO), bei denen definitionsgemäß der Name oder andere Identifikationsmerkmale der Bezugsperson durch ein Kennzeichen ersetzt werden, um die direkte Bestimmung bspw. für Gruppen von Anwendern auszuschließen oder wesentlich zu erschweren, gelten als personenbeziehbar, da das Kennzeichen die Zuordnung weiter erlaubt. Sie unterfallen damit weiterhin dem Datenschutzrecht.

Anders sieht es hingegen bei anonymisierten Daten aus, die grundsätzlich keine personenbezogenen Daten darstellen (vgl. ErwG 26). Wann Daten als anonym einzustufen sind, ist unter Umständen aber schwer zu beurteilen – eine tiefere Analyse von Datenbeständen führt immer wieder zu überraschenden Erkenntnissen. Beispielsweise können Angaben zu einer Person auch ohne bestimmte Identifikationsmerkmale personenbeziehbar werden, wenn die Angaben in ihrer Konstellation und Menge lediglich eine einzige Person zutreffend beschreiben. So kann die Kombination der besuchten Schule, des Geburtsjahrgangs, des Berufs und eines bestimmten Hobbys bereits ausreichen, um eine Person zu bestimmen. Ein Personenbezug liegt bspw. bei dynamischen IP-Adressen vor.[4] Neben anonymisierten Daten gibt es auch synthetische Daten. Dabei handelt es sich um Daten, bei denen durch künstliche Intelligenz völlig neue künstliche Daten generiert werden, die keinen Personenbezug haben. Da der Algorithmus der künstlichen Intelligenz jedoch in der Regel durch personenbezogene Daten trainiert wird, kommt es im Zweifel auf eine Einschätzung im Einzelfall an, ob die synthetisch generierten Daten tatsächlich keinen Personenbezug aufweisen.

4.1.5 Verarbeitung von Daten

Die entscheidende Tätigkeit für die sachliche Anwendung der Datenschutz-Grundverordnung ist die Verarbeitung der personenbezogenen Daten. Die Verarbeitung umfasst dabei das Erheben, Erfassen, Organisieren, Ordnen, Speichern, Anpassen oder Verändern, Auslesen, Abfragen, Verwenden, Offenlegen durch Übermittlung, Verbreiten oder eine andere Form der Bereitstellung, den Abgleich oder die Verknüpfung, die Einschränkung, das Löschen oder das Vernichten (Art. 4 Nr. 2 DSGVO). Der Begriff des Offenlegens macht deutlich, dass der Verarbeitungsbegriff nicht auf die gezielte Übermittlung beschränkt bleibt, sondern dass bereits die Einblicksmöglichkeit Dritter zur Verarbeitung führt.

4.1.6 Räumlicher Anwendungsbereich

Bei dem räumlichen Anwendungsbereich des Datenschutzrechts ist zwischen deutschen Vorschriften und der sowohl in Deutschland als auch in den übrigen Mitgliedsstaaten der Europäischen Union direkt geltenden Datenschutz-Grundverordnung zu unterscheiden. Deutsche Datenschutzvorschriften erfassen in der Regel jegliche Datenerhebung, -verarbeitung oder -nutzung in Deutschland, es sei denn, die verantwortliche Stelle hat ihren Sitz in einem anderen Staat der Europäischen Union oder in einem Vertragsstaat des Abkommens über den Europäischen Wirtschaftsraum. Die Datenschutz-Grundverordnung knüpft zum einen an die Tätigkeit eines Verantwortlichen oder eines Auftragsverarbeiters mit Niederlassung in der Europäischen Union an. Zum anderen ist die Datenschutz-Grundverordnung auf Verarbeitungstätigkeiten anzuwenden, die von Verantwortlichen außerhalb der Union ausgehen, aber im Zusammenhang mit Angeboten an betroffene Personen in der Union stehen, oder die der Verhaltensbeobachtung zu betroffenen Personen dienen, die sich in der Union befinden.

4 EuGH, Urteil vom 19.10.2016, C-582/14.

4.1.7 Weitere Begriffsbestimmungen

Neben den personenbezogenen Daten und der Verarbeitung enthält die Datenschutz-Grundverordnung eine Vielzahl von weiteren Begrifflichkeiten, die in Art. 4 DSGVO legaldefiniert sind. Im Folgenden werden einige Begrifflichkeiten erläutert.

- **Adressat des Datenschutzrechts**
  Adressaten des Datenschutzrechts sind Verantwortliche und Auftragsverarbeiter.
- **Verantwortlicher** (Art. 4 Nr. 7 DSGVO)
  Der Verantwortliche entscheidet allein oder gemeinsam mit weiteren Verantwortlichen über Zwecke und Mittel der Verarbeitung. Verantwortliche können natürliche und juristische Personen, Behörden oder andere Stellen sein.
- **Auftragsverarbeiter** (Art. 4 Nr. 8 DSGVO)
  Auftragsverarbeiter verarbeiten personenbezogene Daten im Auftrag des Verantwortlichen, unterliegen dabei jedoch eigenen Datenschutzpflichten. Sie sind streng den Weisungen des Verantwortlichen unterworfen.
  Verbindungen von juristischen Personen untereinander, etwa eine Konzernzugehörigkeit oder ein mehrheitlicher Anteilsbesitz an einer anderen juristischen Person, haben keine Bedeutung – es existiert im Datenschutzrecht kein Konzernprivileg. Daran hat auch die Datenschutz-Grundverordnung im Grundsatz nichts geändert.
- **Betroffene Person** (Art. 4 Nr. 1 DSGVO)
  Die natürliche Person, auf die sich die personenbezogenen Daten beziehen, ist die betroffene Person.
- **Dritte** (Art. 4 Nr. 10 DSGVO)
  Alle Personen oder Stellen außerhalb der verantwortlichen Stellen der Betroffenen und des Auftragsverarbeiters sind sogenannte Dritte.

4.1.8 Rechtsrahmen und Umsetzungsvorgaben

Das Grundrecht auf informationelle Selbstbestimmung macht deutlich, dass die Verwendung personenbezogener Daten zu Eingriffen in die Grundrechte des Betroffenen führt. Hieraus leitet sich ein tragendes Grundprinzip des Datenschutzrechts ab: Eine Verarbeitung (z. B. Erheben, Verarbeiten oder Nutzen) von personenbezogenen Daten darf nur auf Grundlage einer rechtlichen Erlaubnisnorm stattfinden und ist ansonsten verboten. Dieser Grundsatz wird auch als *Verbot mit Erlaubnisvorbehalt* bezeichnet. Als Bestandteil des Art. 8 Abs. 2 der Charta der Grundrechte und konkretisiert durch Art. 6 Abs. 1 DSGVO besteht dieser Grundsatz weiterhin. Der Grundsatz darf jedoch nicht darüber hinwegtäuschen, dass die Datenschutz-Grundverordnung sehr weite allgemeine Erlaubnisnormen enthält, vor allem die Verarbeitung auf Grundlage des berechtigten Interesses, Art. 6 Abs. 1 lit. f DSGVO. Die speziellen Regelungen des Bundesdatenschutzgesetzes etwa zur Verarbeitung zu Werbezwecken existieren nicht mehr. Stattdessen enthält Art. 6 Abs. 1 DSGVO die wesentlichen Erlaubnisnormen:

- Die Verarbeitung kann auf die Einwilligung des Betroffenen gestützt werden (Art. 6 Abs. 1 lit. a DSGVO).
- Die Verarbeitung von personenbezogenen Daten ist für die Begründung, Durchführung oder Beendigung eines Vertrags oder eines vorvertraglichen Rechtsverhältnisses erforderlich (Art. 6 Abs. 1 lit. b DSGVO). Ein wichtiger Unterfall ist hier das Beschäftigtenverhältnis, bei dem die Verarbeitung jedoch auf § 26 BDSG gestützt wird.
- Die Datenverarbeitung wird durch rechtliche Verpflichtungen des Verantwortlichen erforderlich (Art. 6 Abs. 1 lit. c DSGVO).
- Die Verarbeitung ist zum Schutz lebenswichtiger Interessen erforderlich (Art. 6 Abs. 1 lit. d DSGVO).
- Schließlich besteht ein Auffangtatbestand mit der Erlaubnis, personenbezogene Daten zur Wahrung berechtigter Interessen der verantwortlichen Stelle zu verwenden. In diesem Fall ist jedoch eine Abwägung mit anzunehmenden bzw. offensichtlich überwiegenden schutzwürdigen Interessen der Betroffenen durchzuführen (Art. 6 Abs. 1 lit. f DSGVO).

Die oben genannten rechtlichen Verpflichtungen finden sich in einer Unzahl von Spezialgesetzen, von den Sozialgesetzbüchern bis hin zu öffentlich-rechtlichen Gesetzen wie den Melde- oder Polizeigesetzen. Ausführlichere Datenschutzregeln in nationalen Gesetzen werden jedoch je nach Regelungsinhalt durch die Datenschutz-Grundverordnung als höherrangiges Recht verdrängt, soweit diese keine Öffnungsklausel enthält und den Regelungsgegenstand grundsätzlich umfasst.

Neben dem fortbestehenden Verbot mit Erlaubnisvorbehalt und den Erlaubnistatbeständen des Art. 6 Abs. 1 DSGVO sieht die Datenschutz-Grundverordnung ergänzend die Grundsätze der Verarbeitung nach Treu und Glauben und der Verarbeitung in einer für den Betroffenen nachvollziehbaren Weise vor, d. h., dass bei der Prüfung der Rechtmäßigkeit und der Anwendung der Erlaubnisse aus Art. 6 Abs. 1 DSGVO auch die Perspektive des Betroffenen zu berücksichtigen ist.

4.1.9 Datenschutzrechtliche Grundprinzipien

Neben diesem die Struktur des Datenschutzrechts prägenden ersten Grundprinzip stehen weitere Grundprinzipien, die in Art. 5 Abs. 1 DSGVO niedergelegt sind: die Zweckbindung, die Datenminimierung und Speicherbegrenzung, das Transparenzgebot, das sich ebenfalls aus der Nachvollziehbarkeit für den Betroffenen ableitet, die Richtigkeit der verarbeiteten personenbezogenen Daten und deren Integrität und Vertraulichkeit in Form der angemessenen Sicherheit durch technische und organisatorische Maßnahmen (sog. TOM).

Die **Zweckbindung** personenbezogener Daten ist auch eine wesentliche Forderung des Volkszählungsurteils. Die Datenschutz-Grundverordnung hat dieses Kernprinzip im Grundsatz nicht angetastet. Demnach dürfen personenbezogene Daten grundsätzlich nur für den vorab festzulegenden Zweck verwendet werden, für den sie erhoben oder übermittelt worden sind. Der Zweck muss dabei nach einer der oben genannten Alternativen rechtlich zulässig sein. Ist später eine Verwendung der Daten für andere Zwecke beabsichtigt, bedarf es einer neuen Rechtsgrundlage oder einer Abwägung nach den Kriterien des Art. 6 Abs. 4 DSGVO, der dem Verantwortlichen in einem engen Rahmen die Verarbeitung zu einem nicht ursprünglich vorgesehenen Zweck gestattet.

Eine weitere Grenze der Datenverwendung wird durch das **Erforderlichkeitsprinzip** gezogen. In der Datenschutz-Grundverordnung wird dieses zusammenfassende Prinzip durch die Grundsätze der Datenminimierung und der Speicherbegrenzung repräsentiert. Der Wortlaut von Art. 5 Abs. 1 lit. c DSGVO (Datenminimierung) lautet: »Personenbezogene Daten müssen dem Zweck angemessen und erheblich sowie auf das für die Zwecke der Verarbeitung notwendige Maß beschränkt sein.« Die verantwortliche Stelle darf demnach nur die personenbezogenen Daten erheben und verarbeiten, die für den festgelegten Zweck benötigt werden. Die Erforderlichkeit begrenzt auch die Dauer der Verarbeitung. Ist der Zweck erfüllt und bestehen keine Aufbewahrungspflichten mehr (etwa steuerlicher Natur oder aufgrund gesetzlicher Dokumentationspflichten), sind die personenbezogenen Daten zu löschen oder zu anonymisieren. Dieser Aspekt des Erforderlichkeitsprinzips wird in der Datenschutz-Grundverordnung als Speicherbegrenzung (Art. 5 Abs. 1 lit. e DSGVO) gesondert hervorgehoben. Für die Umsetzung der IT-Sicherheit hat dieses Prinzip besondere Bedeutung, wie im Folgenden noch dargestellt wird, denn es begrenzt bspw. auch die Dauer, über die Sicherheitsprotokollierungen aufbewahrt werden dürfen, und zwingt, den Auswertungszeitraum zu begründen.

Schließlich gilt das Grundprinzip der **Transparenz**. Der Betroffene soll einschätzen können, was Dritte über ihn wissen (so verkürzt das Volkszählungsurteil). Die Erwägungsgründe der Datenschutz-Grundverordnung lauten hierzu: »Der Grundsatz der Transparenz setzt voraus, dass alle Informationen und Mitteilungen zur Verarbeitung dieser personenbezogenen Daten leicht zugänglich und in klarer und einfacher Sprache abgefasst sind.« (ErwG 39 S. 3 f.). Dieser Grundsatz wird durch die Art. 12 ff. DSGVO konkretisiert. Angesichts der steigenden Komplexität vieler Datenverarbeitungen stellt die Umsetzung dieses Grundsatzes und die Anforderung der Verständlichkeit eine wesentliche Herausforderung bei der Umsetzung der Datenschutz-Grundverordnung dar. Ergänzend dienen individuelle Auskunftsansprüche gegen verantwortliche Stellen (Art. 15 DSGVO) und Benachrichtigungspflichten (bspw. in Art. 19, 21 DSGVO oder Art. 34 DSGVO im Fall von Datenschutzvorfällen) der Transparenz.

Der Grundsatz der **Richtigkeit** der Daten (Art. 5 Abs. 1 lit. d DSGVO) bezieht sich auf die Verpflichtung zur Aktualität und zur selbstständigen Berichtigung von, bezogen auf den Zweck, unrichtigen personenbezogenen Daten. Die Verpflichtung zur fortlaufenden Kontrolle wird auf die Erforderlichkeit und auf angemessene Maßnahmen begrenzt. Konkretisiert wird der Grundsatz vor allem durch das Betroffenenrecht auf Berichtigung, Art. 16 DSGVO, oder Löschung, Art. 17 DSGVO, die allerdings eine aktive Rolle des Betroffenen vorsehen.

Für die Informationssicherheit besonders bedeutsam sind die Hervorhebung von **Integrität und Vertraulichkeit** sowie die **Gewährleistung einer angemessenen Sicherheit** der personenbezogenen Daten als Grundsatz in Art. 5 Abs. 1 lit. f DSGVO. Die Konkretisierung erfolgt durch Art. 24, 32 DSGVO durch die Schaffung geeigneter technischer und organisatorischer Maßnahmen sowie durch die Pflicht zu Datenschutz mittels Technikgestaltung und datenschutzfreundliche Voreinstellungen (Art. 25 DSGVO, sogenanntes Privacy by Design und Privacy by Default).

Für die Praxis zusätzlich bedeutsam ist die in Art. 5 Abs. 2 DSGVO geregelte **Nachweis- oder Rechenschaftspflicht**, die dem Verantwortlichen auferlegt, seine Maßnahmen zur Einhaltung der Anforderungen aus der Datenschutz-Grundverordnung nachweisen zu können. Hieraus ergibt sich eine umfassende Dokumentationspflicht, die zwar in Bezug auf ihre Wahrnehmung nicht näher ausgestaltet ist, jedoch absehbar einen höheren Dokumentationsaufwand für die Verantwortlichen erzeugt. Diese Nachweispflicht umfasst auch die ergriffenen technischen und organisatorischen Maßnahmen sowie die Begründung ihrer Auswahl in Bezug auf die Einschätzung der bestehenden Risiken. Somit wird insbesondere der Bereich der Informationssicherheit durch diesen Grundsatz berührt.

4.1.10 Datenschutzleitlinie

Eine **Datenschutzleitlinie** ist eine Zusammenführung von internen Datenschutzthemen, die der Unterweisung und Orientierung aller Mitarbeiter eines Unternehmens dient. Inhaltlich handelt es sich um einseitige Vorgaben des Arbeitgebers und Verantwortlichen an die Arbeitnehmer zu übergreifenden datenschutzrechtlichen Vorgaben, die den Datenschutz sowohl regeln als auch organisieren.

4.1.11 Zweck und Geltungsbereich

Für eine wirksame Umsetzung des Datenschutzes innerhalb eines Unternehmens empfiehlt sich eine Dokumentenstruktur mit unterschiedlichen datenschutzbezogenen Dokumenten. Dies kann wie folgt aussehen:

1. Als übergeordnetes Dokument gilt die Datenschutzleitlinie, die grundsätzliche Vorgaben an den Datenschutz definiert.
2. Das Datenschutzkonzept beschreibt die Datenschutz-Organisation auf Prozessebene, das Datenschutzmanagement (DSMS) mit den relevanten Datenschutzprozessen sowie die Einhaltung der Schutzziele und Datenschutz-Anforderungen.
3. Die von der Datenschutz-Grundverordnung definierten Schutzziele umfassen die Integrität, Vertraulichkeit und Verfügbarkeit (inkl. Belastbarkeit). Diese werden durch definierte und den jeweiligen Schutzzielen zugewiesene Sicherheitsmaßnahmen umgesetzt und regelmäßig überprüft.

Der Geltungsbereich der Datenschutzleitlinie und des DSMS innerhalb mehrerer Standorte muss eindeutig festgelegt werden. So können sie bspw. für alle nationalen Standorte oder internationale Standorte gelten, es können aber auch einzelne internationale Standorte ausgeschlossen werden. Sie sind für alle Mitarbeiter (Festangestellte, Teilzeitmitarbeitende, Auszubildende, Freelancer etc.) verbindlich und sollten ihnen über ein internes Portal zugänglich gemacht werden. Bei Bedarf können sie Dritten (Externen) zur Verfügung gestellt werden. Einer Bewilligung durch die Geschäftsführung bedarf es hierfür nicht.

Die Datenschutzleitlinie und das DSMS sollten regelmäßig, mindestens jedoch einmal pro Jahr überprüft sowie bei Bedarf überarbeitet werden.

4.1.12 Datenschutzrichtlinie

Mit der Datenschutzrichtlinie soll sichergestellt werden, dass sich auch Mitarbeiter eines Verantwortlichen ihrer Verantwortung und Aufgaben bewusst sind, die mit dem Umgang mit personenbezogenen Daten verbunden sind. Es soll weiter sichergestellt werden, dass alle gesetzlichen Vorschriften im Zusammenhang mit der betrieblichen Nutzung dieser Daten verstanden und beachtet werden.

Mit Hilfe der Datenschutzrichtlinie sollen unternehmensinterne Daten und personenbezogene Daten vor unberechtigtem Zugriff geschützt werden und dafür gesorgt werden, dass für und durch Systeme und ein Unternehmen insgesamt kein Schaden durch unsachgemäße oder unberechtigte Benutzung entsteht.

Die Datenschutzrichtlinie gilt als Arbeits- und Handlungsanweisung für alle Mitarbeiterinnen und Mitarbeiter des Verantwortlichen. Sie regelt den Umgang mit personenbezogenen Daten gemäß der Datenschutz-Grundverordnung bzw. weiteren einschlägigen Datenschutzgesetzen sowie mit sonstigen betrieblichen Daten. Diese Richtlinie wird allen Mitarbeitern bei Beginn des Arbeitsverhältnisses ausgehändigt und gilt stets in der aktuellen Fassung.

4.1.13 Richtlinie zur Privatnutzung des betrieblichen Internets und E-Mail

Grundsätzlich steht es einem Unternehmen frei, ob es die private Nutzung des betrieblichen Internets und der betrieblichen E-Mail-Adresse erlauben möchte oder nicht. Dies gilt auch unabhängig davon, ob im Unternehmen ein Betriebsrat besteht (vgl. § 87 Abs. 1 Nr. 1 und 10 BetrVG).

Allerdings ist der Arbeitgeber auch nach der Einführung des Gesetzes über den Datenschutz und den Schutz der Privatsphäre in der Telekommunikation und bei Telemedien (TTDSG) gem. § 3 Abs. 3 TTDSG gegenüber seinen Beschäftigten als Telekommunikationsanbieter anzusehen, der das Fernmeldegeheimnis einzuhalten hat. Da die Vorschrift inhaltlich vollständig aus dem alten § 88 TKG übernommen wurde, besteht nach wie vor Streitigkeit über die private Nutzung des betrieblichen Internets und E-Mail. So listet § 3 Abs. 2 Nr. 2 TTDSG weiterhin die »Anbieter von ganz oder teilweise geschäftsmäßig angebotenen Telekommunikationsdiensten« auf. Dabei reicht bereits das bloße »Mitwirken«, wodurch die Privatnutzung von betrieblichem Internet und E-Mail unter das Fernmeldegeheimnis fällt, sobald eine Datenübertragung über das Internet stattfindet.

Solange diese Frage nicht durch den Gesetzgeber und der höchstrichterlichen Rechtsprechung geklärt ist, ist umstritten, ob das Fernmeldegeheimnis in diesem Fall tatsächlich zu beachten ist. Arbeitgeber sollten jedoch zur Vermeidung etwaiger Strafbarkeit davon ausgehen, dass sie Telekommunikationsanbieter sind und entweder die private Nutzung verbieten oder die Mitarbeiter zur Wahrung des Fernmeldegeheimnisses zu verpflichten.

4.1.14 Richtlinie für datenschutzrechtliche Anforderungen an IT-Projekte

Die Datenschutz-Grundverordnung fordert, dass Verarbeitungstätigkeiten datenschutzgerecht gestaltet werden. Dazu gehört, dass angemessene technisch-organisatorische Maßnahmen zum Schutz der Daten ergriffen werden (Art. 24 und 32 DSGVO) und die Prinzipien des Privacy by Design und Privacy by Default (Art. 25 DSGVO) angewandt werden. Dies ist mit vertretbarem Aufwand nur möglich, wenn die entsprechenden Anforderungen bereits sehr früh in IT-Projekten festgelegt werden. Deswegen sollten Verantwortliche Richtlinien für datenschutzrechtliche Anforderungen an IT-Projekten festlegen. Dies betrifft sowohl Entwicklungsprojekte als auch Beschaffungsprojekte.

Im Projektprozess wird sichergestellt, dass die Anforderungen an die datenschutzgerechte Gestaltung von IT-Systemen und die datenschutzgerechte Projektabwicklung erfüllt werden.

Dazu wird geprüft,

- ob der Anforderungskatalog die datenschutzrechtlich geforderten Angaben enthält und
- ob im Projektplan datenschutzrechtlich relevante Aktivitäten enthalten sind und ob diese in einer angemessenen Weise geplant sind. So ist die »Richtlinie Produktivdaten in Test- und Entwicklungssystemen« einzuhalten, wenn entsprechende Aktivitäten geplant sind.

Der Datenschutzbeauftragte ist an der Freigabe der Prozessschritte zu beteiligen.

Es sollte ein Anforderungskatalog mit folgenden Punkten erstellt werden:

- Ein datenschutzrechtlich freigegebenes Rollen- und Berechtigungskonzept.
- Eine Übersicht über Datenarten und Löschregeln, die dem Katalog der Löschregeln entspricht. Es ist sicheres Löschen zu fordern.
- Die Anforderungen sollen in Form einer Umsetzungsvorgabe beschrieben sein. Neue Löschregeln sind vor der Aufnahme mit dem Datenschutzbeauftragten abzustimmen und begleitend zum Projekt in den Katalog der Löschregeln einzupflegen (Antrag an den Verantwortlichen für die Verarbeitungsübersicht).

Wenn die Anforderungen zum Prozessschritt nicht abschließend formuliert werden können, können sie nach Zustimmung des Datenschutzbeauftragten projektbegleitend weiterentwickelt werden.

Der Projektplan muss ausweisen, ob Produktionsdaten im Projekt auf Test- und Entwicklungssystemen eingesetzt werden sollen. So wird sichergestellt, dass gegebenenfalls personenbezogene (Kunden-)Daten nicht versehentlich bei der Entwicklung von IT-Projekten zum Einsatz kommen und dabei für einen illegitimen Zweck eingesetzt werden.

4.1.15 Datenschutzimplementierung/ Datenschutzmanagementsystem (DSMS)

Der Datenschutzimplementierung durch dokumentierte, verbindliche Prozesse wird ein hoher Stellenwert beigemessen. Sie ist u. a. von Relevanz hinsichtlich eines DSMS. Unter einem DSMS sind alle Prozesse, internen Standards, Regeln und Vorgaben zur Erfüllung der gesetzlichen Vorgaben an die Verarbeitung personenbezogener Daten zu verstehen. Diese Prozesse begleiten den gesamten Lebenszyklus automatisierter Verfahren – von der Konzeption über die Implementierung und den Betrieb bis zur Außerbetriebnahme.

4.1.16 Datenschutzrichtlinien und Arbeitsanweisungen

Die Aufrechterhaltung eines angemessenen Datenschutzniveaus ist ohne aktive Einbindung der Mitarbeiter und Regelung spezifischer Prozesse nicht möglich. Hierzu sind weitere detaillierte Richtlinien und Arbeitsanweisungen zum Datenschutz erforderlich. Die durch das Unternehmen festgelegten Verhaltenspflichten dienen als Orientierung für die Mitarbeiter (z. B. Datenschutzkonzept, Schulungsunterlagen, Verzeichnis von Verarbeitungstätigkeiten). Das Verzeichnis von Verarbeitungstätigkeiten ist zudem eine gesetzliche Unternehmenspflicht aus Art. 30 DSGVO, soweit die Voraussetzungen vorliegen. Darüber hinaus dient es der Dokumentation der Umsetzung von Datenschutzgrundsätzen und bestimmter Datenschutzpflichten. Durch die Erfassung von Verarbeitungstätigkeiten kann zugleich deren Prüfung auf Zulässigkeit und Anforderungskonformität nachgewiesen werden. Das Verzeichnis stellt einen tragenden Dokumentationsbestandteil dar.

4.1.17 Datenschutzorganisation

Damit die Grundsätze eines DSGVO-konformen Umgangs mit personenbezogenen Daten im operativen Betrieb umgesetzt werden können, bedarf es einer übersichtlich strukturierten Datenschutzorganisation mit klarer Zuweisung der jeweiligen Aufgaben, Kompetenzen und Verantwortlichkeiten. Eine dokumentierte und damit nachweisbare Datenschutzorganisation dient zudem der Erfüllung der in Art. 5 Abs. 2 DSGVO geregelten Rechenschaftspflicht. Die Regelung fester Prozesse zur Erfüllung und Umsetzung der Datenschutzanforderungen setzt zudem die Organisationspflichten des Unternehmens und Verantwortlichen um. Die Umsetzung einer Datenschutzorganisation besteht daher größtenteils aus dem Etablieren und Dokumentieren von Prozessen durch Richtlinien und Arbeitsanweisungen sowie aus der Organisation und Bereitstellung der erforderlichen Hilfsmittel und Informationen.

Die Datenschutzorganisation umfasst zum einen den personellen Aufbau des Datenschutzes, also die konkrete Benennung von den zur Regelung des Datenschutzes eingebundenen Personen und die rollenbasierte Zuweisung von internen Verantwortlichkeiten. Weiter betrifft die Organisation die Dokumentation und das Berichtswesen über den Datenschutz sowie den Umgang mit datenschutzrelevanten Ereignissen. Ebenso umfasst sie die Beschreibung, wie Datenschutzpflichten erfüllt und die Rechtmäßigkeit der Verarbeitungstätigkeiten geprüft werden.

4.1.18 Datenschutzkonzept

Sämtliche datenschutzrelevanten Prozesse sind im Datenschutzkonzept aufgeführt. Die konkreten Umsetzungsvorgaben sind in den jeweiligen Anweisungen beschrieben. Die Steuerung der Datenschutzdokumentation im Sinne der Überarbeitungen und regelmäßigen Umsetzungsüberprüfungen sind ebenfalls im Konzept oder auf der jeweiligen Prozessebene erläutert und in den Anweisungen konkret vorgegeben. Speziell erwähnt sei hier das Verzeichnis von Verarbeitungstätigkeiten, das zum Nachweis der Einhaltung der Vorgaben aus der Datenschutz-Grundverordnung dient. Es gilt als eine der essenziellen Datenschutz-Dokumentationen und beinhaltet sämtliche unternehmensinternen personenbezogenen Verarbeitungsvorgänge. Das Datenschutzkonzept dient der allgemeinen Verantwortungszuweisung und Rollenbeschreibung, der Zieldefinition und der Festlegung des organisatorischen Rahmens (u. a. der Weiterentwicklung) des Datenschutz-Managements.

4.2 Verarbeitungstätigkeiten

Art. 30 Abs. 1 DSGVO verlangt, dass die verantwortliche Stelle ein Verzeichnis aller Verarbeitungstätigkeiten zu führen hat. Zwar findet sich in der Datenschutz-Grundverordnung keine Legaldefinition der Verarbeitungstätigkeit. Die deutschen Aufsichtsbehörden definieren die Verarbeitungstätigkeit jedoch wie folgt: Als Verarbeitungstätigkeit wird im Allgemeinen ein Geschäftsprozess auf geeignetem Abstraktionsniveau verstanden. Es ist ein strenger Maßstab anzulegen, sodass jeder neue Zweck der Verarbeitung eine eigene Verarbeitungstätigkeit darstellt.[5] Was konkret eine Verarbeitungstätigkeit ist, hängt vom jeweiligen Unternehmen ab. In einem kleinen Unternehmen mit wenigen Mitarbeitern kann z. B. die gesamte Personalverwaltung (inkl. Bewerbungsverfahren und Lohnabrechnung) als eine einzige Verarbeitungstätigkeit gesehen werden. Bei einem mittleren Unternehmen sollte eine stärkere Untergliederung stattfinden, z. B. in Personalgewinnung, Personaleinstellung, Verwaltung des aktuellen Personals, Beendigung der Arbeitsverhältnisse und ähnliche Verarbeitungstätigkeiten.[6]

4.2.1 Datenschutz-Folgenabschätzung (Art. 35 DSGVO)

Führt eine Verarbeitungstätigkeit voraussichtlich zu einem hohen Risiko für die Rechte und Freiheiten natürlicher Personen, ist gem. Art. 35 Abs. 1, 3 DSGVO eine Datenschutz-Folgenabschätzung (DSFA oder auch PIA (privacy impact assessment)) durchzuführen. Gem. Art. 35 Abs. 3 DSGVO ist eine Datenschutz-Folgenabschätzung insbesondere in folgenden Fällen erforderlich:

5 *https://www.datenschutzzentrum.de/uploads/dsgvo/Hinweise-zum-Verzeichnis-von-Verarbeitungstaetigkeiten.pdf.*

6 *https://www.baden-wuerttemberg.datenschutz.de/wp-content/uploads/2019/02/LfDI-34.-Datenschutz-T%C3%A4tigkeitsbericht-Internet.pdf.*

- systematische und umfassende Bewertung persönlicher Aspekte natürlicher Personen, einschließlich Profiling
- umfangreiche Verarbeitung sensibler Daten
- systematische umfangreiche Überwachung öffentlich zugänglicher Bereiche

Darüber hinaus haben die Aufsichtsbehörden durch sogenannte »Blacklisten« Verarbeitungstätigkeiten aufgelistet, in denen ebenfalls immer eine Datenschutz-Folgenabschätzung durchzuführen ist.

Durch die Durchführung einer DSFA können sich Grenzen für die Verwendung von personenbezogenen Daten oder auch die Anpassung oder Ergänzung von Sicherheitsmaßnahmen ergeben. Die DSFA ist vor Beginn der Verarbeitung der personenbezogenen Daten durchzuführen und zu dokumentieren.

In der DSFA ist die Einhaltung der datenschutzrechtlichen Bestimmungen zu überprüfen. Dazu gehören: das Vorliegen einer Rechtsgrundlage, die Erfüllung von deren Tatbestandsvoraussetzungen, das Vorhandensein angemessener technischer und organisatorischer Maßnahmen zum Schutz der Daten, die Einhaltung von Mitbestimmungsrechten, das Vorliegen einer ausreichenden Dokumentation und das Treffen von Vorkehrungen zur Herstellung von Transparenz und zur Gewährleistung von Betroffenenrechten, z. B. das Erteilen von Auskünften nach Art. 15 DSGVO. Insbesondere sind die Risiken für die Betroffenen, die mit der Datenverarbeitung einhergehen, systematisch abzuschätzen und darzustellen. Darzustellen ist auch, welche Maßnahmen ergriffen werden, um die möglichen Risiken, in der Regel durch technische und organisatorische Maßnahmen, abzustellen oder abzumildern. Das Ergebnis ist zu dokumentieren.

4.2.2 Rollen-Berechtigungskonzept

Da die Verarbeitung personenbezogener Daten in einem Unternehmen kaum vermieden werden kann, bedarf es in IT-Systemen der Vergabe von Zugriffsrechten durch ein Berechtigungskonzept mit Rollenverteilung. Hierdurch wird sichergestellt, dass nur befugte Personen Zugriff auf personenbezogene Daten erhalten. Im Umkehrschluss wird dadurch auch der Zugriff unbefugter Personen verhindert.

Die rechtlichen Voraussetzungen hierfür ergeben sich einerseits aus dem Grundsatz der Integrität und Vertraulichkeit (Art. 5 Abs. 1 lit. f DSGVO), wonach eine angemessene Sicherheit für personenbezogene Daten geschaffen werden muss, um diese vor unbefugter oder unrechtmäßiger Verarbeitung zu schützen. Andererseits werden Verantwortliche und Auftragsverarbeiter explizit zum Treffen geeigneter technischer und organisatorischer Maßnahmen verpflichtet, um den Schutz personenbezogener Daten während der Datenverarbeitung zu gewährleisten (Art. 32 Abs. 1 lit. b DSGVO). Gleichzeitig werden hierdurch auch die Rechenschafts- und Nachweispflichten (Art. 5 Abs. 2 DSGVO) gewahrt.

Für den Aufbau eines Berechtigungskonzepts eignet sich die Bildung von Rollen und Identitäten. Dazu sind zunächst geeignete Rollen zu definieren, die aus den Nutzungsvorgängen und Prozessen abzuleiten sind. Diesen Rollen sind wiederum Rechte nach dem »Need-to-know«-Prinzip zuzuordnen: Die jeweilige Berechtigung muss erforderlich sein, um die mit der Rolle verbundene Aufgabe erfüllen zu können. Dabei sind insbesondere Lese- und Schreibberechtigungen zu unterscheiden.

Rollen und Berechtigungen sind für jedes betroffene IT-System in einem Rollen- und Berechtigungskonzept zu dokumentieren. Sie sind die Vorgabe (Soll-Definition) für die Umsetzung in dem jeweiligen IT-System und die Vorgabe für Audits. Die Erstellung des Rollen- und Berechtigungskonzepts liegt in der Verantwortung des Verarbeitungs-Verantwortlichen, der das IT-System nutzt. Die Freigabe erfolgt durch den Datenschutzbeauftragten.

Das Rollen- und Berechtigungskonzept muss die folgenden Regelungen und Festlegungen umfassen:

- Berechtigungsvergabe
  - Wer ist zuständig für die Wahl der für eine Rolle erforderlichen Berechtigungen?
  - Wer ist verantwortlich für den Entzug von einer Rolle zugewiesenen Berechtigungen?
  - Wer ist berechtigt, über abweichende Ausnahmeregelungen (zusätzliche Berechtigungen, die einer Person, nicht einer Rolle zugewiesen werden) zu entscheiden?
  - Wie lange sind Ausnahmeregelungen maximal gültig?
  - Wo werden Ausnahmeregelungen nachweisbar dokumentiert?
- Rollenzuordnung
  - Wer ist zuständig für die Zuweisung von Personen zu einer Rolle?
  - Wie und wo wird die Rollenzuweisung (mit Datum, Rolle, Person) dokumentiert?
  - Wer ist verantwortlich für die Änderung der Rollenzuweisung bei Änderung der Betriebszugehörigkeit oder der innerbetrieblichen Zuständigkeit?
  - In welchem Zeitraum erfolgt spätestens eine ggf. erforderliche Anpassung der Rollenzuweisung?

Rollen- und Berechtigungskonzepte sind für das betroffene IT-System bindend; alle Änderungen sind vom Datenschutzbeauftragten freizugeben. In den Freigabeprozess ist ggf. auch der Betriebsrat einzubinden.

Rollen- und Berechtigungskonzepte werden mindestens einmal jährlich durch den Verarbeitungsverantwortlichen auf fortgeltende Eignung überprüft.

4.2.3 Informationspflichten

Jeder Verantwortliche ist verpflichtet, für die Verarbeitung personenbezogener Daten geeignete Maßnahmen zu ergreifen, um die betroffenen Personen über die Verarbeitungen, deren Rahmen und Zwecke sowie über ihre Rechte zu informieren. Die diesbezüglichen Anforderungen an die Informationspflichten sind in den Art. 12, 13 und 14 DSGVO geregelt. Informationspflichten bestehen dabei regelmäßig gegenüber Websitebesuchern, Kunden, Lieferanten, Dienstleistern, Beschäftigten und Interessenten.

Der Umfang der Informationspflicht unterscheidet sich geringfügig danach, ob die personenbezogenen Daten direkt von dem Betroffenen erhoben werden (Art. 13 DSGVO) oder ob eine Erhebung über Dritte oder anderweitig bestehende gespeicherte Daten erfolgt (Art. 14 DSGVO). Die zu erteilenden Informationen umfassen dabei:

- den Namen und die Kontaktdaten des Verantwortlichen
- die Kontaktdaten des Datenschutzbeauftragten
- die Zwecke der Verarbeitung
- die Rechtsgrundlage der Verarbeitung
- das berechtigte Interesse im Falle von Art. 6 Abs. 1 S. 1 lit. f DSGVO
- die Empfänger (oder Kategorien von Empfängern)
- die beabsichtigte Drittlandübermittlungen sowie die zugehörigen Garantien und deren Einsehbarkeit
- die geplante Dauer der Verarbeitung
- die Betroffenenrechte (Auskunft, Berichtigung, Löschung, Einschränkung und ggf. Widerspruch)
- das Beschwerderecht
- die verarbeiteten Kategorien von Daten (sobald nicht bei dem Betroffenen direkt erhoben wird, Art. 14 DSGVO)
- die Herkunft dieser Daten (sobald nicht bei dem Betroffenen direkt erhoben wird, Art. 14 DSGVO)

Die jeweiligen Betroffeneninformationen können anhand einer Vorlage erstellt und erfasst werden. Als gesonderte Information ist die Datenschutzerklärung der Website erfasst. Die Pflege der Informationen ist eine kontinuierliche Aufgabe, da Verarbeitungsvorgänge regelmäßig Veränderungen unterliegen. Die Verarbeitungsverantwortlichen haben daher regelmäßig die ihnen zugeordneten Informationen zu überprüfen.

Neben den separaten Betroffeneninformationen können Verweise auf die Betroffeneninformationen oder gezielte Informationen zu einer bestimmten Verarbeitung Bestandteil von AGB (Allgemeinen Geschäftsbedingungen), Angebotstexten oder Nutzungshinweisen sein. Diese werden von den Verarbeitungsverantwortlichen in Verantwortung der jeweils zuständigen Unternehmensbereiche gepflegt und nicht im DSMS erfasst. Diesbezügliche Abstimmungen und Vorgänge können jedoch von den Datenschutzbeauftragten oder Datenschutzkoordinatoren unter den Datenschutzvorgängen erfasst werden.

4.2.4 Auftragsverarbeitung

Die Datenverarbeitung erfolgt heute zunehmend nicht mehr allein durch die verantwortliche Stelle. Vielfach werden Verarbeitungsprozesse an Dritte als Dienstleister ausgelagert. Innerhalb von Konzernen werden häufig Tochtergesellschaften mit der zentralen IT-Betreuung und -Bereitstellung, der Personalverwaltung, Buchhaltung, Marketingaktivitäten oder Logistik für die gesamte Konzerngruppe beauftragt. Der aktuelle Trend zur Auslagerung von IT Aufgaben wird durch die Public Cloud markiert. Eine solche Verlagerung von Infrastruktur bis hin zu Software-as-a-Service-Angeboten betrifft häufig auch die Verarbeitung personenbezogener Daten. Die Daten sollen aber bei ausgelagerter Verarbeitung genauso geschützt werden, wie dies bei der verantwortlichen Stelle gefordert ist.

Das Datenschutzrecht hat diesen Umstand durch die Regelung der Auftragsverarbeitung (ehemals in Deutschland unter dem Begriff der Auftragsdatenverarbeitung bekannt) in Art. 28 DSGVO geregelt. Dabei nimmt die Datenschutz Grundverordnung den Auftragsverarbeiter stärker in die Pflicht, als es noch beim früheren Bundesdatenschutzgesetz der Fall war. Eine Auftragsverarbeitung liegt vor, wenn der Auftragsverarbeiter im Auftrag des Verantwortlichen personenbezogene Daten verarbeitet und dabei weisungsgebunden ist. Auftragsverarbeitungen sind sowohl außerhalb des eigenen Unternehmens als auch zwischen den verschiedenen rechtlichen Einheiten eines Konzerns möglich. Dabei ist der Auftragsverarbeiter und Auftragnehmer unabhängig vom Auftraggeber und dessen Auftrag, Datenschutzpflichten zu erfüllen (bspw. eigenes Verarbeitungsverzeichnis, eigene Pflichten und Verantwortung bei der Unterbeauftragung). Bei der Auftragsverarbeitung bleibt der Auftraggeber Verantwortlicher für den gesamten Verarbeitungsprozess – auch für die beim Auftragnehmer verarbeiteten Daten. Voraussetzung hierfür ist, dass der Auftragnehmer die Daten nicht für eigene Zwecke verarbeitet und einer engen Weisungsbindung des Auftraggebers unterliegt. Die Rechte des Betroffenen, bspw. auf Auskunft, Berichtigung oder Löschung, richten sich weiter gegen den Auftraggeber und Verantwortlichen. Der Auftragsverarbeiter gilt nicht als Dritter, sondern als Teil der verantwortlichen Stelle (Art. 4 Nr. 10 DSGVO). Die Vorschriften zur Auftragsverarbeitung gelten nicht nur innerhalb der Europäischen Union, sondern bereits, wenn die Verarbeitung einen Zusammenhang mit Tätigkeiten einer Niederlassung in der Europäischen Union aufweist. Nach der in Deutschland vorherrschenden Auffassung benötigt die verantwortliche Stelle keine weitere Rechtsgrundlage, um die personenbezogenen Daten an den Auftragsverarbeiter weiterzugeben.

4.2.5 Auftragsverarbeitungsvertrag

Grundsätzlich hat die Verarbeitung durch den Auftragsverarbeiter gem. Art. 28 Abs. 3 DSGVO auf Grundlage eines Vertrags (sog. Auftragsverarbeitungsvertrag) oder eines anderen Rechtsinstruments zu erfolgen [...]. Darüber hinaus regelt Art. 28 Abs. 3 DSGVO die dafür erforderlichen Mindestvoraussetzungen. Enthalten sein müssen Gegenstand und Dauer, Art und Zweck der Verarbeitung, die Art der personenbezogenen Daten, die Kategorien betroffener Personen und die Pflichten und Rechte des Verantwortlichen. Dazu gehören unter anderem das Weisungsrecht des Auftraggebers, die Verpflichtung, bearbeitende Personen zur Vertraulichkeit zu verpflichten, die Umsetzung der Betroffenenrechte, Unterauftragsverhältnisse, Nachweis-, Kontroll- und Besichtigungsrechte des Auftraggebers und die Abwicklung bei Vertragsende (vgl. Art. 28 Abs. 3 S. 2 DSGVO). Gegenstand des Vertrags hat somit die Verpflichtung des Auftragverarbeiters zum Ergreifen angemessener technischer und organisatorischer Maßnahmen nach Art. 32 DSGVO zu sein (vgl. Art. 28 Abs. 1 DSGVO), genauso wie die vertragsgemäße Unterstützung des Verantwortlichen bei dessen Einhaltung der Verpflichtung zu Umsetzung technischer und organisatorischer Maßnahmen sowie zur Behandlung von Datenschutzvorfällen.

Der Anwendungsbereich der Auftragsverarbeitung schließt auch Unterauftragnehmer ein. Dabei handelt es sich üblicherweise um Subunternehmer des Auftragsverarbeiters. Der Unterschied zum Auftragsverarbeiter besteht darin, dass zwischen dem Verantwortlichen und dem Unterauftragnehmer kein Vertragsverhältnis besteht. Unter Dienstleistungen von Unterauftragnehmern fallen bspw. Fernwartungen und sämtliche Formen der Systembetreuung vor Ort. Auch wenn hierbei Daten nur beiläufig zur Kenntnis genommen und nicht aktiv verarbeitet werden, bestehen Gefährdungen und sind datenschutzrechtliche Schutzmaßnahmen umzusetzen.

Im Auftragsverarbeitungsvertrag sind für die Tätigkeiten vor Ort technische und organisatorische Maßnahmen zu vereinbaren, die für die Systeme in der Hand des Dienstleisters gelten, mit denen ein Zugriff erfolgt. Diese zu dokumentieren, ist eine eigenständige Verpflichtung aus Art. 5 Abs. 2 (Rechenschaftspflicht) und Art. 32 DSGVO. Um als Verantwortlicher seine DSGVO-Erfüllung bei der Auftragsverarbeitung nachweisen zu können, ist eine Aufnahme wesentlicher Maßnahmen in den Vertrag dennoch wie bislang zu empfehlen. Solche Vereinbarungen, bspw. zum Zugangs- und Zugriffsschutz, beziehen sich dann u. a. auf Notebooks oder Datenspeicher, die der Dienstleister für seine Arbeiten mitbringt. Selbstverständlich müssen auch von der verantwortlichen Stelle Sicherheitsmaßnahmen gegenüber den Wartungstechnikern ergriffen werden. Der Zugriff auf Bestände mit personenbezogenen Daten ist nach Möglichkeit zu entziehen oder mindestens nach dem Need-to-know-Prinzip zu begrenzen. Werden Remote-Zugriffe verwendet, ist festzulegen, mit welchen Systemen über welche Schnittstellen zugegriffen wird und wie der Transfer geschützt wird. Besondere Bedeutung hat die Kontrolle und Nachvollziehbarkeit der Remote-Zugriffe. Regelmäßig ist eine Freigabe durch den Auftraggeber pro Zugriff und eine möglichst revisionssichere Protokollierung der Tätigkeit, wenigstens aber eine Vereinbarung zur Dokumentation der Zugriffe zu fordern.

4.2.6 Grenzen der Auftragsverarbeitung

Eine Grenze findet die Anwendung der Auftragsverarbeitung, wenn Teile der Verarbeitung durch den Dienstleister für dessen eigene Interessen stattfinden, bspw. bei konzernweiten Auswertungen der von den Tochtergesellschaften weitergegebenen personenbezogenen Daten. In diesem Fall findet neben der Auftragsverarbeitung eine Übermittlung statt. Die Übermittlung darf aber nur erfolgen, wenn sie datenschutzrechtlich zulässig ist, bspw. als im Rahmen der Arbeitsaufgaben des betroffenen Mitarbeiters erforderliche Übermittlung. Kritisch ist eine Auftragsverarbeitung zu bewerten, wenn Träger von Berufsgeheimnissen dadurch geschützte Informationen Dritten offenbaren (§ 203 StGB). Hier hat sich die Rechtslage durch die Ergänzung des § 203 StGB in Absatz 3 und 4 ebenfalls im Jahr 2018 geändert. Existierte zuvor ein erhebliches Rechtsrisiko und wenigstens eine ausgeprägte Grauzone bei der Auslagerung, sind nun Voraussetzungen für die Beauftragung von Dienstleistern mit möglichem Einblick geregelt, und diese ist nun rechtskonform möglich. Der Dienstleister wird durch die Gesetzesänderung jedoch in die Strafbarkeit nach § 203 StGB mit einbezogen, das Zeugnisverweigerungsrecht und damit ebenfalls die Abwehr von Beschlagnahmungen von Daten werden auch auf ihn erstreckt.

4.2.7 Technische und organisatorische Maßnahmen (TOM)

Um den Anforderungen der Datenschutz-Grundverordnung zu entsprechen, haben verantwortliche Stellen und Auftragsverarbeiter für ihre Datenverarbeitungen gemäß Erwägungsgrund 78 der DSGVO erforderliche, geeignete technische und organisatorische Maßnahmen zum Schutz der Rechte und Freiheiten der Betroffenen zu treffen. Um Nachweispflichten nachzukommen, sollten interne Strategien festgelegt und Maßnahmen ergriffen werden, die insbesondere den Grundsätzen des Datenschutzes durch Technik (data protection by design) und durch datenschutzfreundliche Voreinstellungen (data protection by default) entsprechen. Zentrale Vorschrift ist Art. 32 DSGVO, der die individuelle Abwägung des Verantwortlichen und deren Nachvollziehbarkeit in den Vordergrund stellt. Unter dem Gesichtspunkt der Maßnahmen beschränkt sich die Datenschutz-Grundverordnung darauf, einige Maßnahmenarten und Mittel exemplarisch hervorzuheben. Dies betrifft die Pseudonymisierung und Verschlüsselung sowie den Verfügbarkeitsschutz im Sinne einer schnellen Wiederherstellbarkeit von Daten nach Zwischenfällen. Im Übrigen haben sich die Maßnahmen an der Sicherstellung von Vertraulichkeit, Integrität, Verfügbarkeit und Belastbarkeit der Verarbeitungssysteme und Dienste zu orientieren. Es wird also auf die klassischen Informationssicherheitsziele Bezug genommen.

Als Ergänzung fordert Art. 32 DSGVO ein Verfahren zur regelmäßigen Evaluierung der getroffenen Maßnahmen. Hinsichtlich der tatsächlich zu erfüllenden Anforderungen ist die Datenschutz-Grundverordnung damit deutlich weniger konkret gestaltet worden. Aus diesem Grund bietet sich weiterhin die Orientierung an den bisherigen Anforderungsinhalten an, die durch § 9 BDSG a. F. und seine Anlage etabliert wurden.

Es haben sich die folgenden Maßnahmen etabliert, welche die verantwortlichen Stellen und Auftragsverarbeiter ergreifen sollten:

- Zutrittskontrolle
- Zugangskontrolle
- Zugriffskontrolle
- Weitergabekontrolle
- Eingabekontrolle
- Auftragskontrolle
- Verfügbarkeitskontrolle
- Zweckbindung durch Datentrennung

Die **Zutrittskontrolle** soll Unbefugten den »physischen« Zutritt zu den Datenverarbeitungsanlagen verwehren. Da zu den Datenverarbeitungsanlagen nicht nur die Server des Unternehmens gehören, sondern auch die einzelnen Clients und Terminals, ist nicht nur für den Zutrittsschutz des Serverraums zu sorgen, sondern auch sicherzustellen, dass Rechnerarbeitsplätze innerhalb der verantwortlichen Stelle nicht durch Unbefugte erreicht werden können. Ein weiterer Aspekt der Zutrittskontrolle ist die Einblicksverhinderung, sodass Unbefugte oder Dritte Bildschirme von Rechnerarbeitsplätzen nicht beobachten können.

Die **Zugangskontrolle** soll die unbefugte Nutzung der Datenverarbeitungsanlagen verhindern. Im Rahmen der Zugangskontrolle ist der Zugang zu Arbeitsplatzrechnern, Mobilgeräten und Datenträgern an die Identifikation zugelassener Nutzer zu knüpfen. Teil der Sicherheitsanforderungen ist es, den Zugriff auf personenbezogene Daten auf denjenigen Personenkreis einer verantwortlichen Stelle zu beschränken, dessen Aufgaben den Zugriff erfordern. So muss bspw. in praktisch jeder verantwortlichen Stelle der Zugriff auf die Daten der Personalverwaltung so beschränkt werden, dass er nur den Mitarbeitern der Personalabteilung möglich ist.

Die **Zugriffskontrolle** dient dazu, Berechtigungen und Berechtigungsgrenzen zu definieren, umzusetzen und zu kontrollieren. Besonderes Augenmerk gebührt hierbei der Archivierung personenbezogener Daten, etwa zur Erfüllung von Aufbewahrungs- und Dokumentationspflichten, bspw. nach den Regeln der AO. Nach § 35 Abs. 3 BDSG sind diese Daten zu sperren, sobald sie für ihre anderen Verarbeitungszwecke nicht mehr erforderlich sind und nur noch aufbewahrt werden müssen. Die Sperrung bedeutet, dass die weitere Verwendung nur noch für solche Personen möglich sein darf, die Aufgaben mit Archivbeständen erfüllen, sie also z. B. steuerlich prüfen. Zur Zugriffskontrolle gehört auch der allgemeine Schutz vor unbefugtem Lesen, Kopieren, Ändern oder Entfernen der personenbezogenen Daten, also bspw. der Schutz vor Hackern.

Die **Weitergabekontrolle** hat zum einen den Schutz der Daten bei jeder Form des Datentransports vor unbefugten Zugriffen zu gewährleisten, sowohl intern als auch an Dritte oder Auftragnehmer. Zum anderen ist sicherzustellen, dass jederzeit geprüft werden kann, an welche Stellen Übermittlungen vorgesehen sind. Die Weitergabekontrolle ist nicht auf die automatisierte Datenverarbeitung beschränkt, sondern fordert auch den Schutz anderer Medien, bspw. Papierakten. Vor allem bezüglich des internen Austauschs personenbezogener Daten ergeben sich zwangsläufig Überschneidungen mit Zielen und Maßnahmen der Zugriffskontrolle, da hier lediglich der Ausgangspunkt unterschiedlich ist: Für die Zugriffskontrolle steht die Authentifizierung und Berechtigung im Vordergrund, für die Weitergabekontrolle der Schutz bei Transport und Übertragung.

Die **Eingabekontrolle** soll die Nachvollziehbarkeit der Eingabe, Veränderung oder Entfernung personenbezogener Daten in den Datenverarbeitungssystemen gewährleisten. Sie bedingt damit eine Protokollierung der Änderungen an personenbezogenen Daten. Diese Protokolleinträge enthalten in der Regel nicht nur personenbezogene Daten der Betroffenen, deren Daten geändert werden, sondern auch über die Benutzer, die Aktionen durchgeführt oder Ereignisse ausgelöst haben. Handelt es sich dabei um Beschäftigte einer verantwortlichen Stelle, sind solche Daten häufig zur Überwachung von Mitarbeitern oder zu Leistungskontrollen geeignet. Damit unterliegen die Aufzeichnungen der Mitbestimmung (§ 87 Abs. 1 BetrVG[7]). Gleichzeitig sind auch die einschlägigen Datenschutzvorschriften anzuwenden. Dies gilt insbesondere für den Grundsatz der Zweckbindung, Datenminimierung und Speicherbegrenzung. Für Protokolle ist daher in besonderem Maße Datensparsamkeit und eine kurzfristige Auswertung geboten. Die Kriterien der Auswertung ergeben sich aus den vor der Aufzeichnung bestimmten Zwecken. Aus den zulässigen Auswertungszielen ergeben sich der notwendige Umfang der Protokollierung, der Rhythmus der Auswertung und die Speicherdauer für Protokolldaten ohne Auffälligkeiten. Ein Aufzeichnen ohne solche Vorgaben ist in der Regel als Vorratsdatenspeicherung zu qualifizieren und nach BDSG nicht zulässig. Der Umfang der Protokolldaten muss auch verhältnismäßig zum Auswertungsziel sein. Daher ist eine umfassende Protokollierung oder eine lange Speicherdauer mit der Begründung, man wolle Unregelmäßigkeiten aufklären können, kritisch zu hinterfragen. In der Regel bietet es sich an, den Umfang der Protokollierung mit dem betrieblichen Datenschutzbeauftragten und der Beschäftigtenvertretung abzustimmen und zu dokumentieren.

Die **Auftragskontrolle** folgt als Pflicht direkt aus Art. 28 DSGVO. Dieser erfordert, dass die personenbezogenen Daten beim Auftragnehmer nur den Anweisungen entsprechend verarbeitet werden können. Es ist also sicherzustellen, dass die Weisungsbindung sowohl technisch als auch organisatorisch abgesichert ist.

Die **Verfügbarkeitskontrolle** beinhaltet die Forderung, eine angemessene Datensicherung sicherzustellen, um die Daten gegen zufällige Zerstörung oder Verlust zu schützen.

Ziele der **zweckorientierten Datentrennung** sind im Falle der Auftragsverarbeitung die Trennung von Daten verschiedener Auftraggeber bei einem Auftragnehmer. Nur dadurch können Weisungen jeweils unabhängig von den Weisungen anderer Auftraggeber umgesetzt werden. Außerdem müssen Einblicke der Auftraggeber in die jeweils anderen Datenbestände wirksam verhindert werden. Die Forderung ist ebenso auf die interne

7 Entsprechend in den jeweiligen Personalvertretungsgesetzen des Bundes und der Länder, siehe auch Abschnitt 3.7.4.

Verarbeitung anzuwenden. Sie fordert die Trennung von Daten verschiedener interner Verfahren, die unterschiedlichen Zwecken dienen und daher u. a. auch unterschiedlichen Berechtigungen unterliegen. Maßnahmen zu dieser Forderung sind gegebenenfalls auch beim Auftragnehmer zu realisieren.

Zusammengefasst bilden die Vorgaben des Anhangs zu § 9 BDSG a. F. die wohl am weitesten ins Detail gehende gesetzliche Regelung zu Informationssicherheitspflichten. Es handelt sich dabei aber nicht um eine abschließende Liste, mit der sämtlichen Pflichten Rechnung getragen wird. Spezifische Aspekte der Datenverarbeitung, bspw. besondere Risiken, können weitere Maßnahmen außerhalb des Katalogs erfordern. So könnten bspw. auf die Mitarbeiter gerichtete Sicherheitsmaßnahmen notwendig oder der Verzicht auf Auftragsverarbeitung angebracht sein. Die Forderungen im Anhang bestimmen auch keine tatsächlich zu ergreifenden Maßnahmen und deren Angemessenheit. Hierfür ist auf die gängigen technischen Standards oder Best-Practice-Lösungen der Informationssicherheit zurückzugreifen.

Neben den technischen und organisatorischen Maßnahmen hat die Meldung und Aufklärung von Datenschutzvorfällen durch Art. 33 DSGVO an Bedeutung gewonnen. Dieser regelt eine innerhalb von 72 Stunden zu erfüllende Meldepflicht an die Aufsichtsbehörde, soweit die Verletzung des Schutzes der personenbezogenen Daten ein hohes Risiko für den Betroffenen zur Folge hat. Zu melden sind eine Beschreibung des Ereignisses, insbesondere der betroffenen personenbezogenen Daten, die Zahl der Betroffenen und die der Datensätze. Die wahrscheinlichen Folgen sind darzustellen, ebenso die ergriffenen und vorgeschlagenen Maßnahmen zur Schadensbegrenzung. Durch die enge Meldefrist von 72 Stunden bleibt dem Verantwortlichen wenig Zeit zur Vorfallsanalyse, geregelte Melde- und Analyseprozesse sind hier praktisch zwingend erforderlich.

4.2.8 Gemeinsame Verantwortlichkeit

Die gemeinsame Verantwortlichkeit für die (Daten-)Verarbeitung ist die rechtliche Bezeichnung für »digitale Arbeitsteilung«, die keine Auftragsverarbeitung ist. Im Gegensatz zur Auftragsverarbeitung sind bei der gemeinsamen Verantwortlichkeit mindestens zwei oder mehr Verantwortliche für die Festlegung der Zwecke und Mittel der Verarbeitungstätigkeit zuständig (Art. 26 Abs. 1 S. 1, Art. 4 Abs. 7 DSGVO).

Hintergrund der Regelungen nach Art. 26 DSGVO ist, dass es für Betroffene und Aufsichtsbehörden auf einen Blick klar sein soll, wer Verantwortlicher ist. Sind nämlich mehrere Stellen gemeinsam für die Verarbeitung verantwortlich, müssen die Ausgestaltung und die Rechtsfolgen für die gemeinsame Verantwortlichkeit festgelegt sein.

Die beteiligten Verantwortlichen legen miteinander die Zwecke und Mittel der Verarbeitung fest und werden dadurch zu gemeinsam Verantwortlichen, sogenannten »joint controllers«. Ausreichend für die gemeinsame Verantwortlichkeit ist nicht, dass sie gemeinsam nur ein Mittel festlegen. Die beteiligten Verantwortlichen haben in einer Vereinbarung festzuhalten, welcher der an der Verarbeitungstätigkeit Beteiligten welchen Verpflichtungen aus der Datenschutz-Grundverordnung nachkommt; dies gilt insbesondere für die Wahrnehmung der Betroffenenrechte.

4.2.9 Drittstaatentransfer von personenbezogenen Daten

Besondere Probleme wirft die Beauftragung von Dienstleistern (Auftragsverarbeiter) außerhalb der Europäischen Union und außerhalb der Vertragsstaaten des Abkommens über den Europäischen Wirtschaftsraum auf. Der Auftraggeber oder der Verantwortliche einer Übermittlung hat hierbei ein angemessenes Datenschutzniveau sicherzustellen.

Es gibt verschiedene Möglichkeiten, das angemessene Datenschutzniveau durch den Datenexporteur sicherzustellen.

4.2.10 Angemessenheitsbeschluss (Art. 45 DSGVO)

Die einfachste Möglichkeit ist gegeben, wenn für den Drittstaat ein sog. Angemessenheitsbeschluss der Europäischen Kommission gem. Art. 45 DSGVO existiert.

Derzeit existieren Angemessenheitsbeschlüsse für die Übermittlung personenbezogener Daten in folgende Drittländer:

- Andorra
- Argentinien
- Kanada
- Färöerinseln
- Guernsey
- Israel
- Isle of Man
- Japan
- Jersey
- Neuseeland
- Republik Korea (Südkorea)
- Schweiz
- Uruguay
- Vereinigtes Königreich

4.2.11 Vorliegen geeigneter Garantien (Art. 46 DSGVO)

Datenübermittlungen in Drittstaaten sind auch dann zulässig, wenn der Verantwortliche oder der Auftragsverarbeiter für geeignete Garantien zur Gewährleistung des angemessenen Datenschutzniveaus gesorgt hat. Dafür kommen die folgenden Möglichkeiten in Betracht:

Verbindliche interne Datenschutzvorschriften, auch Binding Corporate Rules (BCR) genannt, gem. Art. 46 Abs. 2 lit. b, Art. 47 DSGVO, sind vor allem bei international agierenden Konzernen relevant, wenn innerhalb des Konzerns Drittstaaten-Übermittlungen stattfinden. Das Unternehmen legt die Regelungen für den Umgang mit personenbezogenen Daten selbst fest und gewährleistet durch diese Regeln ein Datenschutzniveau, das dem der Datenschutz-Grundverordnung entspricht. Der Mindestinhalt hierfür wird in Art. 47 Abs. 2 DSGVO festgelegt. Betroffene Personen müssen ihre Rechte gegenüber dem Verantwortlichen durchsetzen können. Die BCR werden in einem Kohärenzverfahren nach Art. 47 Abs. 1 DSGVO durch die zuständige Aufsichtsbehörde genehmigt, sodass nicht mehr die einzelnen Übermittlungen genehmigt werden müssen.

4.2.12 Standarddatenschutzklauseln der Kommission oder einer Aufsichtsbehörde

Bei den Standardvertragsklauseln (Art. 46 Abs. 2 lit. c und d DSGVO) handelt es sich um von der Europäischen Kommission verabschiedete Vertragsmuster. Durch die Verwendung dieser Vertragsklauseln zwischen dem Datenexporteur und dem Datenimporteur wird der europäische Datenschutzstandard vereinbart und sichergestellt. Diese Möglichkeit gab es auch schon vor dem Inkrafttreten der DSGVO, sie wurden jedoch durch das sog. Schrems-II-Urteil (Rechtssache C-311/18) des Europäischen Gerichtshofs vom 16.07.2020[8] ganz erheblich verschärft.

Exkurs: Das Schrems-II-Urteil

Mit dem Schrems-II-Urteil hat der Europäische Gerichtshof (EuGH) den Durchführungsbeschluss zum EU-US Privacy Shield am 16.07.2020 für unwirksam erklärt. Dies hatte zur Folge, dass Datenübermittlungen in die USA nicht mehr durch den Angemessenheitsbeschluss erfolgen konnten und folglich auf andere geeignete Garantien gestützt werden müssen. Hinsichtlich der Verwendung von Standardvertragsklauseln hatte der EuGH entschieden, dass dies zwar weiterhin möglich ist, der Verantwortliche aber zu prüfen hat, ob sichergestellt ist, dass im Drittstaat ein gleichwertiges (Daten-)Schutzniveau gewährleistet ist, damit die Rechte der betroffenen Personen ausreichend geschützt werden. Ist dies nicht der Fall, hat der Verantwortliche zu prüfen, welche zusätzlichen vertraglichen, technischen und organisatorischen Maßnahmen zu ergreifen sind, um ein »im Wesentlichen gleichwertiges Schutzniveau« sicherzustellen. Dabei muss jedoch sichergestellt sein, dass diese Maßnahmen nicht durch die Rechtsordnung des Drittstaates in ihrer Wirksamkeit beeinträchtigt werden. Führen die Schutzmaßnahmen nicht zum gewünschten Erfolg, hat der Datenexporteur von der Datenübermittlung Abstand zu nehmen.

Der Europäische Datenschutzausschuss hat mit den Empfehlungen 01/2020 (Version 2.0 vom 18.06.2021) eine Arbeitshilfe für Verantwortliche und Auftragsverarbeiter mit Beispielen für zusätzliche vertragliche, technische und organisatorische Maßnahmen veröffentlicht.

Im Juni 2021 hat die EU-Kommission dann neue Standardvertragsklauseln veröffentlicht,[9] welche die Rechtsprechung des EuGH berücksichtigen.

Diese modular aufgebauten Standardvertragsklauseln können in den folgenden Konstellationen eingesetzt werden:

- Verantwortlicher an Verantwortlichen
- Verantwortlicher an Auftragsverarbeiter
- Auftragsverarbeiter an (Unter-)Auftragsverarbeiter
- Rückübermittlung des Auftragsverarbeiters in der EU an einen Verantwortlichen im Drittland

8 *https://eur-lex.europa.eu/legal-content/DE/TXT/PDF/?uri=CELEX:62018CJ0311&from=DE.*

9 Durchführungsbeschluss (EU) 2021/914 der EU-Kommission v. 04.06.2021 – Az. C(2021) 3972, ABl. EU Nr. L 199/31 vom 07.06.2021.

Im Falle von Drittstaatentransfers deckt Klausel 14 die Anforderungen des EuGH aus dem Schrems-II-Urteil ab. Der Datenexporteur muss aber dennoch die Rechtslage und Rechtspraxis im Drittstaat prüfen und falls erforderlich zusätzliche Schutzmaßnahmen ergreifen.

Soweit die Standardvertragsklauseln unverändert übernommen werden, muss der Datenexporteur die Datenverarbeitung nicht mehr gesondert genehmigen lassen. Die Vertragspartner können die Standardvertragsklauseln auch in (eigene) umfangreichere Vertragswerke mitaufnehmen. Die weiteren Regelungen dürfen aber weder unmittelbar noch mittelbar im Widerspruch zu den Standardvertragsklauseln stehen und die Grundfreiheiten der Betroffenen nicht beschneiden. Unproblematisch ist es, wenn weitere Module hinzugefügt oder Ergänzungen oder Aktualisierung von Informationen in Anlagen vorgenommen werden. Für weitere Informationen zur Datenschutz-Folgenabschätzung siehe Abschnitt 4.2.1.

4.2.13 Löschregeln

Der Verantwortliche hat dafür Sorge zu tragen, dass die verarbeiteten Daten nach Erreichung des Zwecks gelöscht oder anderweitig vernichtet werden. Zu den rechtlichen Vorgaben für die Löschung und zum Vorgehen bei der Definition von Löschregeln siehe Kapitel 25. Die Umsetzung von Löschmaßnahmen führt Kapitel 24 zum technischen Löschen und Vernichten aus.

4.3 Datenschutz-Vorgänge

Die Datenschutz-Vorgänge beschreiben Abläufe und Verfahren des DSMS, die für die Einhaltung der datenschutzrechtlichen Vorschriften erforderlich sind.

4.3.1 Datenschutzverpflichtung

Grundsätzlich sind alle Beschäftigten einer verantwortlichen Stelle, die personenbezogene Daten verarbeiten, auf Vertraulichkeit zu verpflichten (Art. 28 Abs. 3 lit. b DSGVO). Dabei bleibt die Verpflichtung über die Dauer der Tätigkeit im Unternehmen hinaus bestehen. Wirken Beschäftigte an der Erbringung von Telekommunikationsdienstleistungen mit, sind sie zusätzlich auf das Telekommunikationsgeheimnis zu verpflichten.[10] Ein unterzeichnetes Exemplar der jeweiligen Verpflichtung ist in die jeweilige Personalakte aufzunehmen.

10 Vgl. hierzu Abschnitt 4.1.13.

4.3.2 Datenschutzschulung

Neu angestellte Beschäftigte sowie Auszubildende, in deren Aufgabenbereich die Verarbeitung personenbezogener Daten fällt, sollten vor Tätigkeitsbeginn von der Personalabteilung auf das Datengeheimnis verpflichtet werden. Die unterzeichnete Verpflichtungserklärung ist anschließend zur Dokumentation in die Personalakte zu übernehmen. Zudem sollte ihnen die im Unternehmen geltende Datenschutzrichtlinie sowie das Handout zur Datenschutzschulung als schriftliche Unterweisung ausgehändigt werden.

Innerhalb des ersten Jahres ihrer Tätigkeit sollten alle Mitarbeiterinnen und Mitarbeiter, die personenbezogene Daten verarbeiten, an einer Datenschutzschulung teilnehmen. Über eine Teilnahmeliste ist die Anwesenheit der Beschäftigten zu dokumentieren. Die Kenntnisse im Datenschutz sollten spätestens alle drei Jahre durch eine erneute Schulungsteilnahme aufgefrischt werden. Die Schulungen werden in der Regel vom Datenschutzbeauftragten (oder einem von ihm benannten Vertreter) durchgeführt und dokumentiert.

Die verwendeten Schulungsunterlagen und das zugehörige Handout sollten jährlich vom Datenschutzbeauftragten geprüft und erforderlichenfalls aktualisiert werden.

4.3.3 Betroffenenrechte

Die Datenschutz-Grundverordnung gewährt betroffenen Personen gegenüber der verantwortlichen Stelle bestimmte Rechte (sog. Betroffenenrechte). Hierunter fallen:

- Recht auf Auskunft (Art. 15 DSGVO)
- Recht auf Berichtigung (Art. 16 DSGVO)
- Recht auf Löschung (Art. 17 DSGVO)
- Recht auf Einschränkung (Art. 18 DSGVO)
- Recht auf Datenübertragbarkeit (Art. 20 DSGVO)
- Recht auf Widerspruch (Art. 21 DSGVO)
- Recht auf Widerruf der Einwilligung (Art. 7 Abs. 3 DSGVO)
- Recht, keiner automatisierten Entscheidung unterworfen zu werden (Art. 22 DSGVO)
- Beschwerderecht bei der Aufsichtsbehörde (Art. 77 DSGVO i. V. m. § 19 BDSG)

Falls die von den betroffenen Personen angegebenen Daten für eine zuverlässige Identifizierung unzureichend sind, kann die betroffene Stelle von den Betroffenen zusätzliche Nachweise einfordern, die eine Identifizierung ermöglichen. Dies sollte im Bedarfsfall vor der Beantwortung des entsprechenden Betroffenenersuchens geschehen. Können keine zusätzlichen Nachweise beschafft werden, sollte für die Auskunftserteilung nur eine bereits hinterlegte Adresse verwendet werden. Sofern betroffene Personen einen Antrag elektronisch stellen, ist dieser Form bei der Beantwortung ebenfalls zu entsprechen, sofern dies nicht anders gefordert wird. In Abhängigkeit vom Inhalt der Auskunftserteilung sollte dies jedoch nur nach vorheriger Abstimmung mit dem Betroffenen erfolgen, wenn die elektronische Kommunikation (bspw. E-Mail) nur eine eingeschränkte Kommunikationssicherheit garantieren kann. Für die Beantwortung von Betroffenenersuchen gelten die Fristen nach Art. 12 DSGVO, d. h., die Beantwortung erfolgt grundsätzlich unverzüglich, in jedem Fall aber innerhalb eines Monats nach Eingang. Falls eine mögliche Fristverlängerung von bis zu zwei weiteren Monaten beansprucht wird – z. B. aufgrund der Komplexität oder des Umfangs der Bearbeitung –, sind die betroffenen Personen darüber inkl. Begründung zu unterrichten.

In den folgenden Unterkapiteln werden die jeweiligen eingehenden Betroffenenrechte näher erläutert.

4.3.4 Auskunft

Bei Auskunftsersuchen ist zwischen Ersuchen der Betroffenen selbst und Ersuchen von Dritten wie bspw. von Familienmitgliedern, Ämtern und Ermittlungsbehörden zu unterscheiden.

4.3.5 Auskunftsersuchen von Betroffenen

Art. 15 DSGVO sieht ein zweistufiges Auskunftsrecht für den Betroffenen vor. Zuerst kann er von der verantwortlichen Stelle eine Bestätigung darüber verlangen, ob personenbezogene Daten zu seiner Person verarbeitet werden. Anschließend hat er das Recht auf Auskunft über diese Daten und diesbezüglich weiterführende Informationen. Zu den Daten sind nach Art. 15 Abs. 1 lit. a–h DSGVO der Zweck, die Datenkategorien, die Empfänger oder Empfänger-Kategorien, die Speicherdauer oder Kriterien zu ihrer Festlegung, die Rechte des Betroffenen (Berichtigung, Löschung, Einschränkung, Beschwerderecht bei einer Aufsichtsbehörde), bei Dritterhebung die Datenquelle sowie ggf. automatisierte Entscheidungsfindungen anzugeben. Werden Daten in Drittstaaten übermittelt, ist das von der Datenschutz-Grundverordnung geforderte Schutzniveau durch geeignete Garantien für einen gleichwertigen Datenschutz nach Art. 44 ff. DSGVO anzugeben. Vorhandene personenbezogene Daten sind als Kopie bereitzustellen. Bei elektronischen Anfragen erfolgt die Beantwortung auch elektronisch, außer der Betroffene wünscht einen anderen Kommunikationskanal. Wird eine große Datenmenge über den Betroffenen verarbeitet oder erstreckt sich die Datenverarbeitung über einen längeren Zeitraum, müssen nicht sämtliche Daten als Kopien bereitgestellt werden. Vielmehr kann die verantwortliche Stelle eine Präzisierung des Auskunftsersuchens verlangen. Eine Kopie der erteilten Auskunft ist grundsätzlich für zwei Jahre zu Nachweiszwecken aufzubewahren.

4.3.6 Auskunftsersuchen von Dritten sowie von Ämtern und Ermittlungsbehörden

Auskunftsersuchen von privaten Dritten (z. B. Familienangehörigen, Vermietern) dürfen nur beantwortet werden, wenn eine entsprechende Vollmacht des Betroffenen vorliegt. In diesem Fall werden Daten nach dem gleichen Verfahren zur Verfügung gestellt, wie wenn der Betroffene direkt anfragt.

Auskunftsersuchen von Ämtern zu einem Kunden oder Mitarbeiter bzw. dessen Daten dürfen nur nach schriftlicher Anfrage mit Angabe der Rechtsgrundlage für das Auskunftsersuchen beantwortet werden. Ist der Auskunftsanspruch berechtigt, werden die angefragten Daten zusammengestellt und per Brief oder durch verschlüsselte elektronische Kommunikationswege an die anfragende Stelle gesendet. Wird der Auskunftsanspruch als unberechtigt bewertet, wird dies dem Auskunftsersuchenden ebenfalls mitgeteilt.

Auskunftsersuchen der Polizei und der Staatsanwaltschaften können auf die allgemeine Ermittlungsbefugnis nach § 163 StPO und ggf. weitere speziellere Rechtsgrundlagen gestützt werden. Für den Verantwortlichen ergibt sich in diesem Fall die Übermittlungsbefugnis durch das Vorliegen einer rechtlichen Pflicht nach Art. 6 Abs. 1 lit. c DSGVO. In jedem Fall ist aber eine Begründung für das Vorliegen der Rechtsgrundlage zu verlangen und vor Erteilung der Auskunft auf das formelle Ausreichen zu prüfen. Liegt eine benannte Rechtsgrundlage samt plausibler Begründung für Polizei oder Staatsanwaltschaft vor, dann ist die Auskunft zu erteilen. Eine Ausnahme stellen Auskunftsgegenstände dar, die Berufsgeheimnissen wie bspw. der ärztlichen Schweigepflicht unterfallen (§ 203 StGB). In diesen Fällen kann eine Herausgabe nicht verlangt werden; sie bedürfen einer Schweigepflichtentbindung des Betroffenen. Die Entscheidung hat der Berufsgeheimnisträger zu treffen. Etwas anders liegt der Fall, wenn Polizei und Staatsanwaltschaft lediglich informell auf Grundlage ihrer allgemeinen Ermittlungsbefugnis Anfragen stellen, ohne einen Auskunftsanspruch zu haben. Für den Verantwortlichen besteht hier keine rechtliche Pflicht zur Herausgabe der Daten, sodass er eine Auskunft nur auf Grundlage des berechtigten Interesses eines Dritten nach Art. 6 Abs. 1 lit. f DSGVO erteilen kann. Da es sich in diesem Fall lediglich um ein informelles Ersuchen handelt, muss dieses nicht beantwortet werden. Unabhängig von der Entscheidung werden die Anfrage und Entscheidung immer dokumentiert.

Wird eine Anfrage an eine verantwortliche Stelle als Auftragsverarbeiterin gestellt, so ist der Verantwortliche umgehend über das Ersuchen zu informieren, es sei denn, die verantwortliche Stelle ist selbst Gegenstand der Ermittlungen.

4.3.7 Berichtigung

Gemäß Art. 16 DSGVO können Betroffene von der verantwortlichen Stelle verlangen, die dort verarbeiteten personenbezogenen Daten zu berichtigen, wenn sie unrichtig sind, oder unvollständige Daten zu ergänzen. Sofern eine Berichtigung nicht möglich ist, sind die unrichtigen Informationen zu löschen.

4.3.8 Löschung

Die Datenschutz-Grundverordnung sieht in Art. 17 DSGVO ein Recht auf Löschung für den Betroffenen vor. Der Anspruch auf Löschen kann geltend gemacht werden, wenn einer der in Art. 17 Abs. 1 lit a–f DSGVO genannten Gründe zutrifft:

1. Die personenbezogenen Daten sind für die Zwecke, für die sie erhoben oder auf sonstige Weise verarbeitet wurden, nicht mehr notwendig.
2. Die betroffene Person widerruft ihre Einwilligung, auf die sich die Verarbeitung gemäß Art. 6 Abs. 1 lit a oder Art. 9 Abs. 2 lit. a DSGVO stützte, und es fehlt an einer anderweitigen Rechtsgrundlage für die Verarbeitung.
3. Die betroffene Person legt gemäß Art. 21 Abs. 1 DSGVO Widerspruch gegen die Verarbeitung ein und es liegen keine vorrangigen berechtigten Gründe für die Verarbeitung vor oder die betroffene Person legt gemäß Art. 21 Abs. 2 DSGVO Widerspruch gegen die Verarbeitung ein.
4. Die personenbezogenen Daten wurden unrechtmäßig verarbeitet.

5. Die Löschung der personenbezogenen Daten ist zur Erfüllung einer rechtlichen Verpflichtung nach dem Unionsrecht oder dem Recht der Mitgliedstaaten erforderlich, dem der Verantwortliche unterliegt.
6. Die personenbezogenen Daten wurden in Bezug auf angebotene Dienste der Informationsgesellschaft gemäß Art. 8 Abs. 1 DSGVO erhoben.

Die verantwortliche Stelle kann jedoch die Löschung aus den in Art. 17 Abs. 3 lit. a–e DSGVO genannten fünf Gründen verweigern. Denn der Anspruch auf Löschung gem. Art. 17 Abs. 1 und Abs. 2 DSGVO gilt nicht, soweit die Verarbeitung erforderlich ist

- zur Ausübung des Rechts auf freie Meinungsäußerung und Information;
- zur Erfüllung einer rechtlichen Verpflichtung, die die Verarbeitung nach dem EU-Recht, dem die verantwortliche Stelle unterliegt, oder zur Wahrnehmung einer Aufgabe, die im öffentlichen Interesse liegt, oder in Ausübung öffentlicher Gewalt, die der verantwortlichen Stelle übertragen wurde;
- aus Gründen des öffentlichen Interesses im Bereich der öffentlichen Gesundheit gemäß Art. 9 Abs. 2 lit. h und i sowie Art. 9 Abs. 3 DSGVO;
- für im öffentlichen Interesse liegende Archivzwecke, wissenschaftliche oder historische Forschungszwecke oder für statistische Zwecke gemäß Art. 39 Abs. 1 DSGVO, soweit das in Abs. 1 genannte Recht voraussichtlich die Verwirklichung der Ziele dieser Verarbeitung unmöglich macht oder ernsthaft beeinträchtigt, oder
- zur Geltendmachung, Ausübung oder Verteidigung von Rechtsansprüchen.

Hat die verantwortliche Stelle die Daten an Dritte weitergegeben, so hat sie die Empfänger über den geltend gemachten Löschanspruch zu informieren, damit auch diese der Pflicht zur Löschung der Daten nachkommen können.

4.3.9 Einschränkung

Nach Art. 18 DSGVO hat die betroffene Person das Recht, von der verantwortlichen Stelle die Einschränkung der Verarbeitung ihrer personenbezogenen Daten zu verlangen, sofern einer der folgenden vier Gründe zutrifft:

- Die Datenrichtigkeit wird von der betroffenen Person bestritten, die Daten werden so lange gesperrt, bis deren Richtigkeit überprüft werden konnte.
- Die Verarbeitung ist unrechtmäßig erfolgt, jedoch lehnt die betroffene Person eine Löschung ab und fordert stattdessen die Sperrung der Daten.
- Die verantwortliche Stelle benötigt die Daten nicht mehr, jedoch benötigt die betroffene Person diese zur Geltendmachung, Ausübung oder Verteidigung von Rechtsansprüchen.
- Die betroffene Person legt Widerspruch nach Art. 21 DSGVO ein und es ist noch nicht festgestellt, ob die berechtigten Gründe von der verantwortlichen Stelle gegenüber denen der betroffenen Person überwiegen.

Die verantwortliche Stelle unterrichtet die betroffene Person, bevor die Einschränkung aufgehoben wird.

4.3.10 Datenübertragung

Das Recht des Betroffenen auf Datenübertragbarkeit ergibt sich aus Art. 20 DSGVO. Es besteht bei Vorliegen einer der drei Rechtsgrundlagen für die Verarbeitung, der Einwilligung, bei Vertrag oder bei automatisierten Verfahrungen zur Verarbeitung. Es müssen sämtliche vom Betroffenen selbst für einen Dienst bei der verantwortlichen Stelle bereitgestellten personenbezogenen Daten übertragen werden. In der Regel sind damit die sog. Stammdaten erfasst. Hinzukommen können nach Ausgestaltung des Einzelfalls noch Bestelldaten oder auch Inhaltsdaten bei Cloud-Diensten sowie ggfs. indirekt bereitgestellte Daten, sog. beobachtete Daten, also z. B. Playlists, Werte von (Fitness-)Trackern, Suchlauf, Verkehrsdaten, Standortdaten. Also alle Daten, die wissentlich und willentlich mit bewusstem Zutun der betroffenen Person verarbeitet werden.

Nicht übertragen werden müssen aus Rückschlüssen erzeugte und abgeleitete Daten sowie die Daten Dritter, sog. Drittdaten.

Die Übertragung muss in einem strukturierten, gängigen, maschinenlesbaren Format erfolgen, z. B. CSV, XML, HTML, ODF. Wie für alle anderen Betroffenenrechte gilt auch hier, dass die verantwortliche Stelle keinen Entgeltanspruch gegenüber dem Betroffenen hat, wenn dieser seine Rechte ausübt (Art. 12 Abs. 5 S. 1 DSGVO).

4.3.11 Widerspruch

Betroffene besitzen auch ein Widerspruchsrecht (Art. 21 DSGVO) hinsichtlich der Verarbeitung ihrer personenbezogenen Daten auf der Rechtsgrundlage nach Art. 6 Abs. 1 lit. e DSGVO (Wahrnehmung einer öffentlichen Aufgabe) und lit. f DSGVO (berechtigte Interessen des Verantwortlichen). Dies bedeutet, dass der Betroffene einer solchen Verarbeitung seiner personenbezogenen Daten jederzeit widersprechen kann und der Verantwortliche diese Daten dann nicht bzw. nicht mehr verarbeiten darf.

Ausnahme hiervon ist, dass der Verantwortliche zwingende schutzwürdige Gründe geltend machen kann, die gegenüber dem Interesse der betroffenen Person überwiegen. Bei der vorzunehmenden Interessenabwägung hat der Verantwortliche auch immer die konkrete Situation der betroffenen Person zu berücksichtigen.

4.3.12 Datenschutzvorfälle

Gemäß Art. 33 DSGVO sind Vorfälle, bei denen es zu einer Verletzung des Schutzes personenbezogener Daten gekommen ist, binnen 72 Stunden unverzüglich nach Bekanntwerden von der verantwortlichen Stelle an die zuständige Aufsichtsbehörde zu melden, es sei denn, die Verletzung führt voraussichtlich nicht zu einem Risiko für die Rechte und Freiheiten der betroffenen Personen. Die Meldung muss eine Beschreibung der Art der Verletzung, der ungefähren Zahl der Betroffenen, die Kontaktdaten des DSB, eine Beschreibung der wahrscheinlichen Folgen und der von der verantwortlichen Stelle ergriffenen Maßnahmen zur Behebung der Verletzung bzw. zur Minderung der nachteiligen Auswirkungen umfassen.

Sofern bei einer Verletzung des Schutzes personenbezogener Daten für den Betroffenen voraussichtlich ein hohes Risiko für seine persönlichen Rechte und Freiheiten entsteht, benachrichtigt der Verantwortliche den Betroffenen unverzüglich von der eingetretenen Verletzung. Eine Benachrichtigung kann entfallen, wenn eine der Bedingungen nach Art. 34 Abs. 3 DSGVO erfüllt ist:

- Es wurden durch den Verantwortlichen geeignete technische und organisatorische Sicherheitsvorkehrungen getroffen, die auf die Verletzung angewendet wurden (insbes. das Unzugänglichmachen, etwa durch Verschlüsselung).
- Der Verantwortliche hat durch nachfolgende Maßnahmen sichergestellt, dass das hohe Risiko für die betroffene Person nach Art. 34 Abs. 1 DSGVO nicht mehr besteht.
- Sie wäre mit einem unverhältnismäßigen Aufwand verbunden. In diesem Fall hat eine öffentliche Bekanntmachung oder vergleichbare Maßnahme zu erfolgen, um der Benachrichtigung nachzukommen.

Nach erfolgter Risikobetrachtung mit Entscheid »hohes Risiko« und, sofern kein Grund zur Nicht-Benachrichtigung nach Art. 34 Abs. 3 DSGVO vorliegt, erfolgt die Benachrichtigung des Betroffenen. Die hier abrufbare Vorlage beinhaltet ein Schreiben nach Art. 34 Abs. 2 DSGVO.

Die folgenden Seiten enthalten die Dokumentation aller erfassten (und ggf. an die Aufsichtsbehörde gemeldeten) Datenschutzvorfälle sowie die zugehörige Kommunikation mit der Aufsichtsbehörde.

4.3.13 Whistleblower-Richtlinie

Nach den Vorgaben der EU-Kommission hätte durch den deutschen Gesetzgeber die sog. Whistleblower-Richtlinie[11] zum 17.12.2021 in deutsches Recht umgesetzt werden müssen. Anders als EU-Verordnungen, die unmittelbar anwendbar sind, müssen EU-Richtlinien in der Regel durch einen Rechtssetzungsakt der nationalen Gesetzgeber in nationales Gesetz umgesetzt werden. Hier konnten sich die im Bundestag vertretenen Parteien nicht auf ein Gesetz zur Umsetzung einigen, was dazu führte, dass die Richtlinie schlicht nicht umgesetzt wurde[12].

Gemäß der EU-Richtlinie werden Personen geschützt, die Verstöße gegen das Unionsrecht in bestimmten Bereichen melden. Dafür müss(t)en die Arbeitgeber, d. h. die Unternehmen oder öffentliche Stellen, soweit sie durch die Richtlinie erfasst werden, Meldewege einrichten, sodass die in der Richtlinie genannten Missstände durch Mitarbeiter gemeldet werden können. Kernelement der Regelungen soll die Schaffung eines antidiskriminierungsrechtlichen Schutzsystems für hinweisgebende und weitere Personen werden, die auch anonyme Meldungen ermöglichen. Dabei soll es sowohl (Unternehmens-) interne als auch staatliche, d. h. externe Meldestellen geben, die die Meldungen dann vertraulich

11 Richtlinie (EU) 2019/1937 vom 23.10.2019 zum Schutz von Personen, die Verstöße gegen das Unionsrecht melden.

12 Die Pflicht zur konkreten Umsetzung der EU-Richtlinie besteht bereits jetzt für Arbeitgeber des öffentlichen Dienstes, allerdings betrifft diese Umsetzungspflicht nur die Regelungen, die hinreichend konkret (bestimmt) sind, sodass sie auch tatsächlich umgesetzt werden können, vgl. dazu Näheres bei Dr. Simon Gerdemann, NVwZ 2021, 1721 – Unmittelbar bevorstehende Pflichten zur Einrichtung verwaltungsinterner Whistleblowing-Stellen.

entgegennehmen und angemessene Folgemaßnahmen einleiten. Dabei darf allerdings nicht derjenige außer Acht gelassen werden, der durch eine Meldung betroffen ist, d. h., Meldungen müssen gutgläubig erfolgen. Der Hinweisgebende muss nach Art. 6 Abs. 1 lit. a der Richtlinie hinreichend Grund zur Annahme gehabt haben, dass die gemeldeten Informationen über die Verstöße zum Zeitpunkt der Meldung der Wahrheit entsprochen haben und dass die Informationen auch in den sachlichen Anwendungsbereich der Richtlinie fielen. Dadurch sollen Whistleblower einerseits geschützt, aber andererseits auch die Interessen der betroffenen Personen zum Ausgleich gebracht werden. Hier spielt dann der Datenschutz eine Rolle, nämlich wenn es um die Mitteilung der personenbezogenen Daten der Betroffenen einerseits und andererseits um die Mitteilung personenbezogener Daten von Hinweisgebenden geht, die die Betroffenen fordern könnten, um sich gegen möglicherweise falsche oder böswillige Beschuldigungen, d. h. missbräuchliche Meldungen zur Wehr zu setzen. Dabei hat der Gesetzgeber mit Art. 23 Abs. 1 und 2 DSGVO einen Rahmen erhalten, innerhalb dessen er sich bewegen kann, um dafür Sorge zu tragen, dass die Ziele der Whistleblower-Richtlinie angemessen umgesetzt werden, damit der Schutz der Whistleblower einerseits nicht durch die Ausübung von Informations- und Auskunftsansprüchen gem. Art. 12 ff. DSGVO unterlaufen wird, andererseits aber Betroffenen nicht die Möglichkeit genommen wird, sich gegen falsche Behauptungen zu wehren.

4.3.14 Benennung des Datenschutzbeauftragten

Die Datenschutz-Grundverordnung sieht die Benennung eines Datenschutzbeauftragten vor. Nach Art. 37 Abs. 1 lit. b und c DSGVO muss für nicht öffentliche Stellen ein Datenschutzbeauftragter benannt werden, wenn die Kerntätigkeit des Unternehmens in

- der Durchführung von Verarbeitungen besteht, die eine umfangreiche regelmäßige und systematische Überwachung von Betroffenen erfordern oder
- einer umfangreichen Verarbeitung besonderer personenbezogener Daten oder von personenbezogenen Daten über strafrechtliche Verurteilungen bzw. Straftaten besteht.

Darüber hinaus besteht eine Öffnungsklausel in Art. 37 Abs. 54 DSGVO, in denen die Mitgliedstaaten die Möglichkeit haben, die Ausgestaltung der Benennung zu ergänzen. Der deutsche Gesetzgeber hat hiervon mit § 38 BDSG Gebrauch gemacht. Demnach ist die Benennung eines Datenschutzbeauftragten erforderlich, wenn

- i. d. R. mindestens zehn Personen ständig mit der automatisierten Verarbeitung personenbezogener Daten beschäftigt sind und
- unabhängig von der Anzahl mit der Verarbeitung personenbezogener Daten beschäftigter Mitarbeiter
    - Verarbeitungen vorgenommen werden, die einer Datenschutz-Folgenabschätzung unterliegen oder
    - personenbezogene Daten geschäftsmäßig zum Zweck der Übermittlung, der anonymisierten Übermittlung oder für Zwecke der Markt- und Meinungsforschung verarbeitet werden.

Die Schriftlichkeit der Benennung ist nach der Datenschutz-Grundverordnung nicht gefordert; sie dient allerdings der Erfüllung der Nachweispflichten nach Art. 24 DSGVO.

Der Datenschutzbeauftragte hat die Aufgabe, die Rechtskonformität der im Unternehmen stattfindenden Verwendung personenbezogener Daten zu überwachen. Er berät die Geschäftsführung in Datenschutzfragen, sensibilisiert die Beschäftigten in Datenschutzfragen und wirkt bei der datenschutzkonformen, datensparsamen Gestaltung neuer Verfahren der automatisierten Datenverarbeitung mit. Der Datenschutzbeauftragte ist in seiner Tätigkeit weisungsfrei und zur Verschwiegenheit verpflichtet (Art. 37 ff. DSGVO, §§ 5 f., 38 BDSG). Er ist dem Leiter der verantwortlichen Stelle unmittelbar zu unterstellen und genießt dank §§ 38 Abs. 2, 6 Abs. 4 BDSG nach deutschem Recht auch weiterhin Kündigungsschutz.

Die Pflicht zur schriftlichen Bestellung des Datenschutzbeauftragten knüpft in Deutschland für nicht öffentliche Stellen nach wie vor an die Beschäftigtenzahl an. Die Pflicht besteht, sobald mindestens zehn Personen ständig mit der automatisierten Verarbeitung personenbezogener Daten befasst sind oder sobald eine verantwortliche Stelle personenbezogene Daten in einer besondere Risiken für die Betroffenen begründenden Art und Weise verarbeitet.

Damit der Datenschutzbeauftragte seine Aufgaben wahrnehmen kann, muss die verantwortliche Stelle ihn ausreichend mit Ressourcen ausstatten. Sie muss ihm ein Verzeichnis der Verfahren zur Verfügung stellen, in denen personenbezogene Daten verwendet werden. Der Datenschutzbeauftragte muss derart in die Prozesse der Stelle eingebunden sein, dass er geeignet auf die Einhaltung von Datenschutzvorschriften hinwirken kann. Beispielsweise muss er dazu rechtzeitig in Prozesse zur Systementwicklung eingebunden werden. Sinnvoll ist in der Regel auch, dass der Datenschutzbeauftragte an der Beantwortung von Auskunftsersuchen beteiligt wird.

Während der Informationssicherheitsbeauftragte lediglich in verschiedenen Standards, vgl. hierzu Kapitel 7 zum IT-Grundschutz, Erwähnung findet, hat der betriebliche Datenschutzbeauftragte mit Art. 37 ff. DSGVO eine gesetzliche Arbeitsgrundlage. Zwischen dem betrieblichen Datenschutzbeauftragten und dem Informationssicherheitsbeauftragten kann Personalunion bestehen,[13] vorausgesetzt die Gestaltung der Funktionen bedingt nicht, dass der Betreffende in einer der beiden Funktionen seine eigene Tätigkeit in der jeweils anderen Funktion zu überwachen hat. Wie im weiteren Verlauf des Kapitels gezeigt wird, bestehen aber durchaus Zielkonflikte zwischen Maßnahmen für Datenschutz und Informationssicherheit. Daher scheint eine Rollentrennung grundsätzlich geboten.

4.3.15 Audits

Die Durchführung von Audits soll die Umsetzung der datenschutzrechtlichen Vorgaben und die Wirksamkeit und Effizienz von Datenschutzmanagementsystemen (DSMS) sicherstellen. Dabei ermittelt der Auditor den Ist-Zustand und vergleicht diesen mit dem zuvor definierten Soll-Zustand. Der Soll-Zustand kann sich dabei sowohl aus gesetzlichen Vorgaben wie der Datenschutz-Grundverordnung ableiten oder direkt aus dem Gesetz resultieren. Werden nach der Durchführung des Audits Abweichungen des Ist-Zustands vom Soll-Zustand festgestellt, so kann der Auditor Abhilfemaßnahmen vorschlagen.

13 LArbG Hamm, Beschluss v. 8.4.2011, 13 TaBV 92/10 (DuD 2011, 737).

Auch bei der Einführung bzw. dem Aufbau eines DSMS muss der Ist-Zustand des Datenschutzes in einem Unternehmen, praktisch als Bestandsaufnahme, evaluiert werden. Hierdurch kann sich der Verantwortliche den notwendigen Überblick über stattfindende Datenverarbeitungen verschaffen und geschaffene Datenschutzkonzepte zur Umsetzung bringen.

In der Datenschutz-Grundverordnung findet sich dieser Ansatz allerdings nicht unmittelbar wieder, sondern ergibt sich aus der Rechenschaftspflicht nach Art. 5 Abs. 2 DSGVO. Der Verantwortliche hat die Einhaltung der Datenschutz-Grundsätze gem. Art. 5 Abs. 1 DSGVO nachzuweisen. Auch an anderen Stellen in der DSGVO finden sich noch Nachweispflichten, insbesondere bei der Erfüllung von Datenschutzsicherheitsmaßnahmen.

4.3.16 Kontinuierliche Umsetzungsverpflichtung der Sicherheit der Verarbeitung

Mit den Anforderungen aus Art. 32 DSGVO zur Sicherheit der Verarbeitung ergibt sich eine kontinuierliche Umsetzungsverpflichtung der Sicherheit der Verarbeitung, d. h. der regelmäßigen Überprüfung, Bewertung und Evaluierung der Wirksamkeit der technischen und organisatorischen Maßnahmen zur Gewährleistung dieser. Zur Überprüfung der technischen und organisatorischen Maßnahmen gehört auch der Nachweis für die Compliance des Verantwortlichen im Sinne von Art. 24 Abs. 3 DSGVO und des Auftragsverarbeiters gemäß Art. 28 Abs. 5 DSGVO. Verantwortliche und Auftragsverarbeiter müssen dafür Sorge tragen, dass das angemessene Sicherheitsniveau ständig gewährleistet wird. Hierzu sind Verfahren zu etablieren, die dies sicherstellen. Dabei bestehen sehr starke Überschneidungen zu den Informationssicherheitsmanagementsystemen.

Es gibt in der Datenschutz-Grundverordnung keine vorgegebenen Zeitintervalle, nach denen Audits durchzuführen sind. Es muss jedoch sichergestellt sein, dass der Nachweis (Art. 5 Abs. 2 DSGVO) der Erfüllung des Art. 32 DSGVO gelingt. Folglich bestimmen sich die Häufigkeit und der Detaillierungsgrad der Überprüfung nach der Höhe des Risikos und der Höhe des angemessenen Schutzniveaus.

4.3.17 Datenschutzaudit

Bei einem Datenschutzaudit handelt es sich um eine freiwillige Analyse und Prüfung bzgl. der Einhaltung des Datenschutzes innerhalb eines Unternehmens. Prüfungsgegenstand können dabei das Datenschutzmanagementsystem (DSMS), die datenverarbeitenden Vorgänge, interne Richtlinien, Betriebsvereinbarungen und Verträge darstellen. Das Audit dient als Grundlage für die Schaffung und Entwicklung langfristiger Datenschutzstrategien. Es kann sowohl zur Verbesserung des Datenschutzmanagements als auch bestehender Betriebsabläufe beitragen.

Vorgaben, wie Datenschutz-Audits abzulaufen haben, macht die Datenschutz-Grundverordnung nicht. Es ist Sache des Verantwortlichen, seiner Rechenschaftspflicht nachzukommen, bspw. durch interne oder externe Audits. Das Datenschutzaudit kann deshalb sowohl intern als auch extern stattfinden, d. h., der Verantwortliche kann auch einen externen Auditor beauftragen, ein Datenschutzaudit durchzuführen. Im Bereich der Informationssicherheit sind solche Audits längst etabliert, weshalb es naheliegt, sich hier an diesen etablierten Mechanismen zu orientieren, vgl. hierzu Kapitel 3 zu Informationssicherheit und rechtliche Anforderungen.

Bei internen Audits bietet es sich an, dass der Datenschutzbeauftragte die Rolle des Auditors übernimmt, da er in gewissem Maße über die notwendige Unabhängigkeit und das notwendige Fachwissen verfügt.

4.3.18 Self Assessment

In Abgrenzung zu den internen Audits sind sog. Self Assessments Überprüfungen, die die jeweiligen Fachabteilungen selbst durchführen.[14] Die Fachabteilungen prüfen die im vorigen Abschnitt genannten Datenschutzgrundsätze anhand von Fragebögen oder Checklisten, die ihnen bspw. durch das Datenschutzmanagementsystem bei der Einführung neuer Verarbeitungen zur Verfügung gestellt werden. Sie geben anschließend eine Selbsteinschätzung und Selbsterklärung ab, bei der sie beurteilen, ob die betroffene Datenverarbeitung den für das Unternehmen festgelegten Datenschutzkonzepten und den Ansprüchen der DSGVO genügt. Unerlässlich dafür ist, dass die Mitarbeitenden eines Unternehmens gut über die Datenschutzgrundsätze informiert und regelmäßig geschult und sensibilisiert werden. Der Erfolg oder Misserfolg und damit auch das Datenschutzniveau sind davon in hohem Maße abhängig, weshalb es sinnvoll ist, solche Self Assessments mindestens durch interne Audits stichprobenhaft zu überprüfen. Zu beachten ist ferner, dass auch bei Self Assessments eine gute Dokumentation notwendig ist, damit der Verantwortliche seiner Rechenschaftspflicht aus Art. 5 Abs. 2 DSGVO gerecht wird.

4.3.19 Zertifizierung

Die Datenschutz-Grundverordnung sieht in Art. 42 DSGVO die Einführung von datenschutzspezifischen Zertifizierungsverfahren vor, die dazu dienen nachzuweisen, dass die Datenschutz-Grundverordnung bei Verarbeitungsvorgängen von Verantwortlichen oder Auftragsverarbeitern eingehalten wird. Die Zertifizierung kann gem. Art. 43 Abs. 5 DSGVO ausschließlich durch eine akkreditierte Zertifizierungsstelle oder durch eine Datenschutz-Aufsichtsbehörde durchgeführt werden. Zwar werden die Zertifizierungen durch Dritte erbracht, dies befreit gem. Art. 42 Abs. 5 DSGVO den Verantwortlichen allerdings nicht von der Verantwortung für die Einhaltung der Datenschutz-Grundverordnung. Die Zertifizierung muss dabei gem. Art. 42 Abs. 3 DSGVO freiwillig und über ein transparentes Verfahren zugänglich sein.

Mit Zertifizierungen gemäß Art. 42 DSGVO können Nachweise über die Einhaltung der DSGVO in folgenden Bereichen erbracht werden:

- Erfüllung der Pflichten des Verantwortlichen gem. Art. 24 Abs. 3 DSGVO
- Erfüllung der Anforderungen an Technikgestaltung und Datenschutz-freundliche Voreinstellungen gem. Art. 25 Abs. 1 und 2 DSGVO
- Garantien des Auftragsverarbeiters nach Art. 28 DSGVO

14 Ein umfangreiches Beispiel für ein Self Assessment findet sich unter: *https://dsat.ch*, zuletzt abgerufen am 18.01.2024.

- Sicherheit der Verarbeitung i.S.v. Art. 32 Abs. 3 DSGVO
- Datenübermittlung an ein Drittland nach Art. 46 Abs. 2 lit. f DSGVO
- Datenschutz-Folgenabschätzung, vgl. Erwägungsgrund 90

Zwar sind mit der Datenschutz-Grundverordnung die Regelungen zur Akkreditierung und Zertifizierung in Kraft getreten, doch noch fehlt es an Akkreditierungen von Zertifizierungsstellen in Europa. Inzwischen wurden aber die notwendigen Voraussetzungen beim Europäischen Datenschutzausschuss geschaffen, sodass erste Verfahren zur Genehmigung von Kriterienkatalogen als Voraussetzung für Akkreditierungen gestartet wurden. Dabei leitet das Unabhängige Landeszentrum für Datenschutz Schleswig-Holstein (ULD) den Arbeitskreis Zertifizierung der Konferenz der unabhängigen Datenschutzaufsichtsbehörden des Bundes und der Länder (DSK). Während die Aufsichtsbehörden die Genehmigung von Kriterienkatalogen vornehmen, betreibt die Deutsche Akkreditierungsstelle GmbH (DAkkS) das eigentliche Akkreditierungsverfahren in Kooperation mit den Datenschutzaufsichtsbehörden.[15]

4.4 Gesetz über digitale Dienste

Das Gesetz über digitale Dienste, engl. Digital Services Act (DSA) wurde am 27. Oktober 2022 bekannt gegeben und ist seit dem 17.02.2023 vollständig anwendbar. Es bildet zusammen mit dem Gesetz über digitale Märkte ein umfassendes Regulierungspaket für Vermittlungsdienste (Art. 3 lit. g DSA).

Das Gesetz über digitale Dienste ergänzt und aktualisiert Teile der inzwischen 20 Jahre alten E-Commerce-Richtlinie. Ziel dieser Verordnung ist es, gem. Art. 1 Abs. 1 DSA einheitliche horizontale Regeln zu Sorgfaltspflichten und Haftungsausschlüssen für Vermittlungsdienste (wie etwa Online-Plattformen) zu schaffen und damit zu einem sicheren, vorhersehbaren und vertrauenswürdigen Online-Umfeld und einem reibungslosen Funktionieren des EU-Binnenmarkts für Vermittlungsdienste beizutragen. Damit ist der Datenschutz nicht das zentrale Thema des Gesetzes über digitale Dienste, dennoch wird das Schutzniveau von Betroffenen verbessert.

So stellt die Verordnung bestimmte Anforderungen an Online-Plattformen. Dazu gehören Gestaltungsanforderungen an sog. Online-Schnittstellen, die nicht so zu konzipieren, organisieren oder betreiben sind, dass Nutzer getäuscht, manipuliert oder anderweitig in ihrer Fähigkeit, freie und informierte Entscheidungen zu treffen, maßgeblich beeinträchtigt oder behindert werden (sog. Dark Pattern). Art. 25 Abs. 1 DSA. Art. 2 lit. m DSA legaldefiniert die Online-Schnittstelle als Software, darunter auch Websites oder Teile davon (bspw. Cookie-Banner) sowie Anwendungen einschließlich Mobile-Apps. Abs. 3 nennt beispielhaft drei Praktiken, in denen die Voraussetzungen des Abs. 1 vorliegen können. Der Anwendungsbereich des Art. 25 Abs. 1 DSA ist jedoch nach Abs. 2 beschränkt, da die UPG-Richtlinie und die DSGVO vorrangig anzuwenden sind.[16]

---

15 Kapitel 9 des Tätigkeitsberichts 2022 des Unabhängigen Landeszentrums für Datenschutz Schleswig-Holstein.

16 Vgl. hierzu Abschnitt 4.6.7 zu Nudging und Dark Pattern.

4.5 Sicherheit der Verarbeitung zur Gewährleistung der Informationssicherheit

Aus dem Datenschutzrecht resultieren verschiedene Pflichten zur Gewährleistung von Informationssicherheit bezüglich personenbezogener Daten. Sicherheitsmaßnahmen sind grundsätzlich zu treffen, damit die Grundsätze der Zweckbindung, der Integrität und Vertraulichkeit sowie der Transparenz umgesetzt werden: Wären Daten nicht gegen die Verwendung durch Unberechtigte geschützt, könnten sie für beliebige Zwecke und damit unrechtmäßig verwendet werden. Außerdem könnte die verantwortliche Stelle nicht mehr nachvollziehen, wofür die Daten verwendet werden, und damit dem Betroffenen auch nicht mehr korrekt Auskunft erteilen.

Eine direkte gesetzliche Pflicht, die erforderlichen technischen und organisatorischen Maßnahmen zu treffen, um eine gesetzeskonforme Datenverwendung sicherzustellen, ergibt sich aus Art. 24 Abs. 1 und 32 DSGVO. Ergänzend ist mit Art. 25 DSGVO dem Datenschutz durch Technikgestaltung und durch datenschutzfreundliche Voreinstellungen noch die Verpflichtung hinzugetreten, nachvollziehbar bereits bei der Gestaltung und Planung von Verarbeitungen Risikofolgen abzuschätzen und zur Umsetzung der Datenschutz-Grundverordnung geeignete technische und organisatorische Maßnahmen zu ergreifen.

Zu ergreifen sind die jeweiligen Maßnahmen allerdings nur, wenn ihr Aufwand in einem angemessenen Verhältnis zu dem angestrebten Schutzzweck steht. Anhaltspunkte zur Angemessenheit von Maßnahmen können die technischen Standards zur Informationssicherheit geben. Der Verhältnismäßigkeitsvorbehalt bedeutet zudem nicht, dass die verantwortliche Stelle auf die Maßnahmen bei geringem Schutzbedarf gänzlich verzichten kann: Unter Vorbehalt steht vorrangig das »Wie« der Maßnahmen, nicht das »Ob«. Auf der anderen Seite ist der Maßstab des Art. 32 DSGVO die Berücksichtigung der generellen Verarbeitungszwecke und -umstände, des Verarbeitungsumfangs und der unterschiedlichen Eintrittswahrscheinlichkeit sowie der Schwere des Risikos für die Betroffenen. Auch hier gilt, dass die Vorschrift zusammen mit der Rechenschaftspflicht zu lesen ist. Somit hat der Verantwortliche sich dokumentiert mit den möglichen Risiken seiner Datenverarbeitung für die Betroffenen und einer Einschätzung des Schutzbedarfs auseinanderzusetzen. Die Vorgängerregelung des § 9 BDSG zu technischen und organisatorischen Maßnahmen ist nicht mehr in Kraft. Für die Praxis spielt sie dennoch bezüglich der Darstellung und der inhaltlichen Anforderungen an die Maßnahmen eine Rolle. Die zugehörige Anlage führte acht Anforderungen (Kontrollen) an die interne Organisation auf. Wie oben dargestellt bilden diese nach wie vor für die Praxis ein Grundgerüst für die Darstellung der technischen und organisatorischen Maßnahmen. Dies gilt vor allem für die im Rahmen der Auftragsverarbeitung erforderliche Darstellung der getroffenen Maßnahmen oder für die nach Art. 30 Abs. 1 lit. g DSGVO erforderliche Darstellung der technischen und organisatorischen Maßnahmen im Rahmen des Verzeichnisses der Verarbeitungstätigkeiten. Ein solches Verzeichnis über die einzelnen Verarbeitungsverfahren haben Unternehmen über einer Mitarbeiterschwelle von 250 Beschäftigten zu führen. Es ist jedoch darüber hinaus sinnvoll, ein solches Verzeichnis auch mit Blick auf die Rechenschaftspflicht und den Nachweis der Rechtmäßigkeitsprüfung der einzelnen Verarbeitungen zu führen.

4.5.1 Durchsetzung von Informationssicherheit im Datenschutzrecht

Zur Durchsetzung der im Datenschutzrecht geforderten angemessenen Informationssicherheit hat der Gesetzgeber mit der Datenschutz-Grundverordnung eine Reihe von Druckmitteln und Sanktionen vorgesehen.

Die Verletzung der Pflicht zu technischen und organisatorischen Maßnahmen ist ebenso erfasst wie eine unzureichende Berücksichtigung der Gestaltungsmöglichkeiten im Einführungsstadium der Verarbeitung. Auch eine mangelnde Datenschutzdokumentation stellt einen Bußgeldtatbestand dar, ebenso wie das Versäumnis, einen Vorfall zu melden.

Die Sanktionshöhe ist durch die Datenschutz-Grundverordnung erheblich verschärft. Im Gegensatz zu 50.000 Euro Bußgeldrahmen des BDSG a. F. für einfache Verstöße und 300.000 Euro für schwere Verstöße setzt die Datenschutz-Grundverordnung in Art. 83 DSGVO Rahmen von 10.000.000 Euro oder 2 % des weltweit erzielten Jahresumsatzes für Verstöße an, für schwere Verstöße erfolgt nochmals eine Verdoppelung, d. h. 4 % des weltweit erzielten Jahresumsatzes oder 20.000.000 Euro.[17]

Eine unbefugte Offenbarung oder Übermittlung, etwa durch unzureichende Schutzmaßnahmen, fällt ebenso unter die zweite Kategorie wie die Nicht-Befolgung von Anweisungen der Aufsichtsbehörde.

Art. 84 DSGVO gibt den Mitgliedstaaten zudem vor, auch nicht bußgeldbewehrte Verstöße innerstaatlich mit wirksamen, verhältnismäßigen und abschreckenden Sanktionen zu belegen. Hierunter fällt etwa der Straftatbestand des § 42 BDSG, der Freiheitsstrafen bis zu drei Jahren bei unbefugten Übermittlungen oder anderweitigen gewerbsmäßigen unbefugten Offenlegungen und bis zu zwei Jahren bei dem Erschleichen von Daten oder unberechtigter Verarbeitung gegen Entgelt vorsieht.

Die Aufsichtsbehörden haben außerdem die Möglichkeit, **Vor-Ort-Kontrollen** der verantwortlichen Stellen vorzunehmen und Anordnungen zur Beseitigung festgestellter Verstöße oder von Mängeln bei den technischen und organisatorischen Maßnahmen zu erlassen (Art. 58 DSGVO). Werden die Anordnungen nicht in angemessener Zeit befolgt, kann die Aufsichtsbehörde den Betrieb der mängelbehafteten Verfahren untersagen und z. B. IT-Anwendungen stilllegen lassen.

Dem Betroffenen steht zudem ein eigener **Schadensersatzanspruch** zu, falls ihm Schäden aus einer unzulässigen Datenverwendung entstehen, die auf einer Sorgfaltspflichtverletzung der verantwortlichen Stelle beruht (Art. 82 DSGVO).

17 Diese Höchststrafen werden auch verhängt, wie bspw. durch verschiedene europäische Aufsichtsbehörden gegen das amerikanische KI-Unternehmen CLEARVIEW AI, vgl. die Entscheidung der französischen Aufsichtsbehörde CNIL vom 20. Oktober 2022 auffindbar unter: *https://www.cnil.fr/en/facial-recognition-20-million-euros-penalty-against-clearview-ai.*

4.6 Telemedien-Datenschutzrecht

Die im Telemediengesetz geregelten datenschutzrechtlichen Vorschriften zu Telemedien wurden in das Telekommunikations-Telemedien-Datenschutz-Gesetz überführt. Zu den Telemedien zählt ein Großteil der Angebote im Internet, z. B. Web-Auftritte von Organisationen und Privaten, Web-Shops, Online-Auktionshäuser, Suchmaschinen, Web-E-Mail-Dienste, Informationsdienste (Wetter, Verkehrshinweise usw.), Chatrooms und soziale Netzwerke. Abzugrenzen sind die Telemedien zu den Telekommunikationsdiensten (s. Abschnitt 4.7).

Aufgrund der unterschiedlichen Gesetzgebungskompetenzen hatten Bund und Länder den weder technisch noch inhaltlich oder funktional eindeutig zu trennenden Regelungsbereich der Multimediadienste 1997 in »Teledienste« und »Mediendienste« unterteilt. Für Teledienste galt das Teledienstegesetz (TDG) des Bundes und für Mediendienste der Mediendienste-Staatsvertrag (MDStV) der Länder. Seit dem 01.03.2007 sind beide Gesetze aufgehoben und durch das Telemediengesetz (TMG) und den neuen Abschnitt VI des Rundfunkstaatsvertrags (RStV) ersetzt worden. Im Telemediengesetz regelt nun der Bund die wirtschaftsbezogenen Aspekte der Telemedien, während im Rundfunkstaatsvertrag die Länder inhaltsbezogene Vorgaben für presse- und rundfunknahe Telemedien regeln. Die datenschutzrechtlichen Regelungen finden sich seit dem 01.12.2022 im Telekommunikations-Telemedien-Datenschutz-Gesetz (TTDSG).

Das Telemediengesetz definiert in § 1 Abs. 1 TTDSG »Telemedien« als Restgröße. Erfasst sind alle Informations- und Kommunikationsdienste, die nicht Telekommunikation (überwiegende Signalübertragung) oder Rundfunk sind. »Informations- und Kommunikationsdienste« ist damit der Oberbegriff für alle Dienste, die elektronisch Text-, Bild- oder Toninhalte anbieten. Unter »Rundfunk« nach § 2 RStV versteht man dagegen alle für die Allgemeinheit bestimmten Veranstaltungen und Verbreitungen von Darbietungen aller Art unter Benutzungen elektromagnetischer Schwingungen ohne Verbindungsleitung oder längs oder mittels eines Leiters. Hierzu sollen neben dem herkömmlichen Rundfunk unter anderem auch Live-Streaming und Web-Casting gehören. Dagegen sollen Tele- und Radiotext sowie Teleshopping und Video-on-Demand Telemedien sein. Da das Telemedienrecht einen bedeutenden Teil der Informations- und Kommunikationstechnik regelt, liegt ein Einfluss auch auf Fragen des Datenschutzrechts in diesem Bereich nahe und wurde vom Gesetzgeber durch die Schaffung des TTDSG als solcher auch erkannt.

Im TTDSG geregelt sind daneben aber auch die Regelungen des Datenschutzes und der Privatsphäre in der Telekommunikation, die früher im TKG geregelt waren.

4.6.1 Telekommunikations-Telemedien-Datenschutz-Gesetz (TTDSG)

Anfang Dezember 2021 löste das Telekommunikations-Telemedien-Datenschutz-Gesetz (TTDSG) die datenschutzrechtlichen Vorschriften aus Telekommunikations- (TKG) und Telemediengesetz (TMG) ab und setzt damit die EU-Kodex-Richtlinie um.

So brachte das Telekommunikations-Telemedien-Datenschutz-Gesetz Änderungen im Bereich der Einwilligungen beim Speichern und dem Zugriff auf Informationen in der Endeinrichtung des Endnutzers. Daneben sieht das TTDSG auch den Einsatz von sog. Personal-Information-Management-Systemen (PIMS) vor, um den Endnutzern mehr

Kontrolle über ihre Daten zu geben. Mit Hilfe von PIMS lässt sich einstellen, welche Daten mit wem geteilt werden oder eben nicht. Daneben enthält das TTDSG aber auch noch weniger beachtete Regelungen für den Bereich der Telekommunikation, die zur Folge haben, dass reine Videokonferenzdienste nunmehr als Telekommunikation gelten.[18] Dies führt dazu, dass für diese Dienste keine Auftragsverarbeitungsverträge mehr abgeschlossen werden müssen.

4.6.2 Grundlagen zum Telemedien-Datenschutzrecht

Die Regelungen zum speziellen Telemediendatenschutzrecht finden sich in Teil 3 des Telekommunikations-Telemedien-Datenschutz-Gesetzes. Hier finden sich Regelungen zu technischen und organisatorischen Vorkehrungen sowie Regelungen zur Verarbeitung von Daten zum Zweck des Jugendschutzes und zur Auskunftserteilung. Grundsätzlich gelten aber in diesem Bereich die Regelungen der Datenschutz-Grundverordnung.

Wie im allgemeinen Datenschutzrecht stellt das TTDSG die Erhebung, Verarbeitung und Nutzung von personenbezogenen Daten für Telemedien unter einen Erlaubnisvorbehalt. Nach § 25 TTDSG sind diese Tätigkeiten nur zulässig, wenn der Nutzer eingewilligt hat oder eine Rechtsvorschrift sie ausdrücklich erlaubt.

Die zulässig erhobenen Daten unterliegen einer strengen Zweckbindung und dürfen nur für die Umsetzung des Angebots von Telemedien verwendet werden.

§ 21 TTDSG regelt, in welchen Fällen und für wen ein Auskunftsanspruch gegenüber dem Anbieter von Telemedien für Bestandsdaten besteht, der Anspruch löst den aus § 14 TMG a. F. ab. In § 23 TTDSG wird der Anbieter von geschäftsmäßigen Telemediendiensten unter besonderen Voraussetzungen verpflichtet, bei Erfüllung der Voraussetzungen Informationen, Passwörter oder Zugangsdaten für Webseiten an Strafverfolgungsbehörden und die Polizei weiterzugeben. § 24 TTDSG regelt den Auskunftsanspruch für Nutzungsdaten, zu denen auch die IP-Adresse als personenbezogenes Datum gehört. Dieser Auskunftsanspruch wurde durch die Reform auf die in § 24 Abs. 3 TTDSG genannten Behörden beschränkt, sodass die betroffene Person hier keinen eigenen Anspruch aus dem Telemedienrecht gegenüber den Anbietern von Telemedien mehr hat.

Für eigene Informationen sind Anbieter voll verantwortlich. Für fremde Informationen, die sie nur in einem Kommunikationsnetz übermitteln oder zu denen sie nur den Zugang zur Nutzung vermitteln, tragen sie keine Verantwortung. Sie tragen auch keine Verantwortung, wenn sie Informationen nur automatisch und zeitlich begrenzt zwischenspeichern und die Informationen unverzüglich entfernen oder sperren, sobald sie erfahren, dass sie am Ursprungsort entfernt oder gesperrt wurden. Gleiches gilt bei einer gerichtlichen Anordnung. Soweit Anbieter fremde Informationen für einen Nutzer speichern, trifft sie keine Mitverantwortung, wenn sie keine Kenntnis vom rechtswidrigen Inhalt dieser Informationen haben oder sie nach Kenntniserlangung die Informationen unverzüglich sperren oder entfernen. Die Anbieter sind nach dem TTDSG nicht verpflichtet, die Informationen zu überwachen oder nach Umständen zu forschen, die auf eine rechtswidrige Tätigkeit hinweisen, derartige Pflichten richten sich für die Betreiber sozialer Netzwerke nach dem Netzwerkdurchsetzungsgesetz.

18 Siehe dazu Schellhas-Mende/Wiedemann/Blum, Videokonferenzsysteme als Telekommunikationsdienst in DuD 2022, Seite 291 ff.

Diese Verantwortungsregeln sind auch für die Verantwortlichen nach der Datenschutz-Grundverordnung relevant, vor allem wenn ein Unternehmen ein Gästenetz für den Internetzugang betreibt. Nach der Verantwortung bestimmt sich die rechtliche Erforderlichkeit von Filter- und Kontrollmaßnahmen, um Eingriffe in das Recht auf informationelle Selbstbestimmung zu verhindern.

Nur für Telemedien mit journalistisch-redaktionell gestalteten Angeboten, in denen vollständig oder teilweise Inhalte periodischer Druckerzeugnisse in Text oder Bild wiedergegeben werden, und für Anbieter von vergleichbaren Telemedien sind zusätzlich zu den Vorgaben des TMG die inhaltsbezogenen Anforderungen der §§ 55 ff. RStV zu beachten.

4.6.3 Anforderungen an Datenschutz im Telemedienrecht

Das TTDSG fördert Konzepte zum Selbst- und System-Datenschutz. Diese sind vor allem in § 19 TTDSG umgesetzt. Danach hat der Anbieter durch technische und organisatorische Vorkehrungen sicherzustellen, dass die Datenschutzanforderungen umgesetzt werden: Der Nutzer muss die Nutzung des Diensts jederzeit beenden können. Die Protokollierung des Nutzerverhaltens ist nur sehr eingeschränkt erlaubt, denn Daten über den Ablauf des Zugriffs und Nutzungsdaten müssen unmittelbar nach Beendigung des Diensts gelöscht bzw. gesperrt werden. Das Telekommunikations-Telemedien-Datenschutz-Gesetz schreibt dem Anbieter zudem vor, dass er die Daten des Nutzers vor der Kenntnisnahme durch Dritte zu schützen hat. Diese Vorschrift lässt einen breiten Interpretationsspielraum und ist gleichzeitig eine sehr weit reichende Verpflichtung für den Anbieter von Telemedien, den Schutz der Privatsphäre zu gewährleisten. Der Anbieter ist für die Sicherheit des Dienstes verantwortlich. Für die Ausgestaltung trifft das Telekommunikations-Telemedien-Datenschutz-Gesetz keine konkreten Vorgaben. Erwartet wird, dass die Sicherheitsmaßnahmen dem aktuellen Stand der Technik entsprechen. Außerdem sollten sich die Anbieter bei der Verwendung personenbezogener Daten an den technischen und organisatorischen Maßnahmen gemäß Art. 32 DSGVO orientieren.

Ein Ziel des Telekommunikations-Telemedien-Datenschutz-Gesetzes ist es, die anonyme oder pseudonyme Nutzung des Internets zu ermöglichen. Dies ist z. B. sinnvoll, weil zwischen Anbietern und Nutzern von Telemedien oftmals kein Vertragsverhältnis entsteht, z. B. beim einfachen Besuch einer Webseite. In vielen Fällen ist die Identifikation des Surfers deshalb nicht erforderlich. Dem Prinzip der Datenvermeidung und Datensparsamkeit gem. Art. 5 Abs. 1 lit. c und e DSGVO folgend, dürfen Anbieter keine oder nur möglichst wenige Daten erheben. Der Anbieter hat nach § 19 Abs. 2 TTDSG den Nutzern die Inanspruchnahme und Bezahlung von Telemedien anonym oder unter Pseudonym zu ermöglichen.[19] Nutzungsprofile sind nach § 25 TTDSG nur bei Vorliegen einer wirksam erteilten Einwilligung zulässig. Sie dürfen ohne Einwilligung nicht mit Daten des Trägers des Pseudonyms zusammengeführt werden.

Die Anbieter sollen durch technische und organisatorische Maßnahmen im Rahmen der wirtschaftlichen Zumutbarkeit sicherstellen, dass keine unerlaubten Zugriffe auf die für die Telemediendienste genutzten technischen Einrichtungen möglich sind (§ 19 Abs. 4

19 Zur Klarnamenpflicht bei sozialen Netzwerken vgl. BGH, Urteil vom 27.1.2022 – III ZR 3/21 Klarnamenpflicht bei Facebook.

TTDSG). Die Schutzpflicht soll sich insbesondere auch auf Störungen durch äußere Angriffe beziehen. Maßstab der Maßnahmen ist erneut der Stand der Technik, eine gesetzlich erwähnte Maßnahme ist die Verwendung eines als sicher anerkannten Verschlüsselungsverfahrens.

4.6.4 Durchsetzung von Datenschutz im Telemedienrecht

Telemedien sind im Rahmen der Gesetze zulassungs- und anmeldefrei. Eine Prüfung der technischen Umsetzung oder der Erfüllung der gesetzlichen Anforderungen findet daher nicht statt.

Im Falle einer unrechtmäßiger Kenntniserlangung von Bestands- oder Nutzungsdaten trifft den Diensteanbieter eine Informationspflicht nach den Regelungen der Datenschutz-Grundverordnung: Wenn schwerwiegende Beeinträchtigungen für die Rechte oder schutzwürdigen Interessen des betroffenen Nutzers drohen, hat der Diensteanbieter dies unverzüglich der zuständigen Aufsichtsbehörde sowie den Betroffenen mitzuteilen (Art. 33, 34 DSGVO). Konkret bedeutet dies, dass z. B. der Betreiber einer »gehackten« Webseite, auf der personenbezogene Daten erhoben werden, sich nicht nur um die Behebung der Sicherheitslücke kümmern muss – er muss vielmehr auch für die Information der Betroffenen sorgen.

Da es sich bei vielen Regelungen des Telekommunikations-Telemedien-Datenschutz-Gesetzes um Ausprägungen des Datenschutzrechts handelt, überwacht der oder die Bundesbeauftragte für den Datenschutz und die Informationsfreiheit als Aufsichtsbehörde die Einhaltung der Vorschriften des TTDSG. Verstöße können damit auch zu entsprechenden Bußgeldern führen.

Strittig ist derzeit, inwiefern Verstöße gegen Datenschutz- und Telemedienrecht als Verstöße gegen Wettbewerbsrecht, also das Gesetz gegen den unlauteren Wettbewerb (UWG) anzusehen sind. Bei Art. 13 DSGVO handelt es sich nach überwiegend vertretener Auffassung um eine gesetzliche Vorschrift im Sinne von § 3a UWG, die auch dazu bestimmt ist, im Interesse der Marktteilnehmer das Marktverhalten zu regeln. Indem der Verstoß gegen Art. 13 DSGVO geeignet ist, vor allem die Interessen von Verbrauchern und Mitbewerbern spürbar zu beeinträchtigen, wird der Tatbestand des Rechtsbruchs gemäß § 3a UWG erfüllt. Folglich können derartige Verstöße auch wettbewerbsrechtlich abgemahnt werden. Die aufgrund von § 3a UWG unlautere geschäftliche Handlung ist unzulässig (§ 3 Abs. 1 UWG) und begründet einen Anspruch auf Unterlassung gemäß § 8 Abs. 1 S. 1 UWG. Wenn Gerichte dies so sehen, dann können bspw. Mitbewerber durch Abmahnungen auf die Einhaltung von Vorgaben der Datenschutz-Grundverordnung bzw. TTDSG hinwirken.

Aus Berlin und Hamburg gibt es OLG-Entscheidungen zu der Frage, ob mangelhafte Datenschutzbestimmungen, die sich auf einer Website befinden (noch zu § 13 Abs. 1 TMG a. F.), abmahnfähig sind. Das OLG Hamburg sieht in seiner Entscheidung (Urteil vom 27.06.2013 – 3 U 26/12) einen Wettbewerbsbezug des § 13 Abs. 1 TMG. Das Berliner Kammergericht vertritt dagegen die Auffassung (Urteil vom 29.04.2011 – 5 W 88/11, CR 2011, 468), dass ein Wettbewerbsbezug allenfalls in Betracht kommt, wenn die Gefahr unerwünschter Werbung besteht – was sich nur selten aus Mängeln von Datenschutzbestimmungen ergeben dürfte.[20] Am BGH ist ein Verfahren anhängig, in dem es um die Abmahn- und Klagebefugnis von Wettbewerbern wegen Verstößen gegen die Datenschutz-Grundverordnung geht (BGH Aktenzeichen I ZR 222/19 u. BGH Aktenzeichen I ZR 223/19), das im Januar 2023 entschieden werden sollte, aber bis zur Entscheidung des EuGH in der Rechtssache C-21/23 ausgesetzt ist.

4.6.5 Cookie-Banner

Auf heutigen Webseiten sind Consent Layer (dt. Einverständniserklärung), auch als sog. Cookie-Banner bekannt, allgegenwärtig. Für eine datenschutzgerechte Datenverarbeitung muss, wenn auf der Endeinrichtung des Endnutzers Informationen gespeichert oder darauf zugegriffen werden sollen, mittels Cookie-Banner darüber informiert werden, welche Informationen das sind, wer sie nutzt, für welchen Zweck sie genutzt werden und wie lange die Informationen verarbeitet bzw. gespeichert werden. Das Wort »Cookies« umfasst in diesem Zusammenhang nicht nur die klassischen kleinen Textdateien, sondern auch andere neuere Technologien, mittels derer Informationen über den Endnutzer gesammelt und verarbeitet werden. Eine Ausnahme gibt es für Informationen, deren alleiniger Zweck die Speicherung von in der Endeinrichtung des Endnutzers oder der Zugriff auf bereits in der Endeinrichtung des Endnutzers gespeicherte Informationen oder die Durchführung der Übertragung einer Nachricht über ein öffentliches Telekommunikationsnetz ist, oder wenn die Speicherung von Informationen in der Endeinrichtung des Endnutzers oder der Zugriff auf bereits in der Endeinrichtung des Endnutzers gespeicherte Informationen unbedingt erforderlich ist, damit der Anbieter eines Telemediendienstes dem Nutzer den von diesem gewünschten Dienst zur Verfügung stellen kann (Art. 25 Abs. 2 TTDSG). Verwendet der Anbieter ohnehin nur solche »technisch notwendigen« Cookies, dann benötigt er keinen Cookie-Banner. Cookie-Banner gibt es in zwei Formen. Es gibt zum einen die klassischen Banner, die zum Teil recht unscheinbar sind und eine Nutzung der Webseite zulassen, ohne dass eine weitere Handlung erforderlich ist. Hier ist darauf zu achten, dass keine Cookies gesetzt werden dürfen, ohne dass eine Einwilligung vorliegt. Zum anderen gibt es sogenannte Cookie-Walls, die eine Entscheidung des Nutzers erzwingen, weil die Webseite ohne eine Entscheidung des Nutzers nicht betrachtet werden kann. Dies ist inzwischen insbesondere bei den Anbietern redaktioneller Inhalte auf werbefinanzierten Webseiten gang und gäbe. Der Nutzer muss sich hier entscheiden, ob er für die vom Anbieter gelieferten Inhalte mit seinen Daten »bezahlt« oder ob er die Datennutzung durch eine Geldzahlung für die Inhalte vermeidet. Hier gab es hinsichtlich der Zulässigkeit EU-übergreifende Diskussionen.[21] Problematisch ist insbesondere die Frage der Freiwilligkeit der erteilten Einwilligung, welche häufig in Zweifel gezogen werden kann. Andererseits wurde durch neue EU-Vorschriften zum Verbraucherschutz auch in Deutschland die Form des »Bezahlens mit Daten« Anfang 2022 eingeführt, was für einen Cookie-Wall sprechen könnte. Dies setzt aber voraus, dass es sich um einen angemessenen Preis handelt. Hier bleibt abzuwarten, was dann zukünftig als angemessen betrachtet wird, sei es bei der Menge der verarbeiteten Daten, sei es bei dem alternativ zu bezahlenden Preis in Euro.

---

20 Zum aktuellen Stand der Rechtsprechung vgl. Schreiber/Schirmbacher: UWG-Abmahnung wegen Verstößen gegen die DSGVO? Zum Stand der Dinge in GRUR-Prax 2021, 435.

21 Vgl. dazu Taeger/Gabel/Ettig, 4. Aufl. 2022, TTDSG § 25 Rn. 31–33.

4.6.6 Einwilligung nach § 25 TTDSG/Art. 6 Abs. 1 lit. a DSGVO

Gem. § 25 Abs. 1 TTDSG muss eine Einwilligung des Nutzers eingeholt werden, wenn nicht der Ausnahmetatbestand des Abs. 2 greift. In der Vergangenheit sah dies oft so aus, dass entweder davon ausgegangen wurde, dass die weitere Nutzung der Webseite als Einwilligung gewertet wurde oder das ein entsprechendes Kästchen vorangekreuzt war. Dies hat sich durch die sog. Planet-49/Cookie-II-Urteile des EuGH[22] bzw. BGH[23] geändert. Danach war die E-Privacy-Richtlinie 2002/58/EU so auszulegen, dass eine Einwilligung aktiv erteilt werden muss. Die Möglichkeit des Abwählens zur Verweigerung seiner Einwilligung (sog. Opt-Out) reicht nicht aus, um eine Einwilligung wirksam zu erteilen. Eine Einwilligung setzt zudem voraus, dass der Nutzer ausführlich und verständlich über die Cookies informiert wird, d. h. auch, dass Angaben zur Funktionsdauer der Cookies und Angaben zum Zugriff Dritter auf die Cookies gemacht werden müssen. Die Ausgangsregelung im TMG musste danach so ausgelegt werden, dass das Wort »Widerspruch« als »Einwilligung« zu lesen war. Mit der neuen Regelung hat sich dieser Zustand geändert. Die Anforderungen an die Einwilligung gemäß TTDSG ergeben sich aus den Anforderungen der Einwilligung gem. Art. 6 Abs. 1 S. 1. lit. a DSGVO. Sie wurden seit Inkrafttreten des Gesetzes durch die Aufsichtsbehörden EU-weit sowie national durch entsprechende Handreichungen[24] und Leitlinien[25] dargelegt.

Zusammengefasst muss eine Einwilligung:

- informiert,
- separat von anderen Erklärungen,
- durch eine eindeutige bestätigende Handlung, d. h. aktiv
- und freiwillig

erfolgen. Es muss möglich sein, die Einwilligung abzulehnen. Der Widerruf der Einwilligung muss jederzeit und genauso einfach wie die Erteilung der Einwilligung möglich sein.

Informiert bedeutet dabei, dass bestimmte Mindestinformationen angegeben werden müssen: Diese sind die Identität des Verantwortlichen, die Verarbeitungszwecke, die verarbeiteten Daten an sich, die Absicht einer ausschließlich automatisierten Entscheidung (Art. 22 Abs. 2 lit. c DSGVO) und die Absicht einer Datenübermittlung in Drittländer (Art. 49 Abs. 1 S. 1 lit. a DSGVO).

Der Zweck der Datenverarbeitung muss dabei bereits vor der Datenverarbeitung feststehen und darf nicht im Nachhinein durch andere Zwecke ergänzt werden.

Die Informationen zur Einwilligung müssen von anderen Informationen abgegrenzt erfolgen.

---

22 *https://curia.europa.eu/juris/document/document.jsf?text=&docid=218462&pageIndex=0&doclang=DE&mode=req&dir=&occ=first&part=1.*

23 *https://juris.bundesgerichtshof.de/cgi-bin/rechtsprechung/document.py?Gericht=bgh&Art=en&Datum=Aktuell&nr=107623&pos=6&anz=672.*

24 Beispielhaft die Handreichung der Landesbeauftragten für Datenschutz- und Informationsfreiheit Niedersachsen: *https://lfd.niedersachsen.de/startseite/themen/internet/datenschutzkonforme-einwilligungen-auf-webseiten-anforderungen-an-consent-layer-194906.html.*

25 *https://edpb.europa.eu/our-work-tools/our-documents/guidelines/guidelines-052020-consent-under-regulation-2016679_de.*

4.6.7 Nudging und Dark Pattern

Problematisch im Bereich der Cookie-Banner und der einzuholenden Einwilligung ist, dass die Anbieter oftmals versuchen, die Nutzer durch die Gestaltung der Consent Layer zu einer Einwilligung zu bewegen. Die Webseiten-Besucher werden durch Tricks bei der Gestaltung dieser Banner dazu bewegt, doch eine entgegen ihres eigentlichen Willens stehende Einwilligung abzugeben. Diese Taktik wird als »Nudging«[26] und die dahinter stehenden grafischen Gestaltungen als »Dark Pattern« bezeichnet. So werden die Nutzer durch die Verwendung von Farben oder Gestaltung von Schaltflächen zur Erteilung von Einwilligungen verleitet, wie die nachfolgende Grafik veranschaulicht:

Daneben wird auch versucht, durch eine Vielzahl an Einstellungsmöglichkeiten Verwirrung zu stiften, denn die Nutzer werden regelmäßig den Aufwand der Auswahl scheuen und deshalb den Button »Einwilligung« ohne vorherige Information über die Details betätigen. Dadurch wird aber keine wirksame Einwilligung erteilt, weil die im vorstehenden Abschnitt genannten Anforderungen nicht erfüllt werden.

Die Aufsichtsbehörden haben diese Problematik erkannt und deshalb Überprüfungen von Webauftritten von Anbietern eingeleitet.

Kritisiert wird dabei auch, dass vielfach Einwilligungen, die bereits verweigert wurden, durch sich ständig wiederholende Abfragen doch noch erreicht werden sollen. Hier zeigt sich, dass die Consent Layer dem Zweck des Datenschutzes eigentlich zuwiderlaufen. Ansätze für eine Verbesserung sind möglicherweise die Einführung eines »Alles ablehnen«-Buttons, der aber so keine gesetzliche Grundlage hat, oder die Verwendung von Browser-Plug-ins wie dem »Nervenschoner« der Verbraucherzentrale Bayern[27], der für ungestörtes Surfen sorgen soll. Hier werden die Banner und Cookie-Walls von vornherein ausgeblendet und Einwilligungen automatisch verweigert, sodass der Nutzer dadurch nicht mehr belästigt wird. Allerdings erfolgt hier das Einschreiten durch den Nutzer und nicht durch den Anbieter, der eigentlich als Verantwortlicher durch datenschutzfreundliche Voreinstellungen dafür zu sorgen hat, dass die Zwecke des Datenschutzes erreicht werden (Art. 25 DSGVO). Die Einstellungen bei den Consent Layern müssen dem Betroffenen dienen, nicht der Gewinnerzielungsabsicht des Seitenbetreibers/Verantwortlichen.

26 Engl. für stupsen oder schubsen.

27 *https://www.verbraucherzentrale-bayern.de/digitale-welt/browserplugin-nervenschoner-endlich-ungestoert-surfen-74152.*

Abbildung 4.1: Negativbeispiel eines Datenschutzhinweises einer Webseite unter Ausnutzung von Dark Pattern.

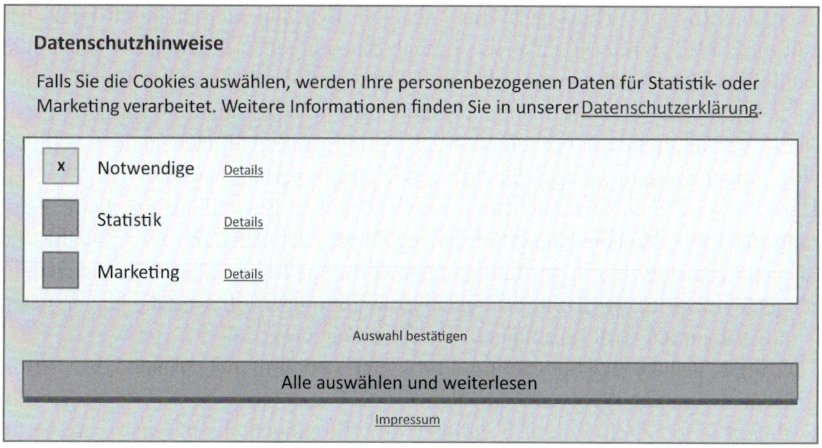

Die Ablehnungsmöglichkeit »Auswahl bestätigen« lässt sich gestalterisch nicht als Auswahlmöglichkeit erkennen Neben der verringerten Schriftgröße lässt sich nicht einmal erkennen, dass es sich überhaupt um eine Schaltfläche handelt. Wohingegen die Schaltfläche »Alles auswählen und weiterlesen« dominant hervorgehoben wurde und darüber täuscht, dass eine Datenverarbeitung für Statistik- & Marketingzwecke stattfindet, obwohl diese im Auswahlbereich darüber überhaupt nicht ausgewählt waren.

4.7 Telekommunikations-Datenschutzrecht

Das Telekommunikationsrecht hat neben der Wettbewerbsregulierung das Ziel, die Nutzerinteressen und das Fernmeldegeheimnis zu schützen (§§ 1, 2 Abs. 2 TKG). Gegenstand des Telekommunikationsrechts ist die Telekommunikation, d. h. der technische Vorgang des Aussendens, Übermittelns, Vermittelns und Empfangens von Nachrichten in Form von elektromagnetischen oder optischen Signalen mittels technischer Einrichtungen (§ 3 Nr. 22, 23 TKG). Zentraler Ansatzpunkt sind außerdem Telekommunikationsdienste: Dabei handelt es sich um in der Regel gegen Entgelt erbrachte Dienste, die ganz oder überwiegend in der Übertragung von Signalen über Telekommunikationsnetze bestehen. Mittels dieser Dienstdefinition wird die Abgrenzung zu den Telemediendiensten erreicht (zu Letzteren siehe Abschnitt 4.6.1). Der Datenschutz wurde ebenso wie im Telemedienrecht aus dem TKG herausgelöst und in das TTDSG überführt. Dort finden sich nun in § 3 TTDSG die Regelungen zum Fernmeldegeheimnis, also dem Schutz der Vertraulichkeit der Kommunikation.

Das Thema Telekommunikationsrecht setzt aber auch spezifische rechtliche Grenzen für Sicherheitsmaßnahmen. Die aus dem Telekommunikationsverhalten entstehenden Daten, u. a. Standortdaten, bieten besonders umfangreiche Möglichkeiten zur Profilbildung.

Betriebliche Sicherheitsmaßnahmen unter Rückgriff auf TK-Daten, vor allem bei einer erlaubten privaten Nutzung, können daher besonders leicht rechtliche Grenzen überschreiten.

Die datenschutzrechtlichen Grundsätze zur Auftragsverarbeitung finden in allgemeiner Form Anwendung (§ 109 Abs. 2 S. 5 TKG). Das bedeutet, dass unabhängig von personenbezogenen Daten bei der Beauftragung externer Dienstleister auch zum Schutz der Verfügbarkeit der Dienste und des Fernmeldegeheimnisses die Weisungsbindung und Zuverlässigkeit zu vereinbaren bzw. sicherzustellen sind.

Während die »Cookie-Vorschriften« der §§ 25 f. TTDSG in den Medien und in der Literatur viel Beachtung erfahren haben, wurden die neuen Vorschriften des Telekommunikationsrechts weitestgehend vernachlässigt. Da diese Vorschriften grundlegende Änderungen für sogenannte nummernunabhängige interpersonelle Telekommunikationsdienste zur Folge haben, sollen die wichtigsten Änderungen an dieser Stelle erwähnt werden. Hinter diesem Begriff verbergen sich wichtige Anwendungen wie Instant-Messenger, E-Mail-Dienste und Videokonferenzsysteme.

Bedeutsam ist die Erweiterung der Anwendung des TKG auf sog. Over-The-Top-Dienste als Telekommunikationsdienste insbesondere für die Verantwortlichkeit der Anbieter von Videokonferenzsystemen nach der DSGVO.

Bislang waren Anbieter von Videokonferenzsystemen nach Ansicht der Datenschutzkonferenz abhängig von ihrem Betriebsmodell als Verantwortliche oder als Auftragsverarbeiter zu qualifizieren. Im praktisch relevantesten Betriebsmodell des Videokonferenzsystems als Online-Dienst galt, dass der Nutzer eines Videokonferenzsystems Verantwortlicher und der Anbieter grundsätzlich als Auftragsverarbeiter anzusehen war. Im Falle einer Verarbeitung der Daten durch den Anbieter zu eigenen oder gemeinsamen Zwecken war aber auch eine Übermittlung zwischen zwei Verantwortlichen oder eine gemeinsame Verantwortlichkeit nach Art. 26 DSGVO denkbar. Durch die Einstufung als Kommunikationsdienst ist nun ein Auftragsverarbeitungsvertrag für reine Videokonferenzdienste nicht mehr erforderlich. Abzuwarten bleibt, wie die Beurteilung von überschießenden Services dieser Dienste zukünftig beurteilt wird, sodass, wenn derartige Zusatzdienste verwendet werden, dennoch ein Auftragsverarbeitungsvertrag abgeschlossen werden muss.

Aufsichtsbehörde ist hier der oder die Bundesbeauftragte für den Datenschutz und die Informationsfreiheit.

4.7.1 Anforderungen an Datenschutz im Telekommunikationsrecht

Am Anfang der Anforderungen zum Schutz des Fernmeldegeheimnisses stehen allgemeine Datenschutzprinzipien wie die Einhaltung von »Datensparsamkeit« und gesetzlichen Löschfristen. Zur Ergänzung von Zutritts-, Zugangs- und Zugriffsschutzmaßnahmen sollen geeignete Verschlüsselungsverfahren zur Anwendung gebracht werden. Die Zuteilung von Zugriffsrechten soll sich am Need-to-know-Prinzip orientieren, zur Entdeckung widerrechtlicher Zugriffe soll ein Monitoring angewendet werden. Der Umgang mit dem Telekommunikationsgeheimnis unterliegenden Daten ist durch Verfahrensanweisungen zu regeln, eine entsprechende Schulung der Beschäftigten wird empfohlen.

Im Weiteren werden generelle Maßnahmen von der Mitarbeitersensibilisierung über den Zutritts-, Zugangs- und Zugriffsschutz, etwa durch Verwendung eines Rollenkonzepts oder die Festlegung von Verfahren für Datenübermittlungen aufgeführt. Externe Fernwartungszugänge sollen mit Schutzmechanismen versehen werden, die automatisch den unberechtigten Zugriff auf die Datenverarbeitungsanlage verweigern. Gefordert wird auch, dass Datenveränderungen oder -löschungen durch entsprechende Protokollierungsmechanismen nachvollziehbar sind.

4.7.2 Durchsetzung von Datenschutz im Telekommunikationsrecht

Die Aufsicht über Telekommunikationsdiensteanbieter liegt bei der Bundesnetzagentur soweit nicht gem. § 29 TTDSG der oder die Bundesbeauftragte für den Datenschutz und die Informationsfreiheit als Aufsichtsbehörde benannt ist. Deren Befugnisse zur Durchsetzung der Verpflichtungen regelt § 30 TTDSG. Aus § 30 Abs. 2 TTDSG ergeben sich zudem umfangreiche Auskunftsrechte der Bundesnetzagentur gegenüber den Unternehmen. Zur Überprüfung von Beschwerden oder bei Annahme von Pflichtverstößen kann die Bundesnetzagentur gezielt Auskunftsverlangen stellen. Die Bundesnetzagentur kann zur Überprüfung die Geschäfts- und Betriebsräume während der Geschäftszeiten betreten und besichtigen.

Zur Durchsetzung der Behebung festgestellter Verstöße kann die Bundesnetzagentur Zwangsgelder von bis zu 1.000.000 Euro festsetzen. Führen mildere Maßnahmen nicht zum Ziel, steht der Bundesnetzagentur auch das Mittel der teilweisen oder vollständigen Betriebsuntersagung zur Verfügung (§ 30 Abs. 3 und 4 TTDSG).

Eine Benachrichtigung der Bundesnetzagentur und des Bundesdatenschutzbeauftragten, wenn der Schutz personenbezogener Daten verletzt wird, richtet sich nach Art. 33 DSGVO. Drohen den Betroffenen schwerwiegende Beeinträchtigungen, sind sie ebenfalls zu benachrichtigen. Eine Ausnahme hiervon gilt nur, wenn durch das Sicherheitskonzept ein geeigneter Schutz der betroffenen personenbezogenen Daten nachgewiesen werden kann. Die Bundesnetzagentur kann als Aufsichtsbehörde allerdings auch dann unter Berücksichtigung der möglichen Folgen für die Betroffenen deren Benachrichtigung anordnen. Trifft den Diensteanbieter die Pflicht, die Betroffenen zu benachrichtigen, hat er mindestens über die Art der Schutzverletzung, die Möglichkeit, weitere Informationen zu erhalten, und Empfehlungen zu Maßnahmen, um mögliche Schäden zu verhindern oder zu begrenzen, zu informieren (Art. 34 Abs. 2 DSGVO).

4.8 Strafrecht

Auch das Strafrecht enthält Anforderungen und Durchsetzungsmechanismen für die Informationssicherheit und das Datenschutzrecht. Strafbar machen kann sich ein Unternehmen als solches nicht. Nur natürliche Personen, d. h. Menschen wie die Mitarbeiter oder Leiter des Unternehmens, sind Adressaten von Strafrechtsnormen und Strafen. Für das Unternehmen sind daher Fälle relevant, in denen ein Mitarbeiter die Unternehmens-IT missbraucht oder in denen ein externer Angreifer seine Aktionen mithilfe der Unternehmens-IT durchführt. Das Unternehmen und seine Infrastruktur können in diesen Fällen Ziel oder Gegenstand von Ermittlungsmaßnahmen werden, die unter Umständen zu Funktionseinschränkungen führen können. Unternehmen sind daher gut beraten, wenn sie durch Maßnahmen der Informationssicherheit bzw. des Datenschutzes den Missbrauch der IT verhindern oder wenigstens nachvollziehbar machen und damit strafrechtliche Ermittlungen, die den IT-Betrieb beeinträchtigen, vermeiden. Insofern ist die Motivation für Sicherheitsmaßnahmen aus dem Strafrecht indirekt.

Bestimmte Verhaltensweisen, z. B. das Ausforschen des Netzwerkverkehrs oder das Brechen von Passwörtern mit dem Ziel unbefugten Datenzugriffs, verstoßen gegen Strafvorschriften. Solche Maßnahmen werden auch – mit berechtigtem Interesse – zur Überprüfung des Sicherheitsniveaus im Unternehmen selbst eingesetzt. Daraus ergibt sich im Bereich des Strafrechts ein grundsätzlicher Konflikt zwischen dem Sicherheitsziel der Rechtsvorschriften und den Maßnahmen, die zur Absicherung von IT-Infrastrukturen eingesetzt werden. Um diesen Zielkonflikt aufzulösen, müssen im Unternehmen geeignete Regelungen für den Einsatz der Werkzeuge getroffen werden.

Bestimmte Sicherheitsmaßnahmen können außerdem ihrerseits zu Verstößen gegen Strafrechtsnormen führen, z. B. können bestimmte Überwachungen des Internetverkehrs in einem Unternehmen gegen das Fernmeldegeheimnis verstoßen. Deshalb werden Strafrechtsnormen mit Telekommunikationsbezug in Abschnitt 4.8.4 unter dem Aspekt der rechtlichen Grenze für IT-Sicherheitsmaßnahmen nochmals aufgegriffen. Im Mittelpunkt stehen dort Straftatbestände, die Geheimnisse oder Persönlichkeitsrechte schützen.

Die originäre Funktion des Strafrechts ist jedoch das Verbot von Handlungen oder Angriffen, die sich direkt gegen die Informationssicherheit oder geschützte Rechtsgüter richten. Das strafrechtliche Verbot unterstützt aus dieser Perspektive die Informationssicherheit. Die wichtigsten Tatbestände werden im Weiteren vorgestellt.

4.8.1 Grundlagen zu Datenschutz und Informationssicherheit im Strafrecht

Das Strafgesetzbuch (StGB) als zentrale Quelle strafrechtlicher Verbote enthält eine Reihe spezieller *Computertatbestände*, die als Reaktion auf die sogenannte Computerkriminalität geschaffen wurden, nicht zuletzt auf Grundlage internationaler Vereinbarungen.[28] Grund hierfür ist auch das strikte Analogieverbot des Strafrechts. Dieses schließt aus, dass Straftatbestände, wie etwa die Beschädigung von körperlichen Gegenständen durch »Sachbeschädigung« auf das mutwillige Beschädigen von (unkörperlichen) Softwareinstallationen übertragen werden. Aus diesem Grund war für eine Reihe von vorhandenen Deliktstatbeständen eine »virtuelle« Variante einzuführen. Für das Verständnis dieser Tatbestände kann der Vergleich mit der herkömmlichen Variante aber hilfreich sein. Weitere spezielle Tatbestände sind im sogenannten Nebenstrafrecht, Strafrechtsbestimmungen in Spezialgesetzen wie dem Urhebergesetz, dem Telekommunikationsgesetz oder in den Datenschutzgesetzen entstanden.

Es sind jedoch weniger diese speziellen Tatbestände zum Schutz der IT-Infrastruktur oder von IT-Verfahren als eine Vielzahl von Straftatbeständen, die mittels der IT-Infrastruktur eines Unternehmens begangen werden können, die die Unternehmen zu Sicherheitsmaßnahmen zwingen. Der Handlungsdruck entsteht dabei weniger durch die Gefahr, sich als Unternehmensleitung strafbar zu machen, als durch die Folgen gegebenenfalls

28 Zu erwähnen ist hier vor allem das Übereinkommen über Computerkriminalität (Cybercrime Convention) des Europarats, Budapest, 23.11.2001, abrufbar unter *http://www.conventions.coe.int/Treaty/GER/Treaties/Html/185.htm.*

ausgelöster strafrechtlicher Ermittlungen. Gehen von der Unternehmens-IT-Infrastruktur massive Strafrechtsverletzungen aus, werden die Server, Clients, Sicherungen oder andere Komponenten je nach Verdachtslage zu Untersuchungsgegenständen und Beweismitteln. Sie können dann nach § 94 Abs. 1 Strafprozessordnung (StPO) beschlagnahmt werden. Doch selbst wenn dieses Worst-Case-Szenario ausbleibt, können Ermittlungen größere Störungen des Betriebsablaufs verursachen.

Eine Pflicht, über die Unternehmens-IT begangene Straftaten anzuzeigen, besteht jedoch nicht. § 138 StGB stellt lediglich die Nichtanzeige eines Katalogs *geplanter Straftaten* unter Strafe. Entscheidend dafür ist, ob das Vorhaben oder die Ausführung zu einem Zeitpunkt bekannt war, als die Ausführung oder der Taterfolg noch hätte abgewendet werden können. Erfasst sind ausschließlich schwere Straftaten wie Mord, Totschlag, Raub, gemeingefährliche Straftaten, aber auch Hoch- und Landesverrat sowie Geldfälschung. Dennoch kann eine Strafanzeige für die Unternehmensleitung auch bei vollendeten und geringeren Delikten aus verschiedenen Gründen geboten sein, z. B. um weiteren Schaden zu vermeiden, den Verdacht der Beihilfe auszuschließen oder durch staatsanwaltschaftliche Ermittlungen eine bessere Beweislage bezüglich eigener Ansprüche zu gewinnen.

Die Liste sämtlicher Straftatbestände, die heute digital begangen werden können, würde den Rahmen dieses Kapitels sprengen. Daher soll nur auf einige häufige Tatbestände eingegangen werden.

Nach der Häufigkeit stehen mit an erster Stelle die **Urheberrechtsverletzungen**. § 106 Abs. 1 UrhG[29] stellt die Vervielfältigung, Verbreitung oder öffentliche Wiedergabe ohne Einwilligung des Rechteinhabers unter Strafe. Ein urheberrechtlich geschütztes Werk kann nach § 2 Abs. 2 UrhG sowohl ein Sprachwerk als auch ein Werk der bildenden Kunst oder ein Foto, ein Film, ein Musikstück, eine technische Zeichnung, ein Plan oder eine plastische Darstellung sein. Unter Sprachwerke werden auch Computerprogramme gefasst. § 4 Abs. 2 UrhG regelt die Datenbankwerke. Dabei ist zu beachten, dass das zur Schaffung des Datenbankwerks oder zur Ermöglichung des Zugangs zu dessen Elementen verwendete Computerprogramm nicht Bestandteil des Datenbankwerks ist, vgl. § 4 Abs. 3 UrhG.

Rechtswidrige Downloads können über die Unternehmensinfrastruktur und den Internetzugang des Unternehmens angeboten werden. Die einzelnen Handlungen beim Urheberrechtsverstoß werden in der Rechtsordnung unterschiedlich erfasst. Das Erstellen einer lokalen Kopie (Download) wird durch das *Vervielfältigen* erfasst, das Anbieten von Dateien oder Dateiteilen durch die *öffentliche Wiedergabe*. Gesetzlich zugelassene und damit nicht strafbare Fälle sind bspw. vorübergehende Vervielfältigungshandlungen (§ 44a UrhG), etwa in Form eines kurzfristigen Zwischenspeicherns beim Streaming, oder aber Vervielfältigungen zum privaten oder sonstigen eigenen Gebrauch (§ 53 UrhG). Letztere dürfen jedoch nicht auf einer Vorlage beruhen, bei der die fehlende Berechtigung offensichtlich ist.

Urheberrechtsverstöße können auch von der Staatsanwaltschaft verfolgt werden. Eine ein Unternehmen beeinträchtigende Ermittlung wird allerdings erst bei einem hohen Aufkommen von rechtswidrig verbreiteten Inhalten stattfinden.

Einige Straftatbestände können zu Imageschäden für Unternehmen führen, z. B. §§ 184 ff. StGB. Dazu gehören die Verbreitung pornografischer Schriften und die Verbreitung von Schriften, die Gewalttätigkeiten zum Inhalt haben. § 184d Abs. 1 StGB stellt

---

29 Urhebergesetz (UrhG)

die Verbreitung pornografischer Inhalte durch Telemediendienste, also über Angebote im Internet, unter Strafe, sofern nicht durch technische oder sonstige Vorkehrungen ein Zugangs-Ausschluss von unter 18-Jährigen sichergestellt ist. § 11 Abs. 3 StGB stellt den Schriften Ton- und Bildträger, Datenspeicher, Abbildungen und andere Darstellungen gleich, sodass durch den Begriff Schriften auch Filme oder Zeichnungen erfasst sind. Handelt es sich um kinder- oder jugendpornografisches Material, ist sogar die Handlung des Sich-Besitz-Verschaffens, des Beziehens und Vorrätig-Haltens strafbar. Im Rahmen ihrer Sicherheitsmaßnahmen können Unternehmen versuchen, ihre Unternehmensinfrastruktur vor solchen Delikten zu schützen. Ein weiterer Bereich sind Äußerungen, die ausgehend von der Unternehmensinfrastruktur im Internet publik gemacht werden. Hier können **Beleidigungstatbestände** (§§ 185 ff. StGB), **Volksverhetzung** (§ 130 StGB) oder die **Anleitung zu Straftaten** (§ 130a StGB) eine Rolle spielen. Besonders in diesem Bereich ist die Vielfalt möglicher Straftaten kaum überschaubar. Im Rahmen der Regelungen für Prozesse, bspw. im Bereich Außenkommunikation, und durch Sicherheitsmaßnahmen können Vorkehrungen getroffen werden, um Imageverlust und Aufwand in Ermittlungsverfahren zu vermeiden.

Auch eine Reihe von computerspezifischen Delikten können aus dieser Perspektive, dem Begehen der Straftat mithilfe der Unternehmens-IT, eine Rolle spielen. Beispielsweise können die Tatbestände der Datenveränderung (§ 303a StGB) und der Computersabotage (§ 303b StGB) von Tätern mithilfe der Unternehmens-IT gegenüber Dritten begangen werden. Die **Datenveränderung** erfasst das Löschen, Unterdrücken oder Unbrauchbarmachen von Daten. Daten sind nach § 202a StGB in dem hier gebrauchten Begriffsverständnis nur Daten, die elektronisch, magnetisch oder sonst nicht unmittelbar, d. h. ohne technische Hilfsmittel, wahrnehmbar gespeichert sind oder übermittelt werden. Unter Löschen ist das unwiederbringliche Vernichten der Daten durch die physische Zerstörung des Datenträgers oder durch Überschreiben zu verstehen. Unterdrücken wird als das Entziehen des Zugriffs gegenüber dem Berechtigten für einen nicht unerheblichen Zeitraum definiert, z. B. durch das unberechtigte Einrichten eines Passwortschutzes. Unbrauchbar werden Daten, wenn sie für ihren bestimmungsgemäßen Zweck nicht mehr verwendet werden können, z. B. weil weitere Daten nicht nachvollziehbar hinzugefügt wurden. Das Verändern schließlich umfasst jegliche Form der inhaltlichen Umgestaltung der Daten.

Die **Computersabotage** dagegen erfasst das Stören einer Datenverarbeitung, die für einen anderen von wesentlicher Bedeutung ist. Als Tathandlungen werden die Datenveränderung, die Eingabe oder Übermittlung von Daten mit Schädigungsabsicht und das Zerstören, Beschädigen oder Unbrauchbarmachen, Beseitigen oder Verändern einer Datenverarbeitungsanlage oder eines Datenträgers aufgeführt. Im Unterschied zur Datenveränderung wird der Schutzbereich der Computersabotage auf den inhaltlich schwer zu bestimmenden Prozess der Datenverarbeitung ausgedehnt, sodass die Ausführung von Programmen und der gesamte Umgang mit Daten umfasst werden. Beispiele sind sowohl die Zerstörung der Verarbeitungshardware als auch die Störung durch Denial-of-Service-Attacken (DoS-Attacken).

Um derartige DoS-Attacken abzuwehren und zu analysieren, werden auch sogenannte Honeypots eingesetzt. Dabei handelt es sich um Computersysteme, die gezielt Angriffe anlocken, um Angreifer in die Irre zu führen, sie vom eigentlichen Angriffsziel abzulenken, ihre Angriffsmethodik zu untersuchen und dadurch die Angreifer zu identifizieren. Das

Betreiben eines solchen Honeypots kann eine Beihilfe zur Computersabotage (§§ 303b Abs. 1 Nr. 2, 27 StGB) darstellen und damit (solange keine Zustimmung des Angegriffenen vorliegt) aus rechtlicher Sicht problematisch sein.[30]

Der Strafrahmen für Computersabotage liegt bei einer Freiheitsstrafe bis zu fünf Jahren, bei der Datenveränderung bei einer Freiheitsstrafe bis zu zwei Jahren oder jeweils einer Geldstrafe.

Weitere Straftatbestände, bei denen die Gefahr besteht, dass sie unter Nutzung von Unternehmensmitteln begangen werden, ergeben sich aus dem sogenannten Nebenstrafrecht. Dies sind Straftatbestände, die in Spezialgesetzen wie den § 42–44 Bundesdatenschutzgesetz neue Fassung (BDSG) kodifiziert sind.

4.8.2 Anforderungen an Informationssicherheit und Datenschutz im Strafrecht

Das Strafrecht stellt lediglich bestimmte sozial schädliche Verhaltensweisen unter Strafe. Konkrete Vorgaben für Maßnahmen zur Verhinderung der Begehung werden nicht formuliert.

Zunächst ist jede Organisation aufgefordert, mit ihren Geschäftsprozessen nicht gegen das Strafrecht zu verstoßen. Daher können die zuständigen Fachabteilungen, z. B. für Recht, Compliance oder die Revision, darauf hinwirken, dass Sicherheitsmaßnahmen ergriffen und bestimmte Verhaltensweisen durch organisatorische Maßnahmen unterbunden werden.

Unternehmen können aber ein großes Interesse haben, die indirekten Folgen von Straftaten zu vermeiden. Außerdem besteht die Gefahr, dass die Organisation durch das missbräuchliche Handeln einzelner Mitarbeiter zum Gegenstand von Ermittlungen wird. Da diese den (IT-)Betrieb stören oder auch zu erheblichen Imageschäden führen können, können Maßnahmen zur Überwachung der IT-Infrastruktur auf missbräuchliche Nutzungen und zur Aufklärung solcher Fälle geboten sein. Die Straftatbestände können so zu Sorgfaltspflichten der Unternehmensleitung führen. In welcher Form sie diese erfüllt, bleibt jedoch völlig offen.

Oben wurde der Zielkonflikt angesprochen, der sich vor allem aus § 202c StGB (Vorbereiten des Ausspähens und Abfangens von Daten) ergibt. Er entsteht aus der Strafbarkeit von Maßnahmen, die für die Überprüfung des Sicherheitsniveaus oder zur Analyse von Störfällen eingesetzt werden sollen, und trifft die Mitarbeiter im Bereich IT-Sicherheit unmittelbar. Das Unternehmen kann den Zielkonflikt auflösen, indem es klare Regeln für den Einsatz der Tools festlegt. Dies ist durch die Fürsorgepflicht für die Mitarbeiter auch rechtlich geboten. Das Regelwerk im Bereich Informationssicherheit muss also die Befugnisse und Vorgehensweisen für solche Aufzeichnungen, Tests und Analysen umfassen.

30 Siehe hierzu Vogelsang, S.; Möllers, F.; Potel, K.: Strafrechtliche Bewertung von Honeypots bei DoS-Angriffen, MMR 2017, 291.

4.8.3 Durchsetzung von Datenschutz und Informationssicherheit im Strafrecht

Dementsprechend ergibt sich die Durchsetzung oder die Motivation entsprechender Maßnahmen aus dem Strafrecht nur indirekt. Bereits angesprochen wurde die Gefahr von Beschlagnahmen nach §§ 94 ff. StPO. EDV-Anlagen werden hier zunächst als Sachgesamtheit angesehen, d. h., ein Ausbau der relevanten Datenspeicher braucht nicht stattzufinden. Das Erstellen lediglich einer forensischen Kopie, ohne die Datenträger zu beschlagnahmen, ist ebenfalls nicht vorgesehen. Dennoch kann die Beschlagnahme unter Verhältnismäßigkeitsgesichtspunkten auf eine Kopie beschränkt werden.

Für die Unternehmensleitung besteht eine vage Gefahr auch darin, zum strafrechtlichen Unterlassungstäter zu werden oder Beihilfe zu Straftaten zu leisten. Unterlassung bezieht sich auf die Möglichkeit, strafbare Handlungen anderer zu verhindern. Die *strafbare Unterlassung* setzt allerdings voraus, dass der Vorstand aus Gesetz, aus bestehenden Verkehrssicherungspflichten oder weil er die Gefahrenlage erst herbeigeführt hat, verpflichtet ist, den Taterfolg zu verhindern (Garantenstellung). Ein Beispiel könnte ein manipulierter Webshop sein, über den ein externer Angreifer Bankverbindungen sammelt und anschließend missbraucht. Wird der Unternehmensleitung dies klar und trifft sie keine wirksamen Gegenmaßnahmen, könnte der Tatbestand der unbefugten Datenverarbeitung (§ 42 BDSG) erfüllt sein. Die Geschäftsführung trifft jedoch keine generelle Garantenpflicht, Straftaten der Unternehmensmitarbeiter zu verhindern. Diese tritt erst ein, wenn die Straftat in Ausführung von Arbeitsleistungen begangen wird, sich auch auf die Unternehmenstätigkeit bezieht (bspw. mittels Bestechungen oder Betrugshandlungen) und die Unternehmensleitung davon Kenntnis gewinnt (§ 13 StGB »Begehen durch Unterlassen«, § 43 GmbH-Gesetz »Haftung der Geschäftsführer«, § 93 Aktiengesetz »Sorgfaltspflicht und Verantwortlichkeit der Vorstandsmitglieder«). Dann muss sie einschreiten, weil sie mit ihrer Organisationsmacht den Zustand abstellen kann. *Beihilfe zu Straftaten* läge dann vor, wenn die Unternehmensleitung der Straftat zustimmt und sie gegebenenfalls noch fördert.

4.8.4 Schutz der Informations- und Datenverarbeitung durch Strafrecht

Aus den speziellen Tatbeständen des Computerstrafrechts ergibt sich allerdings ein zusätzlicher Schutz der Informationssicherheit, da bestimmte Angriffe auf die Daten, Geheimnisse und die IT-Infrastruktur der Unternehmen unter Strafe gestellt werden [GeBr 2009]. Dies soll von solchen Taten abschrecken. Für Unternehmen können sich hier Anforderungen ergeben, wenn sie den zusätzlichen Schutz durch Strafvorschriften herbeiführen wollen, die das Außerkraftsetzen von Sicherheitsmaßnahmen voraussetzen (bspw. das Überwinden einer zunächst zu schaffenden Zugangssicherung, § 202a StGB).

Die Tatbestände der **Datenveränderung** und der **Computersabotage** (§§ 303a, 303b StGB) wurden oben bereits dargestellt. Diese können natürlich auch gegen das Unternehmen gerichtet sein. In diesem Fall besteht für das Unternehmen jedoch die Möglichkeit, die eigenen Abwehr- oder Aufklärungsmaßnahmen durch eine Anzeige und daraufhin eingeleitete staatsanwaltschaftliche Ermittlungen zu unterstützen. Vor dem Einschalten der Ermittlungsbehörden kann eine Prüfung sinnvoll sein, ob die Ermittlungen die eigene IT-Infrastruktur in größerem Umfang betreffen würden und ob dies vermieden werden kann.

Schutzgut der §§ 202a bis 202c StGB ist der **persönliche Lebens- und Geheimbereich**. Darunter fallen bspw. Informationen aus der Privatsphäre sowie aus beruflichen Tätigkeiten. Das Ausspähen von Daten (§ 202a StGB) bezieht sich auf das Überwinden einer Zugangssicherung, um sich oder anderen Zugang zu Daten zu verschaffen, die nicht für den Täter bestimmt und gegen unberechtigte Zugriffe besonders gesichert sind. Eine besondere Sicherung liegt dann vor, wenn der Zugang erheblich erschwert oder sogar ausgeschlossen wird. Sperren, die für jeden Interessierten leicht zu überwinden sind, werden von der Regelung nicht erfasst. Die Sicherung muss aber auch kein sehr hohes Sicherheitsniveau aufweisen. Ein einfaches Passwort stellt bspw. einen Zugangsschutz im Sinne der Vorschrift dar. Somit würde bspw. das Sich-Verschaffen ungesicherter Passwörter nicht unter § 202a StGB fallen, wohl aber die Nutzung des Passworts, um sich Zugang auf die geschützten Daten zu verschaffen.

Der Straftatbestand **Abfangen von Daten** (§ 202b StGB) schützt die nicht öffentliche Datenübermittlung. Er stellt auch die missbräuchliche Nutzung von elektromagnetischen Abstrahlungen der Datenverarbeitungsanlagen unter Strafe. Eine besondere Sicherung der Datenübermittlung ist nicht erforderlich. Mit nicht öffentlicher Übertragung ist jede Übertragung gemeint, die nicht an die Allgemeinheit gerichtet ist. Auch die Übermittlung von E-Mails über das Internet oder die Nutzung von Diensten wie Skype stellt eine nicht öffentliche Übertragung dar. Technische Mittel zum Abfangen können nach der Gesetzesbegründung[31] sowohl Hardware zum Empfangen der Übermittlung als auch die eingesetzte Software sein. Weder ein Abfangen noch ein Ausspähen von Daten stellt das sogenannte Schwarzsurfen dar, d. h. der Internetzugriff über das unverschlüsselte WLAN eines Dritten.[32] Selbst bei unterdrückter SSID liegt weder eine nicht öffentliche Übertragung noch eine besondere Sicherheitsmaßnahme vor.

Der Tatbestand des **Vorbereitens des Ausspähens und Abfangens von Daten** (§ 202c StGB) dient der Kriminalisierung der Verbreitung der Tatwerkzeuge, also der teilweise frei verfügbaren Hard- und Software zur Begehung der oben genannten Straftaten. Hierzu wird das Herstellen, Verschaffen, Verkaufen, Überlassen, Verbreiten und Zugänglichmachen von Passwörtern, sonstigen Sicherungscodes und Computerprogrammen unter Strafe gestellt, deren Zweck die Begehung von Straftaten nach §§ 202a,b, 303a,b StGB, also des Ausspähens oder Abfangens von Daten ist. Auf die strafbare Datenveränderung und Computerveränderung sowie die diesbezüglichen Tatmittel findet § 202c StGB entsprechende Anwendung (s. § 303a Abs. 3, 303b Abs. 5 StGB). Von dem erforderlichen Vorsatz muss wenigstens die Inkaufnahme der Nutzung zu einer der genannten Straftaten erfasst sein. Sowohl der Vorsatz als auch der hierauf gerichtete Zweck der Software soll nicht vorliegen, wenn die Software zur Verwendung von legitimen Sicherheitstests hergestellt wird. Das Bundesverfassungsgericht hat 2009 die Verfassungsbeschwerde eines Informationssicherheitsdienstleisters, der befürchtete, sich durch die Verwendung von Hackertools zu Penetrationstests strafbar zu machen, nicht zur Entscheidung angenommen.[33] Es sei durch die Entstehungsgeschichte des Gesetzes und den Gesetzeswortlaut sichergestellt, dass eine Dual-Use-Software nicht aufgrund ihrer bloßen Eignung zur Be-

31 BT-Drs. 16/3656, S. 11.

32 LG Wuppertal, Beschluss vom 19.10.2010, AZ: 25 Qs 177/10.

33 BVerfG, Beschluss v. 18.5.2009, AZ: 2 BvR 2233/07.

gehung von Straftaten unter die erfassten Tatwerkzeuge falle. Bei der Nutzung zum Zweck abgestimmter Penetrationstests fehle es zudem an der Vorbereitung von Straftaten. Folglich laufe der Beschwerdeführer nicht Gefahr, nach § 202c StGB für die Benutzung von Hackertools belangt zu werden. Bislang sind zu § 202c StGB lediglich Selbstanzeigen von Journalisten und Verwendern bekannt, die allesamt nicht zur Verfahrenseröffnung geführt haben.[34] Auch nach der höchstrichterlichen Klarstellung steht § 202c StGB wegen seiner unklaren Fassung des Schutzguts und der Tatbestandsmerkmale zu Recht in der Kritik.

Durch § 263a StGB wurde ein auf die Manipulation von computergestützten Verarbeitungsvorgängen bezogener Tatbestand eingeführt, der **Computerbetrug**. Ein Betrug setzt eine Täuschung des Opfers voraus. Durch diese wird beim Opfer ein Irrtum erzeugt oder aufrechterhalten, aufgrund dessen das Opfer eine Vermögensverfügung vornimmt, durch die es sich selbst schädigt. Die Täuschungshandlung muss in der Absicht erfolgen, sich oder einem Dritten einen Vermögensvorteil zu verschaffen. Der Computerbetrug entspricht diesem Aufbau. Allerdings ist das Ziel kein Irrtum und das Objekt der »Täuschung« kein Mensch, sondern es soll das Ergebnis eines Datenverarbeitungsvorgangs manipuliert werden. Die Täuschung kann durch die unrichtige Gestaltung eines Programms, das Verwenden unrichtiger oder unvollständiger Daten, das unbefugte Verwenden von Daten, z. B. einer gestohlenen oder kopierten EC-Karte samt PIN, oder ein sonstiges unbefugtes Einwirken auf den IT-Prozess ausgelöst werden. In der Statistik der IuK-Delikte von 2012 nimmt der Computerbetrug mit beinahe 25.000 erfassten Fällen eine deutliche Führung ein, hauptsächlich weil darunter auch die Manipulation von Spielautomaten und der Kreditkartenbetrug gefasst werden.[35] Unter den Computerbetrug fallen auch direkte Manipulationen von Programmabläufen oder Hardwaremanipulationen, wenn sie zu einem ungewollten Vermögensabfluss zugunsten des Täters oder eines Dritten führen.

4.9 Arbeitsrecht

Auch im Arbeitsrecht hat der Datenschutz eine hohe Relevanz für die Unternehmen. Entsprechende Pflichten leiten sich bspw. bezüglich des Schutzes von Beschäftigtendaten aus der DSGVO, dem BDSG oder den Sozialgesetzbüchern ab.

Anders als in den vorangegangenen Rechtsgebieten, in denen das Recht Maßnahmen von der Unternehmensleitung fordert, ist das Arbeitsrecht für die Umsetzung von Maßnahmen im Innenverhältnis zwischen Arbeitgeber und Arbeitnehmer relevant. Die Arbeitnehmer wirken in aller Regel bei der Umsetzung von Datenschutzmaßnahmen mit: Sie sind Adressaten organisatorischer Maßnahmen und auch potenzielle Vorfallsverursacher oder Bedrohungen des Datenschutzes und der Datensicherheit.

Grundlage für das Erteilen von Weisungen, den Erlass von Richtlinien und von Sanktionen für datenschutzbezogenes Fehlverhalten ist das sich aus dem Arbeitsvertrag ergebende Arbeitsverhältnis wurden bereits in Abschnitt 3.4.2 dargelegt, hier ergeben sich für den Datenschutz keine Änderungen.

34 Siehe bspw. OLG Köln, Beschluss v. 23.4.2008, AZ 51 Zs 803/07, abrufbar unter *http://openjur.de/u/131860.html.*

35 Polizeiliche Kriminalstatistik 2012, S. 29, abrufbar unter *https://www.bka.de/DE/AktuelleInformationen/StatistikenLagebilder/PolizeilicheKriminalstatistik/PKS2012/pks2012.html.*

Der Arbeitgeber gestaltet Prozesse und Abläufe zur Erfüllung von Datenschutzzielen, z. B. durch die Etablierung von technischen Abläufen oder Weisungen im Bereich der technischen und organisatorischen Maßnahmen. Viele Datenschutzmaßnahmen betreffen die Festlegung von Verhaltensregeln von Arbeitsprozessen oder bedingen Anweisungen an die Arbeitnehmer als Nutzer der Unternehmens-IT durch den Arbeitgeber als Verantwortlichen (s. o. Abschnitt 3.5.2 und 3.5.3). Das Arbeitsrecht im Sinne des durch im Arbeitsverhältnis geschaffenen Rechts ist daher ein Gestaltungsmittel, um betrieblichen Datenschutz zu erreichen. Bestimmte Maßnahmen des Datenschutzes unterliegen dabei der betrieblichen Mitbestimmung. Diese legt Rechtspflichten des Arbeitgebers vor allem gegenüber dem Betriebsrat bei der Umsetzung von Datenschutz fest. Regeln hierzu stellt bisher § 26 BDSG auf.[36]

Die weitaus meisten der dem Datenschutz dienenden Verhaltensregeln werden jedoch nicht in Arbeitsverträgen, sondern in Richtlinien oder Arbeitsanweisungen oder Verfahrensanweisungen ausgestaltet.

4.9.1 Regelungen im Arbeitsverhältnis

Wie bereits bei der Informationssicherheit, sind bestimmte Aspekte des Datenschutzes bei der Gestaltung des Arbeitsvertrags zu berücksichtigen. Je nach Position und Aufgabe eines Mitarbeiters ist die Aufnahme einer Verschwiegenheits- oder Geheimhaltungsklausel sowie eine Verpflichtung gem. § 203 StGB bereits in den Arbeitsvertrag, wenn nicht verpflichtend, dann zumindest empfehlenswert. In Bezug auf die Inhalte und Ausgestaltung solcher Klauseln ist hier auf die Ausführungen unter 3.5.2 zu verweisen, wesentliche Unterschiede im Bereich des Datenschutzes gibt es hier nicht.

4.9.2 Datenschutz im Homeoffice

Pandemiebedingt hat sich innerhalb der letzten Jahre Arbeit vom Büro ins Homeoffice verlagert. Der Arbeitnehmer verrichtet seine Arbeit von zu Hause aus, womit unweigerlich auch die Verarbeitung von Daten einhergeht. Der Arbeitgeber hat ein Interesse daran zu wissen, was der Arbeitnehmer zu Hause innerhalb seiner Arbeitszeit tut, das heißt, ob er seinen arbeitsvertraglichen Verpflichtungen vertragsgemäß nachkommt. Überwachungsmaßnahmen steht dabei regelmäßig das allgemeine Persönlichkeitsrecht entgegen. Gegenüber Kunden ist der Arbeitgeber aber innerhalb von Vertragsverhältnissen regelmäßig dazu verpflichtet, für den Schutz der personenbezogenen Daten seiner Kunden auch im Rahmen von Homeoffice-Tätigkeiten zu sorgen. Der Arbeitgeber muss deshalb insbesondere eine sichere, d. h. in der Regel verschlüsselte Kommunikation ermöglichen. Durch ein Datenschutzkonzept für Homeoffice und entsprechende Richtlinien zur Umsetzung sowie den Abschluss einer Homeoffice-Vereinbarung mit dem Arbeitnehmer hat der Arbeitgeber hier wichtige Regelungsinstrumente an der Hand. Inwieweit der Arbeitnehmer

36 Durch das Urteil in der Rechtssache des EuGH C-34/21 vom 30.03.2023 steht diese Vorschrift allerdings auf der Kippe da die nahezu wortgleiche Formulierung im Hessischen Landesdatenschutzgesetz für europarechtswidrig bzw. DSGVO-widrig erklärt wurde. Die Schaffung eines deutschen Beschäftigtendatenschutzgesetzes wird daher immer drängender.

auch nur stichprobenartige Kontrollen bei sich zu Hause zulassen muss, ist umstritten.[37] Diese Fragestellung kann in der Homeoffice-Vereinbarung auf freiwilliger Basis geregelt werden, damit zumindest für Zeiten, in denen es keine gesetzliche Homeoffice-Pflicht gibt, eine wirksame Regelung getroffen werden kann. In letzterem Fall ist der Arbeitnehmer zu verpflichten, sich an die vom Arbeitgeber aufgestellten Sicherheits- und Schutzmaßnahmen zu halten, da er hier keine Wahlmöglichkeit bezüglich seines Arbeitsplatzes hat.

4.9.3 Durchsetzung von Datenschutzmaßnahmen im Arbeitsverhältnis

Ergänzend zu den Ausführungen unter 3.5.2 ist hier noch folgendes zu ergänzen. Erlangt der Arbeitgeber von Richtlinienverstößen Kenntnis, ist ein Einschreiten wenigstens mittels Ermahnungen erforderlich, um den Anforderungen aus der DSGVO gerecht zu werden. Ansonsten riskiert die Geschäftsleitung außerdem, dass jene zur Erfüllung von Organisationspflichten erlassenen Richtlinien durch eine gegenläufige betriebliche Übung aufgehoben werden.[38]

4.9.4 Haftung der Arbeitnehmer

Auch die Regeln der Arbeitnehmerhaftung können zur Durchsetzung des Datenschutzes beitragen.

Die DSGVO hat mit Art. 82 DSGVO auch noch eine eigene deliktische Haftungsgrundlage. Da die praktische Umsetzung des Datenschutzes zu wesentlichen Teilen in den Händen der Arbeitnehmer liegt und von ihrem Verhalten abhängt, stellt sich nämlich die Frage nach der Haftung für die Folgen von Fehlverhalten. Grundsätzlich haftet ein Arbeitnehmer gegenüber dem Arbeitgeber nach den gleichen Regeln wie auch andere Vertragspartner, nämlich für vorsätzliche oder fahrlässige Verstöße gegen Vertragspflichten. Bereits Anfang des letzten Jahrhunderts erkannte aber die Rechtsprechung, dass für das Arbeitsverhältnis Begrenzungen angemessen waren. Für Arbeitnehmer steht häufig das Schadensrisiko nicht selbstbestimmter Tätigkeit außer Verhältnis zur vertraglichen Gegenleistung, dem Lohn. Daher wird dem Arbeitgeber grundsätzlich die Sach- oder Betriebsgefahr zugerechnet. Für die Haftungsverteilung wird zwischen deren Realisierung und dem Grad des Verschuldens des Arbeitnehmers abgewogen.

Diese greift in der Regel aber gegenüber dem Arbeitnehmer nur dann, wenn es sich um einen sog. Mitarbeiterexzess handelt, da Verantwortlicher in der Regel immer der Arbeitgeber ist. Ein Mitarbeiterexzess liegt vor, wenn der Arbeitnehmer bspw. personenbezogene Daten über seine berufliche Tätigkeit hinaus und privat nutzt.

Regelmäßig haftet der Arbeitnehmer voll bei Vorsatz und grober Fahrlässigkeit, bei mittlerer Fahrlässigkeit kommt es zu einer Verteilung nach Quoten und bei leichter Fahrlässigkeit hat der Arbeitgeber den Schaden voll zu tragen. Abweichungen sind nach den

37 Vgl. dazu Dr. Felix Suwelack: Homeoffice und die Datenschutz-Grundverordnung in ARP 2021, 230 mit weiteren Nachweisen insbesondere zur Auffassung der Aufsichtsbehörden.

38 Zu weiteren Nachweisen und zur Vertiefung s. Trappehl, B.; Schmidl, M.: Arbeitsrechtliche Konsequenzen von IT-Sicherheitsverstößen, NZA 2009, 985.

Umständen des Einzelfalls aber möglich. Grobe Fahrlässigkeit liegt vor, wenn selbst einfachste, jedem einleuchtende Überlegungen zu den eigenen Sorgfaltspflichten außer Acht gelassen werden. Unter leichte Fahrlässigkeit fallen dagegen leicht entschuldbare Pflichtwidrigkeiten, die im Laufe der Zeit jedem passieren können, oder kurze, nur momentane Unaufmerksamkeiten. Für den Bereich der Informationssicherheit werden Pflichtverletzungen wie das vergessene Sperren des Bildschirms bei kurzer Abwesenheit, verpasste Softwareupdates, unsichere Passwörter und Ähnliches als leichte Fahrlässigkeit gelten können. Der bewusste Verstoß gegen Richtlinien nach Aufklärung über dadurch entstehende Risiken dagegen kann eine grobe Fahrlässigkeit darstellen. Bei der Abwägung werden auch die Stellung und die Pflichten des Arbeitnehmers sowie die Awareness-Maßnahmen des Arbeitgebers berücksichtigt. Sind relevante Sicherheitsanweisungen des Arbeitgebers unzureichend, fehlerhaft oder unverständlich, geht dies zulasten des Arbeitgebers. Dies gilt auch, wenn die tatsächlichen Arbeitsbedingungen verhindern, dass ansonsten wichtige Regelungen zur Informationssicherheit umgesetzt werden können.

Gegenüber Dritten haftet der Arbeitnehmer unbeschränkt. Wird nicht der Arbeitgeber geschädigt, sondern ein Dritter infolge der Pflichtwidrigkeit des Arbeitnehmers, so kann sich der Dritte also gleichermaßen an Arbeitgeber und Arbeitnehmer halten. Ein Arbeitnehmer hat jedoch im Fall seiner Inanspruchnahme einen Erstattungsanspruch gegen den Arbeitgeber in Höhe des Schadens, der bei einer Haftung im Arbeitsverhältnis vom Arbeitgeber zu tragen gewesen wäre. Eine Absicherung des Arbeitnehmers durch seine private Haftpflichtversicherung besteht in der Regel nicht, da Schäden aus der Berufstätigkeit durch die Versicherungsbedingungen gewöhnlich ausgeschlossen werden.

Die bestehenden Haftungsrisiken sollten für Arbeitnehmer ein guter Grund sein, Anweisungen mit Sicherheitsrelevanz zu beachten.

4.9.5 Regelungen durch Betriebsvereinbarung

Die betriebliche Mitbestimmung hat mehrere Schnittstellen zum Datenschutz. Sie kann zum einen die Einführung von Datenschutzmaßnahmen und deren Ausgestaltung betreffen. Daneben können aus Betriebsvereinbarungen Verpflichtungen für den Arbeitgeber zu Maßnahmen des Datenschutzes entstehen, wenn mitbestimmungspflichtige Verfahren eingeführt werden, die personenbezogene Daten der Beschäftigten betreffen. Nicht zuletzt können organisatorische Regelungen wie Sicherheits- oder Verhaltensrichtlinien der Mitbestimmung unterliegen. Diese Aspekte der betrieblichen Mitbestimmung werden im Weiteren kurz dargestellt. Sie gelten entsprechend im öffentlich-rechtlichen Bereich für die Mitbestimmung im Rahmen der Personalvertretungsgesetze des Bundes und der Länder. Ein echtes Beschäftigtendatenschutzrecht, wie es seit Längerem geplant ist, ist innerhalb der Bundesrepublik nicht umgesetzt, auch nicht durch die DSGVO. Die einzige Regelung, die einen ausdrücklichen Anhaltspunkt enthält, findet sich in § 26 BDSG.

Bei der Umsetzung oder Planung von Datenschutzmaßnahmen ist daher stets zu prüfen, ob bereits in Betriebsvereinbarungen einschlägige Regelungen getroffen worden sind oder ob ein erst noch Mitbestimmungsverfahren einzuleiten ist.

Zusammenfassung

Die Regelungen der DSGVO und weitere rechtliche Regelungen verpflichten Unternehmensleitungen auf vielfältige Weise zur Umsetzung der dort niedergelegten Vorgaben. Zur Durchsetzung der Vorgaben greift der Gesetzgeber auf die Aufsichtsbehörden, Bußgelder, Benachrichtigungs- und Veröffentlichungspflichten bei Datenschutzvorfällen, Straftatbestände oder – im Verhältnis zwischen privaten Akteuren – auf Haftungsregelungen sowie Schadensersatzansprüche der Betroffenen zurück. Durch die Vielfalt der Regelungen, die für die Praxis meist konkretisierungsbedürftig sind, ist der Bereich des Datenschutzes trotz der gesetzlichen Vorgaben noch nicht abschließend geklärt und bedarf der Klärung durch die nationalen Gerichte und den Europäischen Gerichtshof. Auch fehlt es teilweise an der notwendigen Regelungsschärfe.

Die Vorgaben für die technischen und organisatorischen Maßnahmen sind durch die DSGVO bewusst technikoffen gefasst. Durch dieses Vorgehen des Gesetzgebers wird sowohl der Vielfalt an Datenverarbeitungen in den Unternehmen wie auch der Dynamik der Entwicklungen in technischer Hinsicht Rechnung getragen. Die Unternehmen müssen daher ihre Datenschutz- und Datensicherheitskonzepte und -maßnahmen entsprechend ihren Gegebenheiten und den für sie einschlägigen Rechtsvorschriften ausgestalten, umsetzen und dokumentieren.

Das Datenschutzrecht ist von allen Unternehmen umzusetzen. Art. 32 DSGVO entfaltet daher eine flächendeckende Wirkung. Unterstützung finden Verantwortliche bei den Aufsichtsbehörden, die neben ihrer Aufsichtsfunktion häufig beratend aktiv sind. Daneben sind es die internen und externen Datenschutzbeauftragten, die einerseits die Einhaltung der datenschutzrechtlichen Vorgaben überwachen, andererseits bei Umsetzungs- und Anwendungsfragen auch unterstützend beratend tätig sind.

Die Unternehmensleitung als Verantwortliche muss ihre Verantwortlichkeit aktiv wahrnehmen. Andernfalls drohen neben den Schäden aus Datenschutzvorfällen und der negativen Öffentlichkeitswirkung auch die oben genannten Sanktionen und Schadensersatzansprüche. Die DSGVO und die dazu ergangene Rechtsprechung sind in der Summe geeignet, den Datenschutz im Unternehmen systematisch und angemessen umzusetzen.

5 Hackermethoden

Einleitung

Um sich gegen Angriffe von »Hackern« zu schützen, ist es wichtig, auch deren Methoden und Werkzeuge zu kennen. »Know your enemy« hört sich vielleicht übertrieben an, dennoch soll dieses Kapitel schwerpunktmäßig dazu dienen, Bedrohungspotenziale, Risiken und Angriffsmöglichkeiten erkennen und bewerten zu können. Zusätzlich wird die Vorgehensweise bei der Durchführung von Penetrationstests beleuchtet und auf einige typische Schwachstellen und Ursachen von Sicherheitsproblemen eingegangen.

5.1 Begriffsdefinition »Hacker«

Wenn man sich mit den Motiven, Methoden und Vorgehensweisen von »Hackern« beschäftigt, sollte vorab erst einmal der Begriff »Hacker« definiert werden. Gemäß [RFC 1983] ist ein »Hacker« an sich nur die Bezeichnung für eine Person mit hohem technischem Sachverstand, der es großen Spaß macht, die Eigenschaften – und somit auch Schwachstellen – von Systemen herauszufinden und zu beeinflussen. Meist wird mit Hacker aber eine Person bezeichnet, die unerlaubt in Computernetzwerke eindringt und Schaden stiftet. Eng verbunden mit dem Hacker-Begriff ist eine Subkultur, die oft, auch in Hollywood-Filmen, als geheimnisvolle Gruppe dargestellt wird, die auf wundersame Weise fast beliebig in IT-Systeme eindringen kann.

Fakt ist, dass die in Filmen wie »Hackers«[1] oder »Firewall«[2] dargestellten Fähigkeiten und Methoden weitestgehend frei erfunden sind und mit der eigentlichen Vorgehensweise bei Eindringversuchen sehr wenig zu tun haben. Im Folgenden soll daher realistisch dargestellt werden, wo die Ursachen von Sicherheitsproblemen zu finden sind und wie diese ausgenutzt werden können.

5.2 Ursachen von Sicherheitsproblemen

Festgestellte Sicherheitsprobleme weisen immer wieder ähnliche Eigenschaften auf – man hat fast den Eindruck, dass manche bereits gelösten Probleme einfach nach mehreren Jahren re-inkarniert wieder auf der Bildfläche erscheinen.

Typische »Klassiker« der Schwachstellen, die durch Angreifer ausgenutzt werden können, sind:

- fest programmierte Zugangskennungen und Passwörter
- Standard-Passwörter, die nicht geändert wurden
- fest programmierte symmetrische Verschlüsselungsschlüssel
- Netzwerkprotokolle ohne Verschlüsselung und Authentifizierung

1 1995, *http://www.imdb.com/title/tt0113243.*

2 2006, *http://www.imdb.com/title/tt0408345.*

- vorhersagbare Zufallszahlengeneratoren, die z. B. nur zwischen 2 und 32.000 verschiedene Werte erzeugen können
- Anfälligkeit gegen Buffer Overflows
- weitere Formen fehlender Eingabeüberprüfung, z. B. SQL-Injection
- die trügerische Hoffnung, dass ein kompliziertes oder geheimes Verfahren vom Angreifer schon nicht verstanden wird: Security by Obscurity

Die Liste der Schwachstellen ist lang.[3] Schaut man auf die veröffentlichten Top Ten der Schwachstellen,[4] findet man alljährlich typische Schwachstellen immer wieder. Für viele Fragestellungen zur Vermeidung von Schwachstellen stehen gute Standardwerke zur Verfügung. Häufig werden solche Hinweise aber nicht beachtet. Beispielsweise ist es insbesondere für Web-Anwendungen, aber auch für viele andere Anwendungen sinnvoll, eine Eingabeüberprüfung auf gültige Werte durchzuführen[5] – realisiert wird es selten. Zwei Beispiele aus diesem Kontext sollen hier kurz ausgeführt werden:

5.2.1 SQL-Injection

Diese Art von Schwachstelle und damit auch Angriffsmöglichkeit basiert auf einer fehlenden Eingabevalidierung. Stellen wir uns ein einfaches Beispiel einer Web-Anwendung vor, bei der in einer Eingabemaske die Benutzerdaten eingetragen werden. Erwartet werden in den Eingabefeldern bspw. der Name und das Kennwort eines Benutzers. Im ordnungsgemäßen Betrieb würde die Web-Anwendung wie in Abbildung 5.1 funktionieren:

Abbildung 5.1: Funktionsweise Web-Anwendung

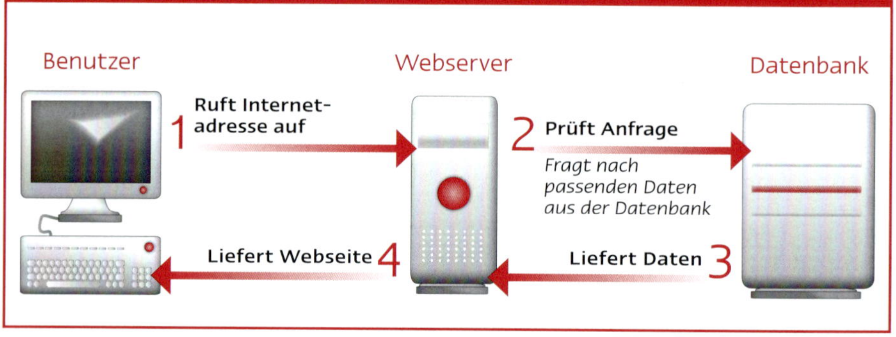

Wird anstatt eines Kennworts ein SQL-Befehl eingetragen und diese Eingabe nicht gefiltert, ist es möglich, die Abfragen der Datenbank zu manipulieren. Anstatt eines Kennworts kann man bspw. »'OR 1=1 --« eingeben. Dies würde z. B. von einem Microsoft SQL Server interpretiert als »Verknüpfe die vorhergehende Abfrage (bspw. nach dem Benutzernamen, abgeschlossen durch das Zeichen ') mit dem logischen »oder« (OR)« mit der Bedingung

---

3 Siehe exemplarisch für viele andere Schwachstellen-Übersichten *http://nvd.nist.gov*.

4 *http://www.sans.org*.

5 Zur Absicherung vgl. auch die Hinweise und Literaturangaben in Kapitel 23.

»1 ist gleich 1«. Da die Bedingung »1 ist gleich 1« in jedem Fall wahr/erfüllt ist, liefert die Abfrage ein Ergebnis. Die »--« Zeichen am Ende werden als »hier beginnt ein Kommentar« interpretiert und somit werden weitere Abfragen als Kommentar interpretiert und nicht verarbeitet. Je nach Struktur der Datenbanktabellen erfolgt dann eine Anmeldung als Benutzer – selbst wenn man das Kennwort nicht kennt.

In einer bereits 2004 von der Firma Foundstone entwickelten Lernapplikation *hacmebank*[6] zum Hacken von Webseiten konnte man dies sehr anschaulich testen. Die Anwendung eignete sich auch gut, um Entwicklern typische Schwachstellen zu zeigen. Ein aktuelles Beispiel sind die bei Hack The Box bereitgestellten schwachstellenbehafteten Anwendungen und Systeme.[7]

Abbildung 5.2: Manipulation der Anfragen

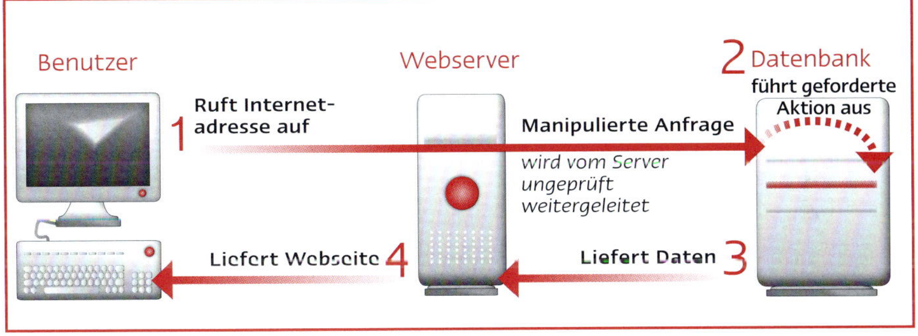

Bei dieser prinzipiellen Schwachstelle helfen selbst gut gewählte komplexe Kennwörter nicht. Durch geeignet konstruierte Abfragen kann ein unberechtigter Dritter Informationen über die Datenbankstruktur herausfinden und im Idealfall nach Belieben auf die Datenbank zugreifen, z. B. auch mit Kommandos wie *drop table*, *insert* und anderen. Dies zeigt nur eine von vielen denkbaren Möglichkeiten für derartige Angriffe auf, ist aber gleichzeitig ein sehr gutes Beispiel für eine nicht wirksame Eingabeüberprüfung.

5.2.2 Buffer Overflows

Buffer Overflows sind in allen Arten von Anwendungen, Betriebssystemen oder Firmware weit verbreitet und auf eine nachlässige Programmierung zurückzuführen. Bei dieser Verwundbarkeit wird ausgenutzt, dass Entwickler mit bestimmten ungewöhnlichen Eingaben nicht gerechnet haben.

Eine Buffer-Overflow-Verwundbarkeit liegt vor, wenn durch einen Angreifer ein vermeintlich beschränkter Puffer im Speicher über seine Grenzen hinaus kontrolliert überschrieben werden kann. Ursache ist, dass die maximale Größe einer Eingabe zur Laufzeit nicht geprüft wird und somit überschritten werden kann. In einem Namensfeld wird bspw.

6 *https://www.owasp.org/index.php/HacmeBank.*

7 *https://www.hackthebox.com.*

eine Eingabe von 20 Zeichen erwartet. Es ist aber möglich, z. B. von Hand, per Skript oder per übertragenem Datenpaket, mehr Zeichen einzugeben. Im folgenden Schaubild ist die Funktionsweise dargestellt, gefolgt von einer kurzen Beschreibung:

Abbildung 5.3: Technische Basis eines Buffer Overflows

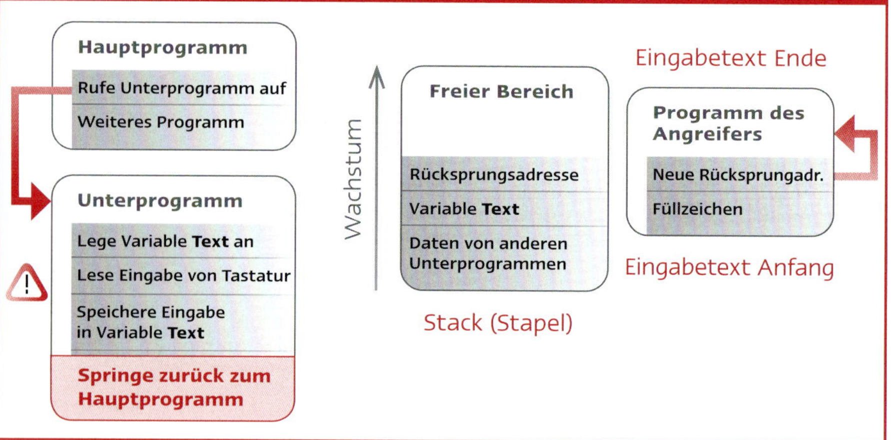

Auf der linken Seite ist dargestellt, wie von einem Hauptprogramm aus ein Unterprogramm aufgerufen wird. Beim Start des Unterprogramms wird auf dem Stack, eine Art Zwischenspeicher, eine Variable »Text« in der definierten Länge angelegt, siehe auch Mitte der Abbildung 5.3. Zusätzlich wird auf dem Stack die Rücksprungadresse, d. h. die Adresse im Speicher, ab der die weitere reguläre Programmausführung stattfinden soll, abgelegt.

Abbildung 5.4: Ausführen beliebigen Codes

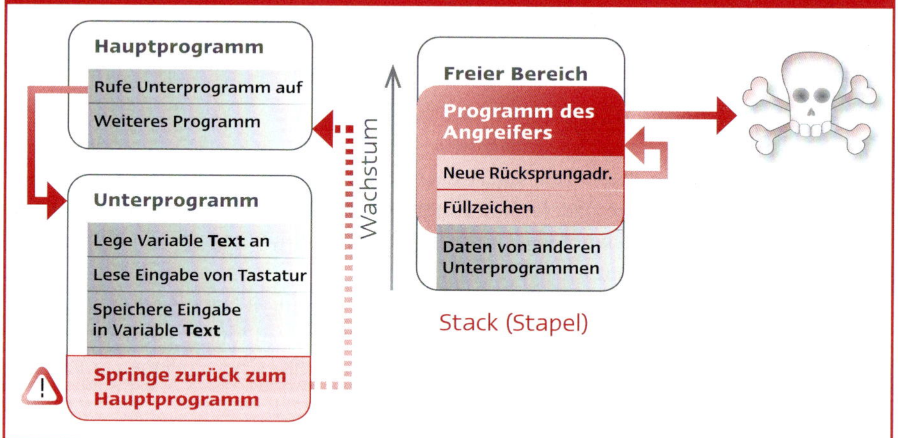

Wird nun die Eingabe für die Variable »Text« nicht überprüft, kann ein Angreifer diesen Umstand ausnutzen, indem er die folgenden Schritte durchführt:

1. Der Bereich, der für die Variable »Text« vorgesehen wurde, wird mit Füllzeichen überschrieben. Die Größe kann oft durch einfaches Ausprobieren oder automatisierte Abfragen herausgefunden werden.
2. Die ursprüngliche Rücksprungadresse wird verändert und durch eine neue, vom Angreifer definierte Rücksprungadresse überschrieben. Allein durch das Überschreiben der Rücksprungadresse kann bereits ein Denial of Service ausgelöst und Systeme oder Dienste außer Funktion gesetzt werden.
3. Um beliebigen Code des Angreifers ausführen zu können, kann die Rücksprungadresse auch so verändert werden, dass diese auf ein Programm eines Angreifers, das ebenfalls im Stack untergebracht wurde, verweist (s. rechter Teil der Abb. 5.1). Dieses Programm wird dann anstatt des eigentlichen nächsten Programmschrittes im Kontext und mit allen Rechten des Hauptprogramms ausgeführt.

Wenn das Hauptprogramm mit Administrator- oder Root-Berechtigungen ausgeführt wurde, kann der Angreifer das System vollständig übernehmen.

Die wichtigsten beiden Eigenschaften im Zusammenhang mit Buffer-Overflow-Angriffen sollte man sich merken: Die Rücksprungadresse wird überschrieben und es kann beliebiger Code ausgeführt werden.

Es handelt sich um eine sehr gefährliche Angriffsart, deshalb sollten Entwickler bei jeder Eingabemöglichkeit eine entsprechende Eingabe-Überprüfung vorsehen. Dies erhöht einerseits gegebenenfalls den Entwicklungs- und Testaufwand einer Software. Andererseits werden die Angriffsmöglichkeiten erheblich und wirkungsvoll eingeschränkt. Zusätzlich sollten die von vielen Betriebssystemen inzwischen gebotenen Maßnahmen zum Schutz vor Buffer Overflows wie Data Execution Prevention (DEP), No-Execute Bit (NX-Bit), Address Space Layout Randomization (ASLR) genutzt werden.

Die Darstellung weiterer typischer Schwachstellen wie bspw. Cross Site Scripting oder Angriffsarten wie ARP-Poisoning oder Brute-Force-Angriffe auf Passwörter würde den Rahmen dieses Kapitels sprengen.

5.2.3 Motivation eines Angreifers

Der Begriff *Angreifer* wird in diesem Kapitel sehr generell verwendet. Ein Angreifer kann bspw. eine beliebige Person aus dem Internet, ein interner Mitarbeiter, ein Mitarbeiter eines Partner-Unternehmens oder ein Wettbewerber sein.

Die Motive können vielfältig sein, z. B. vom Mobbing von Kollegen über politische Interessen bis hin zu Spionage. Im Verlauf der Jahre ist eine Kommerzialisierung von Angriffen festzustellen. Ging es früher noch um das Prestige, eine bekannte Website übernommen zu haben, geht es heute darum, mit illegalen Methoden Geld zu verdienen. Neben breit gestreuten Ansätzen wie Spam, Phishing oder Übernahme von Systemen zur Integration in sogenannte Bot-Netzwerke oder zum Crypto-Mining sind auch die gezielte Wirtschaftsspionage, gezieltes Spear-Phishing, die Auftragsentwicklung von Trojanern oder Angriffe gegen öffentliche Stellen keine Seltenheit mehr.

5.3 Vorgehensweise bei Penetrationstests

Um darzustellen, wie Schwachstellen in Systemen festgestellt und ausgenutzt werden können, ist im Folgenden kurz die Vorgehensweise bei der Durchführung von Penetrationstests beschrieben. Von den technischen Voraussetzungen her gibt es keine wesentlichen Unterschiede zu einem »richtigen« Hackerangriff. Bei einem Penetrationstest wird ein sogenannter *White Hat* (guter Hacker) mit den Methoden und Werkzeugen eines *Black Hat* (böser Hacker[8]) arbeiten. Zum Austausch über aktuelle Angriffstechniken werden unter anderem Konferenzen wie die Blackhat, Defcon und Shmoocon veranstaltet. Ein White Hat hat lediglich den Nachteil, dass er nur beschränkte Zeit, eine definierte Projektlaufzeit und ein begrenztes Budget zur Verfügung haben wird. Ein weiterer wesentlicher Unterschied zu einem Black Hat ist, dass oft Zeiträume zur Durchführung als Vorsichtsmaßnahme abgestimmt werden und bei Systemstörungen zeitnah eine Information der Betreiber erfolgen sollte.

In der Regel erfolgen Hackerangriffe nach ähnlichen Mustern, an denen auch Penetrationstests orientiert werden. Die folgenden Elemente sind typische Bestandteile eines Angriffs:

1. Informationsbeschaffung zum Zielsystem
2. Portscans
3. Automatische Überprüfungen
4. Manuelle Untersuchungen
5. Anwendung von Exploits, Tools, Rootkits oder Trojanern

Im folgenden Abschnitt werden einzelne Elemente im Detail vorgestellt, ebenso soll auf weitere Angriffsarten wie das *Social Engineering* kurz eingegangen werden.

5.3.1 Informationsbeschaffung

Der erste Schritt zur Durchführung von Angriffen ist eine Informationsbeschaffung über die Zielsysteme und anwendungen. Hierfür werden in der Regel frei im Internet verfügbare Informationen recherchiert, sei es über zur Verfügung gestellte Dienste (Mailserver, Webserver, DNS-Server) oder auch über Suchmaschinen. Von Johnny Long wurde bereits 2005 ein mehrere Hundert Seiten umfassendes Buch zum Thema »Google hacking« zusammengestellt. Anonymität im Internet ist inzwischen eher ein Ziel als eine Eigenschaft. Beispielsweise kann bei bekanntem Firmennamen relativ einfach über DNS-Anfragen (Domain Name System) oder Datenbanken wie Shodan bestimmt werden, unter welchen IP-Adressen Web-Dienste zur Verfügung gestellt werden. Über die IP-Adresse und weiteren Abfragen, bspw. bei RIPE (reseaux IP europeenes – Internetdatenbank mit Netzbereichen in Europa), können komplette Zielnetze bestimmt werden. Nachdem die Zielnetze festgestellt wurden, wird in der Regel durch sogenannte Portscans versucht, aktive Systeme und Details zu den betriebenen Diensten zu finden. Um die Informations-

8 Die Begriffe gut und böse sollen hier nicht weiter vertieft werden und sind aus der jeweiligen Absicht zu interpretieren.

beschaffung zu vereinfachen, gibt es dedizierte Programme, wie bspw. *Maltego* oder historische Werkzeuge wie *Sam Spade*. Mit Maltego können u. a. Übersichten zu Systemen und Kommunikationsverbindungen erstellt werden.

Hierdurch kann ein potenzieller Angreifer recht ergonomisch und effizient eine Informationsbeschaffung über mögliche Zielsysteme und Zielnetzsegmente durchführen.

5.3.2 Portscans

Durch sogenannte Portscans wird mit Programmen automatisiert versucht, aktive Dienste zu bestimmen. Hierzu steht eine Reihe von Tools zur Verfügung, die sich alle durch einfache Bedienbarkeit und umfassende Funktionen auszeichnen. Eines der bekanntesten ist *Nmap*. Dieses kostenfreie Werkzeug kann sowohl von Administratoren zur Überprüfung eigener Systeme wie auch von einem Angreifer zur Identifizierung von Systemen und Diensten benutzt werden.

Abbildung 5.5: Nmap mit der grafischen Oberfläche Zenmap

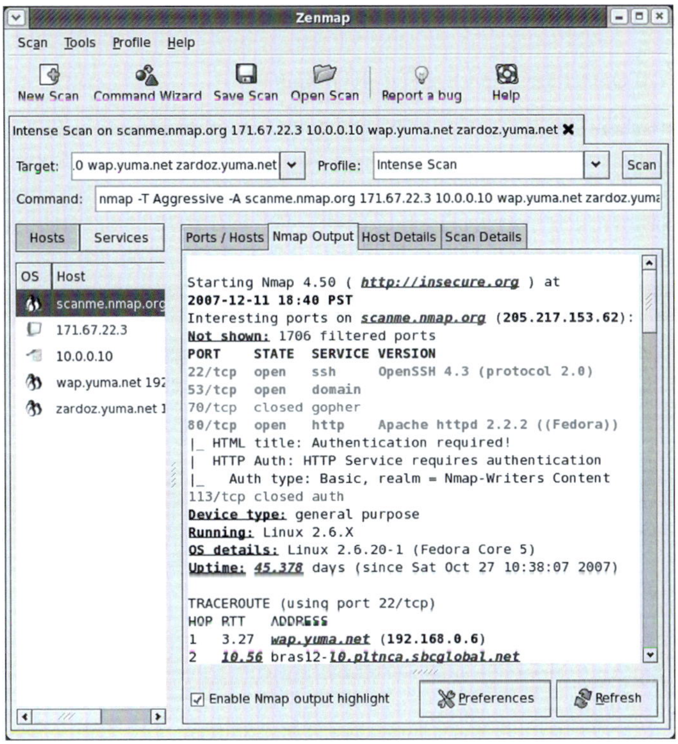

Screenshot aus: Gordon Lyon, *http://www.insecure.org*

Mithilfe von Zenmap, einer grafischen Oberfläche für das an sich per Kommandozeile bedienbare Tool, kann auf einfache Weise eingestellt werden, welche Ports überprüft werden sollen (bekannte Standardports, definierte Portranges, alle Ports von 1 bis 65.535), welche Protokolle verwendet werden sollen (TCP, UDP), ob vorab ein ICMP echo request (»ping«) oder TCP-Ping durchgeführt werden soll,[9] welche Art von Portscan (vollständiger TCP-Dreiwege-Handshake, syn scan und weitere) genutzt und welche Zielsysteme untersucht werden sollen. Zusätzlich kann die Geschwindigkeit variiert und automatisch weitere Informationen, bspw. angezeigte Banner, mit erfasst werden. Durch einen Portscan erhält man die folgenden Informationen:

- aktive Systeme und deren IP-Adressen
- aktive Dienste und gegebenenfalls deren Banneranzeige, z. B. »Apache 2.4.54«
- Hinweise auf eingesetzte Betriebssysteme, z. B. durch die Nmap-integrierte Betriebssystemerkennung *(OS Detection)*

Im nächsten Schritt werden bei den identifizierten Systemen gezielt Schwachstellen recherchiert. Hierzu werden zwei Ansätze verfolgt: zum einen automatische Untersuchungen mit Security-Scannern, sogenannte »Security Scans«, zum anderen manuelle Angriffsversuche bspw. über Eingabefelder bei Web-Anwendungen.

5.3.3 Automatische Überprüfungen

Zur automatischen Überprüfung und Suche nach Schwachstellen von IT-Komponenten steht eine Reihe von Security-Scannern zur Verfügung, die teilweise kommerziell und teilweise kostenfrei als Open-Source-Programme angeboten werden. Neben »allgemeinen« Scannern wie z. B. *Nessus*, die breitbandig Schwachstellen von einer ganzen Reihe von Systemen wie Windows, Linux, Firewalls, Mailservern, Routern oder Printservern überprüfen können, gibt es noch dedizierte Scanner für spezielle Anwendungen. *Burp Proxy (Professional)* und *Nikto* sind bspw. Werkzeuge, um Webserver und Web-Anwendungen zu testen. Dies geht so weit, dass in sämtliche Eingabefelder einer Anwendung automatisch SQL-Befehle eingetragen werden, um so Schwachstellen bei der Behandlung von Eingaben hinsichtlich SQL-Injection zu identifizieren.

Auch wenn der Fokus dieses Kapitels nicht das Thema Werkzeuge sein soll, ist es doch wichtig, die Mächtigkeit dieser Werkzeuge zu kennen, weil Angreifer solche Werkzeuge einsetzen. Nur so kann die Bedrohungslage und das erforderliche Know-how richtig eingeschätzt werden. Betrachtet man bspw. *Nessus*, stellt man fest, dass auch eine Person mit sehr wenig IT-Know-how in der Lage sein dürfte, dieses Tool zu bedienen. Lediglich die Zielsysteme und die Angriffe, die durchgeführt werden sollen, müssen konfiguriert werden. Im Zweifelsfall wird man einfach sämtliche der weit über 100.000 Schwachstellen auswählen. Ein Angreifer oder auch Systemverantwortlicher hat somit ohne Weiteres die Möglichkeit, vorhandene Schwachstellen zu bestimmen. Bei der Nutzung derartiger Tools durch Systemverantwortliche im Kontext von Sicherheitsanalysen sollte jedoch beachtet werden, dass einige Angriffsmodule, insbesondere die Verwendung der Denial-of-Service-Module, gegebenenfalls zu Systemstörungen oder Abstürzen führen können. Im

9 Hierdurch können Systeme, die nicht hinter einem Firewall-System oder in einer DMZ betrieben werden, sehr schnell aufgespürt werden – die Einstellung wird typischerweise für LAN-Umgebungen verwendet.

Rahmen von Penetrationstests sollten daher Zeitfenster für die Durchführung vereinbart und Bereitschaftsnummern zur zeitnahen Information über festgestellte Störungen ausgetauscht werden. Gleichfalls sollten für den Fall einer Unregelmäßigkeit beim Test die Notfall-, Recovery- und Backup-Konzepte vorhanden und wirksam sein.

5.3.4 Manuelle Untersuchungen

Die Durchführung von manuellen Untersuchungen erfordert im Vergleich zu automatisierten Untersuchungen deutlich mehr Ressourcen. Für individuelle Anwendungen und Systeme kann man in der Regel nicht auf automatisierte Werkzeuge zurückgreifen. Für Analysen muss man individuelle, manuelle Angriffsversuche durchführen, um bspw. Fehler in der Anwendungslogik, mit denen die Entwickler nicht gerechnet haben, festzustellen.

Für solche Analysen ist zum einen Erfahrung und zum anderen auch ein gewisses Maß an Kreativität erforderlich. Eine umfassende Darstellung manueller Analysen ist an dieser Stelle nicht möglich. Beispiele für Vorgehensweisen sind:

- Test von Eingabefeldern in Web-Anwendungen: Eingaben von SQL-Anweisungen, Eingabe von überlangen Zeichenfolgen, Eingabe von Metazeichen, Eingabe von Skripten in Freitextfeldern (diese werden gegebenenfalls beim nächsten Betrachten des Eintrags von einem anderen Benutzer ausgeführt)
- Untersuchung der Behandlung von Sitzungen *(Session Handling)*: z. B. Untersuchung des Timeout-Verhaltens der Sitzung
- Untersuchung der Authentifizierung
- Überprüfung der verwendeten Verschlüsselungsverfahren

Eine gute Übersicht, was getestet werden kann und sollte, bieten der OWASP Web Security Testing Guide WSTG und der OWASP Mobile Security Testing Guide MSTG [OWASP WSTG] [OWASP MSTG].

5.3.5 Anwendung von Exploits

Nachdem Schwachstellen durch die automatisierten und manuellen Untersuchungen bestimmt wurden, stellt sich die Frage, wie diese Schwachstellen ausgenutzt werden können. Das Ziel eines Angreifers wird in der Regel sein, ein System zu übernehmen und soweit möglich die vollständige Kontrolle über das System zu erlangen.

Durch sogenannte Exploits werden Schwachstellen gezielt ausgenutzt. Ein Exploit ist in der Regel ein Stück Software oder Skript, das eine Kompromittierung von Systemen erlaubt. Hierzu gibt es im Internet einschlägige Webseiten bis hin zu Exploit Datenbanken, in denen die Exploits aufgeführt, beschrieben und zum Download zur Verfügung gestellt werden. Mit besonders aktuellen Exploits, oft Zero-Day-Exploits genannt, wird ein regelrechter Handel betrieben. Diese Zero-Day-Exploits sind besonders gefährlich, da in der Regel die Schwachstelle publiziert ist, aber eine Gegenmaßnahme des Herstellers bspw. in Form eines Patchs noch nicht zur Verfügung gestellt wurde. Durch Werkzeuge wie Metasploit kann die Anwendung von Exploits stark vereinfacht werden.

5.3.6 Schwachstellenverkettung und Lateral Movement

Bei manchen Exploits werden durch eine Schwachstellenverkettung mehrere Schwachstellen kombiniert, die für sich einzeln an sich nicht so gravierend wären. Es gibt Beispiele, in denen über eine SSL-Schwachstelle ein Webserver übernommen werden konnte und dann im Kontext des Webservers weitere lokale Schwachstellen ausgenutzt wurden. Somit war dann letztendlich eine Übernahme des Systems im Root-Kontext möglich. Dies belegt, dass man sich um jede einzelne Schwachstelle kümmern sollte, auch wenn sie für sich allein gesehen ggf. nicht so kritisch wäre.

Ebenso spielt das sogenannte »Lateral Movement« eine Rolle. Vielfach wird z. B. ein übernommenes Client-System als Brückenkopf genutzt, um von dort aus Angriffe gegen weitere interne Systeme durchzuführen. Konzeptionelle Schwachstellen, bspw. dass ein Windows-Domänen-Administrator sich auf einem Client-System eines Benutzers angemeldet hat, können ausgenutzt werden, indem die lokal zwischengespeicherten Credentials angegriffen und ggf. erfolgreich in Erfahrung gebracht werden.

5.3.7 Social Engineering

Nicht alle Angriffe sind unbedingt technischer Natur. Durch das sogenannte *Social Engineering*[10] ist es möglich, Informationen auf nicht technischem Weg zu beschaffen. Dazu versuchen die Angreifer, die Opfer zu täuschen. Beispielsweise könnte in einem großen Unternehmen ein Angreifer von einem Besprechungsraum aus Mitarbeiter anrufen, sich als Mitglied des Helpdesk-Teams ausgeben und nach Zugangskennworten fragen.

Andere Beispiele sind Anfragen per E-Mail, SMS oder Telefon, durch die die Opfer verleitet werden, schutzwürdige Informationen preiszugeben. Darunter fallen auch Versuche, die Opfer auf gefälschte oder manipulierte Webseiten zu leiten (Phishing).

5.4 Angriffswerkzeuge

Auch wenn die eingesetzten Werkzeuge nur Mittel zum Zweck sind, wird ihnen ein eigener Abschnitt gewidmet. Wie in Abschnitt 5.3 bereits beschrieben, gibt es für fast jeden Schritt und fast jedes System geeignete Angriffswerkzeuge. Vergleichen wir diese Entwicklung mit der von physischen Schlössern, so kann auch hier festgestellt werden, dass es für fast jede Schlossart entsprechende Aufsperrwerkzeuge gibt. Selbst immer bessere Schlösser werden immer wieder geknackt. Der Unterschied zu den digitalen Werkzeugen ist aber, dass man in der Regel über Erfahrung und Geschick zur Anwendung der Werkzeuge verfügen muss, dass Lock-Pick-Sets und Türfallen-Öffnungsnadeln, um nur zwei Beispiele zu nennen, nicht umsonst erhältlich sind und sich im Gegensatz zu den hier vorgestellten digitalen Werkzeugen auch nicht beliebig einfach beschaffen lassen.

Betrachtet man auf der einen Seite die Komplexität von Angriffstechniken im Verlauf der Zeit und auf der anderen Seite das erforderliche Know-how der Angreifer, stellt man gemäß einer bereits vor langer Zeit durchgeführten Studie des CERT der Carnegie

10 Siehe dazu auch Kapitel 26.

Mellon University, dem Ur-CERT, eine vermeintlich widersprüchliche Entwicklung fest. Abbildung 5.6 zeigt die Entwicklung des Angreiferwissensstands im Vergleich zur Qualität des Angriffs.

Abbildung 5.6: Angriffskomplexität vs. Angreifer-Know-how

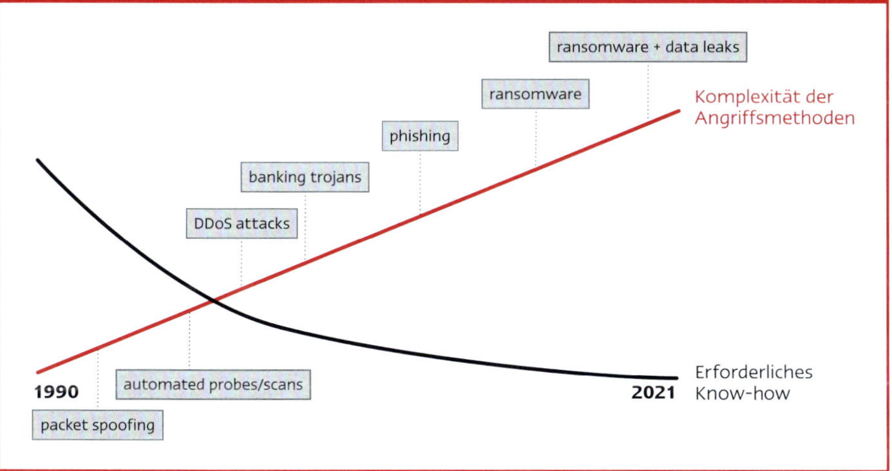

Die Angriffe werden immer ausgefeilter, obwohl das erforderliche Know-how der Angreifer stark abnimmt. Dies ist hauptsächlich durch die Art und die Verbreitung der verwendeten Tools begründet. »Hackerparagraf« hin oder her: Die Tools, mit denen Angriffe durchgeführt werden können, werden in immer besserer Qualität oder sogar als über das Darknet buchbare Dienste zur Verfügung gestellt. Manchmal reagieren Hersteller überhaupt erst auf Schwachstellen, wenn ein Exploit als Proof-of-Concept veröffentlicht wurde. Zur Verfügung gestellt heißt dabei, dass sie beliebig über das Internet verbreitet werden. Generell kann also davon ausgegangen werden, dass jemand mit entsprechendem Interesse die Werkzeuge und Dienste finden wird. Die Tools sind in der Regel mit grafischen Oberflächen ausgestattet und sehr einfach zu bedienen. Die Zeiten, in denen umfangreiche Kommandozeilenkenntnisse auf UNIX-Basis erforderlich waren, sind lange vorbei. Per Boot-CD kann auch jemand, der sich nur ansatzweise mit Windows auskennt, einfach eine solche Angreifer-Toolbox, z. B. Kali Linux, starten und bedienen.

Wie die Tools zu benutzen sind, wird nicht nur in einschlägigen Foren beschrieben oder Schritt für Schritt in einer Anleitung erklärt. Es gibt zahlreiche Videos auf beliebten Plattformen, in denen dargestellt wird, wie die Tools oder Angriffsmethoden genau funktionieren. Der Angreifer muss im Wesentlichen nur noch »nachklicken«, um echte und auch schädliche Angriffe durchzuführen. Dadurch hat sich die Anzahl potenzieller Angreifer und somit die Bedrohungslage erheblich erhöht. Die Tools an sich stellen daher ein wesentliches Element der Bedrohungslage dar.

Im Folgenden wird eine kleine Auswahl aus typischen Angriffswerkzeugen vorgestellt.

5.4.1 Rootkits

Ein Rootkit ist ein Werkzeug, das es einem Angreifer erlaubt, dauerhaft auf ein System zugreifen zu können. Nach einer erfolgreichen Übernahme eines Systems wird ein Rootkit als »Hintertür« auf einem System installiert. Das Rootkit wird dabei sehr gut versteckt, sodass die Systemverantwortlichen die Zugangsmöglichkeit nicht oder nur sehr schwer erkennen. Der Angreifer kann hierdurch beliebig auf das System zugreifen, Daten ablegen, Daten ändern und durchaus auch das System für weitere Angriffe missbrauchen.

5.4.2 Virus Construction Kits

Mit Virus Construction Kits können Viren und Würmer auch von nicht versierten Angreifern erstellt werden. Hierzu sind keine Programmierkenntnisse erforderlich. Per »Point and Click« können neue Viren generiert werden. Auch die Verbreitungsart und die Schadfunktion können praktisch beliebig gewählt werden.

5.4.3 Trojaner und Kryptotrojaner

Ein Trojaner als Unterform eines Virus dient, wie das historische Beispiel des Trojanischen Pferdes, dazu, etwas einzuschleusen. Der digitale Trojaner verwendet hierzu ein Wirtsprogramm, in dem die eigentlichen Trojanerroutinen versteckt werden. Da das Wirtsprogramm so abgeändert wird, dass die eigentliche Funktion beibehalten wird, fällt der Trojaner nicht unmittelbar auf. Beim Starten des Wirtsprogramms wird dann automatisch der Trojaner mitgestartet, der bspw. eine Verbindung zum Internet aufbaut und für den Angreifer eine Zugangsmöglichkeit zum angegriffenen System bereitstellt.

Dem Angreifer werden dann im Berechtigungskontext des Benutzers zahlreiche Funktionen zur Verfügung gestellt. Abbildung 5.7 zeigt die Client-Komponente von *SubSeven*, einem sehr mächtigen Trojaner, der bereits 2005 zahlreiche Funktionen integriert hatte.

Der Angreifer ist damit in der Lage, auf sämtliche Dateien, auch auf Netzlaufwerke, zuzugreifen, Passwörter abzufangen, durch einen Keylogger sämtliche Tastatureingaben mitzuschneiden oder sich Screenshots vom Desktop schicken zu lassen. Er kann sogar ein im Rechner eingebautes Mikrofon oder eine angeschlossene Webcam zur Raumüberwachung einsetzen.

Abbildung 5.7: Bedienoberfläche SubSeven-Trojaner

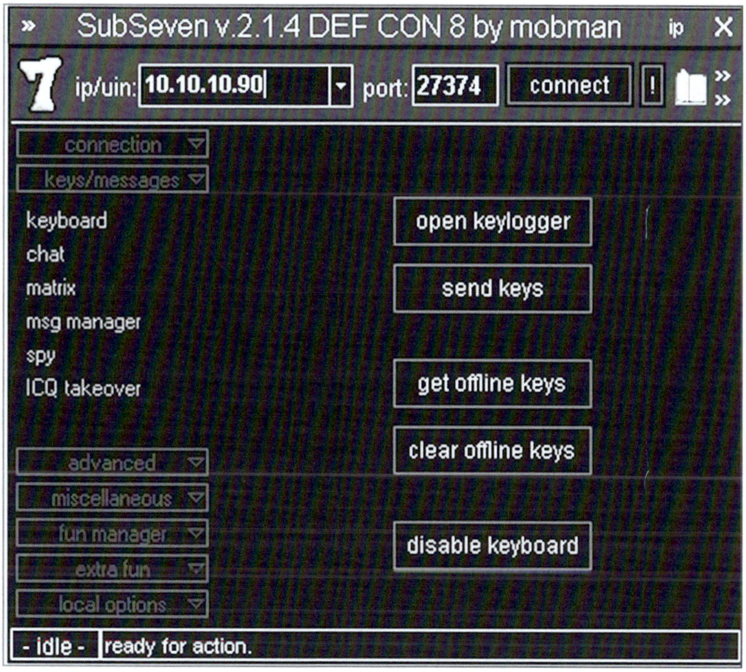

Screenshot von SubSeven v.2.1.4, mobman

Einige der Trojaner wiesen einen so hohen Funktionsumfang auf, dass sie später als Tool für Remote-Support verkauft wurden. Auch hier gilt, dass ein Angreifer kein umfangreiches Know-how benötigt, um diese Angriffswerkzeuge einsetzen zu können.

Aktuell werden vielfach Kryptotrojaner eingesetzt. Nach einer erfolgreichen Infektion werden alle Daten des betroffenen Nutzers verschlüsselt, auch auf Netzlaufwerken. Hierdurch können ganze Unternehmen erheblich beeinträchtigt werden. Gegen Bezahlung einer entsprechenden Lösegeldforderung bspw. in Bitcoin erhält man den erforderlichen kryptografischen Schlüssel zur Wiederherstellung der Daten. Diese auch als Ransomware bezeichnete Schadsoftware wird häufig von kriminellen Institutionen eingesetzt. Die Bedrohung wird verschärft, indem die Original-Datenbestände vom Angreifer kopiert werden und mit deren Veröffentlichung gedroht wird. Einzelne Fälle sind bekannt, in denen Unternehmen in Ermangelung eines gegen Kryptotrojaner ertüchtigten Backup-Konzepts in Konkurs gegangen sind.

5.4.4 PowerShell

Als ein mächtiges Angriffswerkzeug bei Windows-Systemen wird inzwischen die in das Betriebssystem integrierte PowerShell genutzt. Es gibt Werkzeuge wie das auf PowerShell basierte »Empire«, das vielfältige Angriffsmöglichkeiten zur Verfügung stellt. Über PowerShell lassen sich sowohl administrative Aufgaben als auch Angriffe automatisieren. Eine Erkennung als Schadsoftware ist vielfach schwierig, da der Angreifer ggf. eigene Skripte verwendet oder erstellt. Daher sollte eine Absicherung von PowerShell als essenzielle Maßnahme umgesetzt werden. Unter anderem können die Berechtigungen, wer PowerShell nutzen kann, eingeschränkt werden und es ist auch möglich, ausschließlich von der Institution erstellte und signierte Skripte ausführen zu lassen.

Zusammenfassung

Die Hintergründe und konkreten Beispiele für die Ursachen von Sicherheitsproblemen sind vielfältig. Die Anzahl der gemeldeten Schwachstellen steigt permanent, die Angriffsmethoden werden immer noch kreativer, und es stehen Angriffswerkzeuge in bester Qualität und Ergonomie zur Verfügung. Die Gefährdungslage ist insbesondere durch einfach bedienbare Angriffswerkzeuge gestiegen, sodass auch mit wenig Know-how aufseiten des Angreifers erfolgreich Systeme penetriert und übernommen werden können.

Hierdurch verschärft sich die Bedrohungslage, gleichzeitig können aber mit den gleichen Tools auch Penetrationstest durchgeführt werden, um die vorhandenen Gefahren realistisch beurteilen zu können. Um den Gefahren wirksam zu begegnen, müssen Sicherheitsmaßnahmen gezielt und konsequent eingesetzt werden. Die wichtigsten werden in den nächsten Kapiteln vorgestellt.

Literatur

[RFC 1983] *Malkin, G. (Ed.):* RFC 1983 – Internet Users' Glossary, 1996; *http://www.ietf.org/rfc/rfc1983.txt* (Stand: 17.01.2024)

[OWASP WESTG] *OWASP Web Security Testing Guide; https://owasp.org/www-project-web-security-testing-guide* (Stand: 17.01.2024)

[OWASP MSTG] *OWASP Mobile Security Testing Guide; https://owasp.org/www-project-mobile-security-testing-guide* (Stand 17.01.2024)

6 ISO 27001 und ISO 27002

Einleitung

Im Jahr 2005 wurde durch die International Organization for Standardization (ISO) ein Standard veröffentlicht, der sich dediziert dem Thema »Managementsystem für Informationssicherheit« widmet. Wie auch andere Managementstandards (z. B. ISO 900x für Qualitätsmanagement oder ISO 1400x für ein Umweltmanagementsystem) bietet dieser Standard Unternehmen und Behörden die Möglichkeit einer Zertifizierung. Hierzu definiert ISO 27001 [ISO27001] verbindliche und konkrete Anforderungen an zu etablierende Prozesse und umzusetzende Maßnahmen. Überarbeitete Fassungen von ISO 27001 wurden 2013 und 2022 veröffentlicht. Neben einigen inhaltlichen Änderungen erfolgte insbesondere eine formelle Anpassung des Standards an Annex SL der ISO/IEC Directives, Part 1, Consolidated ISO Supplement – Procedures specific to ISO. Dort werden Vorgaben definiert für den Aufbau und die Struktur für ISO-Standards zu Managementsystemen.

Im Jahr 2000 wurde durch die ISO bereits mit ISO/IEC 17799 [ISO17799] ein »Leitfaden für das Management von Informationssicherheit« veröffentlicht und im Jahr 2007 in die ISO-27xxx-Reihe als ISO 27002 [ISO27002] überführt. ISO 27002 enthält eine Sammlung sogenannter Best-Practice-Maßnahmen, die im Rahmen eines angemessenen Security Managements berücksichtigt werden sollten. Aufgrund des fehlenden Prozessgedankens und der mangelnden Verbindlichkeit ist, im Gegensatz zur ISO 27001, eine Zertifizierung nicht möglich. Analog zu ISO 27001 wurde auch ISO 27002 überarbeitet und 2013 sowie 2022 in einer neuen Version veröffentlicht.

Dieses Kapitel beschreibt die Entstehungsgeschichte und Inhalte von ISO 27001 und ISO 27002. Ferner wird beschrieben, wie ISO 27001 in das Qualitätsmanagement einer Organisation integriert werden kann. Abschließend werden die entsprechenden Prüf- und Zertifizierungsprozesse erläutert.

6.1 Entstehungsgeschichte

Die Ursprünge von ISO 27001 und ISO 27002 reichen zurück zu den Tagen des britischen Department of Trade and Industry (DTI) Commercial Computer Security Centre (CCSC). Gegründet im Mai 1987, hatte das CCSC zwei Hauptaufgaben: Herstellern von IT-Sicherheitsprodukten dabei zu helfen, international anerkannte Kriterien zur Evaluierung von Sicherheitsprodukten und ein darauf basierendes Evaluierungs- und Zertifizierungsschema zu entwickeln. Diese Bemühungen flossen letztendlich in die Entwicklung der »Information Technology Security Evaluation Criteria« (ITSEC) ein.

Der zweite Schwerpunkt des CCSC lag in der Entwicklung eines *Code of Good Security Practice* und resultierte 1989 in der Veröffentlichung des *Users Code of Practice*. Diese Verhaltensrichtlinie wurde später vom National Computing Centre (NCC) und einer Gruppe von führenden Unternehmen und Organisationen weiterentwickelt; es sollte auf diesem Wege sichergestellt werden, dass der Code sinnvoll und aus Benutzersicht auch praktisch anwendbar war. Das Resultat wurde schließlich als Public Document (PD) 0003,

A Code of Practice for Information Security Management veröffentlicht und mündete nach einiger Umgestaltung 1995 in den durch das British Standard Institution (BSI) herausgegebenen britischen Standard BS 7799 Teil 1.

Dieser »Leitfaden zum Management von Informationssicherheit«, der Sicherheitsmaßnahmen und Hinweise für ein sinnvolles Vorgehen enthielt, sollte Industrie und Behörden bei der Umsetzung von Informationssicherheit unterstützen. Im Jahr 1998 wurde dann ein zweiter Teil, BS 7799-2 »Information Security Management Systems – Specification with guidance for use« [BS77992], veröffentlicht, der den Prozess zur Entwicklung eines Informationssicherheitsmanagementsystems (ISMS) beschreibt und als Grundlage für eine Zertifizierung diente.

Im Jahr 1998 wurde BS 7799 einer gründlichen Revision unterzogen. Ziel dieser Überarbeitung war, neue Entwicklungen, z. B. E-Commerce oder mobiles Arbeiten, und entsprechende Maßnahmen hinzuzufügen. Außerdem sollte die internationale Akzeptanz des Standards erhöht werden, bspw. durch das Entfernen aller »UK-spezifischen Verweise« innerhalb des Dokuments. Die neue Fassung des Standards wurde schließlich im März 1999 veröffentlicht.

Abbildung 6.1: Von BS 779 BS 7799 zu ISO 2700x – die historische Entwicklung im Überblick

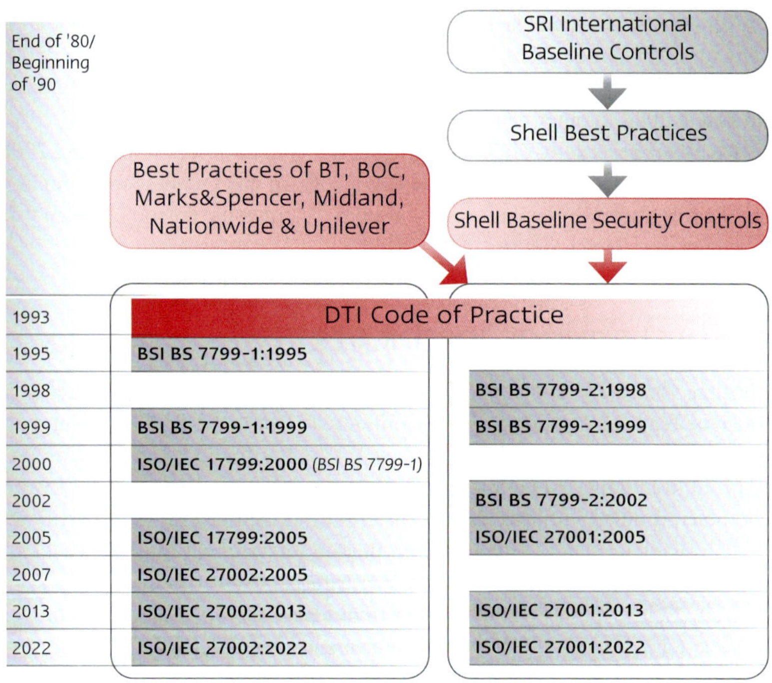

Das internationale Interesse an BS 7799 führte schließlich im Dezember 2000 dazu, dass BS 7799 Teil 1 [BS77991] als sogenannter Fast Track in die ISO-Standardisierung (International Organization for Standardization) eingebracht wurde und unter der Bezeichnung ISO 17799:2000 als internationaler Standard veröffentlicht wurde. Fast Track bedeutet, dass, mit Ausnahme einiger unbedeutender editorischer Änderungen, die ursprüngliche Fassung von BS 7799 Teil 1 ohne weitere inhaltliche Korrekturen übernommen wurde.

ISO 17799 umfasst jedoch nicht den zweiten Teil der BS 7799, der den Bereich der Umsetzung abdeckt und die Grundlage für eine Auditierung und Zertifizierung bildet. Dieser wurde 2005 dann in ISO 27001 überführt (vgl. Abb. 6.1). Im Juni 2005 wurde dann die neue Revision ISO 17799:2005 verabschiedet, die einige wesentliche Änderungen mit sich brachte, dazu später mehr.

Im Jahr 2002 wurde ferner eine überarbeitete Fassung von BS 7799 Teil 2 (BS 77792:2002) vorgelegt. Ziel dieser Revision war die Harmonisierung mit anderen Management-Standards, bspw. ISO 9001:2000 und ISO 14001:2004. Die Ausrichtung des zweiten Teils von BS 7799 an international anerkannte Managementstandards führte schließlich zur Überführung von BS 7799-2 in ISO 27001. Im Jahr 2007 erfolgte schließlich die Überführung von ISO 17799 in die ISO 27xxx-Reihe als Standard ISO 27002.

2013 wurden beide Standards noch einmal überarbeitet. Primäres Ziel der Überarbeitung war dabei, ISO 27001 kompatibel zu den Vorgaben der ISO zu Standards für Managementsysteme zu gestalten, gemäß Anhang SL der ISO/IEC-Direktiven, Teil 1, »Consolidated ISO Supplement« [DirectiveP1] sowie den Regeln nach ISO/IEC Dircktive, Teil 2 [DirectiveP2].

Eine weitere Überarbeitung erfolgte 2022. Hierbei wurden als wesentliche Änderungen in der ISO 27002 eine neue Struktur der Best Practices gewählt und zu einzelnen neuen Themengebieten wie Cloud Security neue Punkte ergänzt. Die ISO 27001 wurde im Annex A darauf abgestimmt.

6.2 Die Familie der ISO-27000-Standards

Stand 2022 umfasst die Familie der ISO-27000 über 20 Standards und weitere sind vorgesehen. Im Folgenden geben wir einen kurzen Überblick ausgewählter Standards, bevor in den weiteren Abschnitten dieses Kapitels die beiden Standards ISO 27002 und 27001 vertiefend dargestellt werden. Die fünf zentralen Standards für die Implementierung eines zertifizierbaren ISMS sind im Folgenden aufgeführt. Daneben hat die ISO bereits weitere Themen oder bereichsspezifische Standards verabschiedet (s. hierzu *http://www.iso.org*).

ISO/IEC 27000:2018
Information technology – Security techniques – Information security management systems – Overview and vocabulary

Der Standard ISO/IEC 27000 [ISO27000] gibt eine Einführung in die Familie der ISMS-Standards, stellt wichtige Definitionen vor und legt Begriffe fest. Er enthält:

- einen Überblick über die Familie von ISMS-Standards
- eine Einführung in das Information Security Management System
- ein Glossar der verwendeten Begriffe und Definitionen

ISO/IEC 27001:2022 Information security, cybersecurity and privacy protection – Information security management systems – Requirements

Der Teil ISO/IEC 27001 spezifiziert die Anforderungen für den Aufbau, die Umsetzung und die Prozesse für Betrieb, Überwachung, Überprüfung, Wartung und Verbesserung eines dokumentierten Informationssicherheitsmanagementsystems sowie die Anforderungen an die Implementierung von Sicherheitsmaßnahmen, die an die individuellen Bedürfnisse eines Unternehmens angepasst werden müssen.

ISO/IEC 27002:2022 Information security, cybersecurity and privacy protection – Information security controls

Dieser Teil bietet einen Leitfaden zum Management von Informationssicherheit und umfasst eine Sammlung von Empfehlungen für die Einführung, Durchführung, Aufrechterhaltung und Verbesserung eines ISMS.

ISO/IEC 27003:2017 Information technology – Security techniques – Information security management system implementation guidance

ISO 27003 [ISO27003] konzentriert sich auf die Management-Aspekte bei der Einführung eines ISMS. Der Standard stellt eine Anleitung für die erfolgreiche Konzeption und Implementierung eines ISMS nach ISO 27001 dar.

ISO/IEC 27004:2016 Information technology – Security techniques – Information security management – Measurement

Der Teil ISO 27004 [ISO27004] der Standard-Familie definiert die Kennzahlensysteme für die Messung der Wirksamkeit eines nach ISO 27001 implementierten ISMS.

ISO/IEC 27005:2018 Information technology – Security techniques – Information security risk management

ISO 27005 [ISO27005] enthält Richtlinien für ein Information Security Risk Management, das den Anforderungen nach ISO 27001 gerecht wird.

6.3 ISO 27001

ISO 27001 »Information security, cybersecurity and privacy protection – Information security management systems – Requirements« liefert ein Modell zum Aufsetzen und Betrieb eines effizienten ISMS. ISO 27001 beschreibt hierzu notwendige Prozesse zur Implementierung, Überwachung, Prüfung, Instandhaltung und Verbesserung eines ISMS, die in den folgenden sieben zentralen Themenkomplexen erläutert werden. In Klammern sind jeweils die Kapitel aus dem Standard angegeben:

- Context of the organization (Kapitel 4)
- Leadership (Kapitel 5)
- Planning (Kapitel 6)
- Support (Kapitel 7)
- Operation (Kapitel 8)
- Performance Evaluation (Kapitel 9)
- Improvement (Kapitel 10)

Des Weiteren umfasst der Standard die folgenden Anhänge:

- Annex A (normative) Control objectives and controls
- Bibliography

Vorangetrieben durch die Bestrebungen der ISO, eine einheitliche Struktur und einen einheitlichen Aufbau für alle als ISO-Standard verabschiedeten Managementsysteme zu etablieren, erfolgte auch in ISO 27001:2013 sowohl eine formelle als auch inhaltliche Anpassung. So wurde bspw. das in ISO 27001:2005 eingeführte Plan-Do-Check-Act-Modell (PDCA-Modell) nicht mehr grafisch aufgeführt, ergibt sich aber aus der Gliederung. Auch enthält ISO 27001:2013 keine Begriffsdefinitionen mehr, sondern verweist hierzu nur noch auf ISO 27000. Diese Maßnahmen führten letztlich dazu, dass der gesamte Standard ISO 27001:2013 gerade einmal 30 Seiten umfasst. Die überarbeitete Fassung ISO 27001:2022 wurde im Annex A an die neue ISO 27002:2022 angepasst.

6.3.1 Vorgehensweise und Anwendungen

Auch wenn die explizite Beschreibung des prozessorientierten Ansatzes (PDCA-Modell) in ISO 27001:2013 und neuer nicht mehr enthalten ist, so spiegelt sie sich doch in der strukturellen Gestaltung wider (s. Abb. 6.2).

Abbildung 6.2: Vorgehen nach ISO/IEC 27001

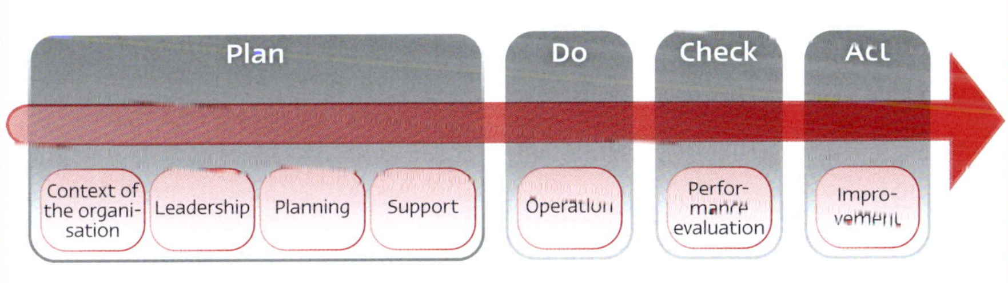

Zuordnung der PDCA-Phasen nach ISO 27001:2005 zum Vorgehen nach ISO 27001:2013.

Dies ist insbesondere für bereits zertifizierte Unternehmen von Relevanz, die im Rahmen einer bevorstehenden Re-Zertifizierung die notwendigen Schritte zur Anpassung des bereits etablierten ISMS an die Anforderungen der ISO 27001 vornehmen müssen. Unternehmen, die eine Zertifizierung nach ISO 27001 anstreben, müssen alle in den Kapiteln 4 bis 10 geforderten Anforderungen bis zum Zertifizierungszeitpunkt umsetzen. Gegenüber älteren Versionen von ISO 27001 haben Unternehmen nun etwas mehr Gestaltungsfreiheit, um die spezifischen ISMS-Zielsetzungen und zu erfüllenden Anforderungen an die jeweiligen Gegebenheiten des Unternehmens anzupassen.

6.3.2 Inhaltliche Elemente der ISO 27001

Die folgende Abbildung 6.3 zeigt, welche Elemente ein ISMS nach ISO 27001 umfassen sollte.

Abbildung 6.3: Inhaltliche Elemente der ISO/IEC 27001

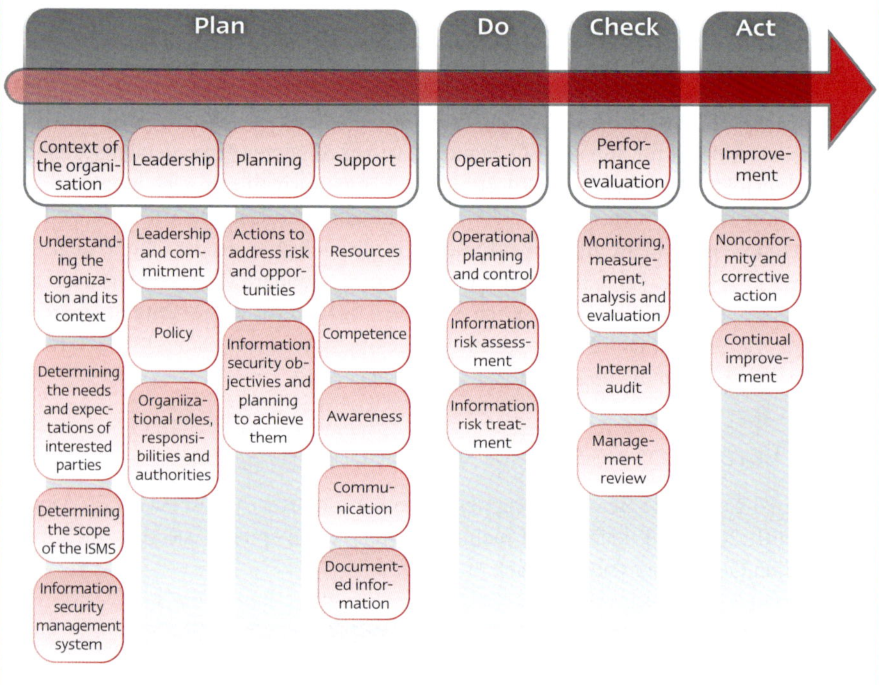

Context of the organisation

Die Basis für das zu etablierende ISMS bildet der spezifische Kontext des Unternehmens. Hierzu sind:

- relevante interne und externe Themen hinsichtlich der ISMS-Zielsetzungen zu bestimmen
- Anforderungen und Erwartungen von Beteiligten zu berücksichtigen

- gesetzliche und regulatorische Anforderungen zu identifizieren
- den Scope (Geltungsbereich) des ISMS festzulegen
- das eigentliche Informationssicherheitsmanagementsystem in Übereinstimmung mit den Anforderungen von ISO 27001 einzuführen, zu implementieren, aufrechtzuerhalten und kontinuierlich zu verbessern

Dies führt letztlich dazu, dass der Standard kein generelles Mindestmaß an Informationssicherheit bestimmt, sondern dies durch jedes Unternehmen selbst ermittelt und fixiert werden muss.

Der Verantwortung des obersten Managements für Etablierung, Implementierung, Betrieb sowie für Monitoring, Review und die Verbesserung des ISMS wird ein hoher Stellenwert beigemessen. Das Management demonstriert die Übernahme der Verantwortung durch die:

- Festlegung von Sicherheitszielen und der Informationssicherheitspolitik
- Einbindung von Informationssicherheit in die Prozesse der Organisation
- Bereitstellung notwendiger Ressourcen
- Sicherstellung, dass die durch das ISMS verfolgten Ziele erreicht werden
- Führung und Unterstützung der Mitarbeiter und Manager
- Förderung der kontinuierlichen Verbesserungen
- Zuweisung von Rollen, Verantwortlichkeiten und Befugnissen

Planning

Den Schwerpunkt dieses Schritts bilden die Ermittlung und Adressierung von Chancen und Risiken, um

- die angestrebten ISMS Ziele erreichen zu können,
- unerwünschte Effekte vermeiden oder reduzieren zu können und
- eine stetige Verbesserung erzielen zu können.

Das Risikomanagement muss dabei essenziell in die ISMS-Prozesse integriert und auf ausreichende Effektivität geprüft werden. Hierzu sind geeignete Prozesse zur Risikobewertung und Risikobehandlung zu etablieren. Schließlich muss ein Abgleich der identifizierten Maßnahmen mit den in Annex A gelisteten Controls erfolgen.

ISO 27001 verfolgt einen risikobasierten Ansatz. Allerdings sind die Vorgaben für das Risikomanagement flexibel gehalten. Das Risikomanagement muss nicht zwingend auf der Ermittlung der organisationseigenen Werte (Assets) beruhen. Für ein Information-Security-Risk-Management nach ISO 27001 müssen

- Information Security-Risk-Kriterien einschließlich der Kriterien für die Risikoakzeptanz (Festlegung von Risikostufen) und der Durchführung von Risk Assessments festgelegt werden,
- die verwendeten Verfahren konsistente, valide und vergleichbare Ergebnisse liefern,
- bestehende Risiken und verantwortliche Risk Owner identifiziert werden,
- mögliche Auswirkungen bei Eintreten der ermittelten Risiken analysiert sowie realistische Eintrittswahrscheinlichkeiten abgeschätzt werden und
- die Risiken mit den zu Beginn festgelegten Kriterien abgeglichen (Einstufung in die Risikostufen) und Prioritäten zum Umgang mit diesen Risiken festgelegt werden.

Zur Behandlung der Risiken muss ein entsprechender Risk-Treatment-Prozess etabliert werden, in dem die angemessenen Behandlungsoptionen ausgewählt werden. Notwendige Maßnahmen müssen identifiziert und ein Risk-Treatment-Plan erstellt werden. Im Rahmen des Prozesses ist ferner das sogenannte Statement of Applicability (SoA) zu erstellen, in dem die ausgewählten Maßnahmen mit den Maßnahmen aus Annes X abgeglichen werden.

Support

Die für das ISMS erforderlichen Unterstützungsleistungen müssen ermittelt und bereitgestellt werden und umfassen:

- notwendige Ressourcen zur Errichtung, Implementierung und Aufrechterhaltung des ISMS
- Bestimmung notwendiger Fähigkeiten der Mitarbeiter auf Basis angemessener Ausbildung oder Erfahrung und gegebenenfalls Ergreifung von Aus- und Weiterbildungsmaßnahmen
- Schaffung von Awareness für Informationssicherheit
- Bestimmung der internen und externen ISMS-Kommunikationsanforderungen
- Festlegung der notwendigen Dokumentationen sowie Etablierung einer Dokumentenlenkung

Operation

Im Rahmen des ISMS-Betriebs erfolgen

- Planung und Etablierung notwendiger Prozesse, um die Anforderungen der Informationssicherheit erfüllen zu können,
- Erstellung und Pflege der Dokumentation im erforderlichen Umfang,
- die Kontrolle von Änderungen und Bewertung von Konsequenzen unbeabsichtigter Änderungen,
- eine Bestimmung und Kontrolle ausgelagerter Prozesse,
- dokumentierte Information Security Risk Assessments, die sowohl regelmäßig als auch bei signifikanten Änderungen durchgeführt werden, sowie
- die Erstellung des dokumentierten Risikobehandlungsplans.

Performance evaluation

Um die Angemessenheit, Wirksamkeit und Nachhaltigkeit des ISMS gewährleisten zu können,

- sind die Performance der Informationssicherheit und ISMS-Effektivität zu bestimmen,
- muss festgelegt und dokumentiert werden, was, wie, wann durch wen überwacht und gemessen werden soll sowie auf welche Weise wann und durch wen gegebenenfalls eine Auswertung oder Analyse zu erfolgen hat,
- müssen interne Audits gemäß einem zu erstellenden Audit-Programm geplant und durchgeführt werden,
- muss das ISMS in regelmäßigen Intervallen durch das Management einem Review unterzogen werden.

Improvement

Im Rahmen der stetigen Verbesserung des ISMS müssen bei Auftreten von »Nonconformities« (Abweichungen) diese bewertet und beurteilt sowie Maßnahmen zur Korrektur ergriffen werden. Die Eignung, Angemessenheit und Wirksamkeit des Informationssicherheitsmanagementsystems müssen kontinuierlich verbessert werden.

6.3.3 Notwendige Dokumentation

Primäres Ziel von ISO 27001 ist die Etablierung eines *dokumentierten* Information Security Management Systems, in dem alle relevanten Strukturen, Prozesse und Abläufe für Planung, Steuerung und Kontrolle des ISMS beschrieben und schriftlich fixiert sind. Seit ISO 27001:2013 wird dabei allgemein »documented information« gefordert, was im Sinne der ISO sowohl die erforderlichen ISMS-Dokumente als auch die Aufbewahrung von Aufzeichnung (bspw. Schulungsnachweise oder Log-Einträge) umfasst. Aus dem Standard lassen sich direkt eine Reihe von zu erstellenden Dokumenten ableiten, siehe Tabelle 6.1.

Tabelle 6.1: Geforderte Referenzdokumente in einem ISMS

Documented Information	Kapitel
Scope of the ISMS	4.3
Information security policy	5.2
Risk assessment and risk treatment methodology	6.1.2
Statement of Applicability	6.1.3d
Risk treatment plan	6.1.3e
Risk treatment process	6.1.3
Information security objectives	6.2
Evidence of competence, training, skills, experience and qualifications	7.2
Operational planning and control	8.1
Risk assessment report	8.2
Risk treatment report	8.3
Monitoring and measurement results	9.1
Internal audit program and audit results	9.2
Results of the management review	9.3
Results of corrective actions	10.2

Allerdings lassen sich aus Annex A weitere Dokumentationsanforderungen ableiten, die bei der Umsetzung des jeweiligen Controls zu berücksichtigen sind.

Zu Art, Umfang, Ausgestaltung und Form der Dokumentation macht die ISO 27001 keine Vorschriften. Diese Merkmale orientieren sich in der Praxis einzig an den Gegebenheiten und Notwendigkeiten der Sicherheitsanforderungen für den betrachteten Anwendungsbereich.

Dokumentenmanagement (Lenkung von Dokumenten nach ISO 9001)

Der Standard gibt Hinweise zum Umgang mit dieser Dokumentation, die geschützt und kontrolliert werden muss. Es muss ein dokumentierter Prozess etabliert werden zur Festlegung der folgenden (Dokumenten-) Managementtätigkeiten:

- Überprüfung der Dokumente bezüglich ihrer Angemessenheit vor Herausgabe
- Überprüfung und Aktualisierung der Dokumente und deren erneuter Genehmigung
- Sicherstellung einer Versions- und Änderungskontrolle
- Bereitstellung der aktuellen Dokumente
- Sicherstellung der Lesbarkeit und Identifizierbarkeit der Dokumente
- Kennzeichnung externer Dokumente
- Kontrolle der Verteilung der Dokumente
- Entfernung obsoleter Dokumente
- Identifikation obsoleter Dokumente, falls sie aus irgendeinem Grund aufbewahrt werden

6.3.4 Prüfungs- und Zertifizierungsprozess

Das Zertifizierungsschema zur Erlangung einer ISO-27001-Zertifizierung ist streng reglementiert und in [ISO/IEC 27006] grundlegend festgeschrieben. Die Anwendung von ISO 27006[1] muss dabei in enger Verbindung mit ISO 19011[2] betrachtet werden, die generelle Richtlinien zur Auditierung von Managementsystemen definiert.

Die Zertifizierung darf nur durch speziell akkreditierte Institutionen, sogenannte Certification Bodies, erfolgen. Die Akkreditierung dieser Certification Bodies obliegt den nationalen Akkreditierungsstellen, in Deutschland ist dies die »Deutsche Akkreditierungsstelle« (DAkkS).

Die nationalen Akkreditierungsstellen treffen gegenseitige Anerkennungsvereinbarungen, sodass die in einem Land ausgestellten Zertifikate auch in anderen Ländern Anerkennung finden. Die Akkreditierung der Certification Bodies erfolgte früher – vor dem Bestehen von ISO 27006 – gemäß der Richtlinie EA 7/03 der »European co-operation for Accreditation«.

1 ISO/IEC 27006:2015 Information technology – Security techniques – Requirements for bodies providing audit and certification of information security management systems.

2 ISO 19011:2018 – Guidelines for auditing management systems.

Die eigentliche Zertifizierung erfolgt dann nach folgendem Ablaufschema:

- Das zu zertifizierende Unternehmen beauftragt ein akkreditiertes Unternehmen mit der Überprüfung des Information Security Management Systems.
- Das Audit-Team wird zusammengestellt.
- In einer ersten Phase erfolgen die Überprüfung und Beurteilung der Dokumentation.
- In einer zweiten Phase werden Vor-Ort-Audits durchgeführt.
- Es wird ein Audit-Bericht erstellt.
- Sofern der Audit-Bericht positiv ausfällt, wird das Zertifikat ausgestellt.

Ein erteiltes Zertifikat besitzt eine Gültigkeit von 3 Jahren, anschließend ist eine Re-Zertifizierung erforderlich, wodurch die Gültigkeit um weitere 3 Jahre verlängert wird.

Abbildung 6.4: Zertifizierungsschema nach ISO 27001

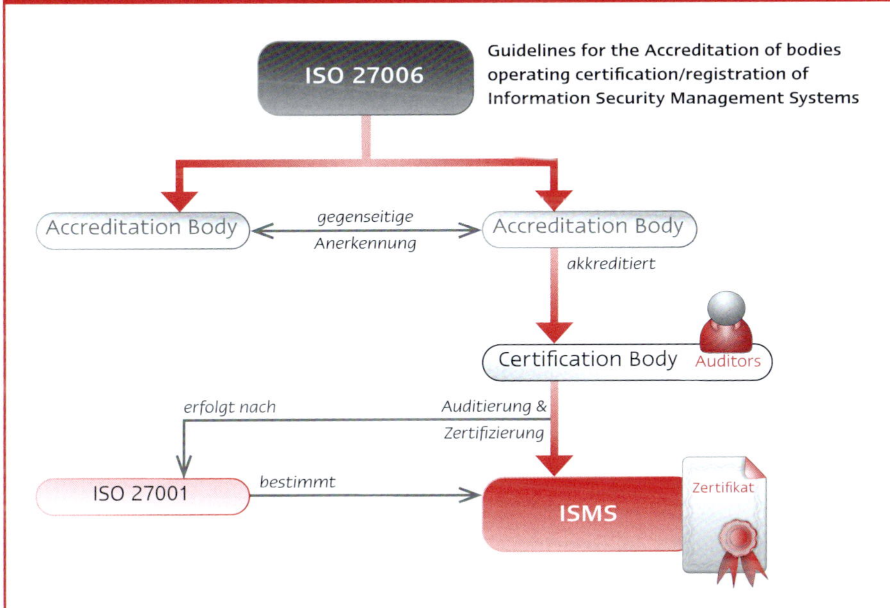

6.4 ISO 27002

ISO 27002 »Information security, cybersecurity and privacy protection – Information security controls« ist ein international anerkannter Leitfaden zum Management von Informationssicherheit und umfasst eine Sammlung von Empfehlungen für Informationssicherheitsverfahren und -methoden, die sich in der Praxis bewährt haben (*Best Practices*). Der Standard orientiert sich dabei an einem Top-down-Ansatz mit generischen Standard-Sicherheitsmaßnahmen für annähernd alle relevanten Bereiche der Informationssicherheit. Er enthält keine produktorientierten, sondern nur allgemeine, technologieorientierte Maßnahmen und empfiehlt bewusst keine konkreten Sicherheitslösungen.

ISO 27002 adressiert kein spezielles Sicherheitsniveau, wodurch eine individuelle Anpassung an ein höheres oder niedrigeres Sicherheitsniveau jederzeit möglich ist. Eine konkrete Vorgehensweise gibt der Standard nicht vor, die Auswahl der Maßnahmen orientiert sich an den spezifischen Gegebenheiten des Unternehmens und ist so auch für kleinere Unternehmen problemlos anwendbar.

Der Leitfaden sieht sich als Basis zur Entwicklung organisationsbezogener Sicherheitsnormen und effektiver Managementpraktiken. Er eröffnet Unternehmen, Institutionen und Behörden den Weg zu einer formalen Zertifizierung des eigenen ISMS nach ISO 27001 und definiert die Zielsetzung der Informationssicherheit hinsichtlich Vertraulichkeit, Integrität und Verfügbarkeit. Zur Übersicht wird kurz auf die Inhalte der ISO 27002:2013 eingegangen und dann werden Änderungen in ISO 27002:2022 vorgestellt.

ISO 27002:2013 gliedert sich in 14 Managementgebiete und umfasst 35 Maßnahmenziele. Die Maßnahmenziele wiederum spezifizieren insgesamt 114 Maßnahmen (*Baseline Controls*), die zur Zielerreichung umgesetzt werden können. Die 14 Managementgebiete umfassen dabei die folgenden Punkte:

1. Information security policies
2. Organization of information security
3. Human resource security
4. Asset management
5. Access control
6. Cryptography
7. Physical and environmental security
8. Operations security
9. Communications security
10. System acquisition, development and maintenance
11. Supplier relationships
12. Information security incident management
13. Information security aspects of business continuity management
14. Compliance

Des Weiteren beinhaltet der Standard zu jeder Maßnahme Hinweise zur Umsetzung und weiterführende Informationen, bspw. Hinweise auf weiterführende Standards.

Die Inhalte und Ziele dieser Managementgebiete werden unten etwas näher dargestellt. ISO 27002:2022 weist eine geänderte Struktur auf, die Maßnahmen sind nun nur noch in vier Maßnahmenkategorien unterteilt:

- Organisatorische Maßnahmen
- Mitarbeiterbezogene Maßnahmen
- Physische Maßnahmen
- Technische Maßnahmen

Zur Strukturierung der Maßnahmen wurden Attribute (Tags) eingeführt, die verschiedene Sichtweisen auf die Maßnahmen erlauben.

Im Wesentlichen wurden die Maßnahmen neu sortiert, inhaltlich gibt es an den weiterhin geführten Maßnahmen nur geringfügige Änderungen. Neben der Änderung der Struktur wurden elf Maßnahmen neu hinzugefügt. Diese sind unten bei den Änderungen der Edition 2022 beschrieben.

Da die Maßnahmen aus den Managementgebieten der ISO 27002:2013 weitestgehend weiter bestehen bleiben und die meisten Institutionen sich Stand 2022 noch an diesem Standard ausgerichtet haben, werden sie hier vorgestellt. Wer sich bereits nach ISO 27002:2022 ausrichtet, wird die Ausführungen dennoch verwenden können.

Information Security Policies

Es sollen Information Security Policies verfasst werden, in denen die Richtungsvorgabe und Unterstützung des Managements für Informationssicherheit dokumentiert wird. Diese Policies müssen sowohl in Übereinstimmung mit Geschäftsanforderungen und den geltenden Gesetzen und Regelungen getroffen werden. Ein wesentliches Dokument hierbei ist die Information Security Policy. Sie dient der Festlegung der strategischen Ausrichtung und der Dokumentation der Unterstützung durch das Management hinsichtlich aller Belange der Informationssicherheit.

Diese Information Security Policies sollen an alle Mitarbeiter kommuniziert werden; eine regelmäßige Überprüfung und Bewertung der Policies stellt die Aktualität und Angemessenheit der getroffenen Maßnahmen sicher.

Organization of information security

Es sollte ein entsprechendes »Management Framework« etabliert werden, das Methoden, Verfahren und Prozesse zur Initiierung, Implementierung und Kontrolle von Informationssicherheit im Unternehmen zur Verfügung stellt. Neben dem Aufbau einer entsprechenden internen organisatorischen Infrastruktur und der Klärung von Verantwortlichkeiten werden hier auch die Themen »Mobile Endgeräte« und »Telearbeit« adressiert, für die entsprechende Nutzungsrichtlinien erlassen werden sollten.

Human Resources Security

Dieses Managementgebiet dient der Reduzierung von Risiken durch menschliche Fehler, Diebstahl, Betrug oder Missbrauch von Einrichtungen. Es umfasst sowohl Maßnahmen für interne und externe Mitarbeiter als auch für sonstige Auftragnehmer. Unterschieden werden hierbei grundlegende Maßnahmen, Maßnahmen während des Beschäftigungsverhältnisses als auch Maßnahmen, die bei der Beendigung des Beschäftigungsverhältnisses berücksichtigt werden sollten.

Asset Management

Um einen angemessenen Schutz der Unternehmenswerte erreichen zu können, bedarf es einer gründlichen und umfassenden Inventarisierung dieser Werte. Jeder Wert sollte einem eindeutigen Eigentümer zugewiesen sein. Um eine Einstufung und Zuordnung von Sicherheitsmaßnahmen durchführen zu können, sollte ein Klassifikationsschema erstellt und zur Kennzeichnung der Werte herangezogen werden.

Es sollten Vorgaben zur Handhabung von Speicher- und Aufzeichnungsmedien erstellt werden, um eine unerlaubte Veröffentlichung, Veränderung, Verwendung und Zerstörung von Informationen zu verhindern.

Access Control

Dieses Managementgebiet verweist auf die Bedeutung von Kontroll- und Überwachungsmaßnahmen für den Zugriff auf Informationen und Systeme zum Schutz vor Missbrauch durch interne Mitarbeiter oder externe Angreifer. Die Maßnahmenziele fokussieren auf eine Begrenzung des Zugangs und des Zugriffs entsprechend der Aufgaben aus Geschäftsprozessen, die geordnete Administration der Zugriffsrechte, die Verantwortung der Benutzer, bspw. zum Umgang mit Passwörtern, und die technische Zugriffskontrolle auf System- und Anwendungsebene.

Cryptography

Zum Schutz der Vertraulichkeit, Integrität und Authentizität von Informationen durch Kryptografie ist eine Leitlinie zur Anwendung von Kryptografie zu erstellen. Für die Verwaltung von kryptografischen Schlüsseln sind Regelungen zu erlassen. Wesentlich in der Praxis ist, eine Übersicht zu haben, wo überall kryptografische Verfahren eingesetzt werden. Und dass prozessual sichergestellt wird, dass die Verfahren dem Stand der Technik entsprechen.

Physical and Environmental Security

Durch die Errichtung von Sicherheitszonen sollen vorbeugende Maßnahmen ergriffen werden, durch die unberechtigter Zugang und Beschädigung von Geschäftsgebäuden und Informationen vermieden werden. Des Weiteren werden Maßnahmen definiert, die vor Verlust, Beschädigung oder Kompromittierung von Wirtschaftsgütern und einer Unterbrechung der Geschäftstätigkeit schützen.

Operations Security

Zur Sicherstellung des korrekten und sicheren Betriebs informationsverarbeitender Einrichtungen sind entsprechende Verfahren und Verantwortlichkeiten festzulegen. Es müssen Maßnahmen zum Schutz vor Schadsoftware und zur Sicherung von Informationen (Backup) getroffen werden. Ferner adressiert dieses Managementgebiet die Themen Protokollierung und Überwachung, Kontrolle von Software im Betrieb, Umgang mit Schwachstellen und Audits von Informationssystemen.

Communications Security

Im Rahmen des Managementgebiet Communications Security werden Maßnahmen zum Management der Netzsicherheit und zum Erhalt der Sicherheit von Informationen und Software, die innerhalb einer Organisation oder mit Externen ausgetauscht werden, getroffen.

Systems Acquisition, Development & Maintenance

Vor der Entwicklung von informationsverarbeitenden Systemen müssen Sicherheitsanforderungen identifiziert und vereinbart werden. Bei der Wartung von Systemen müssen diese Anforderungen berücksichtigt werden. Hierzu sind

- Sicherheitsanforderungen an Systeme bereits während der Entwicklung zu berücksichtigen,
- Sicherheit bei Entwicklungs- und Supportprozessen zu integrieren sowie
- der Schutz von Testdaten sicherzustellen.

Supplier Relationship

Zum Schutz der organisationseigenen Werte müssen Anforderungen an die Informationssicherheit auch im Rahmen von Lieferantenbeziehungen berücksichtigt werden. Hier sind Maßnahmen zu ergreifen, um die Aufrechterhaltung der Sicherheit von Informationen und von informationsverarbeitenden Einrichtungen, die von Externen benutzt oder verwaltet werden, zu gewährleisten.

Des Weiteren soll ein Management der Dienstleistung von Dritten erfolgen, indem eine Überwachung und Überprüfung der Dienstleistungen und Dienstleister erfolgt.

Information Security Incident Management

Das Information Security Incident Management soll geeignete Prozesse zur Meldung, Behebung und Weiterverfolgung von Sicherheitsvorfällen umfassen, um rechtzeitig korrigierende Maßnahmen ergreifen zu können, sowie die Sicherung von Beweismaterial beinhalten.

Information security aspects of business continuity management

Es sollten präventive und reaktive Maßnahmen gegen Unterbrechungen der Geschäftsaktivitäten getroffen und kritische Geschäftsprozesse vor den Auswirkungen von Ausfällen und Katastrophen geschützt werden.

Compliance

Dieses Managementgebiet widmet sich der Einhaltung gesetzlicher Verpflichtungen, der Überprüfung der Sicherheitspolitik und der Einhaltung technischer Normen sowie Überlegungen zum Systemaudit. Die hier getroffenen Empfehlungen zur Regelkonformität dienen

- der Vermeidung von Verletzungen jeglicher Gesetze des Straf- oder Zivilrechts, gesetzlicher, behördlicher oder vertraglicher Verpflichtungen an die Informationssicherheit,
- der Sicherstellung der Erfüllung unternehmenseigener Sicherheits-Policies und -Standards sowie
- der Maximierung der Effektivität und Minimierung der Störungen beim System-Audit-Prozess.

Wesentliche Neuerungen der ISO 27002:2022

Die ISO 27002:2022 weist eine neue Struktur mit den oben aufgeführten vier Maßnahmenkategorien und nun 93 Maßnahmen auf. Die bisherigen Maßnahmen wurden zum Teil zu neuen Maßnahmen zusammengefasst. Neu aufgeführt sind zudem Maßnahmeneigenschaften oder -attribute, wie die Wirkungsweise (»präventiv«, »erkennend« oder »korrigierend«). Des Weiteren werden je Maßnahme unter anderem die Ziele, die die Maßnahme unterstützt (Verfügbarkeit, Integrität, Vertraulichkeit) benannt oder bspw. auch der Bereich der Informationssicherheit aufgeführt, den eine Maßnahme betrifft, z. B. »Governance«.

Elf der 93 Maßnahmen der ISO 27002:2022 sind neu hinzugekommen, unter anderem aufgrund der technischen Weiterentwicklung, verbesserter Schutzmaßnahmen oder neuer Schadensszenarien. Bestehende Managementsysteme und Sicherheitskonzepte sollten ggf. um diese neuen Maßnahmen ergänzt werden:

- 5.7 Threat Intelligence
- 5.23 Information security for use of cloud services
- 5.30 ICT readiness for business continuity
- 7.4 Physical security monitoring
- 8.9 Configuration management
- 8.10 Information deletion
- 8.11 Data masking
- 8.12 Data leakage prevention
- 8.16 Monitoring activities
- 8.23 Web filtering
- 8.28 Secure coding

Zusammenfassung

Die ISO 27001 stellt Anforderungen für ein zertifizierbares Information Security Management System und beschreibt die notwendigen Prozesse zur Implementierung, Überwachung, Prüfung, Instandhaltung und Verbesserung eines ISMS, das auf Basis eines etablierten Risikomanagements operiert. Ein ISO-27001-Zertifikat ist drei Jahre gültig, wobei ein jährliches Kontrollaudit zur Sicherstellung der geforderten Qualität notwendig ist.

Die ISO 27002 stellt einen generischen Maßnahmenkatalog zur Verfügung, der als Basis zur Entwicklung organisationsbezogener Sicherheitsnormen und effektiver Managementpraktiken herangezogen werden kann. Eine Zertifizierung nach ISO 27002 ist nicht möglich, allerdings ist die Gliederung der ISO 27002 als Annex A integraler Bestandteil der ISO 27001 und bildet somit das Grundgerüst für eine spätere Zertifizierung.

Literatur

[BS77991] *British Standards Institution (BSI):* BS 7799-1:1999, Information security management Code of practice for information security management

[BS77992] *British Standards Institution (BSI):* BS 7799-2:2002, Information security management systems – Specification with guidance for use

[DirectiveP1] *Annex SL Anhang SL der ISO/IEC-Direktiven*, Teil 1, »Consolidated ISO

[DirectiveP2] *Annex SL Anhang SL der ISO/IEC-Direktiven*, Teil 1, »Consolidated ISO Supplement«; *https://isotc.iso.org/livelink/livelink?func=ll&objId=4230452&objAction=browse&sort=subtype* (Stand: 17.01.2024)

[EA7/03] *European co-operation for Accreditation:* EA 7/03, Guidelines for the Accreditation of bodies operating certification/registration of Information Security Management Systems, November 1999;

Die Richtlinie EA 7/03 wurde zurückgezogen und durch ISO 27006 ersetzt. Hintergrund dieser Richtlinie ist, dass eine ISO-27001-Zertifizierung nur durch speziell akkreditierte, sogenannte Certification Bodies erfolgen darf. Die Akkreditierung dieser Certification Bodies erfolgte früher – vor dem Bestehen von ISO 27006 – gemäß dieser Richtlinie EA 7/03 der »European co-operation for Accreditation«.

[ISO17799] *International Organization for Standardization (ISO):* ISO/IEC 17799:2005, Information technology – Code of practice for information security management; *http://www.iso.org* (Stand: 17.01.2024)

[ISO27000] *International Organization for Standardization (ISO):* ISO/IEC 27000:2018, Information technology – Security techniques – Information security management systems – Overview and vocabulary; *http://www.iso.org* (Stand: 17.01.2024)

Der Standard ISO/IEC 27000 gibt eine Einführung in die Familie der Informationssicherheitsmanagementsystem Standards. Er enthält alle Begriffe und Definitionen, die in der ISO-27000-Serie verwendet werden.

[ISO27001] *International Organization for Standardization (ISO):* ISO/IEC 27001:2022, Information security, cybersecurity and privacy protection – Information security management systems – Requirements; *http://www.iso.org* (Stand: 17.01.2024)

Der Standard ISO 27001 beschreibt den Aufbau eines Informationssicherheitsmanagementsystems. Eine Zertifizierung nach ISO 27001 ist möglich.

[ISO27002] *International Organization for Standardization (ISO):* ISO/IEC 27002:2022, Information security, cybersecurity and privacy protection – Information security controls; *http://www.iso.org* (Stand: 17.01.2024)

Der Standard ISO 27002 bietet einen Leitfaden zum Management von Informationssicherheit und umfasst eine Sammlung von Empfehlungen für die Einführung, Durchführung, Aufrechterhaltung und Verbesserung eines Informationssicherheitsmanagementsystems.

[ISO27003] *International Organization for Standardization (ISO):* ISO/IEC 27003:2017, Information technology – Security techniques – Information security management system implementation guidance; *http://www.iso.org* (Stand: 17.01.2024)

Der Standard ISO 27003 konzentriert sich auf die kritischen Aspekte bei der Einführung eines Informationssicherheitsmanagementsystems. Der Standard stellt eine Anleitung für die erfolgreiche Konzeption und Implementierung eines ISMS nach ISO 27001 dar.

[ISO27004] *International Organization for Standardization (ISO):* ISO/IEC 27004:2016, Information technology – Security techniques – Information security management –Measurement; *http://www.iso.org* (Stand: 17.01.2024)

Der Standard ISO 27004 der ISO-2700er-Familie definiert die Kennzahlensysteme für die Messung der Wirksamkeit eines nach ISO 27001 implementierten Informationssicherheitsmanagementsystems.

[ISO27005] *International Organization for Standardization (ISO):* ISO/IEC 27005:2018, Information technology – Security techniques – Information security risk management; *http://www.iso.org* (Stand: 17.01.2024)

Der Standard ISO 27005 enthält Richtlinien für ein »Information Security Risk Management«, das den Anforderungen nach ISO 27001 gerecht wird. Dieser Standard ersetzt ISO/IEC 13335-3 und ISO/IEC 13335-4.

[ISO27006] *International Organization for Standardization (ISO):* ISO/IEC 27006:2015, Information technology – Security techniques – Requirements for bodies providing audit and certification of information security management systems; *http://www.iso.org* (Stand: 17.01.2024)

7 IT-Grundschutz

Einleitung

Im deutschsprachigen Raum spielt der IT-Grundschutz des Bundesamts für Sicherheit in der Informationstechnik (BSI) eine wichtige Rolle. Der IT-Grundschutz bietet eine Möglichkeit, sich effektiv und effizient mit den Hausaufgaben der IT-Sicherheit auseinanderzusetzen. Zusätzlich existiert mit dem »ISO 27001-Zertifikat auf der Basis von IT-Grundschutz« die Möglichkeit, einen Nachweis über die erfolgreiche Etablierung eines Informationssicherheitsmanagementsystems und von konkreten organisatorischen und technischen Sicherheitsanforderungen zu erbringen.

7.1 Historie

Verantwortlich für den IT-Grundschutz ist das 1991 etablierte Bundesamt für Sicherheit in der Informationstechnik (BSI) mit Sitz in Bonn. Im Jahr darauf wurde 1992 das sogenannte Sicherheitshandbuch veröffentlicht, ein erstes deutsches Rahmenwerk, in dem Informationen über IT-Sicherheit zusammengestellt wurden. 1995 wurde die erste Version des IT-Grundschutzhandbuchs veröffentlicht, das einen modularen Ansatz zur Verbesserung der IT-Sicherheit mit sogenannten Bausteinen verfolgte und über die Zeit kontinuierlich weiterentwickelt wurde. Die erste Version 1995 verfügte über 18 Bausteine, 200 Maßnahmen und 150 Seiten, 2004 waren es bereits 58 Bausteine, über 700 Maßnahmen und gut 2.500 Seiten. Der Umfang ergibt sich aus konkreten und detaillierten Beschreibungen von Maßnahmen, Gefährdungen und Bausteinen. Zur Integration eines ISMS-Ansatzes in den IT-Grundschutz wurde dieser 2006 grundlegend überarbeitet. Seit 2006 existiert eine an die ISO/IEC 27001:2005 angepasste Version des IT-Grundschutzes, die das Informationssicherheitsmanagement (ISM) stärker in den Vordergrund stellt. In diesem Zusammenhang wurde zusätzlich das IT-Grundschutzhandbuch in die BSI-Standards und die IT-Grundschutz-Kataloge aufgeteilt. Die konkrete Anwendung der Grundschutz-Methodik wurde in dem damals neuen Standard 100-2 beschrieben. Weitere Standards beschrieben die Etablierung eines ISMS (100-1) und eine mögliche Vorgehensweise zur Risikobetrachtung (100-3). Die umfangreichen IT-Grundschutz-Kataloge haben Gefährdungen und Maßnahmen im Detail dokumentiert und als Nachschlage- und Referenzwerk gedient. Im Rahmen der Überarbeitung 2006 wurde die Zertifizierung umgestellt auf das »ISO 27001-Zertifikat auf der Basis von IT-Grundschutz«. Zur Erlangung dieses Zertifikats müssen auch mit der Überarbeitung 2017 alle relevanten Anforderungen des IT-Grundschutz-Kompendiums umgesetzt werden. Zudem muss nachgewiesen werden, dass durch entsprechende Rollen und Prozesse auch ein angemessenes Informationssicherheitsmanagementsystem (ISMS) implementiert und wirksam ist. Seit 2017 wurden neue BSI-Standards 200-x sowie das die Kataloge ersetzende IT-Grundschutzkompendium veröffentlicht.

Der IT-Grundschutz wird kontinuierlich weiterentwickelt. Sowohl die Standards als auch das Kompendium werden fortgeschrieben, inhaltlich überarbeitet und durch neue Bausteine erweitert.

7.2 IT-Grundschutz – der Ansatz

Der IT-Grundschutz verfolgt einen ganzheitlichen Ansatz zur Implementierung von Informationssicherheit in Behörden und Unternehmen. Infrastrukturelle, organisatorische, personelle und technische Sicherheitsanforderungen unterstützen ein angemessenes Sicherheitsniveau zum Schutz von geschäftsrelevanten Informationen und der Verfügbarkeit der Daten. Auch wenn jede Organisation über eine individuelle IT-Infrastruktur und individuelle Prozesse und Anwendungen verfügt, ist die Zielsetzung des IT-Grundschutzes, für allgemeine Prozesse des Information Security Management Systems (ISMS) und für Komponenten (z. B. Router, Switche, Firewall, Server, Clients) Standardsicherheitsanforderungen zu definieren.

Im Mittelpunkt der Betrachtungsweise von IT-Grundschutz steht der Informationsverbund. Bei einem Informationsverbund handelt es sich um die Gesamtheit von infrastrukturellen, organisatorischen, personellen und technischen Komponenten zur Aufgabenerfüllung in einem bestimmten Anwendungsbereich der Informationsverarbeitung der Organisation.

Für die konkrete Umsetzung von IT-Grundschutz ist eine klare Definition und Abgrenzung des zu betrachtenden Informationsverbunds notwendig. Im Falle einer geplanten Zertifizierung sollte die Definition im Vorfeld mit dem BSI abgestimmt werden, da an die Definition Anforderungen wie eine sinnvolle Mindestgröße gestellt werden. Für den definierten Informationsverbund sollen konkrete Sicherheitsanforderungen aus dem IT-Grundschutz-Kompendium umgesetzt werden. Dabei ist eine Annahme des IT-Grundschutzes, dass typische Komponenten – z. B. Windows-Server, Unix-Server – zum Einsatz kommen. Zum anderen ist gemäß der Vorgehensweise die Erfüllung der Grundschutzanforderungen für alle Systeme ausreichend, die keinen hohen oder sehr hohen Schutzbedarf aufweisen. Für alle Systeme bis zu einem normalen Schutzbedarf werden für den Grundschutzansatz pauschalierte Gefährdungslagen angenommen, die in den jeweiligen Bausteinen für IT-Systeme und Anwendungen beschrieben sind. Eine umfassende Risikoanalyse muss nicht durchgeführt werden. Zum Schutz vor den Gefährdungen existieren durch das BSI vordefinierte Sicherheitsanforderungen, die in den entsprechenden Bausteinen katalogisiert sind. Das BSI hat hierdurch die Aufgabenstellung, ein Sicherheitskonzept für den Informationsverbund zu erstellen, erheblich vereinfacht. Lässt sich ein entsprechender Baustein finden, müssen die entsprechenden Anforderungen umgesetzt werden, um einem »normalen« Schutzbedarf zu genügen. Für Systeme mit hohem oder sehr hohem Schutzbedarf bieten die Anforderungen aber bereits eine gute Grundlage, um zusätzliche und individuelle Anforderungen zum Schutz dieser Systeme zu identifizieren. In den Bausteinen des Kompendiums sind Anforderungen zur sogenannten Basis-Absicherung, Standard-Absicherung und für einen erhöhten Schutzbedarfs aufgeführt.

IT-Grundschutz ist aber deutlich mehr als das akribische Umsetzen von Sicherheitsmaßnahmen aus einem Katalog. Die Stärke von IT-Grundschutz liegt in dem Zusammenspiel von einem angemessenen Informationssicherheitsmanagement und der sorgfältigen Implementierung von Sicherheitsanforderungen und sinnvollen Ergänzungen.

In Abhängigkeit von der Schutzbedarfsermittlung, die jede Organisation, angepasst an die eigenen Bedürfnisse, durchführen muss, wird für IT-Systeme mit mindestens »hohem« Schutzbedarf oder für Systeme, die nicht in den Bausteinen erfasst sind, eine Risikoanalyse notwendig.

Abbildung 7.1: Aufwand für IT-Grundschutz

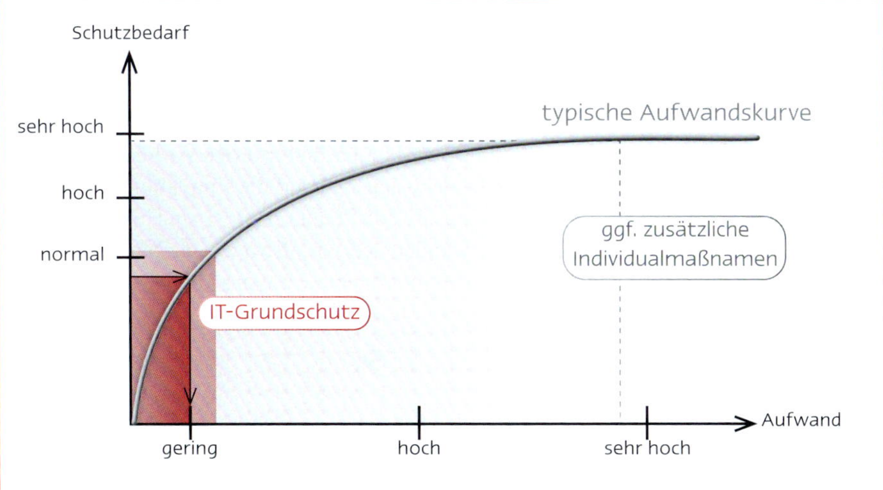

Alles in allem ermöglicht IT-Grundschutz einen hohen Sicherheitsgewinn bei relativ niedrigem Aufwand – geschenkt bekommt man aber auch hier nichts. In der Summe sind die Aufwände zur vollständigen Umsetzung von IT-Grundschutz erheblich – »There is no free lunch!«.

7.3 IT-Grundschutz-Dokumente

Die Dokumente zum IT-Grundschutz bestehen hauptsächlich aus den vier BSI-Standards (Stand Oktober 2022) und dem IT-Grundschutz-Kompendium, ergänzt um Hilfsmittel, Leitfäden und weitere Materialien. Die BSI-Standards 200-x enthalten Informationen zum IT-Sicherheitsmanagement (200-1), Vorgehen nach IT-Grundschutz (200-2) und Risikoanalysen (200-3). Ergänzend gibt es zum Thema Notfallmanagement den älteren BSI-Standard 100-4, der zur Zeit der Erstellung dieses Kapitels überarbeitet wird. Er definiert den Rahmen für den IT-Grundschutz und beschreibt Methoden, Prozesse und Verfahren zur Gewährleistung von Informationssicherheit. Im Gegensatz zu den konkreten Anforderungen des IT-Grundschutz-Kompendiums beschreiben die Standards die allgemeinen Ansätze und Bedingungen für IT-Grundschutz.

Zusätzlich finden sich auf den Webseiten des BSI ergänzende Dokumente, Informationen und Werkzeuge zum Einsatz von IT-Grundschutz. Softwaretools zur Unterstützung der Planung und Umsetzung von IT-Grundschutz werden von verschiedenen Herstellern zur Verfügung gestellt. Eine Übersicht verfügbarer Tools ist auf den Webseiten des BSI dargestellt.

7.3.1 BSI-Standard 200-1: Managementsysteme für Informationssicherheit

Mit dem BSI-Standard 200-1 wird die Brücke zwischen dem IT-Grundschutz und anderen etablierten Standards für das Management von Informationssicherheit geschlagen. In diesem Standard werden die allgemeinen Anforderungen an ein Informationssicherheitsmanagementsystem definiert. Der Standard ist kompatibel mit den Anforderungen aus dem Standard ISO/IEC 27001:2013 und bezieht sich auch auf die Empfehlungen aus dem Standard ISO/IEC 27002:2013. Im Gegensatz zu BSI-Standard 200-1 sind diese Standards kostenpflichtig. Der BSI-Standard 200-1 wendet sich vor allem an das Management als Zielgruppe und bietet eine Einführung in den geordneten Umgang mit dem Thema Informationssicherheitsmanagement.

ISMS-Bestandteile

Im Rahmen von IT-Grundschutz wird mit »Informationssicherheitsmanagement« der Prozess zur Steuerung der Informationssicherheit in Organisationen bezeichnet. Es muss beachtet werden, dass in diesem Zusammenhang von der »Leitungsebene« gesprochen wird, wenn die Führungskräfte gemeint sind.

Wichtige Bestandteile eines ISMS gemäß BSI sind:

- Management-Prinzipien
- Ressourcen
- Mitarbeiter
- ein definierter IT-Sicherheitsprozess mit den Bestandteilen
    - Sicherheitsleitlinie
    - Sicherheitskonzept
    - Sicherheitsorganisation

Durch diese Bestandteile wird das Informationssicherheitsmanagementsystem nachvollziehbar definiert.

IT-Sicherheitsstrategie

In der IT-Sicherheitsstrategie muss festgelegt werden, wie sich eine Organisation unter Berücksichtigung der eigenen Ziele und der Rahmenbedingungen ausrichtet. Das Bekenntnis der Leitungsebene zur IT-Sicherheitsstrategie wird in einer IT-Sicherheitsleitlinie dokumentiert. Zur Umsetzung der IT-Sicherheitsstrategie wird eine IT-Sicherheitsorganisation aufgebaut und ein IT-Sicherheitskonzept erstellt.

ISMS-Hilfsmittel

In der IT-Sicherheitsorganisation werden alle Regeln, Anweisungen, Prozesse, Abläufe und Strukturen mit Bezug zur Informationssicherheit abgebildet. Hier werden allgemeine Aspekte des Managements von Informationssicherheit behandelt.

Abbildung 7.2: ISMS-Hilfsmittel nach IT-Grundschutz

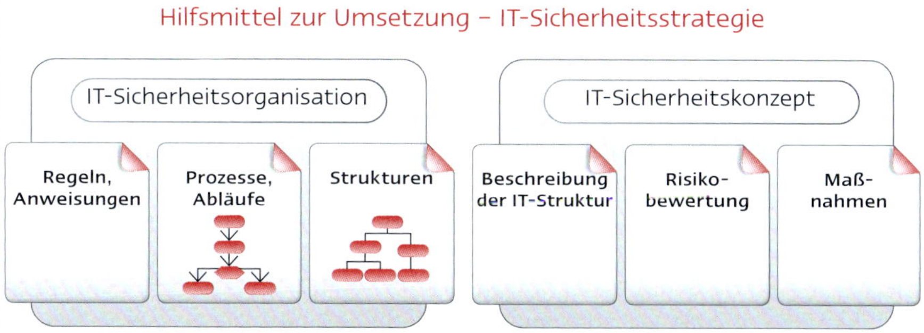

Grafikvorlage: Bundesamt für Sicherheit in der Informationstechnik (BSI)

PDCA-Modell

Beim Management von Informationssicherheit ist es wichtig, im Auge zu behalten, dass es sich nicht um ein Projekt im eigentlichen Sinne mit Projektbeginn und vor allem einem Projektende handelt, sondern dass ein dauerhafter Prozess zur Aufrechterhaltung eines angestrebten Sicherheitsniveaus geschaffen werden muss. Häufig kann man in der Praxis zwar beobachten, dass die Etablierung von Informationssicherheit als Projekt startet. Die Ausrichtung auf ein ISMS als Prozess sollte aber von Anfang an im Fokus stehen. Aufgrund der Ausrichtung am Standard ISO/IEC 27001:2013 spielt bei ISO 27001 auf Basis von IT-Grundschutz der PDCA-Zyklus aus ISO/IEC 27001:2005 eine wichtige Rolle, auch wenn er in der ISO/IEC 27001:2013 nicht mehr explizit erwähnt wird.

Der Plan-Do-Check-Act-Ansatz mit den vier Phasen

- Planung und Konzeption (Plan),
- Umsetzung (Do),
- Überwachung und Erfolgskontrolle (Check) und
- Optimierung und Verbesserung (Act)

bildet die Grundlage für Informationssicherheitsmanagement als Prozess.

Durch diesen Ansatz wird sichergestellt, dass die Sicherheit fortlaufend an die jeweiligen Anforderungen angepasst wird und dadurch ein iterativer Verbesserungsprozess etabliert wird.

Ursprünglich lag der Schwerpunkt von IT-Grundschutz auf reinen IT-Sicherheitsmaßnahmen. Das BSI erweiterte allerdings das Blickfeld von IT-Grundschutz auf die Betrachtung von Informationssicherheit im weiteren Sinn. Hierbei spielt zwar eine große Rolle, dass wichtige Informationen überwiegend als Daten in IT-Systemen gespeichert sind und verarbeitet werden. Anforderungen bspw. an das Verhalten von Mitarbeitern spielen für die Sicherheit von Informationen auch eine Rolle und wurden berücksichtigt.

Grundschutz als ISMS des BSI

In der Praxis stellt sich für Sicherheitsverantwortliche häufig die Frage, wie Informationssicherheit im konkreten Fall umgesetzt werden kann. Die gängigen Standards zum Informationssicherheitsmanagement geben Verantwortlichen bei der Umsetzung viel Freiheit. Allerdings können diese Freiheitsgrade den Nachteil haben, dass für den Aufbau eines Sicherheitsmanagementsystems viel Erfahrung und Know-how notwendig sind. Konkrete Handreichungen fehlen an vielen Stellen. An dieser Stelle setzt das BSI an und stellt mit dem IT-Grundschutz einen Ansatz zur Verfügung, der zum einen in den Standards konkrete organisatorische Anforderungen an ein ISMS beschreibt, zum anderen aber auch im IT-Grundschutz-Kompendium konkrete Vorgaben für technische und organisatorische Maßnahmen zur Umsetzung von Informationssicherheit bietet.

Ein kritischer Bereich bei der Etablierung von Informationssicherheit ist die an vielen Stellen geforderte Risikoanalyse, auf die dann aber in der Regel nicht weiter eingegangen wird. Effektive und effiziente Risikoanalysen sind häufig nur mit entsprechender Erfahrung durchzuführen und ressourcenaufwendig. Risikoanalysen stoßen oft auf zwei große Hürden: Zum einen müssen sie die hohe Komplexität sowohl bei Geschäftsprozessen als auch in der IT-Landschaft bewältigen – allzu leicht verliert man sich in vielen Details. Zum anderen dauern sie oft recht lange, dadurch kann sich die Ausgangslage bis zur Fertigstellung eines dokumentierten Ergebnisses bereits verändert haben.

Diesem Problem begegnet das BSI durch den Ansatz der Bereitstellung einer impliziten Risikoanalyse für die durch den IT-Grundschutz abgedeckten Standardszenarien. Im Grundschutz wird davon ausgegangen, dass für vergleichbare Systemlandschaften mit normalem Schutzbedarf ähnliche Bedrohungen existieren. Diese Bedrohungen wurden ausgiebig analysiert und bilden die implizite Risikoanalyse als Grundlage für die im IT-Grundschutz ausgearbeiteten Sicherheitsanforderungen. Daher müssen im IT-Grundschutz explizite Risikoanalysen auch nur bei Vorliegen von hohem oder sehr hohem Schutzbedarf oder in einer Systemlandschaft, die nicht aus Standard-IT-Systemen besteht, durchgeführt werden.

7.3.2 BSI-Standard 200-2: IT-Grundschutz-Vorgehensweise

Bei dem BSI-Standard 200-2: IT-Grundschutz-Vorgehensweise handelt es sich um das zentrale Werk des IT-Grundschutzes, da hier die wesentlichen Bestandteile der Vorgehensweise nach IT-Grundschutz festgeschrieben sind.

Bestandteile des Sicherheitsprozesses

Es ist wichtig, einen IT-Sicherheitsprozess zu etablieren. Falls dieser noch nicht existiert, muss er initiiert werden. Dazu muss eine Sicherheitsleitlinie erstellt und verabschiedet werden. Außerdem muss die Leitungsebene, d. h. die Geschäftsführung, Amtsleitung oder der Vorstand ein Sicherheitsmanagement einrichten. Hierzu müssen Rollen definiert und Ressourcen zur Verfügung gestellt werden. Nach der Erstellung einer IT-Sicherheitskonzeption folgt eine Umsetzungsphase, in der fehlende oder nur teilweise umgesetzte IT-Sicherheitsanforderungen realisiert werden. Maßnahmen zur Sensibilisierung für IT-Sicherheit und zielgruppenspezifische Schulungen sollten ebenfalls durchgeführt werden, um die Akzeptanz und Wirksamkeit von Sicherheitsmaßnahmen zu steigern. Letztendlich muss die IT-Sicherheit im laufenden Betrieb kontinuierlich überwacht und aufrechterhalten werden.

Erstellung einer Sicherheitskonzeption

Für die Absicherung bietet der IT-Grundschutz seit der Modernisierung 2017 drei Vorgehensweisen:

- Basis-Absicherung
- Kern-Absicherung
- Standard-Absicherung

Die Basis-Absicherung bietet eine einfache Einstiegsmöglichkeit in den IT-Grundschutz. Hierbei wird zwar der vollständige Geltungsbereich/Informationsverbund betrachtet, aber eine Organisation fokussiert auf rudimentäre Sicherheitsanforderungen, die entsprechend im IT-Grundschutz-Kompendium ausgewiesen sind.

Bei der Kern-Absicherung wird ein hohes Sicherheitsniveau angestrebt, allerdings nicht für einen umfangreichen Informationsverbund, sondern konzentriert auf die Kronjuwelen der Informationsverarbeitung.

Die Standard-Absicherung entspricht der Vorgehensweise für den IT-Grundschutz vor der Modernisierung. Es wird ein umfangreicher Informationsverbund abgesichert, und dabei werden weitergehende Sicherheitsmaßnahmen genutzt, ergänzt um Maßnahmen zur Behandlung spezieller Risiken.

Im Folgenden wird exemplarisch die Vorgehensweise zur Standard-Absicherung vorgestellt. Die beiden anderen Ansätze sind als Untermenge der Standard-Absicherung dann einfach zu verstehen.

Am Anfang der Erstellung steht die Definition eines zu betrachtenden Informationsverbunds, der aus allen relevanten Prozessen, Anwendungen, Systemen, Netzen, Räumen, Gebäuden und Infrastruktureinrichtungen besteht. Für diesen Informationsverbund werden in der Strukturanalyse alle relevanten Informationen erfasst, es wird also eine Bestandsaufnahme der Objekte durchgeführt. Zur Vereinfachung kann eine Reduktion der Komplexität durch Gruppenbildung gleichartiger Bestandteile erfolgen, bspw. können gleichartige Systeme vereinfacht als eine Systemgruppe dargestellt werden. Als Ergebnis der Strukturanalyse soll ein bereinigter Netzplan vorliegen, der den Ist-Zustand des betrachteten Informationsverbunds beschreibt und einen guten Überblick der beteiligten Komponenten liefert.

Verantwortung der Leitungsebene

Aus der Gesamtverantwortung der Leitungsebene für ein Unternehmen oder eine Behörde leitet sich insbesondere auch die spezielle Verantwortung für die Informationssicherheit – in der Regel zum Schutz des Unternehmenswissens – ab. Die Umsetzung der Informationssicherheit kann delegiert werden. Allerdings verbleiben die Verantwortung für die Initiierung und insbesondere die Kontrolle der Umsetzung der Informationssicherheit bei der Leitungsebene. Eine wichtige Verantwortung der Leitungsebene ist die Etablierung eines kontinuierlichen Sicherheitsprozesses, der den Anforderungen der Organisation Rechnung trägt. Hierzu müssen die Rahmenbedingungen gründlich analysiert und daraus abgeleitete Sicherheitsziele formuliert werden. In einer Sicherheitsleitlinie sollen die Hauptziele knapp formuliert werden. Sie sollte mindestens die folgenden Punkte beinhalten:

- Stellenwert der IT-Sicherheit und Bedeutung der IT für die Aufgabenerfüllung
- Bezug der IT-Sicherheitsziele zu den Geschäftszielen oder Aufgaben der Institution
- Sicherheitsziele und die Kernelemente der Sicherheitsstrategie für die eingesetzte IT
- Zusicherung, dass die IT-Sicherheitsleitlinie von der Organisationsleitung durchgesetzt wird
- Leitaussagen zur Erfolgskontrolle
- Beschreibung der für die Umsetzung des IT-Sicherheitsprozesses etablierten Organisationsstruktur

Der Aufbau einer angemessenen IT-Sicherheitsorganisation obliegt nach IT-Grundschutz ebenfalls der Leitungsebene. Hierzu müssen entsprechende Rollen, Aufgaben, Verantwortungen und Kompetenzen festgelegt werden. Allerdings verbleibt die Gesamtverantwortung bei der Leitungsebene. Es ist nicht erfolgversprechend, ausschließlich einen IT-Sicherheitsbeauftragten zu benennen. Ohne dass außerdem angemessene Ressourcen bereitgestellt werden, kann Informationssicherheit nicht erfolgreich umgesetzt werden.

Abbildung 7.3: Erstellung einer IT-Sicherheitskonzeption nach BSI-Grundschutz

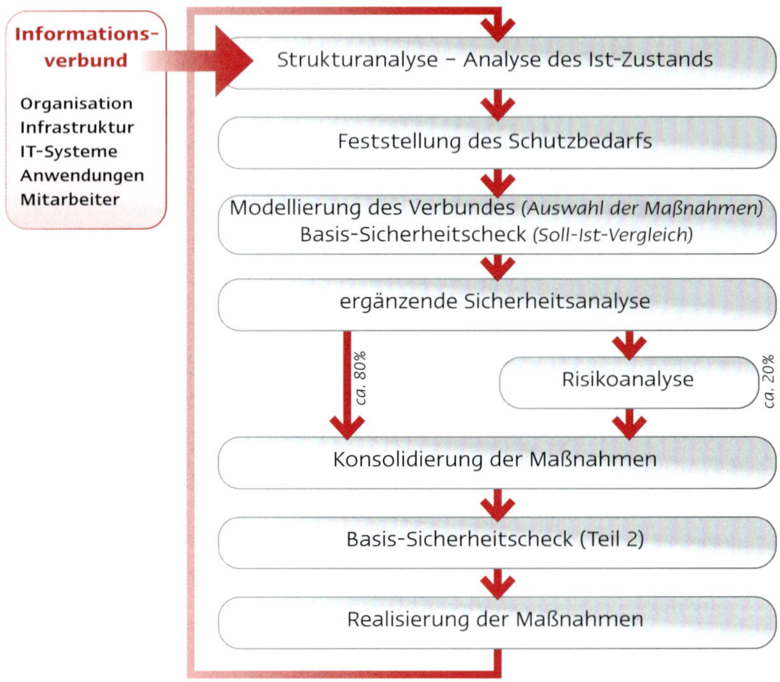

Grafikvorlage: Bundesamt für Sicherheit in der Informationstechnik (BSI)

Abbildung 7.3 zeigt, wie eine IT-Sicherheitskonzeption nach IT-Grundschutz erstellt werden soll. Die einzelnen Schritte werden im weiteren Verlauf des Kapitels erläutert.

IT-Strukturanalyse

Im Vordergrund der Betrachtungen steht beim IT-Grundschutz immer ein Informationsverbund. In der IT-Strukturanalyse werden alle für den Verbund wichtigen Informationen erfasst. Hierbei empfiehlt es sich in der Praxis, ausgehend von wichtigen Geschäftsprozessen die wichtigen Anwendungen und Informationen herauszuarbeiten und daraus die für diese erforderlichen Systeme abzuleiten. Folgende Schritte werden bei der Strukturanalyse durchgeführt:

- Erfassung der Geschäftsprozesse
- Erfassung der IT-Anwendungen und zugehörigen Informationen
- Erhebung der IT-Systeme (auch Automatisierungssysteme und IoT-Geräte)
- Erhebung der Kommunikationsverbindungen
- Erfassung der IT-Räume
- Komplexitätsreduktion durch Gruppenbildung
- Erstellung eines reduzierten Netzplans

Schutzbedarfsfeststellung

Vor der Definition von IT-Sicherheitsmaßnahmen muss der Schutzbedarf der Komponenten festgelegt werden. Hierdurch wird den in der Regel beschränkten Ressourcen Rechnung getragen, sodass festgestellt werden kann, welche Daten und Ressourcen besonders schützenswert sind. Diese Festlegung muss individuell für jede Organisation unter Berücksichtigung der eigenen Bedürfnisse erfolgen. Beispielsweise wird ein möglicher finanzieller Schaden von 10.000 Euro von einem mittelständischen Unternehmen anders bewertet werden als von einem Konzern. Die Methodik zur Festlegung des Schutzbedarfs muss nachvollziehbar sein.

Vorgegeben ist durch IT-Grundschutz, dass eine Komponente in eine der drei Schutzbedarfskategorien normal, hoch oder sehr hoch eingeordnet werden muss. Die beiden letzten Kategorien werden hier unter erhöhtem Schutzbedarf zusammengefasst. Bei der Festlegung des Schutzbedarfs ist es sinnvoll, verschiedene Schadensarten zu betrachten, z. B. finanzieller Schaden, Haftungsschäden, Rufschäden, und diese nach Schadenshöhen in Schadensklassen einzuteilen. Sie werden je nach Organisation spezifisch festgelegt und durch die Unternehmensleitung verbindlich verabschiedet. Die Vorgaben für die Schutzbedarfsklassen sind im BSI-Standard 200-2 wie in Tabelle 7.1 charakterisiert.

In der Praxis gestaltet sich die Schutzbedarfsfeststellung häufig schwieriger als zunächst angenommen, da verschiedene Beteiligte durchaus unterschiedliche Sichtweisen auf den Schutzbedarf einzelner Komponenten haben können. Mag für einen Abteilungsleiter eine Arbeitsunterbrechung von einer Woche enorme Ausmaße annehmen, kann es durchaus sein, dass unternehmensweit ein derartiges Problem nur einen untergeordneten Stellenwert einnimmt. Es ist daher wichtig, die Kategorien für die gesamte Organisation zu definieren und erst dann eine Schutzbedarfseinstufung durch den jeweiligen Verantwortlichen vornehmen zu lassen.

Tabelle 7.1: Charakterisierung der Schutzbedarfskategorien nach [BSI 1002]

Kategorie	Relative Schadenhöhe
normal	Die Schadensauswirkungen sind begrenzt und überschaubar.
hoch	Die Schadensauswirkungen können beträchtlich sein.
sehr hoch	Die Schadensauswirkungen können ein existenziell bedrohliches, katastrophales Ausmaß erreichen.

Der IT-Grundschutz-Ansatz ist ausgelegt für IT-Landschaften mit hauptsächlich normalem Schutzbedarf. Für Komponenten mit hohem oder sehr hohem Schutzbedarf ist eine Risikoanalyse durchzuführen. Im Weiteren wird beschrieben, wie der Schutzbedarf ermittelt wird.

Schutzbedarf von Geschäftsprozessen: Informationen sind für reibungslose Unternehmensabläufe wichtig. Es ist zu betrachten, welche Auswirkungen Störungen der Vertraulichkeit, Integrität oder Verfügbarkeit von Informationen für Geschäftsprozesse haben können.

Für alle Geschäftsprozesse muss der Schutzbedarf im Hinblick auf die Kernziele der IT-Sicherheit Vertraulichkeit, Integrität und Verfügbarkeit festgelegt werden. Dabei sind die vorher für die Organisation festgeschriebenen Kriterien für eine Klassifizierung anzuwenden.

Der BSI-Standard 200-2 liefert konkrete Hilfestellungen für die Zuordnung durch Leitfragen zu den Kriterien

- Verstoß gegen Gesetze/Vorschriften/Verträge,
- Beeinträchtigungen des informationellen Selbstbestimmungsrechts,
- Beeinträchtigung der persönlichen Unversehrtheit,
- Beeinträchtigung der Aufgabenerfüllung,
- negative Innen- und Außenwirkung und
- finanzielle Auswirkungen.

Schutzbedarf von IT-Anwendungen: Informationen in Geschäftsprozessen werden durch IT-Anwendungen verarbeitet. Der Schutzbedarf der Anwendungen leitet sich aus den Schutzbedarfsfeststellungen für die Einzelkriterien ab.

Schutzbedarf von IT-Systemen: Aus dem Schutzbedarf der IT-Anwendungen lässt sich der Schutzbedarf von IT-Systemen ermitteln. Unter IT-Systeme fallen auch Automatisierungssysteme und sogenannte IoT-Systeme. Hierbei wird in der Regel das sogenannte Maximumsprinzip angewendet, bei dem die möglichen Schäden aller betriebenen Anwendungen auf einem IT-System betrachtet werden. Die Anwendung mit dem höchsten Schutzbedarf bestimmt den Schutzbedarf eines IT-Systems. Für ein an sich weniger kritisches System kann allerdings ein erhöhter Schutzbedarf notwendig werden, wenn mehrere Anwendungen auf Informationen aus diesem System angewiesen sind. Wenn mehrere an sich nur »normale« IT-Anwendungen auf einem System verarbeitet werden, kann es nach dem sogenannten Kumulationsprinzip notwendig werden, einem System einen erhöhten Schutzbedarf zuzuordnen, da bei einem Systemausfall alle diese Anwendungen gestört würden. Dem gegenüber kann einem IT-System ein niedrigerer Schutzbedarf zugeordnet werden, wenn auf ihm nur Teile einer IT-Anwendung mit erhöhtem Schutzbedarf verarbeitet werden, bspw. einem einzelnen Server im Clusterbetrieb. Man spricht dann vom Verteilungseffekt. Der Schutzbedarf des Clusters kann durchaus hoch sein, der Schutzbedarf eines einzelnen Servers aber nur normal.

Schutzbedarf für Räume: Der Schutzbedarf für Räume ergibt sich aus dem Schutzbedarf der IT-Systeme, die in diesem Raum untergebracht sind. Es gelten die gleichen Ableitungsregeln wie für IT-Systeme.

Schutzbedarf von Kommunikationsverbindungen: Für die Feststellung des Schutzbedarfs von Kommunikationsverbindungen müssen kritische Kommunikationswege identifiziert werden. Im Fokus stehen dabei besonders Außenverbindungen, Kommunikationsverbindungen mit hochschutzbedürftigen Informationen und Kommunikationsverbindungen in produzierenden Bereichen.

Auswahl von Anforderungen

Durch die IT-Grundschutzanalyse sollen die für einen Informationsverbund notwendigen Sicherheitsanforderungen ermittelt und später deren Umsetzungsstatus überprüft werden.

Modellierung

Durch die Grundschutzmodellierung werden die für einen Bereich des Informationsverbunds notwendigen Sicherheitsanforderungen ermittelt. Der betrachtete Informationsverbund wird mithilfe der Bausteine aus dem IT-Grundschutz-Kompendium nach den im Kompendium aufgeführten Regeln nachgebildet. Hierbei werden verschiedene IT-Sicherheitsaspekte nach den im IT-Grundschutz-Kompendium vorgegebenen Schichten betrachtet und Anforderungen zugeordnet.

In der Praxis ist die Modellierung ein kritischer Vorgang beim Einsatz von IT-Grundschutz. Eine korrekte Modellierung erfordert Erfahrung. Die Modellierungsvorschriften des BSI müssen sorgfältig befolgt werden.

Für ein betrachtetes System können mehrere Bausteine zur Anwendung kommen. So können z. B. für einen Datenbankserver die Bausteine SYS.1.1 Allgemeiner Server und SYS.1.3 Server unter Unix anzuwenden sein. Der Baustein APP.4.3 Relationale Datenbanksysteme käme nicht zur Anwendung, dieser wäre der Datenbank(-Anwendung) zu zuordnen.

Als Ergebnis der Modellierung liegt ein IT-Grundschutzmodell des betrachteten Informationsverbunds vor. Dieses enthält alle nach IT-Grundschutz geforderten Anforderungen.

IT-Grundschutz-Check

Bei dem IT-Grundschutz-Check handelt es sich um einen Soll-Ist-Vergleich, durch den der Umsetzungsgrad von Sicherheitsanforderungen übergeprüft wird. Sicherheitsanforderungen können einen der folgenden Umsetzungsstatus haben: ja, nein, teilweise, entbehrlich. Entbehrlich bedeutet in diesem Zusammenhang, dass die Anforderung nicht relevant ist.

Es bedeutet nicht, dass die Anforderung nicht betrachtet werden soll! Auf entbehrlich darf eine Anforderung aber insbesondere nicht gesetzt werden, falls lediglich die Aufwände zur Umsetzung nicht getragen werden sollen.

Der IT-Grundschutz-Check muss in der Praxis gut vorbereitet sein und wird in der Regel in Form von Fachinterviews mit den zuständigen Ansprechpartnern durchgeführt. Es schadet nicht, sich auch an entsprechenden Stellen durch Stichproben oder Sichtkontrollen von der Richtigkeit von Angaben zu überzeugen, sei es durch den Nachweis von Aussagen in Form von Textpassagen in Dokumenten oder der konkreten Prüfung von Konfigurationsdetails an Systemen. Hierfür können insbesondere die Umsetzungshinweise (s. u.) zu Bausteinen herangezogen werden.

Risikoanalyse

Für einige Objekte eines Informationsverbunds kann IT-Grundschutz nicht unmittelbar oder nicht ausschließlich angewandt werden. Dies betrifft Objekte, die einen erhöhten Schutzbedarf aufweisen, für die keine Bausteine im IT-Grundschutz-Kompendium existieren oder die in anderen als im IT-Grundschutz betrachteten Einsatzszenarien betrieben werden sollen. Für diese Objekte muss eine Risikoanalyse durchgeführt werden. Hierbei empfiehlt das BSI die folgende Vorgehensweise:

- Erstellung einer Gefährdungsübersicht
- Einstufung von Risiken
    - Einschätzung von Risiken
    - Bewertung von Risiken
- Behandlung von Risiken
- Konsolidierung des IT-Sicherheitskonzepts

Bei der Risikoanalyse kann der BSI-Standard 200-3 beachtet werden. Eigene Vorgehensweisen zur Durchführung von Risikoanalysen sind aber prinzipiell zulässig und können angewendet werden.

Realisierung

In der Realisierungsplanung werden die nach dem Soll-Ist-Vergleich noch fehlenden oder nur teilweise umgesetzten Sicherheitsanforderungen zusammengefasst und konsolidiert. Dabei sollten die folgenden Aspekte geprüft und festgelegt werden:

- Sichtung der Ergebnisse
- Kosten- und Aufwandsschätzung
- Festlegung der Umsetzungsreihenfolge
- Festlegung der Aufgaben und Verantwortung
- Realisierungsbegleitende Maßnahmen

Letztendlich müssen die Realisierungsplanung und das erforderliche Budget durch die Leitungsebene verabschiedet und dann durch die IT-Sicherheitsorganisation umgesetzt werden.

7.3.3 BSI-Standard 200-3: Risikomanagement

Im BSI-Standard 200-3 wird die Einbindung von Risikoanalysen in die IT-Grundschutz-Vorgehensweise beschrieben.

Eine Analyse von IT-Risiken muss durchgeführt werden, wenn

- ein hoher oder sehr hoher Schutzbedarf vorliegt oder
- Systeme oder Anwendungen, die nicht durch das IT-Grundschutz-Kompendium abgedeckt sind, zum Einsatz kommen oder
- Einsatzszenarien über den IT-Grundschutz hinausgehen.

In der Praxis ist dieses Vorgehen auch erforderlich, wenn im Rahmen von IT-Grundschutz Spezialumgebungen wie z. B. Medizintechnik betrachtet werden. Im Standard wird eine Vorgehensweise beschrieben, durch die der Aufwand für die Durchführung der Risikoanalysen gering gehalten wird.

Als Ausgangspunkt für die Risikoanalyse werden die sogenannten elementaren Gefährdungen des BSI genutzt. Der Standard beschreibt eine Vorgehensweise zur Erstellung einer Gefährdungsübersicht. Zusätzliche Gefährdungen, die nicht im IT-Grundschutz-Kompendium aufgeführt werden, können durch sorgfältige Betrachtung der jeweiligen Situation ergänzt werden. Hierbei können auch Dokumentationen und Veröffentlichungen von Schwachstellen hinzugezogen werden, z. B. aus Mailing-Listen, Schwachstellendatenbanken oder über spezialisierte Dienstleister. Eigene Bedrohungsanalysen können die Risikoanalyse abrunden.

Aus der Gefährdungsübersicht müssen die notwendigen ergänzenden Anforderungen für die IT-Sicherheitskonzeption abgeleitet werden. Danach muss für alle Objekte, für die die IT-Grundschutz-Anforderungen nicht ausreichen, entschieden werden, welche der folgenden Risikobehandlungsmethoden angewendet wird:

- Risikoreduktion durch zusätzliche Maßnahmen
- Risikovermeidung durch Umstrukturierung (z. B. Outsourcing)
- Risikoübernahme oder Risikoakzeptanz
- Risikotransfer (z. B. Abschließen von Versicherungen)

Abschließend müssen das IT-Sicherheitskonzept unter Berücksichtigung der Risikobehandlung konsolidiert werden und die Ergebnisse in den Sicherheitsprozess zurückfließen.

7.3.4 BSI-Standard 100-4: Notfallmanagement

Der BSI-Standard 100-4 zum Thema Notfallmanagement ergänzt die ersten drei BSI-Standards um eine Vorgehensweise, die für Unternehmen und Behörden einen Weg im Sinne des IT-Grundschutzes aufzeigt, auf den Umgang mit Krisen und Notfällen vorbereitet zu sein. Der Standard zum Notfallmanagement wird zum Zeitpunkt der Aktualisierung dieses Kapitels gerade überarbeitet. Es liegt aktuell ein sogenannter Community Draft des Nachfolgestandards 200-4 vor.

7.3.5 IT-Grundschutz-Kompendium

Das IT-Grundschutz-Kompendium ist hauptsächlich die Sammlung von IT-Grundschutz-Bausteinen, in denen Bausteine mit Anforderungen und an vielen Stellen zugehörige Umsetzungshilfen dokumentiert sind. Die Bausteine sind der umfänglichste Teil des IT-Grundschutz-Kompendiums. In der sich schnell verändernden IT-Landschaft besteht die große Herausforderung für das BSI darin, die Bausteine aktuell zu halten und gleichzeitig neuen Entwicklungen rechtzeitig durch neue Bausteine Rechnung zu tragen. Die Bausteine selbst sind aufgeteilt in die Themengebiete:

- ISMS: Sicherheitsmanagement
- ORP: Organisation und Personal
- CON: Konzeption und Vorgehensweise
- OPS: Betrieb
- DER: Detektion und Reaktion
- APP: Anwendungen
- SYS: IT-Systeme
- IND: Industrielle IT
- NET: Netze und Kommunikation
- INF: Infrastruktur

Jeder Baustein ist in sich abgeschlossen. Nach einer Beschreibung wird die jeweilige Gefährdungslage kurz vorgestellt. Daran anschließend werden Basis-Anforderungen, Standard-Anforderungen und Anforderungen bei erhöhtem Schutzbedarf dokumentiert. Das BSI stellt ergänzend noch Kreuzreferenztabellen zur Verfügung, mit denen die Ermittlung von Anforderungen nachvollzogen werden kann (Gegenüberstellung Gefährdungen – Anforderungen). In den Umsetzungshinweisen werden konkrete Möglichkeiten zur Erfüllung der Anforderungen detailliert.

7.4 Tool-Unterstützung

In der Praxis wird man ein IT-Sicherheitsmanagement nach IT-Grundschutz kaum ohne eine geeignete Werkzeugunterstützung etablieren können. Auf dem Markt existieren Werkzeuge verschiedener Hersteller, die die Vorgehensweise nach IT-Grundschutz unterstützen. Das ursprünglich im Auftrag des BSI entwickelte GSTOOL ist nicht mehr verfügbar.

7.5 ISO 27001-Zertifizierung auf Basis von IT-Grundschutz

Zum Nachweis der erfolgreichen Umsetzung von IT-Grundschutz kann ein Informationsverbund zertifiziert werden. Der Informationsverbund wird durch die Organisation festgelegt und sollte vor einem Zertifizierungsantrag mit dem BSI abgestimmt werden. In Form eines Audits werden basierend auf dem verbindlichen, vom BSI veröffentlichten Prüfschema das Informationssicherheitsmanagement, die sogenannten Referenzdokumente und die konkrete Implementierung vor Ort überprüft.

Verläuft die Zertifizierung erfolgreich, wird ein ISO 27001-Zertifikat auf der Basis von IT-Grundschutz vom Bundesamt für Sicherheit in der Informationstechnik ausgestellt.

Die Zertifizierungsgrundlagen für das ISO27001-Zertifikat auf der Basis von IT-Grundschutz werden grundsätzlich auf der Webseite des BSI [BSI-PGL] veröffentlicht. Sie beinhalten vor allem

- ISO/IEC 27001:2013,
- BSI-Standard 200-2,
- IT-Grundschutz-Kompendium in aktueller Fassung

sowie weitere Vorgaben und Musterdokumente.

Durch ein Audit nach ISO 27001 auf der Basis von IT-Grundschutz wird geprüft, ob die Anforderungen aus dem IT-Grundschutz erfüllt sind.

Vom Auditor werden die folgenden Prinzipien gefordert:

- ethisches Verhalten
- sachliche Darstellung der Ergebnisse
- angemessene Sorgfalt
- Unabhängigkeit und Objektivität (keine beratende Tätigkeit im Vorfeld oder in anderen Projekten)
- Vorlage von Nachweisen

Unabdingbare Eckpfeiler eines Grundschutz-Audits sind Nachweise zu:

- Sicherheitsniveau und Sicherheitszustand des Informationsverbunds
- Vollständigkeit der Dokumentation und der Sicherheitsmaßnahmen
- Transparenz der Umsetzung
- Aktualität der Ergebnisse
- Prozessen zur Aufrechterhaltung der IT Sicherheit

Die Audits müssen durch den Auditor entsprechend sorgfältig durchgeführt und dokumentiert werden, damit sie als Grundlage der Zertifizierung durch das BSI dienen können.

Zusammenfassung

IT-Grundschutz verfolgt den Ansatz, durch Standard-Anforderungen für Objekte in Informationsverbünden mit normalem Schutzbedarf auf einfache Weise ein angemessenes Sicherheitsniveau zu erreichen. IT-Grundschutz stellt dabei eine Vorgehensweise zur Umsetzung von ISO 27001 dar. Dabei spielen die BSI-Standards 200-1 bis 200-3 eine wesentliche Rolle. Diese werden ergänzt durch die im IT-Grundschutz-Kompendium enthaltene sehr umfangreiche Sammlung an wesentlichen IT-Sicherheitsanforderungen und Umsetzungshilfen.

Literatur

[BSI-2001] *Bundesamt für Sicherheit in der Informationstechnik (BSI)*: BSI-Standard 200-1: Managementsysteme für Informationssicherheit

[BSI-2002] *Bundesamt für Sicherheit in der Informationstechnik (BSI)*: BSI-Standard 200-2: IT-Grundschutz-Methodik

[BSI-2003] *Bundesamt für Sicherheit in der Informationstechnik (BSI)*: BSI-Standard 200-3: Risikomanagement

[BSI-1004] *Bundesamt für Sicherheit in der Informationstechnik (BSI)*: BSI-Standard 100-4: Notfallmanagement

[BSI-GSK] *Bundesamt für Sicherheit in der Informationstechnik (BSI)*: IT-Grundschutz-Kompendium

[BSI-PGL] *Bundesamt für Sicherheit in der Informationstechnik (BSI)*: Prüfgrundlage für Zertifizierungen nach ISO 27001 auf der Basis von IT-Grundschutz

[BSI-ZERT1] *Bundesamt für Sicherheit in der Informationstechnik (BSI)*: Zertifizierung nach ISO 27001 auf der Basis von IT-Grundschutz – Zertifizierungsschema

[BSI-ZERT2] *Bundesamt für Sicherheit in der Informationstechnik (BSI)*: Zertifizierung nach ISO 27001 auf der Basis von IT-Grundschutz – Auditierungsschema

Alle Dokumente sind zu finden unter *https://www.bsi.bund.de/IT-Grundschutz* (Stand: 17.01.2024).

8 Sicherheitskonzept

Einleitung

Durch Sicherheitsmaßnahmen sollen Störungen sowie Manipulationen und dadurch auch Schäden vermieden werden. Dabei sind die Randbedingungen äußerst herausfordernd: Vielfältige technische Systeme müssen berücksichtigt werden, die fachlichen und betrieblichen Abläufe sind komplex, die Dynamik der technischen Weiterentwicklung hoch und die Ressourcen für Informationssicherheit oft knapp. Angesichts einer solchen Ausgangssituation ist es offensichtlich, dass Einzelmaßnahmen nur zu einem Sicherheitsflickenteppich führen würden – Sicherheitslücken und Angriffsmöglichkeiten blieben zwangsläufig bestehen.

Chancen auf ein durchgängiges Sicherheitsniveau bestehen nur, wenn die Organisation durch ein Informationssicherheitsmanagementsystem (ISMS) eine systematische Vorgehensweise etabliert. Beim ISMS liegen die Steuerungsaufgaben: Definition der Unternehmensleitlinie, Aufbau der Informationssicherheitsorganisation, Bereitstellen von

Ressourcen, Treffen der erforderlichen Entscheidungen zur Umsetzung auf Managementebene sowie Management-Reviews und Vorgaben zur Verbesserung der Informationssicherheit.

Die Verantwortlichen in der Informationssicherheitsorganisation müssen Maßnahmen festlegen, mit denen auf Sicherheitsprobleme angemessen reagiert wird. Nur wenn nachvollziehbar dokumentiert ist, wie Sicherheitsmaßnahmen aufeinander abgestimmt sind und welche Lücken verbleiben, kann beurteilt werden, ob das gewünschte Sicherheitsniveau erreicht wird und die angestrebten oder umgesetzten Maßnahmen angemessen sind. Das Sicherheitskonzept kann dies auf einem hohen Abstraktionsniveau darstellen: Hier werden die Strategien und Entscheidungen festgelegt, mit denen auf relevante Risiken, Gefährdungen, Angreifer-Modellierungen und Schwachstellen reagiert werden soll (s. Kap. 1). Wegen seiner zentralen Bedeutung sollen daher in diesem Abschnitt die Kernelemente eines Sicherheitskonzepts dargestellt werden.

8.1 Ziele eines Sicherheitskonzepts

Ziel eines Sicherheitskonzepts ist es, auf einem hohen Abstraktionsniveau die Maßnahmen zur Informationssicherheit einer Organisation oder eines »Informationssicherheitsverbunds« darzustellen. Bei der Darstellung können die Maßnahmen nach baulichen, technischen, organisatorischen und personellen Aspekten unterschieden werden. Mit dem Sicherheitskonzept soll gezeigt werden, dass und wie die Sicherheitsprobleme auf dem angestrebten Sicherheitsniveau beherrscht werden. Durch eine systematische Vorgehensweise und eine vollständige Abdeckung sollen nicht akzeptable Schwachstellen vermieden werden.

Ausgangspunkt des Sicherheitskonzepts sind die Abgrenzung und Beschreibung seines Anwendungsbereichs und die Ergebnisse einer vorgelagerten Risikoanalyse. Für die relevanten Risiken werden im Sicherheitskonzept abstrakte technische oder organisatorische Maßnahmen entsprechend den zu erreichenden Sicherheitszielen Vertraulichkeit,

Integrität und Verfügbarkeit definiert (s. Abschnitt 1.2), die in ihrem Zusammenwirken diese Risiken auf das von der Organisation akzeptierte Maß reduzieren. Abstrakt bedeutet in diesem Zusammenhang, dass bei der Definition der Maßnahmen weitgehend auf Details der Umsetzung verzichtet wird. Diese Aspekte werden erst in nachgelagerten Dokumenten beschrieben.

Das Sicherheitskonzept enthält daher vor allem eine abstrakte Sicherheitsarchitektur und abstrakte Sicherheitsmaßnahmen. Außerdem sollte abstrakt die Stärke der Mechanismen, die die Maßnahmen erreichen sollen, und die Kriterien, wann diese Vorgaben gelten, festgelegt werden. So könnte bspw. gefordert werden, dass Datenbestände mit einer bestimmten Vertraulichkeitseinstufung nur mit einer Zwei-Faktor-Authentifizierung oder im Vier-Augen-Prinzip eingesehen werden dürfen. Die Maßnahmen müssen mit den Anforderungen der Geschäftsprozesse und den Betriebskonzepten für Techniksysteme abgestimmt sein. So müssen möglicherweise für die zu einem Dienstleister ausgelagerten IT-Systeme andere Maßnahmen ergriffen werden als für die IT-Systeme, die im eigenen Rechenzentrum betrieben werden.

Im Sicherheitskonzept können die Bewertung des konzipierten Sicherheitsniveaus und die verbleibenden Risiken zusammenfassend darstellt werden. Oftmals wird auch eine getrennte – und ebenso bewährte – Darstellung von Maßnahmen (im Sicherheitskonzept) und Risiken (im Risikobericht) gewählt.

Damit bietet das Sicherheitskonzept die Möglichkeit, die Auswahl der abstrakten Sicherheitsmaßnahmen und ihr Zusammenwirken zu überprüfen. Die getroffenen Entwurfsentscheidungen bilden die Grundlage der Umsetzung von Sicherheitsmaßnahmen bspw. durch die konkrete Gestaltung betrieblicher Prozesse oder für die Auswahl und Gestaltung technischer IT-Systeme. Das Konzept leistet darüber hinaus Argumentationshilfe bei unternehmenspolitischen Entscheidungen zur Durchsetzung von Sicherheitsmaßnahmen. Dies ist insbesondere wichtig, wenn angesichts knapper Ressourcen Prioritäten gesetzt werden müssen.

Aus dem Sicherheitskonzept ergeben sich Aufgaben, durch die die Maßnahmen umgesetzt, betreut und fortgeschrieben werden. Seine Wirkung kann das Konzept nur entfalten, wenn für diese Aufgaben die Zuständigkeiten geklärt, Prozesse etabliert und Ressourcen bereitgestellt werden. Die Aufbau- und die Ablauforganisation für die Informationssicherheit müssen mit den Entscheidungen im Sicherheitskonzept harmonieren. Es kann sinnvoll sein, die Rollen, die die Umsetzung steuern, sowie wichtige Prozesse, mit deren Hilfe Maßnahmen realisiert werden, im Sicherheitskonzept zu benennen. Das Sicherheitskonzept bietet dann auch eine Checkliste, um den Stand der Umsetzung zu prüfen.

Für die Vorbereitung von Sicherheitsaudits bietet das Sicherheitskonzept wertvolle Informationen. Es gibt einen Überblick über die ergriffenen Maßnahmen. Daraus und aus einer Änderungshistorie des Sicherheitskonzepts können Audit-Schwerpunkte abgeleitet werden. Dazu könnten im Sicherheitskonzept auch Kennzahlen festgelegt werden, über die im Management-Report zu berichten ist. Das Sicherheitskonzept ist damit ein zentrales Ergebnis der Abstimmungsprozesse innerhalb der Sicherheitsorganisation und zum ISMS.

Strukturell ordnet sich ein (übergeordnetes) Sicherheitskonzept für eine Organisation in das ISMS der Organisation ein und ist damit Teil ihres ISMS. Neben diesem abstrakten, strategischen Sicherheitskonzept sollte es regelmäßig noch weitere (untergeordnete) konkrete, operative Sicherheitskonzepte geben, die die technischen und organisatorischen Maßnahmen für ein IT-System oder eine Anwendung praktisch beschreiben.

Einen Überblick über die Aufgaben und Anforderungen, die im Rahmen eines ISMS abzudecken sind, geben Standards, bspw. die **ISO 27001** (s. Kap. 6) oder die vom Bundesamt für Sicherheit in der Informationstechnik (BSI) entwickelte **IT-Grundschutz-Standards** (s. Kap. 7) samt der vielfältigen Umsetzungsmaterialien.

Einordnung in die Dokumentationsstruktur

Das Sicherheitskonzept ist ein Dokument der Planungsebene. Es beschreibt primär das Gesamtbild für die Lösung der Aufgabe »Informationssicherheit«. Für dieses Ziel sollte die Beschreibung auf einer einheitlichen Abstraktionsebene erfolgen. Gegebenenfalls wird das übergreifende Sicherheitskonzept durch nachgeordnete Konzepte für einzelne Sicherheitsbereiche detailliert, bspw. zur Netzwerksegmentierung, zu Firewalls oder zum Business-Continuity-Management.

Sowohl die Abgrenzung als auch die Bezüge des Sicherheitskonzepts zur übrigen Sicherheitsdokumentation, bspw. der Risikoanalyse, der Sicherheitsleitlinie oder den Umsetzungsdokumenten sollten klargestellt werden.

Fortschreibung

Damit das Sicherheitskonzept ein aktuelles Gesamtbild der Maßnahmen zur Informationssicherheit gibt, muss es – wie andere Dokumente der Informationssicherheit – in die Aktualisierungsprozesse einbezogen werden. Auslöser für Aktualisierungsbedarf können bspw. sein: veränderte Rahmenbedingungen der Geschäftstätigkeit, veränderte Management-Vorgaben zur Informationssicherheit oder veränderte Risikobewertungen, auf die durch Änderungen des Konzepts reagiert werden soll; Änderungen in der Maßnahmenstrategie, wenn bspw. ein bisheriges einheitliches Netzwerk in mehrere VLANs aufgeteilt werden soll oder Standards wie ISO 27001 oder IT-Grundschutz inhaltlich aktualisiert werden.

8.2 Zentrale Aufgaben im Sicherheitskonzept

Ein Ziel von Sicherheitsmaßnahmen ist es, Störungen zu vermeiden und im Störfall schnell und wirkungsvoll reagieren zu können. Ein Sicherheitskonzept muss daher in seinem Anwendungsbereich mindestens für die folgenden Aufgaben abstrakt beschreiben, welchen Stellenwert sie haben und mit welcher Vorgehensweise und welchen Maßnahmen sie gelöst werden:

- die Abgrenzung Berechtigter und Unberechtigter voneinander,
- das Vermeiden von Schwachstellen,
- das Erkennen von Unregelmäßigkeiten und
- die Reaktionen auf Störungen.

Die Seminareinheiten, die sich in der T.I.S.P.-Schulung mit Sicherheitsmaßnahmen befassen, werden in den folgenden Abschnitten unter diese Aufgaben gruppiert. Diese Zuordnung richtet sich nach dem vorrangigen Nutzen einer Maßnahme. Viele der Maßnahmen haben allerdings Auswirkungen auf mehr als eine der Aufgaben. Dies können Sicherheitsgewinne sein; teilweise stehen Maßnahmen, die eine Aufgabe unterstützen, aber auch im Konflikt zu anderen Aufgaben im Sicherheitskonzept.[1] Dies muss bei der Entwicklung des Konzepts geeignet und laufend berücksichtigt werden.

8.2.1 Berechtigte und Unberechtigte

Eine sehr wichtige Aufgabe für die Sicherung einer IT-Landschaft im Betrieb ist es, Unberechtigte daran zu hindern, IT-Systeme und die durch sie bereitgestellten Funktionen zu nutzen sowie Datenbestände einsehen oder gar ändern zu können. Dies gelingt nur, wenn sowohl physischer Zutritt als auch der Zugriff auf Systeme, Daten und Anwendungen so kontrolliert werden können, dass nur Berechtigte die Ressourcen nutzen können. Durch Maßnahmen der *physischen Sicherheit* (s. Kap. 10) wird verhindert, dass Unbefugte Zutritt zu den IT-Systemen und Datenträgern erhalten. Informationssysteme werden heute regelmäßig innerhalb eines Netzwerks betrieben. Grundlagen der *Netzwerksicherheit* (s. Kap. 11) helfen daher, sicherheitsrelevante Entscheidungen für den Aufbau des Netzwerks zu treffen. Mithilfe von *Firewalls* (s. Kap. 12) wird eine angemessene Abgrenzung zwischen den Weiten des Internets und den geschützten Bereichen des internen Netzwerks einer Organisation geschaffen. Firewalls stellen deshalb immer noch einen wesentlichen Baustein der Zugangs- und Zugriffskontrolle dar.

Auch mithilfe *kryptografischer Verfahren* (s. Kap. 13) soll eine Abgrenzung zwischen Berechtigten und Unberechtigten erreicht werden. Ihr Einsatz gilt häufig dem Schutz vertraulicher Informationen vor unberechtigter Kenntnisnahme. Kryptografische Verfahren sind aber auch für vielfältige weitere Sicherheitsmaßnahmen nutzbar. Zu ihrem umfassenden Einsatz im Unternehmen ist in der Regel der Aufbau von *Public-Key-Infrastrukturen* (PKI) erforderlich. Sie werden in einem eigenen Kapitel mitsamt den zugehörigen *Vertrauensmodellen* und Standards beschrieben (s. Kap. 14).

Kryptografische Verfahren finden auch Verwendung bei der Absicherung von Netzwerkverbindungen, bspw. für den Aufbau von *Virtual Private Networks (VPN)* (s. Kap. 15) und zur Absicherung von *mobilen Netzen* (s. Kap. 16).

Nicht alle Berechtigten dürfen in der Regel gleichermaßen alle Funktionen und Daten verwenden. Die Gestaltung von *Authentifizierung und Berechtigungsmanagement* (s. Kap. 17) und die Differenzierung der Zugriffsberechtigungen sind daher weitere zentrale Bausteine der Zugriffskontrolle. Neben den Authentifizierungsmechanismen der Benutzeranmeldung können auch weitere der vorgenannten Maßnahmen einen wichtigen Beitrag zur Authentifizierung und damit der Abgrenzung zwischen Berechtigten und Unberechtigten leisten. Weitere zentrale Mechanismen des Berechtigungsmanagements werden im Zusammenhang mit *Betriebssystemen* (s. Kap. 18 ff.) oder Cloud Security (s. Kap. 32) dargestellt.

1 Siehe dazu z. B. die Zielkonflikte zwischen Verschlüsselung und Datensicherung, die in Kapitel 29 dargestellt sind.

8.2.2 Schwachstellen vermeiden

Selbst wenn es Unberechtigten gelingen sollte, die realisierten Vorkehrungen zu ihrer Abwehr zu überwinden, sollen sie möglichst wenige Ansatzpunkte haben, um Schaden anzurichten. Es ist daher wesentlich, innerhalb der Systeme möglichst Schwachstellen zu vermeiden. Dies gilt ganz besonders auf Ebene der Betriebssysteme. Aus diesem Grund stellt zunächst das Kapitel *Betriebssystemsicherheit* unabhängig von konkreten Implementierungen die Sicherheitsaufgaben und -probleme von Betriebssystemen vor (s. Kap. 18). Diese Aspekte werden dann in je einem Kapitel für die Betriebssysteme *Windows* (s. Kap. 19) und *Unix* (s. Kap. 20) vertieft. Der immer größeren Bedeutung *mobiler Endgeräte* trägt Kapitel 22 mit einem Blick auf deren Sicherheitsmechanismen Rechnung.

Immer mehr Anwendungen sind als »Web-Anwendungen« oder »Cloud-Service« aus dem Internet zugänglich. Dort führen Schwachstellen zu besonders hohen Risiken. Kapitel 23 stellt daher die Sicherheit von Anwendungssystemen unter besonderer Berücksichtigung von Web-Anwendungen dar. Kapitel 32 befasst sich mit den besonderen Anforderungen beim Einsatz von Cloud-Lösungen.

Da nicht vorhandene Daten nicht missbraucht werden können, trägt das sichere *Löschen und Vernichten* (s. Kap. 24) nicht mehr benötigter Daten oder Datenträger ebenfalls zur Vermeidung von Schwachstellen bei. Es dient der Sicherstellung der Vertraulichkeit und trägt den Datenschutzprinzipien Zweckbindung, Datenminimierung und Speicherbegrenzung entsprechend der (Datenschutz-Grundverordnung) DSGVO Rechnung (s. Kap. 25).

Die bisher aufgeführten Maßnahmen sind im Wesentlichen technisch ausgerichtet. Es darf aber nicht vergessen werden, dass Menschen die erdachten Vorgaben umsetzen und einhalten müssen. Auf deren Kooperation kann nur zählen, wer die – häufig wenig intuitiven und oft als behindernd empfundenen – Sicherheitsvorgaben erläutert und Verständnis für die Notwendigkeit weckt. Dies muss durch Information, Schulung und die Schärfung des Problembewusstseins in Awareness-Maßnahmen (s. Kap. 26) erreicht werden.

8.2.3 Identifikation von Unregelmäßigkeiten

Sind die Möglichkeiten für Angriffe und unbeabsichtigte Störungen reduziert, besteht die nächste Aufgabe darin, dennoch auftretende Unregelmäßigkeiten zu erkennen. Unter Unregelmäßigkeiten werden hier Abweichungen vom Regelverhalten oder von Regelprozessen verstanden, die eine relevante Schwelle überschreiten. Außer über das herkömmliche System-Monitoring oder modernere »SIEM-Lösungen« können Unregelmäßigkeiten bspw. mit Sicherheitsanwendungen identifiziert werden, die Angriffe über Kommunikationsinhalte erkennen (*Content Security*, s. Kap. 27) und Angriffe durch Computer-Viren oder andere Malware abwehren sollen. *Intrusion-Detection-Systeme (IDS)* (s. Kap. 28) zielen dagegen stärker auf die Überwachung des Verhaltens von Nutzern, um unzulässige Aktionen unberechtigter und gegebenenfalls auch berechtigter Nutzer zu identifizieren. Ein solches System sollte bspw. ungewöhnliche Muster beim Zugriff auf Dateien, Programme oder Netzsegmente erkennen und eine automatische Warnung auslösen.

Erkannte Unregelmäßigkeiten müssen analysiert und bewertet werden. Daraus kann sich ergeben, dass ein Störfall vorliegt, für den ein Eingreifen erforderlich ist.

8.2.4 Reaktionen auf Störfälle

Trotz aller Vorsorge durch die in den vorangegangenen Abschnitten genannten Sicherheitsmaßnahmen können Störfälle auftreten. Dann sind Reaktionen erforderlich – die Organisation soll auch in solchen Situationen handlungsfähig bleiben. Eine wichtige Voraussetzung für viele Reaktionen auf Sicherheitsvorfälle ist die Möglichkeit, alte System- oder Informationsstände wieder herzustellen. Mit dem Thema *Datensicherung* beschäftigt sich deshalb das Kapitel 29.

Durch *Computer Emergency Response Teams* soll effizient auf Angriffe reagiert werden. Deren Aufgaben und der Incident-Management-Prozess werden in Kapitel 30 vorgestellt. Damit nicht nur auf kleinere Störfälle oder Vorfälle, sondern auch auf weitreichende Krisen reagiert werden kann, sollten Organisationen schließlich auch ein *Business-Continuity-Management* (s. Kap. 31) aufbauen.

Zusammenfassung

Die Entwicklung eines Sicherheitskonzepts ist eine zentrale Aufgabe der Informationssicherheitsorganisation. Dieses Konzept stellt die Sicherheitsarchitektur und das Zusammenwirken der abstrakten technischen und organisatorischen Sicherheitsmaßnahmen dar und ist Teil der Sicherheitsdokumentation. Es stellt Risiken und abwehrende Maßnahmen gegenüber und ermöglicht so, das Sicherheitsniveau auf einer abstrakten Ebene zu prüfen. Zentrale Aufgaben des Sicherheitskonzepts sind, Maßnahmen zur Abgrenzung zwischen Berechtigten und Unberechtigten, zur Vermeidung von Schwachstellen, zur Identifikation von Unregelmäßigkeiten und zur Reaktion auf Störfälle zu definieren. Das Konzept umfasst für die genannten Aufgaben alle abstrakten baulichen, organisatorischen, technischen und personellen Maßnahmen, die zum Erreichen der Sicherheitsziele der Organisation beitragen.

Ein vollständiges und systematisch aufgebautes Sicherheitskonzept ist das Steuerungsinstrument, mit dem ein einheitliches und angemessenes Sicherheitsniveau festgelegt werden kann.

Literatur

[FoxJen09] *Fox, D.; Jendrian, K.:* Struktur von Sicherheitsleitlinien, DuD 5/2009, 313 ff. *https://www.secorvo.de/publikationen/sicherheitsrichtlinien-fox-jendrian-2009.pdf* (Stand: 25.01.2024)

[BSI-2002] *Bundesamt für Sicherheit in der Informationstechnik (BSI)*: BSI-Standard 200-2: IT-Grundschutz-Methodik

9 Datenschutzkonzept

Einleitung

Zu den gesetzlichen Anforderungen, die in jedem Unternehmen (und jeder Behörde) umzusetzen sind, zählt das Datenschutzrecht (s. Kap. 4), da zumindest von Mitarbeitern (und in der Regel auch von Kunden) personenbezogene Daten verarbeitet werden. Die Sorgfalt des ordentlichen Geschäftsmanns erlegt der Geschäftsleitung die Pflicht auf, die Rechtmäßigkeit des Handelns des Unternehmens zu gewährleisten (§ 43 GmbHG, § 93 AktG). Um dieser Sorgfaltspflicht zu genügen, muss die Geschäftsleitung:

1. zunächst die (Datenschutz-)rechtlichen Anforderungen kennen,
2. sodann eine interne Organisationsstruktur für deren Umsetzung schaffen (Delegation der Betriebspflichten),
3. für die ausreichende Qualifikation der mit der Umsetzung betrauten Mitarbeiter sorgen und schließlich
4. die tatsächliche Umsetzung kontrollieren.

Vernachlässigt die Geschäftsleitung diesbezüglich die erforderliche Sorgfalt, handelt sie fahrlässig (§ 276 BGB) und haftet für daraus resultierende Schäden (§ 823 BGB).

Die Organisation der Erfüllung der gesetzlichen Datenschutzanforderungen oder, mit anderen Worten, die Delegation der Umsetzung – die Konkretisierung der Aufgaben, die Zuordnung der jeweiligen Verantwortlichkeiten, die Dokumentation der Erfüllung der rechtlichen Pflichten, das Berichtswesen an die Geschäftsleitung etc. – sollte in einem Datenschutzkonzept dokumentiert werden. Ein solches Datenschutzkonzept stellt einerseits eine Soll-Vorgabe für die Organisation dar und ist andererseits selbst ein referenzierbarer Nachweis für die Erfüllung der datenschutzrechtlichen Organisationspflichten der Geschäftsleitung.

Aus dieser Perspektive kommt der Erstellung eines Datenschutzkonzepts zumindest für alle Unternehmen, die keinen gesetzlichen Auflagen zur Informationssicherheit unterliegen, eine noch höhere Priorität zu als der eines Sicherheitskonzepts (Kap. 8), obwohl weder in der Datenschutz-Grundverordnung (DSGVO) noch dem Bundesdatenschutzgesetz (BDSG) das Vorhandensein eines solchen Datenschutzkonzepts explizit verlangt wird.

9.1 Ziele des Datenschutzkonzepts

Im Datenschutzkonzept wird die Organisation der Umsetzung der Anforderungen des Datenschutzrechts in einem Unternehmen (oder einer Behörde) beschrieben. Es stellt nach innen, also unternehmensintern, eine bindende Vorgabe (Weisung) der Geschäftsleitung für die Datenschutzorganisation dar. Nach außen, bspw. gegenüber einer Datenschutzaufsichtsbehörde oder beim Vorwurf eines Rechtsverstoßes, kann es als Nachweis für eine geeignete und angemessene Organisation der Umsetzung der gesetzlichen Anforderungen herangezogen werden.

Um diese Zwecke zu erfüllen, muss das Datenschutzkonzept:

1. die für das Unternehmen relevanten gesetzlichen Anforderungen vollständig berücksichtigen,
2. die Organisation der Umsetzung geeignet, klar und eindeutig beschreiben und
3. eine vollständige Dokumentation der Umsetzung der rechtlichen Anforderungen regeln.

Das Datenschutzkonzept kann durch Anhänge oder Einzelregelungen (Weisungen), die bspw. die jeweiligen Umsetzungsprozesse in den unterschiedlichen Unternehmensbereichen (Personal, Vertrieb, Produktion, Marketing) beschreiben und regeln, ergänzt werden.

9.2 Zentrale Elemente eines Datenschutzkonzepts

Im Datenschutzkonzept werden:

- die gesetzlichen Anforderungen des Datenschutzes an das Unternehmen ganz konkret bestimmt,
- die umzusetzenden Maßnahmen präzisiert und
- die Dokumentation der Umsetzung geregelt.

Ähnlich wie in der Informationssicherheit kann das Datenschutzkonzept als die Spezifikation des internen Datenschutzmanagementsystems (DSMS) verstanden werden. Es regelt und beschreibt im Einzelnen:

- die (insbesondere personelle) Organisation des Datenschutzes im Unternehmen (Verantwortlichkeiten, Pflichten, Berichtswege)
- alle geltenden Unternehmensregeln und Arbeitsanweisungen zum Datenschutz, inklusive der technischen und organisatorischen Maßnahmen (TOMs) zum Schutz der verarbeiteten personenbezogenen Daten (Verantwortlichkeiten, Geltungsbereich)
- alle Prozesse zur operativen (betrieblichen) Umsetzung der gesetzlichen Anforderungen an den Datenschutz
- den Abschluss und Inhalt von Datenschutzverträgen und Verpflichtungen (z.B. Auftragsverarbeitungen)
- die Durchführung von Audits
- die Dokumentation von datenschutzrelevanten Vorgängen
- alle relevanten internen Vorgaben wie bspw. Vertragsvorlagen, Verpflichtungs- oder Einwilligungserklärungen

9.2.1 Organisation

Der vom Unternehmen benannte interne oder externe Datenschutzbeauftragte (DSB) überwacht gemäß Art. 39 DSGVO die Einhaltung der Bestimmungen der DSGVO und anderer für das Unternehmen relevanter Datenschutzvorschriften. Er ist zuständig für die Sensibilisierung und Schulung der Beschäftigten, die an der Verarbeitung von personenbezogenen Daten mitwirken. Er ist der zuständigen Aufsichtsbehörde (Art. 37 DSGVO) namentlich zu melden.

Der Datenschutzbeauftragte muss sorgfältig ausgewählt werden und über die erforderliche fachliche Qualifikation verfügen. Dazu zählen vor allem die umfassende Kenntnis des für das Unternehmen relevanten Datenschutzrechts, Kenntnisse in der IT- und Datensicherheit und die Kenntnis des Unternehmens. Zu berücksichtigen ist auch die persönliche Eignung (berufliche Erfahrung, Durchsetzungsfähigkeit, Vertrauenswürdigkeit). Sollte er auch andere Aufgaben im Unternehmen wahrnehmen, dürfen diese Aufgaben nicht in einem Zielkonflikt mit dem Datenschutz stehen. Auch die Aufrechterhaltung der Qualifikation des Datenschutzbeauftragten sollte im Datenschutzkonzept geregelt werden, bspw. durch Zielsetzungen oder Vorgaben zur Teilnahme an Weiterbildungen.

Im Zusammenhang mit der Wahrnehmung ihrer Rechte können sich Betroffene direkt an den DSB wenden. Er ist bei der Erfüllung seiner Aufgaben weisungsfrei und an die Wahrung der Vertraulichkeit gebunden. Zu diesem Zweck ist mindestens ein E-Mail-Konto einzurichten, auf das ausschließlich der Datenschutzbeauftragte (oder dessen Stellvertretung) Zugriff hat. Die Kontaktdaten sind so bekannt zu geben, dass sie von Betroffenen leicht gefunden werden können (bspw. in der Datenschutzerklärung auf der Webseite des Unternehmens und im Intranet).

Der DSB berichtet direkt an die Unternehmensleitung und berät diese in allen anfallenden Datenschutzfragen. Hierfür sollten regelmäßige, mindestens jährliche Gesprächstermine und ein schriftliches Berichtswesen festgelegt werden. Der Bericht des DSB an die Unternehmensleitung sollte mindestens die folgenden Inhalte umfassen:

- den Stand der Umsetzung des Datenschutzes in den unterschiedlichen Unternehmensbereichen hinsichtlich der jeweiligen gesetzlichen Verpflichtungen (Übersicht der Verarbeitungstätigkeiten, Auftragsverarbeitungsverträge, Informationspflichten, Schulung); dieser Stand kann bspw. in Form eines Reifegradmodells dokumentiert werden.
- die Anzahl und Schwere der Datenschutzvorfälle im Berichtszeitraum
- die durchgeführten Datenschutzfolgenabschätzungen und Audits (inkl. Ergebnis)
- die Kontakte zu Datenschutzaufsichtsbehörden (falls relevant)
- alle für das Unternehmen relevanten Entwicklungen im Datenschutz (Urteile, Forderungen der Datenschutzaufsichtsbehörden, ggf. gesetzliche Änderungen)

Der DSB berät außerdem unternehmensintern bei Datenschutzfolgenabschätzungen und überwacht deren Durchführung. Er ist erster Ansprechpartner für Anfragen der Datenschutzaufsichtsbehörden und übernimmt – ggf. in Abstimmung mit der Geschäftsleitung – die Kommunikation mit der zuständigen Datenschutzaufsichtsbehörde, z. B. bei meldepflichtigen Datenschutzvorfällen.

Ab einer Unternehmensgröße von 100 bis 150 Mitarbeitern oder bei mehreren Niederlassungen sollte der DSB von Datenschutzkoordinatoren (DSK) aus unterschiedlichen Bereichen des Unternehmens (Marketing, Vertrieb, IT, Produktion, Personal) oder Standorten unterstützt werden. Die Aufgaben der DSK sollten von denen des DSB klar abgegrenzt und die für deren Erfüllung erforderlichen Kenntnisse und Qualifikationen im Datenschutzkonzept festgelegt werden. Die Aufgaben der DSK können in dessen jeweiligem Zuständigkeitsbereich z. B. umfassen:

- die Rolle des ersten Ansprechpartners bei Datenschutzvorfällen, Betroffenenersuchen oder fallbezogenen Einzelfragen im Zusammenhang mit dem Datenschutz
- die Unterstützung des Datenschutzbeauftragten bei der Durchführung von Datenschutzschulungen, bspw. die Übernahme der Erstschulung neuer Mitarbeiter unmittelbar nach der Einstellung
- die Koordination der Erstellung und Aktualisierung der Übersicht der Verarbeitungstätigkeiten
- die Bereitstellung der für den jährlichen Datenschutzbericht des DSB relevanten Angaben

Für die Koordination der Zusammenarbeit des DSB mit den DSK hat sich ein regelmäßiger »Jour Fixe« bewährt, der mindestens alle drei Monate stattfindet. Der DSB sollte den Termin mit einer Agenda einberufen und die Feststellungen und Beschlüsse in einem Protokoll dokumentieren. Die Umsetzung der beschlossenen Maßnahmen muss vom DSB überprüft und (konsolidiert) an die Unternehmensleitung berichtet werden.

Im Datenschutzkonzept sollten außerdem geregelt werden:

- die Beteiligung des DSB bzw. der DSK in der Frühphase der Konzeption oder Einführung neuer Verarbeitungstätigkeiten und
- die Unterstützung des Betriebsrats in Datenschutzfragen.

9.2.2 Regelungen

Ein zweiter, wesentlicher Teil des Datenschutzkonzepts sind die internen Regelungen zum Datenschutz. Die Struktur dieser Regelungen, ihr jeweiliger Zweck und ihre Zielgruppe sollten im Datenschutzkonzept definiert werden.

Das Datenschutzkonzept selbst zählt natürlich auch zu diesen Regelungen. Es sollte mindestens ergänzt werden durch eine Datenschutzrichtlinie, die sich an alle Mitarbeiterinnen und Mitarbeiter richtet und generelle Verhaltensvorgaben zum Datenschutz enthält. Diese Datenschutzrichtlinie kann auch mit einer Datensicherheitsrichtlinie kombiniert und zusammengefasst werden.

Schließlich gehören auch Arbeitsanweisungen für bestimmte Aufgaben- oder Unternehmensbereiche zu den zu dokumentierenden Regelungen. Sie können sowohl als Anhang zum Datenschutzkonzept als auch als eigenständige Dokumente erstellt und veröffentlicht werden.

Zu den Regelungen zählt auch eine Darstellung der technischen und organisatorischen Schutzmaßnahmen (TOM) zum Schutz der verarbeiteten personenbezogenen Daten, sofern diese nicht bereits in einem umfassenden Sicherheitskonzept enthalten sind.

Im Datenschutzkonzept ist für jede solche Regelung jeweils festzulegen:

- der Zweck (Zielsetzung)
- der Adressatenkreis (Zielgruppe)
- die Zuständigkeit für Erstellung (z. B. DSB/Rechtsabteilung), Freigabe, In- und Außerkraftsetzung (Geschäftsleitung, Bereichsleitung, …), regelmäßige Überprüfung und erforderlichenfalls Aktualisierung (DSB, DSK, …)
- die Frequenz der regelmäßigen Überprüfung und Aktualisierung
- die Art der Bekanntgabe (Publikation im Intranet, E-Mail-Verteilung, Aushändigung, …)

Alle Änderungen an einer Regelung sollten mit Datum, Name des Bearbeiters, Inkrafttreten und ggf. ergänzenden Anmerkungen in einer Dokumentenhistorie festgehalten werden.

9.2.3 Prozesse

Das Datenschutzrecht regelt die automatisierte Verarbeitung personenbezogener Daten von der Erhebung über die Speicherung, die Nutzung bis zur Löschung. Daher lassen sich die Datenschutzprozesse entlang des Lebenszyklus von Verfahren zur (automatisierten) Verarbeitung personenbezogener Daten im Datenschutzkonzept definieren – von der Konzeption über die Implementierung und den Betrieb bis hin zur Außerbetriebnahme einer Verarbeitung.

Die konkreten Anforderungen an die Prozesse leiten sich aus den gesetzlichen (und ggf. auch vertraglichen) Datenschutzpflichten des Unternehmens und den Empfehlungen und Auslegungen der Datenschutzaufsichtsbehörden ab. Dabei sollte nach Möglichkeit auf bewährte Vorgehensweisen (*best practices*) zurückgegriffen werden.

Im Datenschutzkonzept sollten mindestens die folgenden Datenschutzprozesse definiert werden:

- Durchführung von Datenschutzrisikobewertungen und Datenschutzfolgenabschätzungen der Verarbeitungen personenbezogener Daten
- Freigabe neuer Verarbeitungstätigkeiten mit personenbezogenen Daten (Prüfung der Rechtsgrundlage und Erforderlichkeit)
- Verfahrensdokumentation in der Übersicht der Verarbeitungstätigkeiten (inklusive regelmäßiger, üblicherweise jährlicher Überprüfung und Aktualisierung)
- Erfüllung der Informationspflichten
- Abschluss von Auftragsverarbeitungsverträgen: Prüfung, Verhandlung, Zeichnung, Ablage (ggf. Risikoklassifikation der Auftragsverarbeitung, s. u.)
- Durchführung von externen (bei Auftragsverarbeitern) und internen Audits
- Behandlung von Auskunfts-, Korrektur-, Sperr- und Löschersuchen Betroffener (Mitarbeiter, Kunden): zentrale Bearbeitung der Ersuchen (verantwortliche Ansprechpartner, Kommunikation, Koordination), Berechtigungs- und Identitätsprüfung, Zusammenstellung der Übersicht der verarbeiteten Daten und Information der Betroffenen
- Meldung und Dokumentation von Datenschutzvorfällen (Meldewege, Eskalation, Risikobewertung und Entscheidung über Melde- und Informationspflicht nach Art. 33 und 34 DSGVO)

- sichere Archivierung (im Fall von Aufbewahrungsfristen)
- Datenschutzkonforme technische Löschung (Überschreiben, Vernichten, Entsorgen) von Speichermedien (Festplatten, USB-Sticks, SIM-Karten, SD-Karten etc.) und Papierdokumenten (s. Kap. 24)

Wesentliche Bestandteile der jeweiligen Prozessbeschreibungen sollten sein:

- die Festlegung der Verantwortlichkeiten
- die zu beteiligenden Rollen- bzw. Funktionsträger
- die Kommunikationswege zwischen den Beteiligten
- die Ablaufbeschreibung
- das Dokumentationsverfahren für die jeweiligen Vorgänge
- die vom DSB an die Unternehmensleitung zu berichtenden Angaben (sofern relevant)
- die Angabe der zu nutzenden Hilfsmittel (wie bspw. Vorlagen)
- die zu beachtenden gesetzlichen Anforderungen

9.2.4 Verträge

Werden Dritte in die Verarbeitung personenbezogener Daten eingebunden, ist die Einhaltung der gesetzlichen Datenschutzanforderungen durch entsprechende vertragliche Vereinbarungen zum Datenschutz sicherzustellen. Der Abschluss dieser Vereinbarungen muss durch geeignete Abläufe im Unternehmen gewährleistet werden; in vielen Unternehmen wird der Vertragsabschluss daher in die Einkaufsprozesse integriert. Für die erforderlichen Vereinbarungen werden geeignete Vertragsvorlagen bereitgestellt.

Bei der Beteiligung Dritter an einer Verarbeitung wird zunächst anhand einer Checkliste die Art der Zusammenarbeit bestimmt: Ist es eine Übermittlung, eine Auftragsverarbeitung oder erfolgt die Verarbeitung unter der gemeinsamen Verantwortung mehrerer Stellen?

Auftragsverarbeitung

Werden personenbezogene Daten durch Dienstleister des Verantwortlichen weisungsgebunden verarbeitet, ist durch einen standardisierten und verbindlichen Beauftragungsprozess sicherzustellen, dass ein Auftragsverarbeitungsvertrag nach Art. 28 DSGVO nach einer bereitgestellten, standardisierten Vertragsvorlage abgeschlossen wird.[1] Verantwortlich für den Vertragsabschluss sind üblicherweise die Verfahrenseigner gemeinsam mit dem zuständigen Einkauf. Hinsichtlich der Sicherheitsanforderungen an die Verarbeitung sollten Mindestanforderungen an Auftragsverarbeiter in einem vom Auftragsverarbeiter zu bestätigenden vorgegebenen Sicherheitskonzept festgelegt werden.

Die abgeschlossenen Verträge und der betroffene Dienstleister sollten z. B. in der Übersicht der Verarbeitungstätigkeiten so dokumentiert werden, dass eine Übersicht der Auftragsverarbeitungen und der zugehörigen Verträge entsteht. Von den Vorlagen abweichende Auftragsverarbeitungsverträge müssen jeweils durch den DSB oder die Rechtsabteilung geprüft und freigegeben werden.

1 Hier können auch die – unveränderten – Standardvertragsklauseln der EU für Auftragsverarbeitungen verwendet werden, die die EU-Kommission am 04.06.2021 verabschiedet hat.

Gemeinsam für die Verarbeitung Verantwortliche

Neben der Auftragsverarbeitung kann die Verantwortung für eine Verarbeitung personenbezogener Daten auch bei mehreren Verantwortlichen liegen. Art. 26 DSGVO sieht für solche Fälle den Abschluss einer Vereinbarung zwischen zwei oder mehreren Verantwortlichen vor. In dieser Vereinbarung legen die Verantwortlichen ihre Zuständigkeiten für die Erfüllung ihrer jeweiligen Datenschutzpflichten transparent für die Betroffenen fest. Verantwortlich für den Abschluss einer solchen Vereinbarung sind zumeist die Verfahrenseigner. Eingebunden in die Vertragsgestaltung wird dabei in der Regel neben dem DSB auch die Rechtsabteilung, da die Verträge fallspezifisch zu gestalten sind und daher keine allgemein nutzbare Vertragsvorlage erstellt werden kann.

Datenübermittlung in Drittländer

Erfolgt im Rahmen der Verarbeitung eine Datenübermittlung an einen Dienstleister oder Unterauftragnehmer in Drittstaaten (Länder außerhalb der EWG) oder hat ein Auftragsverarbeiter oder dessen Unterauftragnehmer seinen Sitz außerhalb der EWG, ist neben der Rechtsgrundlage der Übermittlung sicherzustellen, dass die Verarbeitung der Daten im Empfängerland einem angemessenen Datenschutzniveau unterliegt. Für eine Reihe von Drittstaaten gibt es Angemessenheitsbeschlüsse der Europäischen Kommission (Art. 45 DSGVO, siehe Kap. 4), die ein gleichwertiges Datenschutzniveau feststellen; in diesen Fällen können (wie oben) Auftragsverarbeitungsverträge geschlossen werden.

Existiert kein Angemessenheitsbeschluss der EU zu dem jeweiligen Drittstaat, müssen geeignete Maßnahmen getroffen werden, um ein angemessenes Schutzniveau für die verarbeiteten personenbezogenen Daten sicherzustellen. Hierzu bestehen mehrere Möglichkeiten (Art. 46 Abs. 2 DSGVO, siehe Kap. 4):

- Abschluss eines Vertrags nach den unveränderten und jeweils aktuellen Standardvertragsklauseln der EU
- Einführung verbindlicher (Unternehmens-)interner Datenschutzvorschriften, falls die Verarbeitung durch ein verbundenes Unternehmen erfolgen soll (Art. 47 DSGVO)

In jedem Fall ist zu dokumentieren, welche sonstigen geeigneten Garantien es für den Schutz der verarbeiteten Daten und der Rechte der Betroffenen der Empfänger gibt. Verantwortlich für Durchführung dieser Prüfung und das Anstoßen des entsprechenden Vertragsabschlusses ist üblicherweise der für die jeweilige Verarbeitungstätigkeit zuständige Verfahrenseigner; er wird dabei meist vom DSB oder der Rechtsabteilung unterstützt.

Vertraulichkeitsvereinbarungen

Mit Dienstleistern, die keine Verarbeitung personenbezogener Daten im Auftrag durchführen, aber im Zusammenhang mit ihrer Tätigkeit für ein Unternehmen Kenntnis von personenbezogenen Daten erlangen können, sollte eine Vertraulichkeitsvereinbarung geschlossen werden.

9.2.5 Audits

Zur Überprüfung der (wirksamen) Umsetzung der gesetzlichen Datenschutzanforderungen und der technischen und organisatorischen Schutzmaßnahmen kann es sinnvoll oder sogar erforderlich sein, regelmäßig Audits durchzuführen. Das gilt insbesondere für Auftragsverarbeiter, bei denen sich die für die Verarbeitung verantwortliche Stelle regelmäßig davon überzeugen muss, dass die Verarbeitung im Einklang mit den gesetzlichen Bestimmungen erfolgt und die Rechte der Betroffenen dabei gewahrt und geschützt werden.

Um die Angemessenheit eines Datenschutzaudits bei einem Auftragsverarbeiter bewerten zu können, empfiehlt es sich, alle Auftragsverarbeiter abhängig von dem mit der Verarbeitung verbundenen Risiko für die Betroffenen zu klassifizieren:

- Können Fehler bei der Verarbeitung durch einen Auftragsverarbeiter ein hohes Risiko für die Betroffenen auslösen, dann sollte der Dienstleister regelmäßig auditiert werden.
- Führt der Auftragsverarbeiter Verarbeitungstätigkeiten mit geringem oder mittlerem Risiko für die Betroffenen durch, kann anstelle eines Audits z. B. der regelmäßige Nachweis aktueller Sicherheits- oder Datenschutzzertifizierungen eingefordert oder eine Befragung der Verantwortlichen durchgeführt werden.

In ähnlicher Weise kann es ab einer bestimmten Unternehmensgröße oder einem potenziell hohen Risiko für die Betroffenen durch eine Verarbeitung erforderlich sein, ein internes Audit dieser Verarbeitung durchzuführen, um die Rechtskonformität der jeweiligen Verarbeitung zu überprüfen.

Im Datenschutzkonzept wird die Risikoklassifikation der Verarbeitungen beschrieben, nach der festgelegt wird, bei welchen Verarbeitungen in welcher Frequenz Audits durchzuführen sind. Diese Risikoklassifikation kann sich an die der DSGVO im Zusammenhang mit Datenschutzfolgenabschätzungen anlehnen.

Für alle Audits sind:

- die für die Durchführung verantwortlichen Rollen (Beauftragung, Auditor) festzulegen,
- Audit-Checklisten zu erstellen,
- die Ergebnisdokumentation zu regeln und
- die Abstellung festgestellter Mängel zu terminieren.

Die Umsetzung der Mängelbeseitigung sollte vom DSB überwacht und bei einem Folgeaudit zwingend überprüft werden. Dabei kann es sinnvoll sein, die Feststellungen des Audits in Neben- und Hauptabweichungen zu gliedern, um den Umgang mit festgestellten Mängeln zu vereinheitlichen. So sollten bspw. Hauptabweichungen, die nach einer vorgegebenen Zeit nicht beseitigt sind, zu einer Eskalation führen (Information der Geschäftsleitung, Untersagung der Verarbeitung) und Nebenabweichungen, die bis zum nächsten Audit nicht beseitigt sind, automatisch zu einer Hauptabweichung hochgestuft werden.

9.2.6 Dokumentation

Die Dokumentation des Datenschutzmanagements dient sowohl der internen Kontrolle als auch für den Nachweis der Umsetzung der Datenschutzprozesse gegenüber Dritten wie bspw. einer Datenschutzaufsichtsbehörde. Im Datenschutzkonzept wird festgelegt, welche Vorgänge wie dokumentiert und vorgehalten werden. Zu den zu dokumentierenden Vorgängen zählen insbesondere:

- Bestellung bzw. Benennung des DSB
- Meldung der DSB-Bestellung an die zuständige Aufsichtsbehörde und zugehörige Meldebestätigung
- Qualifikation und Weiterbildungen des DSB
- Liste der DSKs
- Durchgeführte Datenschutzschulungen und Dokumentation der Teilnahme (i. d. R. in der Personalakte bzw. in einem Personalinformationssystem)
- abgeschlossene Vertraulichkeitsverpflichtungen der Mitarbeiter (i. d. R. in der Personalakte)
- aktuelle Übersicht der geschlossenen AV-Verträge
- technisch-organisatorische Schutzmaßnahmen, sofern sie nicht bereits im Rahmen des Informationssicherheitsmanagements (ISMS) dokumentiert sind (anderenfalls Verweis auf das ISMS)
- durchgeführte Datenschutzfolgenabschätzungen (Risikobewertung)
- durchgeführte Interessensabwägungen zur Begründung der Rechtsgrundlage »berechtigtes Interesse« für eine Verarbeitungstätigkeit
- durchgeführte Audits und zugehörige Audit-Berichte
- Datenschutzvorfälle
- Vorfallmeldungen bei der Aufsichtsbehörde und zugehörige Meldebestätigungen
- Anfragen von Betroffenen (Auskunftsersuchen, Berichtigung, Löschanforderung, …) und deren Beantwortung
- aufsichtsbehördliche Anfragen und deren Beantwortung
- Protokolle der Regeltreffen der DSKs
- jährliche Datenschutzberichte an die Unternehmensleitung

Auch die gesetzlich geforderte Übersicht der Verarbeitungstätigkeiten (Art. 30 DSGVO) ist Teil der Datenschutzdokumentation. Diese Übersicht sollte vom DSB und den DSK als zentrales Dokumentations- und Steuerungsinstrument genutzt werden. Daher sollten neben den gesetzlich geforderten Angaben zu den einzelnen Verarbeitungstätigkeiten die folgenden Punkte aufgenommen werden:

- Verfahrenseigner (Rolle)
- Status der Verarbeitungstätigkeit (in Planung, in Betrieb, außer Betrieb)
- Datum der Inbetriebnahme (ggf. Außerbetriebnahme)
- Risikoeinstufung (Risiko für den Betroffenen)
- durchgeführte Datenschutzfolgenabschätzung (falls relevant; Verweis)
- durchgeführte Interessensabwägung (falls relevant; Verweis)
- Text der Einwilligungserklärung (falls relevant; Verweis)
- Erfüllung der Informationspflichten (ggf. Verweis auf entsprechendes Dokument)

- Verweis auf AV-Verträge
- Datum der letzten Änderung
- Datum des letzten Audits, Verweis auf Ergebnisdokument

9.2.7 Vorlagen

Zu zahlreichen Vorgängen im Zusammenhang mit der Verarbeitung personenbezogener Daten, die nicht vom DSB oder einem Datenschutzkoordinator durchgeführt werden, ist die Verwendung von Vorlagen zu empfehlen, um zu verhindern, dass fehlerhafte oder unzureichende Dokumente erstellt oder verwendet werden.

Im Datenschutzkonzept sollten mindestens die wichtigsten dieser verbindlichen Vorlagen angeführt und ihr jeweiliger Veröffentlichungsort festgelegt sein. Zu diesen Vorlagedokumenten gehören regelmäßig:

- Vertragsvorlagen (AV-Vertrag, Standardvertragsklauseln [SCC])
- Vertraulichkeitsverpflichtung der Mitarbeiter
- häufig genutzte Einverständniserklärungen (bspw. zur Verwendung von Fotos der Mitarbeiter durch das Unternehmen)
- Protokolle
- Arbeitsanweisungen

Je nach Verarbeitungstätigkeiten kann es sinnvoll sein, die Liste um weitere Vorlagen wie z. B. Schweigepflichtentbindungen oder Einwilligungen in Weitergaben an Dritte zu ergänzen.

9.3 Regelmäßige Überarbeitung

Als dokumentierter Teil der Umsetzung des Datenschutzes im Unternehmen muss auch das Datenschutzkonzept selbst regelmäßig einer Überprüfung und Aktualisierung unterzogen werden. So können sich gesetzliche Datenschutzanforderungen ändern, die Organisation und die Tätigkeit des Unternehmens kann modifiziert oder erweitert werden und ursprünglich definierte Prozesse können sich als ungeeignet, aufwendig oder fehleranfällig erweisen.

Im Datenschutzkonzept ist festzulegen, wie häufig und durch wen die Überprüfung des Datenschutzkonzepts erfolgt, wer die Änderungen freigibt, durch wen ein ggf. geändertes Datenschutzkonzept in Kraft gesetzt und wie die Neufassung allen Mitarbeitern bekannt gemacht wird. Die Überarbeitungen sollten durch eine geeignete Versionierung (Änderungen, Autoren, Datum des Inkrafttretens) nachvollziehbar dokumentiert werden.

Auch alle im Datenschutzkonzept referenzierten oder zur Umsetzung bereitgestellten Vorlagen (Vertragstemplates, Auditchecklisten, …) müssen regelmäßig, mindestens aber jährlich überprüft und erforderlichenfalls aktualisiert werden.

Zusammenfassung

Das Datenschutzkonzept dokumentiert die Umsetzung der gesetzlichen Datenschutzanforderungen im Unternehmen und ist daher als Nachweis der Erfüllung der diesbezüglichen Sorgfaltspflichten zu verstehen. Auch wenn es nicht gesetzlich gefordert ist, sollte es in keinem Unternehmen fehlen. Es fasst die vielschichtigen Anforderungen des Datenschutzes an den Betrieb übersichtlich zusammen und hilft dadurch auch, Regelungslücken zu identifizieren und zu schließen. Durch eine regelmäßige Überarbeitung wird ein ständiger Verbesserungsprozess ausgelöst, der – ähnlich einem Informationssicherheitsmanagement (s. Kap. 6) – für den Aufbau eines funktionierenden Datenschutzmanagements im Unternehmen sorgt.

10 Physische Sicherheit

Einleitung

Was versteht man unter physischer Sicherheit und welche Rolle spielen Überlegungen und Maßnahmen hierzu in der Informationssicherheit? Dieser Frage soll in diesem Kapitel nachgegangen werden. Obwohl die physische Sicherheit in den Augen von Informationsschützern häufig eine Nebenrolle spielt, markieren Maßnahmen zur physischen Sicherheit bei der Erstellung von Schutzzonenkonzepten eine der wichtigsten, meist äußersten Verteidigungslinien. Insofern ist die physische Sicherheit für ein umfassendes Verständnis der Informationssicherheit – auch aus dem Blickwinkel der IT-Sicherheit – ein unerlässlicher Baustein. Wer sich mit Informationsschutz befasst, muss daher zumindest ein Grundverständnis der Problemstellungen und Maßnahmen physischer Sicherheit besitzen. Auch wenn die Informationsschutzverantwortlichen meist nicht die Hauptverantwortlichen für physische Sicherheit sind, sollten sie in der Planungs-, Implementierungs- und Betriebsphase auf die angemessene Definition und Umsetzung physischer Sicherheitsmaßnahmen im Hinblick auf ein schlüssiges Sicherheitskonzept achten.

Im Vordergrund der physischen Sicherheit steht in der Regel die Sicherheit von Personen, Gebäuden und materiellen Werten. Zu Letzteren gehören heutzutage meist in großem Umfang Datenbestände, die auf Systemen und Datenträgern innerhalb der eigenen (oder fremder) Gebäude gespeichert, verarbeitet und schließlich vernichtet werden. Die Bedeutung der physischen Sicherheit für den Informationsschutz wird hier offensichtlich.

Dem Verantwortlichen für Informationssicherheit fällt die wichtige Aufgabe zu, alle Ergebnisse von Risikoanalysen und Maßnahmenempfehlungen zur physischen Sicherheit zusammenzuführen und auf Vollständigkeit zu achten. Er selbst muss weder Spezialist auf diesem Gebiet sein noch eigene Untersuchungen durchführen. Gerade bei der baulichen Sicherheit, bei Elektrik und Elektronik wird er die Zusammenarbeit mit Experten organisieren, um die Beachtung gesetzlicher, regulatorischer und vertraglicher Vorgaben sicherzustellen, die für eine erfolgreiche Umsetzung physischer Sicherheit unabdingbar sind.

Dieses Kapitel gibt folglich in erster Linie einen Überblick über die Aspekte physischer Sicherheit, die zu bedenken sind.

10.1 Bedrohungen

Die Beschäftigung mit physischer Sicherheit ist keine neumodische Erscheinung. Im Verlauf der Geschichte finden sich viele Beispiele für den Bedarf an physischer Sicherheit. Die Zonenaufteilung in Burgen mit Wassergraben, Zugbrücke und Verteidigungstürmen oder das Design von Siedlungen und Städten mit Stadtmauern und bewachten Stadttoren sind Beispiele für physische Sicherheitsmaßnahmen gegen Bedrohungen der damaligen Zeit. Man kann an diesen Beispielen auch nachvollziehen, dass Verteidigungsmechanismen nicht für alle Zeiten wirksam waren, sondern nur, solange sich die Bedrohungslage nicht wesentlich änderte. Wurde auf neue Bedrohungen (z. B. den Einsatz von Rammböcken) nicht angemessen durch Verstärkung der Sicherheitseinrichtungen reagiert, riskierte man die Einnahme der Burg oder Stadt. Diese Erkenntnis lässt sich auf die heutige Zeit und die Informationssicherheit übertragen: Physische Sicherheitsmaßnahmen müssen regelmäßig mithilfe von Risikoanalysen auf ihre Wirksamkeit überprüft werden.

Beim heutigen Betrieb informationsverarbeitender Systeme müssen vielfältige Gefährdungen bedacht und ausgeschlossen werden. Das Spektrum reicht dabei von fahrlässiger oder vorsätzlicher Schädigung durch Mitarbeiter und Dienstleister über externe Bedrohungen wie Einbrüche und Spionage bis hin zu Naturkatastrophen und Umwelteinflüssen. Konkrete Schäden lassen sich dabei meist auf eine der folgenden Schadensursachen zurückführen:

- Unterbrechung von Ver- und Entsorgungsdiensten, z. B. Energie, Wasser oder Müllabfuhr.
- Umwelteinflüsse: z. B. Hitze, Kälte, Feuchtigkeit, Staub, Vibrationen, Insekten.
- Fahrlässigkeit, z. B. der Verzehr von Speisen und Getränken in kritischen Bereichen wie dem Rechenzentrum oder das Aufhalten von zu verschließenden Türen durch Mülleimer.
- Vorsatz, z. B. Diebstahl, Spionage, Einbruch, Abhören, Sabotage, Vandalismus, Terrorismus.

Obwohl dieser Artikel aufgrund der Komplexität des Fachgebiets keinen Anspruch auf Vollständigkeit erheben kann, werden die wichtigsten Aspekte physischer Sicherheit erörtert. An einigen Stellen wird darauf hingewiesen, dass auch rechtliche Verpflichtungen für physische Sicherheitsmaßnahmen bestehen – diese Hinweise erheben keinerlei Anspruch auf Vollständigkeit. Sich hierüber im Einzelfall selbst einen Überblick zu verschaffen, muss dem Leser überlassen bleiben.

10.2 Erhöhung der Gebäudesicherheit

Wie bereits dargestellt, sind physische Sicherheitsmaßnahmen als Teil der Informationssicherheit erforderlich. Sie betreffen Personen (Mitarbeiter und Externe), Gebäude und Räume, Klassen von IT-Geräten, ganze IT-Infrastrukturen und ganz allgemein die physische Absicherung jeglicher Informationen.

Als Voraussetzung für das Ergreifen angemessener Sicherheitsmaßnahmen gilt die regelmäßige Risikoanalyse. Durch sie werden relevante aktuelle und situationsbezogene Gefährdungen und Bedrohungen erkannt und mögliche Schäden identifiziert. Sie ist daher unverzichtbar für eine effektive und effiziente Umsetzung von Maßnahmen zur physischen Sicherheit.

10.2.1 Bewusste Standortwahl

An welchem Standort ein Gebäude sich befindet oder errichtet wird, kann erhebliche Auswirkungen auf die notwendigen Sicherheitsmaßnahmen haben. Auch wenn Unternehmen ihren Standort selten allein aus Sicherheitserwägungen wählen, ist es dennoch empfehlenswert, diese frühzeitig zu bedenken und einige grundlegende Überlegungen anzustellen.

Inwieweit ein Gebäude, in dem sensible Systeme betrieben werden, durch Naturkatastrophen bedroht ist, sollte bereits bei der Planung geprüft werden. Hierzu sind Informationen zu Erdbebenhäufigkeit, Hochwassergefahr, Steinschlag, Niederschlägen (Lawinen, Schnee, Regen) einzuholen und zu bewerten.

Naturgemäß werden von Marketing- und Sicherheitsverantwortlichen unterschiedliche Anforderungen an die Sichtbarkeit von Firmengebäuden gestellt. Es ist daher wichtig, die unterschiedlichen Bedürfnisse bewusst gegeneinander abzuwägen. Aus Sicherheitssicht sind unauffällige und schwer einsehbare Gebäude zu bevorzugen, damit die Aufmerksamkeit potenzieller Angreifer nicht direkt auf das jeweilige Objekt gelenkt wird. Geeignete Maßnahmen zur Einschränkung der Sichtbarkeit können unter anderem ein unauffälliges Gebäude, unauffällige Logos oder Sichtschutz durch Mauern und Hecken sein.

Die zukünftige Nachbarschaft sollte bei der Standortwahl ebenfalls beachtet werden, denn selbst Ereignisse außerhalb des eigenen Einflussbereichs können sich wesentlich auf die eigene Sicherheit auswirken. So wäre bspw. zu überlegen, ob ein Rechenzentrum in unmittelbarer Nachbarschaft eines Chemiebetriebs angesiedelt werden sollte. Denn ein möglicher schwerer Unfall im Chemiebetrieb könnte zur Folge haben, dass auch das Rechenzentrum für einen gewissen Zeitraum nicht zugänglich ist, wodurch ein möglicherweise untragbarer Schaden entstehen könnte.

Ähnliches gilt für die lokale Infrastruktur, wie z. B. Bahnhöfe und Bahnlinien, Autobahnen und Flughäfen. So können durch Unglücksfälle weitreichende Sperrungen zur Durchführung von Rettungsmaßnahmen erforderlich sein, die das eigene Unternehmen zeitweise verkehrstechnisch isolieren.

Auch kann die Kriminalitätsrate der zukünftigen Nachbarschaft Einfluss auf die Entscheidung zur Standortwahl haben, wenn man sich z. B. wegen hoher Einbruchkriminalität mit zusätzlichen Maßnahmen absichern muss.

Alle derartigen Szenarien müssen daher in Risikoanalysen erfasst und bewertet werden.

10.2.2 Sichere bauliche Gestaltung

Die Verantwortung für die bauliche Gestaltung liegt in der Regel nicht beim Informationssicherheitsverantwortlichen. Dieser muss jedoch für eine angemessene Planung und Gestaltung sowie die Beachtung aller einschlägigen verbindlichen Normen (insbesondere Gesetze, Verordnungen) Sorge tragen. Er sollte sich daher zumindest grob mit wesentlichen Aspekten der baulichen Ausführung vertraut machen und die Implikationen für die Sicherheit kennen. Besonders in folgenden Bereichen sind daher Kenntnisse vonnöten:

- verwendete Baustoffe
- Brandschutztechnik
- Überflutungsschutz
- Traglast-Statik
- Türen und Fenster
- Wände und Decken
- Klimatisierung
- Ver- und Entsorgung: z. B. Strom, Wasser, Gas, Abfälle
- Zonenkonzept: z. B. sensible Bereiche und Publikumsverkehr

10.2.3 Schutzzonen

Da IT-Systeme sich in der Regel in verschiedenartigen Gebäuden befinden, hat es sich bewährt, diese abhängig von der Gefährdungslage zu klassifizieren. Hierauf aufbauend können Schutzzonen definiert werden, in denen Örtlichkeiten mit jeweils vergleichbarer Gefährdungslage zusammengefasst werden. Daher können die in ihr geltenden Schutzmaßnahmen einheitlich gestaltet werden (s. Tab. 6.1).

Auch können Schutzzonen ineinander geschachtelt werden, sodass Maßnahmen sinnvoll aufeinander aufgebaut werden können. Dabei wirken die in äußeren Schutzzonen etablierten Schutzmaßnahmen in allen eingebetteten Schutzzonen gleichermaßen. Dies soll den Verantwortlichen für die inneren Zonen ermöglichen, sich auf die speziellen, für ihren Bereich erforderlichen Schutzmechanismen zu konzentrieren. Ein zuverlässiger Perimeterschutz, also die Sicherung außerhalb der zu schützenden Gebäude kann dabei genutzt werden, um mit geringerwertigen Schutzmaßnahmen in inneren Schutzzonen ein akzeptables Schutzniveau zu erreichen

Abbildung 10.1: Bilden von Zonen zur Erhöhung der physischen Sicherheit

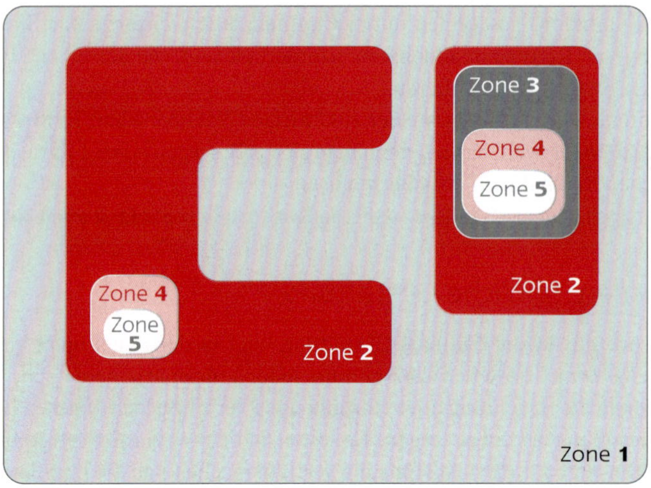

Hier eine beispielhafte Einteilung in Schutzzonen:

- Zone 1: Außengelände
- Zone 2: Bürokomplex
- Zone 3: Rechenzentrumsgebäude
- Zone 4: Serverraum
- Zone 5: Serverschrank

Perimeterschutz und Außenhautschutz

Schutzzonen können grob danach unterteilt werden, ob sie sich im Inneren von Gebäuden befinden oder außerhalb. Die außenliegenden Schutzzonen können bei sinnvoller Gestaltung unterstützend auf die Absicherung wirken. Bei den außenliegenden Schutzzonen betrachtet man in der Regel den Perimeterschutz auf dem Außengelände und die Absicherung der Gebäudeaußenhaut als separate Schutzzone.

Gemäß den Festlegungen im Schutzzonenkonzept fallen allgemeine physische Sicherheitsmaßnahmen meistens bereits an den Grenzen des Firmengeländes (Perimeterschutz) an, jedoch spätestens an der Gebäudeaußenhaut. Schon Bepflanzung und Beleuchtung, aber auch Umzäunungen und Tore stellen grundlegende Sicherheitsmaßnahmen im Außenbereich dar.

Wesentlicher Bestandteil des Außenhautschutzes sind wirksame Fenstersicherungen. Dabei müssen Aspekte wie Sichtschutz, Durchwurf- und Durchschusshemmung betrachtet werden.

Innenschutz und Zutrittskontrolle

Zum Schutz aller in Gebäuden liegenden Bereiche dürfen die im Zonenkonzept verankerten Zutrittsregelungen den Zutritt zu kritischen Bereichen nur bei Bedarf gestatten. Eine Besucheraufsicht und ein Einfuhrverbot oder Registrierungsgebot für mitgebrachte Gegenstände reduzieren die Risiken, die durch Externe entstehen.

Zur Realisierung kommen hauptsächlich verschiedene Arten von Türen und geeignete Schließ- und Zugangskontrollsysteme zum Einsatz. Neben Sicherheitsaspekten zum Schutz gegen Angriffe (Security) müssen gerade bei baulichen Maßnahmen in Innenbereichen auch Aspekte des Brandschutzes und der Rettungs- und Fluchtwege betrachtet werden (Safety). Auch muss berücksichtigt werden, dass es verschiedene Arten von Sicherheitstüren wie Brandschutz-, Rauchschutz-, Schallschutz- oder Strahlenschutztüren, schusshemmende Türen, Nassraum- oder Klimaschutztüren gibt.

Tabelle 10.1: Beispiel für eine Zoneneinteilung

Klasse	Schutzstufe	Zonenanforderungen
Klasse 1	Einfacher Schutz	Mittlere Verfügbarkeit Keine individuelle Identifizierung
Klasse 2	Mittlerer Schutz	Hohe Verfügbarkeit Identifizierung von Benutzern Überwachung auf verschlossenen Zustand
Klasse 3	Hoher Schutz	Hohe Verfügbarkeit Eindeutige Identifizierung von Benutzern Zutritt nur für Berechtigte Überwachung auf verschlossenen Zustand

Aus Qualitätssicherungsgründen ist es daher in der Regel erforderlich, die Detailplanung und Umsetzung an Spezialisten zu übertragen, die alle relevanten Anforderungen berücksichtigen.

Ein Zutrittskonzept, das auch Einsatz und Verwaltung sicherer Schlüssel, Schließanlagen und elektronischer Zutrittskontrollanlagen sowie Schließkonzept und Schließplan enthält, ist ebenfalls unerlässlich. Es ist zu beachten, dass gerade bei elektronischen Zugangskontrollanlagen große Mengen personenbezogener Daten anfallen können, sodass Datenschutzerfordernisse beachtet werden müssen. So müssen bspw. Zugriffsrechte auf diese Daten möglichst eng gefasst und ihre Löschung sicher geregelt werden. Auch sind Mitbestimmungsrechte zu beachten und vorhandene Arbeitnehmervertretungen frühzeitig zu beteiligen.

Weiterhin sollten Regelungen zu Ausweistragepflicht, Pförtnerdienst und Werkschutz getroffen werden. Ein angemessen geregeltes Empfangskonzept sowie die Begleitung von Besuchern in Firmengebäuden tragen ebenfalls zur Sicherheit bei. Dabei darf nicht übersehen werden, dass die besten Konzepte nur dann ihren Zweck erfüllen, wenn die tägliche Umsetzung erfolgreich ist. Spätestens wenn Besuchern ohne Begleitung und sichtbaren Ausweis freundlich der Weg zu kritischen Teilen der Firma, wie z. B. dem Rechenzentrum, gewiesen wird, besteht dringender Bedarf, die eigenen Mitarbeiter zu sensibilisieren.

Zonenkonzept und Zutrittskonzept sollten so aufeinander abgestimmt sein, dass sich für jeden Bereich eindeutig ableiten lässt, wer welchen Bereich zu welchem Zeitpunkt und Zweck betreten darf. Man unterscheidet daher in Abhängigkeit von Schutzbedarf, Verfügbarkeitsanforderung und Identifizierungserfordernis der Benutzer verschiedene Klassen.

Last, but not least muss der Einsatz von Wertbehältnissen zur Lagerung wichtiger Gegenstände bei der Innensicherung bedacht werden. Hierbei stehen Tresore und Wertschutzschränke im Vordergrund der Betrachtungen. Auch Wertbehältnisse müssen je nach Einsatzgebiet verschiedenen Anforderungen genügen. Erhältlich sind Behältnisse, die gegen Feuer, Brandgase, Explosionen, Sturz, Magnetismus, Wasser oder Einbruch geschützt sind. Gerade Datenschränke sollten mit einem guten Widerstand gegen hohe Raumtemperaturen ausgewählt werden.

Besondere Anforderungen aufgrund kompromittierender Abstrahlung

Durch elektromagnetische Wellen können kompromittierende Abstrahlungen oder Störstrahlungen entstehen. Diese Strahlungen können mit einigem Aufwand zur Beschaffung vertraulicher Informationen genutzt werden. Wenn nötig, sollte ein Konzept zur angemessenen Abschirmung von Geräten in Zusammenarbeit mit Spezialisten entwickelt werden. Es bietet sich an, ein solches Konzept im Zusammenhang mit den Maßnahmen, die sich aus einem Zonenkonzept ergeben, zu kombinieren.

10.2.4 Rettungs- und Fluchtwege

Bei allen Überlegungen zur Erhöhung der Gebäude- und Angriffssicherheit dürfen die Erfordernisse des Schutzes von Personen nicht vernachlässigt werden. Der sinnvollen Gestaltung von Rettungs- und Fluchtwegen, auf denen Menschen in allen Gefahrensituationen schnell flüchten können, kommt daher besondere Bedeutung zu. Sie müssen von innen jederzeit ungehindert nutzbar sein; Türen müssen sich ohne fremde Hilfe schnell öffnen lassen.

Der Begriff Rettungsweg stammt aus dem Baurecht, der Begriff Fluchtweg aus der Arbeitsstättenverordnung (§ 55). Der Fluchtweg bezeichnet den schnellsten gesicherten Weg aus einem Gebäude zur Selbstsicherung nach außen. Rettungswege dienen zusätzlich noch dem Zugang von Einsatzkräften zu einem Gebäude zur Brandbekämpfung oder dem Abtransport von Verletzten.

Da bei der Gestaltung von Rettungs- und Fluchtwegen vielfältige Vorschriften zu beachten sind, sollte die Planung und Ausführung an Experten delegiert werden.

10.3 Angemessene Überwachung

Das Bedürfnis nach dem Einsatz moderner Überwachungstechnologie entsteht hauptsächlich dann, wenn verschiedene, schwer zugängliche Schutzzonen von zentraler Stelle aus überwacht werden sollen. Neben der Verhinderung von Straftaten durch frühzeitige Eingriffsmöglichkeit sollen nach einem Sicherheitsvorfall auch Aufzeichnungen zur Aufklärung genutzt werden können. Nicht zuletzt sollen potenzielle Angreifer dadurch abgeschreckt werden.

Auch wenn moderne Überwachungstechnologie heute verlockende Möglichkeiten bietet, ist darauf zu achten, dass die häufig eingesetzte Videoüberwachung stark in das Persönlichkeitsrecht Betroffener eingreift und daher nur innerhalb gesetzlich definierter Schranken eingesetzt werden darf. Insbesondere ist die Beobachtung öffentlich zugänglichen Raums zusätzlich reglementiert und an enge Erforderlichkeitserwägungen gebunden. Regelungen zur Videoüberwachung lassen sich aus dem Bundesdatenschutzgesetz (BDSG), der Datenschutz-Grundverordnung (DSGVO) und verschiedenen Bestimmungen zu Persönlichkeitsschutz und Arbeitsrecht ableiten.

Die technischen Möglichkeiten der Videoüberwachung sind vielfältig. Es existieren verschiedene Kameratypen, die z. B. zur Überwachung eines Firmengeländes oder der Außenhaut eingesetzt werden können. Hier sind zurzeit vermehrt digitale Techniken und Infrarotkameras, aber auch Spezialkameras (z. B. Miniaturkameras) im Einsatz. Häufig werden die erfassten Daten an zentrale Stellen übertragen und dort nach sorgfältig zu planenden Regelungen gespeichert und im Bedarfsfall ausgewertet. Da diese Daten nur so lange aufbewahrt werden dürfen, wie sie für einen legalen Zweck tatsächlich erforderlich sind, muss das Überwachungskonzept auch eine verbindliche maximale Aufbewahrungsfrist und ihre anschließende sichere Löschung vorsehen.

Besondere und offensichtlich erkennbare Schutzmaßnahmen für wertvolle Objekte haben stark abschreckenden Charakter. Dies gilt auch für regelmäßige Kontrollen und Begehungen. Letztere können dazu beitragen, dass eingetretene Störungen schnell erkannt und dadurch auch schnelle Reaktionen möglich werden.

Eine klassische, aber personalintensive Methode der Überwachung ist die Bestreifung von Objekten durch Wachleute. Obwohl sehr wirksam, hängt der Erfolg wesentlich davon ab, dass das Personal angemessen ausgebildet ist und Mindestanforderungen für Sicherheitsdienstleistungen genügt.

10.4 Monitoring und automatisierte Maßnahmensteuerung

Monitoring-Systeme überwachen automatisiert und nach vorgegebenen Regeln, ob Abweichungen von bestimmten, als Normalzustand definierten physikalischen oder chemischen Parametern Schwellenwerte überschreiten. Werden diese überschritten, wird ein Störfall angenommen und ein Alarm ausgelöst. Dadurch sollen frühzeitige Reaktionen zur Eindämmung größerer Schäden ermöglicht werden. Derartige Systeme können, wie dies bei Feuer-, Einbruch- und Überfallmeldeanlagen typisch ist, Alarm bei hilfeleistenden Stellen (Feuerwehr, Polizei, Werkssicherheitseinheiten) auslösen oder selbst automatisiert Gegenmaßnahmen in die Wege leiten. Bekannte Beispiele hierfür sind Sprinkleranlagen zur Brandbekämpfung oder das Anlaufen von Pumpen zur automatisierten Entwässerung bestimmter Bereiche.

Die folgenden Gefahrenquellen sollten durch automatisiertes Monitoring überwacht werden, sodass im Störfall eine automatische Reaktion oder schnellstmögliche Alarmierung erfolgt:

- Wasser
- Temperatur
- Feuchtigkeit
- Feuer
- Rauch
- Einbruch oder Öffnen von Schränken oder anderen Behältnissen

Aufgrund der Vielfalt und Komplexität erforderlichen Spezialwissens empfiehlt sich bei der Planung und Installation von Monitoring-Systemen die enge Zusammenarbeit mit Spezialisten.

10.5 Wirksamer Brandschutz

Dem Brandschutz kommt wegen möglicher Gefahren für Leib und Leben, aber auch hoher materieller Schäden eine wesentliche Bedeutung zu. Daher verwundert es nicht, dass gerade dieser Bereich durch unzählige Vorschriften reglementiert wird, sodass Planung und Umsetzung von Maßnahmen Experten vorbehalten bleiben. Gerade auch Versicherungen legen hierauf großen Wert.

Ein wichtiger Baustein für den Brandschutz ist die Bestimmung eines Brandschutz-Beauftragten. Da aber der Brandschutz auch Informationssicherheitsaspekte im Unternehmen berührt, sollte der Informationssicherheitsverantwortliche zumindest mit den Grundideen des Brandschutzes vertraut sein.

Bei der Gestaltung von Rechenzentren und Serverräumen bestimmt die vorhandene Brandlast (Feststoffe, Flüssigkeiten, Gase, Metalle) die Auswahl von Monitoring-Systemen (Meldern und Sensoren) sowie deren Positionierung und Alarmparameter. Bei der Installation eines Hausalarms kann die direkte Alarmierung der Feuerwehr vorgesehen werden.

Proaktiver Brandschutz sollte eigentlich selbstverständlich sein, wird aber in der Praxis leider häufig vernachlässigt. Dabei wird die Reduktion der Brandlast in kritischen Bereichen angestrebt. Häufig wird die Brandlast auch durch unbedachte Gewohnheiten in nicht hinnehmbarer Weise erhöht, so z. B., wenn wegen Zeitmangels das Verpackungsmaterial angelieferter Rechner noch eine Weile im Rechenzentrum gelagert wird, statt es sofort zu entsorgen. Außerdem müssen Gebäude in verschiedene Brandschutzabschnitte eingeteilt werden. Entlüftung und Entrauchung im Brandfall sowie die Verwendung schwer entzündlicher Ausstattungen sind weitere Bausteine des proaktiven Brandschutzes.

Maßnahmen zur Brandbekämpfung müssen mit dem Brandschutzbeauftragen koordiniert werden. Hier ist ganz besonders der korrekte Umgang mit Feuerlöschern zu erlernen und zu üben. Sollen automatische Löschanlagen eingesetzt werden, so erfordert dies, gerade im IT-Bereich, sorgfältige Planung. Während Wasserlöschung Folgeschäden an IT-Systemen verursachen kann, bestehen bei auf Gaslöschung basierenden Systemen Gefahren für Leib und Leben. Daher unterliegen solche Systeme zu Recht strengen Einsatzvorschriften.

Regelmäßige Überprüfungen und Anpassung der Brandschutzmaßnahmen können die technischen Schutzmaßnahmen sinnvoll ergänzen.

10.6 Stromversorgung

Überlegungen zur Sicherung der Stromversorgung (speziell für Rechenzentren und Serverräume) könnten ein komplettes Buch füllen. Insbesondere weil im Zuge der Entwicklung von Hardware die Leistungsdichte der eingesetzten Verbraucher sich stetig stark erhöht hat. Wo noch vor einigen Jahren klobige Kisten in Schränken standen, finden sich heute Blade-Systeme mit einer vielfach höheren Leistungsaufnahme. Insofern müssen natürlich die Anforderungen an die Stromversorgung initial sorgfältig geplant werden; diese müssen aber auch in regelmäßigen Abständen kritisch überprüft werden. Die Detailkonzepte und -planungen sind nicht Aufgabe der Sicherheitsverantwortlichen. Allerdings sollte gerade aus Sicherheitssicht darauf geachtet werden, dass die folgenden Fragen bei den jeweiligen Planungen berücksichtigt worden sind:

- Dimensionierung der Energieversorgung
- Separierung von zentralen Verteilern
- Verteilung des Stroms innerhalb von Rechenzentren und Serverräumen
- Redundanzen bei der Zuführung von Strom
- Zugangskontrolle zu Stromversorgungseinrichtungen
- Notstromversorgung
- Blitz- und Überspannungsschutz
- Verhindern elektrostatischer Aufladungen
- galvanische Trennungen
- Einrichtungen zur Notabschaltung der Stromversorgung

10.7 Physische Schutzmaßnahmen in externen Bereichen

Überlegungen zur physischen Sicherheit müssen auch Bereiche außerhalb der Organisationsgrenzen einbeziehen. Diese lassen sich allerdings nicht immer einfach und durchgängig umsetzen und kontrollieren. Aufgrund der fortwährenden steigenden Notwendigkeit zur Mobilität von Mitarbeitern wird dieser Bereich der Informationssicherheit eine immer wichtigere Rolle spielen.

10.7.1 Mobile Endgeräte

Immer mehr Daten befinden sich heutzutage auf mobilen Geräten, die – anders als stationäre Server oder Arbeitsplatz-Clients – oft nicht in physisch geschützten Umgebungen eingesetzt werden. Obwohl sie dafür ausgelegt sind, den geschützten Bereich des Unternehmens zu verlassen, stehen den damit verbundenen Gefährdungen oft keine angemessenen Sicherheitsmaßnahmen entgegen. Selbst in kleinen Firmen ist der Verlust von mobilen Arbeitsgeräten (Laptops, PDA, Mobiltelefone) inzwischen an der Tagesordnung. Da der Verlust der Vertraulichkeit von Unternehmensdaten in der Regel nicht toleriert werden kann, sollte ein Konzept zum sorgfältigen Umgang und zu angemessener Verwahrung von mobilen Geräten entwickelt werden. Der Schaden durch den Verlust mobiler Geräte sollte auf den materiellen Schaden begrenzt werden, indem die gespeicherten Daten durch Verschlüsselung geschützt werden.

Mobile Geräte sollten jederzeit entweder unter Beobachtung bleiben oder sicher angeschlossen oder verschlossen werden. Ein gut gepflegtes Geräteregister kann im Verlustfall helfen, die möglichen Folgen zu identifizieren und den Schaden zu begrenzen.

10.7.2 Häuslicher Arbeitsplatz

Auch der häusliche Arbeitsplatz sollte in Überlegungen zur physischen Sicherheit einbezogen werden. Gerade für kritische Arbeitsplätze sollte geregelt sein, wie auch im Privatbereich der Zutritt geregelt und geschützt wird und wie wichtige Daten gelagert werden.

10.7.3 Datenträger

Für die Informationssicherheit spielen physische Schutzmaßnahmen für Datenträger eine wichtige Rolle. Insbesondere sollen diese unversehrt bleiben und vor Gefahren wie Feuer, Wasser, Verschmutzung, kriminellen Aktionen, Magnetismus, Überhitzung geschützt werden. Hierzu sollten spezielle Datensicherungsbehälter genutzt werden.

Die Kapazitäten von Datenträgern wachsen stetig, sodass heutzutage kleine mobile Datenträger existieren, die enorme Datenmengen speichern können. Bedingt durch die geringe Größe besteht für diese Datenträger aber auch ein hohes Verlustrisiko. Daher ist bei mobilen Datenträgern darauf zu achten, dass die Verlustgefahr minimiert wird und bei Verlust kein signifikanter Schaden (z. B. Informationsabfluss) für ein Unternehmen entsteht.

Zusammenfassung

In diesem Kapitel wurden für die Informations- und IT-Sicherheit wichtige Aspekte der physischen Sicherheit vorgestellt. Im Einzelfall müssen die jeweiligen Themen von den Verantwortlichen im Detail beleuchtet und bearbeitet werden. Dabei kann die Übersicht in diesem Kapitel als Einstieg dienen.

Literatur

[BSI03305] *Bundesamt für Sicherheit in der Informationstechnik (BSI):* BSI TL 03305 Liste der für staatliche Verschlusssachen zugelassene abstrahlsichere/-arme Hardware

[DIN0110] *Deutsches Institut für Normung e.V. (DIN):* Überspannungsschutz DIN VDE 0110

[DIN0185] *Deutsches Institut für Normung e.V. (DIN):* Blitzschutz nach DIN VDE 0185

[DIN356] *Deutsches Institut für Normung e.V. (DIN):* DIN EN 356 Glas im Bauwesen – Sicherheitssonderverglasung – Prüfverfahren und Klasseneinteilung des Widerstandes gegen manuellen Angriff; *http://www.din.de* (Stand: 17.01.2024)

[DIN1047-1] *Deutsches Institut für Normung e.V. (DIN):* DIN EN 1047-1 Wertbehältnisse – Klassifizierung und Methoden zur Prüfung des Widerstandes gegen Brand – Teil 1: Datensicherungsschränke und Disketteneinsätze, Januar 2006; *http://www.din.de* (Stand: 17.01.2024)

[DIN1047-2] *Deutsches Institut für Normung e.V. (DIN):* DIN EN 1047-2 Wertbehältnisse – Klassifizierung und Methoden zur Prüfung des Widerstandes gegen Brand – Teil 2: Datensicherungsräume und Datensicherungscontainer, April 2010; *http://www.din.de* (Stand: 17.01.2024)

[DIN1063] *Deutsches Institut für Normung e.V.: (DIN):* DIN EN 1063 Glas im Bauwesen – Sicherheitssonderverglasung – Prüfverfahren und Klasseneinteilung für den Widerstand gegen Beschuss; *http://www.din.de* (Stand: 17.01.2024)

[DIN1522] *Deutsches Institut für Normung e.V. (DIN):* DIN EN 1522 Fenster, Türen, Abschlüsse – Durchschusshemmung – Anforderungen und Klassifizierung; *http://www.din.de* (Stand: 17.01.2024)

[DIN1523] *Deutsches Institut für Normung e.V. (DIN):* DIN EN 1523 Fenster, Türen, Abschlüsse – Durchschusshemmung – Prüfverfahren; *http://www.din.de* (Stand: 17.01.2024)

[DIN1627] *Deutsches Institut für Normung e.V. (DIN):* DIN V ENV 1627 Fenster, Türen, Abschlüsse – Einbruchhemmung – Anforderungen und Klassifizierung; *http://www.din.de* (Stand: 17.01.2024)

[DIN08331] *Deutsches Institut für Normung e.V. (DIN):* DIN VDE 0833-1 Gefahrenmeldeanlagen für Brand, Einbruch und Überfall – Teil 1: Allgemeine Festlegungen

[DIN12604] *Deutsches Institut für Normung e.V. (DIN):* DIN EN 12604 Tore – Mechanische Aspekte – Anforderungen; *http://www.din.de* (Stand: 17.01.2024)

[DIN15659] *Deutsches Institut für Normung e.V. (DIN):* DIN EN 15659 Wertbehältnisse – Klassifizierung und Methoden zur Prüfung des Widerstandes gegen Brand – Leichte Brandschutzschränke; *http://www.din.de* (Stand: 17.01.2024)

[DIN18095-1] *Deutsches Institut für Normung e.V. (DIN):* DIN 18095-1 Türen; Rauchschutztüren; Begriffe und Anforderungen; *http://www.din.de* (Stand: 17.01.2024)

[DIN18095-1/A1] *Deutsches Institut für Normung e.V. (DIN):* DIN 18095-1: Türen; Rauchschutztüren; Begriffe und Anforderungen; Änderung A1, Mai 2009; *http://www.din.de* (Stand: 17.01.2024)

[DIN18095-2] *Deutsches Institut für Normung e.V. (DIN):* DIN 18095-2 Türen; Rauchschutztüren; Bauartprüfung der Dauerfunktionstüchtigkeit und Dichtheit; *http://www.din.de* (Stand: 17.01.2024)

[DIN18106] *Deutsches Institut für Normung e.V. (DIN):* DIN 18106 Einbruchhemmende Gitter – Anforderungen und Prüfverfahren; *http://www.din.de* (Stand: 17.01.2024)

[DIN18251-1] *Deutsches Institut für Normung e.V. (DIN):* DIN 18251-1 Schlösser – Einsteckschlösser – Teil 1: Einsteckschlösser für gefälzte Türen; *http://www.din.de* (Stand: 17.01.2024)

[DIN18251-2] *Deutsches Institut für Normung e.V. (DIN):* DIN 18251-2 Schlösser – Einsteckschlösser – Teil 2: Einsteckschlösser für Rohrrahmentüren; *http://www.din.de* (Stand: 17.01.2024)

[DIN18251-3] *Deutsches Institut für Normung e.V. (DIN):* DIN 18251-3 Schlösser – Einsteckschlösser – Teil 3: Einsteckschlösser als Mehrfachverriegelung; *http://www.din.de* (Stand: 17.01.2024)

[DIN4102-1] *Deutsches Institut für Normung e.V. (DIN):* DIN 4102-1 Brandverhalten von Baustoffen und Bauteilen – Teil 1: Baustoffe; Begriffe, Anforderungen und Prüfungen; *http://www.din.de* (Stand: 17.01.2024)

[DIN50131-1] *Deutsches Institut für Normung e.V. (DIN):* DIN EN 50131-1 Alarmanlagen – Einbruch- und Überfallmeldeanlagen – Teil 1: Systemanforderungen; *http://www.din.de* (Stand: 17.01.2024)

[DIN77200] *Deutsches Institut für Normung e.V. (DIN):* DIN 77200 Sicherungsdienstleistungen – Anforderungen; *http://www.din.de* (Stand: 17.01.2024)

[DINTB120] *Deutsches Institut für Normung e.V. (DIN):* DIN Taschenbuch 120 Brandschutzmaßnahmen; *http://www.din.de* (Stand: 17.01.2024)

[KRAHE99] *Kraheck, A. (Hrsg.):* Praxishandbuch Unternehmensschutz, Booberg, 1999

[MERSCH02] *Merschbacher, A.:* Sicherheitsanalyse für Haushalte, Köln, VdS Schadenverhütung Verlag, 2002

[MERSCH03] *Merschbacher, A.:* Sicherheitsanalyse für Gewerbebetriebe, Köln, VdS Schadenverhütung Verlag, 2003

[VDS2201] *VdS Schadenverhütung:* VdS 2201 – Technische Regel, VdS-Richtlinien für mechanische Sicherungseinrichtungen – Zylinderschlösser – Anforderungen und Prüfmethoden

[VDS2358] *VdS Schadenverhütung:* VdS 2358 VdS-Richtlinien für Zutrittskontrollanlagen – Zutrittskontrollanlagen – Anforderungen

[VDS2367] *VdS Schadenverhütung:* VdS 2367 – VdS-Richtlinien für Zutrittskontrollanlagen – Planung und Einbau

11 Grundlagen der Netzwerksicherheit

Einleitung

Die Vernetzung von Unternehmen und Organisationen sowie das Angebot von Diensten und Plattformen haben sich seit dem Aufkommen des Internets in zuvor ungeahnter Weise entwickelt. Praktisch die gesamte Datenverarbeitung findet digital statt. Gleichzeitig eröffnen die Möglichkeiten der digitalen Verarbeitung neue Geschäftsmodelle, wie bspw. im Bereich Cloud-Computing gut zu beobachten ist. Dies geht mit einer zunehmenden Vernetzung von Diensten einher, deren Ende noch nicht in Sicht ist.

Netzwerke sind ein kritischer Bestandteil der IT-Infrastrukturen. Die Zuverlässigkeit der Netzwerke bildet die Grundlage, auf der die Sicherheit von Netzwerkdiensten und -anwendungen beruht.

Netzwerksicherheit ist daher ein fundamentaler Baustein der Informationssicherheit für jeden Betreiber von IT-Systemen. In vielen Fällen ergibt sich dies auch aus rechtlichen Vorgaben (s. Kap. 3). Besondere rechtliche Anforderungen gelten für die Anbieter von Telekommunikationsdiensten oder Diensten im Internet. Diese Anforderungen ziehen oft die Forderung nach Erfüllung von weiteren Normen wie ISO 27001 oder BSI-IT-Grundschutz nach sich. Um sie zu erfüllen, müssen auch Netzwerkdienste in Bezug auf Gefährdungen und Risiken bewertet werden.

Dieses Kapitel gibt einen Überblick über wichtige Grundlagen von Netzwerken, Protokollen und hierfür verfügbare Absicherungsmechanismen. Für einige typische Sicherheitsprobleme werden Maßnahmen skizziert und deren Nutzen und Grenzen aufgezeigt.

11.1 Das OSI-Modell

Das *OSI-Referenzmodell*[1] [ISO 7498-1] ist eine wesentliche Designgrundlage für Kommunikationsprotokolle. Die sieben *Layer* (*Schichten*) des OSI-Referenzmodells bilden die verschiedenen Funktionsebenen ab, die in der Kommunikation zwischen zwei Endpunkten eine Rolle spielen. Jede Schicht wird durch ein Protokoll implementiert. Ein Protokoll ist ein Algorithmus, dessen Ablauf von mehreren Beteiligten abhängt; die meisten Protokolle schließen jedoch nur zwei Beteiligte ein. Das Protokoll bestimmt, welcher Beteiligter welche Nachrichten wann an wen verschickt (Protokollablauf) und wie diese Nachrichten zu interpretieren sind (Nachrichtenformate).

Das Referenzmodell strukturiert die Aufgaben von Protokollen auf den sieben Layern und erleichtert dadurch das Verständnis, die Implementierung und die Verwendung von Protokollen in Produkten. Halten sich alle beteiligten Systeme, auch von verschiedenen Herstellern, an die Spezifikationen der jeweiligen Protokolle, dann ist eine Interoperabilität verschiedener Produkte gewährleistet. Für die Nutzung von (Netzwerk-)Diensten ist es bspw. für einen Windows-Client unerheblich, welche Plattform – etwa Windows oder

1 OSI: Open Systems Interconnection.

Unix – auf einem Server-System eingesetzt wird. Die in Abbildung 11.1 dargestellten sieben Layer des OSI-Modells unterstützen hierbei die Interoperabilität verschiedener Hard- und Softwarekomponenten. Tabelle 11.1 stellt die deutschen und englischen Bezeichnungen der Layer gegenüber.

Die einzelnen Layer des Referenzmodells bauen aufeinander auf, gleichzeitig steigt der Abstraktionsgrad von Layer zu Layer. So ist Layer 1 im Wesentlichen mit der Umwandlung zwischen Bits und elektrischen oder Radiosignalen befasst, während in Layer 2 Gruppen von Bits zu sogenannten Frames zusammengefasst werden, die zwischen physisch[2] miteinander verbundenen Geräten ausgetauscht werden. Wie die Frames dabei physisch übertragen werden, spielt in diesem Layer keine Rolle. Da je nach Medium verschiedene Geräte am selben physischen Netz angeschlossen sein können, muss auf dieser Ebene ein Adressierungsschema eingeführt werden. Dieses Schema eignet sich jedoch nur zur Kommunikation zwischen physisch miteinander verbundenen Geräten. Erst Layer 3 sieht die Definition einer Netzwerktopologie vor und führt das Konzept von Paketvermittlung (Routing) sowie ein globales Adressierungsschema ein. Somit ermöglicht Layer 3 die Kommunikation zwischen zwei beliebigen Systemen in einem komplexeren Netzwerk. Layer 4 ermöglicht es dagegen, einen Kommunikationsvorgang auf einem System einer darauf laufenden Anwendung zuzuordnen (Ende-zu-Ende-Kommunikation), und gegebenenfalls einen Zusammenhang zwischen verschiedenen Datenpaketen des Layer 3 in Form einer sogenannten Verbindung herzustellen.

Am oberen Ende des Referenzmodells steht Layer 7, innerhalb dessen die kommunizierten Daten aus Sicht einer Anwendung einen Sinn bekommen; die Details darüber, wie der Kommunikationsvorgang zustande kommt und aufrechterhalten wird oder wie die Daten dargestellt werden, sind an dieser Stelle durch die Abstraktion der zugrundeliegenden Layer verborgen. In Abbildung 11.1 werden in der zweiten Spalte beispielhaft Protokolle angegeben. In der dritten Spalte sind jeweils die Aufgaben zusammengefasst, die die Protokolle der zweiten Spalte abdecken. Es wird deutlich, dass einige dieser Protokolle mehrere Layer des Referenzmodells abdecken. Die zugeordneten Datenpakete zeigen, dass Daten höherer Layer auf den unteren Layer um die jeweiligen spezifischen Steuerinformationen in einem sogenannten Header ergänzt werden.

2 In einem geeigneten Sinn; für kabelgebundene Verbindungen bedeutet dies etwas anderes als für Funkverbindungen.

Abbildung 11.1: Das OSI-Referenzmodell

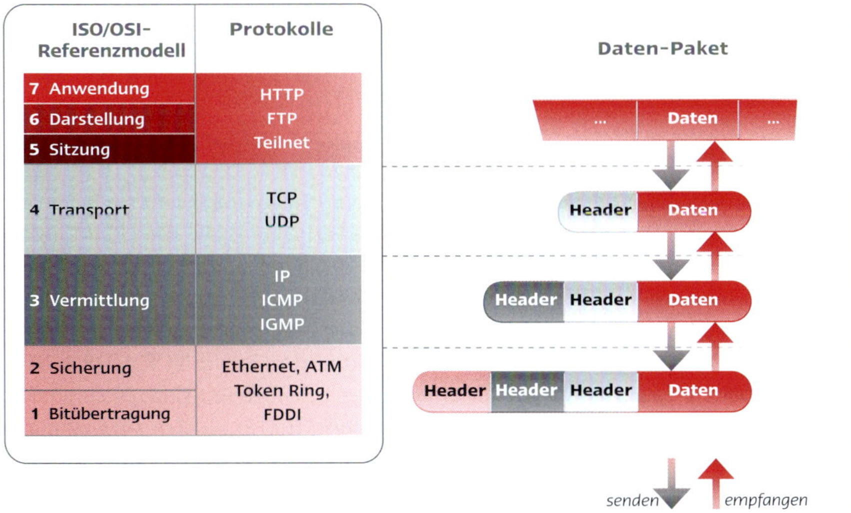

Rein konzeptionell sieht das Referenzmodell vor, dass die Aufgaben der einzelnen Layer durch voneinander unabhängige Protokolle erfüllt werden. Im Idealfall könnte ein Protokoll somit leicht gegen ein anderes Protokoll ausgetauscht werden, das dieselbe Funktion erfüllt. In der Praxis wird das OSI-Referenzmodell jedoch nicht in akademischer Reinheit umgesetzt; insbesondere für die höheren Layer wird die Abgrenzung zwischen den Layern oft nicht sauber durchgehalten.

Tabelle 11.1: Deutsche und englische Bezeichnungen der OSI-Schichten

Schicht	Layer
Anwendungsschicht	**A**pplication Layer
Darstellungsschicht	**P**resentation Layer
Sitzungsschicht	**S**ession Layer
Transportschicht	**T**ransport Layer
Vermittlungsschicht	**N**etwork Layer
Sicherungsschicht	**D**ata Link Layer
Physische Schicht	**P**hysical Layer

Merksatz (von unten): »Please Do Not Take Sales People's Advice«

Für Sicherheitsverantwortliche und Betreiber im Bereich Netzwerktechnik sollte ein fundiertes Verständnis zur Struktur und zum Aufbau verschiedener Paketformate und Kommunikationsprotokolle vorausgesetzt werden. Im Weiteren wird nur ein Abriss über sicherheitsrelevante Aspekte von Protokollen gegeben, um den Rahmen dieses Kapitels nicht zu sprengen.

11.1.1 Protokolle, Adressen und Ports

Das im Internet vorherrschende Protokoll auf Layer 3 ist das *Internet Protocol* (*IP*). Auf Layer 4 wird typischerweise TCP und UDP eingesetzt; Protokolle wie UDP-Lite, SCTP oder DCCP werden bisher noch sehr selten genutzt; siehe Abschnitt 11.6 für eine Übersicht zu Transportprotokollen. IP ermöglicht eine Kommunikation zwischen zwei Systemen über Netzwerkgrenzen hinweg, hierfür ist die Angabe einer routbaren Absende- und einer routbaren Empfängeradresse notwendig. Transportprotokolle wie TCP, UDP, UDP-Lite, SCTP oder DCCP bauen darauf auf und ermöglichen eine Ende-zu-Ende-Kommunikation zwischen zwei Anwendungen auf diesen Systemen. Hierfür werden sogenannte Ports verwendet, die durch eine Portnummer identifiziert werden. Diese Portnummer kann aus dem Bereich zwischen 0 und 65.535 gewählt werden. Dieser Bereich ist folgendermaßen aufgeteilt [RFC 6335]:

- **0 – 1.023**
  System Ports, auch bekannt als *Well Known Ports*; die Vergabe von Portnummern aus diesem Bereich erfolgt ausschließlich durch die IETF und wird bei der IANA registriert.[3] Gelegentlich findet man auch die Bezeichnung *Privileged Ports*, da auf manchen Betriebssystemen zum Öffnen dieser Ports Systemprivilegien erforderlich sind.

- **1.024 – 49.151**
  User Ports, auch bekannt als *Registered Ports*; die Vergabe von Portnummern aus diesem Bereich erfolgt ohne Einfluss durch die IETF und kann bei der IANA registriert werden.

- **49.152 – 65.535**
  Dynamic Ports, auch bekannt als *Private Ports*; die Vergabe von Portnummern aus diesem Bereich erfolgt willkürlich durch die Systeme selbst. Diese Ports können nicht bei der IANA registriert werden.

Eine Kommunikation auf Transportprotokollebene erfolgt über sogenannte *Sockets*, die durch die Angabe der beiden IP-Adressen, der beiden Portnummern sowie des verwendeten Transportprotokolls eindeutig identifiziert werden.

Die typische Nutzung von Ports folgt einer Client-Server-Architektur. Hierbei öffnet der Server einen Port und wartet auf eine eingehende Anfrage an diesem Port. Stellt ein Client eine Anfrage an den Port dieses Servers, dann wird ein Kommunikationskanal aufgebaut. Dieser Kanal wird auf beiden Seiten durch die jeweilige Anwendung genutzt, um Nachrichten des Anwendungsprotokolls zu übertragen oder zu empfangen. Um die

3 Siehe *http://www.iana.org/assignments/port-numbers*.

allgemeine Nutzung von Serverdiensten, etwa eines Webservers, zu vereinfachen, hat es sich eingebürgert, bestimmte Anwendungsprotokolle auf den bei IANA registrierten Portnummern anzubieten, bspw.

- HTTP – Hypertext Transfer Protocol, TCP-Port 80
- HTTPS – HTTP Secure, TCP-Port 443
- POP3 – Post Office Protocol, TCP-Port 110
- POP3S – POP3 Secure, TCP-Port 995
- FTP – File Transfer Protokoll, TCP-Port 21
- SMTP – Simple Mail Transfer Protocol, TCP-Port 25, aber auch TCP-Port 587
- DNS – Domain Name Service, UDP/TCP-Port 53
- NTP – Network Time Protocol, UDP-Port 123

Bei diesen Zuordnungen zwischen Dienst und Portnummer handelt es sich um eine reine Konvention, prinzipiell kann jedes Protokoll auf jedem beliebigen Port betrieben werden. Die Vergabe von Portnummern erfolgt für jedes Transportprotokoll separat – auch hier ist es reine Konvention, dass bspw. die Zuweisung von TCP-Port 80 für HTTP parallel auch für UDP erfolgt.[4]

Es gibt aber auch Protokolle, bei denen die verwendeten Portnummern nicht a priori feststehen und in spezifischer Weise gewählt und veröffentlicht werden. So wird bspw. beim *Open Network Computing Remote Procedure Call Framework* ein Dienst auf einem beliebigen Port gestartet. Die Auskunft über den verwendeten Port kann über einen Hilfsdienst, den sogenannten Portmapper, eingeholt werden, der seinerseits auf einem vorab bekannten Port betrieben wird. Kommt dagegen bei VoIP-Telefonie bspw. SIP oder H.323 für die Signalisierung zum Einsatz, dann wird die für die Sprachübertragung verwendete Portnummer im Rahmen der Signalisierung ausgehandelt und übertragen; die Signalisierung erfolgt jedoch über einen bekannten Port.

Zum Verständnis der in Kapitel 12 beschriebenen Sicherungsmöglichkeiten ist auch die Unterscheidung des verbindungs**orientierten** Protokolls TCP und des verbindungs**losen** Protokolls UDP hilfreich. Beide Protokolle haben unterschiedliche Eigenschaften, weshalb je nach Einsatzzweck das eine oder das andere Protokoll besser geeignet ist. In verbindungslosen Protokollen sendet der Absender einzelne unabhängige Datenpakete. Dagegen wird mit einem verbindungsorientierten Protokoll sichergestellt, dass eine Folge von Datenpaketen vollständig beim Empfänger ankommt oder der Empfänger die Lücken feststellt. Weitere Details beschreibt Abschnitt 11.6. Beispielsweise kann bei der Übertragung von Audiodaten, z. B. für Voice over IP, toleriert werden, dass einzelne Pakete verloren gehen. Daher wird hier UDP eingesetzt, das einen geringeren Overhead aufweist und sich in diesem Fall besser eignet als TCP. Der aufwendigere Aufbau einer TCP-Verbindung hingegen ist immer dann sinnvoll, wenn keine Netzwerkpakete verloren gehen sollen, bspw. beim E-Mail-Verkehr über SMTP.

4 Die Zuweisung erfolgt jedoch nicht automatisch für SCTP oder DCCP.

11.1.2 Bedrohungen

Kommunikationsprotokolle dienen der Übertragung von Daten und sind dabei einer Reihe von Bedrohungen ausgesetzt:

- Unberechtigtes Lesen der übertragenen Daten (Snooping, Sniffing)
- Unberechtigte Manipulation einschließlich der Löschung oder Erweiterung der übertragenen Daten (Poisoning)
- Wiedereinspielung von Nachrichten aus aufgezeichneten Kommunikationsvorgängen (Replay)
- Vortäuschung einer Identität (Spoofing)
- Vorenthaltung der Nutzung (Denial of Service)

Grundsätzlich kann man diesen Bedrohungen mit kryptografischen Methoden begegnen (außer Denial of Service), oder man sorgt als Betreiber dafür, dass der Kommunikationskanal vollständig unter der eigenen Kontrolle steht. Die Verwendung kryptografischer Methoden erfordert aber stets eine *vertrauenswürdige* Schlüsselverteilung, andernfalls ist deren Einsatz lediglich ein Placebo, das anfällig gegen Man-in-the-Middle-Angriffe[5] ist.

11.2 Das Internet Protocol

Das Internet Protocol (IP) ist in Version 4 (IPv4) das dominierende Network-Layer-Protokoll und hat andere Network-Layer-Protokolle wie Novells IPX oder AppleTalk vollständig verdrängt. Aufgrund der absehbaren Adressknappheit bei IPv4 wurde seit 1990 an einem Nachfolgeprotokoll gearbeitet, das zunächst mit IPng (IP next generation) bezeichnet wurde und später den Namen IPv6 erhielt.[6]

Der offensichtlichste Unterschied sind die deutlich längeren Adressen und deren Darstellung. IPv6 ist jedoch deutlich mehr als IPv4 mit längeren Adressen. Weitere zahlreiche Neuerungen aus den Erfahrungen mit IPv4 sind in IPv6 eingeflossen. Die wesentlichen Unterschiede zwischen IPv4 und IPv6 sind in Abschnitt 11.4.6 aufgeführt.

IP-Adressen sind ein wichtiges Konstrukt, ohne gültige IP-Adresse kann ein System nicht am Internet teilnehmen. IP-Adressen werden an Netzwerkinterfaces vergeben – der Sprachgebrauch, dass ein System eine IP-Adresse habe, ist nicht korrekt, da ein System mehrere Netzwerkinterfaces haben kann. In einem zusammenhängenden Netz wie dem Internet müssen IP-Adressen eindeutig sein. Da Netzwerkinterfaces bereits auf dem Link-Layer eine quasi-eindeutige Adresse haben, bspw. die Media-Access-Control-Adresse (MAC-Adresse), stellt sich die Frage nach dem Sinn von IP-Adressen. IP-Adressen dienen nicht nur der Adressierung von Systemen, sondern auch dazu, um Pakete vermitteln zu können (Routing), und müssen in dafür geeigneter Weise vergeben werden. Link-Layer-Adressen allein sind für Routing dagegen völlig ungeeignet, da sie nicht nach topologischen Kriterien vergeben werden. Bei IPv6 kann die Link-Layer-Adresse dafür verwendet werden, um eine quasi-eindeutige Interface-ID zu bilden. Diese ist Bestandteil der IPv6-Adresse.

---

5 Das Prinzip des Man-in-the-Middle-Angriffs wird in Abschnitt 13.7.3 erläutert.

6 IPv5 existiert nicht. Die Versionsnummer 5 wurde für das Internet Stream Protocol vergeben, das jedoch nicht weiter verfolgt wurde.

Nicht jede Adresse aus dem Adressraum ist für die Zuweisung zu einem Netzwerk-interface vorgesehen. Sowohl bei IPv4 als auch bei IPv6 sind bestimmte Adressbereiche für spezielle Zwecke reserviert. In Tabelle 11.2 sind einige charakteristische Adressbereiche für IPv4 und IPv6 gegenübergestellt.

Tabelle 11.2: Gegenüberstellung charakteristischer Adressbereiche für IPv4 und IPv6

Bezeichnung	IPv4	IPv6
Unspezifizierte Adresse	0.0.0.0	::/128
Loopback	127.0.0.1	::1/128
Lokale Nutzung	10.0.0.0/8 172.16.0.0/12 192.168.0.0/16	fc00::/7
Link-Local	169.254.0.0/16	fe80::/10
Benchmarking	198.18.0.0/15	2001:2::/48
Documentation	192.0.2.0/24 198.51.100.0/24 203.0.113.0/24	2001:db8::/32
Global Unicast	1.0.0.0 bis 223.255.255.255 mit Ausnahme der genannten Sonderbereiche	2000::/3 mit Ausnahme der genannten und weiterer Sonderbereiche
Multicast	224.0.0.0/4	ff00::/8

IP verfügt über keine eigenen Sicherheitsmechanismen. Das Nutzungsszenario, für das IPv4 und weitere Protokolle entworfen wurden, unterscheidet sich radikal von der heutigen Nutzung. Im Rahmen der Entwicklung von IPv6 wurde versucht, mit IPsec auf Basis kryptografischer Methoden eine Sicherheitsarchitektur für IP einzuführen. Die IPsec-Protokolle wurden danach für IPv4 zurückportiert. Die ernüchternden Erfahrungen damit zeigen aber, dass der Einsatz von kryptografischen Methoden weder alle auftretenden Sicherheitsprobleme lösen kann, noch alle Protokollschwächen auffangen kann. Die Sichtweise, IPsec als Allzweckmittel gegen alle denkbaren Sicherheitsprobleme einsetzen zu können, ist daher völlig verfehlt. Dennoch ist IPsec unbestreitbar ein wichtiges Element der Netzwerksicherung.

Fälschung von Absenderadressen

Da IP keine Sicherheitsmechanismen mitbringt, ist Verkehr über IP anfällig für alle in Abschnitt 11.1.2 aufgeführten Bedrohungen. In den folgenden beiden Abschnitten zu IPv4 und IPv6 werden spezifische Bedrohungen diskutiert. An dieser Stelle soll kurz auf die Fälschung von Absenderadressen (Spoofing) eingegangen werden, da es IPv4 und IPv6 gleichermaßen betrifft.

Bedrohung

Spoofing ist aus zwei Gründen besonders hervorzuheben: Erstens werden IP-Adressen gelegentlich als Authentisierungsmechanismus verwendet. In Abwandlung davon werden IP-Adressen auch zum Blacklisting verwendet. Zweitens kann der Angreifer durch Spoofing vorgeben, von einem internen oder vertrauenswürdigen System aus zu kommunizieren. Da Antworten auf Pakete mit gefälschten Absenderadressen den Angreifer nicht erreichen, sind hier im Wesentlichen Denial-of-Service-Angriffe denkbar.

Maßnahmen

Gegen Spoofing hilft vor allem eine rigorose Filterung des eingehenden Verkehrs [RFC 2827]. Hierbei kann sich ein Administrator zunutze machen, dass interne Absenderadressen nur von bestimmten Ports an den Routern kommen können, sofern kein Multihoming[7] zum Einsatz kommt. Router, die mit externen (nicht vertrauenswürdigen) Netzen verbunden sind, sind hierbei besonders kritisch. Diese Form der Filterung wird auch als Unicast Reverse Path Forwading (uRPF) bezeichnet. Im Fall von Multihoming ist dasselbe Konzept in schwächerer Form anwendbar [RFC 3704].

11.3 IPv4

IPv4 ist das derzeit vorherrschende Protokoll auf dem Network-Layer. Auf eine detaillierte Beschreibung der einzelnen Funktionen wird an dieser Stelle verzichtet. Stattdessen wird auf die wesentlichen Punkte aus der Sicherheitsanalyse von IPv4 in [RFC 6274] sowie auf das Address Resolution Protocol (ARP) eingegangen, das in Netzwerken auf Basis von IEEE 802.3 (Ethernet) oder 802.11 (Wi-Fi) den Zusammenhang zwischen IPv4 und dem Link-Layer herstellt.

11.3.1 Address Resolution Protocol – ARP

ARP ist ein Protokoll zur Auflösung von IPv4-Adressen zu MAC-Adressen und spielt unter IPv4 eine essenzielle Rolle, um den Versand von Paketen im Network-Layer innerhalb des LANs auf den Versand von Frames im Link-Layer abzubilden.

Wenn ein System ein Paket an ein weiteres System verschicken möchte, dann kann das entfernte System ein Nachbar im LAN sein. In diesem Fall kann das Paket im Link-Layer direkt an den Empfänger übertragen werden. Andernfalls muss das Paket über einen Router weitervermittelt werden; dann muss das Paket im Link-Layer an einen geeigneten Router im LAN übertragen werden. In beiden Fällen erfolgt die Adressierung über die IP-Adresse. Da die IP-Adresse nur ein konzeptionelles Konstrukt ist und zur Übertragung im LAN die MAC-Adresse maßgeblich ist, muss daher zunächst die MAC-Adresse ermittelt werden, die zur IP-Adresse des Empfängers im LAN gehört.

7 Unter Multihoming wird allgemein verstanden, dass ein System mit mehreren Netzwerkinterfaces ausgestattet ist, die an unterschiedliche Netzwerke angeschlossen sind. Im Speziellen bezeichnet Multihoming aber auch die Anbindung einer Site an große Netze wie das Internet über zwei oder mehr unabhängige Provider. Dabei ist es möglich, dass eingehende Pakete die Site nicht über denselben Anschluss erreichen, über den sie ihn verlassen. Dies macht die Korrelation zwischen Anfragen und Antworten schwieriger und schränkt auch die Möglichkeiten von RPF ein.

Die Auflösung erfolgt durch einen sogenannten ARP-Request an die Broadcast-Adresse des Link-Layers, die mittels Unicast mit einer ARP-Response beantwortet wird. ARP-Responses können jedoch auch ungefragt versendet werden; diese werden normalerweise ebenso berücksichtigt. Um Netzwerkbandbreite zu sparen und Latenzzeiten durch ARP zu minimieren, werden ARP-Responses im ARP-Cache abgelegt. Dadurch brauchen häufig genutzte IP- bzw. MAC-Adressen nicht jeweils neu aufgelöst zu werden. Da der ARP-Cache nur beschränkt viele Einträge enthalten kann, werden ältere Einträge gegebenenfalls durch neue Antworten überschrieben.

ARP steht in der Protokollhierarchie »neben« IPv4, d. h., Mechanismen wie IPsec stehen für ARP nicht zur Verfügung. ARP selbst verfügt über keine eigenen Sicherheitsmechanismen.

Bedrohungen im LAN (Link Local)

Ein Angreifer kann durch ARP-Antworten den ARP-Cache seiner Ziele manipulieren (ARP Cache Poisoning). Im Speziellen kann er auf einem oder mehreren Systemen im LAN einen gefälschten Cache-Eintrag erzeugen, mit dem eine IP-Adresse einer MAC-Adresse seiner Wahl zugeordnet wird. Zum Zweck eines Man-in-the-Middle-Angriffs kann diese MAC-Adresse zu einem System seiner Wahl gehören; alternativ kann auch die Link-Layer-Broadcast-Adresse verwendet werden. Zum Zweck eines Denial-of-Service-Angriffs kann die MAC-Adresse einem nicht existierenden System zugeordnet sein.

Maßnahmen

Die folgenden Gegenmaßnahmen sind denkbar:

- Durch geeignete Überwachung können unplausible ARP-Pakete erkannt und sanktioniert werden, etwa durch Sperrung des Switch-Ports des Verursachers.
- Durch eine Aufteilung eines großen Netzes in kleinere Netze kann der Wirkungsradius von ARP-Spoofing deutlich eingeschränkt werden (s. Abschnitt 11.9.1). Entscheidend hierbei ist es, nicht vertrauenswürdige Systeme von kritischen Systemen zu trennen. Bei Einsatz von VLANs (s. Abschnitt 11.9.3) können im Extremfall für nicht vertrauenswürdige Systeme sogenannte Private VLANs eingerichtet werden – ist der Switch korrekt konfiguriert und gegen Überflutung der CAM-Tabellen[8] geschützt, dann sind keine Angriffe auf Link-Layer mehr möglich.
- Eine weitere Möglichkeit besteht in der manuellen Konfiguration der ARP-Caches. Der administrative Aufwand hierfür ist jedoch relativ hoch, zudem erfordert dies Zugang zu den Systemen über eine Konsole; die initiale Konfiguration über das Netzwerk ist dann nicht möglich.

8 CAM: Content Addressable Memory. Die CAM-Tabelle in einem Switch ist dafür zuständig, die Zuordnung zwischen MAC-Adressen und Switchports zu halten. Wird die CAM-Tabelle mit MAC-Adressen überflutet, wechselt der Switch in einen Modus, in dem Ethernet-Frames auf alle Ports weitergeleitet werden.

Weitere Bedrohungen (nicht Link Local)

Um ein IP-Paket im LAN zuzustellen, muss ein Router die IP-Adresse auf die Link-Layer-Adresse abbilden. Das entsprechende Paket muss zwischengespeichert werden, bis die Adressauflösung durchgeführt wurde. Dies kann für einen Denial-of-Service-Angriff ausgenutzt werden, indem ein Angreifer eine große Zahl von Paketen an IP-Adressen sendet, die keinem System zugeordnet sind. Dadurch kann – je nach Implementierung – der Puffer des Routers belegt werden, wodurch er kaum noch oder überhaupt keine legitimen IP-Pakete mehr vermitteln kann.

Maßnahmen

Die Verwendung einer Stateful Firewall (s. Abschnitt 12.2.1) mit einem Regelwerk, das eingehenden Verkehr nur im Kontext von intern veranlasster Kommunikation zulässt, stellt bereits eine zuverlässige Gegenmaßnahme dar. Im Fall von Netzen, in denen extern erreichbare Dienste angeboten werden, kann u. a. auf die in diesem Netz existierenden Adressen gefiltert werden. Nachrichten an nicht existierende Adressen werden so von vornherein verworfen.

11.3.2 Bedrohungen gegen IPv4

Eine gute und kompakte Zusammenfassung über die Bedrohungen gegen IPv4 wurde in [RFC 6274] gegeben. An dieser Stelle werden nur die wesentlichen Punkte von IPv4 angerissen, die aus Sicherheitssicht von Belang sind.

Header-Optionen

IPv4-Pakete können bis zu 40 Bytes an optionaler Information mit sich führen. Diese Optionen werden von allen Systemen auf dem Pfad vom Absender zum Empfänger verarbeitet. Leistungsfähige Router verarbeiten den Hauptteil des IP-Headers in Hardware, die Verarbeitung der Optionen wird jedoch in der CPU vorgenommen, was die Verarbeitung von entsprechenden IP-Paketen zu einem Flaschenhals macht und die Leistung der Router vermindert. Da Optionen im praktischen Betrieb typischerweise kaum einen Mehrwert aufweisen, neigen viele Betreiber dazu, IP-Pakete mit Optionen von vornherein zu verwerfen. In der Tat birgt die Nutzung der meisten Optionen aus Sicherheitssicht Gefahren.

Loose Source and Record Route (LSRR) und Strict Source and Record Route (SSRR)

LSRR und SSRR sind Optionen, mit deren Hilfe Pfade im Netz a priori festgelegt werden können. Aus praktischer Sicht existieren nur wenige legitime Nutzungsszenarien für diese Option; unter keinen Umständen sollten Pakete mit diesen Optionen verarbeitet oder weitergeleitet werden, wenn diese Pakete nicht aus vertrauenswürdiger Quelle stammen und über vertrauenswürdige Wege transportiert werden. Die Nutzung und Verarbeitung von LSRR und SSRR ermöglicht die folgenden Angriffe:

- Umgehung von Firewall-Regeln: Durch Routing über vertrauenswürdigere Systeme und Netze könnten falsche Filterentscheidungen getroffen werden.
- Kontakt zu eigentlich nicht erreichbaren Systemen: Durch Routing über Systeme, über die Netze erreichbar sind, die von außen nicht zugänglich sind, könnten Systeme in diesen inneren Netzen doch von außen erreichbar sein.
- Erkundung der Netzwerktopologie: Durch geeignete Experimente kann ein Angreifer sich Kenntnis über die Topologie eines Netzwerks verschaffen.
- Bandbreitenauslastung: Durch geeignete Formulierung der Route können die entsprechenden Pakete mehrfach zwischen mehreren Routern hin und her gesendet werden.

Record Route

Diese Option dient vor allem der Fehlerdiagnose in Netzwerken, kann jedoch auch zur Erkundung der Netzwerktopologie verwendet werden.

Timestamp

Diese Option dient ebenfalls vor allem der Fehlerdiagnose in Netzwerken. Angreifer können diese Option aber auch zur Aufklärung missbrauchen. Im Einzelnen kann diese Option dazu verwendet werden, die aktuelle Zeit der Systeme in Erfahrung zu bringen, die Pakete mit dieser Option verarbeiten. In Erweiterung dessen kann diese Option zur Erkennung des Zielsystems (Fingerprinting) genutzt werden. Schließlich ist es auch möglich, analog zur Record-Route-Option die Topologie eines Zielnetzwerks zu erkunden.

Router Alert

Router Alerts werden dazu genutzt, um den Router auf spezielle Merkmale hinzuweisen. So werden Router Alerts bspw. für Multicast-Steuerung mit IGMP[9] und für Bandbreitenreservierung mit RSVP[10] genutzt. Ein Angreifer kann diese Option gegebenenfalls dazu nutzen, um einen Router stärker zu belasten.

Fragmentierung

IP-Pakete, deren Größe die Maximum Transmission Unit des Pfades (MTU) übersteigt, müssen fragmentiert werden, sofern sie nicht verworfen werden. Fragmentierung und Rekonstruktion (Reassembly) sind komplexe Prozesse mit hoher Fehleranfälligkeit. Ein Problem mit Fragmentierung liegt darin, dass IP ein zustandsloses Protokoll ist; durch Fragmentierung wird jedoch ein Zustand eingeführt. Im Zuge der Verarbeitung von Fragmenten müssen die beteiligten Systeme ausreichend Speicher reservieren, was ein gewisses Potenzial für Denial-of-Service-Angriffe birgt. Zudem ist der Algorithmus zur Rekonstruktion nicht eindeutig formuliert [RFC 6274, Abschnitt 4.1.1.4], was zu unterschiedlichen Implementierungen geführt hat. Zahlreiche komplexe Sonderfälle sind zu berücksichtigen: Fragmente können doppelt oder überlappend vorkommen, sie können in falscher Reihenfolge eintreffen oder einzelne Fragmente können komplett ausbleiben.

9 IGMP: Internet Group Management Protocol; Internetprotokoll zur Verwaltung von Multicast-Gruppen in Routern.

10 RSVP: Resource reSerVation Protocol; Internetprotokoll zur Anforderung einer bestimmten Dienstgüte, z. B. Übertragungsrate oder maximaler Verzögerung von Paketen.

Darüber hinaus können Fragmente Anomalien aufweisen, die von verschiedenen Implementierungen nicht angemessen verarbeitet werden. In einigen Fällen führen diese anomalen Fragmente oder die entsprechenden Pakete zu einem Absturz des Systems; ein entsprechendes IP-Paket wird auch als *Packet of Death* bezeichnet. Beispiele für solche Anomalien sind: atomare Fragmente, d. h. IP-Pakete, die nur aus einem einzigen Fragment bestehen, *Kleinstfragmente*, deren Zweck die Verschleierung des Upper Layer Headers ist, oder Fragmente, die bei der Rekonstruktion des IP-Pakets die zulässige Größe eines IP-Pakets überschreiten [RFC 6274, Abschnitt 3.7].

Um Fragmente bei der Rekonstruktion eindeutig einem IP-Paket zuzuordnen, enthält der IPv4-Header eine IP-ID. Dies ist ein 16 Bit langer Wert, der je nach Implementierung unterschiedlich vergeben wird. Diese Unterschiede können zur Erkennung der Implementierung ausgenutzt werden. Darüber hinaus haben moderne Netze Bandbreiten im Bereich von Gigabits, weshalb für einen 16-Bit-Wert durchaus Kollisionen erwartet werden können [RFC 4963].

Eine ungeschickte Implementierung kann von einem Angreifer schließlich auch zum *blinden Portscanning* missbraucht werden. Die entsprechende Technik ist als Idle Scan bekannt und ist in der Literatur gut dokumentiert [Lyon09, Abschnitt 5.9].[11]

Time to Live (TTL)

Der IP-Header enthält das harmlos aussehende Feld TTL, das bei IPv6 in Hop Count umbenannt wurde. Dieses Feld dient dazu, Pakete nicht endlos im Netz zirkulieren zu lassen. Die Semantik dieses Felds hat sich im Lauf der Zeit gewandelt, heutzutage wird es als Countdown-Zähler verwendet. Auch aus Sicherheitssicht ist dieses Feld interessant: Darüber lassen sich einerseits Erkenntnisse über das Netzwerk ermitteln, andererseits lässt es sich als Sicherheitsmechanismus nutzen.

Erkenntnisgewinn durch die TTL

Durch geeignete Experimente sind verschiedene Erkenntnisse möglich, die zur Fehlerdiagnose oder zur Vorbereitung von Angriffen verwendet werden können:

- Unterschiedliche Implementierungen des TCP/IP-Stacks verwenden unterschiedliche Ausgangswerte für die TTL, hierüber kann die jeweilige Implementierung gegebenenfalls erkannt werden.
- Über die TTL kann die Topologie eines Netzes oder die Position eines einzelnen Systems im Netz aufgeklärt werden; Werkzeuge wie traceroute machen hiervon Gebrauch.

Sicherheit durch die TTL

Durch geeignete Wahl einer TTL kann sichergestellt werden, dass IP-Pakete nur innerhalb einer bestimmten Distanz verschickt werden können:

- Wird die TTL auf den Maximalwert von 255 gesetzt, dann kann darüber erzwungen werden, dass ein Paket höchstens aus einer bestimmten Distanz versendet wurde. So kann bspw. erzwungen werden, dass bestimmte Pakete nur LAN-lokal verarbeitet werden, wenn überprüft wird, dass die TTL jeweils den Wert 254 aufweist. Pakete

11 Siehe auch *http://nmap.org/book/idlescan.html*.

aus entfernten Netzen können auf diesem Wege zuverlässig erkannt und ausgefiltert werden. Dieser Mechanismus ist für die Neighbor Discovery bei IPv6 in dieser Form standardisiert.

- Wird die TTL auf einen sehr niedrigen Wert gesetzt, dann kann darüber sichergestellt werden, dass bestimmte Pakete keinen weiten Weg zurücklegen und somit die eigenen Netze nicht verlassen können.

Beide Mechanismen wirken nur unmittelbar, ein zwischengeschalteter Proxy oder Application Level Gateway macht die Wirkung dieser Mechanismen zunichte, da jeweils neue Pakete mit einer »frischen« TTL erzeugt werden.

Fingerprinting

Die Vorgaben zur Implementierung von IP wie auch für TCP, UDP und ICMP sind nicht eindeutig formuliert. Vor allem in den Details ergeben sich Unterschiede in der Implementierung, die in verschiedenen Situationen zu unterschiedlichen Reaktionen führen können. Diese Unterschiede können dazu genutzt werden, die jeweilige Implementierung zu erkennen [Lyon09, Kapitel 8].[12]

An sich ist daran nichts Bedenkliches. Es gilt jedoch der Grundsatz, dass ein Angreifer sich jede Information zunutze machen könnte, um ein System nach sorgfältigen Recherchen gezielt anzugreifen. Dieser Informationsgewinn und Abwehrmaßnahmen dagegen sollten jedoch nicht überbewertet werden. Wenn ein Angreifer nicht präzise herausfinden kann, welche Implementierung vorliegt, dann kann er »blind« versuchen, Schwachstellen einer mutmaßlichen Implementierung mit Exploits auszunutzen. Zudem verraten andere Kontextinformationen oft genug, welches Betriebssystem und somit welche Implementierung vorliegt. Wichtiger und effektiver als ein Versteckspiel mit dem Angreifer sind eine sorgfältige Härtung von exponierten Systemen und eine Begrenzung der Schadenswirkung.

11.4 IPv6

In diesem Abschnitt wird IPv6 kurz vorgestellt. IPv6 wurde bereits seit den frühen Neunziger-Jahren entwickelt, um u. a. der absehbaren Adressknappheit bei IPv4 zu begegnen. Die Entwicklung von IPv6 hat zu zahlreichen RFCs geführt, die hier nicht einzeln aufgeführt werden, es wird stattdessen auf die bestehende Literatur verwiesen [Hagen09, Stockel0, Hamdy13].

11.4.1 Unterschiede zwischen IPv6 und IPv4

Wie sich zeigt, ist IPv6 weit mehr als nur IPv4 mit längeren Adressen – IPv6 bringt in vielen Punkten eine andere Architektur mit. Um IPv6 sicher zu betreiben, muss man auch in den Kategorien von IPv6 denken – viele Rezepte aus der IPv4-Welt taugen unter IPv6 nicht mehr. IPv6 funktioniert anders als IPv4, daher muss die Einführung von IPv6

12 Siehe auch *http://nmap.org/book/osdetect-methods.html*.

gründlich geplant werden. IPv6 wie IPv4 mit längeren Adressen zu behandeln, führt bei der Migration nur dazu, dass auch Altlasten und »Krücken« migriert werden. Im Folgenden sind die wichtigsten Neuerungen von IPv6 im Vergleich mit IPv4 aufgeführt.

- **Größerer Adressraum**
  Der wohl am deutlichsten sichtbare Unterschied mit IPv4 ist die Größe des IPv6-Adressraums. Mit 128 Bit erlaubt IPv6 die Adressierung von deutlich mehr Systemen und Sites, als dies bei IPv4 mit 32 Bits der Fall war. Bei IPv4 stellt sich die Frage, wie man mit wenigen Adressen auskommt; bei IPv6, was man mit so vielen Adressen macht und wie Netze aufgeteilt werden.

- **Einfachere Adressstruktur**
  Unicast-Subnetze sind bei IPv6 grundsätzlich einheitlich groß, nämlich /64-Netze; eine weitere Segmentierung dieser Subnetze ist nicht vorgesehen, da dies verschiedenen Architekturmerkmalen von IPv6 widerspricht. Aufgrund der einfachen Adressstruktur entfällt die Konfiguration von Netzmasken.

- **Einfache Adresskonfiguration**
  IPv6 bietet neben einer manuellen Konfiguration oder einer Konfiguration über DHCPv6 mit der Stateless Address Autoconfiguration (SLAAC) einen weiteren Mechanismus zur Vergabe von IPv6-Adressen an. Dieser Mechanismus beruht darauf, dass die MAC-Adressen der an einem Link angeschlossenen Systeme eindeutig sein müssen. Auf Grundlage der MAC-Adresse wird dann eine IPv6-Adresse gebildet, die zumindest an dem betreffenden Link ebenfalls eindeutig ist. Der Vorteil dieser Lösung besteht darin, dass ohne großen Aufwand auf IP-Layer kommuniziert werden kann, ohne dass Dienste wie DHCPv6 zur Verfügung stehen müssen.

- **DHCPv6**
  Der Einsatz von DHCPv6 ist dennoch möglich, sei es, um IPv6-Adressen wie bei IPv4 zu vergeben oder um zusätzliche Konfigurationsinformation zu verteilen, wie bspw. die IP-Adresse eines DNS- oder NTP-Servers. DHCPv6 ist nicht kompatibel zu DHCP.

- **DNS**
  IPv6-Adressen werden im DNS durch AAAA-Einträge (»Quad-A«) abgebildet; die Rückwärtsauflösung von IPv6-Adressen erfolgt mithilfe der Pseudo-Domain .ipv6.arpa.

- **Mehrere IPv6-Adressen pro Netzwerkinterface**
  Konzeptionell sieht IPv4 nur eine IP-Adresse pro Interface vor. Diese Beschränkung kann zwar in der Praxis über virtuelle Interfaces umgangen werden. Unter IPv6 wurde die Beschränkung aber nicht nur aufgehoben, hier ist es nun üblich, dass ein Interface mehrere IPv6-Adressen hat, nämlich wenigstens eine Link-Local-Adresse sowie eine oder mehrere Unicast-Adressen.

- **Einfachere Umnummerierung**
  Die Möglichkeit, dass einem einzelnen Interface mehrere IPv6-Adressen zugewiesen werden können, und die vereinfachte Adressstruktur ermöglichen es, Netze bei Bedarf *im laufenden Betrieb* relativ einfach und ohne direkten Eingriff an den betroffenen Systemen umzunummerieren. Die entsprechende Funktionalität wurde in ICMPv6 integriert.

- **Routenaggregation und effizientere Routing-Tabellen**
  Bei der Festlegung der Vergabestrategie für IPv6-Adressbereiche wurde darauf geachtet, dass IPv6-Adressen von vornherein so vergeben werden, dass topologisch benachbarte Adressbereiche routingtechnisch zusammengefasst werden können. Damit soll die Größe der Routing-Tabellen in der sogenannten *Default Free Zone*[13] trotz des enormen Adressraums übersichtlicher bleiben, als dies heute bei IPv4 der Fall ist. Dazu trägt bei, dass Netze mit relativ wenig Aufwand (im Vergleich mit IPv4) umnummeriert werden können, und dass die Vergabe von sogenannten Provider-Independent Adressen noch strikter gehandhabt wird als bei IPv4.

Schlankere Routing-Tabellen ermöglichen u. a. ein effizienteres Routing, was bspw. auch die Dienstgüte (Quality of Service, QoS) begünstigt. Darüber hinaus können Filterregeln viel einfacher formuliert werden. So erfordern bspw. länderspezifische Filterregeln mit IPv6 nur wenige Einträge im Vergleich mit IPv4, wo dies praktisch nur unter Rückgriff auf Geolocation-Dienste möglich ist.[14]

- **Einheitliches Steuerprotokoll ICMPv6**
  Mit IPv6 wurde auch ICMPv6 gegenüber dem ICMP von IPv4 stark erweitert. So wurden die Steuerfunktionen von ARP und RARP[15]sowie von IGMP in Form von Neighbor Discovery bzw. Inverse Neighbor Discovery sowie Multicast Listener Discovery in ICMPv6 integriert. Die entsprechenden Funktionen wurden darüber hinaus weiter ausgebaut. Neue Steuerfunktionen, wie Router Discovery und Router Renumbering wurden ebenfalls in ICMPv6 integriert.

- **Einfacheres Header-Format**
  Der IPv6-Header ist im Vergleich zum IPv4-Header vereinfacht worden. Am auffälligsten ist die feste Header-Länge von 40 Bytes. Informationen zur Fragmentierung, die Checksumme oder Felder für optionale Informationen wurden aus dem Header entfernt. Der Grundgedanke hier war, eine effizientere Verarbeitung in Routern zu ermöglichen, was wiederum bspw. die Dienstgüte verbessert.

- **Extension Header**
  Optionen werden nun nicht mehr direkt im Header, sondern in sogenannten Header-Erweiterungen (Extension Headers) untergebracht. Dadurch werden die von IPv4 her bekannten Größenbeschränkungen für Optionen beseitigt – solange das IP-Paket dafür Platz lässt, können Optionen im Prinzip deutlich länger und in beliebiger Zahl vorhanden sein. Darüber hinaus ermöglicht die neue Architektur, auf einfache Weise neue Optionen einzuführen, ohne das Protokoll selbst zu verändern. Optionen werden von Routern nur noch selektiv ausgewertet, was eine effiziente Verarbeitung unterstützt.

- **Verbessertes Multicast und Abschaffung von Broadcast**
  Die Multicast-Funktionalität von IPv6 wurde stark ausgebaut und erweitert. Im Zuge dessen wurde bei IPv6 Broadcast abgeschafft; die Funktion einer Broadcast-Übertragung wird nun durch geeignetes Multicast erbracht.

13 Landläufig auch als *Internet Backbone* bekannt.

14 Siehe bspw. *http://ipinfodb.com*.

15 RARP: Reverse Address Resolution Protocol.

- **Fragmentierung nur an der Quelle**
  Anders als bei IPv4 fragmentieren Router zu große Pakete bei IPv6 nicht mehr. Stattdessen wird grundsätzlich eine ICMPv6-Fehlermeldung an den Absender des Pakets zurückgeschickt, falls ein Paket in der empfangenen Größe nicht weitergeleitet werden kann. Auch dies dient einer effizienteren Verarbeitung an Routern.

- **Größere minimale MTU und Path MTU**
  Die minimal garantierte MTU wurde für IPv6 auf 1280 Bytes (im Vergleich zu 576 Bytes bei IPv4) angehoben. Damit wird der Durchsatz bei der Übertragung großer Datenmengen gesteigert, denn der Protokoll-Overhead wird verringert. Da die Fragmentierung mit IPv6 nunmehr nur an der Quelle stattfindet, ist die Feststellung der größten zulässigen MTU entlang der Route vom eigenen System zum Zielsystem (Path MTU) essenziell.

- **Abschaffung von NAT**
  Der Hauptgrund für die Einrichtung von NAT bei IPv4 war die Knappheit an global routbaren Adressen. Der deutlich größere Adressraum von IPv6, die einfachere Adressstruktur sowie die strikteren Vergaberegeln für IPv6-Adressblöcke sollen sicherstellen, dass der ursprüngliche Grund für die Einführung von NAT entfällt. Dementsprechend war NAT für IPv6 zunächst überhaupt nicht vorgesehen – technisch gesehen ist eine Adresstranslation natürlich genau wie bei IPv4 machbar.

- **Mobile IPv6 (MIPv6)**
  Mit IPv6 wurde gleich die Grundlage für das Roaming mobiler Geräte geschaffen. Das Ziel ist es, zwischen verschiedenen Netzen wechseln zu können, ohne dabei die Konnektivität auf IP-Ebene zu verlieren – selbst für bestehende Verbindungen, bspw. per TCP über IPv6. Aus Sicherheitssicht ist MIPv6 aufgrund des Risikos unautorisierter Umleitungen problematisch, und da MIPv6 im Vergleich zu IPv6 noch relativ jung ist, ist dieses Gebiet noch nicht als stabil anzusehen. Mobile IP wurde zwar auch für IPv4 spezifiziert, ist aber schon allein aufgrund der Adressverhältnisse bei IPv4 praktisch unbrauchbar.

- **Quality of Service**
  Neben den bereits genannten Architekturmerkmalen von IPv6, die »nebenbei« auch der Dienstgüte dienen, gibt es ein weiteres Merkmal, das gezielt die Verbesserung der Dienstgüte anspricht, nämlich das sogenannte Flow Label. Dies ist ein neues Feld im IPv6-Header, mit dem ein Datenfluss gekennzeichnet wird. Alle Pakete eines Flusses werden identisch behandelt. Mit dem Flow Label entfällt die Angabe von (wiederholten) Optionen in den Paketen des Flusses, die jeweils ausgewertet und verarbeitet werden müssten. Mit dem Flow Label werden Routing-Entscheidungen vereinfacht – ähnlich wie bei MPLS (s. Abschnitt 11.5).

Im Folgenden werden einige der wichtigsten Neuerungen in Hinblick auf die IT-Sicherheit näher beleuchtet.

11.4.2 Neighbor Discovery

Mit IPv6 wurden sämtliche relevanten Steuerprotokolle unter ICMPv6 vereinigt. Ein wichtiges Steuerprotokoll ist die sogenannte Neighbor Discovery (ND), die einige kritische Funktionen erfüllt. Die Neighbor Discovery ist u. a. dafür zuständig, in einem LAN IPv6-Adressen in physische Adressen zu übersetzen; diese Aufgabe wurde unter IPv4 durch ARP erfüllt. Weitere bedeutende Aufgaben der Neighbor Discovery sind bspw. die Erkennung von Adresskollisionen bei der Konfiguration von Netzwerkinterfaces (Duplicate Address Detection, DAD) sowie die Bestätigung der Erreichbarkeit von Systemen im LAN (Neighbor Unreachability Detection, NUD).

Eine weitere wichtige Teilaufgabe der Neighbor Discovery besteht in der Router Discovery (RD), mit der Router verschiedene Netzwerkparameter an die am LAN angeschlossenen Systeme verteilen. Zu diesen Parametern gehören die sogenannten Präfixe, dies sind die oberen (linken) 64 Bits einer IPv6-Adresse, die im Rahmen der Autokonfiguration zur Bildung von IPv6-Adressen benötigt werden.

Bedrohungen

Sind die Router korrekt implementiert, dann ist die ND vor Angriffen aus anderen Netzen im Wesentlichen geschützt. Wenn der Angreifer jedoch Zugang zum LAN hat, dann sind Man-in-the-Middle- und Denial-of-Service Angriffe in zahlreichen Varianten möglich. Dies hängt teilweise auch von der Qualität der jeweiligen Implementierungen ab. Ein System, dessen IPv6-Implementierung lediglich älteren RFCs folgt, könnte gegen Angriffe verwundbar sein, denen durch Maßnahmen in neueren RFCs begegnet wird.

Maßnahmen

Prinzipiell kommen zum Schutz der Neighbor Discovery die folgenden Gegenmaßnahmen in Betracht:

IPsec: Als Bestandteil von ICMPv6 kann jede Nachricht der Neighbor Discovery prinzipiell mit IPsec gesichert werden. Dies ist jedoch praktisch nur bedingt möglich, da die vorgesehene Nutzung von IPsec für die ND unter einem Henne/Ei-Problem leidet. Das IPsec-Schlüsselmanagement erfolgt über das Protokoll IKE[16]. Dies wird jedoch über UDP betrieben, d. h., für eine Nutzung müssen bereits IP-Adressen konfiguriert sein. Die einzige Möglichkeit besteht dann in manuellem Schlüsselmanagement. Dies kommt aufgrund des Betriebsaufwands allenfalls für Umgebungen mit höchstem Schutzbedarf infrage. Stattdessen könnte man dann aber auch gleich die IP-Adressen sowie die Einträge für die Neighbor Caches manuell konfigurieren (s. u.).

16 IKE: Internet Key Exchange.

SEND und CGA: Secure Neighbor Discovery (SEND) und Cryptographically Generated Addresses (CGA) stellen eine Alternative zu IPsec bei der Absicherung der ND dar. Im Groben soll Folgendes erreicht werden:

- Nachweis der Legitimität der Absenderadresse: Im Rahmen der Neighbor Discovery und der Router Discovery müssen Systeme nachweisen, dass sie legitime Eigentümer der Absenderadresse sind.
- Authentisierung von Nachrichten der Neighbor Discovery und der Router Discovery.
- Verteilung von Zertifikatsketten: Nachrichten der Router Discovery sowie Redirects sollten auf Grundlage vorinstallierter Vertrauensanker auf Echtheit geprüft werden.

Auch SEND hat zu verschiedenen Kritikpunkten geführt. So bleibt auch hier das Schlüsselmanagement die größte Herausforderung. Darüber hinaus eröffnet der Einsatz von SEND neue Angriffsvektoren gegen die einzelnen Systeme, da im Rahmen von SEND jedes System die Signatur jeder SEND-Nachricht verifizieren muss, was Denial-of-Service-Angriffe ermöglicht.

Manuelle Konfiguration: Eine weitere Möglichkeit zur Vermeidung der genannten Angriffe bestünde in der statischen Konfiguration der IP- und Link-Layer-Adressen sowie der Routing-Tabellen aller Hosts im LAN. Sieht man einmal davon ab, dass diese Lösung ebenfalls nicht skaliert und daher vom Betriebsaufwand nur für Umgebungen mit höchsten Ansprüchen an die Sicherheit infrage kommt, ist hierbei penibel darauf zu achten, dass die so konfigurierten Systeme tatsächlich nicht durch im Netz auftretende ND-Nachrichten beeinflusst werden können.

Überwachung und Alarmierung: Neben der reinen Prävention sind auch Maßnahmen der Überwachung denkbar. So kann ein Sensor in einem LAN aufgestellt werden, der den Verkehr auf verdächtiges Verhalten wie bspw. ND-Fluten und andere Anomalien untersucht. Beispiele für diesen Ansatz sind die Tools RAguard, NDPmon, RAfixd und RAmond. Diese Produkte haben ihren Fokus in der Mehrzahl auf gefälschten Router Advertisements. Die Reaktionsmöglichkeiten gehen von reiner Alarmierung bis hin zur Behebung. So verbreitet bspw. RAfixd auf erkannte illegitime Nachrichten der Router Discovery sofort Korrektur-Nachrichten.

Es wurde jedoch festgestellt, dass die genannten Produkte ihrerseits anfällig gegen Angriffe im Zusammenhang mit Fragmentierung und Header-Erweiterungen sind (s. u.).

Kleine LANs: Da Angriffe gegen die Neighbor Discovery nur direkt im LAN funktionieren, ist eine Aufteilung in kleine Subnetze ein sehr effektives Mittel, um derartige Angriffe einzudämmen. Im Extremfall könnte jedes Gerät einem eigenen Subnetz zugewiesen werden, obgleich dies allgemein weder notwendig noch ratsam ist. Eine angemessene Gruppierung der Systeme in Subnetzen nach Funktion, Vertrauenswürdigkeit und Kritikalität wird in den meisten Fällen ausreichend sein, insbesondere sollten Clients von Serversystemen getrennt werden, siehe Abschnitt 11.9.1.

In vielen Unternehmen und Organisationen ist es zudem üblich, den Netzwerk-Zugang auf Link-Layer abzusichern, bspw. mit IEEE 802.1X. Über diese Maßnahme kann gesteuert werden, welche Systeme in welchem Subnetz untergebracht werden. Kommt dabei Link-Layer-Verschlüsselung zum Einsatz, dann kann diese Zuordnung bei korrekter Konfiguration und Implementierung praktisch nicht umgangen werden.

11.4.3 Header-Erweiterungen

In der IPv6-Architektur ändert sich im Vergleich zu IPv4 ein wichtiges Element, nämlich der IPv6-Header mit seinen Erweiterungen (vgl. Abb. 11.2). Dieses Element ist sicherheitsrelevant.

Abbildung 11.2: Details zum Aufbau von IP-Paketen

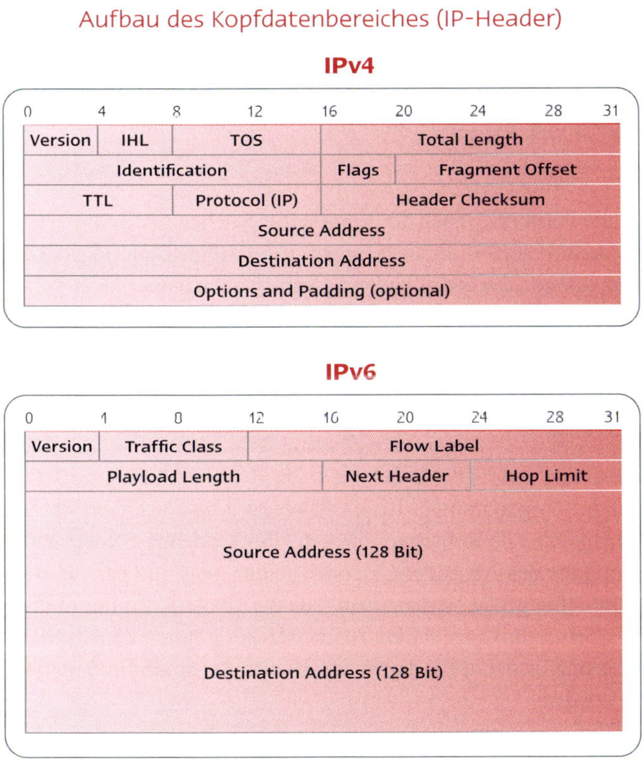

Der **IPv4-Kopfdatenbereich** umfasst 20 Byte plus bis zu 40 Byte optionale Felder, die Länge des Kopfes darf 60 Byte nicht überschreiten.

Der **IPv6-Header** ist 40 Bytes lang. Optionen werden hier in eigenen Erweiterungsheadern dargestellt.

Der IPv6-Header ist im Vergleich zum IPv4-Header vereinfacht worden. Die wesentlichen Änderungen betreffen optionale Informationen: Optionen wurden aus dem Header gestrichen, sie werden nun in eigenen Header-Erweiterungen (Extension Header) untergebracht. Dies hat gleich mehrere Vorteile:

- Der IPv6-Header hat nun eine feste Größe.
- Optionen werden aus dem IPv6-Header verbannt, belegen dort keinen Platz mehr und müssen dort – vor allem von Routern – nicht verarbeitet werden.
- Optionen brauchen nicht auf einem eng beschränkten Platz untergebracht zu werden.
- Neue Optionen können eingeführt werden, ohne den bestehenden IPv6-Header zu verändern oder bestehende Optionen zu »verbiegen«.

Dadurch können Header effizienter verarbeitet und die Optionen leicht erweitert werden. Die neue Flexibilität führt jedoch auch dazu, dass Filterregeln komplexer werden.

Bedrohungen

Die Komplexität der Erweiterungen ist im Wesentlichen den variablen Erweiterungen Hop-by-Hop Options und Destination Options geschuldet, die ihrerseits nur einen Rahmen für jeweils zu definierende Optionen bilden. Neben der Möglichkeit, unbekannte oder unsinnige Optionen verarbeiten zu müssen, macht das Padding die meisten Schwierigkeiten bei der effizienten Verarbeitung der variablen Erweiterungen. Exzessiver Gebrauch dieser Möglichkeiten kann vor allem dazu verwendet werden, Inhalte eines Pakets auf bestimmte Weise in dem Paket zu verteilen. Im Speziellen kann bspw. mithilfe des Paddings der TCP-Header so weit nach hinten verschoben werden, dass der Header in Kombination mit Fragmentierung (s. u.) nicht mehr im ersten Fragment steht und eine Filterentscheidung an einer Firewall damit recht aufwendig wird. Daneben können unbekannte Optionen und Padding dazu missbraucht werden, um Daten unauffällig abfließen zu lassen.

Maßnahmen

Aus Sicherheitssicht muss die Forderung nach der Verarbeitung beliebiger Erweiterungen zurückgewiesen werden. Da die meisten Erweiterungen in gewöhnlichen betrieblichen Szenarien nicht auftauchen, können die betreffenden Erweiterungen pauschal ausgefiltert werden. Dennoch bleiben Erweiterungen mit Blick auf zukünftige Entwicklungen eine sicherheitstechnische Herausforderung.

11.4.4 Fragmentierung

Unter IPv6 wird Fragmentierung anders behandelt als unter IPv4, denn Fragmentierung wird nur noch beim Absender vorgenommen. Ist ein Paket zu groß für einen Streckenabschnitt, dann gibt der entsprechende Router vor diesem Abschnitt eine Fehlermeldung zurück – es ist dann die Aufgabe des Absenders, zu entscheiden, was nun passieren soll. Im Vergleich zu IPv4 ist dies eine große Verbesserung, da bei IPv4 die Router die Fragmentierung vornehmen, was in ungünstigen Fällen zu mehrfacher Fragmentierung führen kann. Zudem ist Fragmentierung recht aufwendig, sodass die Router durch IPv6 in diesem Aspekt komplett entlastet werden.

Wird ein Paket unter IPv6 fragmentiert, dann werden die dafür notwendigen Informationen in einer eigenen Header-Erweiterung untergebracht. Auch dies dient der effizienteren Verarbeitung an Routern, da diese – im Wesentlichen – keine Erweiterungen verarbeiten dürfen. Abgesehen davon funktioniert Fragmentierung unter IPv6 prinzipiell genau wie IPv4.

Bedrohungen

Genau wie bei IPv4 kann Fragmentierung auch missbraucht werden. So kann ein Angreifer in Verbindung mit den variablen Header-Erweiterungen (s. o.) dafür sorgen, dass Filterentscheidungen schwieriger und aufwendiger zu treffen sind.

Maßnahmen

Die minimale Paketgröße bei IPv6 wurde auf 1280 Bytes festgelegt. Eine Untersuchung der möglichen Header-Erweiterungen zeigt [Hamdy13], dass es (derzeit) kein legitimes Szenario gibt, bei dem der IPv6-Header samt Erweiterungen und Header der Payload nicht innerhalb eines Pakets dieser Größe untergebracht werden kann – Pakete, die so fragmentiert sind, dass keine einfache Filterentscheidung getroffen werden kann, können somit im Prinzip grundsätzlich verworfen werden.

11.4.5 Privatsphäre

Die Rückkehr des Ende-zu-Ende-Prinzips, bei dem jedes System eine global eindeutige Adresse erhält, und die Beseitigung von Network Address Translation (NAT) bei IPv6 haben zu einigen Bedenken hinsichtlich der Privatsphäre der Nutzer geführt. Als Reaktion darauf wurden mit IPv6 die sogenannten Privacy Extensions (PEX) eingeführt [RFC 4941]. PEX sorgen dafür, dass der Interface Identifier in regelmäßigen Abständen pseudozufällig gewechselt wird. In diesem Abschnitt wird für drei unterschiedliche Szenarien die Tauglichkeit von NAT im Vergleich mit Privacy Extensions zur Wahrung der Privatsphäre diskutiert, vgl. auch [BVA 2013, Abschnitt 8.5]. Dazu ist zunächst zu definieren, was eigentlich Wahrung der Privatsphäre bedeutet.

- Das erste Ziel kann darin bestehen, dass der Client einer End-Site, z. B. das Heimnetz, nicht zurückverfolgt werden kann. Dies ist der Fall, wenn ein Dienstanbieter, bspw. eine Nachrichtenseite die Nutzungen des Dienstes zu verschiedenen Zeiten von einer bestimmten Site aus nicht miteinander korrelieren kann. Mit anderen Worten, es soll nicht möglich sein, verschiedene Kommunikationsvorgänge einer Site zuzuordnen.
- Das zweite Ziel kann darin bestehen, dass ein Client in einer Gruppe anderer Clients innerhalb einer Site nicht zurückverfolgt werden kann. Dies ist der Fall, wenn ein Dienstanbieter zwar die Zugehörigkeit eines Nutzers zu einer Site nachverfolgen kann, nicht aber, welcher spezifische Client innerhalb der Site den betreffenden Dienst verwendet. Mit anderen Worten: Es soll nicht möglich sein, zwischen den Clients einer Site zu differenzieren.
- Das dritte Ziel kann darin bestehen, dass ein einzelner mobiler Roaming Client, z. B. ein Smartphone, nicht verfolgt werden kann.

Zum Verständnis der weiteren Diskussion wird zunächst kurz auf die »Anatomie« einer IPv6-Adresse eingegangen.[17] IPv6-Adressen haben eine Länge von 128 Bits, die einen unvorstellbar großen Adressraum aufspannen. Eine Unicast-Adresse ist aufgeteilt in ein 64 Bit langes Präfix, gefolgt von einer 64 Bit langen Interface-ID. Die Interface-ID wird im Rahmen der automatischen Adresskonfiguration typischerweise aus der physischen Adresse gebildet, z. B. aus der MAC Adresse. Die Vergabe von IPv6-Adressen erfolgt so, dass ein Kunde von einem Internetservice-Provider (ISP) ein Präfix bekommt, z. B. ein /48-Präfix, d. h., der Kunde bekommt keine einzelne Adresse, sondern gleich mehrere Netze. Dieses Präfix wird vom Kunden durch Wahl einer beliebigen Subnet-ID, hier der Länge 16, auf ein 64 Bit langes Präfix erweitert. Die Kombination aus Präfix und Interface-ID ergibt die IPv6-Adresse.

17 Zur Notation von IPv6-Adressen siehe bspw. [Hamdy13].

Szenario 1 – Heimnutzer

In diesem Szenario wird einem einzelnen Nutzer, bspw. einem Heimnutzer, von seinem ISP ein /56-Präfix zugewiesen. Die Aktivitäten des Nutzers im Internet sollen von Dritten nicht über einen längeren Zeitraum dem einen Nutzer zuzuordnen sein. Wird dem Nutzer über einen längeren Zeitraum dasselbe Präfix zugewiesen, dann kann die Site des Nutzers innerhalb dieses Zeitraums verfolgt werden. Die Verwendung von Privacy Extensions verschleiert zwar den einzelnen Host, aber nicht die Site. Selbst eine Verwendung von wechselnden Subnet-IDs bringt keinen Gewinn an Privatsphäre, da die Site nach wie vor am Präfix zu erkennen ist. Auch der Einsatz von NAT hilft an dieser Stelle nicht weiter.

Werden Präfix (vom ISP) und Subnet-ID (vom Nutzer) dynamisch vergeben, reicht das allein jedoch auch nicht aus. Wenn die Interface-IDs statisch vergeben werden, etwa über automatische Adresskonfiguration, dann verraten die Interface-IDs die Clients innerhalb der Site und damit auch die Site an sich.

Um eine dauerhafte Korrelation von Zugriffen allein auf Basis der IP-Adresse zu verhindern, müssen sowohl das Präfix als auch die Interface-ID und möglichst auch die Subnet-ID dynamisch vergeben werden. Idealerweise sollte der Wechsel synchron stattfinden.

Szenario 2 – Nutzer einer Site

In diesem Szenario betrachten wir eine Site mit statischem Präfix und einer signifikanten Anzahl von Nutzern, zwischen denen von außen eine Differenzierung nicht möglich sein soll.

In diesem Szenario helfen Privacy Extensions genauso wie NAT oder die Verwendung eines Proxys dabei, das Verfolgen eines bestimmten Clients zu verhindern. Bei Verwendung der Privacy Extensions bleibt das Ende-zu-Ende-Prinzip gewahrt. Im Fall von NAT würde das Ende-zu-Ende-Prinzip wieder aufgegeben. Bei Verwendung eines Proxys bliebe das Ende-zu-Ende-Prinzip erhalten und dennoch würden ausgehende Verbindungen von einer einzigen IP-Adresse kommend erscheinen. Da man auf dem Proxy auch gleich Content-Filterung vornehmen kann, ist die Verwendung von Proxies gegenüber NAT oder Privacy Extensions im Unternehmensumfeld in der Regel die bessere Wahl.

Szenario 3 – Mobiler Roaming Client

Dieses Szenario hat Ähnlichkeit mit Szenario 1 mit dynamischer Vergabe des Präfixes. Hierbei wird ein einzelner mobiler Host betrachtet, der sich von Netz zu Netz bewegt (Roaming).

Hosts, deren Interfaces über automatische Adresskonfiguration konfiguriert werden, bekommen stets dieselbe Interface-ID. Ein Roaming Host kann über die Interface-ID über die Netzgrenzen hinweg verfolgt werden. Neben der möglichen Profilbildung zum Nutzungsverhalten des Internets kommt als potenzielle Bedrohung hinzu, dass auch ein räumliches Bewegungsprofil des Nutzers erstellt werden kann. Die Privacy Extensions wurden dafür entworfen, um in genau diesem Szenario Abhilfe zu schaffen, indem regelmäßig eine zufällige temporäre Interface-ID gewählt wird.

An dieser Stelle würde auch NAT gegebenenfalls helfen, wenn alle Betreiber der besuchten Netze dies konsequent durchführen würden. Hierbei würde jedoch die Verantwortung zur Wahrung der Privatsphäre in die Hände der einzelnen Betreiber gelegt. Daher ist es vorzuziehen, durch Verwendung von Privacy Extensions eigenverantwortlich die eigene Privatsphäre durchzusetzen.

Fazit zur Privatsphäre

Die Privatsphäre wird durch IPv6 nicht mehr oder weniger bedroht, als durch IPv4. Mechanismen wie NAT oder Proxies können hier in einigen Szenarien zur Wahrung der Privatsphäre beitragen, ebenso die dynamische Vergabe von Präfixen.

Jedoch sollte man Folgendes bedenken: Die IP-Adresse ist nur eine Möglichkeit, Nutzer zu verfolgen. Auf Anwendungsebene hinterlassen vor allem Browser weitere Spuren, die zur Verfolgung von Nutzern geeignet sind. Wer gezielt Anonymität im Netz sucht, muss z. B. auch den Fingerprint seines Browsers unauffällig halten und sollte unabhängig vom genutzten Netzwerkprotokoll einen entsprechenden Anonymisierungsdienst in Anspruch nehmen.

11.4.6 Netzwerk-Scans

Die IPv6-Adressarchitektur hat aus Sicherheitssicht eine interessante Wirkung auf Netzwerk-Scans, bspw. mit einem Portscanner wie nmap. In IPv4-Netzen können mithilfe eines Portscanners Netze auf aktive Hosts überprüft werden, indem der Netzbereich aufgezählt wird und an jede zum Netz gehörige Adresse ein oder mehrere Testpakete geschickt werden. Dies ist selbst für die größten IPv4-Netze noch praktikabel. Da ein IPv6-Netzwerk dagegen jedoch grundsätzlich mindestens 2^{64} Adressen umfasst, verbietet sich diese Vorgehensweise für IPv6-Netze schon auf den ersten Blick.

Unter Umständen ist jedoch die Aufzählung aller wahrscheinlich infrage kommenden IPv6-Adressen praktikabel. Wenn Adressen in einem Netz bspw. in IPv4-typischer Manier sequenziell beginnend bei der niedrigsten oder höchsten Adresse vergeben werden, dann ist eine Aufzählung der entsprechenden Systeme nicht weiter aufwendig. Ebenso ist es denkbar und plausibel, dass Administratoren die Portnummer des Dienstes in die Adresse einbetten. Ein solches Schema ist für potenzielle Angreifer voraussagbar, ebenso wie die Verwendung von Adressen, deren Schreibweise dicht an einprägsamen Begriffen angelehnt ist.

Schwieriger ist eine Aufzählung im Fall von Interface-IDs, die z. B. aus 48-Bit-MAC-Adressen gebildet werden, jedoch ist dies nicht unmöglich. Die MAC-Adressen werden nicht vollkommen zufällig vergeben, sondern die oberen 24 Bits kennzeichnen u. a. den Hersteller der Netzwerkschnittstelle und sind relativ gut vorhersagbar.[18] Es verbleiben die unteren 24 Bits, deren Aufzählung so aufwendig ist, wie die eines Class-A-Netzes unter IPv4. Somit entspricht der Aufwand einer Abtastung dem Scan einiger Class-A-Netze – aus praktischer Sicht ist dies prinzipiell noch machbar. Werden IPv6-Adressen jedoch pseudozufällig vergeben, dann ist die Aufzählung der Systeme in den entsprechenden Netzen jenseits jeder Praktikabilität.

Innerhalb eines LANs stehen jedoch noch weitere Möglichkeiten zur Verfügung, um Systeme im selben LAN aufzuzählen. Hierbei können geeignet formulierte Nachrichten an die sogenannte Link-Local All-Nodes Multicast-Adresse gesendet werden. Die weiteren

18 Mit zunehmender Virtualisierung von Server-Systemen wird die Vorhersage besonders einfach. Aber auch bei realer Hardware werden in vielen Unternehmen für die Mehrzahl der Rechner nur wenige Baureihen von einigen bekannten Herstellern eingesetzt.

Möglichkeiten zu beschreiben, würde über den Rahmen dieses Abschnitts hinausgehen. Generell ist eine Überwachung des Netzwerkverkehrs möglich, wodurch nach und nach alle aktiven Systeme identifiziert werden können.

11.4.7 Produkte und Implementierungen

IPv6 wurde bereits 1998 spezifiziert, jedoch lange Zeit von den Herstellern weitgehend ignoriert. Erst seit einigen Jahren bemühen sich viele Hersteller ernsthaft, IPv6 in ihre Produkte zu integrieren. Da IPv6 auch heute noch gelegentlich Nachbesserungen erfährt, ist zu erwarten, dass diese Nachbesserungen erst mit Verzögerungen in existierende Produkte einfließen. Daher ist vor allem bei der Beschaffung von Hardware darauf zu achten, dass alle sicherheitskritischen RFCs angemessen umgesetzt wurden.

Zu IPv6 existieren mittlerweile zahlreiche RFCs. RIPE hat eine Übersicht herausgegeben [RIPE 554], in der für verschiedene Gerätetypen die Konformität zu spezifischen RFCs und weiteren Anforderungen festgelegt ist. Ein weitergehender Prüfkatalog für die öffentliche Verwaltung wurde unter Federführung des Bundesverwaltungsamts erarbeitet [BVA 2013], der von anderen Organisationen in vielen Fällen übernommen werden kann.

Darüber hinaus sollte berücksichtigt werden, dass eine vom Hersteller angegebene IPv6-Unterstützung u. U. noch nicht alle Aspekte eines Produkts umfasst. So existieren nach Untersuchungen noch Firewalls namhafter Hersteller, die zwar IPv6-Verkehr regeln können, deren Management-Oberflächen, etwa über SSH, HTTPS oder SNMP, aber nicht unter IPv6 ansprechbar sind. Dies gilt auch noch oft für Protokolle wie RADIUS, NTP, Syslog oder Routing-Protokolle. Dies ist bestenfalls kurios; gefährlich wird es, wenn ein Malware- oder Spam-Schutz oder eine UTM-Lösung[19] zwar bspw. Pattern-Updates auch über IPv6 beziehen kann, aber aktiv nur den IPv4-Verkehr inspiziert, den IPv6-Verkehr jedoch unkontrolliert passieren lässt. Bei der Beschaffung von derartigen Produkten sollte unbedingt darauf geachtet werden, dass die relevanten Funktionen auch für IPv6 uneingeschränkt zur Verfügung stehen.

11.4.8 Besonderheiten zur Tunnelung von IPv6

Prinzipiell gibt es auch die Möglichkeit, IPv6-Pakete über IPv4-Pakete zu tunneln. Als Beispiel sei *Teredo* genannt, hierbei werden IPv6-Pakete in IPv4-Pakete verpackt und über UDP verschickt. Es muss bei Nutzung von IPv6 darauf geachtet werden, dass durch den Einsatz keine (ungewollten) Tunnel und hiermit verbundene Sicherheitslücken geschaffen werden. Wird UDP ausgehend an einer Firewall am per IPv4 angebundenen Internet nicht gefiltert, können Benutzer oder eine Malware mit Zielsystemen im Internet über IPv6 kommunizieren.

---

19 UTM: Unified Threat Management; darunter wird eine integrierte Lösung zum Schutz gegen verschiedene Bedrohungen verstanden, unter anderem Firewall, VPN-Gateway, Malware-Schutz und Content-Filterung.

11.5 Multiprotocol Label Switching – MPLS

Multiprotocol Label Switching (MPLS) wurde eingeführt, um eine vereinfachte Adressierung mit sogenannten Labels und die Vorgabe von Routing-Pfaden in Provider-Netzen zu erlauben.

MPLS ist eine interessante Konstruktion, die sich nicht ohne Weiteres in die OSI-Protokollhierarchie einordnen lässt. Die allgemeine Auffassung ist, dass MPLS zwischen Link-Layer und Network-Layer liegt. MPLS kann prinzipiell jedes Network-Layer-Protokoll transportieren. Andererseits lässt sich auch Ethernet in MPLS transportieren, wodurch standortübergreifend virtuelle LANs aufgebaut werden können.

MPLS wird üblicherweise nur intern in leistungsfähigen Providernetzen verwendet. Das herausragende Merkmal von MPLS besteht darin, dass die Routen nicht anhand von Zieladressen bestimmt werden, sondern anhand eines Labels. Mit Eintritt in das MPLS-Netzwerk an der sogenannten Provider Edge erhält jedes Paket vom Eingangsrouter ein Label. Typischerweise erhalten alle Pakete eines Kunden dasselbe Label. Dadurch nehmen alle Pakete dieses Kunden denselben Weg durch das MPLS-Netzwerk. Routing-Entscheidungen werden ausschließlich anhand des Labels getroffen. Bei Austritt aus dem MPLS-Netzwerk an der »gegenüberliegenden« Provider Edge wird das Label vom Ausgangsrouter wieder entfernt. Die genauen Details von MPLS sind hier nicht von Belang, das BSI hat eine Studie zu MPLS mit einer guten Einführung veröffentlicht [BSI 2009].

Für jedes Network-Layer-Protokoll erscheint der Transport durch das MPLS-Netzwerk wie ein einziger Hop. Da nur die intern verwendeten Labels für das Routing maßgeblich sind, werden die Datenströme unterschiedlicher Kunden effektiv voneinander getrennt, weshalb für Strecken durch ein MPLS-Netzwerk auch die Bezeichnung VPN verwendet wird. Wird dem MPLS-Provider vertraut, dann ist diese Bezeichnung durchaus gerechtfertigt, andernfalls sollten zusätzliche Maßnahmen unter eigener Regie ergriffen werden, etwa den Betrieb eines IPsec-Tunnels.

Die Vorteile von MPLS liegen in sehr effizientem Routing, in der guten Unterstützung von Quality of Service sowie in der hohen Sicherheit von MPLS. In der BSI-Studie zu MPLS werden verschiedene denkbare Gefährdungen und mögliche Gegenmaßnahmen im Detail diskutiert. Zusammenfassend lässt sich an dieser Stelle festhalten, dass bei Einsatz von MPLS die größte Gefährdung von Fehlkonfigurationen und von Innentätern ausgeht. Als neuralgische Punkte können sich auch die Provider Edge Router erweisen, die entsprechend abgesichert werden müssen.

11.6 Transportprotokolle

Im Network-Layer ist es nicht möglich, eingehende Pakete einer Anwendung zuzuordnen. Das dafür nötige Demultiplexing leisten die Protokolle im Transport-Layer. Darüber hinaus stellen verschiedene Transportprotokolle die folgenden weiteren Mechanismen zur Verfügung:

- **Aufbau und Management von Verbindungen**
  Die entsprechenden Protokolle führen einen Zustand ein, um den Fortgang der Kommunikation nachzuverfolgen und je nach weiteren Eigenschaften den Kommunikationsfluss zu steuern.

- **Paketierungseinheit**
  Protokolle können die empfangenen Daten als kontinuierlichen Bytestrom oder als Folge von Paketen an höhere Schichten übergeben.

- **Einhaltung der Versandreihenfolge**
  Bei stromorientierten Protokollen ist die Einhaltung der Versandreihenfolge essenziell, paketorientierte Protokolle können die Pakete dagegen geordnet oder ungeordnet übergeben. Die Einhaltung der Reihenfolge kann beim Empfänger zum sogenannten Head-of-Line Blocking und damit zu Performance-Problemen führen; die entsprechenden Protokolle sind besonders empfindlich für Denial-of-Service-Angriffe.

- **Reliability (Zuverlässigkeit)**
  Durch Bestätigungsmechanismen können verloren gegangene oder beschädigte Pakete des Network-Layers automatisch neu angefordert werden (Automatic Repeat Requests).

- **Flow Control (Flusskontrolle)**
  Durch geeignete Steuermechanismen kann eine Flusskontrolle verhindern, dass der Sender mehr Daten schickt, als der Empfänger abarbeiten kann. Alternativ kann eine Flusskontrolle dafür sorgen, dass der Empfänger gleichmäßig ausgelastet wird.

- **Congestion Control (Blockierungskontrolle)**
  Falls ein Link überlastet ist und Pakete deswegen verloren gehen, dann verschärft die automatische Neuanforderung die Situation. Congestion Control koordiniert in solchen Fällen die Mechanismen der Flow Control mit den Reliability-Mechanismen. Manche Protokolle bieten gleichzeitig einen Mechanismus für Explicit Congestion Notification (Überlastkontrolle) an. Mit diesem Mechanismus können Router auf eine (bevorstehende) Überlastsituation hinweisen, allerdings müssen alle Router auf dem Weg vom Absender zum Empfänger diesen Mechanismus unterstützen.

- **Path MTU**
  Manche Protokolle führen zur Optimierung des Durchsatzes die Feststellung der Path MTU durch, d. h., für die gesamte Strecke zwischen Sender und Empfänger wird die größte nutzbare MTU ermittelt.

- **Checksummen**
  Zur Erkennung von Übertragungsfehlern bieten die meisten Protokolle die Bildung und Überprüfung von Checksummen beim Versand bzw. Empfang an.

11.6.1 Sicherheitsmechanismen in Transportprotokollen

Die meisten Transportprotokolle sehen keine Sicherheitsmechanismen zum Schutz gegen die in Abschnitt 11.1.2 genannten Bedrohungen vor. Aus Architektursicht ist es durchaus sinnvoll, ein Transportprotokoll nicht mit kryptografischen Mechanismen zu überfrachten, sondern dies in einer eigenen Schicht wie SSL/TLS oder SSH vorzusehen. Denial-of-Service-Angriffen gegen verbindungsorientierte Protokolle sollten dagegen vom Protokoll selbst begegnet werden.

Nachfolgend werden die derzeit wichtigsten Transportprotokolle kurz beschrieben. Da alle beschriebenen Transportprotokolle full-duplex sind, nimmt in einer Mehrwege-Kommunikation zwischen zwei Systemen jedes System jeweils die Rolle des Senders und des Empfängers ein. Um Eindeutigkeit darüber herzustellen, wer eine Kommunikation beginnt, wird im Folgenden ein System, das auf eingehende Verbindungen wartet, als Server bezeichnet, während das System, das die Verbindung initiiert, als Client bezeichnet wird.

UDP

Das User Datagram Protocol ist ein sehr einfaches Protokoll, das im Grunde nur den Versand von IP-Paketen im Transport-Layer vorsieht. UDP ist ein paketorientiertes und unzuverlässiges Protokoll. Die typische Nutzung erfolgt durch Protokolle in höheren Layern mit relativ einfachen und kurzen Nachrichten. Deren Verlust wird durch die jeweilige Anwendung behandelt, bspw. bei DNS, NTP und SNMP. UDP wird auch für Multimedia-Übertragungen eingesetzt.

UDP vermag zufällige Fehler in einem Paket zu erkennen; in diesem Fall wird das UDP-Paket (Datagram) stillschweigend verworfen. Die Checksumme wird auf relativ simple Weise berechnet und ist nicht geeignet, um gefälschte Pakete zu erkennen. UDP verfügt über keine eigenen Sicherheitsmechanismen. Stattdessen kann UDP mit DTLS (s. u.) verwendet werden, um Ende-zu-Ende-Sicherheit mit kryptografischen Methoden zu erreichen. Alternativ dazu müssen die Anwendungsprotokolle eigene Sicherheitsmechanismen bereitstellen.

Der Aufbau eines Kommunikationskanals erfolgt spontan ohne eine Initialisierung. Der Client schickt einfach sein Paket – eine Empfangsbestätigung durch den Server ist nicht vorgesehen. Der Server schickt seinerseits eine eventuelle Antwort auf die gleiche Weise an den Client und so fort.

Diese unabhängigen Nachrichten machen es einerseits einfachen Firewalls schwer, die Plausibilität eingehender UDP-Pakete zu prüfen. Andererseits macht genau dieses Verhalten es auch einem Portscanner eines Angreifers schwer, zu entscheiden, ob ein UDP-Port offen ist oder nicht. Wenn auf ein Testpaket keine Antwort kommt, dann kann das daran liegen, dass der Empfänger nicht antworten kann oder will, oder weil bereits eine vorgeschaltete Firewall das Testpaket verwirft.

UDP-Lite

UDP-Lite ist eine Variante von UDP [RFC 3828]. Das Besondere an UDP-Lite ist, dass die Checksumme nur über Teile des Pakets berechnet und geprüft wird, typischerweise den UDP-Header und den Header der UDP-Nutzlast (Upper Layer Header). Die Motivation dafür sind Übertragungskanäle, etwa für Multimedia, in denen die Verfügbarkeit von Paketen wichtiger ist als deren Integrität, d. h., ein fehlerhaftes Paket ist besser als ein fehlendes Paket. Daher ist die Nutzung von kryptografischen Mechanismen wie DTLS (s. u.) nicht sinnvoll.

TCP

Das Transmission Control Protocol (TCP) bildet zusammen mit IP das Gespann, über das der Hauptteil der Kommunikation im Internet abgewickelt wird. Die Bezeichnung TCP/IP für die Familie von Protokollen rund um IP ist somit gerechtfertigt. TCP ist ein verbindungsorientiertes Protokoll, das eine zuverlässige Verbindung bereitstellt. Darüber hinaus verfügt TCP über Mechanismen für Flow Control und Congestion Control. Typische Nutzungsgebiete sind die Übertragung von Massendaten, etwa für die höheren Protokolle HTTP, SMTP oder FTP.

TCP paketiert Daten in sogenannten Segmenten, dies ist für Anwendungen jedoch transparent. Die Anwendung sieht nur einen kontinuierlichen Bytestrom. Zur Optimierung des Durchsatzes werden möglichst große Segmente verschickt. Soll eine Nachricht unmittelbar verschickt werden, bspw. bei Echtzeit-Interaktion für einen Remote-Zugang, dann muss die Anwendung dies explizit veranlassen.

TCP enthält keine Sicherheitsmechanismen. Zwar ist auch TCP mit einer einfachen Checksumme ausgestattet, die aber nur für die Erkennung zufällig auftretender Fehler gedacht ist. Für eine Ende-zu-Ende-Sicherheit mit kryptografischen Methoden muss auf SSL/TLS oder SSH zurückgegriffen werden (s. u.).

Eine Verbindung wird mit einem Dreiwege-Handshake hergestellt (SYN, SYN/ACK, ACK) und mit einem Vierwege-Handshake wieder abgebaut (FIN, FIN/ACK, ACK, ACK). Dies macht es sowohl einer Firewall einfach, eine Filterentscheidung zu treffen, als auch einem Portscanner, offene Ports zu erkennen.

SYN-Flooding

Eine Angriffsmöglichkeit bei TCP stellt das sogenannte SYN-Flooding in der Phase des Verbindungsaufbaus dar. Dazu verschickt der Angreifer massenhaft SYN-Pakete an einen Server und führt selbst nur den ersten Schritt im Handshake aus. Das SYN/ACK-Paket des Servers wird vom Angreifer nicht beantwortet. In Erwartung des ACK-Pakets vom Client werden am Server normalerweise bereits die notwendigen Strukturen und Queues angelegt. Da dies am Server bis zu einem Timeout Ressourcen belegt, kann ein Angreifer dadurch eine Denial-of-Service-Situation herbeiführen.

Eine wirksame Gegenmaßnahme liegt darin, den Zustand des Verbindungsaufbaus zunächst nur über ein sogenanntes SYN-Cookie im SYN/ACK-Paket zwischenzulagern, d. h., in der TCP Sequence Number zu codieren. Trifft das dazugehörige ACK-Paket eines legitimen Clients ein, wird dies an der TCP Sequence Number erkannt. Dann werden daraus der Zustand rekonstruiert und die entsprechenden Queues eingerichtet. Dadurch belegt ein SYN am Server keine Ressourcen und erzeugt nur relativ geringen Aufwand.

Ein Angreifer kann jedoch prinzipiell darauf reagieren, indem er das erwartete ACK-Paket schickt und die dann entstandene Verbindung nicht oder nur sehr langsam bedient.[20] Allerdings werden bei dieser Vorgehensweise auch Ressourcen beim Angreifer belegt.

SCTP

Das Stream Control Transmission Protocol (SCTP) ist ein neueres Protokoll [RFC 3286, RFC 4960], das bisher noch kaum Verbreitung gefunden hat. SCTP ist ein verbindungsorientiertes Protokoll für Unicast-Kommunikation. SCTP bietet von allen hier diskutierten Transportprotokollen das höchste Maß an Flexibilität und wurde sogar mit einem Authentisierungsmechanismus nachgerüstet [RFC 4895]; auch hier wird aber ein brauchbares Schlüsselmanagement vollständig dem Nutzer überlassen. SCTP ist deutlich komplexer als TCP.

SCTP hat Eigenschaften von UDP und TCP: Wie bei UDP werden Daten paketweise verschickt, gleichzeitig stellt SCTP Mechanismen für Zuverlässigkeit, Flow Control und Congestion Control zur Verfügung. Darüber hinaus verfügt SCTP über die Fähigkeit, mehrere Datenströme parallel über eine Verbindung zu verarbeiten (Multi-Streaming) und mit Multihoming umzugehen. Die ursprüngliche Motivation zu SCTP lag in den Anforderungen einer Signalisierung für Telefonie. RFC 3286 gibt eine gute Übersicht über das Protokoll.

Eine SCTP-Verbindung wird mit einem Vierwege-Handshake hergestellt (INIT, INIT ACK, COOKIE ECHO, COOKIE ACK) und mit einem Dreiwege-Handshake wieder abgebaut (SHUTDOWN, SHUTDOWN ACK, SHUTDOWN COMPLETE). SCTP brachte von Anfang an einen Cookie-Mechanismus gegen INIT-Flooding mit. SCTP-Pakete sind in mehrere Datenblöcke aufgeteilt, sogenannte Chunks. Die Authentisierung nach RFC 4895 arbeitet so, dass jedem SCTP-Paket ein Authentisierungs-Chunk beigefügt wird.

Darüber hinausgehende Sicherheitsmechanismen stellt SCTP nicht zur Verfügung. Prinzipiell kann jedoch SSL/TLS oder SSH über SCTP genutzt werden. Da SCTP paketorientiert ist, ist aber auch die Verwendung von DTLS möglich.

DCCP

Die Motivation für das Datagram Congestion Control Protocol [RFC 4340] entspringt dem Bedarf an einem einfachen, unzuverlässigen Protokoll mit integrierter Congestion Control [RFC 4336]. DCCP ist derzeit nicht sehr verbreitet, obwohl es insbesondere für Multimedia-Streaming interessant ist. DCCP ist zwar unzuverlässig beim Paketversand, dennoch ist DCCP deutlich zuverlässiger als UDP; tatsächlich weist DCCP mehr Ähnlichkeit mit TCP als mit UDP auf. Erstens sieht DCCP Handshakes zum Aufbau (Request, Response, Ack) und Abbau (CloseReq, Close, Reset) eines Kanals vor. Darüber hinaus gibt es einen Synchronisationsmechanismus für den Fall von massenhaften Paketausfällen. Dies wird mithilfe von Sequenznummern und Empfangsbestätigungen erreicht. DCCP macht Gebrauch von Checksummen zur Erkennung von Übertragungsfehlern. Diese Checksumme erfasst normalerweise das gesamte DCCP-Paket. Jedoch ist es möglich, wie bei UDP-Lite nur Teile der DCCP-Nutzlast bei der Checksummenberechung bzw. -prüfung zu berücksichtigen. DCCP hat von Beginn an einen Cookie-Mechanismus zum

20 Auf diese Weise arbeitet der Slowloris-Angriff gegen Webserver.

Schutz gegen Request-Floods beim Aufbau von Kanälen eingebaut. Darüber hinaus sind keine weiteren Sicherheitsmechanismen vorgesehen. Für Ende-zu-Ende-Sicherheit ist prinzipiell der Einsatz von DTLS möglich.

11.6.2 Übersicht über verschiedene Transportprotokolle

Die nachstehende Tabelle 11.3 gibt eine Übersicht über die Eigenschaften verschiedener Transportprotokolle.

Tabelle 11.3: Eigenschaften verschiedener Transportprotokolle

Eigenschaft	UDP	UDP-Lite	TCP	SCTP	DCCP
Protokollnummer	17	136	6	132	33
Größe des Paketheaders	8 Bytes	8 Bytes	20 bis 60 Bytes	12 Bytes	12 oder 16 Bytes
Zuverlässiger Transport	nein	nein	ja	ja	nein
Unzuverlässiger Transport	ja	Ja	nein	ja	ja
Erhaltung von Nachrichtengrenzen	ja	Ja	nein	ja	ja
Einhaltung der Versandreihenfolge	nein	nein	ja	ja	nein
Checksumme	op-tional	Ja	ja	ja	ja
Partielle Checksumme	nein	Ja	nein	nein	ja
Path MTU	nein	nein	ja	ja	ja
Flow Control	nein	nein	ja	ja	nein
Congestion Control	nein	nein	ja	ja	ja
Explicit Congestion Notification (ECN)	nein	nein	ja	ja	ja
Multi-Homing	nein	nein	nein	ja	nein
Multi-Streaming	nein	nein	nein	ja	nein
Multicast	ja	Ja	nein	nein	nein

11.7 Netzwerkmanagementprotokolle

In den folgenden Abschnitten werden Steuerprotokolle beschrieben, mit deren Hilfe ein Netzwerk bzw. die entsprechenden Netzwerkkomponenten oder Systeme im Netzwerk konfiguriert werden können. Da die produktiv genutzten Netzwerke in Unternehmen und Organisationen eine wesentliche Infrastruktur darstellen, kann pauschal von einem hohen Schutzbedarf bezüglich der Integrität der Netzwerkkonfiguration ausgegangen werden; eine Verletzung der Integrität kann je nach Szenario die Verletzung weiterer Schutzziele der übertragenen Daten nach sich ziehen.

11.7.1 Konfigurationsprotokolle

DHCP und DHCPv6

Das Dynamic Host Configuration Protocol (DHCP bzw. DHCPv6[21]) wird eingesetzt, um einem Netzwerk Interface eine IP-Adresse zuzuweisen oder um Netzwerkparameter wie die IP-Adressen des Default-Routers, eines DNS- oder NTP-Servers zu verteilen. Spezielle Geräte wie VoIP-Telefone beziehen über DHCP oft auch die Adresse eines TFTP-Servers, von dem beim Systemstart Konfigurationsparameter oder Profileinstellungen geladen werden.

Bedrohungen

Aufgrund der Verteilung zentraler Parameter sind hier verschiedene Formen von Man-in-the-Middle- oder Denial-of-Service-Angriffe durch gefälschte DHCP-Pakete möglich, bspw. durch Angabe eines «alternativen« Default-Routers oder DNS-Servers. DHCP sieht ursprünglich keinerlei starke Authentisierungsmechanismen vor, daher können beliebige Clients die Zuweisung einer IP-Adresse veranlassen. Dies kann so weit führen, dass ein bösartiger Client mit einer Flut von Anfragen den gesamten Adressraum blockieren kann, sodass legitime Clients keine IP-Adresse mehr erhalten (DHCP Starvation). Mit RFC 3118 wurde DHCP um eine Möglichkeit der Client-Authentisierung erweitert, jedoch beruht diese Authentisierung auf geheimen Schlüsseln, die vorab auf vertrauenswürdige Weise zu verteilen sind. Da das Management der Schlüssel auf diese Weise nicht skaliert, wird die DHCP-Authentisierung in der Praxis nicht verwendet. DHCPv6 hat von Anfang an die Möglichkeit zur Authentisierung vorgesehen. Im Speziellen ist aber auch hier lediglich eine Authentisierung auf Grundlage geheimer Schlüssel vorgesehen.

Maßnahmen

Verschiedene Gegenmaßnahmen sind denkbar:

- Da DHCP nur im LAN wirkt, ist eine Segmentierung eines Netzes in kleinere Netze geeignet, die Wirkung von gefälschten DHCP-Paketen zu begrenzen. Es werden jedoch gelegentlich DHCP-Relays eingesetzt, um DHCP segmentübergreifend einzusetzen.
- Durch geeignete Überwachung des Verkehrs im LAN kann eine Fälschung von DHCP-Paketen entdeckt und gegebenenfalls mit »Korrekturpaketen« behoben werden. Bei diesem Ansatz wurde überprüft, ob Clients ein normales Verhalten aufweisen, oder

21 DHCPv6 ist *nicht* kompatibel zu DHCP.

ob DHCP-Antworten nur von autorisierten DHCP-Servern stammen. Daneben können dabei auch fehlkonfigurierte oder unautorisierte Systeme entdeckt werden, die einen DHCP-Server betreiben. Geeignete Überwachungsmechanismen auf Link-Ebene, die MAC-Spoofing erkennen und die sicherstellen, dass nur legitime Geräte mit gültiger MAC-Adresse Zugang zum LAN haben, leisten hier Unterstützung.

- Im Fall von IPv6 kann auf DHCPv6 verzichtet werden, allerdings können die Angriffe auf DHCPv6 analog auch auf das stattdessen zum Einsatz kommende Neighbor Discovery Protocol (NDP) angewendet werden.
- Einsatz der DHCP-Authentisierung: Da das Konzept wenig durchdacht ist, wird dies in der Praxis nicht verwendet.
- Der DHCP-Verkehr könnte über IPsec oder DTLS abgesichert werden. IPsec ist zur Absicherung jedoch ebenfalls keine praktische Alternative, da der Schlüsselaustausch mittels IKE bereits bestehende IP-Adressen erfordert. DTLS scheidet mangels Unterstützung ebenfalls aus.

SNMP

Das Simple Network Management Protocol (SNMP) wird genutzt, um Geräte im Netzwerk zu steuern und zu überwachen. Typischerweise handelt es sich um Netzwerkkomponenten wie Router und Switche. Es wird aber auch für Serversysteme, Drucker und andere Geräte verwendet, die einer besonderen Überwachung und Steuerung unterliegen. Aus Sicht von SNMP wird zwischen den verwalteten Systemen (Managed Systems) und den administrativen Systemen (Manager) unterschieden. Auf den administrativen Systemen wird ein Network Management System (NMS) betrieben. Zur Steuerung durch SNMP ist es notwendig, dass auf den verwalteten Systemen ein Agent läuft, der Zugang zu den lokalen Managementinformationen hat und Anfragen und Anweisungen durch ein NMS beantwortet bzw. ausführt. Die Agenten können über sogenannte Traps auch selbstständig das Auftreten von bestimmten Ereignissen an ein NMS melden. Die verfügbaren Informationen und Parameter sind nicht durch SNMP definiert, sondern durch eine gerätespezifische Management Information Base (MIB), die hierarchisch organisiert ist.

Von SNMP existieren verschiedene Versionen, von denen SNMPv1 immer noch weit verbreitet ist. SNMPv1 bietet praktisch keine Sicherheit. Eine »Authentisierung« erfolgt über den sogenannten Community String, der gleichzeitig sowohl als Identifier als auch als Passwort dient. Die übliche Voreinstellung besteht in den Community Strings »public« und »private«, die – aus Nachlässigkeit oder Unkenntnis über die Bedeutung – üblicherweise nicht geändert werden. SNMPv2 definiert neue Funktionen sowie ein neueres Sicherheitsmodell, das sich jedoch nicht durchsetzen konnte. SNMPv2 mit dem Sicherheitsmodell aus SNMPv1 wird als SNMPv2c bezeichnet. Erst SNMPv3 fügte dem Protokoll eine kryptografische Absicherung hinzu, die Vertraulichkeit, Integrität und Authentizität garantiert. Hierfür kommen symmetrische Verfahren zum Einsatz; der Betrieb einer PKI ist für SNMPv3 nicht notwendig. Es ist alternativ auch möglich, SNMP mit TLS oder DTLS abzusichern.[22]

22 Siehe bspw. *http://www.snmp.com/protocol/dtls.shtml*.

Bedrohungen

SNMP ist ein Protokoll, das zur Abfrage beliebiger Information und zur Konfiguration beliebiger Parameter auf einem verwalteten System verwendet werden kann. Da typischerweise Netzwerk-Infrastrukturkomponenten überwacht und gesteuert werden, sind die Integrität und die Authentizität der SNMP-Nachrichten von hoher Bedeutung, um die Integrität des Netzes zu gewährleisten. Durch verfälschte SNMP-Nachrichten etwa an einen Router oder einen Switch sind verschiedene Formen von Man-in-the-Middle-Angriffen oder Denial-of-Service-Angriffen denkbar. Im Extremfall ist es je nach Gerätetyp sogar möglich, die betroffenen Geräte direkt anzugreifen und zu übernehmen. Die Vertraulichkeit der SNMP-Nachrichten ist dann von Bedeutung, wenn diese Nachrichten sensible Informationen enthalten, bspw. Zugangsinformationen oder Protokolldaten.

Maßnahmen

Verschiedene Gegenmaßnahmen sind denkbar:

- Einsatz von SNMPv3, soweit alle Geräte dies unterstützen.
- Denkbar ist auch der Einsatz von IPsec oder DTLS[23] zur kryptografischen Absicherung der SNMP-Nachrichten. Dies scheitert jedoch oft daran, dass weder IPsec noch DTLS unterstützt werden.
- Viele Netzwerkinfrastrukturkomponenten, Server und andere Systeme verfügen über ein separates Netzwerkinterface zum Management. Durch Anschluss an ein dediziertes Management-LAN, zu dem der Zugang durch geeignete Firewallregeln beschränkt ist, werden diese Interfaces dem allgemeinen Zugriff entzogen.
- Die Änderung des Community Strings auf einen nicht leicht zu ratenden Wert erhöht die Sicherheit zwar nur wenig, sollte aber dennoch vorgenommen werden, selbst wenn ein eigenes Management-LAN verwendet wird.
- Schließlich ist auch eine Überwachung auf unplausible SNMP-Pakete denkbar, bei der zumindest aktive Angriffe erkannt und behandelt werden können. Für kritische Systeme, wie Netzwerkinfrastrukturkomponenten, sollte jedoch Prävention stärker im Vordergrund stehen als Erkennung und Reaktion.

LLDP

Das Link Layer Discovery Protocol (LLDP) ist ein Protokoll zur Neighbor Discovery auf Link-Layer. Das Protokoll wurde durch IEEE als 802.1AB für Ethernet (IEEE 802.3) und Wi-Fi (IEEE 802.11) spezifiziert. Über LLDP informieren sich Netzwerkgeräte gegenseitig über ihren Zustand. Das LLDP ist ein sehr simples Protokoll – Nachrichten werden ohne Bestätigung regelmäßig an eine Link Layer-Multicast-Adresse gesendet. Die Informationen umfassen dabei wenigstens die Geräte- und Port-ID sowie eine Gültigkeitsdauer (Time to Live). Daraus lässt sich eine Netzwerktopologie ableiten. Daneben können weitere Informationen verschickt werden, die das jeweilige Netzwerkgerät näher beschreiben, bspw., ob es sich um einen Switch oder um einen Router handelt, welche VLAN-ID der Port an dem Gerät hat, von dem aus die LLDP-Nachricht verschickt wurde, oder welche MAC- und IP-Adresse der Management-Port des Geräts hat. Die Empfänger speichern die Informationen für die Gültigkeitsdauer in ihrer MIB (s. o. Abschnitt »SNMP«).

23 SNMP-Nachrichten werden typischerweise über UDP verschickt.

LLDP wird hauptsächlich eingesetzt, um große geswitchte Netzwerke automatisiert zu konfigurieren und im Fall von Problemen auf Link-Layer die Problemdiagnose zu vereinfachen. Die Elemente von LLDP-Nachrichten haben kein festes Format, sondern sind TLV-codiert.[24] LLDP verfügt über keine Sicherheitsmechanismen.

Bedrohungen

Zum einen lassen sich die Informationen, die über LLDP verschickt werden, für eine Netzwerkaufklärung einsetzen. Zum anderen lassen unsaubere Implementierungen für die Decodierung der TLV-codierten Werte Raum für Buffer Overflows, in deren Folge ein Gerät zum Absturz gebracht oder anderweitig beeinträchtigt werden könnte. Es existieren verschiedene Protokoll-Fuzzer, um dies auszunutzen. Daneben könnte ein Angreifer gefälschte Informationen versenden und damit die Verfügbarkeit oder Integrität des Netzwerks gefährden.

Maßnahmen

Verschiedene Gegenmaßnahmen sind denkbar:

- LLDP ist ein reines Managementprotokoll, das zwischen Netzwerkkomponenten verwendet wird. Aus Netzwerken, in denen (nicht vertrauenswürdige) Endgeräte angeschlossen sind, sollten LLDP-Nachrichten weder verschickt noch verarbeitet werden.
- In der Grundeinstellung vieler Hersteller von Netzwerkgeräten ist LLDP aktiviert.

Wenn LLDP nicht benötigt wird, dann sollte dieses Protokoll deaktiviert werden.

11.7.2 Auskunftsdienst DNS

Der Domain Name Service (DNS) gehört zu den kritischen Infrastrukturelementen, da Systeme in vielen Fällen über den DNS-Namen angesprochen werden, der über den DNS zu einer IP-Adresse aufgelöst werden muss. Dies wird in viel stärkerem Maße für IPv6 gelten, da eine IPv6-Adresse mit 128 Bit (d. h. 32 hexadezimalen Stellen) deutlich komplexer ist als eine IPv4-Adresse – typische IPv6-Adressen wie etwa 2001:db8:1301:7a4:20c:29ff:f11a:3ce5 dürften erheblich schwieriger zu merken sein als ein gutes Passwort.

Bedrohungen

Durch gefälschte Antworten auf DNS-Anfragen kann ein Angreifer Netzwerkverkehr auf ein System seiner Wahl umleiten. Im Rahmen eines Man-in-the-Middle-Angriffs kann ein Angreifer hierzu ein Zielsystem unter seiner Kontrolle auswählen. Für einen Denial-of-Service-Angriff kann der Angreifer bspw. ein nicht existentes System auswählen.

24 Bei Type-Length-Value-Codierung wird zunächst angegeben, um was für ein Element es sich handelt (Type), wie lang die Informationen sind (Length), und schließlich die eigentlichen Informationen (Value).

Maßnahmen

Verschiedene Gegenmaßnahmen sind denkbar:

- Durch den Einsatz von DNSSEC (s. u.) werden DNS-Antworten kryptografisch authentisiert. Dies erfordert den Betrieb einer PKI sowie die Unterstützung durch die Resolver auf den jeweiligen Systemen.
- Eine weitere Maßnahme besteht in der statischen Zuordnung von DNS-Namen zu IP-Adressen in lokalen Dateien (unter Unix-Systemen bspw. /etc/hosts). Der Nachteil dieser Maßnahme besteht darin, dass bei jeder Änderung der Zuordnung die entsprechenden Informationen auf alle relevanten Systeme vertrauenswürdig verteilt werden müssen. Alternativ können aber auch Netzwerkdatenbanken wie Active Directory oder NIS verwendet werden.
- Neben präventiven Maßnahmen besteht auch die Möglichkeit zur Überwachung des Verkehrs im LAN auf gefälschte DNS-Pakete mit geeigneten Reaktionen hierauf.
- Befindet sich ein System im selben LAN wie ein rechtmäßiger DNS-Server, dann bietet auch eine Überwachung des Verkehrs im LAN auf Link-Ebene zur Feststellung von ARP- (IPv4) oder ND-Spoofing (IPv6) ausreichend Schutz, wenn das System so konfiguriert ist, dass DNS-Antworten nur von diesem rechtmäßigen DNS-Server akzeptiert werden.

DNSSEC

DNS stellt eine verteilte Datenbank zur Zuordnung von Domain-Namen zu IP-Adressen und anderen Informationen dar. Die Integrität dieser Datenbestände ist sowohl im lokalen als auch im globalen Maßstab von großer Bedeutung, um eine korrekte Übersetzung von Domain-Namen zu gewährleisten. Zur kryptografischen Sicherung von DNS-Einträgen wurden von IETF die DNS Security Extensions (DNSSEC) eingeführt. Die Absicherung erfolgt über digitale Signaturen in einem DNS-eigenen Format. Jede Zone verwendet ein Schlüsselpaar. Der öffentliche Schlüssel wird von der übergeordneten Zone signiert und in einem neu eingeführten Resource Record abgelegt. Der DNS-Server kann seine Antworten dann signieren. Die Clients (Resolver) können die Vertrauenskette über die neuen Resource Records nachvollziehen. Wie bei jedem Einsatz von kryptografischen Methoden spielt eine vertrauenswürdige Schlüsselverteilung eine fundamentale Rolle, um die daran gestellten Erwartungen erfüllen zu können.

DNSSEC bringt einige Probleme mit sich [RFC 3833]. Dies beginnt damit, dass DNSSEC ohne klare Bedrohungsanalyse entworfen wurde, sie wurde erst a posteriori mit RFC 3833 nachgereicht. Darüber hinaus gibt es verschiedene weitere Probleme [RFC 3833, Abschnitt 3], von denen an dieser Stelle einige genannt werden:

- Es gilt als schwierig, DNSSEC korrekt zu implementieren.
- Durch den Einsatz von DNSSEC werden die DNS-Anfragen und -Antworten deutlich größer, weshalb die entsprechenden Pakete gegebenenfalls fragmentiert werden müssen. Darüber hinaus können bestimmte DNS-Anfragen dadurch noch besser für Denial-of-Service-Angriffe eingesetzt werden.
- Durch die kryptografischen Operationen werden die Resolver wegen der Signatur-Verifikationen merklich stärker belastet.

- DNSSEC liegt ein Vertrauensmodell zugrunde, das der DNS-Hierarchie entspricht. Wird eine Zone kompromittiert, dann kann die Integrität oder die Authentizität für Zonen unterhalb der kompromittierten Zone nicht mehr gewährleistet werden.
- Aus demselben Grund ist ein rigoroses Schlüsselmanagement aller beteiligten Sites notwendig, da etwa ein abgelaufenes Zertifikat in einer Zone zu Problemen für alle darunter liegenden Zonen führt.
- DNSSEC erfordert eine gewisse Zeitsynchronisierung zwischen dem Resolver und dem System, das für die Signaturen zu einer entsprechenden Anfrage verantwortlich ist.

DNSSEC wurde bereits für verschiedene Toplevel-Domains eingeführt, wie bspw. auch für .de. Die zahlreichen Vorbedingungen für einen reibungslosen Betrieb von DNSSEC nebst weiteren, hier nicht genannten Problemen mit DNSSEC, lassen jedoch eine gewisse Skepsis darüber aufkommen, ob DNSSEC wirklich auf breiter Front zur Anwendung kommen wird.

NTP

Das Network Time Protocol (NTP) wird oft dazu genutzt, die Systemzeit der Systeme innerhalb einer Site abzugleichen. Ein korrekter Abgleich ist vor allem bei der Verwendung von Zeitstempeln kritisch, etwa für eine Ereignisprotokollierung oder bei der Verwendung von kryptografischen Protokollen wie Kerberos.

Bedrohungen

Eine falsche Systemzeit könnte dazu führen, dass protokollierte Ereignisse nicht korrekt miteinander korreliert werden können. Ein Angreifer könnte dies ausnutzen, um verdächtige Aktivitäten zu verschleiern. Im Fall von (kryptografischen) Protokollen, die Zeitstempel als Anti-Replay-Mechanismus verwenden (bspw. Kerberos), kann eine signifikant verfälschte Systemzeit zu einem Denial-of-Service führen. Darüber hinaus ist auch ein Angriff denkbar, bei dem eigentlich bereits abgelaufene Zertifikate oder Kerberos-Tickets aus Sicht eines Clients mit falscher Systemzeit noch gültig erscheinen.

Maßnahmen

- NTP verfügt ab Version 4 die Möglichkeit einer Authentisierung auf Grundlage von digitalen Signaturen. Hierfür werden X.509-Zertifikate verwendet, für deren vertrauenswürdige Verteilung eine PKI zu betreiben ist. Für die Authentisierung von Zeitstempeln kommen jedoch keine Signaturen, sondern Message Authentication Codes zum Einsatz, die effizient in nahezu konstanter Zeit errechnet werden können. Die hierfür notwendigen symmetrischen Schlüssel werden mithilfe asymmetrischer Kryptoverfahren verteilt und authentisiert. Für den Zeitabgleich mit externen Referenzuhren ist der Einsatz von zertifikatsbasierter Authentisierung gewöhnlich nicht durchführbar, da die entsprechenden Betreiber dies üblicherweise nicht anbieten.
- Im internen Netz bietet sich als Alternative zum authentisierten Zeitabgleich eine Überwachung des Netzwerkverkehrs auf Störungen der internen Referenzuhren oder auf gefälschte NTP-Pakete an.
- Eine weitere Möglichkeit besteht darin, die Systemzeit der jeweiligen Systeme regelmäßig abzufragen und auf signifikante Abweichungen zu überprüfen.

Service-Discovery-Protokolle

Service-Discovery-Protokolle dienen der Vereinfachung der Verwaltung von Netzen.

Konkret soll die Konfiguration von Diensten wie Netzwerkdruckern, DNS-Diensten, E-Mail-Relays und -Servern, Proxies, LDAP, NTP, Instant Messaging, Kalender-Diensten, VoIP-Diensten usw. automatisiert werden. Hierzu wurden verschiedene Protokolle mit unterschiedlichem Umfang entwickelt, bspw.

- Service Location Protocol (SLP)
- Universal Plug'n'Play (UPnP) in Verbindung mit dem Simple Service Discovery Protocol (SSDP)
- zeroconf
- DNS mit SRV Resource Record[25]

Teilweise besteht auch eine Überschneidung mit DHCP. Die Grundidee besteht darin, dass ein Dienst seine Verfügbarkeit mit den relevanten Parametern im Netz verbreitet, sobald er bereit ist, und dass Clients andererseits ad hoc nach den relevanten Parametern von Diensten fragen können, die gerade benötigt werden. Die Einzelheiten dieser Protokolle unterschieden sich teilweise erheblich und sind hier im Detail nicht von Belang.

Bedrohungen

Die Bedrohungen für Service-Discovery-Protokolle sind ähnlich mit denen von DNS oder DHCP. Durch gefälschte Nachrichten wäre es möglich, entweder nachfolgenden Verkehr umzuleiten oder die Nutzung von Diensten effektiv zu verhindern. Beispielsweise kann ein Angreifer durch gefälschte Angabe eines E-Mail-Relays seiner Wahl Zugriff auf den E-Mail-Verkehr erhalten oder durch gefälschte Angabe eines nicht existierenden E-Mail-Relays den Versand von E-Mails unterbinden.

Maßnahmen

Die folgenden Gegenmaßnahmen sind denkbar:

- Automatisierung der Konfigurationsverteilung auf anderem Wege, bspw. durch die Verwendung von Skript-gesteuerten Mechanismen oder Administration-Frameworks wie bspw. Cfengine oder Puppet, die die notwendigen Konfigurationsparameter auf vertrauenswürdige Weise verteilen.
- Nutzung von Verzeichnisdiensten zur vertrauenswürdigen Verteilung von Konfigurationsparametern. In Windows-Umgebungen erfüllt das Active Directory diese Funktion bereits.
- Viele Service-Discovery-Protokolle nutzen UDP, hier käme prinzipiell auch eine Sicherung mit DTLS infrage; in der Praxis scheitert dies jedoch an mangelnder Unterstützung.
- Schließlich bietet sich auch hier eine Überwachung des Netzwerkverkehrs auf unplausible Nachrichten der jeweiligen Protokolle an.

25 SRV Resource Record: Service Resource Record.

11.7.3 Routing-Protokolle

Routing-Protokolle für IP

Routing-Protokolle sind spezielle Netzwerkmanagementprotokolle, die sehr wichtig für die Pflege von Netzen mit dynamischem Routing sind. Über Routing-Protokolle werden Informationen zwischen Routern über die jeweils günstigsten Routen zwischen verschiedenen Netzen verteilt. Daher sind die Integrität und die Authentizität von Routing-Protokollnachrichten von hoher Bedeutung für die Integrität und Verfügbarkeit der Netze. Grundsätzlich unterscheidet man zwischen Interior- und Exterior-Gateway-Protokollen. Interior-Gateway-Protokolle werden verwendet, um Routing-Informationen innerhalb von Netzen bis hin zu sogenannten autonomen Systemen (AS) zu verteilen. Beispiele hierfür sind das Routing Information Protocol (RIP und RIPng) sowie das Open-Shortest-Path-First-Protokoll (OSPF) und das Intermediate-System-to-Intermediate-System-Protokoll (IS-IS). Exterior-Gateway-Protokolle sind Routing-Protokolle, um Routing-Informationen zwischen autonomen Systemen zu verteilen. Derzeit wird im Internet ausschließlich das Border Gateway Protocol (BGP) eingesetzt.

- RIP und RIPng sind relativ einfache Routing-Protokolle, deren Nachrichten über UDP ausgetauscht werden. RIPv2 enthält einen einfachen Authentisierungsmechanismus mit einem ad hoc entworfenen Schlüsselmanagement. Mit RIPng (auch als RIPv6 bezeichnet) wurden diese Mechanismen zugunsten der Verwendung von IPsec wieder entfernt. Jedoch macht RIPng Gebrauch von Multicast, was die Nutzung von IPsec vor besondere Herausforderungen stellt (s. Abschnitt 11.8.2).
- OSPF ist ein fortgeschrittenes Routing-Protokoll, dessen Nachrichten direkt in IP-Paketen verschickt werden. OSPF besitzt im Vergleich zu RIP viele Vorzüge und wird für komplexere Netze üblicherweise RIP vorgezogen. OSPFv2 verfügt über einen einfachen Authentisierungsmechanismus (ähnlich wie bei RIPv2), der mit OSPFv3 wieder entfernt wurde – aus demselben Grund wie bei RIPng. Genau wie bei RIP kommt auch bei OSPF Multicast zum Einsatz.
- IS-IS ist ein Routing-Protokoll, das dieselbe Grundlage wie OSPF hat. Internetservice-Provider bevorzugen in der Regel IS-IS vor OSPF. IS-IS wurde ursprünglich nicht für IP-Routing entworfen und erst nachträglich für IP erweitert. IS-IS verfügt über ähnliche Authentisierungsmechanismen wie RIPv2 oder OSPFv2. Ursprünglich beruht IS-IS auf der Link-Ebene und steht in der Protokollhierarchie »neben« IP. Es wurde aber auch eine Kapselung in IP-Paketen definiert. In dieser Form wird auch Multicast eingesetzt.
- BGP ist von der Funktionsweise eher mit RIP vergleichbar, nur dass hier Routing-Informationen nicht zwischen einzelnen Netzen im Sinne von einzelnen LANs, sondern zwischen autonomen Systemen ausgetauscht werden. Auf dieser Ebene existieren keine Default-Routen mehr, daher sind die IPv4-Routing-Tabellen wegen der Zersplitterung des IPv4-Adressraums exorbitant groß. Eine Fehlkonfiguration an dieser Stelle kann dazu führen, dass die Internet-Anbindung ganzer Organisationen gekappt wird. BGP-Nachrichten werden mittels TCP übertragen.

Bedrohungen

Mit Routing-Protokollen sind verschiedene Denial-of-Service-Angriffe denkbar. Zunächst können die Router direkt angegriffen werden, bspw. durch Flutung mit gefälschten Routing-Informationen. Hierdurch können die Routing-Tabellen überlaufen oder die CPUs der Router mit der Neuberechnung der optimalen Routen ausgelastet werden. Darüber hinaus können gefälschte Routing-Informationen dafür verwendet werden, Teilnetze unerreichbar zu machen (Blackholing), ungünstige Routen festlegen zu lassen oder Routing-Schleifen zu erzeugen. In ähnlicher Weise können gefälschte Routing-Informationen dazu verwendet werden, um Man-in-the-Middle-Angriffe durchzuführen.

Maßnahmen

Die folgenden Gegenmaßnahmen sind denkbar:

- TCP-basierte Routing-Protokolle können durch Tunnelung mit SSL/TLS oder SSH abgesichert werden, UDP-basierte Routing-Protokolle können durch DTLS abgesichert werden.
- IP-basierte Routing-Protokolle können prinzipiell mit IPsec abgesichert werden. Jedoch verwenden einige Routing-Protokolle Multicast, was das Schlüsselmanagement vor spezielle Herausforderungen stellt, siehe *Multicast* in Abschnitt 11.8.2.
- Die sinnvollste und effizienteste Maßnahme besteht darin, Routing-Protokolle nur in vertrauenswürdigen Netzen einzusetzen, bspw. in Managementnetzen. Die Nutzung von Routing-Protokollen in Netzen, an die gleichzeitig auch Endgeräte angeschlossen sind, ist praktisch nie sinnvoll; Netzwerke, in denen dies gegeben ist, sollten anders strukturiert werden.

STP und RSTP

Das Spanning Tree Protocol (STP) und das Rapid Spanning Tree Protocol (RSTP) sind Link-Layer-Protokolle und wurden durch IEEE in den Standards 802.1d bzw. 802.1w definiert.[26] Die Protokolle wurden entworfen, um sogenannte Bridging Loops (Schleifen) auf Link-Layer zu vermeiden. Hierbei handelt es sich um eine Kuriosität, denn STP und RSTP sind quasi Routing-Protokolle für den Link-Layer, wo dies eigentlich nicht vorgesehen ist. Das Problem der Schleifen entsteht bei geswitchten Netzen mit komplexer Topologie. Eine einfache Netztopologie ergibt sich bspw. aus einem zentralen Core-Switch mit angeschlossenen Edge-Switchen (z. B. Etagen-Switche in einem Gebäude). Eine derartige Topologie ist schleifenfrei, der Weg von einem Segment zu einem anderen Segment ist stets eindeutig. Wird aber bspw. aus Redundanzgründen ein zweiter Core-Switch aufgestellt, der ebenfalls mit allen Verteilern verbunden ist, dann ist der Weg zwischen zwei Segmenten nicht mehr eindeutig, und die nun möglichen Schleifen können sich nachteilig auswirken. Der massive Einsatz von virtuellen LANs (s. Abschnitt 11.9.3) trägt oft ebenfalls zur Bildung von Schleifen in Netzen bei.

Mithilfe von STP oder RSTP werden die Forwarding-Tabellen auf den Switchen so konfiguriert, dass Frames nur entlang eines Baums verschickt werden, den die Topologie des Netzes aufspannt. Ändert sich die Topologie, etwa durch Ausfall eines Segments im aufspannenden Baum, dann wird mithilfe von STP oder RSTP ein anderer aufspannender

26 Mit 802.1D-2004 wurde RSTP Bestandteil von 802.1D.

Baum ausgehandelt. Der Unterschied zwischen STP und RSTP liegt in der Vorgehensweise bei der Neuaushandlung – bei STP wird von Grund auf neu begonnen, bei RSTP wird vom bisherigen Status quo ausgegangen. Die Dauer zur Aushandlung eines neuen aufspannenden Baums unterscheidet sich für die beiden Varianten erheblich.

Auf die Details von STP und RSTP soll hier nicht weiter eingegangen werden. Es ist aber anzumerken, dass STP und RSTP keinerlei Sicherheitsmechanismen enthalten, etwa zur Authentisierung von STP-Nachrichten.

Bedrohungen

Eine Fehlkonfiguration der Switche kann zu erheblichen Betriebsstörungen führen, STP bzw. RSTP sollte daher nur in autorisierter Weise genutzt werden. Ein Angreifer, der STP-Pakete verschicken kann, kann dies für Man-in-the-Middle-Angriffe (durch Forwarding über Systeme seiner Wahl) und Denial-of-Service-Angriffe (etwa durch Konfiguration von Schleifen) einsetzen. Ein weiteres Ärgernis entsteht auch durch Fehlkonfiguration, etwa wenn in einem Netzwerk mit Nutzung von STP Switche eingebracht werden, die STP nicht nutzen. Als Faustregel gilt: Entweder nutzen alle Switche in einem Netzwerk STP oder keiner.

Maßnahmen

Die folgenden Gegenmaßnahmen sind denkbar (s. a. »Best Practice für VLANs« in Abschnitt 11.9.3):

- Überwachung des Netzwerkverkehrs auf unplausible STP- oder RSTP-Pakete, vor allem in Netzen mit nicht vertrauenswürdigen Systemen.
- STP sollte nur in den Netzen eingesetzt werden, in denen dies notwendig ist.
- STP sollte nur auf sogenannten Trunk-Ports (s. Abschnitt 11.9.3) genutzt werden.

Grundsätzlich sollte man sich allerdings die Frage stellen, ob komplexe Topologien auf Link-Ebene überhaupt sinnvoll sind, und ob Routing nicht besser auf der Ebene vorgenommen werden sollte, die dafür vorgesehen ist.

11.7.4 Anmerkung zu verschiedenen Sicherheitsmechanismen der Protokolle

Alle beschriebenen Protokolle stehen vor demselben Problem, nämlich wie die Vertrauenswürdigkeit von Protokollnachrichten sichergestellt werden kann. Anforderungen zur Vertraulichkeit der Protokollnachrichten sind eher die Ausnahme. Es fällt auf, dass die Protokolldesigner – sofern sie das Problem nicht ignorieren – jedes Mal einen individuellen Weg zur »Lösung« des Problems gehen, entweder über vorab zu verteilende geheime Schlüssel oder über Public-Key-Zertifikate. Die Idee einer übergreifenden Infrastruktur, durch die bspw. die Existenz eines Maschinenzertifikats zur Authentifizierung oder zum Schlüsselaustausch vorausgesetzt werden kann, und die für alle derartigen Protokolle universell verwendet werden, wurde bisher noch nicht konstruktiv aufgegriffen. Natürlich bliebe auch hier das Problem der vertrauenswürdigen Verteilung von Zertifikaten, was innerhalb einer Site prinzipiell jedoch relativ leicht zu bewältigen ist. So aber scheitert ein Ansatz nach dem nächsten, weil jeder Ansatz eine isolierte – oft auch nur gut gemeinte – Lösung darstellt. Selbst wenn eine einzelne Lösung betrieblich noch vertretbar wäre, sind IT-Verantwortliche – zu Recht – nicht bereit, die Menge der unterschiedlichen Lösungen zu betreiben.

11.8 Sicherheitsmechanismen für Netzwerke

In diesem Abschnitt werden verschiedene Sicherheitsmechanismen und -maßnahmen diskutiert, die geeignet sind, Netzwerke abzusichern.

11.8.1 IEEE 802.1X

802.1X ist ein durch IEEE genormtes Verfahren zur Authentifizierung von IT-Systemen im Netz auf Link-Ebene. Als Grundlage für die Authentifizierung mittels 802.1X werden Public-Key-Zertifikate verwendet. Zur Nutzung von 802.1X ist üblicherweise der Betrieb eines RADIUS- oder eines TACACS-Servers notwendig.[27] Für die Verwendung von Public-Key-Zertifikaten ist außerdem der Betrieb einer Public-Key-Infrastruktur üblich (s. Kap. 16).

Funktionsweise

Bei 802.1X sind mehrere IT-Systeme beteiligt, die mit den folgenden Rollen bezeichnet werden:

- Der *Supplicant* ist das Endgerät, das Zugang zum Netz erfragt.
- Der *Authenticator* ist typischerweise ein Switch oder Access Point, an den der Supplicant angeschlossen ist; der Authenticator gewährt oder sperrt Verkehr vom oder zum Port des Supplicant.
- Der *Authentication* Server trifft die Entscheidung darüber, ob ein Supplicant gesperrt oder zugelassen wird.

802.1X-Nachrichten werden über das Extensible Authentication Protocol (EAP)[28] ausgetauscht. 802.1X-Kommunikation findet auf Link-Ebene statt, d. h., es sind keine konfigurierten IP-Adressen oder dergleichen notwendig. Im Fall von Ethernet werden die EAP-Nachrichten als EAPOL-Frames (EAP over LAN) zwischen Supplicant und Authenticator verschickt.

Im Folgenden wird ein typischer Protokollverlauf vereinfacht beschrieben. Wird ein neuer Supplicant erkannt, bspw. durch das Carrier Signal am Switch, dann ist der entsprechende Switch-Port zunächst gesperrt. In diesem Zustand sind nur EAP-Nachrichten zulässig, anderer Verkehr wird gesperrt. Einer entsprechenden Vorgehensweise folgt der Wireless-Zugang bei einem Funksignal. Der Authenticator (Switch oder AccessPoint) schickt in diesem Zustand sogenannte EAP-Request-Identity-Nachrichten an den Supplicant. Der Supplicant beantwortet diese Anfragen mit entsprechenden EAP-Response-Identity-Nachrichten. Diese werden vom Authenticator bspw. als RADIUS-Access-Request-Nach-

27 Zu Radius und TACACS siehe Abschnitt 17.4.4.

28 Zu EAP siehe auch Abschnitt 15.1.2.

richten an den Authentication Server weitergeleitet. Der Authentication Server antwortet mit einer Challenge, die über den Authenticator als EAP Request an den Supplicant weitergeleitet wird. Ein Supplicant, der über die notwendigen Schlüssel verfügt, ist in der Lage, die korrekte Response zur Challenge zu bilden. Die Response wird als EAP-Response über den Authenticator an den Authentication Server geschickt, der dann die Anfrage entweder zulässt oder ablehnt. Dementsprechend öffnet der Authenticator den Port und schickt eine EAP-Success-Nachricht bzw. er hält den Port geschlossen und schickt eine EAP-Failure-Nachricht an den Supplicant. Meldet sich der Supplicant wieder ab, dann kann hierzu eine explizite EAP-Logoff-Nachricht verschickt werden; der entsprechende Port wird dann wieder gesperrt.

Im Rahmen der 802.1X-Authentisierung sind neben der reinen Authentisierung noch weitere Funktionen üblich:

- Zuweisung zu einem VLAN
- Zuweisung einer Verkehrspriorität für Quality of Service
- Schlüsselaustausch für 802.11 (Wi-Fi)

Kritikpunkte

802.1X ist ein Mechanismus, der aktiv von allen beteiligten Geräten unterstützt werden muss. Dies ist aber oft nicht der Fall. Peripheriegeräte wie Netzwerkdrucker und -scanner oder Netzwerk-Speichermedien (NAS) unterstützen 802.1X häufig nicht oder fehlerhaft. Hier sind dann Workarounds erforderlich, um diese Geräte ebenfalls zu authentisieren, etwa über MAC-Adressen oder über den Switchport, an dem sie angeschlossen sind. Kritisch sind hierbei auch die Switche, da diese für den Einsatz von 802.1X die notwendige Funktionalität zur Verfügung stellen müssen.

Darüber hinaus beschränkt sich 802.1X, zumindest in den Versionen 802.1X-2001 und 802.1X-2004, auf reine Authentisierung. Dies ist jedoch nicht ausreichend, wie die in den folgenden Abschnitten beschriebenen Angriffe zeigen.

Einmalige Authentisierung

Ein typisches Szenario besteht darin, dass sich ein Gerät bei Einschalten oder bei Anschluss an eine Netzwerkdose authentifizieren muss. Nach erfolgter Authentisierung und Port-Freischaltung kann der authentisierte Kanal ohne weitere Absicherung von einem anderen System übernommen werden.

Für einen einfachen Angriff kann ein Angreifer einen eigenen Hub oder Switch verwenden. Dieser wird hierfür zwischen den legitimen Supplicant und den Authenticator geschaltet. Nach erfolgter Authentisierung des legitimen Supplicants wird dieser vom Hub oder Switch entfernt und stattdessen das eigene Gerät angeschlossen, dieses übernimmt die MAC- und IP-Adresse vom legitimen Supplicant. Da der Supplicant über einen Hub oder Switch angeschlossen war, bleibt das Carrier-Signal zum Authenticator hin erhalten – der Authenticator kann nicht erkennen, dass der Supplicant durch ein anderes Gerät ersetzt wurde. Dieser Angriff ist relativ leicht durchzuführen und erfordert kaum Kompetenz.

Regelmäßige Authentisierung

Ein anderes Szenario besteht darin, dass sich ein Gerät regelmäßig, bspw. alle fünf Minuten, authentisieren muss. In diesem Szenario kann also eine erfolgreiche Authentisierung nicht einfach für eine beliebige Zeit übernommen werden, was einen Angreifer bei komplexeren Aktivitäten behindert. Doch auch diese Maßnahme lässt sich überwinden, indem der Angreifer bspw. ein eigenes Gerät mit zwei Netzwerkinterfaces nutzt. Der Angreifer schaltet sein eigenes Gerät (anstelle des Hubs oder Switches aus dem ersten Szenario) zwischen den Authenticator und den Supplicant und reicht die regelmäßig eintreffenden Authentisierungsanfragen an den Supplicant weiter, ebenso werden die entsprechenden Antworten zurückgereicht. Bei geeigneter Konfiguration erscheint das Gerät des Angreifers dem Authenticator gegenüber wie der Supplicant und dem Supplicant gegenüber wie der Authenticator. Dieser Angriff erfordert mehr Kompetenz als in dem ersten Szenario, ist aber im Prinzip nicht schwierig auszuführen.

Beide Angriffe lassen sich bei geschickter Vorgehensweise in der Regel nicht durch Überwachung entdecken. Eine Überwachung könnte höchstens ungewöhnlichen nachfolgenden Verkehr entdecken, bspw. einen Portscan oder andere anormale Verhaltensmuster.

Verschlüsselung in kabelgebundenen LANs – 802.1AE

In kabelgebundenen Netzen wie auf Basis von Ethernet findet typischerweise keine Verschlüsselung auf Link-Ebene statt – anders als bei kabellosen Netzwerken, in denen Verschlüsselung in der Regel durchgeführt wird. Ohne nachfolgende Absicherung durch Verschlüsselung und Authentisierung hat eine starke Authentisierung jedoch nur vernachlässigbaren Nutzen für die Sicherheit.

Aufgrund der Defizite, die eine reine Authentisierung mit 802.1X (802.1X-2001 und 802.1X-2004) mit sich bringt, wurde 802.1AE entwickelt. Dies wurde in den Standard 802.1X2010 integriert, daher ist bei einer Angabe wie »unterstützt 802.1X« genau zu differenzieren. 802.1AE ist auch unter der Bezeichnung MACsec[29] bekannt und stellt quasi das Ethernet-Pendant zu WPA und WPA2 für Wireless dar. Da 802.1AE relativ neu ist, ist die Unterstützung hierfür nicht weit verbreitet. Die derzeit erhältliche Netzwerkhardware mit 802.1AE-Unterstützung ist meist auch erheblich teurer als gewöhnliche Netzwerkhardware.

11.8.2 IPsec

IPsec beschreibt eine Reihe von Funktionen zur *kryptografischen* Absicherung des Netzwerkverkehrs auf Ebene von IP.[30] Ursprünglich wurde IPsec im Zuge von IPv6 entwickelt, jedoch wurde IPsec frühzeitig nach IPv4 zurückportiert. Wie bei allen kryptografischen Protokollen liegt eine der Hauptschwierigkeiten bei IPsec in der *vertrauenswürdigen* Schlüsselverteilung.

Der Aufbau eines durch IPsec gesicherten Kanals erfolgt nach denselben Prinzipien wie etwa für SSL/TLS – zunächst werden im sogenannten Handshake Parameter und Algorithmen ausgehandelt und Schlüssel festgelegt, anschließend wird der sichere Kanal

29 MACsec: Media Access Control Security.

30 Siehe ausführlich zu IPsec Abschnitt 15.2.3.

gemäß Aushandlung etabliert. Anders als bei SSL/TLS kann auf den Handshake verzichtet werden, wenn die relevanten Parameter und Schlüssel manuell konfiguriert werden. Dies skaliert jedoch nicht und ist daher in den meisten Szenarien unpraktikabel.

Das für IPsec vorgesehene Protokoll zum Schlüsselaustausch ist IKE bzw. IKEv2. Der Schlüsselaustausch erfolgt dabei über X.509-Zertifikate, die ihrerseits manuell oder über eine Public-Key-Infrastruktur verteilt werden. Auch hier gilt, dass eine manuelle Verteilung nicht skaliert und nur ausnahmsweise sinnvoll ist.

IPsec wird typischerweise zum Betrieb von sogenannten virtuellen privaten Netzen (VPNs) genutzt. Hierbei wird üblicherweise der Tunnelmodus von IPsec genutzt, bei dem das zu schützende IP-Paket als verschlüsselte und authentisierte Nutzlast in einem weiteren IP-Paket gekapselt wird.

Multicast

Verschiedene Protokolle nutzen Multicast zur Verbreitung von Informationen an viele Systeme. Die Sicherung von Multicast mit IPsec steht jedoch vor einer beachtlichen Hürde: IPsec an sich ist zwar in der Lage, Multicast-Nachrichten abzusichern, aber das Schlüsselmanagement ist im Fall von Multicast deutlich komplexer als für Unicast. RFC 5374 beschreibt eine Erweiterung zum IPsec-Schlüsselmanagement für Multicast. Da bei IPsec Message Authentication Codes zur Absicherung der Integrität verwendet werden,[31] kann die Integrität von Nachrichten dabei nicht für individuelle Systeme, sondern nur in Bezug auf die gesamte Multicast-Gruppe sichergestellt werden. Enthält eine Multicast-Gruppe Systeme, die einander nicht vertrauen, dann bietet IPsec an dieser Stelle keinen Mehrwert zur Absicherung der Multicast-Nachrichten.

11.8.3 SSL/TLS

SSL und TLS sind Protokolle zur Absicherung des Netzwerkverkehrs auf Verbindungsebene. Ursprünglich wurde SSL für die Absicherung der Übertragung von Kreditkartendaten im Web entwickelt. Tatsächlich kann SSL sowie dessen Fortentwicklung TLS auf jedem verbindungsorientierten Transportprotokoll wie TCP oder SCTP aufsetzen. Prinzipiell lässt sich jedes Anwendungsprotokoll auf Grundlage von TCP über SSL/TLS tunneln. Unter Unix ist hierfür bspw. das vielseitige Programm *stunnel* weit verbreitet. Eine weitere wichtige Anwendung für SSL/TLS ist die Nutzung zum Aufbau von VPNs, siehe Abschnitt 15.2.4.

Für Anwendungsprotokolle wie HTTP, POP3, IMAP, LDAP auf den TCP-Ports 80, 110, 143 bzw. 389 wurden die SSL/TLS-gesicherten Pendants HTTPS, POP3S, IMAPS bzw. LDAPS auf den TCP-Ports 443, 995, 993 bzw. 636 geschaffen. Bei einer Verbindung zu diesen Ports wird automatisch der SSL/TLS-Handshake durchgeführt. Dieses Design gilt jedoch nicht als ideal, wenn ein Client a priori nicht wissen kann, ob der Server Verbindungen über SSL/TLS entgegennehmen kann oder nicht. Daher wurde bspw. SMTPS auf TCP-Port 465 als TLS-gesichertes Pendant zu SMTP auf TCP-Port 25 wieder zurückgezogen.

31 Siehe Abschnitt 13.5.4.

Das alternative Design für SMTP auf Grundlage von STARTTLS sieht stattdessen vor, dass zunächst eine ungesicherte Verbindung auf Port 25 geöffnet wird.[32] Im SMTP-Banner werden die Möglichkeiten des Servers aufgezählt. Falls der Server SSL/TLS unterstützt und dies in seinem Banner anbietet, kann der Client dann von der STARTTLS-Direktive Gebrauch machen, woraufhin der SSL/TLS-Handshake durchgeführt und anschließend die gesicherte Verbindung verwendet wird. Diese Möglichkeit besteht auch für POP3, IMAP und verschiedene andere Protokolle.

Eine weitere Schwierigkeit mit SSL/TLS ergibt sich bei virtuellem Hosting von Webservern. Stellt ein Webserver Inhalte für verschiedene DNS-Domänen bereit, dann muss der Client im HTTP-Header angeben, für welche DNS-Domäne die HTTP-Anfrage gilt. Wird die Verbindung über SSL/TLS gesichert, findet der Handshake jedoch bereits vorher statt, d. h., auch das beteiligte Server-Zertifikat muss vorher übermittelt werden. Doch welches Zertifikat ist im Fall von virtuellem Hosting das richtige? An dieser Stelle weiß der Server noch nicht, unter welchem Namen der Client den Server anspricht. Zu diesem Zweck wurde die Server Name Indication (SNI) eingeführt, bei der der Client den Server bereits im Handshake darüber informiert, unter welchem Namen der Client den Server anspricht.

Fallstricke

SSL/TLS kommt mit einer Vielfalt von Protokollen und Cipher-Suites daher, um eine Ende-zu-Ende-Verschlüsselung zu realisieren. Einige davon sind inhärent unsicher. Sicherheitsaudits zeigen oft, dass Dienste auch mit schwachen Protokollen oder Cipher-Suites angeboten werden. Dann kann bspw. eine Malware einen Client dazu »überreden«, nur ein schwaches Protokoll oder eine schwache Cipher-Suite auszuwählen. Es liegt in der Verantwortung der Betreiber, dies durch eine geeignete Konfiguration der serverseitigen Protokolle und Cipher-Suites zu unterbinden.

Derzeit werden in der Regel die Protokolle TLSv1.2 und TLSv1.3 unterstützt. TLSv1.0 und TLSv1.1 weisen Schwächen auf und sollten deshalb vom Server nicht angeboten werden. Problematisch sind auch die zahlreichen Cipher-Suites. Hierbei werden jeweils Bezeichner für die Mechanismen zur Authentisierung, Schlüsselaustausch, Verschlüsselung[33] und Integritätsschutz in einem String zusammengefasst, bspw. »AES128-GCMSHA256«.[34] Derzeit sind über 100 Cipher-Suites spezifiziert,[35] d. h., es ist einigermaßen schwierig, den Überblick zu behalten.

Beim weit verbreiteten OpenSSL werden daher Gruppen von Cipher-Suites zusammengefasst, etwa HIGH, MEDIUM oder LOW usw.[36] Die Möglichkeit, Gruppen von Cipher-Suites kollektiv zu benennen und auf relativ einfache Weise Cipher-Suites zusammenzustellen, wurde von zahlreichen Produkten, die die OpenSSL Bibliotheken nutzen,

32 Oder Port 587 für sogenannte Mail User Agents, da Port 25 streng genommen nur für SMTP-Verkehr zwischen sogenannten Mail Transport Agents vorgesehen ist.

33 Für Chiffrierverfahren, die mit verschiedenen Schlüssellängen genutzt werden können, erfolgt auch die Angabe der Schlüssellänge.

34 Die Notation ist nicht durchgehend konsistent: Wird RSA für die Authentisierung und den Schlüsselaustausch verwendet, dann entfallen diese Angaben, wie bspw. in AES256-SHA.

35 Siehe *http://www.iana.org/assignments/tls-parameters/tls-parameters.xml.*

36 Siehe *https://www.openssl.org/docs/manmaster/man1/openssl-ciphers.html.*

für deren eigene SSL/TLS-Konfiguration übernommen. Grundsätzlich sollte bei der Auswahl der Cipher-Suites die Phrase !MEDIUM :!LOW:!EXPORT:!NULL:!aNULL genutzt werden, um unsichere Cipher-Suites grundsätzlich von der Verwendung auszuschließen.

Die sehr langsame Verbreitung von TLSv1.2 und lange Spezifikationsphase von TLSv1.3 zeigen, dass kurzfristige Abhilfe in der Praxis nicht in Sicht ist, selbst wenn das Protokoll-Design von Grund auf überarbeitet würde. Dass es indes auch anders geht, zeigen andere Protokolle zur Absicherung von Kommunikationskanälen wie bspw. SSH oder IPsec. Ein alternativer Ansatz zur Ende-zu-Ende-Verschlüsselung kann auch auf Anwendungsebene, bspw. durch die Nutzung von GnuPG/PGP zur Mail-Verschlüsselung, erfolgen.

11.8.4 Datagram Transport Layer Security – DTLS

SSL/TLS setzt ein verbindungsorientiertes Transportprotokoll voraus. Verbindungslose Transportprotokolle wie UDP oder DCCP können damit nicht gesichert werden. Daher wurde als Pendant für verbindungslose Transportprotokolle das Protokoll Datagram Transport Layer Security (DTLS) geschaffen. DTLS ist im Wesentlichen an TLS angelehnt. DTLS ist derzeit jedoch noch nicht weit verbreitet. Prinzipiell bringt DTLS dieselben Probleme mit sich wie TLS.

11.8.5 Secure Shell – SSH

Die Secure Shell (SSH) ist ursprünglich als Ersatz für unsichere Protokolle wie Telnet, FTP, rlogin und rsh entworfen worden. Von Anfang an bestand jedoch die Möglichkeit, beliebige verbindungsorientierte Anwendungsprotokolle durch einen SSH-Tunnel abzusichern. Selbst VPNs lassen sich mit SSH umsetzen. SSH steht damit in Konkurrenz zu SSL/TLS, das ebenfalls eine Tunnelung ermöglicht und als Grundlage für VPNs verwendet werden kann. Aus technischer Sicht liegt der Hauptunterschied darin, dass SSH relativ einfache Zertifikate verwendet, die von keiner PKI unterstützt werden, während bei der Nutzung von SSL/TLS X.509-Zertifikate verwendet werden, die eine Integration mit gängigen PKI-Lösungen ermöglicht.

Fallstricke

SSH bezeichnet nicht nur eine Software, sondern auch das dazugehörige Protokoll. Derzeit existieren zwei Protokoll-Versionen, SSH-1 und SSH-2. Beide Versionen sind zueinander inkompatibel. SSH-1 nutzt mit CRC-32 einen kryptografisch ungeeigneten Integritätsmechanismus, der es erlaubt, beliebigen Inhalt in die SSH-Kommunikation einzuschleusen.[37] Ein Fix zur Behebung der Schwachstelle führte zu einer weiteren Schwachstelle. Mit SSH-2 wurde das Protokoll von Grund auf neu entworfen und modularisiert (ähnlich wie bei SSL/TLS), dabei wurden alle bekannten Schwachstellen auf Design-Ebene behoben. SSH-2 gilt als sicher, von der Verwendung von SSH-1 wird dagegen dringend abgeraten. Betreiber und IT-Verantwortliche sollten dafür sorgen, dass SSH-Dienste so konfiguriert sind, dass Verbindungen nur über SSH-2 möglich sind.

37 Siehe CVE-1999-1085.

Da SSH keine PKI-Unterstützung mitbringt, müssen die Anwender selbst dafür sorgen, dass die relevanten öffentlichen Schlüssel auf vertrauenswürdige Weise übertragen werden. Hierzu sollte beim Erstkontakt zu einem System die Schlüsselprüfsumme (Fingerprint) abgeglichen werden. Andernfalls besteht die Gefahr eines Man-in-the-Middle-Angriffs. Diese Angriffe lassen sich automatisieren. Auch interne Netze sind betroffen, wenn keine Maßnahmen gegen ARP-Spoofing u. Ä. ergriffen wurden.

11.8.6 Überwachung des Netzwerkverkehrs

Neben rein präventiven Methoden ist in vielen Szenarien auch ein Ansatz gangbar, indem der Verkehr überwacht und auf Anomalien reagiert wird. Verschiedene Produkte bieten eine Überwachung des Netzwerkverkehrs an. Auf Link-Ebene kann überwacht werden, ob ARP- (IPv4) bzw. ND-Antworten (IPv6) sowie DHCP- bzw. DHCPv6-Pakete oder auch STP-Pakete plausibel und legitim sind. Auf Netzwerk-Ebene kann überwacht werden, ob Antworten auf DNS- oder NTP-Anfragen plausibel und legitim sind. Darüber hinaus kann der Verkehr auf ungewöhnliche Aktivitäten wie Portscans, Paketstürme oder den unautorisierten Einsatz von Managementprotokollen wie SNMP überwacht werden. Im Fall von IPv6 ist zu beachten, dass bei exzessiver Nutzung von Header-Erweiterungen (s. u.) die Payload eines IP-Pakets (einschließlich des sogenannten Upper Layer Protocol Headers, also bspw. des TCP-Headers) die Analyse von Paketen nicht trivial ist.

Verschiedene Reaktionen sind denkbar, wenn Anomalien erkannt werden:

- Protokollierung und Alarmierung
- Sperrung des Ports oder Entfernung aus dem LAN
- Versand von Korrekturpaketen

Insgesamt stellt die Überwachung mit geeigneter Reaktion eine der effektiveren Gegenmaßnahmen gegen Angriffe im LAN dar. Viele Präventionsmechanismen auf Grundlage von kryptografischen Methoden erfordern eine PKI oder eine vorab durchzuführende Verteilung von Schlüsseln. Zudem müssen alle beteiligten Produkte diese Maßnahmen implementieren – dies ist bei einer Überwachung des Verkehrs nicht der Fall.

Technische Grenzen der Überwachung

Eine zentrale Überwachung des Netzwerkverkehrs ist nur möglich, solange der Umfang des zu überwachenden Verkehrs ein gewisses Maß nicht übersteigt. Ab einem bestimmten Verkehrsaufkommen ist eine vollständige Überwachung technisch extrem aufwendig und wirtschaftlich nicht mehr sinnvoll. Dann hilft neben Präventivmaßnahmen nur noch eine Netzarchitektur, mit der die Wirkung von Angriffen eingedämmt wird.

11.9 Netzarchitektur

11.9.1 Einteilung des Netzes in Zonen

Die Einteilung eines Netzwerks in verschiedene *Segmente* bedeutet die Aufteilung von Gesamtnetzwerken in logisch oder physisch getrennte Netzbereiche. Ursprünglich hatte eine Netzwerksegmentierung vor allem das Ziel, die Verwaltung der Netzwerke zu vereinfachen und deren Performance zu steigern,[38] ohne dabei die Kommunikation einzuschränken. Heutzutage soll durch eine Netzwerksegmentierung eher die Sicherung und gegenseitige Abschottung von Netzen erreicht werden. Hierbei soll nur definierte und freigegebene Kommunikation technisch zugelassen werden. In Abgrenzung zur Segmentierung eines Netzes in Broadcast-Domänen wird die Einteilung eines Netzes aus Sicherheitsgründen als *Zonierung* bezeichnet, wobei eine Zone auch mehrere Segmente enthalten kann.

Nebenbei ist jedoch auch die bloße Segmentierung bereits eine wirksame Maßnahme gegen Angriffe auf Link-Layer: Viele Man-in-the-Middle-Angriffe setzen auf ARP-Spoofing auf. ARP-Spoofing ist über Segmentgrenzen hinweg jedoch nicht möglich. Somit kann durch Segmentierung bereits eine große Klasse von Angriffen verhindert oder erschwert werden.

In der Praxis findet man in kleineren Organisationen häufig ein flaches internes Netz oder eine Gruppe von internen Netzen, die keinerlei gegenseitigen Zugangsbeschränkungen unterliegen. Oft kann dabei von jedem beliebigen System im Netz jedes andere System im Netz erreicht werden. Eine geeignete Aufteilung des internen Netzes in verschiedene Zonen und Gruppierung der Systeme nach Funktion, Vertrauenswürdigkeit und Schutzbedarf, mit entsprechenden Zugangsbeschränkungen zwischen den Zonen bewirkt, dass

- Vorfälle und daraus folgende Schäden in ihrer Wirkung deutlich begrenzt werden
- Angriffe auf Link-Ebene wie etwa Man-in-the-Middle-Angriffe durch ARP-Spoofing eingeschränkt werden
- die Sichtbarkeit kritischer Systeme erheblich eingeschränkt wird

Das Konzept der DMZ[39] wird also auch nach innen fortgeführt. Mit internen Zonen können in einigen Fällen auch datenschutzrechtliche Vorgaben erfüllt werden. Wird bspw. VoIP genutzt, dann muss der Betreiber geeignete Maßnahmen ergreifen, um das Fernmeldegeheimnis zu wahren. Gespräche einer Sprachübertragung im allgemeinen LAN können mit Werkzeugen wie ettercap und Wireshark relativ leicht abgehört werden – Anleitungen hierfür sind öffentlich im Web verfügbar. Wird VoIP in einer eigenen Netzwerkzone betrieben, dann steht ein Angreifer vor höheren Hürden.

Die Einteilung eines Netzes in verschiedene Zonen erfordert jedoch, dass eine zentrale interne Firewall das langfristig zu erwartende interne Verkehrsaufkommen bewältigen können muss. Alternativ können statt einer zentralen Firewall mehrere dezentrale Firewalls eingesetzt werden. Darüber hinaus kann die Einteilung in Zonen sowie die Bestimmung von passgenauen Zugangsregeln einigen Recherche- und Administrationsaufwand erfordern. Für eine rigorose Definition der zulässigen Kommunikation zwischen verschiedenen

38 Zum Beispiel. weniger Overhead durch kleinere Broadcast-Domänen.

39 Siehe Abschnitt 12.3.3.

Zonen muss konkret ermittelt werden,[40] welche Systeme wie miteinander kommunizieren dürfen, d.h.

- die IP-Adressen und Netze der beteiligten Systeme
- die verwendeten Ports oder Port-Bereiche
- die erforderlichen Protokolle und die zugelassenen Protokoll-Befehle

Praxisprobleme der Netzsegmentierung

In der Praxis treten bei der Ermittlung der notwendigen Informationen aufgrund der Komplexität der geforderten Kommunikationsverbindungen regelmäßig Probleme auf. Der personelle Aufwand für die notwendigen Recherchen und die Pflege der Zugriffsregeln ist oft nicht vernachlässigbar und sollte durch geeignete Werkzeuge unterstützt werden.

Die Aufgabe wird zusätzlich dadurch erschwert, dass es in der Praxis gelegentlich weder Ansprechpartner noch geeignete Dokumentation für die betrachteten Systeme und Anwendungen gibt. Zudem wird man in manchen Fällen feststellen, dass die Entwickler recht großzügig mit Port-Bereichen umgegangen sind, wodurch eine Einschränkung auf die erforderlichen Ports kaum noch sinnvoll ist. Wenn eine detaillierte Recherche nicht möglich ist, soll dennoch nicht auf Regeln verzichtet werden – der Zuschnitt der Zugriffsregeln muss dann gröber ausfallen.

Die Beschränkung der Kommunikation durch Einteilung in Zonen ist eine der zentralen Maßnahmen zur Absicherung einer IT-Landschaft. Diese Maßnahme bietet jedoch nur Schutz auf den unteren Protokollschichten. Auch im Rahmen der zulässigen Kommunikation kann noch Malware übertragen werden. Beispielsweise könnte innerhalb einer zulässigen SQL-Verbindung im Datenstrom ein Wurm wie der historische »SQL-Slammer« übertragen werden. Geeignete Schutzmaßnahmen auf höheren Protokollschichten bleiben daher auch bei einer Netzwerkzonierung notwendig.

Best Practice

Allgemeingültige Regeln können hier nicht gegeben werden, doch in erster Näherung sollte wenigstens eine Aufteilung der Netze in Client- und Serverbereiche (Abb. 11.3) erfolgen. Wenn möglich, sollten zudem Netzwerkzonen für die folgenden Systemgruppen eingerichtet werden:

- kritische Server (»Kronjuwelen«)
- weniger kritische Server
- extern sichtbare Server (die »klassische« DMZ)
- Produktion, hier finden sich oft Altanwendungen und Systeme, die typischerweise keine oder nur schwache Schutzmaßnahmen aufweisen
- Peripheriegeräte, wie Drucker und Scanner, die oft nur schwache Sicherheitsmechanismen aufweisen und gleichzeitig in öffentlich oder semi-öffentlich zugänglichen Bereichen stehen

40 Um diese Informationen geregelt zu erfassen, freizugeben und in einer Firewall zu pflegen, sind organisatorische Prozesse zur Erfassung, Freigabe, Umsetzung und Abnahme von Kommunikationsanforderungen notwendig.

- Clients nach Funktionen oder Abteilungen getrennt, z. B. Geschäftsführung, Personal, Marketing, Entwicklung usw.
- VoIP-Telefone
- VoIP-Server
- Entwicklungs- und Testsysteme
- nicht vertrauenswürdige Geräte, z. B. »Bring Your Own Device«
- Geräte externer Benutzer
- Geräte von Gästen und Besuchern

Abbildung 11.3: Beispiel für Client-Segmentierung

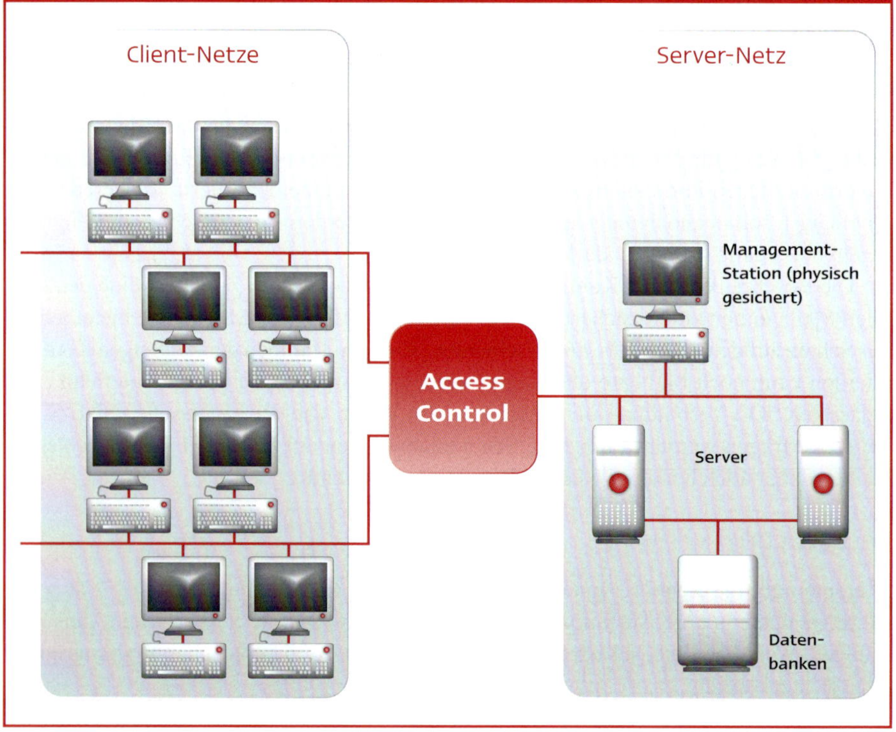

11.9.2 Zugriffskontrolle auf Switchen

Eine weitere Möglichkeit zur Zugriffskontrolle besteht darin, Zugriffskontrolllisten auf den Edge-Switches einzusetzen. Beim Einsatz von VLANs (s. u.) mit großen zentralen Switchen, oft als Core-Switche bezeichnet, ist dies eine Alternative zur Zonierung über Netzwerksegmente. Hierbei wird auf den zentralen Switchen hinterlegt, welcher Verkehr auf welchen Ports bzw. für welche MAC-Adressen zulässig ist. Für die verschiedenen Gruppen von Systemen können Profile definiert werden, die dann bspw. im Rahmen einer 802.1X-Authentisierung aktiviert werden.

Der Vorteil dieser Lösung besteht darin, dass keine zentralen Firewalls mehr benötigt werden, über die der gesamte Verkehr der Core-Switche geschleift werden muss. Die Firewall-Funktionalität wird stattdessen in die Edge- oder Core-Switche integriert. Dies hat außerdem den Vorteil gegenüber herkömmlichen Firewalls, dass für Filterregeln auch Kenntnisse der Gegebenheiten auf Link-Layer genutzt werden können.

11.9.3 Virtuelle LANs

Virtuelle LANs (VLANs) sind zunächst ein Mechanismus zur Nutzung mehrerer LANs über dasselbe physische Medium.[41] Die Einteilung in VLANs erfolgt auf Link-Layer.

Um eine Zonierung nach Abschnitt 11.9.1 zu realisieren, sind VLANs auch aus Sicherheitssicht interessant. VLANs ermöglichen es, schnell und unkompliziert ein Netzwerksegment einzurichten. Ein verbreiteter Ansatz zur Umsetzung von VLANs in ethernetbasierten Netzen ist der IEEE-Standard 802.1Q. Hierbei wird den Ethernet-Frames ein zusätzliches 32-Bit-Feld (das VLAN-Tag) vor dem Ether-Type-Feld eingefügt. Von diesen 32 Bits werden 12 Bits für die VLAN-ID verwendet. Die VLAN-IDs 0 und 4095 sind üblicherweise reserviert, somit sind 4094 VLANs parallel nutzbar. Werden mehr VLANs parallel benötigt, dann kann auf Double Tagging zurückgegriffen werden (IEEE 802.1ad). Weitere vier Bits können für Quality of Service auf der Ebene von VLANs genutzt werden. Die grundsätzliche Vorgehensweise beim VLAN-Tagging sieht – vereinfacht dargestellt – folgendermaßen aus: Endgeräte sind typischerweise an einem sogenannten Edge-Port des Switches angeschlossen. Sendet ein Endgerät einen Frame an den Switch und enthält der Frame bereits ein VLAN-Tag, dann wird der Frame in der Regel verworfen (s. u. *Best Practice für VLANs*). Andernfalls: Ist der entsprechende Switch-Port einem VLAN zugewiesen, dann wird in den Frame ein VLAN-Tag mit der entsprechenden VLAN-ID eingefügt. Ist der Switch-Port keinem VLAN zugewiesen, dann wird die Default VLAN-ID verwendet, typischerweise VLAN-ID 1. Daher ist es keine gute Idee, die VLAN-ID 1 für ein produktives VLAN zu vergeben, da es sonst möglich ist, dass unerwünschte Systeme diesem VLAN zugeordnet werden.

Der erweiterte Frame wird über einen sogenannten Trunk-Port weitergeleitet. Ein solcher Port erlaubt den Versand von Frames aus beliebigen VLANs,[42] denn alle anderen Ports erlauben nur den Versand von Frames mit der dafür konfigurierten VLAN-ID. Typischerweise sind alle Switche eines Netzes über Trunk-Ports miteinander verbunden. Erreicht der Frame den Switch, an den das Zielsystem angeschlossen ist und befindet sich dieses in dem VLAN, das der VLAN-ID entspricht, dann wird das VLAN-Tag wieder entfernt und der Frame als gewöhnlicher Frame zugestellt. In der Praxis können verschiedene Details, auf die hier nicht weiter eingegangen wird, eine komplexere Vorgehensweise zur Folge haben.

Die Zuordnung eines Frames zu einem VLAN erfolgt aufgrund der VLAN-ID. Bei freier Wahl eines VLAN Tags bzw. der VLAN-ID könnte ein System unkontrolliert jedes beliebige VLAN betreten. Daher darf das Tag nur von vertrauenswürdigen Geräten vergeben werden. Typischerweise handelt es sich hierbei um die Switche, an die die End-

41 Eine brauchbare Einführung mit Verweisen auf weiteres Material ist unter *https://searchnetworking.techtarget.com/tutorial/VLAN-guide-for-networking-professionals* erhältlich.

42 Tatsächlich erlauben moderne Switche die Konfiguration der zulässigen VLAN-IDs auf einem Trunk-Port, was zu einer besseren Kontrolle führt.

geräte angeschlossen sind, und nicht etwa die Endgeräte selbst. Die ursprüngliche Idee bestand darin, nach einer Authentisierung, etwa auf Grundlage von MAC-Adressen der angeschlossenen Geräte oder auf Grundlage von 802.1X, den Switch-Port einem VLAN zuzuweisen. Dieses Schema ist jedoch zu starr, denn beim zunehmend üblichen Einsatz von virtuellen Maschinen auf Endgeräten müssen die Gäste gegebenenfalls in unterschiedliche VLANs gestellt werden. Moderne Systeme erlauben das Tagging von Frames aufgrund der MAC-Adresse, allerdings kann dann durch MAC-Spoofing gezielt ein anderes VLAN betreten werden. Unter diesen Bedingungen stellt der Einsatz von VLANs keinen Sicherheitsgewinn dar, wenn die angeschlossenen Geräte nicht vertrauenswürdig sind.

Unabhängig davon sollte Verkehr zwischen zwei VLANs stets über einen Router oder eine Firewall, also auf Network-Layer erfolgen, um Zugangsbeschränkungen durchzusetzen. Sind zwei VLANs direkt auf Link-Layer miteinander verbunden, dann entspricht dies einer Überbrückung (Bridging), und die Unterscheidung zwischen den beiden VLANs ist dann im Wesentlichen überflüssig.

VLAN-Management

VLANs können entweder explizit manuell oder über Management-Protokolle konfiguriert werden. Drei Punkte sind dabei relevant:

- Welche Ports werden als Trunk-Ports konfiguriert? Ist ein Switch-Port für Auto-Trunking konfiguriert, dann kann dies mit der an dem Port angeschlossenen Gegenstelle ausgehandelt werden. IEEE 802.1Q sieht hier das Dynamic Trunking Protocol (DTP) vor. Dieses Protokoll enthält keinerlei Sicherheitsmechanismen und könnte somit von beliebigen Systemen mit beliebigem Inhalt verwendet werden. Dies untergräbt jedwede Sicherheit, die durch Aufteilung eines LANs in virtuelle LANs erreicht werden soll, da sich ein Angreifer damit Zugang zu allen verfügbaren VLANs verschaffen kann. Trunk-Ports sollten aus Sicherheitssicht statisch und explizit bestimmt werden, siehe *Best Practice für VLANs* weiter unten.
- Welche VLANs werden über einen Trunk transportiert? Dies kann über Protokolle wie das Multiple VLAN Registration Protocol (MVRP) ausgehandelt werden. Auch dieses Protokoll sieht keine Sicherheitsmechanismen vor, und auch hier gilt, dass die Zuordnung explizit und statisch vorgenommen werden sollte.
- Wie sieht eine schleifenfreie Topologie für ein VLAN aus? Hier kommt STP oder RSTP zum Einsatz.

Best Practice für VLANs

Bedrohungen und Angriffsmöglichkeiten

Da VLANs dazu verwendet werden, ein physisches LAN in weitere logische LANs zu unterteilen, besteht die Hauptbedrohung im sogenannten VLAN-Hopping. Dabei versucht der Angreifer, aus dem ihm zugewiesenen VLAN auszubrechen und auf Link-Ebene in ein anderes VLAN zu gelangen. Neben direkten Angriffen auf die Switche sind hier drei Fälle denkbar:

- Wird die VLAN-ID auf Grundlage der MAC-Adresse eines Endgeräts zugewiesen, dann kann MAC-Spoofing dafür verwendet werden, um in ein anderes VLAN zu gelangen. Hierzu müsste ein Angreifer die MAC-Adresse eines entsprechend berechtigten Geräts raten; dies kann bspw. durch Brute-Force-Raten erfolgen. Ein derartiger Angriff ist jedoch bei geeigneter Überwachung leicht zu bemerken. Eine andere Möglichkeit besteht darin, die MAC-Adresse eines Geräts im Ziel-VLAN auf andere Weise zu beschaffen – bspw. haben die IP-Telefone vieler Hersteller ihre MAC-Adresse auf dem Typenschild aufgedruckt. Gegebenenfalls kann die MAC-Adresse eines Geräts des Ziel-VLANs auch dadurch in Erfahrung gebracht werden, indem es physisch an ein Analysegerät angeschlossen wird.
- Erhält ein Angreifer Zugang zu einem Trunk-Port, dann kann sich der Angreifer hierüber Zugang zu weiteren VLANs verschaffen. Daher sollten Switche physisch gesichert untergebracht und Auto-Trunking deaktiviert werden.
- Eine weitere Möglichkeit besteht in der Double-Encapsulation. Hierfür ist jedoch eine Voraussetzung notwendig: Der Switch-Port des Angreifers muss demselben VLAN zugewiesen sein wie die Trunk-Ports. In diesem Fall kann der Angreifer Frames an den Switch senden, die zwei VLAN-Tags enthalten – erst das Tag für das Trunking-VLAN, gefolgt von dem Tag für das Ziel-VLAN. Der Switch wird das erste Tag aus den Frames entfernen, da dieses Tag zum Versand über den Trunk nicht benötigt wird. Es verbleiben Frames mit dem Ziel-VLAN. Dieser Angriff funktioniert nur unidirektional, da Antworten den Angreifer nicht erreichen können. Die Wirkung ist daher eingeschränkt, kann aber ausreichen, um Störungen am Zielsystem zu verursachen oder nachfolgende Angriffe zu ermöglichen. Der Angriff kann durch verschiedene Maßnahmen verhindert werden, die unter *Maßnahmen* beschrieben sind.

Neben dem VLAN-Hopping sind Störungen durch missbräuchliche Verwendung von VLAN-Management-Protokollen denkbar.

Maßnahmen

Die folgenden Punkte sollten beim Einsatz von VLANs beachtet werden:

- Die beteiligten Switche müssen vor unbefugtem Zugang geschützt werden.
- Schwachstellen der Switche selbst müssen beobachtet und zeitnah durch Patchs behoben werden.
- Die Managementzugänge zu den Switches (SSH, HTTPS, SNMP usw.) sollten angemessen abgesichert und in einem eigenen VLAN betrieben werden. Die Grundeinstellungen an den Switches sollten bei der Installation angepasst und Berechtigungsinformationen wie Passwörter angemessen vergeben werden.
- Das Default VLAN, typischerweise das mit der VLAN-ID 1, sollte nicht genutzt werden, und für das Default VLAN sollte kein Verkehr zugelassen werden.
- Alle Trunk-Ports sollten auf allen Switches dieselbe VLAN-ID erhalten. Diese VLAN-ID sollte nicht für andere Zwecke verwendet werden.
- Alle Trunks sollten so konfiguriert werden, dass nur Frames von ausgewählten VLANs über die jeweiligen Trunks weitergeleitet werden; ungenutzte VLANs sollten ausgeschlossen werden.
- Alle Ports, die nicht explizit für Trunking verwendet werden, d. h., die nicht an einen anderen Switch angeschlossen sind, sollten fest als Non-Trunking konfiguriert werden.

- Auto-Trunking sollte nicht eingesetzt werden, die entsprechenden Funktionen und Protokolle sollten deaktiviert werden.
- Frames, die einen Switch über einen Edge-Port erreichen und die bereits ein VLAN-Tag enthalten, sollten verworfen werden.
- Ungenutzte Ports sollten deaktiviert und einem ungenutzten VLAN zugewiesen werden.
- VLAN-Management-Protokolle und STP sollten nur verwendet werden, wenn dies erforderlich ist. Ist dies der Fall, dann sollten diese Protokolle nur dann verarbeitet werden, wenn sie über einen Trunk-Port empfangen werden. Die Switches mancher Hersteller sehen Schutzmaßnahmen gegen Angriffe auf STP vor, diese sollten genutzt werden.[43]
- Wird STP genutzt, dann sollte für jedes VLAN, für das STP notwendig ist, ein eigener Spanning Tree verwendet werden.

Weitere Form virtueller LANs – virtuelle Switche

In virtualisierten Umgebungen werden nicht nur Serversysteme virtualisiert betrieben, es werden meist auch virtuelle Switche konfiguriert und genutzt. Dies kann in der Praxis zu Problemen führen, wenn die Administration nicht durch versierte Netzwerkadministratoren erfolgt und die Switche von Personal, das sich schwerpunktmäßig nur mit Serverbetriebssystemen auskennt, konfiguriert wird. Die Administratoren der Virtualisierungsinfrastruktur (vgl. auch Kap. 21) benötigen auch Netzwerkkenntnisse – oder es sollte eine Rollentrennung definiert werden und die Verwaltung virtueller Switche/Netze nur durch Netzwerkadministratoren erfolgen. Über die Rollenmodelle der meisten Virtualisierungsplattformen kann dies abgebildet werden.

11.9.4 Network Address Translation

Network Address Translation (NAT) und die damit verwandte Network Address and Port Translation (NAPT) sind primär Konstruktionen zum Umgang mit der Adressknappkeit unter IPv4. NAT bringt verschiedene Nebenwirkungen mit sich, darunter auch solche mit Bezug auf die Netzwerksicherheit.

NAT wirkt sich auf alle Protokolle und Mechanismen aus, die eine IP-Adresse transportieren, bspw. SIP, oder die den IP-Header authentisieren, bspw. IPsec. Damit diese Protokolle unter NAT eingesetzt werden können, müssen spezielle Hilfsmechanismen bereitgestellt werden. Auf diese wird hier nicht weiter eingegangen.

Es wird zwischen verschiedenen Formen von NAT unterschieden, je nachdem, ob Adressen eins zu eins übersetzt werden oder ob ein ganzes lokales Netzwerk auf eine routbare IP-Adresse abgebildet wird. Letzteres wird als One-to-Many NAT oder auch Cone NAT bezeichnet. Alle Formen von One-to-Many NAT bewirken eine Dehnung des IP-Adressraums, wenn die Systeme im lokalen Netz mit privaten Adressen nach RFC 1918 konfiguriert wurden.

43 Diese Maßnahmen sind je nach Switch-Hersteller unter den Bezeichnungen BDPU protection, BDPU Guard, Root Guard, Loop Guard bekannt. BDPU: Bridge Protocol Data Unit.

NAT als Quasi-Firewall

NAT hat eine Firewall-ähnliche Wirkung, wenn ein ganzes Netz auf eine einzige IP-Adresse abgebildet wird. Ohne Port-Weiterleitung ist die NAT-Engine im Grundzustand so konfiguriert, dass kein Kommunikationskanal von außen in das lokale Netz führt. Portscans, Kommunikationsversuche usw. terminieren an der NAT-Engine. Erst auf Initiative eines Systems im lokalen Netz wird ein Kanal nach außen etabliert. Wenn das entsprechende Protokoll und die Portnummer bekannt sind, dann wäre es möglich, dieses System gezielt von außen anzusprechen. Daher ist die NAT-Engine in der Regel zusätzlich mit einer Firewall gekoppelt. Diese sorgt dafür, dass nur im Kontext des etablierten Kanals Pakete von außen an das System weitergeleitet werden, sodass nur die beabsichtigte Gegenstelle mit dem lokalen System kommunizieren kann.

NAT zur Quasi-Anonymisierung

Alle Formen von One-to-Many NAT führen zu einer Anonymisierung der IP-Adressen von Systemen im lokalen Netz, da die IP-Adressen aller Systeme auf eine IP-Adresse abgebildet werden, es kann von außen nicht zwischen einzelnen Systemen unterschieden werden – solange die IP-Adresse das *einzige* zur Verfügung stehende Unterscheidungsmerkmal ist.

Grenzen von NAT

Im Rahmen der zunehmend akuten Adressknappheit von IPv4 wird – auch als Strategie zur Verzögerung der Einführung von IPv6 – der Einsatz von mehrstufigem NAT diskutiert und erprobt. Dies wird auch als Carrier Grade NAT (CGN) bezeichnet. Diese Ausweichstrategie ist jedoch fehlgeleitet und macht die IPv6-Einführung nur teurer. Erstens ist NAT eine Hilfskonstruktion, die die Netzwerkfehlerdiagnose bereits mit einer Stufe erschwert. Zweitens steigen der Aufwand und die Komplexität im Fall von Protokollen und Mechanismen wie SIP bzw. IPsec, da hier auch die Hilfskonstruktionen entsprechend mehrstufig ausgelegt werden müssen. Und schließlich sollte auch bedacht werden, dass die Bandbreite in Bezug auf die Anzahl der etablierten Kanäle begrenzt ist – mehr als 65535 TCP- oder UDP-Ports können an der NAT-Engine nicht gleichzeitig offen sein. Mit One-to-Many NAT wird der Portbereich für TCP, UDP usw. auf die lokalen Systeme aufgeteilt. Belegen bspw. alle Systeme in einer Sitzung jeweils 100 Verbindungen parallel – dieses Limit wird beim Surfen auf Webseiten mit vielen Skripten und Abbildungen oder dem Einsatz von AJAX mühelos erreicht –, dann können theoretisch maximal 655 Systeme parallel eine vollständige Sitzung mit Verbindung zum Internet betreiben.

11.9.5 Software Defined Networking (SDN)

Der Vollständigkeit halber soll noch kurz auf eine neue Form der Netzwerkimplementierung eingegangen werden. Hierbei wird ein neuer Ansatz verfolgt, in dem die Logik und die Funktionen von Netzwerkgeräten weg von den einzelnen Knotenpunkten hin zu einer zentralen Infrastruktur/Server-Instanz verschoben werden. Die Hardware-Netzwerk-Devices werden hierbei einfach austauschbar, da sie nur über recht grundlegende Eigenschaften verfügen müssen. Das Netzwerk wird über einen oder mehrere zentrale Controller gesteuert, die sämtliche Logikfunktionen erbringen. Die Kommunikation mit den einzelnen Geräten ist kryptografisch abgesichert. Änderungen im Netzwerk werden über den Controller etabliert, die Funktion der einzelnen Hardware-Geräte wird auf das Sperren oder Weiterleiten der Datenpakete beschränkt. Somit können auch Hardware-Gerätschaften verschiedener Hersteller kombiniert werden, ohne mit Inkompatibilitäten wie bei herkömmlichen Switchen und Routern rechnen zu müssen. Es wird zwischen einer Kontrollebene (Logik, Server) und einer Datenebene (Hardware, Komponenten ohne eigene Logik) unterschieden. Die Netzwerkkonfiguration kann dadurch recht dynamisch an die Anforderungen angepasst werden. Aus Sicherheitssicht müssen die Konfiguration der Controller und die Absicherung der Kommunikation mit den Einzelgeräten besonders beachtet werden.

Zusammenfassung

Netzwerkdienste werden durch ein teilweise kaum zu durchschauendes Konglomerat aus Netzwerkprotokollen umgesetzt. Viele dieser Protokolle wurden ohne Sicherheitsmechanismen entworfen. Andere Protokolle wurden mit unzureichenden Sicherheitsmechanismen versehen, in den meisten Fällen handelt es sich um einen bestenfalls unüberlegten Einsatz kryptografischer Methoden.

Von den Protokolldesignern wird dabei oft übersehen, dass der Einsatz kryptografischer Methoden ein vertrauenswürdiges und zugleich auch praktikables Schlüsselmanagement erfordert. Viele Sicherheitsmechanismen scheitern wegen Untauglichkeit für die Praxis und werden daher nicht eingesetzt. Darüber hinaus kann ein unbedachter Einsatz kryptografischer Methoden neue Angriffsvektoren eröffnen oder er wird den praktischen Herausforderungen nicht gerecht, z. B. IPsec mit Multicast. Sicherheitsmechanismen, die über den Einsatz kryptografischer Methoden hinausgehen, sind rar gesät.

Die Praxis zeigt, dass effektive Sicherheit nicht nur in dem Einsatz kryptografischer Methoden liegt. Mindestens genauso wichtig sind der Entwurf und die Umsetzung geeigneter Netzwerkarchitekturen und die Auswahl von Maßnahmen zur Erkennung von und zur Reaktion auf Angriffe sowie zur Eindämmung von deren Wirkung.

Wie auch beim Systemdesign allgemein gilt, dass eine durchdachte Mischung verschiedener Verteidigungsstrategien zu den widerstandsfähigsten Netzwerkarchitekturen führt. Bis eine allgemein brauchbare Lösung zur Sicherung von Netzwerken gefunden wird und die dafür notwendigen Infrastrukturen etabliert sind, bleibt es den IT-Verantwortlichen überlassen, sich aus zahllosen Best-Practice-Empfehlungen die für sie geeigneten Maßnahmen herauszusuchen. Wegen der sehr hohen Komplexität der Aufgabestellungen sind präzise Konfigurationsvorgaben, klar definierte Betriebsprozesse und sorgfältig arbeitende Mitarbeiter wesentliche Voraussetzungen, um ein definiertes Sicherheitsniveau zu erreichen.

Literatur

[ABPPS13] *AlFardan, N. J. et al.:* On the Security of RC4 in TLS, Tagungsband zu USENIX Security '13, 2013

[BSI 2009] *Schütz, M. et al.:* Kurzstudie zu Gefährdungen und Maßnahmen beim Einsatz von MPLS, Bundesamt für Sicherheit in der Informationstechnik, 2009

[BVA 2013] *Schmoll, C. et al.:* IPv6 – Migrationsleitfaden für die öffentliche Verwaltung, Bundesverwaltungsamt, 2013

[DuRi13] *Duong, T; Rizzo, J.:* Here Comes the + Ninjas, 2013; *https://bug665814.bugzilla.mozilla.org/attachment.cgi?id=540839* (Stand: 17.01.2024)

[Hagen09] *Hagen, S.:* IPv6 – Grundlagen, Funktionalität, Integration, 2. Auflage, Sunny Edition, 2009

[Hamdy13] *Hamdy, S.:* IPv6 – Die grundlegenden Funktionen, Bedrohungen und Maßnahmen, Secorvo White Paper, 2013

[ISO 7498-1] *International Organization for Standardization (ISO):* ISO/IEC 7489-1 – Information Technology – Open Systems Interconnection – Basic Reference Model: The Basic Model, 1994

[Lyon09] *Lyon, G. »Fyodor«:* Nmap Network Scanning, Insecure Press, 2009

[RFC 1918] *Rekhter, Y. et al.:* Address Allocation for Private Internets, IETF, 1996

[RFC 2827] *Ferguson, P.; Senie, D.:* Network Ingress Filtering: Defeating Denial of Service Attacks which employ IP Source Address Spoofing, IETF, 2000

[RFC 3118] *Droms, R.; Arbaugh, W.:* Authentication for DHCP Messages, IETF, 2001

[RFC 3286] *Ong, L.; Yoakum, J.:* An Introduction to the Stream Control Transmission Protocol (SCTP), IETF, 2002

[RFC 3833] *Atkins, D; Austein, R.:* Threat Analysis of the Domain Name System (DNS), IETF, 2004

[RFC 3704] *Baker, F.; Savola, P.:* Ingress Filtering for Multihomed Networks, IETF, 2004

[RFC 3828] *Larzon L.-A. et al.:* The Lightweight User Datagram Protocol (UDP-Lite), IETF, 2004

[RFC 4336] *Kohler, E.; Handley, M.; Floyd, S.:* Problem Statement for the Datagram Congestion Control Protocol (DCCP), IETF, 2006

[RFC 4340] *Kohler, E.; Handley, M.; Floyd, S.:* Datagram Congestion Control Protocol (DCCP), IETF, 2006

[RFC 4895] *Tuexen, M. et al.:* Authenticated Chunks for the Stream Control Transmission Protocol (SCTP), IETF, 2007

[RFC 4941] *Narten, T.; Draves, R.; Krishna, S.:* Privacy Extensions for Stateless Address Autoconfiguration in IPv6, IETF, 2007

[RFC 4960] *Stewart, R.:* Stream Control Transmission Protocol, IETF, 2007

[RFC 4963] *Heffner, J.; Mathis, M.; Chandler, B.:* IPv4 Reassembly Errors at High Data Rates, IETF, 2007

[RFC 5374] *Weis, B.; Gross, G.; Ignjatic, D.:* Multicast Extensions to the Security Architecture for the Internet Protocol, IETF, 2008

[RFC 6274] *Gont, F.:* Security Assessment of the Internet Protocol Version 4, IETF, 2011

[RFC 6335] *Cotton, M. et al.:* Internet Assigned Numbers Authority (IANA) Procedures for the Management of the Service Name and Transport Protocol Port Number Registry, IETF, 2011

[RIPE 554] *Käo, M.; Žorž, J.; Steffan, S.:* Requirements for IPv6 in ICT Equipment (RIPE-554), RIPE NCC, 2012

[Stocke10] *Stockebrand, B.:* IPv6 in Practice – A Unixer's Guide to the Next Generation Internet, Springer, 2010

12 Firewalls

Einleitung

Der Begriff *Firewall* wird oft als einer der ersten genannt, wenn man sich mit IT-Sicherheit oder spezieller mit Netzwerksicherheit beschäftigt. Daher ist es wichtig zu verstehen, dass Firewalls nur eine Komponente eines übergeordneten Netzwerk-Sicherheitskonzepts sind. Firewalls müssen unter anderem abgestimmt mit

- Konzepten der Netzsegmentierung
- Verfügbarkeitsanforderungen
- Konzepten zum Schutz des Netzzugangs
- VPN-Einsatz
- Verschlüsselungskonzepten
- Intrusion Detection/Intrusion Prevention

eingesetzt werden.[1] Im Weiteren werden zunächst einige Definitionen und Grundlagen dargestellt, bevor auf die Planung und Konzeption von Firewall-Systemen eingegangen wird.

12.1 Grundlagen von Firewalls

Eine Firewall ist eine Anordnung von Hard- und Softwarekomponenten, die zwischen Netzsegmenten mit in der Regel unterschiedlichem Schutzbedarf betrieben wird, um den Datenfluss zwischen den Segmenten zu kontrollieren. Das klassische Beispiel ist der Schutz eines Unternehmensnetzwerks vor dem potenziell unsicheren Internet. Ein weiteres Beispiel ist die Abkopplung von Netzbereichen mit erhöhtem Schutzbedarf, wie der Personalabteilung oder dem Vorstandsbereich, vom allgemeinen internen Netzwerk eines Unternehmens.

Die Kommunikation zwischen den Netzen darf dabei ausschließlich über das Firewall-System erfolgen. Dieses kontrolliert mittels eines konfigurierten Regelwerks den Datenfluss und lässt nur die gewünschte Kommunikation zu. Andere Kommunikationswege, die die Firewall umgehen, bspw. die Einwahl eines im LAN eingebundenen Client-Systems direkt in das Internet über LTE/5G oder WLAN, sind unzulässig und müssen durch geeignete Maßnahmen verhindert werden. Wird auf solchen »Nebenwegen« Schadsoftware eingeschleppt oder Daten nach außen verbracht, kann dies nicht durch die Firewall kontrolliert werden. Daher sind sie extrem gefährlich, sie können die Schutzfunktion der Firewall aushebeln.

Welche Kommunikationsverbindungen durch das Firewall-System zugelassen und welche unterbunden werden sollen, wird durch Sicherheitsrichtlinien definiert, der sogenannten *Firewall-Policy* (Firewall-Regelwerk).

1 Vgl. zu deren Aspekten auch die Kapitel 11 und 16.

12.1.1 Absicherung von Firewalls

An Firewall-Systeme werden eine Reihe von Anforderungen gestellt, damit sie ein hohes Sicherheitsniveau erreichen können. Beispielsweise sollte das Betriebssystem, auf dem die Firewall aufsetzt, gehärtet sein. Dies wird unter anderem durch Deaktivierung aller nicht benötigten Dienste und Accounts erreicht sowie durch eine restriktive Installation von ausschließlich benötigten Softwarekomponenten. Beide Maßnahmen verringern die potenzielle Angriffsfläche. Beispielsweise durch sogenannte *changeroot*-Mechanismen (Unix/Linux, vgl. Kap. 20) werden die Möglichkeiten eines Angreifers selbst bei einer erfolgreichen Übernahme eines einzelnen Dienstes oder einer einzelnen Softwarekomponente der Firewall weiter eingeschränkt.

Sowohl bei der Erstinstallation als auch im laufenden Betrieb sollten zeitnah Patchs und Security-Fixes getestet und installiert werden. Entsprechende Patch-Management-Prozesse sollten in ein übergreifendes Change-Management eingebunden werden. Appliance-Lösungen werden als integrierte Hard- und Software angeboten, ggf. auch als virtuelle Appliances, und haben den Vorteil, dass das Härten der Plattform und die Lieferung von relevanten Patchs für das Gesamtsystem vom Hersteller übernommen werden.

12.1.2 Regelwerk

Das Firewall-Regelwerk ist das zentrale Konfigurationsinstrument, um Firewalls wirkungsvoll einsetzen zu können. Im Regelwerk wird im Detail festgelegt, welche Kommunikation zugelassen wird und welche Verbindungen unterbunden werden. Je detaillierter ein Regelwerk erstellt und angepasst wird, umso mehr Sicherheit kann potenziell erreicht werden. Auf der anderen Seite fallen aber auch höhere Aufwände für die Konfiguration und den Betrieb an. Der Umfang des Regelwerks sollte also auf den Schutzbedarf unter Berücksichtigung der vorhandenen personellen Ressourcen abgestimmt sein.

Zur Erstellung eines geordneten Regelwerks ist es vorab sinnvoll, eine Kommunikationsmatrix der zulässigen Verbindungen aufzustellen. In einfachen Fällen könnte dies wie in Tabelle 12.1 dargestellt werden.

Die Regeln sollten so erstellt werden, dass nur die erforderliche Kommunikation zugelassen wird. Das wichtigste Design-Kriterium lautet daher:

»deny all, allow some«

Zusätzlich empfiehlt es sich, »Schmutzfänger«-Regeln vorzusehen, die bestimmte nicht zugelassene Verbindungen, bspw. NetBIOS-Broadcasts, ausfiltern und gezielt nicht protokollieren, um so die Logfile-Auswertung zu erleichtern.

Das Regelwerk der Firewall sollte über entsprechende organisatorische Prozesse zur Beantragung, Entscheidung über die Kritikalität und Auswirkungen, Implementierung, Abnahme und Dokumentation fortentwickelt werden. Die Regeln sollten aussagekräftig benannt werden, damit sowohl der Zweck einer Regel nachvollzogen werden kann als auch, wer welche Regel aus welchem Grund und wann eingerichtet hat.

Zusätzlich sollte das Regelwerk in sich konsistent und widerspruchsfrei sein; hierzu können entsprechende Werkzeuge genutzt oder in regelmäßigen Abständen Audits vorgesehen werden.

Bevor man sich mit Themen wie Kommunikationsmatrizen und Regelwerken beschäftigt, ist es wichtig, die zugrunde liegenden Netzwerkeigenschaften, insbesondere das Thema Netzwerksegmentierung, verstanden zu haben (vgl. Kap. 11).

Tabelle 12.1: Beispiel für eine einfache Kommunikationsmatrix

zu von	LAN	Internet	Dienste-Zone	Gäste-Zone
Testlabor	Nichts	Kein NetBIOS, ansonsten beliebig	Nichts	Nichts
LAN	n/a	POP3, POP3S, SMTP, SMTPS, FTP, SSH, HTTP, HTTPS, NTP, LDAP über TCP KEIN NetBIOS	POP3, POP3S, SMTP, SMTPS, FTP, SSH, HTTP, HTTPS, NTP, LDAP über TCP KEIN NetBIOS	POP3, POP3S, SMTP, SMTPS, FTP, SSH, HTTP, HTTPS, NTP, LDAP über TCP KEIN NetBIOS
Internet	Nichts	n/a	SMTP, HTTP, HTTPS	Nichts
Dienste-Zone	Nichts	SMTP	n/a	Nichts
Gäste-Zone	Nichts	HTTP, HTTPS, SMTP, POP3, SMTPS, POP3S	Nichts	n/a

12.2 Firewall-Typen

Grundsätzlich lassen sich Firewalls nach den folgenden Typen unterscheiden:

- Paketfilter (statisch oder dynamisch), Schichten 3 und 4 des OSI-Modells
- Application Level Gateways (ALG), Schichten 5 bis 7
- Hybrid-Firewalls (Kombination von Paketfilter und ALG), Schichten 3/4 und 5 bis 7
- Stealth Gateways (Einbindung über Schicht 2 des OSI-Modells)
- Unified Threat Management (UTM), Firewall mit weiteren Modulen wie IDS/IPS, VPN, Content-Filterung, oft auch als *Next-Generation Firewalls* bezeichnet
- Im Folgenden werden die wesentlichen Eigenschaften dieser Typen dargestellt.

12.2.1 Paketfilter

Paketfilter als historisch erste Art von Firewall-Systemen arbeiten auf den Schichten 3 und 4 des OSI-Modells und treffen basierend auf dem Regelwerk die Entscheidung über zulässige Verbindungen. Basis hierfür sind Quell- und Absender-IP-Adressen sowie die verwendeten Quell- und Ziel-Ports. In vielen Fällen werden Zustandstabellen geführt, sodass eine Zuordnung von Antwortpaketen auf vorher angefragte Verbindungen möglich ist (dynamische Paketfilterung). Dies ist in verbindungsorientierten Protokollen wie TCP innerhalb einer Verbindung einfach möglich. Bei verbindungslosen Protokollen wie UDP besteht allerdings kein Zusammenhang zwischen den einzelnen Paketen, die ein Kommunikationspartner sendet. Dieser Zusammenhang kann über eine in der Firewall geführte Tabelle hergestellt werden. Dadurch können auch bei verbindungslosen Protokollen Paketfolgen einander zugeordnet und bewertet werden. Dies wird auch als Stateful Firewall bezeichnet.

Eine Analyse der Inhalte von Paketen, bspw. ob eine TCP-Verbindung auf Port 80 tatsächlich HTTP-Verkehr enthält, findet nicht statt. Die Vor- und Nachteile von Paketfiltern sind in Tabelle 12.2 zusammengefasst.

Tabelle 12.2: Vor- und Nachteile von Paketfiltern

Vorteile Paketfilter	Nachteile Paketfilter
• Bewährtes, einfaches Konzept • Geringe Investitionen • **Einfache Implementation** • **Hoher Durchsatz** • **Oft in andere Komponenten integriert,** z. B. in Router oder Layer-3-Switchen als Access Control List (ACL)	• Paketfilter arbeiten gegebenenfalls verbindungs- und zustandslos • **Es erfolgt keine Prüfung des Paketinhalts. Es gibt keine benutzerbezogene Kontrolle**[2] • **Es wird nur auf Ebene der Portnummern gefiltert. Es wird nicht geprüft, ob der Inhalt für diesen Port zulässig ist.**

12.2.2 Application Level Gateway

Ein *Application Level Gateway* (ALG) überprüft und steuert die Kommunikation zwischen verschiedenen Netzbereichen auch auf der Inhaltsebene. Die Datenverbindungen werden im Gegensatz zum Paketfilter auf Anwendungsebene, zugeordnet zu den Schichten 5 bis 7 des OSI-Modells, überprüft und gesteuert. Beispielsweise kann überwacht werden, dass HTTP-Verbindungen auch HTTP-protokollkonform erfolgen. Ebenso könnte geregelt werden, welche FTP-Kommandos bei FTP-Verbindungen (z. B. PUT, GET) zugelassen werden. Auf diese Weise kann die Kommunikation zwischen Systemen noch genauer ein-

2 In der Regel werden IP-Adressen geprüft. Eine Steuerung, ob und welche Kommunikation für den einzelnen Nutzer zugelassen werden soll, erfolgt normalerweise nicht.

geschränkt und ein höheres Maß an Sicherheit geboten werden, als dies mit Paketfiltern der Fall ist. Allerdings sind hierfür höhere Hardware-Ressourcenanforderungen zu erfüllen. Die Vor- und Nachteile sind in Tabelle 12.3 zusammengefasst.

Tabelle 12.3: Vor- und Nachteile von Application Level Gateways

Vorteile Application Level Gateway	Nachteile Application Level Gateway
• Verbindungsorientiert • **Prüfung des Dateninhalts** • **Kontrollmöglichkeiten auf Anwendungsebene** • Spezielle Anwendungsfilter • Gute Protokollierung • **Benutzerauthentisierung wird unterstützt** • Einrichtung dedizierter Benutzergruppen mit Internetzugriff	• **Ein Proxy pro Anwendung notwendig** • Gegebenenfalls keine Proxies für neue oder individuelle Anwendungen verfügbar • Nicht alle Anwendungen unterstützen Proxies • Geringerer Durchsatz (im Vergleich zu Paketfiltern) • Höhere Investitionen (im Vergleich zu Paketfiltern)

Manchmal werden die Bezeichnungen *Application Level Gateway* (ALG) und *Proxy* synonym verwendet. Hier wird unterschieden zwischen Proxies, die eine reine Stellvertreterfunktion in Kommunikationsverbindungen einnehmen, und solchen, die auch Filterfunktionen auf den Schichten 5 bis 7 anbieten (ALG). In vielen Fällen stellen ALGs auch Proxy-Dienste bereit, z. B. für HTTP oder FTP.

12.2.3 Stealth Gateway

Ein Stealth Gateway wird auf Schicht 2 des OSI-Modells in das Netzwerk eingebracht, übernimmt aber die Steuerung und Regelung von Kommunikationsverbindungen auch auf höheren Schichten. Der Vorteil dieser Technik ist, dass ein Stealth Gateway von außen, d. h. bspw. aus dem Internet, prinzipiell nicht angreifbar ist: Da das System keine eigene IP-Adresse hat, über die es angesprochen werden kann, sind ein direkter Angriff und eine Erkennung nicht möglich (virtuelles »Nichtvorhandensein«). Ein versierter Angreifer wird lediglich anhand der unterbundenen Kommunikation oder der gegebenenfalls höheren Latenzzeiten auf die Existenz eines derartigen Geräts schließen können. Stealth Gateways werden auch in Zusammenhang mit Honeypots und Honeynets eingesetzt.[3]

Stealth Gateways weisen außerdem den Vorteil auf, dass sie ohne Änderung am IP-Schema einfach in ein Netzwerk eingebracht werden können und Systeme und Netzwerkbereiche schützen. Neben den Einsatzmöglichkeiten als vorgeschaltete oder zusätzliche Firewall-Stufe sind Stealth Gateways insbesondere geeignet, Systeme, die nicht standardkonform betrieben werden können, von Netzen zu separieren. Besteht die grundsätzliche Vorgabe, Systeme immer auf einem aktuellen Patch-Stand zu betreiben und mit Viren-

3 Vgl. *http://www.honeynet.org*.

schutz auszustatten, und kann diese Anforderung – bspw. von Mess- oder Leittechnik-Systemen – nicht erfüllt werden, so können mit einem Stealth Gateway die Systeme vom Netzwerk separiert werden. Unzulässige Kommunikation und Angriffe können somit eingeschränkt oder unterbunden werden.

12.2.4 Unified Threat Management (UTM)/Next-Generation Firewalls

Unter dem Begriff Unified Threat Management (UTM) werden moderne Firewalls angeboten, die verschiedene Funktionen in einem Gerät vereinen. Neben der reinen Firewall-Funktionalität werden unter einer gemeinsamen Verwaltungsoberfläche auch Komponenten für VPN, Intrusion Detection, Content-Filterung, Virenschutz und weitere Sicherheitslösungen betrieben. Häufig sind die Funktionalitäten nur von der jeweiligen Lizenz abhängig. Die verschiedenen Komponenten laufen im Idealfall in einem eigenen Sicherheitskontext, wodurch bei Störungen und Schwachstellen in einem der Module die weiteren Komponenten nicht beeinträchtigt werden.

Gelegentlich werden derartige Systeme auch als *Next-Generation Firewalls* bezeichnet und bieten weitere Funktionalitäten wie Anbindung an Verzeichnisdienste, benutzerbezogene Kommunikationssteuerung, Einbindung in ein übergeordnetes Sicherheits-Monitoring oder Filterung auf Anwendungsebene in Form einer Web Application Firewall (WAF). Eine Anbindung an eine sogenannte »Cloud Intelligence« bietet weitere Filterungsmöglichkeiten, bspw. wenn beim Hersteller der Next-Generation Firewall aktive Command&Control-Server von Angreifern identifiziert wurden und dann gesperrt werden können.

Next-Generation Firewalls und herkömmliche Firewall-Systeme werden auch als virtuelle Firewalls in Cloud-Umgebungen oder dediziert zur Absicherung von Cloud-Umgebungen (Cloud-Firewalls) eingesetzt.

12.3 Firewall-Architekturen

In diesem Abschnitt werden typische Architekturen und Aspekte der Firewall-Konzeption dargestellt.

12.3.1 Einstufige Paketfilter-Architektur

Die einfachste Form einer Firewall ist eine einstufige Paketfilter-Architektur.

Eine derartige Architektur lässt sich leicht aufbauen und ist einfach zu pflegen. Die Verbindungen werden, wie oben beschrieben, durch den Paketfilter gefiltert. Der Nachteil des einstufigen Systems ist, dass bei Übernahme des Firewall-Systems selbst durch einen Angreifer ein erhebliches Gefährdungspotenzial für das interne Netzwerk gegeben ist. Erlangt ein Angreifer über das Internet administrative Berechtigungen auf der Firewall, kann er sich beliebige Zugänge in das interne Netz schaffen.

Diese Architektur wird auch als *Packet Screen* oder *Screening Router* bezeichnet.

Abbildung 12.1: Einstufiger Paketfilter

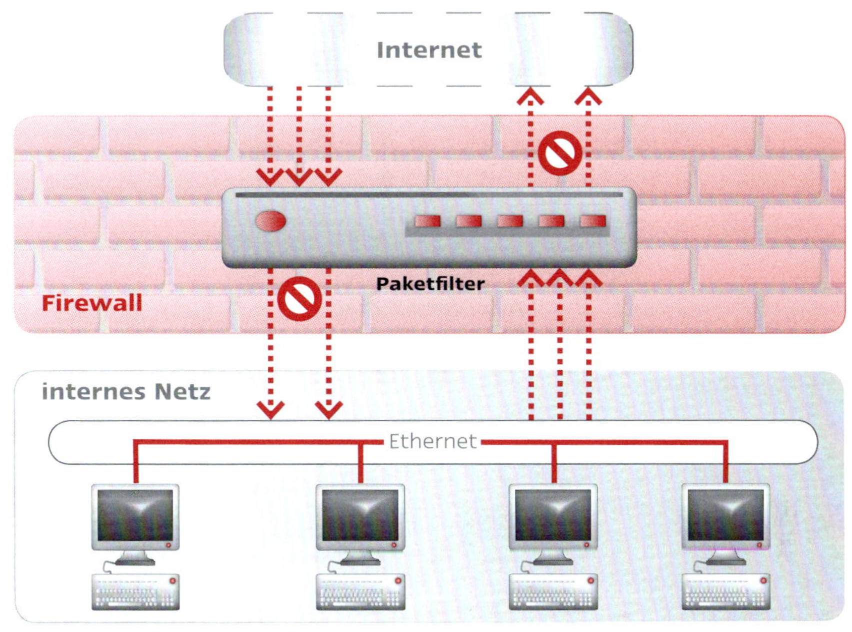

12.3.2 Multi-Homed-Architektur

Eine weitere Firewall-Architektur ist die sogenannte Multi-Homed-Architektur. Darunter versteht man eine Architektur, in der mehrere Netzwerksegmente über jeweils eigene Netzwerk-Interfaces an ein Firewall-System angebunden sind. Hierdurch lassen sich auch demilitarisierte Zonen aufbauen (vgl. unten). Heutzutage werden mehrere VLANs pro Interface unterstützt, sodass auch die Kommunikation von VLANs untereinander gesteuert werden kann.

Im einfachsten Fall verfügt der Host über zwei Netzwerkkarten und wird als *Dual Homed Host* bezeichnet. Dieser Fall unterscheidet sich nicht wesentlich von der einstufigen Paketfilter-Architektur.

Typischerweise werden die Dienste, die für die Kommunikation zugelassen werden sollen (Beispiele: HTTP, FTP, SMTP), als Proxies betrieben. Bei der Kommunikation mit dem Internet baut bspw. ein Client im internen Netz die Verbindung zum Proxy auf, dieser wiederum baut eine neue, weitere Verbindung zum eigentlichen Zielsystem auf. Auf diese Weise werden Informationen zu den internen Systemen versteckt, lediglich der Proxy ist als Kommunikationssystem im Internet erkennbar, und zum anderen wird die Filterung auf Anwendungsebene ermöglicht (vgl. oben).

Um keine direkte Kommunikation zwischen den Netzwerk-Interfaces des Multi-Homed-Hosts zuzulassen, muss IP-Forwarding auf dem Firewall-System deaktiviert sein.

Abbildung 12.2: Dual-Homed-Host-Architektur

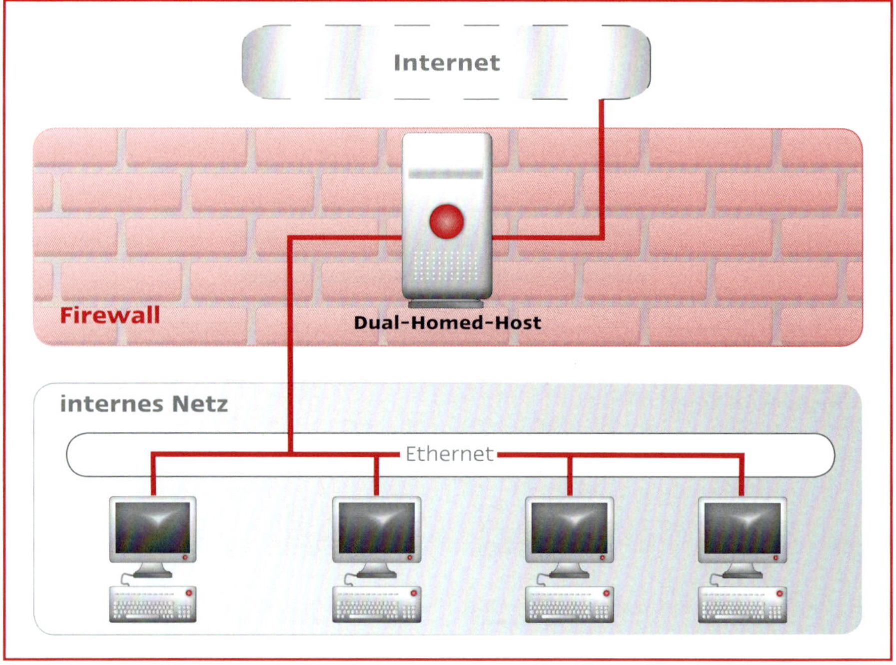

12.3.3 Demilitarisierte Zone

Eine der wichtigsten Firewall-Architekturen zur Sicherung von Netzwerken ist der Einsatz sogenannter demilitarisierter Zonen (*Demilitarisierte Zone*, DMZ). Bei Systemen, die über das Internet oder aus anderen, fremden Netzen erreichbar sind, muss immer damit gerechnet werden, dass durch Schwachstellen eine Übernahme der Systeme durch einen Angreifer erfolgen kann. Da die Angriffe gegebenenfalls über zulässige Kommunikationskanäle erfolgen, kann eine Übernahme prinzipiell nicht ausgeschlossen werden. Um Angriffe auf weitere Systeme zu erschweren und den Zugang zu weiteren Netzsegmenten, insbesondere dem internen Netz, zu unterbinden, wird eine DMZ-Architektur eingesetzt.

Die äußere Firewall blockiert unzulässige Zugriffsversuche aus dem Internet. Die Aufgabe der inneren Firewall ist es, Zugriffsversuche von einem potenziell übernommenen DMZ-System auf die internen Systeme einzuschränken. Wenn möglich, sollte nur die Kommunikation von innen zu den DMZ-Systemen aufgebaut werden, damit von der DMZ aus ein Zugriff auf das interne Netz völlig unterbunden wird.

Gelingt es einem Angreifer, in ein DMZ-System einzudringen und dieses zu übernehmen, so kann er hierüber nicht auf weitere Systeme im internen Netzwerk zugreifen. Aus diesem Grund sollten grundsätzlich alle über das Internet erreichbaren Systeme in einer DMZ und nicht im LAN betrieben werden.

Abbildung 12.3: DMZ Architektur

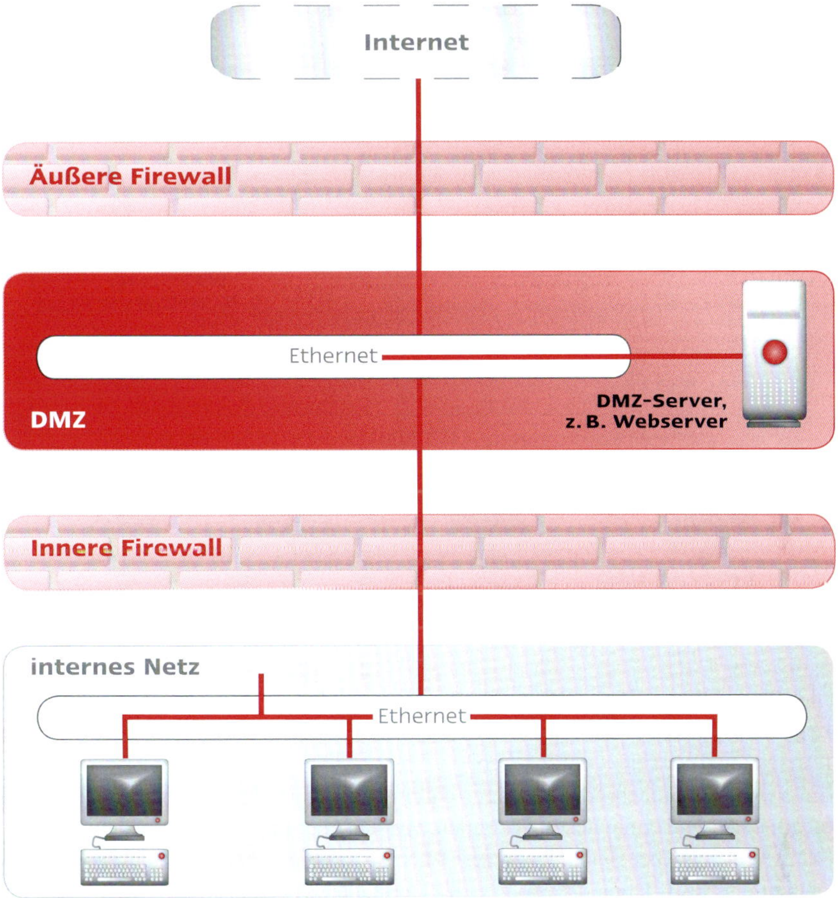

In vielen Fällen kann ein Zugriff aus der DMZ auf interne Datenbestände realisiert werden, indem bspw. mit Push-Mechanismen die Daten in die DMZ repliziert werden, also nur ein Verbindungsaufbau in Richtung DMZ erfolgt. Wenn trotzdem ein Zugriff von den DMZ-Systemen auf interne Datenbestände zwingend erforderlich ist, so sollte dieser unbedingt durch weitere Sicherheitsmaßnahmen kontrolliert werden, z. B. durch sehr restriktive Berechtigungskonzepte, Web Application Firewalls[4] oder niedrig privilegierte Datenbankbenutzung.

In vielen Fällen werden die innere und die äußere Firewall in einem Gerät kombiniert (s. o. auch Multi-Homed-Architektur). Dieses muss dann mindestens drei physische Interfaces aufweisen oder VLANs unterstützen, um die Trennung der Netzsegmente für eine DMZ zu realisieren.

4 Web Application Firewalls sind dedizierte Anwendungsfilter, die Eigenheiten der Anwendungslogik mit berücksichtigen und Schutz vor typischen Webapplikations-Schwachstellen wie SQL-Injection etc. bieten.

Abbildung 12.4: DMZ-Aufbau durch eine Firewall mit mehreren Interfaces

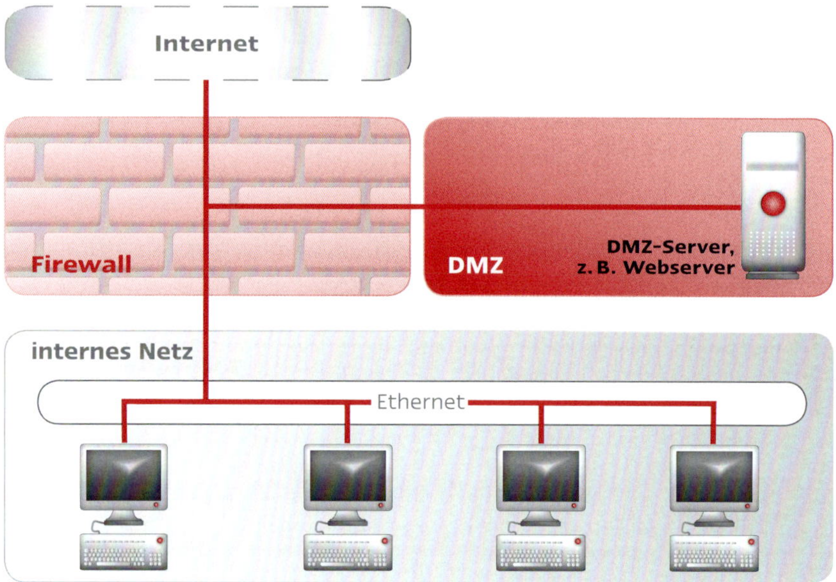

Bei der Planung einer Firewall empfiehlt es sich, auch die Anforderungen durch die zukünftige Zahl der Netzwerksegmente zu berücksichtigen und entsprechende Anschluss- und Ausbaumöglichkeiten vorzusehen.

Im Vergleich zu mehreren gesonderten Firewalls sind Multi-Homed Firewalls in der Regel günstiger und einfacher zu verwalten. Werden allerdings zwei oder mehr gesonderte Firewalls verschiedener Hersteller eingesetzt, kann das Sicherheitsniveau unter Umständen gegenüber der Multi-Homed-Lösung eines Herstellers etwas gesteigert werden.

12.3.4 PAP-Firewall-Architekturen

Eine Kombination aus den bereits vorgestellten Architekturen ist die PAP-Architektur, die ein noch höheres Sicherheitsniveau bietet. Sie wird bereits seit Langem durch das Bundesamt für Sicherheit in der Informationstechnik (BSI) empfohlen. PAP steht als Abkürzung für »Paketfilter – Applikation Level Gateway – Paketfilter«.

Diese Architektur wird auch als *Screened Subnet* bezeichnet. Sie weist folgende Eigenschaften auf:

- Durch einen äußeren Paketfilter wird der Großteil von Angriffen auf DMZ-Systeme unterbunden.
- Durch Application Level Gateways erfolgt eine Überprüfung der Kommunikationsprotokolle auf Anwendungsebene.

- Ein innerer Paketfilter schützt zum einen die Systeme im internen Netz, zum anderen werden auch unzulässige Verbindungen aus dem internen Netz herausgefiltert.
- Durch die beiden Paketfilter wird das Application Level Gateway entlastet.
- Durch die Kombination mehrerer Produkte/Hersteller ist eine gleichzeitige Kompromittierung mehrerer Firewall-Stufen sehr unwahrscheinlich. Durch die Kombination wird bei Kompromittierung eines Systems ein höheres Maß an Sicherheit geboten, als wenn nur ein identisches Produkt mehrstufig eingesetzt würde.
- Durch die Mehrstufigkeit kann auch die Logfile-Auswertung optimiert werden. Durch den äußeren Paketfilter kann bspw. das »Grundrauschen« aus dem Internet festgestellt und abgewiesen werden. Aus Richtung Internet oder ALG sollten am inneren Paketfilter im Normalbetrieb keine unzulässigen Zugriffsversuche erfolgen. Entsprechende Einträge im Logfile weisen daher mit hoher Wahrscheinlichkeit auf einen Angriff hin.

Abbildung 12.5: PAP-Firewall-Architektur

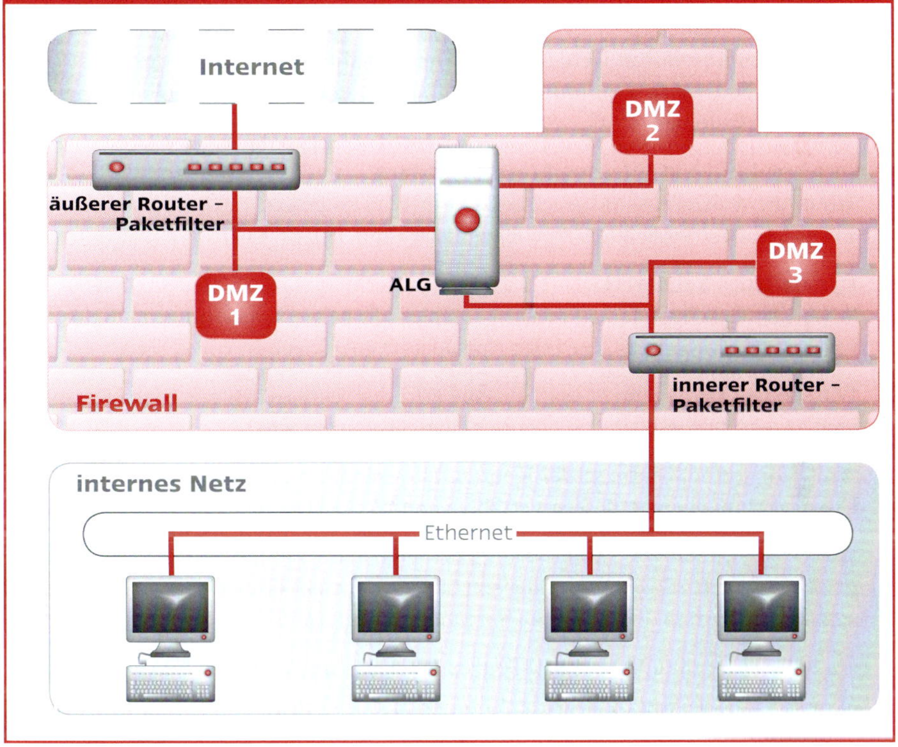

Um typischen Einfallswegen von Viren und Würmern zu begegnen, werden einschlägige Proxies (z. B. HTTP, FTP, SMTP) häufig mit Virenschutzlösungen kombiniert (Details hierzu vgl. Kap. 27).

12.4 Firewall-Konzepte

In die Überlegungen für ein Firewall-Konzept müssen sowohl die Ziele des Firewall-Einsatzes als auch die betrieblichen Anforderungen einfließen.

12.4.1 Anforderungsanalyse für den Firewall-Einsatz

Vor dem Aufbau einer Firewall sollte festgestellt werden, welche Ziele durch den Einsatz erreicht werden sollen. Dazu können u. a. die folgenden Fragestellungen herangezogen werden.

Welches **Sicherheitsniveau** wird als angemessen angestrebt? Alternativ: Welchen Schutzbedarf weisen die zu schützenden Systeme auf? Zusätzlich sollte z. B. entschieden werden, ob eine Filterung auf Port-Ebene ausreichend ist oder auch Gefahren durch Malware auf Anwendungsebene, bspw. Schadsoftware in Java, JavaScript oder SQL, begegnet werden muss.

- **Funktionsumfang**
  Welche Anforderungen werden an die Funktionalität gestellt? Gibt es Präferenzen für wünschenswerte Konfigurationsmöglichkeiten und Anbindung an vorhandene Sicherungssysteme?
- **Infrastruktur und Infrastrukturentwicklung**
  Wurde die vorhandene und gegebenenfalls bereits festgelegte zukünftige Infrastruktur ausreichend berücksichtigt? Wie dynamisch können neue Anforderungen auftreten?
- **Dynamik des Regelwerks**
  In welcher Geschwindigkeit müssen komplexe Regelwerksänderungen durchgeführt werden können? Gibt es eine hohe Anzahl an Änderungen in kurzer Zeit?
- Wie soll das **Management der Systeme** erfolgen? Gibt es zentrale Managementsysteme? Liegt für diese ein geeignetes Sicherheitskonzept vor?
- Wie erfolgt eine Kontrolle bei Konfigurationsänderungen? Gibt es ein etabliertes **Change-Management**, dessen Verfahren und Werkzeuge mitgenutzt werden können?
- Welche Anforderungen werden an die **Verfügbarkeit** gestellt? Reichen betriebsbereite Ersatzsysteme (*Cold Standby*) oder soll bei Ausfall einer Firewall ein zweites System nahtlos den Betrieb übernehmen (*Hot Standby*, *Failover*)?
- Muss die Firewall- und Netzwerkkonzeption auch **Angriffe »von innen«** abdecken?
- Ist eine **Lastverteilung** (Nutzung redundanter Systeme) oder Zusammenschalten mehrerer Systeme zu einem **Cluster** wünschenswert oder erforderlich?
- **Zielkonflikte**
  Wurde berücksichtigt, dass manche Sicherheitsmechanismen zu Zielkonflikten führen? Beispielsweise können verschlüsselte Inhalte, die die Vertraulichkeit gewährleisten, ohne SSL-Breaker nicht von zentralen Sicherheits-Gateways auf Viren überprüft werden.

12.4.2 Betriebliche Anforderungen für die Firewall-Konzeption

Für die Planung eines Firewall-Einsatzes sollten außerdem mindestens die folgenden betrieblichen Aspekte betrachtet und Fragestellungen beantwortet werden:

- **Remote- und Wartungszugänge** sollten so gestaltet werden, dass hierüber keine Sicherheitsrisiken entstehen. Wie genau erfolgt der Zugriff? Ist dieser ausreichend verschlüsselt? Wie sieht die Authentisierung aus, welche Missbrauchsmöglichkeiten sind gegeben?
- **Aktualisierungs- vs. Verfügbarkeitsanforderungen**
  Sind angemessene Wartungsfenster definiert, damit sicherheitsrelevante Patchs zeitnah eingespielt werden können? Welche Prozesse zum Patch-Management sind etabliert?
- **Audits und Kontrolle**
  Welche Prozesse zur Abnahme und zur laufenden Überprüfung der Firewall-Systeme sind etabliert? Gibt es ein geeignetes Monitoring-Konzept, das eine Angriffserkennung ermöglicht? Gibt es Eskalationsverfahren für festgestellte Angriffe? Erfolgen regelmäßig Auswertungen und gibt es ein angemessenes Berichtswesen?
- Können Änderungen am **Rollen- und Berechtigungskonzept** durch einen Administrator durchgeführt werden, ohne dass diese von einem weiteren Administrator bemerkt, protokolliert oder abgenommen werden? Gibt es geeignete rein lesende Revisionsrollen, die eine Überprüfung des Systems ermöglichen, ohne dass Änderungen durchgeführt werden können?
- **Ausbildung**
  Sind die Administratoren ausreichend in ihrem Bereich geschult worden?
- **Awareness**
  Weisen die Mitarbeiter eine ausreichende Sensibilisierung bei der Nutzung des Internets auf? Ist den Mitarbeitern bekannt, dass eine Firewall kein »Allheilmittel« gegen beliebige Angreifermodelle ist?

Auf eine umfassendere Darstellung weiterer Aspekte wird an dieser Stelle verzichtet. Für Firewall-Systeme sollte generell ausreichend Zeit für die Planung, Produktevaluierung, Implementierung, den Betrieb und die Abnahme zur Verfügung gestellt werden. Bei der Konzeption und insbesondere der Produktauswahl sollten auch die in einem Unternehmen vorhandenen Kenntnisse und Erfahrungswerte mit einbezogen werden.

12.5 Grenzen von Firewalls

Zum Abschluss dieses Kapitels sollen noch Grenzen von Firewalls aufgezeigt werden. Oft werden Schutzfunktionen vermutet, die Firewalls aus ihrer Funktion heraus nicht bieten können. Ein typisches Zitat für eine solche Fehleinschätzung war historisch: *»Wie konnte das passieren, wir haben doch eine Firewall?«* Aktuelle ähnliche Beispiele sind: *»... wir haben doch eine WAF, ein SIEM ...«*

Prinzipiell können Firewalls nur den Übergang zwischen Netzwerken sichern, innerhalb dieser Netzwerke ist durch Firewalls kein Schutz geboten. Bei einer Vielzahl von Anwendungen und Benutzergruppen ist die Definition des Regelwerks oft schwierig und aufwendig. Auch wenn rein technisch durch entsprechende Firewall-Regeln die Kommunikation auf das Erforderliche eingeschränkt werden könnte, fehlen oft die Ressourcen zur Feinanpassung der Regeln. Idealerweise sollten z. B. aus internen Netzen heraus nicht nur anwendungsspezifische Verbindungsmöglichkeiten freigeschaltet, sondern nach Möglichkeit auch die zulässigen Zielsysteme begrenzt werden.

Standardmäßig bieten Firewalls keinen Schutz bei verschlüsselten Protokollen. Diese können nur gesperrt oder zugelassen werden – eine Kontrolle der Inhalte ist nicht möglich. Eine andere Grenze ergibt sich durch Schwachstellen in den Anwendungen selbst. Hier kann eine Netzwerk-Firewall prinzipiell nicht schützen. Sogenannte Web Application Firewalls können auch auf Anwendungsebene Schutz bieten.

Zusammenfassung

Firewall-Systeme sind ein zentraler Bestandteil von Netzwerk-Sicherheitskonzepten. Mit ihrer Hilfe werden zwischen Netzwerken mit oft unterschiedlichen Sicherheitsanforderungen kontrollierte Übergänge geschaffen. Kern der Firewall-Funktion sind Regelwerke zur Kommunikationssteuerung, die so restriktiv wie möglich definiert werden sollten.

Firewalls können ihre Wirkung aber nur dann voll entfalten, wenn sie in einer geeigneten Firewall-Architektur und Netzwerksegmentierung eingesetzt werden. Für die Auswahl aus den vielfältigen Gestaltungsalternativen wurde eine Reihe von Hinweisen gegeben.

Für den Betrieb der Firewall-Systeme muss sichergestellt werden, dass die immer wieder notwendigen Anpassungen einem geordneten Verfahren unterliegen. Für die konzeptionellen wie auch die betrieblichen Aufgaben müssen genügend personelle Ressourcen bereitgestellt werden.

Literatur

[ChaZwiCoo00] *Chapman, D. B.; Zwicky, E. D.; Cooper S.:* Building Internet Firewalls, 2000

[Eller95] *Ellermann, U.:* Firewalls – Klassifikation und Bewertung, 1995

[KöhSeeGun98] *Köhntopp, M.; Seeger, M.; Gundermann, L.:* Firewalls – Konzept, Design und Aufbau, Computer Woche Verlag, 1998

[ACS2018] *Allianz für Cybersicherheit*: Next Generation Firewalls, 2018

[TTT2023] *TeleTrusT*: Handreichung zum »Stand der Technik«, 2023

13 Kryptografie

Einleitung

Kryptografie wird oft mit Verschlüsselung und dem Sicherheitsziel Vertraulichkeit gleichgesetzt. Dies ist vor allem der Geschichte geschuldet, denn die (klassische) Kryptografie beschäftigte sich bis in die zweite Hälfte des 20. Jahrhunderts ausschließlich mit Verschlüsselung – so leitet sich das Wort *Kryptografie* auch von den griechischen Worten für »geheim« und »Schrift« ab. In vielen neueren Büchern über Kryptografie werden wird zwar neben der Vertraulichkeit auch Integrität oder Authentizität betrachtet, aber auch das sind nicht alle Sicherheitsziele, für die die moderne Kryptografie inzwischen von Bedeutung ist.

In der wirklichen wie in der digitalen Welt unterscheiden wir zwischen erwünschten und unerwünschten Handlungen. Unerwünschte Handlungen können unbeabsichtigt oder absichtlich geschehen. Im zweiten Fall sprechen wir von einem Angriff. Das Risiko durch unerwünschte Handlungen kann reduziert werden, indem man diese von vornherein verhindert oder sie im Nachhinein aufdeckt und entsprechend verfolgt. Die Verhinderung oder Aufdeckung von absichtlichen unerwünschten Handlungen (sprich: Angriffen) auf algorithmischer Ebene ist das Kernziel der modernen Kryptografie. Zu den typischen Angriffen zählen

- das unbefugte Lesen von übertragenen oder gespeicherten Daten,
- die unbefugte und unbemerkte Manipulation von übertragenen oder gespeicherten Daten und
- die Vortäuschung einer falschen Identität (Impersonifikation).

Darüber hinaus gibt es noch viele weitere unerwünschte Handlungen, die sich aus dem Kontext der jeweiligen Anwendung ergeben. Darunter fallen fällt bspw. die mehrmalige Verwendung von digitalen Münzen oder die Abgabe mehrerer Stimmen bei einer elektronischen Wahl.

Kryptografische Verfahren werden vielfach zur Durchsetzung von IT-Sicherheitszielen eingesetzt. Daher bilden kryptografische Verfahren die Grundlage von vielen IT-Sicherheitsmechanismen. Jedoch hängt die Wirksamkeit der Kryptografie ihrerseits von der IT-Sicherheit ab. Denn in der Kryptografie müssen oft Annahmen getroffen werden, die auf der Sicherheit eines darunter liegenden Systems oder auch der »Organisation« beruhen. So setzt eine wirksame Verschlüsselung voraus, dass der verwendete Schlüssel nur berechtigten Personen bekannt ist; diese Annahme gilt aber nur, wenn das betreffende System z. B. nicht mit Schadsoftware infiziert ist und keine Partei ihren Schlüssel weitergibt.

Aussagen zur kryptografischen Sicherheit hängen nicht nur von der Gültigkeit solcher Annahmen ab. Sie gelten außerdem nicht absolut, sondern sind fast immer Wahrscheinlichkeitsaussagen. Das heißt, eine (unpräzise) Aussage der Art »Verfahren X ist sicher« ist zu verstehen als »Verfahren X kann *mit sehr hoher Wahrscheinlichkeit* nicht *in angemessener Zeit* gebrochen werden«. Diese Aussage enthält zwei wichtige Aspekte:

- Erstens kann ein Angreifer das Verfahren mit einer gewissen Wahrscheinlichkeit eben doch brechen; man stelle sich nur einen Angreifer vor, der z. B. mit viel Glück einen kryptografischen Schlüssel einfach errät. Die Erfolgsaussicht dafür mag verschwindend gering sein, sie ist aber stets größer null.
- Zweitens kann ein Angreifer das Verfahren brechen, wenn ihm unbeschränkte Ressourcen (Zeit und Speicherplatz) zur Verfügung stehen.

In der modernen Kryptografie strebt man daher nicht nach *perfekter Sicherheit* gegen »allmächtige« Angreifer, sondern nach Sicherheit vor Angreifern mit realistischen Ressourcen und Angriffen, die diese in angemessener Zeit durchführen können.

Was hierbei »realistisch« und »angemessen« bedeutet, hängt von den konkreten Anforderungen an die Sicherheit ab. So verfügt ein staatlicher Nachrichtendienst sicherlich über weit größere Ressourcen als ein (Klein-)Krimineller. Und für eine sichere Archivierung von Daten über die nächsten 30 Jahre ist ein Angriff, der mindestens ein Jahr Rechenaufwand benötigt, durchaus bedrohlich, während dies für einen einmaligen Sitzungsschlüssel – z. B. für eine einzelne Transaktion im Internet – eher keine ernsthafte Bedrohung darstellt.

Entsprechend ist eine Aussage der Art »Verfahren X wurde gebrochen« zu interpretieren als »Verfahren X kann mit relativ hoher Wahrscheinlichkeit in relativ kurzer Zeit gebrochen werden«. Die genaue Bedeutung von »relativ hoch« und »relativ kurz« hängt wiederum von den konkreten Anforderungen ab.

13.1 Vorgehensweise

In den folgenden Abschnitten werden die Methoden der modernen Kryptografie anhand konkreter Problemstellungen eingeführt. Der Schwerpunkt liegt dabei auf dem Aufbau eines sicheren Kanals, wie bspw. mit den Sicherheitsprotokollen IPsec, SSH oder SSL/TLS, da diese Anwendungen der Kryptografie in der Praxis eine zentrale Rolle spielen und für deren korrekte Konfiguration Kenntnisse der Kryptografie hilfreich sind.

Dabei wird nicht auf die technischen Details kryptografischer Verfahren eingegangen, denn deren sinnvolle Darstellung würde den Rahmen dieses Buches deutlich übersteigen und die Frage, worin eigentlich die durch die entsprechenden Verfahren erbrachte Sicherheitsfunktion besteht, nicht beantworten. Dies ist jedoch die entscheidende Frage, denn nur mit der entsprechenden Antwort lässt sich der *Einsatz* kryptografischer Verfahren beurteilen.

Der Schwerpunkt des Kapitels liegt daher auf dem korrekten und sicheren Gebrauch von kryptografischen Verfahren und nicht auf deren Konstruktion. Umfangreiche Informationen zur Darstellung kryptografischer Verfahren bieten z. B. *Practical Cryptography* [FerSch03] oder dessen Nachfolger *Cryptography Engineering* [FerSchKoh10] sowie als Referenz das *Handbook of Applied Cryptography* [MOV97], das im Web mittlerweile frei erhältlich ist.

13.2 Begriffsklärung

Mit einem *kryptografischen Verfahren* bezeichnet man üblicherweise verschiedene Algorithmen und Protokolle. Diese Verfahren lassen sich je nach Aufgabe ähnlich Netzwerkprotokollen verschiedenen »Ebenen« zuordnen. Eine solche Einteilung kryptografischer Verfahren zeigt Abbildung 13.1.

Abbildung 13.1: Hierarchie kryptografischer Verfahren

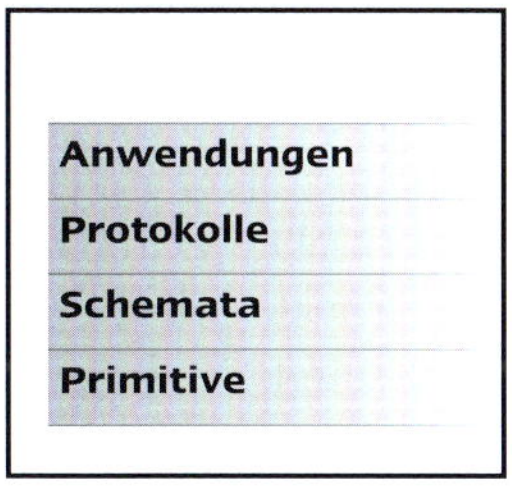

Das Fundament bilden *kryptografische Primitive*. Darunter fallen z. B. Chiffrierverfahren wie AES oder Hash-Funktionen wie SHA-1. Diese Primitive werden als Bausteine für *kryptografische Schemata* verwendet, wie etwa Verschlüsselungs- oder Signaturverfahren. Mit diesen Schemata wiederum implementiert man *kryptografische Protokolle*, etwa zur Schlüsselverteilung. Auf Schemata und Protokollen bauen kryptografische Anwendungen wie digitales Geld oder digitale Wahlverfahren auf.

Wie jedes Protokoll ist ein kryptografisches Protokoll ein verteiltes Verfahren zwischen zwei oder mehreren Parteien. In diesem Kapitel beschränken wir uns auf den Fall zweier Parteien. Diese werden gelegentlich als *Sender* und *Empfänger* bezeichnet, was etwas irreführend ist, da bei vielen Verfahren mehrere Nachrichten zwischen den beteiligten Parteien ausgetauscht werden, d. h., beide Parteien sind im Verlauf des Verfahrens sowohl Sender als auch Empfänger.

Oft werden die Parteien daher benannt, z. B. A und B (oder auch *Alice* und *Bob*). Gelegentlich wird auch die Partei, die zuerst eine Nachricht sendet, als *Client* und der Adressat als *Server* bezeichnet. Letzteres hat den Vorteil, dass man intuitiv eher an Maschinen denkt, denn eine Aussage wie »Alice verschlüsselt eine Nachricht« meint eigentlich »Alice veranlasst eine Maschine, eine Nachricht zu verschlüsseln«.

Die meisten kryptografischen Verfahren verwenden einen oder mehrere *Schlüssel*; eine Ausnahme hiervon bilden bspw. Hash-Funktionen (s. Abschnitt 13.5.4). Kryptografische Verfahren, die Schlüssel verwenden, teilt man ein in *symmetrische* und *asymmetrische* Verfahren:

- Bei symmetrischen Verfahren verwenden beide Parteien denselben *geheimen* Schlüssel, der nur diesen beiden Parteien bekannt sein sollte.
- Bei asymmetrischen Verfahren wird ein *Schlüsselpaar* verwendet, bestehend aus einem *öffentlichen* und einem *privaten* Schlüssel. Der private Schlüssel sollte nur dem Inhaber bekannt sein.

Dies unterscheidet den privaten Schlüssel von einem geheimen Schlüssel, der auch mehreren Parteien bekannt sein kann.

Die Verwendung des Begriffs *Verschlüsselung* ist leider nicht sauber abgegrenzt. Eigentlich würde man darunter jede Operation verstehen, die unter Verwendung eines Schlüssels erfolgt. Tatsächlich wird der Begriff nur für eine Operation verwendet, bei der eine Nachricht durch eine geeignete Transformation reversibel unlesbar gemacht wird. Dies ist dem Umstand geschuldet, dass der Begriff der Verschlüsselung in der klassischen Kryptografie geprägt wurde, die sich ausschließlich mit derartigen Transformationen beschäftigt. Daher werden hier bspw. ein MAC- oder ein Signaturverfahren *nicht* als Verschlüsselungsverfahren verstanden, auch wenn diese Verfahren ebenfalls in Abhängigkeit von einem Schlüssel durchgeführt werden.

Im Zusammenhang mit der Verschlüsselung bezeichnet man die lesbare (Original-) Nachricht als Klartext und den verschlüsselten Klartext als Chiffretext. Für andere kryptografische Verfahren wird diese Unterscheidung nicht gemacht; man spricht dann nur von der Nachricht (die ein Klartext, ein Chiffretext oder etwas anderes sein kann).

13.3 Angriffs- und Sicherheitsziele

Angriffe können unterschiedliche Ziele verfolgen. Da sich aus den Angriffszielen und der Verhinderung oder der Aufdeckung des Angriffs das entsprechende Sicherheitsziel ableitet, ist jeweils zu präzisieren, vor welchen Angriffszielen geschützt werden soll. Im Folgenden werden unterschiedliche Angriffsziele den in unserem Zusammenhang relevanten Sicherheitszielen gegenübergestellt.

13.3.1 Lesen von Daten – Vertraulichkeit

Sollen Daten nur bestimmten Parteien zugänglich (lesbar) sein, dann ist ein Angriff erfolgreich, wenn eine unbefugte Partei diese Daten lesen kann. Dieses Angriffsziel steht im Mittelpunkt der klassischen Kryptografie.

Der Begriff des Lesens ist dabei in einem sehr weiten Sinn zu verstehen, der durchaus nicht intuitiv ist: Selbst wenn es einem Angreifer nicht gelingt, Daten an sich zu lesen, so gilt ein Angriff auch dann erfolgreich, wenn der Angreifer bereits *partielle Information* über die Daten gewinnt. Hiermit sind nicht etwa nur Auszüge der Daten gemeint, sondern jegliche Informationen über die Daten. So gilt ein Angriff nach strengen Maßstäben in der Regel schon dann als erfolgreich, wenn der Angreifer z. B. feststellen kann, um welche Art von Daten es sich handelt (wie Bilddaten, Audiodaten, Textdokumente) oder ob die Daten Übereinstimmungen mit anderen Daten aufweisen.

Hiervon ausgenommen sind die Existenz der Daten sowie deren Umfang: Mit moderner Kryptografie ist es nicht möglich, dies zu verbergen.[1] Wenn ein Angreifer einen Chiffretext

1 Mit dem Verbergen von Nachrichten beschäftigt sich die Steganografie.

beobachtet, der als solcher erkennbar ist, dann ist unmittelbar klar, dass eine gesicherte Kommunikation vorliegt, und welchen Umfang der Klartext in etwa haben muss.[2]

Das dazu korrespondierende Sicherheitsziel ist die Vertraulichkeit von Daten. Aus Sicht der Kryptografie ist die *Vertraulichkeit* von Daten gegeben, wenn ein Angreifer nichts über diese Daten lernen kann; dies gilt ausdrücklich auch für *partielle Informationen* aller Art im oben beschriebenen Sinne, mit Ausnahme der bloßen Existenz der Daten und deren Umfang. Kryptografische Verfahren, die Vertraulichkeit erreichen, verhindern damit den Angriff des unberechtigten Mitlesens.

13.3.2 Ändern von Daten – Integrität

Sollen Daten nur von bestimmten Parteien verändert werden können, dann ist ein Angriff erfolgreich, wenn eine unbefugte Partei diese Daten (unbemerkt) verändern kann. Dürfen Daten nur auf vorgegebene Weise verändert werden, bspw. nur einzelne Datensätze gelöscht werden, so ist ein Angriff erfolgreich, wenn diese Daten – auch von einer Partei, die für die vorgegebene Änderungsart befugt ist – unbemerkt auf andere Weise verändert werden, also z. B. Datensätze vertauscht oder eingefügt werden können.

Der Begriff der Änderung von Daten umfasst in diesem Kontext deren Modifikation oder Umsortierung, das Löschen von Teilen und das Hinzufügen von neuen Daten.

Das korrespondierende Sicherheitsziel der *Integrität* von Daten[3] wird dann erreicht, wenn ein Angreifer die Daten nicht regelwidrig ändern kann, ohne dass dies bemerkt wird. Kryptografische Verfahren können das unberechtigte Ändern von Daten nicht verhindern, wohl aber aufdecken.

13.3.3 Wiedereinspielen von Daten – Frische

Sollen Daten nur in einem bestimmten Zeitraum oder nur für einmaligen Gebrauch Gültigkeit haben, dann ist ein Angriff erfolgreich, wenn diese einstmals gültigen Daten nach dem Ungültigwerden erfolgreich wiederverwendet werden können.

So sollte bspw. eine Banküberweisung nur einmal gültig sein. Einem Angreifer ist es zwar möglich, diese Transaktion mitzuschneiden, er soll jedoch nicht in der Lage sein, diese Transaktion ein weiteres Mal auszulösen.

Die *Frische* von Daten als korrespondierendes Sicherheitsziel ist gegeben, wenn ein Angreifer die Daten nicht regelwidrig wiederverwenden kann, ohne dass dies bemerkt wird. Dieses Sicherheitsziel wird oft implizit der Integrität zugeordnet. Zwar kann die Frische von Daten nicht ohne Daten-Integrität erreicht werden, jedoch folgt die Frische von Daten nicht allein aus der Integrität. Kryptografische Verfahren können auch das Wiedereinspielen von Daten nicht verhindern, wohl aber dafür sorgen, dass es erkannt wird.

2 Der Informationsgehalt oder die Bedeutung des Klartextes ist dabei nicht von Belang. So könnten zwei Parteien verabreden, regelmäßig unsinnige Nachrichten auszutauschen oder sinnvolle Nachrichten mit unsinnigem Inhalt aufzufüllen, um einen etwaigen Angreifer zu verwirren oder um den *Umfang* der tatsächlichen Information zu verbergen. Dafür ist jedoch keine Kryptografie erforderlich.

3 Engl. auch Data Authentication.

13.3.4 Vortäuschen einer Identität – Urheber-Authentizität

Soll der Urheber von Daten – bspw. der Kommunikationspartner einer Verbindung – eindeutig bestimmt sein, so ist ein Angriff erfolgreich, wenn die Urheberschaft einer anderen Partei zugeschrieben werden kann, ohne dass diese Verfälschung bemerkt wird.

Das korrespondierende Sicherheitsziel ist die Urheber-Authentizität. Die *Authentizität des Urhebers* von Daten ist gegeben, wenn ein Angreifer die Urheberschaft von Daten nicht einer anderen Partei zuschreiben kann, ohne dass die Verfälschung der Urheberschaft bemerkt wird. Auch hier können kryptografische Verfahren die Fälschung einer Urheberschaft entdecken, aber nicht verhindern.

13.3.5 Abstreiten der Verantwortung – Nicht-Abstreitbarkeit

Soll nicht nur die Fälschung einer Urheberschaft entdeckt, sondern die Urheberschaft einer Handlung eindeutig *einem Dritten gegenüber nachgewiesen* werden können, so ist ein Angriff erfolgreich, wenn die tatsächliche Urheberschaft einer Handlung abgestritten oder einer anderen Partei zugeschrieben werden kann.

Das zugehörige Sicherheitsziel der *Nicht-Abstreitbarkeit* ist z. B. immer dann von Bedeutung, wenn geldwerte Transaktionen (bspw. der Kauf einer Ware) betroffen sind. Man könnte es auch als Urheber-Authentizität *aus der Perspektive einer unabhängigen dritten Partei* bezeichnen. Verstöße gegen dieses Sicherheitsziel kann Kryptografie nicht verhindern, aber aufdecken.

13.3.6 Weitere Angriffs- und Sicherheitsziele

Die vorstehend genannten Sicherheitsziele sind die bekanntesten und in der Praxis häufigsten, aber nicht die einzigen Sicherheitsziele, die mithilfe von Kryptografie durchgesetzt werden können. Andere Sicherheitsziele, auf die wir im Rahmen dieses Kapitels nicht weiter eingehen, sind etwa:

- **Fairness**
  Hierbei geht es grundsätzlich darum zu verhindern, dass in einem Protokoll eine Partei eine andere übervorteilt. Nicht-Abstreitbarkeit ist eine spezielle Ausprägung von Fairness.
- **Anonymität** wird z. B. im Zusammenhang mit elektronischen Wahlen oder elektronischem Geld benötigt.
- **Nicht-Formbarkeit**[4] ist ein Sicherheitsziel, das in enger Beziehung zu Vertraulichkeit mit Integrität steht und vor allem für asymmetrische Verschlüsselungsverfahren relevant ist. Dabei gilt es zu verhindern, dass ein Angreifer aus einem Chiffretext einen anderen, ebenfalls »gültigen« Chiffretext erzeugt, dessen Entschlüsselung in einem geeigneten Sinn bedeutsam ist.

4 Engl.: Non-Malleability.

Im Zusammenhang mit Protokollen in verteilten Systemen gibt es darüber hinaus noch die Sicherheitsziele der *Lebendigkeit*[5] und der *Aufmerksamkeit*[6] sowie des *gegenseitigen Gewahrseins*[7]; diese Ziele stehen in enger Beziehung zur *Frische der ausgetauschten Nachrichten*. Ziel hierbei ist es, zu verhindern, dass ein Angreifer mehrere Parteien darüber täuscht, wer wann mit wem kommuniziert.

Im Rahmen von Schlüsselaustausch-Protokollen gibt es u. a. noch das Ziel der *Schlüsselbestätigung*[8].

13.4 Grundsätzliche Angriffsszenarien

Das Angriffsziel allein charakterisiert noch keinen Angriff. Zusätzlich muss definiert werden, welche Handlungsmöglichkeiten ein Angreifer haben soll – das sogenannte Angreifermodell. Bei dieser Modellierung ist dabei darauf zu achten, dass die Handlungsmöglichkeiten plausibel und realistisch sind. Ein Angreifer kann bei der Durchführung seines Angriffs durchaus unfair sein, z. B. von definierten Verfahren oder Protokollen abweichen oder auch Zufallsentscheidungen treffen, wie einen Schlüssel raten.[9] Im Folgenden werden einige grundsätzliche Angreifermodelle gegen kryptografische Verfahren dargestellt.

Known-Plaintext-Angriff

Bei einem Known-Plaintext-Angriff handelt es sich um einen (passiven) Angriff gegen Verschlüsselungsverfahren, bei welchem angenommen wird, dass der Angreifer Kenntnis von einigen Schlüsseltexten mitsamt den dazugehörigen Klartexten hat.[10]

Chosen-Plaintext-Angriff

Bei einem Chosen-Plaintext-Angriff handelt es sich um eine verallgemeinerte Form eines Known-Plaintext-Angriffs. Hier wird zusätzlich angenommen, dass der Angreifer die zu verschlüsselnden Klartexte sogar frei wählen kann und die dazu gehörenden Schlüsseltexte erhält. Es handelt sich hier also um einen aktiven Angriff.

Ein Verschlüsselungsverfahren sollte mindestens gegen Chosen-Plaintext-Angriffe sicher sein. Für Verschlüsselungsverfahren wie AES-CTR oder AES-CBC (s. Abschnitt 13.5.3) gilt das nachweislich.

---

5 Engl.: Aliveness.

6 Engl.: Alertness.

7 Engl.: Mutual Awareness.

8 Engl.: Key Confirmation.

9 Das Raten eines Schlüssels mag wegen der geringen Aussicht auf Erfolg sinnlos erscheinen. Jedoch sind für viele Berechnungsprobleme probabilistische Algorithmen die effizientesten bekannten Verfahren zu deren Lösung. So nutzt z. B. das beste bekannte Verfahren zur Faktorisierung großer ganzer Zahlen in seinem Verlauf ebenfalls Zufallszahlen, während der beste bekannte rein deterministische Algorithmus zur Faktorisierung ein erheblich schlechteres Laufzeitverhalten hat.

10 Nicht nur die Caesar- oder Vigenère-Chiffre, sondern auch Rotor-Chiffren wie die Enigma konnten mit bekannten Klartexten gebrochen werden. Moderne kryptografische Verfahren können mit solchen einfachen Angriffen nicht gebrochen werden.

Chosen-Ciphertext-Angriff

Bei einem Chosen-Ciphertext-Angriff darf der Angreifer sogar von ihm gewählte Schlüsseltexte entschlüsseln lassen. Dieses mächtige Angreifermodell ist aus theoretischer Sicht optimal; ein Verschlüsselungsverfahren sollte daher idealerweise sicher davor sein. Verschlüsselungsverfahren wie AES-CTR oder AES-CBC sind jedoch *nicht* gegen einen Chosen-Ciphertext-Angriff gefeit; erst *authentisierte Verschlüsselungsverfahren*, die später eingeführt werden, sind davor sicher.

Known-Message-Angriff

Bei einem Known-Message-Angriff handelt es sich um einen Angriff gegen Message Authentication Codes (MAC) und Signaturen. Ähnlich wie beim Known-Plaintext-Angriff kennt der Angreifer die Nachrichten, zu denen ein MAC-Wert oder eine Signatur berechnet wurde, hat aber keinen aktiven Einfluss auf die Berechnung.

Chosen-Message-Angriff

Der Chosen-Message-Angriff ist eine Verallgemeinerung, bei der der Angreifer zusätzlich die Nachrichten bestimmen kann, zu denen der MAC-Wert oder die Signatur erzeugt wird. Aus theoretischer Sicht sollte ein MAC- oder ein Signaturverfahren mindestens vor einem Chosen-Message-Angriff sicher sein.

Die vorgestellten Angreifermodelle sind vor allem im Zusammenhang mit Verschlüsselungs-, MAC- und Signaturverfahren relevant. Angriffsziel ist dabei nicht notwendig die Gewinnung des verwendeten Schlüssels: Auch die Entschlüsselung nur eines Chiffretextes oder die Ableitung eines gültigen MAC oder einer gültigen Signatur zu einer einzigen weiteren Nachricht kann bereits ein erfolgreicher Angriff sein.

Zur Durchführung solcher Angriffe auf Kryptoverfahren wurden unterschiedliche technische Methoden entwickelt, wie bspw. Related-Key-Angriffe oder die lineare und differenzielle Kryptoanalyse.

13.5 Sichere Kanäle

Von den vielen Anwendungsmöglichkeiten der Kryptografie werden hier wegen deren großer praktischer Bedeutung vor allem sogenannte sichere Kanäle betrachtet. Ein *sicherer Kanal* ist ein Kommunikationskanal, für den definierte Sicherheitsziele gelten. Typische Beispiele hierfür aus der Praxis sind die Sicherheitsprotokolle SSL/TLS, IPsec und SSH, die die Sicherheitsziele Vertraulichkeit, Integrität, Frische und Authentizität erfüllen sollen. Eine Nicht-Abstreitbarkeit wird dabei nicht garantiert, da dies für die üblichen Einsatzszenarien dieser Protokolle von geringerer Bedeutung ist und echte, d. h. beweiskräftige Nicht-Abstreitbarkeit auch nicht ohne Weiteres erreicht werden kann.

Im Folgenden werden die kryptografischen Verfahren vorgestellt, mit deren Hilfe man einen sicheren Kanal mit den oben genannten Sicherheitszielen realisieren kann.

13.5.1 Verschlüsselung

Verschlüsselung ist das kryptografische Werkzeug, mit dem man die Vertraulichkeit von Daten erreicht. Bei der Verschlüsselung transformiert man einen *Klartext* unter Verwendung eines Schlüssels in einen *Chiffretext*. Unter Verwendung desselben geheimen oder (im Falle asymmetrischer Verfahren) des passenden öffentlichen Schlüssels wird der Chiffretext wieder in den ursprünglichen Klartext transformiert. Diese Eigenschaft, die Eindeutigkeit des Verfahrens, ist neben der Sicherheit entscheidend. Die Sicherheit der Verschlüsselung wiederum darf nicht von der Geheimhaltung des Transformationsverfahrens abhängen, sondern ausschließlich von der Geheimhaltung des Schlüssels (*Kerkhoffs'sches Prinzip*, siehe [Kerk83]). Daher setzen Angreifermodelle (und damit auch alle Aussagen über die Sicherheit einer Verschlüsselung) grundsätzlich die Bekanntheit des Verschlüsselungsalgorithmus' voraus.

Ein Verschlüsselungsverfahren gilt als sicher, wenn der Chiffretext ohne Kenntnis des Schlüssels nichts über dessen Klartext verrät,[11] unabhängig vom Schlüssel und von der Struktur des Klartexts. Der Angreifer soll das Verschlüsselungsverfahren quasi als Blackbox verwenden können: Unabhängig davon, ob z. B. identische Klartexte verschlüsselt werden oder Klartexte deutliche Strukturen aufweisen, darf dies den entsprechenden Chiffretexten nicht anzusehen sein. Idealerweise soll der Chiffretext nicht von zufälligen Daten gleicher Länge zu unterscheiden sein. Dies soll selbst dann gelten, wenn dem Angreifer bereits zusammengehörige Klartext-Chiffretext-Paare bekannt sind (Known- oder Chosen-Plaintext-Angriff, siehe Abschnitt 13.4). In diesem Fall bleibt einem Angreifer nur, sämtliche möglichen Schlüssel auszuprobieren (auch, wie beim Ausprobieren von Passwörtern, als Brute-Force-Methode bezeichnet). Der dafür erforderliche Aufwand kann abgeschätzt und die Sicherheit der Verschlüsselung damit durch die Schlüssellänge ausgedrückt werden.

Verschlüsselung von Daten bedeutet *in der Praxis* immer symmetrische Verschlüsselung. Asymmetrische Verschlüsselung wird bei der Realisierung von sicheren Kanälen nur für den Austausch von Sitzungsschlüsseln verwendet (s. Abschnitt 13.7). Bei symmetrischer Verschlüsselung wird zur Verschlüsselung und zur Entschlüsselung derselbe geheime Schlüssel verwendet. Der Schlüssel darf nur den befugten Parteien bekannt sein, d. h., der Schlüssel muss genau so vertraulich behandelt werden wie die damit zu verschlüsselnden Daten – durch die Verschlüsselung wird lediglich ein großes (unhandliches) Geheimnis, die Nachricht, in ein kleines (handliches) Geheimnis, den Schlüssel, transformiert.

Verwendet man bei der Übertragung von Daten symmetrische Verschlüsselung, müssen Versender und Empfänger denselben Schlüssel kennen. Wie man dies erreichen kann, wird in den Abschnitt 13.6 und 13.7 vorgestellt.

11 Es ist eine notwendige Bedingung für die Sicherheit, dass der Schlüssel nicht rekonstruiert werden kann, aber diese Bedingung ist nicht ausreichend. So ist bspw. bei ungeschickter Verschlüsselung durchaus auch ohne Kenntnis des Schlüssels die Ableitung partieller Klartexte möglich. Dies wird weiter unten beim ECB-Betriebsmodus gezeigt.

13.5.2 Chiffrierverfahren

Die Transformation (Abbildungsregel) von Klartexten in Chiffretexte nennt man *Chiffrierverfahren*. Sie sind der Kern, aber noch nicht das komplette Verschlüsselungsverfahren. Zu einem vollständigen Verschlüsselungsverfahren gehören neben dem Chiffrierverfahren auch eine Festlegung, wie beliebig lange Klartexte behandelt werden, sowie gegebenenfalls weitere Parameter seines Einsatzes.

Grundsätzlich kann man zwei Typen von Chiffrierverfahren unterscheiden, nämlich Stromchiffrierverfahren und Blockchiffrierverfahren.

Stromchiffrierverfahren

Bei einem Stromchiffrierverfahren wird in Abhängigkeit von einem Schlüssel ein Schlüsselstrom erzeugt, der zeichenweise (bei aktuellen Verfahren bit- oder byteweise) mit dem Klartext verknüpft wird (s. Abb. 13.2). Diese Verknüpfung muss für die Entschlüsselung wieder rückgängig gemacht werden, daher verwendet man typischerweise eine bit- oder byteweise Exklusiv-Oder-(XOR-)Verknüpfung[12]. Aber auch andere eindeutig umkehrbare Funktionen wie eine byteweise Addition modulo 256 sind möglich. Zur Dechiffrierung, d. h., zur Wiederherstellung des ursprünglichen Klartexts muss man den Chiffretext einfach ein zweites Mal mit demselben Schlüsselstrom verknüpfen (Abb. 13.3). Stromchiffrierverfahren eignen sich daher besonders für die Verschlüsselung von Datenströmen (bspw. Audio- oder Videokommunikation).

Abbildung 13.2: Funktionsweise eines Stromchiffrierverfahrens

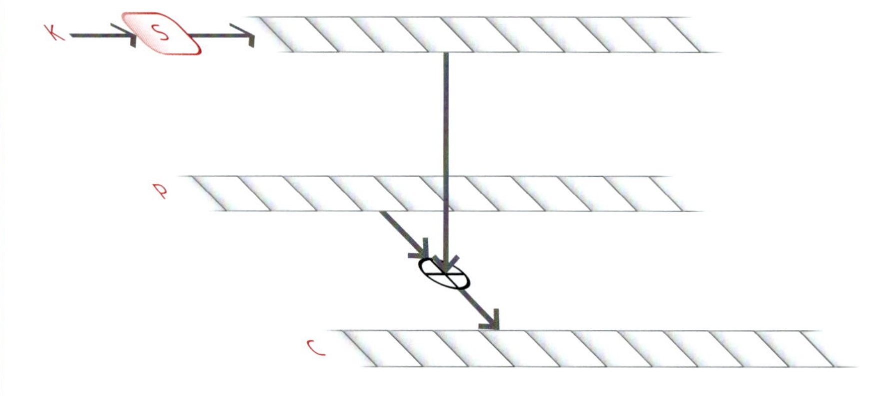

Der Klartext **P** wird zum Text **C** chiffriert. Der Schlüsselstrom **S** wird in Abhängigkeit vom Schlüssel **K** erzeugt.

12 Der Vorteil einer XOR-Verknüpfung ist, dass das zweimalige Verknüpfen (also »binäre Aufaddieren«) desselben Schlüsselstroms die Verschlüsselung aufhebt. Daher sind die Ver- und Entschlüsselungsoperationen identisch.

Tatsächlich gibt es ein Stromchiffrierverfahren, das – sogar beweisbar – auch mit beliebigen Ressourcen nicht gebrochen werden kann und damit perfekt sicher ist: das One-Time-Pad.[13] Dabei wird als Schlüssel eine echt zufällige Zeichenfolge verwendet, die man zeichenweise mit dem Klartext XOR verknüpft. Der Schlüssel ist damit so lang wie die Nachricht und muss natürlich dem Empfänger bekannt sein. Er darf außerdem nur ein einziges Mal verwendet werden.

Da sich bei XOR-Verknüpfung die Zufälligkeit des Schlüsselstroms auf den Chiffretext überträgt, ist bei diesem Verfahren für einen Angreifer jeder Klartext gleich wahrscheinlich – er kann daher keine Information über den Klartext gewinnen, solange er den Schlüsselstrom nicht kennt.

In der Praxis ist das Verfahren natürlich wenig tauglich, denn Sender und Empfänger müssen ebenso viele Zeichen vorab als Schlüssel vertraulich vereinbaren, wie sie später verschlüsselt senden möchten. Das Verfahren ist lediglich dann sinnvoll, wenn man kurzfristig einen (perfekt) sicheren Kanal benötigt und den Schlüssel zuvor vertraulich und integer austauschen kann. So wird bspw. die als »Rotes Telefon« bekannte Verbindung zwischen dem amerikanischen und dem russischen Präsidenten mit einem One-Time-Pad verschlüsselt.

Abbildung 13.3: Dechiffrierung für ein Stromchiffrierverfahren

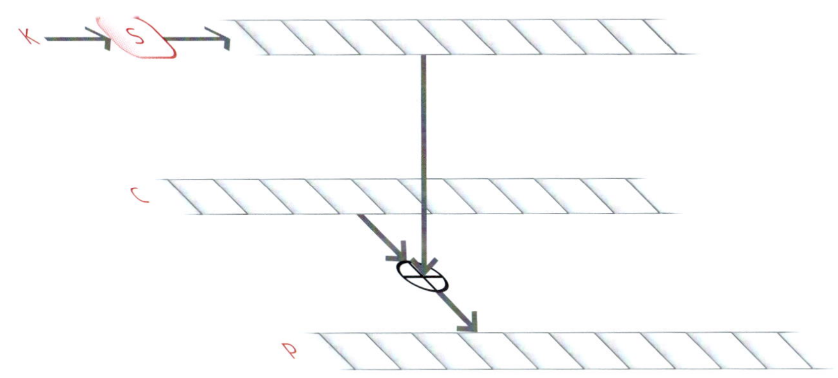

Der Chiffretext **C** wird zum Klartext **P** entschlüsselt. Der Schlüsselstrom **S** wird in Abhängigkeit vom Schlüssel **K** erzeugt.

Die effizientesten bekannten Stromchiffrierverfahren basieren auf Bit-orientierten, linear rückgekoppelten Schieberegistern, die einerseits in Hardware sehr kompakt und mit sehr hohem Durchsatz realisiert werden können und andererseits auch einfach mathematisch zu beschreiben sind. Viele vorgeschlagene Konstruktionen haben sich jedoch als unsicher erwiesen. Nicht zuletzt aus diesem Grund haben Stromchiffrierverfahren nie dieselbe Verbreitung gefunden wie Blockchiffrierverfahren. Ein dem unten näher erläuterten AES vergleichbarer etablierter Standard für Stromchiffrierverfahren existiert nicht.

13 Auch nach Gilbert Vernam (1890–1960), der das Verfahren 1917 zum Patent anmeldete, Vernam-Chiffre genannt.

Beispiele für Stromchiffrierverfahren sind RC4 (Byte-orientiert) oder das bei GSM verwendete Verfahren A5/1 (Bit-orientiert); beide sind jedoch mittlerweile gebrochen. Ein aktuelleres Verfahren ist Salsa20 von Daniel Bernstein [Bern08].

Dank der hohen Geschwindigkeit heute verfügbarer Hardware werden Stromchiffrierverfahren inzwischen oft aus Blockchiffrierverfahren konstruiert. Dazu wird das Blockchiffrierverfahren bspw. mit den Betriebsmodi CTR, CFB oder OFB (s. Abschnitt 13.5.3) eingesetzt, die sich für beliebige Blockchiffrierverfahren nutzen lassen.

Blockchiffrierverfahren

Bei einem Blockchiffrierverfahren wird ein Klartextblock fester Länge in Abhängigkeit von dem gewählten Schlüssel auf einen korrespondierenden Chiffretextblock derselben Länge abgebildet. Diese Abbildung ist so beschaffen, dass die Rückwärtsabbildung eindeutig ist.[14] Diese Abbildung und die entsprechende Rückwärtsabbildung werden im Folgenden mit E (*Encryption*) bzw. D (*Decryption*) bezeichnet.

Man kann sich ein Blockchiffrierverfahren als eine sehr große Menge sehr umfangreicher »Codebücher« vorstellen, in denen jedem Klartext-Block genau ein Schlüsseltext-Block zugeordnet ist. Der Schlüssel entscheidet, welches Codebuch zur Chiffrierung zu verwenden ist.

Abbildung 13.4 zeigt ein simples Blockchiffrierverfahren mit einer Blocklänge von drei Bit und vier möglichen Schlüsseln. Aus den Tabellen kann man ablesen, dass $E(101) = 100$ für K_1 und K_4, $E(101) = 000$ für K_2 und $E(101) = 110$ für K_3 ist. Zur Dechiffrierung wird die durch den Schlüssel bestimmte Tabelle von rechts nach links gelesen. So ist z. B. $D(101) = 000$ für K_1, $D(101) = 111$ für K_2, $D(101) = 001$ für K_3 und $D(101) = 011$ für K_4.

Die Kunst beim Entwurf eines Blockchiffrierverfahrens besteht darin, einen kompakten und effizienten Algorithmus zu konstruieren, dessen Ausgabeverhalten praktisch so aussieht wie ein zufällig gewähltes Codebuch. Leider ist dies ausgesprochen schwierig, da bisher keine theoretische Beschreibung für eine solche Abbildung existiert.

Daher entzieht sich der Entwurf kryptografischer Verfahren der Intuition. Bisher wurden für jedes praktische Chiffrierverfahren unerwartete kryptoanalytische Angriffsmöglichkeiten entdeckt. Zwar entspricht nicht jede Angriffsmöglichkeit auch einem praktisch relevanten Angriff, aber in der Vergangenheit sind viele ursprünglich unpraktische Angriffe später so verfeinert, erweitert oder verallgemeinert worden, dass sie doch relevant wurden.

Ein Beispiel dafür sind die sogenannten Related-Key-Angriffe auf AES. Diese Angriffe sind nach und nach so verbessert worden, dass man als Konsequenz streng darauf achten muss, dass AES-Schlüssel stets unvorhersagbar zufällig und unabhängig voneinander gewählt werden. AES weicht somit von einem *idealen* Blockchiffrierverfahren ab, das unabhängig von seiner Verwendung nicht gebrochen werden kann, solange der Schlüssel nicht vorhersagbar ist, selbst wenn aufeinanderfolgend verwendete Schlüssel in einer vorhersagbaren Beziehung zueinander stehen.

14 Ein Blockchiffrierverfahren implementiert also eine schlüsselabhängige Permutation auf der Menge aller möglichen Blöcke.

Abbildung 13.4: Ein simples Blockchiffrierverfahren mit vier Schlüsseln

x	E(x)
000	101
001	000
010	010
011	111
100	001
101	100
110	110
111	011

K_1

x	E(x)
000	100
001	011
010	110
011	001
100	010
101	000
110	111
111	101

K_2

x	E(x)
000	010
001	101
010	001
011	100
100	111
101	110
110	011
111	000

K_3

x	E(x)
000	011
001	111
010	010
011	101
100	001
101	100
110	000
111	110

K_4

Bespiele für derzeit verwendete Blockchiffrierverfahren sind Rijndael – der im Rahmen eines Wettbewerbs zum Advanced Encryption Standard (AES) gekürt wurde [FIPS197] – sowie die anderen vier Finalisten des AES-Wettbewerbs: Serpent, Twofish, MARS und RC6.

Der 1976 definierte und im Jahr 2000 vom AES abgelöste Data Encryption Standard (DES) ist schon lange kein zeitgemäßes Verfahren mehr, da die effektive Schlüssellänge von 56 Bit und die Blocklänge von 64 Bit viel zu kurz sind und er anfällig für Angriffsmethoden wie die differenzielle Kryptoanalyse ist. Stattdessen sollte der AES oder mindestens Triple-DES (auch bekannt als 3DES, s. u.) verwendet werden. Triple-DES bietet effektiv die Sicherheit einer Schlüssellänge von 112 Bit, aber auch hier ist die Blocklänge nach heutigem Stand der Technik zu kurz.

DES war das erste moderne Chiffrierverfahren. Es unterschied sich vom Entwurf her deutlich von allen früher verwendeten, »klassischen« Verschlüsselungsverfahren, wie z. B. von der im Zweiten Weltkrieg eingesetzten Chiffriermaschine Enigma (einer Rotorchiffre), und wurde für viele spätere Entwicklungen zum Maßstab. Konzipiert wurde der DES von einem Team unter der Leitung von Horst Feistel (1915 – 1990) Anfang der 1970er-Jahre bei IBM im Projekt »Lucifer«. So war DES eines der ersten Verfahren, in denen eine Funktion in mehreren Runden hintereinander angewendet wird, auch Feistel-Prinzip genannt, wobei in jeder Runde sogenannte Rundenschlüssel zum Einsatz kommen.[15] Das Schema zeigt Abbildung 13.5.

15 In rudimentärer Form findet sich diese Konstruktion bereits bei Rotor-Maschinen wie Enigma.

Abbildung 13.5: Feistel-Prinzip – Runden-Schema moderner Blockchiffren

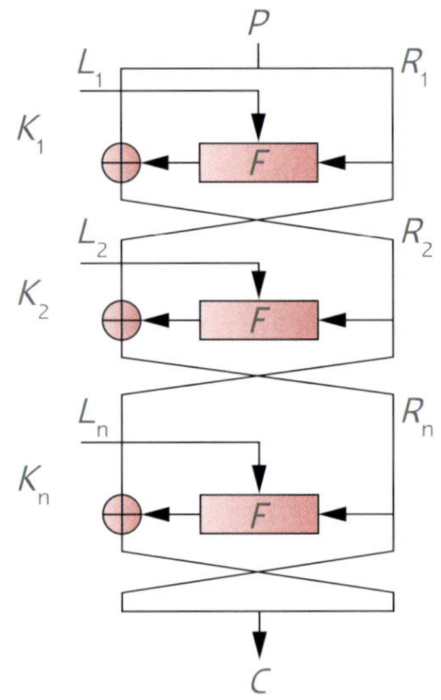

Dabei wird der zu verschlüsselnde Datenblock in zwei Hälften geteilt (L, R). Die rechte Hälfte (R) wird abhängig von einem Teilschlüssel K_i, der in jeder Runde wechselt, von einer Funktion F (die aus Permutationen und Substitutionen besteht) »verwürfelt« und anschließend mit der linken Hälfte (L) XOR-verknüpft. Danach werden die beiden Hälften vertauscht und die Verschlüsselung geht in die nächste Runde. Die Zahl der Runden wird so gewählt, dass jede Änderung eines einzigen Bits beim Schlüssel oder im Klartextblock dazu führt, dass der resultierende Chiffretext sich im Mittel in der Hälfte aller Bits unterscheidet. Vorteil des von Feistel entwickelten Verfahrens ist, dass Ver- und Entschlüsselung mit demselben Algorithmus vorgenommen werden können.

Da die klassischen Methoden der Kryptoanalyse aus der ersten Hälfte des 20. Jahrhunderts beim DES nicht greifen, wurden neue Techniken wie die differenzielle und die lineare Kryptoanalyse entwickelt.

Der DES wurde 1977 als erstes Kryptoverfahren zusammen mit vier Betriebsmodi (s. u.) durch das National Bureau of Standards (NBS, Vorläufer des heutigen NIST) als US-Standard für die Industrie und für nicht geheime[16] Behördenvorgänge verabschiedet [FIPS46-3]. Hierbei wurde zunächst eine zeitlich beschränkte Empfehlung zur Verwendung gegeben, die allerdings bis 1999 immer wieder verlängert wurde. Abweichend von der ursprünglichen, von Feistel entwickelten Lucifer-Chiffre wurde auf Betreiben der amerikanischen Nachrichtendienste die Schlüssellänge im Standard von 128 auf 56 Bit und die Blocklänge von 128 auf 64 Bit reduziert.

16 U. a. also die ersten beiden der vier US-Geheimhaltungsstufen »Restricted«, »Confidential«, »Secret« und »Top secret«.

Als der DES wegen der geringen Schlüssellänge zunehmend unhaltbar wurde, schrieb das NIST 1997 die Suche nach einer neuen, AES (Advanced Encryption Standard) genannten Blockchiffre aus. AES wurde in einem mehrjährigen öffentlichen Wettbewerb aus vielen von Kryptologen vorgeschlagenen Verfahren ausgewählt. Dabei wurde jeder Vorschlag in mehreren Runden gründlich analysiert, wobei nach jeder Runde als Reaktion auf die Analysen das Design verändert werden durfte. Im Jahre 2000 kürte das NIST das belgische Verschlüsselungsverfahren »Rijndael« zum Sieger und standardisierte es mit Wirkung ab 2002 als AES [FIPS197].

Dieser öffentliche Wettbewerb gilt als vorbildlich, da alle teilnehmenden Entwürfe sowie die diesen zugrunde liegenden Kriterien (anders als 1977 beim DES) von Anfang an bekannt gemacht werden mussten. Die Suche nach einem Kandidaten für den SHA (Secure Hash Standard) [FIPS180-4] und nach geeigneten Post-Quantum-Kryptoverfahren [NIST22] wurden vom NIST ebenfalls in Form eines Wettbewerbs in mehreren Runden durchgeführt.

Mehrfachchiffrierung

Die mehrfache Anwendung eines Chiffrierverfahrens bringt einen Gewinn an Sicherheit, aber nicht so unmittelbar, wie die Intuition zunächst vermuten lässt. Wendet man *dasselbe* Verschlüsselungsverfahren mit unterschiedlichen Schlüsseln doppelt an, dann erhöht sich die effektive Schlüssellänge *lediglich um ein Bit*, anstatt sich zu verdoppeln.[17]

Dies liegt – vereinfacht dargestellt – daran, dass sich die Überwindung der ersten Stufe so mit der Überwindung der zweiten Stufe koppeln lässt, dass sich das kombinierte Verfahren mit etwa dem doppelten Aufwand brechen lässt, den man zum Brechen des einfachen Verfahrens benötigen würde. Diese Vorgehensweise wird als Meet-in-the-Middle-Angriff bezeichnet [MOV97]. Erst die *dreifache* Anwendung eines Chiffrierverfahrens kommt effektiv einer *Verdoppelung* der Schlüssellänge gleich.[18]

Eine Mehrfachchiffrierung wird verwendet, um bestehende Implementierungen einer Chiffre trotz kurzer Schlüssellänge noch einsetzen zu können. So hat Triple-DES effektiv immerhin eine Schlüssellänge von 112 Bits. Allerdings ist Triple-DES einer modernen Chiffre wie dem AES sowohl an Sicherheit als auch an Effizienz unterlegen und sollte daher nicht mehr verwendet werden.

17 D. h., die doppelte Anwendung eines Chiffrierverfahrens mit einer Schlüssellänge von n Bits ist gegen vollständige Suche über alle Schlüssel so sicher wie ein vergleichbares Chiffrierverfahren mit einer Schlüssellänge von $n+1$ Bits.

18 D. h., die dreifache Anwendung eines Chiffrierverfahrens mit einer Schlüssellänge von n Bits ist gegen vollständige Suche über alle Schlüssel so sicher wie ein vergleichbares Chiffrierverfahren mit einer Schlüssellänge von $2n$ Bits.

13.5.3 Betriebsmodi

Wie bereits erwähnt ist ein Blockchiffrierverfahren noch kein universell einsetzbares Verschlüsselungsverfahren, denn eine Blockchiffre verschlüsselt zunächst nur Klartexte von der Länge einer Blocklänge. Will man beliebig lange Klartexte verschlüsseln, muss festgelegt werden, wie längere und insbesondere solche Klartexte behandelt werden sollen, deren Länge kein ganzzahliges Vielfaches der Blocklänge ist.

Um beliebig lange Klartexte zu verschlüsseln, wurden Betriebsmodi eingeführt. Hierzu wird der Klartext blockweise verarbeitet, d. h., ein Klartext P wird zunächst in Blöcke $p_1, p_2, \ldots, p_n$ (in aller Regel entsprechend der Blocklänge des Chiffrierverfahrens) zerlegt. So wird beim AES mit einer Blocklänge von 128 Bit (= 16 Bytes) der Klartext in Blöcken zu je 16 Bytes verarbeitet.

Ist der letzte Klartextblock kein vollständiger Block, so muss er gegebenenfalls aufgefüllt werden (*Padding*), und zwar so, dass der eigentliche Klartext eindeutig von der Füllung unterschieden werden kann. Die Anforderung nach Eindeutigkeit hat zur Folge, dass eine Füllung *immer* zur Verlängerung des Klartextes führt, sogar wenn dieser bereits eine passende Länge hat. Allerdings erfordert nicht jeder Betriebsmodus ein Padding des Klartexts (s. u.).

Das Ergebnis der Verschlüsselung ist der Chiffretext C, der blockweise als c_1, c_2, …, c_n erzeugt wird. Zur Entschlüsselung wird der Chiffretext folgerichtig ebenso behandelt und der Klartext wird entsprechend blockweise wiederhergestellt.

Zusammen mit dem DES wurden die Betriebsmodi ECB, CBC, CFB und OFB standardisiert; daneben erfreut sich auch CTR großer Popularität. Wir beschreiben hier exemplarisch die in der Praxis wichtigsten Modi ECB, CBC und CTR. Im Folgenden bezeichnen E_K und D_K die Chiffrierfunktion bzw. die Dechiffrierfunktion in Abhängigkeit eines Schlüssels K.

Electronic Code Book (ECB)

Im *Electronic-Code-Book*-Modus werden die Klartextblöcke unabhängig voneinander chiffriert. Die Verschlüsselung ist schematisch in Abbildung 13.6 dargestellt.

Beim ECB-Modus muss der Klartext aufgefüllt werden. Zur Entschlüsselung eines Chiffretextes C wird wieder blockweise vorgegangen (s. Abb. 13.7). Die Entschlüsselung erfordert die Verwendung eines Dechiffrierverfahrens. Dies scheint zwar auf den ersten Blick selbstverständlich zu sein, es gibt aber Modi (z. B. CTR), die auch für die *Ent*-schlüsselung lediglich auf das Chiffrierverfahren zur *Ver*schlüsselung einzelner Blöcke zurückgreifen.

Abbildung 13.6: ECB-Verschlüsselung

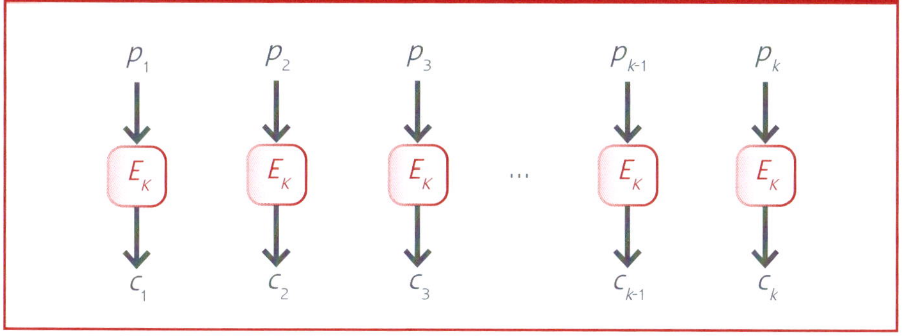

Ver- und Entschlüsselung können beim ECB aufgrund der Unabhängigkeit der einzelnen Blöcke stark parallelisiert werden; außerdem können ohne Weiteres beliebige Blöcke einzeln ver- oder entschlüsselt werden.

ECB ist im allgemeinen Sinne aber unsicher, da eine ECB-Verschlüsselung partielle Informationen über den Klartext verrät. Denn zwei identische Klartextblöcke ergeben immer identische Chiffretextblöcke. ECB-Verschlüsselung eignet sich daher nur in Ausnahmefällen, in denen diese Schwäche toleriert werden kann, und sollte grundsätzlich nicht verwendet werden.

Abbildung 13.7: ECB-Entschlüsselung

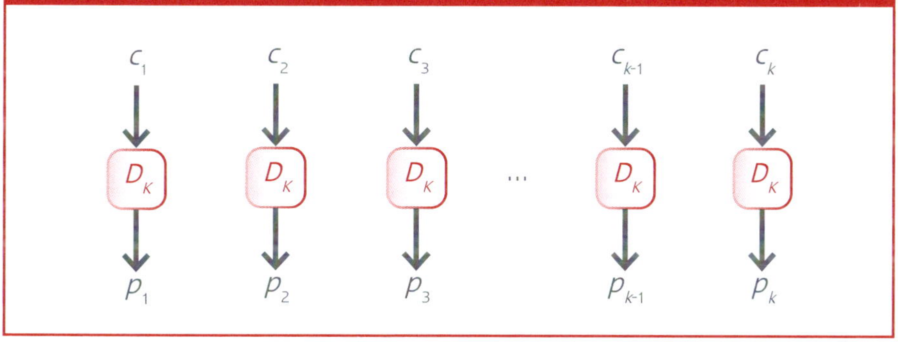

Cipher Block Chaining (CBC)

Beim CBC werden die Klartextblöcke vor der eigentlichen Chiffrieroperation mit vorangegangenen Chiffretextblöcken bitweise XOR verknüpft. Für den ersten Klartextblock wird ein zufälliger Pseudo-Chiffretextblock verwendet, der auch als *Initialisierungsvektor* (IV) bezeichnet wird (s. Abb. 13.8). Der Gedanke dieser Konstruktion ist es, die Schwäche von ECB zu beseitigen, denn nun werden identische Klartextblöcke auch bei Verschlüsselung mit demselben Schlüssel mit hoher Wahrscheinlichkeit nicht zu einem identischen Chiffretextblock führen.

Der Sinn des Initialisierungsvektors ist, den Klartext zu diversifizieren; so wird zu einem festen Klartext, der z. B. wiederholt verschlüsselt und gesendet wird, eine sehr große Anzahl von Varianten geschaffen, die jeweils zu unterschiedlichen Chiffretexten führen.[19]

Abbildung 13.8: CBC-Verschlüsselung

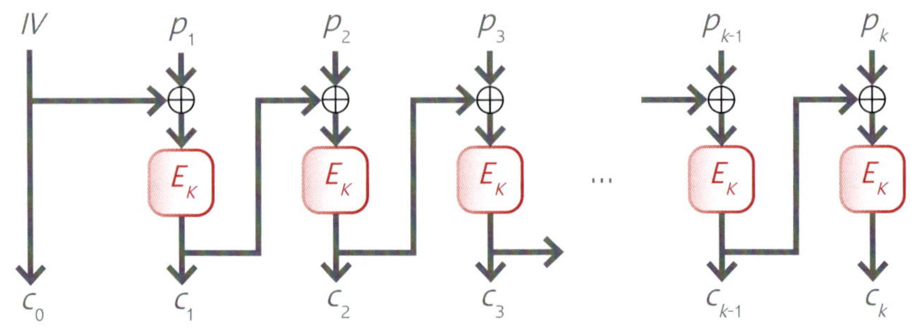

Der Initialisierungsvektor wird dem Chiffretext in der Regel unverschlüsselt vorangestellt und übermittelt; er ist also nicht vertraulich wie der verwendete Schlüssel. Für die Sicherheit des CBC-Verfahrens ist es lediglich von Bedeutung, dass der IV sich nicht wiederholt und nicht vorhersagbar ist. Bei einer CBC-Verschlüsselung ist der Chiffretext durch den vorangestellten IV also mindestens um einen Block länger als der Klartext.

Die Entschlüsselung ist schematisch in Abbildung 13.9 dargestellt. Die Verkettung bei der CBC-Verschlüsselung macht eine parallele Verschlüsselung mehrerer Klartextblöcke unmöglich; die Entschlüsselung kann jedoch parallelisiert werden.

Abbildung 13.9: CBC-Entschlüsselung

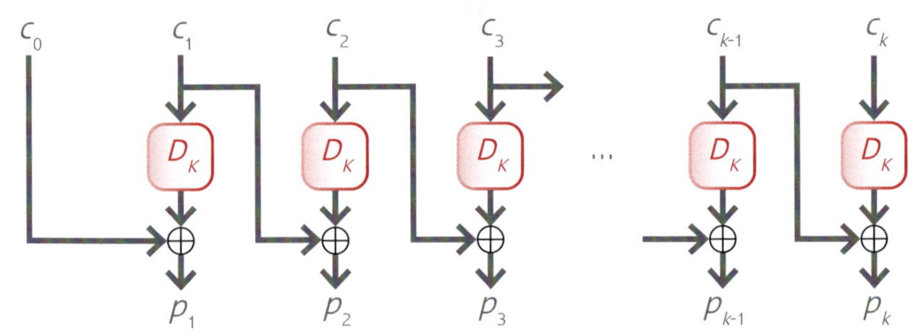

19 Dieselbe Vorgehensweise wird beim Passwort-Hashing als *Salting* bezeichnet. Dort geht es darum, einen Wörterbuchangriff zu verhindern, indem eine große Anzahl von Varianten desselben Passworts geschaffen wird.

Wie beim ECB muss auch beim CBC-Modus der Klartext auf ein ganzzahliges Vielfaches der Blocklänge aufgefüllt werden, und zur Entschlüsselung wird ebenfalls ein von der Verschlüsselung abweichendes Dechiffrierverfahren benötigt. CBC gilt im Allgemeinen als sicher, wenn die Initialisierungsvektoren zufällig gewählt werden. CBC ist zusammen mit dem nachfolgend beschriebenen CTR-Modus der verbreitetste Betriebsmodus im praktischen Einsatz.

Countermode (CTR)

Beim CTR-Modus handelt es sich im Grunde um ein Stromchiffrierverfahren, bei dem der Schlüsselstrom aus der Blockchiffrierung eines fortlaufenden Zählers erzeugt wird (s. Abb. 13.10). Die Entschlüsselung verläuft praktisch identisch. Der Anfangswert des Zählers wird, wie bei der CBC-Verschlüsselung der Initialisierungsvektor, in der Regel dem Chiffretext unverschlüsselt vorangestellt.

CTR hat viele gute Eigenschaften und bietet für die meisten Einsatzszenarien eine höhere Sicherheit und Effizienz als z. B. CBC-Verschlüsselung. So kommt CTR sowohl für die Ver- als auch die Entschlüsselung mit dem Chiffrierverfahren im Verschlüsselungsmodus aus, Klartexte müssen nicht aufgefüllt werden und sowohl Ver- als auch Entschlüsselung können parallelisiert werden.

Anders als bei der CBC-Verschlüsselung muss der Zähler nicht unvorhersagbar sein, er darf sich nur nicht wiederholen, solange derselbe Schlüssel verwendet wird. Werden z. B. verschlüsselte Sitzungen jeweils mit einem frischen Schlüssel gesichert, dann kann ohne Sicherheitseinbuße ein fester und öffentlich bekannter Zählerstartwert verwendet werden. In diesem Fall kann auf die Übermittlung des initialen Zählerwerts verzichtet werden.

Für die Verschlüsselung des letzten, gegebenenfalls unvollständigen Klartextblocks wird jeweils nur die benötigte Anzahl von Bits aus dem Ergebnis der Chiffrierung des letzten Zählerwerts entnommen und mit den Klartextbits XOR-verknüpft, daher wird kein Padding (Auffüllen) benötigt.

Abbildung 13.10: CTR-Verschlüsselung

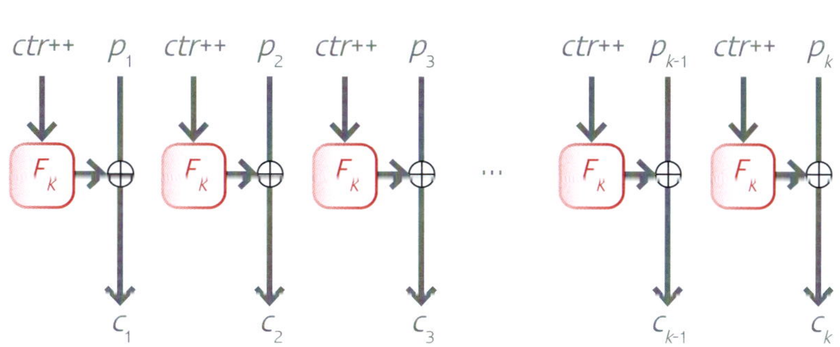

ctr++ steht wie in der Notation der Programmiersprache C für das Inkrementieren des ctr-Werts nach der Verwendung.

Unter den Betriebsmodi für die Verschlüsselung ist CTR im Allgemeinen die beste Wahl.

13.5.4 Integrität

Das Sicherheitsziel der Daten-Integrität steht der Vertraulichkeit an Bedeutung nicht nach. Mit kryptografischen Mitteln kann man – anders als beim Sicherheitsziel Vertraulichkeit – allerdings Integritätsangriffe nicht verhindern, sondern nur nachträglich erkennen. Das wird mit einer schlüsselabhängigen Prüfsumme erreicht. Die bekannteste Klasse von kryptografischen Verfahren hierfür sind Message Authentication Codes (MAC). In der Regel wird ein MAC auf der Grundlage eines Blockchiffrierverfahrens oder einer kryptografischen Hash-Funktion konstruiert. Hash-Funktionen sind in der Kryptografie ein wichtiges und oft verwendetes Werkzeug, daher werden wir zunächst näher auf diese eingehen.

Kryptografische Hash-Funktionen

Eine Hash-Funktion ist eine effizient berechenbare Funktion, die zu einer potenziell beliebig langen Eingabe eine Ausgabe fester Länge – den Hash-Wert – berechnet. Man kann Hashing auch als Kompression mit erheblichem Verlust verstehen. Da die Anzahl der Eingaben sehr viel größer ist als die Anzahl der Hash-Werte, muss es *Kollisionen* geben, d. h., viele verschiedene Eingaben müssen zu demselben Hash-Wert führen. Diese Tatsache ist aus kryptografischer Sicht relevant, wie wir später sehen werden.

Hash-Funktionen werden in der gewöhnlichen Datenverarbeitung verwendet, wenn ungeordnete oder verteilte Objekte indiziert werden sollen; assoziative Felder sind ein bekanntes Beispiel hierfür. Eine wichtige Eigenschaft der Hash-Funktion hierbei ist, dass möglichst selten Kollisionen auftreten.

Kryptografische Hash-Funktionen zeichnen sich idealerweise dadurch aus, dass jede Eingabe zu einer möglichst zufälligen Ausgabe führt. Genau wie bei Blockchiffrierverfahren kann man sich auch hier konzeptionell eine Tabelle vorstellen, wobei die Ausgabewerte rein zufällig festgelegt seien. Abbildung 13.11 zeigt eine simple Hash-Funktion, die bis zu vier Bit lange Eingaben auf zwei Bit lange Ausgaben abbildet.

Eine entscheidende Qualität von kryptografischen Hash-Funktionen ist, dass – bedingt durch die Konstruktion der Tabelle mit zufällig gewählten Ausgabewerten – die Ausgabewerte *nichts* über die Eingabewerte preisgeben. Die Berechnung der Hash-Werte lässt sich also nicht umkehren. Im Idealfall ist es daher sinnlos, aus einer Ausgabe auf die entsprechende Eingabe schließen zu wollen. Dies wird auch als *Einweg-Eigenschaft* bezeichnet (s. u.).

An Abbildung 13.11 kann man auch das Phänomen der Kollision sehr gut beobachten. So kollidieren z. B. die Eingaben 00, 011, 110, 0000, 0101, 1000 sowie 1010 alle mit der Ausgabe 01. Das Beispiel ist so übersichtlich, dass Kollisionen einfach zu finden sind. Bei guten Hash-Funktionen wird dies mit steigender Ausgabelänge jedoch schwieriger. Grob ausgedrückt gilt, dass eine um zwei Bit längere Ausgabe den Aufwand zur Kollisionsfindung etwa verdoppelt. Allgemein gilt, dass der Aufwand zur Kollisionsfindung bei Ausgaben der Länge n proportional zu $2^n/2$ ist, also exponentiell steigt. Daraus folgt, dass zu einer Verschlüsselung mit n Bit langen Schlüsseln aus Sicht des Sicherheitsniveaus eine kryptografische Hash-Funktion mit der Ausgabelänge $2n$ passt.

Genau wie bei den Blockchiffrierverfahren kann eine Hash-Funktion für realistische Ausgabelängen nicht mit Tabellen realisiert werden. Die Kunst beim Entwurf einer kryptografischen Hash-Funktion besteht denn auch darin, einen kompakten Algorithmus zu finden, dessen Ausgabeverhalten sich nicht merklich von dem einer simplen Tabelle unterscheidet.

Abbildung 13.11: Eine simple Hash-Funktion h

x	h(x)	x	h(x)	x	h(x)	x	h(x)
-	10	000	11	0000	01	1000	01
0	11	001	00	0001	10	1001	11
1	00	010	10	0010	00	1010	01
00	01	011	01	0011	10	1011	00
01	10	100	10	0100	11	1100	10
10	11	101	00	0101	01	1101	00
11	00	110	01	0110	11	1110	10
		111	11	0111	00	1111	11

Von einem praktischen Standpunkt aus gesehen zeichnen sich kryptografische Hash-Funktionen vor allem durch zwei Eigenschaften aus:

- **Einweg-Eigenschaft**
  Zu einem gegebenen Hash-Wert soll es praktisch unmöglich sein, (irgend)einen Eingabewert zu finden, der zu diesem Hash-Wert führt. Das bedeutet, dass der Hash-Wert nichts über die Eingabe verraten soll.

- **Kollisionsresistenz**
  Trotz der Fülle der Kollisionen, die existieren, soll es praktisch unmöglich sein, auch nur eine davon zu finden. Es soll also praktisch unmöglich sein, zwei unterschiedliche Eingabewerte zu finden, die denselben Hash-Wert haben, oder zu einem vorgegebenen Eingabewert einen zweiten, unterschiedlichen Eingabewert mit demselben Hash-Wert zu finden (schwache Kollisionsresistenz).

  Ist eine Hash-Funktion kollisionsresistent, dann sind die Hash-Werte quasi eindeutig, d. h., ein Hash-Wert repräsentiert sein Urbild und kann als sein Vertreter verwendet werden. Aus diesem Grund werden Hash-Werte in Analogie zur Quasi-Eindeutigkeit von Fingerabdrücken auch als *Fingerprint* des jeweiligen Eingabewerts bezeichnet.

Kryptografische Hash-Funktionen werden für viele unterschiedliche Zwecke eingesetzt.

- **Hashen von Passwörtern**
  Anstatt die Passwörter der Nutzer einer Anwendung zu speichern, speichert man ihre Hash-Werte, sodass die Passwort-Datenbank gegen direktes Auslesen der Passwörter geschützt ist. Aufgrund der Einweg-Eigenschaft verrät der Hash-Wert nicht das dazugehörige Passwort und wegen der (schwachen) Kollisionsresistenz ist es praktisch ausgeschlossen, dass ein Angreifer ein anderes Passwort findet, das den gleichen Hash-Wert besitzt und daher ebenso akzeptiert werden würde.

Die Sicherheit von Passwort-Hash-Werten lässt sich durch *Salting* und *Stretching* noch erheblich erhöhen. Beim Salting wird das Passwort um einen zufälligen (nicht vertraulichen) Wert ergänzt, der dafür sorgt, dass von einem Passwort sehr viele Varianten entstehen. Salting verhindert Wörterbuchangriffe mit Vorberechnung, etwa durch Rainbow Tables, da ein Wörterbuch für einen wirksamen Angriff nun entsprechend viele Einträge *für jedes einzelne* Passwort enthalten müsste.

Beim Stretching wird die Hash-Funktion sehr oft (bspw. eine Million Mal) iteriert, sodass die massenweise Vorberechnung von Hash-Werten für mögliche Passwörter erheblich ausgebremst wird. Somit erschwert Stretching Brute-Force-Angriffe auf einzelne Passwörter.

- **Integritäts-Prüfungen**
  Zur Prüfung der Integrität der Dateien in einem Dateisystem kann man Prüfsummen (d.h. Hash-Werte) von allen relevanten Dateien mitsamt den dazugehörigen Metadaten berechnen und auf einem sicheren Medium speichern. Nach einem Sicherheitsvorfall geben aufgrund der Kollisionsresistenz der kryptografischen Hash-Funktion die Hash-Werte zuverlässig Auskunft darüber, ob eine Datei verändert wurde oder nicht.
- **Konstruktion von MAC-Verfahren**, bspw. HMAC (s.u.).
- **Digitale Signaturen**
  Da Hash-Werte ihr Urbild quasi eindeutig repräsentieren, wird anstelle der eigentlichen Nachricht der Hash-Wert signiert (s.u.). Dies wird zum einen aus Effizienzgründen gemacht, zum anderen ist es für die Sicherheit von Signaturverfahren von großer Bedeutung (s. Abschnitt 13.8.1).

Ein Beispiel für zeitgemäße Hash-Funktionen ist die SHA-3-Familie, die nach einem öffentlichen Auswahlverfahren 2012 (Algorithmus Keccak) als Alternative für den SHA-2 (SHA-256, SHA-382 und SHA-512) vom NIST standardisiert wurde [FIPS180-4]. Der Standard umfasst die Varianten SHA3-224, SHA3-256, SHA3-384 und SHA3-512, die jeweils auf unterschiedliche Ausgabe Bitlängen (entsprechend ihres Namens) abbilden.

Die Verwendung der Vorgängerstandards SHA-1 und SHA-2 sollte vermieden werden, da insbesondere der SHA-1 bereits erfolgreich angegriffen wurde. Ältere Verfahren wie bspw. der lange Zeit verwendete MD5 sollten auf keinen Fall genutzt werden, da er gebrochen wurde und die Ausgabelänge von 128 Bit (16 Bytes) aus heutiger Sicht ohnehin zu kurz ist.

Message Authentication Codes

Ein Hash-Wert wird alleine mithilfe der Hash-Funktion berechnet, die in der Regel öffentlich bekannt ist. Dieser Wert kann also von jedem berechnet werden. Ein Message Authentication Code (MAC) ist dagegen eine *schlüsselabhängige* Prüfsumme. Derjenige, der die Prüfsumme berechnen oder prüfen will, muss also über den Schlüssel verfügen. Diese Prüfsumme ist intransparent in dem Sinne, dass ein MAC-Wert nichts über die Nachricht verrät. MAC-Verfahren werden üblicherweise auf der Grundlage von Hash-Funktionen oder Blockchiffrierverfahren konstruiert.

Ein MAC-Verfahren gilt als sicher, wenn ohne Kenntnis des zugehörigen Schlüssels, aber mit Kenntnis vorhergehender Nachrichten und ihren mit demselben Schlüssel errechneten MAC-Werten[20] kein gültiger MAC-Wert zu einer weiteren Nachricht erzeugt werden kann. Daraus folgt, dass ein MAC-Verfahren ebenfalls – wie eine kryptografische Hash-Funktion – eine Einwegfunktion und kollisionsresistent sein muss.

MAC-Verfahren auf der Grundlage von Hash-Funktionen

Hash-Funktionen sind Funktionen, die den Gebrauch von Schlüsseln nicht vorsehen. MAC-Verfahren sollen aber eine schlüsselabhängige Prüfsumme liefern. Bei Hash-basierten MAC-Verfahren wird die Nachricht in geeigneter Weise um einen Schlüssel ergänzt. Jedoch darf man hierbei nicht naiv vorgehen. Eine einfache Hash-Wert-Berechnung über die Konkatenation von Schlüssel und Nachricht weist ernsthafte Schwächen auf und ist als MAC-Verfahren ungeeignet.

Ein MAC-Verfahren wird stets nach dem folgenden Schema verwendet: Der Absender oder Urheber von Daten berechnet den MAC-Wert (d. h. die Prüfsumme) für diese Daten unter Verwendung eines MAC-Schlüssels; Daten und Prüfsumme werden zusammen übertragen oder abgespeichert. Soll die Authentizität der Daten später verifiziert werden, dann wird die Prüfsumme erneut berechnet und mit der gespeicherten oder übertragenen Prüfsumme verglichen: Ist der MAC lang genug, sind die Daten bei Übereinstimmung mit an Sicherheit grenzender Wahrscheinlichkeit integer.

Für diese Vorgehensweise reicht eine einfache Hash-Funktion nicht aus, denn ein Angreifer könnte die Daten ebenso modifizieren wie den Hash-Wert. Erst die Schlüsselabhängigkeit der MAC-Verfahren schützt vor diesem Angriff.

Eine gängige und sichere Konstruktion eines MAC-Verfahrens auf Grundlage einer beliebigen kryptografischen Hash-Funktion ist HMAC. Ein konkretes MAC-Verfahren ergibt sich durch die Wahl einer Hash-Funktion, also z. B. HMAC-SHA-1 oder HMAC-SHA-256. Aufgrund der Einweg-Eigenschaft der Hash-Funktion führt jede noch so kleine Änderung der Nachricht – oder ein anderer Schlüssel – mit überwältigender Wahrscheinlichkeit zu einem anderen MAC-Wert.

MAC-Verfahren auf der Grundlage von Blockchiffrierverfahren

Das bekannteste MAC-Verfahren auf Grundlage eines Blockchiffrierverfahrens ist CBC-MAC. Dabei wird die Nachricht (ohne Initialisierungsvektor) CBC-verschlüsselt (s. Abb. 13.8), wobei alle Chiffretextblöcke außer dem letzten verworfen werden. Dieser letzte Chiffretextblock ist der MAC-Wert. Es ist leicht zu sehen, dass der MAC-Wert sowohl vom Schlüssel als auch von jedem Nachrichtenblock abhängt; jede noch so kleine Änderung der Nachricht oder ein anderer Schlüssel resultieren in einem anderen MAC-Wert.

Obwohl CBC-MAC aus praktischer Sicht als sicher gilt, solange das verwendete Blockchiffrierverfahren sicher ist, wird es zunehmend durch andere MAC-Verfahren wie CMAC (Cipher-based MAC) verdrängt, das vom NIST empfohlen wird [SP800-38B].

20 Hier kommen die in Abschnitt 13.4 beschriebenen Angriffs-Szenarios Known-Message- und Chosen-Message-Angriff zum Tragen. Ein MAC-Verfahren, das einem Chosen-Message-Angriff widersteht, ist stärker als ein Verfahren, das lediglich einem Known-Message-Angriff standhält. Für sichere MAC-Verfahren wird Widerstandsfähigkeit gegen einen Chosen-Message-Angriff erwartet.

13.5.5 Authentisierte Verschlüsselung

Authentisierte Verschlüsselung ist die Kombination aus Verschlüsselung und Daten-Integrität in einem einzigen Verfahren.

Die Idee dahinter ist, dass ohne Kenntnis des Schlüssels eine Änderung des Chiffretextes in der Regel zu einem (mindestens stellenweise) unsinnigen Klartext führt. Daher müsste eine solche Änderung bemerkt werden. Allerdings setzt dies zweierlei voraus: dass der Klartext entsprechend redundant ist (z. B. ein Text in einer natürlichen Sprache), damit Änderungen überhaupt als solche erkannt werden können, und dass der Empfänger tatsächlich die nötige Aufmerksamkeit aufbringt, um eine Änderung zu bemerken. Und selbst wenn eine Änderung identifiziert werden kann, ist damit noch nicht geklärt, wo oder wann diese Änderung stattfand. Kurzum, reine Verschlüsselung überlässt es dem Empfänger, auf die Integrität einer Nachricht zu achten. In vielen Situationen ist es aber sinnvoll, Änderungen explizit sichtbar machen zu können.

Für authentisierte Verschlüsselung gibt es in der Praxis zwei Wege: Entweder kombiniert man ein Verschlüsselungsverfahren mit einem MAC-Verfahren, oder man verwendet ein Blockchiffrierverfahren in Verbindung mit einem speziellen Betriebsmodus, der nicht nur Vertraulichkeit, sondern auch Integrität garantiert. In beiden Fällen wird bei der Entschlüsselung explizit und unmittelbar ersichtlich, ob eine Nachricht gültig ist oder nicht.

Kombinierte Verschlüsselung mit MAC

Grundsätzlich kann man ein Verschlüsselungsverfahren auf drei unterschiedliche Arten mit einem MAC-Verfahren kombinieren:

- Der Klartext wird authentisiert und dann zusammen mit dem MAC-Wert verschlüsselt (Authenticate-then-Encrypt). Diesem Schema folgt bspw. SSL/TLS.
- Der Klartext wird verschlüsselt und der Chiffretext wird anschließend authentisiert (Encrypt-then-Authenticate). Diesem Schema folgt bspw. IPsec (ESP mit Authentisierung).
- Der Klartext wird unabhängig authentisiert und verschlüsselt (Authenticate-and-Encrypt). Diesem Schema folgt bspw. SSH.

Als die oben genannten Protokolle entworfen wurden, war noch nicht geklärt, welches der drei Schemata aus Sicherheitssicht das beste darstellt oder ob alle drei Wege gleich gut sind. Um die Jahrtausendwende wurde nachgewiesen, dass die zweite Variante am sichersten und die dritte am schwächsten ist.

Dass Authenticate-and-Encrypt Schwächen hat, kann man sogar intuitiv erklären: Der MAC-Wert zweier identischer Klartexte ist identisch, somit verraten die MAC-Werte partielle Informationen über die verschlüsselten Klartexte. Das Beispiel zeigt, dass die naive Kombination zweier an sich sicherer Verfahren auch zu einem unsicheren Verfahren führen kann.[21]

Die Authenticate-then-Encrypt-Variante der Verschlüsselung eines Klartextes zusammen mit seinem *Hash-Wert* – anstelle eines schlüsselabhängigen MAC-Werts – führt zu einer Form der authentisierten Verschlüsselung, die im Allgemeinen deutlich schwächer ist als mit einem MAC-Wert.

21 Dies bedeutet jedoch nicht, dass SSH in seinem Einsatzszenario unsicher ist.

Spezielle Betriebsmodi

Im Laufe der Zeit wurden verschiedene Betriebsmodi entwickelt, um neben Vertraulichkeit auch eine Authentisierung der Nachricht zu erreichen. PCBC ist eine Variante von CBC, die für Kerberos Version 4 eingesetzt wurde;[22] jedoch hat sich PCBC im Nachhinein als untauglich erwiesen. Moderne Betriebsmodi für authentisierte Verschlüsselung sind EAX, CWC (Carter-Wegman + Countermode) und GCM (Galois/Countermode); Letzteres wird vom NIST empfohlen [SP800-38D].

13.6 Herausforderung Schlüsselverteilung

Eine wichtige Voraussetzung für den Einsatz kryptografischer Verfahren wurde bisher ausgeklammert: Alle beteiligten Parteien müssen die erforderlichen Schlüssel besitzen. Zu diesem Zweck wurden unterschiedliche Methoden zur Schlüsselverteilung entwickelt, die selbst wiederum kryptografische Verfahren verwenden.

Dabei unterscheidet man zwischen statischen und flüchtigen Schlüsseln. *Statische Schlüssel* sind Langzeitschlüssel; diese Schlüssel werden z. B. für die Schlüsselverteilung verwendet. Statische Schlüssel sollten nie zur Absicherung von Massendaten oder langfristig als Verschlüsselungsschlüssel eingesetzt werden.[23] Gelegentlich findet man auch die Bezeichnung Master-Schlüssel[24] für Langzeitschlüssel. *Flüchtige Schlüssel* sind Kurzzeitschlüssel, die auch als Einmal- oder Sitzungsschlüssel bezeichnet werden. Diese Schlüssel werden typischerweise nur einmal (d. h. bspw. für eine Sitzung) verwendet und sollten direkt nach Gebrauch gelöscht werden. Sitzungsschlüssel dienen der Absicherung von Massendaten. Zur sicheren Verteilung von Sitzungsschlüsseln werden Master-Schlüssel verwendet.

13.6.1 Der direkte Weg

Zunächst können die beteiligten Parteien die (geheimen symmetrischen oder öffentlichen asymmetrischen) Schlüssel direkt untereinander austauschen. Hierfür wird allerdings wiederum ein sicherer Kanal benötigt.

Haben die beteiligten Parteien bereits zuvor (Master-)Schlüssel untereinander ausgetauscht, die nicht kompromittiert sind, dann kann mithilfe dieser (Master-)Schlüssel neues Schlüsselmaterial ausgetauscht werden. Hierzu wird einfach mit den bestehenden Schlüsseln ein sicherer Kanal aufgebaut, über den neue Schlüssel übertragen werden können. Kurzzeit- oder Sitzungsschlüssel werden z. B. bei SSL/TLS und bei Kerberos auf genau diese Weise verteilt.

Haben die beteiligten Parteien jedoch zuvor noch keine Schlüssel ausgetauscht oder wurden ausgetauschte Schlüssel zwischenzeitlich kompromittiert, dann besteht keine digitale Vertrauensbeziehung zwischen ihnen. Zwei einander zuvor unbekannte Parteien

22 Zu Kerberos vgl. Kapitel 17.

23 Je mehr mit demselben Schlüssel verschlüsseltes Material einem Angreifer für seine Analysen zur Verfügung steht, desto größer sind seine Erfolgsaussichten.

24 Der Begriff Master-Schlüssel wird aber in der Literatur nicht konsistent verwendet. In verschiedenen Kontexten wird unter einem Master-Schlüssel etwas anderes verstanden als in diesem Artikel.

können zwar einen vertraulichen Kanal zwischen sich herstellen, daraus können die Beteiligten aber keinesfalls auf die Identität der jeweils anderen Partei schließen.[25]

Die Vertrauensbeziehung zwischen zwei einander unbekannten Parteien kann nicht auf digitalem Weg aus »dem Nichts« heraus hergestellt werden. Jeder der Beteiligten muss sich auf andere Weise davon überzeugen, dass der andere derjenige ist, mit dem er kommunizieren will. Überwunden werden kann diese Hürde z. B. durch eine persönliche Begegnung, ein Telefongespräch oder ein Einschreiben. Aber auch diese Wege haben bestimmte Voraussetzungen, wie z. B. die Vertrauenswürdigkeit des Telefonbuchs, oder besitzen je nach Randbedingung mehr oder weniger große Schwachstellen.

Wenn Schlüssel in einer persönlichen Begegnung ausgetauscht werden, stellt dies unter gewissen Randbedingungen einen sicheren Kanal dar. Da die Beteiligten das Schlüsselmaterial aus erster Hand erhalten, besteht – ausreichend Aufmerksamkeit beim Austauschprozess vorausgesetzt – kein Zweifel über die Herkunft des Schlüsselmaterials. Diese initiale Begegnung übernimmt anschließend die Funktion eines »Vertrauensankers«, aus dem die Sicherheit aller weiteren Kanäle abgeleitet wird.

Falls eine persönliche Begegnung nicht infrage kommt, könnte auch auf die Hilfe einer dritten, vertrauenswürdigen Person zurückgegriffen werden. Bei dieser Option erhält man das Schlüsselmaterial aus zweiter Hand, und die Vertrauenswürdigkeit des Materials ist an die Vertrauenswürdigkeit der dritten Person gebunden.

Abbildung 13.12: Bilaterale Schlüsselverteilung zwischen fünf Parteien

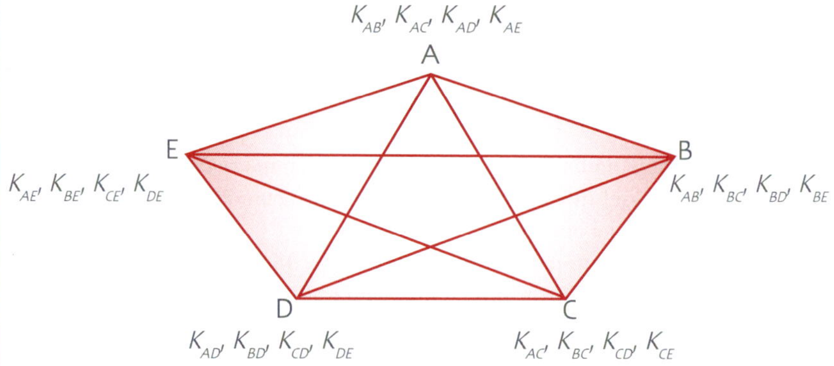

25 Manchmal kann auch auf die Kenntnis der tatsächlichen Identität verzichtet werden. Für den Betreiber eines Online-Casinos bspw. ist es nur entscheidend, dass jemand, der sich an einem Konto anmeldet, auch derjenige ist, der für das Konto verantwortlich ist. Hierfür würden ein selbst gewähltes Passwort bei der Kontoeröffnung und Vorkasse völlig ausreichen. Eine ähnliche Vorgehensweise genügt für Onlineshops, da hier aus Sicht des Betreibers nicht die tatsächliche Identität eines Teilnehmers von Bedeutung ist, sondern die Vorlage von Informationen, mit deren Hilfe eine Zahlung abgewickelt werden kann.

Eine Schwierigkeit beim direkten Austausch von Schlüsseln liegt in der Anzahl der erforderlichen Austauschbeziehungen. Wenn n Personen sicher miteinander kommunizieren wollen, dann muss jede Person zu $n-1$ anderen Personen eine Vertrauensbeziehung aufbauen. In Abbildung 13.12 ist dies beispielhaft für fünf Personen dargestellt. Dort bezeichnet K_{XY} den Master-Schlüssel der Parteien X und Y.

Zwar sind insgesamt etwa $n^2/2$ Master-Schlüssel[26] auszutauschen, eine einzelne Partei hat jedoch nie mit mehr als $n-1$ Master-Schlüsseln zu tun.

Das tatsächliche Problem besteht in dem anfänglichen Aufbau von $n-1$ Vertrauensbeziehungen. Ohne vorab bestehende Vertrauensanker (d. h. zuvor ausgetauschte Master-Schlüssel) ist dies in aller Regel keine einfach zu bewältigende Aufgabe, vor allem, wenn die Beteiligten geografisch voneinander getrennt sind.

13.6.2 Indirekt über vertrauenswürdige Dritte

Wenn der direkte Austausch nicht praktikabel ist, dann ist oft der Weg über eine vertrauenswürdige dritte Partei eine Alternative.

Dabei besteht der größte Nachteil darin, dass alle Beteiligten eine gemeinsame Vertrauensbeziehung zu dieser dritten Partei benötigen. Andererseits wird der Prozess der sicheren Schlüsselverteilung erheblich vereinfacht, wie man an Abbildung 13.13 sehen kann: Hier braucht jede beteiligte Partei nur eine einzige Vertrauensbeziehung zu der Partei T zu etablieren; die Funktion von T besteht in der Vermittlung eines Schlüsselaustauschs zwischen je zwei Parteien.

Abbildung 13.13: Zentrale Schlüsselverteilung durch vertrauenswürdige Dritte

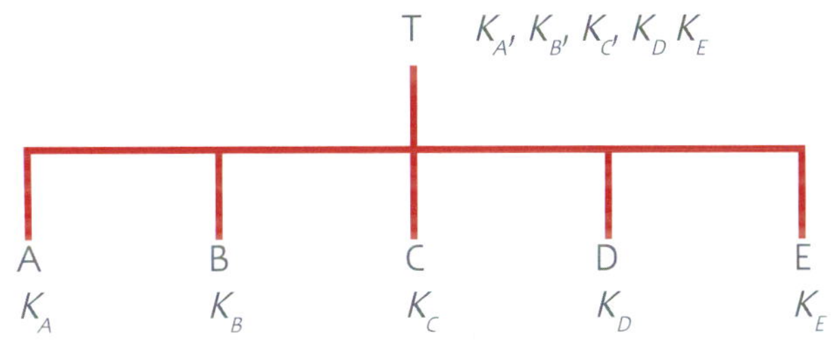

Die fünf Parteien erhalten von einer vertrauenswürdigen dritten Partei T ihre Master-Schlüssel. K_X steht für den Master-Schlüssel zwischen T und Partei X.

Im symmetrischen Fall ist die *Trusted Third Party* T eine Schlüsselverteilungsstelle (Key Distribution Center, KDC)[27], im asymmetrischen Fall ist T eine Zertifizierungsstelle (Certification Authority, CA; siehe Abschnitt 13.8.3 sowie das folgende Kap. 14).

26 Nach der bekannten Gauß'schen Summenformel genauer: $n(n-1)/2$.

27 Siehe dazu auch Kerberos in Abschnitt 17.4.

Aus technischer Sicht gibt es zwei Ansätze, um das Problem der Schlüsselverteilung zu lösen. Beide Ansätze setzen die Existenz einer vertrauenswürdigen dritten Partei voraus. Zum einen kann man Lösungen auf der Grundlage von rein symmetrischen Verfahren konstruieren. Kerberos gehört in diese Kategorie. Zum anderen kann man Lösungen auf der Grundlage von asymmetrischen Verfahren konstruieren. Dieser Weg wird – meist unter Nutzung einer Public-Key-Infrastruktur (PKI) – von Protokollen wie SSH, SSL/TLS, IPsec oder PGP/GPG beschritten.

Im Allgemeinen ist die Verteilung asymmetrischer Schlüssel nicht einfacher als die Verteilung symmetrischer Schlüssel. Zwar muss bei der Verteilung asymmetrischer Schlüssel die Vertraulichkeit des zu verteilenden Schlüsselmaterials nicht berücksichtigt werden, doch muss dessen Authentizität sichergestellt werden. Das ist nicht grundlegend einfacher, da hierfür eine PKI aufgebaut und betrieben werden muss. Vor diesem Hintergrund ist zu verstehen, wieso der Betrieb einer PKI je nach Anwendungsszenario äußerst komplex werden kann (s. Abschnitt 13.8.3 sowie das folgende Kap. 14).

13.7 Asymmetrische Verfahren zur Schlüsselverteilung

Sichere Kanäle werden in der Praxis nur mithilfe symmetrischer Verfahren realisiert. Dies ist vor allem der Effizienz dieser Verfahren geschuldet. Allerdings ist die sichere Handhabung asymmetrischer Verfahren oft nicht intuitiv.

Asymmetrische Verfahren werden beim Aufbau des sicheren Kanals zum Zweck der sicheren Schlüsselverteilung verwendet. Hierfür gibt es grundsätzlich zwei Möglichkeiten, nämlich Schlüsseltransport und Schlüsselaustausch. Im Falle des *Schlüsseltransports* bestimmt eine Partei alleine den Schlüssel und lässt ihn der anderen über einen sicheren Kanal zukommen. Dagegen liegt ein *Schlüsselaustausch* oder eine *Schlüsselvereinbarung* vor, wenn beide Parteien den Schlüssel gemeinsam bestimmen.

Asymmetrischer Schlüsseltransport wird typischerweise durch asymmetrische Verschlüsselung realisiert, während asymmetrischer Schlüsselaustausch üblicherweise durch spezielle asymmetrische Verfahren erreicht wird.

13.7.1 Grundprinzipien asymmetrischer Verfahren

Es ist das kennzeichnende Merkmal asymmetrischer Verfahren, dass statt eines einzelnen Schlüssels ein *Schlüsselpaar* verwendet wird, wobei ein Schlüssel öffentlich ist, während der andere vom Schlüsselinhaber geheim gehalten werden muss. Entsprechend werden diese Schlüssel als *öffentlicher* bzw. als *privater* Schlüssel bezeichnet.

Mit dem privaten Schlüssel werden private Operationen wie Entschlüsselung und Signaturerzeugung durchgeführt, also diejenigen Operationen, die nur der Schlüsselinhaber durchführen können soll. Der öffentliche Schlüssel ist dagegen allgemein bekannt, wobei er idealerweise erkennbar im Zusammenhang mit seinem Inhaber stehen sollte. Die erste Veröffentlichung zum Thema asymmetrische Kryptografie von Diffie und Hellman sah an dieser Stelle vor, in einem Telefonbuch zu Namen und Anschrift nicht nur die Telefonnummer, sondern auch den öffentlichen Schlüssel abzudrucken [DiHe76].

Die vorstehenden Annahmen über die Schlüssel sind stark idealisiert. Tatsächlich muss ein gewisser Aufwand betrieben werden, um diese Annahmen zu erfüllen. Dies wirft oft die größten Probleme in der Praxis auf.

Der private Schlüssel steht in einer algorithmischen Beziehung zu dem zugehörigen öffentlichen Schlüssel; privater und öffentlicher Schlüssel eines Schlüsselpaars sind daher nicht unabhängig voneinander. Jedoch darf der öffentliche Schlüssel keinerlei von einem Angreifer nutzbare Rückschlüsse auf den privaten Schlüssel zulassen.

13.7.2 Schlüsseltransport

Schlüsseltransport ist im Grunde die Verschlüsselung von Sitzungsschlüsseln. Ein besonderes Merkmal des Schlüsseltransports besteht darin, dass eine Partei allein den Sitzungsschlüssel auswählt. Typische Verfahren für asymmetrischen Schlüsseltransport sind die RSA- und die ElGamal-Verschlüsselung.

Die Sicherheit der RSA- und ElGamal-Verschlüsselung hängt von der Schwierigkeit gewisser Berechnungsprobleme der Zahlentheorie ab (Faktorisierung langer Zahlen, Bestimmung des diskreten Logarithmus).

RSA und ElGamal sind in »Reinform« angreifbar, daher wird der Klartext vor der Verschlüsselung »aufbereitet«. Bei sicheren Konstruktionen wie RSA-OAEP+ ist das Ergebnis dieser Aufbereitung von einem vollkommen zufällig ausgewählten Klartext praktisch nicht zu unterscheiden. Die Aufbereitung kann bei der Entschlüsselung aber wieder ruckgängig gemacht werden. RSA-OAEP+ hat u. a. Eingang in PKCS#1 v2 gefunden [PKCS1-02].

Gebräuchlicher ist jedoch die RSA-Verschlüsselung nach PKCS#1 v1.5 [PKCS1-93]. Unter praktischen Gesichtspunkten gilt das Verfahren als sicher, theoretisch ist dies jedoch nicht beweisbar.

Der asymmetrische Schlüsseltransport folgt grundsätzlich der folgenden Vorgehensweise, wobei wir von einer Kommunikation eines Senders mit einem Empfänger ausgehen:

- Der Absender *verschlüsselt* einen Sitzungsschlüssel mit dem öffentlichen Schlüssel des Empfängers.
- Der Empfänger *entschlüsselt* den so entstandenen Chiffretext mit seinem eigenen privaten Schlüssel und erhält den Sitzungsschlüssel.

Die Vertraulichkeit des Sitzungsschlüssels zwischen dem Sender und dem beabsichtigten Empfänger bedingt, dass

- der Sender eine *authentische* Kopie des öffentlichen Schlüssels des beabsichtigten Empfängers hat und
- der Empfänger die *einzige* Partei ist, die den zugehörigen privaten Schlüssel kennt.

Es ist leicht einzusehen, dass beide Bedingungen notwendig sind, um die Vertraulichkeit des transportierten Sitzungsschlüssels zwischen dem Sender und dem beabsichtigten Empfänger zu gewährleisten.

Ordnet der Sender dem beabsichtigten Empfänger den falschen öffentlichen Schlüssel zu, dann wird dieser den Inhalt der Nachricht nicht lesen können. Stattdessen kann der tatsächliche Inhaber des zugehörigen privaten Schlüssels die Nachricht lesen. Ein Angreifer kann das ausnutzen und öffentliche Schlüssel verbreiten, die vorgeblich anderen Beteiligten gehören, deren private Schlüssel er jedoch selbst kennt. Daher kann der beabsichtigte Empfänger dem Absender nicht einfach ungeschützt seinen öffentlichen Schlüssel zukommen lassen, denn ohne weitere Authentisierung ist diese Vorgehensweise anfällig für Man-in-the-Middle-Angriffe. Bei einem Man-in-the-Middle-Angriff schaltet sich ein Angreifer Z so in die Kommunikation zweier Parteien A und B ein, dass die komplette Kommunikation über ihn läuft. A und B glauben, miteinander zu kommunizieren, tatsächlich kommunizieren beide jedoch mit Z. Aus dieser Position heraus kann Z Nachrichten zwischen A und B verändert weiterleiten, unterdrücken oder auch neue Nachrichten einspielen.

Damit ist der folgende Angriff auf den Schlüsseltransport möglich: A sendet an B eine Nachricht mit der Bitte um dessen öffentlichen Schlüssel, um später eine vertrauliche Nachricht an B senden zu können. Z fängt diese Nachricht ab, erzeugt ein Schlüsselpaar, das vorgeblich B gehört, und schickt den entsprechenden öffentlichen Schlüssel an A. Ohne weitere Authentisierung wird A nicht feststellen können, ob der öffentliche Schlüssel, den er erhalten hat, tatsächlich zu B gehört. Würde A nun diesen öffentlichen Schlüssel verwenden, dann könnte (nur) Z den Chiffretext entschlüsseln.

Asymmetrischer Schlüsseltransport reduziert das Schlüsselverteilungsproblem für symmetrische Schlüssel also nur auf ein weiteres Schlüsselverteilungsproblem und löst es daher nicht vollständig.

13.7.3 Schlüsselaustausch

Das Diffie-Hellman-Verfahren war das erste veröffentlichte asymmetrische Kryptoverfahren zum Schlüsselaustausch [DiHe76]. Ein besonderes Merkmal des Schlüsselaustausch-Verfahrens ist, dass *keine Partei allein* den Sitzungsschlüssel bestimmen kann; der Sitzungsschlüssel hängt von den Eingaben aller Beteiligten ab.

Zwar wird das Diffie-Hellman-Verfahren als Schlüsselaustauschverfahren bezeichnet, aber seine rohe Ausgabe ist im Allgemeinen noch kein gemeinsamer Schlüssel, sondern ein gemeinsames Geheimnis. Um einen gemeinsamen Schlüssel – gegebenenfalls auch mehrere – zu erzeugen, muss erst eine *Schlüsselableitungsfunktion* (typischerweise auf Grundlage einer Hash-Funktion) auf das gemeinsame Geheimnis angewendet werden.

Der Schlüsselaustausch nach Diffie-Hellman folgt grundsätzlich der folgenden Vorgehensweise:

- Eine Partei erzeugt ein flüchtiges Schlüsselpaar und sendet den öffentlichen Schlüssel an die andere Partei.
- Die andere Partei erzeugt ebenfalls ein flüchtiges Schlüsselpaar und sendet ihrerseits ihren öffentlichen Schlüssel an die erste Partei.
- Beide Parteien berechnen aus ihrem eigenen privaten Schlüssel und dem öffentlichen Schlüssel der jeweils anderen Partei das gemeinsame Geheimnis.

Das Faszinierende hieran ist, dass beide Parteien tatsächlich dasselbe gemeinsame Geheimnis (und anschließend denselben gemeinsamen Sitzungsschlüssel) berechnen, und dass das gemeinsame Geheimnis nur den beiden beteiligten Parteien bekannt ist, selbst wenn die Kommunikation abgehört wird.

Die Vertraulichkeit des Sitzungsschlüssels zwischen beiden Parteien bedingt, dass

- jede Partei eine authentische Kopie des öffentlichen Schlüssels der jeweils anderen Partei hat und
- jede Partei die alleinige Kenntnis ihres jeweiligen privaten Schlüssels hat (die privaten Schlüssel also tatsächlich privat sind).

Es ist leicht einzusehen, dass beide Bedingungen notwendig sind, um die Vertraulichkeit des transportierten Sitzungsschlüssels zwischen beiden Partien zu gewährleisten. Ohne weitere Authentisierung der flüchtigen öffentlichen Schlüssel kann sich ein Angreifer mit einem Man-in-the-Middle-Angriff zwischen die beteiligten Parteien schalten und ein gemeinsames Geheimnis mit jeweils beiden Parteien aushandeln. Für beide Parteien wird dies ohne zusätzliche Authentisierung nicht zu erkennen sein (s. Abb. 13.14).

Abbildung 13.14: Man-in-the-Middle-Angriff gegen den Diffie-Hellman-Schlüsselaustausch

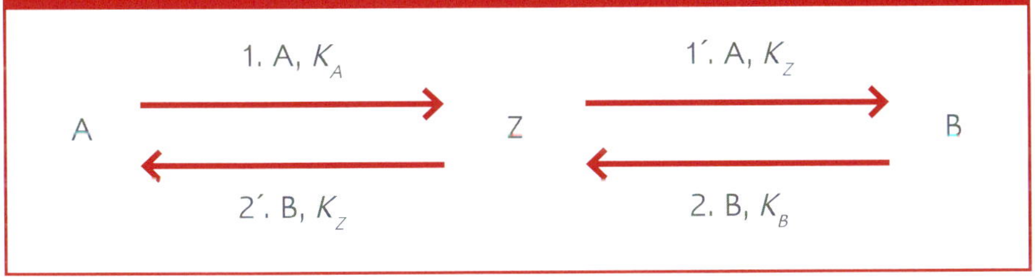

Dieser aktive Angriff gelingt wie folgt: A und B erzeugen jeweils ein flüchtiges Schlüsselpaar und senden sich gegenseitig die jeweiligen öffentlichen Schlüssel K_A und K_B zu. Diese öffentlichen Schlüssel werden von Z abgefangen; Z erzeugt sein eigenes Schlüsselpaar, sendet A und B seinen eigenen öffentlichen Schlüssel K_Z und führt die Berechnung der gemeinsamen Geheimnisse mit seinem eigenen privaten Schlüssel und den abgefangenen öffentlichen Schlüsseln von A und B durch. Würden A und B den öffentlichen Schlüssel zur Berechnung der gemeinsamen Geheimnisse verwenden (von dem sie glauben, er käme von B bzw. A), so teilen sich A und B jeweils ein gemeinsames Geheimnis mit Z anstatt miteinander. In der Folge haben A und B jeweils einen »sicheren« Kanal zum Angreifer Z.

Zum Schutz vor solchen Angriffen werden sowohl beim Schlüsselaustausch als auch beim Schlüsseltransport die öffentlichen Schlüssel meist mithilfe von digitalen Signaturen authentisiert.

13.8 Digitale Signaturen

13.8.1 Grundprinzipien digitaler Signaturen

Digitale Signaturen stellen den Kern vieler Authentisierungsverfahren dar, und Nicht-Abstreitbarkeit wird erst durch digitale Signaturen möglich. Digitale Signaturen sind das asymmetrische Pendant zu Message Authentication Codes, und in den meisten Fällen ist eine digitale Signatur nichts anderes als eine Prüfsumme, die mit einem privaten Schlüssel erzeugt und dem zugehörigen öffentlichen Schlüssel überprüft (verifiziert) wird. Die allgemeinen Grundsätze asymmetrischer Verfahren (s. Abschnitt 13.7.1) gelten auch für digitale Signaturen.

Typische Signaturverfahren beruhen auf RSA oder ElGamal; sehr populär sind auch der Digital Signature Algorithm (DSA) und EC-DSA [FIPS186-4].

Auch hier gilt, dass das »nackte Lehrbuch-RSA« als Signaturverfahren nur dann sicher wäre, wenn die Nachricht vollkommen zufällig ausgewählt würde. Sichere Konstruktionen wie RSA-PSS bereiten die Nachricht daher vor der eigentlichen RSA-Operation in spezieller Weise auf. RSA-PSS hat u. a. Eingang in PKCS#1 v2 [PKCS1-02] gefunden. Gebräuchlicher sind RSA-Signaturen nach PKCS#1 v1.5 [PKCS1-93].

DSA und EC-DSA hingegen können wie im Standard beschrieben verwendet werden, da der Standard die sichere Aufbereitung der zu signierenden Nachricht bereits umfasst.

Digitale Signaturen folgen grundsätzlich der folgenden Vorgehensweise:

- Der Unterzeichner *signiert* eine Nachricht mit seinem eigenen privaten Schlüssel.
- Der Prüfer *verifiziert* die Nachricht und die Signatur mit dem öffentlichen Schlüssel des Unterzeichners.
- Die Authentizität der Nachricht setzt voraus, dass
- der Prüfer (Verifizierer der Signatur) eine authentische Kopie des öffentlichen Schlüssels des Unterzeichners hat und
- der Unterzeichner (Ersteller der Signatur) die einzige Partei ist, die den zugehörigen privaten Schlüssel kennt.

Beide Bedingungen sind notwendig, um die Authentizität der unterzeichneten Nachricht zu gewährleisten.

Ordnet der Prüfer dem Unterzeichner den falschen öffentlichen Schlüssel zu, dann wird der Prüfer Signaturen des Unterzeichners nicht erfolgreich verifizieren können. Ein Angreifer kann das (wie bei asymmetrischen Schlüsselverteilungsverfahren) ausnutzen und öffentliche Schlüssel verbreiten, die vorgeblich anderen Beteiligten gehören, deren private Schlüssel jedoch im Besitz des Angreifers sind.

Geht ein privater Schlüssel verloren, dann kann der Unterzeichner keine weiteren Signaturen erzeugen, die mit dem zugehörigen öffentlichen Schlüssel verifiziert werden können. Die Gültigkeit bestehender Signaturen bleibt davon jedoch unberührt, sofern der private Schlüssel keinem Dritten bekannt wird. Anders als bei privaten Schlüsseln zur Entschlüsselung sollten private Signaturschlüssel daher nicht hinterlegt werden.

Wie bei Hash-Funktionen wird bei Signaturverfahren die Signaturoperation nie direkt auf die Nachricht angewendet. Dies hat zum einen Effizienzgründe, denn eine Hash-Funktion hat eine erheblich bessere Performance als die Signaturoperation. Darüber hinaus müsste man bei direkter Anwendung auf die Nachricht eine Art Betriebsmodus verwenden, da die Signaturoperation nur auf relativ kurze Datenmengen anwendbar ist.

Zum anderen dürfen gängige digitale Signaturverfahren aus Sicherheitsgründen niemals direkt auf Roh-Nachrichten angewendet werden, da andernfalls die Gefahr von sogenannten existenziellen Fälschungen droht. Hierbei kann ein Angreifer aus bestehenden, gültigen Signaturen eine neue Nachricht mit einer neuen Signatur errechnen, die der Inhaber des privaten Schlüssels nicht erzeugt hat, die bei einer Prüfung mit dem dazugehörigen öffentlichen Schlüssel dennoch als *gültig* akzeptiert wird.

Daher ist für den Einsatz mit digitalen Signaturen die (starke) Kollisionsresistenz der verwendeten Hash Funktion von höchster Bedeutung, denn diese Eigenschaft verhindert, dass ein Angreifer zu einer signierten Nachricht eine zweite erzeugen kann, die dieselbe Signatur besitzt.

13.8.2 Digitale Signaturen für die Nicht-Abstreitbarkeit

Das Sicherheitsziel Nicht-Abstreitbarkeit soll verhindern, dass ein Unterzeichner die Verantwortung für eine Handlung oder Willenserklärung abstreiten kann. Die Nicht-Abstreitbarkeit von digitalen Signaturen entspringt der folgenden Idee: Eine Signatur ist gültig, wenn die dazugehörige Nachricht mit dem passenden Schlüssel erfolgreich verifiziert werden kann. Unter der Annahme, dass das verwendete Signaturverfahren sicher ist, kann nur diejenige Partei eine *gültige* Signatur erzeugt haben, die den zugehörigen privaten Schlüssel kennt.

Neu an der Nicht-Abstreitbarkeit (im Unterschied zu einer Authentizität) ist, dass ein Disput zwischen Prüfer und Unterzeichner von einer dritten, unabhängigen Partei (etwa einem Richter) eindeutig entschieden werden kann. Dies ist bei einem Message Authentication Code nicht der Fall.

Die Sache ist in der Praxis jedoch nicht so einfach, denn kein menschlicher Benutzer kann eine digitale Signatur im Kopf berechnen, sondern ein Gerät verwendet den privaten Schlüssel des Unterzeichners und bestimmt damit eine digitale Signatur. Die eigentlich beabsichtigte Willenserklärung des Unterzeichners ist auf dieser Ebene nicht ersichtlich. Daher darf eine digitale Signatur nur unter strengen Anforderungen und Auflagen einer von Hand geleisteten Unterschrift gleichgesetzt werden. So fordert unter anderem § 126a BGB für die sogenannte elektronische Form als Ersatz für die Schriftform den Einsatz von *qualifizierten* elektronischen Signaturen nach dem deutschen Signaturgesetz (SigG).

Um eine geleistete Signatur abzustreiten, könnte nämlich der *vermeintliche* Unterzeichner behaupten, dass sein privater Schlüssel ohne sein Einverständnis verwendet, also durch das Gerät (den PC) kompromittiert wurde.

Entsprechend bedeutet die Verifikation einer zu einer Nachricht gehörigen Signatur, dass ein Computer eine Berechnung in Abhängigkeit von einer Nachricht, einer Signatur und einem öffentlichen Schlüssel durchführt und das Ergebnis »gültig« oder »ungültig« zurückliefert.

Dieses Problem kann mit Kryptografie nicht gelöst werden. In der Praxis versucht man, sich mit Überprüfung und Zertifizierung der eingesetzten technischen Komponenten zu behelfen.

Eine andere Möglichkeit besteht in vertrauenswürdigen Zeitstempeldiensten. Soll ein Dokument authentisiert werden, wird das Dokument mit Signatur dem Zeitstempeldienst zur Beglaubigung vorgelegt. Der Unterzeichner haftet dann für alle mit seinem privaten Schlüssel erzeugten Unterschriften.

13.8.3 Digitale Signaturen für Zertifikate

In dem vorangegangenen Abschnitt 13.7 wurde deutlich, dass die Authentizität von öffentlichen Schlüsseln von höchster Bedeutung für die Zusicherung von Vertraulichkeit, Integrität und Authentizität ist. Es wurde auch festgestellt, dass asymmetrische Verschlüsselung das Schlüsselverteilungsproblem für symmetrische Schlüssel nur zum Preis eines weiteren Schlüsselverteilungsproblems – diesmal für die öffentlichen Schlüssel – lösen kann.

Diese können entweder direkt aus erster Hand verteilt werden oder man bedient sich der Hilfe einer dritten, vertrauenswürdigen Partei. Im Zusammenhang mit öffentlichen Schlüsseln wird diese vertrauenswürdige Partei als *Zertifizierungsstelle* (*Certification Authority*, CA) bezeichnet.

Die Zertifizierungsstelle stellt *Public-Key-Zertifikate* aus, die einen öffentlichen Schlüssel unter Zuhilfenahme einer digitalen Signatur mit einer Identität verbinden, gegebenenfalls unter Einbeziehung von Parametern wie Verwendungszweck, Gültigkeitsdauer und weiteren Angaben. Dazu übergibt der Schlüsselinhaber der Zertifizierungsstelle auf vertrauenswürdige Weise seinen öffentlichen Schlüssel. Wenn die Zertifizierungsstelle hinreichende Evidenz über die Identität des Schlüsselinhabers hat, dann stellt sie ein Public-Key-Zertifikat aus – ein elektronisches Dokument, das die Bindung eines Schlüssels an eine Identität bestätigt und zu diesem Zweck von der Zertifizierungsstelle digital signiert wird.

Um Gewissheit über den Inhaber eines öffentlichen Schlüssels zu bekommen, kann der Empfänger des Schlüssels dieses Public-Key-Zertifikat verwenden: Wenn (a) das Zertifikat die Inhaberschaft des Schlüssels übereinstimmend festlegt, (b) das Zertifikat authentisch (also die digitale Signatur korrekt) und (c) die Zertifizierungsstelle vertrauenswürdig ist, dann kann er der Angabe zum Inhaber vertrauen.

Diese einfache Darstellung ist stark idealisiert und wird durch zusätzliche, wichtige Anforderungen wie Gültigkeitsdauer, Schlüsselwiderruf und Zertifizierungshierarchien erheblich komplexer. Schlüssel zu verteilen und weitere Dienste bereitzustellen ist die Aufgabe von Public-Key-Infrastrukturen (PKI). Nähere Details hierzu werden im folgenden Kapitel behandelt. Bei aller Komplexität sollte aber nie vergessen werden, dass eine PKI letztlich nur einem Zweck dient, nämlich der vertrauenswürdigen Bereitstellung von öffentlichen Schlüsseln.

13.9 Praktischer Einsatz

13.9.1 Schlüssel- und Hash-Wert-Längen

Der Sicherheitsparameter von Chiffrierverfahren und Hash-Funktionen ist die Schlüssellänge. Angesichts der kontinuierlichen Zunahme der Prozessorgeschwindigkeit und der verfügbaren Speichermengen muss die Schlüssellänge von Zeit zu Zeit an die technische Entwicklung angepasst werden. Dazu werden z. B. vom BSI jährlich entsprechende Empfehlungen in einer technischen Richtlinie veröffentlicht [BSI23]. Vergleicht man die dort (und in anderen Empfehlungen) für symmetrische und asymmetrische Verfahren angegebenen Schlüssellängen, dann fällt eine gewisse Diskrepanz auf: Schlüssel für symmetrische Verfahren liegen typischerweise im Bereich von 128 bis 256 Bit, Schlüssel für asymmetrische Verfahren dagegen liegen im Bereich von 1000 bis 4000 Bit. Eine Ausnahme hiervon sind asymmetrische Verfahren auf der Grundlage von elliptischen Kurven, deren übliche Schlüssellänge im Bereich von 200 bis 300 Bit liegt. Die Empfehlungen für Hash-Wert-Längen liegen um den Faktor 2 über denen symmetrischer Verfahren (256 bis 512 Bit).

Wie kommt dieser Unterschied zustande, und wie kommt man überhaupt zu den vorstehend genannten Schlüssellängen? Die Antwort auf diese Frage hat etwas mit den kryptoanalytischen Verfahren zu tun, die die unterliegenden algorithmischen Berechnungsprobleme zu lösen versuchen. Für jedes Verfahren gilt zunächst: Je länger der Schlüssel ist, desto länger ist die erwartete Laufzeit für einen Angriff.

Die erforderliche Mindest-Schlüssellänge ergibt sich dann aus der folgenden Überlegung: Die erwartete Laufzeit eines Angriffsverfahrens soll einen gewissen Schwellenwert nicht unterschreiten (z. B. 30 Jahre), unter der Annahme, dass die gesamte Berechnungsleistung, die in diesem Zeitraum realistisch zur Verfügung stehen könnte, dafür eingesetzt wird.

Auf der Webseite *http://www.keylength.com* sind verschiedene Empfehlungen für die Mindestlänge von symmetrischen und asymmetrischen Schlüsseln gegenübergestellt, wobei diese Empfehlungen z. B. in Abhängigkeit davon gegeben werden, über wie viele Jahre die Sicherheit mindestens erhalten bleiben soll.

Vergleicht man die Effizienz der bekannten Angriffsverfahren gegen verschiedene kryptografische Konstruktionen, dann zeigt sich, dass Angriffe auf asymmetrische Verfahren wie bspw. RSA erheblich effizienter sind als Angriffe auf symmetrische Verfahren wie AES. Das liegt daran, dass symmetrische Verfahren so konstruiert werden, dass das zufällige Ausprobieren aller möglichen Schlüssel das effizienteste Angriffsverfahren ist. Für alle bis heute bekannten asymmetrischen Verfahren sind jedoch effizientere, »subexponentielle« Verfahren bekannt, mit denen ein Angriff möglich ist. Abbildung 13.15 zeigt die Erfolge der Faktorisierungsalgorithmen in den vergangenen 50 Jahren, bei denen, teilweise mit einem Berechnungsaufwand von mehreren Jahren, ein (einzelner) RSA-Schlüssel gebrochen werden konnte [Fox09]. Um dasselbe Sicherheitsniveau zu erhalten, muss man RSA (und vergleichbare Verfahren wie ElGamal oder DSA) daher mit erheblich längeren Schlüsseln einsetzen als AES.

Abbildung 13.15: Faktorisierungserfolge und Prognose (rot) [Fox09]

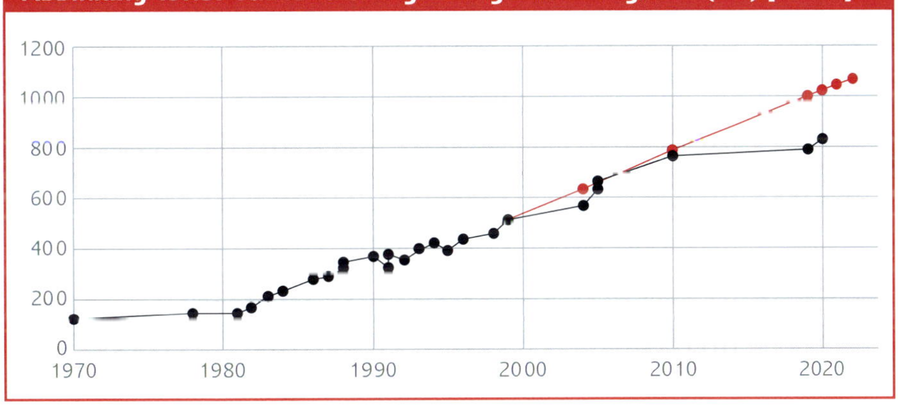

Bei kryptografischen Verfahren, die über eine längere Zeit (mehr als 15 Jahre) Vertraulichkeit oder Integrität sicherstellen sollen, sollten bei der Wahl des Verfahrens und der Schlüssellänge die Fortschritte bei der Entwicklung von Quantencomputern berücksichtigt werden. Zwar sind die heute verfügbaren Quantencomputer noch weit davon entfernt, kryptografische Verfahren zu gefährden. Jedoch hat Peter Shor bereits 1996 einen Quanten-Algorithmus vorgestellt, mit dem eine Faktorisierung langer Moduli (und damit das Brechen der verbreiteten asymmetrischen Verschlüsselungs- und Signierverfahren wie RSA oder DSA) in polynomieller Zeit möglich ist [Shor96]. Aus diesem Grund hat das NIST schon 2016 einen Wettbewerb zur Standardisierung von Post-Quantum-Kryptoverfahren ausgeschrieben, die gegen Shors Algorithmus' resistent sind, und 2022 erste potenzielle Nachfolger für RSA und DSA publiziert [NIST22].

Die im Vergleich mit den Schlüssellängen symmetrischer Verschlüsselungsverfahren um den Faktor zwei höheren Anforderungen an die Länge der Hash-Werte ergibt sich aus dem sogenannten »Geburtstags-Paradoxon« – der (nicht intuitiven) Antwort auf die Frage, ab wie vielen Menschen in einem Raum die Wahrscheinlichkeit, dass zwei Personen an demselben Tag Geburtstag haben, größer ist als 0,5.

Die Antwort lässt sich relativ leicht berechnen. Dazu bestimmt man zunächst die Wahrscheinlichkeit, dass n (zufällig ausgewählte) Personen *nicht* an demselben Tag Geburtstag haben:

$$P(n) = \frac{365}{365} \cdot \frac{364}{365} \cdot \frac{363}{365} \cdot \ldots \cdot \frac{(365-(n-1))}{365} = \frac{365 \cdot 364 \cdot \ldots \cdot (365-(n-1))}{365^n}$$

Daraus folgt für die Wahrscheinlichkeit, dass von n Personen mindestens zwei an demselben Tag Geburtstag haben,

$$\bar{P}(n) = 1 - \frac{365 \cdot 364 \cdot \ldots \cdot (365-(n-1))}{365^n} = 1 - \frac{365!}{(365-n)! \cdot 365^n}$$

Setzt man nun $n=23$, dann ist $\bar{P}(23) \approx 0{,}5073$.

Die Ursache für diesen überraschend kleinen Wert für n ist, etwas vereinfacht ausgedrückt, dass wir den Geburtstag jeder Person mit jeder anderen im Raum vergleichen müssen – wir also $n \cdot \frac{n-1}{2}$ Paare betrachten müssen. Damit wächst die Zahl der möglichen »Treffer« (oder, übertragen auf Hash-Funktionen: die Zahl der Kollisionen, also gleichen Hash-Werte bei unterschiedlichen Nachrichten) quadratisch mit der Zahl der Personen (bzw. Nachrichten), die wir berücksichtigen. Um also dasselbe Sicherheitsniveau wie bei einem symmetrischen Verschlüsselungsverfahren gegen Brute-Force-Angriffe (Durchprobieren der Schlüssel bzw. Nachrichten) zu erreichen, müssen wir die Hash-Werte doppelt so lang wählen.

Auch Hash-Funktionen lassen sich auf Quantencomputern mit dem Algorithmus von Grover [Grov96] mit einem Aufwand von $O(\sqrt{n})$ statt $O(n)$ via »brute force« angreifen – gegen diesen Angriff hilft jedoch eine Verdoppelung der Hash-Wert-Länge.

13.9.2 Proprietäre Verfahren

Die Entwicklung eines kryptografischen Algorithmus ist zum gegenwärtigen Stand der Theorie mehr eine Kunst als eine Wissenschaft und erfordert sehr viel Erfahrung in der Kryptoanalyse. Nur Algorithmen, die sehr gründlich durch unabhängige Experten untersucht wurden, sind für einen Einsatz zu empfehlen. Da viele Angriffe und kryptoanalytische Methoden erst im Laufe der Zeit entwickelt oder verfeinert werden, sollte man selbst bei einem positiven Expertenurteil zunächst eher zurückhaltend sein. Wenn es keine sonstigen Sachzwänge gibt, bspw. Ressourcenbeschränkungen, dann sollte ein bewährtes Verfahren immer einem neu entwickelten vorgezogen werden.

Etwas besser ist die Situation bei kryptografischen Protokollen. Hier lässt sich oft ein Sicherheitsbeweis vornehmen, wenn gewisse Annahmen vorausgesetzt werden. Jedoch kann sich auch hier das Angreifermodell als untauglich oder eine Annahme als nicht plausibel erweisen. Auch hier gilt also, dass nur gründlich analysierte, idealerweise standardisierte Protokolle verwendet werden sollten.

Die Sicherheit eines Verfahrens wird auch nicht dadurch erhöht, dass man das Verfahren geheim hält.

Nur Verfahren, deren Details öffentlich – oder zumindest in einem hinreichend großen Expertenkreis – begutachtet und diskutiert werden können, kommen überhaupt infrage. Nur gründliche Analysen, deren Ergebnisse allen mit der Untersuchung befassten Experten vollständig offengelegt werden, können ein hinreichendes Vertrauen in ein Verfahren begründen.

Für fast jedes praktische Problem gibt es kryptografische Verfahren, die sich als so vertrauenswürdig erwiesen haben, dass sie in Standards empfohlen werden. Wegweisend sind hier z. B. die NSA/NIST Suite B oder die Technische Richtlinie des BSI [BSI23], die auf verschiedene Standards verweisen. Für Hersteller ist die Suite B besonders dann von Bedeutung, wenn sie auch US-Behörden mit ihren Produkten beliefern wollen, denn zertifizierte Produkte dürfen für Informationen verwendet werden, die als »geheim« eingestuft wurden. Dadurch genießen diese Verfahren eine besondere Verbreitung, so etwa in Software von namhaften Herstellern.

13.9.3 Proprietäre Implementierungen

Auch die eigene Implementierung von kryptografischen Verfahren ist problematisch. Erstens besteht aus wirtschaftlichen Gründen absolut kein Grund dafür, denn für sehr viele in der Praxis vorkommende Anwendungsprobleme gibt es anerkannte Verfahren, für die Implementierungen auf einer Vielzahl von Plattformen oder sogar als Open Source zur Verfügung stehen. Zweitens ist die Implementierung eines kryptografischen Verfahrens besonders kritisch, denn selbst ein kleiner Fehler kann die Sicherheit des Verfahrens komplett aushebeln. Drittens sind Implementierungen, die direkt der als Standard oder Forschungspapier vorliegenden Entwurfsbeschreibung folgen, oft nicht sehr effizient, während viele verbreitete Implementierungen bereits stark optimiert sind.

Der ausschlaggebende Grund für die Verwendung bestehender Implementierungen besteht aber darin, dass eine naive Implementierung (selbst wenn sie ansonsten korrekt ist) subtile Schwachstellen hervorrufen kann. Je nach der Umgebung, in der ein Verfahren eingesetzt werden soll, müssen auch *Seitenkanalangriffe* berücksichtigt werden. Bei diesen

Angriffen erlaubt die Beobachtung verschiedener Parameter wie Timing oder Leistungsaufnahme Rückschlüsse auf die verwendeten Schlüssel. Bestehende Implementierungen sind oft auch gegen solche Angriffe gehärtet.

13.9.4 Erzeugung von Zufallszahlen

Die Erzeugung von zufälligen oder hinreichend guten pseudozufälligen Werten erweist sich oft als ausgesprochen problematisch. In der Kryptografie meint »zufällig« *unvorhersagbar*. Damit ist gemeint, dass ohne Kenntnis des internen Zustands des Zufallserzeugers die nächste Ausgabe nicht vorhergesagt werden kann,[28] selbst wenn eine große Menge seiner bisherigen Ausgaben bekannt ist. Dies ist eine viel höhere Anforderung an die Qualität der Zufallserzeugung.

Die meisten einfachen System- oder Bibliotheksaufrufe zur Erzeugung von Zufallszahlen erfüllen diese Qualität nicht und kommen daher für kryptografische Zwecke nicht in Betracht – schließlich arbeitet ein Computer immer deterministisch, also vorhersagbar. Daher hilft selbst ein gutes Verfahren noch nicht – man braucht immer eine gute, echt zufällige Initialisierung des Zufallserzeugers (auch als *Seed* bekannt). Wenn die Initialisierung vorhersagbar ist, dann ist auch die gesamte davon abgeleitete Folge von Zufallswerten vorhersagbar. Daher muss bei der Initialisierung unbedingt darauf geachtet werden, dass der verwendete Initialwert tatsächlich unvorhersagbar ist und geheim gehalten wird.

Ganz schlecht ist die Verwendung von Werten der Systemzeit als Zufallswert, da diese oft selbst für Außenstehende einfach nachvollziehbar bleiben. Auch die Verwendung von Systemereignissen, die auf die Interaktion mit einem menschlichen Nutzer zurückgehen, kann scheitern – Tastatureingaben und Mauszeigerbewegungen sind auf einem wenig beschäftigten Server eine ungeeignete Zufallsquelle. Auch hier gilt, dass man auf eigene Entwicklungen lieber verzichten und stattdessen auf bewährte Implementierungen zurückgreifen sollte.

Die Schäden, die eine mangelhafte Zufallserzeugung anrichtet, können beträchtlich sein.[29] Wenn ein Angreifer Sitzungsschlüssel vorhersagen kann, dann kann er die verschlüsselten Nachrichten abhören oder verfälschen. Bei vorhersagbaren Initialisierungsvektoren wird bspw. eine CBC-Verschlüsselung genauso unsicher wie die ECB-Verschlüsselung. Das DSA-Verfahren ist das extremste Beispiel für die Wirkung einer schlechten Zufallserzeugung: Kann die Zufallszahl, die an einer bestimmten Stelle in die Erstellung einer DSA-Signatur eingeht, vorhergesagt werden, dann kann man den privaten Schlüssel aus einer einzigen Signatur rekonstruieren.

Auch für die Zufallserzeugung sollten daher erprobte und bewährte Implementierungen eingesetzt werden.

28 Mit einer Erfolgswahrscheinlichkeit, die merklich über der von simplem Raten (50 % je Bit) liegt.

29 Siehe z. B. das OpenSSL-Debakel der Debian-Linux-Distribution im Jahr 2006.

Zusammenfassung

Aus der Sicht des Praktikers sollte es bei der Beschäftigung mit kryptografischen Themen vor allem darum gehen, was kryptografische Verfahren leisten, wie sie sicher verwendet werden und welche Annahmen ihrer Verwendung zugrunde liegen. Die konkrete Funktionsweise ist dabei nachrangig. Diese Aspekte werden leider oft zugunsten von zahlreichen technischen Details vernachlässigt; jene liefern jedoch in der Regel keinen Beitrag zum Verständnis eines Verfahrens oder seiner angemessener Verwendung. Dies ist aber notwendig, da ein unsachgemäßer Umgang mit einem ansonsten sicheren Verfahren zu erheblichen Sicherheitslücken führen kann.

Eine typische Schwierigkeit besteht im sicheren Schlüsselmanagement. Sind die Schlüssel erst einmal verteilt oder ausgetauscht, dann kann aus kryptografischer Sicht relativ wenig schiefgehen, aber diesen Zustand auf vertrauenswürdige Weise zu erreichen, ist in der Praxis oft schwierig. Vor allem gute Zufallserzeugung erweist sich immer wieder als eine ausgesprochene Herausforderung.

Von jedweder Eigenentwicklung oder -implementierung kryptografischer Verfahren und Protokolle ist unbedingt abzuraten. Für sehr viele gängige kryptografische Probleme gibt es gut erprobte und effiziente Lösungen sowohl in Soft- als auch in Hardware, sowohl unter kommerziellen als auch unter Open-Source-Lizenzen.

Leider trifft man immer noch auf Hersteller, die eigene kryptografische Verfahren entwickeln. Da kryptografische Verfahren oft ein tragendes Element in darauf aufbauenden Sicherheitsarchitekturen darstellen, hat ein Bruch der kryptografischen Verfahren erhebliche Konsequenzen. Die gebrochenen Verfahren zur DECT-Verschlüsselung, zur GSM-Verschlüsselung und zur Mifare-RFID-Verschlüsselung sind Beispiele für unsichere Verfahren, die wegen der großen Verbreitung und des Aufwands für ihre Ersetzung oft noch sehr lange Zeit in Gebrauch waren. Daher sollte man nach Möglichkeit ausschließlich bewährte, bevorzugt standardisierte kryptografische Verfahren verwenden.

Literatur

[Bern08] *Daniel J. Bernstein:* The Salsa20 family of stream ciphers. In: New Stream Ciphers, LNCS 4986, Springer 2008, S. 84–97

[BSI23] *Bundesamt für Sicherheit in der Informationstechnik (BSI):* Kryptographische Verfahren: Empfehlungen und Schlüssellängen. Technische Richtlinie BSI TR-02102-1, 2023-01, Januar 2023

[DiHe76] *Diffie, Whitfield; Hellman, Martin E.: New Directions in Cryptography.* IEEE Transactions on Information Theory, Vol. IT-22, No. 6, 1976, S. 644–654

[FerSch03] *Ferguson, N.; Schneier, B.:* Practical Cryptography. John Wiley & Sons, 2003

[FerSchKoh10] *Ferguson, N.; Schneier, B.; Kohno, T.:* Cryptography Engineering. John Wiley & Sons, 2010

[FIPS180-4] *National Institute of Standards and Technology:* Federal Information Processing Standards Publication 180-4 – Secure Hash Standard (SHS), 2015

[FIPS186-4] *National Institute of Standards and Technology:* Federal Information Processing Standards Publication 186-4 – Digital Signature Standard (DSS), 2013

[FIPS197] *National Institute of Standards and Technology:* Federal Information Processing Standards Publication 197 – Advanced Encryption Standard (AES), 2001

[FIPS46-3] *National Institute of Standards and Technology:* Federal Information Processing Standards Publication 46-3 – Data Encryption Standard (DES), 1999

[Fox09] *Dirk Fox*: Mindestlängen von Passwörtern und kryptographischen Schlüsseln. Datenschutz und Datensicherheit (DuD) 10/2009, S. 620–623

[Grov96] *Lov K. Grover:* A fast quantum mechanical algorithm for database search. Proceedings, STOC 1996, Philadelphia, S. 212–219

[Kerk83] *Kerkhoffs, A.: La Cryptographie Militaire*. Journal des Sciences Militaires, Janvier 1883, S. 5–38

[MOV97] *Menzes, A.; van Oorschot, P.; Vanstone, S.:* Handbook of Applied Cryptography. CRC-Press, 1997

[NIST22] *National Institute of Standards and Technology:* Status Report on the Third Round of the NIST Post-Quantum Cryptography Standardization Process, NISTIR 8413, 05.07.2022 (Update: 26.09.2022)

[PePa10] *Jan Pelzl, Christof Paar*: Understanding Cryptography. Springer Verlag, 2010

[PKCS1-02] *RSA Laboratories:* RSA Encryption Standard PKCS#1, version 2.1, 2002

[PKCS1-93] *RSA Laboratories:* RSA Encryption Standard PKCS#1, version 1.5, 1993

[Shor96] *Shor, Peter W.:* Polynomial-Time Algorithms for Prime Factorization and Discrete Logarithms on a Quantum Computer. 25.01.1996

[SP800-38B] *National Institute of Standards and Technology:* Recommendation for Block Cipher Modes of Operation: The CMAC Mode for Authentication, 2005

[SP800-38D] *National Institute of Standards and Technology:* Recommendation for Block Cipher Modes of Operation: Galois/Counter Mode (GCM) and GMAC, 2007

14 Vertrauensmodelle und PKI-Komponenten

Einleitung

Digitale Signaturen, Benutzerauthentifikation und Verschlüsselung erfordern die Zuordnung von Schlüsseln zu einem Schlüsselinhaber. Dieses Kapitel beschreibt, wie öffentliche Schlüssel verteilt und verwaltet werden. Hierbei gibt es in der Praxis zwei konkurrierende Ansätze, die auf verschiedenen Vertrauensmodellen basieren. Ziel ist es, die beiden verschiedenen Ansätze zu verdeutlichen und ihre Funktionsweise darzustellen. Hierbei werden die einzelnen Komponenten und Prozesse einer Public Key Infrastruktur (PKI) erklärt. Eine PKI wird benötigt, um den Einsatz von Verfahren der asymmetrischen Verschlüsselung zu unterstützen. Diese Verfahren verwenden Schlüsselpaare – bestehend aus einem privaten und einem korrespondierenden öffentlichen Schlüssel.[1]

Für die Erzeugung von digitalen Signaturen wird der private Schlüssel des Schlüsselpaars des Signierenden benötigt. Zur Verifikation von Signaturen benötigt der Prüfende den zugehörigen öffentlichen Schlüssel. Im Falle der Verschlüsselung verwendet der Absender einen öffentlichen Schlüssel des Empfängers zum asymmetrischen Schlüsseltransport.[2] Der Empfänger kann die Nachricht mit seinem privaten Schlüssel entschlüsseln. In beiden Fällen ist der Verwender des öffentlichen Schlüssels die *Relying Party* (Zertifikatsprüfer) – er muss darauf vertrauen können, dass der öffentliche Schlüssel und damit das Schlüsselpaar unter der Kontrolle des richtigen Kommunikationspartners steht. Daraus ergibt sich, dass die öffentlichen Schlüssel für alle Kommunikationspartner sicher verteilt und verwaltet werden müssen. Für eine skalierbare Lösung eines Schlüsselmanagements sollte zur Verteilung der öffentlichen Schlüssel außerdem möglichst kein persönlicher Kontakt erforderlich sein.

Wenn viele Kommunikationspartner, die sich gegebenenfalls gar nicht kennen, ihre Schlüssel austauschen wollen, reicht der Austausch des öffentlichen Schlüssels alleine oft nicht aus, um sicher miteinander kommunizieren zu können. Es wird eine eindeutige Zuordnung von öffentlichem Schlüssel und Schlüsselinhaber benötigt, die eine Relying Party überprüfen kann, um sich zu überzeugen, dass eine Nachricht tatsächlich von dem vermeintlichen Absender digital signiert wurde bzw. der öffentliche Schlüssel, der zur Verschlüsselung einer vertraulichen Nachricht verwendet werden soll, zweifelsfrei dem Empfänger zugeordnet werden kann.

Oft ist es außerdem erforderlich, Schlüssel im Fall einer Kompromittierung als ungültig zu kennzeichnen. Dazu ist es notwendig, dass Rückruf-Informationen zu ungültigen Schlüsseln gesichert verteilt werden können. Zur sicheren Verteilung und Verwaltung der öffentlichen Schlüssel gibt es in der Praxis zwei konkurrierende Ansätze:

1 Siehe Abschnitt 13.7 und 13.8.

2 Siehe zum Begriff auch Abschnitt 13.7. Umgangssprachlich wird für den asymmetrischen Schlüsseltransport häufig auch die Bezeichnung hybride Verschlüsselung verwendet.

- das dezentrale Vertrauensmodell, das als *Web of Trust* bezeichnet wird
- das zentrale Vertrauensmodell basierend auf einer *Public-Key-Infrastruktur* (PKI)

14.1 Vertrauensmodelle

Für eine sichere Kommunikation bedarf es ein gewisses Maß an Vertrauen in die verwendeten Schlüssel. Um einem öffentlichen Schlüssel vertrauen zu können, muss die Echtheit des Schlüssels und die Zugehörigkeit zu einer Person von einer vertrauenswürdigen Stelle bestätigt werden. Nachfolgend werden zwei Modelle dargestellt, wie Schlüssel bestätigt und vertrauensvoll verteilt werden können.

14.1.1 Web of Trust

Das Web of Trust bietet keine zentrale technische oder organisatorische Infrastruktur, sondern die Verteilung der öffentlichen Teilnehmerschlüssel erfolgt selbstorganisiert in einen dezentralen Vertrauensmodell. Das Vertrauen basiert auf Gegenseitigkeit, wobei das Modell auch mittelbares Vertrauen zulässt, d. h., das Vertrauen in einen Schlüssel kann an einen Dritten weitergegeben werden. Das Web of Trust wird vorwiegend für private und persönliche Kommunikation verwendet, findet aber auch im geschäftlichen Umfeld Verwendung.

Der Schlüsselaustausch zwischen den Kommunikationspartnern erfolgt über eine persönliche Weitergabe des öffentlichen Schlüssels. Zur direkten Überprüfung des übermittelten öffentlichen Schlüssels werden Hash-Werte über den öffentlichen Schlüssel – sogenannte Fingerprints – verwendet. Sie erlauben einen effizienteren Vergleich des abgesandten mit dem empfangenen öffentlichen Schlüssel, als wenn der volle öffentliche Schlüssel abgeglichen werden müsste. Bei der digitalen Übertragung der öffentlichen Schlüssel sollte diese Überprüfung der Hash-Werte Out-of-Band, d. h. über einen anderen Kommunikationskanal erfolgen, z. B. über das Telefon. Alle Teilnehmer können die Echtheit von Schlüsseln, die sie so überprüft haben, auch mit einer eigenen Signatur bestätigen und weitergeben. Dabei muss nicht jeder Schlüssel von jedem anderen Teilnehmer bestätigt werden, sondern das Vertrauen in Schlüssel kann durch Teilnehmer auf der Basis von Signaturen anderer gewährt werden. Durch diese vielen und auch teilweise transitiven Vertrauensbeziehungen entsteht das Web of Trust. Mit dem Web of Trust ist somit ein direkter und schneller Schlüsselaustausch möglich, der allerdings ein persönliches Treffen oder eine zusätzliche Kommunikation voraussetzt und nur zwischen bekannten Kommunikationspartnern funktioniert.

Der Rückruf eines öffentlichen Schlüssels ist nur dann möglich, wenn dieser nicht an Dritte weitergegeben wurde. Wurde der Schlüssel weitergegeben, kann nicht sichergestellt werden, dass die Rückrufinformation alle Kommunikationspartner erreicht.

Im Vertrauensmodell Web of Trust bestätigt ein Schlüsselinhaber die Echtheit seines eigenen öffentlichen Schlüssels durch die Signatur mit seinem zugehörigen privaten Schlüssel, d. h., in der Regel sind alle Schlüssel selbstsigniert. Es gibt aber auch die Möglichkeit, verschiedene fremde Teilnehmerschlüssel von einer vertrauenswürdigen Instanz signieren zu lassen. Über das Konzept eines solchen *Trusted Introducers* kann auch – ähnlich wie im zentralen Vertrauensmodell – eine zentrale Instanz als Bestätigungsstelle fungieren. Der Trusted Introducer prüft öffentliche Schlüssel und bestätigt diese durch seine digitale Signatur. Typischerweise gibt es in einem Unternehmen einen oder wenige solcher Trusted Introducer. Der Vorteil eines Trusted Introducers besteht darin, dass externe Kommunikationspartner sich nur noch von der Echtheit des öffentlichen Schlüssels des Trusted Introducers überzeugen müssen und dann allen öffentlichen Schlüsseln vertrauen können, die von diesem Trusted Introducer digital signiert wurden, d. h., der externe Kommunikationspartner prüft nur noch die digitale Signatur des Trusted Introducers und muss nicht mehr die Fingerprints aller öffentlichen Schlüssel verifizieren. Die Sicherheit dieses Verfahrens beruht somit auf dem Vertrauen in einen Dritten. Wenn dieser Dritte unbekannt ist, muss sich der Kommunikationspartner von der Authentizität seines Schlüssels und seiner Vertrauenswürdigkeit überzeugen. Dann aber hat er den Vorteil, dass er alle vom Trusted Introducer signierten Schlüssel verwenden kann. Die Verteilung der öffentlichen Schlüssel kann durch sogenannte Key Server erfolgen. Allerdings ist dann kein systematischer Rückruf von Schlüsseln mehr möglich, da potenziell jeder die Schlüssel vom Server abrufen kann und diese dann weit verbreitet sein können.

Abbildung 14.1: Ein Beispiel für ein Web of Trust

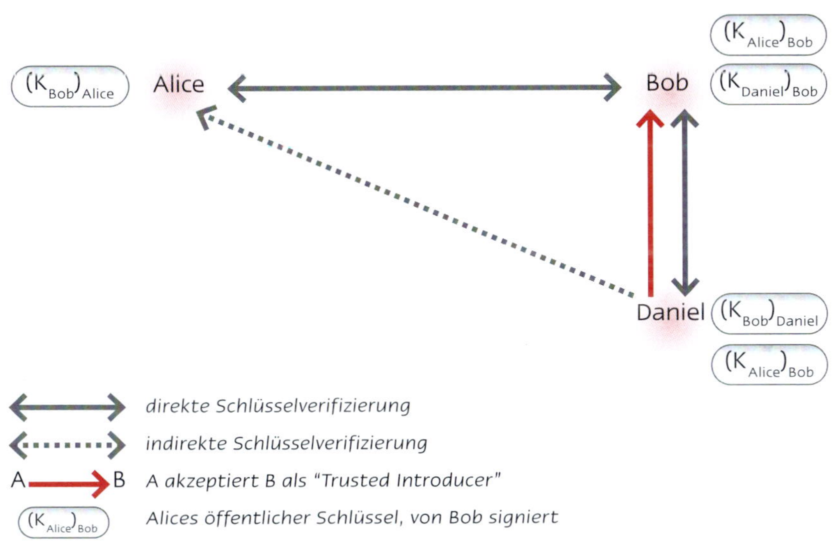

Die Rückrufinformation eines Schlüssels wird in diesem Verfahren über ein zusätzliches Attribut an den Schlüssel angehängt und dieser dann erneut auf einem Key Server publiziert. Verfahrensbedingt gibt es aber keine Notwendigkeit für einen externen Kommunikationspartner, einen bereits lokal vorhandenen öffentlichen Schlüssel erneut vom Key Server zu holen. Somit bleibt der Sperrvermerk gegebenenfalls unbemerkt.

Das Sicherheitsniveau des Web of Trust lässt sich nicht klar abschätzen. Im Allgemeinen ist nicht reglementiert und dokumentiert, wie Schlüssel erzeugt und Identitäten sowie Fingerprints überprüft werden. Die Sperrung von öffentlichen Schlüsseln kann nicht durchgesetzt werden.

Das Beispiel in Abbildung 14.1 zeigt, wie das dezentrale Vertrauensmodell funktioniert. Alice und Bob sowie Daniel und Bob haben ihre öffentlichen Schlüssel untereinander ausgetauscht und vertrauen sich gegenseitig. Daniel akzeptiert Bob als Trusted Introducer und hat damit auch eine indirekte Vertrauensbeziehung zu Alice (indirekte Schlüsselverifizierung).

14.1.2 Zentrales Modell der Public-Key-Infrastruktur

Das zentrale Vertrauensmodell basiert auf einer Public-Key-Infrastruktur (PKI). Durch die PKI werden die Dienste des Schlüsselmanagements erbracht. Die Prozesse und Verantwortlichkeiten sind klar geregelt. Die Regelungen für die PKI werden in Policy-Dokumenten festgelegt.

In der PKI werden die öffentlichen Schlüssel durch eine vertrauenswürdige Instanz – eine sogenannte Zertifizierungsstelle – bestätigt. Alle Kommunikationspartner, die einen durch die PKI bestätigten Schlüssel verwenden wollen, müssen nur dieser einen Zertifizierungsstelle vertrauen. Ein weiterer Vorteil ist, dass nur ein einziger gesicherter Schlüsselaustausch pro Teilnehmer mit der Zertifizierungsstelle nötig ist. Die Kommunikationspartner untereinander müssen ihre öffentlichen Schlüssel nicht mehr bilateral auf sichere Weise austauschen.

Die öffentlichen Schlüssel können in einem sogenannten Schlüssel-Verzeichnis publiziert werden. Es genügt, vor der Verwendung eines aus dem Verzeichnis abgerufenen öffentlichen Schlüssels die Bestätigung der Zertifizierungsstellen zu überprüfen.

Abbildung 14.2: Beispiel »Zentrales Vertrauensmodell«

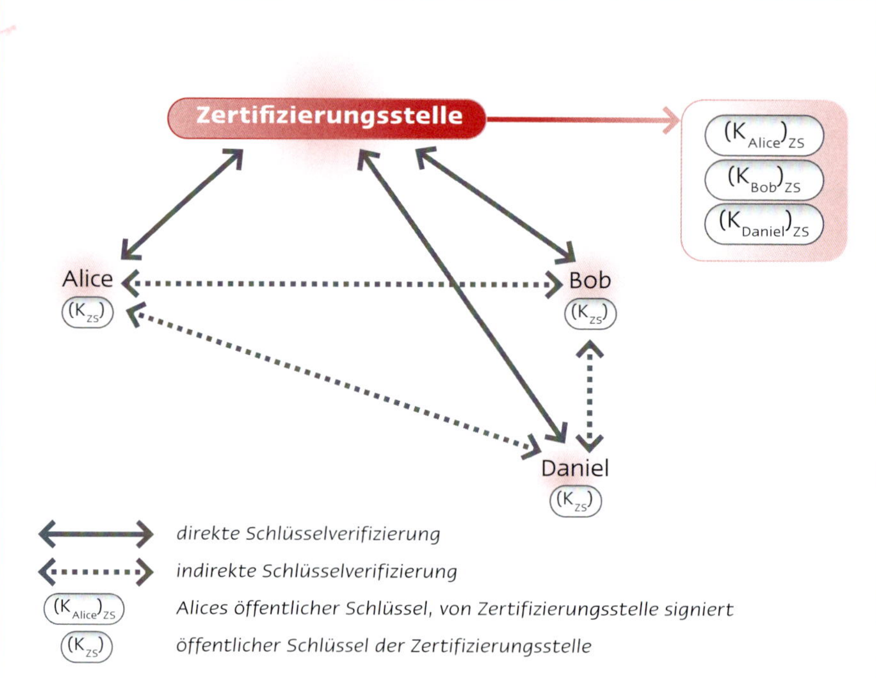

Das Beispiel in Abbildung 14.2 zeigt, wie das zentrale Vertrauensmodell funktioniert. Alice, Bob und Daniel haben alle eine direkte Vertrauensbeziehung zu der Zertifizierungsstelle. Da alle der gleichen Zertifizierungsstelle vertrauen, haben sie auch untereinander eine indirekte Vertrauensbeziehung. Die Zertifizierungsstelle veröffentlicht alle von ihr bestätigten öffentlichen Schlüssel in einem Schlüssel-Verzeichnis.

14.2 Public-Key-Infrastruktur

14.2.1 Zertifikate und CRLs

Die Bestätigung der Zuordnung zwischen Schlüsselinhaber und Schlüssel wird in einer PKI über Zertifikate ausgedrückt. Diese Zertifikate dienen als eine Art »elektronischer Personalausweis«. Ihr Format ist standardisiert.

Zertifikate werden von einer Zertifizierungsstelle oder englisch *Certification Authority* (CA) ausgestellt. Sie bestätigen in einem formal aufgebauten elektronischen Dokument mit ihrer Signatur, dass ein vorliegender öffentlicher Schlüssel dem benannten Schlüsselinhaber zugeordnet ist. Außer dem Schlüsselinhaber und dem öffentlichen Schlüssel enthält ein Zertifikat noch weitere Attribute wie bspw. eine eindeutige[3] Seriennummer, einen Gültigkeitszeitraum und den Namen der Zertifizierungsstelle. Über die digitale Signatur der CA wird die Integrität und Authentizität der Zuordnung von öffentlichem Schlüssel und Schlüsselinhaber gewährleistet. Diese Zuordnung kann nicht unbemerkt verfälscht werden, es sei denn, ein Angreifer hat den privaten Schlüssel der CA kompromittiert, der zur Signaturerstellung benötigt wird.

Abbildung 14.3: Aufbau von Schlüssel- und Attributzertifikaten

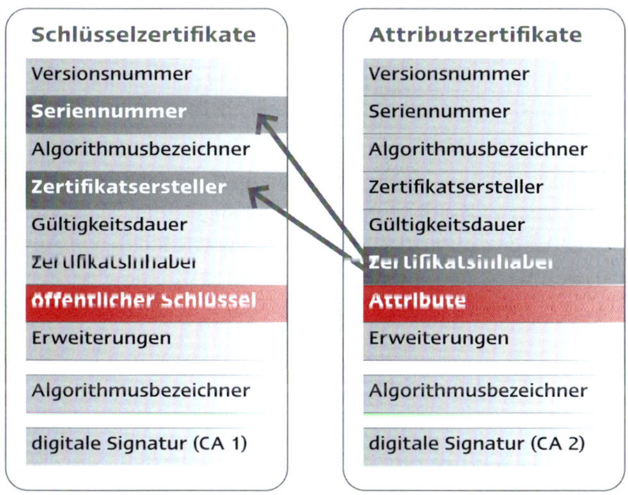

3 Die Eindeutigkeit gilt nur für alle von einer Zertifizierungsstelle ausgestellten Zertifikate. Zertifikate einer anderen Zertifizierungsstelle können die gleichen Seriennummern aufweisen.

Zertifikate enthalten in der Regel außer dem Namen des Schlüsselinhabers, seinem öffentlichen Schlüssel, einer eindeutigen Seriennummer und einer Gültigkeitsdauer noch weitere Zusatzinformationen, z. B. Nutzungsbeschränkungen, alternative Namensformen oder Informationen für einen vereinfachten Aufbau des Zertifizierungspfades. Weitere Informationen finden sich bei [RFC5280] und [X509].

Neben den eben beschriebenen Schlüsselzertifikaten gibt es noch sogenannte Attributzertifikate (Abb. 14.3), die zusätzliche Informationen an das Schlüsselzertifikat und damit an den Zertifikatsinhaber binden. Der Zertifikatsinhaber wird hierbei über eine Referenz auf sein Schlüsselzertifikat identifiziert. Hintergrund der Attributzertifikate ist das Bestreben, nicht zu viele personenbezogene Daten in das Schlüsselzertifikat aufzunehmen, sondern diese in ein oder mehrere Attributzertifikate auszulagern. Je nach Anwendung kann der Zertifikatsinhaber dann das Attributzertifikat auswählen, das die für diese Anwendung benötigten Informationen enthält.

Soll ein Zertifikat zurückgezogen werden, z. B. weil der Schlüssel kompromittiert wurde oder der Schlüsselinhaber seinen Namen gewechselt hat, so setzt die CA die Seriennummer dieses zu sperrenden Zertifikats auf ihre Sperrliste (*Certificate Revocation List, CRL*). Eine CRL ist eine von der CA signierte Liste mit einer begrenzten Gültigkeit, die die Seriennummern aller von dieser CA gesperrten Zertifikate enthält (s. Abb. 14.4). Für die Verifikation einer Signatur[4] holt sich die Relying Party stets die aktuelle CRL und prüft, ob die Seriennummer des zu prüfenden Zertifikats dort enthalten ist.

Ein Nachteil von Sperrlisten ist, dass eine Sperrliste für einen definierten Zeitraum gültig ist, nämlich vom Erstellungsdatum bis zum nächsten geplanten Erstellungsdatum. Wird in diesem Zeitraum ein Zertifikat zurückgezogen, ergeben sich für die ausstellende CA zwei Alternativen: Entweder sie stellt umgehend eine neue Sperrliste aus oder sie wartet mit der Ausstellung der neuen Sperrliste, bis regulär die nächste Sperrliste ausgestellt wird. Im ersten Fall gibt es zwei gültige Sperrlisten, das heißt, ein Angreifer könnte z. B. die aktuelle Sperrliste im Verzeichnis durch die alte, noch gültige Sperrliste ersetzen, um das gesperrte Zertifikat zu verheimlichen. Im zweiten Fall gibt es zwar immer nur eine gültige Sperrliste, aber die Sperrinformation wird dem Prüfer des Zertifikats bis zur Veröffentlichung der nächsten Sperrliste vorenthalten. Daher ist es empfehlenswert, bei Rückruf eines Zertifikats umgehend eine neue Sperrliste auszustellen und zu veröffentlichen, damit für eine »Relying Party« die aktuellen Sperrinformationen sofort verfügbar sind. Allerdings gibt es in der Praxis einige Anwendungen, die sich keine aktuelle Sperrliste holen, solange die vorliegende Sperrliste noch nicht abgelaufen ist. Diese Restrisiken von nicht bekannten Sperrinformationen sind umso geringer, je kürzer der Ausstellungszyklus einer Sperrliste gewählt wird.

4 Vgl. auch Abschnitt 13.8 und 14.2.3.

Abbildung 14.4: Aufbau einer Sperrliste für Zertifikate

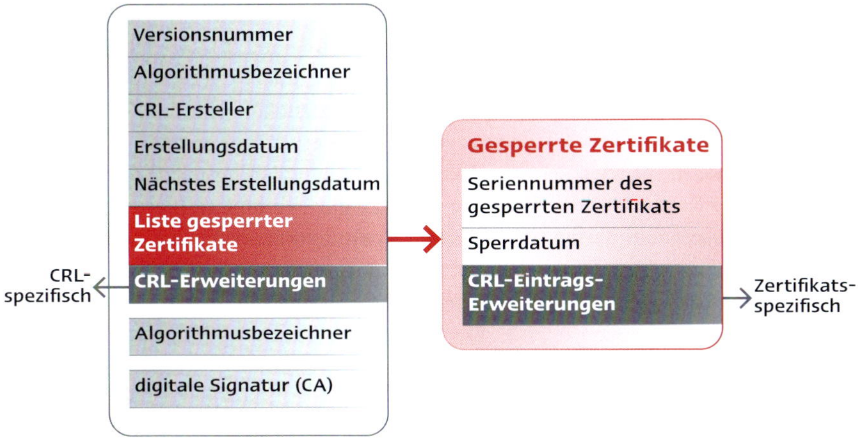

Schlüsselzertifikate, Attributzertifikate und Sperrlisten werden in dem Standard X.509 definiert. Seit der Version 3 gibt es die Möglichkeit, über Erweiterungen zusätzliche Informationen in einem Zertifikat, einer CRL oder CRL-Einträgen hinzuzufügen. So können in X.509v3-Zertifikaten bspw.:

- zusätzliche Namensformen wie eine E-Mail-Adresse angegeben werden,
- zwischen Benutzer- und CA-Zertifikaten unterschieden werden,
- über sogenannte *KeyUsage-Bits* die Schlüsselverwendung eingeschränkt oder
- mehrere URLs spezifiziert werden, über die CA-Zertifikat und CRL heruntergeladen werden können.

14.2.2 Zertifizierungshierarchien

CAs stellen nicht nur Zertifikate für Endteilnehmer (Benutzer, Maschinen oder Server) aus, sondern auch für untergeordnete Zertifizierungsstellen. So entstehen Zertifizierungshierarchien mit einer Wurzelzertifizierungsstelle (Root CA) als obersten Knoten, mehreren zwischengeordneten Zertifizierungsstellen (Intermediate CAs) und den Endteilnehmern als Endknoten. Die Root CA dient als Sicherungsanker für die gesamte Zertifizierungsinfrastruktur und muss bei jedem Teilnehmer mit großer Sorgfalt vor Manipulation geschützt werden. Gelingt es einem Angreifer, den öffentlichen Schlüssel der Root CA bei einem Teilnehmer auszutauschen, der ein Zertifikat als Relying Party prüfen will, so kann er diesem beliebige Identitäten vorspiegeln, die er mit seiner eigenen CA zertifiziert hat. Jedes gefälschte Zertifikat unter dem lokalen manipulierten Schlüssel der Root CA wird stets erfolgreich verifiziert werden.

Die Root CA und die operativen CAs sollten immer durch eine Hierarchie getrennt sein, damit das Zertifikat einer operativen CA bei Kompromittierung ihres privaten Schlüssels gesperrt werden kann. Ohne eine übergeordnete CA müsste die Sperrliste mit dem eigenen kompromittierten privaten Schlüssel signiert werden und würde somit keine sichere Aussage über den Sperrstatus der gesperrten Zertifikate erlauben. Insbesondere der Root CA-Schlüssel sollte besonders gegen Schlüsselverlust und -kompromittierung geschützt werden, z. B. durch Aufbewahrung in einem Tresor oder durch Erzeugung und Speicherung auf einem Hardware Security Module (HSM). So ist die Root CA als Vertrauensanker der PKI gut gesichert vor Kompromittierung und Missbrauch. Die Root CA wird nur benötigt, um gegebenenfalls weitere untergeordnete CAs zu zertifizieren und um – typischerweise jährlich – eine neue Sperrliste auszustellen. Nur das Zertifikat dieser Root CA muss an die externen Kommunikationspartner verteilt werden. Bedingt durch die sichere Verwahrung, den seltenen Einsatz und die höheren Sicherheitsmaßnahmen beim Betrieb der Root CA ist die Wahrscheinlichkeit einer Kompromittierung des privaten Root CA-Schlüssels sehr gering. Die externen Kommunikationspartner können so mehr Vertrauen und eine größere Gewissheit über die Konstanz dieses Zertifikats haben, das sie bei sich in ihren Anwendungen aufnehmen und als vertrauenswürdig anerkennen müssen.

14.2.3 Verifikation einer digitalen Signatur

Zur Verifikation einer digitalen Signatur muss zunächst der Zertifizierungspfad vom Absender, der die Signatur erzeugt hat, bis hin zur einer für den Empfänger vertrauenswürdigen CA aufgebaut werden. Diese vertrauenswürdige CA kann die Root CA, aber auch eine untergeordnete CA sein, die sowohl im Zertifizierungspfad des Signierenden als auch der Relying Party liegt. Ein Zertifizierungspfad ist die Aneinanderreihung von Zertifikaten, die über die Signatur des Zertifikats und die Übereinstimmung der Namen des Zertifikatsausstellers mit dem übergeordneten Zertifikatsinhaber verkettet sind.
Beim Aufbau des Zertifizierungspfades müssen für jedes einzelne Zertifikat im Pfad

- die digitale Signatur,
- seine Gültigkeit,
- die Übereinstimmung des Namens von Zertifikatsaussteller und übergeordnetem Zertifikatsinhaber sowie
- sein Sperrstatus

überprüft werden.

Nur wenn die digitale Signatur des Absenders mathematisch korrekt verifiziert werden kann und ein gültiger Zertifizierungspfad – bestehend aus zeitlich gültigen und nicht gesperrten Zertifikaten – aufgebaut werden kann, ist die digitale Signatur des Absenders als gültig anzuerkennen.

Gültigkeitsmodelle

In [X509] standardisiert, weit verbreitet und anerkannt ist das sogenannte Schalenmodell für die Verifikation von Signaturen. Beim Schalenmodell müssen alle Signaturen einer Zertifikatskette zu einem Zeitpunkt gültig sein. Dieser Zeitpunkt kann entweder der Signatur- oder der Verifikationszeitpunkt sein. Jedes untergeordnete Zertifikat muss bei diesem Modell in seiner Gültigkeit innerhalb der Gültigkeit des übergeordneten Zertifikats (Schale) liegen, daher der Name *Schalenmodell*.

Das sogenannte *Kettenmodell* ist aus dem deutschen Signaturgesetz abgeleitet. Das Signaturgesetz fordert, dass jede Signatur zum Erstellungszeitpunkt gültig gewesen sein muss. Jedes einzelne Zertifikat eines Zertifizierungspfades wurde zu einem anderen Zeitpunkt signiert. Somit gibt es mehrere »verkettete« Verifikationszeitpunkte, da jedes Zertifikat zu seinem Erstellungs- und Signaturzeitpunkt überprüft werden muss.

Bei einem gesperrten Zertifikat kann eine Überprüfung in Abhängigkeit vom verwendeten Gültigkeitsmodell zu verschiedenen Ergebnissen kommen. Angenommen, ein CA-Zertifikat wird während seiner Laufzeit gesperrt. Als das CA-Zertifikat noch nicht gesperrt war, wurde von dieser CA ein Benutzerzertifikat ausgestellt. Der Benutzer hat mit diesem Zertifikat ein Dokument signiert. Sein Benutzerzertifikat ist zum Zeitpunkt der Verifikation nicht abgelaufen. Die Verifikation seiner digitalen Signatur führt – je nach verwendetem Gültigkeitsmodell – zu verschiedenen Verifikationsergebnissen (s. Abb. 14.5). Eine Verifikation gemäß dem Schalenmodell führt zu dem Ergebnis, dass die digitale Signatur ungültig ist, da das CA-Zertifikat zum Verifikationszeitpunkt gesperrt ist. Legt man das Kettenmodell der Verifikation zugrunde, so erhält man ein positives Verifikationsergebnis: Die digitale Signatur ist gültig, da zu jedem Zeitpunkt einer Signaturerstellung (Dokumenten- oder Zertifikatssignatur) das zugehörige Zertifikat gültig war.

Der geeignete Verifikationszeitpunkt hängt vom Kontext ab: Beispielsweise ist es sinnvoll, für eine Dokumenten-Signatur gegen den Erzeugungszeitpunkt der Signatur zu prüfen. Für eine Authentisierungsanfrage, die mit einem Zertifikat unterlegt ist, muss dagegen die Gültigkeitsprüfung auf den aktuellen Zeitpunkt abstellen.

Abbildung 14.5: Vergleich der Gültigkeitsmodelle für die Signaturprüfung

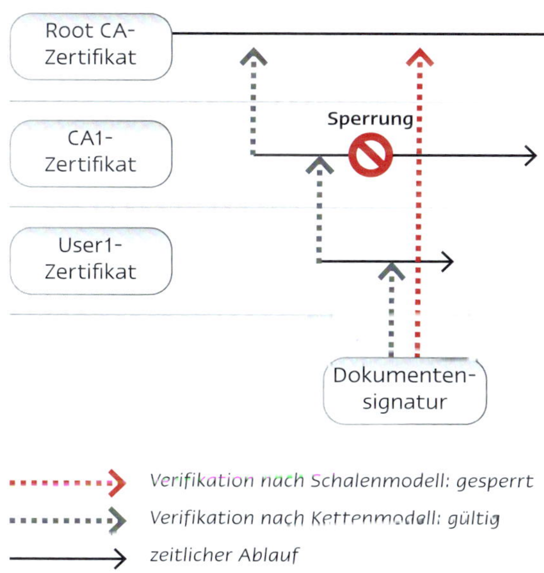

14.2.4 Komponenten und Prozesse einer PKI

Die einzelnen Komponenten und Kommunikationsbeziehungen einer PKI sind in Abbildung 14.6 dargestellt. Zusätzlich zu den dargestellten Instanzen gehören zum Aufbau und zur Inbetriebnahme einer PKI auch die Beschreibung der organisatorischen Abläufe und die rechtlichen Regelungen für den Betrieb und die Leistungen der PKI. Im Bereich der elektronischen Signaturen gehört zu Letzterem bspw. das Signaturgesetz (SigG).

Abbildung 14.6: Komponenten einer PKI

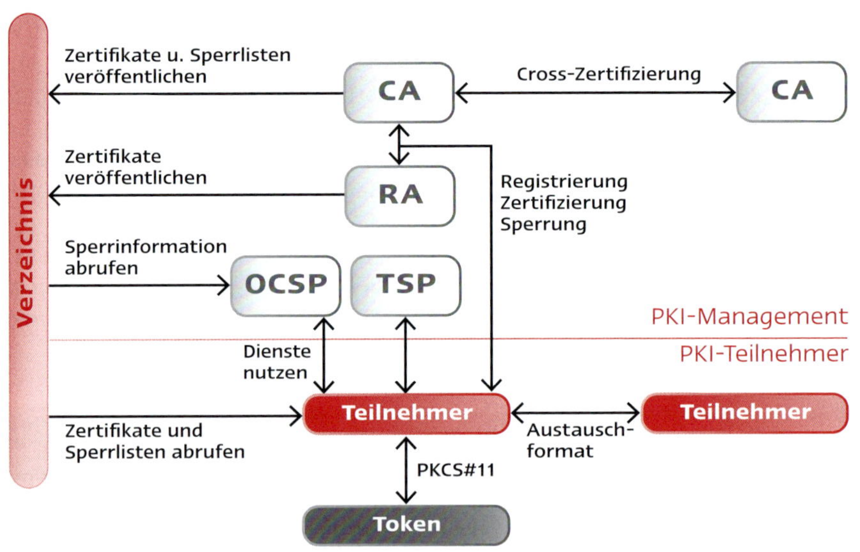

Zertifizierungs- und Registrierungsstelle

Eine PKI besteht aus verschiedenen Instanzen. Zunächst gibt es die bereits dargestellten CAs, die digital signierte Gültigkeitsbestätigungen, die Zertifikate, nach eindeutigen Regeln ausstellen.

Doch bevor ein Zertifikat ausgestellt werden kann, muss der Benutzer registriert und seine Identität überprüft werden. Diese Registrierung erfolgt oft losgelöst von der Ausstellung der Zertifikate durch sogenannte Registrierungsstellen (*Registration Authority*, RA). Die Auslagerung der RA-Funktionalität aus dem Kontext der eigentlichen CA bietet sich an, wenn eine Organisation über verschiedene Standorte verteilt ist und die CA zentral betrieben wird. An den einzelnen Standorten können die Benutzer durch die lokalen RAs registriert werden. Diese leiten die erhobenen und überprüften Registrierungsinformationen zur Zertifizierung auf sicherem Weg an die CA weiter.

Verzeichnisdienst

Die CA veröffentlicht die ausgestellten Zertifikate und ihre CRL in einem Verzeichnisdienst (*Directory*). Diese Veröffentlichung erfolgt über standardisierte Verfahren in der Regel einem LDAP-Directory. Alle PKI-Teilnehmer benötigen lesenden Zugriff auf diesen Verzeichnisdienst, um Zertifikate und CRLs beziehen zu können.

Für den Verzeichnisdienst ist ein Mindestniveau an Daten-Integrität sicherzustellen, damit keine Zertifikate oder CRLs durch einen Angreifer gelöscht oder durch alte Versionen ersetzt werden können. Durch solche Manipulationen mit ungültigen Zertifikaten oder CRLs könnte der Angreifer Denial-of-Service-Situationen auslösen. Gelingt ihm das Einspielen einer alten CRL, die zeitlich noch gültig ist, könnte er sogar die Sperrung eines Zertifikats vertuschen.

CA-Zertifikate und CRLs können alternativ oder zusätzlich zur Bereitstellung in einem Directory auch auf einem Webbserver im Internet veröffentlicht werden. Wenn die entsprechenden URLs in den Benutzerzertifikaten eingetragen werden, können die Clients diese Information auch dort automatisiert abrufen.

Online-Status-Auskunftsdienst

Eine Alternative zur Verwendung von CRLs ist der sogenannte Online-Status-Auskunftsdienst (*Online Certificate Status Protocol Responder*, OCSP-Responder). Dieser OCSP-Responder liefert eine signierte Antwort zum Status eines angefragten Zertifikats. Dabei wird nicht das zu prüfende Zertifikat selber an den OCSP-Responder übergeben, sondern nur der Name (*Distinguished Name*) des Zertifikatsausstellers und die Seriennummer des Zertifikats. Dieses Tupel bildet immer eine eindeutige Referenz auf ein Zertifikat. Mögliche Antworten des OCSP-Responders sind »good«, »revoked« oder »unknown«. »Unknown« liefert der OCSP-Responder einer CA bei Anfragen zu Zertifikaten, die nicht von dieser CA ausgestellt wurden.

In der Regel basieren die Auskünfte eines OCSP-Responders auf einer CRL, d. h., der OCSP-Responder durchsucht die aktuelle CRL der CA auf die Seriennummer des angefragten Zertifikats und liefert »good« zurück, wenn die Seriennummer des Zertifikats dort nicht gefunden wird, bzw. »revoked«, wenn die Seriennummer des Zertifikats in der CRL enthalten ist. Weitere Informationen finden sich in [RFC 6960].

Wie bereits in der Beschreibung der Gültigkeitsmodelle in Abschnitt 14.2.3 dargestellt, gibt es in Deutschland mit den signaturgesetzkonformen Zertifikaten eine Sonderform der PKI. In Bezug auf Statusinformationen zu einem signaturgesetzkonformen Zertifikat gibt es in diesem Zusammenhang weitere Anforderungen: Ein signaturgesetzkonformer OCSP-Responder darf nicht auf Basis einer Negativliste, wie einer CRL, eine Statusauskunft erteilen, sondern die Auskunft muss auf einer Positivliste beruhen. Daher müssen signaturgesetzkonforme OCSP-Responder ihre Statusauskunft auf Basis einer Liste aller ausgestellten Zertifikate der jeweiligen CA treffen. Alle ausgestellten Zertifikate werden in einem Verzeichnisdienst verwahrt. So wird die Kompromittierung einer CA verbunden mit einer Totalfälschung von Zertifikaten ausgeschlossen. Dieser Verzeichnisdienst, der alle ausgestellten Zertifikate verwaltet, muss besonders geschützt werden, damit auch bei Kompromittierung des CA-Schlüssels die bereits ausgestellten Zertifikate ihre Gültigkeit bewahren. Im signaturgesetzkonformen Umfeld würden dann alle Zertifikate, die in diesem Verzeichnisdienst enthalten sind, trotz Kompromittierung des CA-Schlüssels weiterhin gültig bleiben. Um im Fall einer Kompromittierung einer CA zu erkennen, wenn neue Zertifikate mit alten bereits vergebenen Seriennummern ausgestellt wurden, muss bei der Statusanfrage der Hash-Wert des angefragten Zertifikats enthalten sein. So werden gefälschte Zertifikate bei der Statusanfrage an den signaturgesetzkonformen Verzeichnisdienst als »unknown« enttarnt.

Zeitstempeldienst

Über einen Zeitstempeldienst (Time-Stamp Protocol, TSP) können Zeitstempel eingeholt werden, um so bspw. die Existenz eines bestimmten Dokuments zu einem definierten Zeitpunkt oder um den Zeitpunkt der Signaturerstellung eines Anwenders nachweisen zu können. Ein Zeitstempel ergibt sich aus der Signatur eines Zeitstempeldienstes auf den Hash-Wert eines Dokuments, d. h., es werden keine vertrauenswürdigen Daten übermittelt, da nur der Hash-Wert des zu zeitstempelnden Dokuments an den Zeitstempeldienst gesendet wird. Weitere Informationen finden sich bei [RFC 3161] und [RFC 5816].

Zeitstempel werden in der Praxis z. B. eingesetzt bei elektronischer Einreichung von Patentanträgen, Einreichung von elektronischen Angeboten auf eine Ausschreibung, bei der Sicherung von Datensätzen in Archivierungssystemen oder bei Code-Signatur verwendet.

Personal Security Environment

Die Schlüssel und Zertifikate eines Benutzers müssen für ihn zugänglich gespeichert werden. Dies geschieht in einer persönlichen Sicherheitsumgebung, der sogenannten *Personal Security Environment* (PSE). Je nach angestrebtem Sicherheitsniveau kann ein Benutzer seine PSE in Software oder Hardware speichern.

Eine Speicherung des Schlüsselmaterials in Software ist nicht standardisiert, sondern von der Realisierung des jeweiligen Softwareherstellers abhängig. Anwendungen von verschiedenen Herstellern können daher in der Regel nicht die gleiche Software-PSE verwenden, wobei inzwischen viele Anwendungen den Microsoft Certificate Store unterstützen. Doch auch bei einer proprietären Speicherung des Schlüsselmaterials unterstützen die meisten Produkte ein standardisiertes Format zum Austausch des Schlüsselmaterials. Somit können existierende Schlüssel und Zertifikate aus einer Anwendung exportiert und in eine andere Anwendung wieder importiert werden. Dies ist dann notwendig, wenn Anwendungen jeweils ihre eigene PSE verwalten und diese das gleiche Schlüsselmaterial enthalten sollen.

Bei der Speicherung in Hardware sollten die Schlüssel möglichst schon auf der Smartcard oder dem USB-Token generiert werden, damit der private Schlüssel niemals außerhalb der Hardware vorliegt. Im Folgenden werden Smartcards und USB-Token unter dem Begriff Hardware-Token zusammengefasst. Ein Hardware-Token zeichnet sich u. a. dadurch aus, dass der private Schlüssel nicht ausgelesen werden kann. Der Zugriff auf Hardware-Token ist standardisiert, sodass eine Vielzahl unterschiedlicher Anwendungen darauf zugreifen kann. Außerdem ist durch die Standardisierung auch gewährleistet, dass ein Wechsel des Hardware-Tokens möglich ist, ohne die Implementierung der Anwendung ändern zu müssen.

Abbildung 14.7: Schnittstellen zwischen Anwendung und Smartcard

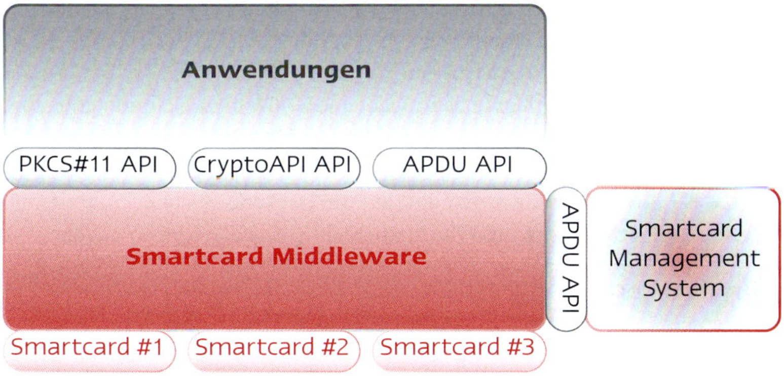

In der Praxis weit verbreitet sind zwei alternative Schnittstellen, über die eine Anwendung auf ein Hardware-Token zugreifen kann: Entweder verwendet sie die PKCS#11-Schnittstelle und einen entsprechenden PKCS#11-Treiber für den Zugriff auf das Hardware-Token oder sie verwendet den Microsoft-Standard der Crypto-API, der über einen Cryptographic Service Provider (CSP) auf das Hardware-Token zugreift. Neben diesen beiden Möglichkeiten kann eine Anwendung auch direkt Hardware-Token-spezifische Kommandos (*Application Protocol Data Unit*, APDU) an das Hardware-Token schicken. Diese APDU-Schnittstelle nutzt bspw. auch ein Smartcard-Managementsystem zur Personalisierung von Smartcards. Die verschiedenen Schnittstellen sind in Abbildung 14.7 dargestellt.

Smartcard-Managementsystem

Werden Schlüssel auf Hardware-Token gespeichert, bietet es sich an, diese Token mithilfe eines Smartcard-Managementsystems zu verwalten. Diese Systeme gewinnen aktuell immer mehr an Bedeutung, wenn z. B. zusätzlich temporäre oder permanente Ersatzkarten benötigt werden oder Benutzer über sogenannte Self-Services[5] ihre Token selber verwalten sollen.

Mit der Einführung von Smartcards in einem Unternehmen ist es naheliegend, die Benutzeranmeldung am Betriebssystem auch auf Smartcards umzustellen[6]. Die Smartcard lässt sich gut mit einem Unternehmensausweis kombinieren. So kann ein Benutzer bspw. mit derselben Karte – die einen kontaktlosen (Legic oder Mifare Chip) und einen kontaktbehafteten Chip enthält – Zutritt zum Gebäude und Zugriff auf seine Anwendungen erhalten. Benötigt er diese Karte auch zum Bezahlen in der Kantine, so kann darüber hinaus sichergestellt werden, dass mit dem Ziehen der Smartcard der Bildschirm des Benutzers während der Mittagspause gesperrt und vor unberechtigten Zugriffen geschützt ist. Die meisten auf dem Markt existierenden Smartcard-Managementsysteme können sowohl

5 Self-Services (oder deutsch: Selbstbedienungstechnologien) ermöglichen einem Benutzer bspw. das selbstständige Rücksetzen seiner PIN.

6 Windows Smartcard Logon: Statt seines Windows-Passworts gibt der Benutzer die PIN seiner Smartcard an. Die Authentifizierung basiert auf Zertifikaten.

kontaktbehaftete als auch kontaktlose Chips personalisieren und auch Karten bedrucken. Diese Integration von Sicherheitsmaßnahmen in Smartcard-Managementsystemen führt in einigen Unternehmen dazu, dass die Bereiche IT-Security und Unternehmenssicherheit, die vorher eher nebeneinander koexistierten, nun gemeinsame Interessen und Ziele verfolgen und verstärkt zusammenarbeiten.

Smartcard-Managementsysteme benötigen eine Vielzahl an Schnittstellen, um in die bestehende Infrastruktur und Prozesse einer Organisation effektiv eingebunden werden zu können. So müssen sie auf die Smartcard zugreifen, einen Kartendrucker ansteuern, ein Zertifikat bei einer CA beantragen und auf die Backend-Systeme zugreifen können, in denen die Benutzer verwaltet und Zutrittsberechtigungen vergeben werden.

Schlüsselerzeugung

Bei der Schlüsselerzeugung wird zwischen zentraler und dezentraler Schlüsselerzeugung unterschieden. Beide Verfahren haben Vor- und Nachteile, die im Anschluss an die Beschreibung der beiden Ansätze erläutert werden.

Bei der zentralen Schlüsselerzeugung werden die Schlüssel von einer zentralen Instanz (CA oder RA) erzeugt. Die Anwesenheit des Benutzers ist nicht erforderlich, aber möglich. Je nach Gestaltung des Prozesses erhält der Benutzer seine Schlüssel, Zertifikate und PIN auf sicherem Weg übermittelt oder direkt vor Ort ausgehändigt. Der Ablauf einer Zertifizierung mit zentraler Schlüsselerzeugung könnte wie folgt aussehen:

1. Der Benutzer geht zu einer CA.
2. Die CA stellt die Identität des Benutzers fest und erzeugt ein Schlüsselpaar (privater und öffentlicher Schlüssel).
3. Die CA erstellt ein Zertifikat für den Benutzer, das mit dem privaten Schlüssel der Zertifizierungsstelle unterschrieben ist.
4. Der Benutzer erhält seinen privaten Schlüssel, sein Zertifikat, das seinen öffentlichen Schlüssel enthält, und das Zertifikat der CA.
5. Die CA stellt das Zertifikat des Benutzers in ein allgemein zugängliches Verzeichnis.

Bei der dezentralen Schlüsselerzeugung werden die Schlüssel vom Benutzer selber erzeugt und nur der öffentliche Schlüssel zur Zertifizierung an die CA übermittelt. Der Ablauf einer Zertifizierung mit dezentraler Schlüsselerzeugung könnte beispielhaft so aussehen:

1. Der Benutzer erzeugt ein Schlüsselpaar mit öffentlichem und privatem Schlüssel.
2. Der Benutzer geht zur CA bzw. RA und übergibt seinen öffentlichen Schlüssel.
3. Die CA bzw. RA stellt die Identität des Benutzers fest und überzeugt sich, dass er den zu dem öffentlichen Schlüssel gehörenden privaten Schlüssel besitzt.
4. Die CA erstellt ein Zertifikat für den Benutzer, das mit dem privaten Schlüssel der CA unterschrieben ist.
5. Der Benutzer erhält sein Zertifikat und das Zertifikat der CA.
6. Die CA stellt das Zertifikat des Benutzers in ein allgemein zugängliches Verzeichnis.

Ein Vorteil der zentralen Schlüsselerzeugung ist, dass die Aufgabe der Schlüsselerzeugung aus der Verantwortung der Benutzer genommen ist und so für den Benutzer einfacher und für das Helpdesk mit weniger Aufwand verbunden und damit kostengünstiger ist. Oftmals lassen sich auch die Prozesse für eine Schlüsselhinterlegung[7] leichter umsetzen als im Falle der dezentralen Schlüsselerzeugung. Bei der dezentralen Schlüsselerzeugung ist der Benutzer für die Erzeugung seiner Schlüssel selber verantwortlich, was zwar einerseits zu Problemen und Fehlern führen kann, andererseits aber auch mehr Sicherheit für den Benutzer bedeutet, wenn sein privater Schlüssel stets nur in seinem Besitz ist. So kann niemand in seinem Namen eine digitale Signatur leisten. Andererseits kann er, weil er das Verfahren kontrolliert, auch absichtlich ein »schwaches« Schlüsselpaar erzeugen und hinterher von ihm geleistete Signaturen mit dem Argument abstreiten, der Schlüssel sei kompromittiert.

Schlüsseltrennung

Während man früher beim Einsatz von Public-Key-Infrastrukturen für alle Benutzer nur ein einziges Schlüsselpaar vorgesehen hatte, ist es heute gängige Praxis, zwei oder gar drei verschiedene Schlüsselpaare für jeden Benutzer zu erzeugen, um Schlüssel nach ihrem Verwendungszweck zu trennen. Typischerweise gibt es einen Signatur-, einen Authentisierungs- und einen Verschlüsselungsschlüssel. Die Trennung der verschiedenen Schlüssel ist durch die verschiedenen Anforderungen der jeweiligen Anwendung gerechtfertigt, so kann bspw. ein Verschlüsselungsschlüssel in einem Unternehmen hinterlegt werden, der Signaturschlüssel hingegen soll stets nur im Besitz des Anwenders verbleiben. Weitere Unterscheidungsmerkmale können die Gültigkeitsdauer oder die ausstellende CA sein.

Key Recovery

Bei Einführung von Verschlüsselung in einem Unternehmen muss entschieden werden, ob ein Key Recovery (Schüsselhinterlegung) oder ein Data Recovery (s. u.) realisiert werden soll. Verschlüsselte Daten müssen auch bei Nicht-Verfügbarkeit des privaten Schlüssels – z. B. wenn der Mitarbeiter sein Hardware-Token verliert oder wenn er aus dem Unternehmen ausgeschieden ist – noch entschlüsselt werden können.

Um einen Verschlüsselungsschlüssel wiederherstellen zu können, muss dieser hinterlegt werden – im Fall von öffentlichen Schlüsselverfahren also der private Anwenderschlüssel, der zur Entschlüsselung dient. Kann im Bedarfsfall auf ihn zurückgegriffen werden, können verschlüsselte Daten auch nach Schlüsselverlust wieder entschlüsselt werden. Dabei müssen sowohl die Schlüsselhinterlegung wie auch der Schlüsselwiederherstellungsprozess geeignet abgesichert sein, denn sie sind lohnende Angriffsziele mit hohem Schadenspotenzial. Hinterlegte Schlüssel müssen sicher verwahrt werden und dürfen nur unter sehr abgegrenzten Bedingungen verwendet werden. Zum Beispiel könnte der Zugriff durch ein Vieraugenprinzip abgesichert werden.

Wenn die Entscheidung für Key Recovery fällt, müssen zweckspezifische Schlüsselpaare eingesetzt werden. Hinterlegt werden sollen nämlich nur Entschlüsselungsschlüssel. Auf keinen Fall sollen Signatur- oder Authentisierungsschlüssel außerhalb der Kontrolle der Inhaber rekonstruiert werden können. In Abhängigkeit der existierenden Prozesse können die Schlüssel entweder zentral bei der CA oder bei einer dritten vertrauenswürdigen Instanz oder dezentral beim Anwender hinterlegt werden. Bei einer dezentralen Hinter-

7 Siehe dazu nachfolgenden Abschnitt »Key Recovery«.

legung muss organisatorisch sichergestellt werden, dass jeder Benutzer seinen privaten Entschlüsselungsschlüssel sicher hinterlegt und dieser im Bedarfsfall berechtigten Dritten zugänglich ist, z. B. durch eine Reserve-Smartcard und einen PIN-Brief im Tresor.

Data Recovery

Im Gegensatz zur Schlüsselhinterlegung werden beim Data Recovery die Daten für einen Dritten mit verschlüsselt, der diese im Bedarfsfall entschlüsseln kann. Für Data Recovery ist keine Hinterlegung von privaten Nutzerschlüsseln notwendig. Für eine Data-Recovery-Lösung müssen dagegen in der Organisation ein oder mehrere globale Recovery Keys eingeführt werden, die für alle Verschlüsselungsoperationen als zusätzliche Empfänger verwendet werden. Alle Daten werden nicht nur für den eigentlichen Empfänger verschlüsselt, sondern zusätzlich auch für mindestens einen Recovery Key.

Voraussetzung für eine Data-Recovery-Lösung ist, dass alle Verschlüsselungsanwendungen in einem Unternehmen die Verschlüsselung für einen zusätzlichen Empfänger – den Recovery Key – unterstützen. Asymmetrischer Schlüsseltransport mithilfe von Public-Key-Verfahren erlaubt effiziente Realisierungen, da nicht die Nachricht selbst, sondern nur der Sitzungsschlüssel für die verschiedenen Empfänger individuell verschlüsselt werden muss.[8] Die Verschlüsselung für diesen speziellen Empfänger sollte keinen Zusatzaufwand für die Benutzer hervorrufen und möglichst technisch erzwungen werden.

Nachteil dieses Ansatzes ist, dass externe Kommunikationspartner z. B. beim Einsatz von verschlüsselter E-Mail in der Regel den Recovery Key nicht kennen und nicht unterstützen. Folglich sind verschlüsselte Nachrichten von Externen zunächst einmal nicht mit dem Recovery Key entschlüsselbar, sondern müssen beim ersten Entschlüsseln innerhalb des Unternehmens zusätzlich für einen Recovery Key mit verschlüsselt werden.

Beim Data Recovery können der Benutzer und der Recovery Agent beide jeweils mit ihrem privaten Schlüssel die verschlüsselte Nachricht entschlüsseln. Der Recovery Key wie auch der Recovery-Prozess sind – ähnlich wie für Key Recovery – interessante Ziele für Angreifer und weisen ein hohes Schadenspotenzial auf. Daher muss der Einsatz von privaten Recovery Keys geeignet abgesichert sein, z. B. durch ein Vieraugenprinzip. Für den oder die Recovery Keys ist auch ein spezielles Key Management vorzusehen, da sich im Falle eines Wechsels des Schlüssels oder eines Zugriffsberechtigten besondere Anforderungen ergeben können, um die Verfügbarkeit des Recovery-Prozesses für alle Datenbestände sicherzustellen.

Certificate Transparency

Das von Google initiierte Projekt Certificate Transparency (CT) soll die missbräuchliche Ausstellung von Zertifikaten erkennbar machen, indem die angeschlossenen Zertifizierungsstellen jedes ausgestellte Zertifikat in eines oder mehrere öffentliche Protokolle (»CT-Logs«) eintragen. Dies war aus Sicht von Google notwendig geworden, da verschiedene Zertifizierungsstellen mehrfach unberechtigterweise Zertifikate – insbesondere

8 Vgl. zu Details auch Abschnitt 13.7.

für Google-eigene Domains – ausgestellt haben. Beispielsweise war es Angreifern im September 2011 gelungen, in die Systeme der niederländischen Zertifizierungsstelle Digi-Notar einzudringen und Zertifikate für über 500 Domains missbräuchlich auszustellen.[9]

Die für Certificate Transparency verwendeten Protokolle erlauben technisch nur das Hinzufügen von Zertifikaten, ein nachträgliches Löschen von Zertifikaten aus den Protokollen ist nicht vorgesehen. Grundsätzlich kann jeder ein Zertifikat zu einem öffentlichen Protokoll hinzufügen oder ein solches selbst betreiben.

Nach den Regeln des CA/Browser-Forums[10] müssen seit Oktober 2017 alle neu ausgestellten Zertifikate öffentlicher vertrauenswürdiger Zertifizierungsstellen in ein öffentliches CT-Protokoll eingetragen werden. Dadurch wird die Zertifikatsausstellung durch Zertifizierungsstellen nachvollziehbar und missbräuchlich ausgestellte Zertifikate sowie bösartig oder fahrlässig handelnde Zertifizierungsstellen können frühzeitig erkannt werden. Unternehmen und Organisationen können diese CT-Protokolle durchsuchen und überwachen, um die missbräuchliche Ausstellung von Zertifikaten für eigene Domains zu erkennen.

14.2.5 Policies für Public-Key-Infrastrukturen

Die Policies einer PKI bilden die Grundlage zur Vertrauensbildung bei PKI basierten Anwendungen. Sie geben einer sogenannten *Relying Party* Aufschluss darüber, wie viel Vertrauen sie in eine PKI und in die Glaubwürdigkeit eines Zertifikats haben kann. Die Relying Party ist der Nutznießer, der Zertifikate zur Verifikation von Signaturen, zur Authentifikation von Benutzern oder zur Verschlüsselung von Daten verwendet und diese Zertifikate mithilfe der PKI-Dienste überprüft.

In einer *Certificate Policy* werden von der CA die Zusicherungen für die Sicherheit ihrer Infrastruktur, für die Verfahren zur Registrierung der Benutzer, für das Zertifikatsmanagement und die Überprüfung der Abläufe innerhalb der PKI sowie für Haftung, Schadensersatz und Datenschutz festgelegt. Eine Certificate Policy kann dadurch auch Vorgaben für nachgeordnete Zertifizierungsstellen enthalten. Durch diese öffentliche Dokumentation kann eine Relying Party das Sicherheitsniveau der CA und somit das Maß an Vertrauen in die ausgestellten Zertifikate einschätzen.

Nähere Informationen zu Certificate-Policy-Dokumenten finden sich im »Certificate Policy and Certification Practices Framework« [RFC3647] und Secorvo White Paper »Das Policy-Rahmenwerk einer PKI« [WP15].

9 *https://web.archive.org/web/20130919223205/https://www.rijksoverheid.nl/binaries/rijksoverheid/documenten/rapporten/2011/09/05/diginotar-public-report-version-1/rapport-fox-it-operation-black-tulip-v1-0.pdf.*

10 Das CA/Browser-Forum ist der Zusammenschluss der großen Browser- und Betriebssystem-Hersteller mit Betreibern öffentlicher Zertifizierungsstellen, der die Voraussetzungen regelt, unter denen Zertifizierungsstellen und deren Zertifikate in der Standardkonfiguration von den Browsern akzeptiert werden.

14.3 Standards im Bereich PKI

Die zentralen Standards und Spezifikationen für Public Key Infrastrukturen sind:

- X.509-Standard
- PKIX-Standards
- PKCS-Standards
- Common PKI Spezifikationen[11]

14.3.1 X.509-Standard

Der X.509-Standard ist ein ITU-IT-Standard und definiert das Format für Schlüsselzertifikate, Attributzertifikate und Sperrlisten sowie ein Verfahren zur Verifikation des Zertifizierungspfades. Die aktuellen Versionen dieser standardisierten Datenformate sind in Tabelle 14.1 dargestellt.[12]

Tabelle 14.1: Ausgaben und Versionen des X.509-Standards

X.509-Ausgabe	Schlüssel-zertifikat	Sperrliste	Attributzertifikat
1. Ausgabe: 11/1988	Version 1	Version 1	
2. Ausgabe: 11/1993	Version 2	Version 1	
3. Ausgabe: 08/1997	Version 3	Version 2	Version 1
4. Ausgabe: 03/2000	Version 3	Version 2	Version 2
5. Ausgabe: 08/2005 6. Ausgabe: 11/2008 7. Ausgabe: 10/2012 8. Ausgabe: 10/2016	Version 3	Version 2	Version 2

14.3.2 PKIX-Standards

Da der X.509v3-Standard [X509] eine sehr generische und komplexe Datenstruktur für Zertifikate und CRLs definiert, treten in der Praxis bei einer Vielzahl von unterschiedlichen Anwendungen und Umgebungen Interoperabilitätsprobleme auf. Um den X.509v3 Standard für eine Internet-PKI anwendbar zu machen, hat daher die PKIX-Arbeitsgruppe der *Internet Engineering Task Force* (IETF) eine Reihe von Internet-Standards, sogenannte *Requests for Comments* (RFC), festgelegt, mit denen eine praxisgerechte und interoberable Implementierung von PKI-Objekten, -Prozessen und -Produkten möglich werden soll.

11 Umbennennung des KeyUsage-Bits »nonRepudiation« in »contentCommitment«.

12 *http://www.itu.int/rec/T-REC-X.509/en.*

Im [RFC5280] wird ein Zertifikats- und CRL-Profil definiert. Es legt fest, welche Erweiterungen im Rahmen der Möglichkeiten von X.509 verwendet werden müssen, sollen oder nicht verwendet werden dürfen. Der [RFC3739] definiert das Profil für ein qualifiziertes Zertifikat. Dieses Profil kann durch nationale Regelungen für die Verwendung im Rechtsverkehr anerkannt werden.

Die PKIX-Arbeitsgruppe hat noch viele weitere Internetstandards (RFC) für den Bereich der Internet-PKI veröffentlicht. Nennenswert sind außer den PKIX-Profilen noch die PKIX-Protokolle, wie bspw. die operationalen Protokolle zur Abfrage von Zertifikaten und Statusinformationen (LDAPv3, OCSP und die Verwendung von FTP und HTTP zum Transport von PKI-Operationen) sowie die Certificate-Management-Protokolle. Darüber hinaus stammen das Zeitstempeldienstprotokoll (Time-Stamp Protocol [RFC3161]), das Policy and Certification Practices Framework [RFC3647] und verschiedene Protokolle zur Verifikation von Zertifikaten, CRLs und Signaturen von der PKIX-Arbeitsgruppe. Weitere Informationen finden sich bei [PKIX].

14.3.3 PKCS-Standards

Die Public Key Cryptography Standards (PKCS) sind sogenannte Industriestandards, die in offenen Arbeitsgruppen von vielen Akteuren aus Industrie und Wissenschaft unter Federführung von RSA Inc. seit 1991 entwickelt wurden. Der Fokus der PKCS-Standards liegt auf technischen Aspekten der PKI und Kryptografie. Die derzeit relevanten PKCS-Standards sind:

- **PKCS#1**
  Der *RSA Encryption Standard* findet Verwendung in PKI-Komponenten, die den RSA-Algorithmus ausführen. Der RSA-Algorithmus wird dabei in der Regel in einem kryptografischen Schema zusammen mit anderen Verfahren verwendet, um Sicherheitsdienste wie Verschlüsselung oder digitale Signatur zu realisieren. Für die Implementierung gibt es verschiedene Realisierungsvarianten, die mehr oder weniger erfolgreich angreifbar sind. PKCS#1 macht Vorschläge für die sichere Implementierung des RSA-Algorithmus. Der PKCS-Standard #1 wurde im November 2016 fast wortgetreu mit nur einigen Korrekturen als IETF RFC 8017[13] veröffentlicht.
- **PKCS#7**
  Der *Cryptographic Message Standard* (CMS) spezifiziert ein Daten-Austauschformat und wird dort verwendet, wo kryptografisch behandelte Objekte mit anderen ausgetauscht werden, z. B. eine E-Mail, ein Dokument oder ein Zertifikat. Die neuste Version der in PKCS#7 definierten Cryptographic Message Syntax wird durch RFC 5652[14] standardisiert.
- **PKCS#10**
  Der *Certification Request Syntax Standard* wird verwendet, um Zertifizierungsanfragen an eine Zertifizierungsstelle zu richten.

13 Siehe dazu im Anhang die »Übersicht zu Standards der Informationssicherheit«.

14 Siehe dazu im Anhang die »Übersicht zu Standards der Informationssicherheit«.

- **PKCS#11**
Mit dem *Cryptographic Token Interface Standard* wird eine Programmierschnittstelle für Anwendungsprogrammierer zur Verfügung gestellt, die Hardware-Token in ihrer Anwendungssoftware nutzen möchten.

- **PKCS#12**
Der *Personal Information Exchange Syntax Standard* definiert ein Datenformat, mit dem das gesamte Schlüssel- und Zertifikatsmaterial inklusive dem privaten Schlüssel passwortgeschützt und portabel zum Transport[15] in einer Datei gespeichert werden kann.

- **PKCS#15**
Der *Cryptographic Token Information Format Standard* wurde im Jahr 2004 in ISO/IEC 7816-15 übernommen. Er spezifiziert die Anwendungsstrukturen auf einem Hardware-Token, d. h. die Verzeichnisstruktur und die notwendigen Datenelemente. Diese Strukturen werden in der Regel beim Initialisieren auf das Hardware-Token aufgebracht und ermöglichen konformen Anwendungen – ohne Abhängigkeit von einem bestimmten PKCS#11 oder CSP-Treiber –, auf Daten wie den privaten Schlüssel oder Zertifikate, die auf dem Hardware-Token gespeichert sind, zugreifen zu können.

Weitere Informationen finden sich bei [PKCS].

Die PKCS-Standards kommen in verschiedenen Produkt-Klassen zum Einsatz. Beispielsweise verwenden die aktuellen Web-Browser die Standards PKCS#1, #7, #10, #11 und #12. Smartcards nutzen PKCS#1, #11 und teilweise auch PKCS#15. PKI-Core und Client-Software unterstützt in der Regel PKCS#1, #7, #10, #11, #12 und gegebenenfalls auch PKCS#15. Diese breite Unterstützung von PKCS-Standards zeigt ihre hohe praktische Relevanz.

14.3.4 Common-PKI-Spezifikationen

Die Common-PKI-(vormals ISIS-MTT-) Spezifikation stammt von T7[16] und TeleTrusT[17]. Sie ist historisch gewachsen aus der Industrial-Signature-Interoperability-Specification (ISIS) und der Mailtrust-Spezifikation (MTT). Die Common PKI ist – ähnlich wie die PKIX-Profile – ein Profil über international verbreitete und anerkannte Standards für digitale Signaturen, Verschlüsselung und Public-Key-Infrastrukturen. Bei der Erstellung wurden mehr als 30 Basisstandards berücksichtigt. Die Common PKI ist auf den deutschen Markt ausgerichtet und berücksichtigt auch die Anforderungen für die qualifizierte elektronische Signatur nach dem deutschen Signaturgesetz (SigG). Die aktuelle Version der Common-PKI-Spezifikation besteht aus den folgenden Teilen:

---

15 PKCS#12 wird auch als Format verwendet für den Ex- und Import von eigenem Schlüsselmaterial in und aus verschiedenen Anwendungen.

16 Der T7 e.V. ist eine Arbeitsgemeinschaft von Trustcenterbetreibern und Zertifizierungsdiensteanbietern im Bereich qualifizierter elektronischer Signaturen nach dem deutschen Signaturgesetz.

17 TeleTrusT Deutschland e.V. ist ein gemeinnütziger Verein und ein nichtkommerzielles Netzwerk mit Mitgliedern aus Industrie, Wissenschaft, Forschung und öffentlichen Institutionen. Sein Ziel sind verlässliche Rahmenbedingungen für den vertrauenswürdigen Einsatz von Informations- und Kommunikationstechnik.

- Part 1: Certificate and CRL Profiles
- Part 2: PKI Management
- Part 3: Message Formats
- Part 4: Operational Protocols
- Part 5: Certificate Path Validation
- Part 6: Cryptographic Algorithms
- Part 7: Signature API[18]
- Part 8: XML Signature and Encryption Message Formats
- Part 9: SigG-Profile[19]

Weitere Informationen finden sich bei [ComPKI].

Zusätzlich zu der Common-PKI-Spezifikation stehen eine korrespondierende Testspezifikation und ein Testbed-Prototyp zur Verfügung. Damit können Hersteller und Prüflabore PKI-Produkte auf Konformität mit der Common-PKI-Spezifikation testen. Wenn alle Anforderungen der Spezifikation erfüllt werden, kann das Common-PKI-Siegel beim Common-PKI-Board[20] beantragt werden. Dieses Siegel ist ein Nachweis für Interoperabilität von Common-PKI-konformen Produkten und Lösungen. In Deutschland ist das Common-PKI-Siegel obligatorisch im Bereich E-Government für die Sicherung der E-Mail-Kommunikation und den gesicherten Dokumentenaustausch.

14.4 Verknüpfung von Public-Key-Infrastrukturen

Wenn einzelne Organisationen sich ihre eigene interne Public-Key-Infrastruktur (PKI-Domäne) aufgebaut haben und nicht nur interne PKI-Anwendungen einsetzen wollen, stellt sich die Frage, wie Teilnehmer aus unterschiedlichen PKI-Domänen miteinander sicher kommunizieren können, wenn sie keine gemeinsame Root CA haben. Ziel dieser Überlegungen ist es, dass mehrere PKI zusammenarbeiten und die Teilnehmer aus allen beteiligten Domänen einander vertrauen können.

Cross-Zertifizierung

Eine mögliche Lösung zur Verknüpfung mehrerer PKI stellt die sogenannte Cross-Zertifizierung dar, bei der Zertifizierungshierarchien miteinander verknüpft werden. Dabei wird die eine Root CA von der anderen zertifiziert und umgekehrt. Ein Cross-Zertifikat unterscheidet sich in seiner Form nicht von einem untergeordneten CA-Zertifikat, d. h., es lässt in Struktur und Aufbau keinen Unterschied zu einem normalen Zertifikat erkennen. Cross-Zertifikate haben die zusätzliche Eigenschaft, dass sie einseitig oder beidseitig zwischen zwei CAs ausgestellt werden können.

18 Ersetzt den früheren Part 7 »Cryptographic Token Interface« der Version 1.1.

19 Bis Version 1.1 kein eigenständiger Part, sondern nur als Profil: »SigG-conforming Systems and Applications«.

20 *http://www.t7ev.org/ws/T7-de/Common-PKI.*

Theoretisch können mit einer Cross-Zertifizierung nicht nur die obersten Knoten, die Root CAs, miteinander verbunden werden: Prinzipiell könnten Cross-Zertifikate auch dafür genutzt werden, um Zertifizierungspfade (Zertifikatsketten) zu verkürzen. In der Praxis führen solche zusätzlichen Zertifikatspfade allerdings zu einer komplexeren Verifikation von Zertifikaten: Zunächst muss nämlich aus dem Graphen (s. Abb. 14.8) ein Zertifikatspfad ausgewählt werden. Cross-Zertifikate erhöhen die Zahl der möglichen Pfade, die nachverfolgt werden können. In jedem der möglichen Pfade können ein oder mehrere gesperrte Zertifikate auftreten, weshalb dieser Zertifizierungspfad wieder verworfen werden muss. Daher werden in der Regel Cross-Zertifizierungen nur auf der Root-Ebene der PKI-Domänen durchgeführt.

Abbildung 14.8: Cross-Zertifizierung

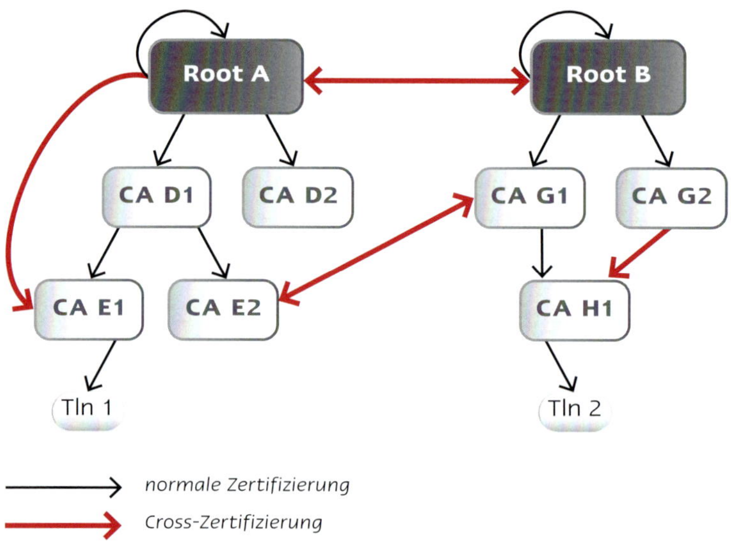

European Bridge CA

Eine Alternative zu Cross-Zertifikaten stellt in Europa die *European Bridge CA* (EB-CA) dar. Diese EB-CA stellt keine Zertifikate zur Verbindung von PKI-Inseln aus, sondern verteilt eine signierte Liste von geprüften und anerkannten Root-Zertifikaten an alle ihre Mitglieder. Alle Mitglieder schließen einen Vertrag mit der EB-CA und verpflichten sich auf die Einhaltung von Mindestanforderungen, z. B. Verfügbarkeit von Certification Policy (CP)[21] oder Certification Practice Statement (CPS) und erfolgreich absolvierte Interoperabiltitätstests. Somit entfallen für die Mitglieder der EB-CA die Einzelvereinbarungen und Prüfungen mit jeweils allen anderen Mitgliedern. Sie erhalten die Liste der vertrau-

21 Die European Bridge-CA stellt eine Certificate Policy mit Anforderungen an Bridge-CA-Teilnehmer bereit: *https://www.ebca.de/mindestsicherheit.*

enswürdigen CAs und müssen diese in ihre PKI-Anwendungen als vertrauenswürdig integrieren. Dieser Aufwand für die technische Umsetzung zur Integration der externen Root-Zertifikate muss trotz Zertifizierung durch die EB-CA geleistet werden.[22]

Die EB-CA war ursprünglich eine Initiative der Deutschen Bank und der Deutschen Telekom. Heute wird sie vom Teletrust e.V. betrieben. Weitere Informationen finden sich bei [BRIDGE].

Verteilung von Root-Zertifikaten

Die wohl verbreiteste Art, PKI-Domänen miteinander zu verknüpfen, ist die Verteilung der Root-Zertifikate. Dazu muss das eigene Root-Zertifikat sicher an die externen Kommunikationspartner und das Root-Zertifikat der externen Kommunikationspartner intern verteilt und als vertrauenswürdig anerkannt werden. Etwas hochtrabend wird diese Variante der Verknüpfung von PKI-Domänen auch als *Cross Recognition* bezeichnet.

Um das Zertifikat der eigenen Root CA an alle Kommunikationspartner zu verteilen, bieten sich verschiedene Möglichkeiten:

- Aufnahme des eigenen Root-Zertifikats in gängige Browser. Zur Aufnahme ist ein WebTrust-Gütesiegel für Certification Authorities[23] erforderlich.
- Zertifizierung der eigenen Root CA durch eine CA, deren Zertifikat bereits in gängige Browser integriert ist. Diese Dienstleistung bietet bspw. RSA mit ihrem »RSA Keon Root Signing Service« oder GlobalSign mit ihrem »Trusted Root Signing-Service«.
- Das Root-Zertifikat wird zum Download im Internet bereitgestellt. Die Relying Party, die das Root-Zertifikat herunterlädt, muss dessen Fingerprint über einen zweiten, unabhängigen Kanal beziehen und geeignet prüfen, um sich von der Korrektheit des Root-Zertifikats zu überzeugen.

Um ein externes Root-Zertifikat intern zu verteilen, muss im aufwendigsten Fall eine Installation des Root-Zertifikats auf jedem einzelnen Client vorgenommen werden. Wenn möglich, sollte die Verteilung der externen Root-Zertifikate daher schon beim Ausrollen einer PKI-Anwendung erfolgen. Wenn die PKI-Anwendungen den Microsoft Certificate Store verwenden und im Unternehmen ein Active Directory (AD) im Einsatz ist, können die Root-Zertifikate vom Administrator automatisch an alle Anwender verteilt werden. Gleiches gilt bei Einsatz von Lotus Notes und dem Lotus Domino Directory; auch hier können die Zertifikate vom Administrator automatisch an alle Anwender verteilt werden. Andernfalls muss ein Anwender, sofern er die nötigten Rechte besitzt, die benötigten externen Root-Zertifikate selber im Internet herunterladen und in seine PKI-Anwendung importieren.

Um den Benutzern die Handhabung zu vereinfachen, sind in den gängigen Browsern schon eine Vielzahl an Root-Zertifikaten als vertrauenswürdige Sicherungsanker vorinstalliert. Diesen Root-Zertifikaten und allen weiteren von diesen Root CAs ausgestellten CA-Zertifikaten vertrauen die Benutzer automatisch und in aller Regel unbesehen. Es findet keine Überprüfung dieser CAs z. B. anhand ihrer Certificate Policies statt. Eine solche Prüfung kann nur manuell erfolgen und ist daher sehr aufwendig. So bleibt es bzgl.

22 Im Fall der Verknüpfung von PKI-Domänen über Cross-Zertifikate fällt dieser Aufwand dagegen nicht an.

23 *http://www.webtrust.org*

der Prüfung und Akzeptanz von Root-Zertifikaten bei dem Spagat zwischen Benutzerfreundlichkeit durch vorkonfigurierte Root-Zertifikate auf der einen Seite und hohem Sicherheitsbewusstsein mit manueller Prüfung von Certificate Policies auf der anderen Seite.

14.5 Langzeitarchivierung

Elektronische Langzeitarchivierung bezeichnet die Aufbewahrung elektronischer Informationen für mehr als zehn Jahre. Im Kontext digital signierter Dokumente stellen sich hierbei neue zusätzliche Herausforderungen, insbesondere bei qualifizierten elektronischen Signaturen als Ersatz im Falle eines Schriftformgebots: Der Sicherheitswert der digitalen Signatur muss für den gesamten Archivierungszeitraum erhalten bleiben, um die Beweiskraft der elektronischen Signatur zu gewährleisten[24].

Die Langzeitsicherung von qualifizierten elektronischen Signaturen ist nicht gesetzlich verankert, aber immerhin als Hinweis in SigG § 6 »Unterrichtungspflicht« enthalten: *»Der Zertifizierungsdiensteanbieter [...] hat den Antragsteller darauf hinzuweisen, dass Daten mit einer qualifizierten elektronischen Signatur bei Bedarf neu zu signieren sind, bevor der Sicherheitswert der vorhandenen Signatur durch Zeitablauf geringer wird.«*

Der Sicherheitswert digitaler Signaturen vermindert sich zum einen durch die rasante technische Weiterentwicklung von Hard- und Software (Vernetzung, Rechenkraft) und zum anderen durch die Fortschritte der Kryptanalyse. So gibt es verschiedene Gründe, warum eine digitale Signatur erneuert werden muss. Diese Gründe können sein, dass:

- eine Schwachstelle in einem verwendeten Hash-Algorithmus aufgedeckt wird,
- die Länge der Hash-Werte nicht mehr den aktuellen Anforderungen entspricht,
- eine Schwachstelle in einem verwendeten Signatur-Algorithmus aufgedeckt wird oder
- die verwendete Schlüssellänge bei der digitalen Signatur nicht mehr den aktuellen Anforderungen entspricht.

Um den Sicherheitswert von digital signierten Dokumenten zu erhalten, kann entweder das Langzeitarchiv die Sicherheit der archivierten Dokumente garantieren oder der Sicherheitswert der digitalen Signatur kann über Nachsignierung bzw. »Erneuerung« von Signaturen umgesetzt werden. Dafür muss die erneute Signatur nicht zwingend von dem ursprünglich Signierenden geleistet werden. Im einfachsten Fall kann dies mit einem Zeitstempel von einem Zeitstempeldienst erfolgen.

Müssten in einem Langzeitarchiv regelmäßig neue Zeitstempel für den Hash-Wert eines jeden archivierten Dokuments eingeholt werden, wäre dies sehr ineffizient. Daher sieht der in [RFC 4998] beschriebene Lösungsansatz zur Langzeitarchivierung ein baumbasiertes Verfahren vor, einen sogenannten *Hashtree*. Über alle archivierten Dokumente werden in einer Baumstruktur gemeinsame Hash-Werte im Archivierungssystem gebildet und ein einziger Archivzeitstempel für den Hash-Wert an der Wurzel des Baumes eingeholt, der alle Dokumente gemeinsam signiert. Dieser Zeitstempel wird bei Bedarf erneuert.

24 Für qualifizierte elektronische Signaturen gilt der gesetzliche Anscheinsbeweis nach § 371a ZPO.

Abbildung 14.9: Beispiel für einen Hashtree

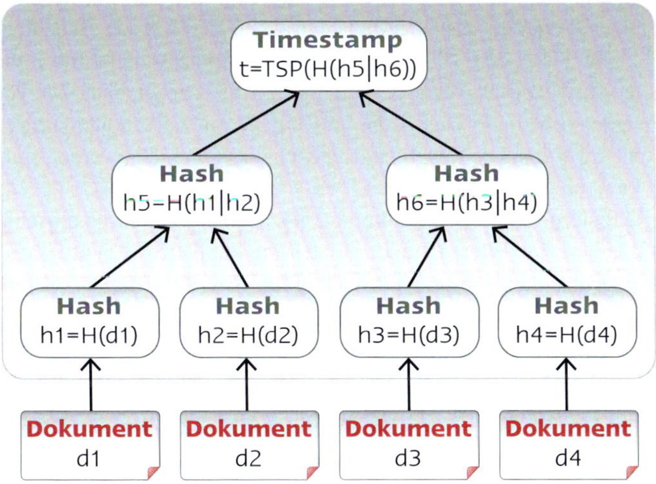

Abbildung 14.9 zeigt beispielhaft den Aufbau eines solchen Hashtrees. Die Blätter des Baumes bilden die Hash-Werte der einzelnen Dokumente. Auf den höheren Ebenen wird jeweils ein Hash-Wert über zwei Hash-Werte der darunter liegenden Ebene erstellt, d. h., pro Ebene wird die Anzahl der Hash-Werte auf die Hälfte reduziert. Der Zeitstempel t an der Wurzel des Baumes sichert in diesem Beispiel die archivierten Datenobjekte d1, d2, d3 und d4.

Wird ein archiviertes Dokument aus dem Archivierungssystem angefordert, so werden zusätzlich zum Originaldokument auch alle für die Zurückverfolgung des Hashtree-Weges benötigten Hash-Werte vom Archivierungssystem zurückgeliefert, wodurch die Überprüfung des Archivzeitstempels möglich ist. Bei einer erfolgreicher Verifikation des Zeitstempels ist der Nachweis gegeben, dass der Sicherheitswert und damit die Beweiskraft des angeforderten digital signierten Dokuments erhalten geblieben ist.

Dieser Lösungsansatz zur Langzeitarchivierung erfüllt zudem die Anforderungen des Datenschutzes zu Datensparsamkeit, da die Löschung von einzelnen archivierten Datenobjekten möglich ist, wenn diese nicht mehr erforderlich sind. Nur die Hash-Werte zu den gelöschten Datenobjekten müssen aufbewahrt werden, um jederzeit den Archivzeitstempel für den Hash-Wert an der Wurzel des Baumes verifizieren zu können.

Mit der technischen Richtlinie BSI TR 03125 »Vertrauenswürdige elektronische Langzeitspeicherung« stellt das BSI einen Leitfaden zur Verfügung, der beschreibt, wie elektronisch signierte Daten und Dokumente über lange Zeiträume vertrauenswürdig gespeichert werden können. Konkret beschreibt diese technische Richtlinie einen Katalog von Anforderungen für eine beweiswerterhaltende Aufbewahrung elektronisch signierter Dokumente und Daten. Diese Anforderungen betreffen die Daten- und Dokumentenformate, das Speicherformat für Archivdatenobjekte sowie die Anwendungssysteme und Krypto-Module. Auf Grundlage der in dieser technischen Richtlinie definierten Prüfspezifikationen können Konformitätsprüfungen von IT- Produkten oder -Systemen zur Langzeitarchivierung durchgeführt werden.

Zusammenfassung

Die Verteilung und Verwaltung von öffentlichen Schlüsseln kann über ein Web of Trust dezentral organisiert oder mittels einer PKI zentral realisiert werden. Bei einer PKI werden die öffentlichen Schlüssel den Schlüsselinhabern über eine Art »elektronischer Personalausweis« zugeordnet. Dieser Ausweis wird als Zertifikat bezeichnet. Die verschiedenen PKI-Komponenten und die Prozesse, die im Umgang mit Zertifikaten auftreten, müssen geeignet gestaltet werden. Die Regeln, nach denen dies geschieht, werden sinnvollerweise in Policy-Dokumenten festgelegt.

Für die Realisierung von PKI sind eine Vielzahl von Standards einschlägig. Neben dem X.509-Standard sind Internetstandards (RFCs), Public Key Cryptography Standards (PKCS) und in Deutschland – besonders wichtig im Behördenumfeld – die Common-PKI-Spezifikationen relevant.

Für einen organisationsübergreifenden Einsatz von öffentlichen Schlüsselverfahren müssen die einzelnen Public Key Infrastrukturen miteinander verknüpft werden. Diese Herausforderung muss hauptsächlich auf organisatorischer und rechtlicher Ebene zwischen den beteiligten Parteien bewältigt werden.

Literatur

[BRIDGE] *TeleTrusT: https://www.ebca.de* (Stand: 17.01.2024)

[BSI TR-03125] Vertrauenswürdige elektronische Langzeitspeicherung, Februar 2018; *https://www.bsi.bund.de/SharedDocs/Downloads/DE/BSI/Publikationen/TechnischeRichtlinien/TR03125/BSI_TR_03125_V1_2_1.pdf* (Stand: 17.01.2024)

[ComPKI] *T7&Teletrust: http://www.t7ev.org/ws/T7-de/Common-PKI* (Stand: 17.01.2024)

[PKCS] *RSA Laboratories: http://www.rsa.com/rsalabs* (Stand: 17.01.2024) Zu den einzelnen Standards und ihren Aktualisierungen siehe im Anhang dieses Buchs die »Übersicht zu Standards der Informationssicherheit«

[PKIX] *IETF: http://datatracker.ietf.org/wg/pkix* (Stand: 17.01.2024)

[RFC 3161] *Adams, C.; Cain, P.; Pinkas, D.; Zuccherato, R.:* Internet X.509 Public Key Infrastructure – Time-Stamp Protocol (TSP), August 2001

[RFC 3647] *Chokhani, S.; Ford, W.; Sabett, R.; Merrill, C.; Wu, S.:* Internet X.509 Public Key Infrastructure – Certificate Policy and Certification Practices Framework, November 2003

[RFC 3739] *Santesson, S.; Nystrom, M.:* Internet X.509 Public Key Infrastructure: Qualified Certificates Profile, März 2004

[RFC 5280] *Cooper, D.; Santesson, S.; Farrell, S.; Boeyen, S.; Housley, R.; Polk, W.:* Internet X.509 Public Key Infrastructure Certificate and Certificate Revocation List (CRL) Profile, Mai 2008

[RFC 5816] *Santesson, S.; Pope, N.*: ESSCertIDv2 Update for RFC 3161, März 2010

[RFC 6818] *Yee, P.:* Updates to the Internet X.509 Public Key Infrastructure Certificate and Certificate Revocation List (CRL) Profile, Januar 2013

[RFC 6960] *Santesson, S.; Myers, M.; Ankney, R.; Malpani, A.; Galperin, S.; Adams, C.:* Internet RFC 6960 – X.509 Internet Public Key Infrastructure Online Certificate Status Protocol – OCSP, Junie 2013

[WP15] *Barzin, P.; Gora S.:* Das Policy-Rahmenwerk einer PKI, Secorvo White Paper, Version 1.2, Mai 2017; *https://www.secorvo.de/publikationen/secorvo-wp15.pdf* (Stand: 17.01.2024)

[X509] *International Telecommunication Union:* Information Technology – Open Systems Interconnection – The Directory: Public-Key and Attribute Certificate Frameworks, ISO/IEC 9594-8:2017 (E), ITU-T Recommendation X.509, Oktober 2016

15 Virtual Private Networks

Einleitung

Viele Organisationen haben räumlich verteilte Standorte oder Mitarbeiter, die nicht am Hauptstandort tätig sind, wie z. B. Mitarbeiter im Außendienst oder Homeoffice. Für diese Firmen stellt sich häufig die Frage, wie sie allen Mitarbeitern den Zugriff auf die IT in einem einheitlichen Netz zur Verfügung stellen und gleichzeitig das Netzwerk gegen Unberechtigte absichern können. Dies kann mithilfe eines *Virtual Private Network* (VPN) erreicht werden. Ein VPN wird gebildet, indem räumlich verteilte Teilnetze und Rechner über öffentliche Netze auf sichere Art zusammengeschaltet werden.

VPNs werden in der Regel über das Internet realisiert, aber auch andere Übertragungswege können zum Aufbau eines VPNs genutzt werden. Da ein VPN nur für eine abgegrenzte Benutzergruppe zugänglich ist, bildet es ein *privates* Netz. Anstelle einer physischen Abgrenzung werden kryptografische Verfahren und sogenannte Tunneltechniken eingesetzt. Dabei werden die Datenpakete der Nutzdaten zum Transport in andere Datenpakete eingepackt, die als Übertragungsmedium dienen. Durch diese Techniken entstehen innerhalb der physischen Netzwerke weitere *virtuelle* Netzwerke. Zu den grundlegenden Sicherheitszielen von VPNs gehören:

- Vertraulichkeit: Angreifer von außerhalb des VPNs können die übertragenen Nutzdaten nicht mitlesen.
- Integrität der Daten: Einem Angreifer außerhalb des VPNs ist eine Veränderung der über das VPN übertragenen Nutzdaten nicht möglich. Veränderungen übertragener Nutzdaten innerhalb des VPNs werden erkannt.
- Identifizierung und Authentifizierung der Teilnehmer: Benutzer müssen sich für die Nutzung des VPNs als rechtmäßige Teilnehmer ausweisen.
- Wiederholungsvermeidung: Angreifer von außerhalb des VPNs können mitgeschnittenen VPN-Verkehr nicht wieder einspielen. Datenverkehr im VPN sollte beim erneuten Einspielen durch einen Angreifer als Wiederholungsangriff (»Replay-Attacke«) erkannt werden.
- Verhinderung von Verkehrsflussanalysen: Ein Angreifer, der Datenleitungen des VPNs abhört, sollte möglichst wenig über die Datenflüsse innerhalb des VPNs erfahren.

In besonderen Fällen können weitere Sicherheitsziele wie Verbindlichkeit hinzukommen. Grundsätzlich müssen VPNs gegen passive Attacken, also einfaches Mitlesen, aber auch gegen aktive Attacken wie klassische Man-in-the-Middle-Angriffe schützen.

In diesem Kapitel werden zunächst die wesentlichen VPN-Szenarien vorgestellt. Anschließend geben wir einen Überblick über die verschiedenen Protokollebenen in Netzwerken, auf denen die Sicherheitsmechanismen realisiert werden können. Hierbei wird auch das grundlegende Konzept eines Tunnels in Netzwerken erläutert. Danach werden wesentliche technische Umsetzungsmöglichkeiten für VPNs wie IPsec, OpenVPN und L2TP detaillierter dargestellt.

15.1 VPN-Szenarien

Für VPNs gibt es viele verschiedene Einsatzmöglichkeiten. Ein großer Teil davon lässt sich in eines der drei Szenarien Site-to-Site-VPN, End-to-Site-VPN und End-to-End-VPN einordnen, die in der folgenden Grafik vergleichend dargestellt sind und anschließend kurz erläutert werden.

Abbildung 15.1: VPN-Szenarien

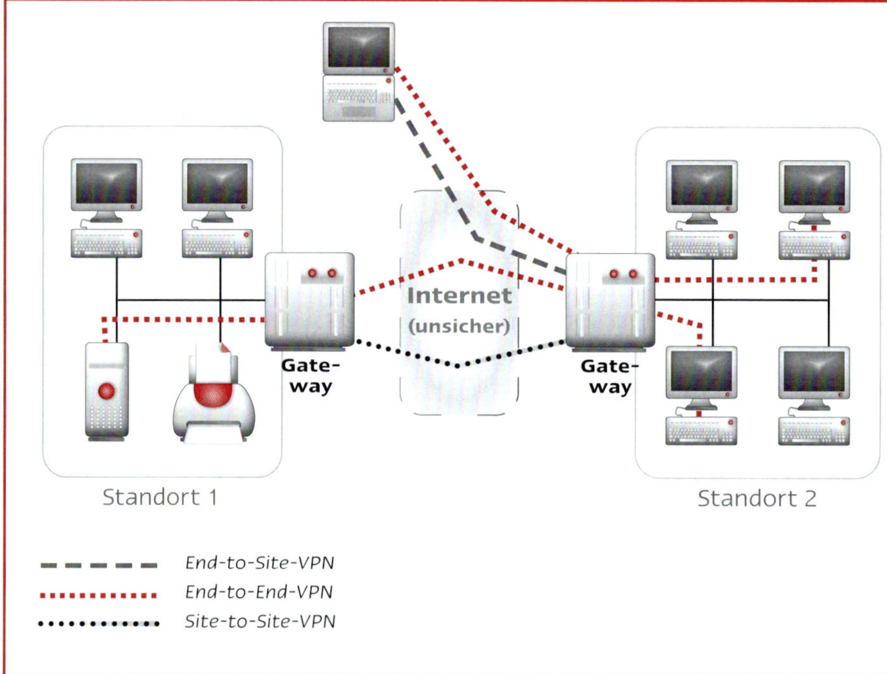

15.1.1 Site-to-Site-VPN

Bei einem Site-to-Site-VPN werden zwei oder mehr LANs einer Firma, die auf verschiedene Standorte (*Sites*) verteilt sein können, miteinander verbunden. Jede Site hat ihre eigene Internetanbindung. Für die Verknüpfung der Sites wird keine unternehmenseigene Netz-Infrastruktur zwischen den Standorten aufgebaut und es werden auch keine feststehenden Leitungen zwischen den Standorten angemietet. Die Absicherung der Verbindungen zwischen den Standorten erfolgt dann mittels der entsprechenden VPN-Technologie.

Da Site-to-Site-VPN über die Kopplung von Gateways erfolgt, spricht man auch von *Gateway-to-Gateway-VPN*. Die Sicherung der Übertragungsstrecke endet bei dieser Art von VPN an den Gateways. Innerhalb der Sites wird keine zusätzliche Absicherung durch ein solches VPN gewährleistet. Dafür wird nur auf den Gateways die VPN-Funktionalität benötigt. Die lokalen Rechner bleiben unverändert und die Nutzung der Site-to-Site-Verbindung ist für den Endbenutzer völlig transparent.

Häufig gehören die verbundenen Standorte zu einem Unternehmen. Dann spricht man auch von einem *Intranet-VPN* oder *Branch-Office-VPN*. Falls über das Site-to-Site-VPN verschiedene, kooperierende Unternehmen verbunden werden, spricht man von einem *Extranet-VPN*. In diesem Fall wird gegebenenfalls den ankommenden Daten nicht in gleicher Weise vertraut, wie dies für die Daten aus einer anderen Site des eigenen Unternehmens der Fall ist. Für die eingehenden Daten aus dem Extranet-VPN können dann stärkere Sicherheitsmaßnahmen angewandt werden, bspw. mit Firewalls oder Content-Filtern.

15.1.2 End-to-Site-VPN

Bei einem End-to-Site-VPN wird ein gesicherter Fernzugang ermöglicht, also z. B. der Zugriff des Rechners eines Mitarbeiters im Außendienst auf das Intranet. Bei dem Rechner kann es sich um einen Laptop, ein Tablet oder auch um ein Smartphone handeln.

Dieses Endgerät kann auf beliebige Art und Weise mit dem Internet verbunden sein, z. B. über ein LAN, WLAN oder mobile Datenverbindungen. Der Hauptanwendungszweck von End-to-Site-VPNs findet sich dementsprechend in den Bereichen externer Mitarbeiter, Mitarbeiter im Außendienst, Homeoffice sowie bei der Anbindung mobiler Endgeräte. Ein weiterer Anwendungsfall ist die Anbindung von einzelnen Clients über WLAN, ohne einen Zugang in das interne Netz für alle WLAN-Clients zur Verfügung zu stellen.

Entsprechend der Bezeichnung Gateway-to-Gateway-VPN spricht man hier von *Host-to-Gateway-VPN*, da ein einzelner Rechner über ein VPN-fähiges Gateway mit dem Firmennetzwerk verbunden wird.

15.1.3 End-to-End-VPN

Bei einem End-to-End-VPN werden zwei Endgeräte direkt über die VPN-Verbindung miteinander gekoppelt. Im Gegensatz zu einem Site-to-Site-VPN, bei dem die Absicherung nur zwischen den verbindenden Gateways besteht, wird hier die Verbindung von dem einen bis zu dem anderen Rechner abgesichert. Man spricht auch von einer Ende-zu-Ende-Sicherheit. Ein solches VPN wird auch als *Host-to-Host-VPN* (im Sinne von End-Systemen) bezeichnet. Jeder der daran beteiligten Rechner muss VPN-fähig sein. Außerdem müssen im End-to-End-VPN die Rechner über kryptografische Schlüssel aller Kommunikationspartner verfügen oder solche auf sichere Art und Weise austauschen können.

Dies ist sicher eine weniger häufig eingesetzte Architektur von VPNs. Sie ist wichtig für spezielle Anwendungen mit hohem Sicherheitsbedarf, z. B. für ein Remote Management eines System-Administrators auf einem Server. End-to-End-VPNs sind naturgemäß wartungsintensiver als Gateway-to-Gateway-VPNs. Ferner besteht hier durch die Ende-zu-Ende-Sicherheit keine Möglichkeit, den Datenverkehr mit Firewalls zu inspizieren.

Wir werden in den folgenden Abschnitten zeigen, dass in verschiedenen Anwendungen noch mehr Szenarien auftreten, z. B. können bei IPsec die verschiedenen Szenarien miteinander verknüpft und überlagert werden. Ferner treten durch die Möglichkeit des Anmietens von VPN-Diensten weitere Varianten auf.

15.1.4 Protokollebenen von VPN und VPN-Tunnel

Neben den drei wesentlichen Szenarien für VPNs gibt es weitere Aspekte, nach denen VPNs klassifiziert oder unterschieden werden. Bereits in der Einleitung wurden Tunnel bzw. Tunneltechniken erwähnt. Für das Verständnis der verschiedenen Realisierungen von Tunneln spielen die Protokollebenen, klassifiziert nach dem OSI-Schichtenmodell[1] [ISO7498-1], eine bedeutende Rolle. Zur leichteren Einordnung der im nächsten Abschnitt beschriebenen technischen Realisierungen von VPNs werden zunächst die Protokollebenen vorgestellt. Tabelle 15.1 bietet einen Überblick.

Tabelle 15.1: ISO-OSI Schichtenmodell [ISO7498-1] – Beispiele für Protokolle und physikalische Übertragung

OSI-Schicht		allgemeine Protokolle	Sicherheitsprotokolle
7	Anwendung		PGP
6	Darstellung		
5	Sitzung	HTTP, FTP	
4	Transport	TCP, UDP	SSL/TLS
3	Vermittlung	IP	IPsec
2	Sicherung	PPP	PPTP, L2TP
1	Bit-Übertragung	Koax, Twisted Pair, Fiber	

Für VPNs sind insbesondere die beiden Schichten 2 und 3 von Bedeutung. Schicht 2, die sogenannte Sicherungsschicht, dient der verlässlichen Übertragung der Datenrahmen. Ein wichtiges Beispiel für ein Protokoll der zweiten Schicht ist das Point-to-Point-Protokoll (PPP), das zur Übertragung von Daten über Wählleitungen (Modem, ISDN) dient bzw. diente. Damit können IP-Pakete übertragen werden, aber auch andere Vermittlungsprotokolle der Schicht 3 sind möglich.

Für VPNs spielen die beiden Protokolle

- Point-to-Point Tunneling Protocol (PPTP)
- Layer 2 Tunneling Protocol (L2TP)

eine wesentliche Rolle. Diese dienen dazu, Verbindungen auf Schicht 2 über höhere Schichten zu tunneln. Normalerweise würde ein Paket der Schicht 2 selbst Pakete der höheren Schichten enthalten, aber nur mithilfe der Übertragungstechniken aus der ersten Schicht befördert werden. Mithilfe der beiden Protokolle PPTP bzw. L2TP können PPP-Pakete wieder als UDP-Pakete eingepackt und versendet werden, was der Logik des Schichtenmodells zunächst widerspricht. Dies ist ein typisches Beispiel eines Tunnels, bei dem allgemein

1 Siehe auch Abschnitt 11.1.

ausgedrückt Pakete tieferer Schichten wie der Schicht 2 in Pakete höherer Schichten wie z. B. der Schicht 3 eingepackt werden. Auch ein Einpacken eines IP-Pakets in ein IP-Paket (*IP over IP*) wird als Tunnel bezeichnet.

Man spricht von Layer-2- und Layer-3-VPN, je nachdem, wo die Tunnel ansetzen. Die verschiedenen technischen Realisierungen unterscheiden sich zum Teil erheblich. Die beiden oben erwähnten Tunneling-Protokolle für Layer-2-VPN, PPTP und L2TP, enthalten selbst keine kryptografischen Sicherungsmaßnahmen, aber die Standards sehen eine ganze Reihe von Möglichkeiten vor, solche anzuwenden.

Die wichtigste Technik für Layer-3-VPNs ist IPsec. IPsec ist eine Technik, um Übertragungen auf IP-Ebene abzusichern. Auch hier ist ein Tunneling im sogenannten Tunnel-Modus möglich, bei dem IP selbst wieder über IP getunnelt wird. Um Unabhängigkeit von den Anwendungen zu erreichen, verwenden die meisten VPNs Techniken der Schicht 2 oder 3. Eine weitere verbreitete Alternative ist sogenanntes SSL/TLS-VPN, wobei OpenVPN (Abschnitt 15.2.4) das bekannteste Protokoll darstellt. Hierbei wird über Schicht 4 (Transportschicht) getunnelt, wobei das SSL/TLS-Protokoll die Transportsicherheit gewährleistet.

Mithilfe dieser Tunnel werden also verschiedene Ziele erreicht. Es werden Netzwerke miteinander verknüpft und es werden schon existierende Sicherheitstechniken, die auf einer anderen Schicht des OSI-Schichtenmodells angesiedelt sind, einsetzbar gemacht.

15.2 Technische Realisierung von VPNs

Insgesamt gibt es sehr viele Ansätze und Standards, die bei der Realisierung von VPNs eine Rolle spielen. In diesem Abschnitt werden die wesentlichen vorgestellt.

15.2.1 PPP, L2F und PPTP

Das Point-to-Point-Protokoll (PPP) ist das Standardprotokoll, um z. B. IP-Pakete über Wählleitungen wie ISDN, Modem-Verbindungen oder auch DSL-Verbindungen zu transportieren. Es wurde im RFC 1661 (Juli 1994) definiert und wird von den Internetservice-Providern standardmäßig eingesetzt. Ferner ist es auf sehr vielen Client-Rechnern verfügbar.

Um diese Verbindungen abzusichern, wurden verschiedene Authentifikationsmethoden entwickelt. Die einfachste ist das PPP Authentication Protocol (PAP), das im RFC 1334 definiert ist. Hierbei muss sich der anrufende Knoten durch die unverschlüsselte Übergabe eines Passworts authentifizieren. Später kam noch das sicherere PPP Challenge Handshake Authentication Protocol (CHAP, RFC 1994) hinzu. Hierbei schickt der Server, der den Client authentisiert, eine zufällig gewählte Challenge. Der Client antwortet mit dem MD5-Hash-Wert der Challenge und des Passworts. Da der Server dann noch mit einer dritten Nachricht über Erfolg oder Misserfolg der Authentifikation antwortet, spricht man hier auch von einer 3-Wege-Authentifikation im Gegensatz zur 2-Wege-Authentifikation von PAP. Das Verfahren wurde später von Microsoft noch um modifizierte Varianten MS CHAPv1 (RFC 2433) und MS CHAPv2 (RFC 2759) ergänzt, die anstelle von MD5 die Hash-Funktion SHA-1 einsetzen und eine Session-ID verwenden.

Um die PPP-Verbindung zusätzlich verschlüsseln zu können, wurde das PPP Encryption Control Protocol (ECP, RFC 1968) eingeführt. Es dient dem Aushandeln von Verschlüsselungsverfahren und der Festlegung von Formaten und Schlüssellängen. Analog dazu gib es auch ein Extensible Authentication Protocol (EAP, RFC 3748), mit dem weitere Authentifikationsverfahren vereinbart werden können. Es gibt sehr viele Varianten von Authentifikationsverfahren, die über EAP vereinbart werden können. Eine besonders sichere Möglichkeit ist die Verwendung des SSL/TLS-Protokolls, das im Wesentlichen SSL/TLS entspricht und normalerweise für Client-Server-Verbindungen für HTTP verwendet wird. Im RFC 2716 wird spezifiziert, wie SSL/TLS auch für PPP als EAP-TLS nutzbar gemacht werden kann.

In früheren Anwendungen wurde zur Anbindung von Remote-Zugängen die Wählleitung bis zu einem entsprechenden Network Access Server (NAS) verwendet. Dieser Server war dann an das lokale Netzwerk angebunden, mit dem kommuniziert werden soll, z. B. das LAN der Firma. Durch Ausnutzen des weit verbreiteten Internets ist dies heute nicht mehr notwendig. Es genügt, lokal eine Wählleitung bis zu einem nahe gelegenen Internetservice-Provider zur Verfügung zu haben. Ab da kann das Internet als leistungsfähige und kostengünstige Anbindung verwendet werden. Um nun die PPP-Datenpakete wieder über IP versenden zu können, ist ein Tunneling erforderlich. Dazu wird heute oft L2TP verwendet, um die PPP oder ähnliche Datenpakete der zweiten Schicht wieder über höhere Schichten wie IP/UDP transportieren zu können.

Historisch hatte L2TP zwei Vorgänger. Der eine ist das von Microsoft zusammen mit anderen Firmen entwickelte *Point-to-Point Tunneling Protocol* (PPTP), das 1996 entwickelt und im RFC 2637 spezifiziert wurde. Der andere Vorgänger ist das Layer-2 Forwarding (L2F), das von Cisco und anderen Firmen entwickelt und im RFC 2341 beschrieben wird. Das PPTP-Protokoll beschreibt einen Tunnel vom Client und wurde von Microsoft in seine Betriebssysteme integriert. Aufgrund einer geforderten Rückwärtskompatibilität zu älteren Authentifizierungstechniken und einiger ungünstiger Konstruktionen konnten die Sicherheitsmechanismen von PPTP in der Version 1 gebrochen werden. Daraufhin wurde bei den Sicherheitsmechanismen von PPTP nachgebessert, ohne ein sehr hohes Sicherheitsniveau zu erreichen, da nur eine beschränkte Anzahl an Passwörtern möglich ist und der nicht mehr zeitgemäße DES verwendet wird. Der Ansatz L2F von Cisco beschreibt einen Tunnel ab dem sogenannten Access Concentrator, d. h. ab der Einheit, die die ankommenden L2F-Pakete empfängt und verarbeitet und abgehende erstellt. Der Client erreicht den Access Concentrator mit dem weit verbreiteten PPP. Der Nachfolger, das L2TP, berücksichtigt beide Aspekte.

15.2.2 Layer 2 Tunneling Protocol – L2TP

Das *Layer 2 Tunneling Protocol* (L2TP) wurde im [RFC 3931] im März 2005 in der Version 3 spezifiziert. Abbildung 15.2 stellt eine typische Anwendung von L2TP dar. Ein Benutzer möchte mit seinem Rechner eine Remote-Access-Verbindung zu einem LAN aufbauen. Er verbindet sich mit einem lokalen Internetservice-Provider (ISP) über das Point-to-Point Protocol (PPP). Der ISP stellt über seinen L2TP Access Concentrator (LAC) eine Verbindung in das Internet her. Dort werden die Datenpakete bspw. als UDP/IP-Pakete zu einem L2TP-Network-Server (LNS) übertragen. Hier endet die getunnelte PPP-Verbindung mit dem remote verbundenen Rechner. Die PPP-Datenpakete enthalten z. B. IP-Pakete, die von dem LNS in das LAN eingebracht werden.

Was passiert hierbei im Protokoll-Stack? Die am LAC eingehenden Daten werden bis auf die Schicht 1 (L1) komplett mithilfe von L2TP in ein UDP-Paket gekapselt und mittels IP an den LNS verschickt. Dort endet der L2TP-Tunnel und das PPP-Datenpaket wird empfangen. Dadurch entsteht eine PPP-Verbindung zwischen Client und LNS.

L2TP ermöglicht es, in einem solchen Tunnel zwischen LAC und LNS viele Verbindungen gleichzeitig zu betreiben. Neben den Paketen zum Datentransport werden dazu auch Steuerungspakete verwendet. Mithilfe dieser Steuerungspakete wird der Tunnel aufgebaut, Eigenschaften definiert und der Tunnel auch schließlich wieder beendet. Zwischen LAC und LNS gibt es meist nur eine Steuerungsverbindung, die den Tunnel für alle Datenverbindungen steuert. Die einzelnen Verbindungen innerhalb des Tunnels werden mit Session-IDs verwaltet. Neben UDP/IP können auch andere Protokolle oberhalb von L2TP, wie ATM oder Ethernet verwendet werden.

Abbildung 15.2: Beispiel für eine L2TP-Anwendung

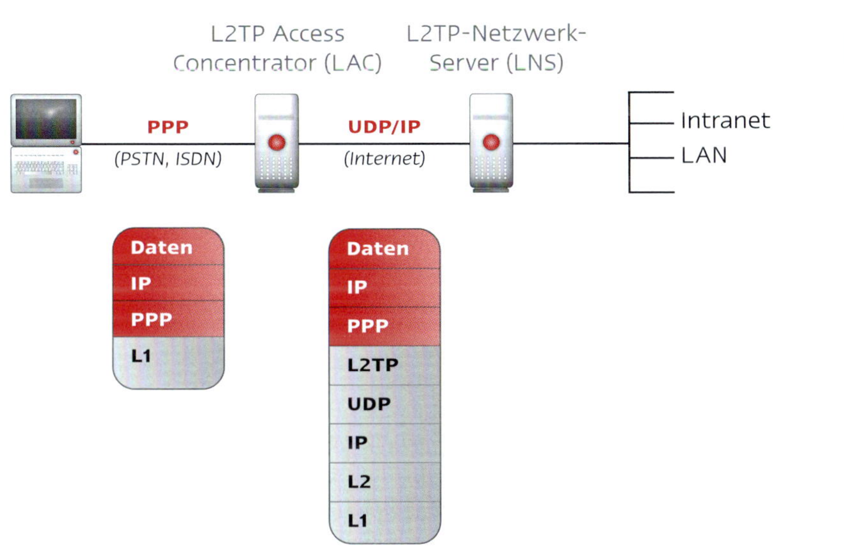

In dieser Anwendung hat der Client keinen Einfluss darauf, dass Tunneling verwendet wird. Man spricht daher auch von zwangsweisem Tunneln (*Compulsory Tunneling*).

Die Funktion des LAC kann auch in den Client integriert werden, wie dies schematisch in Abbildung 15.3 dargestellt ist. In diesem Fall baut der Client den Tunnel selbst auf. Dies wird freiwilliges Tunneln (*Voluntary Tunneling*) genannt, da der Client die Kontrolle über den Tunnel hat. Hierbei ist L2TP bzw. die LAC-Funktionalität auf dem Client implementiert. Man spricht auch von einem L2TP-Client. In den Betriebssystemen von Microsoft ist ein L2TP-Client integriert.

Durch diese Konstruktion kann der Client eine äußere IP-Verbindung über ein beliebiges Fremdnetz aufbauen. Diese IP-Adresse wird nur bis zu einem entsprechenden Gateway (LNS) seines Heimatnetzes geroutet und würde normalerweise keinen Zugang zum Intranet gewähren. Innerhalb des Tunnels wird dann aber eine lokale IP-Adresse verwendet, die von seinem Heimatnetz zugewiesen wird. Zur Erlangung dieser Adresse kann dann z. B. über das PPP-Protokoll eine Authentisierung über einfachen Passwort-Schutz oder andere Authentifikationsmethoden stattfinden. Eine Realisierungsmöglichkeit wäre mithilfe eines Radius-Servers. Aufgrund dieser Authentifikation bekommt der Client eine lokale, für das Intranet zugelassene interne IP-Adresse zugewiesen.

Abbildung 15.3: Freiwilliges L2TP Tunneling

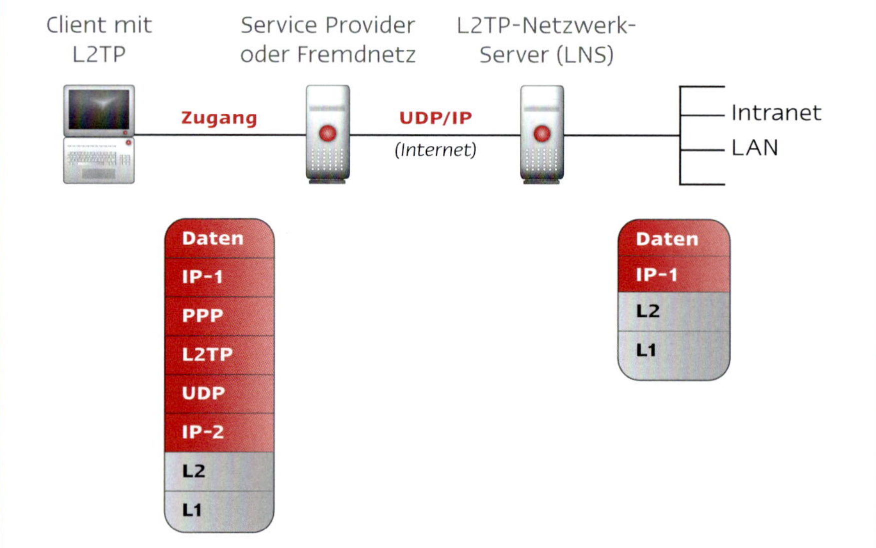

Sicherheit von L2TP

L2TP ist zunächst ein reines Tunneling-Protokoll, das nur rudimentäre Sicherheitsmechanismen zur Verfügung stellt. Die Tunnelverbindung kann mit einem einfachen Challenge/Response-Protokoll authentifiziert werden, wenn auf beiden Seiten ein gemeinsames Geheimnis im Klartext als Shared Secret vorliegt, z. B. ein Passwort. Eine einseitige Authentifikation findet durch Hashen der Challenge zusammen mit dem Passwort statt. Der Vorgang kann von beiden Seiten angestoßen und dadurch eine beidseitige Authentifikation erreicht werden.

Ein weitergehender Schutz in Bezug auf Verschlüsselung der Daten, Integritätsschutz der Daten oder zertifikatsbasierte Authentifizierung ist nicht in L2TP integriert. Bei Verwendung von IP kann dies aber durch den zusätzlichen Einsatz von IPsec realisiert werden. Diese Vorgehensweise wird vom L2TP-Standard bei entsprechendem Sicherheits-Bedarf explizit empfohlen und im RFC 3193 »Securing L2TP using IPsec« näher beschrieben.

Absicherung von L2TP durch IPsec

Im RFC 3193 wird beschrieben, wie der L2TP-Tunnel über IPsec abgesichert werden kann, wenn UDP/IP verwendet wird. Es handelt sich also bei dieser Anwendung um eine Absicherung des Tunnels. Damit sind alle PPP-Verbindungen innerhalb des Tunnels geschützt. Falls der LAC wie in Abbildung 15.4 nicht auf dem Client, sondern bei einem Internetservice-Provider realisiert ist, muss man beachten, dass dieser Teil der Strecke durch Absicherung des Tunnels nicht miterfasst wird. Daraus können sich je nach Angreiferszenario Sicherheitsrisiken ergeben.

Eine echte Ende-zu-Ende-Sicherheit kann nur erreicht werden, wenn die gesamte in Abbildung 15.5 ganz innen dargestellte IP-Verbindung abgesichert wird. Hierfür könnte auch wieder IPsec oder auch SSL/TLS verwendet werden. Dies ist aber völlig unabhängig von der Sicherung des Tunnels und wird im RFC 3193 nicht behandelt.

Wie oben erwähnt, verwendet L2TP Kontrollpakete und Datenpakete. Beide sollten integritätsgeschützt und gegen Wiederholungsangriffe geschützt sein. Ferner sollte die Verbindung authentisch aufgebaut und betrieben werden können. In vielen Fällen ist darüber hinaus Verschlüsselung erforderlich. Alle diese Sicherheitsanforderungen können durch die Verwendung von IPsec für den Tunnel erfüllt werden. Details der Absicherung durch IPsec werden weiter unten im entsprechenden Abschnitt dargestellt. Trotzdem können wir hier schon auf einige Sicherheitsaspekte, die sich aus dem Aufbau ergeben, eingehen.

Für den praktischen Einsatz muss entschieden werden, welches Sicherheitsniveau die Gesamtverbindung und welches die Einzelabschnitte haben müssen. Wenn PPP am Client und L2TP an einem separaten LAC terminieren wie in Abbildung 15.4, können die Sicherheitsfunktionen auf unterschiedliche Weise zwischen PPP- und IPsec-Ebene verteilt werden.

Abbildung 15.4: Absicherung eines L2TP-Tunnel mit IPsec im Compulsory Mode

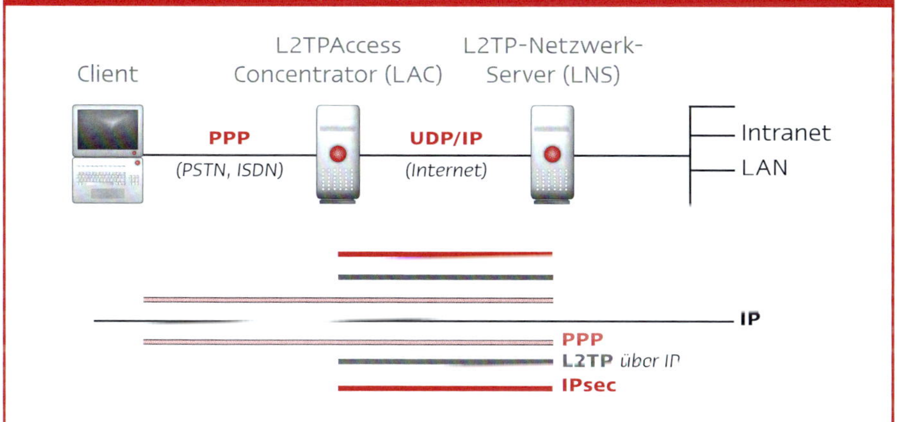

In Abbildung 15.4 ist die Absicherung eines L2TP-Tunnels durch IPsec mit zwangsweisem Tunneln dargestellt. In diesem Szenario kennt nur der LNS die Sicherheitseigenschaften des Tunnels bezüglich Authentifikation, Integritätsschutz, Abhörschutz usw.[2] Sinnvollerweise wird daher der LNS in Kenntnis dieser Eigenschaften so konfiguriert, dass er die verbleibenden Sicherheitsanforderungen für die PPP-Verbindung mit dem Client durchsetzt. Wenn dem LAC/Service-Provider oder der Zugangsleitung vom Client zum Service-Provider nicht vertraut wird, müssen vom Client aus Sicherheitsmaßnahmen von PPP oder zusätzlich IPsec für die innere IP-Verbindung aktiviert werden, falls dies verfügbar ist. Ausgehend von einer Verschlüsselung der inneren Verbindung wird man beim Schutz des Tunnels gegebenenfalls auf Verschlüsselung verzichten und nur die Sicherheitsmaßnahmen für den Integritätsschutz, Replay-Schutz und die Authentifikation aktivieren. Dies würde den LAC und den LNS entlasten und kann auch nur zwischen diesen beiden ausgehandelt werden.

In Abbildung 15.5 ist die Absicherung eines L2TP-Tunnels mit IPsec beim freiwilligen Tunneln dargestellt. Hierbei haben der Client und der LNS die gleiche Information über die Absicherung der inneren und äußeren Verbindung. Typischerweise werden in diesem Szenario keine Sicherheitsmaßnahmen für die PPP-Verbindung ausgehandelt, da die Sicherheitsanforderungen durch die IPsec-Verbindung erfüllt werden können.

Bei der Absicherung durch IPsec kommt normalerweise eine starke Authentifikation gestützt auf Zertifikate zum Einsatz. Typischerweise haben dann alle Benutzer des Clients im VPN die gleichen Zugriffsrechte. Eine PPP-Authentifikation verwendet oft benutzerspezifische Passwörter und erlaubt so eine spezifische Autorisierung im VPN. Insbesondere bei einem Mehrbenutzersystem kann dies einen deutlichen Unterschied ausmachen.

Abbildung 15.5: Absicherung eines L2TP-Tunnel mit IPsec (voluntary mode)

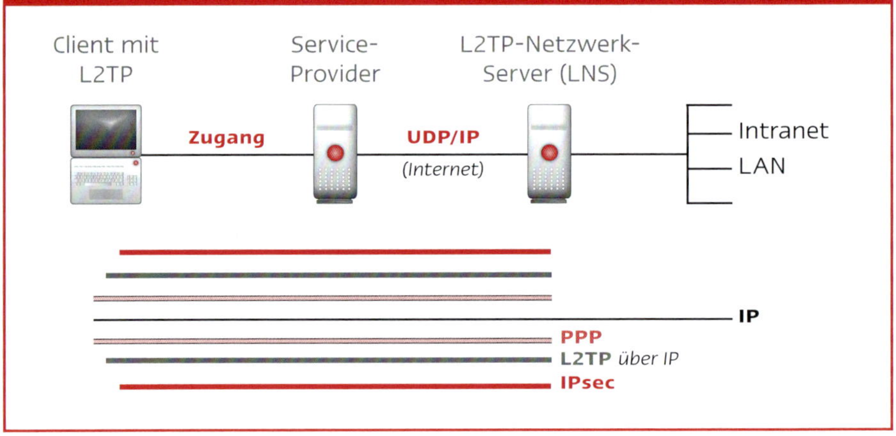

2 Der Client hat keine Kenntnis über die Eigenschaften des Tunnels, da er nicht am Tunnel beteiligt ist.

15.2.3 IP Security – IPsec

Unter der Abkürzung IPsec wird eine ganze Familie von Standards der Internet Engineering Task Force (IETF) zusammengefasst. Die in diesen Standards beschriebenen Techniken dienen der Absicherung des IP-Protokolls, also einer Absicherung auf der Vermittlungsschicht[3]. Dadurch können viele Anwendungen, die das Internet-Protokoll verwenden, mithilfe von IPsec abgesichert werden. Mit IPsec können sehr sichere VPNs realisiert werden. Alle drei oben genannten Typen von VPNs (Site-to-Site, End-to-Site, End-to-End) lassen sich mithilfe von IPsec realisieren. IPsec verwendet starke Verfahren zur Authentifikation und ermöglicht starke Sicherheitsmechanismen für Vertraulichkeit und Integrität der Nachrichten.

IPsec ist integraler Bestandteil des IPv6-Protokolls, steht aber auch für IPv4 zur Verfügung. IPsec verwendet für die Absicherung der einzelnen Datenpakete nur symmetrische Verfahren. Asymmetrische Verfahren würden aufgrund der benötigten Rechenzeiten und Schlüssellängen zu ineffizienten Netzwerkverbindungen führen. Zur Authentifikation der Kommunikationspartner und zur Schlüsselvereinbarung werden neben symmetrischen vor allem auch asymmetrische Kryptoverfahren eingesetzt.

IPsec und damit zusammenhängende Techniken werden in verschiedenen RFCs spezifiziert. Tabelle 15.2 gibt einen Überblick über die wesentlichsten Spezifikationen. Hinweise zu den RFCs gibt die »Übersicht zu Standards der Informationssicherheit«.

Tabelle 15.2: Grundlegende RFCs für IPsec

Aktueller RFC	Ursprünglicher RFC	Titel
RFC 4301	RFC 2401	Security Architecture for the Internet Protocol
RFC 4302	RFC 2402	IP Authentication Header (AH)
RFC 4303	RFC 2406	IP Encapsulating Security Payload (ESP)
RFC 7296	RFC 2407	Internet Key Exchange Protocol Version 2 (IKEv2)
RFC 6071	RFC 2411	IP Security (IPsec) and Internet Key Exchange (IKE) Document Roadmap
	RFC 3715	IPsec-Network Address Translation (NAT) Compatibility Requirements
	RFC 3884	Use of IPsec Transport Mode for Dynamic Routing
	RFC 3947	Negotiation of NAT-Traversal in the IKE

3 Schicht 3 im OSI-Schichtenmodell, siehe auch oben Tabelle 15.1.

Sicherheitsmechanismen in IPsec: AH und ESP

IPsec beinhaltet zwei Protokolle zum Schutz der transportierten Daten. Die eine Methode ist der Authentication Header (AH), der im Wesentlichen die Integrität der Daten schützt. Die andere Methode heißt Encapsulating Security Payload (ESP) und dient in erster Line der Verschlüsselung der Daten, allerdings kann hierbei optional auch die Integrität zusätzlich geschützt werden. Da es sich hierbei um fundamentale Techniken von IPsec handelt, gehen wir auf beide Methoden etwas ausführlicher ein:

Authentication Header

Die Authentication Header (AH) können verwendet werden, um die Integrität und die Authentizität der Daten zu sichern. Dazu werden in erster Linie Message Authentication Codes (MAC) mit einem vorher vereinbarten symmetrischen Schlüssel über die Daten gebildet. Darüber hinaus bieten die Authentication Header durch die Verwendung einer fortlaufenden Sequenznummer eine Wiederholungsvermeidung. Schließlich wird in jedem dieser Header ein Security Parameter Index (SPI) mitgeführt. Mit diesem Index wird gekennzeichnet, mit welchen vorher vereinbarten Algorithmen, Schlüsseln usw. die Header gebildet werden. Ein Authentication Header besteht also im Wesentlichen aus:

- MAC
- Sequenznummer
- Security Parameter Index

Die Sequenznummer ermöglicht dem Empfänger, die Datenpakete in die ursprüngliche Reihenfolge zu bringen, da IP-Pakete im Allgemeinen unsortiert ankommen. Darüber hinaus werden bei IPsec veraltete Pakete mit zu weit zurückliegenden Sequenznummern nicht mehr akzeptiert, um ein Einspielen alter Nachrichtenpakete zu verhindern.

Die MACs werden mit der weit verbreiteten HMAC-Konstruktion gebildet. Beim HMAC wird der MAC auf Basis einer Hash-Funktion gebildet. z. B. beim Einsatz von SHA-1 ergibt der HMAC folgendes Verfahren:

$$\text{HMAC\_SHA1(text)} := \text{SHA1(Schlüssel} \oplus \text{opad, SHA1(Schlüssel} \oplus \text{ipad, text))},$$

wobei opad und ipad einfach fest vordefinierte Konstanten sind (zu Details siehe IETF RFC 2104). Neben SHA1 kommt ggf. noch MD5 als Hash-Funktion zum Einsatz.[4] Hierbei ist zu beachten, dass die MACs meistens nicht komplett übertragen werden. Ein SHA1-Hash-Wert besteht z. B. aus 160 Bit. Das vordefinierte Feld für den MAC umfasst immer ein Vielfaches von 32. Um den Overhead zu minimieren, werden die Werte meist auf 96 Bit gekürzt. Dies sollte für mittleres Sicherheitsniveau ausreichend sein.

Eine Besonderheit des Authentication Headers besteht nun darin, dass die unveränderlichen Daten des IP-Headers, also insbesondere die IP-Absender- und -Zieladresse, mit in die Berechnung des MACs eingehen. Veränderliche Daten, wie der Time-to-live-Parameter, der während der Übertragung geändert wird, müssen natürlich ausgenommen werden, da sonst der MAC grundsätzlich bei Ankunft des Datenpakets nicht übereinstimmen würde.

4 HMAC-MD5 muss zwar nicht als gebrochen angesehen werden, sollte aber dennoch nicht mehr benutzt werden, vgl. auch RFC 6151. Es sollte immer der konkrete Einsatzzweck geprüft werden.

Encapsulating Security Payload

Mithilfe der Encapsulating Security Payload (ESP) werden die Datenpakete in erster Linie verschlüsselt. Dabei werden die Datenpakete der höheren Schichten wie UDP und TCP komplett eingepackt, worauf der Name schon hindeutet. Im Header eines ESP-Pakets befindet sich wieder eine Sequenznummer und ein Security Parameter Index, die in gleicher Weise wie bei den Authentication Headern verwendet werden. Nach der verschlüsselten Nutzlast werden Füllbytes und die Anzahl der Füllbytes in einem ESP-Trailer ergänzt, um die Daten für das Verschlüsselungsverfahren aufzubereiten. Optional kann ein ESP-Paket mit einem MAC ergänzt werden. Im Gegensatz zu Authentication Headern umfasst diese Prüfsumme aber nur die Payload und keine Daten aus dem IP-Header. Falls die ESP-Methode nicht mit AH kombiniert wird, ist die Verwendung dieser MACs auf jeden Fall anzuraten.

Transport- und Tunnelmodus

Abbildung 15.6: Transport- und Tunnelmodus bei IPsec

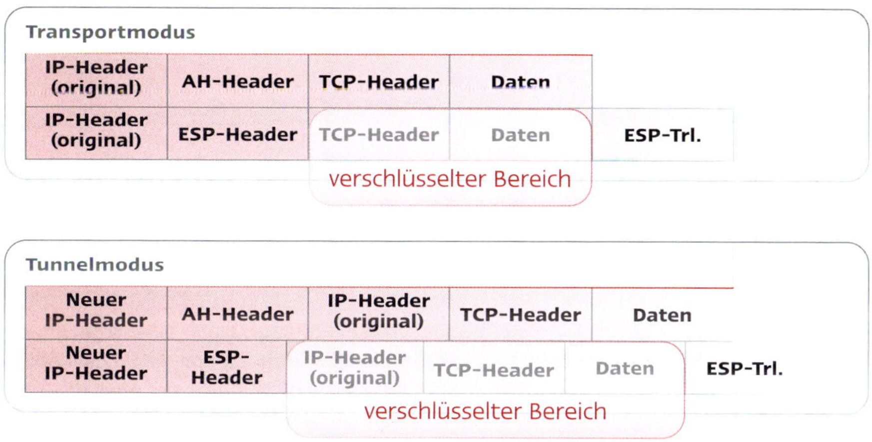

Im vorigen Abschnitt wurden die beiden Methoden AH und ESP zur Absicherung von IPsec dargestellt. Wie sieht nun ein solches mit einer dieser beiden Methoden geschütztes Paket konkret aus? Dies ist abhängig von dem sogenannten Modus, in dem die Methoden eingesetzt werden.

Beim Transportmodus wird der Authentication Header einfach zwischen dem IP-Header und dem Header der höheren Schicht (z. B. TCP) eingefügt. Bei ESP wird so ähnlich vorgegangen, nur dass das gesamte Datenpaket der höheren Schicht vom Header und Trailer (angehängter Datensatz) eingefasst wird. Abbildung 15.6 stellt im oberen Teil diese Vorgehensweise dar.

Beim Tunnelmodus wird der Authentication Header dem gesamten IP-Paket vorangestellt und mit einem neuen IP-Header versehen. In entsprechender Weise wird bei ESP das gesamte IP-Paket verschlüsselt eingepackt und mit einem neuen IP-Header versehen. Auch dies ist in Abbildung 15.6 dargestellt.

Der Tunnelmodus ist besonders interessant für Gateway-to-Gateway-Verbindungen. Hierbei wird der lokale Verkehr komplett eingepackt und insbesondere bei der Verwendung von ESP ist er nicht mehr nach außen sichtbar, da die internen IP-Adressen verschlüsselt sind. Man erreicht hierdurch also eine gewisse Vertraulichkeit der internen Datenflüsse.

Konfiguration der Verbindungen

Die Information in den Authentication Headern und beim Einkapseln in ESP ist recht knapp gehalten. Wie kann nun der Empfänger einer Nachricht, z. B. das IPsec-Gateway, an dem empfangenen Paket erkennen, wie es zu behandeln ist?

Alle zusätzlichen Informationen, die notwendig sind, wie z. B. die verwendeten Algorithmen und die geheimen Schlüssel, werden in einer sogenannten Security Association (SA) zusammengefasst. Diese SA ist einer unidirektionalen Verbindung eindeutig zugeordnet. Für bidirektionale Verbindungen sind also zwei SAs erforderlich. Auch wenn mehrere Sicherheitsprotokolle angewendet werden, sind mehrere SAs erforderlich. Eine solche SA enthält folgende Information:

- Quell-IP-Adresse
- Ziel-IP-Adresse
- Security Parameter Index
- IPsec-Sicherheitsprotokoll (AH oder ESP)
- Mode (Transport- oder Tunnelmodus)
- Verschlüsselungsverfahren (z. B. AES-CBC)
- MAC (z. B. HMAC-SHA-1)
- Geheime Schlüssel
- Schlüssellängen
- weitere verschiedene Informationen zu Lebensdauer der SA, Umgang mit den Sequenznummern und Ähnliches

Für eingehende Pakete wird die zugehörige SA anhand der drei Parameter IP-Zieladresse, Security Parameter Index und dem IPsec-Sicherheitsprotokoll (also AH oder ESP) eindeutig erkannt. Daraus ergibt sich, wie mit dem Paket weiter zu verfahren ist. Ein IPsec-Gateway verwaltet gleichzeitig viele solcher SAs. Diese werden in der Security Association Database (SAD) zusammengefasst.

Für eingehende Verbindungen, die bereits etabliert sind, ist die SAD ausreichend. Für abgehenden Verkehr, der z. B. aus dem internen Netzwerk kommt und noch nicht mit IPsec gesichert ist, muss erst entschieden werden, was mit dem Paket zu tun ist. Grundsätzlich gibt es drei Möglichkeiten: Das Paket wird mit IPsec gesichert, das Paket darf ungesichert passieren oder das Paket wird verworfen. Für die zu sichernden Pakete ist dann noch genauer zu bestimmen, welche SA angewendet werden soll. Diese Klassifikation wird anhand folgender Parameter vorgenommen:

- Quell- und Ziel-IP-Adresse
- IP-Protokoll (TCP, UDP)
- Weitere Informationen zur Auswertung sind möglich.

Diese Regeln werden zur sogenannten Security Policy Database (SPD) zusammengefasst. Dort wird dann festgelegt, welche Sicherheitsmaßnahmen erforderlich sind. Falls schon eine entsprechende SA für diese Strecke existiert, wird auf diese SA verwiesen.

Die SPD muss gemäß den Sicherheitsrichtlinien konfiguriert werden. Die SAD wird hingegen normalerweise gar nicht manuell bearbeitet, sondern wird nach Aushandeln der Parameter mit der Gegenstelle automatisch konfiguriert.

Schlüssel- und Session-Management

Um zwischen zwei Rechnern eine IPsec-Verbindung zu etablieren, muss eine SA ausgehandelt werden und ein Schlüsselaustausch stattfinden. Dazu wurde das *Internet Security Association and Key Management Protocol* (ISAKMP) entwickelt. ISAKMP ist allerdings nur ein Framework, das verschiedene Bestandteile für ein solches Protokoll zur Verfügung stellt. Es lässt auf der einen Seite die konkret verwendeten Algorithmen offen, berücksichtigt auf der anderen Seite aber viele sicherheitsrelevante Aspekte, die auf der Ebene des Protokolls auftreten können wie Denial-of-Service-Angriffe, Wiederholungsangriffe, Anonymität und starke Authentifikation. Wir gehen hier auf das sehr allgemein gehaltene ISAKMP nicht näher ein, sondern betrachten die für IPsec aktuelle, wichtige konkrete Ausgestaltung, nämlich den Internet Key Exchange (IKE).

IKE läuft in zwei Phasen ab. In der ersten Phase wird eine gesicherte Verbindung zwischen den beteiligten Rechnern etabliert. In der zweiten Phase werden ein oder mehrere IPsec-SAs ausgehandelt.

IKE-Phase 1

In IKE-Phase 1 geht es um die Etablierung einer gesicherten Verbindung. Die für diese gesicherte Verbindung erforderlichen Daten werden in einer IKE-SA spezifiziert. Diese SA ist im Gegensatz zu IPsec-SAs immer bidirektional, da immer eine bidirektionale Verbindung mit gleichwertigen Sicherheitseigenschaften in beiden Richtungen benötigt wird.

Es gibt nun zwei Möglichkeiten, wie diese Phase 1 durchgeführt wird. Im Main Mode werden drei Anfragen und entsprechende Antworten ausgetauscht, also insgesamt sechs Nachrichten. In der verkürzten Variante, dem sogenannten Aggressive Mode, werden nur drei Nachrichten ausgetauscht. Dafür müssen manche Nachteile in Kauf genommen werden, wie z. B. ein ungeschützter Austausch der Identitätsinformation und kein Schutz gegenüber Denial-of-Service-Angriffen. Ferner ist der Aggressive Mode für IPsec nur als optionale Möglichkeit vorgesehen, während der Main Mode gemäß dem Standard immer implementiert sein muss. Für Site-to-Site-VPNs dürfte die höhere Effizienz des Aggressive Mode keine erhebliche Rolle spielen, aber für End-to-Site-VPNs, bei denen Hunderte oder Tausende von Remote-Rechnern bedient werden sollen, kommt der Aggressive Mode trotz des verminderten Sicherheitsniveaus teilweise zum Einsatz.

Main Mode: Im ersten Request/Response-Nachrichtenpaar schlägt der initiierende Teilnehmer Parameter für

- Verschlüsselungsalgorithmen und Schlüssellängen
- Algorithmen für Integritätsschutz
- Authentifikationsmethoden
- Diffie-Hellman-Gruppen

vor und der andere Teilnehmer wählt daraus jeweils eine bestimmte Methode aus. Darüber hinaus tauschen die beiden Partner als Cookies benannte Bitstrings aus, die für diese Verbindung einmalig gewählt werden und Denial-of-Service-Attacken etwas erschweren. Die Idee dabei ist, dass jeder Teilnehmer erst aufwendige Public-Key-Operationen ausführt, wenn der andere Teilnehmer das Cookie wieder korrekt zurückgeschickt hat.

Im zweiten Nachrichten-Paar wird im Wesentlichen ein Diffie-Hellman-Schlüsselaustausch durchgeführt. Daneben werden noch Zufallszahlen ausgetauscht. Man beachte, dass dieser Schlüsselaustausch ohne vorherige Authentifikation durchgeführt wird.

Im dritten Paar von Nachrichten werden die Nachrichten grundsätzlich schon verschlüsselt. Es wird die Identitäts-Information ausgetauscht und es findet nach den vorher festgelegten Methoden eine Authentifikation statt, z. B. indem Signaturen zusammen mit Zertifikaten ausgetauscht werden.

Zusammenfassend kann man sagen, dass erst ein sicherer Kanal hergestellt wird, ohne dass man Gewissheit über den Kommunikationspartner hat. Anschließend findet die Authentifikation statt.

Aggressive Mode: Im Aggressive Mode wird die Phase 1, also das Etablieren einer IKE-SA, in drei Nachrichten abgehandelt. Die ersten beiden Nachrichten handeln die Parameter aus und führen einen Schlüsselaustausch durch. Daher muss das Verfahren für den Schlüsselaustausch von vornherein klar sein. Mithilfe der zweiten und dritten Nachricht authentifizieren sich die beiden Kommunikationsteilnehmer.

IKE-Phase 2

In IKE-Phase 2 geht es um das Aushandeln der IPsec-SAs. Auf beiden Seiten bestimmen die in der SPD definierten Policies, welche Sicherheitsanforderungen zu erfüllen sind. Das Aushandeln geschieht über den durch die IKE-SA gesicherten Kanal. Standardmäßig wird der Quick Mode mit drei Nachrichten verwendet, um zwei IPsec-SAs jeweils für eine unidirektionale Richtung zu vereinbaren. Es können in der Phase 2 beliebig viele SAs vereinbart und verwaltet, d. h. insbesondere auch geändert werden. Neben dem Austausch der SA-Parameter in der ersten und zweiten Nachricht werden neue Zufallszahlen ausgetauscht, um Wiederholungsangriffe zu vermeiden. Ferner findet durch den Austausch von geeigneten Hash-Werten eine Authentifikation statt (zweite und dritte Nachricht). Die ausgehandelten SA-Parameter werden auf beiden Seiten in den SADs gespeichert.

Für das gesamte IKE-Protokoll ist UDP über Port 500 die Standardeinstellung. Die Schlüssel für die IPsec-SAs werden aus dem Schlüsselmaterial aus Phase 1 abgeleitet. Abweichend davon kann aber auch ein neuer, zusätzlicher Diffie-Hellman-Schlüsselaustausch vereinbart werden. Der Vorteil eines solchen zusätzlichen Schlüsselaustauschs liegt darin, dass bei einem erfolgreichen Angriff auf die Schlüssel aus Phase 1 alle abgeschlossenen Sessions aus Phase 2 nicht betroffen sind. Eine solche Eigenschaft wird allgemein auch als Perfect Forward Secrecy bezeichnet.

Ein erfolgreicher Angriff auf die Schlüssel aus Phase 1 bewirkt, dass ab dem erfolgreichen Angriff auch die Phase 2 nicht mehr sicher betrieben werden kann. Bei einfacheren Installationen werden zum Teil auch sogenannte Pre Shared Keys (PSK) verwendet. Das ist eine blumige Umschreibung für die Tatsache, dass anstelle des sicheren Schlüsselaustauschs einfach fest gewählte Passwörter verwendet werden. Die Sicherheit ist dann in erheblichem Maße von der Qualität dieser Passwörter abhängig. Im Falle der Verwendung von PSKs sollte auf jeden Fall der Main Mode verwendet werden, da dann die Passwörter verschlüsselt übertragen werden.

IKEv2

Eine vereinfachte, aber inkompatible, neue Version von IKE wurde im RFC 4306 vom Dezember 2005 vorgelegt. Erste umfangreichere Kompatibilitätstests dieser neuen Technik wurden in 2007 durchgeführt und der Standard hat seitdem an Relevanz gewonnen. Diese als IKEv2 bezeichnete Version vereinfacht den Ablauf des ursprünglichen IKE etwas und ist etwas effizienter. Daher scheint sich diese Technik vor allem im Bereich mobiler Anwendungen durchzusetzen.

Bei IKEv2 sind die Phasen 1 und 2 nicht mehr so strikt getrennt. Nach wie vor verläuft die Kommunikation in Anfrage/Antwort-Paaren. Im ersten Nachrichtenpaar IKE_SA_INIT werden Algorithmen und Parameter vereinbart, Zufallszahlen ausgetauscht und ein Diffie-Hellman-Schlüsselaustausch durchgeführt. Aus diesem vereinbarten Schlüssel werden die Schlüssel für die verschiedenen Einsatzzwecke wie Verschlüsselung, Integritätsschutz und Authentifikation abgeleitet. Das zweite Nachrichtenpaar IKE_AUTH kann dann verschlüsselt ausgetauscht werden. Hier wird schon eine Security Association (SA) für die eigentliche IPsec-geschützte Verbindung vereinbart. Darüber hinaus findet hier eine Authentifikation statt. Bei den Authentifikationsverfahren ist IKEv2 fast flexibler als IKE. Dies macht den ansonsten vereinfachten Ablauf auch wieder etwas komplizierter. Prinzipiell stehen drei verschiedene Kategorien zur Verfügung:

- Signaturen, falls entsprechende asymmetrische Schlüssel und Zertifikate vorhanden sind
- MACs, falls geeignete symmetrische Schlüssel verfügbar bzw. asymmetrische Schlüssel nicht verfügbar sind
- Die aus dem PPP-Umfeld gebräuchlichen Extensible Authentication Protocol-(EAP-) Verfahren, die auch im mobilen Umfeld angewendet werden (RFC 3748). Dies ermöglicht unter anderem den Einsatz von Kerberos und Radius-Servern.

Insbesondere die Einbindung des letzten Verfahrens nach dem EAP-Standard macht IKEv2 interessant.

Mit dem Nachrichtenpaar CREATE_CHILD_SA können dann auch weitere SAs ausgehandelt werden. Der Vorgang kann von beiden Seiten angestoßen werden. Schließlich können mit INFORMATIONAL zusätzliche Informationen wie Fehlermeldungen ausgetauscht werden.

IPsec und NAT

Beim Zusammenspiel von Network Address Translation (NAT) und IPsec gibt es einige Besonderheiten zu beachten. Um diese zu behandeln, gehen wir zunächst kurz auf NAT ein. Internetadressen sind derzeit in IPv4 nur 32 Bit lang und erlauben nur ca. 16 Mio. eindeutige, öffentliche Adressen. Daher wurde NAT eingeführt, um die knappen öffentlichen Adressen – gegebenenfalls dynamisch – Rechnern zuweisen zu können.

Heute wird in der Praxis nahezu ausschließlich das sogenannte *Outbound NAT* verwendet. Dabei kann der Rechner, der per NAT eine öffentliche Adresse zugewiesen bekommt, nur selbst die Verbindung mit dem Internet initialisieren, aber ansonsten nicht über das Internet erreicht werden. Man unterscheidet bei Outbound NAT zwei verschiedene Varianten.

Beim *Basic NAT* werden nur private, lokale Internetadressen temporär durch eine öffentliche Adresse ersetzt. Das NAT-Gateway merkt sich für eine gewisse Zeit diese Zuordnung. Bei dieser Technik muss für jede gleichzeitig hergestellte Internetverbindung eine entsprechende Anzahl öffentlicher Adressen zur Verfügung stehen.

Beim *Network Address Port Translation* (NAPT) werden die verschiedenen internen IP-Adressen auf eine einzige IP-Adresse mit variierender Portnummer übersetzt. So können viele Rechner, die nur über eine interne IP-Adresse verfügen, mit dem Internet kommunizieren. Insbesondere für kleine Netzwerke ist dies eine sehr weit verbreitete Technik. Die Verwendung von NAT bzw. NAPT hat auch sicherheitstechnische Vorteile, da die interne Netzstruktur von außen verborgen bleibt.

Bei der Verwendung von IPsec und NAT können nun verschiedene Probleme auftreten. Wir betrachten dazu eine für IPsec typische Situation mit zwei Hosts/Gateways, die über einen IPsec-Tunnel miteinander verbunden sind. Liegen die NAT-Router außerhalb des IPsec-Tunnels, so ergeben sich keine Probleme. Wenn aber ein NAT-Router zwischen den beiden Gateways liegt, können Probleme auftreten.

Am offensichtlichsten ist das bei der Verwendung eines Authentication Headers. Die kryptografische Prüfsumme sichert hier die Quell- und Zieladresse mit ab. Jede Veränderung dieser Adressen macht die kryptografische Prüfsumme ungültig. Die Verwendung von Authentication Headern und NAT ist nicht miteinander vereinbar.

Beim Einsatz von ESP im Tunnelmodus sieht es etwas günstiger aus. Die Quell- und Zieladressen können frei geändert werden. Aber bei NAPT wird auch die Portnummer verändert und diese liegt in dem verschlüsselten Teil des Pakets. Das ist so nicht möglich. Daher packt man im ESP-Tunnelmodus das Paket für NAPT nochmals zusätzlich in ein UDP-Paket, was im RFC 3948 spezifiziert wird. Für diese Variante wird standardmäßig die Portnummer 4500 verwendet. Diese Konstruktion wird auch als *NAT-Traversal* (NAT-T) bezeichnet. Um die Verbindung trotz der Verwendung von UDP aufrechtzuerhalten, werden NAT-keepalive-Pakete versendet. Damit wird sichergestellt, dass die Umsetzungstabellen im NAT-Router regelmäßig aktualisiert werden. Solche NAT-keepalive-Pakete muss nur die Seite schicken, die sich hinter dem NAT-Gateway befindet.

Um zu erkennen, ob überhaupt ein NAT auf dem Verbindungsweg vorliegt, können schon bei der Ausführung von IKE spezielle Nachrichten mit ausgetauscht werden, die Hash-Werte der IP-Adressen enthalten. Daran kann erkannt werden, ob die IP-Adressen unterwegs verändert wurden. Diese Hash-Werte werden in NAT-Detection-Nachrichten (NAT-D) übertragen. Beim Auswerten der Nachrichten wird erkannt, auf welcher Seite NAT durchgeführt wird, da ja deren IP-Adresse/Portnummer nicht mit dem Hash-Wert übereinstimmt. Details sind im RFC 3947 beschrieben. Ferner wird detektiert, ob NAT-Traversal unterstützt wird. Bei Unterstützung von NAT-Traversal wird ein Hash-Wert des RFC, also ein fest vorgegebener Bitstring in der Vendor-ID mitgeschickt.

Die Realisierung wird mit dem folgenden kleinen Beispiel verdeutlicht:

Zwei Mitarbeiter einer Firma sind im Außendienst und beide im gleichen Hotel. Sie wollen beide eine Remote-Verbindung zu ihrer Firma aufbauen, die nach den Sicherheitsregeln der Firma mit IPsec gesichert werden muss. Im Hotel gibt es ein kleines Netzwerk, das einen NAPT-Router verwendet, der den angemeldeten Teilnehmern nach außen eine feste IP-Adresse und eine variierende Portnummer zuweist. Der erste Rechner (PC1) verschickt also für IKE ein entsprechendes Paket auf Port 500. Da zwischen dem Gateway der Firma und PC1 ein NAT detektiert wird, wird die Verwendung von UDP Encapsulation vereinbart und auf Port 4500 gewechselt. Bei PC2 würde eigentlich das Gleiche passieren, aber da Port 4500 schon vergeben ist, muss hier außerhalb des lokalen Netzes des Hotels eine andere Portnummer verwendet werden.

Schon bevor diese Lösungsansätze standardisiert wurden, wurde versucht, IPsec und NAT kompatibel zu machen. Manche NAT-Router lassen z. B. ESP-Pakete passieren und versuchen, anstelle der nicht verfügbaren Portnummern auf Basis von Security Parameter Indices (SPI) die Pakete zuzuordnen. Diese Lösungen sind aber nicht einheitlich und machen bei der Verwendung neuerer Lösungen wie NAT-Traversal eher zusätzliche Probleme.

Schlussbetrachtung zu IPsec

Der IPsec-Standard bildet eine Basis, um sehr sichere VPNs aufzubauen. Darüber hinaus liefert er eine wichtige Grundlage für die Interoperabilität von Produkten verschiedener Hersteller. Durch die Komplexität der Standards ist die Interoperabilität aber keine triviale Angelegenheit. Die hohe Komplexität von IPsec wird häufig kritisiert. Der Transportmodus wäre z. B. neben dem Tunnelmodus nicht unbedingt notwendig gewesen. Ebenso kann man infrage stellen, ob neben ESP mit Integritätsschutz die Authentication Header erforderlich sind. Trotzdem bietet diese Suite von Protokollen hervorragende Möglichkeiten, Netzwerke auf IP-Ebene mit Sicherheitseigenschaften zu versehen, die IP-Netzwerke ansonsten nicht bieten. IPsec ist insgesamt recht kompliziert, was eine längere Einarbeitung für die Konzeption sicherer VPNs voraussetzt. In der Praxis leidet teilweise die Sicherheit unter diesen Randbedingungen, da IPsec-Verbindungen nur »zum Laufen« gebracht werden und nicht systematisch und sicher konfiguriert werden.

15.2.4 OpenVPN

Das SSL/TLS-Protokoll ist das weltweit am häufigsten eingesetzte Sicherheitsprotokoll mit starken kryptografischen Mechanismen. Es wird in erster Linie eingesetzt, um das HTTP-Protokoll abzusichern, aber auch andere Anwendungen oberhalb der Transportschicht, wie bspw. SMTP, POP3 und Telnet, können damit abgesichert werden. Die Kombination von HTTP und SSL/TLS wird mit HTTPS bezeichnet. Damit werden Webserver, deren Anwendungen eine gesicherte Verbindung zum Client benötigen, geschützt. Bei aktuellen Browser-Systemen ist die Nutzung von HTTPS vielfach der Standard. Eine solche sichere HTTPS-Verbindung, die für eine Anwendung zwischen einem Client und dem SSL/TLS-fähigen HTTPS-Server aufgebaut wird, wird im Allgemeinen nicht als VPN bezeichnet.

SSL/TLS hat trotz massiven Gebrauchs in der Praxis und intensiver Untersuchungen in der Theorie und Praxis wenige nennenswerte Schwächen offenbart. Daher ist es naheliegend, es weitergehend einzusetzen.

SSL/TLS-Verbindungen sind auf Schicht 4 oberhalb von TCP oder UDP im OSI-Schichtenmodell angesiedelt. Daher kann SSL/TLS nicht verwendet werden, um auf niedrigeren Layern den Netzwerkverkehr zu verschlüsseln. Um dies zu umgehen, wird wieder eine geeignete Tunneltechnik verwendet. Auf Rechnern mit OpenVPN-Implementierungen werden zusätzlich zu den echten Netzwerkadaptern virtuelle Netzwerkadapter eingeführt. Ein solcher virtueller Netzwerkadapter wird per Default mit tun0 bezeichnet, analog der Bezeichnung eth0 für die realen Netzwerkadapter. Der virtuelle Netzwerkadapter erhält seine eigene, interne Internetadresse. Auf die Daten der virtuellen Adapter kann wie auf Dateien des Betriebssystems zugegriffen werden (/dev/tun0).

Abbildung 15.7: Virtuelle Netzwerkadapter bei OpenVPN

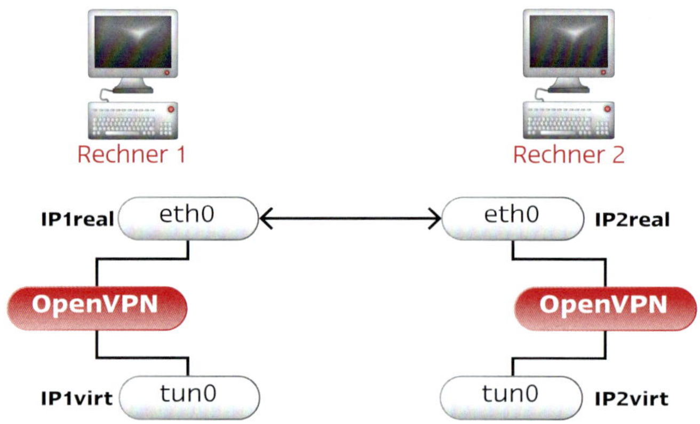

Zwischen den beiden Netzwerkadaptern, dem virtuellen und dem realen, können dann verschiedene Sicherheitsschritte implementiert werden, z. B. könnten hier auch Firewall-Funktionen und Viren-Scanner angebracht werden. Bei OpenVPN wird hier die Verschlüsselung vorgenommen. Die eigentliche Anbindung erfolgt dann über den echten Netzwerkadapter, wie in Abbildung 15.7 dargestellt. Aus dieser Konstruktion ergibt sich ein entsprechender Protokoll-Stack, der in Abbildung 15.8 dargestellt ist.

Als Schlüssel können entweder vorab verteilte, symmetrische Schlüssel eingesetzt werden oder es werden mithilfe von asymmetrischen Schlüsseln Sitzungsschlüssel ausgetauscht. Der Schlüsselaustausch und die kryptografisch starke Authentifikation werden mithilfe der OpenSSL-Programmbibliothek realisiert und basieren auf den bei TLS eingesetzten Mechanismen.

Abbildung 15.8: Protokoll-Stack bei OpenVPN

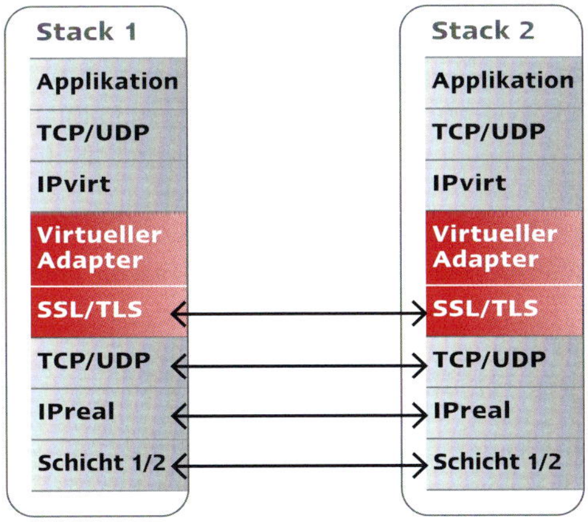

Aufgrund der komplexeren Verarbeitungsmechanismen von TCP ist es deutlich aufwendiger, TCP über TCP zu tunneln, also sowohl auf der virtuellen als auch auf der realen Schnittstelle TCP einzusetzen. Standardmäßig wird bei OpenVPN deshalb UDP mit Port 5000 eingesetzt. Dennoch kommt gerade für Außendienstmitarbeiter oft OpenVPN mit TCP auf Port 443 zum Einsatz. Dies ist darin begründet, dass ausgehender Verkehr auf dem Port durch seine Verwendung für HTTPS auch in den meisten öffentlichen Netzen (z. B. Hotspots oder Hotel-WLANs) erlaubt ist.

Im Gegensatz zu IPsec läuft SSL/TLS nicht im Kernelspace, sondern im Userspace. Der Daemon, unter dem OpenVPN läuft, benötigt wesentlich geringere Rechte. Dadurch kann der Schaden, der bei einem erfolgreichen Angriff auf die Schnittstelle entstehen würde, besser in Grenzen gehalten werden. Außerdem ist die Software dadurch leicht zu portieren und läuft auf vielen Betriebssystemen.

Eine weitere Variante von OpenVPN verwendet anstelle der virtuellen tun-Adapter der Schicht 3 in analoger Weise virtuelle Ethernet-Adapter, die mit tap bezeichnet werden.

Beim Einsatz von OpenVPN gibt es keine Probleme mit NAT oder dynamischen IP-Adressen, da die äußeren IP-Adressen nicht von den Sicherheitsmechanismen betroffen sind. Wie in Abbildung 15.8 ersichtlich, sind auch die UDP- bzw. TCP-Pakete frei nutz- und veränderbar, da die Sicherheitsmechanismen erst ab Schicht 4 greifen. Andererseits ist OpenVPN nicht ganz so leistungsfähig wie eine typische IPsec-Implementierung. Der Tunnel benötigt einiges an Overhead und die Realisierung im Userspace ist meistens auch nicht so effizient wie IPsec im Kernel.

15.2.5 WireGuard

Eine neuere VPN-Technologie stellt *WireGuard* dar. Im Vergleich zu den oben aufgeführten Ansätzen wurde ein sehr schlanker Ansatz mit wenigen Konfigurations-/Verschlüsselungsoptionen gewählt. WireGuard ist seit 2020 als Protokoll im Linux-Kernel integriert und auch für Windows-Systeme verfügbar. WireGuard nutzt ausschließlich UDP zur Etablierung von VPN-Verbindungen. Innerhalb der Tunnel können wie bei den weiteren VPN-Technologien TCP und UPD verwendet werden. Eine Besonderheit ist eine minimierte Code-Basis, die überschaubar groß ist, als Open Source veröffentlicht wurde und somit deutlich besser überprüfbar und performanter ist als die oben aufgeführten Ansätze.

15.3 Spezielle Risiken von VPNs

Die bei VPN verwendete Tunnel-Technologie kann nicht nur angewendet werden, um – wie oben beschrieben – sichere Netzwerke aufzubauen, sondern bietet auch die Möglichkeit, Beschränkungen des Zugriffs auf das Internet durch eine Firewall zu umgehen. Man spricht hier auch von Protokoll-Tunneling.

Firewalls haben in erster Linie die Aufgabe, Zugriffe in ein lokales Netzwerk, aber auch aus einem lokalen Netzwerk heraus zu beschränken. Dabei gibt es die Möglichkeit, zu spezifizieren, was erlaubt und was verboten ist. Dies kann typischerweise für IP-Adressen und Port-Nummern spezifiziert werden. Diese Beschränkungen können z. B. darauf abzielen, das Einschleppen von Schadsoftware über private E-Mails zu verhindern oder auch hohe Belastungen für die Netzwerke durch Transport von Musik- und Video-Daten zu vermeiden. Ein einfacher Fall von Firewall-Tunneling wäre folgendes Beispiel:

> *Wir betrachten eine Firewall, die das HTTP-Protokoll über den Port 80 zulässt, aber FTP über Port 21 unterbindet. Ein Mitarbeiter, der FTP trotzdem nutzen möchte, könnte seinen FTP-Client so konfigurieren, dass er über Port 80 arbeitet. Ferner modifiziert er einen FTP-Server im Internet, der Anfragen auf Port 80 annimmt. Damit ist die Beschränkung umgangen.*

Die typische Gegenmaßnahme auf der Firewall ist nun, nicht nur die Portnummern zu filtern, sondern auch die Datenpakete nach ihrer Anwendung zu inspizieren, also eine Application Level Firewall einzusetzen. Wird nun VPN-Technik mit Verschlüsselung der getunnelten Kanäle eingesetzt, so ist eine solche Inspektion auf Application Level nicht mehr möglich. Schon ohne Verschlüsselung ist das Aufspüren derartiger Verbindungen in der Regel für Administratoren schwierig. Bei verschlüsselten Verbindungen kann nur sehr bedingt zwischen »erlaubten« und »verbotenen« Tunneln unterschieden werden.

Zusammenfassung

Virtual Privat Networks (VPNs) sind heute die Standard-Methode, um Geschäftsstellen, Niederlassungen, Heimarbeitsplätze und Außendienstmitarbeiter sicher, d. h. über verschlüsselte und integritätsgesicherte Verbindungen in die Netzwerkinfrastruktur des Unternehmens zu integrieren.

Zur Realisierung von VPNs können verschiedene Techniken und Implementierungen eingesetzt werden. Alle hier dargestellten VPNs lassen sich auf sichere Weise, aber auch auf unsichere Weise konfigurieren bzw. mit geeigneten Sicherheitsmechanismen versehen. Trotz aller Kritik ist IPsec sicher der fundamentale Ansatz, um VPNs zu realisieren. Wir haben gezeigt, dass IPsec auch bei den Layer-2-Techniken, die zum Teil zunächst über keine eigenen Sicherheitsmechanismen verfügen, zur kryptografischen Absicherung verwendet wird.

Bei allen Varianten gilt, dass vorab fest gewählte Schlüssel (Pre Shared Keys) nur bei sehr kleinen Netzwerken und sorgfältiger Handhabung ein vernünftiges Sicherheitsniveau zulassen. Im Allgemeinen wird man auf Schlüsselaustausch mit asymmetrischen Schlüsseln, auf starke Authentifikationsmethoden mit Zertifikaten und starke Verschlüsselung setzen.

Literatur

[Böhm02] *Böhmer, W.*: VPN Virtual Private Networks – Die reale Welt der virtuellen Netze, Hanser Verlag, 2002

[ISO7498-1] *International Organization for Standardization/International Electrotechnical Commission:* ISO/IEC 7498-1:1994 Information technology – Open Systems interconnection – Basic Reference Model: The Basic Model; Der Standard wird auch unter ITU-T X.200 geführt.

[Lipp06] *Lipp, M.*: VPN Virtuelle Private Netzwerke – Aufbau und Sicherheit, Addison-Wesley, 2006

[RFC 3931] *Lau, J.; Townsley, M.; Goyret, I.*: Request for Comments 3931 – Layer Two Tunneling Protocol – Version 3 (L2TPv3), March 2005; *http://datatracker.ietf.org/doc/rfc3931* (Stand: 17.01.2024; aktualisiert durch [RFC 5641])

[RFC 5641] *McGill, N.; Pignataro, C.*: Request for Comments 5641 – Layer 2 Tunneling Protocol Version 3 (L2TPv3) Extended Circuit Status Values; *http://datatracker.ietf.org/doc/rfc5641* (Stand: 17.01.2024)

[Schw02] *Schwenk, J.*: Sicherheit und Kryptografie im Internet – Von sicherer E-Mail bis zu IP-Verschlüsselung, Vieweg, 2002

[SP800-77] *National Institute of Standards and Technology (NIST)*: NIST Special Publication 800-77: Guide to IPsec VPNs – Recommendations of the National Institute of Standards and Technology Dezember 2005; *http://csrc.nist.gov/publications/nistpubs/800-77/sp800-77.pdf* (Stand: 17.01.2024)

16 Sicherheit in mobilen Netzen

Einleitung

Die Sicherheit von Systemen und Anwendungen in mobilen Netzen stellt aufgrund der vielfältigen Bedrohungen und Angriffsmöglichkeiten drahtloser Kommunikation eine besondere Herausforderung dar. Dementsprechend wurden bei der Entwicklung von Systemen für die mobile Kommunikation, wie Wireless LAN oder Bluetooth, aber auch bei öffentlichen Mobilfunknetzen nach GSM- oder UMTS-Standard, von Beginn an Sicherheitsverfahren integriert.

16.1 Bedrohungen in mobilen Netzen

Bei der Betrachtung der Sicherheit in mobilen Netzen gilt der erste Gedanke meist der Bedrohung der ***Vertraulichkeit*** durch das mögliche Abhören von Kommunikation über Funkverbindungen. In der Tat ergeben sich hier für einen Angreifer vielfältige Möglichkeiten, da in der Regel zum Abhören kein Sichtkontakt mit den betroffenen Systemen oder Nutzern nötig ist und oft bereits mit Standardgeräten eine relativ große Funkreichweite erzielt werden kann.

Darüber hinaus kann ein Angreifer jedoch die effektive Reichweite zum Abhören oder Manipulieren einer drahtlosen Verbindung auch deutlich über die Herstellerangaben bzw. über die im entsprechenden Standard definierten Reichweiten hinaus steigern. Es genügt hierzu, dass eine Seite – in diesem Fall der Angreifer – eine hochempfindliche Empfangsanlage, z. B. eine Hochleistungsantenne, zum Empfang von Nachrichten verwendet. Er könnte auch Nachrichten weit über die vom Standard festgelegte Reichweite hinaus senden, wenn er eine Sendeanlage mit entsprechend hoher Leistung einsetzt. Diesen Effekt kann man sich vielleicht am besten am Beispiel der Weltraumforschung verdeutlichen, bei der auch kleine Sonden am Rande des Sonnensystems noch erreicht werden können, solange nur als Gegenstelle auf der Erde eine ausreichend große und leistungsfähige Antenne eines Radioteleskops verwendet wird. Sämtliche Sicherheitsaussagen, die auf einer behaupteten geringen Reichweite basieren, sollten daher mit großer Skepsis betrachtet werden.

Es gibt jedoch in mobilen Netzen noch wesentlich mehr Bedrohungen als nur das Abhören von Funkverbindungen. So bekommen Angriffe auf die ***Authentizität*** und ***Integrität*** eine zusätzliche Qualität, da zur Teilnahme an (fremden) Netzwerken kein physischer Anschluss benötigt wird. Die verwendeten Geräteadressen können grundsätzlich – in vielen Fällen sogar sehr einfach – gefälscht werden. Hierdurch ergibt sich u. a. die Gefahr des Missbrauchs von Ressourcen, wie z. B. der unbefugten Nutzung fremder Internet-Zugänge.

Auch hinsichtlich der ***Verfügbarkeit*** ergeben sich in mobilen Netzen zusätzliche Bedrohungen. Neben dem praktisch immer möglichen Denial of Service durch permanentes Senden von Störsignalen könnte ohne geeignete Sicherheitsmaßnahmen auch das Verbindungsmanagement zum Denial of Service missbraucht werden, z. B. indem ein Angreifer gefälschte Signale zum Verbindungsabbau sendet. In manchen Szenarien könnte ein Angreifer versuchen, die Batteriereserven eines mobilen Endgeräts zu erschöpfen, indem er gezielt energieintensive Sendevorgänge provoziert. Dies ist nicht nur theoretisch so, wie durch eine hohe Zahl an Angriffstools belegt werden kann. Beispielsweise schickt das Werkzeug »VoiD« an WLAN-Access-Points sogenannte De-Auth-Pakete, die eine Abmeldung von Client-Systemen auslösen. In der Regel verwenden die eingesetzten Protokolle hierfür keine Authentisierung, sodass durch einen einzelnen Angreifer alle regulären Clients laufend abgemeldet und komplette WLAN-Infrastrukturen außer Funktion gesetzt werden können.

Als weitere Bedrohung kommt die ***Verkehrsanalyse*** hinzu. Namentlich in Mobilfunknetzen ist es möglich, den Aufenthalt und das Bewegungsmuster bestimmter Geräte und somit auch deren Nutzer zu orten. Auch andere mobile Netztechnologien, wie z. B. Bluetooth, ermöglichen eine Profilierung des Nutzerverhaltens, wenn der Angreifer hinreichend viele Empfangsstationen, an denen er eine bestimmte Geräteadresse registrieren kann, kontrolliert oder selbst betreibt. Daraus kann er dann ein Bewegungsmuster ableiten.

Ein praktisches Beispiel für Angriffe

Eines der bekanntesten und schlagzeilenträchtigsten Beispiele für die spezifischen Bedrohungen drahtloser Kommunikation ist das sogenannte *War Driving*. Beim War Driving versucht der Angreifer, alle Wireless-LAN-Netze eines Bereichs aufzuspüren, deren potenzielle Schwachstellen zu ermitteln und zu kartografieren.

Durch die Kombination eines WLAN-fähigen Laptops oder anderen Endgeräts mit einem GPS-Empfänger in Verbindung mit im Internet frei verfügbarer Software ist dies relativ einfach umzusetzen. Abbildung 16.1 zeigt beispielhaft die Ausgabe eines solchen Programms, das zum War Driving in einem Teil der Karlsruher Innenstadt verwendet wurde. Jeder grüne Kegel steht für ein offenes (ungesichertes) WLAN-Netz, jeder rote für ein mehr oder minder gesichertes Netz. Anhand der Kegel ist die abgefahrene Route einfach erkennbar und zeigt, dass man recht problemlos offene WLANs finden kann, die bspw. auch für Angriffe auf weitere Systeme missbraucht werden können. Die Bedeutung der weiteren Angaben (u. a. SSID, BSSID) wird im nachfolgenden Abschnitt näher erläutert.

Abbildung 16.1: Ergebnis eines »War Driving«[1]

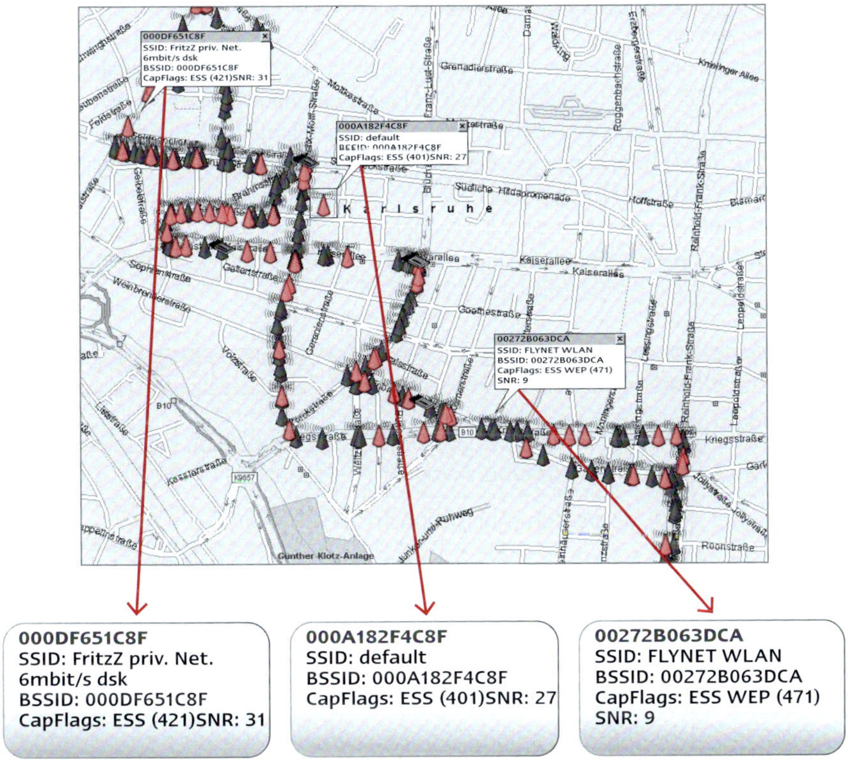

16.2 Wireless LAN

16.2.1 Entwicklung und Standardisierung

Wireless LAN (WLAN) als drahtlose Alternative zu herkömmlichen Netzwerktechnologien wurde von der Arbeitsgruppe 11 des Standardisierungskomitees IEEE 802 des Institute of Electrical & Electronics Engineers entwickelt, von dem bereits u. a. Ethernet (als IEEE 802.3) und Token Ring (als IEEE 802.5) standardisiert wurden. WLAN wird daher zur Präzisierung häufig als IEEE 802.11 bezeichnet. Einige wichtige Standards, die von dieser Arbeitsgruppe verabschiedet wurden, sind in Tabelle 16.1 aufgeführt.

1 Die Bezeichnung leitet sich ab von der Hacker-Methode des *War Dialing*, bei dem ein kompletter Telefonnummernbereich der Reihe nach angerufen wird, um die Modem-Anschlüsse in diesem Bereich zu ermitteln.

Relevant für die Sicherheit sind insbesondere die Standards 802.11b, in dem auch das Sicherheitsverfahren WEP definiert wird, und 802.11i, wo weitere Sicherheitsverfahren zum Einsatz bei der Kommunikation nach 802.11a/b/g/h/n und weiteren Funkstandards beschrieben werden.

Besonders zu erwähnen ist an dieser Stelle auch das 2,4-GHz-Frequenzband, das weltweit lizenzfrei zum Einsatz in der Industrie, Forschung und Medizin verwendet werden darf. Daher wird dieses Frequenzband gelegentlich auch als ISM-Band (für *Industrial, Scientific, Medical*) bezeichnet. In diesem Frequenzbereich arbeiten übrigens auch die gebräuchlichen Mikrowellenherde, aus deren Teilen sich zwar widerrechtlich, aber relativ einfach, Störsender gegen Wireless LANs herstellen lassen. Für den Einsatz bei IEEE 802.11 wird das 2,4-GHz-Band in Abhängigkeit von der Region in 11 bis 14 feste Kanäle unterteilt.

Tabelle 16.1: Wireless LAN Standards der IEEE Arbeitsgruppe 802.11

Teilstandard	Inhalt
IEEE 802.11a	54-MBit/s-Kommunikation im 5-GHz-Band (v. a. für Einsatz in USA)
IEEE 802.11b	11-MBit/s-Kommunikation im 2,4-GHz-Band
IEEE 802.11g	54-MBit/s-Kommunikation im 2,4-GHz-Band
IEEE 802.11h	54-MBit/s-Kommunikation im 5-GHz-Band (für den weltweiten Einsatz)
IEEE 802.11i	Authentifikation und Verschlüsselung
IEEE 802.11n	bis 540-MBit/s-Kommunikation im 2,4-GHz- und 5-GHz-Band

16.2.2 Netzarchitektur und Netzkomponenten

Ein WLAN kann nach IEEE 802.11 in zwei verschiedenen Betriebsarten eingerichtet werden:

- bei kurzfristigem Bedarf im Ad-hoc-Modus direkt zwischen zwei oder mehreren Rechnern mit WLAN Schnittstellen
- oder im Infrastruktur-Modus, bei dem die teilnehmenden Rechner über eine oder mehrere feste Basisstationen, den »Access Point« (AP), verbunden sind. Dies ist der in der Praxis wesentlich häufiger verwendete Modus.

Ein Access Point wird zusammen mit den teilnehmenden Rechnern zu einem Basic Service Set (*BSS*) zusammengefasst. Um den Übergang eines Rechners von einem BSS in ein weiteres zu erleichtern, kann man mehrere BSS auch zu einem Extended Service Set (*ESS*) zusammenfassen. In dieser Sprechweise wird ein Ad-hoc-Netzwerk als Independent Basic Service Set (*IBSS*) bezeichnet.

Als eindeutige Kennung eines Wireless LAN wird ein Netzwerkname (Service Set Identifier, *SSID*) vergeben. Um ein bestimmtes BSS zu identifizieren, wird als *BSSID* die IEEE-48-Bit-Adresse[2] des Access Points verwendet. Innerhalb eines ESS, bestehend aus mehreren BSS, wird ein Extended Service Set Identifier (*ESSID*) vergeben. Der Übergang von einem BSS in ein anderes innerhalb des ESS wird auch als Roaming bezeichnet.

Beim Einsatz von Wireless LANs können nicht nur das Netz selbst bzw. die dahinter liegenden Netze und Systeme, sondern auch ein einzelner WLAN-fähiger Rechner das Ziel eines Angreifers sein. Daher sollten WLAN-fähige Rechner in der Regel so konfiguriert sein, dass sie sich nicht ohne explizite Bestätigung des Nutzers mit beliebigen erreichbaren WLANs verbinden. Besonders die Verbindung mit Ad-hoc-Netzwerken, die ein potenzieller Angreifer in öffentlichen Bereichen, z. B. in Wartesälen, mit einfachsten Mitteln direkt von seinem Laptop aus aufbauen kann, würde sonst ein hohes Angriffpotenzial darstellen.

Bei Konfiguration eines WLAN-Netzwerks im Infrastrukturmodus als offenes System (*Open System*) sendet der Access Point regelmäßig ein als *Beacon* (Leuchtfeuer) bezeichnetes Datenpaket, in dem die Kanalnummer und SSID angezeigt werden. Hierüber wird den möglichen Clients der Netzwerkname direkt angezeigt. Eine der bekanntesten Sicherheitsmaßnahmen im WLAN-Bereich ist es daher, das Aussenden der SSID im Beacon Paket zu unterbinden (*Closed System*). Ein Angreifer kann dennoch durch Mitlesen des Anmeldevorgangs eines anderen WLAN-Clients die SSID leicht in Erfahrung bringen. Daher bietet das Unterbinden von SSID Broadcasts allenfalls einen sehr eingeschränkten Schutz.

Zudem kann bei bestimmten Clients diese Einstellung dazu führen, dass das WLAN nicht genutzt werden kann. Wie bei allen Sicherheitskonfigurationen wird empfohlen, vorher zu testen, ob diese Einstellung genutzt werden kann. Weitere und wesentlich wirksamere Sicherheitsverfahren werden im Folgenden dargestellt.

16.2.3 Sicherheitsverfahren

WEP

Das ursprüngliche, in IEEE 802.11b definierte Sicherheitsverfahren für Wireless LANs heißt Wired Equivalent Privacy (*WEP*) – nach dem Ziel, eine vergleichbare Vertraulichkeit wie bei drahtgebundenen Netzen zu bieten. Es dient dazu, die Funkstrecke auf Ebene der übertragenen Datenpakete abzusichern. Dabei werden die Pakete nicht nur verschlüsselt, sondern es kommt auch ein Integritätsschutz zum Einsatz.

Aufgrund der nachfolgend dargestellten Schwachstellen gilt WEP seit einigen Jahren zu Recht als überholt und unsicher. Gerade deswegen kann dieses Beispiel verdeutlichen, welche Art von Schwachstellen sich selbst in einen auf den ersten Blick schlüssig erscheinenden und etablierten Standard einschleichen können.

Leicht vereinfacht läuft das WEP-Verfahren in den folgenden Schritten ab (vgl. auch Abb. 16.2):

2 Dies ist eine von IEEE verwaltete weltweit eindeutige – in der Regel aber leicht fälschbare – Adresse eines Geräts. Vermutlich am besten bekannt ist die Verwendung von IEEE-48-Bit-Adressen im Ethernet-Bereich; dort werden sie meist als MAC-Adressen bezeichnet.

- Im jeweiligen WLAN-Netz (BSS) ist ein 40-Bit- oder 104-Bit-Schlüssel K_{BSS} fest vorkonfiguriert (bei »Export«-Versionen nur 40 Bit). Da dieser Schlüssel im weiteren Verlauf noch um jeweils 24 Bit ergänzt wird, ist anstatt von 40 bzw. 104 Bit häufig auch von 64 bzw. 128 Bit Schlüssellänge die Rede.
- Der vorkonfigurierte Schlüssel wird häufig als Pre-Shared Key (PSK) bezeichnet.
- Zur Verschlüsselung eines Datenpakets werden ein jeweils wechselnder 24-Bit-Initialisierungsvektor IV mit dem Schlüssel K_{BSS} konkateniert[3] und gemeinsam als Schlüssel für den Verschlüsselungsalgorithmus RC4 verwendet.
- Der Initialisierungsvektor wird im Klartext dem verschlüsselten Datenpaket vorangestellt.
- Für den Integritätsschutz wird ein sogenannter Integrity Check Value (ICV) als CRC4-Prüfsumme[4] errechnet. Dieser ICV wird an die Daten angefügt und zusammen mit dem Datenpaket verschlüsselt.
- Zur Verschlüsselung wird der Datenstrom aus dem RC4-Algorithmus mit den zu verschlüsselnden Daten bitweise mit XOR verknüpft.
- Der Empfänger entnimmt dem empfangenen Datenpaket den IV, konkateniert ihn mit dem lokal vorkonfigurierten K_{BSS} und entschlüsselt damit das restliche Datenpaket.
- Über das entschlüsselte Datenpaket kann der Empfänger nun ebenfalls die CRC-Prüfsumme berechnen und verwirft das Paket als fehlerhaft oder manipuliert, falls der errechnete Wert nicht mit dem entschlüsselten ICV übereinstimmt.

Abbildung 16.2: Schematische Darstellung des WEP-Verfahrens

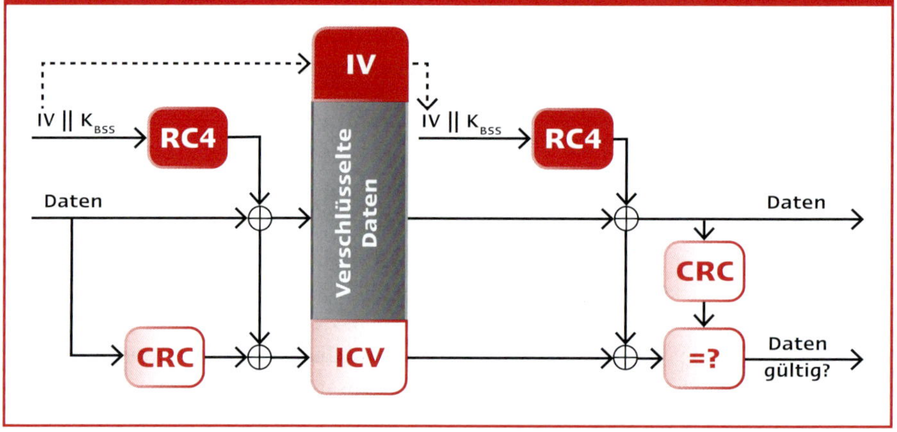

3 D. h. als Byte-Folge hintereinander gehängt.

4 Cyclic Redundancy Check, ein gebräuchliches Verfahren zur Fehlererkennung bei serieller Datenübertragung.

Im Laufe der Zeit wurden mehrere Schwachstellen des WEP-Verfahrens erkannt und publiziert. Einige sehr offensichtliche Schwachstellen wurden sehr schnell erkannt. Als deren Konsequenz bietet WEP heute weder ausreichende Vertraulichkeit noch ausreichenden Integritätsschutz:

- Die verwendete RC4-Stromchiffre nutzt als Grundoperation eine XOR-Verknüpfung der Klartextdaten mit dem vom RC4-Algorithmus erzeugten Schlüsselstrom. Andererseits lässt sich jedes einzelne Bit der als ICV verwendeten CRC-Prüfsumme ebenfalls als XOR-Verknüpfung von vielen einzelnen Bits des Datenpakets bestimmen. Aufgrund dieser, von Kryptologen als Linearität bezeichneten Eigenschaft, kann ein Angreifer, der bestimmte Teile des verschlüsselten Datenpakets (z. B. bei einer Known-Plaintext-Attacke) manipuliert, den ICV wieder so korrigieren, dass das empfangene Paket als gültig erkannt wird.
- Ein bekanntes kryptologisches Prinzip zum sicheren Einsatz von Stromchiffren wie RC4 besteht darin, dass niemals zwei verschiedene Klartexte mit demselben Schlüsselstrom verschlüsselt werden dürfen. Bei WEP ist hierzu der wechselnde IV gedacht, der den immer festen Schlüssel K_{BSS} ergänzt. Allerdings kann sich ein 24-Bit-Initialisierungsvektor bei einem intensiv genutzten 54-MBit/s-Netzwerk schon nach deutlich weniger als einer Stunde wiederholen.
- Darüber hinaus weist der bei WEP verwendete Betriebsmodus von RC4, bei dem die ersten drei Bytes des RC4-Schlüssels (der IV) dem Angreifer bekannt sind, weitergehende kryptologische Schwachstellen auf, die in [FlMaSh01] publiziert wurden. Der dort vorgestellte Angriff erfordert eine große Anzahl verschiedener IV-Werte. Spätere Arbeiten zeigten, wie die Verwendung der benötigten IVs vom Angreifer gezielt provoziert werden kann, und verfeinerten die Attacke. In der Folge dieser Schwachstelle können selbst 128-Bit-WEP-Schlüssel in sehr kurzer Zeit ermittelt werden (vgl. z. B. [BiHaLa06]).

Als Konsequenz dieser Schwachstellen wurden die weitergehenden Sicherheitsverfahren WPA und IEEE 802.11i entwickelt.

IEEE 802.1X

Von der Arbeitsgruppe 1 des IEEE-802-Komitees wurde unter der Bezeichnung 802.1X ein generisches Protokoll zur Anmeldung und Authentifikation eines Netzwerkgeräts am entsprechenden Access Point – also z. B. eines Ethernet-Geräts am Ethernet-Switch oder eines Wireless-LAN-Geräts am WLAN-Access-Point – entwickelt. Da die verbesserten Nachfolge-Standards von WEP auf diese Methoden zurückgreifen, wird hier kurz auf diesen Standard eingegangen.

Das Protokoll ist modular aufgebaut und verwendet für die eigentliche Authentifikation das im PPP-Bereich, d. h. für Remote Access und VPN, bereits etablierte *Extensible Authentication Protokoll* (*EAP*), das seinerseits verschiedene bewährte Authentifikationsverfahren unterstützt, u. a.:

- verschiedene passwortbasierte Verfahren (EAP-TTLS, LEAP, EAP-MD5, PEAP) sowie
- zertifikatsbasierte beidseitige Authentifikation (EAP-TLS).

Letzteres entspricht – nach dem Designansatz, möglichst auf bewährte, als sicher geltende Verfahren zurückzugreifen – letztlich dem Verbindungsaufbau einer gesicherten SSL- bzw. TLS-Verbindung mit SSL-Client-Authentifikation.

Die Network Access Points eines administrativen Bereichs delegieren beim EAP-Protokoll die eigentliche Authentifikation der angeschlossenen Clients in aller Regel per RADIUS-Protokoll an einen zentralen Authentifikationsserver, über den die jeweiligen Benutzerkonten gepflegt werden.

Als Teil des Authentifikationsvorgangs wird zwischen dem Netzwerk-Client und dem Access Point bzw. RADIUS-Server ein gemeinsamer Schlüssel (*Pairwise Master Key*) etabliert, der für eine anschließende Verschlüsselung auf Netzwerkebene verwendet werden kann.

Bei Verwendung solcher Protokolle in einem WLAN muss das Verfahren sorgfältig ausgewählt werden, da nicht alle Verfahren für den Einsatz in einem WLAN geeignet sind. So beinhalten manche Verfahren nur eine einseitige Authentifikation des Teilnehmers, wie sie vielleicht für die Anmeldung bei einem Service-Provider über eine Telefonverbindung genügen, aber für WLANs ungeeignet sind.

WPA und WPA2

Als Reaktion auf das Bekanntwerden von Schwachstellen in WEP wurde vom IEEE der neue Sicherheitsstandard *IEEE 802.11i* entwickelt. Dies gestaltete sich jedoch als recht langwierig. Da ein dringender Bedarf für den Ersatz von WEP bestand, nahm die Industrievereinigung der WLAN-Hersteller[5], die »WiFi Alliance«, einige wesentliche Elemente des sich abzeichnenden 802.11i als Industriestandard unter dem Namen *WiFi Protected Access* (*WPA*) vorweg:

- WPA sieht eine gegenseitige Authentifikation zwischen Client und Access Point nach IEEE 802.1X oder mittels Pre-Shared Keys (PSK) vor. Da die erstgenannte Variante vor allem im Unternehmensumfeld anzutreffen ist, wird sie gelegentlich als »Enterprise WPA« bzw. »Firmenweites WPA« bezeichnet.
- Das neue Verschlüsselungsverfahren Temporal Key Integrity Protocol (TKIP) nutzt zwar weiterhin die RC4-Chiffre, behebt aber die drei oben genannten Schwachstellen von WEP. Der IV ist bei TKIP 48 Bit statt nur 24 Bit lang und wiederholt sich im praktischen Betrieb nicht. Der neue »Michael« genannte Message Integrity Check-(MIC-) Algorithmus beseitigt die ICV-Schwachstelle. Und schließlich sorgt ein komplexeres Ableitungsverfahren für die verwendeten RC4-Schlüssel dafür, dass die IV-Schwachstelle von WEP vermieden wird.

Der später verabschiedete IEEE-802.11i-Standard verfügt zusätzlich zu den mit WPA vorweggenommenen 802.1X und TKIP noch über weitere Sicherheitsmechanismen:

- Als Alternative zu TKIP mit RC4 wurde unter der Bezeichnung AES-CCM ein spezieller Betriebsmodus des AES-Verschlüsselungsalgorithmus definiert, der eine Counter-Mode-Datenverschlüsselung mit einer CBC-MAC-Prüfsumme zum Integritätsschutz kombiniert.

5 U.a. Cisco, Intel, IBM, Microsoft.

- Zur Vermeidung des relativ aufwendigen 802.1X-Authentifikationsvorgangs beim Roaming[6] innerhalb eines ESS wurden Mechanismen für Caching und Weitergabe des bei der EAP-Authentifikation erzeugten Schlüssels (Pairwise Master Key) zwischen den Access Points geschaffen.

Da die Marke WPA bereits gut eingeführt war – und der Name IEEE 802.11i vergleichsweise sperrig ist –, verwendet die WiFi Alliance als Handelsname für IEEE 802.11i mit AES-CCM die Bezeichnung *WPA2*.

Ende 2008 wurde ein – auch praktisch ausführbarer – Angriff veröffentlicht und Ende 2009 ein Stück weit verbessert, der es ermöglicht, eine bekannte WEP-Schachstelle auch auf TKIP, d. h. auf WPA, anzuwenden. Der Angriff ist nur von beschränkter praktischer Relevanz; unter Umständen ist es möglich, mehrere gefälschte Pakete einzuspielen.[7] Der Angriff zeigt jedoch, dass es nicht völlig ausgeschlossen ist, Angriffe von WEP auf TKIP zu übertragen. Daher sollte nach Möglichkeit WPA2 mit AES-CCM anstelle von WPA mit TKIP eingesetzt werden. Im Jahr 2012 wurde WPA von der WiFi Alliance offiziell für veraltet (»deprecated«) erklärt; in neueren Produkten sollte nur noch WPA2 eingesetzt werden.

Obwohl im Laufe der Zeit keine Schwachstellen entdeckt wurden, die die Sicherheit von WPA und WPA3 komplett aushebeln, bleibt die WPA/WPA2-Variante mit einem Pre Shared Key, der letztlich nur eine Art von Passwort ist, anfällig für die generischen Angriffe auf passwortbasierte Verfahren (Brute-Force-Suche oder Wörterbuchattacken). Neuere Ansätze erlauben dabei die Vorberechnung der zur Ermittlung des PSK notwendigen kryptografischen Zwischenwerte, wodurch zum eigentlichen Angriff nur noch Daten abgefangen und mit den vorberechneten Daten verglichen werden müssen. So ist es möglich, schlecht gewählte PSK innerhalb von Sekunden zu ermitteln. Das heißt, nicht nur WEP ist (stets) unsicher, sondern auch WPA/WPA2 ist unsicher, wenn die PSK-Variante mit zu einfachen Passwörtern eingesetzt wird.

WPA3

Im April 2018 fasste die WiFi Alliance mehrere Sicherheitsmechanismen, die in neueren Teilen von IEEE 802.11 standardisiert wurden, zusammen und veröffentlichte dies als WPA3-Spezifikation. Wie bereits WPA und WPA2 wurde WPA3 in einer »Personal«- und einer »Enterprise«-Variante definiert. Folgende neue Mechanismen sind Teil von WPA3:

- das Passwort-basierte Schlüsselaustauschverfahren SAE (Simultaneous Authentication of Equals, auch bekannt unter dem Namen »Dragonfly«), das bei WPA3 Personal Sicherheit gegen die oben erwähnten Offline-Wörterbuchattacken auf WPA/WPA2 verspricht. SAE wurde zuvor in IEEE 802.11s standardisiert.
- die in IEEE 802.11w standardisierte Absicherung von Management-Frames, wie bspw. Deauthentication, die Angreifer – wie oben beispielhaft beschreiben – ansonsten zum Abmelden einer angegriffenen Station missbrauchen können

6 D. h. hier speziell beim Übergang zwischen zwei Access Points innerhalb eines ESS.

7 Einzelne eingespielte Pakete können jedoch u. U. als gefälschte ARP-Replies oder ICMP-Redirect-Nachrichten eine ungewollte Umleitung der nachfolgenden Kommunikation bewirken und auf diesem Weg weitere Angriffe vorbereiten.

- die als Teilaspekt von IEEE 802.11ac eingeführte, durchgängige Nutzung von Kryptoalgorithmen, die 192 Bit Stärke nach aktuellen US-Behördenstandards entsprechen, als Option bei WPA3 Enterprise

Dass dabei recht sorgfältig gearbeitet wurde, zeigt sich u. a. daran, dass nicht nur die Stärke der WLAN-Verschlüsselung selbst festgelegt wird, sondern auch diejenige der TLS Cipher Suites, die bei der EAP-Authentifikation zum Einsatz kommen dürfen.

WPA3 soll – anders als bei WPA und WPA2 – seinen Vorgänger WPA2 nicht ersetzen, sondern für den WLAN-Einsatz in Bereichen mit erhöhtem Schutzbedarf ergänzen.

16.2.4 Empfohlene Sicherheitsmaßnahmen

Access Points

Folgende Sicherheitsmaßnahmen sollten auf Ebene der Access Points beachtet werden:

- Durch den Hersteller vorgegebene Standardpasswörter der Geräte sollten umgehend in sichere individuelle Passwörter geändert werden. Viele Geräte erlauben es darüber hinaus, den administrativen Zugang weiter einzuschränken, um z. B. die Administration nur über eine kabelgebundene Schnittstelle zuzulassen, nicht aber über das WLAN selbst.
- Die Vorbelegung der frei konfigurierbaren SSID (Netzwerkname), die häufig auf den Gerätehersteller oder -typ hinweist, sollte geändert werden. In Bereichen mit vielen vorhandenen WLAN-Netzen kann es hilfreich sein, einen Namen ohne direkte Zuordnungsmöglichkeit zu wählen, um einem potenziellen Angreifer das Ermitteln des »richtigen« Netzes zu erschweren. Diese Maßnahme bringt zwar, wie oben dargestellt, gegen versierte Angreifer nur relativ wenig zusätzliche Sicherheit, da beim Verbindungsaufbau mit anderen Geräten auch die BSSID übertragen wird. Aber andererseits ist dies äußerst einfach umzusetzen, also vom Kosten/Nutzen-Verhältnis dennoch zu empfehlen.
- In Netzen mit einer überschaubaren Anzahl von WLAN-Clients kann bei den meisten Access Points ein MAC-Filter aktiviert werden, der Verbindungen nur für Clients mit bestimmten, zuvor vom Betreiber des Systems erfassten IEEE 48-Bit-MAC-Adressen erlaubt. Da diese Adressen relativ einfach zu fälschen sind, ist auch hierdurch nur ein eingeschränkter Sicherheitsgewinn zu erwarten. Diese Maßnahme sollte nur umgesetzt werden, wenn der organisatorische Aufwand für die Erfassung aller relevanten MAC-Adressen das Kosten-Nutzen-Verhältnis nicht wesentlich beeinflusst, wie z. B. in Privathaushalten oder Kleinunternehmen mit einer überschaubaren Anzahl an Endgeräten.
- Es sollte eine Verschlüsselung per WPA2 (mit AES128-CCM) oder WPA3 (Personal mit AES128-CCM bzw. Enterprise mit AES256-GCM) – falls nicht anders möglich, ersatzweise WPA (mit TKIP) – konfiguriert werden. Als Authentifikation sollte falls möglich IEEE 802.1X, z. B. mit EAP-TLS, oder zumindest ein ausreichend langer, zufällig gewählter Pre-Shared Key verwendet werden. Vom Einsatz von Geräten, die nicht WPA oder WPA2, sondern nur WEP beherrschen, ist aus heutiger Sicht abzuraten, falls nicht zusätzlich auf anderer Ebene verschlüsselt wird (vgl. den folgenden Abschnitt).

Netzwerk

Unabhängig vom Einsatz von WPA, WPA2 oder WPA3 kann die Sicherheit eines Wireless LAN durch »klassische« Maßnahmen der Netzwerk- und Anwendungssicherheit erhöht werden:

- WLAN-Netzwerke und ihre Access Points sollten per Firewall von kabelgebundenen LAN separiert werden. Damit können Sicherheitsmechanismen wie z. B. Port-Filter eingesetzt werden, die den Zugriff vom WLAN aus auf Systeme im LAN einschränken.
- Es kann eine Verschlüsselung oberhalb der durch das WLAN realisierten Netzwerkebene eingesetzt werden, z. B. ein IPsec- oder L2TP-VPN zwischen WLAN-Clients und einem VPN-Gateway, das den Übergang in das kabelgebundene LAN schützt. Oder es kann eine Verbindungsverschlüsselung per SSH (Secure Shell) oder SSL/TLS verwendet werden.
- Die Client-Systeme im WLAN sollten wie sonstige PC-Systeme, die ans Internet angeschlossen sind, per Viren-Scanner und Personal Firewall abgesichert werden. Falls die zulässigen WLAN-Verbindungen nicht auf ein oder wenige bekannte Netze eingeschränkt sind, ist dieser Selbstschutz der WLAN-Clients zwingend erforderlich. Je nach eingesetzter Software kann zusätzlich z. B. über WLAN-Profile gewährleistet werden, dass die Client-Systeme sich nur mit bekannten, vertrauenswürdigen Wireless LANs verbinden.

Funktechnik

Bei Bedarf können mit einem WLAN-Laptop und entsprechender Software oder mit speziellen Messgeräten die funktechnischen Ausleuchtungszonen eines WLAN ermittelt und gegebenenfalls die Abstrahlung außerhalb des erwünschten Bereichs abgeschirmt werden.

Daneben kann ein IT-Administrator auch die im Internet verfügbaren Scan-Tools (z. B. netstumbler oder kismet), die teilweise auch von Angreifern eingesetzt werden, nutzen, um die Verletzlichkeit des eigenen Netzes besser einschätzen zu können.

16.3 Bluetooth

16.3.1 Entwicklung und Standardisierung

Bluetooth ist eine Funktechnik zur Datenübertragung über kurze Distanzen, die ursprünglich auf eine Initiative von Ericsson Mobile Communications hin entwickelt wurde. Sie ist benannt nach dem Wikingerkönig Harald Blauzahn (ca. 958 bis 987 n. Chr.). Das Ziel der Entwicklung war eine universelle Verbreitung und Nutzung der Technologie bei niedrigen Kosten.

Im Mai 1998 wurde durch Ericsson, Nokia, IBM, Intel und Toshiba die Bluetooth »Special Interest Group« (SIG) gegründet, die mittlerweile auf mehrere Zehntausend Mitglieder angewachsen ist, die über 60.000 qualifizierte Designs, Chipsätze und Produkte entwickelt hat. Sie hat verschiedene Versionen des Bluetooth-Standards herausgegeben, die in Tabelle 16.2 aufgeführt sind.

Bluetooth nutzt wie IEEE 802.11b/g/n WLAN das 2,4-GHz-ISM-Frequenzband, jedoch nicht wie Letzteres in festen Kanälen, sondern Bluetooth teilt das Band in 79 Kanäle ein, zwischen denen die Kommunikation per Frequency Hopping 1600-mal pro Sekunde hin- und her wechselt, um eine höhere Störsicherheit zu erreichen. Seit Bluetooth 1.1 kann per RSSI die Sendeleistung – und damit der Stromverbrauch – auf das notwendige Minimum heruntergeregelt werden.

Die Übertragungsbandbreite bei Bluetooth 1.x ist brutto 1 Mbit/s, aufgeteilt auf die Übertragungsrichtungen asymmetrisch zu 723,2/57,6 kbit/s oder symmetrisch 433,9 kbit/s. Die Enhanced Data Rate von Bluetooth 2.0 verdreifacht diese Geschwindigkeit. Bei Version 3.0 wurde die Geschwindigkeit nochmals deutlich auf bis zu 24 Mbit/s erhöht.

Tabelle 16.2: Versionen des Bluetooth-Standards

Version	Erscheinungsjahr	Wichtige Neuerungen
1.0 und 1.0b	1999	
1.1	2001	Receiver Signal Strength Indicator (RSSI)
1.2	2003	Adaptive Frequency Hopping (AFH)
2.0	2004	Enhanced Data Rate (EDR)
2.1	2007	Verbesserte Sicherheit: Secure Simple Pairing (SSP)
3.0	2009	Nochmals deutlich erhöhte Geschwindigkeit (bis zu 24 Mbit/s)
4.0	2010	Low Energy (LE) mit AES-CCM-Verschlüsselung, »Bluetooth Smart«
4.1	2013	»Internet of Things« (IoT), u. a. AES als Option auch für BR/EDR
4.2	2014	IPv6-Unterstützung für IoT, Privacy-Mechanismen gegen Tracking
5	2016	Schneller/weiter, Broadcasts, verbindungslose Dienste
5.1	2019	Richtungsbestimmung zwischen Geräten, keine Unit Keys mehr

Bluetooth wird typischerweise für Geräte wie bspw. Telefone, Personal Digital Assistants, Laptops, Drucker und Headsets verwendet. Diese werden per Bluetooth zu sogenannten Wireless Personal Area Networks (WPAN) zusammengeschlossen.

16.3.2 Netzarchitektur und -komponenten

Bluetooth-Geräte sind nach Sendeleistung und Reichweite in die in Tabelle 16.3 beschriebenen drei Klassen eingeteilt. Bei Bluetooth 5 wurde eine zusätzliche Class 1.5 mit 10 mW Sendeleistung und ca. 50 m Reichweite eingeführt sowie durch eine verbesserte Codierung die nominelle Reichweite der anderen gegenüber den in der Tabelle angegebenen Werten erhöht.

Tabelle 16.3: Bluetooth-Geräteklassen

Klasse	Sendeleistung	Reichweite
Class 1	Bis 100 mW	Bis ca. 100 m
Class 2	Bis 2,5 mW	Bis ca. 10 m
Class 3	Bis 1 mW	0,1 bis ca. 1 m

Man beachte, dass als Reichweite jeweils die Mindestreichweite im Normalbetrieb angegeben ist und nicht die maximal erzielbare Reichweite (vgl. Abschnitt 16.1). Durch hinreichend leistungsstarke Sende- und empfindliche Empfangseinrichtungen kann die Reichweite durchaus auf mehrere Kilometer erweitert werden.

Ähnlich wie bei WLANs ist eine Architektur über Ad-hoc-Netzwerke und über Access Points möglich. Der Schwerpunkt für Bluetooth liegt aber im Gegensatz zu WLAN auf den Ad-hoc-Netzwerkverbindungen.

Bluetooth verfolgt ein Master/Slave-Konzept, das primär für Point-to-Point-Verbindungen zwischen jeweils einem Master und einem von mehreren Slaves gedacht ist. Ein Master kann gleichzeitig mit bis zu 7 Slaves kommunizieren und insgesamt zu 255 Slaves Verbindungen unterhalten. Solche Netzwerke mit einem Master und seinen Slaves werden als *Piconets* bezeichnet. Bis zu 10 solcher Piconets können wiederum zu einem *Scatternet* zusammengefasst werden. Im Scatternet gibt es wiederum nur einen Master und die Master der Piconets sind seine Slaves.

Die Protokollebenen von Bluetooth stellen sich vereinfacht wie folgt dar (»oberste« Ebene im Sinne des OSI-Standards zuerst):

- Application
- RF COM Port Emulation and Multiplexing Protocol (RFCOMM)/ Service Discovery Protocol (SDP)
- Logical Link Control and Adaptation Protocol (L2CAP)
- Link Management Protocol (LMP)
- Link Controller (LC, »Baseband«)
- Funkverbindung (RF)

Die Basismechanismen – meist die unteren drei Ebenen – sind für gewöhnlich auf einem Bluetooth-Chip implementiert. Zwischen LMP und L2CAP gibt es ein Host Controller Interface (HCI) für die Kommunikation zwischen dem Chip und dem Host.

16.3.3 Sicherheitsverfahren in Bluetooth

Sicherheitskonzept

Das Bluetooth-Sicherheitskonzept sieht Mechanismen zur Authentifikation und Verschlüsselung vor.

Maßnahmen gegen Denial-of-Service-Angriffe oder Verkehrsanalysen waren ursprünglich nicht vorgesehen und mussten bei Bedarf auf anderen Ebenen realisiert werden. In Bluetooth 4.0 wurden dann erste Mechanismen gegen das Tracking von Geräten und deren Besitzern eingeführt und mit Bluetooth 4.2 weiter verbessert.

Der Standard definiert vier Sicherheits-Modi, die zum Teil nur noch von älteren Versionen[8] und zum Teil nur von neueren Versionen unterstützt werden:

- Modus 1 (Non Secure): Hier werden keine Sicherheitsmechanismen angewendet. Dieser Modus wird nur bis v2.0 unterstützt.
- Modus 2 (Service Level Enforced Security): Hierbei werden nach Kanalaufbau via LMP die Sicherheitsmechanismen etabliert. Diese Anwendungsart ist grob vergleichbar mit SSL/TLS für TCP-Verbindungen, die unter Verwendung von IP die gesicherte Verbindung aufbauen. In Modus 2 steuern die Anwendungsebene bzw. die hostseitigen Protokollschichten die Sicherheitsmaßnahmen. Ab v2.1 wird dieser Modus nur noch für die Abwärtskompatibilität mit älteren Bluetooth-Geräten unterstützt.
- Modus 3 (Link Level Enforced Security): Hier wird vor Kanalaufbau durch LMP die Authentifikation und die Verschlüsselung aktiviert. Diese Anwendungsart ist grob vergleichbar mit IPsec. Dieser Modus ist weniger flexibel als der Modus 2, aber die Sicherheitsmechanismen sind besonders verlässlich. Es wird auf jeden Fall eine Authentifikation und eine Verschlüsselung durchgeführt.
- Modus 4 (Secure Simple Pairing): Dieser Modus ist mit Bluetooth 2.1 neu eingeführt worden und ab dieser Version des Standards obligatorisch. Er ist wie der Modus 2 serviceorientiert. Völlig neu und verbessert ist die Möglichkeit, einen sehr sicheren Schlüsselaustausch mit öffentlichen Schlüsseln durchzuführen. Dabei wird ein Public-Key-Verfahren mit elliptischen Kurven eingesetzt.

Die Autorisierung beim Verbindungsaufbau ist auf zwei Ebenen möglich:

- Autorisierung auf Ebene der Geräte: Hierbei wird eine Einteilung in folgenden Kategorien vorgenommen:
  - Trusted Device
  - Unknown Device
  - Untrusted Device

8 Für die Rückwärtskompatibilität mit älteren Geräten können Bluetooth-Geräte, die eine neuere Version wie z. B. Bluetooth 2.1 unterstützen, bei Bedarf auf eine vorherige Version des Standards zurückfallen.

- Autorisierung auf Ebene von Diensten: Hierbei werden die Dienste eingeteilt in die Stufen:
  - Offen (für alle Geräte)
  - Nur nach erfolgreicher Authentifikation
  - Nur nach erfolgreicher Authentifikation und expliziter Autorisierung des anderen Geräts (Neben der Überprüfung der Identität gibt es noch eine Vergabe von Rechten, ob ein bestimmtes Gerät diesen Dienst nutzen darf.)

Dabei schreibt der Bluetooth-Standard bis Bluetooth 2.0 außer Non Secure keinen Modus zwingend vor, um auch die Herstellung kostengünstiger Einfachstgeräte zu ermöglichen.

Die Vorgehensweise der Sicherheitsverfahren kann grob in zwei Phasen aufgeteilt werden. In einer ersten Phase wird zwischen zwei kommunizierenden Geräten ein gemeinsamer statischer Verbindungsschlüssel zur Verknüpfung der beiden Geräte (*Link Key*) vereinbart. Wie unten näher erläutert wird, kann das Sicherheitsniveau dieses sehr wesentlichen Verbindungsschlüssels sehr unterschiedlich sein. In einer zweiten Phase wird dann die eigentliche Authentifikation durchgeführt und die Verschlüsselung gestartet. Dazu wird aus dem Verbindungsschlüssel, der immer aus 128 Bit besteht, ein Verschlüsselungsschlüssel (Encryption Key) abgeleitet, dessen Schlüssellänge je nach Qualität des Geräts von völlig unsicheren 8 Bit bis zu sehr sicheren 128 Bit reichen kann. Ferner wird aus dem aktuellen Verbindungsschlüssel von Zeit zu Zeit ein neuer Verbindungsschlüssel abgeleitet. Dieser ersetzt dann den bisherigen.

Folgende Daten stehen zu Beginn zur Verfügung, um einen gemeinsamen Verbindungsschlüssel zu etablieren:

- Die IEEE-48-Bit-Bluetooth-Device-Adresse[9] der beteiligten Geräte (BD_ADDR)
- Eine PIN von 1 bis 16 Byte Länge: Häufig werden vierstellige PIN genutzt. Solche kürzeren PIN werden mit der Adresse BD_ADDR aufgefüllt. Die PIN wird in der Regel über eine Tastatur vom Benutzer in das Gerät eingegeben. Gegebenenfalls kann die PIN auch in einem der beiden beteiligten Geräte erzeugt und über ein Display abgelesen werden oder in einem Gerät schon fest vorgegeben sein.
- 128-Bit-Zufallswerte (RAND) aus einem internem (Pseudo-)Zufallsgenerator des Geräts
- Ein Geräteschlüssel (Unit Key) mit 128 Bit, der bei der Herstellung oder der ersten Inbetriebnahme in einem Gerät aus der Adresse BD_ADDR und einer Zufallszahl RAND gebildet wird. Er bleibt normalerweise fest im Gerät gespeichert. Unit Keys wurden als Option für einfachste Geräte geschaffen, die nicht in der Lage sind, mehrere unterschiedliche Link Keys zu speichern. Mit Bluetooth 5.1 wurden sie abgeschafft.

9 Aus demselben Adressraum wie u. a. auch Ethernet- und WLAN-Device-Adressen (vgl. auch Fußnote 3).

Verbindungsschlüssel

Bluetooth sieht nun verschiedene Möglichkeiten der Generierung des Verbindungsschlüssels vor. Normalerweise sollte der Verbindungsschlüssel in einem gut abgesicherten Verfahren vereinbart werden. Diese Vorgehensweise bei der ersten Kommunikation zwischen zwei Geräten wird bei Bluetooth Pairing genannt. Für die Versionen von Bluetooth bis v2.0 ist die Sicherheit dieses Verfahrens wesentlich von den folgenden beiden Faktoren abhängig:

- von der Sicherheit/Komplexität der PIN
- von der Abhörsicherheit während des Pairing-Vorgangs (besonders bei Verwendung einer schwachen PIN)

Ab v2.1 steht alternativ dazu das Secure Simple Pairing zur Verfügung. Bei diesem neueren Verfahren ist die Abhängigkeit von der Sicherheit der PIN stark reduziert und die Abhörsicherheit während des Pairings spielt im Regelfall keine Rolle mehr. Neben der erhöhten Sicherheit wurde auch die sichere Handhabung durch den Benutzer vereinfacht. Daraus ergibt sich auch der Name Secure Simple Pairing. Beide Verfahren werden im Folgenden genauer beschrieben. Der Begriff Pairing wird für den Vorgang beim Erstkontakt von zwei Geräten bei Bluetooth bis v2.0 verwendet; der Begriff Secure Simple Pairing für den analogen Vorgang, wie er ab v2.1 definiert ist. Leider ist diese Bezeichnungsweise nicht ganz einheitlich, da der Begriff des Pairings in den Spezifikationen nicht verwendet wird. Im Umfeld von Bluetooth hat er sich jedoch eingebürgert und als praktisch erwiesen.

Neben diesen beiden Arten des Pairings gibt es noch zwei Sonderfälle der Etablierung von Verbindungsschlüsseln, die bei besonders einfachen Geräten mit niedrigem Sicherheitsniveau bzw. für Broadcast-Nachrichten zum Einsatz kommen:

- Geräte, in denen kein Speicherplatz für einen oder mehrere variable Verbindungsschlüssel vorhanden ist, bspw. Gerät A, erzeugen bei ihrer ersten Inbetriebnahme den oben beschriebenen Geräteschlüssel (Unit Key) K_A, der als konstanter Verbindungsschlüssel für alle Verbindungen dieses Geräts mit anderen Geräten verwendet wird. Hierdurch könnte prinzipiell jedes Gerät B, das mit A in Verbindung stand, anderen Geräten gegenüber vortäuschen, A zu sein.
- Bei Multipoint-Verbindungen in Bluetooth-Netzen verteilt der Master an alle Slaves dieselbe Zufallszahl als Pseudo-PIN. Daraus wird ein sogenannter Master Key abgeleitet, den alle Geräte im Netz für Broadcasts verwenden können.

Pairing

In diesem Abschnitt werden die beiden Techniken, einen Verbindungsschlüssel zu bilden, genauer erläutert. Das Pairing (bis v2.0) wird in Abbildung 16.3 dargestellt.

Abbildung 16.3: Erzeugung eines gemeinsamen Verbindungsschlüssels (Pairing)

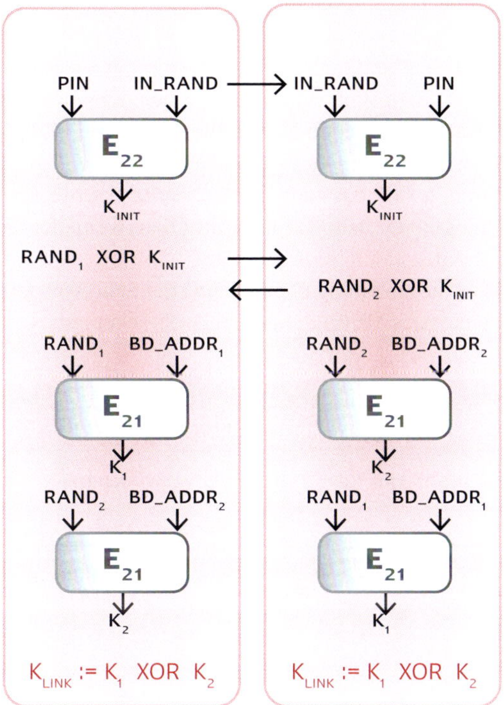

In einem ersten Schritt bilden beide Geräte aus der PIN und einer Zufallszahl (IN_RAND) einen gemeinsamen Initialisierungsschlüssel (*Initialisation Key* K_{INIT}). Wie Abbildung 16.3 zeigt, wird die Zufallszahl ungeschützt von dem einen zu dem anderen Gerät übertragen. Ein Angreifer, der in diesem Moment die Funkverbindung abhört, erlangt Kenntnis von dieser Zufallszahl. Bezüglich der PIN gibt es nun in Abhängigkeit von der Ausstattung der verwendeten Geräte verschiedene Möglichkeiten. Bei einer Bluetooth-fähigen Tastatur wird die PIN z. B. von dem Rechner erzeugt und angezeigt und dann in die Tastatur eingegeben. Bei anderen Geräten, die keine Tastatur haben, aber über ein Display verfügen, kann die PIN an diesem Gerät angezeigt werden und muss dann über eine Tastatur in das andere Gerät eingegeben werden. In diesem ersten Schritt wird die Abhängigkeit der Sicherheit von der PIN und der über die Funkschnittstelle übertragenen Zufallszahl deutlich. Falls die PIN hinreichend lang und sicher gewählt wurde, ist der Initialisierungsschlüssel sicher. Falls die PIN zu kurz oder unsicher gewählt wurde, ist der Initialisierungsschlüssel immer noch sicher, sofern im Moment der Übertragung der Zufallszahl kein Angreifer die Übertragung mithören konnte.

Im zweiten Schritt des Pairings werden mithilfe des Initialisierungsschlüssels gesichert zwei weitere Zufallszahlen ausgetauscht. Auch diesen Schritt muss ein Angreifer noch mit abhören, wenn er die Sicherheit des Systems unterlaufen möchte, denn nun werden die für den eigentlichen Verbindungsschlüssel entscheidenden Zufallszahlen ausgetauscht. Sofern ein Angreifer jedoch nur diesen Schritt mithören kann, ohne den Initialisierungsschlüssel zu kennen, bleibt das Verfahren trotzdem sicher.

Im darauf folgenden Schritt werden aus den zuvor ausgetauschten Zufallszahlen und den Geräteadressen die beiden Schlüsselhälften K_1 und K_2 gebildet, die im abschließenden Schritt zu einem gemeinsamen Kombinationsschlüssel (*Combination Key*, K_{LINK}) zusammengefasst und als neuer Verbindungsschlüssel verwendet werden.

Die Schritte 2 bis 4 können auch verwendet werden, um aus einem bisher verwendeten Verbindungsschlüssel einen neuen Verbindungsschlüssel zu bilden. Dabei wird der alte Verbindungsschlüssel anstelle des K_{INIT} eingesetzt und K_{LINK} ergibt den neuen Verbindungsschlüssel. Für den Fall, dass der alte Verbindungsschlüssel kompromittiert sein sollte, ist der neue Schlüssel nur dann kompromittierbar, wenn der Angreifer im Moment des Austausches die Zufallszahlen mithören kann.

In Abbildung 16.4 ist die Ableitung und Nutzung der Schlüssel beim Pairing und einem später folgenden Erneuern des Verbindungsschlüssels schematisch dargestellt.

Abbildung 16.4: Etablierung u. Nutzung v. Link Keys, Fenster der Verwundbarkeit

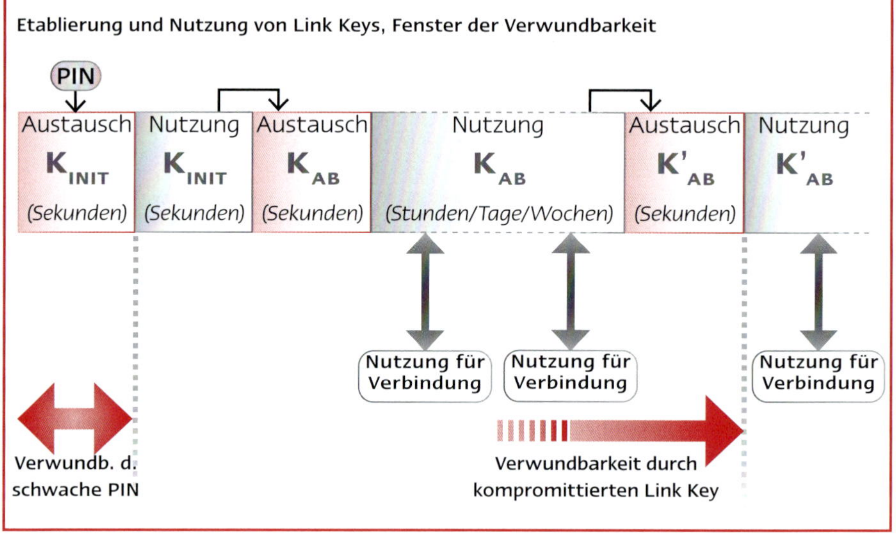

Wie oben erläutert muss ein Angreifer die Bluetooth-Kommunikation während des Pairing-Vorgangs beim ersten Austausch abhören oder aktiv ein Pairing initiieren bzw. aktiv darin eingreifen, um eine schwache PIN ausnutzen zu können. Das heißt, das Zeitfenster der Verwundbarkeit durch eine schwache PIN sind die wenigen Sekunden des Pairing-Vorgangs. Die Abbildung zeigt ferner, dass bei einer Kompromittierung eines Verbindungsschlüssels wiederum das System auch über den Schlüsselwechsel hinweg verwundbar ist, falls während des kurzen Moments des Schlüsselwechsels mitgehört werden kann.

Die beiden Funktionen E_{21} und E_{22} beruhen auf der Blockchiffre SAFER+. Dabei handelt es sich um einen der Kandidaten des Wettbewerbs, der schließlich zur Standardisierung des AES führte. Im Verlauf der Auswahl wurden jedoch Schwachstellen in SAFER+ entdeckt, die dazu führten, dass dieser Algorithmus nicht als Kandidat für den AES in die engere Wahl kam. Die Schwachstellen in SAFER+ führen allerdings nicht direkt zu einem praktischen Angriff auf den Einsatz bei Bluetooth.

Secure Simple Pairing

Deutlich anders funktioniert nun das in v2.1 neu eingeführte Secure Simple Pairing (SSP). Alle Geräte, die SSP unterstützen, bilden bei ihrer ersten Inbetriebnahme ein individuelles asymmetrisches Schlüsselpaar bestehend aus einem öffentlichen und einem geheimen Schlüssel. Mithilfe dieser Schlüsselpaare wird später beim SSP ein Diffie-Hellman-Schlüsselaustausch durchgeführt. Danach verfügen beide Seiten über einen Sitzungsschlüssel (K_{DH}). Als Grundlage des Diffie-Hellman-Protokolls wird dabei ein Verfahren mit elliptischen Kurven mit einer Schlüssellänge von 192 Bit verwendet, das dem einschlägigen Federal Information Processing Standard (FIPS PUB 186-3) entnommen ist.

Nach diesem Schritt steht zwar dieser Schlüssel zur Verfügung, aber wie bei allen Public-Key-Anwendungen ohne zusätzliche Maßnahmen wissen beide Seiten noch nicht verlässlich, mit wem sie eigentlich den Schlüssel ausgetauscht haben. Prinzipiell könnte ein Man-in-the-Middle-Angreifer sich zwischen die beiden Geräte geschaltet und mit beiden Geräten jeweils einen Schlüssel ausgetauscht haben.

Um eine solche Man-in-the-Middle-Attacke verhindern zu können, sieht der Standard je nach Ausstattung der beteiligten Geräte vier verschiedene Methoden vor. Im einfachsten Fall (*Just Works*) wird keine Gegenmaßnahme vorgenommen. Das Verfahren wäre dann immer noch sicher gegen alle Angreifer, die nur mithören, aber nicht aktiv in die Kommunikation zwischen den beiden legitimen Geräten eingreifen können (passive Angreifer). In den anderen drei Fällen werden in beiden Geräten jeweils sechsstellige Prüfwerte berechnet, in die beide für die Berechnung des Verbindungsschlüssels verwendeten öffentlichen Schlüssel eingehen.

Die für den Benutzer besonders komfortable Methode ist ein sogenannter *Out-of-Band-Vergleich* dieser Prüfwerte. Dabei wird vorausgesetzt, dass ein weiterer Kanal zwischen den beiden Geräten für diesen Zweck zur Verfügung steht. Ein Beispiel hierfür wäre die auf RFID-Technologie basierende Near Field Communication von Mobilfunkgeräten. Die Sicherheit des Verfahrens beruht dabei letztendlich auf der Integrität dieses zweiten Kanals.[10]

Eine weitere Methode ist der sogenannte *Passkey Entry*. Falls ein Gerät über eine Tastatur und das andere Gerät über ein Display verfügt, kann ein Prüfwert an dem Display angezeigt und zur Kontrolle in die Tastatur des anderen Geräts eingegeben werden. Dieses Verfahren wird nur angewendet, wenn die beiden komfortableren Methoden, nämlich die oben beschriebene Out-Of-Band-Methode und die nachfolgend beschriebene Methode Numeric Comparison nicht zur Verfügung stehen.

10 In der Regel unter der Annahme, dass ein Angreifer nicht beide Kanäle (Bluetooth und den Out-of-Band-Kanal) gleichzeitig korrumpieren kann.

Schließlich wird bei der Methode des *Numeric Comparison* an jedem der beiden Geräte der jeweils errechnete Prüfwert angezeigt. Der Benutzer muss diese beiden Werte ablesen und vergleichen. Danach gibt er nur noch ein »ok« oder »nicht ok« ein.

Authentifikation und Verschlüsselung von Verbindungen

Der beim Pairing ausgetauschte Verbindungsschlüssel wird im Anschluss bei der Übertragung von Nutzdaten zur Authentifikation der jeweiligen Verbindung mit einem symmetrischen Challenge-Response-Verfahren und für die Datenverschlüsselung mit einer symmetrischen Stromchiffre verwendet.

Die Kryptofunktionen von Bluetooth sind stärker einzuschätzen als die von GSM (in ursprünglicher Version, vgl. Abschnitt 16.4.1), aber schwächer als die mittlerweile im SSL/TLS- oder VPN-Bereich üblichen Algorithmen, wie z. B. AES.

Zwei Ausnahmen hiervon bilden die deutlich später spezifizierten Bluetooth-Mechanismen SSP und LE-Encryption. Die in SSP verwendeten kryptografischen Mechanismen (192 Bit EC-DH und HMAC-SHA-256) entsprechen dem Sicherheitsniveau von AES und vergleichbaren aktuellen Algorithmen – auch in diesem Fall werden jedoch für die Authentifikation und Verschlüsselung unter Verwendung des per SSP ausgetauschten Verbindungsschlüssels die gleichen, schwächeren Grundmechanismen wie schon bei Bluetooth 1.0 verwendet. Mit Bluetooth 4.0 wurde dann das schon von WPA2 her bekannte AES-CCM-Verfahren auch für Verschlüsslung und Integritätsschutz von Bluetooth-Verbindungen spezifiziert – allerdings nur für solche, die das neue »Low Energy«-(LE-) Übertragungsverfahren nutzen, wo wiederum nur eine gegenüber SSP schwächere Form des Pairings unterstützt wird.

16.3.4 Bluetooth-Sicherheitsmechanismen im Detail

In diesem Abschnitt werden die kryptografischen Sicherheitsmechanismen von Bluetooth genauer beleuchtet. Die Detailtiefe dieses Abschnitts ist für einen Sicherheitsverantwortlichen in der Regel nicht erforderlich. Die dargestellten Hintergründe können jedoch dem hieran näher interessierten Leser einen guten Eindruck über das Design von kryptografischen Protokollen vermitteln.

Secure Simple Pairing genauer betrachtet

Beispielhaft gehen wir auf die Methode des *Numeric Comparison* noch etwas näher ein. In Abbildung 16.5 sind die Details dargestellt.

In die per SHA-256[11] gebildeten Prüfwerte gehen die beiden Public Keys der beiden Geräte ein. Ferner werden noch zwei Zufallszahlen mit verwendet. Das auf den ersten Blick entbehrlich erscheinende Commitment C_2 wird benötigt, um eine Man-in-the-

11 Unter anschließender Verkürzung des Ergebnisses auf sechs Dezimalstellen.

Middle-Attacke auf dieses Teilprotokoll auszuschließen.[12] Durch den Vergleich der beiden sechsstelligen Zahlen wird eine Man-in-the-Middle-Attacke mit der Wahrscheinlichkeit 0,999999 verhindert.[13]

Abbildung 16.5: Vergleich von Prüfwerten zur Verhinderung einer Man-in-the-Middle-Attacke

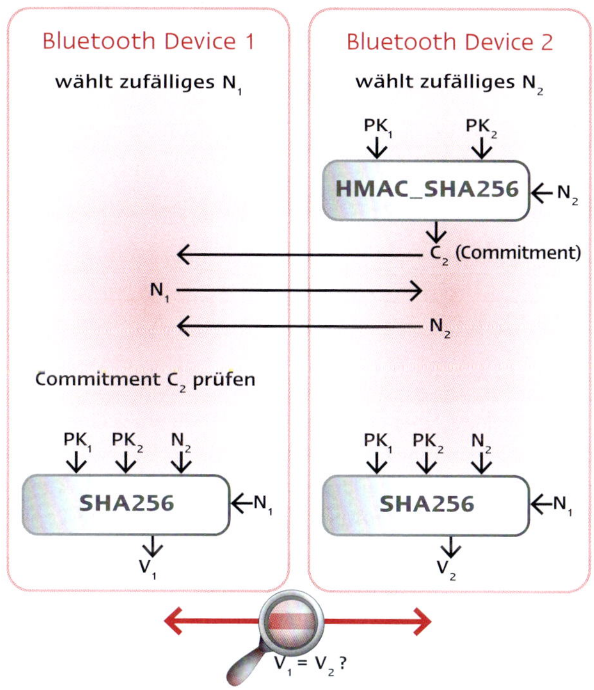

In einem nächsten Schritt des Secure Simple Pairings werden zu Prüfzwecken ohne weitere Beteiligung der Benutzer MAC-Werte über Zufallszahlen, Geräteadressen und Ein-/Ausgabe-Optionen mit dem gemeinsamen Schlüssel K_{DH} gebildet, ausgetauscht und anschließend geprüft.

12 Ein aktiver Man-in-the-Middle-Angreifer kann den vom legitimen Gerät 1 berechneten Prüfwert V_1 rekonstruieren. Daher könnte er, falls N_2 nicht vorab durch den Commitment-Wert festgelegt wäre, nach Abhören von N_1 per Brute-Force-Suche ein N_2' ermitteln und anstelle von N2 an Gerät 2 weitergeben, für das sich unter Verwendung der in Gerät 2 sichtbaren Schlüssel PK_1' und PK_2 der gleiche Prüfwert ergibt wie in Gerät 1 mit dem originalen N_2 unter Verwendung der dort sichtbaren Schlüssel PK_1 und PK_2'.

13 Die Restunsicherheit ergibt sich durch die Möglichkeit, dass ein Angreifer den vom jeweiligen legitimen Gerät erwarteten Prüfwert errät.

In einem letzten Schritt wird der Verbindungsschlüssel abgeleitet. Hier wird wie im vorherigen Schritt ein MAC mit dem HMAC-Verfahren und SHA-256 als Hash-Funktion eingesetzt. Als Schlüssel wird ebenfalls der Schlüssel aus dem Diffie-Hellman-Schlüsselaustausch verwendet. In Abbildung 16.6 ist das Verfahren dargestellt.

Abbildung 16.6: Berechnung d. Verbindungsschlüssels beim Secure Simple Pairing

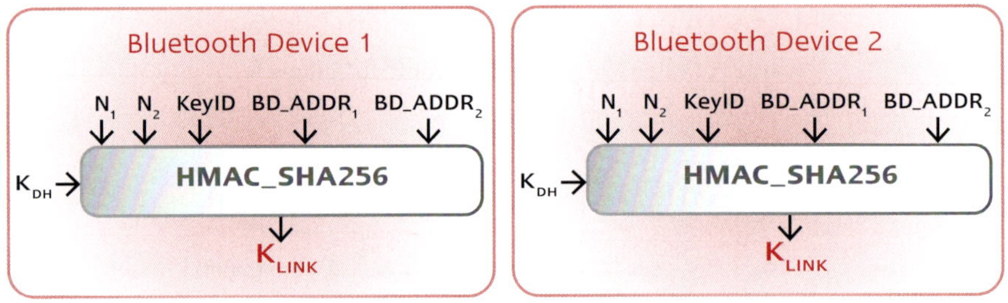

Authentifikation und Verschlüsselung genauer betrachtet

Die kryptografische Funktion E_1 dient der Authentifikation eines Geräts (*Claimant*) durch ein anderes (*Verifier*) in Form eines klassischen symmetrischen Challenge-Response-Protokolls. Der Verifier sendet als Challenge die Zufallszahl AU_RAND_A und erhält als Response den Wert SRES (für *Signed Response*), den er mit dem selbst errechneten SRES' vergleicht. Die Funktion E_1 basiert dabei auf der Blockchiffre SAFER+.[14] Die Funktion erzeugt eine Ausgabe von 128 Bit. Dabei werden 32 Bit für die Response im Rahmen des Authentifikationsvorgangs verwendet und die übrigen 96 Bit bilden den sogenannten Authenticated Ciphering Offset (ACO), der später in den Encryption Key eingeht. Das Verfahren ist in Abbildung 16.7 dargestellt.

Zur gegenseitigen Authentifikation kann dasselbe Verfahren anschließend mit vertauschten Rollen durchgeführt werden. Bei fehlgeschlagener Authentifikation wird die Wartezeit für den nächsten Versuch exponentiell erhöht (also am Anfang sehr wenig, später immer stärker), um Brute-Force-Angriffe zu erschweren.

14 Wie auch die in Abschnitt 14.3.3 unter »Pairing« erwähnten Funktionen E_{21} und E_{22}.

Abbildung 16.7: Bluetooth Authentifikation mit Challenge-Response-Verfahren

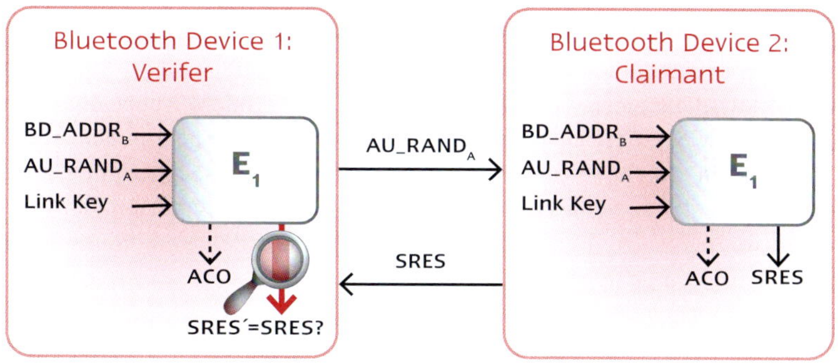

Nach [Fox02]

Die Verschlüsselung wird vom Master initiiert und vom Slave gegebenenfalls akzeptiert. Mithilfe der Grundfunktion E_3, die ebenfalls auf SAFER+ basiert, wird aus dem momentan gültigen Verbindungsschlüssel, einer weiteren Zufallszahl und dem Ciphering Offset (COF) der Verschlüsselungsschlüssel (K_C) für die aufzubauende Verbindung erzeugt (s. Abb. 16.8). In den meisten Fällen wird als COF der Wert ACO aus der Authentifikation mit E_1 verwendet. Nur in dem Fall, dass der Verbindungsschlüssel ein Master Key[15] für die Broadcast-Kommunikation ist, wird stattdessen die zweimal hintereinander gesetzte 48-Bit-Device-Adresse des Masters verwendet.

Abbildung 16.8: Bluetooth-Ableitung des Verschlüsselungsschlüssels

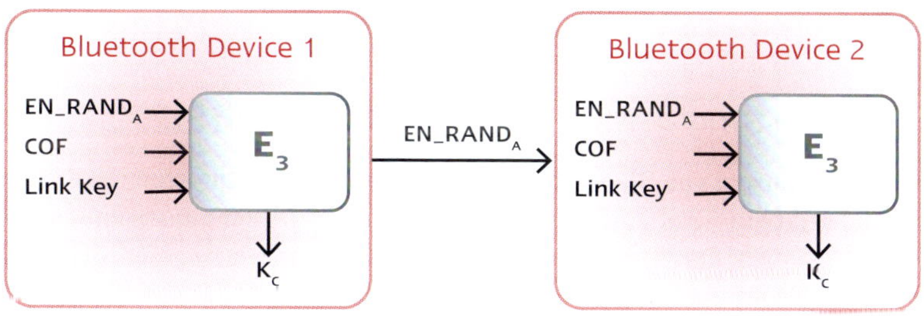

Nach [Fox02]

Zur eigentlichen Nutzdatenverschlüsselung wird die Funktion E_0 verwendet. Dabei handelt es sich um eine bitorientierte Stromchiffre auf Basis eines LFSR-Summations-Generators[16]. Diese Konstruktion ähnelt dem Algorithmus A5 von GSM (vgl. Abschnitt 16.4.1), hat aber

15 Dies ist der Schlüssel, den in einem Piconet der Master mit mehreren Slaves nutzt. Nicht zu verwechseln mit einem Master-Schlüssel im Sinne von Abschnitt 13.6.

16 LFSR steht für Linear Feedback Shift Register, linear rückgekoppeltes Schieberegister.

mehr (vier) und längere (bis zu 39 Bit) Schieberegister. Unter bestimmten Bedingungen ist es möglich, E_0 mit einem Aufwand von ca. 238 Operationen zu brechen.

Die Verschlüsselung erfolgt, wie bei Verwendung solcher Stromchiffren üblich, dadurch, dass mithilfe der Stromchiffre E_0 eine Zufallsfolge erzeugt wird (K_{Cipher}) und diese mit dem zu verschlüsselnden Datenstrom per XOR verknüpft wird (s. Abb. 13.9). Beim Entschlüsseln wird die gleiche Folge wieder mit XOR verknüpft. Neben dem Verschlüsselungsschlüssel K_C und der Geräteadresse des Master Device geht in den Algorithmus eine Art Zähler ein, der für jede neue Initialisierung der LFSR hochgezählt werden muss, damit niemals der gleiche Schlüsselstrom für andere Daten wiederverwendet wird. Dieser Zähler umfasst 26 Bit. Die Lebensdauer einer verschlüsselten Verbindung muss daher beschränkt sein.

Abbildung 16.9: Bluetooth - kryptografische Grundfunktion E_0

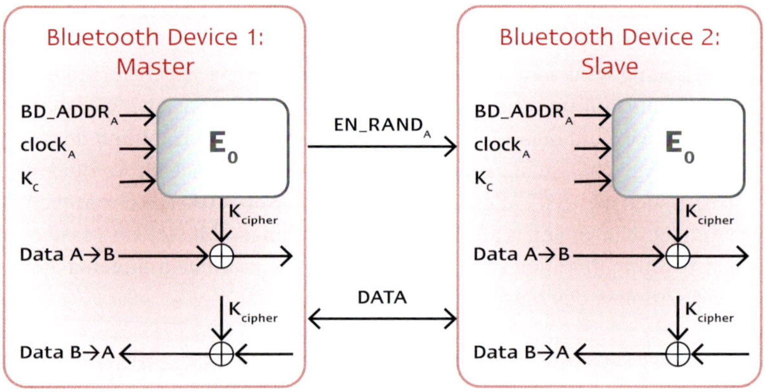

Nach [Fox02]

16.3.5 Bewertung der Sicherheitsmaßnahmen

Das Sicherheitskonzept von Bluetooth nimmt bewusst einige Schwächen in Kauf, um das übergreifende Entwurfsziel einer einfachen und äußerst kostengünstigen Kommunikationstechnologie nicht durch zuviel Aufwand für die Sicherheit zu gefährden. Besonders kritische Punkte sind:

- Die Implementierung von Sicherheitsfunktionen ist bis Bluetooth v2.0 nicht obligatorisch vorgeschrieben.
- Default ist bis v2.0 der »Non Secure« Mode.
- Es gibt keine Mechanismen, um Denial-of-Service-Angriffe oder Verkehrsanalysen zu verhindern.

Weitere, jedoch weniger gravierende Schwächen sind:

- Die Authentifikation ist auf die Ebene von Geräten (Devices) beschränkt. Eine Authentifikation von Benutzern ist nur implizit über die Zuordnung der verwendeten Geräte möglich.
- Eine Verwendung extrem kurzer oder vom Hersteller vorgegebener trivialer PIN ist möglich, mit entsprechend reduzierter Sicherheit des Initialisation Keys, aus dem der Verbindungsschlüssel abgeleitet wird. Diese Schwäche kommt aber nur in einem engen Zeitfenster während des Pairings zum Tragen.
- Die Verwendung von Geräteschlüsseln bei einfachen Geräten erleichtert ein Spoofing dieses Geräts, d. h., ein anderes Gerät kann sich einfach als das eigentliche Gerät ausgeben.

Trotz dieser Schwächen kann Bluetooth in einem relativ guten Sicherheitsniveau betrieben werden, wenn die beteiligten Geräte die im Standard definierten Sicherheitsmodi implementieren und ein angemessenes Autorisierungskonzept unterstützen. Besonders neuere Geräte, die v2.1 oder höher unterstützen, weisen bei Kommunikation mit anderen v2.1 oder neueren Geräten ein recht hohes Sicherheitsniveau auf, falls die Schritte zum Schutz gegen einen Man-in-the-Middle-Angriff nach der jeweiligen Methode aus Abschnitt »Secure Simple Pairing« auf Seite 411 durch den Benutzer korrekt durchgeführt werden.

Bei älteren Geräten vor Bluetooth 2.1 ist es wichtig, dass das Pairing in einem gegen das Abhören der Funkverbindung geschützten Bereich durchgeführt und – sofern von den beteiligten Geräten unterstützt – eine zufällig gewählte, möglichst lange PIN gewählt wird. Als geschützter Bereich könnte bspw. eine Aufzugskabine mit Metallwänden verwendet werden, die dann als Faradayscher Käfig die Abhörsicherheit unterstützt. Typische Gerätekombinationen, für die dies relevant sein könnte, sind Mobiltelefon und Freisprecheinrichtung oder Laptop und Bluetooth-Tastatur oder -Maus.

Idealerweise sollten Bluetooth-Geräte es erlauben, die Bereitschaft zum Pairing abzuschalten, um einen vom Benutzer nicht autorisierten Schlüsselaustausch mit fremden Geräten zuverlässig auszuschließen. So sollte z. B. ein Headset, das gewöhnlich weder über eine Tastatur, noch über ein Display verfügt, nur auf speziellen Knopfdruck ein Pairing durchführen.

Für die Übertragung hochsensitiver Daten ist ein Einsatz von Bluetooth ohne zusätzliche Sicherheitsmaßnahmen auf anderen Ebenen nicht geeignet. Eine sehr ausführliche Beschreibung von Sicherheitsmaßnahmen für Bluetooth findet sich im Guide to Bluetooth Security des NIST [SP800-121].

16.4 Mobilfunk

16.4.1 GSM

In den 80er-Jahren des vorigen Jahrhunderts wurde durch die »Groupe Spéciale Mobile« (hierher stammt auch das Akronym GSM, später umgedeutet zu »Global Standard for Mobile communication«) der GSM-Standard für digitalen Mobilfunk entwickelt und seit Anfang der 90er-Jahre eingesetzt. Der offizielle Start für die ersten GSM-Netze war 1992. In Deutschland ersetzte GSM das damalige C-Netz, das noch auf analoger Technik basierte. Daher wurden die beiden ersten GSM-Netze der DBP Telekom und von Mannesmann auch als D1- bzw. D2-Netz bezeichnet. Der GSM-Standard hat sich weltweit sehr erfolgreich etabliert, sodass heute in mehr als 200 Ländern GSM-Netze existieren.

Das GSM-Netz arbeitet im Bereich um 900 MHz und verwendet neben einer Aufteilung des Bandes in 124 Kanäle noch ein Zeit-Multiplex-Verfahren zur besseren Ausnutzung der verfügbaren Bandbreite. Im Laufe der Weiterentwicklung wurde die Spezifikation auf andere Netzbereiche übertragen, besonders um 1800 MHz.

Für das GSM-Netz wurde angestrebt, ein vergleichbares Sicherheitsniveau zu gewährleisten, wie es im herkömmlichen, kabelgebundenen Telefonnetz anzutreffen ist. Dies schlägt sich in den drei hauptsächlichen Sicherheitszielen nieder:

- Authentifikation des Teilnehmers gegenüber dem Netz
- Vertraulichkeit der Kommunikationsdaten
- Anonymität des Teilnehmers gegenüber Dritten

Betrachten wir diese drei Sicherheitsziele noch etwas genauer. Die Authentifizierung des Teilnehmers ist schon allein als Grundlage für die Abrechnung der Leistungen für den Betreiber wichtig. Darüber hinaus spielt sie aber auch als Schutz für den Teilnehmer eine wichtige Rolle, damit sein kostenpflichtiger Zugang gesichert ist und eingehende Anrufe nur von ihm entgegengenommen werden können. Wie Sie später genauer sehen werden, ist die Rufnummer, unter der ein bestimmtes Mobiltelefon erreicht wird, nicht von dem Gerät, sondern mittelbar von der in dem Gerät eingebauten Chipkarte (Subscriber Identification Module, SIM) abhängig.

Bei den Ansprüchen an die Vertraulichkeit muss man – bei aller nachfolgend geäußerten Kritik an der Sicherheitsarchitektur – zugunsten der Entwickler des Verfahrens bedenken, dass das angestrebte Sicherheitsniveau vergleichbar einem Telefon im Festnetz nach heutigen Maßstäben keinen besonders hohen Sicherheitsanspruch darstellt. Einzelne Telefonanschlüsse im Festnetz sind physisch z. B. durch Zugangspunkte in Mehrfamilienhäusern und Schaltkästen im Freien mit mäßigem Aufwand angreifbar. Da aber die Luftschnittstelle deutlich leichter abhörbar ist, wurde eine Verschlüsselung des Sprachkanals der Luftschnittstelle vorgesehen. Vom Grundsatz her werden Signalisierungsdaten nicht verschlüsselt. Der beliebte Short Message Service (SMS) nutzt ebenfalls den Signalisierungskanal; allerdings wird zur Übertragung von SMS-Nachrichten in der Regel die Verschlüsselung aktiviert. Die Aufforderung zur Aktivierung der Verschlüsselung muss dabei stets vom Mobilfunknetz ausgehen.

Der digitale Mobilfunk basiert auf dem Konzept, das abgedeckte Sende- und Empfangsgebiet in räumlich relativ eng begrenzte Funkzellen zu unterteilen. Grundsätzlich kann daher festgestellt werden, in welcher Funkzelle ein Teilnehmer aktiv ist. Um zu verhindern, dass Teilnehmer durch Dritte in einem bestimmten Sendegebiet lokalisiert werden können, wurde vorgesehen, dass das eindeutige Identifikationsmerkmal IMSI (International Mobile Subscriber Identity) durch eine als Pseudonym verwendete temporäre TMSI (Temporary Mobile Subscriber Identity) ersetzt werden kann, sodass sich der Teilnehmer beim nächsten Anmelden über die TMSI identifizieren kann. Da die TMSI verschlüsselt zugeteilt wird, kann sie von Dritten nicht mit der IMSI in Zusammenhang gebracht werden.

Neben diesen hauptsächlichen Sicherheitszielen gibt es noch weitere Sicherheitsmerkmale, wie z. B. die Personal Identification Number (PIN), die den meisten GSM-Nutzern aus der praktischen Handhabung geläufig ist und den Benutzer des Geräts und damit auch des Netzzugangs autorisiert. Ferner wird bei der Sicherheitsbetrachtung das sogenannte *Roaming* eine Rolle spielen, also die Tatsache, dass ein Mobilfunkgerät mit der SIM-Karte eines bestimmten Betreibers auch in anderen Netzen benutzt werden kann, z. B. im Ausland.

Sicherheitsarchitektur des GSM

Um die Sicherheitsarchitektur des GSM verstehen zu können, ist ein grundlegendes Verständnis der Netzwerkarchitektur erforderlich. Die wichtigsten Komponenten werden im Folgenden vorgestellt.

In der Abbildung 16.10 ist links die Mobile Station (MS), also das Mobiltelefon, mit der Chipkarte (SIM) zu sehen. Das Mobilfunkgerät stellt die drahtlose Verbindung zu der Base Transceiver Station (BTS) her. Mehrere solche Sendestationen sind mit einem Base Station Controller (BSC) verbunden. Diese Verbindung kann auch als Richtfunkverbindung realisiert sein. Über das Mobile Switching Center (MSC), vergleichbar einer Fernvermittlungsstelle im Telefonnetz, werden Verbindungen innerhalb des Mobilfunknetzes vermittelt und bei Bedarf auch der Übergang in andere Telefonnetze hergestellt. In dem an das MSC angegliederten Visitor Location Register (VLR) werden die Daten der im Bereich des MSC aktuell eingebuchten Teilnehmer temporär verwaltet.

Für das GSM-Netz wesentlich ist nun noch das Home Location Register (HLR), in dem die dauerhaften Kundendaten – bspw. die Zuordnung der in der SIM gespeicherten IMSI zu einer bestimmten durch den Netzbetreiber zugeordneten Rufnummer – vorgehalten werden. Für jeden Kunden gibt es nur ein HLR, in dem seine Daten zentral hinterlegt sind. Daher muss das VLR bei Bedarf über das SS7-Netzwerk[17] eine Verbindung zum HLR herstellen. Innerhalb des HLRs werden die sicherheitskritischen kryptografischen Daten im angegliederten Authentication Center (AuC) vorgehalten bzw. erzeugt.

Der untere Teil von Abbildung 16.10 zeigt die Komponenten für das GPRS-Netzwerk für Datendienste, auf das in Abschnitt 16.4.2 näher eingegangen wird.

17 Das Signalling System 7 ist ein gebräuchlicher Standard für die Signalisierung und Datenübertragung im herkömmlichen Telefonnetz, der für das Backbone-Netz bei GSM übernommen wurde.

Abbildung 16.10: Architektur des GSM/GPRS-Netzwerks

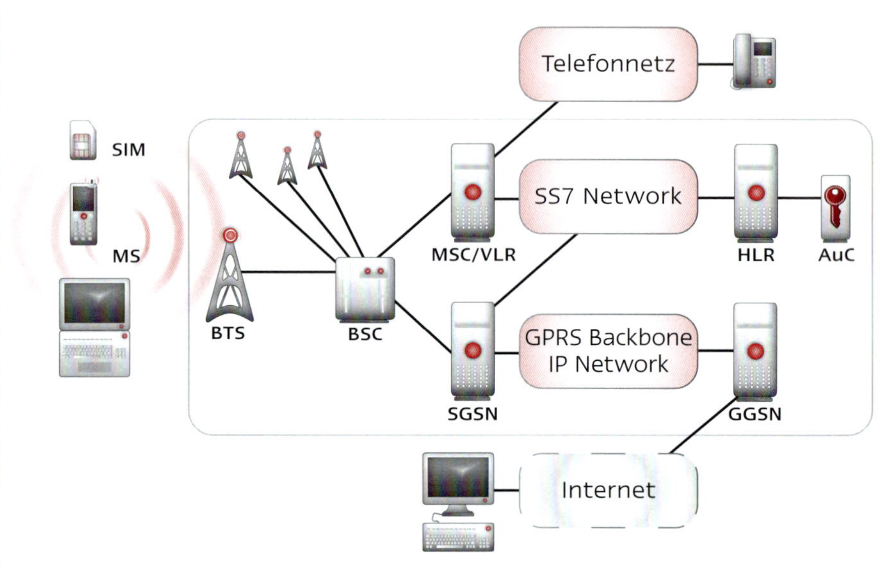

Abbildung 16.11 zeigt die Sicherheitsarchitektur von GSM im Überblick. In der SIM-Karte ist ein kundenindividueller Schlüssel K_i gespeichert. Dieser Schlüssel ist außerdem noch im AuC bekannt. Dort kann er entweder als fertiger Schlüssel vorgehalten werden, oder er wird bei Bedarf mittels eines Master Keys aus der zugeordneten IMSI und/oder anderen eindeutigen Daten der SIM abgeleitet. Die genaue Handhabung von K_i im AuC ist nicht Teil des GSM-Standards, da sie auf die Interoperabilität keinen Einfluss hat. Sie kann durch den Netzbetreiber festgelegt werden.

Der Teilnehmer wird über sein Mobilfunkgerät mit der in der SIM gespeicherten IMSI an dem VLR des »örtlichen« MSC angemeldet. Da das VLR die Kundendaten nicht kennt, reicht es bei der ersten Anmeldung die IMSI an das HLR weiter, um von dort die zugehörigen Teilnehmerdaten zu beziehen. Dort wird im AuC der geheime Schlüssel K_i bestimmt. Aus dem dauerhaften K_i und einer Zufallszahl RAND wird ein temporärer Sitzungsschlüssel K_C und eine *Expected Response* XRES abgeleitet. Der Sitzungsschlüssel K_C wird für die nachfolgende Sprachverschlüsselung auf der Luftschnittstelle eingesetzt und der Wert XRES als Response für die Authentifikation mit einem Challenge-Response-Verfahren, dessen Challenge der Wert RAND darstellt, verwendet.

Das Tripel (RAND / XRES / K_C) wird an das VLR übermittelt. Damit wird das VLR in die Lage versetzt, die Authentifikation des Teilnehmers durchzuführen und im Erfolgsfall anschließend den Verschlüsselungsschlüssel an die BTS weiterzuleiten.

Abbildung 16.11: Sicherheitsarchitektur GSM

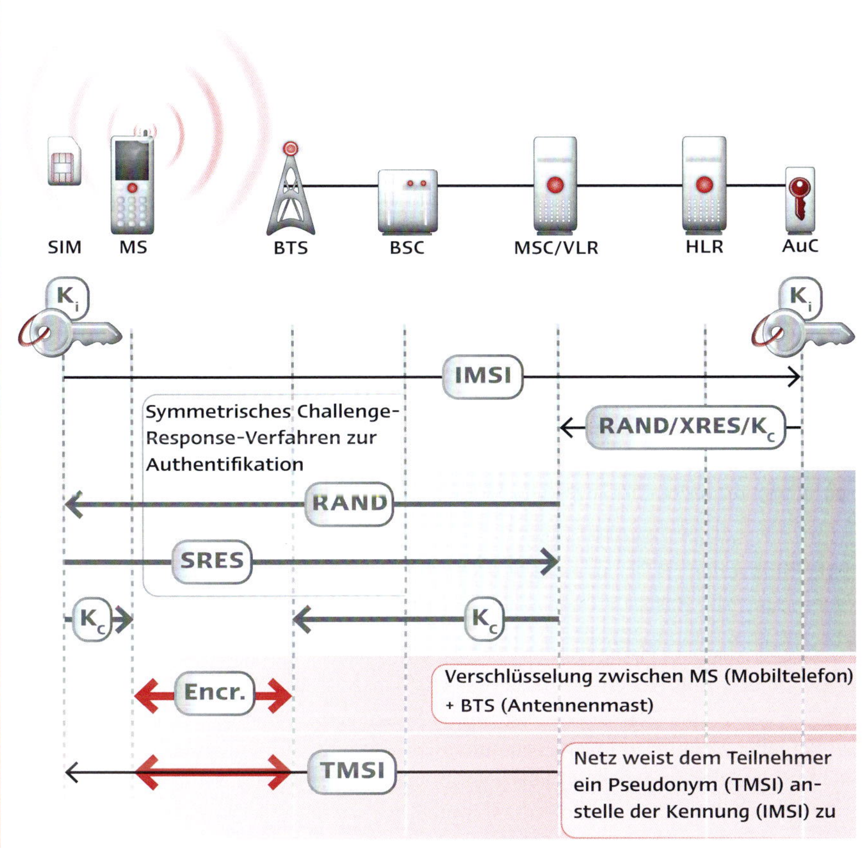

Zunächst wird für die Authentifikation die Zufallszahl RAND an das Mobiltelefon übermittelt und bis an die SIM weitergegeben. Dort kann, da der individuelle Schlüssel K_i bekannt ist, die gleiche Berechnung durchgeführt werden, wie zuvor im AuC, und aus RAND und K_i der Sitzungsschlüssel K_C und die Response – an dieser Stelle als *Signed Response* SRES bezeichnet – abgeleitet werden. Die SRES schickt die SIM als Nachweis ihrer Authentizität zurück an das VLR. Im VLR wird geprüft, ob der erwartete Wert XRES mit dem von der SIM empfangenen Wert SRES übereinstimmt. Sofern dies der Fall ist, wird dem Teilnehmer der Zugang zum Netz gewährt und die Verschlüsselung zwischen dem Mobilfunkgerät und der BTS kann aktiviert werden. Abschließend weist das VLR der SIM über den (teilweise) verschlüsselten Kanal die temporäre Kennung TMSI als Pseudonym zu.

Die Besonderheit dieses Verfahrens besteht in erster Linie darin, dass das HLR über ein derart vorberechnetes Tripel (RAND / XRES / K_C) alle weiteren kryptografischen Mechanismen in das VLR verlagern kann, ohne dabei den langlebigen Schlüssel K_i des Teilnehmers weitergeben zu müssen. Alternativ wäre dies mithilfe von Public-Key-Verfahren leicht machbar, da das VLR in diesem Fall für die Authentifikation nur den öffentlichen Schlüssel des Teilnehmers benötigen würde. Aus Gründen der damit verbundenen Komplexität, des Aufwands und der Kosten verzichtet GSM jedoch auf den Einsatz von Public-Key-Verfahren. In der Praxis liefert das HLR pro Anfrage gleich mehrere Tripel solcher Daten auf einmal, sodass der Teilnehmer bei weiteren Anmeldevorgängen am selben VLR bedient werden kann, ohne dass das VLR erneut eine Verbindung zum HLR herstellen muss.

Auf die gleiche Weise wird ein Roaming in fremde Providernetze unterstützt. Eine Erstanmeldung im Ausland benötigt daher häufig spürbar länger als eine wiederholte Anmeldung im gleichen Netzbereich, da zu Beginn des Roamings ein Satz von Authentifikations-Tripeln über die Providernetzgrenze hinweg vom HLR/AuC des Netzbetreibers des Teilnehmers bezogen werden muss.

Wie eingangs schon erwähnt, wird die Teilnehmerkennung IMSI temporär durch eine TMSI ersetzt, um zu erschweren, dass ein Teilnehmer durch Dritte lokalisiert werden kann. Die TMSI wird dabei grundsätzlich verschlüsselt übergeben und während ihrer Gültigkeit temporär in der SIM gespeichert. Die Qualität dieses Mechanismus ist entscheidend von dem Gültigkeitsbereich dieser TMSI abhängig. Im Standard wird von der Location Area (LA) gesprochen. Der GSM-Standard lässt nun zu, diese Location Area variabel festzulegen. Es gibt dreierlei gebräuchliche Möglichkeiten:

- Minimum: eine Funkzelle (BTS)
- Alle Funkzellen (BTS) an einer bestimmten Basisstation (BSC)
- Maximum: alle Basisstationen an einem bestimmten Mobile Switching Center (MSC)

In der Praxis wird von Netzbetreibern häufig der mittlere Bereich, also der Bereich einer Basisstation gewählt. Neben der aktuellen TMSI wird in der SIM eine Kennung der aktuellen Location Area gespeichert. Bei jedem Wechsel der Location Area wird eine neue TMSI vergeben. Ein »Handover« von einem Pseudonym zum anderen kann mithilfe der alten TMSI und der Angabe der bisherigen Location Area durchgeführt werden. Es kann aber auch durch das Netz direkt die IMSI im Klartext angefordert werden. Dieser »Identity Request« dient dazu, die Verfügbarkeit der Netzverbindung selbst dann sicherzustellen, wenn kein fehlerfreies Handover durchgeführt werden kann, verringert aber zugleich deutlich die Schutzwirkung des Pseudonyms. Insbesondere kann ein Angreifer, der aktive Komponenten verwendet, ein Mobilfunkgerät jederzeit zur Übermittlung der IMSI veranlassen. Grundsätzlich kann man sagen, dass der Anonymitätsmechanismus bei GSM aus technischen Gründen zugunsten der Netzverfügbarkeit abgeschwächt wurde.

Kryptografische Verfahren

Wie im vorigen Abschnitt erläutert, werden zur Authentifikation und zur Ableitung des Sitzungsschlüssels jeweils Daten aus der Zufallszahl (RAND) und dem kundenindividuellen Schlüssel K_i abgeleitet. Abbildung 16.12 zeigt schematisch diesen Vorgang in der SIM. Die Zufallszahl und der Schlüssel in der Karte bestehen aus 128 Bit. Der Algorithmus zur Authentifikation wird als A3 bezeichnet[18] und erzeugt einen 32-Bit-Wert. Der

18 Diese Bezeichnung hat sich anhand des Abschnitts A3 der GSM-Spezifikation, in der der Algorithmus behandelt wird, eingebürgert; entsprechend bei A5 und A8.

Algorithmus zur Erzeugung des Sitzungsschlüssels mit 64 Bit heißt A8. Da aber beide Algorithmen stets zusammen durchgeführt werden, spricht man auch zusammenfassend vom A3/A8-Algorithmus.

Abbildung 16.12: Authentifikation und Schlüsselableitung

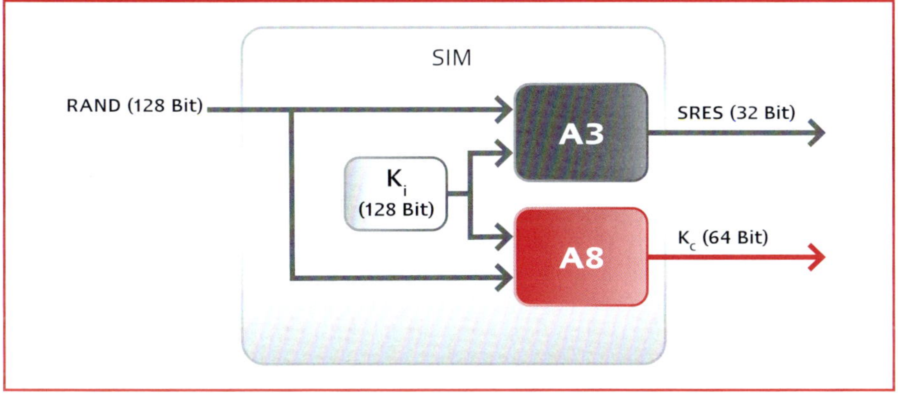

Da der konkrete, als A3/A8 genutzte Algorithmus nur in der betreiberspezifischen SIM des Kunden und im AuC des jeweiligen Betreibers bekannt sein muss, kann der Algorithmus vom Netzbetreiber frei gewählt werden. Der GSM-Standard gibt aber für Netzbetreiber, die keinen eigenen Algorithmus einsetzen wollen, ein Standard-Verfahren an, das eingesetzt werden kann. In den ersten Jahren war dies ein Algorithmus namens COMP128, der wegen kryptografischen Schwächen später durch COMP128-2 bzw. COMP128-3 ersetzt wurde. Viele Betreiber nutzen jedoch eigene Algorithmen.

Der Algorithmus zur Verschlüsselung des Sprachkanals ist in den Mobilfunkgeräten und in den BTS implementiert. Daher wird hier ein GSM-weit standardisierter Algorithmus benötigt, um Netzunabhängigkeit und Roaming zu ermöglichen. Die Familie der Algorithmen zur GSM-Sprachverschlüsselung wird als A5 bezeichnet. Ursprünglich waren folgende drei Varianten spezifiziert:

- A5/0: ohne Verschlüsselung
- A5/1: Standard-Verschlüsselung mit 64-Bit-Schlüssellänge
- A5/2: Algorithmus mit nominell ebenfalls 64 Bit, jedoch effektiv abgeschwächter Sicherheit

Für die Bewertung der Sicherheit ist es nun wichtig zu wissen, dass das Mobilfunkgerät mit der BTS aushandelt, welche Version des A5 verwendet wird. In der Regel hat der Benutzer keinen Einfluss darauf und auch keine Kontrolle darüber[19], welcher Algorithmus eingesetzt wird oder ob mit A5/0 die Verschlüsselung deaktiviert wird. Der Algorithmus wurde ursprünglich streng vertraulich behandelt. Unabhängig von der Frage nach der Sinn-

19 Nur sehr wenige Modelle von Mobiltelefonen erlauben eine Anzeige des aktivierten Verschlüsselungsniveaus.

haftigkeit eines derartigen »Security by Obscurity«-Ansatzes ist jedoch bei dem massiven Einsatz in weltweit Millionen von Geräten eine solche Geheimhaltung über einen langen Zeitraum praktisch nicht haltbar.

Abbildung 16.13: Verschlüsselungsverfahren A5/1

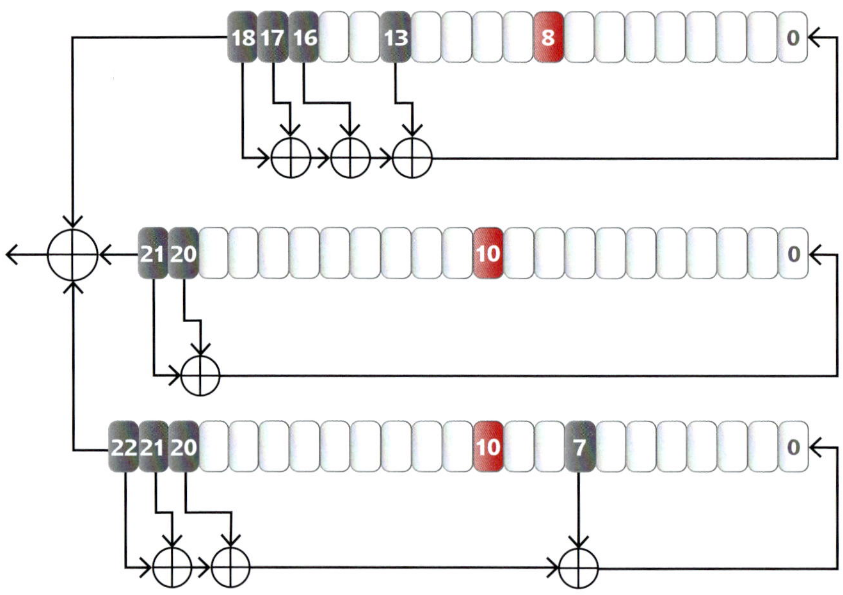

Grafikvorlage: Wikipedia

So sind Mitte der 90er wesentliche Designideen durchgesickert und spätestens 1999 wurde der Algorithmus durch Re-Engineering vollständig öffentlich bekannt. Abbildung 16.13 zeigt das Grundgerüst des Algorithmus. Es handelt sich um eine Kombination von drei linear rückgekoppelten LFSR, die in jedem Schritt ihrer Taktung ein Bit einer pseudozufälligen Schlüsselfolge generiert. An den rot markierten Stellen in der Mitte der Register wird in jedem Schritt das aktuelle Bit entnommen. In Abhängigkeit von diesen drei Bits wird nur ein Teil der drei Register für den nächsten Schritt weitergeschaltet. Die Schaltung erzeugt aus einem Zähler mit 22 Bit und dem 64-Bit-Sitzungsschlüssel einen Schlüsselstrom, der zur Verschlüsselung auf den Klartext oder zum Entschlüsseln mit dem Chiffretext bitweise per XOR verknüpft wird. Zähler und Sitzungsschlüssel werden dazu bei der Initialisierung der Schieberegister in 86 Taktschritten in jedes der Register geladen und ergeben so den 64-Bit- (23+22+19) Anfangszustand für die Erzeugung des Schlüsselstroms. Eine derartige Initialisierung wird für jeden zu verschlüsselnden Datenframe vorgenommen und von Frame zu Frame der Zählerwert erhöht.

GSM-Designschwächen

Eine der größten Schwächen im der Sicherheitsarchitektur von GSM besteht darin, dass sich das Netz nicht gegenüber dem Teilnehmer authentifizieren muss. Die Sicherheit des Teilnehmers wurde beim Design nicht genügend beachtet. Daraus ergibt sich für einen Angreifer die Möglichkeit, mit einer Man-in-the-Middle-Attacke dem Teilnehmer eine Funkstation (BTS) vorzuspiegeln.

Eine unter dem Begriff *IMSI-Catcher*[20] besonders bekannt gewordene Variante dieses Angriffes wird durch eine weitere Designschwäche von GSM erleichtert: Die Verschlüsselung wird in einem nicht weiter abgesicherten Prozess zwischen dem Mobiltelefon und der (echten oder vorgeblichen) Basis-Station vereinbart und kann daher durch Wahl von A5/0 als »Verschlüsselungsfunktion« effektiv deaktiviert werden. Mit dem IMSI-Catcher, der im Prinzip die Funktionen einer Funkstation und die Funktionen eines Mobilfunkgeräts nachbilden kann, startet man eine Man-in-the-Middle-Attacke. Dem Mobilfunkgerät spiegelt der IMSI-Catcher vor, die Funkstation zu sein, und erwirkt mit entsprechenden Kommandos das Abschalten der Verschlüsselung. Der Funkstation gegenüber gibt er sich als der Teilnehmer aus. Die entsprechenden Daten zur Authentifikation, wie die SRES bekommt man von dem Teilnehmer. Auch der Funkstation gegenüber ist es möglich, auf unverschlüsselte Kommunikation (A5/0) zu wechseln. Somit kann das Gespräch im IMSI-Catcher unverschlüsselt durchgeleitet und dabei mitgehört werden. Wie wir später sehen werden, sind solche Angriffe bei UMTS nicht mehr möglich, da dort eine gegenseitige Authentifikation durchgeführt und anschließend die Daten integritätsgeschützt ausgetauscht werden. Im fehlenden Integritätsschutz besteht also eine weitere wesentliche Schwäche.

Diese beiden Schwächen betrafen die Schnittstelle zwischen Netzbetreiber und Teilnehmer. Eine andere Kategorie von Designschwächen liegt in der Handhabung der Daten innerhalb des Systems eines Netzbetreibers. Die Verschlüsselung wird nur zwischen Mobilfunkgerät und Funkstation (BTS) durchgeführt. Alle Übertragungsstrecken dahinter bleiben unverschlüsselt. Insbesondere die Richtfunkstrecken, die häufig zwischen BTS und BSC eingesetzt werden, sind ungesichert.[21] Das angestrebte Ziel, das gleiche Sicherheitsniveau wie im Festnetz zu erreichen, hat man damit trotzdem Genüge getan. Auch im Festnetz werden Telefongespräche unverschlüsselt über Richtfunk geleitet.

Für die Anwendung zum Roaming müssen die Tripel (RAND / XRES / K_C) zwischen den Betreibern der beiden Netze – Herkunftsnetz des Teilnehmers und fremdes Netz, in dem er sich einbuchen will – ausgetauscht werden. Auch für diese Übertragung sieht der GSM-Standard keine zwingende Absicherung vor.

20 Der Name erklärt sich daher, dass die nachfolgend beschriebene Man-in-the-Middle-Funktion in der Regel nur für ganz bestimmte, an der IMSI kenntliche Teilnehmer aktiviert wird und diese so quasi aus den Teilnehmern der betroffenen Funkzelle herausgefischt werden.

21 Es bleibt dem Netzbetreiber natürlich unbenommen, eine solche Funkstrecke zusätzlich zu sichern. Dies wird aber von der GSM-Spezifikation in keiner Weise vorgegeben.

Schwächen bei den kryptografischen Algorithmen

Einer der ersten kryptologischen Angriffe auf GSM, die öffentlich bekannt wurden, beruhte auf Schwächen des COMP128-Algorithmus. Dieser Algorithmus wurde im Standard für die Authentifikation und Schlüsselerzeugung als A3/A8 vorgeschlagen. Er war ursprünglich geheim gehalten und durch Reverse Engineering rekonstruiert worden. Er enthält so massive Schwächen, dass aus nur 160.000 Challenge/Response-Wertepaaren der geheime Schlüssel K_i rekonstruiert werden kann. Mithilfe dieses Schlüssels können dann geklonte SIM-Karten hergestellt werden. Mithilfe dieser Karten könnten Gespräche geführt werden, die alle über das Konto des einen Teilnehmers abgerechnet würden. Die Sicherheit des GSM-Netzes war trotz dieser Schwäche nicht in den Grundfesten bedroht, da der Angriff relativ aufwendig durchzuführen ist, und mithilfe einer Analyse der Umsatzdaten eines Teilnehmers recht schnell erkannt wird. Dem Teilnehmer kann dann eine neue SIM mit neuem Schlüssel zugesendet werden. Allerdings kann ein solcher Schlüssel auch verwendet werden, um den aktuellen Sitzungsschlüssel K_C abzuleiten und zum Abhören der Gespräche zu verwenden. Schon früher benutzten nicht alle Netzbetreiber diesen Algorithmus;[22] heute wird er nicht mehr verwendet.

Mittlerweile empfehlen aktuelle Versionen des Standards bessere Algorithmen, die eine zusätzliche Schwäche beseitigen. Beim COMP128 waren von den 64 Bits der abgeleiteten Sitzungsschlüssel K_C nur 54 Bit sicherheitstechnisch wirksam.

Wesentlich stärker betroffen ist die Gesamtsicherheit des GSM-Netzes von Schwächen in dem eigentlichen Verschlüsselungsverfahren A5/1. Dieser zunächst streng geheim gehaltene Algorithmus wurde ebenfalls einige Jahre nach der Einführung des Systems bekannt. Relativ kurze Zeit nach dem Bekanntwerden wurden erste kryptologische Schwächen in dem Algorithmus gefunden. In weiteren Untersuchungen wurden die Angriffe immer mehr verbessert, wodurch ein hinreichend langer Datenstrom mitgeschnitten und gegebenenfalls entschlüsselt werden kann. Die schwächere Exportvariante A5/2 ist so schwach, dass aus einem verschlüsselten Datenstrom »online«, d.h. in Echtzeit, während eines verschlüsselten Gesprächs, der geheime Schlüssel berechnet werden kann. Ein denkbares Szenario wäre es, mit einem IMSI-Catcher die Verwendung des A5/2 bei einem Endgerät zu veranlassen. Durch die Analyse des aktuellen Verschlüsselungsschlüssels kann dann der Basisstation normales Verschlüsseln mit A5/1 vorgetäuscht werden. Als Folge davon wird bei neueren Mobilfunkgeräten seit 2007 A5/2 in der Regel deaktiviert. Dies hat zur Folge, dass diese Geräte in Ländern mit GSM-Netzen, die noch den A5/2-Algorithmus einsetzen, nicht verwendet werden können. Ferner wurde zur Verbesserung der Sicherheit ein neuer Algorithmus A5/3 spezifiziert. Dieser Algorithmus ist von UMTS in die GSM-Spezifikation übernommen worden und entspricht besser heutigen Sicherheitsanforderungen. A5/3 wird aber (noch) nicht von allen Netzbetreibern und Mobiltelefonen unterstützt.

Eine weitere Schwäche bei der Verschlüsselung besteht darin, dass in die Berechnung der Pseudozufallsfolge ein Zähler, der sog. Framecounter, eingeht, der nur 22 Bit lang ist. Dieser Zähler wiederholt sich nach etwas mehr als drei Gesprächsstunden. Ab da wäre die Verschlüsselung durch Verwendung der gleichen Pseudozufallsfolge prinzipiell unsicher. Grundsätzlich kann der Netzbetreiber hier sehr einfach gegensteuern und rechtzeitig vor

22 Die Kunden von Netzbetreibern, die als A3/A8 einen proprietären Algorithmus einsetzten, waren von der Schwachstelle in COMP128 nicht betroffen.

Ablauf der drei Stunden einen neuen Schlüssel ableiten und einsetzen. Der GSM-Standard schreibt jedoch dazu keine Mechanismen vor, auf die sich der Teilnehmer verlassen kann.

Insgesamt wird das GSM-System den selbst gestellten Ansprüchen, das gleiche (Un-) Sicherheitsniveau wie das Festnetz zu erreichen, trotz aller bekannt gewordenen Sicherheitsmängel gerecht. Keinesfalls darf man aber von der Verschlüsselung – selbst wenn sie mittels A5/3 durchgeführt wird – ein sehr hohes Niveau an Vertraulichkeit erwarten. Das Gespräch wird ja wie oben beschrieben, nur bis zur ersten Funkstation verschlüsselt. Auch hier gilt wieder, dass für sehr hohe Sicherheitsansprüche spezielle Geräte, z. B. spezielle Mobilfunkgeräte mit Ende-zu-Ende-Verschlüsselung verwendet werden sollten.

16.4.2 GPRS

Mit dem General Packet Radio Service (GPRS) wurde innerhalb des GSM-Netzes ein paketbasierter Datendienst eingeführt. Die genaue Bandbreite hängt von verschiedenen technischen Randbedingungen ab. Sie lässt sich grob mit den früher weitverbreiteten Modems vergleichen und liegt bei ca. 50 kbit/s. Die Abrechnung dieses Dienstes erfolgt im Wesentlichen nach der Datenmenge und nicht nach Verbindungszeiten. Eine Internetverbindung über GPRS ist also recht schmalbandig, aber wegen der hohen Abdeckung des GSM-Netzes für manche Anwendungen, wie Messstationen, offline betriebene Automaten und Ähnliches trotzdem interessant.

In Abbildung 16.10 sind neben den wesentlichen Bestandteilen des GSM-Netzes auch die Hauptkomponenten für GPRS aufgezeigt. Der *Serving GPRS Support Node* (SGSN) stellt vergleichbar des VLR die Einheit dar, die die am BSC ausgekoppelten GPRS-Pakete entgegennimmt und verarbeitet. Über die sogenannten *Gateway GPRS Support Nodes* (GGSN) werden die Datenpakete dann weitergeleitet und in andere Datennetze, besonders natürlich ins Internet, überführt.

Die Sicherheitsarchitektur von GPRS ist sehr ähnlich GSM aufgebaut, aber einige der oben angeführten Schwachpunkte sind verbessert worden.

Insbesondere findet die Verschlüsselung/Entschlüsselung jetzt nicht mehr in der BTS, sondern im SGSN statt. Damit sind u. a. Richtfunkstrecken zwischen BTS und SGSN jetzt nicht mehr im Klartext abhörbar. Ferner wurden bessere Algorithmen für die Verschlüsselung gewählt, wobei GEA1 und GEA2 nicht öffentlich bekannt sind, während GEA3 eine öffentlich bekannte, als sehr sicher angesehene Variante ist, vergleichbar dem A5/3-Algorithmus. Das Problem mit dem überlaufenden Framecounter in GSM, der nach drei Stunden Telefonat die Verschlüsselung unsicher macht, ist in GPRS ebenfalls beseitigt, da ein wesentlich längerer Zähler verwendet wird. Wie in der Abbildung 16.14 gezeigt, wird für die Authentifikation und Schlüsselableitung wie für die GSM-Sprachfunktionen auch das AuC eingesetzt. Die Algorithmen sind auch hier letztendlich durch den Netzbetreiber festzulegen.

Bei der obigen Betrachtung wurden nur die Sicherheitsmechanismen der GPRS-Komponenten und die diesbezüglichen Angriffe betrachtet. Da einem an GPRS angemeldeten Gerät eine IP-Adresse zugewiesen wird, ist es grundsätzlich auch über das Internet erreichbar und somit auch angreifbar. Insbesondere sind Unternehmensdaten, wie z. B. E-Mails, die über GPRS abgerufen werden, im Internet angreifbar. Für derartige Anwendungen sollte zusätzlich VPN eingesetzt werden, um eine Ende-zu-Ende-Sicherheit zu erreichen.

Abbildung 16.14: Sicherheitsarchitektur GPRS

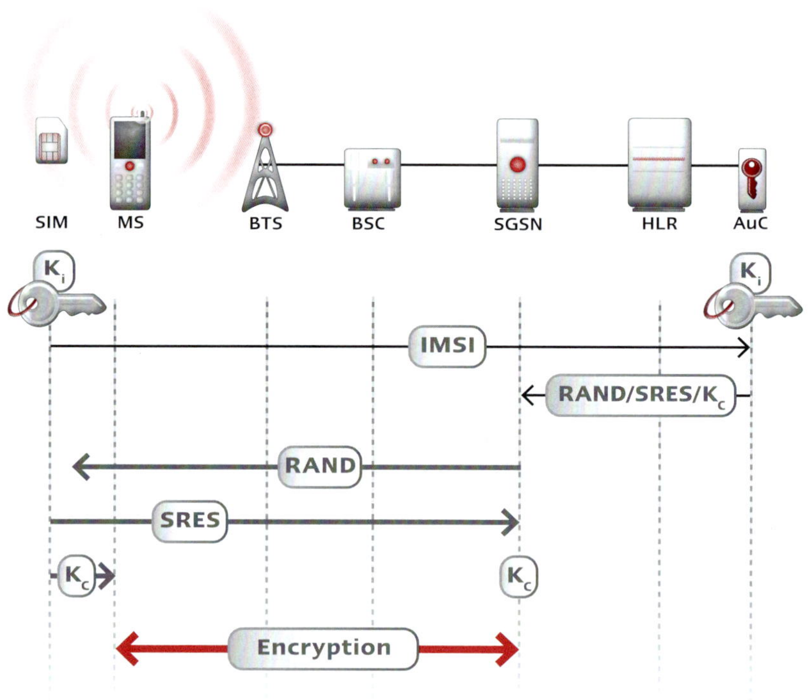

16.4.3 UMTS

Das Universal Mobile Telecommunication System (UMTS) stellt die Nachfolgegeneration eines digitalen Mobilfunknetzes nach GSM dar. Die Lizenzen für den Betrieb von UMTS-Netzen wurden in Deutschland im Jahr 2000 versteigert, was zu Milliardeneinnahmen für den Staat als Lizenzgeber und zu einer hohen finanziellen Belastung der Netzbetreiber für UMTS-Netze führte. UMTS bietet die Möglichkeit, mit wesentlich höheren Datenraten als bei GSM/GPRS zu arbeiten. Während der technische Spitzenreiter für GSM-Netze, EDGE (Enhanced Datarates for GSM Evolution), bis zu 220 kbit/s erreicht, können UMTS-Netze bis zu 7,2 Mbit/s und damit doch recht leistungsfähige Anschlüsse bieten. Diese hohen Datenraten sind aber nur in sehr kleinen Funkzellen erreichbar. In mehrere Kilometer großen Funkzellen sind je nach Größe nur deutlich geringere Datenraten (384 kbit/s bzw. 144 kbit/s) erreichbar. Insgesamt ist der mobile Internet-Anschluss einer der wichtigsten Massenanwendungen für UMTS.

Abbildung 16.15 zeigt die Sicherheitsarchitektur von UMTS im Überblick. Komponenten, wie VLR und HLR konnten mit Anpassungen übernommen werden, während die BSC wegen der grundsätzlich verschiedenen Technologie durch eine vollständig neue Komponente, den sogenannten Radio Network Controller (RNC) ersetzt wurde. Die grundlegende Architektur ist zwar immer noch vergleichbar mit der von GSM, aber im Sicherheitskonzept wurden die oben geschilderten Schwachstellen von GSM behoben. Die wesentlichen Verbesserungen der Sicherheitsarchitektur sind:

- beidseitige Authentifikation zwischen dem Netz (AuC) und der Chipkarte im Endgerät (USIM)
- Schutz vor Wiedereinspielen alter Authentifikationsdaten
- Integritätsschutz der Signalisierungsdaten und der Nutzdaten mit einem eigenen Schlüssel (Integrity Key IK)
- höhere Schlüssellängen: 128-Bit-Schlüssel für Verschlüsselung und Integritätsschutz
- neue, veröffentlichte und von der Fachwelt als sicher angesehene Kryptoalgorithmen, basierend auf der japanischen Blochchiffre Kasumi
- Verschlüsselung zwischen Endgerät (ME) und RNC (also vergleichbar GPRS)
- Verbindliche, im Standard festgeschriebene Sicherung der Signalisierungsinformation innerhalb des Core-Netzwerks (betreiberintern oder auch bei Roaming zwischen Betreibern)

Wie in Abbildung 16.15 dargestellt, erzeugt das AuC bei einer Authentifiaktionsanfrage in UMTS anstelle des bei GSM verwendeten Tripels (RAND / SRES / K_C) ein Quintupel von Daten:

RAND / XRES / CK / IK / AUTN

Die ersten drei Datenfelder werden analog dem GSM-System verwendet. Die Werte haben zwar unterschiedliche Bezeichnungen, aber XRES entspricht SRES und CK (Cipher Key) entspricht K_C bei GSM. IK (Integrity Key) ist der oben schon erwähnte Schlüssel, um sowohl über Signalisierungs- als auch über die Nutzdaten einen kryptografischen Integritätsschutz zu berechnen. Er wird analog dem Verschlüsselungsschlüssel einerseits im AuC berechnet und dem RNC zur Verwendung zur Verfügung gestellt. Andererseits werden beide Schlüssel CK und IK von der USIM anhand des Zufallswerts RAND berechnet und an das Mobilfunkgerät weitergeleitet.

Abbildung 16.15: Sicherheitsarchitektur UMTS

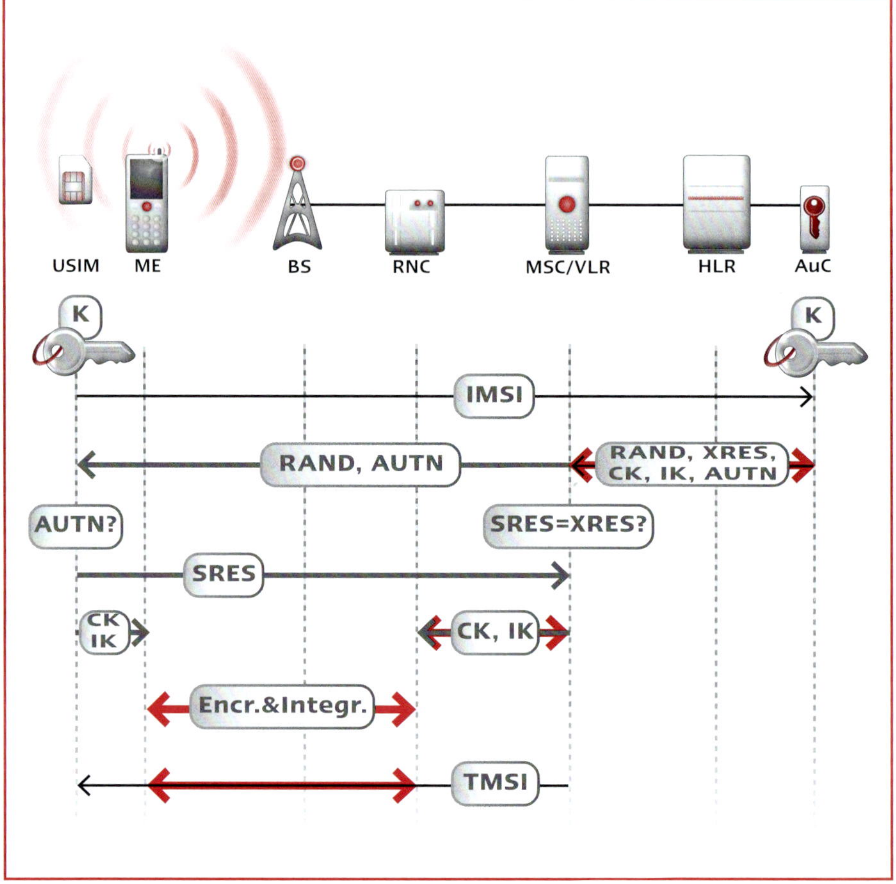

Der Wert AUTN liefert einen verschlüsselten Zählerwert, ein betreiberspezifisches Datenfeld und einen Integritätsschutz (MAC) über diese beiden Datenfelder sowie die Zufallszahl RAND. Der Zähler wird bei jeder Authentifikation erhöht, sodass auf Seite des Teilnehmers von der USIM geprüft werden kann, ob es sich um »neue« frisch berechnete Authentifikationsdaten handelt. Dieser Zähler verhindert also das Wiedereinspielen alter Authentifikationsdaten.

Andernfalls könnte z. B. folgender Angriff ausgeführt werden: Falls ein Angreifer zu einer bestimmten Zufallszahl für einen Teilnehmer den sich daraus ergebenden Verschlüsselungsschlüssel kennt, könnte er als Man-in-the-Middle dem Teilnehmer immer wieder diese Zufallszahl schicken. Das Mobilfunkgerät würde dann stets den einen, dem Angreifer bekannten Verschlüsselungsschlüssel verwenden. Um den Angriff praktisch durchzuführen, würde der Angreifer die Verbindung dann über einen anderen Zugang ins Telefonnetz oder Internet einspeisen und könnte die Verbindung mithören. Angriffe dieser Art werden durch AUTN verhindert.

Das gesamte Protokoll zur

- Authentifikation mittels RAND und SRES/XRES
- Erstellung von AUTN und Prüfung von AUTN
- Erzeugung der Schlüssel CK und IK netzseitig und teilnehmerseitig

ist für die Sicherheit von UMTS von zentraler Bedeutung und wird auch unter dem Begriff *Authentication and Key Agreement Protocol (AKA)* zusammengefasst.

Abbildung 16.16: Authentifikation and Key Agreement für UMTS

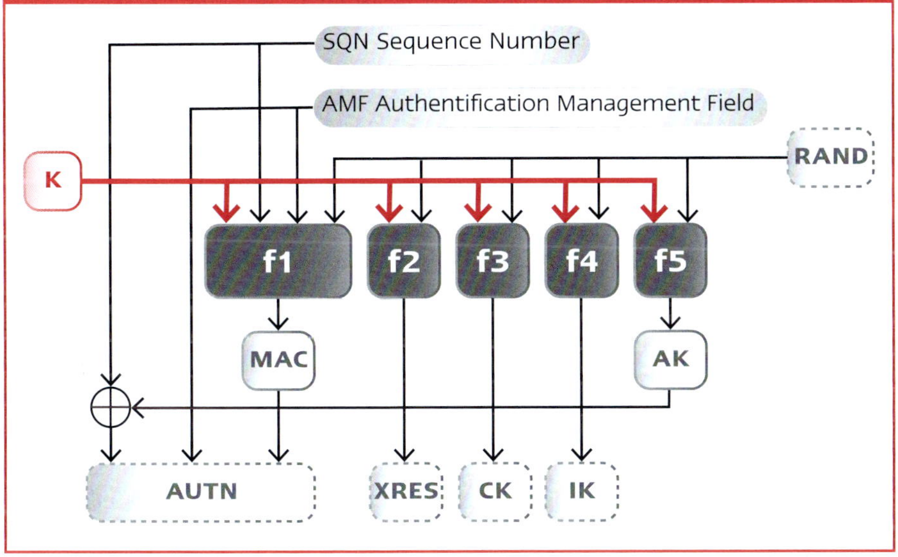

In Abbildung 16.16 sind die Algorithmen f1 bis f5 dargestellt, die zur Berechnung der verschiedenen Komponenten des AKA-Protokolls verwendet werden. Grundsätzlich sind diese Algorithmen – wie auch A3 und A8 in GSM – betreiberspezifisch, da sie nur in der betreiberspezifischen USIM und im AuC verwendet werden. In den Standards gibt es aber einen einfachen Vorschlag, wie diese Funktionen mit leicht modifizierten Varianten des AES realisiert werden können.

Zum Zeitpunkt der Spezifikation des Verschlüsselungsverfahrens für UMTS war die Standardisierung des AES noch nicht abgeschlossen. Es wurde ein anderes Verfahren, die in Japan von Mitsubishi entwickelte Blockchiffre Kasumi, als Basis für die Algorithmenentwicklung verwendet. Diese Blockchiffre wird so eingesetzt, dass ein Strom von Pseudozufallswerten berechnet wird. Dieser wird – wie bei GSM – zur Verschlüsselung bitweise mit den Daten XOR verknüpft. Die Entwicklung der Algorithmen wurde vollständig veröffentlicht, um eine Untersuchung durch Experten weltweit zu ermöglichen und Vertrauen in der Öffentlichkeit herzustellen.

Bei der Entwicklung des Sicherheitskonzeptes für UMTS hat man von den umfangreichen Erfahrungen mit dem GSM-Netz profitiert. Erfolgreiche Konzepte, wie die SIM bzw. USIM wurden beibehalten und viele Schwachpunkte ausgeräumt. Damit kann das UMTS-Netz als vergleichsweise sicher angesehen werden. Die Verschlüsselung ist letzten

Endes natürlich nur so sicher, wie die Handhabung der Verschlüsselungsschlüssel. Hier ist der Benutzer darauf angewiesen, dass diese von seinem Netzbetreiber und gegebenenfalls dem Roaming-Partner, dessen Netz der Benutzer gerade nutzt, sorgfältig geschützt werden.

16.4.4 LTE

Das Entwurfsziel des 4th Generation Mobilfunkstandards LTE (Long Term Evolution) war es, durch eine günstige Nachrüstung von vorhandenen UMTS-Netzen eine verbesserte Mobilfunk-Leistung zu erreichen, besonders im Hinblick auf die Datenübertragung per IP-Protokoll. Die Sicherheitsarchitektur von LTE ist folgerichtig ein Konglomerat aus einzelnen Sicherheitsmechanismen von UMTS und IPsec VPNs.

Von UMTS wurden die USIM-Karten und AKA übernommen. Da jedoch in LTE mehr unterschiedliche Schlüssel als bei UMTS benötigt werden, werden die beiden 128-Bit-Schlüssel IK und CK, die sich aus dem AKA-Verfahren ergeben, zu einem 256-Bit-Schlüssel K_{ASME} (für Access Security Management Entity) zusammengefügt. Aus K_{ASME} werden dann die benötigten einzelnen LTE-Schlüssel per HMAC-SHA-256 abgeleitet.

Für die Datenverschlüsselung wird der IPSec-Tunnel-Mode genutzt. Dabei werden als Verschlüsselungsverfahren entweder AES (aus IPsec) oder SNOW 3G (aus UMTS) verwendet.

Zusammenfassung

Für eine sichere Nutzung von mobilen Netzen gilt es, die Sicherheit der jeweils genutzten Verfahren sorgfältig einzuschätzen, sie in geeigneter Weise zu verwenden und bei Bedarf um weitere Sicherheitsmechanismen zu ergänzen. Zu diesem Zweck haben wir die unterschiedlichen Sicherheitsverfahren der momentan wichtigsten Standards für die drahtlose Kommunikation – Wireless LAN, Bluetooth, GSM- und UMTS-Mobilfunk – beschrieben.

Literatur

[BiHaLa06] *Bittau, A.; Handley, M.; Lackey, J.:* The Final Nail in WEP's Coffin; *www-ibcobn.cs.ucl.ac.uk/staff/M.Handley/papers/fragmentation.pdf* (Stand: 25.01.2024)

[BTCoreSpec] *Bluetooth Special Interest Group:* Bluetooth Core Specification; *https://www.bluetooth.com/specifications/bluetooth-core-specification* (die jeweils aktuelle Version; Stand: 17.01.2024)

[FlMaSh01] *Fluhrer, S. R.; Mantin, I.; Shamir, A.:* Weaknesses in the Key Scheduling Algorithm of RC4; *https://link.springer.com/content/pdf/10.1007/3-540-45537-X_1.pdf* (Stand: 25.01.2024)

[Fox02] *Fox, D.:* Bluetooth Security; *https://www.secorvo.de/publikationen/secorvo-wp05.pdf* (Stand: 25.01.2024)

[PüScMa01] *Pütz, S.; Schmitz, R.; Martin, T.:* Security Mechanisms in UMTS, Datenschutz und Datensicherheit 25(6), 2001, S. 323 – 332

[SP800-121] *National Institute of Standards and Technology (NIST):* NIST Special Publication 800-121 Revision 2: Guide to Bluetooth Security – Recommendations of the National Institute of Standards and Technology, Mai 2017; *https://nvlpubs.nist.gov/nistpubs/SpecialPublications/NIST.SP.800-121r2.pdf* (Stand: 17.01.2024)

17 Authentifizierung und Berechtigungsmanagement

Einleitung

Ein zentrales Thema der IT-Sicherheit ist das Identitäts- und Berechtigungsmanagement, mit dessen Hilfe festgelegt wird, wer sich an IT-Systemen anmelden darf und welche Rechte ihm auf dem jeweiligen System eingeräumt werden. Das Identitätsmanagement umfasst den Umgang mit Identitäten, die Identifizierung und stellenweise auch die Authentifizierung. Durch die Authentifizierung wird einerseits die Identität eines Benutzers überprüft. Andererseits ist diese Überprüfung der Identität die Vorstufe zur nachfolgenden Autorisierung des Benutzers. Authentifizierung, Autorisierung und Zugriffskontrolle bilden das Berechtigungsmanagement.

Einen umfassenden Rahmen für die Definition und das Management von Identitätsinformationen bietet der internationale Standard ISO/IEC 24760-1 »A Framework for Identity Management – Part 1: Terminology and concepts« [ISO 24760-1]. Die Begriffe in diesem Kapitel entsprechen denen des ISO-Standards.

Dieses Kapitel beschreibt in der Reihenfolge, wie in Abbildung 17.1 dargestellt, die einzelnen Komponenten des Identitäts- und Berechtigungsmanagements.

Abbildung 17.1: Elemente des Identitäts- und Berechtigungsmanagements (Identity and Access Management – IAM)

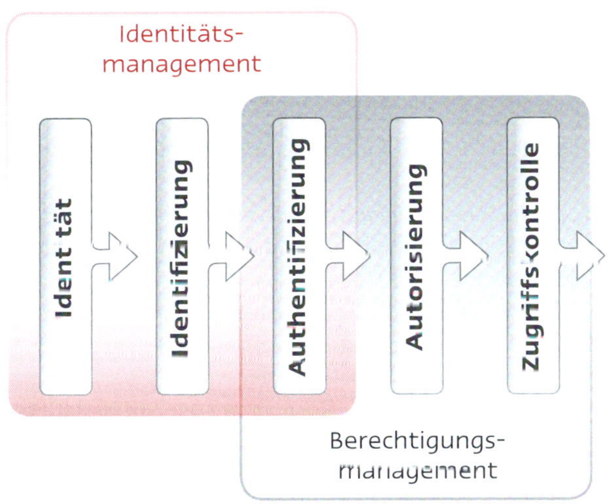

17.1 Benutzer

Das Ziel des Identitäts- und Berechtigungsmanagements ist, dass Benutzern definierte Rechte eingeräumt, andere Aktionen ausgeschlossen und Aktivitäten nachvollzogen werden können. Benutzer sind im Regelfall natürliche Personen. Diesen wird jeweils ein eigenes Benutzerkonto (Account) zugewiesen. Das Benutzerkonto ist die technische Repräsentation des Benutzers in einem System.

Aus Sicherheitsgesichtspunkten, zum Schutz des Benutzers und um die Nachvollziehbarkeit möglichst gut sicherzustellen, soll jedes Benutzerkonto nur von genau einem Benutzer verwendet werden. Für besondere Aufgaben, z. B. in der IT-Administration, kann es aber erforderlich sein, dass mehrere Benutzer gemeinsam ein Benutzerkonto verwenden, z. B. einen Funktions-Account. Funktions-Accounts werden auch eingesetzt, um technischen Prozessen Rechte zu gewähren.

Um zu verhindern, dass ein Benutzer das Benutzerkonto eines anderen Benutzers verwendet, muss die Identität des Benutzers überprüft werden. Dazu gehört das Festlegen von Merkmalen einer Identität und deren Überprüfung (Authentifizierung).

17.2 Identität

Die Identität eines Individuums ergibt sich aus der Summe von Merkmalen, durch die es sich von anderen unterscheidet. Beispiele für solche Merkmale sind

- Name, Vorname, Geburtstag, Geburtsort, Geschlecht, Adresse, Telefonnummer
- Bankverbindung, Einkommen, Kreditwürdigkeit, Steuerklasse
- Gesundheitsstand, Blutgruppe, Krankenkassenzugehörigkeit
- E-Mail-Adresse(n)
- Pseudonyme
- Vorlieben, kulturelle Interessen, Hobbys
- Surfverhalten, Verbindungsdauer

Welche Identitätsmerkmale ein Individuum eindeutig kennzeichnen, ergibt sich aus dem jeweiligen Kontext, in dem eine Identifizierung stattfinden soll. Typischerweise gibt ein Individuum im Alltag daher je nach Empfänger und eigener Rolle nur bestimmte Merkmale preis.

Unter *Identitätsdiebstahl* (engl.: *Identity Theft*) ist zu verstehen, dass ein Angreifer sich eine fremde Identität zu eigen macht und unter dieser agiert. Einen heute weit verbreiteten Angriff auf Identitäten stellt das *Phishing* dar. Dabei werden den Opfern gefälschte E-Mails geschickt, die sie verleiten sollen, einem Link auf eine gefälschte Webseite zu folgen, die der Original-Webseite zum Verwechseln ähnlich sieht. Geben sie dort ihre Benutzerkennung und das Passwort ein, erhält dies der Angreifer. Eine so erbeutete Identität kann je nach Verwendungszweck z. B. missbraucht werden, um Bestellungen zulasten des Opfers zu tätigen oder um das Bankkonto des Opfers zu plündern.

17.3 Identifizierung

Unter Identifizierung ist zu verstehen, dass ein Individuum die Identitätsmerkmale vorlegt, die es im jeweiligen Kontext eindeutig kennzeichnen. Für die Identifizierung eines Benutzers oder Systems werden eindeutige Merkmale zur Erkennung genutzt, die als Identifikator bezeichnet werden. Um einem IT-System die Identität eines Benutzers mitteilen zu können, existieren verschiedene Methoden zur Identifizierung: Der Benutzer kann sich z. B. über seinen Benutzernamen, über andere eindeutige Merkmale wie die E-Mail-Adresse oder über biometrische Merkmale identifizieren. Zur Identifizierung können mehrere Merkmale kombiniert werden. Es wird vom Benutzer jedoch kein Nachweis der Identität erbracht.

Biometrische Merkmale zur Identifizierung können sowohl physiologische Merkmale sein, wie z. B. Fingerabdruck, Irismuster, Retinamuster, Gesichtsform oder DNA, als auch verhaltenstypische Merkmale, wie z. B. Stimmmerkmale, Schriftcharakteristika oder Tastaturanschlag.

Einer zuverlässigen Identifizierung kommt im Rahmen der elektronischen Kommunikation im Internet eine wachsende Bedeutung zu, da häufig kein persönlicher Kontakt mehr zwischen den Kommunikationspartnern stattfindet. Daher soll Identitätsdiebstahl verhindert werden. Möglich ist Identitätsdiebstahl unter anderem durch mangelnde oder schlechte Identitätsfeststellung durch einen Diensteanbieter.

Die Identitätsmerkmale dienen nur dazu, das Individuum eindeutig zu identifizieren. Die Überprüfung, ob es sich wirklich um die vorgegebene Identität handelt, erfolgt durch zusätzliche Maßnahmen der Authentifizierung. Biometrische Merkmale können dabei zur Identifizierung und zur Authentifizierung verwendet werden.

17.4 Authentifizierung

Im Deutschen finden die beiden Begriffe Authentifizierung und Authentisierung Verwendung, während es im Englischen nur den Begriff *authentication* gibt. Dies führt oft zu Verwirrung und ungenauer oder synonymer Verwendung dieser beiden Begriffe. *Authentifizierung* bezeichnet den Prozess zur Überprüfung einer behaupteten Identität einer Person. *Authentisierung* hingegen bezeichnet den Prozess des Nachweises der eigenen Identität: Ich authentisiere mich gegenüber einer anderen Person bzw. einem System und die andere Person bzw. das System authentifiziert mich. Das englische Wort *authentication* unterscheidet nicht zwischen diesen beiden Prozessrichtungen. Im Folgenden wird die Partei, die die Authentifizierung durchführt, auch als *Relying Party* bezeichnet.

Es gibt fünf grundlegende Authentifizierungsmethoden, die sich auf verschiedene Merkmale stützen, um eine behauptete Identität technisch überprüfen zu können. Dabei muss ein Individuum zur Authentifizierung entweder:

- etwas wissen, z. B. ein Passwort preisgeben,
- etwas haben, z. B. ein Token benutzen,
- etwas sein, z. B. durch Nachweis eines Fingerabdrucks,
- etwas können, z. B. eine Unterschrift leisten, oder
- an einem bestimmten Ort sein, z. B. ein Computer in einem IP-Netz.

Die ersten drei der genannten Merkmale werden am häufigsten zur Authentifizierung genutzt. Ihre Grundlagen, Wissen, Besitz und biometrisches Merkmal, werden mit ihren Vor- und Nachteilen in den nachfolgenden Abschnitten dargestellt. Um den Vorgang der Authentifizierung stärker abzusichern, kann auch eine Kombination mehrerer Merkmale eingesetzt werden. Je nach Anzahl der eingesetzten Merkmale bei einer Authentifizierung unterscheidet man zwischen Ein-Faktor-, Zwei-Faktor- und Drei-Faktor-Authentifizierung. Ein typisches Beispiel für eine Zwei-Faktor-Authentifizierung bietet der Geldautomat: Zur Authentisierung muss die Person die Bankkarte *benutzen* und die persönliche Identifikationsnummer (PIN) gegenüber dem Geldautomaten *preisgeben*.

17.4.1 Authentifizierung durch Wissen

Beispiele für eine Authentifizierung anhand von Wissen sind Passwort, PIN oder Antwort auf eine bestimmte vordefinierte Frage, wie z. B. der Geburtsname der Mutter. Typische Authentifizierungsverfahren, bei denen eine Person oder ein Prozess zur Authentifizierung lediglich etwas wissen muss, sind:

- Benutzername und Passwort
- Einmal-Passwort-Systeme, z. B. S/Key
- Challenge-Response-Verfahren

Benutzername und Passwort

Die heute noch immer gängigste Methode zur Authentifizierung ist die Verwendung von Passwörtern. Die Verwaltung von Passwörtern ist relativ einfach und verursacht geringe Kosten im Vergleich zu anderen Authentisierungsverfahren. Allerdings können Passwörter auch an Dritte weitergegeben oder von Dritten erraten werden. Sie sind ein begehrtes Ziel für Angreifer.

Passwörter werden zwar in der Regel nicht im Klartext, sondern als Hash-Wert lokal auf dem Client und zentral auf dem Server gespeichert und sind somit nicht im Klartext lesbar. Dennoch ist ein Passwort vergleichsweise leicht angreifbar. Passwort-Cracker finden ein achtstelliges Passwort aus Groß- und Kleinbuchstaben in wenigen Stunden. Die Sicherheit eines Passworts beruht hauptsächlich auf dessen Länge und dem verwendeten Zeichensatz. Die Sicherheit kann allerdings erhöht werden, wenn zusätzliche Randbedingungen sichergestellt werden, bspw. das Sperren eines Benutzerkontos nach mehrfacher Falscheingabe. Weiterführende Informationen zur Mindestlängen von Passwörtern finden sich in [Fox09].

In sogenannten Brute-Force-Angriffen testet das Angriffswerkzeug alle möglichen Kombinationen von Zeichen als Passwort aus. Wenn ein Passwort nicht nur Buchstaben, sondern auch Zahlen und Sonderzeichen enthält, müssen daher wesentlich mehr Kombinationen getestet werden. Ist das Passwort ein Wort aus dem deutschen Sprachschatz und keine Kombination aus Buchstaben, Zahlen und Sonderzeichen, kann eine sogenannte *Dictionary Attack* noch schneller zum Ziel führen. Dabei werden nicht beliebige Zeichenkombinationen ausprobiert, sondern die Wörter aus einem Wörterbuch (englisch: Dictionary). Eine weitere Angriffsmöglichkeit besteht durch die *Codebook Attack*. Hierbei wird ein Codebuch zuhilfe genommen, das die Zuordnung von Chiffretexten und Klartexten enthält und so das Brechen eines Passworts durch Heraussuchen aus einer Tabelle ermöglicht. Prominentes Beispiel sind die sogenannten *Rainbow Tables*, die vorberechnete Hash-Werte zu vielen beliebigen Passwörtern enthalten.

Neben diesen technischen Angriffsmöglichkeiten sind Passwort-Verfahren auch sehr anfällig für *Social-Engineering*- und *Phishing*-Angriffe. Hierbei wird nicht mit technischen Mitteln versucht, das Passwort zu ermitteln, sondern ein Angreifer überredet einen Benutzer durch Vorspiegeln falscher Tatsachen, ihm sein Passwort bspw. telefonisch mitzuteilen oder auf einer fingierten Webseite einzugeben.[1] So kann die Authentisierung durch Preisgabe von Wissen leicht kompromittiert werden.

Außer der Gefahr, dass Passwörter leicht und unbemerkt ausgespäht werden können, haben sie den weiteren Nachteil, dass sie vom Benutzer, z. B. während seines Urlaubs, leicht vergessen werden können. Dadurch wird das Rücksetzen von Passwörtern notwendig, was für die Berechtigungsverwaltung zu zusätzlichen Kosten führt.

Dennoch sind Passwörter zur Authentisierung grundsätzlich geeignet, wenn geeignete Regeln eingehalten werden, u. a. die empfohlenen Mindestlängen eingehalten und Kombinationen aus Buchstaben, Zahlen und Sonderzeichen verwendet werden.[2]

Einmal-Passwort-System

Die Authentifizierung auf Basis von Einmal-Passwort-Systemen (englisch: One Time-Password-System) erfordert für jede Authentifizierung ein neues Einmalpasswort. Dieses ist nur für einen einzigen Vorgang gültig und kann kein zweites Mal benutzt werden. Die Einmal-Passwörter können entweder vorab erzeugt und in Passwort-Listen verteilt oder mittels Passwort-Generatoren für jeden Authentifizierungsvorgang neu erzeugt werden. Auch One-Time-Pass-Systeme (s. Abschnitt 17.4.2) sind Einmal-Passwort-Systeme, die Passwörter in einem vertrauenswürdigen Gerät generieren. Die Authentifizierung erfolgt hierbei anhand von Besitz. Bei der Authentifizierung anhand von Wissen kommen entweder Passwort-Listen oder softwaregestützte Passwort-Generatoren zum Einsatz.

Das *One-Time Password System* ist ein standardisiertes Einmal-Passwort-System.[3] Es wird von Linux, OpenBSD, NetBSD und FreeBSD unterstützt und lässt sich auch in andere Open-Source-Produkte integrieren. Der Vorgänger von »One-Time Password System« ist das S/Key-Verfahren, das im Folgenden schematisch erläutert wird.

Voraussetzung für das S/Key-Verfahren – wie auch für andere One-Time-Password-Verfahren – ist, dass beide Beteiligte (Client und Server) ein gemeinsames, geheimes Kennwort kennen, aus dem eine Reihe von Einmal-Passwörtern erzeugt wird. Zur Erzeugung der Einmal-Passwörter werden zunächst Server und Client mit dem gleichen Wert einer Zufallszahl – dem sogenannten *Seed* – initialisiert. Dieser Seed wird mit dem geheimen Kennwort des Benutzers konkateniert. Dies ergibt das initiale Geheimnis W in Abbildung 17.2. Auf das Ergebnis wird eine Hash-Funktion angewendet. So entsteht

1 Siehe z. B. Abschnitt 27.2.2.

2 Differenzierte Argumente zu Mindestlängen und zum Aufbau von Passwörtern finden sich in [Fox09] und [FoxScha09].

3 RFC 2289 »A One-Time Password System«, Februar 1998, Nachfolger von RFC 1760.

Passwort 1. Über dieses erste Passwort wird wieder ein Hash-Wert gebildet, so entsteht Passwort 2. Dieser Vorgang wird so lange wiederholt, bis genügend Passwörter erzeugt wurden.

Die erzeugten Passwörter werden in umgekehrter Reihenfolge als Passwortliste beim Benutzer gespeichert,[4] wobei das zuletzt erzeugte Passwort, das in der umgekehrten Passwort-Liste an erster Stelle steht, vom Benutzer nicht verwendet werden darf. Dieses Passwort wird auf dem Server gespeichert und dient als Referenz bei der Verifikation des zur Authentisierung angegebenen Passworts. Beim ersten Authentifizierungsvorgang authentifiziert sich der Benutzer mit dem zweiten Passwort auf der Liste. Bei der Überprüfung des angegebenen Passworts wird wieder die Hash-Funktion auf das Passwort angewendet. Stimmt das Ergebnis der Hash-Funktion mit dem Referenzwert überein, der auf dem Server gespeichert ist, so war die Authentisierung erfolgreich und dieses Passwort wird auf dem Server gespeichert. Es dient als neuer Referenzwert für den nächsten Authentifizierungsvorgang.

Wenn alle Passwörter verbraucht wurden, muss das Einmal-Passwort-System reinitialisiert werden. Hierfür ist ein neuer Seed erforderlich, das gemeinsame, geheime Kennwort kann bestehen bleiben. Abbildung 17.2 stellt die Passwort-Erzeugung und den Authentifizierungsvorgang beim S/Key-Verfahren grafisch dar.

Eine Implementierung für Einmalpasswörter ist das vom United States Naval Research Laboratory (NRL) stammende OPIE (One-time Passwords In Everything), das das S/Key-Verfahren benutzt.

Das Einmal-Passwort-System S/Key ist ein sicheres Authentifizierungsverfahren, da jedes Passwort nur einmal verwendet wird und sich das nächste Passwort nicht aus dem vorherigen ableiten lässt. Somit sind keine Angriffe über *Password Sniffer* oder *Keylogger* möglich. Da jedes Passwort nur einmal zur Authentisierung verwendet wird, ist das Verfahren außerdem immun gegen *Replay-Attacken*. Die Sicherheit des Verfahrens liegt in der Nicht-Umkehrbarkeit von Hash-Funktionen begründet, d. h., der ursprüngliche Text kann anhand des Hash-Werts nicht rekonstruiert werden. Der Nachteil dieses Authentifizierungsverfahrens liegt in der aufwendigen Verwaltung der Passwort-Listen.

Einmal-Passwort-Systeme bieten sich insbesondere dort an, wo Smartcards oder USB-Tokens nicht genutzt werden können, wie bspw. in einem Internet-Café.

4 Alternativ kann das jeweils geforderte Einmal-Passwort für jede S/Key-Authentifikation neu vom Client-Kalkulationsprogramm des Einmal-Passwort-Systems berechnet werden. Hierfür erzeugt der serverseitige Generator einen Seed und eine Sequenznummer als Vorgabe für das clientseitige Kalkulationsprogramm. Das Client-Kalkulationsprogramm errechnet daraus zusammen mit dem geheimen Kennwort des Benutzers ein Einmal-Passwort, das der Benutzer zur Authentifikation an den Server übermitteln muss.

Abbildung 17.2: Funktionsweise S/Key

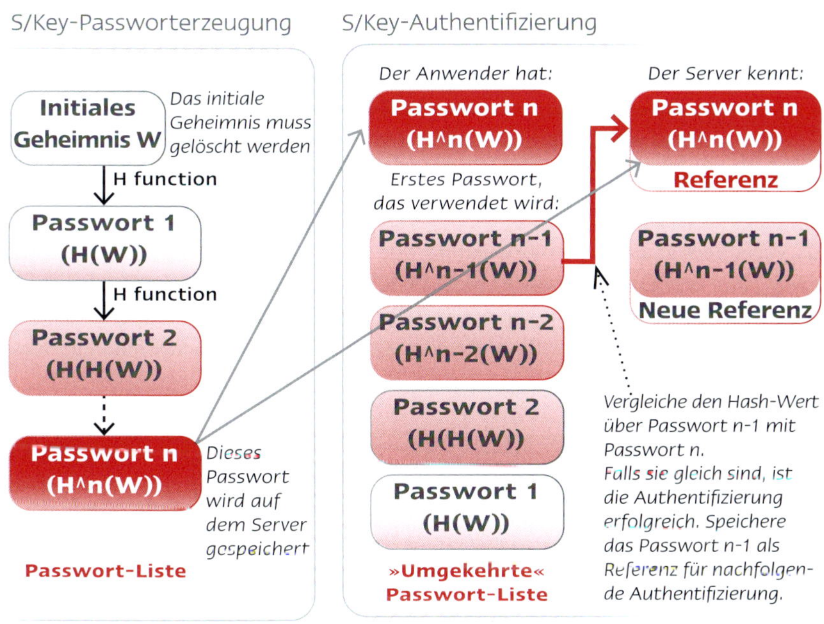

Grafikvorlage: Wikipedia, *http://en.wikipedia.org/wiki/S/KEY*

Challenge-Response-Verfahren

Wie oben dargestellt, ist das Authentifizierungsverfahren »Benutzername und Passwort« leicht angreifbar. Es gibt jedoch auch sichere Challenge-Response-Verfahren, die auf kryptografischen Algorithmen basieren. Hierbei wird das Passwort des Benutzers nicht im Klartext übertragen, sondern es werden Hash-Verfahren sowie symmetrische oder asymmetrische Kryptografie eingesetzt. Ein Beispiel für ein solches Challenge-Response-Verfahren auf Basis symmetrischer Kryptografie ist in Abbildung 17.3 dargestellt.

Bei diesem Challenge-Response-Verfahren müssen der Client und das Authentifizierungssystem den gleichen symmetrischen Schlüssel verwenden. Als symmetrischer Schlüssel dient der Hash-Wert des Benutzerpassworts, der im Authentifizierungssystem hinterlegt ist. Der Benutzer authentifiziert sich, indem er das richtige Passwort kennt, das zum hinterlegten Hash-Wert (damit zum gleichen symmetrischen Schlüssel) führt. Nur bei Verwendung des gleichen symmetrischen Schlüssels kann die vom Benutzer erzeugte Response vom Authentifizierungssystem richtig entschlüsselt werden. Der in Abbildung 17.3 dargestellte Ablauf gliedert sich in die folgenden Schritte:

1. Das Authentifizierungssystem, das nur den kryptografischen Hash-Wert des Passworts kennt, erzeugt und übermittelt eine Zufallszahl als Challenge an den Benutzer.
2. Der Benutzer gibt sein Passwort ein, das mit einem definierten Hash-Algorithmus gehasht wird.

3. Der aus dem Passwort erhaltene Hash-Wert wird als kryptografischer Schlüssel für eine Verschlüsselung der Challenge verwendet.
4. Das Ergebnis der Verschlüsselung stellt die Response dar und wird an das Authentifizierungssystem übergeben.
5. Das Authentifizierungssystem entschlüsselt mit dem ihm bekannten Hash-Wert des Passworts die erhaltene, verschlüsselte Response.
6. Abschließend vergleicht das Authentifizierungssystem den Wert mit der gestellten Challenge. Bei Übereinstimmung der beiden Werte wurde folglich das richtige Passwort vom Benutzer eingegeben.

Das Verfahren ist durch die Verwendung von Zufallszahlen als Challenge immun gegen *Replay-Attacken*. Da das Passwort nicht im Klartext übertragen wird, sind auch Angriffe mit einem *Password Sniffer* nicht mehr erfolgreich. Da das Passwort aber direkt am Client eingegeben wird, sind Angriffe mit einem *Keylogger* bei solchen Challenge-Response-Verfahren möglich.

Abbildung 17.3: Passwort-Challenge-Response-Verfahren

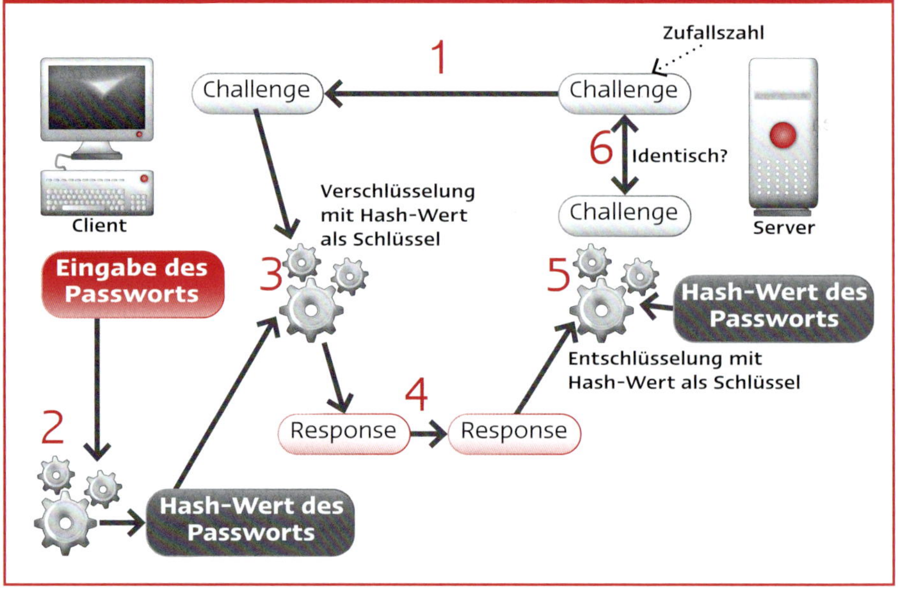

Challenge-Response-Verfahren unter Verwendung von asymmetrischer Kryptografie

Challenge-Response-Verfahren auf Basis asymmetrischer Kryptografie und Public Key Infrastruktur (PKI) bieten eine Möglichkeit zur Authentifizierung, ohne dass die Relying Party ein Geheimnis kennen muss.[5] Die Authentifizierung wird nur mit öffentlich verfügbaren Informationen durchgeführt, die problemlos über einen unsicheren Kanal übertragen werden können.

Der sich authentisierende Partner verfügt über ein asymmetrisches Schlüsselpaar und ein zugehöriges Zertifikat, das von einer Zertifizierungsstelle ausgestellt wurde, der auch die Relying Party vertraut. Der Nachweis der Identität (Authentisierung) wird dadurch erbracht, dass der sich Authentisierende seinen privaten Schlüssel einsetzt, der nur ihm bekannt ist.

Die Authentifizierung erfolgt nach einem der beiden folgenden technischen Verfahren:

- Die Relying Party schickt eine Challenge an den sich Authentisierenden. Dieser signiert die Challenge und sendet sie an die Relying Party zurück. Die erfolgreiche Signaturprüfung auf der Seite der Relying Party führt zur Authentifizierung.
- Alternativ schickt die Relying Party eine mit dem entsprechenden öffentlichen Schlüssel verschlüsselte Challenge an den sich Authentisierenden. Kann dieser die Challenge erfolgreich entschlüsseln und der Relying Party den Klartext nachweisen, ist die Authentifizierung erfolgreich abgeschlossen.

Die Methode kann auch für gegenseitige Authentifizierung eingesetzt werden, wenn beide Parteien über Schlüsselpaare und Zertifikate verfügen, denen sie jeweils vertrauen.

Prominentes Beispiel für eine Authentisierung durch Signaturerstellung ist die Client-Authentisierung innerhalb der Protokolle SSL oder TLS. Eine Challenge wird vom Authentisierenden, dem Client, mit seinem privaten Schlüssel »signiert« und an den prüfenden Partner, den Server, übergeben. Dieser verifiziert die Signatur mit dem öffentlichen Schlüssel des Authentisierenden.

Eine Authentisierung durch Entschlüsselung findet hingegen bei der SSL- bzw. TLS-Serverauthentisierung als Bestandteil des SSL-Handshake statt. Eine Challenge wird vom prüfenden Partner (Client) mit dem öffentlichen Schlüssel des Authentisierenden (Server) verschlüsselt und an diesen übergeben, sodass er die Challenge mit seinem privaten Schlüssel entschlüsseln kann. In Abbildung 17.4 wird schematisch dargestellt, wie eine SSL- bzw. TLS-Serverauthentisierung abläuft:

1. Der Server, der ein asymmetrisches Schlüsselpaar und ein Zertifikat besitzt, sendet sein Zertifikat an den Client (im Rahmen der sogenannten *Server.Hello*-Nachricht; zuvor hat der Client eine sogenannte *Client.Hello* Nachricht an den Server gesendet).
2. Der Client erzeugt einen initialen Sitzungsschlüssel *(Pre-Master Secret)* als Basis für den späteren Sitzungsschlüssel (*Session Key*), der zum Verschlüsseln des Kommunikationskanals verwendet werden wird (*Master Secret*).

5 Im Gegensatz dazu müssen beim Einsatz von Hash-Werten über Passwörter oder von symmetrischen Schlüsseln diese Geheimnisse beiden Parteien, also sowohl dem sich Authentisierenden als auch der Relying Party, bekannt sein.

3. Dieses *Pre-Master Secret* wird mit dem öffentlichen Schlüssel des Servers verschlüsselt. Der öffentliche Schlüssel des Servers ist Bestandteil seines Zertifikats, das der Server zuvor an den Client geschickt hat.
4. Das verschlüsselte *Pre-Master Secret* wird als Challenge an den Server übergeben.
5. Der Server entschlüsselt die Challenge mit seinem privaten Schlüssel und ist nun im Besitz des vom Client erzeugten *Pre-Master Secrets*. Aus diesem *Pre-Master Secret* kann der Server nun ebenfalls den Session Key zur Verschlüsselung des Kommunikationskanals (*Master Secret*) berechnen. Da der Client und der Server sowohl den gleichen Algorithmus als auch das gleiche *Pre-Master Secret* verwenden, sind die erzeugten symmetrischen Lese- und Schreibschlüssel (*Master Secret)* bei beiden identisch.
6. Abschließend sendet der Server als Response eine mit dem vereinbarten symmetrischen Verschlüsselungsverfahren verschlüsselte *Server-Finished*-Nachricht an den Client. Wenn der Client die Response entschlüsseln kann, hat der Server seine Identität bewiesen, da er das *Pre-Master Secret* entschlüsseln konnte und folglich im Besitz des zugehörigen privaten Schlüssels ist.

Abbildung 17.4: SSL-Server-Authentifizierung

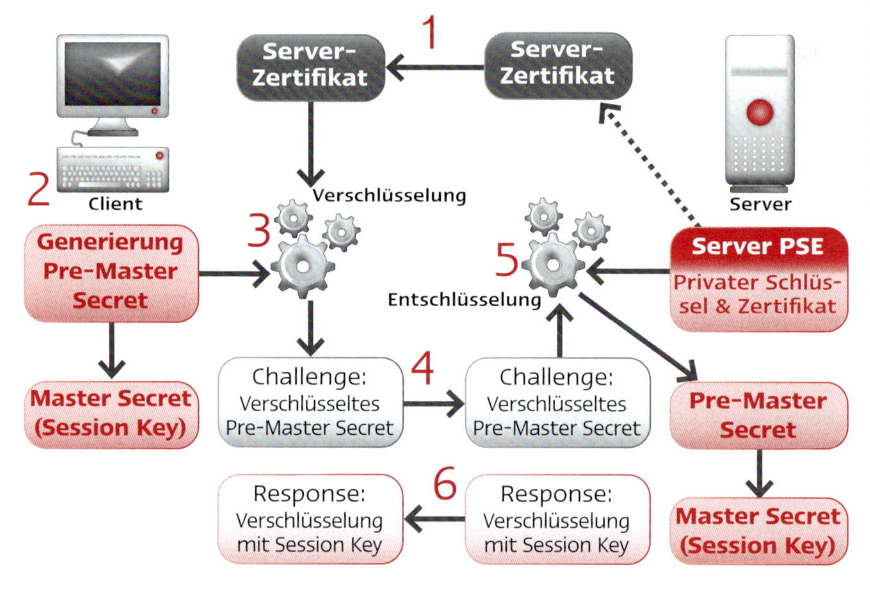

Das Verfahren ist durch die Verwendung von Zufallszahlen für den initialen Sitzungsschlüssel *(Pre-Master Secret)* immun gegen *Replay-Attacken*. Da die Authentifizierung nur mit öffentlich verfügbaren Informationen durchgeführt wird und kein gemeinsames Geheimnis – Passwort oder symmetrischer Schlüssel – erforderlich ist, sind auch Angriffe mit einem *Password Sniffer* nicht erfolgreich. Wenn bei einer Client-Authentisierung unter

Verwendung von asymmetrischer Kryptografie der private Schlüssel des Benutzers durch ein Passwort geschützt ist, kann ein *Keylogger* nur das Passwort für den Zugang zum lokalen Geheimnis (privater Schlüssel) ausspähen, aber ermöglicht es dem Angreifer nicht, in den Besitz der zur Authentifizierung erforderlichen Daten zu gelangen.

FIDO U2F

Bei Webdiensten hat sich U2F (Universal Second Factor) in den vergangenen Jahren zunehmend etabliert. U2F ist ein offener Standard für Zwei-Faktor-Authentisierung. Die Spezifikation stammt ursprünglich von Google, Yubico und NXP Semiconductors und wird fortan von der FIDO-Allianz (Fast IDentity Online) weiterentwickelt.
Der Standard verwendet einen Challenge-Response-Mechanismus zur Authentifizierung. Durch Einbeziehung einer Applikationskennung in die Challenge kann die Nutzeranmeldung auch weitgehend vor Phising oder Man-in-the-Middle-Angriffen geschützt werden.

Ein U2F-Gerät erzeugt für jeden neu registrierten Dienst ein individuelles Schlüsselpaar. Der zugehörige öffentliche Schlüssel wird dem jeweiligen Webdienst übertragen. Ein Webdienst kann also nicht herausfinden, bei welchen weiteren Diensten dieses U2F-Gerät noch registriert ist.

U2F Hardware-Tokens müssen nicht über eine PIN entsperrt werden, sondern besitzen in der Regel einen Taster oder eine Kontaktfläche, über die ihre Verwendung freigegeben wird. Somit wird abgesichert, dass der Benutzer bei der Anmeldung am Gerät anwesend ist und diese bewusst auslösen will.

FIDO2

FIDO2 ist eine Weiterentwicklung von U2F und abwärtskompatibel zu diesem. Der ebenfalls offene Standard setzt sich aus der WebAuthn API und dem Client-To-Authenticator-Protocol 2 (CTAP2) zusammen. WebAuthn ist eine von der W3C spezifizierte Browser-Schnittstelle, die von Webdiensten – den Relying Parties – angesprochen werden kann. CTAP2 übernimmt die Kommunikation zwischen Browser bzw. Betriebssystem und einem FIDO2-kompatiblen Hardware-Token.

Das Protokoll kann für verschiedene Szenarien eingesetzt werden. Sowohl die Verwendung als zweiter Faktor als auch die gänzlich passwortlose Anmeldung sind möglich. Weiterhin erlaubt FIDO2 die zusätzliche Nutzung einer PIN oder eines biometrischen Merkmals und bietet somit eine Multi-Faktor-Authentifizierung.

17.4.2 Authentifizierung durch Besitz

Bei einer Authentifizierung durch Besitz weist der Benutzer nach, dass er das erforderliche Authentifizierungsmittel besitzt und verwenden kann. Typische Mittel zur Authentifizierung eines Individuums sind:

- physischer Schlüssel
- Magnetstreifenkarte
- Hardware-Token
- One-Time-Pass-Systeme mit Authentication Token (z. B. RSA SecurID)

Schlüssel oder Magnetstreifenkarten werden zur physischen Zutrittskontrolle eingesetzt. Sie finden im Bereich *Corporate Security* Verwendung. Die anderen Authentifizierungsmittel werden im Bereich der *IT Security* eingesetzt und dienen überwiegend der Authentifizierung von Benutzern durch IT-Systeme.

Die Verwendung von Smartcards, USB-Token oder One-Time-Pass-Systemen erfordert in der Regel zur Authentifizierung nicht nur den Besitz des Authentifizierungsmittels, sondern auch die Kenntnis einer PIN. Durch die Kombination von Besitz und Wissen wird eine Zwei-Faktor-Authentifizierung realisiert.

Hardware-Tokens: Smartcards und USB-Tokens

Der Einsatz von Smartcards oder USB-Tokens zur Authentifizierung gewinnt heutzutage zunehmend an Bedeutung. Insbesondere durch die Kombinationsmöglichkeit mit einem Firmenausweis sind Smartcards zur Authentifizierung besonders geeignet. Im Folgenden werden Smartcards und USB-Tokens unter dem Begriff Hardware-Token zusammengefasst.

Das auf Hardware-Tokens basierende Authentifizierungsverfahren funktioniert im Prinzip wie das Challenge-Response-Verfahren mit PKI (s. Abschnitt 17.4.1), nur dass zusätzlich der Besitz des Hardware-Tokens bewiesen werden muss. Der Benutzer authentifiziert sich lokal mittels seiner PIN gegenüber dem Hardware-Token. So werden keine geheimen Authentifizierungsdaten an einen Authentifizierungsserver übermittelt, die potenziell abgehört werden könnten. Der Beweis für den Besitz des Hardware-Tokens wird dadurch erbracht, dass der private Authentifizierungsschlüssel auf dem Hardware-Token gespeichert ist und von dort nicht kopiert oder ausgelesen werden kann. Alle Operationen mit dem privaten Schlüssel finden nur auf dem Hardware-Token statt. Dies stellt gegenüber der softwarebasierten Speicherung privater Authentifizierungsschlüssel einen erheblichen Sicherheitsgewinn dar, da private Schlüssel so nicht mehr unbemerkt kopiert werden können.

Ein weiterer Vorteil von Hardware-Tokens sind ihre Fehlbedienungszähler: Nach einer maximal zulässigen Anzahl von PIN-Fehleingaben wird das Hardware-Token für die weitere Verwendung gesperrt.

Es gibt jedoch auch zwei erhebliche Nachteile, die das zweite Authentifizierungsmerkmal *Besitz* mit sich bringt: Zum einen ist die Erstellung und Verteilung von Hardware-Tokens mit relativ hohen Kosten verbunden, zum anderen birgt das Verfahren das Risiko, dass das Hardware-Token defekt, verloren, gestohlen oder vergessen werden kann und sich der Besitzer dann nicht mehr authentisieren kann.

One-Time-Pass-Systeme

Bei One-Time-Pass-Systemen mit Hardware-Tokens[6] werden in einem vertrauenswürdigen Gerät Passwörter generiert, die nur für einen einzigen Authentisierungsvorgang gültig sind und kein zweites Mal benutzt werden können. Solche Einmal-Passwort-Systeme bestehen aus einem *Authentication Token* und einem *Authentication Server*, die sich beide ein gemeinsames, geheimes Kennwort und den sogenannten Seed teilen, um die gleichen Einmalpasswörter berechnen zu können.

Es gibt verschiedene Arten von One-Time-Pass-Systemen mit Hardware-Tokens:

- Challenge-Response-Verfahren
- Time-based (zeitgesteuerte) Verfahren
- Event-based (ereignisgesteuerte) Verfahren

Bei den sogenannten Challenge-Response-Verfahren sendet der Server eine Challenge, die der Benutzer in sein *Authentication Token* eingeben muss. Aus diesem Challenge wird das One-Time-Password berechnet und im *Authentication Token* angezeigt. Dieses One-Time-Password gibt der Benutzer an seinem Client ein. Es wird an den Authentication Server übertragen, der es überprüft. Zur Prüfung führt der Server die gleiche Rechenoperation aus, wie zuvor das Authentication Token. Nachteil dieser Challenge-Response-Verfahren ist ihre Fehleranfälligkeit bei der Eingabe des Challenge in das Authentication Token.

Diesen Nachteil vermeiden sogenannten *Time-based-Verfahren* (zeitgesteuerte Verfahren), denn sie benötigen keine Eingabe einer Challenge. Als Challenge dient vielmehr die aktuelle Uhrzeit. Die generierten Einmalpasswörter haben eine genau definierte Gültigkeit. In der Regel wird alle 60 Sekunden ein neues Einmalpasswort generiert. Voraussetzung für Time-based-Verfahren ist eine synchrone Uhrzeit bei Authentication Token und Authentication Server. In der Regel berechnet und akzeptiert ein Authentication Server mehrere Einmalpasswörter innerhalb eines Toleranzbereichs, um geringe Abweichungen in der Uhrzeit zwischen Authentication Token und Authentication Server auszugleichen. Je größer dieser Toleranzbereich jedoch ist, desto anfälliger wird das Systeme gegen Replay-Attacken. Diese Synchronisationsprobleme haben die zuvor beschriebenen asynchronen Challenge-Response-Verfahren nicht.

Die *Event-based-Verfahren* verwenden einen internen Zähler, der bei jeder Verwendung inkrementiert wird. Dieser Zähler dient als Eingabeparameter bei der Generierung des Einmalpassworts. Eine Schwäche dieses Verfahrens wird deutlich, wenn ein Einmalpasswort, das vom Authentication Token erzeugt wurde, nicht zur Authentifizierung verwendet wird: Dies führt nämlich dazu, dass der Authentication Server und das Authentication Token nicht mehr synchron sind.

Ganz generell bieten One-Time-Pass-Systeme den Vorteil, dass sie keine Verwaltung von Passwort-Listen benötigen. Außerdem sind sie gegen passive Angriffe, wie z. B. Mithören, sicher. Auch Replay-Attacken sind – mit Ausnahme des Toleranzbereichs bei Time-based Tokens – nicht möglich. One-Time-Pass-Systeme schützen jedoch nicht gegen Man-in-the-Middle-Angriffe, bei denen sich der Angreifer als Authentication Token bzw. Authentication Server ausgibt.

6 Einmal-Passwort-Systeme können auch ohne Hardware-Token realisiert werden, siehe dazu Abschnitt 17.4.1.

17.4.3 Authentifizierung durch Biometrie

Biometrische Verfahren können zur Identifizierung (s. Abschnitt 17.3), aber auch zur Authentifizierung verwendet werden. Bei der Authentifizierung durch Biometrie unterscheidet man zwischen physiologischen und verhaltensbasierten Verfahren. Die physiologischen Verfahren basieren auf passiven Merkmalen, z. B.:

- Fingerabdruck
- Gesichtserkennung
- Irismuster
- Retinamuster (Augenhintergrund, Netzhaut)
- Handgeometrie
- Geruch
- Blutbild oder DNA

Verhaltensbasierte Verfahren hingegen nutzen aktive Merkmale, z. B.

- Unterschriftendynamik
- Stimmbiometrie
- Lippenbewegung beim Sprechen
- typische Bewegungsabläufe wie z. B. das Gangbild
- Anschlagsdynamik auf Tastaturen

Es ist charakteristisch für biometrische Merkmale, dass sie von der betreffenden Person immer mitgeführt werden. Allerdings können sie sich im Laufe der Zeit oder durch Unfälle verändern und damit im Vergleich zu alten Werten schlechter erkennbar werden.

Um zur Authentifizierung geeignet zu sein, müssen biometrische Merkmale bestimmten Anforderungen genügen:

- Eindeutigkeit, d. h., es gibt keine gleiche Ausprägung bei verschiedenen Menschen
- Universalität, d. h., das Merkmal muss bei möglichst vielen Menschen vorkommen
- Konstanz, d. h., die Merkmalsausprägung darf sich über längere Zeit nicht ändern
- Messbarkeit, d. h., das Merkmal muss möglichst fehlerfrei messbar sein
- Anwenderfreundlichkeit, d. h. die Messung kann ohne Belästigung des Menschen erfolgen
- Fälschungssicherheit, d. h., das Merkmal darf möglichst nicht imitiert oder gestohlen werden können

Wird ein zur Authentifizierung bestimmtes, biometrisches Merkmal erstmals erfasst, wird es als Referenzmuster gespeichert. Seine Erkennung, also der Vergleich mit dem Referenzmuster, kann nur mit einer gewissen Wahrscheinlichkeit erfolgreich durchgeführt werden. Auch ohne unfall- oder altersbedingte Veränderungen des biometrischen Merkmals sind daher fehlerhafte Erkennungen eines biometrischen Merkmals (false acceptance bzw. false positive) bzw. fehlerhafte Zurückweisungen (false rejection bzw. false negative) möglich. Die Erkennung eines biometrischen Merkmals wird als *falsch negativ* (false negative) bezeichnet, wenn das Erkennungsgerät fälschlicherweise anzeigt, dass das biometrische Merkmal nicht mit dem Referenzwert übereinstimmt, also negativ sei. Das Kriterium ist also tatsächlich erfüllt, wird aber vom Erkennungsgerät nicht richtig erkannt. Umgekehrt bedeutet *falsch positiv* (false positive), dass das Erkennungsgerät fälschlicherweise anzeigt, das biometrische Merkmal stimme mit dem Referenzwert überein, sei also positiv. Das Kriterium ist also tatsächlich nicht erfüllt, wird aber vom Erkennungsgerät als richtig erkannt.

Zusätzlich zu den Risiken durch fehlerhafte Erkennung biometrischer Merkmale liegt ein weiterer Nachteil der Authentifizierungsverfahren in den Kosten, die für die technischen Erkennungsgeräte (Scanner) anfallen. Außerdem werden je nach Wahl des biometrischen Merkmals bestimmte Personengruppen ausgeschlossen, denen das ausgewählte Merkmal fehlt, z. B. werden Stumme bei Stimmerkennungssystemen ausgeschlossen.

17.4.4 Authentifizierung in verteilten Systemen

In verteilten Client-Server-Systemen, bei denen viele Clients auf einen oder mehrere Server zugreifen, wird ein geeignetes Protokoll zur Authentifizierung benötigt. Solche Protokolle zur Authentifizierung in verteilten Systemen sind sogenannte »Triple-A-Protokolle« (AAA-Protokolle): Sie vereinen Authentifizierung, Autorisierung und Abrechnung (engl. Authentication, Authorization, Accounting). Zu diesen zählen:

- Kerberos
- RADIUS
- TACACS+
- Diameter

Kerberos

Kerberos entstand 1983 am Massachusetts Institute of Technology (MIT) im Rahmen des Athena Projekts in Kooperation mit IBM und DEC. Es wurde von Steve Miller und Clifford Neuman entwickelt. Die Grundidee von Kerberos basiert auf der Authentifizierung durch Verteilung symmetrischer Schlüssel über eine vertrauenswürdige dritte Partei (Trusted Third Party) wie bereits von Roger Needham und Michael Schroeder in ihrem Needam-Schroeder-Protokoll im Jahre 1978 verwendet. Die derzeit aktuelle Version 5 von Kerberos wird im Internet-Standard RFC 4120 von Juli 2005 beschrieben.

Anfang der 90er-Jahre diente Kerberos der Open Software Foundation (OSF) als Grundlage für ihr Distributed Computing Environment (DCE). Seit Windows 2000 verwendet Microsoft das Kerberos-Protokoll als Authentisierungsdienst in ihrem Betriebssystem.

Kerberos vereint Schlüsselaustausch und Authentifizierung mit dem Ziel, eine sichere Kommunikation zwischen zwei Parteien in einem unsicheren Netzwerk zu etablieren. Es ist ein reiner Authentifizierungs- und Schlüsselaustauschdienst und stellt weder Funktionen zur Rechtevergabe noch für die Zugriffskontrolle bereit.

Die vertrauenswürdige dritte Partei zur Schlüsselverteilung ist das sogenannte *Key Distribution Center* (KDC). Das KDC muss besonders gesichert sein, denn es beinhaltet den *Authentication Server* (AS), der die mit allen Benutzern (Personen und Servern) vereinbarten symmetrischen Schlüssel K verwaltet und so mit jedem Benutzer über einen gemeinsamen symmetrischen Schlüssel verfügt. In der Folge verwenden wir K_U für den Schlüssel des Benutzers U, K_T für den Schlüssel des Ticket Granting Servers und K_S für den Schlüssel des Servers S.

In Abbildung 17.5 ist das KDC oben dargestellt. Für Personen wird der Schlüssel K_U in der Regel aus dem Passwort abgeleitet. Auf Anfrage eines Benutzers erzeugt der AS dazu einen temporären Sitzungsschlüssel K_{UT}, den er verschlüsselt mit dem jeweiligen K_U an den Benutzer zurücksendet. Dieser Sitzungsschlüssel K_{UT} dient zur Authentifizierung des Benutzers. Das KDC beinhaltet zusätzlich zum Kerberos AS noch den *Ticket Granting Server* (TGS), der nach der Authentifizierung mittels *Ticket Granting Tickets* (TGT) die eigentlichen *Service Tickets* (ST) ausstellt. Die TGT werden mit dem Schlüssel K_T des TGS verschlüsselt. Die ST werden mit dem Schlüssel K_S des jeweiligen Servers S verschlüsselt. Der Kerberos AS stellt lediglich die TGT aus. Nach Ausstellung des TGT für einen Benutzer kann sein Benutzerpasswort aus dem Speicher gelöscht werden. Zum Erhalt eines *Service Tickets* für den Zugriff auf einen Serverdienst reicht das TGT. In der Regel werden AS und TGS als zwei logisch getrennte Dienste desselben KDC-Servers implementiert.

Abbildung 17.5: Kerberos - Standardverfahren

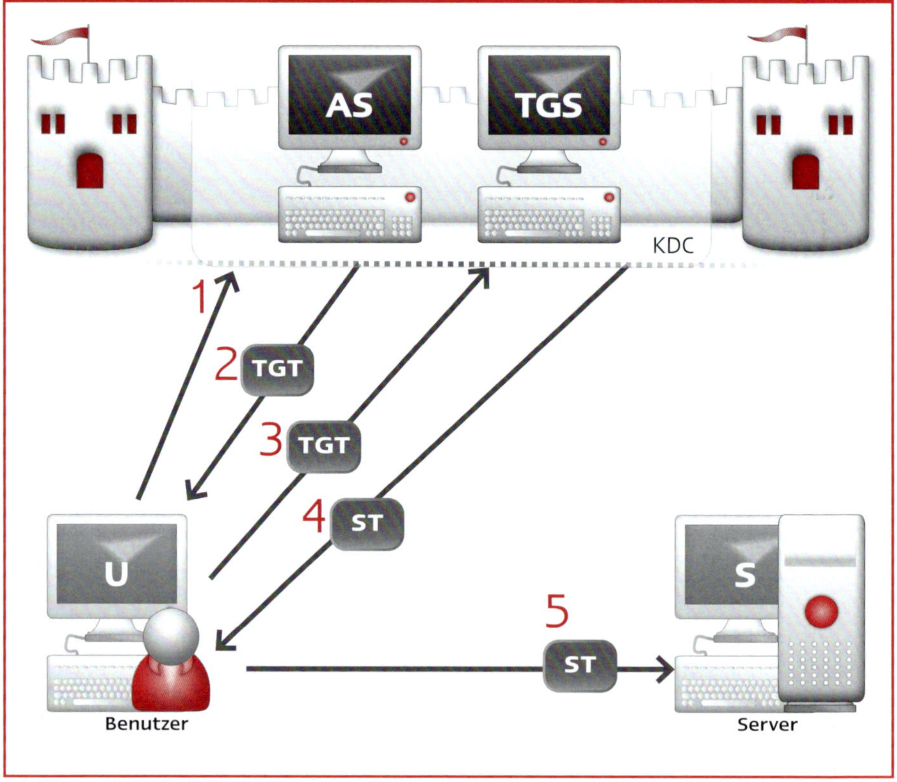

Unter Windows ab 2000 und XP ist das KDC für beide Dienste der Domain Controller. Abbildung 17.5 beschreibt die Schritte im Kerberos-Standardverfahren:

1. **Anforderung einer Authentifikationsbescheinigung**
   Beim Login fordert der Benutzer U vom AS ein Ticket für Kommunikation mit TGS an. Er authentifiziert sich gegenüber AS auf Basis seines K_U. Seine Anfrage besteht aus User-ID, ID des TGS und einem *Nonce.*

2. **Rückgabe eines Initialtickets für TGS**
   AS gibt ein Ticket und einen temporären Schlüssel K_{UT} für die Kommunikation zwischen U und TGS an den Benutzer zurück. Seine Antwort an Benutzer U besteht aus dem temporären Schlüssel (Session Key) K_{UT} inklusive *Nonce* verschlüsselt für Benutzer U mit K_U: $\{K_{UT}, nonce\}_{KU}$ und dem *Ticket Granting Ticket* TGT zur Vorlage beim TGS:$\{User\text{-}ID, K_{UT}, lifetime\}_{KT}$. Das Ticket ist für TGS verschlüsselt. Wenn das Login-Programm des Benutzers den temporären Schlüssel inklusive *Nonce* mithilfe des Benutzer-Passworts entschlüsseln kann, wird das Passwort im Speicher gelöscht und der temporäre Schlüssel inklusive *Nonce* gespeichert.

3. **Anforderung eines Tickets für Server S**
   Unter Vorlage seines TGT fordert U nun ein Ticket für die Kommunikation mit dem Server S beim TGS an.

4. **Rückgabe eines Tickets für Server S**
   TGS überprüft das TGT. Wenn es gültig ist, erzeugt TGS einen neuen temporären Schlüssel K_{US} für die Kommunikation zwischen U und S. Seine Antwort an U besteht aus dem temporären Schlüssel K_{US} inklusive *Nonce* verschlüsselt mit K_{UT} für den Benutzer U: $\{K_{US}, Nonce\}_{KUT}$ und dem *Service Ticket* ST zur Vorlage bei S: $\{User\text{-}ID, K_{US}, lifetime\}_{KS}$. Das Ticket ist für S verschlüsselt. Der Benutzer authentifiziert sich durch die Entschlüsselung des neuen temporären Schlüssels K_{US}, der mit dem temporären Schlüssel K_{UT} aus Schritt 2 verschlüsselt ist. Dieser temporäre Schlüssel K_{UT} ist im TGT enthalten, das U in Schritt 3 an TGS gesendet hat.

5. **Anfrage an Server S**
   U sendet mit seiner Anfrage an S auch das *Service Ticket* ST. ST enthält den temporären Sitzungsschlüssel $K_{US.}$ Der Sitzungsschlüssel K_{US} dient zur gegenseitigen Authentifizierung von U und S.

Durch die Authentifizierung über symmetrische Schlüssel hat das Kerberos Protokoll den großen Vorteil, dass keine Benutzerpasswörter im Klartext über das Netz gesendet werden müssen. Weiterhin ist Kerberos sehr gut skalierbar. Die Benutzer können in Authentisierungs-Domains – sogenannten *Realms* – getrennt verwaltet werden. TGS sind in allen *Realms* bekannt, wodurch Benutzer auch auf Dienste anderer *Realms* zugreifen können. Ein zentraler Angriffspunkt des Kerberos-Authentifizierungssystems ist das Key Distribution Center, wo alle symmetrischen Schlüssel der Benutzer und Systeme gespeichert sind. Gelingt es einem Angreifer, Zugriff auf das Key Distribution Center zu erhalten, so besteht die Gefahr, dass das gesamte Authentifizierungssystem kompromittiert wird Daher muss das Key Distribution Center besonders geschützt werden.

RADIUS

Als Standardprotokoll zur Authentifizierung im operativen Betrieb wird heute typischerweise RADIUS verwendet. Es stellt den De-facto-Standard bei zentraler Authentifizierung von Einwahlverbindungen über Modem, ISDN, VPN, Wireless LAN (IEEE 802.1X) und DSL dar. Ursprünglich wurde es zur Authentifizierung von Benutzern bei Einwahlverbindungen in ein Computernetzwerk entwickelt.

Die erste Version des RADIUS-Protokolls wurde im Jahr 1997 in den Internetstandards RFC 2058 und RFC 2059 definiert. Aktuell ist RADIUS in den RFCs 2865–2869 festgelegt.

- Die Kommunikation im RADIUS-Protokoll wird über UDP abgewickelt. Der Benutzer verbindet sich über das Internet mit den *Remote Access Service*-(RAS-)Server – z. B. einem VPN-Gateway, das als RADIUS-Client gegenüber dem RADIUS-Server fungiert. Der RAS-Server wird häufig auch als Network Access Server (NAS) bezeichnet. Beim Zugriff auf den RAS-Server werden verschiedene Authentifizierungsprotokolle unterstützt. Der Benutzer kann sich z. B. über das *Point-to-Point Protocol* (PPP) mit *Password Authentication Protocol* (PAP), oder über PPP mit *Challenge Handshake Authentication Protocol* (CHAP) authentisieren. Die beiden Authentifizierungsprotokolle PAP und CHAP sind in dem Internetstandard RFC 1334 »PPP Authentication Protocols« aus dem Jahr 1992 beschrieben.
- Typischerweise kann der RAS-Server (RADIUS-Client) die Authentifizierung nicht selber durchführen, sondern er benötigt hierfür den RADIUS-Server. RADIUS-Client und RADIUS-Server teilen sich ein Geheimnis (*shared secret*). So wird sichergestellt, dass der RADIUS-Server nur Anfragen von autorisierten RADIUS-Clients verarbeitet. Der RADIUS-Server ist ein zentraler Authentifizierungsserver, der auf die Datenbank mit den Benutzerdaten zugreift, um den Benutzer zu authentifizieren, also Benutzernamen und Passwort zu überprüfen. Dabei wird nicht das Passwort selber, sondern nur dessen Hash-Wert übermittelt. Allerdings ist es bei der Benutzer-Authentifizierung über das CHAP-Protokoll erforderlich, dass das Benutzerpasswort im Klartext beim RADIUS-Server vorliegt, damit dieser die CHAP *Challenge* damit verschlüsseln und mit der CHAP *Response* des Benutzers vergleichen kann. Liegt das Passwort nicht im Klartext vor, muss der RADIUS-Server den Zugriff ablehnen. Als Antwort liefert der RADIUS-Server an den RADIUS-Client zurück, ob die Authentifizierung des Benutzers erfolgreich war. Er fügt dieser Antwort außerdem das Berechtigungsprofil des Benutzers bei.

Ein wesentlicher Vorteil des RADIUS-Protokolls liegt in der zentralen Verwaltung aller Benutzernamen und Passwörter, wodurch sie in verteilten Netzwerken überall und jederzeit aktuell verfügbar sind. Passwort-Konfigurationen sind nicht mehr physisch auf den Geräten und müssen dadurch auch nicht mehr einzeln gepflegt werden.

Durch Einsatz mehrerer RADIUS-Server – wobei ein RADIUS-Server als Proxy-Client gegenüber weiteren RADIUS-Servern fungiert – ist das System auch gut skalierbar. Die Benutzer werden in einer Datenbank geführt. Dadurch ist eine gute Übersicht gewährleistet.

Zugriffe auf den zentralen RADIUS-Server werden geloggt und können nachträglich ausgewertet werden, z. B. in Bezug auf Sicherheitsaudits oder für Abrechnungen.

Ein Nachteil des RADIUS-Protokolls liegt in der lediglich einseitigen Authentifizierung. Nur der Server authentifiziert den Client, sodass der RADIUS-Client dem RADIUS-Server blind vertraut.

TACACS+

In Unternehmensnetzwerken wird häufig TACACS+ für das zentrale Benutzermanagement eingesetzt. TACACS+ steht für »*Terminal Access Controller Access Control System Plus*«. Es handelt sich dabei um eine von Cisco definierte Erweiterung von TACACS, die zusätzliche Authentifizierungsmethoden enthält. TACACS wurde im Jahr 1993 in dem informellen RFC 1492 beschrieben. Der RFC 1492 trägt den Titel: »*An Access Control Protocol, Sometimes Called TACACS*«. TACACS+ ist nicht abwärtskompatibel mit TACACS.

Das Authentifizierungsprotokoll TACACS+ wird nicht nur von Cisco verwendet, sondern auch von anderen Herstellern in ihren Routern und Switches unterstützt. Es ist vergleichbar mit dem RADIUS-Protokoll, verwendet aber TCP-basierte Kommunikation. Der Remote-Client stellt eine Authentisierungsanfrage an einen Network Access Server (NAS), der diese an einen zentralen Authentifizierungsserver (TACACS+-Server) weiterleitet.

Es gelten die gleichen Vor- und Nachteile wie beim RADIUS-Protokoll.

Diameter

Diameter ist ein Netzwerk-Authentifizierungsprotokoll für Remote Access wie auch RADIUS und TACACS+. Es ist der Nachfolger des RADIUS-Protokolls. Daher stammt auch der Name, der mit dem Namen des Vorgängerprotokolls RADIUS spielt: Diameter (Durchmesser) bezeichnet den doppelten Radius.

Diameter kann, im Gegensatz zu RADIUS, um verschiedene Methoden zur Authentifizierung, Autorisierung und Abrechnung (*Accounting*) erweitert werden und bietet die Möglichkeit zur Verschlüsselung mittels TLS oder IPsec. Wie TACACS+ verwendet auch Diameter TCP- oder SCTP-basierte Kommunikation.

Das *Diameter Base Protocol* ist in dem Internetstandard RFC 3588 aus dem Jahr 2003 definiert. In der Praxis findet es unter anderem beim Mobilfunkstandard LTE Anwendung.

17.5 Autorisierung und Zugriffskontrolle

Technische Zugriffskontrollen sollen verhindern, dass Unbefugte auf Daten lesend oder ändernd zugreifen oder unberechtigt Funktionen in IT-Systemen nutzen. Dazu werden Zugriffsrechte Benutzerkonten zugewiesen, die nach Möglichkeit für einzelne Personen eingerichtet werden. Der Zugriff auf die Benutzerkonten wird anhand von Identifikation und Authentifizierung abgesichert.

In der betrieblichen Praxis ist das Need-to-know-Prinzip der wichtigste Ausgangspunkt, um konkrete Regeln für die Vergabe von Zugriffsrechten zu bestimmen. Danach soll jeder Benutzer nur die Informationen abrufen können, die er für seine Arbeitsaufgaben benötigt. So sollen die Handlungsmöglichkeiten für interne Angreifer möglichst beschränkt werden. Für einige Arbeitsaufgaben wird gefordert, dass Zugriffe nur für zwei Benutzer gemeinsam möglich sind. Manche Produkte unterstützen das sogenannte Vier-Augen-Prinzip von Haus aus. Hilfsweise können die beiden Berechtigten auch jeweils eine Hälfte des Passworts festlegen bzw. eingeben.

Mängel bei der Vergabe, Prüfung oder beim Einrichten von Zugriffsrechten können zu unbemerkten Sicherheitslücken führen, die den Abfluss von Informationen an unberechtigte Dritte oder Manipulationen an Daten und Systemen ermöglichen. Die Zugriffsrechteverwaltung, d. h. das Zuweisen und Zurückziehen von Zugriffsrechten für Benutzerkonten, muss daher sorgfältig und in geordneten Prozessen erfolgen.

Für die technische Umsetzung der Zugriffsrechtekontrolle gibt es zwei unterschiedliche, grundlegende Konzepte:

- Mandatory Access Control (MAC)
- Discretionary Access Control (DAC)

Bei der *Discretionary Access Control* (DAC, auch *benutzerbestimmte Zugriffskontrolle*) vergeben die Subjekte, z. B. Benutzer, die Zugriffsberechtigungen auf die Objekte. Die Entscheidung, ob auf eine Ressource zugegriffen werden darf, wird vom technischen System nur auf Basis der Rechte getroffen, die dem Benutzerkonto zugewiesen sind.

Bei *Mandatory Access Control* (MAC oder *systembestimmter Zugriffkontrolle*) hingegen wird die Entscheidung über Zugriffsgewährung im System von mehreren Parametern und dazu definierten Regeln abhängig gemacht. Sie basieren auf dem Benutzerkonto, der Kennzeichnung der Objekte und dem Freigabelevel des Benutzerkontos. Hierfür ist zusätzlich eine Klassifizierung und Kennzeichnung der Objekte über sogenannte *Labels* erforderlich. Gleichzeitig erhalten Benutzer eine formale Autorisierung für den Zugriff auf Informationen einer bestimmten Vertraulichkeitsstufe (Freigabe-Levels). Voraussetzung für die Durchsetzung von MAC-Zugriffskontrollen ist, dass ein Benutzer niemals direkt, sondern nur durch einen sogenannten Referenzmonitor auf Objekte zugreifen darf. Der Referenzmonitor ist die Instanz, die für die Kontrolle und Durchsetzung von Zugriffsrechten zuständig ist und Zugriffe nur unter den jeweils geltenden Regeln erlaubt. Dadurch bietet MAC die Möglichkeit zu differenzierteren Regeln für die Autorisierung von Zugriffen als DAC.

Die Zugriffskontrollmechanismen der IT-Systeme in zivilen Unternehmen und Behörden setzen zumeist die benutzerbestimmte Zugriffskontrolle (DAC) um. So erfolgt bspw. die Rechtezuweisung unter Windows und in den üblichen Unix-Systemen über eine Zugriffssteuerungsliste (DACL, Discretionary Access Control List). Wenn eine stärkere Differenzierung und Kontrolle von Zugriffsrechten erforderlich ist, wie dies oft im Geheimschutz und militärischen Bereichen der Fall ist, können dagegen MAC-basierte Systeme sinnvoll sein.

Zur Kontrolle und Durchsetzung von Zugriffsrechten in DAC-basierten IT-Systemen existieren verschiedene Verfahren zur technischen Verwaltung der Zugriffsrechte:

- eine Zugriffsmatrix
- Zugriffskontrolllisten
- Capabilities und
- die Einführung von Rollen (rollenbasierte Zugriffskontrolle)

Nachfolgend werden diese verschiedenen technischen Umsetzungsmöglichkeiten beschrieben.

17.5.1 Zugriffsrechtematrix

Abbildung 17.6: Zugriffsrechtematrix

Subjekte	Objekte: Konto_Bob	Konto_Alice	Drucke-Auszug
Bob	Lese-Kontostand		ausführen
Alice		Lese-Kontostand	
Drucke-Auszug	Lese-Kontostand	Lese-Kontostand	

Drucke-Auszug ist in diesem Beispiel als Prozess zu verstehen. Dieser kann von Bob aufgerufen werden und ist insofern als Objekt anzusehen. Gleichzeitig müssen dem Prozess für die konkrete Ausführung Rechte eingeräumt werden. Insofern erscheint Drucke-Auszug auch als Subjekt.

Eine Zugriffsrechtematrix (engl.: Access Control Matrix) dient zur Sicherung von **Integrität und Vertraulichkeit** von Informationen. Dabei wird die Integrität durch Kontrolle der Schreiboperationen und die Vertraulichkeit durch die Kontrolle der Leseoperationen gewährleistet.

Bei einer Zugriffsmatrix werden Subjekte (S) und Objekte (O) einander zugeordnet (Abb. 17.6). Dabei besteht die Zugriffsmatrix aus S×O Einträgen (ein Eintrag pro Subjekt-Objekt-Paar) mit Relation von Subjekt, Objekt und Rechten.

17.5.2 Zugriffskontrolllisten

Die Zugriffskontrollliste (engl.: Access Control List, ACL) ist die in gängigen Betriebssystemen (Windows, Unix, Linux) weit verbreitete Zugriffskontrollstrategie. Zu jedem Objekt werden in einer ACL die autorisierten Subjekte und deren Zugriffsrechte gespeichert:

ACL (Konto_Bob) = ((Bob, {Lese-Kontostand}), (Drucke-Auszug {Lese-Kontostand}))

ACL (Konto_Alice) = ((Alice, {Lese-Kontostand}), (Drucke-Auszug {Lese-Kontostand}))

ACL (Drucke-Auszug) = (Bob, {ausführen})

Wie das Beispiel zeigt, entsprechen die ACLs den Spalten der Zugriffsmatrix aus Abbildung 17.6. Ein praktisches Beispiel für ACLs sind die Zugriffskontrolle in Unix. Für jedes Objekt werden Schutzbits (rwx-Bits) für *Owner*, *Group* und *Other* festgelegt, als eine einfache Form von ACLs.[7] Auch Lotus Notes arbeitet mit dieser Form der Zugriffsberechtigung.

Das Verfahren ist einfach und flexibel. Die vergebenen Zugriffsrechte für Objekte können sehr effizient bestimmt werden. Umgekehrt ist es in der Regel sehr aufwendig, die Subjekt-Rechte zu bestimmen, da alle Objekte im System untersucht werden müssen.

7 Zu Berechtigungen in Unix siehe auch Abschnitt 20.1.1.

17.5.3 Capabilities

Capabilities beschreiben Zugriffsrechte auf Objekte. Bei jedem Subjekt wird ein Zugriffsticket *Caps* gespeichert:

Capability für Bob:
Caps = ((Konto_Bob {Lese-Kontostand}), (Drucke-Auszug {ausführen}))
Capability für Alice:
Caps = (Konto_Alice {Lese-Kontostand})
Capability für Drucke-Auzug:
Caps = ((Konto_Bob {Lese-Kontostand}), (Konto_Alice {Lese-Kontostand}))

Der Besitz einer Capability berechtigt zur Wahrnehmung der im Ticket definierten Rechte. Somit können Rechte leicht an andere Benutzer/Subjekte delegiert werden.

Allerdings gibt es keine Kopplung des Tickets an ein Subjekt, das heißt, dass jeder, der über das Ticket verfügt, auch die enthaltenen Rechte wahrnehmen kann. Die Zugriffsrechte auf die Tickets müssen sicherstellen, dass Tickets nicht unberechtigt genutzt oder weitergegeben werden. Auch die Rücknahme von Zugriffsrechten auf Objekte ist bei Verwendung von Capabilities relativ schwierig, da das Zugriffsticket vergeben wurde und nicht mehr zurückgerufen werden kann. Wie das obige Beispiel zeigt, entsprechen die *Capabilities* den Zeilen der Zugriffsmatrix aus Abbildung 17.6.

In der Praxis werden Capabilities als Zugriffskontrollmechanismus in ihrer Reinform nur in experimentellen Betriebssystemen eingesetzt. Die POSIX-Capabilities von Unix sind an das Konzept angelehnt.[8]

17.5.4 Rollenbasierte Zugriffskontrolle

Das Modell der *Role Based Access Control* (RBAC, deutsch: rollenbasierte Zugriffskontrolle) wurde 1992 von D. F. Ferraiolo und D. R. Kuhn beschrieben und im Jahr 2004 als ANSI-Norm 359-2004 verabschiedet.

RBAC hat heutzutage die größte Verbreitung im Bereich der Zugriffskontrolle in Anwendungs- und Betriebssystemen. Es findet Einsatz z. B. im Gruppenkonzept unter Windows, Solaris, bei Datenbanken, in Enterprise Resource Planning-(ERP-)Systemen wie z. B. SAP oder bei rollenbasierten Administrationswerkzeugen.

Bei der rollenbasierten Zugriffskontrolle werden Subjekten Rechte aufgrund ihrer Funktion bzw. Tätigkeit im Unternehmen eingeräumt. Hierfür werden Rollen als zusätzliche Schicht zwischen Benutzern und Rechten eingeführt. Jedem Benutzer werden eine oder mehrere Rollen zugeordnet. Rechte werden nicht mehr direkt an Subjekte, sondern an Rollen geknüpft.

Abbildung 17.7 zeigt die Elemente der rollenbasierten Zugriffskontrolle. Es gibt drei verschiedenen Mengen: Benutzer (Users), Rollen (Roles) und Berechtigungen (Permissions) sowie zwei Relationen zwischen diesen drei Mengen: Benutzerzuordnung (User Assignment) und Berechtigungszuordnung (Permission Assignment).

8 Siehe auch in Abschnitt 20.1.1.

Abbildung 17.7: Rollenbasierte Zugriffskontrolle

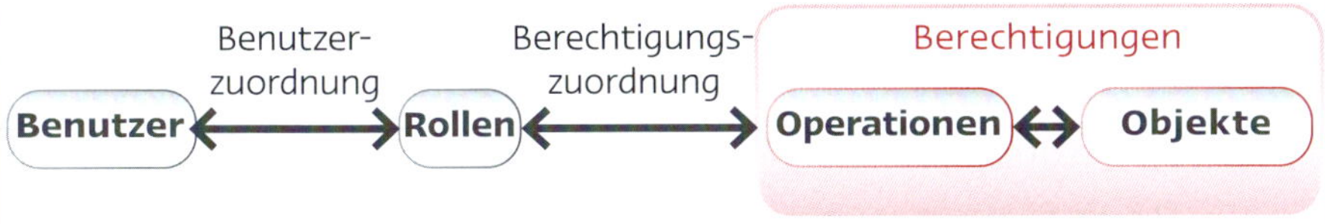

Der Vorteil der RBAC liegt in der Eigenschaft, die Geschäftsprozesse und die Firmen- bzw. Organisationsstruktur intuitiv abbilden zu können und somit Benutzern direkt die Rechte gemäß ihrer Aufgaben (Rollen) zuteilen zu können. Dies führt zu einer einfachen und effizienten Benutzeradministration. Wenn ein Benutzer die Abteilung wechselt, muss ihm im Idealfall lediglich eine andere Rolle zugewiesen werden. Durch das Rollenkonzept entsteht eine große Flexibilität. Allerdings besteht auch die Gefahr, dass Benutzern »der Einfachheit halber« bestehende oder sehr umfangreiche Rollen zugeordnet werden, obwohl sie nicht alle Rechte dieser Rolle ausüben sollen. Durch diese »Verringerung« des administrativen Aufwands erhalten sie so z. B. über ihren »need-to-know«-Bedarf hinaus Zugriff auf zusätzliche Daten. Der konzeptionellen Vorarbeit bei der Erstellung eines Berechtigungskonzepts kommt daher eine wesentliche Bedeutung zu.

Als Erweiterung von RBAC gibt es noch das hierarchische RBAC. Hier werden zusätzlich Rollenhierarchien eingeführt, bei denen Zugriffsrechte an übergeordnete Rollen[9] vererbt werden können. Somit wird eine wiederholte Zuweisung von Zugriffsrechten zu Rollen verhindert.

17.5.5 Nachteile von Zugriffskontrollstrategien

Zugriffskontrollstrategien ordnen Subjekte und Objekte einander zu und definieren die Art des Zugriffsrechts. Die Vergabe der Zugriffsrechte ist zwar sehr einfach und flexibel, aber durch die unübersichtliche Darstellung bei vielen Subjekten und Objekten können leicht Inkonsistenzen auftreten. Nicht nur Benutzer, sondern auch Prozeduren sind Subjekte bzw. Objekte.

Im Beispiel der Zugriffsmatrix in Abbildung 17.6 kann Bob indirekt den Kontostand von Alice lesen, da Bob das Recht hat, den Prozess »Drucke Auszug« als Objekt auszuführen und der Prozess »Drucke Auszug« als Subjekt den Kontostand von Alice lesen darf. Dieses Beispiel zeigt, dass im Hinblick auf Vertraulichkeit Informationsflüsse durch die vorgestellten Varianten der Zugriffskontrollstrategien nur unzureichend modellierbar sind. Nicht nur bei Zugriffsmatrizen, auch bei Verwendung von Zugriffskontrolllisten oder Capabilities kann Bob noch immer indirekt den Kontostand von Alice lesen.

Bei der rollenbasierten Zugriffskontrolle könnte bspw. eine Rolle *Users* für Standard-Benutzer und eine zusätzliche Rolle des *Administrators* oder *Superusers* für Benutzer mit erweiterten Rechten definiert werden. Nur Benutzer in der Rolle des *Superusers* dürfen

9 Beachte: Die Vererbung erfolgt tatsächlich an übergeordnete und nicht wie gewöhnlich an untergeordnete Objekte, da in einer Rollenhierarchie die oberen Knoten (Rollen) mehr Rechte besitzen als die untergeordneten Knoten.

das Objekt *Drucke-Auszug* ausführen. Wenn Bob die Berechtigung als *Superuser* erhält, kann er noch immer indirekt den Kontostand von Alice lesen. Allerdings kann er dies nicht mehr in der Rolle des *Users*.

17.6 Identitäts- und Berechtigungsmanagement

Das Identitäts- und Berechtigungsmanagement spielt eine zentrale Rolle bei der technisch-organisatorischen Gestaltung von IT-Systemen in einem Unternehmen. Abhängig von der Art und Zielsetzung der Systeme sowie den beteiligten Akteuren muss geeignet sichergestellt werden, dass stets mit allen Benutzern und deren Daten sicher und bewusst umgegangen wird. Dabei muss insbesondere schon bei der Planung und Konzeption eines Identitätsmanagements ein solides Berechtigungs- und Rollenkonzept als Basis gelegt werden. Ebenso wichtig ist auch die geregelte Administration des Identitäts- und Berechtigungsmanagements, angefangen mit der Ausbildung der Administratoren über ein Administrationskonzept gegebenenfalls mit klarer Aufgabentrennung und einer Kontrollinstanz für das Identitäts- und Berechtigungsmanagement, um sicherzustellen, dass Benutzer tatsächlich nur die Rechte haben, die sie benötigen.

In den verschiedenen IT-Systemen eines Unternehmens und privat im Internet besitzt eine Person mehrere, typischerweise nicht synchronisierte Identitäten und Benutzerkonten (*Accounts*). Beispiele für Benutzerkonten im Unternehmen sind die Anmeldung am Betriebssystem, das E-Mail-Konto, der Account im ERP-System, der VPN-Zugang oder der Zugang zum Unternehmensportal. Im privaten Bereich sind verschiedene Benutzerkonten für das Abwickeln von privaten Bankgeschäften, in Social Netwoks, für private E-Mail, in Onlineshops, in Chatrooms und für andere Aktivitäten üblich.

Sichere Verwaltung von Identitäten und Berechtigungen

Aufgabe eines Identitäts- und Berechtigungsmanagement ist es, einerseits die Vielzahl an Identitäten und Berechtigungsprofilen eines Benutzers gegen Missbrauch zu sichern. Andererseits sollen die Benutzerdaten für die verschiedenen Anwendungen konsistent, ständig verfügbar und verlässlich bereitgehalten werden, um einen reibungslosen Betrieb zu ermöglichen. Hat ein Benutzer bspw. geheiratet und seinen Nachnamen gewechselt, so müssen alle Benutzerprofile gepflegt und synchronisiert werden.

Früher wurde dieser Pflegeaufwand rein manuell durchgeführt. Mit Identity-Managementsystemen können heute Benutzerdaten zentral verwaltet werden. Dabei können die einzelnen Anwendungssysteme die Hoheit über ihre Daten behalten. Datenänderungen wie z. B. eine Namensänderung werden über Synchronisationsmechanismen zum Identity-Managementsystem übermittelt, das die entsprechende Datenänderung in alle anderen beteiligten Systemen initiiert.

Der Funktionsumfang von Identity-Managementsystemen ist recht groß und variiert je nach eingesetztem System. Manche Identity-Managementsysteme beschränken sich ausschließlich auf die Synchronisation von Benutzerdaten, andere Systeme bilden zusätzlich unternehmensinterne Workflow-Prozesse ab, wie z. B. die Genehmigungsabläufe bei der Beantragung einer Smartcard-basierten Windows-Anmeldung, oder sie können zusätzlich anwendungsspezifische Benutzerinformationen verwalten, z. B. Speicherplatzbeschränkungen (Quota) auf einem Mail-Server. Ein Identity-Managementsystem verfügt in der Regel über ein Verteilungsmodul (engl. *Provisioning Module*), das es erlaubt, die Benutzerkonten und Berechtigungen zentral zu administrieren und den Benutzern automatisch gemäß ihrer Rolle im Unternehmen individuelle Berechtigungen zu erteilen, zu verwalten oder zu entziehen.

Manche Identity-Managementsysteme bieten auch sogenannte *User Self-Services,* die dem Benutzer eigene Administrationsvorgänge erlauben, wie z. B. Passwort-Änderungen oder -Rücksetzungen. Die meisten Systeme verwenden hierfür Web-Front-Ends, andere erfordern die Installation zusätzlicher Tools auf den Client-Systemen. Eine weitere Aufgabe von Identity-Managementsystemen kann das sogenannte *Federated Identity Management* sein, das die Identitätsbereitstellung und -verwendung über Unternehmensgrenzen hinweg ermöglicht.[10]

Für das Identitäts- und Berechtigungsmanagement wurde in der Informationstechnik mittlerweile der englische Begriff *Identity and Access Management*, abgekürzt IAM geprägt.

17.7 Single Sign-On

17.7.1 Unternehmensweites Single Sign-On

So wie Administratoren die verschiedenen Identitäten eines Benutzers mittels eines Identity-Managementsystems zentral an einer Stelle verwalten können, so besteht auch der Wunsch der Benutzer nach einer einmaligen Systemanmeldung (Single Sign-On) mit anschließendem Zugriff auf all ihre verschiedenen Anwendungen, ohne sich erneut für jede Anwendung authentifizieren zu müssen. Single Sign-On (SSO) ist ein der Authentifizierung nachgelagerter Dienst, der nach erfolgreicher Authentisierung den Zugriff auf verschiedene Anwendungen ermöglicht, ohne dass eine erneute Authentifizierung durchgeführt werden muss.

Single-Sign-On-Lösungen bieten Unternehmen im wesentlichen zwei Vorteile:

- Wirtschaftliche Vorteile durch
    - höheren Komfort für die Benutzer und damit auch höhere Produktivität
    - Entlastung des Helpdesks durch seltenere Passwort-Verwaltungsanforderungen
- Anhebung des Sicherheitsniveaus durch
    - weniger aufgeschriebene Benutzer-Passwörter, weil sich Benutzer im Idealfall nur noch ein Passwort merken müssen.
    - den Einsatz starker Passwörter innerhalb des Single-Sign-On-Systems, die für Benutzer nicht im Gedächtnis zu behalten wären.
    - die zusätzliche Verwendung von Smartcards, die auch für Sammelarbeitsplätze im Produktionsbereich den Einsatz individueller Benutzerkonten ermöglichen, indem beim Ziehen der Karte eine automatische Abmeldung erfolgt.

10 Siehe dazu auch das Liberty Alliance Project in Abschnitt 17.7.2.

Das Hauptaugenmerk bei der Einführung einer SSO-Lösung in einem Unternehmen liegt erfahrungsgemäß auf dem Komfortgewinn für die Benutzer bei mindestens gleichbleibendem oder erhöhtem Sicherheitsniveau.

Ein deutlicher Nachteil einer Single-Sign-On-Lösung lässt sich nicht verkennen: Ein Angreifer, dem es gelungen ist, das Passwort eines berechtigten Benutzers zu stehlen, hat Zugriff auf alle mit SSO verbundenen Systemzugänge dieses Benutzers (Domino-Effekt). Eine ungesicherte Arbeitsstation mit SSO stellt somit ein größeres Risiko dar als ohne Verwendung von SSO.

Zentrale, ticket-basierte Authentisierung

Die Grundidee ticket-basierter Lösungen besteht darin, den Benutzer zu Beginn einer Sitzung (Session) einmalig explizit bei einem zentralen Authentisierungsdienst wie das Key Distribution Center von Kerberos anzumelden (z. B. mittels Benutzername/Passwort). Dieser Authentifizierungsdienst stellt dann sogenannte Tickets aus, die der Benutzer an die Anwendungen weiterreicht und so automatisch und ohne weitere explizite Authentisierung Zugang erhält.

Im Allgemeinen sind Kommunikation und Tickets innerhalb einer solchen Lösung durch spezielle Mechanismen gegen Angriffe geschützt. Fast alle der Verfahren, die sich dieses Ansatzes bedienen, beruhen auf kryptografischen Sicherheitsmechanismen. Die vom Authentisierungsdienst ausgestellten Tickets sind in den meisten Fällen zeitlich nur begrenzt gültig, z. B. acht Stunden. Nach Ablauf der Gültigkeit eines Tickets muss eine neue Authentifizierung des Benutzers durchgeführt werden.

Der bekannteste Vertreter dieses Lösungsansatzes ist das Kerberos-Protokoll, das bereits in viele Produkte integriert wurde (s. Abschnitt 17.4.4).

Separate Systeme zur Credential-Verwaltung

Während bei der zentralen Authentisierung alle Systeme auf eine Authentisierungsmethode und ein Authentisierungsprotokoll festgelegt werden, versuchen Systeme zur Credential-Verwaltung, ohne äußerlich sichtbare Änderung des Anmeldevorgangs der Anwendungen auszukommen. Systeme, die diesen Ansatz verfolgen, klinken sich in die existierende Authentisierung ein und übernehmen sie. Dies kann dadurch geschehen, dass ein Login-Fenster nach dem Öffnen automatisch vom SSO-System ausgefüllt wird. Die Übertragung der Information kann dann entweder durch ein OK-Event ausgelöst oder direkt in den Kommunikationsstrom eingefügt werden. Dieser Vorgang läuft für den Benutzer und die Anwendung immer transparent ab, sodass man in der Regel ohne Änderung der Anwendungen auskommt.

Der initiale Login des Benutzers gibt dem System für die Credential-Verwaltung den Zugriff auf die in einem Passwort-Speicher hinterlegten Passwörter und Benutzernamen für die verschiedenen Anwendungssysteme. Für die Speicherung dieser Credentials gibt es verschiedene Ansätze. So können die Informationen auf einem zentralen Server gespeichert sein, von wo sie beim Login auf die Maschine des Benutzers geladen werden. Sie können aber auch lokal auf dessen Computer abgelegt sein. Alternativ können Credentials auf einem Hardware-Token (Smartcard, USB-Token) abgelegt werden, das der Benutzer mit sich führt, um sich so an verschiedenen Maschinen anmelden zu können.

Proprietäre Lösungen auf Anwendungsebene

Neben den zuvor beschriebenen Lösungsansätzen kann eine Single-Sign-On-Lösung auch nur auf die Produktpalette eines bestimmten Herstellers beschränkt sein. Bei dieser Art der Lösung ist die SSO-Lösung nicht im Betriebssystem integriert oder an ein separates System zur Credential-Verwaltung ausgelagert, sondern auf Anwendungsebene realisiert. Solche SSO-Lösungen nutzen proprietäre Schnittstellen und Protokolle des Herstellers und können in der Regel nicht mit Fremdprodukten zusammenarbeiten. Ein Beispiel hierfür ist LTPA Token (Lightweight Third Party Authentication) bei IBM Lotus Domino und Lotus Notes.

17.7.2 SSO für Web-Services

Auch im privaten Bereich verfügen Benutzer meist über eine Vielzahl an User-ID und Passwörtern, z. B. zur Nutzung verschiedener Internet-Dienste. Der Einfachheit halber verwenden viele Benutzer für die Absicherung des jeweiligen Systemzugangs überall die gleiche Kombination von User-ID und Passwort. Das ist jedoch aus Sicherheitsgründen sehr bedenklich: Errät oder stiehlt jemand das Passwort für einen Dienst, erhält er damit auch den Zugang zu allen anderen Dienstanbietern, bei denen diese Kombination verwendet wurde. Die Verwendung verschiedener Benutzerkennungen und Passwörter überfordert die Benutzer andererseits oft. Daher ist nicht nur unternehmensintern ein anwendungsübergreifendes Single Sign-On vorteilhaft, sondern auch für Web-Services im B2C-Umfeld kann die übergreifende Benutzerauthentifizierung und Single Sign-On sinnvoll eingesetzt werden. Die ersten prominenten Beispiele für SSO bei Web-Services waren das Liberty Alliance Project (LAP) und das Microsoft CardSpace Identitätsmanagement. Aktuell werden SAML, OpenID oder OAuth für eine übergreifende Nutzer-Authentifizierung und SSO bei Web-Services verwendet. Ob sich der Ansatz von Mozilla mit seiner BrowserID durchsetzen wird, bleibt noch abzuwarten.

Allen der im Folgenden vorgestellten Verfahren gemeinsam ist die Idee, zwischen Service-Provider und Identity Provider zu unterscheiden: Ein Service-Provider bietet Dienste im Web an, ein Identity Provider führt die Authentisierung von Benutzern durch, d. h., die Benutzerauthentisierung wird vom Service-Provider (Dienstanbieter) ausgelagert. Zu diesem Zweck muss sich der Benutzer zunächst bei einem Identity Provider registrieren. Zwar können mehrere Identity Provider ihre Dienstleistung am Markt anbieten, der Benutzer wird sich in der Regel aber nur bei genau einem Identity Provider registrieren – sonst würde er ja genau den Vorteil einer User-ID und eines Passworts für viele Dienste wieder aufgeben und könnte sich direkt bei den Service-Providern registrieren. Dieser ausgewählte Identity Provider wird im Weiteren als der Identity Provider des Benutzers oder sein Identity Provider bezeichnet. Dieser Identity Provider führt dann auf Anfrage eines Service-Providers die Authentisierung des Benutzers durch.

Mit diesem Lösungsansatz sind allerdings auch gewisse Sicherheitsimplikationen verbunden, die nach der Vorstellung der Verfahren im Abschnitt 17.7.8 beschrieben werden.

Liberty Alliance Project

Das Liberty Alliance Project (LAP) wurde im Jahr 2001 gegründet. Das Konsortium umfasst mehr als 160 Unternehmen, Behörden und Organisationen weltweit. LAP bietet einheitliche Standards im Bereich des Identitätsmanagements für E-Government-, E-Commerce-, Social- und mobiler Web-Services. Das Konsortium hat die Aufgabe, einen offenen Standard für eine föderierte Netzwerk-Identität zu entwickeln. Die föderierte Identität bietet Unternehmen, Behörden und Anwendern einen sichereren Weg, die eigenen digitalen Identitäts-Informationen unter Kontrolle zu behalten.

Mit ihrem ID-Web-Services-Framework »ID-WSF 2.0« bietet Liberty Alliance ein umfassendes System für den Aufbau und die Verwaltung sicherer Web-Dienste und Service Oriented Architectures (SOA). Die Liberty Alliance Spezifikationen für identitätsbasierte Web-Dienste bauen auf den gängigen Standards wie SAML, HTTP, SSL, WSS, WSDL, WAP, SOAP, XML, XML Enc und XML DSIG auf.

Zwei zentrale Konzepte der Liberty Alliance sind der *»Circle of Trust«* und die *»Federated Network Identity«*. In der realen Welt wird die Identifikation oft föderiert gehandhabt, d. h., das Ausweisdokument eines Dienstanbieter – z. B. ein Führerschein – wird von mehreren Stellen bzw. Ländern anerkannt. Zwischen den verschiedenen Stellen, die Ausweise ausstellen, besteht eine Vereinbarung zur gegenseitigen Anerkennung. Daher ist kein global gültiger Ausweis erforderlich und auch keine weltweite Datenbank. Dieses Konzept der föderierten Zusammenarbeit kann auch auf das Internet übertragen werden.

Das Federated-Identity-Modell der Liberty Alliance soll gewährleisten, dass ein Dienstanbieter, der als Service-Provider agiert, über dedizierte Protokolle Zugriff auf die zur Authentifizierung, Autorisierung und Abrechnung notwendigen Benutzer-Daten erhält. Diese Benutzer-Daten werden nur noch von einem sogenannten Identitätsprovider gespeichert und gepflegt. Die verschiedenen Dienstanbieter, Service-Provider und Identity Provider, bilden einen Circle of Trust, d. h., alle Dienstanbieter in einem Circle of Trust haben etablierte Geschäftsbeziehung und Übereinkünfte bezüglich der Verwaltung von Identitäten und der Authentifizierung von Benutzern. Die Dienstanbieter erkennen die Authentisierungsnachweise (Security Tokens) der Kunden gegenseitig an. Meistens gibt es in einem Circle of Trust einen einzigen Identity Provider, der die Authentisierung aller Benutzer übernimmt, es können jedoch auch mehrere Identity Provider zu einem Circle of Trust gehören. Ist der Benutzer einmal authentisiert, kann der Identity Provider den authentifizierten Benutzer an die Service-Provider des Circle of Trust weiterreichen, wodurch Single Sign-On innerhalb eines Circle of Trust realisiert wird.

Die Federated Network Identity repräsentiert die Onlineidentität eines Benutzers innerhalb eines Circle of Trust. Sie besteht aus seinem persönlichem Profil und Präferenzen. Diese Informationen zu seiner Onlineidentität werden durch den Benutzer selbst verwaltet. Er allein bestimmt, welche seiner Informationen einem Service-Provider zur Verfügung gestellt werden und welche Service-Provider und Identity Provider, bei denen er eine Kennung besitzt, miteinander verknüpft werden dürfen (Föderation). So bestimmt der Benutzer selbst den Kreis der Provider, deren Dienste er über Single Sign-On nutzen kann.

Abbildung 17.8: LAP: Circles of Trust & Federated Network Identity

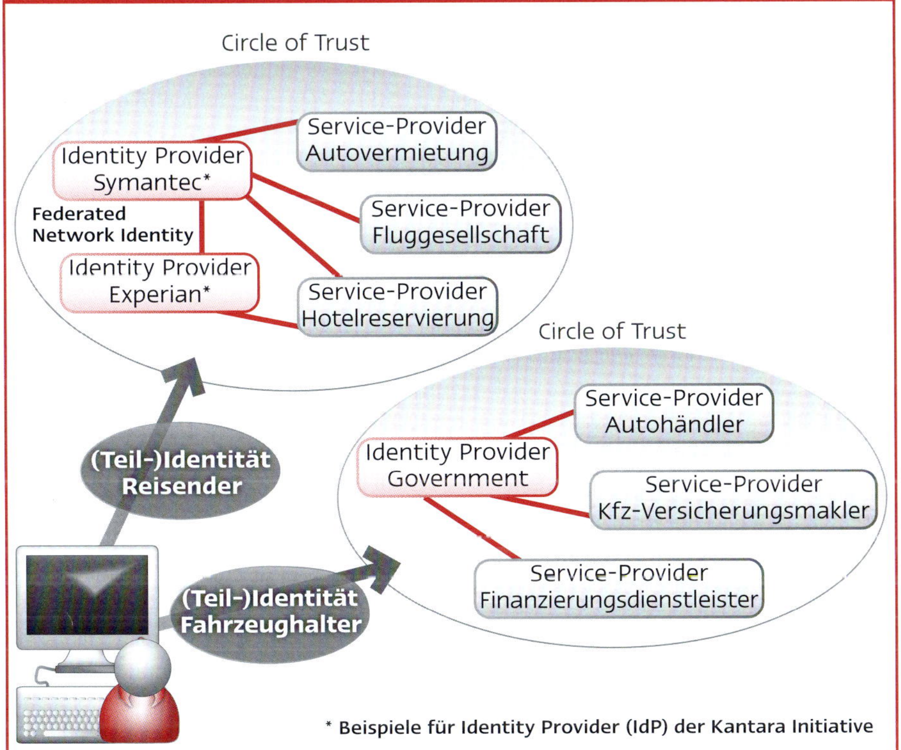

* Beispiele für Identity Provider (IdP) der Kantara Initiative

Abbildung 17.9: Architektur des Identity-Metasystems

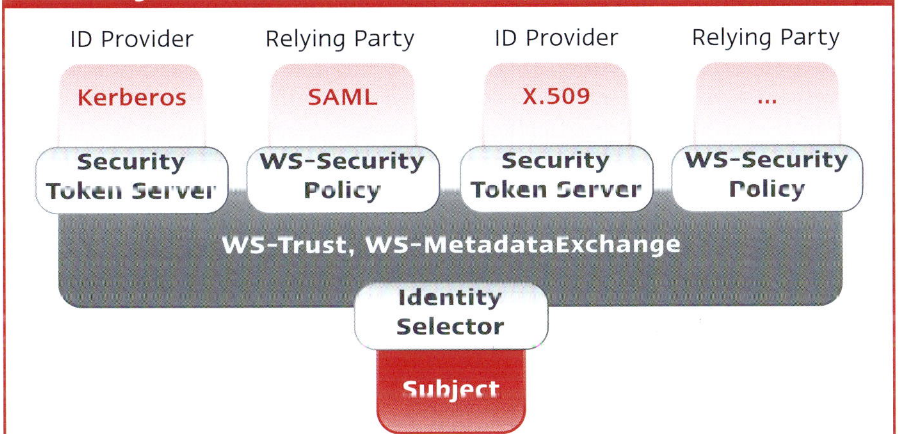

Grafikvorlage: Microsoft

Abbildung 17.9 zeigt, warum das System als Identity-Metasystem bezeichnet wird. Das System erlaubt die Authentifizierung eines Benutzers über beliebige Verfahren – je nach Angebot der Identity Provider (ID Provider), die einem Benutzer ein signiertes Security Token als Bestätigung seiner Identität und erfolgreichen Authentifizierung ausstellen. Im Beispiel in Abbildung 17.9 bieten die beiden ID Provider eine Authentifizierung über Kerberos und über X.509 Zertifikate. Die linke Relying Party[11] erwartet eine Authentifizierung über SAML-Token[12]. Die jeweiligen Anforderungen an das Security Token werden von der Relying Party in ihrer Policy (WS-Security Policy) beschrieben. Der Benutzer erfragt die Anforderungen an die Authentifizierung bei der Relying Party und fordert ein entsprechendes Security Token bei einem ID-Provider an. Dieses angeforderte Security Token wird dann zur Authentifizierung des Benutzers an die Relying Party übermittelt. Sämtliche Kommunikation erfolgt über standardisierte Web-Service-Protokolle, die auf SOAP und XML basieren. Diese WS-* Spezifikationen (WS-Security, WS-SecurityPolicy, WS-Trust, WS-MetadataExchange) wurden von einer Vielzahl an Unternehmen erarbeitet und durch OASIS als Standards anerkannt bzw. im Fall von WS-MetadataExchange von der Web Services Activity des W3C standardisiert.

Das Microsoft CardSpace-Identitätsmanagement ist Bestandteil des .NET Framework 3.0 und ab Windows Vista und Windows 7 im Betriebssystem enthalten.

17.7.3 OpenID

Die OpenID Foundation wurde 2007 als gemeinnütziger Verein gegründet. Sein Ziel ist die Förderung der Verbreitung und der Schutz von OpenID. Mittlerweile gibt es bereits mehr als eine Milliarde OpenID Benutzerkonten, viele OpenID Identity Providers, wie bspw. Yahoo!, AOL, Microsoft, Google, Verisign, IBM, PayPal und mehr als 50.000 Relying Parties, die OpenID nutzen.[13]

Die OpenID Foundation kontrolliert die Entwicklung des OpenID-Protokolls. Im Dezember 2007 wurde die Spezifikation OpenID 2.0 verabschiedet, die sowohl von Anbietern unterstützt als auch den nutzenden Seiten (Relying Parties) in ihren Webseiten eingebunden werden muss.

OpenID bietet den Nutzern ein SSO für Web-Services und reduziert so die Menge an Benutzernamen. Es basiert auf einem dezentralen Authentifizierungssystem mit einem sogenannten »Federated Login«. Ein Benutzer verwendet bei verschiedenen Service-Providern stets das gleiche Login zur Authentisierung. Dabei werden URL-basierte Identitäten verwendet, z. B. *https://mueller.myopenid.com*. Abbildung 17.10 zeigt den Ablauf des OpenID-Protokolls.

11 Relying Parties überprüfen anhand eines Security Tokens die Authentizität eines Benutzers.

12 SAML steht für Security Assertion Markup Language.

13 *web.archive.org/web/20161119131948/http://openid.net/get-an-openid/what-is-openid.*

Abbildung 17.10: Ablauf des OpenID-Protokolls

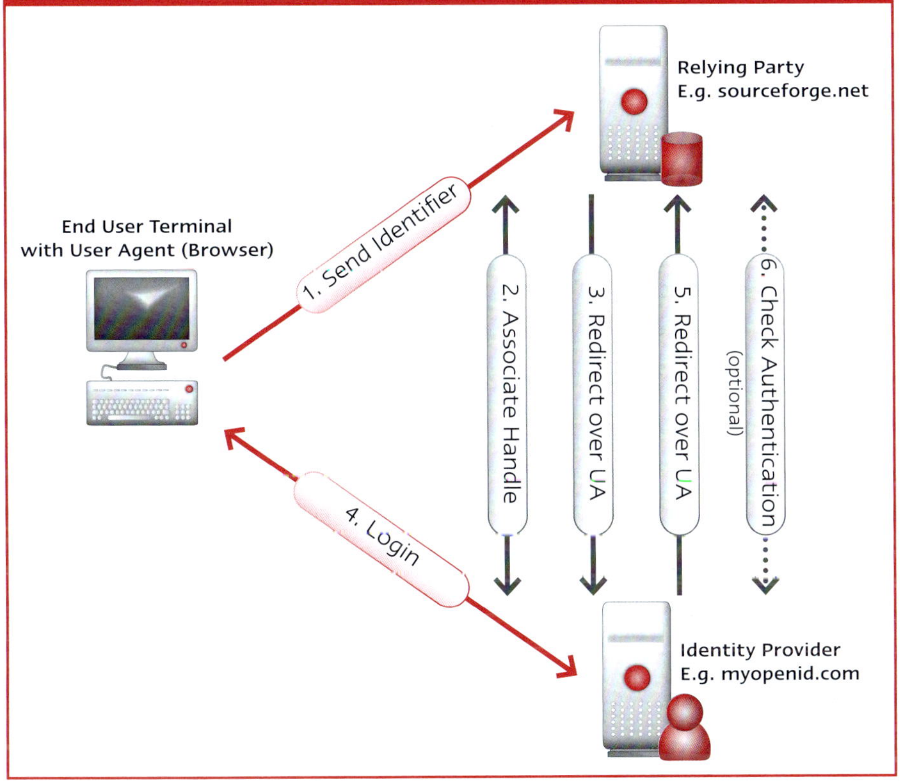

Das OpenID-Protokoll besteht aus den folgenden Schritten:

1. Ein Benutzer möchte sich bei einer Relying Party mit seiner OpenID anmelden.
2. Die Relying Party stellt einen Kontakt zum entsprechenden OpenID-Provider her.
3. Die Relying Party leitet den Benutzer zur Authentisierung auf die Webseite des OpenID Identity Providers weiter.
4. Dort authentisiert sich der Benutzer gegenüber dem OpenID Identity Provider.
5. Der OpenID Identity Provider leitet den Benutzer wieder zur Relying Party zurück.
6. Die Relying Party validiert die Authentifizierungsinformation (optional).

17.7.4 OAuth 2.0

Mit den ersten Ideen zu OpenID entwickelte sich im Jahr 2006 auch der Bedarf nach einem Standard für Autorisierung und Zugriffsberechtigung in Web-Anwendungen. Im Oktober 2007 wurde die OAuth-Spezifikation 1.0 veröffentlicht. Diese OAuth-Spezifikation wurde 2009 an eine IETF-Arbeitsgruppe übergeben, die das OAuth-1.0-Protokoll im April 2010 als RFC 5849 veröffentlichte. In 2012 folgte das OAuth-2.0-Protokoll als RFC 6749. Die Liste der OAuth-Service-Provider ist lang, hierzu gehören Amazon, Dropbox, Facebook, Flickr, Google, LinkedIn, Microsoft, Paypal, Twitter, XING, Yahoo! usw.

Der Schwerpunkt von OAuth ist die Autorisierung und der Datenaustausch. Ein Benutzer kann über dieses Protokoll einer Anwendung den Zugriff auf seine Daten erlauben, die von einer anderen Anwendung verwaltet werden. Beispielsweise kann ein Benutzer, der sich korrekt authentifiziert hat, der Anwendung eines Druckdienstleisters erlauben, seine Fotos aus Flickr zu laden. Hierzu muss der Benutzer nicht sein Passwort zur Zugangsberechtigung preisgeben.

OAuth lässt sich jedoch auch zur Benutzerauthentifikation verwenden. Im Unterschied zu OpenID, wo die Anwendung den Benutzer auffordert, sich zu authentisieren, fordert die Anwendung vom Benutzer bei OAuth ein Zugriffs-Token (Access Token) an, um im Namen des Benutzers auf die Schnittstellen der jeweiligen Anwendung zugreifen zu dürfen. Zur Authentifikation erfolgt sowohl bei OpenID als auch bei OAuth eine Umleitung des Benutzers (Redirect) auf die Webseite des Identity Providers, wo sich der Benutzer authentisiert.

17.7.5 OpenID-Connect

Die OpenID-Connect-Spezifikationen mit ihren verschiedenen Profilen wird – wie die Entwicklung des OpenID-Protokolls – von der OpenID Foundation vorangebracht.
Dieses neue Protokoll OpenID Connect basiert vollständig auf OAuth 2.0 und erweitert es um eine Authentifizierungskomponente.[14] So stellt der Autorisierungsserver zusätzlich zum OAuth Access Token noch ein ID Token für den Client aus, das Informationen über die Identität des Benutzers enthält. Dies führt zu einer zusätzlichen Komplexität: Zusätzlich zu den drei Entitäten Benutzer (= User Agent), Identity Provider (= Authorization Server) und Service-Provider (= Relying Party) wird als vierte Entität noch der OpenID-Provider eingeführt.

17.7.6 SAML

Die Security Assertion Markup Language (SAML) wurde ab 2001 von dem OASIS-Konsortium (Organization for the Advancement of Structured Information Standards) entwickelt. Die aktuelle SAML-Version 2.0 wurde im März 2005 verabschiedet.

SAML ist ein XML-Framework zum Austausch von Authentifizierungs- und Autorisierungsinformationen über Unternehmensgrenzen hinweg. Beispiele für eine SAML-Implementierung sind die Open-Source-Produkte des Shibboleth-Konsortiums[15] oder die vielen kommerziellen SSO-Implementierungen von Herstellern wie bspw. Oracle oder Computer Associates.

Der Kern von SAML sind die sogenannten SAML Assertions. SAML Assertions dienen dazu, die Authentifizierung eines Subjekts zu bestätigen. Sie werden vom Identity Provider zum Service-Provider übertragen. Dabei können diese Assertions digital signiert und/oder verschlüsselt werden. Der Ablauf des SAML-Protokolls ist in Abbildung 17.11 dargestellt.

14 Das OpenID-Protokoll selbst ist nicht mit OAuth2 kompatibel.

15 *http://www.shibboleth.net.*

Abbildung 17.11: Ablauf des SAML-Protokolls

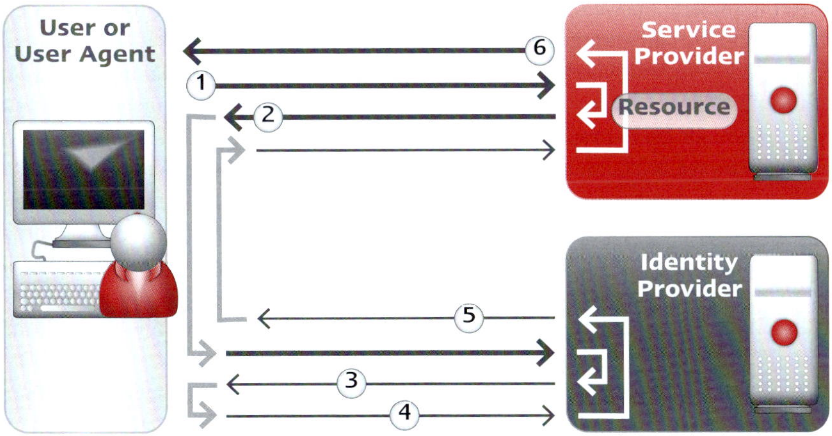

Das SAML-Protokoll besteht aus den folgenden Schritten:

1. Ein Benutzer versucht auf eine Ressource zuzugreifen, die den SAML-Authentifikationsmechanismus einsetzt.
2. Der Service-Provider leitet den Benutzer zur Authentisierung zum Identity Provider des Benutzers weiter und erzeugt hierfür einen SAML Request.
3. Der Identity Provider verarbeitet den SAML Request und fordert den Benutzer auf, sich zu authentisieren.
4. Der Benutzer authentisiert sich gegenüber dem Identity Provider. Daraufhin erzeugt dieser einen SAML Response.
5. Der Identity Provider leitet den Benutzer mit dem SAML Response zum Service-Provider zurück.
6. Der Service-Provider prüft den SAML Response und liefert dann die angeforderte Ressource an den Benutzer.

17.7.7 Mozilla Persona

Mozilla Persona wurde 2011 von Mozilla zunächst unter dem Namen BrowserID entwickelt. Im März 2013 wurde der Login-Dienst »Persona Service« live geschalten und zum November 2016 mangels Akzeptanz wieder eingestellt. Im Gegensatz zu etablierten Verfahren wurden bei Mozilla Persona deutlich weniger Nutzungsdaten der Endanwender durch den Identity Provider erfasst. Daher wird es – obwohl es sich nicht durchsetzen konnte – an dieser Stelle als Alternative beschrieben.

Mozilla Persona ist ein dezentrales Authentifizierungssystem bestehend aus Identity Providern und Relying Parties.[16] Die Authentisierung eines Benutzers basiert bei Mozilla Persona auf Public-Key-Kryptografie, d. h., jeder Benutzer verfügt über einen öffentlichen

16 Gleichzusetzen mit Service-Providern.

und einen zugehörigen privaten Schlüssel. Ein Identity Provider bestätigt die Zuordnung des öffentlichen Schlüssels zu einer oder mehreren E-Mail-Adressen des Benutzers in einer Art digitalem Ausweis. Diese Zuordnung versieht der Identity Provider mit einer digitalen Signatur und schützt sie so vor Verfälschungen.

Der digitale Ausweis von Mozilla Persona wird auch Zertifikat genannt. Dieses Zertifikat entspricht aber nicht den Vorgaben von X.509, sondern es hat ein eigenes proprietäres Format. Es enthält die E-Mail-Adresse und den öffentlichen Schlüssel des Benutzers für genau den Browser, mit dem es erzeugt wurde, den Ausstellungs- und Ablaufzeitpunkt des Zertifikats sowie den Domänen-Name des Identity Providers. Die Zertifikate haben nur eine kurze Zertifikatslaufzeit und sind maximal 24 Stunden gültig. Durch diese Laufzeit genügt es, dass sich der Benutzer nur einmal am Tag gegenüber seinem Identity Provider authentifizieren muss. Alle weiteren Authentifikationen an diesem Tag basieren auf diesem Zertifikat. Die Zertifikate werden nicht für einen längeren Zeitraum als 24 Stunden ausgestellt, damit keine Sperrmechanismen erforderlich sind.

Um sich als Benutzer auf einer Webseite bei einer Relying Party anmelden zu können, muss sich der Benutzer gegenüber der Relying Party authentifizieren und nachweisen, dass er der rechtmäßige Besitzer des Zertifikats ist. Dies weist er nach, indem er mit seinem privaten Schlüssel ein Dokument zur Anmeldung bei der Relying Party signiert. Bei Mozilla Persona werden diese Dokumente »Identity Assertions« genannt. Sie enthalten die Domäne der Relying Party, bei der sich der Benutzer anmelden will, und einen Ablaufzeitpunkt von typischerweise weniger als fünf Minuten nach Erstellung der Identity Assertion sowie die digitale Signatur mit dem privaten Schlüssel des Browsers. Zur Benutzeranmeldung liefert der Browser sowohl das aktuelle Benutzerzertifikat als auch die gerade erzeugte Identity Assertion an die Relying Party.

Der Prozess der Ausstellung eines Zertifikats ist in Abbildung 17.12 dargestellt.

Abbildung 17.12: Mozilla Persona: Ausstellung eines Zertifikats

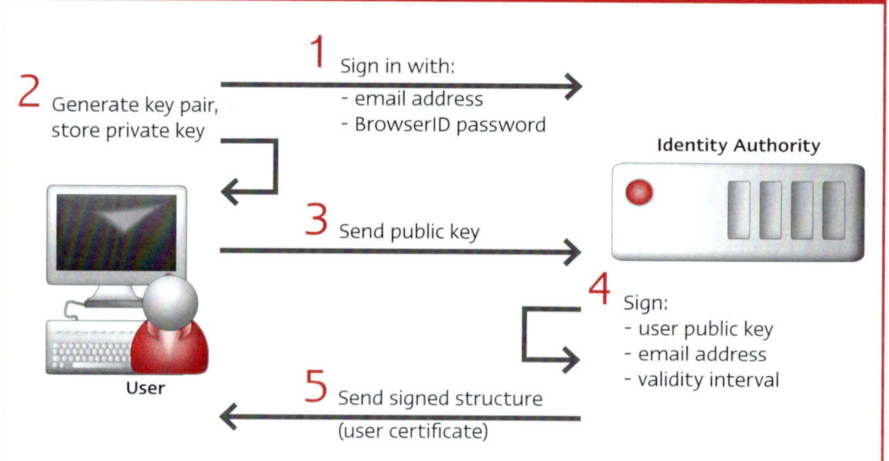

Das Protokoll zur Zertifikatsausssstellung durch den Identity Provider besteht aus den folgenden Schritten:

1. Ein Benutzer meldet sich per Browser mit E-Mail-Adresse und Passwort bei einem Identity Provider an.
2. Im Browser wird ein Schlüsselpaar generiert und der private Schlüssel gespeichert.
3. Der öffentliche Schlüssel wird an den Identity Provider gesendet und ein Zertifikat angefordert.
4. Der Identity Provider stellt das Zertifikat aus.
5. Das Zertifikat wird an den Browser des Benutzers zurückgegeben.

In Abbildung 17.13 wird gezeigt, wie der Ablauf einer Benutzeranmeldung bei Mozilla Persona verläuft.

Abbildung 17.13: Mozilla Persona: Erzeugung einer Identity Assertion

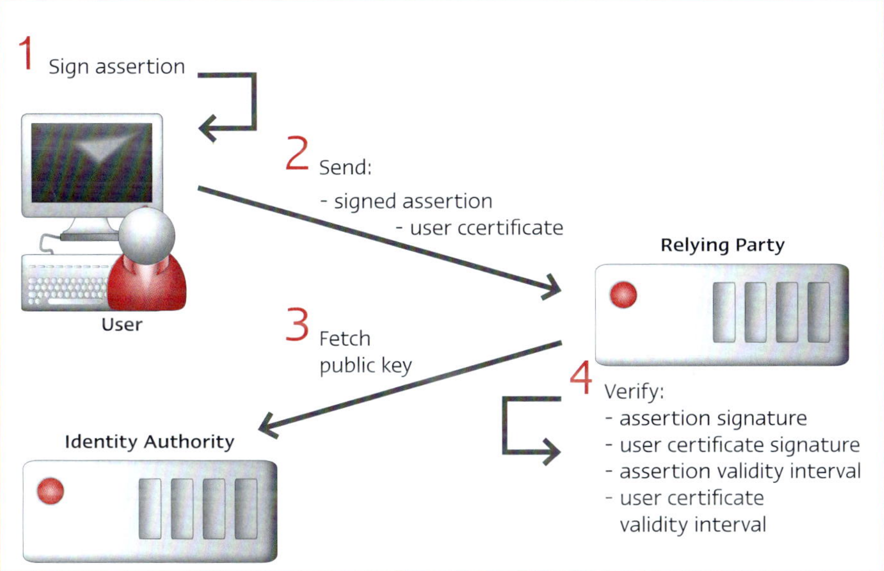

Die Anmeldung bei einem Service Provider besteht bei Mozilla Persona aus den folgenden Schritten:

1. Im Browser des Benutzers wird eine Identity Assertion erzeugt und diese mit dem privaten Schlüssel des Benutzers signiert.
2. Diese Identity Assertion und das Zertifikat des Benutzers werden an die Relying Party übermittelt.
3. Die Relying Party fordert den öffentlichen Schlüssel des Identity Providers an.
4. Die Relying Party verifiziert die Signaturen der Identity Assertion und des Zertifikats, prüft deren Gültigkeit und die in der Identity Assertion angegebene Domäne.

17.7.8 Sicherheit von SAML, OpenID, OAuth und Mozilla Persona

Eine Schwäche des SAML-, OpenID- und OAuth-Protokolls ist, dass Benutzer dieser Protokolle besonders anfällig gegenüber Phishing-Attacken und Cross-Site-Scripting-Angriffen sind, da sie es gewohnt sind, beim Log-in-Vorgang auf eine andere Webseite umgelenkt zu werden. Statt auf die Webseite des jeweiligen Identity Providers können sie bei diesen Protokollen leicht und unbemerkt auf eine Phishing-Webseite umgelenkt werden.

Auch aus Datenschutzsicht ist das Umlenken des Benutzers auf die Webseite des Identity Providers kritisch zu bewerten: Der Identity Provider kennt alle Service-Provider, bei denen sich ein Benutzer über ihn authentifiziert hat. Das erklärt die Motivation von Firmen und Organisationen wie Amazon, Facebook, Twitter, Google usw. als Identity Provider zu agieren.

Diese Schwächen gelten bei Mozilla Persona nur teilweise. Der Benutzer wird in der Regel nur bei der ersten Anmeldung des jeweiligen Tages auf der Webseite einer Relying Party (Service-Provider) auf die Webseite seines Identity Providers umgelenkt und muss dort seinen Benutzernamen und sein Passwort eingeben. Die Gefahr von Phishing-Angriffen besteht dadurch grundsätzlich auch. Wenn dies aber an einem Tag zum zweiten Mal erfolgt, könnten aufmerksame Benutzer stutzig werden. Auch unter Datenschutzgesichtspunkten ist Mozilla Persona deutlich besser zu bewerten als die anderen Verfahren: Mozilla Persona stellt ein Tages-Zertifikat aus. Insofern wird aus dem Redirect zum Identity Provider diesem der erste Service-Provider des Tages bekannt. An den weiteren Service-Providern kann sich der Benutzer dann unabhängig anmelden. Der Benutzer kann sich auch – noch datenschutzfreudlicher – schon vorab bei seinem Identity Provider anmelden, um das Tages-Zertifikat zu erzeugen, bevor er sich bei einem Service-Provider anmelden möchte. So hinterlässt er gar keine Spuren über sein Surfverhalten bei seinem Identity Provider.

Bei allen Verfahren stellt sich jedoch die Frage nach dem Vertrauen in die vom Identity Provider bestätigten Benutzeridentitäten: Auf welcher Grundlage kann ein Service-Provider einer Benutzeridentität vertrauen, die ihm von einem Identity Provider übermittelt wurde?

Zusammenfassung

Authentifizierung und Berechtigungsmanagement sind die zentralen Aufgaben und Maßnahmen, um zwischen unberechtigten und berechtigten Benutzern zu unterscheiden. Daher muss sich für eine Zugriffsrechtekontrolle jeder Benutzer zunächst korrekt gegenüber dem jeweiligen System authentifizieren, bevor er auf Daten zugreifen darf. Die verschiedenen Mechanismen zur Authentifizierung, z. B. durch Wissen, durch Besitz oder Biometrie, weisen unterschiedliche Stärken und Schwächen auf. Mithilfe von Hardware-Tokens lässt sich das Sicherheitsniveau erheblich erhöhen. Durch Kombination verschiedener Verfahren können auch zwei oder drei Faktoren zur Authentifizierung eingesetzt werden. Bekannte Realisierungen für systemübergreifende Authentifizierung sind Kerberos, RADIUS, TACACS+ und Diameter.

Nach der erfolgreichen Authentifizierung darf ein Benutzer auf die Objekte zugreifen, für die ihm im Rahmen des Berechtigungsmanagement der Zugriff eingeräumt wurde. Für die Umsetzung der Zugriffskontrolle werden verschiedene Modelle herangezogen, z. B. Zugriffsrechtematrizen, Zugriffskontrolllisten, Capabilities und die rollenbasierte Zugriffskontrolle.

Um im Alltag die Probleme der Benutzerverwaltung zu reduzieren und die Akzeptanz durch die Benutzer zu steigern, werden in Firmen inzwischen häufig verschiedene Single-Sign-On-Verfahren eingesetzt. Im Zusammenhang mit Single Sign-On für Web Services gibt es verschiedene Lösungsalternativen. Aktuell hat OpenID die größte Verbreitung. Das neueste Angebot in diesem Bereich stammt von Mozilla.

Literatur

[Fox09] *Fox, D.:* Mindestlängen von Passwörtern und kryptografischen Schlüsseln, Datenschutz und Datensicherheit (DuD), 10/2009, S. 620–623; *http://www.secorvo.de/publikationen/passwortlaengen-fox-2009.pdf* (Stand: 17.01.2024)

[FoxScha09] *Fox, D.; Schäfer, F.:* Passwörter – fünf Mythen und fünf Versäumnisse, Datenschutz und Datensicherheit (DuD), 7/2009, 425 ff.; *http://www.secorvo.de/publikationen/passwortsicherheit-fox-schaefer-2009.pdf* (Stand: 17.01.2024)

[ISO 24760-1] *International Organization for Standardization (ISO):* ISO/IEC 24760-1:2019, Information technology – Security techniques – A framework for identity management – Part 1: Terminology and concepts; *http://www.iso.org* (Stand: 17.01.2024)

18 Betriebssystemsicherheit

Einleitung

Die Aufgabe eines Betriebssystems besteht im Wesentlichen darin, die Betriebsmittel eines Systems, d. h. die Hardware wie bspw. CPU, Hauptspeicher, Festplatten oder Netzwerkinterfaces zu verwalten und den Anwendungen zur Verfügung zu stellen. Für die Ansteuerung dieser Betriebsmittel sind die jeweiligen Treiber zuständig, in denen die Kenntnisse über die spezifischen Details der Betriebsmittel verborgen sind. Für die Nutzung der Betriebsmittel stellen die Treiber eine Schnittstelle zur Verfügung. Das Betriebssystem stellt diese Schnittstellen den Anwendungen direkt oder über weitere Abstraktionsschichten mit jeweils eigenen Schnittstellen zur Verfügung.

Moderne Mehrzweckbetriebssysteme wie Microsoft Windows oder Unix sind in der Lage, mehrere Prozesse nebenläufig oder – bei entsprechender Hardwareausstattung – parallel auszuführen. In diesem Fall muss das Betriebssystem dafür sorgen, dass die Prozesse sich nicht gegenseitig stören und nur über definierte Schnittstellen miteinander kommunizieren. Daneben muss das Betriebssystem auch dafür sorgen, dass alle Prozesse gemäß ihren jeweiligen Prioritäten bedient werden. Ein derartiges Betriebssystem wird als Timesharing-Betriebssystem bezeichnet.

Neben dem Timesharing sind moderne Mehrzweckbetriebssysteme in der Lage, zwischen Prozessen verschiedener Nutzer zu unterscheiden. Dies ist wichtig, wenn Prozesse mit unterschiedlichen Privilegien ablaufen sollen. Dabei werden Zugriffe in Abhängigkeit des Nutzers und der Ressource gemäß bestimmten Regeln gewährt oder verweigert. Die Unterscheidung zwischen Benutzern ermöglicht darüber hinaus die theoretische Nachvollziehbarkeit bezüglich der Aktionen der jeweiligen Benutzer. Derartige Betriebssysteme werden als Multiuser-Betriebssysteme bezeichnet.

Die Aufgaben von Multiuser-Timesharing-Betriebssystemen bestehen somit auch in der Durchsetzung von Sicherheitszielen. Tatsächlich stellen Betriebssysteme das Fundament für die Sicherheit von Anwendungen dar, denn ist das Betriebssystem nicht vertrauenswürdig, dann können auch die darauf laufenden Anwendungen nicht vertrauenswürdig sein. Die Integrität des Betriebssystemzustands ist somit unabdingbar für die Sicherheit des IT-Systems und der darauf betriebenen Anwendungen.

In diesem Kapitel wird beschrieben, welche Mechanismen eines Betriebssystems zu dessen Sicherheit beitragen. Wir weisen auch auf ausgewählte betriebliche Maßnahmen hin, die ergriffen werden sollten, damit die Mechanismen ihre Sicherheitswirkung entfalten. Da die Administration der Sicherheitsmechanismen komplex ist, erfordert der sichere Betrieb geeignete Hilfsmittel zur Unterstützung. In Abschnitt 18.4 werden einige dieser Aufgaben genannt.

Die nachfolgenden Kapitel zur Sicherheit ausgewählter Betriebssysteme orientieren sich an der Struktur dieses Kapitels.

Begriffsklärung

Der Begriff des *Betriebssystems* ist in der Literatur nicht scharf definiert. Teilweise wird damit nur der *Kern* des Betriebssystems (*Kernel*) bezeichnet. Der Kernel ist das eigentliche Betriebssystem-Programm. Oft umfasst der Begriff Betriebssystem aber auch die dazu gehörigen Hilfsprogramme, die zur Verwaltung und zur Konfiguration des Systems notwendig sind, etwa Programme zur Systemverwaltung, Kommandozeilen-Shells, Editoren und zahlreiche andere Programme. In diesem Kapitel wird der Begriff Betriebssystem im weiteren Sinne verwendet.

Der Begriff des *Benutzers* ist ebenfalls nicht eindeutig. In diesem Kapitel bezeichnet ein Benutzer oder ein Nutzer eine Entität in einem System und ist als rein technisches Konzept zu verstehen. Diese Entitäten können sowohl menschliche als auch technische Benutzer darstellen. In Abgrenzung zum so verwendeten Begriff des Benutzers wird der menschliche Benutzer als Anwender bezeichnet.

18.1 Identität und Autorisierung

In Multiuser-Betriebssystemen stellt das Konzept von Benutzern eine tragende Säule der Sicherheitsarchitektur dar[1]. Der Kontext, in dem der Benutzer handeln kann, wird durch das entsprechende *Benutzerkonto* definiert. Ein Benutzerkonto ist ein Satz von Attributen und Daten, wie bspw. Benutzername, Benutzer-ID und gegebenenfalls weitere IDs, Benutzerverzeichnis sowie Daten, mit deren Hilfe Benutzer authentisiert werden. Die verschiedenen IDs eines Benutzers werden im Folgenden als dessen *Identitätsattribute* bezeichnet. Üblicherweise sind in einem System mehrere Benutzerkonten bekannt. Diese Konten können lokal auf dem System oder innerhalb einer Gruppe von Systemen eingerichtet sein.

Unter gängigen Betriebssystemen werden Prozesse und Ressourcen Benutzern zugeordnet. Diese Zuordnung definiert die Identitätsattribute dieser Prozesse und Ressourcen. Die Entscheidung über den Zugriff eines Prozesses auf eine Ressource erfolgt auf Grundlage der jeweiligen Identitätsattribute sowie den Zugriffsregeln für diese spezifische Paarung von Prozess und Ressource. Neben der Möglichkeit, differenzierte Zugriffsentscheidungen treffen zu können, erlauben die Identitätsattribute auch eine Zuordnung von Aktivitäten eines Benutzers zu seinem Benutzerkonto.

Der Zugang zu einem Benutzerkonto erfolgt durch eine Anmeldung. Hierbei erfolgt unter Angabe von Zugangsdaten oder Verwendung von Smartcards eine Authentisierung des Benutzers. Die Details hierzu sind in Abschnitt 18.2 beschrieben. In diesem Abschnitt wird dargestellt, welche Arten von Identitätsattributen vorkommen, wie Zugriffsentscheidungen getroffen werden und wie Rechte erweitert werden können.

---

1 Siehe Abschnitt 17.1 ff. für eine ausführliche Darstellung der Bedeutung von Benutzern (Usern) und deren Unterscheidung sowie Authentisierung, Autorisierung und Zugriffskontrolle.

18.1.1 Benutzer, Benutzergruppen und Rollen

Benutzer werden systemintern üblicherweise durch eine Benutzer-ID dargestellt. Diese ID erfüllt zwei Funktionen. Zum einen sind Benutzerprozesse einer Benutzer-ID zugeordnet; Prozesse mit einer bestimmten Benutzer-ID agieren mit den Zugriffsrechten für den entsprechenden Benutzer. Zum anderen sind Ressourcen unter gängigen Betriebssystemen einem Eigentümer zugeordnet, der wiederum über die Benutzer-ID abgebildet wird.

In der Abgrenzung zwischen einem spezifischen Benutzer und der Allgemeinheit aller anderen Benutzer findet sich oft eine Zwischenstufe, bei der Benutzer in sogenannten Benutzergruppen zusammengefasst werden. Diese dienen im Wesentlichen dazu, Gruppen von Benutzern kollektiv bestimmte Zugriffsrechte zu gewähren, und stellen somit eine rudimentäre Form von *Role-Based Access Control* (*RBAC*) dar. Alle gängigen Mehrzweckbetriebssysteme stellen einen derartigen Mechanismus zur Verfügung; typischerweise kann ein einzelner Prozess gleichzeitig Mitglied mehrerer Gruppen sein. Die Zuordnung einer Ressource zu mehreren Gruppen ist dagegen unüblich. Analog zu den Benutzer-IDs werden Gruppen systemintern ebenfalls durch IDs dargestellt.

Neben der Unterteilung in Benutzer und Gruppen ist bei manchen Betriebssystemen auch eine Unterteilung in Rollen anzutreffen. Genau wie bei der Unterteilung in Gruppen geht es darum, durch Zuweisung einer Rolle Gruppen von Benutzern identisch zu behandeln. Im Unterschied zur Unterteilung in Gruppen sind Rollenkonzepte oft deutlich ausgefeilter und ermöglichen eine feinere Zugriffskontrolle, manche Rollenkonzepte sehen bspw. Ableitung und Vererbung vor. Andere RBAC-Modelle sehen Einschränkungen der Art vor, dass kein Nutzer bestimmte Rollen gleichzeitig haben kann. Ausgefeilte Rollenmodelle ermöglichen einen sehr wirksamen Schutz gegen Angreifer, die bereits einzelne Komponenten eines Systems übernommen haben.

Obwohl Rollen und Gruppen oberflächlich betrachtet ähnlich sind, existieren wesentliche konzeptionelle Unterschiede: Gruppen bündeln Benutzer zu kollektiven Entitäten, denen Rechte zugewiesen werden können. Rollen bündeln dagegen Rechte, die Nutzern als Gesamtheit mit der Rolle zugewiesen werden.

Die Zuweisung von Rollen zu Ressourcen ist nicht vorgesehen. Einige Rollenmodelle führen stattdessen das Konzept von Typen für Ressourcen ein, die das Pendant zur Gruppenzugehörigkeit von Ressourcen darstellen.

Administratoren

Unter den Benutzern zeichnen sich ein oder mehrere Benutzerkonten aus, die mit sehr umfangreichen Privilegien ausgestattet sind. Diese Administratoren haben die Aufgabe, das System zu verwalten, d. h., es zu konfigurieren, zu überwachen und bei Bedarf einzugreifen.

Bedrohungen

Da die Administratoren eine Fülle von Systemprivilegien auf sich vereinen, stellen ihre Benutzerkonten ein attraktives Angriffsziel dar. Die Ausführung von Malware mit Systemprivilegien, in dessen Folge Rootkits installiert werden könnten, kann zur vollständigen Kompromittierung der Systemintegrität führen.

Best Practice

Es ist wichtig, die Rolle des Administrators nicht nachlässig zu verwenden. Beispielsweise sollten Routineaufgaben nicht als Administrator durchgeführt werden, wenn dazu die weitreichenden Rechte nicht unbedingt notwendig sind.

18.1.2 Ressourcen

Das im nachfolgenden Abschnitt beschriebene Konzept von Zugriffsrechten bezieht sich auf verschiedene Ressourcen, die das Betriebssystem den Prozessen zur Verfügung stellt. Diese Ressourcen umfassen im Wesentlichen:

- die CPUs und GPUs
- Speicherbereiche: CPU-Cache, Hauptspeicher, virtueller Speicher, NVRAM usw.
- Systembusse: PCI, USB usw.
- Prozesse und Threads
- Tabellen und Datenstrukturen des Betriebssystems, wie bspw. die Prozesstabelle oder den Firewall-Regelsatz
- Ressourcen zur Synchronisation und Interprozesskommunikation, wie Semaphore und Mutexe, Shared Memory, Message Queues und Dateisperren
- Systemuhren und Timer
- Konfigurationseinstellungen des Betriebssystems und Ressourcenschranken
- Dateien und Verzeichnisse
- angeschlossene Geräte wie Festplatten und Partitionen, Netzwerkgeräte, Tastatur, Maus, Videoausgabe, Soundausgabe, Kartenleser, Drucker und Scanner sowie zahlreiche andere Geräte

Viele der genannten Ressourcen werden in der Terminologie von Fachkreisen als Objekte bezeichnet.

Den Objekten stehen die Subjekte gegenüber, im Wesentlichen Prozesse und Threads. Diese stellen die eigentlichen Akteure dar, die auf die Objekte zugreifen.

18.1.3 Zugriffsrechte

Zugriffsrechte beschreiben, welche Aktionen ein Benutzer mit einer Ressource ausführen darf. Die möglichen Aktionen umfassen üblicherweise das Lesen, das Schreiben oder die Ausführung von Dateien oder Speicherbereichen, aber auch bspw. das Löschen von Dateien oder die Zuweisung von Zugriffsrechten. Manche Betriebssysteme definieren darüber hinaus noch ressourcenspezifische Zugriffsrechte. Zugriffsrechte werden üblicherweise für den Eigentümer einer Ressource und die Allgemeinheit sowie gegebenenfalls für die Gruppe oder den Typ der Ressource jeweils unabhängig vergeben.

Es gibt prinzipiell verschiedene Wege, Zugriffsrechte zu beschreiben. Unter gängigen Betriebssystemen ist es üblich, Zugriffsrechte als Attribut der Ressourcen abzulegen, d. h., für jede Ressource wird festgelegt, wer wie zugreifen darf. Darüber hinaus gibt es verschiedene Konzepte zur Vergabe der Zugriffsrechte: nutzergesteuert oder richtliniengesteuert, also Discretionary Access Control (DAC) bzw. Mandatory Access Control (MAC).

Grundsätzlich gehen alle gängigen Betriebssysteme den Weg der nutzergesteuerten Vergabe der Zugriffsrechte, es gibt aber für verschiedene Betriebssysteme Modifikationen oder Erweiterungen, mit denen eine richtliniengesteuerte Vergabe möglich wird.

Zugriffsentscheidungen erfolgen auf Grundlage der Identitätsattribute des zugreifenden Prozesses, der Identitätsattribute der Ressource sowie den spezifischen Zugriffsrechten, die für die jeweilige Paarung vorgesehen ist. Der Vorteil, der sich durch die Einteilung von Benutzern in Gruppen oder Rollen ergibt, besteht darin, die Komplexität der Verwaltung von Zugriffsrechten zu reduzieren. Anstatt jedem einzelnen Nutzer Zugriffe zu einzelnen Ressourcen zu gewähren oder zu verweigern, kann dies pauschal für bestimmte Gruppen oder Rollen erfolgen. Die Nutzer müssen dann nur noch den entsprechenden Gruppen zugeordnet oder ihnen die Rollen zugewiesen werden. Durch ein geeignetes Gruppen- oder Rollenkonzept kann die Administration fehlerärmer und effizienter gestaltet werden – ein ungeschicktes Konzept macht die Administration dagegen noch komplexer.

18.1.4 Erweiterung von Rechten – privilegierte Aktionen

Prozesse erben ihre Identitätsattribute in der Regel von ihren Elternprozessen. Gewöhnliche Prozesse können diese Attribute nicht ändern – hierfür sind spezielle Privilegien erforderlich. Die Privilegien, die sich aus den Identitätsattributen ergeben, können normalerweise nicht erweitert werden. Zugriffe und Aktionen jenseits dieser Privilegien bleiben diesen Prozessen somit verwehrt.

Für die Abarbeitung der organisatorischen IT-Prozesse gewöhnlicher Nutzer müssen gelegentlich aber privilegierte Aktionen durchgeführt werden. Hier stehen vor allem Geräte der Endanwender im Vordergrund. Beispiele für solche Aktionen sind Zugriffe auf externe Medien oder die Konfiguration von extern angeschlossener Hardware. Die erforderlichen Privilegien sollten nicht unkontrolliert vergeben werden, daher stellen gängige Betriebssysteme oft mehrere spezifische Mechanismen zur Verfügung, um dem Nutzer in begrenztem Umfang die notwendigen Privilegien zur Verfügung zu stellen.

Bedrohungen

Die beschränkte Vergabe von zusätzlichen Privilegien ist unkritisch, solange nur die beabsichtigte Funktionalität zur Verfügung gestellt wird. Durch eine fehlerhafte Konfiguration könnten mehr Privilegien als beabsichtigt vergeben werden.

Kommen bei der Rechteerweiterung Hilfsprogramme zum Einsatz, dann ergeben sich weitere Bedrohungen. Durch Schwachstellen in der Implementierung dieser Programme könnten die vergebenen Privilegien unbeschränkt genutzt werden, oder es könnten mehr Privilegien zur Verfügung stehen als beabsichtigt. Wenn die Hilfsprogramme selbst weitere Programme aufrufen, dann könnten die Möglichkeiten und Eigenschaften oder die Art des Aufrufs dieser Programme unbeabsichtigt erweiterte Funktionalität zur Verfügung stellen. Die Kommunikation zwischen diesen Programmen kann zur Schwachstelle werden, wenn unsichere Mechanismen wie Umgebungsvariablen verwendet werden. Der schlimmste Fall tritt ein, wenn es möglich wird, eine privilegierte interaktive Session zu eröffnen.

Best Practice
Hilfsprogramme zur Rechteerweiterung sollten so implementiert sein, dass nur die beabsichtigte Funktion erfüllt werden kann; diese sollte möglichst eng begrenzt sein. Zusätzliche Mechanismen zur Einschränkung von Privilegien der Hilfsprogramme sollten nach Möglichkeit verwendet werden.

18.2 Systemzugang und Authentisierung

Um die Zuordnung von Anwendern zu Benutzerkonten herzustellen, muss sich ein Anwender zunächst mit einem Benutzernamen identifizieren. Die Angabe des Benutzernamens allein reicht jedoch nicht aus: Um Identitätsdiebstahl zu verhindern, muss die Legitimität des Zugangs zu einem Benutzerkonto in geeigneter Weise nachgewiesen werden. Ist die Anmeldung an einem Konto erfolgreich, dann wird eine sogenannte Session etabliert, die den Kontext bildet, auf dessen Grundlage bis zur Abmeldung Zugriffsentscheidungen gefällt werden.

Benutzer können auf verschiedene Weise Systemzugang erhalten. Für Geräte von Endanwendern ist meist ein Konsolenzugang über die angeschlossene oder integrierte Tastatur und den Bildschirm möglich. Serversysteme werden dagegen oft »headless« betrieben, d. h. ohne angeschlossene Tastatur und Bildschirm. Hier ist entweder ein Terminal anzuschließen, oder der Zugang erfolgt über das Netzwerk. Die verschiedenen Zugangsmöglichkeiten müssen so abgesichert werden, dass ein Angreifer sich weder am System anmelden noch eine bestehende Verbindung (Session) übernehmen kann.

18.2.1 Sicherer lokaler Zugang

Es bestehen verschiedene Möglichkeiten zur Anmeldung an einem System. Üblich ist hierfür die Angabe von Benutzername und Passwort, die Nutzung von Smartcards und PIN oder die Verwendung biometrischer Methoden.

Für die Sicherheit bei der Anmeldung an der Systemkonsole oder einem direkt angeschlossenen Terminal ist es wichtig, dass sich die Nutzer aus einem definierten und sicheren Zustand anmelden können. Mit Trojanern könnte ein Anmeldebildschirm simuliert werden, um Anmeldedaten abzugreifen. Als Gegenmaßnahme wurde unter verschiedenen Betriebssystemen ein sogenannter Secure Attention Key (SAK) bzw. eine sogenannte Secure Attention Sequence (SAS) eingeführt. Dies sind bspw. einzelne Tastendrücke oder eine Folge von Tasten-Kombinationen, die von Anwendungen nicht abgefangen werden können, sondern vom Betriebssystem verarbeitet werden. Sie führen in einen sicheren Zustand, aus dem heraus ein Nutzer sich sicher anmelden kann – vorausgesetzt, die Tastatur ist vertrauenswürdig.

18.2.2 Sicherer Fernzugang

Soll über ein Netzwerk auf ein System zugegriffen werden, dann stellt sich sofort die Frage nach der Vertrauenswürdigkeit der Verbindung, denn über unsichere Verbindungen sind zahlreiche Angriffe möglich. Insbesondere können aus ihnen auch Anmeldeinformationen abfließen oder durch Eingriffe in den Anmeldeprozess Man-in-the-Middle-Angriffe realisiert werden. Die Verwendung kryptografischer Methoden allein (s. Abschnitt 18.3.2) reicht für die Absicherung der Verbindung allein nicht aus: Auch die Schlüssel müssen auf vertrauenswürdige Weise verteilt werden.

Grundsätzlich kann eine Anmeldung an einer virtuellen grafischen Oberfläche oder an einer Kommandozeilen-Shell erfolgen. Appliances haben dagegen oft eine Web-Konsole zur Administration über eine grafische Oberfläche. Einzelne Details der genannten Zugangsformen werden im Weiteren beschrieben.

Grafische Oberflächen

Für die Anmeldung an einer virtuellen grafischen Oberfläche sind derzeit vor allem das Virtual Network Computing Protocol (VNC) sowie Microsofts Remote Desktop Protocol (RDP) gebräuchlich. Bei VNC und RDP werden Kopien der aktuellen Bildschirmansicht übertragen und Benutzereingaben am lokalen System auf dem entfernten System simuliert. Einen anderen Weg beschreitet das unter Unix-Systemen gebräuchliche X11-Fenstersystem. Hier kann ein X-Client mittels des X11-Protokolls über das Netzwerk mit einem X-Server kommunizieren. Dabei ist der X-Server für die grafische Darstellung am Bildschirm zuständig ist, während der X-Client die Anwendung enthält und den X-Server anweist, die grafischen Elemente seiner Benutzeroberfläche darzustellen. Weitere Details zu X11 finden sich in Abschnitt 20.2.1.

Bedrohungen

VNC und X11 nutzen defaultmäßig Klartextprotokolle. RDP bietet zwar kryptografischen Schutz, dieser ist jedoch nicht vertrauenswürdig.

Best Practice

VNC, RDP und X11 sollten über sichere Protokolle wie SSH oder SSL/TLS getunnelt werden.

Kommandozeilen-Shells

Telnet und FTP

Verschiedene Systeme bieten auch einen Fernzugang über eine Kommandozeilen-Shell an. Früher waren Telnet und FTP die gängigen Protokolle für diesen Fernzugang. Diese Protokolle bieten jedoch keine Mechanismen zum Schutz der Kommunikation an. Dennoch sind diese Protokolle auch heute noch oft anzutreffen, vor allem für Systeme wie Switche, Router und Drucker.

Der Telnet-Dienst ist eine Terminalanwendung, die es einem Benutzer ermöglicht, auf einem entfernten Rechner eine interaktive Session zu starten. Hierzu wird eine Verbindung zum Telnet-Port am entfernten Rechner geöffnet. Der Benutzer muss sich dann zunächst genauso authentisieren, als befände er sich an einem direkt angeschlossenen Terminal. Typischerweise geschieht dies durch die Übermittlung von Benutzername und Passwort. Bei der ursprünglichen Konzeption von Telnet war Sicherheit kein Kriterium; die Übertragung von Benutzername und Passwort wie auch der Inhalt der nachfolgenden Sitzung wird im Klartext übertragen. Vertraulichkeit ist also ebenso wenig gegeben wie Integritätsprüfung oder Authentizität.

Analog zum Telnet-Dienst war der FTP-Dienst ursprünglich eine Terminalanwendung, die es einem Benutzer ermöglichte, Dateien von und zu einem entfernten Rechner zu kopieren. Heutzutage können FTP-Server über das entsprechende URL-Schema von einem Webbrowser aus angesteuert werden. Bei FTP wird eine Steuerverbindung zum FTP-Port des entfernten Rechners geöffnet; der FTP-Dienst authentifiziert dann den Benutzer, typischerweise indem der Benutzer Benutzername und Passwort übermittelt. Genau wie bei Telnet erfolgt diese Übermittlung im Klartext, ebenso die Übertragung der nachfolgenden Sitzung.

Bedrohungen

Protokolle wie Telnet oder FTP sind anfällig für den Abfluss oder die Verfälschung von Protokollnachrichten (Snooping und Poisoning). Telnet und FTP verwenden Benutzername und Passwort zur Authentisierung. Diese Form der Authentisierung ist anfällig gegen Brute-Force-Rate-Angriffe. Dies ist besonders kritisch für Legacy-Anwendungen, die oft nur maximal acht Zeichen für ein Passwort zulassen. Über Man-in-the-Middle-Angriffe, wie in Abschnitt 11.3.1 beschrieben, können Telnet- oder FTP-Sitzungen zudem übernommen werden.

Best Practice

Auf den Einsatz von Telnet oder FTP sollte nach Möglichkeit zugunsten von SSH verzichtet werden. Ausnahmen ergeben sich bei Legacy-Anwendungen, etwa auf Großrechnern. Derartige Zugänge sollten der allgemeinen Sichtbarkeit im Netzwerk so gut wie möglich entzogen werden.

Secure Shell (SSH)

SSH wurde ursprünglich für Unix-Systeme entwickelt, um die unsicheren Protokolle der Remote Shell (RSH) rlogin, rsh und rcp abzulösen, aber auch Dienste wie Telnet oder FTP. Die Nachteile der genannten Protokolle wurden allesamt durch SSH behoben. Beim Entwurf von SSH wurden von Anfang an kryptografisch starke Algorithmen und Protokolle eingesetzt. SSH unterstützt sowohl eine abgesicherte Kommunikation über unsichere Netze als auch eine zuverlässige gegenseitige Authentifizierung zwischen Client und Server, um die Vertraulichkeit, Integrität, Frische und Authentizität der ausgetauschten Daten zu gewährleisten.

SSH war von Anfang an sehr flexibel; der Funktionsumfang von SSH geht weit über den von RSH oder von Telnet und FTP hinaus. So unterstützt SSH ausdrücklich das Tunneln von anderen, unsicheren Anwendungsprotokollen auf Basis von TCP. Dieser Mechanismus geht so weit, dass mit aktuellen SSH-Implementierungen der Aufbau kompletter Virtueller Privater Netzwerke (VPNs) möglich ist. Diese Flexibilität erhält man allerdings zum Preis von Komplexität. SSH kann an mehreren Stellen durch zahlreiche Optionen und Wahlmöglichkeiten konfiguriert werden, und es erfordert Kenntnis und Aufmerksamkeit, um nicht in einer unsicheren Konfiguration zu enden.

Durch die Flexibilität von SSH gibt es zahlreiche Varianten der Authentisierung; hier werden nur die wichtigsten beschrieben. SSH bietet grundsätzlich zwei Arten der Authentifizierung, nämlich Rechnerauthentifizierung und Benutzerauthentifizierung.

Bei der SSH-Rechnerauthentifizierung wird für die Verbindung zwischen zwei Rechnern ein sicherer Kanal zur Verfügung gestellt. Dies erfolgt über Public-Key-Techniken; zu diesem Zweck sollten a priori öffentliche Schlüssel ausgetauscht worden sein. Ist dies nicht der Fall, dann erfolgt der Schlüsselaustausch spontan beim Verbindungsaufbau; diese Form des Schlüsselaustauschs ist ohne weitere Prüfung der Echtheit jedoch nicht vertrauenswürdig. Über den sicheren Kanal kann dann die übliche Benutzerauthentifizierung mit Benutzername und Passwort erfolgen. Dabei können trotz der sicheren Übertragung des Passworts die üblichen Probleme bei der Nutzung von Passwörtern auftreten, z.B. schwache Passwort-Wahl oder Wörterbuchangriffe.

Die SSH-Benutzerauthentifizierung kann ebenfalls über Public-Key-Techniken erfolgen. Hierzu legt ein Benutzer auf einem System eine Liste von öffentlichen Schlüsseln an, deren Inhaber sich unter dem entsprechenden Benutzerkonto anmelden dürfen. Möchte sich ein Benutzer aus der Liste von einem entfernten System anmelden, wird mittels Challenge-Response-Verfahren geprüft, ob der entfernte Benutzer einen privaten Schlüssel hat, der zu einem der öffentlichen Schlüssel gehört. Ist dies der Fall, dann wird ein sicherer Kanal aufgebaut. Bei diesem Prozess werden keinerlei Passwörter oder andere geheime Daten übermittelt.

Fallstricke

Eines der größten Fehlerpotenziale bei SSH besteht in der Schlüsselverwaltung (s. a. Abschnitt »Fallstricke im Zertifikatsmanagement« auf Seite 483). Eine PKI-Unterstützung existiert für SSH nicht; SSH sieht vor, dass die Benutzer selbst für eine sichere Schlüsselverteilung sorgen. Ein nachlässiger Umgang bei der Schlüsselverteilung eröffnet die Möglichkeit für Man-in-the-Middle-Angriffe.

SSH bietet bei vertrauenswürdiger Verteilung der verwendeten öffentlichen Schlüssel ausreichenden Schutz der Kommunikation an. Die Konfiguration von SSH ist jedoch komplex und oft nicht einfach zu durchschauen. Es ist daher recht leicht möglich, eine unsichere Konfiguration herbeizuführen.

Für SSH gibt es zwei zueinander inkompatible Versionen des Authentisierungs-Protokolls. Die veraltete Version SSH-1 weist verschiedene Schwächen auf und sollte nicht verwendet werden (s. Abschnitt 11.8.5). Insbesondere die integrierten SSH-Dienste in Appliances und Netzwerkgeräten sind dahin gehend oft nachlässig konfiguriert.

Best Practice

Zuvor nicht geprüfte öffentliche Schlüssel fremder entfernter Systeme sollten anhand der jeweiligen Schlüsselprüfsummen (Fingerprints) überprüft werden. Dies gilt besonders dann, wenn die Verbindung über nicht vertrauenswürdige Netze erfolgt. Nach Möglichkeit sollte eine Nutzer Authentisierung auf Basis von Public Key Authentisierung erfolgen und die Verwendung von Passwörtern bei SSH unterbunden werden.

Bei der Nutzung von SSH sollte darauf geachtet werden, dass ausschließlich das SSH-Protokoll SSH-2 (Version 2.x) zum Einsatz kommt. Wenn SSH-Implementierungen eine Abwärtskompatibilität erlauben, sollte diese grundsätzlich deaktiviert werden.

Web-Konsolen

Viele Systeme stellen heutzutage alternativ oder zusätzlich zu einer Kommandozeilen-Shell eine Web-basierte Management-Schnittstelle zur Verfügung. Hierzu wird auf dem System ein Webserver mit einer entsprechenden Administrationsanwendung betrieben.

Bedrohungen

Die Anmeldung an Web-Konsolen erfolgt üblicherweise auf Grundlage von Benutzernamen und Passwörtern. Diese Form der Authentisierung ist anfällig gegen Brute-Force-Rate-Angriffe sowie Wörterbuchattacken.

Best Practice

Der Zugang zu Web-Konsolen sollte grundsätzlich über TLS abgesichert werden. Darüber hinaus sollten Web-Konsolen – wie alle Management-Zugänge – nur in vertrauenswürdigen Netzen sichtbar sein. Web-Konsolen, die über das Internet erreichbar sein sollen, sollten daher nach Möglichkeit nur über ein VPN erreichbar sein. Alternativ ist auch der Einsatz von TLS-Client-Zertifikaten denkbar. Dadurch ist die Anwendung vor dem allgemeinen Zugang abgeschirmt. Ist dies nicht direkt möglich, dann sollte dafür ein Reverse-Proxy verwendet werden. Ist der Einsatz von Client-Zertifikaten nicht möglich, dann sollte zumindest zusätzlich HTTPS-Authentisierung (TLS-Serverzertifikate) genutzt werden, um die Anwendung abzuschirmen.

Single Sign-On

Bei der Vielzahl von Systemen und Diensten in einem Netz, für deren Nutzung ein Benutzer sich anmelden muss, stellt sich die Frage, ob die Authentifizierung nicht anwenderfreundlicher gestaltet werden kann. Die Vorgehensweise, dass aus einer initialen Anmeldung alle weiteren Anmeldungen abgeleitet werden können, wird als Single Sign-On (SSO) bezeichnet (s. a. Abschnitt 20.2.2 für weitere Details zu Single Sign-On).

Bedrohungen durch Single Sign-On

Aus Sicht der Betriebssystemsicherheit ist es wichtig, dass das Single Sign-On nicht zu einer Kompromittierung eines oder mehrerer Systeme führt. Eine Bedrohung durch Single Sign-On besteht darin, dass die Zugangsdaten zur Anmeldung an Diensten und Systemen automatisiert verarbeitet werden sollen und somit ungeschützt an einer Stelle im System bewahrt werden müssen. Hier sollte das Betriebssystem Mechanismen zum Schutz dieser Daten anbieten, bspw. die Nutzung von TPMs, siehe Abschnitt 18.3.2.

Eine weitere Bedrohung besteht darin, dass die Kompromittierung einer Session dazu führt, dass der Angreifer Zugriff auf alle über Single Sign-On erreichbaren Dienste bekommt (Domino-Effekt). Daher sollten die Mechanismen zum Single Sign-On eine Begrenzung der Nutzungsdauer der Zugangsdaten ermöglichen.

Secure Shell (SSH)

SSH wurde als Ersatz für Telnet und FTP wie auch für das unter Unix-Systemen seinerzeit gebräuchliche RSH eingeführt. RSH bietet einen Mechanismus für Single Sign-On, der auf Hostnamen und IP-Adressen beruht. Ein vergleichbarer Mechanismus wurde in SSH übernommen. Dieser Mechanismus ist jedoch nicht vertrauenswürdig und sollte nicht genutzt werden.

Einige SSH-Implementierungen wie bspw. OpenSSH bieten mit der Public-Key-Authentifizierung einen viel sichereren Mechanismus für Single Sign-On an, der nahezu denselben Komfort bietet. Dafür startet ein Benutzer einen sogenannten SSH-Agenten, der nach einer Authentifizierung durch den Benutzer dessen private Schlüssel vorhält und bei einer Anmeldung über SSH an einem entfernten System die Authentifizierung automatisch vornimmt. Der SSH-Agent ist keine zentrale Instanz, sondern ein Benutzerprozess, der für jeden Benutzer individuell gestartet werden kann.

Es ist jedoch zu beachten, dass der SSH-Agent eine Session überdauert, d.h., auch nach Abmeldung des Benutzers vom System ist der benutzerspezifische SSH-Agent noch präsent. Es liegt in der Verantwortung des Benutzers, den SSH-Agenten bei Abmeldung zu beenden. Alternativ kann der SSH-Agent angewiesen werden, private Schlüssel nur für eine bestimmte Dauer vorzuhalten; nach Ablauf dieser Dauer werden die privaten Schlüssel aus dem Hauptspeicher entfernt und sind dann nicht mehr verfügbar. Aber auch dafür ist der Nutzer selbst verantwortlich, eine zentrale Richtlinie hierfür ist nicht vorgesehen.

Kerberos

Kerberos[2] ist ein System zur sicheren Authentifizierung und Autorisierung von Benutzern in Netzwerken, bei dem die Kommunikation kryptografisch abgesichert ist im Sinne der Vertraulichkeit, Integrität, Frische und Authentizität der übertragenen Daten. Richtig konfiguriert unterstützt Kerberos ein sicheres Single Sign-On. Kerberos hat allerdings den Nachteil, dass die Anwendungen, die es sichern soll, entsprechend angepasst werden müssen. Außerdem erfordert Kerberos den sicheren Betrieb einiger zusätzlicher Dienste.

Fallstricke im Zertifikatsmanagement

Die Sicherheit von SSL/TLS oder SSH ist wesentlich von einem gewissenhaften Zertifikatsmanagement abhängig. Auch in internen Netzen müssen die Zertifikate vertrauenswürdig verteilt werden. Dieser Punkt wird in der Praxis häufig missachtet. Dabei wird übersehen, dass es mithilfe verfügbarer Angriffswerkzeuge relativ einfach ist, Man-in-the-Middle-Angriffe auf SSL/TLS und SSH durchzuführen.

Symptomatische Befunde für die Nachlässigkeit mit SSL/TLS-Zertifikaten sind:

- abgelaufene Zertifikate
- Zertifikate, die keinen Bezug zum Systemnamen aufweisen, hier auch insbesondere Zertifikate mit offensichtlich unpassendem Common Name wie `localhost.localdomain`
- selbst erstellte Zertifikate sowie Zertifikate von Drittherstellern, zu denen kein Vertrauensanker verteilt wurde

2 Siehe Abschnitt 17.4.4 zu Details zu Kerberos.

Derartige Zertifikate sind nicht dazu geeignet, um Vertrauen herzustellen, und führen in gängigen Browsern zu berechtigten Warnmeldungen. Von den Anwendern werden diese meist ohne Folgen ignoriert; langfristig lernen die betroffenen Anwender daraus, dass Sicherheit kein ernst zu nehmendes Thema ist. Angreifer können sich diese Nachlässigkeit zunutze machen, um sogar offensichtliche Man-in-the-Middle-Angriffe erfolgreich durchzuführen.

SSH-Zertifikate werden oft ebenfalls nicht vertrauenswürdig verteilt. Die häufig anzutreffende Vorgehensweise bei der Installation von Unix-Systemen besteht darin, den SSH-Dienst die Schlüssel initial erstellen zu lassen und sich dann als Administrator über SSH auf dem System anzumelden. Da beim Erstkontakt in der Regel der Server-Schlüssel auf dem Client noch nicht etabliert ist, erscheint dann eine Warnmeldung, die auf die Möglichkeit eines Man-in-the-Middle-Angriffs hinweist. Je nach Konfiguration erfolgt dann ein Abbruch der Verbindung oder der Benutzer wird gefragt, ob tatsächlich fortgefahren werden soll. Aus Bequemlichkeit wird die Warnmeldung bezüglich des unbekannten Host-Schlüssels ignoriert.

Auch wenn das Zeitfenster für einen Man-in-the-Middle-Angriff relativ klein ist, ist diese Vorgehensweise nicht vertrauenswürdig. Zumindest für Systeme in Netzwerksegmenten, in denen nicht vertrauenswürdige Systeme betrieben werden könnten, sollte die Echtheit des öffentlichen Schlüssels anhand des Schlüssel-Fingerprints überprüft werden.

Remote Procedure Calls

Neben der interaktiven Anmeldung an einem entfernten System besteht oft auch die Möglichkeit, über sogenannte Remote Procedure Calls (RPC) Dienste auf einem entfernten System in Anspruch zu nehmen. Hierbei werden Daten über eine RPC-Schnittstelle von einem Client an einen Server zur Verarbeitung und die Ergebnisse zurück an den Client übergeben. Die Hauptaufgabe der RPC-Schnittstelle besteht in der Kapselung komplexer Datenstrukturen in Byte-Folgen (Serialisierung). Im OSI-Referenzmodell ist RPC somit eine Implementierung des Presentation Layers, siehe Abschnitt 11.1.

Wenn der Umfang der ausgetauschten Daten moderat ist, dann stellt die lokale Nutzung eines Clients mit Datenaustausch über RPC eine schlanke Alternative zum Fernzugang mittels RDP oder VNC dar, bei hohem Datenvolumen ist dagegen der entfernte Betrieb einer Anwendung mit Anzeige über RDP oder VNC effizienter. RDP und VNC bieten sich auch an, wenn bspw. Daten eine Vertrauenszone nicht verlassen dürfen.

Für die Bereitstellung von RPC-Diensten wird oft die folgende Konstruktion verwendet: Die Dienste, die über RPC angesprochen werden können, nutzen in der Regel eigene Ports der Transportschicht, siehe Abschnitt 11.1.1. Die entsprechenden Port-Nummern können fest oder variabel sein. Um für Clients nutzbar zu sein, müssen diese die entsprechenden Port-Nummern kennen. Zu diesem Zweck wird zusätzlich ein Dienst betrieben, der die Clients über die Port-Nummern der jeweiligen RPC-Dienste informiert. Aus Sicht der Verwaltung der Firewallregeln ist die Nutzung von variablen Portnummern aber problematisch, da entweder ein breiter Portbereich freigegeben oder der RPC-Verkehr von der Firewall inspiziert werden muss.

Bei der Bereitstellung von RPC-Diensten muss darauf geachtet werden, dass Clients im Zweifelsfall nicht vertrauenswürdig sind, d. h., Eingaben vom Client müssen überprüft und gegebenenfalls bereinigt werden. RPC-Dienste sollten – was aber in der Praxis nie der Fall ist – außerdem mit möglichst geringen Privilegien betrieben werden, um im Fall einer Kompromittierung nicht die Systemintegrität zu gefährden.

Daneben sollte darauf geachtet werden, dass RPC-Aufrufe nur dann verarbeitet werden, wenn sie von autorisierten Clients stammen. Wenn RPC-Aufrufe eine Autorisierung erfordern, dann müssen sich Clients zunächst authentifizieren. Gegebenenfalls sind dann auch ein Session-Management und eine kryptografisch gesicherte Übertragung erforderlich. Die Nutzung von RPC bringt somit ähnliche Probleme und Herausforderungen mit sich, wie sie auch bei Web-Anwendungen auftreten.

18.2.3 Session-Sicherheit

An einem System kann ein Benutzer innerhalb einer sogenannten Session Aktionen ausführen. Dabei stehen ihm die Rechte seines Benutzerkontos zur Verfügung. Eine Benutzer-Session wird durch eine erfolgreiche Anmeldung initiiert, d. h. durch eine erfolgreiche Identifizierung und Authentifizierung. Innerhalb der Session wird dem Benutzer eine sogenannte Shell zur Verfügung gestellt, entweder in Form einer grafischen Oberfläche oder in Form einer Kommandozeilen-Shell. Nach Beendigung der Shell wird die Session geschlossen; umgekehrt führt eine Schließung der Session zur Beendigung der Shell und der daraus gestarteten Anwendungen.

Die Anmeldung und somit der Zugang zu einer Session muss vor Rate-Angriffen geschützt werden. Dazu sollten Versuche einer Anmeldung durch häufiges Probieren gehemmt werden. Im Fall der Anmeldung mit Benutzername und Passwort wird das betroffene Konto üblicherweise temporär für eine gewisse Dauer gesperrt, im Fall der Anmeldung mit Smartcard wird üblicherweise die Smartcard gesperrt.

Dritte können eine bestehende Session missbräuchlich nutzen, wenn sie Zugang zum Endgerät oder Zugriff auf Sicherheitsparameter der Session erhalten. Sessions sollten deshalb nicht beliebig lange geöffnet bleiben, insbesondere nicht nach längerer Zeit ohne Aktivität. Manche Systeme sehen eine automatische Abmeldung nach einer gewissen Dauer ohne Aktivität vor. Alternativ kann die Sperrung der Session erfolgen, die durch eine erneute Authentisierung aufgehoben wird.

Außerhalb einer Session sollte das System neben der Benutzeranmeldung möglichst wenig an Funktionen anbieten. Endanwender-Systeme lassen es üblicherweise zu, das System herunterzufahren, neu zu starten oder in einen Ruhezustand zu bringen. Ähnliches gilt für den Fall, wenn die Session gesperrt ist.

Unter einem Multiuser-Betriebssystem können mehrere Sessions parallel auf demselben System laufen. Je nachdem, über welche Ressourcen der Anwender in einer Session mit dem System kommuniziert, muss durch geeignete Zugriffsregeln sichergestellt werden, dass innerhalb einer Session nur auf die Ressourcen der eigenen Session zugegriffen werden kann.

18.3 Schutz der Anwenderdaten

Anwenderdaten können auf Speichermedien abgelegt sein, während einer Verarbeitung im Speicher geladen sein oder über das Netzwerk verschickt werden. In allen drei Phasen kann das Betriebssystem bei der Durchsetzung verschiedener Schutzziele mitwirken, die für diese Daten gefordert sind.

18.3.1 Ablage auf Speichermedien

Daten, die dauerhaft gespeichert werden, werden hierfür auf einem Speichermedium abgelegt. Dieses Speichermedium kann lokal oder über das Netzwerk erreichbar sein.

Lokale Ablage

Lokale Speichermedien sind in der Regel eingebaute Festplatten, für die nachfolgende Diskussion zählen aber auch mobile Speichermedien wie USB-Sticks dazu, die lokal an ein System angeschlossen werden können. Fest installierte Speichermedien werden üblicherweise mit den Dateisystemen betrieben, die aus Sicht des jeweiligen Betriebssystems am besten geeignet sind. Aus Sicherheitssicht ist dies optimal, weil auch die sicherheitsspezifischen Merkmale dieser Dateisysteme vollständig zum Tragen kommen, bspw. die Nutzung spezifischer Zugriffsrechte, Zugriffskontrolllisten oder Datei-Labels.

Mobile Medien, die an Systemen mit verschiedenen Betriebssystemen angeschlossen werden können, sind dagegen oft mit dem FAT32-Dateisystem formatiert. Dieses Dateisystem unterstützt keine Sicherheitsattribute, wie etwa Zugriffsrechte oder die Zuordnung von Dateien zu Eigentümern; die Sicherheitsmerkmale fortgeschrittener Dateisysteme können hier nicht oder nicht ohne Weiteres verwendet werden.

Die Durchsetzung von Schutzzielen für Dateien durch die Vergabe entsprechender Zugriffsrechte funktioniert nur, wenn der Zugriff auf diese Dateien über die Schnittstellen des Betriebssystems erfolgt. Wird das System mit einem alternativen Betriebssystem gestartet oder wird die Festplatte ausgebaut und an ein anderes System angeschlossen, dann greifen die Schutzmechanismen nicht mehr. Dasselbe gilt, wenn Benutzerprozesse direkten Zugriff auf die Speichermedien bekommen. In diesem Fall helfen nur kryptografische Verfahren.[3] Eine Verschlüsselung kann für einzelne Dateien, für ganze Dateisysteme oder ganze Festplatten angewendet werden. Eine Verschlüsselung auf Dateiebene wird häufig von Anwendungsprogrammen übernommen. Die Verschlüsselung des Dateisystems oder des gesamten Speichermediums übernimmt in der Regel das Betriebssystem.

Um mit der Verschlüsselung einen wirksamen Schutz vor dem Zugriff Unberechtigter zu erreichen, muss der Abfluss der verwendeten Schlüssel verhindert werden. Ohne weitere Unterstützung durch die Hardware müssen die Schlüssel im Hauptspeicher des Systems bereitliegen, wo sie nur durch die Zugriffskontrollmechanismen des Systems vor unbefugtem Zugriff geschützt sind. Kommen die Betreiber bei der Risikobewertung zu dem Schluss, dass ein höherer Schutz erforderlich ist, dann muss auf ein Hardware Security Module (HSM) zurückgegriffen werden. Hierbei werden die kryptografischen Operationen innerhalb eines geschlossenen Subsystems mit eigener CPU ausgeführt. Dadurch wird erreicht, dass Schlüssel das HSM niemals verlassen und ungeschützt im

3 Siehe Kapitel 13.

Hauptspeicher stehen. Ein Abfluss des Schlüsselmaterials ist damit praktisch unmöglich, zumal HSM üblicherweise auch gegen physische Angriffe gesichert sind. Nebenbei wird durch den Einsatz eines HSM die System-CPU entlastet.

Eine Sonderform von HSM stellen Trusted Platform Module (TPM) dar. Diese Module sind zunehmend in handelsüblichen Rechnern verbreitet und unterstützen neben der sicheren Nutzung von Schlüsselmaterial auch Aufgaben bei der Erkennung von Verletzungen der Systemintegrität. TPMs weisen darüber hinaus Merkmale auf, die den Datenschutz der Nutzer massiv verletzen können oder dazu geeignet sind, dem Nutzer die Kontrolle über sein System zu entziehen.[4]

Entfernte Ablage

In vielen Situationen ist eine lokale Datenhaltung unerwünscht, da diese bspw. nicht von einer zentralen Datensicherung erfasst sind. Üblich ist hier die Speicherung auf Netzwerkdateisystemen.[5]

Je nach Betriebssystemhersteller kommen unterschiedliche Netzwerkdateisysteme zum Einsatz.[6] Diese bilden die Struktur und die Merkmale der lokalen Dateisysteme weitgehend nach, um die Dateisysteme transparent zur Verfügung zu stellen. In homogenen Umgebungen können diese Merkmale optimal genutzt werden. In heterogenen Umgebungen kann es jedoch passieren, dass spezifische Sicherheitsmerkmale des Netzwerkdateisystems eines Herstellers auf Systemen eines anderen Herstellers nicht oder nur eingeschränkt genutzt werden können. Im schlimmsten Fall muss auf die Nutzung bestimmter Sicherheitsmerkmale zugunsten der Interoperabilität verzichtet werden. Dies kann dazu führen, dass fortgeschrittene Mechanismen zur Steuerung der Berechtigungen nicht netzwerkweit angewandt werden können.

Für die entfernte Ablage ist eine Übertragung der Daten über das Netzwerk erforderlich. Ist eine kryptografische Absicherung dieser Übertragung gefordert, dann muss dies von den Dateisystemdiensten sowie von den beteiligten Clients unterstützt werden. Für die Absicherung dieses Transits kann bei vielen gängigen Netzwerkdateisystemen Kerberos oder Varianten davon verwendet werden. In diesem Fall muss zusätzlich eine Kerberos-Infrastruktur betrieben werden (s. Abschnitt 17.4.4).

---

4 Siehe bspw. *https://web.archive.org/web/20220000000000*/http://www.cl.cam.ac.uk/~rja14/tcpa-faq.html* für eine detaillierte Kritik. Daneben wird kritisiert, dass *bei der Produktion* unveränderbares Schlüsselmaterial auf dem TPM abgelegt wird, das für die Funktionalität von zentraler Bedeutung ist. Die Nutzung von TPMs erfordert daher ultimatives Vertrauen in deren Hersteller, etwa dass keine Schlüsselhinterlegung betrieben wird. Die jüngeren Enthüllungen um die Aktivitäten verschiedener Geheimdienste und deren Zusammenarbeit mit Hardwareherstellern verstärken die bereits bestehenden Zweifel hieran.

5 Zunehmend werden Daten auch in Web-basierten Content- und Dokumentenmanagementsystemen gespeichert. Diese Systeme werden hier nicht betrachtet, weil ihr Schutz nicht als Aufgabe des Betriebssystems gesehen wird.

6 Unter Windows ist das CIFS (Common Internet File System) gebräuchlich, unter Unix-Systemen ist NFS (Network File System) gängig. Es gibt NFS-Portierungen zu Windows; die CIFS-Portierung für Unix-Systeme ist als Samba bekannt.

18.3.2 Verarbeitung im Speicher

Daten müssen zur Verarbeitung in den Hauptspeicher geladen werden. Das Betriebssystem muss dafür sorgen, dass Zugriffsrechte zu Speicherbereichen nicht verletzt werden. Anders als bei Speichermedien, auf denen Daten verschlüsselt abgelegt werden können, können Daten nach derzeitigem Stand der Wissenschaft und Technik im Allgemeinen nicht verschlüsselt verarbeitet werden, sondern müssen während ihrer Verarbeitung im Klartext vorliegen.

Bestimmte Informationen, etwa Passwörter oder geheime und private Schlüssel, dürfen nicht ungeschützt auf Speichermedien abgelegt werden. Private Schlüssel können bspw. in einem Software-Token oder im TPM gespeichert sein und werden zur Verarbeitung durch Eingabe einer PIN oder eines Passworts entsperrt. Diese Schlüssel oder Passwörter können aber dennoch ungeschützt auf ein Speichermedium gelangen, bspw. in den Swap-Bereich für den virtuellen Speicher. Ein Angreifer kann solche Bereiche gezielt auf derartige Artefakte untersuchen.

Um dies zu verhindern, kann man

- die Auslagerung insgesamt abschalten und gegebenenfalls den physischen Hauptspeicher vergrößern
- den Swap-Bereich verschlüsseln, was zu Performance-Einbußen führt
- durch geeignete Mechanismen des Betriebssystems dafür sorgen, dass kritische Speicherbereiche nie ausgelagert werden

Wenn die Sicherheitsmechanismen des Betriebssystems nicht ausreichen, um ein gefordertes Schutzniveau zu erreichen, dann muss auch an dieser Stelle auf HSMs oder Smartcards zurückgegriffen werden.

Andere Möglichkeiten zur ungeschützten Ablage von Daten auf Speichermedien bestehen in sogenannten Core- oder Crash-Dumps. Diese Dateien werden bspw. bei Abstürzen eines Programms oder des Betriebssystems erstellt und enthalten eine Kopie des Hauptspeichers zum Zeitpunkt des Absturzes, um post mortem eine Fehleranalyse (Debugging) durchführen zu können. Im Produktivbetrieb sollten derartige Dumps unterbunden werden, sofern keine spezifische gegenteilige Anforderung besteht.

Ein Datenabfluss kann auch über den unkontrollierten Zugang zum virtuellen oder zum physischen Speicher erfolgen, bspw. durch privilegierte Systemaufrufe u. Ä. Generell gilt das Prinzip, dass möglichst wenige Programme mit Systemprivilegien betrieben werden sollten.

Ein weiterer Aspekt ergibt sich bei der Verwendung von Daten. Erhält ein Benutzer bspw. Zugang zu einer Dokumentendatei, dann kann er mit dieser Datei nach Belieben verfahren, und die Datei könnte absichtlich oder aus Unachtsamkeit abfließen. So könnte der Benutzer die Datei bspw. per E-Mail versenden oder ausdrucken. Mit Mechanismen des *Digital Rights Management* (*DRM*) könnte jedoch festgelegt werden, welche Verarbeitungsschritte für eine Datei zulässig sind. Dies erfordert jedoch eine geschlossene Infrastruktur, innerhalb der diese Festlegung konsequent durchgesetzt wird.

18.3.3 Transit über ein Netzwerk

Die Struktur des OSI-Referenzmodells[7] bietet verschiedene Ebenen an, auf denen Daten kryptografisch abgesichert werden können. Dabei wird üblicherweise von den jeweiligen Anwendungen Ende-zu-Ende-Verschlüsselung durchgeführt, bspw. über SSL/TLS, DTLS oder S/MIME.

Auf Betriebssystemebene werden Verbindungen dagegen im Link-Layer[8] oder im Network-Layer[9] verschlüsselt. Der Vorteil von Link- oder Network-Layer-Verschlüsselung durch das Betriebssystem besteht darin, dass dies für Anwendungen transparent ist, d. h., die Anwendungen müssen in der Regel nicht angepasst werden. Der Nachteil liegt darin, dass bei Sicherung des Link- oder Network-Layers keine Ende-zu-Ende-Sicherung möglich ist. Dies wird dagegen durch eine Ende-zu-Ende-Sicherung z. B. mit SSL/TLS herbeigeführt, allerdings müssen die Anwendungen entsprechend implementiert sein.

In beiden Fällen ist – wie bei jedem Einsatz von kryptografischen Verfahren – eine vertrauenswürdige Schlüsselverteilung kritisch, andernfalls bestehen Möglichkeiten für Man-in-the-Middle-Angriffe, durch die die kryptografischen Verfahren wirkungslos werden, siehe Abschnitt 18.3.2.

Für den Einsatz von kryptografischen Verfahren durch das Betriebssystem kommen oft sogenannte Maschinenzertifikate zum Einsatz, die das System identifizieren und authentisieren und nicht einen einzelnen Nutzer. Da diese Zertifikate typischerweise ohne manuelle Intervention verwendet werden sollen, müssen die privaten Schlüssel ohne kryptografischen Schutz hinterlegt werden, d. h., lediglich die Zugriffskontrollmechanismen des Betriebssystems bieten einen Schutz gegen unbefugten Zugriff.

18.4 Konfigurationsmanagement

Für den sicheren Betrieb einer Gruppe von Systemen ist es wichtig, dass die Verwaltung dieser Systeme möglichst effizient und einfach möglich ist. Eine zentral steuerbare Konfiguration liefert einen wesentlichen Beitrag hierzu. Die Konfiguration sollte dabei weitgehend zu automatisieren sein: Jeder Schritt, der für jedes einzelne System manuell durchgeführt werden muss, ist fehleranfällig oder schwer nachvollziehbar. Bei einer großen Anzahl von Systemen sind individuelle manuelle Eingriffe zudem nicht mehr praktikabel. Gleichzeitig führt ein zentrales Administrationskonzept auch zu zentralen Angriffspunkten. Die Management-Systeme müssen daher besonders sorgfältig abgesichert werden.

Eine besondere Herausforderung für eine zentrale Verwaltung stellen mobile Endgeräte dar, die zeitweise nicht am internen Netz der jeweiligen Organisation angeschlossen sind. Auch die Endgeräte, die off-site sind, sollen möglichst den vollen Funktionsumfang bieten. Allerdings sind diese Endgeräte für den Zeitraum der Abwesenheit einer zentralen Überwachung und Pflege nicht zugänglich und könnten daher in diesem Zeitraum Sicherheitslücken aufweisen.

7 Siehe Abschnitt 11.1.

8 Beispielsweise WPA2 für Wi-Fi oder MACsec für Ethernet.

9 Beispielsweise IPsec für IPv4 oder IPv6.

Die wichtigsten Aufgaben der Systemkonfiguration bestehen in:

- Erstellung und Verteilung von Zertifikaten und Schlüsselmaterial
- Anlage von Nutzern, Gruppen, Rollen und Nutzerprofilen
- Verteilung von Zugriffsregeln und Richtlinien
- Verteilung von Software und Software-Updates, Malware-Pattern usw.
- Verteilung vollständiger System-Images
- Bereitstellung von zentralen Verzeichnissen, bspw. für Benutzerdaten oder Zertifikate

Eine wichtige Anforderung an das Konfigurationsmanagement besteht in der Nachvollziehbarkeit von Änderungen sowie in der Möglichkeit, Änderungen wieder rückgängig machen zu können. Die verwendeten Werkzeuge sollten eine Dokumentation in geeigneter Form erlauben, und es sollte möglich sein, Konfigurationseinstellungen einer Versionskontrolle zu unterstellen.

Weitere Aufgaben der Systemverwaltung bestehen in:

- Einsicht in und Auswertung von Protokolldaten
- Prüfung des aktuellen Zustands der Systeme
- Sicherung von Systemkonfiguration und Datenbeständen

Diese Aufgaben können oft über sogenannte Management-Konsolen zentral gesteuert und überwacht werden. Die Administratoren müssen umfassend unterstützt werden, damit sie diese Aufgaben möglichst fehlerfrei und effizient verrichten können. Sie sollten auch einen guten Überblick über die relevanten Vorgänge und Zustände erhalten, um darauf aufbauend sinnvolle Entscheidungen treffen zu können.

18.5 Protokollierung und Überwachung

18.5.1 Protokollierung und Auswertung

Protokollierung

Die Protokollierung von Ereignissen kann unterschiedlichen Zwecken dienen, bspw.:

- der Nachvollziehbarkeit von Ereignissen im System für betriebliche Zwecke. Auf der Basis von Protokolldaten sollen Störungen analysiert, Ursachen festgestellt und Verursacher identifiziert werden[10]
- der Analyse von Mustern, um komplexe Angriffe zu identifizieren
- der zum Teil auch langfristigen Dokumentation von Aktivitäten am System. Auf der Basis von Protokollen können bspw. vom Berechtigungsmanagement die Vergabe von Berechtigungen überprüft, für Betriebsprüfer die Zeitpunkte von Abrechnungsläufen dargestellt oder dem betrieblichen/externen Datenschutzbeauftragten die Löschläufe für personenbezogene Daten nachgewiesen werden.

10 Protokolle sind deshalb auch ein wichtiges Hilfsmittel für das CERT, um Incidents zu erkennen.

Bedrohungen

Bei ungünstiger Art der Protokollierung können vertrauliche Daten erfasst werden. Hierunter fallen nicht nur personenbeziehbare Daten, sondern bspw. auch Passwörter, Session-Cookies und andere Zugangsdaten. Daneben kann durch Einsicht in Protokolldaten die Wahrnehmungsschwelle von Werkzeugen zur Angriffserkennung erkundet werden.

Da Protokolldaten auch zum Nachweis und zur Zuordnung von Aktivitäten genutzt werden sollen, ist auch die Integrität von Bedeutung. Durch eine Löschung von Einträgen können die entsprechenden Aktivitäten verschleiert werden. Durch gefälschte Einträge könnten Unbeteiligte einem falschen Verdacht ausgesetzt werden.

Um dem Problem der Vertraulichkeit und der Manipulation bestehender Protokolleinträge zu begegnen, können diese an ein dediziertes Protokollierungssystem gesendet werden. Hier stellt sich jedoch die Frage nach der Absicherung der Übertragung, insbesondere wenn die Übertragung über nicht vertrauenswürdige Netze erfolgt. Die größte Gefahr bei ungeschützter Übertragung geht von gefälschten Protokolleinträgen aus. Ohne eine vertrauenswürdige Absicherung der Übertragung haben die Protokolldaten wenig Beweiskraft.

Eine weitere Bedrohung kann sich bei der manuellen Inspektion von Protokolldaten ergeben. Wenn hierfür bspw. ein Webbrowser verwendet wird, besteht u. U. die Möglichkeit von speziell erzeugten Protokolleinträgen, die bspw. Cross-Site Scripting beabsichtigen.

Die Protokollierung kann zu einer Störungsursache werden und gegebenenfalls sogar als Angriffsvektor gegen das System verwendet werden. Durch Fehler oder aus Absicht kann eine Flut von Protokollmeldungen erzeugt werden. In ungünstigen Fällen kann dadurch das Dateisystem gefüllt werden. Eine weitere Protokollierung ist dann nicht mehr möglich, bei ungünstiger Systemkonfiguration kann das System dadurch auch ausfallen.

Best Practice

Die Protokollierung sollte bei der Entwicklung von Anwendungen so gestaltet werden, dass keine Zugangsdaten erfasst werden. Die Zugriffsrechte zu den Protokolldaten sollten möglichst restriktiv gestaltet werden.

Manche Systeme erlauben eine Unterscheidung zwischen allgemein schreibendem Zugriff auf Dateien und schreibendem Zugriff, bei dem Daten nur am Ende angehängt werden können. Derartige Mechanismen verhindern die Manipulation bestehender Einträge. Darüber hinaus existiert die Möglichkeit einer Protokollierung auf einem dedizierten Protokollierungssystem. Damit werden die Protokolldaten dem allgemeinen Zugriff entzogen und sind nur während der Übertragung gefährdet. Bei hohen Sicherheitsanforderungen sollte der Einsatz von TLS oder DTLS erwogen werden, sofern dies unterstützt wird. Der Einsatz von Protokollierungssystemen ist oft gekoppelt mit einer Echtzeitauswertung und Reaktion sowie automatisierter Berichtserstellung auf diesen Systemen. Derartige Systeme werden auch als *Security Incident and Event Management*-(*SIEM*-)Systeme bezeichnet.

Wenn Protokolldaten mit einem Browser betrachtet werden, dann sollte nach Möglichkeit eine geeignete Ausgabecodierung vorgenommen werden. Kann dies nicht sichergestellt werden, dann sollte die Ausführung von Script-Code zur Betrachtung von Protokolldaten unterbunden werden.

Um eine Flutung mit Protokolleinträgen zu vermeiden, können einzelne Protokollierungssysteme gleichlautende, kurz aufeinanderfolgende Einträge zusammenfassen. Daneben besteht die Möglichkeit, Protokolldateien in regelmäßigen Abständen zu sichern und die Protokollierung mit frischen (leeren) Protokolldateien fortzusetzen, wobei gleichzeitig die jeweils ältesten gesicherten Protokolldateien verworfen werden. Da der Wert von Protokolldaten zur Problemverfolgung mit ihrem Alter rapide abnimmt, ist der dadurch erlittene Informationsverlust vernachlässigbar. In den Fällen, in denen Aktivitäten langfristig nachweisbar sein müssen, ist dieser Weg jedoch nicht gangbar. Dort muss durch geeignete organisatorische Prozesse sichergestellt werden, dass die Protokollierung nicht zu einem Ausfall der Verfügbarkeit führen kann.

Auswertung

Eine reine Protokollierung hilft allerdings im Betrieb nicht, um Sicherheitsprobleme zu identifizieren oder Angriffe zu erkennen. Die Protokollierung muss daher immer um eine Auswertung und gegebenenfalls eine Alarmierung ergänzt werden. Dafür sind aussagekräftige Protokolleinträge auszuwählen und geeignete Muster für die Erkennungsverfahren festzulegen.

Diese Aufgaben sind aber nicht mehr Kernaufgaben des Betriebssystems, sondern sind Gegenstand des Monitorings, des Incident-Managements (Kapitel 30) und von Intrusion Detection (Kapitel 28). Häufig werden zur Unterstützung dieser Bereiche Lösungen von Drittherstellern verwendet und für die spezifischen Bedürfnisse der Organisation angepasst.

18.5.2 Überwachung im laufenden Betrieb

Für Systemadministratoren besteht in verschiedenen Situationen der Bedarf, aktuelle Statusinformationen zu erhalten. Zu den Parametern, die hierbei von Interesse sein könnten, gehören unter anderem:

- Systemauslastung
- Hauptspeicherbelegung
- Belegung der Festplatten
- angemeldete Benutzer
- laufende Prozesse und Anwendungen und deren Ressourcenbelegung
- bestehende Netzwerkverbindungen
- Netzwerkauslastung
- Routingtabellen
- Neighbor Caches

Je nach Anwendungssituation sind auch Statusparameter weiterer Vorgänge relevant. Das Betriebssystem sollte Möglichkeiten zur Anzeige dieser Informationen bereitstellen. Einige dieser Informationen könnten vertraulich sein und sollten gegebenenfalls nicht allen Benutzern angezeigt werden. Über geeignete Mechanismen sollte das Betriebssystem daher die Sicht der Benutzer auf diese Informationen einschränken können.

Für die Suche nach Malware sollte davon ausgegangen werden, dass bei technisch gut implementierter Malware die Programme zur Anzeige von Statusinformationen so modifiziert wurden, dass sie Aktivitäten der Malware nicht preisgeben. Die Werkzeuge des Betriebssystems sind daher nur bedingt in der Lage, die Anwesenheit von Malware zu entdecken. Für eine verlässlichere Suche nach Malware sollten entsprechende Spezialwerkzeuge herangezogen werden.[11]

18.6 Selbstschutz und Härtung des Betriebssystems

Das Betriebssystem selbst ist verschiedenen Bedrohungen ausgesetzt, die größte Bedrohung besteht in seiner Übernahme durch ein Rootkit. Rootkits können als Folge kompromittierter Anwendungen oder Dienste des Betriebssystems auftreten, die mit administrativen Privilegien laufen. Andere Bedrohungen gegen das Betriebssystem bestehen insbesondere in Denial-of-Service-Angriffen durch Auslastung der CPU, der Netzwerkbandbreite, des verfügbaren Speichers oder systeminterner Datenstrukturen.

Der Schutz des Betriebssystems erfolgt durch eine geeignete Härtung. Dies umfasst zum einen Maßnahmen, die spezifischen Bedrohungen begegnen. Zum anderen sind solche Maßnahmen Teil der Härtung, die zu einer Einschränkung der potenziellen Angriffsvektoren führt.

18.6.1 Härtung gegen spezifische Bedrohungen

Zum Schutz vor der Übernahme durch Schadcode wurden in der jüngeren Vergangenheit verschiedene Mechanismen ersonnen, die zu einer robusteren Systemarchitektur führen.

Schutz der Prozessintegrität

Um den vorgesehenen Ablauf von Programmen vor Störungen und die Integrität des Systems zu schützen, steht eine Reihe von Maßnahmen zur Verfügung. Keine der nachstehend aufgeführten Maßnahmen bietet absoluten Schutz, durch die Kombination der Maßnahmen kann aber ein recht hohes Sicherheitsniveau erreicht werden.

Schutz gegen Ausführung von Daten

Moderne Hardware ist in der Lage, Speicherbereiche als ausführbar oder nicht ausführbar zu kennzeichnen und aufgrund dieser Kennzeichnung eine Ausführung von Code aus den entsprechenden Speicherbereichen zuzulassen bzw. zu unterbinden. Die entsprechende Kennzeichnung wird oft als NX-Bit[12] und die entsprechende Technik als *Data Execution Prevention* (*DEP*) bezeichnet. Diese Funktionalität kann aber auch mit geringem Zusatzaufwand durch die Betriebssystem-Software emuliert werden.

Bei konsequenter Anwendung des Mechanismus werden lediglich die Bereiche als ausführbar markiert, die den Programmcode sowie die dynamisch gebundenen Bibliotheken enthalten. Gleichzeitig werden diese Bereiche schreibgeschützt. Somit wird verhindert, dass Code ausgeführt wird, der in den Heap oder in den Stack eingeschleust wird, bspw. über einen Buffer Overflow.

11 Siehe auch Abschnitt 18.6.2.

12 NX: No Execute.

Für Anwendungen ist der Mechanismus transparent, d. h., die Programme und Laufzeitbibliotheken benötigen keine spezielle Aufbereitung. Schwierigkeiten bereitet dieser Mechanismus bei Software, bei der zur Laufzeit erzeugter Code gleich ausgeführt wird, bspw. mit *Just in Time Compilation* (*JIT*).

Address Space Layout Randomisation

Der Schutz gegen die Ausführung von Daten ist wirksam gegen klassische Buffer Overflows, die zur Einschleusung von sogenanntem Shellcode führen. Diese Maßnahme allein reicht jedoch noch nicht aus. Daneben existieren auch Buffer Overflows, die keinen Code einschleusen, sondern lediglich den Programmablauf ändern, indem die Rücksprungadressen manipuliert werden. Dadurch wird bereits bestehender Code für den Angriff verwendet. Diese Angriffe werden auch als Return-to-libc-Angriffe bezeichnet und gehören zum sogenannten Return-Oriented Programming. Der Angreifer muss hierzu die Adressen der Funktionen oder Methoden zu kennen, zu denen zurückgesprungen werden soll.

Als Gegenmaßnahme kann der Code bei jedem Programmstart zufällig auf Speicherbereiche verteilt werden. Diese Technik wird als *Address Space Layout Randomisation* (*ASLR*) bezeichnet. Für Anwendungen ist dieser Mechanismus *nicht* transparent: Der Programmcode sowie der Code aller beteiligten Laufzeitbibliotheken muss vollständig positionsunabhängig übersetzt werden, um bei jedem Aufruf des Programms mit einer jeweils individuellen Speicherbelegung ablaufen zu können.

ASLR kann prinzipiell durch Techniken unterlaufen werden, die als *Heap Spraying*, *JIT Spraying* und *Heap Feng Shui* bekannt sind. Diese Techniken beruhen darauf, so viel Speicher zu belegen, dass die Belegung des verbleibenden Speichers besser vorhersagbar ist. Daher ist ASLR umso wirksamer, je größer der Adressraum ist.

Schutz gegen Stack-Manipulationen

Einen weiteren Schutz gegen Stack-Manipulation stellen sogenannte Canaries dar.[13] Diese Technik wird auch als *Stack-Smashing Protection* (*SSP*) bezeichnet. Hierbei wird in jedem Frame des Call-Stacks[14] ein bestimmter, geheimer Wert eingefügt, üblicherweise wird dieser Wert zu Beginn des Programms zufällig ausgewählt. Wird der Stack-Frame unzulässig manipuliert, etwa durch einen Buffer Overflow, dann wird der Wert mit hoher Wahrscheinlichkeit verändert. Diese Änderung kann vom Programm festgestellt werden. Die Wirksamkeit hängt davon ab, wie gut es gelingt, den Canary-Wert vor dem Angreifer zu verbergen. Insbesondere muss verhindert werden, dass der Angreifer den Stack-Frame komplett lesen kann oder das Datensegment des Programms nach dem Canary-Wert durchsuchen kann.

13 Kanarienvögel wurden früher im Bergbau eingesetzt, um die Luftqualität unter Tage zu überwachen, da sie deutlich empfindlicher auf giftige Gase reagieren als die Bergarbeiter. Unter Windows werden Canaries auch als Stack Cookies bezeichnet.

14 Auf dem Call-Stack wird bei jedem Funktionsaufruf neben lokalen Variablen und anderen Informationen die Rücksprungadresse hinterlegt. Der entsprechende Bereich des Stacks wird als Frame bezeichnet. Da Pufferbereiche oft auf dem Stack angelegt werden (vor allem auch durch Funktionen der Systembibliotheken), ist die Integrität des Stacks durch Buffer Overflows gefährdet.

Für Anwendungen ist dieser Mechanismus nicht transparent: Jeder Funktions- oder Prozeduraufruf muss entsprechend modifiziert werden, moderne Compiler haben die entsprechende Funktionalität aber bereits integriert.

Der hier vorgestellte Mechanismus schützt nur gegen Stack-Manipulationen, speziell gegen Manipulationen der in den Frames abgelegten Steuerinformation, z. B. der Rücksprungadresse oder gesicherter Registerwerte. Der Heap sowie bspw. Zeiger auf Funktionen, die als lokale Variable auf dem Stack abgelegt werden, sind nicht geschützt.

Programmablauf in abgeschirmten Umgebungen

Neben der frühzeitigen Verhinderung oder Erkennung von Buffer- und Heap-Overflows kann auch die Strategie des Sandboxing angewendet werden, um die Wirkung von Manipulationen eines laufenden Programms einzudämmen. Hierbei lässt man das betreffende Programm in einer eigenen, abgeschirmten Umgebung ablaufen, aus der – dem Grundgedanken nach – kein Ausbruch möglich ist. Verschiedene Betriebssysteme ermöglichen verschiedene Ansätze hierzu, die je nach Umsetzung eine mehr oder weniger rigorose Isolierung vom System bewirken. Diese Strategie gipfelt in der vollen Virtualisierung, bei der ein komplettes Betriebssystem zusammen mit der nicht vertrauenswürdigen oder verdächtigen Software als Gast des Systems betrieben wird.

Sandboxing oder Virtualisierung eignen sich sehr gut zum Test oder zur Überprüfung von Software. In der Praxis wird Virtualisierung jedoch auch genutzt, um insgesamt weniger vertrauenswürdige Umgebungen betreiben zu können. So bietet es sich bspw. an, für Mitarbeiter einer Organisation eine separate Surf-Umgebung bereitzustellen, die von der internen Bürokommunikation rigoros abgetrennt ist. Diese Surf-Umgebung kann auf dem Endgerät des Mitarbeiters betrieben oder über ein virtuelles Terminal über das Netzwerk bereitgestellt werden. Neben dem Schutz der internen Netze vor unerwünschten Rückwirkungen bietet diese Lösung den Charme, dass das Gast-System über Snapshots leicht in einen definierten Zustand zurückgesetzt werden kann.

Sperrung der Zugänge zu systeminternen Strukturen

Direkte Zugriffe von Anwenderprozessen auf Speicherbereiche sind kritisch.[15] Diese Zugriffe müssen deshalb vom Betriebssystem kontrolliert werden. Anwenderprozesse nutzen daher definierte Funktionen des Betriebssystems, in denen u. a. auch Zugriffskontrollen durchgesetzt werden. Typische Beispiele sind privilegierte Systemaufrufe, der Zugriff auf den Swap-Bereich oder direkte Zugänge zu den Partitionen und Volumes des Systems. Der Zugriff zu diesen speziellen Betriebssystemressourcen muss eng begrenzt werden, da andernfalls an den bestehenden Zugangskontrollen vorbei Zugriff auf diese Bereiche genommen werden kann. Dies erfolgt üblicherweise durch die Vergabe der entsprechenden Zugriffsrechte für diese Ressourcen (durch das Betriebssystem).

15 Solche Zugriffe sind für einzelne Systemanwendungen notwendig, bspw. für das Anlegen, die Formatierung und die Integritätsprüfung der Dateisystemstruktur von Partitionen.

Schutz vor Ressourcenauslastung

Die Integrität oder die Verfügbarkeit des Systems kann durch privilegierte Zugänge zum System bzw. durch Auslastung der Systemressourcen gefährdet werden. Zur Härtung eines Systems sollten diese Zugänge begrenzt oder gesperrt und sinnvolle Ressourcenschranken angelegt werden.

Ressourcenschranken

Ressourcenschranken verhindern, dass ein einzelner Prozess oder ein einzelner Benutzer ein System überlasten kann. Solche Schranken können bspw. sinnvoll sein für die CPU-Zeit, die Verarbeitungspriorität, die Anzahl der Prozesse, die Anzahl der offenen Dateien, die Netzwerkbandbreite, die Größe des belegten Hauptspeichers oder die Größe des belegten Plattenplatzes (Quota).

18.6.2 Malwareschutz

Als Malware (Schadsoftware) wird Code bezeichnet, der die Kontrolle über ein System oder dessen Komponenten im Sinne eines Angreifers übernimmt.[16] Aus Sicht des Betriebssystems sind zwei Aspekte relevant. Zum einen nutzen Malware-Schutzprogramme Mechanismen des Betriebssystems und greifen teilweise tief in das Betriebssystem ein, um ihre Aufgabe zuverlässig zu erfüllen, selbst wenn die Malware bereits aktiv ist. Zum anderen kann das Betriebssystem selbst das Ziel von Malware werden. Derartige Malware wird als Rootkit bezeichnet.

Rootkits verschaffen sich über »gewöhnliche« Malware Zugang zum Betriebssystem, wobei in den meisten Fällen Schwachstellen im Betriebssystemkern ausgenutzt werden oder verwundbare Programme befallen werden, die mit Systemprivilegien ausgeführt werden. Eine weitere Möglichkeit besteht in der Verwendung von bösartig präparierten externen Geräten, siehe Abschnitt 18.6.4. Schließlich kann die Firmware von Komponenten durch ein Rootkit befallen und Ausgangspunkt für einen Angriff sein, etwa von Netzwerkkarten.

Da das Betriebssystem die höchste Kontrollinstanz darstellt, ist ein Befall durch ein Rootkit besonders gravierend, da keine höhere Instanz diesen Befall entdecken oder verhindern könnte. Mit Virtualisierung ändert sich dies, da ein Hypervisor die Gast-Systeme überwachen könnte, jedoch ist auch er nicht vor Befall gefeit. Bei einem gut programmierten Rootkit ist der Unterschied zwischen einem befallenen und einem nicht befallenen System aus Sicht des Systems nicht zu erkennen: Ein Rootkit ist prinzipiell in der Lage, sich und die von ihm protegierten Prozesse vollständig zu verbergen. Darum ist auch die Überwachung der Integrität durch das System selbst nur bedingt sinnvoll und gegebenenfalls irreführend.

Gegenmaßnahmen zur Rootkit-Entdeckung sind komplex und werden von Rootkit-Autoren oft nicht oder nur unzureichend umgesetzt,[17] daher ist die Suche der entsprechenden Rootkits in der Praxis nicht vollkommen aussichtslos. Allerdings erfordert die Suche

16 Siehe auch Kapitel 27.

17 [DaBoLM 2009, Kapitel 10].

selbst in diesen Fällen ein hohes Maß an Erfahrung mit den entsprechenden Werkzeugen sowie zumindest den begründeten Verdacht für die Anwesenheit eines Rootkits.

Rootkits sind am ehesten mit trojanischen Pferden zu vergleichen, da deren Wirken in den meisten Fällen unbemerkt bleiben soll. Die »Anwendungszwecke« von Rootkits umfassen unter anderem

- Verbergen weiterer Malware-Aktivitäten, insbesondere von Key-Loggern und Banking Trojanern
- Bereitstellung von Hintertüren
- Einbindung des Systems in Bot-Netze
- Überwachung (»Bundes-Trojaner«)

Daneben kann mit Rootkits das Ziel verfolgt werden, Mechanismen zur Produktaktivierung und -lizenzierung, zum Rechtemanagement oder allgemein zur Einschränkung der Nutzung eines Endgeräts zu umgehen. Die Installation dieser Rootkits erfolgt meist durch den Anwender selbst und ist vor allem für mobile Endgeräte wie Smartphones und Tablets populär (*Rooting*).

Zur Wirkung von Rootkits gehört oft auch, dass Malware-Schutzmaßnahmen abgeschaltet und die Ereignisprotokollierung manipuliert werden.

Rootkits werden nach ihrer Wirkungsweise unterschieden. Als Kernel-Mode-Rootkit wird die Modifikation des Betriebssystemkerns bezeichnet. Mit User-Mode-Rootkits werden dagegen essenzielle Systembibliotheken modifiziert. Daneben existieren auch Hypervisor-Rootkits, die sich die Virtualisierungsmechanismen moderner Prozessoren zunutze machen.

Gegenmaßnahmen

Eine effektive Verteidigung gegen Rootkits ist nur präventiv möglich. Hierzu gehört die Härtung des Betriebssystems. Im Einzelnen müssen alle Seitenkanäle in das System unterbunden werden. Dies umfasst, Programme und Prozesse mit exzessiven Privilegien so weit wie möglich zu reduzieren. Außerdem sind unkontrollierte Zugänge zur Hardware und zu Speicherbereichen, etwa über spezielle Systemaufrufe, eng zu begrenzen. Manche Betriebssysteme bieten auch die Funktion an, nur solche Kernel-Module oder Programme auszuführen, deren Prüfsumme oder digitale Signatur erfolgreich verifiziert werden kann. Wenn hierfür vertrauenswürdige und praktikable Mechanismen genutzt werden, dann ist dies eine empfehlenswerte Maßnahme zur Abwehr von Rootkits. Sie setzt jedoch auch voraus, dass die zugelassenen Kernel Module vertrauenswürdig sind.

Die Erkennung von Rootkits gilt grundsätzlich als unzuverlässig – das Urteil eines Systems, das sich selbst überwacht, ist prinzipiell nicht vertrauenswürdig. Selbst wenn ein Rootkit erkannt wird, gilt die zuverlässige Entfernung als schwierig. Die einfachste Methode besteht im Allgemeinen in der kompletten Neuinstallation des Systems von vertrauenswürdigen Medien. Im Fall von Virtualisierung kann auf einen Snapshot zurückgesetzt werden, der nicht kompromittiert ist.

Neben der Härtung des Systems zum Schutz während der Laufzeit sind weitere Maßnahmen erforderlich, wie bspw. ein Schutz des Bootloaders, sowie ein Schutz vor Modifikation der Systemprogramme und des Systemkerns auf den Speichermedien. Dies wird im laufenden Betrieb durch entsprechende Zugriffsbeschränkungen erreicht, im Ruhezustand hilft an dieser Stelle nur Festplattenverschlüsselung.

18.6.3 Boot-Schutz

Noch bevor das Betriebssystem selbst aktiv wird und sich selbst schützen kann, bestehen verschiedene Möglichkeiten, die Systemintegrität zu verletzen. Der Start eines Betriebssystems (Booting) erfolgt in einem mehrstufigen Prozess. Typisch ist die Vorgehensweise, dass zunächst ein relativ kleines Programm vom Boot-Sektor eines Speichermediums gelesen und gestartet wird. Dieses Programm lädt und startet dann das eigentliche Boot-Programm, das bspw. in der Lage ist, an der Systemkonsole eine Shell (Bootprompt) und/oder ein Menü zum Booten des Betriebssystems oder verschiedener Varianten sowie Startoptionen davon anzubieten. Der entsprechende Betriebssystemkern wird dann geladen, initialisiert und gestartet. Der Bootprozess kann durch Einstellungen in der System-Firmware, z. B. BIOS oder UEFI, beeinflusst werden.

Die Bedrohung für den Boot-Prozess geht von Angreifern aus, die physischen Zugang zum System haben. Wenn eine physisch sichere Unterbringung nicht möglich ist, dann müssen die System-Firmware, der Bootprompt sowie die Speichermedien, auf denen das Betriebssystem abgelegt ist, gegen Manipulation abgesichert werden, etwa durch Vergabe eines angemessenen Passworts und Nutzung von Festplattenverschlüsselung.

UEFI Secure Boot

Die auf Intel-Architekturen seit langer Zeit verwendete Firmware ist das BIOS, das in seiner Architektur auf CP/M zurückgeht. Während die Hardwaretechnologie seit der Einführung des IBM-PC enorme Fortschritte gemacht hat, wurde das BIOS praktisch nicht weiterentwickelt und ist auf dem Stand der Intel-8088-Architektur stehen geblieben. Die technischen Einschränkungen durch das BIOS wurden im Lauf der technischen Entwicklung immer schwerwiegender. Das BIOS adressiert auch keines der immer drängender gewordenen Sicherheitsprobleme. Aufgrund der technischen Unzulänglichkeit des BIOS arbeitete Intel seit 1998 an der Spezifikation einer technisch angemessenen Firmware, zunächst unter der Bezeichnung Intel Boot Initiative und später unter der Bezeichnung Extensible Firmware Interface (EFI). Die Entwicklung von EFI wurde 2005 zugunsten von Unified Extensible Firmware Interface (UEFI) aufgeben, das unter der Federführung des UEFI Forums entwickelt wird.

Eines der Features von UEFI ist Secure Boot [WiRi 2013]. Hierbei kann mithilfe von digitalen Signaturen die Integrität von Bootloadern und weiteren Komponenten überprüft werden. Komponenten, deren Integrität nicht durch Signaturverifikation bestätigt werden können, werden nicht ausgeführt. Hierdurch soll die Ausführung von Malware unterbunden werden, die bereits beim Booten aktiv wird, die es aber sehr wohl gibt [Kaspersky 2022].

Diese Signaturen werden, genau wie die öffentlichen Verifikationsschlüssel, in einem NVRAM abgelegt. Obwohl an dieser Stelle eine Überschneidung mit der Funktion von Trusted Computing Modules (TCM) besteht, ist UEFI Secure Boot unabhängig von TCM. UEFI lässt im Gegensatz zu TCM den Austausch sämtlichen Schlüsselmaterials zu, sieht sich aber ähnlichen Vorwürfen wie TCM ausgesetzt.[18]

18 Konkret besteht der Verdacht, dass die Technik letzten Endes auch dazu verwendet werden soll, um ein Gerät der Kontrolle des Nutzers zu entziehen, indem bspw. nur noch Betriebssysteme genutzt werden können, die Digital Rights Management (DRM) durchsetzen.

18.6.4 Verwaltung angeschlossener Geräte und Speichermedien

Moderne Endanwender-Geräte erlauben den Anschluss von externen Geräten über Bussysteme wie USB, Firewire, Thunderbolt, ExpressCard oder eSATA. Das Besondere daran ist, dass diese Geräte im laufenden Betrieb angeschlossen und genutzt werden können. USB gehört zu den vielseitigsten Bussystemen und ist stark verbreitet, nahezu jedes Gerät verfügt heutzutage über einen oder mehrere USB-Anschlüsse. Über USB lassen sich Speichermedien, Netzwerk-Interfaces, Human Interface Devices (Tastaturen, Mäuse usw.), Soundkarten, Kameras, Webcams, Kartenleser, Drucker, Smartphones und verschiedene andere Geräte anschließen. Da USB auch eine (begrenzte) Stromversorgung bereitstellt, werden auch Geräte mit USB-Anschluss ohne IT-Bezug angeboten, wie Ladegeräte, Ventilatoren, Tastaturlampen, Tastaturstaubsauger oder Kaffeewärmer.

Die Bedrohung, die von USB-Geräten ausgeht, entsteht durch die automatische Installation der notwendigen Treiber. Außerdem können Inhalte des USB-Geräts über die Autorun-Funktionalität automatisch ausgeführt werden. Die Problematik mit automatisch ausgeführten Inhalten besteht auch für CD und DVD. Hierbei handelt es sich um Komfortfunktionen, die sich an Endanwender richten. Nach Einlegen der CD oder DVD oder nach Anschluss eines Speichermediums soll der Inhalt dabei möglichst ohne weitere Interaktion abgespielt werden.

Aus Sicherheitssicht ist die automatische Ausführung jedoch bedenklich, da die Inhalte externer Medien a priori als nicht vertrauenswürdig gelten müssen. In der Tat wird Malware auch über USB-Sticks verbreitet, die bspw. mithilfe von Social Engineering verteilt wurden. Eine Übertragung von Malware ist auch unbewusst möglich, wenn der Stick zuvor an einem Gerät angeschlossen war, das mit Malware infiziert war.

Ein USB-Gerät, bspw. ein USB-Stick oder eines der genannten Gadgets, kann sich auch als etwas anderes am System anmelden, bspw. als Tastatur. Daraus entsteht die Gefahr, dass ein derartiges USB-Gerät authentische Tastatureingaben simulieren kann, etwa zur Einrichtung einer Hintertür.

Um diesen Bedrohungen zu begegnen, ist eine Einschränkung der Geräte erforderlich, die nach dem Anschluss an das System über den USB-Bus kommunizieren dürfen. Entsprechendes gilt auch für andere Bussysteme wie Firewire und eSATA. Im einfachsten Fall werden hierbei sämtliche angeschlossenen Geräte und Medien blockiert, in anderen Fällen werden vorab zugelassene Geräte akzeptiert. Die letztere Vorgehensweise erfordert ein zentrales Gerätemanagement, da sie für Organisationen mit vielen Endgeräten sonst praktisch undurchführbar wird.

Direct Memory Access

Ein weiteres Bedrohungspotenzial geht von Bussystemen aus, mit denen unter Umgehung sämtlicher Zugangskontrollen der gesamte Hauptspeicher ausgelesen oder modifiziert werden kann. Hierzu gehören Bussysteme wie Firewire, Thunderbolt, ExpressCard und andere. Mit präparierten Geräten, die über eines dieser Bussysteme an das System angeschlossen werden, kann ein entsprechender Angriff durchgeführt werden. Die Bedrohung liegt in der Spezifikation dieser Bussysteme begründet: Ein angeschlossenes Gerät erhält aus Performance-Gründen direkten Zugriff auf den Hauptspeicher (Direct Memory Acces, DMA).[19] Der DMA-Zugriff durch ein am Bussystem angeschlossenes Gerät erfolgt am Betriebssystem vorbei und kann daher durch das Betriebssystem nicht kontrolliert werden.

Der DMA-Zugriff lässt sich zuverlässig oft nur durch die Deaktivierung der entsprechenden Bus-Ports in der Firmware verhindern. Alternativ dazu erlauben es einige Betriebssysteme, den DMA-Zugriff für diese Bussysteme zu unterbinden.

Eine spezielle Ausprägung dieses Problems kann sich für mobile Geräte mit Docking-Station ergeben, bei denen die Kommunikation zwischen Gerät und Docking-Station über den PCI-Bus erfolgt. Für diesen Fall gibt es in der Regel keine befriedigende Lösung, um der Bedrohung zu begegnen. Hier muss eine Abwägung zwischen Nutzen und Risiko durch die Verantwortlichen erfolgen.

18.6.5 Reduktion der Angriffsoberfläche

Ein offensichtlicher Schritt zur Härtung eines Systems besteht in der Deinstallation nicht benötigter Komponenten und Dienste. Durch diese Maßnahme wird das System schlank und die Angriffsoberfläche wird verkleinert – Komponenten, die nicht installiert sind, können auch keine Sicherheitsprobleme verursachen. Leider kann diese Vorgehensweise oft nicht oder nur sehr eingeschränkt umgesetzt werden, da viele Softwarepakete heutiger Betriebssystem-Distributionen in ein komplexes Flechtwerk von Abhängigkeiten eingebunden sind. So kann bspw. selbst ein einfaches Systemprogramm, das mit einer grafischen Oberfläche ausgestattet ist, leicht eine Kaskade von Grafik- oder Multimedia-Softwarepaketen nach sich ziehen.

Zudem ist die Recherche der Abhängigkeiten bisweilen aufwendig. Doch selbst wenn es gelingt, die überflüssigen Komponenten zu identifizieren und zu beseitigen, könnte die betriebliche Stabilität beeinträchtigt werden. So könnten in der Folge Updates fehlschlagen oder den ursprünglichen Systemzustand wieder herstellen. Darüber hinaus können Gewährleistungsansprüche entfallen, wenn Systeme in ungewöhnlichen Konfigurationen betrieben werden.

Ähnliches gilt, wenn nicht benötigte Dienste abgeschaltet werden. Obwohl dies aus Sicht der IT-Sicherheit eine wichtige Maßnahme ist, scheitert sie oft daran, dass nicht oder nur unzureichend dokumentiert ist, welche Dienste für welche Zwecke notwendig sind. Die Abschaltung eines Dienstes kann bisweilen zu subtilen Betriebsstörungen führen, deren Zusammenhang mit der Abschaltung nur schwer identifiziert werden kann.

Auch der Entzug anscheinend nicht benötigter Zugriffsrechte und Privilegien kann sich als aufwendig erweisen und in der Folge zu Betriebsstörungen führen. Es ist dagegen oft sinnvoll, nicht benötigte Konten und Rollen zu sperren oder zu entfernen, dies bereitet in der Regel keine Schwierigkeiten.

---

19 Witherden [Witherden 2010] sowie Stewis und Bystrov [SteBys 2013] geben eine detaillierte Darstellung der Problematik.

18.6.6 Einschränkung des zulässigen Netzwerkverkehrs

In Kapitel 11 ist eine Auswahl der wesentlichen Bedrohungen und Maßnahmen in Bezug auf die Netzwerksicherheit dargestellt. Die Sicherheit des Betriebssystems oder der darauf laufenden Anwendungen kann weiter erhöht werden, wenn Maßnahmen gegen Bedrohungen aus dem Netz ergriffen werden. Betriebssystemseitig kann dazu im Wesentlichen der ein- und ausgehende Netzwerkverkehr beschränkt werden. Die Implementierung dieser Maßnahmen wird auch als integrierte bzw. Personal Firewall bezeichnet. Diese sollte restriktiv konfiguriert werden.

Beschränkung des eingehenden Netzwerkverkehrs

Die folgende Liste zeigt mögliche Einschränkungen für den eingehenden Netzwerkverkehr auf, die mit den Filterregeln der integrierten Firewall durchgesetzt werden können:

- Anfragen auf Ports, auf denen kein Dienst angeboten wird, können pauschal abgewiesen werden. Dieser Filter sollte auch auf Systemen im internen Netz eingesetzt werden, da installierte Anwendungen unbemerkt unerwünschte Dienste zur Verfügung stellen könnten.
- Gelegentlich erfordern Anwendungen den Betrieb von Diensten, deren Zweck aus der verfügbaren Dokumentation nicht hervorgeht. Eine pauschale Filterung kann dann zu subtilen Betriebsstörungen führen. Auf eine Filterung sollte dennoch nicht verzichtet werden: Verbindungen können auf bestimmte IP-Adressen oder Netzbereiche beschränkt werden. Alternativ können Systeme mit derartigen Anwendungen in einer eigenen Netzwerkzone betrieben werden, siehe Abschnitt 11.9.1.
- Die Management-Dienste von Netzwerk-Appliances sollten nur in einer eigenen Netzwerkzone betrieben werden, siehe Abschnitt 11.9.1.
- Endanwendersysteme sollten in der Regel keine Dienste anbieten. Sie sollten abgeschaltet oder durch die Personal Firewall abgeschottet werden. Ausnahmen können notwendig sein, wenn das Management dieser Systeme mithilfe von lokalen Diensten erfolgt. In diesem Fall sollten die Verbindungen in der integrierten Firewall auf die IP-Adressen beschränkt werden, die die Management-Dienste aufrufen dürfen.
- Für Protokolle, die normalerweise nur ein geringes Verkehrsaufkommen erzeugen, ist ein Rate-Limiting sinnvoll.

Beschränkung des ausgehenden Netzwerkverkehrs

Die folgende Liste zeigt mögliche Einschränkungen für den ausgehenden Netzwerkverkehr auf, die mit den Filterregeln der integrierten Firewall durchgesetzt werden können:

- Wenn ausgehende Verbindungen nur in bestimmte Netzwerkbereiche zulässig sind, dann sollte auch der ausgehende Verkehr entsprechend gefiltert werden.
- Um die Wirkung von Malware einzuschränken, sollte ausgehender Verkehr nur für zugelassene Programme gewährt werden. So sollte bspw. ein Webserver keine ausgehende Verbindung über HTTP öffnen, sondern nur eingehende Verbindungen bedienen. Für Endgeräte kann sich die Beschränkung von ausgehenden Verbindungen in der Praxis als schwierig erweisen, da Programme gegebenenfalls zur Laufzeit die Erlaubnis für ausgehende Verbindungen erhalten müssen. Die Entscheidung überfordert den Anwender im Allgemeinen – meist wird er den Zugriff erlauben. Eine Konfiguration,

durch die die Personal Firewall dem Nutzer per Pop-up-Dialog Entscheidungen abverlangt, ist deshalb fragwürdig und oft kontraproduktiv. Es ist sinnvoller, durch eine kompetente Stelle Firewall-Profile zentral zu erstellen und zu verteilen.

Zusammenfassung

In diesem Kapitel wurde ein kurzer Abriss über die wichtigsten Bereiche der Sicherheit von Betriebssystemen gegeben. Die Übersicht kann auch als erste Kriterienliste für Auswahlentscheidungen oder den sicherheitsrelevanten Bereich der Betriebssystemadministration genutzt werden.

Die nun folgenden Kapitel stellen die in diesem Kapitel aufgeführten Konzepte für ausgewählte Betriebssysteme im Detail dar.

Literatur

[DaBoLM 2009] *Davis, M. A.; Bodmer, S. M.; LeMasters, A.:* Hacking Exposed: Malware & Rootkits, McGraw-Hill, 2009

[Kaspersky 2022] *GREAT:* CosmicStrand UEFI-Rootkit; *https://securelist.com/cosmicstrand-uefi-firmware-rootkit/106973* (Stand: 15.01.2024)

[SteBys 2013] *Stewin, P.; Bystrov, I.:* Understanding DMA Malware. In Detection of Intrusions and Malware, and Vulnerability Assessment, LNCS Band 7591, Springer Verlag 2013

[WiRi 2013] *Wilkins, R.; Richardson, B.:* UEFI Secure Boot in Modern Computer Security Solutions, UEFI Forum, 2013

[Witherden 2010] *Witherden, F.:* Memory Forensics over the IEEE 1394 Interface, August 2010; *https://freddie.witherden.org/pages/ieee-1394-forensics* (Stand: 15.01.2024)

19 Windows-Sicherheit

Einleitung

Microsoft Windows ist heute die mit Abstand am weitesten verbreitete Betriebssystemfamilie. Zunehmend werden Varianten von Windows auch in eingebetteten Systemen, in mobilen und in Multimedia-Geräten eingesetzt, sodass derzeit davon auszugehen ist, dass die Verbreitung heutiger wie auch zukünftiger Versionen von Windows noch weiter zunimmt und die Betriebssystemfamilie uns noch lange begleiten wird. Für Betreiber und Administratoren ist es daher wichtig, die Sicherheitsaspekte von Windows zu verstehen und Design, Grenzen und Möglichkeiten kritisch zu betrachten.

Windows bietet eine umfangreiche Auswahl an Sicherheitsmaßnahmen an, die auf unterschiedliche Weise wirken und jeweils unterschiedliche Vor- und Nachteile aufweisen. Sicherheit im Windows-Umfeld erfordert ein Gespür für die richtige Mischung dieser Sicherheitsmaßnahmen sowie für deren methodische Anwendung. Die nachfolgende Einführung in die Sicherheitsaspekte des Betriebssystems soll dabei helfen.

Anders als die Familie der Unix-Betriebssysteme stellt Windows ein konkretes Produkt der Firma Microsoft dar. Eine Zersplitterung wie bei der Unix-Familie in verschiedene Linien mit jeweils herstellereigenen Varianten ist unter Windows unbekannt. Dementsprechend genießt die Familie der Windows-Betriebssysteme eine – zumindest dem Prinzip nach – weitgehend nahtlose Integration untereinander sowie mit verschiedenen Microsoft-Produkten. Die Praxis zeigt jedoch, dass auch Produkte aus der Hand desselben Herstellers nicht immer reibungslos zusammenarbeiten, insbesondere wenn verschiedene Versionen desselben Produkts im Spiel sind.

Abwärtskompatibilität zu veralteten Mechanismen vorangegangener Versionen aus Gründen der Interoperabilität hemmte jedoch auch die rigorose Durchsetzung neuer Konzepte und Techniken. Diese Altlasten erweisen sich vor allem im Bereich der Sicherheit als problematisch. Andererseits führt die Homogenität dazu, dass bspw. das zentrale Management von Windows-Systemen und deren Benutzern relativ ausgereift ist.

Mit Windows 3.11 kam Windows zu einer ersten großen Verbreitung, die im Folgenden durch Windows 95, Windows 98 und Windows ME weiter ausgebaut wurde. Diese Betriebssysteme beruhen auf dem noch älteren Betriebssystem DOS, das architektonisch jedoch den modernen Anforderungen an einen IT-Betrieb nicht mehr gerecht wurde. Mit Windows NT wurde Windows grundlegend überarbeitet.

Die Windows NT-Architektur bildet die Grundlage für alle bisher nachfolgenden Windows-Versionen.

Parallel zu den Windows Versionen NT, XP, Vista, 7, 8, 10 und 11 für Endanwender existiert die Familie der Server-Versionen Windows 2000, 2003, 2009, 2008R2, 2012, 2012R2, 2016 und 2019 sowie Server 2022.

Die Struktur der Darstellung folgt der des Kapitels 18. Die dort vorgestellten Aspekte werden hier für Windows vertieft.

19.1 Identifizierung und Autorisierung

19.1.1 Benutzer, Benutzergruppen und Rollen

Unter Windows werden Benutzer und Gruppen durch Konten repräsentiert. Ein Benutzerkonto repräsentiert einen menschlichen oder technischen Benutzer. Die zu einem Benutzerkonto gehörenden Attribute sind: Benutzername, Vor- und Nachname, Beschreibung, Passwort, Anmeldezeiten, Anmelde-Workstations, Ablaufdatum des Kontos, Benutzerverzeichnis, Profil, zugehörige Gruppen, Kontotyp und Zustand[1] des Kontos.

Benutzerkonten

Es wird zwischen den folgenden Arten von Benutzerkonten unterschieden:

- Ein *lokales Benutzerkonto* (*Local User Account*) ist nur auf dem System sichtbar, auf dem es definiert ist, und wird lediglich in der SAM-Datenbank[2] dieses Systems geführt. Ein lokales Benutzerkonto kann daher nicht innerhalb einer Domäne genutzt werden und hat keinen Zugriff auf Ressourcen innerhalb der Domäne (außer als anonymer Nutzer).
- Ein *Domänen-Benutzerkonto* (*Domain User Account*) ist auf einem *Domain Controller* definiert und ist innerhalb der gesamten Domäne sichtbar. Es kann alle Dienste und Ressourcen dieser und gegebenenfalls weiterer Domänen nutzen.

Gruppenkonten

Daneben wird zwischen den folgenden Arten von Gruppenkonten (genauer: Sicherheitsgruppenkonten) unterschieden:

- Ein *Domänen-lokales Gruppenkonto* kann Benutzer oder globale Gruppen von einer oder mehreren beliebigen Domänen oder vertrauten Domänen, domänen-lokale Gruppen aus derselben Domäne oder universelle Gruppen aus demselben Forest enthalten. Domänen-lokale Gruppenkonten erlauben den Zugriff auf Ressourcen innerhalb derselben Domäne.
- Ein *Globales Gruppenkonto* kann Benutzer oder andere globale Gruppen derselben Domäne enthalten. Benutzer oder Gruppen anderer Domänen oder andere Gruppentypen können nicht in eine globale Gruppe aufgenommen werden. Globale Gruppenkonten erlauben den Zugriff auf Ressourcen innerhalb einer beliebigen Domäne desselben oder eines vertrauenden Forests.
- Ein *Universelles Gruppenkonto* kann Benutzer oder globale Gruppen sowie weitere universelle Gruppen aus demselben Forest enthalten. Universelle Gruppenkonten erlauben den Zugriff auf Ressourcen innerhalb einer beliebigen Domäne desselben oder eines vertrauenden Forests.

---

1 Der Zustand eines Kontos kann bspw. die Werte »gültig«, »Kennwort läuft nie ab« oder »deaktiviert« sein.

2 SAM: Security Accounts Manager.

Mit der Ausnahme von Informationen über Benutzerrechte werden die Konteninformationen durch den SAM verwaltet. Die Local Security Authority (LSA) verwaltet alle Informationen über die Verbindung zwischen Benutzerrechten und Konten.[3]

Rollen

Windows bietet mit dem Authorization Manager[4] ein Framework zur Verwendung von Rollen für rollenbasierte Zugriffskontrolle für Anwendungen. Eine im Betriebssystem selbst verankerte rollenbasierte Zugriffskontrolle für die Systembenutzer existiert unter Windows nicht.

Security Identifier

Jedes erstellte Konto besitzt eine eindeutige Kennung, den *Security Identifier* (*SID*), der im Rahmen der Zugriffskontrolle verwendet wird, um Berechtigungen zu prüfen. Diese Kennungen bestehen aus einer Verkettung von numerischen Werten.[5] Sie haben folgende Eigenschaften:

- Hierarchische SIDs stellen eine Kette von Authorities und Sub-Authorities dar, die auf die oberste *Identifier Authority* hinweisen, die den jeweiligen SID erzeugt hat. Dies kann bspw. ein Domain Controller sein. Alle Sub-Authority-Werte werden als *Relative ID* (*RID*) bezeichnet.
- Variable Länge: Jede Authority und Sub-Authority in der SID-Kette stellt eine eigene Komponente dar. Deshalb ist der SID umso länger, je mehr Authorities enthalten sind. Die maximale Anzahl von Sub-Authorities ist 15.
- Eindeutigkeit bezüglich Ort und Zeit: Es wird kein SID mit den gleichen Werten erstellt.

Es ist besonders in Netzwerken wichtig, dass die SIDs eindeutig sind. Die SIDs werden bei ihrer Erzeugung in der Regel aus zufälligen Werten oder aus einigen fest codierten Feldern zusammen mit zufällig erzeugten Werten gebildet. Dies gilt auch für Benutzer mit nicht vordefinierten Konten, wie bspw. *Gast*. Durch die Verwendung langer Zufallswerte wird garantiert, dass die Wahrscheinlichkeit einer Kollision zweier unabhängiger SIDs extrem gering ist.

> *Ein typischer SID sieht etwa wie folgt aus: S-1-5-21-148709195-1071131983-266621542-500. Die Folge »S-1-5-21« bildet im Beispiel die erste Sub Authoritiy.*

Neben den zufällig erstellten SIDs gibt es unter Windows einige fest definierte SIDs (*well-known SIDs*), auf die Anwendungen sich beziehen können, ohne dass sie den spezifischen SID eines Benutzers kennen müssen.

3 Siehe Abschnitt 19.2 für weitere Details.

4 Siehe *http://technet.microsoft.com/en-us/library/cc732203.aspx*.

5 Siehe auch *http://technet.microsoft.com/en-us/library/cc778824.aspx* für eine ausführliche Beschreibung des Aufbaus und der Wirkungsweise von Security Identifiern.

Vordefinierte Gruppen (z. B. Administratoren, Hauptbenutzer) besitzen eine global festgelegte RID. Die RID von DOMAIN_USER_ und DOMAIN_GROUP_ wird an den Domain-SID des Systems angehängt. Bei DOMAIN_ALIAS_ wird der RID an den SID angehängt, der die vordefinierte – bei allen Systemen gleiche – Domäne repräsentiert (S-1-5-32).

Vordefinierte Konten

Lokale Benutzerkonten

Unter Windows sind die folgenden Benutzerkonten vordefiniert:

- **Administrator**
  Dies ist das mächtigste Benutzerkonto. Es kann nicht gelöscht werden. Eine Umbenennung ist aber möglich. Das Administrator-Konto ist unter Windows in der Grundeinstellung deaktiviert.
- **LocalSystem**
  Dieses Konto hat unbeschränkten Zugriff auf die Systemressourcen und repräsentiert das System im Netzwerk. Die Nutzung dieses Kontos ist aus Sicherheitssicht riskant und sollte nach Möglichkeit vermieden werden. Stattdessen sollten für Dienste die Konten *LocalService* oder *NetworkService* genutzt werden.
- **LocalService**
  Dieses Konto hat minimale Privilegien und repräsentiert einen anonymen Benutzer im Netzwerk.
- **NetworkService**
  Dieses Konto hat minimale Privilegien und repräsentiert das System im Netzwerk.
- **Gast**
  Dies ist ein gewöhnliches Benutzerkonto. Auf Clients ist es seit Windows XP standardmäßig deaktiviert und kann nicht zur Anmeldung benutzt werden.

Lokale Gruppenkonten

Neben diesen Konten gibt es noch vordefinierte lokale Gruppenkonten, die allerdings je nach Konfiguration unterschiedlich sind. Auf einem Domain Controller gibt es die folgenden lokalen Gruppen: *Administratoren*, *Konten-Operatoren*, *Server-Operatoren*, *Backup-Operatoren*, *Druck-Operatoren*, *Benutzer*, *Gäste* und *Replikatoren*. Die vordefinierten lokalen Gruppen für Workstations enthalten unter anderem *Administratoren*, *Sicherungs-Operatoren*, *Hauptbenutzer*, *Benutzer*, *Gäste*, *Replikations-Operatoren* und *Remotedesktopbenutzer*.

Grundsätzlich wird jedes neue globale Benutzerkonto Mitglied der globalen Gruppe *Domänen-Benutzer*, die wiederum Mitglied der vordefinierten lokalen Gruppe *Benutzer* ist. Jedes neu erstellte lokale Benutzerkonto auf einem Client oder sonstigem Server, der kein Domain Controller ist, wird Mitglied der Gruppe *Benutzer* auf dieser Workstation. Wird eine Workstation Mitglied einer Domain, wird die Domänen-Administrator-Gruppe der Domain automatisch mit der lokalen Gruppe *Administratoren* zusammengeführt. Genauso wird die Gruppe *Domänen-Benutzer* automatisch zur vordefinierten lokalen Gruppe *Benutzer* hinzugefügt.

Globale Gruppenkonten

Neben diesen vordefinierten Benutzerkonten sind auf Domain Controllern auch globale Gruppenkonten vordefiniert. Der Zweck der nachfolgend genannten Konten ist eine Vereinfachung der Benutzerverwaltung in einer Domäne. Die folgenden Gruppen enthalten das Administrator-Konto als voreingestelltes Mitglied:

- die Gruppe Enterprise-Administratoren
- die Gruppe Domänen-Administratoren
- die Gruppe Domänen-Benutzer
- Die Gruppe Domänen-Gäste enthält anfangs nur das Gast-Benutzerkonto.

Spezielle Gruppen-SIDs

Neben den bereits erwähnten vordefinierten Gruppen gibt es noch verschiedene durch das System vordefinierten SIDs, die für spezielle Zwecke verwendet werden. Diese SIDs werden häufig als »spezielle Gruppen« bezeichnet.

In einigen Fällen kann es vorkommen, dass diese speziellen Gruppen in der Gruppenübersicht erscheinen. Das ist z. B. der Fall bei der Zuweisung von Berechtigungen für Verzeichnisse, Dateien und freigegebene Verzeichnisse im Netzwerk oder für Drucker.

Administratoren

Neben dem eigentlichen Administrator-Konto können im Prinzip beliebige Benutzer zu Administratoren erhoben werden. Maßgeblich hierfür ist die Zugehörigkeit zur Gruppe der Administratoren. Ein Benutzer, der dieser Gruppe angehört, hat automatisch administrative Rechte.

Unter Windows wird zwischen lokalen Administratoren und Domänen-Administratoren unterschieden. Die Eigenschaft, dass ein Benutzer ein lokaler Administrator ist, wird in der lokalen SAM-Datenbank hinterlegt. Die Mitgliedschaft als Domänen-Administrator ist dagegen in dem jeweiligen Active Directory hinterlegt. Diese Information wird jedoch nach der ersten Anmeldung lokal im Cache abgelegt, d. h., ein Benutzer, der sich als Domänen-Administrator am lokalen System anmeldet, kann sich auch in der Folge als Domänen-Administrator anmelden, auch wenn in dem Moment keine Verbindung zum Active Directory besteht.

19.1.2 Ressourcen

Subjekte

Unter Windows bezeichnet ein *Subjekt* (*Subject*) einen Prozess mit einem oder mehreren Threads. Jeder Prozess besitzt einen eigenen virtuellen Adressraum, ein eigenes Handle und einen Sicherheitskontext. Ein Handle verweist auf eine Ressource, die durch den Windows-Kernel verwaltet wird. Alle Threads innerhalb eines Prozesses haben gleichberechtigt Zugriff auf den Adressraum und die Handle-Tabelle des Prozesses.

Der Sicherheitskontext eines Prozesses wird durch ein Zugriffs-Token dargestellt. Ein Zugriffs-Token enthält Informationen, die für die Zugriffskontrolle und die Überprüfung der Benutzerrechte verwendet werden, und umfasst den SID des Benutzers, die SIDs der Gruppen, denen das Subjekt angehört, eine Liste von Benutzerrechten sowie weitere Informationen. Ein Zugriffs-Token ist also die systeminterne Darstellung der Autorisierungen des Benutzers. Jeder Prozess besitzt genau ein primäres Zugriffs-Token. Das primäre Zugriffs-Token repräsentiert den Benutzer, der den Prozess gestartet hat. Die Inhalte eines primären Zugriffs-Tokens sind als Teil des LSA-Autorisierungsprozesses festgelegt und basieren sowohl auf den Benutzer- und Gruppenkontoinformationen aus der SAM-Datenbank und dem Active Directory als auch auf den Informationen zu Benutzerrechten innerhalb der LSA.

Jeder Thread innerhalb eines Prozesses kann zusätzlich genau ein weiteres Zugriffs-Token haben, das *Impersonation Token* genannt wird. Das Impersonation Token repräsentiert ein anderes Subjekt, das den Thread dazu autorisiert, einen Teil der Autorisierungen dieses Subjekts zu verwenden. Unabhängig von eventuell vorhandenen Impersonation Tokens können die Aktionen eines Prozesses anhand des stets vorhandenen primären Zugriffs-Tokens immer einem Benutzerkonto zugeordnet werden.

Objekte

Das Design von Windows folgt einem durchgängigen Objektmodell, d. h., fast alle Systemressourcen, bspw. Dateien, Prozesse, Registry-Schlüssel oder Dienste, sind einem geschützten Windows-Objekttyp zugeordnet: Für die entsprechenden Objekte können Zugriffsregeln formuliert werden, die vom System durchgesetzt werden. Die geschützten Objekttypen (s. u.) werden auch nach den Kategorien *Executive* und *Server* unterschieden. Im Weiteren werden sie gemäß dem Standardobjektmodell auch unter dem Begriff *Windows-Objekte* zusammengefasst.

In wenigen Fällen benutzt die *Trusted Computing Base* (*TCB*) von Windows andere Ressourcen, die nicht das Standard-Objektmodell verwenden. Weiterhin gibt es Ressourcen, die zwar das Standard-Objektmodell verwenden, jedoch selbst keine geschützten *namentlich bekannten Objekte* sind (s. u.). Die Objektklassen werden in den folgenden Unterabschnitten dargestellt.

Executive-Objekte und *Server-Objekte* werden in der Regel durch Subsysteme des Kernels, der sogenannten *Executive,* erstellt, verwaltet sowie geschützt und gelten daher als vertrauenswürdig gegenüber dem Windows-Betriebssystem. Der *Objektmanager* und der *Security Reference Monitor* (*SRM*) sind für die Sicherheit von Executive-Objekten zuständig. Server-Objekte dagegen sind Abstraktionen der durch die *Trusted Computing Base* (*TCB*) geschützten Server. Diese Server nutzen den Security Reference Monitor, um die konsequente Durchsetzung (Enforcement) der Sicherheits-Leitlinie sicherzustellen. Zusätzlich dazu können Server noch eigene Schutzmaßnahmen ergreifen.

Jedes Windows-Objekt besitzt die folgenden Sicherheitsattribute, die den *Security Descriptor* bilden:

- Die SIDs für den Eigentümer und die primäre Gruppe des Objekts. Der Eigentümer eines Objekts hat einige spezielle Zugriffsrechte auf das Objekt, so hat jeder Eigentümer auf dem entsprechenden Typ immer die Rechte `WRITE _ DAC` und `READ _ CONTROL`.
- Zugriffskontrolllisten (Discretionary Access Control Lists, DACLs)[6]: Mit den DACL-Einträgen (*Access Control Entries*, *ACEs*) werden Benutzern oder Gruppen Zugriffsrechte auf Objekte erteilt oder entzogen. Die *Discretionary Access Control Lists* stellen

6 Siehe Abschnitt 19.1.3 für Details zu DACLs.

den grundlegenden Mechanismus dar, um Zugriffe von Benutzern auf Objekte zu steuern. Jedem Objekt kann eine DACL zugewiesen werden, ein Objekt kann aber auch ohne DACL existieren. Besitzt ein Objekt keine DACL, dann haben alle Benutzer vollen Zugriff auf das Objekt. Im Gegensatz dazu unterbindet eine leere DACL jedweden Zugriff auf das Objekt.
- System-Zugriffskontrolllisten (System Access Control Lists, SACLs): Diese steuern, welche Zugriffe auf das jeweilige Objekt wie protokolliert werden. Es kann dabei auch festgelegt werden, ob die Gewährung oder die Verweigerung eines Zugriffs protokolliert wird. SACLs können nur gesetzt oder geändert werden, wenn der Aufrufer die entsprechenden Benutzerrechte dazu besitzt.
- Steuerinformationen, mit denen die Bedeutung des Security Descriptors oder von Teilen daraus bestimmt wird

Unter Windows wird zwischen benannten und unbenannten Objekten unterschieden.

Benannte Objekte (Named Objects)

Benutzer erzeugen durch ihre Interaktionen und Prozesse auf einem Windows-System temporäre und persistente Windows-Objekte. Zu der Klasse der Windows-Objekte, die den benutzerspezifischen Objekten zugeordnet werden, zählen Desktop, Device, Event, Event Pair, File (File, Directory), Mailslot (Named Pipe), I/O Completion Port, Key, Mutex, Object Directory, Port, Printer, Print Job, Process, Profile, SAM Alias, Section, Semaphore, Symbolic Link, Thread, Timer, Token und WindowStation. Diese Objekte werden durch Benutzerprozesse erstellt und verwendet, um Daten aus dem benutzerspezifischen Kontext zu verarbeiten.

Im Rahmen einer Windows-Systemhärtung muss für diese Objekte geprüft werden, ob sie verwendet werden sollen oder ob sie im System deaktiviert werden.

Unbenannte Objekte (Unnamed Objects)

Die folgenden Windows-Objekte zählen zu den nicht geschützten, unbenannten Objekten. Sie verfügen in der Regel über keine DACL und haben keinen Sicherheitskontext. Die wichtige Sicherheitseigenschaft dieser Klasse von Windows-Objekten ist, dass ein Prozess keinen Handle auf ein unbenanntes Objekt öffnen kann und dadurch Zugriff erhält. Auf diese Weise wird der effektive Zugriff auf sensitive Betriebssystemmechanismen und -inhalte auf die nachfolgend genannten Windows-Objekte begrenzt.

Die Executive-Objekttypen sind nach Festlegung ausschließlich im Kernel-Mode und haben deshalb keine User-Mode-Schnittstelle. Executive-Objekttypen sind Adapter, Controller, Driver und Type.

Die Objekttypen LSA Policy, Print Server, SAM Server und SC Manager haben nur eine Instanz, die nicht für Benutzerdaten verwendet wird. Diese Instanz kontrolliert den Zugriff auf einen Windows TCB-Server und setzt bestimmte systemweite Parameter. Normalerweise können nur hoch privilegierte, administrative Konten diese Objekte ändern.

Die Objekttypen LSA Account, LSA Domain, SAM Domain, SAM Group, SAM User und Service werden für die Verwaltung sicherheitsrelevanter Informationen, z. B. über Systemkonfiguration oder Konten verwendet. Nur administrative Konten können den Zugriff auf neu erzeugte Objekte dieses Typs ändern. Normale Benutzerkonten haben keinen Zugriff oder nur beschränkten Lesezugriff auf diese Objekte.

Schließlich gehört auch der Log-Objekttyp zu den nicht geschützten Objekten. Während der Initialisierung eines Windows-Systems werden die Log-Objekte Anwendung, System, Sicherheit, Directory Service[7], DNS Server[8] und File Replication Service[9] erstellt. Neben diesen sechs Log-Objekten können zur Laufzeit keine weiteren eingerichtet werden.

Im Rahmen einer Windows-Systemhärtung muss auch für diese Objekte geprüft werden, ob sie verwendet werden sollen oder ob sie im System deaktiviert werden, siehe Abschnitt 19.6.

Weitere Ressourcen

Über die genannten Objekttypen hinaus gibt es noch einige andere Objekttypen, die geschützt und bekannt sind. Die nachfolgend aufgeführten Ressourcen entsprechen aber nicht den bisher angesprochenen Windows-Objekten, da sie keinen Security Descriptor besitzen.

- **Netzwerk-Freigaben**
  Freigegebene Objekte sind Zeiger auf Einstiegspunkte in Dateisysteme oder Drucker. Dabei enthält das Freigabeobjekt selbst keine Benutzerdaten, sondern ermöglicht den Zugriff auf andere Objekte durch einen vom Netzwerk aus zugreifbaren Einstiegspunkt. Obwohl Netzwerk-Freigaben eine ACL besitzen, lassen sich die Zugriffsberechtigungen mit dieser ACL nicht vergeben. Es wird lediglich kontrolliert, ob ein Subjekt einen bestimmten Einstiegspunkt benutzen darf oder nicht.
- **Sockets**
  Sockets sind Kommunikationsmechanismen zwischen zwei Prozessen, die auch nicht vertrauenswürdigen Subjekten zur Verfügung stehen. Die TCB erlaubt einem Prozess, Sockets mit TCP/UDP-Ports zu verbinden und Pakete über das Netzwerk zu anderen TCP/UDP-Ports zu verschicken. Wird eine solche Kommunikation zwischen zwei einander nicht vertrauenden Prozessen durchgeführt, dann müssen diese selbst entscheiden, ob sie die Nachrichten annehmen und weiterverarbeiten oder ablehnen. Bei bereits aufgebauten Verbindungen über TCP-Ports stellt die TCB sicher, dass die Verbindung nur zwischen zwei Punkten besteht.
- **TDI Control Channel Objects**[10]
  Diese Objekte erlauben es einem Prozess, die aktuelle Netzwerkkonfiguration abzufragen oder zu modifizieren.
- **COM-Klassen**[11]
  COM-Klassen entsprechen Dienstobjekten. In Windows können nur Benutzer mit administrativen Privilegien COM-Objekte festlegen, erstellen und modifizieren.

---

7 Nur auf AD-Servern.

8 Nur auf DNS-Servern.

9 Nur auf File Replication Servern.

10 TDI: Transport Driver Interface. Veraltetes Windows-Interface zum Transport-Layer.

11 COM: Component Object Model. Technologie für Interprozess-Kommunikation. COM bildet die Grundlage für OLE (Object Linking and Embedding) und ActiveX.

- **USER-Objekte**
  USER-Objekte repräsentieren Elemente des Benutzerinterface wie bspw. Desktops, Fenster oder Icons.
- **GDI-Objekte**[12]
  GDI-Objekte repräsentieren Ressourcen des Grafikausgabegeräts wie bspw. Zeichensätze, Bitmaps oder Device Contexts.
- **Konsolen**
  Konsolen sind nie namentlich bekannt und können nur durch Vererbung von zwei Prozessen gemeinsam benutzt werden.

19.1.3 Zugriffsrechte

Discretionary Access Control Lists

Die Steuerung von Zugriffen auf Objekte erfolgt grundsätzlich durch die Benutzer, d. h., Windows folgt dem *Discretionary-Access-Control-Modell* (DAC) (s. a. Abschnitt 17.4). Zugriffsrechte werden über Zugriffskontrolllisten (Access Control Lists, ACLs) dargestellt, die unter Windows als DACLs bezeichnet werden. Die einzelnen Einträge in einer ACL werden als Access Control Entry (ACE) bezeichnet. Jeder Eintrag enthält einen SID, eine Liste von Rechten sowie die Information, ob diese Rechte dem jeweils entsprechenden Konto gewährt oder entzogen werden sollen. Letzteres ist deswegen von Bedeutung, da Zugriffsrechte über Vererbung akkumuliert werden können.

Durch eine DACL kann der Zugriff auf Objekte in Abhängigkeit von den Identitätsattributen eines Subjekts eingeschränkt werden. Das Recht zur Änderung einer DACL haben der Eigentümer sowie alle Benutzer mit dem Recht WRITE_DAC. Es gibt viele verschiedene Objekttypen, für die jeweils spezifische Zugriffsrechte existieren, die in der DACL gewährt oder entzogen werden können.

Die Entscheidung über einen angeforderten Zugriff auf ein Objekt durch ein Subjekt wird durch den SRM getroffen. Hierbei wird jeder ACL-Eintrag daraufhin untersucht, ob der Zugriff explizit gewährt oder verweigert wird. Im Einzelnen wird geprüft, welche Einträge der ACL für den Aufrufer anwendbar sind. Hierfür werden die Benutzer- und die Gruppen-SID des Zugriffs-Tokens mit dem SID des jeweiligen ACL-Eintrags verglichen. Dabei wird das primäre Zugriffs-Token oder – falls vorhanden – das Impersonation Token herangezogen. Die Zugriffsentscheidung wird anhand der nachstehenden Regeln getroffen:

- Bei einem anwendbaren Eintrag, der eines der für den Zugriff notwendigen Rechte verweigert, wird der Zugriff verweigert; weitere Einträge werden nicht geprüft.
- Bei einem oder mehreren anwendbaren Einträgen, die alle für den Zugriff notwendigen Rechte gewähren, wird der Zugriff gewährt; weitere Einträge werden nicht geprüft.
- Wenn nach Prüfung aller Einträge ein für den Zugriff notwendiges Recht nicht gewährt ist, wird der Zugriff verweigert. Aus diesem Grund führt eine leere ACL dazu, dass der Zugriff auf das entsprechende Objekt grundsätzlich verweigert wird. Dies ist nicht

[12] GDI: Graphics Device Interface.

mit dem Fall zu verwechseln, dass ein Objekt keine ACL hat – in diesem Fall wird der Zugriff grundsätzlich gewährt.

Die Prüfung der Einträge erfolgt in der Reihenfolge der Einträge in der ACL, es muss daher besonders bei umfangreichen ACLs penibel darauf geachtet werden, dass die Reihenfolge der Einträge zu dem beabsichtigten Ergebnis führt.

Für Netzwerk-Freigaben führt der NTLM Server Driver eine zusätzliche Zugriffsüberprüfung durch: Versucht ein Prozess auf einem entfernten System auf eine lokale Freigabe zuzugreifen, dann muss der aufrufende Prozess dafür zunächst ein Objekt per Remote Procedure Call (RPC) öffnen.

Änderungen im laufenden Betrieb

Die DACL eines Objekts kann jederzeit verändert werden. Dazu muss ein Subjekt ein Handle für das entsprechende Objekt und die entsprechende Berechtigung besitzen. Eine Änderung der DACL eines Objekts ist nicht rückwirkend und betrifft keine Subjekte, die bereits ein Handle für das Objekt besitzen. Es gilt somit die DACL, die zum Zeitpunkt der Öffnung gegeben war.

Änderungen an einer DACL für ein Objekt werden in der Regel für ein zugreifendes Subjekt erst dann wirksam, wenn das Subjekt das Objekt erneut öffnet.

Ausnahmen von der regulären Zugriffskontrolle

ACL-Beschränkungen können durch die sogenannten *DAC-bezogenen Benutzerrechte* übersteuert werden. Dies ist für den Prozess, der den Zugriff anfordert, möglich, wenn das primäre Zugriffs-Token bzw. das Impersonation Token eines der folgenden Benutzerrechte besitzt:

- Übernehmen des Besitzes von Dateien und Objekten
- Sichern von Dateien und Verzeichnissen
- Wiederherstellen von Dateien und Verzeichnissen
- Debuggen von Programmen
- Auslassen der durchsuchenden Überprüfung
- Verwalten von Überwachungs- und Sicherheitsprotokollen

Die Benutzerrechte können bspw. eingesetzt werden, um Backup-Prozessen die zur Aufgabenerfüllung notwendigen Zugriffsrechte einzuräumen.

Zugriffsrechte auf Windows-Objekte

Der Zugriff auf Windows-Objekte wird durch die dem Objekt zugewiesene DACL kontrolliert. Der Zugriffstyp in einem DACL-Eintrag wird durch eine Zugriffsmaske repräsentiert. Die Struktur der Zugriffsmaske ist für alle Objekttypen identisch, um sicherzustellen, dass der SRM die Zugriffskontrolle unabhängig von einem bestimmten Objekttyp durchführen kann.[13]

13 Siehe auch *http://technet.microsoft.com/en-us/library/cc783530.aspx* für eine ausführliche Beschreibung der Windows-Zugriffsrechte.

Während die Struktur der Zugriffsmaske überall gleich ist, ist die Interpretation einiger Felder in der Struktur typenabhängig. Das Executive Subsystem oder der geschützte Server definieren die Bedeutung für den typenabhängigen Teil einer Zugriffsmaske und bieten dem SRM bestimmte Zuordnungen an. Der SRM benutzt diese Informationen bei der Zugriffsprüfung. Es werden unterschieden:

- **Standardzugriffsrechte (Standard Access Rights)**
  Die Standardzugriffsrechte haben für alle Objekte die gleiche Bedeutung, unabhängig von ihrem Typ.
- **Spezielle Zugriffsrechte (Object-Specific Access Rights)**
  Die Zugriffsmaske bietet Platz für bis zu 16 Objekt-spezifische Zugriffsrechte. Diese Rechte haben keine allgemeine Bedeutung und sind vollständig typenabhängig.
- **Allgemeine Zugriffsrechte (Generic Access Rights)**
  Allgemeine Zugriffsrechte fassen die einzelnen Standard- und speziellen Zugriffsrechte für allgemeine Operationen wie Lesen, Schreiben oder Ausführen zusammen. Für jeden Objekttyp werden diese allgemeinen Zugriffsrechte auf eine jeweils individuelle Kombination von Standard- und speziellen Zugriffsrechten abgebildet. So wird bspw. das Zugriffsrecht `GENERIC _ READ` für ein Datei-Objekt auf die Standardzugriffsrechte `READ CONTROL` und `SYNCHRONIZE` sowie auf die speziellen Zugriffsrechte `FILE _ READ _ DATA`, `FILE _ READ _ EA` und `FILE _ READ _ ATTRIBUTES` abgebildet. Die Zuordnung zwischen den speziellen und allgemeinen Zugriffsrechten ist für jeden Typ durch das verantwortliche Subsystem oder den Server für diese Objekttypen festgelegt.

Vergabe eines Security Descriptors für neu angelegte Objekte

Ein neu angelegtes Objekt erbt die Benutzeridentität des anlegen Subjekts, d. h., das Objekt erhält den SID des Benutzers im Zugriffs-Token bzw. im Impersonation Token des Subjekts. Wird bei der Anlage kein SID für die Gruppe angegeben, dann erhält das Objekt den SID der primären Gruppe des Subjekts, die im Zugriffs-Token bzw. im Impersonation Token dieses Subjekts hinterlegt ist.

Werden beim Anlegen eines Objekts Zugriffsrechte in Form einer DACL spezifiziert, dann wird dem Objekt diese DACL zugewiesen.[14] Die DACL wird, sofern dies nicht unterbunden wird, durch vererbbare ACL-Einträge ergänzt. Wird keine DACL bei der Anlage eines Objekts angegeben, dann wird die DACL vollständig aus vererbbaren ACL-Einträgen gebildet. Falls keine vererbbaren ACL-Einträge existieren, dann wird dem Objekt in Abhängigkeit vom Zugriffs-Token bzw. vom Impersonation Token eine spezifische Default-DACL zugewiesen. Existiert keine solche Default-DACL, dann wird keine DACL zugewiesen; in diesem Fall wird grundsätzlich jeder Zugriff auf das entsprechende Objekt gewährt.

Wird die Default-DACL vergeben, dann wird automatisch jeweils für den erzeugenden Eigentümer sowie für das Benutzerkonto SYSTEM vollständiger Zugriff vergeben.

14 Dies ist der Kern des DAC-Modells.

Unbenannte Objekte

Mit Ausnahme von Prozess-, Thread- und Token-Objekttypen werden unbenannten Windows-Objekten keine DACLs zugewiesen. Prozess-, Thread- und Token-Objekttypen müssen eine DACL besitzen, da auf sie über spezielle APIs zugegriffen werden kann, die es ermöglichen, diese Objekte zu öffnen (gegebenenfalls auch für einen gemeinsamen Zugriff), auch wenn sie unbenannt sind.

Vererbung von ACL-Einträgen

Es gibt zwei verschiedene Arten von Objekten: *Container* und *Noncontainer*. Container-Objekte, wie z.B. Verzeichnisse, können andere Objekte enthalten; Noncontainer-Objekte, wie z.B. Dateien, können dies nicht. Objekte innerhalb von Container-Objekten können die ACL-Einträge des enthaltenden Container-Objekts erben. Jede ACE innerhalb der DACL eines Container-Objekts kann wiederum an Subobjekte dieses Container-Objekts vererbt werden.

Die folgenden Flags können nur für Container-Objekte in der ACE gesetzt werden:

- `ADS_ACEFLAG_INHERIT_ACE`
- `ADS_ACEFLAG_NO_PROPAGATE_INHERIT_ACE`
- `ADS_ACEFLAG_INHERIT_ONLY_ACE`

Sie steuern, ob und wie die ACE eines Container-Objekts und der Typ des Sub-Objekts (Container oder Noncontainer) vererbt werden kann.

System Access Control Lists

Die System Access Control Lists (SACLs) folgen demselben Aufbau und denselben Anwendungsprinzipien wie DACLs. Insbesondere das Vererbungsprinzip von DACLs gilt sinngemäß auch für SACLs. Im Gegensatz zu DACLs werden SACLs nicht zur Entscheidung von Zugriffen herangezogen, sondern für die Entscheidung, ob ein Zugriff protokolliert wird und unter welchen Umständen, siehe Abschnitt 19.5.1 für Details zur Protokollierung.

So kann bspw. durch einen Eintrag in der SACL eines Objekts festgelegt werden, dass der erfolgreiche schreibende Zugriff auf dieses Objekt protokolliert wird oder dass sowohl der erfolgreiche als auch der abgelehnte lesende Zugriff auf dieses Objekt protokolliert wird. Zugriff bedeutet dabei das Öffnen des Objekts für einen Zugriffstyp (bspw. lesen oder schreiben); die einzelnen Operationen auf dem Objekt werden nicht protokolliert.

19.1.4 Erweiterung von Rechten – privilegierte Aktionen

Benutzerrechte

Benutzerrechte (Privileges) ermöglichen es einem Benutzer (via Zuweisung zu dem Konto des Benutzers oder einem der Gruppenkonten), Systemfunktionen durchzuführen wie etwa den Neustart des Systems oder eine Änderung der Systemzeit. Benutzerrechte unterscheiden sich in zwei wesentlichen Punkten von Zugriffsrechten: Benutzerrechte werden manuell vom Administrator vergeben, während Zugriffsrechte aus den Zugriffskontrolllisten abgeleitet werden. Zudem steuern Benutzerrechte den Zugang zu Systemressourcen, während Zugriffsrechte den Zugriff auf Objekte steuern.

Die Benutzerrechte von Benutzern und Gruppen werden in der Benutzerdatenbank eines Systems abgelegt. Wenn ein Benutzer sich anmeldet, dann werden alle Benutzerrechte, die seinem Konto sowie den Konten der Gruppen, denen er angehört, im Zugriffs-Token eines Prozesses hinterlegt. Sie ermöglichen es einem Prozess dieses Benutzers, die DACL von Objekten zu umgehen. Ein Prozess kann jederzeit diese im Token abgelegten Benutzerrechte in Anspruch nehmen.

Die Benutzerrechte eines Benutzers oder einer Gruppe sind ein individuelles Attribut eines Systems – ein Benutzer kann auf einem System Benutzerrechte haben, die er auf anderen Systemen nicht hat, selbst wenn diese Systeme derselben Domäne angehören. Benutzerrechte können auch nicht über das Netzwerk auf andere Systeme übertragen werden. Bei jeder Anmeldung werden die jeweiligen Benutzerrechte aus der zugehörigen SAM-Datenbank individuell ermittelt.

Wenn ein Benutzer einmal angemeldet und das Zugriffs-Token erstellt ist, können keine Benutzerrechte von diesem Token entfernt oder hinzugefügt werden. Benutzerrechte können zwar jederzeit vom Administrator durch eine Zuordnung zum Benutzer- oder Gruppen-SID in der LSA-Datenbank hinzugefügt oder entfernt werden. Jede Änderung der Benutzerrechte eines Benutzers wird aber erst nach einer erneuten Anmeldung wirksam.

In der TCB sind privilegierte Funktionen und Dienste implementiert. Das TCB-Subsystem, das die privilegierten Fähigkeiten oder Dienste bereitstellt, überprüft, ob das Zugriffs-Token des anfragenden Prozesses das entsprechende Benutzerrecht für die Funktion oder den Dienst besitzt. Ist dies der Fall, dann wird noch geprüft, ob das Benutzerrecht aktiviert ist. Erst wenn auch dies der Fall ist, dann wird die privilegierte Operation durchgeführt. Die Überprüfung der Benutzerrechte erfolgt mithilfe der Dienste des SRM.

Privilegierte Benutzer und lokale Gruppen

Es gibt vordefinierte Benutzer und lokale Gruppen, die standardmäßig Benutzerrechte besitzen. Das Konto mit den meisten vordefinierten Benutzerrechten ist das Administrator-Konto. Es ist Mitglied der Administrator-Gruppe und besitzt somit alle Benutzerrechte dieser Gruppe. Es kann umbenannt, aber nicht gelöscht oder aus der Administrator-Gruppe entfernt werden.

Neben dem Administrator-Konto gibt es noch weitere vordefinierte lokale Gruppenkonten mit sicherheitsrelevanten Benutzerrechten. Bei diesen Konten können die Benutzerrechte jedoch geändert bzw. entfernt werden. Zwischen den Benutzerrechten der vordefinierten Gruppen von Windows Server und Windows Workstation sind Unterschiede vorhanden, auf die hier nicht weiter eingegangen wird.

User Account Control

Nach den Erfahrungen mit den negativen Auswirkungen des administrativen Zugriffs bei Windows XP wurde ab Windows Vista ein vollständig neues Paradigma eingeführt, um Operationen auf sichere Weise durchzuführen, die administrative Rechte und Privilegien erfordern. Mit der sogenannten *Benutzerkontensteuerung* (*User Account Control*, *UAC*) wird das Prinzip durchgesetzt, dass administrative Aufgaben nur mit den entsprechenden Rechten und Privilegien durchgeführt werden.[15] UAC erfüllt zwei Aufgaben: Zum einen soll es einen unprivilegierten Nutzer in die Lage versetzen, relativ unkompliziert administrative Aufgaben zu erfüllen, ohne administrative Rechte und Privilegien »auf breiter Front« zu vergeben. Zum anderen sollen auch Administratoren gewöhnliche Aufgaben nicht mit administrativen Privilegien durchführen.

Die Umsetzung an der Oberfläche gestaltet sich so, dass Benutzer oder Administratoren nach den notwendigen Berechtigungsnachweisen für bzw. die Zustimmung zu einer privilegierten Operation gefragt werden. Die Gestaltung von UAC unter Windows Vista ließ vom Standpunkt der Nutzerfreundlichkeit jedoch noch zu wünschen übrig – es wurde zu oft und bei zu vielen Aktionen nachgefragt. Ab Windows 7 wurde hier weitgehend Abhilfe geschaffen,[16] sodass UAC aus Sicht der Praxistauglichkeit und der Systemsicherheit als gelungen bezeichnet werden kann.

Der möglichst reibungslose Einsatz von UAC setzt voraus, dass privilegierte Anwendungen mit Bedacht entworfen und implementiert werden, um ein negatives Benutzererlebnis zu vermeiden. Schlampig geschriebene Anwendungen führen dazu, dass Benutzer unnötig oft und unerwartet nach Berechtigung gefragt bzw. um Zustimmung gebeten werden. Dies kann dazu führen, dass diese Nachfragen nachlässig behandelt werden oder dass UAC deaktiviert wird.[17]

Wirkungsweise

Wenn UAC aktiviert ist, dann erhalten unprivilegierte Benutzer bei der Anmeldung ein Zugriffs-Token wie bereits beschrieben. Benutzer mit administrativen Rechten erhalten ein *gefiltertes* Zugriffs-Token, bei dem alle SIDs, die zu administrativen Rechten führen, sowie alle Benutzerrechte entfernt sind, sodass ein solcher Benutzer zunächst nicht mit administrativen Rechten und Privilegien arbeitet. Insbesondere das Programm explorer.exe – die grafische Windows Shell, aus der heraus typischerweise alle weiteren Programme per Maus-Klick gestartet werden – hat keine administrativen Rechte. Da alle aus dieser Shell heraus ausgeführten Programme deren Rechte und Privilegien erben, verhalten sich alle aufgerufenen Programme für einen Administrator genauso wie für einen gewöhnlichen Benutzer.

Soll eine privilegierte Operation durchgeführt werden, etwa die Installation von Software oder eine Modifikation an der Registry, dann wird ein gewöhnlicher Benutzer nach administrativen Berechtigungsnachweisen gefragt, während ein Administrator um Zustimmung gebeten wird. Sind die Berechtigungsnachweise gültig bzw. wird die Zustimmung erteilt, dann wird das auszuführende Programm mit den entsprechenden Rechten und Privilegien ausgeführt; im Fall von Administratoren kommt hierfür dessen ungefiltertes Zugriffs-Token zur Anwendung.

---

15 Für eine detaillierte Erklärung von User Account Control siehe bspw. *https://docs.microsoft.com/en-us/windows/desktop/uxguide/winenv-uac*.

16 Siehe bspw. *http://technet.microsoft.com/en-us/library/dd446675.aspx*.

17 Siehe bspw. *http://msdn.microsoft.com/en-us/library/bb756973.aspx* für einschlägige Hinweise zum Design von UAC-Anwendungen.

19.2 Systemzugang und Authentisierung

19.2.1 Sicherer lokaler Zugang

Anmeldung

Die Anmeldung an einem Windows-System kann interaktiv, über das Netzwerk, als Dienst oder als Batch-Job stattfinden. Die interaktive Anmeldung am lokalen System erfolgt praktisch immer über die grafische Oberfläche. Andere Formen der Anmeldung erfolgen nur in Ausnahmesituationen, bspw. im Wiederherstellungsmodus beim Booten.

Die Anmeldung wird von Winlogon, einem Credential Provider und der LSA abgewickelt.[18]

Bei einer lokalen Anmeldung werden die Benutzerinformationen aus dem SAM bezogen, bei einer Domänen-Anmeldung werden die relevanten Benutzerinformationen vom Active Directory bezogen und im lokalen Cache abgelegt.[19] Ist das Active Directory nicht verfügbar, etwa weil das lokale System ein mobiles Endgerät ist und sich nicht im Heimnetz befindet, dann werden zur Anmeldung diese Informationen aus dem Cache herangezogen. Ist das Active Directory verfügbar, dann hat dies den Vorrang vor den Informationen im Cache.

Winlogon

Winlogon ist für die Organisation des Anmeldeprozesses zuständig. Hierfür wird dem Benutzer ein grafischer Anmeldebildschirm angezeigt. Dessen konkrete Gestaltung und Anzeige werden durch *LogonUI* vorgenommen. Eine individuelle Anpassung des Anmeldebildschirms durch den *Credential Provider* erfolgt durch eine Beschreibung der gewünschten Komponenten des Benutzerinterface, die LogonUI bereitstellt. Der Standard-Credential-Provider erfordert einen Dialog zur Eingabe eines Benutzernamens und eines Passworts. Andere Authentisierungsmethoden erfordern jedoch gegebenenfalls andere Dialoge; bei Nutzung von Smartcards zur Anmeldung würde bspw. lediglich nach einer PIN gefragt. Dies wird durch die Verwendung des entsprechenden Credential Providers erreicht. Die eigentliche Authentisierung erfolgt durch ein entsprechendes Authentication Package innerhalb der LSA. Die Kommunikation mit der LSA erfolgt durch Winlogon. Nach erfolgreicher Anmeldung startet der Winlogon die Benutzer-Shell.

Daneben ist Winlogon für die Sperrung des Arbeitsplatzes und für die Verarbeitung der Secure Attention Sequence[20] zuständig.

---

18 Siehe auch [Griffin 2007] sowie *https://docs.microsoft.com/en-us/windows-server/security/windows-authentication/windows-authentication-technical-overview* für eine ausführliche Beschreibung des Zusammenspiels zwischen Winlogon, Credential Provider und LSA.

19 Genauer ausgedrückt: Der Benutzername, der dazugehörige SID und das verschlüsselte Passwort werden durch den SAM in der Registry abgelegt und durch Zugriffsregeln geschützt.

20 Beispielsweise das Drücken von Strg-Alt-Enf oder das Entfernen einer Smartcard aus dem Leser.

Die Local Security Authority

Die Authentisierung von Benutzern und die Erzeugung von Zugriffs-Tokens erfolgt durch die Local Security Authority (LSA). Die weiteren Aufgaben der LSA umfassen die Verwaltung aller Informationen zu sämtlichen Aspekten der Sicherheit auf dem lokalen System und die Abbildung zwischen Kontennamen und SID.[21] Die LSA wird über den LSA Server Service (LSASS) angesprochen.

Die LSA unterstützt die Nutzung von Authentication Packages. Diese Module werden über eine jeweils eigene DLL zur Verfügung gestellt. Über ein Authentication Package können individuelle Formen der Authentisierung bereitgestellt werden, bspw. eine Anmeldung über biometrische Merkmale oder über Smartcards. Darüber hinaus ermöglicht es die Architektur, eine Anmeldung zu Windows-fremden Diensten und Anwendungen über die LSA abzuwickeln, bspw. für Datenbanken und Netzwerkdienste.

Weitere Komponenten der LSA sind Netlogon und der Security Accounts Manager (SAM). Netlogon ist für die sichere Kommunikation der LSA mit dem Domain Controller verantwortlich. Der SAM ist für die Verwaltung lokaler Benutzer zuständig. Zuordnung zwischen lokalen Benutzern und ihren Identitätsattributen, d. h., deren SIDs sowie deren Benutzerrechten, werden in der SAM-Datenbank abgelegt. Die SAM-Datenbank ist in die Registry des lokalen Systems integriert.

19.2.2 Sicherer Fernzugang

Grafische Oberflächen

Unter Windows kann über das *Remote Desktop Protocol* (*RDP*) eine Anmeldung über das Netz zu einem entfernten System erfolgen. Hierbei wird dem Benutzer derselbe grafische Anmeldebildschirm dargestellt wie bei einer lokalen Anmeldung. Die Nutzung von RDP ist vor allem für den Zugang zu Servern populär.

RDP verfügt über eigene Sicherheitsmechanismen. RDP bis Version 5.x, wie sie unter Windows XP und Windows Server 2003 im Einsatz war, ist jedoch unbrauchbar, weil zur Authentisierung und zum Schlüsselaustausch ein fest codierter privater Schlüssel[22] verwendet wird, der mittlerweile öffentlich bekannt ist. Dies ermöglicht Man-in-the-Middle-Angriffe, in deren Folge ein Angreifer Anmeldeinformationen abgreifen kann. Um dies zu verhindern, kann RDP über SSL/TLS getunnelt werden.[23]

Ab RDP Version 6.x ist die Nutzung von SSL/TLS oder *Network Level Authentication* (*NLA*) integriert. Jedoch wird nach wie vor auch der alte, unsichere Mechanismus unterstützt. Bei der Nutzung von RDP sollte daher penibel darauf geachtet werden, dass nur sichere Mechanismen zur Anwendung kommen.[24]

---

21 Siehe auch *http://technet.microsoft.com/en-us/library/dn169016.aspx* für eine ausführliche Beschreibung der LSA.

22 Siehe Abschnitt 13.7.1 und 13.8.1.

23 Siehe *http://technet.microsoft.com/en-us/library/cc782610.aspx*.

24 Siehe *https://docs.microsoft.com/en-us/windows/desktop/termserv/remote-desktop-protocol*.

Kommandozeilen-Shells

Unter Windows ist die Anmeldung über das Netzwerk an einer Kommandozeile, wie sie unter Unix-Systemen üblich ist, nicht vorgesehen. Hierfür ist Software anderer Hersteller erforderlich, bspw. ein SSH-Dienst.

Single Sign-On

Innerhalb einer Gruppe von Windows-Systemen, bspw. gegeben durch eine oder mehrere Domänen, muss die Nutzung von Diensten autorisiert werden, wie bspw. Zugriff über das Netzwerk auf das Active Directory, auf den Internet Information Server (IIS), auf Exchange (E-Mail), auf Dateien und Drucker und andere Dienste. Hierfür müssen die Benutzer sich zuvor authentifizieren. Um dem Anwender keine fortgesetzte Authentifizierung aufzubürden, erfolgt die Authentifizierung im Rahmen von Single Sign-On. Hat sich der Anwender einmal authentifiziert, sendet das System des Anwenders die nötigen Berechtigungsnachweise automatisch und transparent an die jeweiligen Dienste.

Microsoft hat im Laufe der Zeit verschiedene Challenge-Response-Verfahren[25] zur Authentifizierung entwickelt, von denen LM[26] und NTLMv1[27] wegen ihrer inhärenten Unsicherheit berüchtigt sind. NTLMv2 ist eine vergleichsweise sichere Alternative hierzu. Noch besser ist Kerberos, jedoch kann Kerberos nicht unter allen Umständen eingesetzt werden, bspw. wenn kein Domain Controller verfügbar ist. Aus Kompatibilitätsgründen wird jedoch oft NTLMv1 und LM angeboten. LM und NTLMv1 und v2 sind im *NTLM Authentication Package* implementiert. Dieses Authentication Package liegt als Dynamic Link Library vor und wird in den LSA Server Service eingebunden.

Nachstehend werden einige sicherheitsrelevante Eigenschaften von LM, NTLMv1 und NTLMv2 aufgeführt.

LM-Authentisierung

Für die Bildung des LM-Hashs aus einem Passwort werden

- Kleinbuchstaben in Großbuchstaben umgewandelt
- maximal vierzehn Zeichen berücksichtigt
- die so präparierten Passwörter in jeweils zwei Gruppen zu je sieben Zeichen verwendet, um zwei DES-Schlüssel zu bilden, mit denen ein konstanter Wert DES-chiffriert wird

Es kommt dabei weder Salting noch Stretching zum Einsatz. Der so gebildete Hash-Wert ist daher – insbesondere auch wegen der Aufteilung in zwei Gruppen und der Einschränkung auf Großbuchstaben – anfällig gegen Rate- und Wörterbuchangriffe; aus dem Hash Wert kann mit relativ wenig Aufwand das Passwort rekonstruiert werden.

25 Siehe Abschnitt 17.3 und 17.4 für Details zu Challenge-Response-Verfahren.

26 LM: LAN Manager.

27 NTLM: NT LAN Manager.

Für das Challenge-Response-Verfahren sendet der Dienst eine 8-Byte-Challenge. Zur Berechnung der Response werden die 16 Bytes des Hash-Werts um fünf Bytes erweitert. Der so präparierte Hash-Wert wird in drei Gruppen zu je sieben Bytes aufgeteilt, aus denen wiederum DES-Schlüssel gebildet werden. Die Response ergibt sich aus der Verkettung der DES-Chiffrierungen des Challenge-Werts mit jedem der drei Schlüssel.

Das Verfahren ist anfällig gegen Replay- und Man-in-the-Middle-Angriffe.

NTLMv1

NTLMv1 hieß ursprünglich NTLM und wurde erst mit der Einführung von NTLMv2 in NTLMv1 umbenannt.[28] Es gibt jedoch zwei Versionen des Challenge-Response-Protokolls für NTLM(v1), die unglücklicherweise ebenfalls mit NTLMv1 und NTLMv2 bezeichnet wurden. Diese Verfahren werden im Folgenden als NTLMv1/v1 und NTLMv1/v2 bezeichnet.

NTLMv1 verwendet MD4 als Hash-Funktion zur Bildung des Hash-Werts. Das Passwort wird in Unicode-Codierung verwendet und kann beliebig lang sein. Jedoch wird auch mit NTLMv1 weder Salting noch Stretching angewendet. Der Hash-Wert ist daher anfällig gegen Wörterbuchangriffe, es existieren verschiedene Rainbow-Tabellen zu MD4 im Internet, mit deren Hilfe das Passwort aus dem Hash-Wert rekonstruiert werden kann.

Das Challenge-Response-Verfahren NTLMv1/v1 ist dem von LM ähnlich. Dabei können der NTLMv1-Hash allein oder der NTLMv1- und der LM-Hash verwendet werden. NTLMv1/v2 sieht die Verwendung einer Client-Challenge vor, mit dem zumindest Replay-Angriffe erschwert werden.

NTLMv2

Mit NTLMv2 wird der Hash-Wert durch Verwendung des Message Authentication Codes HMAC-MD5 gebildet.[29] Als Schlüssel wird hier der wie in NTLMv1 gebildete Hash-Wert verwendet, der Message Authentication Code wird über den Benutzernamen und den Domänen-Namen berechnet. Die Verwendung eines Message Authentication Codes macht die Rekonstruktion des Passworts aus dem Hash-Wert erheblich schwieriger.

Pass-the-Hash

Keines der genannten Protokolle übermittelt die Passwörter im Klartext. Zur Authentisierung wird der Hash-Wert des Passworts als Schlüssel verwendet, sodass das Passwort selbst nicht exponiert wird. Der Hash-Wert wird dabei so verwendet, dass vom Standpunkt der Authentifizierung *Kenntnis des Hash-Werts äquivalent zur Kenntnis des Passworts ist.* Ein Angreifer braucht also das Klartext-Passwort gar nicht zu kennen, sondern nur den verwendeten Hash-Wert, um sich damit per LM, NTLMv1 oder NTLMv2 im Netzwerk zu authentisieren und einen Dienst in Anspruch nehmen zu können [Hummel 2009, Ewaida 2010]. Dies ist in Fachkreisen als *Pass-the-Hash* bekannt.

---

28 Siehe *http://msdn.microsoft.com/en-us/library/cc236621.aspx* für Details zu NTLM. Eine ausführliche Darstellung ist auch bei [Glass 2006] zu finden.

29 Siehe Abschnitt 13.5.4 zu Message Authentication Codes und HMAC.

Die Hash-Werte könnten bspw. ermittelt werden, wenn der Benutzer lokale Administrator-Privilegien innehat. Werkzeuge wie der *Windows Credential Editor*[30] (*WCE*) oder *mimikatz*[31] können dann dazu genutzt werden, um diese Hash-Werte aus dem Hauptspeicher auszulesen. Wenn die administrativen Privilegien durch einen Angriff über das Netzwerk erlangt werden, dann stellt die Nutzung dieser Werkzeuge oft einen typischen Post-Exploit dar. Eine alternative Vorgehensweise ist bei physischem Zutritt zum System möglich, da die Hash-Werte auch in der SAM-Datenbank abgelegt werden. Ist die Festplatte des Systems nicht verschlüsselt, dann kann der Hash-Wert durch Auslesen der SAM-Datenbank ermittelt werden.

Das wesentliche Problem von LM, NTLM und NTLMv2 besteht darin, dass die Hash-Werte unbegrenzt[32] gültig sind. Das Problem wird darüber hinaus durch die Tatsache verschärft, dass die Hash-Werte auch nach Abmeldung der jeweiligen Benutzer vom System bestehen bleiben. Das Angriffsfenster für Pass-the-Hash-Angriffe ist daher recht groß.

Kerberos-Tickets unterliegen im Prinzip derselben Anfälligkeit, d. h., auch Kerberos-Tickets können mit den entsprechenden Privilegien aus dem Hauptspeicher ausgelesen werden. Im Gegensatz zu den NTLM-Hash-Werten ist ein Kerberos-Ticket aber nur zeitlich begrenzt gültig, sodass ein ausgelesenes Kerberos-Ticket für einen Angreifer nur einen beschränkten Wert hat.

Die Problematik um Pass-the-Hash als Angriffsmethode ist gut dokumentiert [DuCa 2012].[33] Microsoft hat einen Leitfaden zur Entschärfung des Problems veröffentlicht [JMSRG 2012]. Dieser Leitfaden wurde jedoch dafür kritisiert, außer allgemein bekannten, generischen Prinzipien des sicheren Betriebs wenig Substanz aufzuweisen, die eigentlichen Gefährdungen nicht zu adressieren und Widersprüche zu enthalten.[34] Eine aktualisierte Version des Microsoft-Leitfadens wurde zwischenzeitlich veröffentlicht.[35]

Eine nachhaltige Entschärfung erfordert einen vollständigen Verzicht auf die Verwendung von LM und NTLM zugunsten von Kerberos. Leider sind LM und NTLM tief in Windows verankert. Ab Windows Vista wurden LM und NTLMv1 in der Grundeinstellung zwar deaktiviert, dennoch werden die LM- und NTLM-Hashes nach wie vor im Hauptspeicher vorgehalten, wo sie ausgelesen werden könnten.

Die Situation ist tatsächlich noch dramatischer: In der Grundeinstellung ist ab Windows-7/2008R2-Systemen das Digest Authentication Package (WDigest) und das Terminal Services Authentication Packe (TsPkg) aktiviert. WDigest ist für die Digest-Authentisierung nach RFC 2617 verantwortlich, die bspw. bei HTTP und anderen Protokollen zum Einsatz kommen kann. Für diese Form der Authentisierung ist das Passwort im Klartext

30 Siehe *https://isc.sans.edu/forums/diary/End+of+Days+for+MSCHAPv2/13807*.

31 Siehe *https://www.ampliasecurity.com/research/windows-credentials-editor*.

32 Genauer ausgedrückt: bis zum nächsten, gegebenenfalls erzwungenen Passwortwechsel.

33 Siehe auch *http://passing-the-hash.blogspot.de/2012/12/wth-is-pth.html*.

34 Siehe auch *http://passing-the-hash.blogspot.de/2013/02/the-other-ms-recommendations.html* sowie *http://passing-the-hash.blogspot.de/2013/01/microsofts-three-pth-mitigations.html* und *http://passing-the-hash.blogspot.de/2012/12/and-were-back.html*.

35 Siehe auch *https://www.microsoft.com/en-us/download/details.aspx?id=36036*.

erforderlich, d. h., das Klartext-Passwort liegt dann ebenfalls im Hauptspeicher. TsPkg ist für die Authentisierung mit RDP verantwortlich, auch hier liegt das Klartext-Passwort im Hauptspeicher.

Bedrohungen

Wie bei jedem Single Sign-On müssen die Berechtigungs-Tokens wie Passwörter, Hash-Werte, Tickets oder Schlüssel im Hauptspeicher vorgehalten werden und können von dort aus mit den entsprechenden Privilegien ausgelesen werden. Die spezielle Bedrohung bei LM und NTLM besteht jedoch darin, dass die jeweiligen Tokens nahezu unbegrenzt gültig sind und nahezu beliebig lange im Hauptspeicher vorgehalten werden. Hat sich bspw. ein Domänen-Administrator auf dem lokalen System angemeldet, dann ist ein Benutzer mit lokalen administrativen Berechtigungen prinzipiell in der Lage, die Berechtigungs-Tokens auszulesen und damit innerhalb der Domäne als Domänen-Administrator zu handeln.

Best Practice

Sofern keine Hardware Security Module (HSMs) oder Smartcards zur Verarbeitung und Speicherung von Berechtigungs-Tokens genutzt werden, leidet jeder Ansatz zu Single Sign-On unter den vorstehend diskutierten Problemen. Können keine Smartcards eingesetzt werden, sollte nach Möglichkeit die Gültigkeitsdauer der Berechtigungs-Tokens beschränkt werden, d. h. im Fall von Windows-Umgebungen die Nutzung von Kerberos zugunsten von NTLM. Eine durchgehende Nutzung von Kerberos unter Windows ist jedoch an einige Bedingungen geknüpft, die in der Praxis gegebenenfalls nicht oder nicht einfach zu erfüllen sind. So müssen bspw. ausnahmslos alle Systeme in der Domäne in der Lage sein, eine Authentisierung über Kerberos durchzuführen. Ist der Einsatz von NTLM-Authentisierung nicht zu vermeiden, dann sollte auf die Nutzung von lokalen Administratoren-Konten verzichtet werden.

Die Authentication Packages WDigest und TsPkg sollten deaktiviert werden, wenn für deren Nutzung keine Notwendigkeit besteht.[36]

Remote Procedure Calls

Die Microsoft-Implementierung von RPC (MSRPC) ist an die RPC-Referenzimplementierung des Distributed Computing Environment angelehnt. Im Gegensatz zu Unix, wo RPC für den Systembetrieb eine vernachlässigbare Rolle spielt, durchzieht MSRPC das Design zahlreicher Dienste und kann praktisch nicht deaktiviert werden. Daher erfordert die Implementierung von MSRPC-Diensten eine besonders hohe Sorgfalt.

Zahlreiche Schwachstellen in der Vergangenheit im Kontext von MSRPC belegen dies. Im Zusammenspiel mit Diensten, die mit Systemprivilegien ausgeführt werden, sind wiederholt kritischen Schwachstellen bekannt geworden,[37] deren Ausnutzung einem Angreifer oft die vollständige Systemübernahme erlaubte. Seit Windows Vista wurde

36 Die aktiven Authentication Packages stehen in der Registry unter *HKLM\SYSTEM\CurrentControlSet\Control\Lsa* in dem Wert Security Packages.

37 Siehe bspw. CVE-2008-3479, CVE-2008-4250, CVE-2009-0568, CVE-2009-1544 oder CVE2013-3175.

deutlich mehr Aufwand in die Absicherung von Diensten investiert, wodurch Schwachstellen an dieser Stelle nicht mehr zu dermaßen dramatischen Auswirkungen auf die Systemintegrität führen.

MSRPC-Dienste werden auf Ports mit variablen Portnummern betrieben. Diese Portnummern werden vom RPC Endpoint Mapper auf Port 135 (TCP und UDP) annonciert. Darüber hinaus ist es möglich, MSRPC über HTTP auf den Ports 80, 443 oder 593 oder über Named Pipes auf Port 445 zu nutzen. Auf Netzwerkebene können die RPC-Dienste durch Einschränkung der entsprechenden Ports abgeschirmt werden. Darüber hinaus sollte der Zugriff auf die folgenden Ports eingeschränkt werden:

- UDP 137 – NetBIOS[38] Name Service
- UDP 138 – NetBIOS Datagram Service
- TCP 139 – NetBIOS Session Service

MSRPC-Verkehr kann durch die Nutzung der entsprechenden Windows-Mechanismen abgesichert werden, d. h., über die Nutzung von Security-Providern können Mechanismen wie Kerberos verwendet werden.

19.2.3 Session-Sicherheit

Unter Windows können einige Aspekte der Session-Sicherheit über Group Policies konfiguriert werden, bspw. die Anzahl der erfolglosen Anmeldeversuche bis zur Sperrung des Kontos oder die Dauer der Inaktivität, nach deren Ablauf automatisch eine Sperre des Systems erfolgt.

Unter Windows sind außerhalb einer Session bzw. im gesperrten Zustand nur wenige Aktionen möglich. Dies sind die Benutzeranmeldung und die Möglichkeiten, mit den Tastenkombinationen <Win+U> die Erleichterte Bedienung aufzurufen und mit <Win+P> in die Video-Ausgabe umzuschalten.

19.3 Schutz der Anwenderdaten

19.3.1 Ablage auf Speichermedien

Lokale Ablage

Neben Dateisystemen von Drittherstellern war unter Windows lange Zeit das *Encrypted File System* (*EFS*) die einzige Dateisystemverschlüsselung von Microsoft. EFS ist ein Aufsatz auf dem NTFS, bei dem Dateien individuell verschlüsselt werden. Mit EFS ist es allerdings nicht möglich, ganze Partitionen zu verschlüsseln.

Ab Windows Vista wurde *BitLocker* von Microsoft eingeführt. BitLocker gehört jedoch nur bei ausgewählten Windows-Versionen zum Lieferumfang. BitLocker und EFS

38 NetBIOS ist eine unter Microsoft Windows gebräuchliche API für Netzwerkprogrammierung. Im Kontext des OSI-Referenzmodells (s. Abschnitt 11.1) ist NetBIOS eine Implementierung des Session Layers. Die Hauptfunktionen von NetBIOS sind die Namensauflösung (Name Service), Paketorientierte Kommunikation (Datagram Service) und Stromorientierte Kommunikation (Session Service).

bieten jeweils unterschiedliche Möglichkeiten.[39] So kann mit BitLocker eine Vollverschlüsselung der Festplatten einschließlich der Systempartition genutzt werden. Ist ein TPM vorhanden, dann kann der Schlüssel beim Systemstart daraus gelesen werden, andernfalls muss der Schlüssel bspw. über einen USB-Stick zur Verfügung gestellt werden. Für die Verschlüsselung mobiler Medien wurde *BitLocker To Go* eingeführt.

Im Gegensatz zu EFS bietet BitLocker jedoch keine Verschlüsselung für individuelle Dateien an. Auf einem Windows-System mit mehreren Benutzern bietet BitLocker daher keinen Schutz dieser Benutzer gegeneinander – hier muss auf EFS zurückgegriffen werden. Es ist aber möglich, BitLocker und EFS gleichzeitig zu verwenden.

Entfernte Ablage

Das Protokoll *Server Message Block* (*SMB*) und dessen Weiterentwicklung *Common Internet File System* (*CIFS*) bildet die Grundlage für das Windows-native Netzwerkdateisystem. Eine über SMB bzw. CIFS nutzbare Ressource wird in der Windows-Terminologie als Share bezeichnet. SMB und CIFS bieten die Möglichkeit, den Dateitransfer mit der Microsoft-eigenen Variante von Kerberos abzusichern.

Es gibt auch die Möglichkeit, entfernte Shares über das unter Unix-Systemen verbreitete NFS anzusprechen. Hierzu müssen geeignete Identitätsattribute im Active Directory hinterlegt werden; die Windows-eigenen Identitätsattribute werden nicht übersetzt. Die Nutzung von Kerberos für NFS-Zugriffe unter Windows ist nicht vorgesehen, da sich die Kerberos-Dialekte von Windows und Unix-Systemen unterscheiden.

19.3.2 Verarbeitung im Speicher

Um die Ablage von sensiblen Daten wie Schlüsselmaterial aus dem Hauptspeicher (RAM) auf Platten zu verhindern, stehen unter Windows-Systemen die folgenden Möglichkeiten zur Verfügung:

- Nutzung des TPM für kryptografische Operationen, soweit vorhanden
- Nutzung der Funktion `VirtualLock` für den zu schützenden Speicherbereich. Der gesperrte Bereich wird nicht in den Swap-Bereich ausgelagert. Da diese Funktion ein Potenzial für Denial-of-Sevice hat, ist der Speicherplatz beschränkt, der gesperrt werden kann.

19.3.3 Transit über ein Netzwerk

Sicherheitsmechanismen auf Link-Layer

Gängige Sicherheitsprotokolle auf Link-Layer wie 802.1X und WPA/WPA2[40] werden unter Windows-Systemen durchweg unterstützt. Auch das noch nicht sehr verbreitete 802.1AE (MACsec) wird unterstützt.

39 Siehe auch *https://learn.microsoft.com/en-us/windows/security/operating-system-security/data-protection/bitlocker/faq*.

40 WPA: Wi-Fi Protected Access

Virtual Private Networks

Unter Windows werden die folgenden VPN-Typen unterstützt:

- L2TP mit IPsec
- IKEv2 mit IPsec
- SSTP[41]

Die Authentisierung kann u. a. über CHAP, MS CHAPv2 oder eine Domänenanmeldung erfolgen; im Fall von IKEv2 mit IPsec ist auch eine Authentisierung über Maschinenzertifikate möglich.

19.4 Konfigurationsmanagement

19.4.1 Die Registry

Die Registry stellt die zentrale Konfigurationsdatenbank unter einem Windows-System dar. Diese Datenbank ist hierarchisch strukturiert und bildet einen Baum. Jeder Knoten in dem Baum wird als *Schlüssel* (*Key*) bezeichnet. Jeder Schlüssel kann *Unterschlüssel* (*Subkeys*) oder *Dateneinträge* (*Values*) enthalten. Die Dateneinträge sind Paare aus Bezeichnern und Werten. Die Werte können verschiedenen Datentypen entsprechen, bspw. 32-Bit-Werten, 64-Bit-Werten, einfachen Strings oder Multistrings usw. Die folgenden Toplevel-Schlüssel sind bei Windows vordefiniert:

- HKEY_CLASSES_ROOT (HKCR)
- HKEY_CURRENT_CONFIG (HKCC)
- HKEY_CURRENT_USER (HKCU)
- HKEY_CURRENT_USER_LOCAL_SETTINGS
- HKEY_LOCAL_MACHINE (HKLM)
- HKEY_PERFORMANCE_DATA
- HKEY_PERFORMANCE_NLSTEXT
- HKEY_PERFORMANCE_TEXT
- HKEY_USERS (HKU)

Die Bezeichnung eines Schlüssels erfolgt durch Angabe des Pfades durch den Baum. So sind bspw. die SSL/TLS-Einstellungen unter *HKLM\System\CurrentControlSet\Control\SecurityProviders\SCHANNEL\Protocols* zu finden; über spezifische Unterschlüssel kann gesteuert werden, welche Protokolle und Cipher Suites verwendet werden.

Die Registry enthält sowohl persistente Daten als auch Daten, die beim Systemstart oder zur Laufzeit entstehen. So sind bspw. auch Daten über die Systemhardware enthalten. Die persistenten Daten werden in sogenannten *Hives* abgelegt. Ein Hive ist eine logische Gruppe von Schlüsseln mit allen zugehörigen Unterschlüsseln und Werten.

41 SSTP: Secure Socket Tunneling Protocol. SSL-basiertes VPN von Microsoft, bei dem Layer 2 Frames über HTTPS verschickt werden.

Der Zugriff auf die Registry unterliegt den bereits beschriebenen Zugriffskontrollmechanismen. Ohne administrative Rechte hat ein Benutzer nur lesenden Zugriff auf HKEY_LOCAL_MACHINE und schreibenden und lesenden Zugriff auf HKEY_ CURRENT_USER. Ist die User Account Control eingeschaltet, dann müssen alle weiteren Zugriffe jeweils autorisiert werden.

Die zentrale Ablage von Konfigurationsdaten bringt einige Vorteile im Vergleich zu Unix-Systemen mit deren zahllosen, an verschiedenen Stellen abgelegten Konfigurationsdateien mit teilweise individueller Syntax. Es ergeben sich jedoch auch verschiedene Nachteile. Insbesondere ist die Registry ein *Single Point of Failure*, d. h., wenn ein Programm einmal dazu autorisiert ist, eine Änderung an der Registry vorzunehmen, dann könnte es beliebige weitere Änderungen vornehmen. Die Registry-Schlüssel sind zwar über ACLs geschützt, doch werden Änderungen an der Registry oft mit administrativen Rechten durchgeführt, sodass dieser Schutz dann wirkungslos ist.

19.4.2 Active Directory Domain Services

Der zuverlässige und effiziente Betrieb von mehreren zusammenhängenden Windows-Systemen ist ohne den Betrieb eines *Active Directorys* (AD) praktisch undenkbar. Über die *Active Directory Domain Services* (AD DS) steht eine Infrastruktur für eine sichere und zentrale Verteilung von Informationen zu verschiedenen Objekten zur Verfügung. Dies umfasst Informationen zu Benutzerkonten und Berechtigungen, zu Systemen, zu Geräten und zu Diensten. Technisch gesehen ist das Active Directory ein Verzeichnisdienst, der über zentrale Mechanismen abgefragt werden kann. Das Active Directory erlaubt es, Benutzer, Systeme, Geräte und Dienste sowie andere Objekte in hierarchischen Strukturen zu organisieren und zu verwalten. Ein Server, der die Active Directory Domain Services anbietet, wird als *Domain Controller* bezeichnet.

Das Active Directory ist grundsätzlich folgendermaßen strukturiert: Objekte werden innerhalb einer Domain zusammengefasst. Die Domain wird durch deren DNS-Namen identifiziert. Verschiedene Domains, die in einem hierarchischen Zusammenhang stehen, bilden einen *Baum* (*Tree*). So bilden bspw. die Domains example.de, produktion.example.de und verkauf.example.de einen Baum. Ein AD kann mehrere Trees enthalten, die einen *Wald* (*Forest*) bilden. In der einfachsten Konfiguration enthält ein Forest nur eine einzige Domain. Ein Forest grenzt einen administrativen Bereich nach außen hin ab. Der Active Directory Domain Service kann auf verschiedene Weisen befragt werden, es wird u. a. eine LDAP-Schnittstelle angeboten.

Der Active Directory Domain Service bildet ein tragendes Element in der Windows-Sicherheitsarchitektur, da im Active Directory Informationen zur Benutzerauthentifizierung und zur Zugriffskontrolle hinterlegt sind. Ein Administrator kann somit auf einfache Weise Richtlinien für den Zugriff auf Objekte vergeben.

19.4.3 Gruppenrichtlinien

Ein mächtiges Werkzeug zur sicheren Konfiguration von Systemen stellen die *Gruppenrichtlinien* (*Group Policies*) dar. Mit Gruppenrichtlinien können Rechte kollektiv ganzen Benutzergruppen zugewiesen werden. Darüber hinaus ist es über Gruppenrichtlinien möglich, alle Systeme und Dienste innerhalb einer Domäne zentral und kohärent zu konfigurieren. Gruppenrichtlinien werden als *Group Policy Object* (*GPOs*) über das Active Directory verteilt.

Gruppenrichtlinien sind genau wie Registry-Schlüssel hierarchisch angeordnet, es besteht aber kein direkter Zusammenhang zwischen Gruppenrichtlinien und der Registry, obgleich zahlreiche Gruppenrichtlinien einen Registry-Schlüssel erzeugen bzw. verändern. Die Änderung bestimmter Gruppenrichtlinien erfordert eine Abmeldung des Benutzers oder sogar einen Systemneustart.

19.4.4 Management-Werkzeuge

Die Management Console

Die Management Console (MMC) unter Windows bietet ein einheitliches und einfach zu bedienendes Benutzerinterface zur fortgeschrittenen Systemverwaltung. Über das MMC können das lokale System wie auch entfernte Systeme verwaltet werden. Hierzu werden sogenannte Snap-Ins ausgewählt und aktiviert. Diese Snap-Ins betreffen bspw. die Konfiguration und Verwaltung lokaler Dienste, der Firewall, Geräteverwaltung, Zertifikatsverwaltung und vieles andere mehr.

Windows Server Update Services

Der Windows Server Update Service (WSUS) ist ein weiteres Werkzeug, um eine kohärente und zuverlässige Systemverwaltung zu gewährleisten. WSUS gibt dem Administrator die Möglichkeit, den Update-Prozess zu steuern. Insbesondere müssen Systeme so nicht mehr individuell über das Internet nach Updates bei Microsoft Update nachfragen. Stattdessen werden diese lokal für eine zentrale Verteilung bereitgestellt. Daraus ergeben sich verschiedene Vorteile:

- Die Auslastung der Internetanbindung des Netzwerks wird reduziert, da Updates nicht für jedes System einzeln bezogen werden.
- Für Systeme, die keinen Zugang zum Internet haben sollen, müssen keine Firewall-Ausnahmeregeln erstellt werden.
- Der Administrator kann aus den verfügbaren Updates diejenigen auswählen, die installiert werden sollen; er kann die Installation von Updates permanent ablehnen oder deren Installation auf einen geeigneten Zeitpunkt legen. Darüber hinaus ist es möglich, die Installation von Updates auf spezifische Systeme zu beschränken, usw.

Die Verteilung von Updates über WSUS kann mit SSL/TLS abgesichert werden.[42]

42 Siehe *https://docs.microsoft.com/de-de/security-updates/windowsupdateservices/18127589*.

Microsoft System Center

Obwohl entfernte Systeme über die Management Console in einem Netzwerk zentral verwaltet werden könnten, ist die Management Console zur Verwaltung einer größeren Gruppe von Systemen ungeeignet. Hierfür stellt Microsoft mit dem System Center eine Lösung bereit, um eine große Anzahl von Systemen konsistent zu verwalten.

19.5 Protokollierung und Überwachung

19.5.1 Protokollierung und Auswertung der Protokollierung

Für die Protokollierung von Ereignissen wird unter Windows der zentrale Protokollierungsmechanismus verwendet: Der Ereignisprotokollierdienst (Event Log Service) verwaltet die Protokolldateien und registriert sogenannte Event Provider. Diese Provider enthalten alle notwendigen Informationen über die jeweiligen Ereignisse und sind für die eigentliche Protokollierung verantwortlich. Bei der Registrierung informiert der Provider den Ereignisprotokollierdienst über die Ereignisse, die über diesen Provider protokolliert werden können. Normalerweise registriert jede Anwendung und jede Komponente einen Event Provider, es ist einer Anwendung aber auch möglich, mehr als einen Provider zu registrieren.

Es wird unterschieden zwischen den Protokoll-Kategorien Windows sowie Anwendungen und Dienste. Diese beiden Kategorien mit den jeweiligen Kanälen sind in den nachstehenden Tabellen beschrieben.[43]

Tabelle 19.1: Protokolle der Kategorie Windows

Bezeichnung	Bedeutung
Application	Enthält Ereignisse, die von Anwendungen protokolliert werden. Dieses Protokoll ist für Altanwendungen gedacht, neue Anwendungen sollten in die Protokolle der Kategorie Anwendungen und Dienste.
Security	Enthält alle sicherheitsrelevanten Ereignisse und wird auch als Audit-Protokoll bezeichnet
Setup	Enthält alle Ereignisse, die bei der Installation von Anwendungen auftreten können
System	Enthält Ereignisse, die während des Betriebs der Systemkomponenten wie Treiber auftreten können
ForwardedEvents	Enthält Ereignisse, die von entfernten Systemen bezogen werden

43 Eine detailliertere Beschreibung ist unter *http://technet.microsoft.com/en-us/library/cc722404.aspx* zu finden.

Tabelle 19.2: Protokolle der Kategorie Anwendungen und Dienste	
Bezeichnung	**Bedeutung**
Admin	Enthält Ereignisse für Probleme, die durch Eingriff durch einen Administrator oder Endbenutzer behoben werden können
Operational	Enthält Ereignisse zur Analyse und Diagnose von Problemen
Analytic	Enthält Ereignisse für Probleme, die nicht durch Eingriff durch einen Administrator oder Endbenutzer behoben werden können; in der Grundeinstellung nicht aktiviert
Debug	Enthält Ereignisse zur Fehlerbehebung für Entwickler; in der Grundeinstellung nicht aktiviert

Die Protokolle werden im XML-Format abgelegt. Ein Protokolleintrag enthält u.a. Angaben zu[44]

- Name des Programms, das den Eintrag veranlasst hat (Source)
- eine Ereignis-ID (Event ID)
- eine Klassifikation des Schweregrads (Level)
- den SID des Prozesses, der den Eintrag veranlasst hat (User)
- den Systemnamen (Computer)
- einen Zeitstempel (Date and Time)

Die möglichen Werte für Level sind für Einträge im Security-Protokoll *Success Audit* oder *Failure Audit*, für alle anderen Protokolle sind die möglichen Werte *Critical*, *Error*, *Warning* und *Information*.

Da das Security-Protokoll für die hier vorgestellten Themen besondere Relevanz hat, werden im Weiteren die Inhalte, die Konfigurationsmöglichkeiten und der Schutz dieses Protokolls betrachtet. Eine Vertiefung für die anderen Protokoll-Typen würde den Rahmen dieses Kapitels sprengen. Das Security-Protokoll wird auch als Audit-Protokoll bezeichnet.

Die Audit-Protokolle können über eine Group Policy auf zwei sich einander ausschließende Weisen konfiguriert werden: Überwachungsrichtlinien (Basic Audit Policy) oder alternativ die erweiterten Überwachungsrichtlinien (Advanced Audit Policy).

Überwachungsrichtlinien (Basic Audit Policy)

Die Basic Audit Policy sieht die folgenden neun Einstellungsmöglichkeiten vor.[45]

1. **Anmeldeereignisse (Logon)**
   Diese Richtlinieneinstellung ermöglicht die Protokollierung von An- und Abmeldungen an bzw. von einem System. Dies ist nicht zu verwechseln mit Anmeldeversuchen (s.u.).

44 Siehe *http://technet.microsoft.com/en-us/library/cc765981.aspx* für eine vollständige Beschreibung.

45 Siehe *http://technet.microsoft.com/en-us/library/dd349800.aspx* für die genauen Details hierzu.

2. **Kontenverwaltung (Account Management)**
   Diese Richtlinieneinstellung ermöglicht die Protokollierung von Ereignissen im Zusammenhang mit der Benutzerkontenverwaltung. Dies schließt u. a. die folgenden Ereignisse ein: Erzeugung, Änderung, Löschung, Umbenennung, Aktivierung oder Deaktivierung von Benutzerkonten sowie Passwortwechsel.

3. **Anmeldeversuche (Account Logon)**
   Diese Richtlinieneinstellung ermöglicht die Protokollierung von Anmeldeversuchen an einem Konto, für das das lokale System zuständig ist. Ist die Einstellung aktiviert, dann erfolgt die Protokollierung für eine Anmeldung an einem Domänenkonto auf dem Domain Controller und für eine Anmeldung an einem lokalen Konto auf dem entsprechenden System.

Verzeichnisdienstzugriff (Directory Service Access)
Diese Richtlinieneinstellung ermöglicht die Protokollierung von Zugriffen auf Objekte des Active Directory, sofern die Objekte eine SACL mit entsprechenden Einträgen haben.

Objektzugriffversuche (Object Access)
Diese Richtlinieneinstellung ermöglicht die Protokollierung von Zugriffen auf Objekte. Im Speziellen findet eine Protokollierung für die Zugriffe statt, für die in der jeweiligen SACL eine Protokollierung des entsprechenden Zugriffstyps spezifiziert ist, siehe *System Access Control Lists* in Abschnitt 19.1.3. Dabei kann ein hohes Volumen an Protokolleinträgen für Objekte entstehen, auf die häufig zugegriffen wird.

4. **Richtlinienänderungen (Policy Change)**
   Diese Richtlinieneinstellung ermöglicht die Protokollierung von Änderungen an Zugriffsrichtlinien, Firewall-Richtlinien, Audit-Richtlinien usw.

5. **Rechteverwendung (Privilege Use)**
   Diese Richtlinieneinstellung ermöglicht die Protokollierung der Nutzung von Benutzerrechten, d. h. für privilegierten Objektzugriff und die Benutzung von privilegierten Diensten. Die Verwendung der Rechte

   - Auslassen der durchsuchenden Überprüfung (Bypass traverse checking)
   - Debuggen von Programmen (Debug programs)
   - Erstellen eines Token-Objekts (Create a token object)
   - Ersetzen eines Tokens auf Prozessebene (Replace process level token)
   - Generieren von Sicherheitsüberwachungen (Generate security audits)
   - Sichern von Dateien und Verzeichnissen (Backup files and directories)
   - Wiederherstellen von Dateien und Verzeichnissen (Backup files and directories)

   wird wegen ihrer Häufigkeit im normalen Systemablauf nicht überwacht, auch wenn die Protokollierung der Rechteverwendung aktiviert ist. Zur Überwachung der Verwendung auch dieser Benutzerrechte muss der Registry-Schlüssel *FullPrivilegeAuditing* aktiviert werden.

6. **Prozessnachverfolgung (Process Tracking)**
   Diese Richtlinieneinstellung ermöglicht die Protokollierung von Ereignissen im Zusammenhang von Prozessen. Die Ereignistypen in dieser Kategorie enthalten u. a. den Start von Programmen und die Beendigung der entsprechenden Prozesse.

7. **Systemereignisse (System Events)**
   Diese Richtlinieneinstellung ermöglicht die Protokollierung von Ereignissen im Zusammenhang mit dem Systembetrieb, bspw. Änderung der Systemzeit, Neustart oder Herunterfahren des Systems, Verlust von Protokolleinträgen aufgrund eines Fehlers im Ereignisprotokollierdienst usw.

Erweiterte Überwachungsrichtlinien (Advanced Audit Policy)

Die Einstellungsmöglichkeiten in der erweiterten Überwachungsrichtlinie erlauben eine feinere Konfiguration der Überwachung. Die erweiterten Überwachungsrichtlinien dürfen nicht gleichzeitig mit den Überwachungsrichtlinien verwendet werden.

- **Kontoanmeldung (Account Logon)**
  Über Einstellungen in dieser Kategorie kann festgelegt werden, ob und welche Ereignisse im Zusammenhang mit der Benutzerauthentifizierung protokolliert werden. Die Einstellungsmöglichkeiten betreffen u. a. die Prüfung der Zugangsdaten oder die Ausstellung von Kerberos-Tickets.

- **Kontenverwaltung (Account Management)**
  Über Einstellungen in dieser Kategorie kann festgelegt werden, ob und wenn ja welche Ereignisse im Zusammenhang mit der Kontenverwaltung protokolliert werden. Neben reinen Benutzerkonten umfasst dies u. a. auch Systemkonten.

- **Detaillierte Überwachung (Detailed Tracking)**
  Über Einstellungen in dieser Kategorie kann festgelegt werden, ob und wenn ja welche Ereignisse bei der Ausführung einzelner Prozesse protokolliert werden. Neben Prozesserzeugung und -beendigung können bspw. auch RPC-Ereignisse aufgezeichnet werden.

- **Directory-Service-Zugriff (DS Access)**
  Über Einstellungen in dieser Kategorie kann festgelegt werden, ob und wenn ja welche Ereignisse im Zusammenhang mit Zugriffen auf das Active Directory aufgezeichnet werden.

- **Anmelden/Abmelden (Logon/Logoff)**
  Über Einstellungen in dieser Kategorie kann festgelegt werden, ob und wenn ja welche Ereignisse im Zusammenhang mit der Anmeldung an einem System protokolliert werden. Neben der reinen An- und Abmeldung umfasst dies auch Kontensperren oder den Schlüsselaustausch für IPsec via IKE.

- **Objektzugriff (Object Access)**
  Über Einstellungen in dieser Kategorie kann festgelegt werden, ob und wenn ja welche Ereignisse im Zusammenhang mit Objektzugriffen protokolliert werden. Es kann ausgewählt werden, für welche Objekttypen eine Aufzeichnung erfolgt, also bspw. für Dateien und Verzeichnisse, Kernel-Objekte oder Registry-Schlüssel.

- **Richtlinienänderung (Policy Change)**
  Über Einstellungen in dieser Kategorie kann festgelegt werden, ob und wenn ja welche Ereignisse im Zusammenhang mit Richtlinienänderungen protokolliert werden. Es kann ausgewählt werden, für welche Richtlinien eine Aufzeichnung erfolgt, also bspw. für die Audit-, die Authentisierungs- oder die Firewall-Richtlinie.
- **Berechtigungen (Privilege Use)**
  Über Einstellungen in dieser Kategorie kann festgelegt werden, ob und wenn ja welche Ereignisse im Zusammenhang mit der Nutzung von Benutzerrechten protokolliert werden. Es wird in dieser Kategorie u. a. zwischen kritischen und nicht kritischen Benutzerrechten unterschieden.
- **System (System)**
  Über Einstellungen in dieser Kategorie kann festgelegt werden, ob und wenn ja welche Ereignisse im Zusammenhang mit dem Systembetrieb protokolliert werden. Dies umfasst u. a. die Systemintegrität oder eine Änderung des Sicherheitsstatus. Hinter Letzterem verbirgt sich u. a. ein Neustart oder Herunterfahren des Systems oder eine Änderung der Systemzeit.
- **Globale Objektzugriffsüberwachung (Global Object Access)**
  Diese Einstellung ist eigentlich keine Audit-Einstellung, sondern eine Konfigurationseinstellung. Hier kann für Dateisystem- oder Registry-Objekte eine SACL definiert werden, die mit der SACL aller Objekte des jeweiligen Objekttyps kombiniert wird. Die Wirkung der Einstellungen in dieser Kategorie ist abhängig von den Einstellungen für den jeweiligen Objekttyp in der Kategorie *Objektzugriff*.

Parameter für Protokolldateien

Für jede Protokolldatei können zwei Parameter festgelegt werden:

1. **Maximale Protokollgröße (Maximum Log Size)**
   Legt fest, wie groß eine Protokolldatei maximal werden darf. Die Angabe muss in Vielfachen von 64 KiB erfolgen und darf 1024 KiB nicht unterschreiten.
2. **Beibehaltungsrichtlinie (Log Retention Policy)**
   Erreicht eine Protokolldatei ihre maximale Größe, dann gibt es drei verschiedene Optionen:
   - Die jeweils ältesten Einträge werden bei Bedarf überschrieben. Somit werden Ereignisse nach wie vor aufgezeichnet.
   - Die bestehende Protokolldatei wird archiviert, eine neue Protokolldatei wird angelegt. Bei dieser Option gehen keine Protokolleinträge verloren, es besteht aber ohne weitere Eingriffe die Gefahr, dass die entsprechende Partition im Laufe der Zeit überläuft.
   - Es findet keine weitere Aufzeichnung statt, es ist ein manuelles Eingreifen erforderlich. Bei dieser Option besteht die Gefahr, dass neue Ereignisse nicht aufgezeichnet werden.

Zusätzlich zu diesen drei Optionen kann über einen Registry-Schlüssel gesteuert werden,[46] dass das System beim Erreichen der Maximalgröße anhält.

Ereignisprotokollierdienst

Der Ereignisprotokollierdienst schreibt alle Protokolleinträge in die verschiedenen Protokolldateien. Jeder Eintrag wird von der jeweiligen Anwendung erzeugt und über den Event Provider bereitgestellt.

Der Ereignisprotokollierdienst liest die im Folgenden aufgeführten Konfigurationsinformationen aus der Registry[47], um die Ereignisse in die entsprechenden Protokolle zu schreiben. Diese Informationen enthalten:

- den Namen und den Speicherort der Datei, in der das Protokoll abgelegt werden soll
- den Namen des primären Audit-Typs, der als »Source« angezeigt werden soll, wenn die Audit-Einträge betrachtet werden (z. B. »Security«)
- eine Liste der Subsysteme, die Nachrichten in dieses Protokoll schreiben dürfen (z. B. LSA, SAM, SCM)
- die maximale Größe des Sicherheitsprotokolls
- die Bereitstellungsrichtlinie

Zugriff auf das Audit-Protokoll

Um einen Audit-Eintrag zu erzeugen, muss ein Prozess das Benutzerrecht *Verwalten von Überwachungs- und Sicherheitsprotokollen* besitzen. Wenn das System eine Anfrage zur Erstellung eines Audit-Eintrags erhält, dann prüft es, ob dieses Benutzerrecht vorhanden ist.

Für einen lesenden Zugriff auf das Audit-Protokoll muss ein Prozess über das Benutzerrecht *Verwalten von Überwachungs- und Sicherheitsprotokollen* verfügen oder über die DACL des Audit-Protokolls dazu autorisiert sein.

Verlust von Audit-Informationen

In einigen Fällen kann es passieren, dass Audit-Informationen verloren gehen, so z. B. wenn die internen Queues des SRM ihren Grenzwert erreichen, wenn das Sicherheitsprotokoll voll ist oder wenn die internen Queues der LSA voll sind.

Um dem Verlust von Audit-Daten vorzubeugen, darf nicht Bereitstellungsrichtlinie »überschreiben« gewählt werden. Es sollte eine maximale Größe des Sicherheitsprotokolls angegeben werden und in sensitiven Umgebungen die Option angewählt werden, dass das System anhält, wenn das Maximum überschritten wird.

Wenn ein Audit-Eintrag nicht protokolliert werden kann, wird diese Einstellung vom System überprüft und gegebenenfalls das System angehalten (ohne einen automatischen Neustart). Tritt dieser Fall ein, kann sich nur der Administrator anmelden und das Audit-Problem lösen, z. B. durch Archivieren oder Löschen des Protokolls. Erst dann – nach einem Neustart – können sich wieder Benutzer anmelden.

46 Unter *HKLM\SYSTEM\CurrentControlSet\Control\Lsa\CrashOnAuditFail.*

47 Unter *HKLM\SYSTEM\CurrentControlSet\services\eventlog.*

Auswertung

In Windows ist kein Mechanismus zur Auswertung von Ereignisprotokollen integriert. Zwar bieten Produkte wie das Microsoft System Center eine zentrale Verwaltung von Systemen und die zentrale Sammlung von Ereignisprotokollen an, eine Auswertung im Sinne eines Intrusion Detection System ist darin jedoch nicht enthalten. Hierfür müssen Spezialanwendungen von Drittherstellern genutzt werden.

19.5.2 Überwachung im laufenden Betrieb

Unter Windows stehen verschiedene Programme zur Anzeige von Statusinformationen bereit. Diese lassen sich unterteilen in Programme mit grafischer Oberfläche und Programme, die von der Kommandozeile aus zu bedienen sind.

In der Gruppe der Programme mit grafischer Oberfläche befinden sich der Task Manager sowie der Ressource Monitor. Über den Task Manager lassen sich die laufenden Anwendungen, Prozesse und Dienste anzeigen sowie die momentan angemeldeten Benutzer. Der Task Manager zeigt dabei zunächst grundsätzlich nur die eigenen Benutzerprozesse an, die Anzeige der Prozesse anderer Benutzer muss über UAC autorisiert werden. Darüber hinaus zeigt der Task Manager die Systemauslastung, den belegten Speicher und die belegte Netzwerkbandbreite an. Der Ressource Monitor zeigt dieselben Informationen mit mehr Details an. Darüber hinaus zeigt der Ressource Monitor die momentane Festplattenbelegung sowie Details zu den momentanen Netzwerkaktivitäten an.

Für die Kommandozeile sind neben den standardmäßig verfügbaren Programmen ipconfig, netstat und netsh zur Anzeige und Konfiguration von Parametern der Netzwerkinterfaces zahlreiche Werkzeuge von Microsoft und anderen Herstellern verfügbar. Weitere Werkzeuge, die nicht zum Lieferumfang von Windows gehören, sind bspw. die Microsoft Sysinternals[48] oder Werkzeuge anderer Hersteller, die eine sehr detaillierte Inspektion des Systemzustands ermöglichen.

48 Verfügbar unter *http://technet.microsoft.com/en-us/sysinternals/bb842062*.

19.6 Selbstschutz und Härtung des Betriebssystems

Neben den hier genannten Hinweisen zur Systemhärtung finden sich zahlreiche Hinweise in den Baseline Packages von Microsoft[49] zu den jeweiligen Windows-Versionen sowie in den Benchmarks des Center for Internet Security[50].

19.6.1 Härtung gegen spezifische Bedrohungen

Schutz der Prozessintegrität

Unter Windows können DEP und ASLR zum Schutz gegen Speichermanipulation genutzt werden. Die Kombination dieser Techniken kann sehr zuverlässig eine große Zahl von Exploits verhindern. Der Einsatz dieser Techniken ist jedoch optional. Konkret kann für DEP konfiguriert werden, ob es für alle oder nur für kritische Programme wie etwa Systemdienste eingesetzt wird; Letzteres entspricht der Grundeinstellung. ASLR ist dahin gehend optional, dass die ausführbaren Programme und die verwendeten Laufzeitbibliotheken entsprechend vom Compiler erzeugt worden sein müssen. Zudem kann eine Anwendung selbst bestimmen, ob DEP oder ASLR genutzt werden soll. Es ist somit den Anwendungsentwicklern überlassen, diese Techniken zu nutzen – mit dem Ergebnis, dass sie oft nicht eingesetzt werden [Pop 2010]. Das Enhanced Mitigation Experience Toolkit (EMET) von Microsoft kann Administratoren dabei helfen, Techniken wie DEP, ASLR und andere Sicherheitsmechanismen besser durchzusetzen.

Die Nutzung von SSP zum Schutz vor Buffer Overflows ist ebenfalls optional, jedoch ist beim Microsoft Visual Studio Compiler die entsprechende Option in der Grundeinstellung eingeschaltet.

Programmablauf in abgeschirmten Umgebungen

Geschützte Umgebungen können unter Windows mithilfe von Mandatory Integrity Control (s. u.) eingerichtet werden. Eine derartige Umgebung wird als Protected Mode bezeichnet. So wird bspw. der Microsoft Internet Explorer ab Version 7 im Protected Mode betrieben,[51] da er sich in der Vergangenheit immer wieder als Einfallstor für Schadcode aus dem Web herausgestellt hat. Problematisch an der von Microsoft gewählten Konstruktion ist aber, dass der Betrieb im Protected Mode eine Sache der Benutzereinstellung ist. Zudem ist es möglich, den Protected Mode zu umgehen [Johnson 2007c, Keetch 2010].

Darüber hinaus hat sich die Nutzung von Software wie SandboxIE bewährt, bei der Änderungen am System nicht tatsächlich, sondern nur innerhalb eines Sandbox-Containers vorgenommen werden.

---

49 Verfügbar unter *http://microsoft.com/securitycompliance*.

50 Verfügbar unter *https://benchmarks.cisecurity.org/downloads*.

51 Siehe *http://msdn.microsoft.com/en-us/library/bb250462.aspx* für eine Beschreibung des Protected Mode für den Internet Explorer.

Schutz vor Ressourcenauslastung

Datenträgerkontingente

Unter Windows lässt sich der Platz beschränken, den ein Nutzer auf den lokalen Platten belegen darf. Hierzu wird die entsprechende Group Policy konfiguriert. Anders als bei Disk-Quota unter Unix-Systemen lassen sich keine individuellen Einstellungen für einzelne Dateisysteme festlegen. Eine Einstellung gilt für alle Dateisysteme gleichermaßen. Im Gegensatz zu Unix-Disk-Quota lässt sich auch keine Beschränkung der Anzahl der Dateien in einem Dateisystem festlegen.

19.6.2 Malwareschutz

Kernel Patch Protection

Für die 64-Bit-Versionen von Windows wurde die *Kernel Patch Protection (KPP)* zum Schutz des Kernels eingeführt, die auch unter der Bezeichnung *PatchGuard* bekannt ist. Hierbei werden die Datenstrukturen und der Code des Kernels laufend auf nicht autorisierte Modifikationen überwacht. KPP gehört zu den Anti-Rootkit-Methoden, bei denen sich die zu schützende Entität (der laufende Kernel) selbst überwacht. Dementsprechend gehört KPP zu den eher schwachen Methoden des Selbstschutzes. Verschiedene Versionen von KPP wurden analysiert [MiJo 2006, Johnson 2007a, Johnson 2007b] mit dem Ergebnis, dass KPP allerdings tatsächlich schwer zu umgehen ist.

Mandatory Integrity Control

Ein mit Windows Vista eingeführter Mechanismus zum Schutz der Systemintegrität ist Mandatory Integrity Control (MIC).[52] Hierbei wird eine rudimentäre Form des formalen Biba-Integritätsmodells angewendet. Das Biba-Modell ist ein Multilevel-Security-Modell. Konkret sind unter Windows im System die fünf verschiedenen Integritätslevel Untrusted, Low, Medium, High und System definiert.

Schreibende Zugriffe werden nun nicht mehr nur gemäß DACL zugelassen, sondern es kommt ein weiteres Kriterium hinzu: Ein Subjekt erhält nur dann schreibenden Zugriff auf ein Objekt, wenn der Integritätslevel des Subjekts mindestens so hoch ist wie der des Objekts. Dies entspricht der »No-write-up«-Regel des Biba-Modells. Auf diese Weise soll verhindert werden, dass gewöhnliche Prozesse mit einem niedrigen Integritätslevel System-Komponenten modifizieren, die mit einem höheren Integritätslevel markiert sind.

Die Integritätslevel werden durch spezielle SIDs der Form S-1-16-*RID* dargestellt. Sie werden in der SACL der jeweiligen Objekte eingetragen. In der Regel erben die Objekte bei ihrer Erzeugung den Integritätslevel des erzeugenden Prozesses, falls kein spezifischer Integritätslevel angegeben wurde.

52 Siehe *http://msdn.microsoft.com/en-us/library/bb625957.aspx* und *http://msdn.microsoft.com/en-us/library/bb625963.aspx* für Details zu MIC.

Windows Defender

Windows Defender ist eine Maßnahme, die vor Schadsoftware und anderer »unerwünschter Software« schützen soll. Hierzu wird einerseits eine Datenbank von Signaturen genutzt, anhand derer die unerwünschte Software erkannt werden soll. Zum anderen werden im Betrieb laufend bestimmte Bereiche auf nicht autorisierte Änderungen überwacht, wie bspw. die Run-Schlüssel der Registry. Der Windows Defender arbeitet somit im Prinzip ähnlich wie ein einfacher Viren-Scanner. Der Windows Defender enthielt allerdings selbst schon Schwachstellen.[53]

Die speziell zu lizenzierende Version Windows Defender APT ergänzt Funktionen, die in Echtzeit komplexe Verhaltensmuster und -abläufe im Windows-Betriebssystem auswerten.

AppLocker

Mit AppLocker ist es einem Administrator über eine Group Policy möglich, die Nutzung von Programmen und Anwendungen zu kontrollieren [TNHW 2009, Kapitel 24]. Über Richtlinien kann dabei gesteuert werden, welche Programme ein Nutzer oder eine Nutzergruppe ausführen darf. Diese Möglichkeit war zuvor als *Richtlinien für Softwareeinschränkung* bekannt. AppLocker stellt eine verbesserte Weiterentwicklung davon dar und ist eine wirksame Hürde gegen die Ausführung von Malware. Es muss dabei jedoch penibel darauf geachtet werden, dass aus einer mit AppLocker zugelassenen Anwendung keine anderen, nicht zugelassenen Anwendungen aufgerufen werden, da die Beschränkung ansonsten umgangen werden kann.[54]

Treibersignaturen

Durch die Treibersignatur soll sichergestellt werden, dass nur autorisierte Treiber geladen werden und zur Ausführung kommen. Auf diese Weise soll – zumindest dem Grundgedanken nach – verhindert werden, dass bedenkliche oder gar bösartige Treiber verbreitet werden. Es ist aber davon auszugehen, dass die Qualitätsprüfung angesichts der Menge an zu prüfenden Treibern nicht in der Detailtiefe erfolgen kann, um bösartige Treiber zuverlässig zu erkennen.[55]

Treibersignaturen wurden von Microsoft bereits für Windows 2000 eingeführt. Diese waren jedoch optional, sodass der überwiegende Teil der angebotenen Treiber unsigniert verwendet wurde. Seit Windows Vista wurde die Treibersignatur obligatorisch.

53 Siehe *http://technet.microsoft.com/en-us/security/bulletin/ms13-058*.

54 Siehe auch *http://technet.microsoft.com/en-us/library/ee844118.aspx* für die Diskussion der Sicherheitsaspekte von AppLocker.

55 Eine ähnliche Vorgehensweise wurde durch verschiedene Hersteller für Smartphone-Apps mit jeweils nur mäßigem Erfolg versucht.

Malicious Software Removal Tool

Mit dem Malicious Software Removal Tool (MSRT) steht eine Maßnahme zur Verfügung, um die Systemintegrität a posteriori wiederherzustellen. Das MSRT wird monatlich (im Zuge des Microsoft Patch Days) aktualisiert. Das MSRT ist auf die Entfernung schwer zu entfernender Malware spezialisiert. Insofern steht das MSRT nicht in Konkurrenz zu Malware-Scannern, die im laufenden Betrieb nach dem Auftreten bekannter Malware suchen.

19.6.3 Bootschutz

Windows kann durch Drücken der Taste *F8* beim Booten in den abgesicherten Modus gebracht werden. Dieser Modus wird auch dann automatisch betreten, wenn beim Boot-Vorgang schwerwiegende Probleme erkannt werden. Der abgesicherte Modus ist ein administrativer Modus, um Probleme zu beheben, die beim Booten aufgetreten sind, bspw. Probleme mit Treibern, die beim Systemstart geladen werden. Im abgesicherten Modus werden die meisten Treiber nicht geladen und die meisten Dienste nicht gestartet. Da im abgesicherten Modus typischerweise administrative Privilegien zur Aufgabenerfüllung notwendig sind, ist eine Anmeldung als lokaler Administrator erforderlich.

Seit Windows 8 setzt Microsoft signierte Boot Loader, Kernel und Treiber ein.

19.6.4 Verwaltung angeschlossener Geräte und Speichermedien

Über Gruppenrichtlinien kann die Nutzung extern angeschlossener Geräte und Medien wie USB-Geräte, CD und DVD usw. gesteuert bzw. unterbunden werden. Dies ist im betrieblichen Umfeld sehr nützlich, um bspw. die Verbreitung von Malware oder einen unkontrollierten Datenabfluss über USB-Sticks zu verhindern. Im Speziellen ist es möglich, die folgenden Richtlinien zu erstellen:[56]

- Verhinderung der Nutzung von Geräten mit bestimmten Hardware-IDs
- Verhinderung der Nutzung von Geräten einer bestimmten Geräteklasse
- Erlaubnis der Nutzung von Geräten mit bestimmten Hardware-IDs
- Erlaubnis der Nutzung von Geräten einer bestimmten Geräteklasse
- Verhinderung der Nutzung von Geräten, auf die keine andere Richtlinie anwendbar ist

Die letzte Richtlinie ist dabei nur im Kontext der Erlaubnis-Richtlinien sinnvoll. Darüber hinaus kann eine Richtlinie erstellt werden, mit der alle anderen Richtlinien für Administratoren außer Kraft gesetzt werden.

Da Gruppenrichtlinien mittels Group Policy Objects über das Active Directory verteilt werden können, kann ein Administrator auf zuverlässige Weise die Nutzung extern angeschlossener Geräte und Medien an allen Windows-Systemen innerhalb der eigenen Domains steuern.

56 Siehe bspw. *http://msdn.microsoft.com/en-us/library/bb530324.aspx* für Details.

19.6.5 Reduktion der Angriffsoberfläche

Diensthärtung

Die zahllosen Schwachstellen der Windows-Systemdienste und die damit einhergehenden möglichen Schäden haben Windows das Stigma eines zutiefst unsicheren Betriebssystems und Microsoft den Ruf verschafft, sich nicht um Sicherheit zu kümmern. Eine Ursache dafür war die in der Tat nachlässige Gewährung von höchsten Privilegien an Dienstprozesse, die nach einer Kompromittierung oft dazu genutzt werden konnten, das gesamte System komplett zu übernehmen.[57] Um die Sicherheit von Diensten nachhaltig zu erhöhen, wurden ab Windows Vista einige wichtige Änderungen am Design der Dienste vorgenommen, die als *Diensthärtung* (*Windows Service Hardening, WSH*) bezeichnet wird.

So wird für jeden Dienst ein eigener SID vergeben. Dies ermöglicht eine deutlich bessere und vor allem individuelle Steuerung der Zugriffe über DACLs. Die Dienste werden zudem unter dem Dienstkonto *LocalService* oder *NetworkService* betrieben, die jeweils minimale Privilegien haben. Darüber hinaus werden für Dienste spezifische Firewall-Regeln eingerichtet, die nicht außer Kraft gesetzt werden können.

Durch diese Maßnahmen soll verhindert werden, dass ein kompromittierter Dienst die Systemintegrität beeinträchtigt, etwa durch Veränderung der Registry oder der Installation von Schadsoftware. Die Maßnahmen der Diensthärtung werden automatisch ergriffen und können nicht konfiguriert oder deaktiviert werden.

19.6.6 Einschränkung des zulässigen Netzwerkverkehrs

Seit Windows NT gehört eine Paket-Firewall mit zum Lieferumfang. Diese hatte jedoch nur einen eingeschränkten Funktionsumfang und wurde oft um sogenannte Personal Firewalls von Drittherstellern ergänzt. Mit Windows Vista und Windows 7 wurde die Windows-eigene Firewall überarbeitet und den aktuellen Herausforderungen angepasst. Die Grundlage bildet die *Windows-Filterplattform* (*WFP*).[58] Hierbei handelt es sich um eine Stateful Firewall, die eine flexible Konfiguration von Regeln für den ein- und ausgehenden Verkehr ermöglicht.

---

57 Im Jargon einschlägiger Fachkreise als Pwning bezeichnet – als Verballhornung von Owning.

58 Details zu WFP finden sich in [TNHW 2009, Kapitel 26] sowie unter *https://docs.microsoft.com/en-us/windows/desktop/fwp/windows-filtering-platform-start-page*.

Zusammenfassung

Die Maßnahmen für die Sicherheit in Windows sind deutlich verbessert worden; seit Windows 10 auch wesentlich benutzerfreundlicher. Gleichwohl sind sie vielschichtig und komplex. Von zentraler Bedeutung sind Gruppenrichtlinien, die in den modernen Varianten des Betriebssystems auch in großen Domänen automatisiert verteilt werden können. Angesichts der Komplexität und Vielfalt an Konfigurationsmöglichkeiten sind ein gut ausgearbeitetes Sicherheitskonzept und klare Konfigurationsvorgaben für einen sicheren Betrieb unabdingbar.

In manchen Bereichen könnte Microsoft die vorhandenen Mechanismen durchgängiger und konsequenter durchsetzen, bspw. weil ASLR optional genutzt werden kann, aber nicht erzwungen wird.

Literatur

[Corio 2007] *Corio, C.:* Teach Your Apps To Play Nicely With Windows Vista User Account Control, MSDN Magazine, Januar 2007; *http://msdn.microsoft.com/en-us/magazine/cc163486.aspx* (Stand: 15.01.2024)

[DuCa 2012] *Duckwall, A. »Skip«; Campbell, C.:* Still Passing the Hash 15 Years Later … Vortragsfolien auf Black Hat 2012; *http://media.blackhat.com/bh-us-12/Briefings/Duckwall/BH_US_12_Duckwall_Campbell_Still_Passing_Slides.pdf* (Stand: 15.01.2024)

[Ewaida 2010] *Ewaida, B.:* Pass-the-hash attacks: Tools and Mitigation, SANS, 2010; *http://www.sans.org/reading-room/whitepapers/testing/pass-the-hash-attacks-tools-mitigation-33283* (Stand: 15.01.2024)

[Glass 2006] *Glass, E.:* The NTLM Authentication Protocol and Security Support Provider, 2006; *http://davenport.sourceforge.net/ntlm.html* (Stand: 15.01.2024)

[Griffin 2007] *Griffin, D.:* Create Custom Login Experiences With Credential Providers For Windows Vista, MSDN Magazine, Januar 2007; siehe auch *http://msdn.microsoft.com/en-us/magazine/cc163489.aspx* (Stand: 15.01.2024)

[Hummel 2009] *Hummel, C.:* Why Crack When You Can Pass the Hash? SANS, 2009; *http://www.sans.org/reading-room/whitepapers/esting/ crack-pass-hash-33219* (Stand: 15.01.2024)

[Johnson 2007a] *Johnson, K. »Skywing«:* Subverting PatchGuard Version 2, Uninformed, Vol. 6, 2007; *http://www.uninformed.org/?v=6&a=1* (Stand: 15.01.2024)

[Johnson 2007b] *Johnson, K. »Skywing«:* A Brief Analysis of PatchGuard Version 3, Uninformed, Vol. 8, 2007; *http://www.uninformed.org/?v=8&a=5* (Stand: 15.01.2024)

[Johnson 2007c] *Johnson, K »Skywing«:* Getting out of Jail: Escaping Internet Explorer Protected Mode. Uninformed, Vol 8, 2007; *http://www.uninformed.org/?v=8&a=6* (Stand: 15.01.2024)

[JMSRG 2014] *Jungles, P. et al.:* Mitigating Pass-the-Hash (PtH) Attacks and Other Credential Theft Techniques, version 2 Microsoft, 2014; *https://download.microsoft.com/download/7/7/a/77abc5bd-8320-41af-863c-6ecfb10cb4b9/mitigating-pass-the-hash-attacks-and-other-credential-theft-version-2.pdf* (Stand 15.01.2024)

[Keetch 2010] *Keetch, T.:* Escaping from Microsoft's Protected Mode Internet Explorer – Evaluating a potential security boundary. Verizon White Paper, 2010

[MiJo 2006] *Miller, M. »Skape«; Johnson, K. »Skywing«:* Bypassing PatchGuard on Windows x64. Uninformed, Vol. 3, 2006; *http://www.uninformed.org/?v=3&a=3* (Stand: 15.01.2024)

[Pop 2010] *Pop, A. R.:* DEP/ASLR Implementation Progress in Popular Third-party Windows Applications, Secunia Research, 2010; *https://www.yumpu.com/en/document/view/7324031/dep-aslr-implementation-progress-in-popular-third-party-secunia* (Stand: 15.01.2024)

[TNHW 2009] *Tulloch, M.; Northrup, T.; Honeycutt, J.; Wilson, E.:* Microsoft Windows 7 – Die technische Referenz. Microsoft Press, 2009

20 Unix-Sicherheit

Einleitung

In diesem Kapitel werden die Sicherheitsmechanismen der Betriebssysteme diskutiert, die im weiteren Sinn zur Familie der Unix-Betriebssysteme gehören. Unix hat eine bewegte Geschichte, die hier nicht im Detail betrachtet wird. Es wird jedoch angemerkt, dass es nicht das eine Unix gibt, sondern verschiedene Familien, die jeweils noch herstellerspezifische Ausprägungen und Erweiterungen haben. Dies betrifft auch besonders die Entwicklung von Sicherheitsmechanismen. Diese Inhomogenität unter den Unix-Dialekten erschwert eine übergreifende Diskussion der Unix-Sicherheitsmechanismen.

Unter den Unix-Systemen wird grob zwischen der System-V-Familie und der BSD-Familie unterschieden. Die meisten kommerziellen Unix-Systeme wie AIX, HP-UX oder Solaris gehören zur System-V-Familie, während die BSD-Familie im Wesentlichen durch die freien BSD-Systeme FreeBSD, NetBSD und OpenBSD weitergeführt wird. Auch Mac OS gehört zur BSD-Familie.

Das weit verbreitete Linux nimmt eine Sonderstellung ein. Streng genommen ist Linux kein Unix-System, denn als Unix-System wird eigentlich nur ein Betriebssystem bezeichnet, dessen Quellcode auf dem System-V- oder dem BSD-Quellcode beruht. Linux jedoch wurde von Grund auf neu implementiert und enthält keinen Unix-Code. »Linux« bezeichnet an sich nur einen Betriebssystemkern, während Unix schon immer eine dazugehörige Sammlung von Standardwerkzeugen, wie etwa Shells, Editoren sowie zahlreiche andere Werkzeuge einschließt. Unter Linux wurden dafür seit jeher im Wesentlichen die GNU-Tools verwendet, die unter Federführung der Free Software Foundation entwickelt und gepflegt werden. Diese Kombination wird oft auch mit GNU/Linux bezeichnet. Sieht man von der Abstammung des Quellcodes ab, dann gehört GNU/Linux durchaus zu den Unix-Systemen, da Linux ein Unix-typisches API und Unix-typische Mechanismen zur Verfügung stellt. Die GNU-Tools orientieren sich prinzipiell an ihren jeweiligen Vorbildern unter (BSD-)Unix, weshalb GNU/Linux sich »anfühlt« wie ein »echtes« Unix.

Eine weitere Verwirrung im Zusammenhang mit Linux besteht gelegentlich in der Unterscheidung zwischen Linux und einer Linux-Distribution. Da das eigentliche Linux nur den Betriebssystemkern umfasst, haben sich schon frühzeitig verschiedene Linux-Distributionen herausgebildet, die von Einzelpersonen, Organisationen oder Unternehmen herausgegeben werden. Eine solche Distribution stellt ein nahezu betriebsfertiges System bereit, das relativ leicht konfiguriert und in Betrieb genommen werden kann. Die Distributionen unterscheiden sich etwa im Umfang der mitgelieferten Software, dem Einsatzzweck oder der Unterstützung durch professionellen Support.

Obwohl GNU/Linux im strengen Sinn kein Unix ist, werden in den folgenden Abschnitten dieses Kapitels verschiedentlich Beispiele für GNU/Linux zur Darstellung von Beispielen herangezogen, da Linux auch in Unternehmen recht populär ist.

Die Struktur der Darstellung folgt der des Kapitels 18. Die dort vorgestellten Aspekte werden hier für Unix vertieft.

20.1 Identität und Autorisierung

20.1.1 Benutzer, Benutzergruppen und Rollen

Unter Unix wird jeder Benutzer im System durch eine numerische ID dargestellt, die sogenannte User-ID (UID). Darüber hinaus werden Benutzer grundsätzlich mindestens einer Gruppe zugeteilt. Gruppen werden ebenfalls durch numerische IDs dargestellt, die sogenannten Group-IDs (GIDs). Jeder Benutzer gehört stets einer (primären) Gruppe an und kann optional weiteren (sekundären) Gruppen angehören.

Sämtliche Subjekte (Prozesse) und sämtliche Objekte (z. B. Dateien, Geräte, Speicher) in einem Unix-System sind einem eindeutigen Eigentümer zugeordnet. Subjekte und Objekte haben für gewöhnlich die UID und GID des Eigentümers, davon kann jedoch auch abgewichen werden. Die Zuordnung zu Benutzern und Gruppen bildet das Fundament für die Rechtevergabe unter Unix. Für den Eigentümer (User), die Gruppe (Group) und die Allgemeinheit (Other) lassen sich unabhängig die Rechte Lesen (r), Schreiben (w) und Ausführen (x) vergeben oder entziehen. Das Recht zur Rechtevergabe hat stets nur der Eigentümer des Objekts.

Die Zugriffskontrolle für ein Subjekt auf ein Objekt erfolgt grundsätzlich so: Ist das Subjekt Eigentümer des Objekts, dann werden nur die Zugriffsrechte des Eigentümers für die Zugriffsentscheidung herangezogen. Wenn andernfalls das Subjekt in derselben Gruppe wie das Objekt ist,[1] dann werden nur die Zugriffsrechte der Gruppe herangezogen. Trifft auch das nicht zu, dann werden die Zugriffsrechte für die Allgemeinheit herangezogen.

Rollen und RBAC

Unter Unix ist die Nutzung von Role Based Access Control (RBAC) nicht üblich, verschiedene Unix-Varianten bieten jedoch Ergänzungen an, mit denen RBAC umgesetzt werden kann. So bringen AIX und HP-UX jeweils eigene Ergänzungen hierfür mit, für Linux wurden verschiedene Ergänzungen entwickelt, unter denen SELinux und Grsecurity herausragen. Diese Ergänzungen unterscheiden sich in den Ansätzen, in der Konfiguration und in der Anwendung. SELinux wurde im Rahmen des Trusted-BSD-Projekts zu FreeBSD (SEBSD) und Mac OS (SEDarwin) portiert. Darüber hinaus gibt es Bemühungen, SELinux für Android zu etablieren.

Tatsächliche und effektive IDs

Jeder Prozess hat als Attribut eine UID, eine GID sowie optional zusätzliche GIDs. Jedoch ist es möglich, dass ein Prozess *effektiv* unter anderen IDs operiert. Für diese spricht man auch von der *effektiven UID* und der *effektiven GID* (*EUID* bzw. *EGID*). Die effektiven IDs bilden die Grundlage für die Prüfung von Zugriffsrechten und für die Eigentümerschaft von Objekten, die der Prozess erzeugt. Die Kontrolle von Zugriffsrechten wird *ausschließlich* mittels der effektiven IDs vorgenommen, die eigentlichen IDs sind hierbei

1 Genauer ausgedrückt, wenn der Gruppe des Objekts der primären oder einer der sekundären Gruppen des Subjekts entspricht.

irrelevant. In den meisten Fällen sind die EUID und die EGID identisch mit den tatsächlichen UID bzw. GID.[2]

Der Hintergrund der effektiven IDs ist Folgender: Manche Aufgaben erfordern spezielle Privilegien, z. B. die Änderung des eigenen Passworts oder der Zugriff auf ein angeschlossenes Gerät. Ist der Zugriff auf die betroffenen Ressourcen prinzipiell auf einen Benutzer beschränkt, dann könnte die Eigentümerschaft der Ressourcen diesem Benutzer übertragen werden. Schwierig wird es, wenn mehrere oder sogar beliebige Benutzer diesen Zugriff nebenläufig haben dürfen. Erlaubt man den Zugriff direkt (durch entsprechende Zugriffsrechte), dann kann es zu Störungen, Inkonsistenzen, und auch zu Sicherheitsproblemen kommen. In einigen Fällen erfolgt der Zugriff durch ein Programm, das durch den in Abschnitt 20.1.4 beschriebenen SUID-Mechanismus die notwendigen Privilegien erhält.

Administratoren

Der Systemadminstrator wird unter Unix-Systemen als *Superuser* bezeichnet, dessen Benutzername üblicherweise *root* lautet. Diese Namensgebung ist jedoch eine reine Konvention. Jeder Benutzer mit der UID 0 wird vom System als Superuser angesehen, unabhängig davon, wie oft und unter welchem Benutzernamen die UID 0 in der Benutzerverwaltung registriert ist. Auf manchen Systemen gibt es neben root noch weitere Superuser-Konten, die zwar identische Rechte besitzen, aber unter Umständen eine komfortablere Shell verwenden.

Der Superuser ist von jedweder Zugriffskontrolle befreit und genießt uneingeschränkte Privilegien. Der Superuser kann (fast) beliebige Prozesse stoppen oder beenden, beliebige Dateien lesen oder ändern und Parameter des Betriebssystems oder angeschlossener Geräte ändern – ohne Rücksicht auf mögliche Konsequenzen. Diese Allmacht schafft eine hohe Flexibilität und zahlreiche Möglichkeiten, erfordert aber auf der anderen Seite auch, dass der Administrator genau weiß, was er tut. Daher stellt das Benutzerkonto eines Superusers das attraktivste Angriffsziel dar: Bei einem unberechtigten Zugriff auf sein Benutzerkonto können seine uneingeschränkten Berechtigungen ausgenutzt werden. Grundsätzlich müssen alle Arbeiten als Superuser mit besonderer Sorgfalt ausgeführt werden, da Fehler durch Unachtsamkeit besonders gravierende Folgen haben können.

> *Beispielsweise hätte das Kommando* `rm -rf / tmp/*` *(mit versehentlichem Leerzeichen nach »/«) anstelle von* `rm -rf /tmp/*` *fatale Folgen für ein System, wenn es unter root ausgeführt würde; anstelle des beabsichtigten Verzeichnisses würde das gesamte Dateisystem ab dem Wurzelverzeichnis »/« gelöscht.*

In der Praxis werden Unix-Systeme oft durch mehrere Personen administriert. Wenn sich alle Administratoren ein Superuser-Konto teilen, dann sind die Aktionen eines einzelnen Administrators nicht nachvollziehbar. Die Situation ist kaum besser, wenn jeder Administrator über ein eigenes Superuser-Konto verfügt. Im Folgenden werden einige Ansätze dargestellt, mit denen unter Unix die Macht des Superusers ein wenig eingeschränkt werden kann.

2 Siehe [SteRa08].

Sudo

Ein erster großer Schritt für eine sinnvolle Einschränkung ist sudo. Dies ist eine Software, um Berechtigungen zum Start von Programmen feiner zu verteilen. Mit sudo kann man sehr genau spezifizieren, welcher Benutzer welche Programme mit welchen Privilegien ausführen darf. Man kann auch spezifizieren, ob und wie ein Benutzer sich für den Aufruf von sudo authentisieren muss. Die Konfiguration von sudo erlaubt die Einrichtung von Programmgruppen, Benutzergruppen (sudo-Gruppen sind unabhängig von den System-Gruppen) und Rechnergruppen.

So kann man z. B. spezifizieren, dass ein Benutzer oder eine Benutzergruppe ein Programm zwar als Superuser ausführen darf, sich dafür aber *mit seinem eigenen Passwort* authentisieren muss. Die Vorteile liegen auf der Hand: Privilegien können vergeben werden, ohne das Superuser-Passwort preiszugeben; gleichzeitig braucht man keine weiteren Programme über den SUID-Mechanismus zu privilegieren, siehe Abschnitt 20.1.4.[3] Darüber hinaus kann protokolliert werden, welcher Benutzer was wann gemacht hat.

Im betrieblichen Einsatz von sudo besteht die größte Gefahr darin, versehentlich die privilegierte Verwendung eines Programms zu autorisieren, das wiederum andere Programme aufruft oder dieses ermöglicht, z. B. *vi* oder *more*. Dies kann dazu führen, dass dem Benutzer am Ende eine privilegierte Shell zur Verfügung steht. Im Design von sudo wurde versucht, dies zu verhindern. Dazu wurde der Systemaufruf zum Laden und Ausführen eines neuen Programms *(execve)* durch ein wirkungsloses Imitat ersetzt; wasserdicht ist diese Lösung indes nicht. Die Auswahl der Programme, deren privilegierte Ausführung einem Benutzer gestattet wird, sollte deshalb mit größter Sorgfalt erfolgen.

Capabilities und Privileges

Unter dem Begriff Capabilities werden in der Praxis mehrere, leider völlig verschiedene Sicherheitskonzepte verstanden. Einige Unix-Systeme bieten die sogenannten *POSIX-Capabilities*; andere Hersteller bezeichnen dasselbe Konzept als Privileges. Hierbei handelt es sich um den Versuch, die Superuser-Privilegien in handhabbare Portionen zu zerlegen. Dieses Konzept wird im Weiteren kurz vorgestellt.

Statt eines »alles oder nichts«-Ansatzes, der nur zwischen der Vergabe oder Nicht-Vergabe von Superuser-Privilegien unterscheidet, kann man Prozessen und Programmen Fähigkeiten, sogenannte Capabilities zuweisen, die vorher nur dem Superuser zur Verfügung standen. Einige Beispiele:

- Ein Server-Programm, das einen privilegierten Port öffnen können soll, erhält die Capability `CAP_NET_BIND_SERVICE`.
- Ein Programm wie ping, das ICMP-Pakete versenden können soll und dafür ein sogenanntes Raw Socket öffnen muss, erhält die Capability `CAP_NET_RAW`.
- Ein Backup-Programm, das pauschal das Recht haben soll, beliebige Dateien zu lesen und beliebige Verzeichnisse durchsuchen zu können, erhält die Capability `CAP_DAC_READ_SEARCH`.

3 Sudo selbst ist ein SUID-root-Programm.

Die Idee besteht darin, dass im Fall einer erfolgreichen Kompromittierung des entsprechenden Programms der Angreifer nicht gleich das gesamte System übernehmen kann und vor allem den Angriff nicht oder nicht leicht verschleiern kann. Ein Server mit der Capability `CAP_NET_BIND_SERVICE`, der kompromittiert wird, kann dann eben nur weitere privilegierte Ports öffnen – aber darüber hinaus nichts. Soweit der Grundgedanke. In der Praxis zeigt sich aber, dass es mit verschiedenen Capabilities möglich ist, volle Superuser-Privilegien zu erlangen.[4] Die POSIX-Capabilities erlauben zudem keine freie Verwaltung von Zugriffsrechten, denn die über die Capabilities verwalteten Zugriffsrechte sind im System festgelegt.

Role Based Access Control

Role based Access Control (RBAC) bietet im Zusammenspiel mit Mandatory Access Control (MAC) einen sehr effektiven Weg, die Macht des Superusers deutlich zu beschränken. Hierbei werden die Zugriffsrechte des Superusers durch die jeweilige Rolle so eingeschränkt, dass nur noch spezifische Operationen auf spezifischen Dateien ausführen kann. Besonders effektiv ist die Verwendung von Rollen in Kombination mit Objekt-Typen, die quasi einen Container bilden. Dies erfordert jedoch eine initiale Zuordnung von Objekten zu Typen.

GNU/Linux: SELinux

SELinux ist eine Umsetzung von RBAC mit MAC für Linux. Die Umsetzung folgt dem sogenannten Flask-Modell.[5] Mit SELinux können komplexe Richtlinien erstellt werden, gleichzeitig gilt die Erstellung angemessener SELinux-Richtlinien als schwierig. Die Nutzung von SELinux erfordert zudem eine spezifische Anpassung der Systemprogramme und -Bibliotheken, die Code für Authentifizierung, Autorisierung und Zustandsanzeige enthalten. Darüber hinaus erfordert SELinux die Nutzung von Dateisystemen, die erweiterte Dateiattribute verarbeiten und ablegen können, dies gilt auch für Netzwerkdateisysteme. Dateisysteme ohne Unterstützung für erweiterte Dateiattribute können nur eingeschränkt genutzt werden.

Unter SELinux werden SELinux-Benutzer, -Rollen und -Typen definiert. Diese drei Sicherheitsattribute werden zusammen als Security Context bezeichnet. Jeder Prozess hat einen Security Context.

- SELinux-Benutzer sind von den »gewöhnlichen« Benutzerkonten im Unix-System (Unix Benutzer) unabhängig. Unix-Benutzer werden SELinux-Benutzern zugeordnet, wobei üblicherweise nur wenige SELinux-Benutzer definiert werden. SELinux-Benutzer bilden damit eigentlich Benutzergruppen
- Die Rolle legt fest, welche Typen ein SELinux-Benutzer nutzen darf. Die SELinux Richtlinie definiert, welche Rollen ein SELinux-Benutzer einnehmen darf, und welche Übergänge zwischen den Rollen zulässig sind.
- Die Typen definieren die eigentlichen Zugriffsrechte und Privilegien, mit denen auf Objekte zugegriffen werden darf.

---

4 Brad Sprengler hat dies für Linux in seinem Blog im Detail ausgeführt. Siehe *http://forums.grsecurity.net/viewtopic.php?f=7&t=2522.*

5 Siehe *http://www.cs.utah.edu/flux/fluke/html/flask.html.*

Objekten und Ressourcen werden ebenfalls ein Security Context zugewiesen, wobei für die Richtlinien im Wesentlichen der SELinux-Typ von Interesse ist. Zur dauerhaften Speicherung des Security Contexts der einzelnen Dateien werden diese in den erweiterten Attributen der jeweiligen Dateien im Dateisystem abgelegt. Dadurch sind Umbenennung, Kopie oder die alternative Ablage von Dateien im laufenden Betrieb für die Sicherheit irrelevant – der Security Context bleibt dabei jeweils erhalten.

Das Kernelement von SELinux im laufenden Betrieb besteht im *Type Enforcement*. Dabei darf ein Prozess nur die Operationen auf den Objekt-Typen ausführen, die gemäß Richtlinie zulässig sind. Für jeden Typ wird ein sogenannter Access Vector definiert, der beschreibt, welche Operationen in welchem Security Context auf dem jeweiligen Typ zulässig sind. Diese Operationen umfassen deutlich mehr als die Unix-typischen Operationen Lesen, Schreiben und Ausführen. So können bspw. auch Rechte für die Anlage, Löschung und Umbenennung von Dateien sowie verschiedene andere Operationen vergeben werden. Im Access Vector wird dabei nicht nur spezifiziert, ob der Zugriff erlaubt ist, sondern auch, ob und wann die entsprechende Operation protokolliert wird. Die herkömmlichen Unix-Zugriffsrechte werden bei der Zugriffsentscheidung zusätzlich herangezogen.

Die SELinux-Richtlinie ist in verschiedenen Dateien verteilt und muss vor Verwendung zu einem sogenannten Object File kompiliert werden. Für einen Administrator sind zwei Teile der Richtlinie von Bedeutung:

- Type Enforcement: Definition aller Rollen, Typen, Übergänge und Zugriffsregeln
- File Context: Beschreibung der Typ-Label aller Dateien. Die Nutzung von SELinux erfordert a priori die Zuweisung eines Typs zu jeder Datei (Labeling) gemäß File Context.

Das Verfassen der Richtlinie gilt als der schwierige Teil bei der Nutzung von SELinux. Zur Prüfung der Wirksamkeit von Richtlinien kann SELinux in einem Probebetrieb genutzt werden. Alle Operationen sind dann zulässig, soweit die gewöhnlichen Unix-Zugriffsregeln dies erlauben, Verletzungen der SELinux-Richtlinie werden aber protokolliert. Mit geeigneten Werkzeugen können aus den Protokollen Richtlinien erstellt werden, die die gewünschten Operationen zulassen und die unerwünschten verweigern.

Dieser Probebetrieb sollte über einen längeren Zeitraum genutzt werden, um alle erwünschten Operationen zu erfassen. Andererseits muss ein Administrator im Probebetrieb besonders sorgfältig vorgehen. So darf er administrative Tätigkeiten nur in der dafür vorgesehenen Rolle durchführen, da andernfalls zu liberale Richtlinien erzeugt werden, die den Sinn von RBAC untergraben. Daneben besteht auch die Gefahr, dass währen des Probebetriebs stattfindende Angriffe mit erfasst werden und später in die Richtlinien einfließen. Daher sollten die automatisch erzeugten Richtlinien vor ihrem endgültigen Einsatz inspiziert und auf Plausibilität überprüft werden.

Neben RBAC und MAC bietet SELinux auch die Nutzung von Mechanismen für *Multilevel Security* (MLS) an. Dadurch kann bspw. der Umgang von vertraulichen oder weniger vertraulichen Dokumenten durch die Richtlinie geregelt werden. SELinux bietet über die beschriebenen Funktionen hinaus jedoch keine Härtung des Systems an, etwa in Form von ASLR oder DEP.

GNU/Linux: AppArmor

Neben SELinux findet auch AppArmor zunehmend Verbreitung und kann bspw. unter SuSE mit dem Management-Werkzeug YaST administriert werden. Es verfolgt einen anderen Ansatz als SELinux und arbeitet im Gegensatz zu diesem nicht mit Labels, sondern Pfad-basiert. Die Nutzung von AppArmor erfordert lediglich die Unterstützung durch den Kernel, spezifische Anpassungen der Systemprogramme und -bibliotheken sowie die Unterstützung erweiterter Dateiattribute durch das Dateisystem sind nicht erforderlich. Dadurch ist AppArmor weniger komplex als SELinux und auch aufgrund vorgefertigter Profile einfacher zu konfigurieren. Ähnlich wie bei SELinux kann AppArmor in verschiedenen Modi betrieben werden:

- **Complain**
  Protokolliert alle Regelverstöße, lässt die Aktionen aber zu.
- **Enforce**
  Protokolliert alle Regelverstöße und blockiert die Aktionen.
- **Audit**
  Protokolliert neben Regelverstößen auch alle Regelanwendungen.

Die Linux-Distributionen Ubuntu und SuSE bringen bereits Unterstützung für AppArmor mit und aktivieren dieses standardmäßig. Bei diesen Distributionen sind vorgefertigte Profile für verschiedene Anwendungen wie Apache, Postfix oder Dovecot enthalten. Profile für eigene Anwendungen können durch die recht transparente Wirkungsweise mit überschaubarem Aufwand erstellt werden.

20.1.2 Ressourcen

Die Flexibilität von Unix-System stammt u. a. daher, dass vieles in einem Unix-System als Datei abgebildet wird. Daher gehören Dateien zu den wichtigsten Objekten in einem Unix-System. In jedem Unix-Dateisystem gibt es die folgenden sieben Dateitypen:

- **Reguläre Datei** (*Regular File*)
  Reguläre Dateien dienen der dauerhaften Speicherung von Inhalten, z. B. Dokumenten oder Programmen. In einem Unix-System ist die innere Struktur einer regulären Datei irrelevant für das Betriebssystem: Unter Unix-Systemen wird z. B. nicht zwischen zeilenorientierten Textdaten und Binärdaten unterschieden; die Interpretation des Dateiinhalts einer regulären Datei ist allein der Anwendung überlassen.
- **Verzeichnis** (*Directory*)
  Verzeichnisse sind das Mittel, um die Ablage von Dateien zu strukturieren. Ein Verzeichnis ist eine einfache Tabelle, deren Einträge aus einem Namen und einem Verweis auf die Metadaten einer Datei besteht. Unix-Dateisysteme sind hierarchisch strukturiert, d. h., die Verzeichnisse bilden einen Baum mit einer eindeutigen Wurzel.
- **Symbolischer Verweis** (*Symbolic Link*), auch als Symlink oder Softlink bekannt. Verweise sind kleine Dateien, die einen Dateinamen enthalten und vom Betriebssystem speziell behandelt werden. Öffnet eine Anwendung eine Datei, die ein Verweis ist, so liest das Betriebssystem den im Verweis enthaltenen Namen und öffnet (sofern vorhan-

den) die genannte Datei. Ist die genannte Datei wiederum ein Verweis, dann verfolgt wiederum die Auflösung; ist die endgültige Auflösung nicht möglich, gibt das System eine Fehlermeldung zurück. Für eine Anwendung ist dieser Mechanismus transparent. Daher sind symbolische Links ein flexibles Mittel, um zahlreiche Probleme im Zusammenhang mit Dateinamen und -pfaden elegant zu lösen. Den Symbolic Links sind Rechte zugeordnet, deren Auswertung ihre Auflösung steuert.

- **Benannter Kanal** (*Named Pipe*)
  Auch unter dem Namen FIFO (first-in-first-out) bekannt, stellen sie ein Mittel zur Einweg-Kommunikation zwischen lokalen Prozessen dar. Zwei Prozesse können auch einen anonymen Kanal eröffnen, müssen hierzu aber in einer bestimmten Beziehung zueinander stehen. Benannte Kanäle ermöglichen es auch zwei einander fremden Prozessen, miteinander einfach zu kommunizieren.

- **Sockets**
  Sockets erfüllen denselben Zweck wie Pipes, die Kommunikation zwischen zwei Prozessen auf demselben System, mit dem Unterschied, dass Sockets Zweiweg-Kommunikation ermöglichen. Außerdem wird zum Ansprechen von Sockets die Netzwerk-API verwendet.

Die verbleibenden beiden Dateitypen sind direkte Zugänge zu den Gerätetreibern. Zugriff auf eine Gerätedatei bedeutet vollständige und uneingeschränkte Kontrolle über das Gerät, daher müssen Dateien dieser Typen ganz besonders geschützt werden. Mit den entsprechenden Zugriffsrechten ausgestattet wäre es z. B. möglich, sich den Inhalt eines Dateisystems (d. h. alle darin enthaltenen Dateien) anzusehen, den kompletten virtuellen Speicher des Systems zu durchsuchen oder zu protokollieren, was ein Benutzer eintippt, welche Mausbewegungen er macht oder was auf seinem Bildschirm angezeigt wird. Das Anlegen von Gerätedateien kann nur durch den Superuser oder mit den entsprechenden Rechten erfolgen (s. o.). Unterschieden wird zwischen:

- **Blockorientierte Gerätedateien** (*Block Device Special*)
  Festplatten, Festplattenpartitionen, CD, DVD usw.

- **Zeichenorientierte Gerätedateien** (*Character Device Special*)
  Tastaturen, Mäuse, Sound- und Grafikausgabe und alle anderen Geräte, die nicht blockweise strukturiert sind.

Ein bedeutender Unterschied zwischen blockorientierten und zeichenorientierten Geräten besteht darin, dass die Ein- und Ausgabe der blockorientierten Geräte vom Kernel gepuffert wird. Manche Unix-Varianten bieten zu den blockorientierten Geräten jeweils auch sogenannte Raw Devices an. Diese sind zeichenorientiert und bieten einen direkten Zugriff auf die jeweiligen Geräte unter Umgehung der Pufferung und des Scheduling. Selbstverständlich müssen diese Gerätedateien genauso sorgfältig vor unbefugtem Zugriff geschützt werden.

Eigenheiten von Unix-Dateisystemen

Unix-Dateisysteme weisen noch einige weitere Besonderheiten auf, die aus Sicherheitssicht zu beachten sind.

Unter Unix-Systemen existiert kein Dateisystem, das auf allen Unix-Varianten übergreifend eingesetzt wird. Die kommerziellen Unix-Systeme nutzen die jeweils herstellereigenen Dateisysteme, unter den BSD-Systemen wird oft das UFS (Unix File System) verwendet. Unter Linux ist Ext2/Ext3/Ext4[6] bisher am weitesten verbreitet, es gibt aber weitere populäre Alternativen wie XFS von Silicon Graphics oder JFS von IBM. Unter verschiedenen freien Unix-Varianten erfreut sich die quelloffene Variante des transaktionalen Dateisystems ZFS[7] zunehmend großer Beliebtheit; dieses Dateisystem wurde von Sun Microsystems für Solaris entwickelt und im Rahmen des OpenSolaris-Projekts offengelegt. Trotz der Vielfalt der Dateisysteme, die sich in technischen Details wie Performance und Funktionalität ausdrückt, haben alle Unix-Dateisysteme viele Gemeinsamkeiten. Diese werden im Folgenden angerissen.

Pfade

Unix-Dateisysteme sind hierarchisch aufgebaut und formen einen Baum. Ein Pfad ist die Darstellung eines Weges innerhalb des Verzeichnisbaums. Der Schrägstrich »/« in einer Pfadangabe ist das Sonderzeichen, durch das Hierarchie-Ebenen voneinander getrennt werden. Daher darf »/« nicht Bestandteil eines Dateinamens sein. Die Wurzel eines Verzeichnisbaums (das Wurzelverzeichnis) hat keinen Namen und wird nur durch »/« bezeichnet. Fängt ein Pfad mit »/« an, so bezeichnet man den Pfad als *absolut*, andernfalls als *relativ*.

Ein absoluter Pfad wird aufgelöst, indem man dem Pfad von der Wurzel beginnend folgt. Ein relativer Pfad wird aufgelöst, indem man dem Pfad vom aktuellen Arbeitsverzeichnis (current working directory) des auflösenden Prozesses beginnend folgt. Das aktuelle Arbeitsverzeichnis eines Prozesses ist ein individuelles Attribut, das der Prozess unter Berücksichtigung von Zugriffsrechten auf die betroffenen Verzeichnisse beliebig ändern kann. Dementsprechend ist die Auflösung eines absoluten Pfades eindeutig, während dies bei einem relativen Pfad nicht der Fall ist.

Zwei spezielle relative Pfade sind ».« und »..«, die auf das aktuelle Verzeichnis selbst bzw. sein Elternverzeichnis verweisen. Mithilfe von »..« kann man von jeder Stelle eines Baumes einen relativen Pfad zu jeder anderen Stelle beschreiben; und selbst ein absoluter Pfad zu einem Verzeichnis kann durch »..« zu einem anderen Verzeichnis »umgeleitet« werden. Unachtsame Verwendung von Dateinamen in Verbindung mit mangelhafter Eingabeprüfung hat allein deswegen schon zu zahlreichen Sicherheitsproblemen geführt (s. u.)

6 Ext entstand als Abkürzung für Extended File System.

7 ZFS ist eine Bezeichnung, ohne ein Akronym für einen Begriff zu sein, siehe *https://web.archive.org/web/20170223222515/https://blogs.oracle.com/bonwick/en_US/entry/you_say_zeta_i_say*.

Partitionierung

Auf Speichermedien mit permanenter Speicherung der Daten, wie Festplatten, wird unter Unix traditionell eine Partitionierung vorgenommen. Im Gegensatz zu Windows kennen Unix-Systeme das Konzept von Laufwerksbuchstaben und deren Probleme und Einschränkungen nicht. Das gesamte Dateisystem wird als ein großer einheitlicher Verzeichnisbaum dargestellt.

Partitionen werden dazu genutzt, eigenständige Bereiche im Dateisystem zu schaffen, die an bestimmten Stellen im Verzeichnisbaum eingebunden (»gemountet«) werden. Beispielsweise kann für die Benutzerdaten eine eigene Festplattenpartition definiert werden, die dann in das Verzeichnis */home/* eingebunden wird. Die Benutzerdaten werden dann immer über */home/Benutzerverzeichnis/* zur Verfügung gestellt, unabhängig davon, wie viele Festplatten oder Festplattenpartitionen im System verwendet werden. Die Eigenart, dass der Speicherort sich durch den Einbau einer weiteren Festplatte ändert,[8] gibt es bei Unix-Systemen nicht. Der Administrator legt fest, an welcher Stelle Partitionen in den Verzeichnisbaum eingehängt werden. Dabei kann er Partitionen fast beliebig einhängen.

Für die Partitionen können verschiedene Parameter bei der Erstellung und auch der Einbindung festgelegt werden. Zu den Parametern gehören Eigenschaften, wie das zugrunde liegende Dateisystem, aber auch die Möglichkeit, Partitionen bei Bedarf nur schreibgeschützt (read-only) einzubinden. Auf diese Weise kann sichergestellt werden, dass die Daten auf der Partition zwar gelesen, aber nicht verändert werden können. Auch Einschränkungen wie das Verbot von ausführbaren Dateien, das Verbot von Gerätedateien, das Ignorieren von SUID- und SGID-Bits oder das Ändern der Eigentümerschaft einer Datei können konfiguriert werden.

Eine geeignete Nutzung von Partitionen kann zudem die Verfügbarkeit eines Systems erhöhen. Wenn eine Partition den ihr zugewiesenen Speicherplatz komplett ausschöpft, muss das bei einer geeigneten Partitionierung noch nicht den Stillstand des Systems nach sich ziehen. Werden, wie oben beschrieben, die Benutzerdaten unter */home/* auf einer eigenen Partition abgelegt und keine Quotas[9] verwendet, so kann ein Benutzer maximal diese Partition vollständig beschreiben. Auf die Systempartition hat dies keine Auswirkung.

Auch Log-Dateien sowie temporäre Dateien werden häufig in einer eigenen Partition gespeichert. Bei Fehlern in Anwendungen, die sehr viele Log-Einträge erzeugen oder einem gezielten Angriff können die Log-Dateien schnell sehr groß werden. Die Verfügbarkeit des Systems wird dann dadurch gefährdet, dass die Log-Dateien auf der Systempartition gespeichert werden und diese überläuft. Werden die Log-Dateien auf anderen Partitionen abgelegt, ist dagegen möglicherweise nur das Schreiben von Log-Einträgen beeinträchtigt.

Für eine hohe Verfügbarkeit empfiehlt es sich außerdem, die Dateien, die für den Start des Unix-Systems benötigt werden, in einer separaten, möglichst kleinen Partition zu speichern. Diese sollte auch bei Festplattenfehlern mit einiger Wahrscheinlichkeit noch verfügbar sein und einen Start des Systems zur Schadensbehebung erlauben.

---

8 Bei Windows ist es durchaus möglich, dass durch den Einbau einer weiteren Festplatte die Daten und gegebenenfalls auch Anwendungen nicht mehr unter D:\, sondern auf einmal unter E:\ zu finden sind.

9 Über Quotas kann festgelegt werden, wie viel Speicherplatz ein Benutzer maximal belegen darf.

Hardlinks und Softlinks

Links erlauben die Repräsentation von Dateien oder Verzeichnissen in einem Unix-Dateisystem unter mehreren Namen. Hierbei unterscheidet man zwischen Hardlinks und Softlinks; Softlinks wurden zuvor beschrieben.

Ebenso wurde bereits zuvor angemerkt, dass Verzeichnisse in einem typischen Unix-Dateisystem zu einer Datei nur einen Namen und einen *Verweis* auf Metadaten der Datei enthalten. Diese Metadaten, in der Unix-Terminologie als *inode* bezeichnet, werden in einer separaten Tabelle gehalten. Dies erlaubt es, dieselbe Datei unter verschiedenen Namen innerhalb eines Dateisystems abzulegen. Verweist z. B. */ein/datei/name* auf denselben inode wie */anderer/datei/pfad*, so handelt es sich effektiv um dieselbe Datei. Gibt es mehrere Verweise auf einen inode, werden diese umgangssprachlich als Hardlinks bezeichnet. Alle Hardlinks auf einen inode sind gleichwertig.

Dies ist bei Softlinks anders: Hier kann man Quelle und Ziel unterscheiden. Außerdem können bei Softlinks Verweisdatei und Zieldatei auf unterschiedlichen Dateisystemen[10] und Partitionen liegen; Hardlinks dagegen können nur innerhalb eines Dateisystems eingerichtet werden.

Sicherheitsprobleme durch Softlinks

Links müssen sowohl bei der Vergabe von Berechtigungen als auch bei der Entwicklung von Software aus Sicherheitssicht betrachtet werden, dazu zählt auch die Entwicklung von administrativen Skripten. Links können zur Erschleichung von Zugriffsrechten missbraucht werden. Sie können nämlich bei ungünstiger Rechtevergabe eingesetzt werden, um dynamisch – und von den eigentlichen Prozessen unbemerkt – Dateien auszutauschen. Dadurch kann sowohl die Konsistenz von Datenbeständen beeinträchtigt als auch unberechtigt Einsicht in vertrauliche Datenbestände gewonnen werden. Derartige Probleme werden vermieden, wenn Dateien nur in Verzeichnissen gespeichert werden, auf die Unbefugte keinen Zugriff haben. Dies gilt auch und ganz besonders für temporäre Dateien. Sinnvoll ist es deshalb, dass Programme – besonders solche, die im Kontext des Superusers ausgeführt werden – konsequent prüfen, ob es sich bei einer geöffneten Datei um die tatsächlich beabsichtigte Datei oder um einen Link auf ein anderes Objekt handelt. Die komplexen Hintergründe von Angriffen über Softlinks würden den Rahmen dieses Buches sprengen, für sie wird auf die Fachliteratur verwiesen.[11]

Umgebungsvariablen

Jeder Prozess kann auf sogenannte Umgebungsvariablen zugreifen. Hierbei handelt es sich um eine Tabelle mit Name-Wert-Paaren. Typische Umgebungsvariablen sind HOME, PATH, DISPLAY und viele andere. Erzeugt ein Prozess einen Kindprozess, dann wird dem Kindprozess automatisch eine Kopie der Umgebungsvariablen seines Elternprozesses übergeben.

10 Ein Dateisystem repräsentiert den formatierten Bereich einer oder mehrerer Partitionen, bspw. Ext3 oder ReiserFS.

11 Siehe z. B. [WeiPu06].

Umgebungsvariablen sind individuelle Attribute eines jeden Prozesses. Ein Prozess kann den Wert einer solchen Variablen abfragen oder für seinen Kontext ändern, er kann neue Variablen anlegen und bestehende Variablen entfernen. Die Umgebungsvariablen anderer Prozesse sind davon unberührt.

Umgebungsvariablen können dazu verwendet werden, um Anwendungen zu konfigurieren oder Informationen an sie zu übergeben. Ein Prozess ist nicht gezwungen, die Umgebungsvariablen auszuwerten. Es ist Sache der Implementierung des entsprechenden Programms, welche Umgebungsvariablen der Prozess auswertet.

Pfadlisten

Eine typische Anwendung von Umgebungsvariablen sind Pfadlisten aller Art. Eine Pfadliste ist eine Aufzählung von Pfaden zu Verzeichnissen, in denen nach etwas gesucht wird. So gesehen dient der Mechanismus nur der Bequemlichkeit der Benutzer, denen es erspart wird, gegebenenfalls lange Pfadnamen einzugeben. Typische Beispiele sind die Variablen PATH für die Suche nach Programmen, MANPATH für die Suche in der installierten Dokumentation, CLASSPATH für die Suche nach Java-Laufzeitbibliotheken und LD_LIBRARY_PATH für die Suche nach laufzeitgebundenen Bibliotheken[12]. Im Fall der PATH-Variable braucht der Benutzer auf der Kommandozeile oder in einem Skript z. B. anstelle von */usr/local/packages/frob/bin/frobnify* einfach nur *frobnify* eingeben, sofern */usr/local/packages/frob/bin* in PATH aufgeführt ist.

Jedoch ist das Ergebnis nicht immer eindeutig: Die Pfadliste wird Verzeichnis für Verzeichnis danach durchsucht, ob das gesuchte Programm darin enthalten ist, und das erste Programm mit dem gesuchten Namen wird ausgeführt. Dies ist aber nicht notwendigerweise das gewünschte Programm. So führen z. B. einige Unix-Systeme das Erbe von System-V-Unix und Berkeley-Unix mit sich – mit dem Ergebnis, dass dem Namen nach gleichlautende, aber inkompatible Software in getrennten Verzeichnissen aufbewahrt wird. Der Aufruf z. B. von make führt dann z. B. unter einem System-V-Unix zu unterschiedlichen Ergebnissen, je nachdem, ob */usr/ucb* vor oder nach */usr/bin* in der PATH-Variablen erscheint.

Sicherheitsprobleme durch Pfadlisten

Man braucht nicht viel Fantasie, um zu erkennen, dass hier auch Sicherheitsprobleme lauern. Hat ein Benutzer Schreibrecht für ein Verzeichnis, das in der PATH-Variablen eines anderen Benutzers enthalten ist, so kann Ersterer dem Anderen ein trojanisches Pferd unterschieben. Manche Benutzer treiben es mit der Bequemlichkeit auf die Spitze, indem sie ».«, das aktuelle Arbeitsverzeichnis, ganz vorn in ihre Pfadliste aufnehmen. Solche Benutzer braucht ein Angreifer bloß noch dazu zu überreden, in ein vom Angreifer kontrolliertes Verzeichnis zu wechseln und ein harmlos klingendes Programm aufzurufen, wie z. B. ls oder make. Selbst wenn . nicht an vorderster Stelle steht, lassen sich immerhin noch typische Vertipper abfangen (wie z. B. mroe statt more oder mkae, maek oder mak statt make).

12 Diese werden unter Unix-Systemen als *Shared Libraries* und unter Windows als *Dynamic Link Libraries* bezeichnet.

Die Aufnahme relativer Pfade (wie .) in die Pfadliste ist *grundsätzlich nicht sinnvoll*; im Fall des Superusers ist derartiges Verhalten *grob fahrlässig*. Deutlicher ausgedrückt: Pfadlisten sollten grundsätzlich nur Verzeichnisse enthalten, auf die ausschließlich vertrauenswürdige Benutzer Schreibzugriff haben. Für diese ist zu beachten, dass einige Shells leere Einträge in der Pfadliste wie ‚.' behandeln. Bei der Konstruktion von Pfadlisten aus anderen Umgebungsvariablen ist daher besondere Aufmerksamkeit notwendig. Eine Zuweisung der Art *PATH=$EXTRABIN:/bin:/usr/bin:...* führt zu einem gefährlichen Zustand, wenn EXTRABIN nicht definiert ist.

Im Fall des Superusers sollte man bei der Pfadliste grundsätzlich zurückhaltend sein, die Aufnahme von Pfaden wie */opt/obscure/software/bin* oder selbst */usr/local/bin* dürfte praktisch nie sinnvoll sein. Die Programme, die vom Superuser normalerweise aufgerufen werden müssen, stehen in */sbin*, */bin*, */usr/sbin* und */usr/bin*. Auf diese Pfade sollte sich die Pfadliste des Superusers beschränken.

Diese Hinweise gelten auch für die Variablen LD_LIBRARY_PATH und ähnliche Variablen. Da laufzeitgebundene Bibliotheken ausführbaren Code enthalten, der von Programmen dynamisch eingebunden wird, bieten solche Bibliotheken ähnliche Ansatzpunkte für Angriffe.

Sicherheitsprobleme durch Umgebungsvariablen

Wie oben bereits erwähnt, erben Prozesse die Umgebungsvariablen von den jeweils aufrufenden Prozessen. Mit anderen Worten: Umgebungsvariablen sind Eingaben. Falls dem Aufrufer nicht zu trauen ist, dann ist auch den Umgebungsvariablen nicht zu trauen. Das heißt, Umgebungsvariablen müssen wie jede andere Form von Eingabe immer auf Plausibilität und Gültigkeit geprüft werden; dies gilt besonders für SUID- und SGID-Programme.

Sorgfältige Programmierer löschen die Umgebung zu Programmbeginn vollständig und initialisieren sie mit sicheren Grundwerten; andere gehen sogar so weit, die Umgebung komplett zu ignorieren. So hat es sich eingebürgert, Programme in System- und crontab-Skripten beim vollen Namen zu nennen, also z. B. */bin/mount* anstatt einfach nur *mount* und sich dann auf den Wert der PATH-Variablen zu verlassen.

Dennoch ist auch hier Vorsicht geboten: Das Ignorieren der Umgebungsvariablen schützt nicht vor deren Nebenwirkungen. Das Verhalten der Bibliotheken anderer Hersteller und der Laufzeitbinder werden gegebenenfalls von Umgebungsvariablen beeinflusst. So steuert die Variable TMPDIR, wo Aufrufe aus der libc, der »Haupt«-Laufzeitbibliothek, die praktisch von jedem Programm eingebunden wird, temporäre Dateien ablegen. Variablen wie LD_LIBRARY_PATH und LD_PRELOAD beeinflussen ein laufzeitgebundenes Programm sogar, bevor sein eigentlicher Einsprungpunkt erreicht wird, die Anwendung also gewissermaßen »zum Leben erwacht«.

20.1.3 Zugriffsrechte

Unix bietet grundsätzlich die Unterscheidung zwischen den Rechten »lesen«, »schreiben« und »ausführen«. Eine solche Dreiergruppe wird als Triplett bezeichnet. Die Rechte können unabhängig für Eigentümer, Gruppe und die Allgemeinheit eingeräumt werden. Die dazu notwendigen Informationen werden in den Meta-Informationen des Dateisystems abgelegt.

Die genannten Zugriffsrechte können in Unix-System auf unterschiedliche Art dargestellt werden, etwa durch das ls-Kommando zum Auflisten von Dateien oder mit dem chmod-Kommando zum Ändern der Berechtigung. Zur Darstellung können verwendet werden:

- die symbolische Darstellung, bei der die Buchstaben `r`, `w` oder `x` benutzt werden, um eine Berechtigung anzuzeigen, oder »-«, um das Fehlen einer Berechtigung anzuzeigen. So bedeutet etwa das Triplett `r-x`, dass eine Berechtigung zum Lesen und zum Ausführen vorliegt, nicht aber zum Schreiben.
- Oktalzahlen oder
- Zugriffsmatrizen auf modernen grafischen Oberflächen.

Im Weiteren wird die symbolische Darstellung zur Beschreibung der Realisierung von Zugriffsrechten unter Unix verwendet.

Da die Rechte unabhängig für Eigentümer, Gruppe und Allgemeinheit bestehen, müssen zur vollständigen Beschreibung der Zugriffsrechte drei solcher Tripletts angegeben werden, wobei das erste, zweite und dritte Triplett die Zugriffsrechte für den Eigentümer, die Gruppe bzw. die Allgemeinheit beschreibt. Hier einige Beispiele:

> *Eine Programmdatei, etwa im Verzeichnis* `/bin` *oder* `/usr/bin`*, hat typischerweise die Berechtigung* `rwxr-xr-x`*, d. h., der Eigentümer hat vollen Zugriff, während die Gruppe und die Allgemeinheit nur lesend und ausführend zugreifen können. Eine Datei, die in einem Projekt verwendet wird, z. B. ein Dokument, eine Konfigurationsdatei oder eine Quelltextdatei, hat dagegen typischerweise die Rechte* `rw-rw----`*, d. h., Eigentümer und Gruppenmitglieder dürfen die Datei lesen und schreiben, aber nicht ausführen, während die Allgemeinheit keinen Zugriff hat.*
>
> *Eine privates Verzeichnis, etwa das Mail-Verzeichnis im Heimatverzeichnis eines Benutzers, hat typischerweise die Zugriffsrechte* `rwx------`*, während die darin enthaltenen Dateien typischerweise die Rechte* `rw-------` *haben, d. h., nur der Eigentümer selbst hat Zugriff auf das Verzeichnis und die darin enthaltenen Dateien, während alle anderen Benutzer, selbst diejenigen, die derselben Gruppe angehören, keinerlei Zugriff haben.*

Die oktale Darstellung der Berechtigungen ist eine komprimierte Form der symbolischen Darstellung, bei der ein Triplett durch eine Oktalzahl, d. h. eine Ziffer zwischen 0 und 7 dargestellt wird. Dies ergibt sich daraus, dass drei verschiedene Rechte unabhängig voneinander vergeben oder entzogen sein können, d. h., es gibt genau acht mögliche Tripletts. Assoziiert man *r*, *w*, *x* und – mit den Werten 4, 2, 1 bzw. 0, dann ergibt die »Summe der Rechte« eine Zahl zwischen 0 und 7. Es ist einfach nachzuvollziehen, dass jedes der acht möglichen Tripletts genau einer eindeutigen Zahl zwischen 0 und 7 entspricht. Beispiele für diese Rechtevergabe sind:

> `rwxr-xr-x` *entspricht 755, da* `r+w+x` *= 4+2+1 = 7 und* `r+-+x` *= 4+0+1 = 5 ist.*
> `rw-rw----` *entspricht 660, da* `r+w+-` *= 4+2+0 = 6 ist.*
> `rwx------` *entspricht 700 und* `rw-------` *entspricht 600.*

Spezielle Zugriffsrechte

Es gibt in Unix-Systemen noch drei weitere Zugriffsrechte. Genauer ausgedrückt wird für diese die Bedeutung bestehender Zugriffsrechte verändert. Diese drei speziellen Zugriffsrechte werden als SUID-Bit, SGID-Bit und Sticky-Bit bezeichnet, und ihnen werden die Symbole *s*, *s* bzw. *t* sowie die Oktalwerte 4, 2 bzw. 1 zugeordnet.

In der symbolischen Darstellung stehen diese Zugriffsrechte nicht gesondert, sondern *anstelle* der Ausführungsrechte, dem *x*, für Eigentümer, Gruppe bzw. Allgemeinheit; in der oktalen Darstellung stehen diese Zugriffsrechte dagegen gesondert. Einige Beispiele sollten das Konzept verdeutlichen:

> *Eine ausführbare Datei habe die Zugriffsrechte* `rwxr-xr-x` *(755). Ist das SUID-Bit zusätzlich gesetzt, so lautet die symbolische Darstellung der Zugriffsrechte* `rwsr-xr-x` *und die oktale Darstellung 4755. Ist stattdessen das SGID-Bit gesetzt, so lautet die symbolische Darstellung* `rwxr-sr-x` *und die oktale Darstellung 2755. Sind SUID-Bit und SGID-Bit gesetzt, dann lautet die symbolische Darstellung* `rwsr-sr-x` *und die oktale Darstellung 6755.*
>
> *Ein Verzeichnis habe die Zugriffsrechte* `rwxrwx---` *(770). Ist das SGID-Bit zusätzlich gesetzt, so lautet die symbolische Darstellung* `rwxrws---` *und die oktale Darstellung 2770.*
>
> *Ein Verzeichnis habe die Zugriffsrechte* `rwxrwxrwx`*. Ist das Sticky-Bit zusätzlich gesetzt, so lautet die symbolische Darstellung* `rwxrwxrwt` *und die oktale Darstellung 1777.*
>
> *Bei den vorstehenden Beispielen war jeweils immer das Ausführungsrecht vergeben. In der Tat haben die speziellen Zugriffsrechte meist nur in Verbindung mit dem Ausführungsrecht eine Bedeutung. Ist das Ausführungsrecht nicht vergeben, aber das entsprechende spezielle Zugriffsrecht, so wird dies in der symbolischen Darstellung durch einen Großbuchstaben gekennzeichnet.*
>
> *Eine Datei habe die Zugriffsrechte* `rw-rw-r--`*. Ist das SGID-Bit zusätzlich gesetzt, so lautet die symbolische Darstellung* `rw-rwsr---` *und die oktale Darstellung 2664.*
>
> *Ein Verzeichnis habe die Zugriffsrechte* `rwxrwx---`*. Ist das Sticky-Bit zusätzlich gesetzt, so lautet die symbolische Darstellung* `rwxrwx--T` *und die oktale Darstellung 1770.*

Vergabe von Zugriffsrechten für neu angelegte Dateien

Wird eine Datei neu angelegt, so erbt diese Datei die EUID und *üblicherweise* auch die EGID des anlegenden Prozesses. Ausnahmen hiervon werden weiter unten dargestellt. Die UID einer Datei, die deren Eigentümer ausweist, kann nur vom Superuser geändert werden. Die Gruppenzugehörigkeit einer Datei kann dagegen auch vom Eigentümer geändert werden. Der Eigentümer einer Datei kann dieser Datei die GID einer beliebigen Gruppe zuweisen, der er selbst angehört.

Die Zugriffsrechte einer neu angelegten Datei hängen von den Rechten ab, die die erstellende Anwendung vergibt. Diese können durch die sogenannte umask eingeschränkt werden:

- Die Anwendung, die die Datei anlegt, gewährt zunächst über den `mode`-Parameter des `open`-, `create`- oder `mkdir`-Systemaufrufs die Rechte, die aus Sicht der Anwendung sinnvoll sind.
- Über die umask wird die Vergabe bestimmter Zugriffsrechte unterdrückt: Die umask spezifiziert, welche Rechte beim Anlegen einer neuen Datei nicht gewährt werden dürfen. Typischerweise wird die umask als Oktalzahl dargestellt. Die umask ist ein Attribut, das jeder Prozess individuell besitzt. Er erbt sie vom erzeugenden Elternprozess.

Das Konzept wird an einigen Beispielen verdeutlicht, in denen ein Prozess eine Datei neu anlegt.

Hat ein Prozess die umask 022 (`----w--w-`), so bedeutet dies, dass das Schreibrecht für die Gruppe und die Allgemeinheit grundsätzlich nicht gewährt wird. Legt der Prozess eine Datei mit dem Rechten 660 an (`rw-rw----`), so entsprechen die tatsächlich vergebenen Rechte dem Wert 640 (`rw-r-----`).

Hat ein Prozess die umask 007 (`------rwx`), so bedeutet dies, dass der Allgemeinheit grundsätzlich kein Zugriff gewährt wird. Legt der Prozess ein Verzeichnis mit den Rechten 755 an (`rwxr-xr-x`), so werden tatsächlich die Rechte 750 (`rwxr-x---`) vergeben.

Hat ein Prozess die umask 027 (`----w-rwx`), so bedeutet dies, dass der Allgemeinheit der gesamte Zugriff verwehrt wird, während der Gruppe die Schreibberechtigung verwehrt wird. Legt der Prozess ein Verzeichnis mit den Rechten 777 an (`rwxrwxrwx`), so werden tatsächlich die Rechte 750 (`rwxr-x---`) vergeben.

Hat ein Prozess die umask 077 (`---rwxrwx`), so wird sowohl der Allgemeinheit als auch der Gruppe keinerlei Zugriff gewährt. Legt der Prozess ein Verzeichnis mit den Rechten 444 an (`r--r--r--`), so werden tatsächlich die Rechte 400 (`r--------`) vergeben.

Hat ein Prozess dagegen die umask 000 (`---------`), so werden beim Anlegen einer Datei genau die Rechte vergeben, die der Prozess vorsieht.

Ein Prozess kann die umask zu jedem Zeitpunkt beliebig ändern. Allerdings hat eine Änderung der umask keine Wirkung auf die vergebenen Rechte für bereits bestehende Dateien. Die individuelle Rechtevergabe (etwa über den chmod-Systemaufruf) ist von der umask *nicht* berührt, d. h., ein Prozess kann einer Datei individuell beliebige Zugriffsrechte zuweisen.

Bedeutung von Zugriffsrechten

Die Bedeutung der Rechte r und w ist naheliegend: Hat ein Subjekt das Recht r zu einem Objekt, so darf das Subjekt lesend auf das Objekt zugreifen; entsprechend schreibend für das Recht w. Kann die entsprechende Operation trotz der Rechte prinzipiell nicht ausgeführt werden, dann gibt das Betriebssystem eine Fehlermeldung zurück, z. B. beim Versuch vom Schreib-Ende eines unidirektionalen Kanals (Pipe) zu lesen oder beim Versuch, eine Datei auf ein Read-Only-Dateisystem zu schreiben.

Eine Besonderheit sei hier aber im Zusammenhang mit Verzeichnissen erwähnt: Anders als bei anderen Betriebssystemen gibt es das explizite Recht zum Löschen oder Umbenennen einer Datei nicht. Dieses Recht wird stattdessen durch das Schreibrecht für das Verzeichnis impliziert, in dem sich die zu löschende Datei befindet. Mit anderen Worten: *Das Recht, eine Datei zu löschen, ist nicht an diese Datei selbst gebunden.* Ein Benutzer könnte also eine Datei löschen oder umbenennen, ohne auch nur irgendein Zugriffsrecht auf ebendiese Datei zu haben. Nach Unix-typischer Logik ist das nur konsequent: Löschen bedeutet ja nichts anderes, als einen Eintrag in einem Verzeichnis zu entfernen, dieses also zu modifizieren (zu beschreiben). Dennoch ist diese Regel zumindest nicht intuitiv, und ihre Vernachlässigung kann durchaus ernste Konsequenzen für die Sicherheit bergen.

Die Bedeutung des Rechts x ist weniger intuitiv als die der Rechte r und w. Wenn ein Subjekt das Recht x für eine Datei hat, darf es diese ausführen. Erstaunlicherweise gibt es das Recht x auch für Dateien, die keinen Programmcode enthalten sowie für Verzeichnisse. Die Bedeutung für diese Fälle wird im Weiteren beschrieben.

Das Recht »x« für Dateien

Ein Prozess ist ein Programm in Ausführung. Wenn das Betriebssystem damit beauftragt wird, ein neues Programm zu laden, muss die Datei, die das Programm enthält, spezifiziert werden. Hat der Aufrufer das Recht zur Ausführung (x), dann prüft das Betriebssystem anhand einer sogenannten Magic Number[13], ob die Datei ein »ordentliches« Programm enthält, z. B. ein ausführbares Binary oder ein Skript. Letzteres wird durch die Zeichenfolge »#!« erkannt, wie z. B. bei *#!/bin/sh* oder *#!/usr/bin/python*. Enthält die Datei kein ausführbares Programm, liefert das Betriebssystem eine Fehlermeldung zurück.

Das Recht x ist somit für alle anderen Dateitypen in der Tat sinnlos. Moderne Unix-Systeme lassen es allerdings zu, die Definition eines »ordentlichen« Programms zu erweitern. So kann man ein Java-Programm direkt aufrufen, ohne erst manuell die Java-Laufzeitumgebung aufzurufen; das Betriebssystem erledigt das für den Aufrufer. Skripte werden seit ehedem auf genau diese Art ausgeführt; die Idee ist also nicht neu.

Ausführbare Dateien mit SUID- oder SGID-Bit

Wie bereits beschrieben, erhält ein Prozess, der ein zusätzlich zum x-Flag mit SUID- oder SGID-Bit gekennzeichnetes Programm ausführt, die EUID bzw. die EGID des Programmeigentümers. So wird gesteuert, dass der Prozess im Kontext des Dateieigentümers abläuft, siehe Abschnitt 20.1.4.

Ausführbare Dateien mit Sticky Bit

Das Sticky-Bit ist ein Relikt aus der Zeit, als Hauptspeicher noch knapp war. Durch das Sticky-Bit wurde dem Betriebssystem angezeigt, ein (häufig verwendetes) Programm nach Beendigung im Hauptspeicher zu belassen, um beim nächsten Aufruf effizienter gestartet zu werden. Heutige Implementierungen von Unix ignorieren das Sticky Bit für ausführbare Dateien.

---

13 Bei der Magic Number handelt es sich um eine spezielle Zeichensequenz am Anfang einer Datei, anhand derer der Dateityp per Konvention identifiziert werden kann.

Nicht ausführbare Dateien mit SGID-Bit

Sperren (*Locks*) haben unter Unix-Systemen seit jeher mehr den Charakter einer Empfehlung, d. h., die Sperre eines Prozesses über eine Datei hält einen anderen Prozess nicht davon ab, die Datei entgegen der Sperre zu verwenden. Das Betriebssystem verwaltet die Sperren zwar minutiös, lässt aber die Verletzung von Sperren zu. Nach Unix-typischer Logik sind die Anwendungen selbst dafür verantwortlich, atomare Transaktionen zu implementieren und sicherzustellen. Andernfalls müsste das Betriebssystem sich zusätzlich mit der Verhinderung oder der Entdeckung und Auflösung von Deadlocks beschäftigen.

Ein sogenanntes *Advisory Lock* (»empfohlene Sperre«) wird durch das Betriebssystem intern vermerkt und kann durch konkurrierende Prozesse abgefragt werden. Auf Programmebene ist dadurch eine Prozesskoordination möglich, diese wird aber nicht vom Betriebssystem erzwungen. Insofern sind auch konkurrierende Zugriffe auf Objekte möglich, wenn die Sperre nicht beachtet wird.

Durch das SGID-Bit für nicht ausführbare Dateien wird aus einem Advisory Lock eine erzwungene Sperre (*Mandatory Lock*) für diese Datei, d. h., in diesem Fall verhindert das Betriebssystem Zugriffsverletzungen. Dadurch wird zwar der konkurrierende Zugriff auf ein Objekt unterbunden, allerdings stellt das Betriebssystem keinen Mechanismus bereit, um Deadlocks zu erkennen, zu vermeiden oder aufzulösen. Dies ist weiter die Aufgabe der Anwendungen.

Dieser wenig durchdachte Mechanismus zeigt einmal mehr, was passiert, wenn man nachträglich Sicherheitsfunktionen auf einen bestehenden Entwurf sattelt: Durch Umbenennen und Kopieren der gesperrten Datei lässt sich der Mechanismus aushebeln. Für eine wirksame Sperre müsste auch das Verzeichnis gesperrt werden; dies ist aber nicht vorgesehen. Will man atomare Transaktionen auf Dateien zwischen einander misstrauenden Prozessen implementieren, dann bleibt unter Unix-Systemen nur der Weg einer Client-Server-Architektur.

Das Recht »x« für Verzeichnisse

Bei Verzeichnissen bedeutet die Ausführbarkeit Folgendes: Hat ein Prozess das Recht *x* für ein Verzeichnis, so darf er in dieses Verzeichnis wechseln oder auf Dateien darin zugreifen (lesen, schreiben, ausführen; je nach Zugriffsrechten für die Datei). Das Leserecht des Prozesses für das Verzeichnis ist hierfür übrigens irrelevant: Das Leserecht auf ein Verzeichnis erlaubt es dem Prozess lediglich, sich den Inhalt des Verzeichnisses *anzeigen* zu lassen.

Mit anderen Worten: Hat ein Prozess das Recht *x*, aber nicht das Recht *r* zu einem Verzeichnis, so muss dieser *a priori* »wissen«, auf welche Datei(en) er zugreifen möchte. Hat ein Subjekt dagegen die Leseberechtigung für ein Verzeichnis, nicht aber Ausführungsberechtigung, so darf sich das Subjekt die Dateien in dem Verzeichnis zwar anzeigen lassen, darf sie aber nicht öffnen, und zwar unabhängig davon, welche Zugriffsrechte das Subjekt auf die jeweilige Datei hat. Die Beschränkung auf das Recht *r* für das Verzeichnis verhindert auch den Zugriff auf die Metadaten des Verzeichnisses und der Dateien (bspw. Größe, Eigentümer, Zugriffsrechte, Zugriffszeiten usw.).[14] Eine Übersicht über die notwendigen Zugriffsrechte für diverse Aktionen auf einem Verzeichnis ist in Tabelle 20.1 dargestellt.

Tabelle 20.1: Aktionen auf einem Verzeichnis und die dafür notwendigen Zugriffsrechte

Aktion	Zugriffsrecht
Verzeichnis öffnen	r
In Verzeichnis oder Unterverzeichnis wechseln	x
Datei öffnen oder ausführen	x
Unterverzeichnis öffnen	x
Metadaten über Datei oder Unterverzeichnis anfordern	x
Datei oder Unterverzeichnis anlegen	w und x
Datei oder Unterverzeichnis umbenennen	w und x
Datei oder Unterverzeichnis löschen	w und x

Verzeichnisse mit Sticky-Bit

Wie bereits erwähnt, gibt es unter Unix-Systemen kein explizites Recht zum Löschen einer Datei; ebenso nicht für das Umbenennen einer Datei. Diese Rechte werden impliziert durch das Schreibrecht auf dem Verzeichnis, das die Datei enthält. Eine Folge davon ist, dass gegebenenfalls jemand anderes als der Eigentümer die entsprechende Datei löschen oder umbenennen könnte.

Öffentliche Verzeichnisse, wie etwa */tmp* oder */var/tmp*, haben die Zugriffsrechte *rwxrwxrwx*. Somit ist es möglich, dass ein Benutzer eine Datei in einem solchen Verzeichnis anlegt und ein anderer Benutzer sie wieder entfernt. Zum Schutz davor kann das Sticky-Bit für ein solches Verzeichnis gesetzt werden, dann gelten etwas andere Zugriffsregeln bzgl. der Löschung und Umbenennung von Dateien. Ist das Sticky-Bit gesetzt, dann darf jede Datei in diesem Verzeichnis nur von ihrem Eigentümer, dem Eigentümer des Verzeichnisses oder dem Superuser gelöscht oder umbenannt werden.

Verzeichnisse mit SGID-Bit

Üblicherweise erbt eine neu angelegte Datei die EGID des anlegenden Prozesses. Ist aber das SGID-Bit des Verzeichnisses gesetzt, in dem die Datei angelegt wird, und ist der anlegende Prozess Angehöriger der Gruppe, der das Verzeichnis gehört, dann erbt die neue Datei die GID dieses Verzeichnisses.

14 Diese Daten sind unter Unix-Dateisystemen *nicht* im Verzeichnis, sondern in der sogenannten inode-Tabelle gespeichert.

Die Idee ist die Folgende: Arbeiten mehrere Benutzer in einem Projekt zusammen, dem eine eigene Benutzergruppe gewidmet ist, dann wird mit dem SGID-Bit erreicht, dass alle Dateien, die in den Projektverzeichnissen von den Projektmitgliedern angelegt werden, den anderen Mitgliedern der Gruppe zugänglich sind. Wenn die Projektmitglieder ursprünglich aus anderen, unterschiedlichen Gruppen kämen und Dateien mit ihrer primären GID anlegten, dann müsste die Gruppeneigentümerschaft jeweils manuell geändert werden. Durch das SGID-Bit wird dies vom System automatisch gemacht.

Zugriffsrechte und Symbolic Links

Symbolic Links werden üblicherweise mit den Zugriffsrechten *rwxrwxrwx* angelegt. Entscheidend für die Erlaubnis des Zugriffs zu einer Datei sind in diesem Fall die Zugriffsrechte des Prozesses auf die Datei selbst. Eine Einschränkung der Zugriffsrechte bei Softlinks bringt daher in der Regel keinen Sicherheitsgewinn.

Zugriffskontrollisten

Neben den klassischen Zugriffsrechten bieten viele Unix-Systeme auch Zugriffskontrolllisten (Access Control List, ACL) an. Die IEEE hat hierzu den Standard 1003.1e (POSIX 1e) ausgearbeitet, der jedoch nie verabschiedet wurde. Die Ausdrucksmächtigkeit von POSIX-ACLs steht den ACLs unter Windows deutlich nach, da POSIX-ACLs nicht dynamisch vererbt werden und Zugriffsrechte nur gewährt werden, aber nicht entzogen werden können. POSIX-ACLs können jedoch statisch vererbt werden. Hierzu wird einem Verzeichnis eine Default-ACL zugeordnet, die jedem Objekt innerhalb dieses Verzeichnisses bei seiner Erzeugung zugewiesen wird, sofern keine explizite Zuweisung einer ACL erfolgt.

POSIX-ACLs können Einträge der folgenden Typen enthalten:

- **ACL_USER_OBJ**
  Mit diesem Eintrag, der exakt einmal vorhanden ist, werden die Zugriffsrechte des Eigentümers abgebildet. Dieser Eintrag entspricht den herkömmlichen Rechten
- **ACL_USER**
  Mit diesem optionalen Typ, der auch mehrfach vorkommen kann, werden die Zugriffsrechte der jeweils benannten Benutzer abgebildet.
- **ACL_GROUP_OBJ**
  Mit diesem Eintrag, der exakt einmal vorhanden ist, werden die Zugriffsrechte der Gruppe abgebildet, der das Objekt angehört.
- **ACL_GROUP**
  Mit diesem optionalen Typ, der auch mehrfach vorkommen kann, werden die Zugriffsrechte der jeweils benannten Gruppen abgebildet.
- **ACL_MASK**
  Mit diesem Typ wird eine Maske für die Zugriffsrechte spezifiziert. Dieser Typ muss vorkommen, wenn Einträge der Typen `ACL_USER` oder `ACL_GROUP` aufgeführt sind, wird aber – wenn vorhanden – auch auf `ACL_GROUP_OBJ` angewendet. `ACL_MASK` arbeitet genau umgekehrt zur herkömmlichen umask, d. h., `ACL_MASK` führt die Rechte auf, die maximal vergeben werden dürfen.

- **ACL _ OTHER**
  Mit diesem Eintrag, der exakt einmal vorhanden ist, werden die Zugriffsrechte der Allgemeinheit abgebildet.

Ohne Einträge für die optionalen Typen *ACL_USER, ACL_GROUP* und *ACL_MASK* entspricht die ACL exakt den herkömmlichen Zugriffsrechten unter Unix. Die entsprechenden Zugriffsrechte werden stets mit den herkömmlichen Dateizugriffsrechten synchronisiert bzw. daraus abgeleitet, sodass hier kein Widerspruch entsteht.

Für die Prüfung eines Zugriffs werden ACLs in der Reihenfolge der vorstehenden Aufzählung abgearbeitet: Der erste ACL-Eintrag, der anwendbar ist, entscheidet über den Zugriff. Ist kein Eintrag anwendbar, dann wird der Zugriff verweigert.

20.1.4 Erweiterung von Rechten – privilegierte Aktionen

Gelegentlich ist es notwendig, dem Benutzer erhöhte Privilegien einzuräumen, um bestimmte Aufgaben erfüllen zu können. Wird bspw. eine CD in das CD-Laufwerk eingelegt oder ein USB-Stick an ein System angeschlossen, dann soll der Nutzer eventuell in der Lage sein, auf die entsprechenden Medien zugreifen zu können.

SUID und SGID

Der Standard-Unix-Mechanismus zur Erweiterung der Rechte sind SUID und SGID (für set-UID bzw. set-GID). Wird ein neuer Prozess gestartet, so erbt der neue Prozess zunächst die tatsächliche UID und GID sowie die EUID und EGID des *Aufrufers*; ein Kindprozess hat somit zunächst dieselben Privilegien wie der Elternprozess. Normalerweise ändert sich daran auch nichts. Ist aber die Datei, aus der das auszuführende Programm geladen wird, als SUID gekennzeichnet, dann weist das Betriebssystem die UID des *Eigentümers der Programmdatei* der EUID des Prozesses zu; der Prozess bekommt somit die Privilegien des Programmeigentümers. Entsprechend: Ist die Programmdatei als SGID gekennzeichnet, dann wird der EGID des Prozesses die GID der Gruppe, der die Programmdatei gehört, zugewiesen. Auf diese Weise kann ein Prozess andere Privilegien erlangen, als ihm nach seiner tatsächlichen UID und GID eigentlich zustehen.

Als Anwendungsfall kann man eine spezielle Gruppe einrichten, die sowohl das Objekt (z. B. Datei oder Gerät) als auch alle zugelassenen Programme zur Bearbeitung des Objekts zugeordnet sind. Hat die Gruppe Zugriffberechtigung auf das Objekt und sind die Programme darüber hinaus SGID, dann wird jede Operation des Programms auf dem Objekt mit den Berechtigungen der speziellen Gruppe ausgeführt. Die Begrenzung auf die Operationen auf die zugelassenen Programme funktioniert aber nur, wenn keine weiteren Benutzer in die spezielle Gruppe aufgenommen werden. Andernfalls hätten diese unkontrollierten Zugriff zu dem Objekt.

Analog lassen sich auch Benutzerprivilegien vererben. Das extreme Beispiel hierfür sind SUID-root-Programme, die dem Benutzer für eine gewisse Dauer die Privilegien des Superusers (s. u.) verleihen. Die Verwendung von SUID- und SGID-Programmen hat dementsprechend einige schwerwiegende Konsequenzen für die Sicherheit: Wird ein SUID-Programm kompromittiert, etwa durch einen Pufferüberlauf, dann bekommt der

Angreifer die Privilegien des Eigentümers. Im Fall von SUID-root-Programmen sind die Folgen fatal. Dasselbe Schicksal droht, wenn ein SUID-Programm leichtsinnigerweise ein anderes Programm aufruft, das ein sogenanntes Shell-Escape[15] ermöglicht.

Die Implementierung von SUID- und SGID-Programmen erfordert daher allerhöchste Sorgfalt. Dies wird leider dadurch erschwert, dass der UID-Mechanismus in Unix-Systemen immer komplizierter wurde: Neben der tatsächlichen UID/GID und der effektiven UID/ GID gibt es auch eine gesicherte UID/GID, und die Übergange zwischen verschiedenen Zuständen sind nicht immer leicht überschaubar.[16]

Capabilities

Für Unix-Systeme, die die POSIX-Capabilities implementieren, können Capabilities Prozessen analog zu SUID/SGID zugewiesen werden, wenn die Dateisysteme eine entsprechende Markierung vorsehen. So kann man bspw. die Datei für das Programm ping mit der Capability CAP_NET_RAW markieren (anstatt ihm das SUID-Bits zuzuweisen). Bei Aufruf des Programms erhält der entsprechende Prozess dann automatisch die Capability CAP_NET_RAW.

GNU/Linux: polkit

Der SUID- bzw. SGID-Mechanismus und selbst Capabilities erfüllen die Anforderungen einer begrenzten Rechteerweiterung nicht. Wird bspw. die Capability CAP_DAC_READ_SEARCH verliehen, dann erhält der betreffende Prozess die entsprechenden Privilegien pauschal für das gesamte System. Dies ist jedoch oft nicht gewünscht. Eine Alternative zur Rechteerweiterung besteht in einer zeitlich begrenzten Übertragung der Eigentümerschaft für bestimmte Objekte an den Benutzer. Dies ist zwar feingranularer als die eingangs beschriebenen Mechanismen, wirft aber bspw. bei konkurrierenden Zugriffen durch mehrere Benutzer Probleme auf.

Eine deutlich bessere Steuerung darüber, welche Privilegien ein angemeldeter Benutzer hat, bietet GNU/Linux mit dem polkit-Framework. Programme, die die dazugehörige API verwenden, können für bestimmte Aktionen über einen Authentication Agent bei einer privilegierten Authority anfragen. Diese veranlasst gemäß einer Richtlinie die gewünschte Aktion oder weist sie ab. Der Authentication Agent fordert dabei gegebenenfalls vom Benutzer die Eingabe von Zugangsinformationen, bspw. sein eigenes Passwort oder das Superuser-Passwort. Das polkit-Framework ist damit in der Wirkung der User Account Control unter Windows entfernt ähnlich.

---

15 Eine Shell ist ein Programm, das interaktiv Kommandoeingaben abarbeitet. Ein Shell-Escape ist ein anachronistischer Mechanismus aus der Zeit vor grafischen Benutzeroberflächen und Shells mit einer Fähigkeit, die als Job-Control bezeichnet wird. Ein Shell-Escape erlaubt es dem Anwender eines interaktiven Programms, aus diesem Programm heraus eine temporäre Shell (oder auch andere Programme) aufzurufen, um etwa nach Dateien zu suchen oder Verzeichnisse anzulegen, ohne das Programm verlassen zu müssen. Aus Sicherheitssicht handelt es sich bei einem Shell-Escape schlicht um eine (gewollte) Hintertür; entsprechend bedenklich ist die Verwendung von Programmen, die Shell-Escapes vorsehen. Aus technischer Sicht sind Shell-Escapes heutzutage unnötig, jedoch tragen viele Programme dieses historische Erbe aus uralten Zeiten immer noch mit sich herum. Leider lassen sich unerwünschte Shell-Escapes mit Unix-Bordmitteln nicht einfach unterdrücken.

16 Siehe [ChWaDe02].

Die Definition des Regelwerks erfolgt dabei in zwei Teilen. Zunächst muss eine Definition von Aktionen für einen Mechanismus vorliegen. Mechanismen bündeln jeweils verschiedene Aktionen, die auf einem Objekt möglich sind. Ein solcher Mechanismus kann bspw. die Bereitstellung von Partitionen sein, die möglichen Aktionen sind das Einbinden in den oder das Entfernen aus dem Dateibaum. Ein Satz von Regeln bestimmt schließlich, wer unter welchen Umständen welche Aktion für einen Mechanismus ausführen darf.

20.2 Systemzugang und Authentisierung

20.2.1 Sicherer lokaler Zugang

Anmeldung

Die Anmeldung an einem Unix-System erfolgt traditionell über die Angabe von Benutzername und Passwort, mittlerweile sind aber auch andere Methoden einsetzbar, wie bspw. der Einsatz von Smartcards. Dennoch bilden Benutzername und Passwort die bei Weitem vorherrschende Form der Authentifizierung.

Bis in die 1990er-Jahre wurden Unix-Systeme im Multi-User-Betrieb im eigentlichen Sinn genutzt, d. h., mehrere (gegebenenfalls Hunderte) Benutzer haben sich über Terminals an einem Unix-System angemeldet. Diese Terminals waren in der Regel rein textorientiert. Jedes Terminal war über eine serielle Leitung mit dem System verbunden. War kein Benutzer angemeldet, dann wartete das getty-Programm auf dieser Leitung auf die Eingabe eines Benutzernamens. Nach Eingabe des Benutzernamens erfolgte die Authentisierung durch das login-Programm, das nach einem Passwort gefragt hat. Nach erfolgreicher Authentisierung wurde eine Session eröffnet, indem eine Kommandozeilen-Shell mit der UID und primären GID des Benutzers gestartet wurde.

Später kamen Unix-Workstations auf, die im Grunde wie heutige Desktop-PCs arbeiteten, aber im Vergleich zu damaligen PCs überdurchschnittliche Rechenleistung aufwiesen. Diese Workstations boten eine grafische Oberfläche auf Grundlage des X11-Fenstersystems zur Anmeldung und für die weitere Arbeit. X11 bildet das Fundament für die grafischen Oberflächen heutiger Unix-Desktop-Systeme. X11 zeichnet sich durch die folgenden Kernelemente aus:

- X11 folgt einer Client-Server-Architektur. Dabei ist der X-Server für die Darstellung der grafischen Elemente auf dem Bildschirm verantwortlich und erzeugt aus den Aktionen des Anwenders X-Events, etwa aus Tastatureingaben, Mauszeigerbewegungen, Mausklicks usw. Der X-Client stellt die Anwendung dar, die über eine grafische Benutzeroberfläche bedient werden soll. Er nutzt einen X-Server zur Anzeige der Benutzeroberfläche und empfängt die Benutzereingabe in Form von X-Events, die er verarbeiten kann.
- X11 enthält ein Netzwerkprotokoll, mit dessen Hilfe X-Clients und X-Server transparent über das Netzwerk kommunizieren können. Das X11-Netzwerkprotokoll, üblicherweise auf TCP Port 6000, enthält keine Sicherheitsmechanismen, daher sollte dieses Protokoll bspw. über SSH getunnelt werden, wenn die Kommunikation über nicht vertrauenswürdige Netze erfolgt.

- Ein typisches Nutzungsszenario ist dabei, dass der X-Client auf einem entfernten System abläuft,[17] während der X-Server auf dem lokalen System läuft. Der Tradition der Terminals folgend wurden in diesem Sinn seinerzeit auch X-Terminals angeboten, über die ein Benutzer Zugang zu einem Unix-System bekommen konnte. Das Terminal verfügte über seinen eigenen X-Server, besaß darüber hinaus aber kaum Fähigkeiten. Zur Anmeldung wurde die Anmeldemaske des entfernten X-Display-Managers sowie die nachfolgende X-Session an den X-Server auf dem Terminal weitergeleitet.
- Im Laufe der Zeit wurden Unix-Workstations durch gewöhnliche PCs verdrängt. Moderne Desktop-Unix-Systeme laufen mittlerweile fast ausschließlich auf PCs oder virtuellen Maschinen, während X-Terminals in ihrer ursprünglichen Form nicht mehr verwendet werden. Das genannte Nutzungsszenario ist aber auch heutzutage noch anzutreffen.

Im Gegensatz zu Windows, bei dem das Fenstersystem fester Bestandteil des Betriebssystems ist, ist X11, d. h. der X-Server, vom Betriebssystem unabhängig. Ein Absturz des X-Servers beeinträchtigt somit nicht den Rest des Systems.

Die Anmeldung am System erfolgt bei X11 am X-Display-Manager, der die Aufgaben von getty und login übernimmt. Nach erfolgreicher Authentisierung wird eine X-Session eröffnet, bei der gegebenenfalls auch die Eigentümerschaft für bestimmte Gerätetypen, wie bspw. Audio-Ausgabe, auf den angemeldeten Benutzer übertragen wird, damit dieser diese Geräte nutzen konnte. Aus der X-Session heraus werden dann auch ein Fenstermanager sowie weitere Programme und Anwendungen gestartet.

Ein zuverlässiger Schutz gegen trojanische Anmeldebildschirme oder Bildschirmsperren besteht unter Desktop-Unix-Systemen nicht, da ein Secure Attention Key oder eine Secure Attention Sequence wie *Strg-Alt-Entf* unter Windows für Unix-Systeme unüblich ist. Einige Implementierungen des X11-Fenstersystems nutzen *Strg-Alt-Backspace,* um eine gegebenenfalls laufende X-Session abzubrechen und den X-Server neu zu starten. Dabei handelt es sich jedoch um eine sehr drastische Maßnahme, die zudem nicht als Secure Attention Sequence gedacht war, daher wird diese Funktion üblicherweise deaktiviert. Eine Methode, um einen vertrauenswürdigen Zustand unter Unix herbeizuführen, gibt es somit nicht.

Herkömmliche Methoden der Authentifizierung

Die herkömmliche Anmeldung eines Benutzers an einem Unix-System erfordert die Eingabe des Benutzernamens und eines Passworts, um den Benutzer zu authentifizieren. In Unix-Systemen werden alle wichtigen Informationen über einen Benutzer in der Datei */etc/passwd* gespeichert. Diese Datei ist eine einfache, zeilenorientierte Datenbank, die eine siebenspaltige Tabelle enthält. Die Spalten in der Passwort-Tabelle sind durch Doppelpunkte voneinander getrennt. Die Bedeutung der jeweiligen Spalten ist in der Tabelle 20.2 angegeben. Eine typische Zeile in der Datei */etc/passwd* sieht etwa so aus:

```
jsmith:x:1001:1001:Joe Smith,Room 17:/home/jsmith:/bin/bash
```

17 Weil dieses System bspw. leistungsstärker ist oder weil dort spezielle Ressourcen zur Verfügung stehen.

Beim Entwurf der typischen Unix-Benutzerverwaltung waren Verzeichnisdienste jedoch noch lange nicht angedacht. Daher ist diese Datei in der Regel für alle Benutzer eines Systems lesbar. Dadurch ergaben sich aber frühzeitig Probleme, da die einwegverschlüsselten Passwörter durch Brute-Force- oder Wörterbuchangriffe rekonstruiert werden konnten. Die Datei konnte gelesen und auf ein System des Angreifers kopiert werden. Dort konnte er mit entsprechenden Tools den Angriff automatisiert durchführen.

Tabelle 20.2: Aufbau von »/etc/passwd«

Spalte Nr.	Inhalt
1	Benutzername
2	Passwort (in neuen Systemen häufig ein x, das Passwort selbst wird nicht mehr in der Datei */etc/passwd*, sondern in */etc/shadow* gespeichert)
3	UID des Benutzers
4	Group-ID der primären Gruppe des Benutzers
5	»GECOS«-Feld[18] mit zusätzlichen Informationen zum Benutzer
6	Heimatverzeichnis des Benutzers
7	Shell, die nach Anmeldung ausgeführt wird

In einem ersten Ansatz wurden die Angriffe dadurch erschwert, dass den Passwörtern ein sogenanntes Salt (Salz) aus zwei Bytes vorangestellt wurde, das im Klartext in der Passwort-Datei steht und in die Einwegverschlüsselung mit eingeht. Das Salt erfüllt dieselbe Funktion wie ein Initialisierungsvektor bei einer Verschlüsselung: Die Eingabe (hier das Passwort) wird diversifiziert, d. h., ein Passwort führt zu vielen möglichen Einwegcodierungen desselben. Das Salt ist keineswegs geheim und muss im Klartext verwendet werden.

Diversifizierung erschwert sogenannte Wörterbuchangriffe, bei denen Tabellen von Passwörtern und deren Codierung im Voraus berechnet und nach Codierung sortiert werden; ein Angreifer kann dann zu einer gegebenen Codierung das entsprechende Passwort nachschlagen. Hat ein Passwort mehrere Codierungen, so müssen für einen Wörterbuchangriff mit sicherem Erfolg alle Codierungen vorberechnet werden. Unter typischen Unix-Systemen ist für das Salt in */etc/passwd* eine Entropie von 12 Bit vorgesehen, d. h., zu jedem Passwort gibt es 4096 Codierungen. Diese Hürde gegen einen Wörterbuchangriff ist zwar nicht vernachlässigbar, aber auch nicht besonders hoch. Darüber hinaus hat ein Salt keine Wirkung auf Angriffe durch einfaches Raten.

18 GECOS steht für »General Electric Comprehensive Operating System«. Der Name des Feldes bezieht sich tatsächlich auf das so bezeichnete Betriebssystem der Firma General Electric aus den 60er-Jahren.

Um aber Wörterbuch- oder Brute-Force-Angriffe gänzlich zu unterbinden, wurde gegen Ende der 1980er-Jahre der sogenannte Shadow-Mechanismus eingeführt, bei dem die Passwörter aus der für alle Prozesse lesbaren Datei */etc/passwd* ausgelagert wurden und in einer nur für den Superuser lesbaren Datei */etc/shadow* hinterlegt wurden. Durch diesen Mechanismus werden Wörterbuchangriffe für Benutzer ohne administrative Rechte vollständig unterbunden. Dieser Mechanismus hat sich mit der Zeit zum Standard entwickelt.

Bei */etc/shadow* handelt es sich ebenfalls um eine einfache Textdatei, deren Inhalt eine zeilenorientierte Tabelle ist. Für jeden Benutzer stehen neben dem einwegverschlüsselten Passwort noch Angaben darüber, wann das Passwort zuletzt geändert wurde, wann er es frühestens wieder ändern darf oder spätestens ändern muss und ähnliche Informationen.

Neben der Datei */etc/passwd* existiert noch die Datei */etc/group*. Hierbei handelt es sich um eine einfache Textdatei, die eine vierspaltige, zeilenorientierte Tabelle enthält. Jede Zeile der Datei beschreibt eine Gruppe mit den Angaben aus Tabelle 20.3.

Tabelle 20.3: Aufbau von »/etc/group«

Spalte Nr.	Inhalt
1	Name der Gruppe
2	Gruppen-Passwort (wird nicht empfohlen, siehe Text)
3	GID der Gruppe
4	Liste der Benutzer, die zusätzlich zu ihrer eigentlichen (primären) Gruppe auch dieser Gruppe angehören

Eine typische Zeile in der Datei */etc/group* sieht etwa so aus:

```
wheel:x:10:jsmith,rbueller,kmueller
```

Gruppen-Passwörter werden nicht empfohlen. Ein Benutzer, der nicht a priori Mitglied der Gruppe ist (s. Spalte 4), kann nämlich durch Authentisierung erreichen, z. B. über die Kommandos sg oder newgrp, dass seiner EGID die GID der Gruppe (aus Spalte 3) zugewiesen wird. Dieser Mechanismus führt aber nicht zu mehr Sicherheit und wird heutzutage praktisch nicht mehr genutzt; spätestens seit sudo (s. o.) ist dieser Mechanismus vollkommen obsolet geworden.

Der Vollständigkeit halber sei noch erwähnt, dass es zur Datei */etc/group* eine supplementäre Datei */etc/gshadow* gibt, deren Zweck aber genauso fragwürdig ist, wie die Verwendung von Gruppen-Passwörtern an sich.

Pluggable Authentication Modules (PAM)

Viele Unix-Systeme sind nicht ausschließlich auf eine lokale Authentifizierung beschränkt. Themen wie Netzwerk-Authentifizierung oder Single Sign-On spielen auch unter Unix eine immer größere Rolle. Unter Unix-Systemen hat sich das Network Information System (NIS) von Sun Microsystems für die Verwendung zentraler Nutzerdatenbanken etabliert. Jedoch ist NIS nicht sehr flexibel.

Zur Realisierung spezieller Authentifizierungsmechanismen, wie z. B. die Anmeldung an einem Verzeichnisdienst (LDAP), die Anmeldung über Kerberos oder einer proprietären Anmeldung an Datenbanken steht inzwischen in vielen Systemen mit der PAM-Architektur ein offener Mechanismus zur Umsetzung solcher Technologien zur Verfügung. Für viele Authentifizierungsmechanismen existieren entsprechende Module; andernfalls können sie recht einfach entwickelt werden. Durch PAM ergibt sich eine hohe Flexibilität für die Integration bestehender Authentifizierungsmechanismen. So kann z. B. die Anmeldung an eine Windows-Domäne durch entsprechende Module auch zur Authentifizierung des Benutzers in einem Unix-System verwendet werden.

20.2.2 Sicherer Fernzugang

Telnet und FTP waren unter Unix zunächst die einzigen Möglichkeiten, eine interaktive Session auf einem entfernten System zu betreiben. Wie in, Abschnitt 20.1.4 ausgeführt, sind die dazugehörigen Protokolle aber unsicher. Es existieren jedoch Varianten von Telnet und FTP, die mit Kerberos bzw. mit SSL/TLS abgesichert sind. Die Nutzung dieser Varianten ist allerdings unüblich.

Mit BSD 4.2 wurden die sogenannten r-Kommandos der Remote Shell (RSH) rlogin, rsh und rcp eingeführt. Diese Kommandos sollten vor allem ein Single Sign-On ermöglichen (s. u.). Aber auch die Protokolle dieser Kommandos sind unsicher. Wie bei Telnet und FTP war Sicherheit kein Entwurfskriterium für RSH. Die Authentifizierung begründet sich auf leicht fälschbare Merkmale, und der Sitzungsinhalt sowie auch etwaige Passwörter werden im Klartext übermittelt. Als besonders gefährlich gilt, dass ein Benutzer nach eigenem Belieben in der Datei .rhosts im Heimatverzeichnis festlegen kann, wer sich von woher ohne weitere Authentifizierung an seinem Benutzerkonto anmelden kann; in unsicheren Netzen ist dies eine glatte Einladung zum Einbruch.

Sicherheit und Benutzerkomfort widersprechen sich aber nicht notwendigerweise, wie die s-Kommandos slogin, ssh, scp und sftp der Secure Shell (SSH) zeigen (s. u.). Mittlerweile hat sich unter Unix-Systemen die Nutzung der Secure Shell (SSH) für sicheren Fernzugang als Standard durchgesetzt. Für weitere Details zu SSH siehe auch Abschnitt 20.1.4 und 11.8.5.

Single Sign-On

Remote Shell (RSH)

Telnet und FTP erfordern stets die Angabe von Benutzername und Passwort, selbst wenn der entfernte Rechner im selben Netzwerk steht. In vertrauenswürdigen Netzwerken oder Netzwerkabschnitten, in denen alle Rechner in einem gewissen Sinn gleichwertig sind, wird dies als übermäßige Einschränkung des Benutzerkomforts angesehen. Als eine der ersten Implementierungen von Single Sign-On unter Unix können daher die sogenannten r-Kommandos rlogin, rsh und rcp angesehen werden. Deren Authentifizierung beruht auf (vorgeblichen) IP-Adressen, Rechnernamen oder Benutzernamen; erst wenn das nicht ausreicht, wird auch hier auf die Authentisierung durch ein Passwort zurückgegriffen.

Secure Shell (SSH)

Anstelle von RSH hat sich die Nutzung von SSH etabliert. SSH sieht einen ähnlichen Mechanismus zu Single Sign-On vor wie RSH. Dieser Mechanismus ist aber auch für SSH nicht vertrauenswürdig. Manche SSH-Implementierungen erlauben es, mittels eines SSH-Agenten die Public-Key-Authentisierung für ein sicheres und komfortables Single Sign-On zu verwenden, siehe hierzu auch *Single Sign-On* in Abschnitt 20.1.4.

Kerberos

Zur Nutzung von Kerberos[19] ist es notwendig, dass die Anwendungen, die durch Kerberos gesichert werden sollen, entsprechend angepasst werden müssen. Zudem erfordert Kerberos den sicheren Betrieb einiger zusätzlicher Dienste. Aufgrund dieser Tatsachen hat sich Kerberos unter Unix nie so recht durchgesetzt, aber es gibt tatsächlich »kerberisierte« Versionen von Telnet, FTP und verschiedenen anderen Netzwerkdiensten. Diese Dienste sind sicher.

Remote Procedure Calls

Unter Unix-Systemen hat sich das ursprünglich von Sun Microsystems entwickelte Open Network Computing RPC Framework etabliert. Sun RPC bildet die Grundlage für das ebenfalls von Sun Microsystems entwickelte Network File System (NFS) sowie das Network Information System (NIS). Für Sun RPC wurde später auch eine gesicherte Variante unter der Bezeichnung Secure RPC entwickelt, die jedoch keine Verbreitung gefunden hat [GaSpSc03, Kapitel 13]. Da Secure RPC auf DES als Verschlüsselungsverfahren aufsetzt, ist Secure RPC in dieser Form ohnehin unsicher. Es ist aber auch Kerberos zur Absicherung von RPC-Verkehr vorgesehen.

RPC-Dienste laufen üblicherweise auf Ports mit variablen Portnummern, die vom sogenannten Portmapper auf Port 111 (UDP und TCP) annonciert werden. Es ist aber auch möglich, feste Portnummern zu verwenden. Werden mehrere RPC-Dienste auf einem System betrieben, dann muss in diesem Fall die Belegung koordiniert werden.

Sun RPC nutzte ursprünglich nur UDP als Transportprotokoll, neuere Implementierungen von Sun RPC unterstützen auch den Transport über TCP. NFSv4[20] macht hiervon Gebrauch. In diesem Fall könnte die RPC-Kommunikation auch über einen SSL/TLS- oder SSH-Tunnel abgesichert werden.

20.2.3 Session-Sicherheit

Nutzt der Anwender ein echtes oder virtuelles Terminal, um mit einem Unix-System über eine Kommandozeilen-Shell zu kommunizieren, dann werden hierfür die zeichenorientierten Gerätedateien */dev/tty** bzw. */dev/pts/** für die Ein- und Ausgabe verwendet. Um zu verhindern, dass andere Benutzer die Ein- und Ausgaben an diesem Terminal mitlesen oder manipulieren können, muss der Zugriff auf die entsprechenden Gerätedateien durch eine geeignete Rechtevergabe eingeschränkt werden.

19 Siehe Abschnitt 17.4.4 zu Details zu Kerberos.

20 Siehe Abschnitt 20.3.1.

Ein ähnliches Problem ergibt sich für die Nutzung von X11. Die Flexibilität von X11 erlaubt es, dass ein X-Client mit prinzipiell jedem beliebigen über das Netzwerk erreichbaren X-Server kommunizieren kann. Dazu werden die Eingaben von dem und die grafischen Ausgaben auf das entsprechenden Display übermittelt.

Prinzipiell ist es auch möglich, dass die Aktivitäten in den Fenstern der X-Clients auf einem Display durch einen X-Client eines anderen Benutzers überwacht werden. Um zu verhindern, dass ein Benutzer mit einem »trojanischen Fenster« konfrontiert wird oder dass Benutzereingaben abgehört werden, wurden verschiedene Schutzmechanismen entwickelt. Der einfachste Mechanismus besteht in einer hostbasierten Zugriffskontrollliste. Dabei darf jeder X-Client eines Systems, das in der Zugriffskontrollliste aufgeführt ist, mit dem X-Server kommunizieren. Dieser Mechanismus ist nicht vertrauenswürdig und lässt keine benutzerbezogene Steuerung zu.

Stattdessen hat sich ein Mechanismus durchgesetzt, der als MIT-MAGIC-COOKIE-1 bezeichnet wird. Bei diesem einfachen, aber wirksamen Mechanismus werden Cookies zur Autorisierung eines X-Clients verwendet. Da das Cookie wie ein Session-Passwort wirkt, muss seine Übertragung in einem geschützten Kanal erfolgen. Für die sichere Nutzung von X11 ist es üblich, das X11-Protokoll über SSH zu tunneln. Die meisten SSH-Implementierungen sehen dabei vor, dass bei einer SSH-Verbindung zu einem entfernten System das Cookie im Rahmen des Verbindungsaufbaus automatisch an das entfernte System übermittelt werden kann. Die Details zum X11 Forwarding sind bspw. in [BaSi01, Abschnitt 9.3] beschrieben. Daneben ist es mittlerweile üblich, X-Server so zu betreiben, dass sie keine Verbindungen über das Netzwerk annehmen.

Schließlich ist zu erwähnen, dass der X-Server seinerseits über bestimmte Gerätedateien mit der Grafikhardware sowie mit Maus, Tastatur und anderen Geräten kommuniziert. Diese Gerätedateien müssen zumindest in Multiuser-Umgebungen durch eine geeignete Rechtevergabe vor unberechtigtem Zugriff geschützt werden.

20.3 Schutz der Anwenderdaten

20.3.1 Ablage auf Speichermedien

Lokale Ablage

Einige Unix-Systeme bringen eine Festplattenverschlüsselung für das jeweils eigene Standard-Dateisystem mit, in anderen Fällen muss auf plattformübergreifende Verschlüsselung wie VeraCrypt zurückgegriffen werden.

Einige Linux-Distributionen nutzen dm-crypt gemeinsam mit Linux Unified Key Setup (LUKS) zur Verschlüsselung von Datenträgern, Partitionen oder logischen Laufwerken. Eine solche Verschlüsselung erfolgt unabhängig vom Dateisystem und kann auf beliebigen Gerätedateien erfolgen.

Entfernte Ablage

Das unter Unix-Systemen weithin etablierte Netzwerkdateisystem NFS[21] von Sun Microsystems bietet ebenfalls die Möglichkeit eines kryptografisch gesicherten Dateiaustauschs. Bis Version 3 wurde NFS von Sun Microsystems entwickelt, Version 4 wurde von der IETF standardisiert [RFC 3530]. Hierbei handelt es sich um einen Neuentwurf, NFSv4[22] unterscheidet sich erheblich von NFSv3.

NFSv3 und NFSv4 können zur kryptografischen Absicherung des Netzwerkverkehrs Kerberos nutzen. NFSv4 ermöglicht zudem die Authentisierung einzelner Benutzer, während sich mit den Vorgängerversionen nur Systeme am NFS-Server authentifizieren konnten.

20.3.2 Verarbeitung im Speicher

Um die Ablage von sensiblen Daten wie Schlüsselmaterial aus dem Hauptspeicher (RAM) auf Platten zu verhindern, stehen unter Unix-Systemen die folgenden Möglichkeiten zur Verfügung:

- Unterbindung von Core-Dumps, indem das entsprechende Ressourcen-Limit auf 0 gesetzt wird.
- Nutzung des `mlock`-Systemaufrufs für den zu schützenden Speicherbereich. Der gesperrte Bereich wird nicht in den Swap-Bereich ausgelagert. Dieser Systemaufruf steht in den meisten modernen Unix-Systemen zur Verfügung, wird aber jeweils unterschiedlich gehandhabt. Da dieser Aufruf ein Potenzial für Denial of Service hat, ist der Aufruf auf manchen Systemen nur Prozessen mit Superuser-Privilegien möglich, unter anderen Systemen dürfen gewöhnliche Benutzerprozesse ein gewisses Kontingent sperren.

20.3.3 Transit über ein Netzwerk

Die Secure Shell dient nicht nur zur kryptografischen Absicherung einer interaktiven Anmeldung an einem entfernten System, sondern wird auch zur sicheren Dateiübertragung genutzt. Hierbei kann das SSH-eigene scp oder sftp verwendet werden, oder es werden verschiedene, unter Unix gängige Dateiarchivierungsprogramme wie tar, cpio oder rsync über SSH getunnelt.

Sicherheitsmechanismen auf Link-Layer

Authentifizierung auf Link-Layer wird unter gängigen Desktop-Unix-Systemen in der Regel nicht vom Betriebssystem, sondern von Systemprozessen vorgenommen, der sichere Kanal wird dagegen im Kern bereitgestellt. Die gängigen Standards wie WPA/WPA2 sowie 802.1X-Authentisierung werden üblicherweise unterstützt. 802.1AE (MACsec) ist dagegen mangels Verbreitung für Unix-Systeme noch nicht etabliert.

---

21 NFS: Network File System.

22 Siehe auch oben in Abschnitt 20.2.2 unter Remote Procedure Calls.

Virtual Private Networks

Unter Unix-Systemen werden in der Regel die folgenden VPN-Typen unterstützt:

- IKEv2 mit IPsec;
- SSL/TLS, bspw. mittels der populären Software OpenVPN, sofern das System sogenannte TAP- oder TUN-Interfaces zur Verfügung stellt;[23]
- SSH, sofern das System TAP- oder TUN-Interfaces zur Verfügung stellt.

Für verschiedene Unix-Systeme sind SSTP-Clients verfügbar, sodass diese Systeme über SSTP an die entsprechenden VPN angebunden werden können.

Die Authentisierung erfolgt für die vorstehenden Möglichkeiten über Zertifikate. Es sind aber auch systemübergreifend Clients verfügbar, die eine Authentisierung über nahezu alle unter Windows verfügbaren Mechanismen erlauben.

20.4 Konfigurationsmanagement

Unix-Systeme bieten nur wenig Infrastruktur für ein geordnetes Sicherheitsmanagement. Ein Pendant zu Group Policies unter Windows fehlt im Wesentlichen. Die Verteilung von Informationen über LDAP analog zum Active Directory beschränkt sich oft auf Benutzerinformationen. Die Orchestrierung einer Gruppe von Systemen erfolgt in der Regel über eigens erstellte Skripte, in denen die spezifischen Gegebenheiten des jeweiligen Systemverbundes berücksichtigt werden. Das unter Unix-Systemen etablierte Network Information System (NIS) von Sun Microsystems bietet nur rudimentäre Möglichkeiten, Konfigurationsdaten zu verteilen. Ein Unix-eigenes Framework zur systematischen Verteilung von beliebigen Konfigurationseinstellungen existiert nicht.

Das Konfigurationsmanagement wird erschwert, weil die Konfigurationseinstellungen nicht einheitlich abgelegt werden. In der Regel werden Konfigurationseinstellungen unter Unix-Systemen zwar in Dateien im Verzeichnis */etc* abgelegt, meist in anwendungsspezifischen Unterverzeichnissen. Die Ablage kann aber in beliebigen Verzeichnissen erfolgen. Eine Verzeichnisstruktur für die Ablage ist nicht vorgesehen. Zudem gibt es keinen Standard zum formalen Aufbau von Konfigurationsdateien und den darin enthaltenen Einträgen.

Ein übergreifender Mechanismus zur zentralen Softwareverteilung existiert für Unix ebenso wenig, auch hier wird in der Regel auf individuelle Skripte gesetzt. Diese Lücke der zentralen Konfigurations- und Softwareverwaltung wird übergreifend erst durch externe Frameworks wie Puppet, Ansible oder Chef gelöst.

23 TAP steht für *Network Tap* (Netzwerkabzweig) und TUN für *Tunnel*. TAP- und TUN-Interfaces sind virtuelle Netzwerkinterfaces, wobei TAP-Interfaces den Versand von Layer-2-Frames erlauben, während TUN-Interfaces den Versand von Layer-3-Paketen erlauben. TAP-Interfaces werden daher auch als *Bridging Interfaces* und TUN-Interfaces auch als *Routing Interfaces* bezeichnet. Neben der Nutzung durch VPN spielen diese Interfaces auch für die Netzwerkanbindung von virtuellen Maschinen unter Unix-Systemen eine Rolle.

20.5 Protokollierung und Überwachung

20.5.1 Protokollierung und Auswertung

Protokollierung

Der unter Unix übliche Mechanismus zur Protokollierung von Ereignissen ist Syslog. Syslog war lange Zeit der De-facto-Standard, wird aber zunehmend durch Weiterentwicklungen wie Syslog-ng oder rsyslog verdrängt. Syslog selbst sieht nur einen einfachen Filtermechanismus vor, um zu bestimmen, was mit einem Ereignis geschehen soll. Eine Auswertung der Protokolle durch Syslog ist nicht vorgesehen, dies muss durch zusätzliche Software erfolgen. Syslog-ng und rsyslog verfeinern die Filtermechanismen von Syslog und stellen hierfür eine mächtigere Konfigurationssprache zur Verfügung.

Protokollmeldungen können durch den Syslog-Dienst auf verschiedene Arten angenommen und weitergegeben werden. Jeder Prozess kann Protokollmeldungen unter Angabe der Herkunft und der Priorität (s. u.) an einen Syslog-Dienst senden. Protokollmeldungen werden nicht authentisiert und die Angabe von Herkunft und Priorität wird nicht auf Plausibilität überprüft. Ein lokaler Angreifer könnte durch Protokollmeldungen mit willkürlichen Angaben die Nachvollziehbarkeit von Ereignissen erschweren.

Die Protokollmeldungen können vom Syslog-Dienst lokal in eine Datei geschrieben werden, sie können einem anderen lokalen Prozess übergeben werden, sie können auf die Konsole oder ein Terminal geschrieben werden, sie können angemeldeten Benutzern angezeigt werden oder an eine entfernte Maschine (z. B. ein zentraler Logging-Host) übergeben werden. Auch eine Kombination von mehreren dieser Arten der Ablage bzw. Weiterleitung ist möglich. Auf diese Weise kann genau festgelegt werden, welche Benachrichtigungsoptionen genutzt werden sollen. Die lokale Ablage erfolgt üblicherweise unter */var/log* oder einem Unterverzeichnis davon. Für den Versand über das Netzwerk wurde mit RFC 5424 ein Format für Syslog-Nachrichten definiert, um die Interoperabilität verschiedener Syslog-Implementierungen zu unterstützen.

Tabelle 20.4: Syslog-Prioritäten und deren Bedeutung

Priorität	Bedeutung	Typische Beispiele
Emergency	Das System ist nicht mehr benutzbar. Diese Priorität wird typischerweise nur vom Kernel und von systemnahen Prozessen verwendet.	Notabschaltung wegen CPU-Überhitzung, nicht behebbare Fehlerbedingung im Kernel.
Alert	Es ist ein Ereignis aufgetreten, das ein unmittelbare. Reaktion erfordert. Diese Priorität wird typischerweise nur vom Kernel und von systemnahen Prozessen verwendet.	Ausfall von Hardware, vollständige Belegung einer Festplatte oder des Hauptspeichers.
Critical	Es ist ein Ereignis aufgetreten, das ein unmittelbare. Reaktion erfordert.	Lokale Dienste können nicht gestartet werden oder sind ausgefallen.
Error	Es ist ein unkritischer Fehler aufgetreten, eine unmittelbare Reaktion ist nicht unbedingt notwendig.	Ein entfernter Dienst ist nicht erreichbar, eine Verbindung wurde abgebrochen oder ein Systemaufruf ist fehlgeschlagen.
Warning	Ein unerwartetes Ereignis ist aufgetreten, eine unmittelbare Reaktion ist nicht unbedingt notwendig.	Der Festplattenplatz ist nahezu vollständig belegt.
Notice	Ein unerwartetes Ereignis ist aufgetreten, das keinen Fehler darstellt, aber ungewöhnlich ist.	Fehlgeschlagene Benutzeranmeldung.
Informational	Informative Meldungen, die bspw. zur Erstellung von Berichten genutzt werden können.	Statistiken und Statusmeldungen.
Debug	Hinweis zur Fehlerbehebung.	Interne Zustandsanderungen innerhalb einer Anwendung.

Die Steuerung der Benachrichtigung erfolgt durch die Angabe eines Selektors und einer Aktion in der Syslog-Konfiguration. Hierdurch wird bestimmt, wie Syslog mit eingehenden Meldungen verfahren soll. Jede eingehende Meldung wird nach Herkunft (Facility) und Priorität (Priority) unterschieden. Tabelle 20.4 zeigt verschiedene Prioritäten und deren Bedeutung. Die wichtigsten Facilitys sind in Tabelle 20.5 dargestellt:

Tabelle 20.5: Syslog-Facilitys und deren Bedeutung

Facility	Bedeutung	Typische Beispiele
kern	Nachrichten des Betriebssystem-Kerns	Hardware-Initialisierung; Zustandsmeldungen aus dem Kernel
auth, authpriv	Nachrichten der Authentisierungs- und Autorisierungskomponenten (z. B. PAM)	Benutzeranmeldungen; Aufruf von su oder sudo
syslog	Nachrichten des Protokollierungsdienstes	Regelmäßige Zeitstempel
mail	Nachrichten des Mail-Systems	Annahme und Zustellung oder Weiterleitung von E-Mails
lpr	Nachrichten des Drucker-Systems	Ausführung von Druck-Jobs
cron	Nachrichten des Cron-Systems zur regelmäßig wiederkehrenden Ausführung von Programmen	Ergebnis der Ausführung von Programmen
daemon	Nachrichten anderer Systemdienste ohne eigene Facility	Konfiguration eines Netzwerkinterfaces durch einen DHCP-Client
user	Nachrichten von anderen Prozessen	Statusmeldungen von Anwendungsprogrammen

Geht eine Meldung ein, dann werden sämtliche Aktionen ausgeführt, deren Selektoren für diese Meldung zutreffen. Die Werte für Herkunft und Priorität einer Meldung werden durch den Absender der Meldung gesetzt. Syslog-ng und rsyslog erlauben eine detailliertere Steuerung der Benachrichtigung als Syslog. So kann bspw. auch auf Schlüsselwörter in den Texten der Meldungen gefiltert werden.

Für eine Übertragung über das Netzwerk werden Protokolldaten beim herkömmlichen Syslog im Klartext über UDP (Port 514) übertragen. Dies ist aus verschiedenen Gründen problematisch. Die Protokolldaten sind ohne weitere Schutzmaßnahmen weder gegen Ausspähung noch gegen Verfälschung geschützt. Durch die Nutzung von UDP ist auch nicht gesichert, dass die Daten erfolgreich übertragen werden: Ein sendendes System bekommt keine Quittung, ob eine abgeschickte Meldung vom Logging-Host tatsächlich registriert wurde. Mit RFC 5424 wird die Übertragung über TCP empfohlen, wodurch Syslog-Meldungen mit TLS geschützt werden können, siehe RFC 5425 für die Details.

Protokolldateien können prinzipiell beliebig groß werden. Syslog sah ursprünglich keine Beschränkung der Protokolldateigröße vor, einige Hersteller haben für die eigenen Varianten von Syslog solche Beschränkungen vorgesehen. Eine unter Unix-Systemen übliche Vorgehensweise zur Begrenzung der Größe von Protokolldateien besteht in der sogenannten Log Rotation, nach der in regelmäßigen Abständen eine neue Protokolldatei angelegt wird und die zuvor verwendete Protokolldatei umbenannt, komprimiert und/oder versandt wird.

GNU/Linux: systemd

Unter Linux findet das Init-System systemd zunehmend Verbreitung. Es soll verschiedene Standardprozesse vereinheitlichen und bringt einen eigenen Dienst zur Protokollierung mit. Verwendet eine Linux-Distribution systemd, werden Protokolleinträge nicht mehr in eine Textdatei unter */var/log*, sondern in ein zentrales Journal geschrieben. Die Protokolleinträge selbst werden in einem binären Format gespeichert und können daher nicht direkt mit UNIX-Werkzeugen wie *grep* oder *tail* ausgelesen werden. Stattdessen wird dazu das Standardwerkzeug journalctl verwendet, das darüber hinaus Komfortfunktionen zum Filtern der Protokolleinträge bietet.

Auswertung

Unter Unix ist auch hier kein übergreifender Mechanismus zur Auswertung von Protokollen etabliert. Eine Vorauswertung erfolgt oft über eine Suche nach Schlüsselwörtern in den Protokollen mit anschließender manueller Inspektion der gefundenen Einträge. Diese Vorgehensweise wurde von unzähligen Administratoren mithilfe von individuell erstellten Skripten weitgehend automatisiert. Verschiedene Skripte und Programme zur Auswertung wurden zwar veröffentlicht, jedoch bieten erst externe Frameworks wie Splunk oder Sawmill einen systematischen Ansatz zu Auswertung, Alarmierung und Reporting.

20.5.2 Überwachung im laufenden Betrieb

Unter Unix-Systemen existieren verschiedene Systemprogramme, um sich im laufenden Betrieb Statusinformationen anzeigen zu lassen. Tabelle 20.6 gibt eine Übersicht über einige klassische Kommandozeilenprogramme:

Tabelle 20.6: Programme zur Anzeige von Statusinformationen

Programm	Zweck
ps	Anzeige der momentan laufenden Prozesse. Über Kommandozeilenparameter kann das Ausgabeformat und die Auswahl der anzuzeigenden Details gesteuert werden.
uptime	Anzeige der momentanen Systemauslastung
who, w	Anzeige der momentan angemeldeten Benutzer
last, lastb	Anzeige der zuletzt angemeldeten Benutzer und der fehlgeschlagenen Anmeldungen
lastcomm	Anzeige der zuletzt ausgeführten Programme mit Angabe des Benutzers, des Zeitpunkts und der Dauer der Ausführung usw.
top	Laufende Anzeige der momentan laufenden Prozesse, der Systemauslastung und der Hauptspeicherbelegung
ipcs	Anzeige verschiedener Details zu den momentan verwendeten Ressourcen für Interprozesskommunikation

Tabelle 20.6: Programme zur Anzeige von Statusinformationen

Programm	Zweck
df	Anzeige der momentanen Belegung des Festplattenplatzes
netstat	Anzeige der momentan offenen Netzwerkverbindungen, Routingtabellen, Übertragungsstatistiken u. a.
ifconfig	Konfiguration und Anzeige von Parametern der Netzwerkinterfaces; Anzeige verschiedener Statistiken
route	Konfiguration und Anzeige der Routingtabellen
arp	Konfiguration und Anzeige des ARP Neighbor-Caches
lsof	Anzeige der momentan geöffneten Dateien und der Prozesse, die diese Dateien geöffnet haben; Anzeige der momentan offenen Netzwerkverbindungen
truss/strace/ ktrace	Laufende Anzeige der von einem Prozess verwendeten Systemaufrufe
ping	Anzeige der Erreichbarkeit entfernter Systeme
traceroute/ tracepath	Anzeige des Netzwerkpfades zu entfernten Systemen

Für einige unter Desktop-Unix-Systemen populäre grafische Oberflächen existieren auch verschiedene Programme, die verschiedene der vorstehend genannten sowie weitere Daten grafisch anzeigen.

Für die laufende Überwachung einer Gruppe von Systemen existiert kein Unix-eigenes Framework. In der Vergangenheit wurden zwar verschiedene Dienste zur Bereitstellung einzelner Statusinformation über das Netz entwickelt. Aufgrund des Missbrauchspotenzials sollten diese Dienste jedoch nicht verwendet werden. Die derzeit übliche Vorgehensweise ist die Verwendung eines Monitoring-Frameworks wie nagios oder icinga, bei dem über einen lokal installierten Agenten regelmäßig beliebige Statusinformationen an ein Überwachungssystem übermittelt werden können.

Hintergrund

Unter älteren Unix-Systemen mussten Programme wie ps oder netstat die entsprechenden Informationen aus dem Kernelspeicher extrahieren, dafür wurde ursprünglich die Gerätedatei */dev/kmem* eingeführt. Die Nutzung von */dev/kmem* gilt jedoch als riskant, da die entsprechenden Programme zur Statusanzeige Superuser-Privilegien brauchen. Im Fall einer Kompromittierung dieser Programme könnten diese Privilegien missbraucht werden, zudem können über */dev/kmem* auch beliebige andere kritische Daten ausgelesen werden, die sich im Hauptspeicher befinden. Darüber hinaus gilt die Erhebung der notwendigen Daten aus dem Kernelspeicher als unsauberes Design.

Viele moderne Unix-Systeme sehen stattdessen ein Proc-Dateisystem unter */proc* vor. Dies ist ein virtuelles Dateisystem, dessen Einträge einen kontrollierten Zugang zu den entsprechenden Daten im Kernel erlauben. Über das Proc-Dateisystem lassen sich im laufenden Betrieb auch Kernelparameter ändern. Der Vorteil des Proc-Dateisystems ist, dass keine speziellen Privilegien für den Zugriff auf Statusinformationen erforderlich sind. Einträge unter */proc* werden durch die herkömmlichen Unix-Zugriffsrechte geschützt. Die konkrete Implementierung der Proc-Dateisysteme ist unter den existierenden Unix-Systemen nicht einheitlich gestaltet. Sowohl die bereitgestellten Informationen als auch die konkret vergebenen Zugriffsrechte im Proc-Dateisystem unterscheiden sich.

20.6 Selbstschutz des Betriebssystems

Weitere Hinweise zur Systemhärtung für verschiedene Unix-Varianten und Linux-Distributionen sind beim Center for Internet Security erhältlich.[24]

20.6.1 Härtung gegen spezifische Bedrohungen

Schutz der Prozessintegrität

Unter einigen Unix-Systemen kann ASLR, DEP oder SSP zum Schutz gegen die Ausnutzung von Schwachstellen durch Angreifer eingesetzt werden. Die jeweiligen Techniken sind architektur- und herstellerabhängig, eine Unix-einheitliche Vorgehensweise existiert nicht.

GNU/Linux: PaX und ExecShield

Für Linux existieren gleich zwei Kernel-Erweiterungen, ExecShield und PaX, die jeweils ASLR und DEP einführen. SSP funktioniert unabhängig vom Kernel und wird bspw. durch den Compiler bereitgestellt. ExecShield ist eine Entwicklung, die durch Red Hat im Jahr 2002 begonnen wurde, während PaX seinen Anfang im Jahr 2000 nahm.[25] PaX wurde mittlerweile in Grsecurity integriert.

Programmablauf in abgeschirmten Umgebungen

chroot

Eine der ersten Bemühungen, abgeschirmte Bereiche zu errichten, waren die sogenannten chroot-Umgebungen unter Unix, die zuerst in der BSD-Familie eingeführt wurden.

Prozesse, die ein mögliches Angriffsziel bilden, können durch den sogenannten »change root« (chroot) Mechanismus in eine, oft als Jail (Gefängnis) bezeichnete, Sandbox (Sandkasten) gesperrt werden. Durch den chroot-Mechanismus wird einem Prozess nur ein eingeschränkter Teil des Dateisystems zur Verfügung gestellt (Abb. 20.1). Dadurch werden die Auswirkungen eines erfolgreichen Angriffs reduziert. Beispielsweise kann ein erfolgreicher Angriff gegen einen Webserver durch Überwindung einer Schwachstelle des Web-Services nicht zur Ausnutzung weiterer Schwachstellen im System ge-

24 Verfügbar unter *https://benchmarks.cisecurity.org/downloads*.

25 Eine Beschreibung von PaX und ein Vergleich mit ExecShield ist unter *http://grsecurity.net/PaX-presentation.ppt* zu finden.

nutzt werden, da wesentliche Teile des Systems im Kontext der Sandbox unsichtbar sind. Dieser Mechanismus wird häufig für im Internet exponierte Dienste wie Webserver oder DNS-Server genutzt.

Ein Prozess, der in einem chroot-Jail läuft, wird hinsichtlich seiner Wirkungen auf das System begrenzt. Daher stellt er für das umgebende System nur eine eingeschränkte Gefahr dar.

Abbildung 20.1: Sandboxing durch chroot

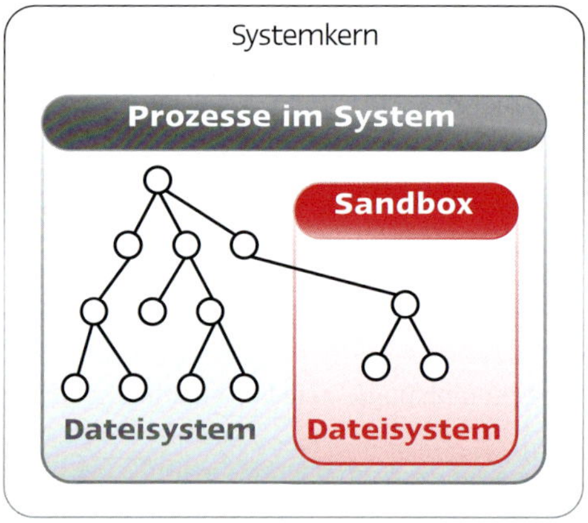

Die Konfiguration von chroot-Umgebungen für Prozesse ist jedoch aufwendig und fehleranfällig. Alle Bibliotheken (sowohl System- als auch Anwendungsbibliotheken), Systemdateien und Gerätedateien, die ein Prozess benötigt, müssen im chroot-Jail zur Verfügung stehen und bei Bedarf dorthin dupliziert werden, damit die betreffende Anwendung lauffähig bleibt. Die Erstellung und Aktualisierung eines solchen Jails stellt hohe Anforderungen an die Sorgfalt der Systemadministratoren. Für viele Standarddienste und Distributionen gibt es aber recht gute Lektüre sowie in einigen Fällen auch Skripte und weitere Verfahren, die die Aufgabenstellung vereinfachen.

In der Praxis ist die Implementierung des chroot-Mechanismus in verschiedenen Unix-Varianten unterschiedlich stark und kann teilweise umgangen werden, z. B. indem der Angreifer-Code innerhalb einer chroot-Umgebung versucht, über Mechanismen des Systemkerns mit Prozessen in der regulären Anwendungsumgebung zu kommunizieren, dort Schwachstellen auszunutzen und so aus der chroot-Umgebung »auszubrechen«. Dies versuchen manche Unix-Varianten dadurch zu verhindern, dass auch innerhalb des Systemkerns Prozessen zugeordnete Objekte wie etwa File-Handles oder Pipes entsprechend gekennzeichnet und dadurch auf einen bestimmten chroot-Jail eingeschränkt werden.

Der chroot-Mechanismus ist im Grunde eine rudimentäre Form von Virtualisierung. Die Mechanismen für echte Virtualisierung wurden inzwischen sehr weit einwickelt. Für moderne Betriebssysteme auf moderner Hardware stellt Virtualisierung auch kein Problem mehr dar. Moderne Virtualisierungslösungen sind zwar nicht das Allheilmittel für Sicherheitsprobleme und bringen auch eigene Probleme mit sich. Sie sind dem chroot-Mechanismus in den meisten Fällen aber deutlich überlegen.

GNU/Linux: Grsecurity

Das Grsecurity-Projekt[26] stellt Patchs für den Linux-Quellcode zur Härtung eines Linux-Systems bereit. Neben der Härtung des Kernels selbst, der Einführung von RBAC und der Integration von PaX führt Grsecurity weitgehende Beschränkungen für chroot-Umgebungen ein, mit denen die bekannten Ausbruchsmethoden unterbunden werden.

Container

Eine Weiterentwicklung von chroot-Umgebungen stellen sogenannte *Container* dar. Diese stellen einen effizienten Mittelweg zwischen simplen chroot-Umgebungen und voller Virtualisierung dar. Für jeden Container stellt der Betriebssystemkern eine individuelle Sicht auf das System zur Verfügung. Der Container verfügt über eine eigene Prozesstabelle und andere Strukturen, eigene Dateisysteme, eigene Netzwerkinterfaces mit eigenen IP-Adressen, eigene Firewall-Regeln usw. Da kein Hypervisor und keine Übersetzungsmechanismen für Geräte benötigt werden, ist der Overhead im Vergleich zur Virtualisierung relativ gering. Beispiele für solche Container sind V-Server für Linux, Jails für FreeBSD oder Zones für Solaris. Aus Sicherheitssicht können Container das gleiche Niveau wie Virtualisierung bieten.

Namespace-basierte Isolation

Der Einsatz von Containern ist häufig begleitet von Verwaltungswerkzeugen wie Docker, die den Umgang mit Containern vereinfachen. Container verwenden unter anderem Linux Namespaces, um dem Container-Prozess eine eigene Prozesstabelle, eine eigene Sicht auf das Dateisystem und eine eigene Sicht auf die Netzwerkschnittstellen zu bieten. Linux Namespaces lassen sich auch direkt – ohne ein Container-Verwaltungswerkzeug wie Docker – verwenden. Dazu wurden leichtgewichtige Werkzeuge wie firejail oder bubblewrap entwickelt, welche die Einrichtung solcher Namespaces für Anwendungen erleichtern. Somit lässt sich bspw. ein Webbrowser ohne großen Aufwand in einer isolierten Umgebung ausführen, die im Gegensatz zu einem chroot-Mechanismus auch die Prozesstabelle oder die Sicht auf die Netzwerkschnittstellen isoliert.

Sperrung der Zugänge zu systeminternen Strukturen

Moderne Unix-Systeme erlauben es, die Funktionalität oder das Verhalten des Systemkerns zur Laufzeit über ladbare Kernel-Module zu erweitern bzw. zu steuern. Der Umgang mit Kernel-Modulen ist aus Sicherheitssicht ausgesprochen kritisch, denn Kernel-Module laufen mit den vollen Privilegien des Systemkerns.[27] Ein Kernel-Modul ist vergleichbar mit einem Programm mit Superuser-Privilegien, mit dem sicherheitsrelevanten Unterschied, dass ein Kernel-Modul im Kontext des Systemkerns abläuft und ihm somit die gesamte Funktionalität des Systemkerns zur Verfügung steht. Es muss daher unbedingt verhindert werden, dass ein Angreifer eigene Kernel-Module in den Systemkern einbringen oder vorhandene Kernel-Module in seinem Sinne manipulieren kann.

26 Siehe *http://grsecurity.net*.

27 Moderne Prozessorarchitekturen erlauben es zwar, ein Kernel-Modul mit niedrigeren Privilegien ablaufen zu lassen. Dazu sind jedoch gegebenenfalls aufwendige Kontextwechsel notwendig. Aus Performance-Gründen wird daher in der Regel darauf verzichtet.

Ein infizierter Systemkern führt zu einem System, das insgesamt nicht mehr vertrauenswürdig ist, denn ein ausgefeiltes Kernel-Rootkit kann durch Analysemechanismen innerhalb des Systems nicht mehr entdeckt werden. Für kritische Systeme kann man mit speziell übersetzten statischen Unix-Kerneln arbeiten, die keine Kernel-Module laden können und deren Kernel-Variablen von außen unveränderlich sind.

Kernel-Module sind jedoch nicht das einzige Einfallstor in den Systemkern. Die beiden Gerätedateien */dev/mem* und */dev/kmem* sind Schnittstellen zum Speicherbereich des Kernels. Deshalb besteht über sie ebenfalls die Möglichkeit, den Systemkern zu verändern. Auch Kernel-Dateisysteme wie */proc* bieten über Dateien Schnittstellen auf den Speicherbereich einzelner Kernel- und User-Prozesse. Mit diesen Schnittstellen könnten daher Angriffe auf den Systemkern durchgeführt werden.

Schutz vor Ressourcenauslastung

Systemressourcen

Da unter Unix-Systemen seit jeher viele Nutzer um die bestehenden Ressourcen konkurrieren, verfügen Unix-Systeme bereits seit Beginn über verschiedene Ressourcen-Schranken. Dazu gehören z. B. Beschränkungen für die verbrauchte CPU-Zeit, die maximale Größe verschiedener Bereiche im Hauptspeicher, die maximale Anzahl der offenen Dateien. Diese Schranken gelten für jeden Prozess individuell. Sie können deshalb die bösartige Auslastung von Ressourcen durch die Erzeugung vieler zusätzlicher Prozesse nicht verhindern. Daher wurden unter verschiedenen Unix-Systemen eine Beschränkung für die Anzahl der laufenden Prozesse und weitere Beschränkungen eingeführt.

GNU/Linux: Control Groups

Unter Linux wurde das Konzept der *Control Groups* (*cgroups*) eingeführt. Mit dieser Technik ist es möglich, die Ressourcen einer Gruppe von Prozessen kollektiv zu beschränken. Control Groups bilden zusammen mit Namespaces das Fundament für Container unter Linux.

Plattenplatz

Eine weitere wichtige Ressource ist der Plattenplatz. Unter den verschiedenen Unix-Systemen gibt es ein recht einheitliches System zur Quotensteuerung, das zunächst für die BSD-Familie entwickelt wurde. Dabei kann für jedes Dateisystem und jeden Benutzer individuell ein Hard- und ein Softlimit sowie eine Grace Period (Gnadenfrist) definiert werden: Benutzer dürfen bis zum Softlimit Platz belegen. Darüber hinaus darf höchstens bis zum Hardlimit innerhalb der Grace Period zusätzlicher Platz belegt werden. Nach Ablauf der Grace Period muss so viel Platz geräumt werden, dass das Softlimit wieder unterschritten wird. Neben dem Plattenplatz lässt sich auch zusätzlich die Anzahl der Dateien in einem Dateisystem quotieren.

Netzwerkbandbreite

Schließlich lässt sich unter manchen Unix-Systemen auch die Netzwerkbandbreite quotieren (Traffic Shaping), dies ist jedoch sowohl im Server- als auch im Desktop-Bereich heutzutage meist von untergeordnetem Interesse.

20.6.2 Malwareschutz

Obwohl Unix-Systeme prinzipiell nicht weniger anfällig gegen Malware sind, sind Maßnahmen gegen Malware in Form von Viren-Scannern und dergleichen unter Unix-Systemen nicht üblich. Dies liegt im Wesentlichen an der relativ geringen Verbreitung von Unix-Systemen bei Endanwendern. Dadurch ist Unix für die Angreifer meist wenig attraktiv, weshalb Malware für Unix-Systeme nicht verbreitet ist.

20.6.3 Boot-Schutz

Unter Unix-Systemen wird normalerweise nicht der Betriebssystem-Kernel direkt geladen, sondern zunächst ein Boot Loader, der schließlich den Kernel lädt. Ein solcher Boot Loader erlaubt es dem Administrator, alternative Bootparameter oder Kernel-Images anzugeben bzw. auszuwählen. Durch die Angabe willkürlicher Parameter könnten jedoch auch Sicherheitseinstellungen deaktiviert werden. Daher erlauben moderne Boot Loader die Vergabe eines Passworts, weshalb ein Booten mit alternativen Einstellungen authentisiert werden muss.

Darüber hinaus gibt es unter Unix-Systemen einen speziellen Modus, den sogenannten *Single User Mode*, der für bestimmte Wartungsarbeiten am System gedacht ist. In diesem Modus laufen keine Systemdienste, das System ist nicht über das Netzwerk erreichbar, und der Zugang ist lediglich über die Systemkonsole möglich. Bei früheren Unix-Systemen erforderte der Single User Mode keine Authentisierung, wodurch ein Zugriff auf das System mit Superuser-Rechten ohne Eingabe eines Passworts möglich war. Moderne Unix-Systeme fordern daher auch für den Single User Mode eine Authentisierung mit dem Superuser-Passwort.

Obwohl die genannten Maßnahmen zum Bootschutz sinnvoll sind, bieten sie aber nur relativen Schutz. Sie bieten keinen Schutz gegen einen Angreifer, der die Muße besitzt, die Systemplatte auszubauen, an einem anderen System geeignet zu modifizieren und anschließend wieder einzubauen. Den einzig zuverlässigen Schutz gegen Systemmanipulationen im Ruhezustand bietet daher nur eine Verschlüsselung der Festplatte.

GNU/Linux: UEFI und Secure Boot

GNU/Linux kann grundsätzlich mit Secure Boot genutzt werden. Hierzu wird der Bootloader Shim verwendet, für den eine Signatur durch Microsoft existiert. Prinzipiell kann ein GNU/Linux-System Secure Boot aber auch selbst nutzen. Die Distribution Fedora verwendet Secure Boot, um den Boot Loader GRUB, das Kernel-Image sowie die Kernel-Module auf deren Integrität zu überprüfen.

20.6.4 Verwaltung angeschlossener Geräte und Speichermedien

Unix-Systeme wurden in früheren Zeit als Multi-User-Host verwendet, heutzutage finden sich Unix-Systeme überwiegend im Einsatz als Server. In beiden Fällen sind die angeschlossenen Geräte in der Regel unveränderlich eine spezielle Verwaltung der angeschlossenen Geräte ist daher überflüssig. Die Verwaltung erfolgt über die Gerätedateien, die manuell oder automatisiert unter dem */dev*-Verzeichnis angelegt werden.

Zu einem geringen Anteil werden aber Unix-Systeme wie Linux oder FreeBSD und andere auch im Desktopbereich verwendet. Die rudimentäre Geräteverwaltung traditioneller Unix-Systeme wird den Anforderungen eines Desktop-Betriebs nicht gerecht. Diese Unix-Systeme wurden entsprechend erweitert und bieten Unterstützung für Geräte, die im laufenden Betrieb angeschlossen und entfernt werden können (Hotplug). Moderne Distributionen sind so konfiguriert, dass der angemeldete Benutzer automatisch Zugriff auf angeschlossene Geräte bekommt. Die Details sind systemspezifisch, eine übergreifend standardisierte Vorgehensweise existiert nicht.

GNU/Linux: udev

Die Geräteverwaltung unter Linux wurde in der Vergangenheit mehrfach überarbeitet und verfeinert, derzeit ist *udev (userspace /dev)* die etablierte Lösung zur Geräteverwaltung unter Linux. udev ist eine Software, die gerätebezogene Kernel-Events überwacht und auswertet. Wird bspw. ein USB-Gerät angeschlossen, dann erzeugt der Kernel ein entsprechendes Event und stellt Informationen über das Gerät an einer spezifischen Stelle unter */sys* zur Verfügung. In der Regel legt udev dann die entsprechende Gerätedatei unter */dev* an, wobei auch weitere Aktionen ausgeführt werden können.

udev wird über Regeln gesteuert, die unter */lib/udev/rules.d* und */etc/udev/rules.d* abgelegt sind. Die Regeln werden angegeben als eine Folge von Attributen, die übereinstimmen müssen, gefolgt von einer Folge von Aktionen. Durch diese Aktionen können die Eigentümerschaft und die Zugriffsrechte für eine Gerätedatei vergeben werden. Es ist aber auch möglich, Geräte über deren authorized-Attribut am System zu sperren oder freizugeben. Über diesen Mechanismus ist es bspw. möglich, USB-Geräte grundsätzlich zu sperren und in Abhängigkeit bestimmter eindeutiger Attribute bestimmte USB-Geräte freizugeben.

20.6.5 Reduktion der Angriffsoberfläche

Viele Unix-Systeme werden leider noch oft mit recht liberalen Sicherheitseinstellungen ausgeliefert. Dazu gehört der Betrieb zahlreicher Dienste. Audits in größeren Netzen mit vielen GNU/Linux-Systemen zeigen bspw. gelegentlich eine Vielzahl von laufenden NTP-Diensten, die mit Redundanz nicht mehr zu rechtfertigen ist, sondern eher auf einen unreflektierten Einsatz dieser Systeme in ihrer Grundkonfiguration hindeutet. Eine weitere typische Quelle für überflüssige Dienste stellt der inetd oder eine dessen Weiterentwicklungen dar. inetd ist ein Meta-Dienst, der – je nach Konfiguration – auf verschiedenen Ports lauscht und bei einer eingehenden Verbindung den eigentlich für den jeweiligen Port zuständigen Dienst startet.

Best Practice

Für die Suche nach Programmen und Diensten, die auf einem Port lauschen, kann das netstat- oder das lsof-Kommando herangezogen werden. Zu den Ports kann auch ermittelt werden, welcher Prozess diesen jeweils verwendet. Falls Unklarheit darüber besteht, ob ein Dienst tatsächlich benötigt wird oder nicht, kann bspw. in der jeweiligen Firewall eine Regel eingerichtet werden, die die Nutzung eines Ports protokolliert. So kann über einen längeren Zeitraum festgestellt werden, ob und wie ein Dienst überhaupt genutzt wird.

20.6.6 Einschränkung des zulässigen Netzwerkverkehrs

Die Verbindung zwischen Unix und TCP/IP hat eine lange Tradition, daher überrascht es nicht, dass Paket-Firewalls seit langer Zeit zum Lieferumfang von Unix-Systemen gehören. Diese enthalten aber auch auf Desktop-Unix-Systemen in der Regel keinen Mechanismus, um für jede Anwendung individuell zu entscheiden, welche Verbindungen zulässig sind. Personal Firewalls, wie sie unter Windows-Systemen oft eingesetzt werden, sind unter Unix zwar technisch möglich, aber unüblich.

BSD PF vs. GNU/Linux iptables

Unter den freien BSD-Systemen wird üblicherweise das unter OpenBSD entwickelte PF (packet filter) verwendet, das als sehr ausgereift gilt. Unter GNU/Linux kommt netfilter zum Einsatz, dessen bekanntester Vertreter iptables ist. Einer der wichtigsten Unterschiede zwischen PF und iptables besteht darin, dass PF dem Last-Match-Paradigma gehorcht. Hierbei wird stets das gesamte Regelwerk durchlaufen, wobei eine Filterrichtlinie durch die jeweils letzte anwendbare Regel bestimmt wird.

Darüber hinaus gilt PF als ausdrucksmächtiger als iptables, für das es mit nftables bereits einen Nachfolger gibt.[28] Das ebenfalls aus dem netfilter Projekt entstammende nftables ist abwärtskompatibel zu iptables und gilt als performanter und einfacher zu konfigurieren als dieses. Ein besonderer Vorteil von nftables stellt das dynamische Nachladen einzelner Firewall-Regeln dar, das bei iptables bisher dem Neuladen des gesamten Regelwerks bedurfte.

TCP Wrapper

Unter Unix hat sich mit TCP Wrapper ein weiterer Mechanismus etabliert, um unerwünschten Verkehr abzuweisen. TCP Wrapper wird einem Dienst vorgeschaltet; durch entsprechende Richtlinien kann eingeschränkt werden, von welchen Adressen oder Adressbereichen aus der Dienst angesprochen werden kann. Ist die Verbindung zulässig, dann wird sie an den eigentlichen Dienst weitergereicht, andernfalls wird sie abgebrochen. Wie der Name bereits nahelegt, ist TCP Wrapper nur für den Schutz von TCP-basierten Diensten geeignet. TCP Wrapper kann als eigenes Programm genutzt werden oder es kann in einen Dienst integriert werden. TCP Wrapper ist kein Ersatz für eine Firewall, kann diese aber ergänzen.

TCP Wrapper kann durch Adressfälschung umgangen werden. Wenn zuverlässig sichergestellt werden soll, dass Verbindungen nur von bestimmten Clients aus erfolgen sollen, dann sollte hierfür auf VPN oder auf SSL/TLS mit Client-Authentifizierung oder SSH-Tunnel zurückgegriffen werden.

28 Siehe *http://netfilter.org/projects/nftables*.

Zusammenfassung

Die Maßnahmen für die Sicherheit von Unix-Systemen sind vielschichtig und komplex. Von zentraler Bedeutung sind die Konzepte für die Vergabe von Zugriffsberechtigungen und die Zuordnung von Nutzern zu Gruppen, die die Unix-spezifischen Eigenheiten der Zugriffsrechteübertragung und -prüfung berücksichtigen müssen. Sorgfalt ist auch bei der Auswahl und Konfiguration von Netzwerkdiensten geboten. Schließlich sollte die Betriebssicherheit durch Härtungsmaßnahmen und Virtualisierung erhöht werden. Dieses Kapitel konnte nur einen Überblick über die zentralen Ansätze zu Absicherung von Unix-Systemen geben. Für die praktische Umsetzung sind die Details der jeweiligen Unix-Variante, des Einsatzziels und der jeweiligen Einsatzumgebung zu berücksichtigen. Sicherheitskonzepte für Unix-Systeme müssen entsprechend konkretisiert werden.

Literatur

[BaSI01] *Barret, D. J.; Silverman, R. E.:* SSH – The Secure Shell, O'Reilly Media, 2001

[ChWaDe02] *Chen, H.; Wagner, D.; Dean, D.:* Setuid Demystified, Tagungsband zu 11th USENIX Security Symposium, USENIX Association, 2002; *https://www.usenix.org/legacy/events/sec02/full_papers/chen/chen.pdf* (Stand: 15.01.2024)

[GaSpSc96] *Garfinkel, S.; Spaffort, G.; Schwart, A.:* Practical Unix and Internet Security, O'Reilly Media, 3rd Edition, 2003

[RFC 5424] *Gerhards, R.:* RFC 5424, The Syslog Protocol; *https://tools.ietf.org/html/rfc5424* (Stand: 15.01.2024)

[RFC 5425] *Miao, F.; Ma, Y.; Salowey, J.:* RFC 5425, Transport Layer Security (TLS) Transport Mapping for Syslog; *https://datatracker.ietf.org/doc/html/rfc5425* (Stand: 15.01.2024)

[SteRa08] *Stevens, W. R.; Rago, S. A.:* Advanced Programming in the UNIX Environment, Addison-Wesley Longman, Amsterdam, 2nd Revised Edition, 2008

[WeiPu06] *Wei, J.; Pu, C.:* File-based Race Condition Attacks on Multiprocessors Are Practical Threat, 2006, College of Computing, Georgia Institute of Technology; *https://web.archive.org/web/20100701180135/http://www.cercs.gatech.edu/tech-reports/tr2006/git-cercs-06-08.pdf* (Stand: 15.01.2024)

21 Virtualisierung

Einleitung

Virtualisierung wird für viele Aufgabenstellungen eingesetzt: sei es von der Virtualisierung von Serversystemen über die Nutzung virtueller lokaler Netze (VLANs) oder virtueller Clients (VDI) bis zur Speicherung von Daten in Storage Area Networks (SANs). Eine Gemeinsamkeit ist bei den meisten Ansätzen die dynamische Bereitstellung von Hardware-Ressourcen. Hierdurch kann vorhandene Hardware besser ausgenutzt und Ressourcen können für die nutzenden virtualisierten Systeme einfach erhöht oder wieder freigegeben werden. Virtualisierungslösungen stellen vielfach die technologische Grundlage für Cloud-Angebote dar. Aus Sicherheitssicht ist durch den Einsatz von Virtualisierung meistens eine Steigerung der Verfügbarkeit möglich. Allerdings führt dies zur Verlagerung von Risiken. Wenn zentrale Ressourcen wie Host-Systeme oder Speichersysteme nicht mehr zur Verfügung stehen, werden in hoher Zahl virtualisierte Systeme beeinträchtigt. Ebenso müssen Verletzungen der Integrität und der Vertraulichkeit der Virtualisierungslösungen selbst berücksichtigt werden: Bei einer Kompromittierung sind die vielen virtualisierten Systeme und deren Daten gefährdet. Konzepte für die Virtualisierung müssen daher auch zwingend Anforderungen der Informationssicherheit berücksichtigen. In diesem Kapitel werden grundsätzlich Vor- und Nachteile von Virtualisierungslösungen und damit einhergehenden Sicherheitsanforderungen betrachtet. Ebenso werden verschiedene Virtualisierungstechnologien vorgestellt und worauf aus Sicht der Informationssicherheit besonders geachtet werden muss. Dieses Kapitel soll einen Überblick über wesentliche Sicherheitsanforderungen und Sicherheitsmaßnahmen geben, auf technische Details und Konfigurationen einzelner Produkte und Technologien wird nicht eingegangen. Derartige Informationen sind beim jeweiligen Hersteller oder bei einschlägigen Härtungsrichtlinien für das jeweilige Virtualisierungsprodukt zu finden.

21.1 Vorteile von Virtualisierungslösungen

Virtualisierungslösungen führen in der Regel durch die dynamische Verwaltung von Ressourcen zu einer besseren Ausnutzung der Ressourcen und Vermeidung von Ressourcenengpässen. Zudem wird die Bereitstellung neuer Systeme stark beschleunigt. Beispielsweise können neue virtuelle Serversysteme innerhalb von Sekunden auf Basis vordefinierter Images und Templates bereitgestellt werden. Bestellfristen von Hardwarekomponenten spielen für die virtualisierten Systeme keine Rolle, sofern die physischen Host-Systeme entsprechend ausgestattet sind. Auch umfangreiche Installationsprozeduren für einzelne Systeme entfallen durch die Nutzung von standardisierten Images.

Im laufenden Betrieb können die Ressourcen an den aktuellen Bedarf angepasst werden. Wird bspw. der Festplattenplatz eng, werden einfach die Ressourcen erweitert, anstatt Hardware zu tauschen. Ressourcen werden bedarfsbezogen genutzt, wodurch zum einen die Funktion auch bei wechselnden Anforderungen gewährleistet werden kann und zum anderen ggf. auch Kosteneinsparungen möglich sind. Die Verfügbarkeit kann durch Redundanzen, sei es auf virtualisierter Systemebene, Datenspeicherebene oder auch auf

Host-Ebene, enorm gesteigert werden. Virtualisierte Serversysteme können bspw. im laufenden Betrieb bei manchen Herstellern zwischen Host-Systemen verschoben werden.

Werden einheitliche Images und Templates genutzt, können auch einheitliche Sicherheitseinstellungen für alle betriebenen virtuellen Systeme durchgesetzt werden. Zudem können betriebliche Abläufe vereinfacht werden. Beispielsweise kann ein Test-System einfach von einem Produktivsystem kopiert werden. Es muss kein zweites System mit identischer Konfiguration manuell erstellt werden, denn das virtualisierte Originalsystem kann einfach kopiert werden. Diese Kopie kann dann bspw. zum Testen von Änderungen und Updates verwendet werden. Ein weiteres Beispiel zur Unterstützung betrieblicher Aufgaben ist die Nutzung von sogenannten Snapshots auf Host-Ebene oder SAN-Ebene: Der Systemzustand virtueller Systeme oder Speicherzustände wird zum Zeitpunkt der Erstellung des Snapshots quasi eingefroren und ein System kann dann in sehr kurzer Zeit auf diesen eingefrorenen Zustand zurückgesetzt werden. So können manche Praxisprobleme elegant umgangen werden, wie bspw. das Zurücksetzen eines Systems in einen funktionstüchtigen Stand nach dem Einspielen eines störungsverursachenden Patchs: Vor wesentlichen Änderungen wird einfach ein Snapshot erstellt und, sofern das System fehlerfrei läuft, zu einem späteren Zeitpunkt wieder gelöscht. Treten Fehler auf, kann man in kurzer Zeit zum Ausgangszustand zurückkehren. Ein zeitaufwendiges Erstellen von Images auf externe Speicher und Rücksichern des Images ist nicht mehr erforderlich, die Host-Virtualisierung bringt entsprechende Möglichkeiten mit. Solche Verfahren und Vorgehensweisen sollten allerdings ausgiebig getestet werden und eignen sich nicht für jeden Anwendungsfall. Wird bspw. eine transaktionsbasierte Anwendung durch einen Snapshot in die Vergangenheit versetzt, treten ggf. Inkonsistenzen auf. In vielen Fällen können aber die betrieblichen Abläufe durch den Einsatz von Virtualisierungslösungen unterstützt und verbessert werden.

21.2 Nachteile von Virtualisierungslösungen

Wesentlich bei der Betrachtung von Virtualisierungslösungen sollte sein, dass Virtualisierung kein Allheilmittel darstellt. Die Technologien basieren auf Hard- und Software und weisen somit auch typische Gefährdungen wie Softwareschwachstellen auf. Die Virtualisierungslösungen können angegriffen und manipuliert werden und ggf. hierüber erst eine Kompromittierung der virtualisierten Systeme ermöglichen. Diese Konzentration von Risiken muss in Risikoanalysen betrachtet werden. Die in diesem Kapitel beispielhaft aufgeführten Maßnahmen sowie ggf. weitere individuelle Maßnahmen zur Risikoreduktion sollten vorgesehen werden. Es sind neue und eigene Sicherheitskonzepte für die Virtualisierungslösungen erforderlich.

Folgende Punkte können beim Einsatz von Virtualisierung zu Beeinträchtigungen führen:

- Bei Ausfällen oder Störungen der Virtualisierungsinfrastruktur oder plötzlich erhöhten Ressourcenanforderungen von gestörten oder angegriffenen virtualisierten Systemen ist eine Auswirkung auf viele weitere virtualisierte Systeme möglich. Es fallen nicht einzelne Systeme oder Anwendungen aus, sondern ggf. komplette Systemlandschaften.
- Bei Nutzung von Snapshots und ähnlichen Techniken muss besonders auf Datenschutzanforderungen und das Löschen von Daten geachtet werden. In Löschkonzepten muss definiert werden, wie Daten auch aus derartigen Datenbeständen gelöscht werden.

- Potenziell kann es zu einer Vermischung von Kompetenzen von Mitarbeitern kommen. Ohne Virtualisierung werden Netze und Netzkomponenten oft ausschließlich von Netzwerkadministratoren verwaltet, Server von Serveradministratoren und Clients durch entsprechende Client-Admins. Auf Host-Systemen werden virtuelle Switche, virtuelle Server und die virtuellen Netze ggf. nur von einem Administrator verwaltet, der sich möglicherweise nicht ausreichend mit Netztechnologien befasst hat. Ein virtuelles System mit mehreren virtuellen Netzwerkinterfaces kann möglicherweise Netze verbinden, die an sich durch eine Firewall getrennt sind. Per Mausklick kann ein System einem falschen Netz zugeordnet werden. Eine besondere Sorgfalt bei der Administration ist erforderlich, da man wesentlich leichter fahrlässig sicherheitsrelevante Einstellungen falsch wählen kann. Gegebenenfalls sind dedizierte Kontrollen und Überprüfungen durch einen zweiten Mitarbeiter sinnvoll.
- Das Missverständnis, dass durch die Virtualisierung die virtualisierten Systeme in irgendeiner Form geschützt werden, muss ausgeräumt werden: Virtualisierte Systeme müssen ebenso wie physische Systeme abgesichert werden. Eine Härtung ist somit sowohl für die Virtualisierungslösungen selbst als auch für die virtualisierten Systeme erforderlich. Ebenso fast schon selbstverständlich ist ein Monitoring sowohl der Host-Systeme als auch der virtualisierten Systeme. Virtualisierung ändert nur die Bereitstellung, nicht die Sicherheit der virtualisierten Systeme selbst.
- Virtualisierte Systeme können sich gegenseitig stören oder wechselseitige Angriffsmöglichkeiten erzeugen. Gegebenenfalls ist es sinnvoll, bspw. bei der Servervirtualisierung, für unterschiedliche Schutzbedarfe unterschiedliche Virtualisierungssysteme zu verwenden.

Die aufgeführten Punkte stellen prinzipielle Nachteile dar, die Liste erhebt keinen Anspruch auf Vollständigkeit. Durch entsprechende Konzepte für die jeweils eingesetzte Technologie müssen Risiken reduziert und passende Maßnahmen getroffen werden.

21.3 Servervirtualisierung

Als erstes Beispiel für Virtualisierungslösungen soll hier die Virtualisierung von Serversystemen betrachtet werden. Neben den VLANs stellt dies eine der ältesten Technologien zur Virtualisierung von Systemen dar. Mehrere Hersteller bieten Produkte zur Bereitstellung sogenannter Host-Systeme an, die oft auch als Hypervisor oder Virtual-Machine-Monitor bezeichnet werden. Ein Host-System ist ein physisches System, auf dem die Virtualisierungssoftware installiert ist. Es ist der Host (Gastgeber) für virtuelle Gast-Systeme, die gemeinsam die physische Hardware des Hosts nutzen.

Hierdurch können Ressourcen effizient genutzt und die Hardware Ressourcen der Gast-Systeme recht dynamisch an die Anforderungen angepasst werden. Für kritische Gast-Systeme können Mindestverfügbarkeiten der Hardware-Ressourcen wie Hauptspeicher, CPU und Festplattenplatz definiert werden. Bei manchen Herstellern ist es auch möglich, die virtualisierten Gast-Systeme im laufenden Betrieb automatisiert zwischen Host-Systemen mit unterschiedlicher Auslastung zu verschieben. Hierdurch kann die Verfügbarkeit gesteigert und die Ressourcenauslastung optimiert werden. Durch den Einsatz mehrerer Host-Systeme können virtuelle Systeme bei Ausfall eines Hosts auf weiteren Hosts gestartet werden (Failover).

Backupmechanismen können ggf. vereinfacht werden, wenn das Backup nur an einer zentralen Stelle auf dem Host-System erfolgt und nicht auf jedem einzelnen virtuellen Server. Auch die Wiederherstellung von virtuellen Servern (Recovery) kann unterstützt werden. Oftmals wird eine Wiederherstellung aus Snapshots ermöglicht, bspw. wenn diese wie oben aufgeführt vor dem Einspielen von Updates erstellt wurden und ein Patch zu Störungen geführt hat. Die Snapshots selbst werden auf dem Host oder einem angebundenen SAN gespeichert. Treten Störungen oder Manipulationen am Host-System auf, sind die Datenbestände gefährdet. Daher sollten für das Host-System oder die Datenbestände im SAN zusätzlich zu den Snapshots der virtuellen Systeme Backupmechanismen vorgesehen werden.

Sicherheitsanforderungen Servervirtualisierung

Neben den unten für alle Technologien aufgeführten grundsätzlichen Sicherheitsmaßnahmen müssen für die Servervirtualisierung die folgenden Punkte beachtet werden:

- Äquivalenz – virtuelle Systeme sollen sich vergleichbar zu physischen Systemen verhalten
- Isolation – sichere Trennung der virtualisierten Systeme untereinander
- Ressourcenverwaltung – die Verwaltung und Überwachung von Ressourcen muss definiert werden
- Ressourcenzuweisung – Ressourcen müssen gemäß der Ressourcenverwaltung zugewiesen und bei Bedarf angepasst werden
- Konzepte zur Ausfallssicherung und zur räumlich redundanten Unterbringung der Host-Systeme
- Absicherung Managementsysteme – auch die Managementsysteme zur Verwaltung der Servervirtualisierung müssen abgesichert werden
- Rollenmodelle – bei vielen Herstellern kann die Administration rollenbasiert erfolgen. Es kann zwischen der Administration des Host-Systems und der Virtualisierung selbst, der Verwaltung der virtuellen Netze und Netzkomponenten und der Administration der Gast-Systeme unterschieden werden.

21.4 Plattformvirtualisierung (Container)

Bei Container-Lösungen wird eine Gesamtplattform, bestehend aus Betriebssystem, Anwendungen und weiteren erforderlichen Softwarekomponenten, als Container verwaltet. Ein Vorteil ist, dass jede Anwendung die passenden Bibliotheken mitbringt. Es müssen also nicht erst ein Betriebssystem und Softwarekomponenten passend zur Anwendung installiert werden, denn der Container stellt eine vollständig lauffähige Umgebung bereit. Werden für unterschiedliche Anwendungen unterschiedliche Bibliotheken genutzt, kann dies über entsprechende Container realisiert werden. Störungen und Wechselwirkungen der Anwendungen untereinander werden vermieden. Klassisch ausgelieferte Anwendungen werden zunächst auf einem, ggf. virtualisierten, Server mit allen benötigten Bibliotheken installiert. Bei der Plattformvirtualisierung wird vom Hersteller ein komplett lauffähiger Container bereitgestellt, der direkt gestartet werden kann. Auch der unabhängige Betrieb mehrerer Container mit derselben Bibliothek in unterschiedlichen Versionen ist möglich.

Sicherheitsanforderungen Plattformvirtualisierung

Beim Einsatz von Plattformvirtualisierung und Containerlösungen sollte Folgendes besonders beachtet werden:

- Berechtigungen zur Verwaltung der Container und Plattformvirtualisierung sollten geplant werden.
- Bei Verwendung von Containern und Templates müssen diese regelmäßig aktualisiert werden. Veraltete Container stellen ein hohes Sicherheitsrisiko dar.

21.5 Speichervirtualisierung (SAN)

Bei der hier aufgeführten Speichervirtualisierung geht es nicht um die Bereitstellung von virtuellem Hauptspeicher, sondern um Speicherlösungen zur Datenablage. Durch Storage Area Networks (SANs) wird Festplattenplatz z. B. für Serversysteme zentral zur Verfügung gestellt. Aus Sicht der Server hat man also einen virtuellen Speicher, für den die typischen Vorteile von Virtualisierungslösungen gelten: Der Speicherplatz ist nicht in Form von Hardware-Festplatten im Server festgelegt und erfordert bei höherem Platzbedarf den Einbau weiterer oder größerer Festplatten. Der Platz wird zentral zur Verfügung gestellt und über sehr schnelle dedizierte Storage-Netze angebunden. Die Ressourcen können zentral verwaltet und entsprechend dem Bedarf angepasst werden. Eine umfassende Darstellung zu Speicherlösungen soll hier nicht erfolgen.

Sicherheitsanforderungen Speichervirtualisierung

Hier werden wesentliche relevante Sicherheitsaspekte aufgeführt:

- Definierte Provisionierung von Speicherplatz, Festlegung von Vorgehensweisen zur dynamischen Anpassung
- Festlegungen zur Verwaltung der SAN-Infrastruktur
- Konzepte zur Ausfallssicherung und zur räumlich redundanten Unterbringung der Speicherlösungen
- Logische Segmentierung/Zonierung – Zuordnung von Speicherplatz zu Systemen. Hierdurch kann eine Mandantentrennung realisiert werden, sodass von Systemen eines Mandanten nicht auf Daten/Systeme eines anderen Mandanten zugegriffen werden kann.
- Durchführung von Tests bei wesentlichen Änderungen und Updates, sodass Störungen des SANs nicht zum Ausfall kompletter Infrastrukturen führen
- Festlegungen zur Entsorgung defekter oder nicht mehr benötigter Festplatten. Diese sollten nicht einfach dem Hersteller zur Wiederaufbereitung übergeben werden. Es sind Fälle bekannt, in denen aus defekten Festplatten funktionstüchtige Festplatten wiederaufbereitet wurden, die aber noch Daten enthielten.
- Entscheidung über und Planung der Absicherung einer Remote-Wartung durch den Hersteller der Speicherlösung. Für Daten mit hohen Vertraulichkeits- oder Integritätsanforderungen sollten Angriffsmöglichkeiten im Kontext des Remote-Zugriffs berücksichtigt werden – auch durch Mitarbeiter des Herstellers.

Grundsätzlich kann durch den Einsatz von Speichervirtualisierung die Verfügbarkeit gesteigert werden. Relevante Sicherheitsaspekte wie Störungen und Angriffe der SAN-Infrastruktur müssen aber berücksichtigt und entsprechende Maßnahmen zur Risikoreduktion getroffen werden. Es gibt keine gesetzlichen Vorgaben, wann ein SAN eingesetzt werden kann oder nicht. Bei einem hohen oder sehr hohen Schutzbedarf sollte aber geprüft werden, ob durch den Einsatz von Servern mit physischen Festplatten oder den Einsatz mehrerer SAN-Umgebungen die Vertraulichkeit und Integrität von Daten und Anwendungen besser geschützt werden kann.

21.6 Clientvirtualisierung (VDI)

Mit VDI ist hier eine »Virtuelle Desktop-Infrastruktur« (engl. Virtual Desktop Infrastructure) gemeint. Darunter versteht man, dass virtualisierte Clients genutzt werden, die bspw. zentral auf einem Server oder in der Cloud bereitgestellt werden. Der Zugriff erfolgt entweder über eine dedizierte Client-Software oder über einen Browser und von einem beliebigen physischen Endbenutzersystem aus.

Hierdurch können die virtuellen Clients zentral und mit einheitlichen Sicherheitsvorgaben abgesichert werden. Die lokalen physischen Clients, an denen letztendlich der Benutzer arbeitet, werden durch diesen Ansatz entkoppelt. Die Sicherheit wird auf die Authentifizierung an der VDI-Infrastruktur und die virtuellen Clients verlagert. Daten verbleiben in zentralen Infrastrukturen und werden in der Regel nicht auf den physischen Clients gespeichert. Diese Endbenutzersysteme können beliebige Firmensysteme, Privatsysteme oder auch ein System in einem Internetcafé sein.

Der Vorteil dieses Ansatzes ist eine einheitliche Bereitstellung sowie zentrale Absicherung und Betrieb der VDI-Infrastruktur, z. B. auf Basis von Terminal-Servern. Die lokalen physischen Clients dienen nur zur Anzeige und Eingabe, hierfür können auch ressourcenarme Systeme verwendet werden.

Eine weitere Nutzungsmöglichkeit dieser Entkopplung ist der Einsatz virtueller Clients für administrative Aufgabenstellungen im Netz der verwalteten Systeme. Oder der Zugriff auf hochkritische Anwendungen nur von virtuellen Clients aus. Die physischen Clients spielen auch hier dann aus Sicherheitssicht nur eine untergeordnete Rolle. Die Daten und Zugriffe verbleiben in den gesicherten Netzsegmenten. Es muss allerdings beachtet werden, dass ein erfolgreicher Angriff der physischen Clients dem Angreifer die Sicht und Interaktionsmöglichkeiten des Benutzers ermöglicht. Eine Absicherung der physischen Endgeräte für Anzeige und Eingaben sollte daher nicht völlig außer Acht gelassen werden.

Sicherheitsanforderungen Clientvirtualisierung

Folgende Sicherheitsanforderungen sollten besonders beachtet werden:

- Authentifizierung von Benutzern an der VDI-Infrastruktur und den virtuellen Clients
- Gegebenenfalls auch Authentifizierung der physischen Endbenutzersysteme an der VDI-Infrastruktur und den virtuellen Clients
- Sicherheit der Netzanbindung der VDI-Infrastruktur, es sollte von außerhalb der Infrastruktur nur die Kommunikation zu den virtuellen Clients zugelassen werden
- Eine permanente Netzanbindung der VDI-Infrastruktur mit ausreichender Qualität und Performance ist erforderlich.
- Auch für die physischen Clients muss eine Netzzugangsmöglichkeit bestehen, bei Netzstörungen ist in der Regel kein Zugriff auf die virtuellen Clients möglich und somit die Arbeitsfähigkeit der Benutzer stark beeinträchtigt.

21.7 Netzwerkvirtualisierung

Technologien wie VLAN (Virtual Local Area Network) und SDN (Software Defined Networking) werden im Kapitel 11 betrachtet. Die in diesem Kapitel unten aufgeführten grundsätzlichen Maßnahmen bei Einsatz von Virtualisierungslösungen sollten auch hierfür vorgesehen werden.

Netzwerke können virtuell auf Serversystemen (Host-Systemen) und Clients mit entsprechender Virtualisierungssoftware/Hypervisor definiert werden. Vom Grundsatz gilt, was auch für eine Netzwerkplanung bei Einsatz physischer Netzwerkkomponenten relevant ist: Netze sollten sorgfältig geplant werden, eine Segmentierung aufweisen und die Netzübergänge idealerweise gesteuert werden, bspw. über Firewalls. Eine entsprechende Netzwerkkompetenz muss also auch für den Einsatz virtueller Netzwerke vorliegen.

Sicherheitsanforderungen Netzwerkvirtualisierung

Bei Einsatz virtueller Netze und virtueller Netzwerkkomponenten müssen die folgenden Sicherheitsanforderungen beachtet werden:

- Virtuelle Netzwerkkomponenten müssen vergleichbar zu physischen Systemen abgesichert und betrieben werden. Auch virtuelle Switche oder virtuelle Firewalls müssen geplant und sicherheitsgerichtet konfiguriert werden.
- Die virtuellen Netze und Netzwerkkomponenten dürfen nicht so eingesetzt werden, dass andere Sicherheitsmechanismen wie die Steuerung der Kommunikation über physische Netzwerk-Firewalls unterlaufen werden. Netzwerke könnten auch über virtuelle Netze und Systeme überbrückt werden, sodass ggf. eine unbeabsichtigte oder unzulässige Kommunikation ermöglicht wird.

21.8 Grundsätzliche Sicherheitsmaßnahmen

Die hier aufgeführten grundsätzlichen Sicherheitsmaßnahmen bei Nutzung von Virtualisierungslösungen sind an sich weitgehend selbstverständlich und gelten mehr oder weniger für den Einsatz jeglicher Informationstechnologie. Sie werden hier dennoch aufgeführt, da in der Praxis oft nur die zu erreichenden Ziele bei Einsatz der Virtualisierung, aber weniger die erforderlichen Konzeptionen und Maßnahmen betrachtet werden.

Grundsätzliche Sicherheitsmaßnahmen Virtualisierung

Die folgenden grundsätzlichen Sicherheitsmaßnahmen sollten mindestens umgesetzt werden:

- Genaue Planung der Virtualisierungsinfrastruktur mit Beschreibung der Zielsetzung und vorgesehener Implementierungsschritte
- Sicherheitskonzeption für die jeweilige Technologie, Entwicklung einer Sicherheitsarchitektur, Durchführung einer Risikoanalyse und bewertung, Definition konkreter Maßnahmen zur Sicherstellung der Verfügbarkeit, Vertraulichkeit und Integrität der eingesetzten Lösungen
- Bei virtuellen Servern und Clients wird nur die Hardware virtualisiert, für das Betriebssystem der virtuellen Systeme müssen nach wie vor, wie bei physischen Systemen, Sicherheitsmaßnahmen vorgesehen werden.
- Netzplanung unter Berücksichtigung der eingesetzten Virtualisierungslösungen
- Ausgiebige Tests, Umsetzung/Implementierung gemäß den Vorgaben und ggf. durch Tests festgestellte erforderliche Anpassungen
- Betriebliche Sicherheitsaufgaben wie Schwachstellenmanagement, Patchmanagement, Monitoring, laufende Verbesserung der Konfiguration
- Festlegung zu Risikovorsorgemaßnahmen und Ersatzmaßnahmen, bspw. wie vorgegangen wird, wenn zu gemeldeten Schwachstellen der Virtualisierungslösungen noch keine Updates oder Workarounds zur Verfügung stehen
- Regelmäßige Kontrolle und Aktualisierung von Templates und Standard-Images

Diese Auflistung erhebt keinen Anspruch auf Vollständigkeit, sie stellt nur die Mindestanforderungen dar, auf die man achten sollte. Die Maßnahmen sollten bei eigenen Betrachtungen noch durch weitere, spezifischere Maßnahmen ergänzt werden. Hierzu wurden bei den oben aufgeführten Technologien Hinweise gegeben. Es sollten in allen Fällen die jeweilige Herstellerdokumentation oder weiterführende Vorgaben wie bspw. vom BSI im BSI IT-Grundschutz-Kompendium oder vom Center for Internet Security in Form der produktspezifischen CIS-Benchmarks berücksichtigt und zusätzliche Maßnahmen umgesetzt werden.

Für die vielfältigen Technologien sind entsprechende Spezialkenntnisse erforderlich, ein »Anflanschen« an bestehende Aufgabenstellungen ist prinzipiell möglich. Es sollte aber berücksichtigt werden, dass eine Vielzahl von Optionen zur Virtualisierung existiert und man sich mit jeder der Technologien und Sicherheitseigenschaften genau auseinandersetzen sollte.

Grenzen von Virtualisierung

Virtualisierung ist kein Allheilmittel. Nur weil ein Server virtuell ist, ist er noch lange nicht sicher. Mit hoher Wahrscheinlichkeit ist eine verbesserte Absicherung vor Ausfällen im Vergleich zu einem einzelnen physischen Server gegeben. Bezüglich der Integrität und Vertraulichkeit müssen, vgl. die Kapitel zu den Betriebssystemen, auch Maßnahmen für die virtuellen Systeme vorgesehen werden. Die Aufgabe, die virtuellen Systeme wie physische Systeme abzusichern, verbleibt.

Zum anderen ist der Einsatz von Virtualisierung nicht in jedem Fall zielführend oder möglich. Sofern spezielle Hardwarekomponenten wie bspw. Fax- oder Schnittstellenkarten eingesetzt werden müssen, können diese häufig nicht virtualisiert werden. In Einzelfällen wird man für spezielle Anwendungen also immer noch physische Systeme verwenden müssen. Das mutet an sich selbstverständlich an, sollte aber im Rahmen der Konzeption von Virtualisierungslösungen nicht vernachlässigt werden.

Risikoanalysen

Es ist unumgänglich, speziell auf die Virtualisierung zugeschnittene Risikoanalysen durchführen. Denn bei Ausfall/Störungen von oder Angriffen auf zentrale Virtualisierungsinfrastrukturen sind in der Regel zahlreiche Systeme betroffen. Gegebenenfalls sollten weitere Maßnahmen wie die Nutzung unterschiedlicher Host-Systeme für interne Systeme und DMZ-Systeme vorgesehen werden oder, wie bspw. vom BSI im IT-Grundschutz-Kompendium Baustein NET.1.1 empfohlen, bei sehr hohem Schutzbedarf keine VLANs eingesetzt werden. Über die Vermeidung potenzieller Angriffsfläche durch Verzicht auf den Einsatz von Virtualisierungslösungen in kritischen Bereichen sollte bewusst nachgedacht werden. Bei Einsatz von Virtualisierung sollten Risiken bestimmt und entweder risikoreduzierende Maßnahmen vorgesehen oder das Risiko bewusst und dokumentiert getragen werden.

21.9 Abhängigkeiten und neue Angriffswege/ Fehlkonfigurationen berücksichtigen

Auch wenn dieser Punkt implizit in den obigen Abschnitten genannt wurde, sollten explizit bei Einsatz von Virtualisierungslösungen auch Abhängigkeiten im Detail betrachtet und neue Angriffswege oder Konsequenzen von Fehlkonfigurationen erörtert und als Risiko erfasst werden.

Physisch wird man bspw. kaum versehentlich Hunderte Serversysteme an einen falschen Switch anschließen. Beim Einsatz virtualisierter Server könnte dies bei einer Fehlkonfiguration des Hypervisors durchaus vorkommen. Bei Schwachstellen eines physischen Serversystems ist möglicherweise ein Angriff auf weitere Serversysteme zu erwarten. Bei Schwachstellen eines Hypervisors ist es ggf. möglich, über ein kompromittiertes Gast-System auf beliebige weitere Gast-Systeme zuzugreifen. Diese Beispiele zeigen, dass es für die Absicherung und den laufenden Betrieb von Virtualisierungslösungen zusätzlicher Sicherheitsbetrachtungen bedarf.

Zudem sollte im Detail analysiert werden, dass durch die Virtualisierung bestehende Sicherheitslösungen nicht umgangen werden, bspw. die Überbrückung von Firewalls durch virtuelle Systeme mit virtuellen Netzwerkadaptern in mehreren Netzsegmenten.

Mögliche Fehlkonfigurationen, die Sicherheitsmaßnahmen unterlaufen, sollten betrachtet und geeignete weitere Maßnahmen, ggf. auch organisatorische, getroffen werden. Fehlkonfigurationen können nicht ausgeschlossen werden, durch manuelle oder automatisierte Überprüfungen könnten sie aber proaktiv festgestellt und im Anschluss behoben werden.

Zusammenfassung

Durch den Einsatz von Virtualisierungslösungen kann die Bereitstellung von Informationstechnologie standardisiert und wesentlich beschleunigt werden. Hardware-Ressourcen können effizient genutzt und Kosteneinsparungen ermöglicht werden. Demgegenüber stehen die Anforderungen, die für jegliche Technologie gelten. Die Virtualisierungslösungen sollten sorgsam geplant und insbesondere neue, mit der Nutzung einhergehende Risiken bestimmt und geeignete Gegenmaßnahmen etabliert werden.

Literatur

BSI IT-Grundschutz-Kompendium *www.bsi.de* (Stand: 17.01.2024)

CIS Benchmarks *www.cisecurity.org* (Stand: 17.01.2024)

22 Sicherheit von mobilen Endgeräten

Einleitung und Überblick

Ohne den Einsatz mobiler Endgeräte ist das alltägliche Berufsleben im Zeitalter der stetig fortschreitenden Digitalisierung nicht mehr vorstellbar.

Die Nutzung von Smartphones, Tablets und Smartwatches ist heute bereits selbstverständlich und dient schon lange nicht mehr nur dazu, E-Mails abzurufen und Termine im Blick zu behalten. Ständige Erreichbarkeit sowie die Durchführung komplexer Geschäftsprozesse (bspw. in der Produktionssteuerung) sind auf den handlichen Geräten heute kein Problem mehr und bestimmen zunehmend den Arbeitsalltag.

Und mit der fortschreitenden Weiterentwicklung im Bereich der »virtuellen Realitäten« werden weitere Anwendungsbereiche erschlossen, wie die Nutzung von Datenhandschuhen, -brillen oder -helmen, bspw. in industriellen (Industrie 4.0) oder medizinischen Bereichen.

22.1 Herausforderungen

Der Einsatz mobiler Endgeräte birgt wie jede andere Technologie auch gewisse Risiken. Bei einigen dieser Risiken handelt es sich um bereits wohlbekannte, allgemeingültige Sicherheitsrisiken, deren Behandlung durch etablierte Maßnahmen adressiert werden kann. Bestimmte Risiken können sich aber für mobile Endgeräte durch die spezielle Art und Weise ihrer Verwendung ergeben oder sie sind schlicht gänzlich neu.

Durch Trends wie Bring your own Device (BYOD) können sich Gefahrensituationen für Unternehmensdaten verschärfen, denn hier nutzen Beschäftigte ihre privat erworbenen Geräte nicht nur für persönliche, sondern auch für berufliche Zwecke. Ob und inwieweit diese Geräte vom Hersteller überhaupt für einen professionellen Einsatz ausgelegt sind, ist oftmals unklar, und die Grenzen zwischen persönlichen und beruflichen Anwendungen und Daten verschwimmen immer mehr.

Zu den besonderen Gefahrenquellen durch die Nutzung mobiler Endgeräte zählen bspw.:

- **Verlust oder Diebstahl** des mobilen Endgeräts: Ein wesentliches Merkmal dieser Endgeräte ist ihre geringe Größe und ihr geringes Gewicht. Dieser ungemein nützliche Vorteil beim Transport dieser Geräte kehrt sich rasch in einen Nachteil um, da der Verlust des Geräts nicht direkt gespürt oder ein Diebstahl erheblich vereinfacht wird.
- **Unsichere Kommunikationskanäle**
  Mobile Endgeräte bieten zahlreiche Schnittstellen und unterstützen etliche Protokolle, die zur Kommunikation mit der Außenwelt genutzt werden können. Zu diesen Schnittstellen und Protokollen zählen bspw. im Bereich

- **Mobilfunk**
  Global System for Mobile Communication (GSM)/General Packet Radio Service (GPRS), Universal Mobile Telecommunications System (UMTS), Longterm Evolution (LTE) und 5G
- **Netzwerk**
  Wireless Local Area Network (WLAN)
- **Kurzdistanz-Kommunikation**
  Bluetooth, Near Field Communication (NFC), Ultrabreitbandfunk (UWB)

- **Unsichere Dienste**
  Hersteller und Drittanbieter offerieren Dienste (bspw. Cloud-Speicher, Software as a Service (SaaS), Sharing-Plattformen), über deren konkrete Sicherheitsaspekte häufig Unkenntnis herrscht.
- **Schadsoftware**
  Aufgrund der bestehenden Mono- bzw. Oligopole aufseiten der Gerätehersteller und der verwendeten Betriebssysteme (letztlich dominieren die Firmen Google mit Android sowie Apple mit iOS den Markt) haben sich mobile Endgeräte zu einer sehr beliebten Angriffsfläche für Schadsoftware jeglicher Art entwickelt. Die Schadsoftware wird dabei über sogenannte Apps (Applikationen für mobile Endgeräte) eingeschleust, bspw. durch Custom-Keyboards, Spiele oder sonstige Anwendungen. Bei den Apps besteht sehr oft das Problem darin, dass über den Hersteller/Entwickler der Apps keine oder nur ungenügende Informationen vorliegen. Verstärkt wird das Problem durch die Nutzung von nicht offiziellen App-Stores. Hersteller wie Google und Apple stellen einen eigenen App-Store zur Verfügung, in dem Apps vor einer Bereitstellung zumindest einer automatischen Prüfung unterzogen werden. Allerdings können Anwender auch Apps aus anderen Quellen installieren, je nach Hersteller mit mehr oder weniger Aufwand.

Unabhängig davon, welchen Bereich man direkt betrachtet, gilt: In jedem Bereich gab es schon erhebliche Sicherheitslücken in verwendeten Protokollen, Diensten und Anwendungen, die sich zum Nachteil der Anwender auswirkten. Beispiele hierfür sind:

- Schwachstelle im Mobilfunknetz
- Schwachstelle in Bluetooth-Stack
- SS7-Hack
- Schadsoftware in den App-Stores
- Bug in iOS Facetime
- Schwachstelle in der iOS-Mail-App
- Schwachstellen im Android-Media-Codec

Überblick Sicherheitsfunktionen

Auch wenn die beiden heute marktbeherrschenden Hersteller von Betriebssystemen für mobile Endgeräte (Google und Apple) nicht unbedingt Geschäftskunden als primäre Zielgruppe im Auge hatten, so haben beide Hersteller doch bereits etliche Sicherheitsmechanismen sowohl in den Betriebssystemen als auch in der sie nutzenden Hardware (beginnend durch Apple, mittlerweile auch bspw. bei Google oder Samsung) implementiert. Bei Android wird die Situation allerdings dadurch erschwert, dass im Gegensatz zu

Apple Betriebssystem und Hardware nicht aus einer Hand stammen müssen. Diese vermeintliche Vielfalt führt in der Praxis dazu, dass Hardware schnell veraltet und durch den Hersteller nicht mehr mit Updates versorgt wird und aufgrund von herstellerspezifischen Anpassungen am Betriebssystem Android nicht alle Sicherheitsmechanismen umgesetzt werden. Dies führt zu besonderen Herausforderungen, wenn Geräte solcher Hersteller im geschäftlichen Umfeld genutzt werden sollen.

22.2 Generelle Security-Architekturen mobiler Systeme

Sowohl iOS als auch Android bringen von Haus aus vergleichbare, grundlegende Sicherheitsmechanismen mit. Diese Sicherheitsfunktionen greifen bereits auf unterschiedlichsten Ebenen – von der Hardware über Firmware und Betriebssystem bis auf Applikationsebene. Tabelle 22.1 gibt einen Überblick über die durch beide Betriebssysteme grundsätzlich zur Verfügung gestellten Sicherheitsfunktionen.

Tabelle 22.1: Prinzipielle Sicherheitsmechanismen von iOS und Android

Bereich	Mechanismus	iOS	Android
Device Security	Secure-Boot-Mechanismen	Secure Boot Chain	Android Verified Boot
	App Code Signing	ja	ja
	Data Execution Prevention (DEP)	ja	ja
	Address Space Layout Randomization (ASLR)	ja	ja
	Zugriffsschutz	ja	ja
	Fehlbedienungszähler mit Datenlöschung	ja	ja
	spezielle Krypto-Hardware	ja	je nach Hardware-System
Data Security	Verschlüsselung auf Dateiebene	ja	ja
	Verschlüsselung auf Datenebene	ja	ja
Network Security	Unterstützung sicherer Protokolle (TLS, IPsec ...)	ja	ja
App Security	Sandbox-Prinzip	ja	ja
	Berechtigungsverwaltung bei Zugriff auf Ressourcen	ja	ja

iOS und Android sind seit vielen Jahren etabliert, die Sicherheitsmechanismen werden über die Zeit kontinuierlich weiterentwickelt. Der Schutz der persönlichen Daten wird dabei immer stärker ausgebaut und betriebssystemseitig reglementiert. Beispielsweise dürfen installierte Apps erst nach Freigabe entsprechender Berechtigungen auf Ressourcen wie Kontakte, Standortdaten, Kamera oder Mikrofon zugreifen.

22.3 Bindung an Hersteller/Store und Eingriffsmöglichkeiten des Benutzers

Bei iOS-Geräten können Anwendungen bis auf wenige Ausnahmen ausschließlich aus dem App Store von Apple bezogen werden. Unternehmen haben die Möglichkeit, selbst entwickelte Anwendungen über Mobile-Device-Management-Systeme auf verwaltete Geräte zu laden. Entwickler erhalten die Möglichkeit, über entsprechende von Apple signierte Entwicklerzertifikate Anwendungen auf eigene Geräte zu laden. Der Nutzer kann nur noch mittels eines »Jailbreaks« Anwendungen auf dem Gerät installieren, die nicht aus dem App Store kommen. Allerdings bringt ein solcher Jailbreak auch einige nennenswerte Risiken mit sich. Sollte etwas beim Aufspielen des Jailbreaks nicht reibungslos funktionieren, besteht die Gefahr, dass das Gerät unbenutzbar wird. Weiterhin werden durch einen Jailbreak in der Regel Dienste, wie bspw. ein SSH-Server, auf dem Gerät gestartet und nach außen angeboten. Diese Dienste sind für Angreifer dann meistens mit allgemein bekannten Zugangsdaten ansprechbar. Geht der Nutzer die Risiken ein, so kann er Anwendungen aus fremden App-Stores oder unbekannten Quellen installieren, die potenziell Schadsoftware beinhalten oder kritische Änderungen am System vornehmen.

Bei Android-Geräten besteht die Möglichkeit, Anwendungen aus dem Play Store von Google zu laden. Allerdings können Gerätehersteller eigene App-Stores auf ihren Geräten platzieren. Der Nutzer selbst hat die Möglichkeit, über die Einstellungen der Android-Geräte »Sideloading« zu aktivieren. Dann können beliebige »Drittanbieter-Anwendungen« oder »unbekannte Anwendungen« ohne größeren Aufwand installiert werden. Potenziell kann so auch Schadsoftware installiert werden. Die Sicherheitsarchitektur des Betriebssystems kann so jedoch nicht direkt umgangen werden. Hierzu müssten Android-Geräte »gerootet« werden, um Root-Zugriff auf das Betriebssystem zu erhalten.

Jailbreak und Root ändern die Sicherheitsarchitektur der Systeme und erweitern den Systemzugriff. Geräte in solchem Zustand sollten in Unternehmensnetzwerken nicht erlaubt sein, da sie ein großes Sicherheitsrisiko mit sich bringen.

22.4 Bring your own Device

»Bring your own Device« (*BYOD*) ist ein neuer Trend, der im Geschäftsumfeld Einzug hält. Die Idee dahinter ist: Private Mobilgeräte werden in die unternehmenseigene IT-Infrastruktur integriert. Üblicherweise besitzen die meisten Arbeitnehmer bereits mobile Endgeräte für ihre eigenen privaten Zwecke. Warum sollte man den Mitarbeitern also nicht erlauben, diese Geräte auch für dienstliche Zwecke im Unternehmen einzusetzen? Der Arbeitgeber hätte weniger Aufwände, um neue Geräte anzuschaffen und Mitarbeiter zu schulen, der Arbeitnehmer müsste sich nicht erst an ein neues Gerät gewöhnen und Schulungen besuchen. Die Nutzerakzeptanz wird deutlich erhöht, in manchen Fällen sind

private Geräte sogar besser als Geräte, die vom Unternehmen bereitgestellt werden. Und zu guter Letzt: Für den Arbeitgeber sind die Arbeitnehmer bei BYOD-Modellen oft auch außerhalb der Dienstzeiten erreichbar.

IT-Sicherheitsverantwortliche stellt BYOD allerdings vor große Herausforderungen. Privat-Geräte in der Unternehmensinfrastruktur stellen ein unkontrolliertes Element da. Es gibt keine einheitlichen und zentralisierten Vorgaben für die Konfiguration der Geräte, welche Security-Policies angewandt, wie mit Applikationen umgegangen und welche Parameter zur Endgeräte-Sicherheit angewandt werden sollen. Das Risiko eines Verlusts der Endgeräte steigt, da diese Geräte nicht nur zu Dienstzeiten mitgeführt werden, sondern auch in der Freizeit. Zusätzlich kommen erhöhte Anwendungs- und Netzwerkrisiken hinzu. Ein Nutzer kann auf seinem Gerät Anwendungen installieren, die er für seine private Nutzung benötigt. Diese Anwendungen können unberechtigterweise Zugriff auf Unternehmensdaten erhalten oder auch Schadprogramme sein. Ein Gerät, das der Nutzer mitbringt, könnte auch unberechtigt und unkontrolliert auf Netzwerkressourcen zugreifen und für einen Datenabfluss sorgen.

Konkrete Gefährdungen sind also:

- Verlust
- Schadprogramme auf den Geräten
- Installieren von unerwünschter Drittsoftware auf den Geräten
- Rechtliche Konsequenzen aufgrund von Lizenzrechten
- Abfluss geschäftlicher Daten an Dritte

Gegen einige Gefahren können Maßnahmen ergriffen werden, wie bspw. *Network Access Control* (*NAC*), Datentrennung, Sandboxing, Virtualisierung, Containerization, Black- und Whitelisting von Applikationen und viele weitere. Den konkreten Einsatz solcher Maßnahmen sollte unbedingt ein Sicherheitskonzept regeln. Insbesondere im Anwendungsfall BYOD gibt es eine Vielzahl an potenziell ergreifbaren Maßnahmen, die genau abzuwägen sind (bspw. Zugriffsschutz, erlaubte Apps, Netzwerkzugang, Backup, Logging-Einstellungen u. v m.). Letztendlich stellen diese Maßnahmen einen Eingriff in Soft- und Hardware dar, die nicht dem Unternehmen gehört, sondern dem Arbeitnehmer. Aufgrund der Diversität von mobilen Endgeräten müssen auch zahlreiche Szenarien (Art des Geräts) und Variablen (Betriebssystem, Leistungsfähigkeit, Internetanbindung) in einem Sicherheitskonzept berücksichtigt werden, das den Betrieb und die gewählten Sicherheitsmaßnahmen beschreibt und umsetzt.

Empfehlenswert ist in diesem Zusammenhang, eine Jailbreak-/Root-Erkennung durchzuführen. Solche Geräte sollten keinen Zugriff auf Unternehmenswerte erhalten, da hier nicht sichergestellt werden kann, ob durch den Jailbreak/Root notwendige Sicherheitsmaßnahmen deaktiviert wurden. Auf der Netzwerkebene sollte eine entsprechende NAC-Lösung eingesetzt werden, die unautorisierte Zugriffe von Endgeräten aus das Unternehmensnetzwerk verhindert. Ein Teil der oben aufgeführten lizenzrechtlichen Fragestellungen kann durch App Whitelisting oder entsprechende Enterprise-App-Stores gelöst werden. Hier werden geprüfte, lizenzierte und freigegebene Anwendungen für die eingesetzten Mobilgeräte bereitgestellt. Abschließend sollte der Umgang mit bestehenden Bedrohungen und Risiken dokumentiert und entsprechende Maßnahmen eingeführt werden (bspw. in Form einer Richtlinie zum Umgang mit mobilen Endgeräten).

BYOD bringt nicht nur technische Herausforderungen mit sich, sondern auch regulatorische Fragestellungen. Wer haftet bspw. für lizenzrechtliche Verletzungen? Eine Anwendung, die vom Arbeitnehmer privat auf dem Gerät installiert wurde, wird für dienstliche Zwecke genutzt. In den Lizenzbedingungen ist die kommerzielle Nutzung der Anwendung explizit untersagt. Hier müssen klare Regelungen geschaffen und durch Enterprise-App-Stores entsprechend Anwendungen für die dienstliche Nutzung bereitgestellt werden. Ein weiteres komplexes Themengebiet stellt der *Datenschutz* dar. Das Unternehmen muss in diesem Zusammenhang vor allem sicherstellen, dass private von betrieblichen Daten strikt getrennt auf den Geräten gespeichert und verarbeitet werden. Dies gestaltet sich schwierig, da das Unternehmen Richtlinien auf einem Gerät durchsetzen muss, das nicht in seinem Besitz ist. Hier liegt eines der Kernprobleme von BYOD. Der Besitzer des mobilen Endgeräts muss dem Unternehmen ein großes Maß an Kontrolle über das Gerät einräumen. Andernfalls können Richtlinien und Sicherheitsmaßnahmen nicht auf dem Gerät umgesetzt werden. Im Falle einer Löschung von Unternehmensdaten muss sichergestellt werden, dass keine privaten Daten mitgelöscht werden. Weiterhin muss sichergestellt werden, dass private Daten des Nutzers nicht in den Systemen des Unternehmens verarbeitet oder gespeichert werden.

22.5 Mobile Device Management

Mobile Device Management (*MDM*) dient der zentralen Verwaltung von mobilen Endgeräten in Unternehmen, Behörden und anderen Institutionen und Organisationen. Im Fokus stehen mobile Endgeräte, die über die üblichen IT-Verwaltungsmechanismen nicht administriert und kontrolliert werden können, wie bspw. Smartphones und Tablets. Häufig sind bei solchen Systemen, im Gegensatz zu PCs und Laptops, die Betriebssysteme nicht einheitlich und nicht für eine zentrale Verwaltung konzipiert.

Eine Weiterentwicklung von MDM-Lösungen um Komponenten zum Mobile Application Management (MAM), Mobile Content Management (MCM), Mobile Information Management (MIM) und Identity and Access Management (IAM) für ein breites Spektrum an mobilen Endgeräten und Plattformen nennt man *Enterprise Mobility Management* (*EMM*).

Mit einem MDM werden dabei folgende Ziele verfolgt:

- Inventarisierung von mobilen Endgeräten
- Software- und Datenmanagement (bspw. Verteilung von Apps und Zugriff auf Daten)
- Richtlinienverteilung (bspw. Vorgaben für VPNs, Nutzung von Kamera)
- Durchsetzung von Sicherheitsvorgaben (bspw. PIN bzw. Passcode, Fernlöschung)

Üblicherweise arbeiten MDM-Systeme nach folgender Funktionsweise: Ein Agent wird auf dem mobilen Endgerät installiert und kommuniziert mit einem zentralen Management-Server. Die Kommunikation mit unternehmensinternen Ressourcen erfolgt dabei per Mobilfunk und WLAN, also über die sogenannte Luftschnittstelle (*OTA*, *Over The Air*). Der Management-Server wird dabei On-Premises oder zunehmend auch in der Cloud betrieben. Neben der zentralen Komponente des Management-Servers sind ein weiteres wesentliches Element jeder MDM-Lösung die Verwaltungsschnittstellen (APIs), die Anbieter von Betriebssystemen sowie manche Gerätehersteller in ihren Betriebssystemen bereitstellen. Diese Schnittstellen ermöglichen dann die Konfiguration, Bereitstellung (Enrollment), Sicherung, Überwachung, Verwaltung und Integration der Endgeräte.

Zur Verwaltung mobiler Endgeräte gibt es diverse technische Lösungen von unterschiedlichen Herstellern. Dabei können drei verschiedene Einsatzszenarien unterschieden werden:

- Fully Managed Device
- Corporate-Owned, Privately Enabled (COPE)
- Bring your own Device (BYOD)

Sowohl bei BYOD als auch bei COPE, wo Firmengeräte auch privat genutzt werden dürfen, sind Unternehmen gezwungen, aufgrund der am 25. Mai 2018 in Kraft getretenen *Datenschutz-Grundverordnung* (*DSGVO*) der Europäischen Union für eine strikte Trennung von geschäftlichen und privaten Daten zu sorgen. Diese Trennung kann bspw. durch den Einsatz einer Container-Lösung oder durch Virtualisierung erfolgen.

Bei einer Container-Lösung wird auf dem mobilen Endgerät eine dedizierte App installiert, über die alle unternehmensbezogenen Anwendungen, Informationen und Kommunikationen geschützt und verschlüsselt zur Verfügung gestellt werden.

Bei einer Virtualisierung erfolgt die vollständige Trennung der Unternehmensdaten auf Betriebssystembasis oder durch den Einsatz von Remote-Desktop-Lösungen, durch die erst gar keine Unternehmensdaten lokal auf dem Endgerät gespeichert werden.

Unabhängig von der gewählten und präferierten Lösungsarchitektur wird ein Konzept zur Nutzung mobiler Endgeräte benötigt, in dem zumindest folgende Aspekte geklärt werden müssen:

- Für welche Unternehmenszwecke sollen die mobilen Endgeräte verwendet werden (nur Mail, Kontakte und Termine oder aber auch zur Durchführung von Geschäftsprozessen)?
- Welche Daten und Informationen dürfen auf den mobilen Endgeräten verwendet werden (bspw. Ausschluss von Daten mit einer Klassifikation »streng vertraulich«)?
- Welche Apps dürfen auf den mobilen Endgeräten eingesetzt werden und aus welchen Quellen dürfen diese Apps installiert werden? Vorteilhaft wäre hier die zentrale Vorgabe und Verteilung genehmigter Apps.
- Welche Sicherheitseinstellungen sind verpflichtend anzuwenden (bspw. PIN-/Passcode-Vorgaben, Sperre nach Inaktivität, Löschung der Daten nach definierter Anzahl von fehlerhaften Log-in-Versuchen, Nutzung von Bluetooth, WLAN, VPNs)?
- Erkennung und Ausschluss von mobilen Endgeräten mit freigeschaltetem administrativem Zugang (Endgeräte mit Jailbreak oder gerootete Endgeräte)

Neben diesen generellen Aspekten sollten auch im Unternehmen selbst entwickelte und verwendete Apps allgemein übliche Sicherheitsaspekte berücksichtigen. Beispielsweise sollte sich bei der Entwicklung von Apps nicht ausschließlich auf die durch die Hersteller zur Verfügung gestellten (Standard-)Maßnahmen verlassen (bspw. Nutzung von TLS), sondern weitere Möglichkeiten zur aktiven Anwendung von Security-Mechanismen bei der Entwicklung berücksichtigt werden (z. B. Verschlüsselung von Daten, Nutzung von *HTTP Public Key Pinning* (*HPKP*), sichere Authentifizierung usw.) oder auch die verwendeten Programmbibliotheken auf Aktualität und Schwachstellen geprüft werden.

Zusammenfassung

Die hier aufgezeigten Maßnahmen können nicht als vollständig betrachtet werden. Vielmehr erfordert der geschäftliche Einsatz von mobilen Endgeräten eine umfassende strategische und konzeptionelle Planung, Umsetzung und Kontrolle der mit dem Einsatz verfolgten geschäftlichen Ziele sowie der damit verbundenen Informationssicherheitsrisiken.

Eine wertvolle Arbeitshilfe für IT-Abteilungen in Unternehmen kann der Mindeststandard des BSI für Mobile Device Management sein. Obwohl die BSI-Mindeststandards unmittelbar nur für die Informationstechnik des Bundes gelten, enthalten sie für andere Behörden und Unternehmen in kompakter Form praxisorientierte Hinweise zum Aufbau und Umsetzung eines MDMs. Dabei werden notwendige Anforderungen an die MDM-Strategie und die MDM-Arbeitsweise wie bspw. Funktionalität, Protokollierung und Audit, Support, Kommunikation, Konfiguration oder App-Verwaltung beschrieben.

23 Anwendungssicherheit

Einleitung

So wie Software ein wesentlicher Baustein für IT ist, ist auch die Sicherheit von Software ein wesentlicher Baustein für die Sicherheit der IT insgesamt. Softwaresicherheit besteht aus vielen Puzzleteilen, von denen manche, wie z. B. Verschlüsslung, an anderer Stelle im Buch im Detail erläutert werden. Wesentliche weitere Aspekte werden exemplarisch in diesem Kapitel vorgestellt. Ziel dieses Kapitels ist es, einen methodischen Überblick über Softwaresicherheit zu geben. Es wird bewusst darauf verzichtet, einzelne Punkte zu detailliert zu beschreiben. Stattdessen wird auf weitere Quellen verwiesen, die zu einer tiefer gehenden Beschäftigung mit wichtigen Einzelthemen einladen.

Definition gängiger Begriffe

Für die Sicherheit von Software stehen die generischen Ziele der IT-Sicherheit im Vordergrund:

- **Vertraulichkeit**
  Die verarbeiteten Daten können nur durch befugte Personen oder Systeme zur Kenntnis genommen werden.
- **Integrität**
  Die verarbeiteten Daten können nicht unbefugt verändert oder verfälscht werden.
- **Verfügbarkeit**
  Die Datenverarbeitung steht zur Verfügung, wenn sie benötigt wird.

Diese Ziele lassen sich nicht zufällig erreichen. Es bedarf großer Anstrengungen, diese Ziele für die Softwareentwicklung mit Leben zu füllen und sie in der Praxis so zu erreichen, dass ein Produkt möglichst fehlerfrei und widerstandsfähig gegen potenzielle Angreifer ist.

Fehlerfrei bedeutet in diesem Kontext, dass die Software keine Bugs (Fehler in der Implementierung) und keine Defects (Fehler bei der Umsetzung von Anforderungen) enthält. Beides kann in Vulnerabilities (Schwachstellen, die durch Angreifer ausgenutzt werden können) münden. Vulnerabilities können aber auch dadurch entstehen, dass Sicherheitsanforderungen gar nicht erst erfasst werden und daher auch keine angemessenen Schutzmaßnahmen etabliert werden. Gefährlich werden Vulnerabilities dann, wenn es Exploits (Software, mit der Schwachstellen ausgenutzt werden kann, vgl. Kap. 5 und 27 gibt, die echte Bedrohungen darstellen.

Schwachstellen können unterschiedliche Ursachen haben. Ein häufiges Problem ist der Fokus auf funktionale Anforderungen in der Softwareentwicklung und die Vernachlässigung von nicht-funktionalen Anforderungen, zu denen auch Sicherheitsanforderungen zählen. Die Ermittlung von Sicherheitsanforderungen und deren Erfüllung erfordert finanzielle und personelle Ressourcen, die oft nicht bereitgestellt werden. Seit 2008 bietet der »Data Breach Investigations Report« der Firma Verizon jährlich einen sehr guten

Überblick über die aktuelle Situation der Softwaresicherheit mit einem Fokus auf Ursachen für Sicherheitsvorfälle.

Je nach Einsatzgebiet ist Software verschiedensten Angreifertypen ausgesetzt. Deren Mentalität und Herangehensweisen werden an anderer Stelle in diesem Buch beleuchtet. Es sei aber noch einmal darauf verwiesen, dass die Suche nach Schwachstellen und Angriffe gegen Computer und Software schon eine lange Historie haben und ein Phänomen sind, das die Entwicklung der IT fast seit den ersten Tagen begleitet – hierzu sei eine Lektüre der alten »Datenschleudern« des Chaos Computer Clubs (CCC) empfohlen.

Es gibt unzählige Beispiele für fatale Folgen von Schwachstellen. Wer sich einen Eindruck darüber machen möchte, findet bspw. im »The RISKS Digest – Forum on Risks to the Public in Computers and Related Systems« eine Sammlung von Problemen durch Schwachstellen in Computern und Software – beginnend mit dem 01.08.1985. Aktuell sind die prominentesten Probleme Datendiebstahl und Datenmanipulation (Verschlüsselung) oder Vernichtung von Daten. Die Folgen für Organisationen können vielfältig sein. Sie reichen von finanziellen Schäden über Imageschäden bis hin zu drastischen rechtlichen Konsequenzen.

Das Sicherheitsdilemma

Einem Angreifer reicht häufig eine einzige ausnutzbare Schwachstelle zum Erfolg. Der Softwareentwickler (Verteidiger) muss hingegen alle möglichen Angriffsvektoren bedenken und möglichst alle potenziellen Schwachstellen vermeiden. Das ist sehr aufwendig und teuer, gerade auch weil die Komplexität heutiger Softwaresysteme enorm ist und dafür sorgt, dass diese kaum noch zu durchschauen sind.

23.1 Secure Software Development Lifecycle

Um zu beschreiben, dass Sicherheit in allen Phasen der Softwareentwicklung notwendig ist, wird oft der Begriff »Secure Software Development Lifecycle« verwendet. Dieser orientiert sich am allgemeineren Begriff »Software Development Lifecycle«, der alle Phasen der Softwareentwicklung beschreibt, unabhängig vom aktuell verwendeten konkreten Entwicklungsmodell (wie bspw. Wasserfallmodell, V-Modell, Spiral-Modell, Scrum).

23.1.1 Phasen der Softwareentwicklung

Es hat sich bewährt, die Softwareentwicklung in verschiedene Phasen zu unterteilen. Diese Phasen finden sich in allen Modellen der Softwareentwicklung wieder – nur die Art und Weise, wie sie durchlaufen werden, unterscheidet sich bei den Modellen im Detail.

Häufig werden die folgenden Phasen für eine Aufteilung genutzt:

- Anforderungsanalyse
- Entwurf
- Implementierung
- Test
- Ausrollen und Installation
- Pflege

In allen diesen Phasen gilt es, auch die Sicherheit der Software angemessen zu berücksichtigen. Fehler, die in einer Phase gemacht werden, führen zu Problemen in Folgephasen und können dort dann häufig nicht mehr oder nur sehr schwierig korrigiert werden.

Beispiel: SDL bei Microsoft

Die unbefriedigende Situation bezüglich Sicherheit bei Microsoft hat dazu geführt, dass Bill Gates am 15.01.2002 seine berühmte E-Mail mit dem Betreff »Trustworthy Computing« (auch bekannt als »TWC Memo«) an alle Mitarbeiterinnen und Mitarbeiter bei Microsoft geschickt hat. Damit hat er den Grundstein für eine Verstärkung der Sicherheitsanstrengungen bei Microsoft gelegt. In den Jahren seit dieser E-Mail hat Microsoft sehr viel Energie in die Verbesserung der Sicherheit seiner Produkte gesteckt und teilt viele der Erfahrungen und Werkzeuge mit der Entwickler-Community unter dem Titel »Security Development Lifecycle«. Microsoft setzt dabei auf einen Ansatz bestehend aus zwölf Praktiken:

- Provide Training
- Define Security Requirements
- Define Metrics and Compliance Reporting
- Perform Threat Modeling
- Establish Design Requirements
- Define and Use Cryptography Standards
- Manage the Security Risk of Using Third-Party Components
- Use Approved Tools
- Perform Static Analysis Security Testing (SAST)
- Perform Dynamic Analysis Security Testing (DAST)
- Perform Penetration Testing
- Establish a Standard Incident Response Process

Im Umfeld des Microsoft SDL finden sich zahlreiche hilfreiche Dokumente und Werkzeuge zur Verbesserung der Sicherheit in der Softwareentwicklung.

23.1.2 Besonderheiten der »Supply Chain«

Schon lange wird Software nur noch sehr selten vollständig und autark von einem Hersteller entwickelt und programmiert. In der Regel orchestrieren Entwickler Komponenten, die Teillösungen bereitstellen, zu Gesamtlösungen. Diese Komponenten müssen ausgewählt, beschafft, verwaltet und gepflegt werden. Das ist ein Aspekt, der in der Softwareentwicklung – vor allem mit dem Fokus auf Sicherheit – erst seit kurzer Zeit im Fokus steht. Ziel dabei ist es, durch geeignete Prozesse und Werkzeuge einen Zustand zu vermeiden, der allgemein als »Dependency Hell« bezeichnet wird und bei dem vor allem auch über die Sicherheit des eigenen Produkts keine belastbaren Aussagen getroffen werden können. Durch aktuelle Bestrebungen wie SBOM (Software Bill of Materials) soll Software eine Art Beipackzettel beigelegt werden, um klar darlegen zu können, welche Komponenten im Einsatz sind und welche ggf. durch eine Schwachstelle betroffen sind.

23.2 Schwachstellen in Anwendungen

Schwachstellen, auch oft als Vulnerabilities bezeichnet, bilden die Achillesferse von Anwendungen. Durch die Beschäftigung mit Softwaresicherheit möchte man vor allem Schwachstellen vermeiden. Ebenso möchte man auch Schwachstellen, die sich in Software eingeschlichen haben, möglichst beheben. Bei der Softwareentwicklung lassen sich mehrere Arten von Schwachstellen unterscheiden:

- Fehlerhafte oder unvollständige Anforderungen
- Fehlerhafte Entwurfsentscheidungen
- Fehlerhafte Implementierung
- Fehlerhafter Betrieb

Ein eindrucksvolles Beispiel der Auswirkungen einer fehlerhaften Anforderung ist der fehlgeschlagene Erstflug der Ariane 5 am 04.06.1996, bei dem sich die Rakete nach 37 Sekunden querstellte, auseinanderbrach und sich letztendlich selbst sprengte. Die Hauptursache für diesen Unfall war die unveränderte Übernahme von Software der Ariane 4 ohne Prüfung der Anforderungen. Durch die höhere Geschwindigkeit der Ariane 5 im Vergleich zur Ariane 4 führte eine Typkonvertierung (von double zu short) zu einem Überlauf, der nicht abgefangen wurde, das System in einen fehlerhaften Zustand versetzte und zur Selbstzerstörung führte – ironischerweise in einem Modul, das eigentlich für die Ariane 5 überflüssig gewesen wäre.

Im Jahr 2014 hat der sogenannte »Heartbleed-Bug« in der Bibliothek OpenSSL für Furore gesorgt. Durch diesen »Buffer over-read«-Bug konnten vertrauliche Informationen (auch kryptografisches Schlüsselmaterial) von Servern ausgelesen werden, die die verwundbare Version der Bibliothek verwendeten. Ursache hierfür war eine Schwachstelle im Entwurf des Protokolls, bei der der Server Anweisungen des Clients befolgte, ohne deren Plausibilität zu prüfen. Die Entwickler von OpenSSL haben ein Heartbeat-Protokoll implementiert, bei dem der Client zum Aufrechterhalten der Verbindung eine Zeichenkette an den Server geschickt hat, die dieser zurückschicken sollte. Das Problem war, dass der Client die Zeichenkette selbst und zusätzlich die vermeintliche Länge an den Server geschickt hat. Der Server hat dann mit einer Zeichenkette geantwortet, die mit den Zeichen der Zeichenkette begann, die der Client geschickt hat, und dann auch die geforderte Länge hatte – dummerweise hat der Server nicht geprüft, ob die geforderte Länge auch plausibel war. Somit wurden dann weitere Daten an den Client geschickt, die dieser nicht hätte zur Kenntnis nehmen dürfen. In Ausgabe 1354 des Webcomics xkcd wird diese Schwachstelle sehr gut erläutert.

Ein prominentes Beispiel für Implementierungsschwachstellen sind sogenannte Pufferüberläufe oder Buffer-Overflows (vgl. Kap. 5). Bei Pufferüberläufen kann ein Angreifer eigenen Code in eine Anwendung einschleusen und deren Ausführung initiieren, wenn die Eingaben nur unzureichend geprüft werden. Bedingt durch die Von-Neumann-Architektur der meisten Computersysteme ist dies schon allein durch geschickte Eingaben an ein Programm möglich. Populär wurde diese Art von Schwachstelle 1996 durch den Artikel »Smashing The Stack For Fun And Profit« in Ausgabe 49 des Hacker-Magazins Phrack. Inzwischen existieren verschiedenste Schutzmechanismen in Entwicklungswerkzeugen und Betriebssystemen, die das Vorkommen solcher Schwachstellen verhindern sollen.

Diese Beispiele sollen die Bedeutung von Schwachstellen in Software und Anwendungen aufzeigen. Eine große Herausforderung in der Praxis ist die Vielzahl möglicher Schwachstellen und Methoden zu deren Vermeidung. In der Breite wurde die Bedeutung von Softwareschwachstellen sicherlich durch das »OWASP Top Ten«-Projekt erkannt. Im Rahmen dieses Projekts wird seit 2003 regelmäßig eine Liste der zehn prominentesten Schwachstellen in Software veröffentlicht. Auch wenn der Fokus des Projekts auf Schwachstellen in Webanwendungen liegt, sind viele der Schwachstellen auch auf andere Anwendungen übertragbar.

Die OWASP Top Ten zeigen allerdings nur die Spitze des Eisbergs auf. Seit 1999 dokumentiert die Organisation MITRE in der CVE-Liste bekannt gewordene Schwachstellen in Softwareprodukten. Im Oktober 2022, zum Zeitpunkt der Erstellung dieses Kapitels, hat die Liste fast 190.000 Einträge. Für den Umgang mit den Produktschwachstellen im Betrieb ist diese Liste ein unverzichtbares Werkzeug geworden. Für die Softwareentwicklung und vor allem für die Vermeidung von Fehlern ist sie nur bedingt geeignet. Daher wurde diese Liste von MITRE um eine Datenbank mit der Bezeichnung CWE (Common Weakness Enumeration) ergänzt, in der seit 2005 Ursachen für Produktschwachstellen analysiert und systematisch erfasst werden. Die CWE-Datenbank hat sich zu einem sehr wertvollen Werkzeug entwickelt, das Softwareentwicklern ermöglicht, aus typischen sicherheitsrelevanten Fehlern zu lernen – mit dem Ziel, diese zu erkennen und zu vermeiden.

23.3 Reifegradmodelle

In der Softwareentwicklung spielen allgemeine Reifegradmodelle seit Mitte der 1980er-Jahre eine Rolle. Ihren Ursprung haben sie im »Capability Maturity Model for Software« (CMM) vom Software Engineering Institute (SEI) der Carnegie Mellon University, das 1991 in der Version 1.0 veröffentlicht wurde. Aktuell sind die »Capability Maturity Model Integration«-(CMMI-)Ansätze, ein modulares Modell zur Fortführung des vom SEI abgekündigten CMM, der Stand der Technik. Die Grundidee der Reifegradmodelle ist, bestimmte Aktivitäten der Softwareentwicklung mit einem Reifegrad von eins bis fünf zu bewerten und danach mögliche Verbesserungen zu identifizieren. Ziel ist also nicht, von Anfang an bestmögliche Sicherheit zu erzielen, sondern aufbauend auf einem definierten Stand der Prozesse Verbesserungen gemäß dem Reifegradmodell vorzunehmen.

Um der Softwaresicherheit Rechnung zu tragen, haben sich ergänzend hierzu seit ca. 2008 zwei Modelle entwickelt, die beide das Thema Sicherheit in der Softwareentwicklung beleuchten. Dabei handelt es sich zum einen um das »Build Security In Maturity Model« (BSIMM) und zum anderen das »OWASP Software Assurance Maturity Model« (OWASP SAMM). Beide sind sehr ähnlich in der Ausrichtung. Ein Vergleich der beiden Modelle im Rahmen des OWASP-Projekts charakterisiert BSIMM als überwiegend beschreibendes Modell im Gegensatz zum OWASP SAMM, das mit seinem Ansatz konkrete erstrebenswerte Vorgaben macht.

Bei OWASP SAMM handelt es sich um ein freies Projekt, für das auch konkrete Werkzeuge zur Bewertung und Verbesserung der eigenen Prozesse bereitstehen. Exemplarisch wird hier knapp das OWASP SAMM vorgestellt. OWASP SAMM definiert ein Modell, das auf folgende Aspekte setzt:

- Messbarkeit (definierte Level für jede Security Practice)
- Handlungsorientierung (Ansätze zur Verbesserung)
- Vielseitigkeit (ohne Fokus auf bestimmte Technologien)

Das OWASP SAMM untergliedert sich auf der obersten Ebene in die fünf Säulen

- Steuerung (Governance),
- Entwurf (Design),
- Implementierung (Implementation),
- Überprüfung (Verification) und
- Betrieb (Operations),

von denen sich jede wiederum in drei untergeordnete Securitypraktiken (Security Practices) unterteilt, die wiederum mehrere Sicherheitsaktivitäten bündeln. Eine Organisation kann und sollte regelmäßig die eigenen Aktivitäten bewerten und eine Verbesserung im Hinblick auf eigene Ziele planen und umsetzen.

23.4 Threat Modeling und Security Requirements

Eines der wichtigsten Werkzeuge zur Verbesserung von Softwaresicherheit ist die Bedrohungsmodellierung (Threat Modeling). Unter Bedrohungsmodellierung wird ein Ansatz verstanden, mit dem möglichst systematisch, interaktiv und effizient konkrete Bedrohungen und Gegenmaßnahmen für eine zu entwickelnde Software ermittelt werden. Hierzu gibt es einige Ansätze, die aber alle grundsätzlich auf den folgenden vier Fragen aufbauen:

1. Was erarbeiten wir gerade?
2. Was kann schiefgehen?
3. Was machen wir dagegen?
4. Sind unsere Gegenmaßnahmen wirksam und ausreichend?

Zur Beantwortung der ersten Frage muss ein Entwicklungsteam ein gemeinsames Verständnis davon erarbeiten, wie die zu entwickelnde Software aussieht. Das kann auf unterschiedliche Arten und Weisen geschehen. Es hat sich allerdings bewährt, die Zusammenhänge grafisch mit geeigneten Werkzeugen darzustellen. Hierbei wird häufig auf Datenflussdiagramme oder das C4-Modell zur Visualisierung von Software zurückgegriffen.

Die Beantwortung der zweiten Frage erfordert viel Erfahrung und Kreativität sowie bei Entwicklern häufig die Überwindung, das eigene Werk anzugreifen und ggf. zu zerstören. Es bietet sich an, für diese Überlegungen ein geeignetes Werkzeug und sinnvolle Quellen für Bedrohungen wie Microsofts STRIDE oder die »Elementaren Gefährdungen« vom Bundesamt für Sicherheit in der Informationstechnik (BSI) zu wählen. Bei STRIDE handelt es sich um einen Ansatz, bei dem man die Software überprüft, ob ein Angreifer in der Lage ist, durch

- **S**poofing (Vorgabe einer falschen Identität),
- **T**ampering (Veränderung von Daten oder Code),
- **R**epudiation (Abstreiten von Aktivitäten),
- **I**nformation Disclosure (Kenntnisnahme vertraulicher Daten),
- **D**enial of Service (Verhinderung oder Störung von Diensten) oder
- **E**levation of Privilege (Erhöhung von Berechtigungen ohne Autorisierung)

Schäden anzurichten. Mit einem geeigneten Werkzeug kann diese Arbeit systematisch unterstützt werden. Um Entwickler spielerisch mit auf diese Reise zu nehmen, gibt es von Adam Shostack, einem der Pioniere der Bedrohungsmodellierung, ein Kartenspiel, mit dem man einen Einstieg in das Thema finden kann.

Die Beantwortung der obigen Frage drei fällt in der Regel dann schon leichter, wenn Bedrohungen identifiziert worden sind. In der Regel werden die Antworten auf diese Frage als Sicherheitsanforderungen (Security Requirements) erfasst und in der jeweiligen Methodik dokumentiert – in Scrum bspw. als »Backlog Items«, bei anderen Ansätzen als »Defect« oder einem vergleichbaren etablierten Terminus.

Die Frage vier wird dann später im Rahmen der Überprüfungen beantwortet.

Aus einer sorgfältig durchgeführten Bedrohungsanalyse leiten sich viele der Sicherheitsanforderungen aus einer Risikoperspektive ab. Es kann aber weitere Sicherheitsanforderungen geben, die nicht unmittelbar aus einer Bedrohungsanalyse resultieren. Quellen für solche Anforderungen können explizite Anforderungen von Stakeholdern (Kunden, User, Behörden …), Compliance-Anforderungen (Sicherheitsstandards, DSGVO …) oder organisationsinterne Festlegungen (Definition of Done, Entwicklungsvorgaben …) sein.

Es ist wichtig, dass möglichst alle relevanten Sicherheitsanforderungen als nicht-funktionale Anforderungen explizit definiert und dokumentiert werden, damit es im Verlauf der Entwicklung nicht zu Missverständnissen und bösen Überraschungen kommt. Dabei sollte Wert darauf gelegt werden, die Anforderungen so zu formulieren, dass sie vollständig, verständlich, eindeutig, messbar und testbar sind.

23.5 Secure Design

Bevor Software in Code einer konkreten Sprache gegossen wird, entsteht oft erst ein Konzept oder Modell der zu entwickelnden Lösung auf einer abstrakten Ebene: der Entwurf oder das Design der Software. In dieser Phase werden die Grundlagen für die gute oder schlechte Implementierung von Sicherheit in der Software gelegt.

Das Thema »Secure Design« wurde schon 1973 von Saltzer und Schroeder unter dem Titel »The Protection of Information in Computer Systems« etabliert. In ihrem Grundlagenartikel haben die Autoren die folgenden, heute sprachlich etwas fremd anmutenden, aber immer noch inhaltlich aktuellen Entwurfsprinzipien vorgestellt:

- Economy of mechanism (Eine Lösung sollte so einfach wie möglich sein.)
- Fail-safe defaults (Die Standardeinstellung sollte sicher sein.)
- Complete mediation (Jeder Zugriff auf ein Objekt muss geprüft werden.)
- Open design (Sicherheit darf nicht davon abhängen, dass ein Angreifer Unkenntnis über die gewählten Schutzmechanismen hat.)

- Separation of privilege (Wo möglich, sollten Berechtigungen verteilt werden.)
- Least privilege (Aufgaben sollten mit den niedrigsten möglichen Berechtigungen ausgeführt werden.)
- Least common mechanism (Ressourcen sollten, wo möglich, nicht geteilt werden.)
- Psychological acceptability (Sicherheitsmechanismen müssen so realisiert sein, dass sie akzeptiert werden – ansonsten wird ständig versucht, sie zu umgehen.)

Im November 2015 wurde im Rahmen der IEEE Cybersecurity Initiative mit »Avoiding The Top 10 Software Security Design Flaws« ein etwas modernerer Ansatz vorgestellt, der die folgenden Entwurfsprinzipien postuliert:

- Earn or Give, but Never Assume, Trust
- Use an Authentication Mechanism that Cannot be Bypassed or Tampered With
- Authorize after You Authenticate
- Strictly Separate Data and Control Instructions, and Never Process Control Instructions Received from Untrusted Sources
- Define an Approach that Ensures all Data are Explicitly Validated
- Use Cryptography Correctly
- Identify Sensitive Data and How They Should Be Handled
- Always Consider the Users
- Understand How Integrating External Components Changes Your Attack Surface
- Be Flexible When Considering Future Changes to Objects and Actors

In eine ähnliche Richtung zielen die OWASP Proactive Controls, die zuletzt 2018 überarbeitet wurden:

- C1: Define Security Requirements
- C2: Leverage Security Frameworks and Libraries
- C3: Secure Database Access
- C4: Encode and Escape Data
- C5: Validate All Inputs
- C6: Implement Digital Identity
- C7: Enforce Access Controls
- C8: Protect Data Everywhere
- C9: Implement Security Logging and Monitoring
- C10: Handle All Errors and Exceptions

Alle diese generischen Entwurfsprinzipien sollten beim Entwurf berücksichtigt und durch konkrete Entwurfsentscheidungen für die Umsetzung der ermittelten Anforderungen ergänzt werden. Dabei sollten sowohl Anforderungen nach konkreten Sicherheitsfunktionalitäten in der Software als auch generische Anforderungen nach der sicheren Realisierung von funktionalen Requirements berücksichtigt werden.

Im Internet finden sich bei der Suche nach »Secure Software Design« oder »Secure Software Patterns« noch weitere Quellen, die aber überwiegend ähnliche Ideen und Ansätze beschreiben. Es ist wichtig, sich mit den verschiedenen Ansätzen vertraut zu machen, die Ideen hinter den Titeln zu verstehen und diese geeignet anzuwenden.

23.6 Kryptografie

»The determined programmer can produce snake oil using any crypto tools.« Dieses Zitat aus dem Artikel »Lessons Learned in Implementing and Deploying Crypto Software« von Peter Gutmann aus dem Jahr 2002 erklärt gut, warum die Beschäftigung mit Kryptografie auch für Softwareentwickler wichtig ist. Ein grober Überblick über die Theorie zur Kryptografie sollte für einen Softwareentwickler heute fast schon eine Selbstverständlichkeit sein. Dabei ist aber nicht die grundlegende Mathematik das Wesentliche, sondern die Kenntnis darüber, welche Bausteine (auch oft als Primitive bezeichnet) es gibt und wie diese sinnvoll und korrekt angewendet werden. Dabei gilt es immer zu berücksichtigen, in welchen realen Umgebungen die kryptografischen Primitive zum Einsatz kommen sollen und ob diese für diese Einsatzbedingungen auch geeignet sind.

Details würden den Umfang dieses Artikels sprengen. Neben dem dedizierten Kapitel zu Kryptografie in diesem Buch (Kap. 13) finden sich im Internet zahlreiche gute Quellen von Artikeln über Kurse bis hin zu guten Büchern. An dieser Stelle soll nur auf einige besonders wichtige Aspekte der Softwareentwicklung hingewiesen werden, bei denen eine sorgfältige und korrekte Anwendung kryptografischer Mechanismen sehr wichtig ist. Das heißt, es sollten

- die richtigen Primitive ausgewählt werden,
- ausreichend sichere Algorithmen und Schlüssellängen verwendet werden und
- es sollten möglichst etablierte Implementierungen gewählt werden,
  - die für eine hohe Code-Qualität bekannt sind,
  - die wenig Möglichkeiten für Fehler bei der Anwendung bieten (in etwa das, was Dan Bernstein als »boring crypto« bezeichnet hat) und
  - die ggf. ausreichend sicher gegen relevante Seitenkanalangriffe sind.

Besonders bei den folgenden Aspekten sollte auf korrekte Kryptografie geachtet werden:

- Erzeugung, Austausch und Speicherung von kryptografischen Schlüsseln
- Absicherung der Vertraulichkeit und Integrität von Kommunikation zwischen Benutzern oder Diensten
- Speicherung der Vertraulichkeit und Integrität von Informationen auf Datenträgern und in Datenbanken
- sichere Speicherung von Passwörtern

»Anyone, from the most clueless amateur to the best cryptographer, can create an algorithm that he himself can't break.« Diese Erkenntnis von Bruce Schneier aus dem Jahr 1998 steckt voller Wahrheit und gilt nicht nur für kryptografische Algorithmen, sondern alle Arten von kryptografischen Lösungen. Die Konsequenz daraus sollte sein, dass jegliche Art von Kryptografie, die in einer Software verwendet wird, sehr gründlichen Prüfungen unterzogen wird – am besten durch Menschen, die sich damit auskennen. Um sich einen Überblick über häufige Probleme zu verschaffen, hilft einem wiederum die CWE, bei der mit der Filter-ID 310 eine Übersicht über Schwachstellen bei der Implementierung von Kryptografie zu finden ist.

23.7 Secure Coding

Beim Secure Coding geht es darum, eine Software auf eine sichere Art und Weise in Code zu realisieren. Dabei muss man auf zwei Aspekte achten:

- Implementierung von Sicherheitsfunktionen und
- sichere Implementierung von Funktionen.

Die Sicherheitsfunktionen, die implementiert werden müssen, sollten sich aus der Bedrohungsanalyse oder weiteren Sicherheitsanforderungen ableiten. Sie sollten möglichst vollständig und fehlerfrei codiert werden.

Die grundsätzlich sichere Implementierung von Funktionen hat einen oft unterschätzten Einfluss auf die Sicherheit. Es gibt eine Vielzahl von Implementierungs- und Programmierfehlern, die zu schwerwiegenden Sicherheitsproblemen führen können. Ein Filter der CWE zur Zeit der Erstellung des Artikels nach Implementierungsfehlern (CWE VIEW: Weaknesses Introduced During Implementation – View ID 702) liefert 728 Ergebnisse. Dieses Ergebnis verdeutlicht, dass gerade auch bei der Implementierung sehr viel Sorgfalt auf die Vermeidung entsprechender Fehler gelegt werden muss.

Am sinnvollsten ist es, sich innerhalb einer Organisation auf Vorgaben zur sicheren Programmierung zu einigen. Viele der Details für solche Vorgaben sind abhängig von den verwendeten Sprachen bzw. Frameworks. Für diese lassen sich für viele Umgebungen gute Ausgangspunkte im Internet finden.

Sprachunabhängig seien aber die beiden Dokumente

- SEI Top 10 Secure Coding Practices und
- OWASP Secure Coding Practices Quick Reference Guide

als Einstieg in die sichere Implementierung empfohlen. Beide Dokumente haben trotz ihres Alters nichts an Aktualität verloren. Beachten Sie auf jeden Fall die konkret auf die Implementierung bezogenen Empfehlungen des SEI:

- Validate input (Validieren Sie alle Eingaben.)
- Heed compiler warnings (Beachten Sie die Compiler-Warnungen.)
- Keep it simple (Halten Sie alles so einfach wie möglich.)
- Default deny (Verweigern Sie Zugriffe standardmäßig.)
- Adhere to the principle of least privilege (Halten Sie sich an das Prinzip der geringsten Berechtigungen.)
- Sanitize data sent to other systems (Bereinigen Sie Daten, die an andere Systeme gesendet werden.)
- Practice defense in depth (Setzen Sie auf gestaffelte Schutzmechanismen.)

Wenn eine Organisation sich der Bedeutung der sicheren Implementierung bewusst ist und diese ernst nimmt, können viele gefährliche und letztendlich auch teure Fehler vermieden werden.

23.8 Verifikation und Audit

Die Prüfung von Software auf Sicherheit ist ein Teil des Qualitätsmanagements für Software – ebenso wie die Sicherheit eines von mehreren Qualitätsmerkmalen ist. In diesem Sinne sollte Software zu unterschiedlichen Zeitpunkten mit jeweils unterschiedlichen Methoden auf Sicherheit geprüft werden. Der häufig anzutreffende Ansatz, nur am Ende einer Softwareentwicklung einen abschließenden Penetrationstest zu setzen, greift in der Regel zu kurz. Sehr häufig ist dieser Ansatz getrieben durch einen Arbeitspunkt auf einer Compliance-Checkliste mit der Hoffnung, sich die Sicherheit der Lösung bestätigen zu lassen. In der Praxis werden dann aber häufig viele Fehler aufgedeckt, die sich früher hätten aufspüren und beheben lassen – dabei ist aber nie gewährleistet, dass auch alle Fehler gefunden werden.

Ein wichtiges Werkzeug zur regelmäßigen Prüfung in allen Phasen sind Peer-Reviews, in denen man sich gegenseitig die gewählten Lösungen erklärt und diese einer kritischen Betrachtung unterzieht.

In der Phase der Implementierung kann man sich durch SAST-Plug-ins gängiger Entwicklungsumgebungen (IDE) bei der Suche nach möglichen Problemen unterstützen lassen. Das Akronym SAST (Static Application Security Testing) beschreibt einen Testansatz, bei dem manuell oder mit Werkzeugen der Quellcode von Software auf mögliche Sicherheitsprobleme untersucht wird. Auch beim Einchecken (commit) von Code in einer Softwareverwaltung können SAST-Plug-ins unterstützend eingesetzt werden.

In der Build-Phase ist es wichtig zu prüfen, ob die genutzten externen Komponenten Sicherheitsprobleme aufweisen. Diese Prüfung wird durch eine sogenannte »Software Composition Analysis« (SCA) realisiert. Dabei werden alle externen Abhängigkeiten mit geeigneten Werkzeugen auf bekannte Schwachstellen geprüft.

Als ergänzender Test hat ein Penetrationstest einer Anwendung durchaus seine Berechtigung. Im sogenannten »Dynamic Application Security Testing« (DAST) wird eine Anwendung automatisiert oder manuell auf Sicherheitsprobleme untersucht. Dabei unterscheidet man häufig zwischen Blackbox-, Whitebox- und Greybox-Analysen. Bei einer Blackbox-Analyse liegen dem Tester keine Informationen über den Untersuchungsgegenstand vor. Bei diesem Ansatz hat der Tester eine Ausgangslage, die einem echten Angreifer ähnelt. Die Whitebox-Analyse ist das Gegenteil. Hierbei legt man dem Angreifer alle oder sehr viele interne Details (bis hin zum Quellcode oder Geheimnissen offen), vor allem um Ressourcen beim Testen zu sparen und schnell zu belastbaren Ergebnissen zu kommen. Eine Greybox-Analyse ist jede Mischform zwischen den beiden erwähnten Ansätzen.

Es bietet sich an, sich bei den Tests an etablierten Vorgehensweisen wie dem »OWASP Web Security Testing Guide« (WSTG), dem »OWASP Application Security Verification Guide« (ASVS) oder dem »Open Source Security Testing Methodology Manual« (OSSTMM) zu orientieren.

Es gibt zahlreiche Werkzeuge wie Portscanner, Schwachstellenscanner, Interception Proxies, Fuzzer und spezielle TLS-Tools, mit denen Tests durchgeführt bzw. unterstützt werden können. Einen ersten Einstieg in die Tool-Landschaft kann das OWASP-Projekt »Free for Open Source Application Security Tools« bieten.

Abschließend sei noch darauf hingewiesen, dass die besten Tests nichts nutzen, wenn auf die Ergebnisse nicht reagiert wird. Das bedingt, dass die Berichte korrekt und nachvollziehbar sind und angemessene Handlungsempfehlungen ausgesprochen werden.

Zusammenfassung

Anwendungssicherheit ist ein vielschichtiges und komplexes Thema. Es gibt nicht die eine Schraube, an der gedreht werden kann, um eine Anwendung sicher zu erstellen. Um das Sicherheitsdilemma in den Griff zu bekommen, sind einige Anstrengungen in allen Phasen der Softwareentwicklung notwendig. Nur eine risikoorientierte Herangehensweise kann dabei die Grundlage für angemessene Priorisierungen sein.

Literatur

Definitionen und Begriffe

- CNSSI 4009 – Definitionen zur Cybersecurity: *https://www.cnss.gov/CNSS/issuances/Instructions.cfm* (Stand: 25.01.2024)
- The Risks Digest – comp.risks: *https://catless.ncl.ac.uk/risks* (Stand: 17.01.2024)
- Verizon DBIR: *https://www.verizon.com/business/en-sg/resources/reports/dbir* (Stand: 17.01.2024)
- Collection of Software Bugs: *https://wwwzenger.informatik.tu-muenchen.de/persons/huckle/bugse.html* (Stand: 17.01.2024)

Secure Software Development Lifecycle

- Wasserfallmodell: *https://de.wikipedia.org/wiki/Wasserfallmodell* (Stand: 17.01.2024)
- V-Modell: *https://de.wikipedia.org/wiki/V-Modell* (Stand: 17.01.2024)
- Spiralmodell: *https://de.wikipedia.org/wiki/Spiralmodell* (Stand: 17.01.2024)
- Scrum: *https://www.scrum.org* (Stand: 17.01.2024)
- Microsoft SDL Practices: *https://www.microsoft.com/en-us/securityengineering/sdl/practices* (Stand: 17.01.2024)
- About Microsoft SDL: *https://www.microsoft.com/en-us/securityengineering/sdl/about* (Stand: 17.01.2024)
- Bill Gates TWC Memo (mit falschem Datum): *https://news.microsoft.com/2012/01/11/memo-from-bill-gates* (Stand: 17.01.2024)
- NIST SP 800-218: *https://csrc.nist.gov/publications/detail/sp/800-218/final* (Stand: 17.01.2024)
- CMU SEI SSDLC: *https://resources.sei.cmu.edu/asset_files/whitepaper/2013_019_001_297287.pdf* (Stand: 17.01.2024)
- Enterprise DevSecOps Fundamentals: *https://dodcio.defense.gov/Portals/0/Documents/Library/DoDEnterpriseDevSecOpsFundamentals.pdf* (Stand: 17.01.2024)
- Software Supply Chain: *https://en.wikipedia.org/wiki/Software_supply_chain* (Stand: 17.01.2024)

- Dependency Hell: *https://en.wikipedia.org/wiki/Dependency_hell* (Stand: 17.01.2024)
- NSA – Securing the Software Supply Chain: *https://media.defense.gov/2022/Sep/01/2003068942/-1/-1/0/ESF_SECURING_THE_SOFTWARE_SUPPLY_CHAIN_DEVELOPERS.PDF* (Stand: 17.01.2024)
- SLSA: *https://slsa.dev* (Stand: 17.01.2024)
- IBM Supply Chain Threats: *https://www.intel.com/content/dam/www/central-libraries/us/en/documents/software-supply-chain-threat-model-whitepaper.pdf* (Stand: 17.01.2024)
- Erklärung von Dependency durch XKCD: *https://xkcd.com/2347* (Stand: 17.01.2024)

Schwachstellen in Anwendungen

- Achillesferse: *https://de.wikipedia.org/wiki/Achillesferse* (Stand: 17.01.2024)
- Übersicht Heartbleed: *https://de.wikipedia.org/wiki/Heartbleed* (Stand: 17.01.2024)
- Heartbleed in Code: *http://git.openssl.org/gitweb/?p=openssl.git;a=blobdiff;f=ssl/t1_lib.c;h=c5c805cce286d12d81c5fdccfc9173d61a68ee82;hp=1c0164aeeddb509f3ce4ed40518b26658792015c;hb=4817504d069b4c5082161b02a22116ad75f822b1;hpb=84b6e277d4f45487377d0159e82c356d750e1218* (Stand: 17.01.2024)
- XKCD – Heartbleed Explanation: *http://www.xkcd.com/1354* (Stand: 17.01.2024)
- XKCD – Exploits of a Mom: *https://xkcd.com/327* (Stand: 17.01.2024)
- Von-Neumann-Architektur: *https://de.wikipedia.org/wiki/Von-Neumann-Architektur* (Stand: 17.01.2024)
- Pufferüberlauf/Buffer Overflow: *https://de.wikipedia.org/wiki/Puffer%C3%BCberlauf* (Stand: 17.01.2024)
- Smashing the Stack for Fun and Profit: *https://inst.eecs.berkeley.edu/~cs161/fa08/papers/stack_smashing.pdf* (Stand: 17.01.2024)
- Phrack #49: *http://phrack.org/issues/49/14.html#article* (Stand: 17.01.2024)
- OWASP Top Ten: *https://owasp.org/www-project-top-ten* (Stand: 17.01.2024)
- Towards a Common Enumeration of Vulnerabilities: *https://cve.mitre.org/docs/docs-2000/cerias.html* (Stand: 17.01.2024)
- Mitre Common Vulnerabilities and Exposures (CVE) – alte Seite: *https://cve.mitre.org* (Stand: 17.01.2024)
- Mitre Common Vulnerabilities and Exposures (CVE) – neue Seite: *https://www.cve.org* (Stand: 17.01.2024)
- Mitre Common Weakness Enumeration (CWE): *https://cwe.mitre.org* (Stand: 17.01.2024)

Reifegradmodelle

- Capability Maturity Model (CMM): *https://de.wikipedia.org/wiki/Capability_Maturity_Model* (Stand: 17.01.2024)
- SEI – Capability Maturity Model for Software (Version 1.1): *https://resources.sei.cmu.edu/library/asset-view.cfm?assetid=11955* (Stand: 17.01.2024)
- Building Security In Maturity Model (BSIMM): *https://www.bsimm.com* (Stand: 17.01.2024)
- OWASP Software Assurance Maturity Model (OWASP SAMM): *https://owaspsamm.org* (Stand: 17.01.2024)
- Capability Maturity Model Integrated: *https://www.cmmiinstitute.com* (Stand: 17.01.2024)

Threat Modeling und Security Requirements

- C4 Model: *https://c4model.com* (Stand: 17.01.2024)
- Data Flow Diagram: *https://en.wikipedia.org/wiki/Data-flow_diagram* (Stand: 17.01.2024)
- OWASP Threat Dragon: *https://owasp.org/www-project-threat-dragon* (Stand: 17.01.2024)
- OWASP pytm: *https://owasp.org/www-project-pytm* (Stand: 17.01.2024)
- OWASP Threat Modeling Process: *https://owasp.org/www-community/Threat_Modeling_Process* (Stand: 17.01.2024)
- OWASP Threat Modeling Cheat Sheet: *https://cheatsheetseries.owasp.org/cheatsheets/Threat_Modeling_Cheat_Sheet.html* (Stand: 17.01.2024)
- MS Threat Modeling Tool: *https://docs.microsoft.com/de-de/azure/security/develop/threat-modeling-tool* (Stand: 17.01.2024)
- MS SDL Threat Modeling: *https://www.microsoft.com/en-us/securityengineering/sdl/threatmodeling* (Stand: 17.01.2024)
- Evolution of Threat Modeling: *https://threatmodeler.com/evolution-of-threat-modeling* (Stand: 17.01.2024)
- Experiences Threat Modeling at Microsoft: *https://adam.shostack.org/modsec08/Shostack-ModSec08-Experiences-Threat-Modeling-At-Microsoft.pdf* (Stand: 17.01.2024)
- Elevation of Privilege Game: *https://shostack.org/games/elevation-of-privilege* (Stand: 17.01.2024)
- STRIDE: *https://www.microsoft.com/en-us/security/blog/2007/09/11/stride-chart* (Stand: 17.01.2024)

- BSI Elementare Gefährdungen: *https://www.bsi.bund.de/DE/Themen/Unternehmen-und-Organisationen/Standards-und-Zertifizierung/IT-Grundschutz/IT-Grundschutz-Kompendium/Elementare-Gefaehrdungen/elementare-gefaehrdungen_node.html* (Stand: 17.01.2024)

Secure Design

- Software Design: *https://en.wikipedia.org/wiki/Software_design* (Stand: 17.01.2024)
- Saltzer, Schroeder – The Protection of Information in Computer Systems: *https://www.cs.virginia.edu/~evans/cs551/saltzer* (Stand: 17.01.2024)
- IEEE – Avoiding The Top 10 Software Security Design Flaws: *https://ieeecs-media.computer.org/media/technical-activities/CYBSI/docs/Top-10-Flaws.pdf* (Stand: 17.01.2024)
- SEI – Secure Design Patterns: *https://resources.sei.cmu.edu/asset_files/technicalreport/2009_005_001_15110.pdf* (Stand: 17.01.2024)
- *OWASP Proactive Controls: https://owasp.org/www-project-proactive-controls* (Stand: 17.01.2024)

Kryptografie

- OWASP Top 10 2021 – A02 Cryptographic Failures: *https://owasp.org/Top10/A02_2021-Cryptographic_Failures* (Stand: 17.01.2024)
- Memo to the Amateur Cipher Designer, Schneier: *https://www.schneier.com/crypto-gram/archives/1998/1015.html#cipherdesign* (Stand: 17.01.2024)
- Boring Cryptography, Bernstein: *https://cr.yp.to/talks/2015.10.05/slides-djb-20151005-a4.pdf* (Stand: 17.01.2024)
- Cryptography Engineering: *https://www.schneier.com/books/cryptography-engineering* (Stand: 17.01.2024)
- Applied Cryptography: *https://toc.cryptobook.us* (Stand: 17.01.2024)
- Real World Cryptography: *https://www.manning.com/books/real-world-cryptography* (Stand: 17.01.2024)
- If OpenSSL were a GUI: *https://smallstep.com/blog/if-openssl-were-a-gui* (Stand: 17.01.2024)
- Course Applied Cryptography: *https://crypto.stanford.edu/~dabo/courses/OnlineCrypto* (Stand: 17.01.2024)
- Practical Cryptography for Developers: *https://cryptobook.nakov.com* (Stand: 17.01.2024)
- Anekdote Honest Achmed: *https://bugzilla.mozilla.org/show_bug.cgi?id=647959* (Stand: 17.01.2024)
- Lessons Learned in Implementing and Deploying Crypto Software, Gutmann: *https://www.cs.auckland.ac.nz/~pgut001/pubs/usenix02.pdf* (Stand: 17.01.2024)

- Crypto Snakeoil, Schneier: *https://www.schneier.com/crypto-gram/archives/1999/0215.html#snakeoil* (Stand: 17.01.2024)
- Why Johnny can't encrypt: *https://people.eecs.berkeley.edu/~tygar/papers/Why_Johnny_Cant_Encrypt/USENIX.pdf* (Stand: 17.01.2024)
- Transport Layer Protection Cheat Sheet: *https://cheatsheetseries.owasp.org/cheatsheets/Transport_Layer_Protection_Cheat_Sheet.html* (Stand: 17.01.2024)
- Password Storage Cheat Sheet: *https://cheatsheetseries.owasp.org/cheatsheets/Password_Storage_Cheat_Sheet.html* (Stand: 17.01.2024)
- Key Management Cheat Sheet: *https://cheatsheetseries.owasp.org/cheatsheets/Key_Management_Cheat_Sheet.html* (Stand: 17.01.2024)
- Cryptographic Storage Cheat Sheet: *https://cheatsheetseries.owasp.org/cheatsheets/Cryptographic_Storage_Cheat_Sheet.html* (Stand: 17.01.2024)
- CWE Crypto: *https://cwe.mitre.org/data/definitions/310.html* (Stand: 17.01.2024)
- XKCD – Code Talkers: *https://xkcd.com/257* (Stand: 17.01.2024)
- Seitenkanalresistenz BSI: *https://www.bsi.bund.de/DE/Themen/Unternehmen-und-Organisationen/Informationen-und-Empfehlungen/Kryptografie/Seitenkanalresistenz/seitenkanalresistenz_node.html* (Stand: 17.01.2024)
- Seitenkanalattacke: *https://de.wikipedia.org/wiki/Seitenkanalattacke* (Stand: 17.01.2024)

Secure Coding

- OWASP Secure Coding Practices Quick Reference Guide: *https://owasp.org/www-pdf-archive/OWASP_SCP_Quick_Reference_Guide_v2.pdf* (Stand: 17.01.2024)
- SEI Top 10 Secure Coding Practices: *https://wiki.sei.cmu.edu/confluence/display/seccode/Top+10+Secure+Coding+Practices* (Stand: 17.01.2024)
- CWE VIEW: Weaknesses Introduced During Implementation: *https://cwe.mitre.org/data/definitions/702.html* (Stand: 17.01.2024)

Verifikation und Audit

- OWASP Web Security Testing Guide: *https://owasp.org/www-project-web-security-testing-guide* (Stand: 17.01.2024)
- OWASP ASVS: *https://owasp.org/www-project-application-security-verification-standard* (Stand: 17.01.2024)
- OSSTMM: *https://www.isecom.org/OSSTMM.3.pdf* (Stand: 17.01.2024)
- PTES: *http://www.pentest-standard.org/index.php/PTES_Technical_Guidelines* (Stand: 17.01.2024)
- Free for Open Source Application Security Tools: *https://owasp.org/www-community/Free_for_Open_Source_Application_Security_Tools* (Stand: 17.01.2024)

24 Technisches Löschen und Vernichten

Einleitung

Daten müssen nicht nur sicher aufbewahrt, sondern zu gegebener Zeit auch wieder sicher vernichtet werden. In der Praxis treten dabei oft Defizite auf. Beispielsweise werden vertrauliche Daten, die nicht mehr benötigt werden, beim Löschen nicht berücksichtigt oder gelöschte Daten können auch nach einer vermeintlichen Löschung leicht wieder rekonstruiert werden. Die Löschung von Daten sollte daher systematisch geplant und in einem Konzept dokumentiert werden. Bei der Umsetzung des Konzepts sind wichtige Eckpunkte zu beachten, damit Vertraulichkeitsanforderungen durch die Maßnahmen zum Löschen und Entsorgen erfüllt werden. Diese Umsetzungsaspekte werden hier betrachtet.

24.1 Anforderungen zum Löschen und Entsorgen

Für die Betreiber von Geschäftsprozessen steht die Erhebung und Verarbeitung von Daten im Vordergrund. Dabei übersehen sie oft, dass es gute Gründe und sogar gesetzliche oder vertragliche Pflichten geben kann, nach denen die Daten zu einem späteren Zeitpunkt wieder zu löschen sind. In der Regel ist das für Daten der Fall, die in irgendeiner Form als vertraulich eingestuft werden. Im Allgemeinen treten drei Anlässe auf, in deren Zusammenhang sensible Daten durch sicheres Löschen vor Ausforschung zu schützen sind:

- die Daten werden nicht mehr benötigt,
- der Datenträger soll anderweitig weiterverwendet oder weitergegeben werden oder
- der Datenträger soll entsorgt werden, z. B. weil er defekt ist.

Vertrauliche Informationen werden auf verschiedenen Medien, wie Papier, Mikrofilm, elektronischen oder optischen Datenträgern vorgehalten. Aber auch andere Materialien wie Blaupapier oder Farbbänder sind gegebenenfalls bei Überlegungen zum Löschen und Entsorgen zu berücksichtigen. Die vertraulichen Informationen müssen auch nicht notwendig in Schriftform vorliegen: Bilder, Ton- oder Filmaufnahmen können ebenfalls vertraulich sein. Zum Beispiel gilt dies für Röntgenaufnahmen in Arztpraxen. Daher können auch Bilder, Dias, Tonbänder, Filmrollen, Videokassetten und andere Medien den Anforderungen zum Löschen oder Entsorgen unterliegen. In diesem Kapitel wird meist allgemein von Löschen gesprochen, auch wenn für die Umsetzung die physikalische Vernichtung erforderlich ist, bspw. für Papier, optische Datenträger oder Videokassetten.

Zunächst werden die wichtigsten Anforderungen skizziert, die zum Löschen motivieren. Je nach Kontext beziehen sich diese Anforderungen und die notwendigen Maßnahmen auf ganze Datenträger oder auf kleinere oder größere Speicherbereiche oder Datenobjekte.

Rechtliche Vorgaben zum Löschen

Die Datenschutz-Grundverordnung (DSGVO) stellt Anforderungen an das Löschen personenbezogener Daten (s. dazu Abschnitt 25.1). Diese dürfen nur verarbeitet werden, solange der Verantwortliche sie für rechtlich zulässige Zwecke verwendet. Wenn die personenbezogenen Daten für die Erfüllung dieser Zwecke nicht mehr erforderlich sind, müssen sie gelöscht werden. Die verantwortliche Organisation muss die Löschung nachweisen können.

Weitere Anforderungen zum Löschen personenbezogener oder anderer Daten können sich aus anderen rechtlichen Vorgaben oder aus vertraglichen Vereinbarungen ergeben. So kann bspw. von Dienstleistern gefordert werden, dass nach Beendigung eines Auftrags alle übergebenen Daten zu löschen sind.[1] Gegebenenfalls ist auch zu bestätigen oder sogar nachzuweisen, dass diese Anforderungen erfüllt werden. Vertragliche Anforderungen können sich auch unmittelbar aus Anforderungen des Geheimschutzes ergeben, wenn Unternehmen entsprechend verpflichtet werden. So regelt das Geheimschutzhandbuch [BMWT04] mit seinen Anlagen den Umgang mit Verschlusssachen und fordert auch Maßnahmen zum Löschen von Datenträgern.

Schutz von Geheimnissen

Auch Informationen, die aus internen Gründen einer Vertraulichkeitseinstufung unterliegen, sollten gelöscht werden, wenn sie nicht mehr benötigt werden. Dies können eigene Bestände der Organisation sein oder auch Daten, die sie für Dritte verarbeitet, bspw. vertrauliche Informationen in Projekten. Ähnlich wie die Löschung von personenbezogenen Daten (s. o.) stellt die Löschung auch für die anderen vertraulichen Datenbestände sicher, dass sie nicht mehr ausgeforscht werden können.

Hilfreich für die Entscheidung, welche Informationen gelöscht werden müssen, ist eine entsprechende Einteilung in Vertraulichkeitsstufen oder Klassen – die sogenannte Informationsklassifikation[2]. Diese Klassifikation legt die jeweilige Organisation für ihren Verantwortungsbereich fest; üblich sind Unterscheidungen zwischen öffentlich, intern, vertraulich und streng vertraulich. Zwischen der Informationsklassifikation in einem Sicherheitskonzept und den Regeln zum Löschen sowie hinsichtlich der einzusetzenden Maßnahmen besteht daher eine enge Beziehung. Dies gilt besonders, wenn die Daten nach den Anforderungen des Geheimschutzes einzustufen sind, vgl. z. B. im Geheimschutzhandbuch des Bundesministeriums für Wirtschaft und Technologie [BMWT04]. Dort wird bspw. beim Einsatz von Informationstechnik die Verwendung sicherer Löschverfahren gefordert.

Auch für ISO27000-Zertifizierungen muss sich die Organisation zum Thema Löschen positionieren. In der Edition 2022 der [ISO/IEC 27002] wird ein Control zum Löschen formuliert. Unter 8.10 wird gefordert:

> *»Information stored in information systems, devices or in any other storage media should be deleted when no longer required.«*

1 Vereinbarungen zum Löschen mit Cloud-Dienstleistern legt auch [ISO/IEC 27018, verschiedene Stellen, unter anderem A.10.3] nahe.

2 Im staatlichen Geheimschutzbereich wird synonym zu vertraulichen oder geheimen Informationen häufig auch von »klassifizierten Informationen« gesprochen.

Geschäftsprozesse, betriebliche Anforderungen und Kosten

Neben rechtlichen Vorschriften, vertraglichen Pflichten sowie der Einstufung von Daten als vertraulich durch die Organisation selbst, kann es weitere wichtige Gründe geben, die eine systematische Löschung von Daten motivieren.

Wenn als Ende eines Geschäftsprozesses das Löschen der für diesen Prozess erforderlichen Daten verstanden wird, führt dies häufig zu einem besseren Prozessverständnis und unter Umständen auch zu klareren Prozessstrukturen. Werden Geschäftsprozesse unter dem Blickwinkel der Löschung betrachtet, wird deutlich, welche Sonderfälle auftreten können und welche zusätzlichen Ressourcen zu ihrer Bearbeitung notwendig sind. In manchen Fällen ist dann das Kosten/Nutzen-Verhältnis so ungünstig, dass es nahe liegt, den Sonderfall zu vermeiden und eine frühere Löschung anzustreben. Das Aufräumen von Datenbeständen und ihre Bereinigung führen häufig auch dazu, dass die Mitarbeiter ihre Aufgaben schneller erledigen können.

Auch wenn Speichermedien kontinuierlich billiger werden und die Kapazität der Datenträger weiter wächst, müssen betrieblich auch andere Faktoren für die Kosten des IT-Betriebs berücksichtigt werden. Große Datenbestände benötigen leistungsfähigere Rechner, größere Backup-Systeme, längere Zeiten zur Erstellung von Backups und im Störfall längere Recovery-Zeiten. Sie erhöhen den Aufwand für Recovery-Tests und für Tests bei Systementwicklungen. Migrationen werden komplexer, wenn Daten in unterschiedlichen Formaten weiter mitgeführt werden müssen.

Schließlich unterliegen Speichermedien dem Verschleiß, so dass früher oder später das Ende ihrer Verwendung erreicht wird. Dies gilt für mehrfach beschreibbare Datenträger genauso wie für WORM-Medien. Besonders auch am Ende der Lebensdauer oder nach Defekten muss sichergestellt werden, dass die enthalten Daten nicht für Unbefugte zugänglich sind. Daher müssen Situationen wie die Reparatur von Geräten, Garantie-Austausch, Rückgabe nach Leasing-Ende, Verkauf oder Entsorgung in ein Lösch- und Entsorgungskonzept einbezogen werden.

24.2 Realisierung durch ein Lösch- und Entsorgungskonzept

Die vorgenannten Anforderungen können nur abgedeckt werden, wenn die Organisation systematisch vorgeht. Es ist sinnvoll, dass dazu ein Löschkonzept erstellt wird. Mit dem Löschkonzept soll sichergestellt werden, dass die Aufgaben der Löschung elektronischer Daten und der Entsorgung von Datenträgern für alle Datenbestände durchgängig erledigt werden und dabei eine Nicht-Wiederherstellbarkeit erreicht wird.

Hinweise dazu, wie ein datenschutzrechtliches Löschkonzept gestaltet und etabliert werden kann, geben die [DIN 66398] oder die im wesentlich gleichlautende [ISO/IEC 27555] (s. dazu im Detail Kapitel 25). Die Vorgehensweise aus der Norm ist auch geeignet, um die Aspekte der Informationssicherheit zu integrieren.

Nach der Vorgehensweise aus DIN 66398 werden in einem Katalog die Löschregeln für Datenarten definiert und begründet. Diese sind technikunabhängig beschrieben. Die DIN 66398 motiviert die Löschregeln für personenbezogene Daten. Für nicht-personenbezogene Daten lassen sich Löschregeln auf die gleiche Weise festlegen. Die folgende Darstellung geht deshalb davon aus, dass solche Löschregeln existieren und die Aspekte der technischen Umsetzung konkretisiert werden müssen. Damit wird sich das Kapitel im Weiteren beschäftigen.

Die technikunabhängigen Löschregeln müssen auf die Datenbestände der Organisation angewandt werden, bspw. in Anwendungssystemen, in Archiven, in manuellen Prozessen oder bei Dienstleistern. Für eine vollständige Umsetzung müssen alle Speicherorte der zu löschenden Daten geeignet abgedeckt werden. Zu den Anforderungen an die sogenannten Umsetzungsvorgaben siehe Abschnitt 25.4 und [DIN 66398].

Auch andere Standards oder Best-Practice-Definitionen beschreiben Anforderungen an ein Löschkonzept. Diese bewegen sich allerdings eher auf der Ebene der prozessualen oder technischen Umsetzung (s. z. B. [NIST SP-800-88] oder [CSEC ITSP.40.006]). Auch das BSI IT-Grundschutz-Kompendium formuliert Anforderungen an ein Löschkonzept ([BSI-CON.6]).

Im Einzelfall ist zu untersuchen und dann festzulegen, wie die konkreten Datenbestände zuverlässig gelöscht werden können. Hierbei richtet sich die einzusetzende Methode regelmäßig nach dem Schutzbedarf der Daten. Eine der großen Herausforderungen im Löschkonzept ist es dabei, die Speicherorte zu identifizieren.

24.3 Speicherorte

Eine vollständige Löschung von vertraulichen Daten kann in der Regel nur erreicht werden, wenn mit einer systematischen Vorgehensweise alle Speicherorte des jeweiligen Datenbestandes identifiziert werden. Dazu genügt es nicht, nur einzelne Dateien mit vertraulichen Daten zu betrachten. Vielmehr muss zunächst geprüft werden, ob spezifische Löschanforderungen nicht schon für kleinere Einheiten des Datenbestandes bestehen, also bspw. auf der Ebene von Datensätzen oder sogar für einzelne Attribute.

Für die relevanten Datenobjekte muss dann durchgängig der Datenfluss nachvollzogen werden, um alle Speicherorte zu bestimmen, an denen diese Objekte verwendet werden. Dazu müssen zunächst die IT-Systeme identifiziert werden, die am Geschäftsprozess beteiligt sind und auf denen die Datenobjekte verarbeitet werden. Aber auch regelmäßige oder optionale Medienwechsel, z. B. auf Papier, oder das Kopieren von Daten, z. B. auf mobile Datenträger, führt zu Speicherorten, die im Löschkonzept zu berücksichtigen sind. Weitere Speicherorte können durch die spezifische Implementierung eines Systems, einer Anwendung oder eines Dienstes, sowie die Verwaltungs- und Optimierungsstrategien von Betriebssystemen entstehen. Nicht zuletzt entwickeln Hersteller zunehmend Speichermedien mit »intelligentem Innenleben«, deren Eigenheiten für erfolgreiches Löschen berücksichtigt werden müssen. Im Weiteren werden einige typische Speicherorte vorgestellt.

Daten in Anwendungen und betriebliche Datenbestände

Werden vertrauliche Daten durch Anwendungen verwaltet, z. B. Datenbanken, haben die Anwender und die Administratoren oft keinen Einfluss auf die konkrete Umsetzung der Löschung. In diesen Fällen muss bereits bei der Auswahl oder der Entwicklung der Systeme berücksichtigt werden, welche Löschanforderungen bestehen und wie diese unter den Einsatzbedingungen in der Organisation umgesetzt werden sollen. Das Löschkonzept muss daher im Rahmen von Systementwicklungen und Beschaffungsprozessen berücksichtigt werden. Aus neuen Systemen oder einem veränderten Systemeinsatz kann sich aber auch ergeben, dass das Löschkonzept fortgeschrieben werden muss.

Neben sensitiven Daten in den produktiven Beständen können vertrauliche Informationen auch in Log-Protokolle oder andere Monitoring- und administrative Daten einfließen, die im Systembetrieb anfallen. Auch für solche Daten müssen deshalb im Löschkonzept Regeln vorgesehen werden. Diese können z. B. abhängig sein vom Log-Level und dem Rhythmus, in dem die Protokolle ausgewertet werden.

Im Löschkonzept muss auch berücksichtigt werden, dass sensitive Daten in Backups gespeichert werden.[3] Dürfen bestimmte sensitive Daten in der Produktion z. B. nur 3 Monate vorgehalten werden, ist eine längere Speicherung dieser Daten in Backups für mehrere Monate vermutlich nicht zu vertreten. Aus Backups können einzelne Datenbestände oder gar Datensätze aber nur mit sehr hohem betrieblichem Aufwand oder gar nicht gezielt gelöscht werden. Um Löschfristen auch in Backups Rechnung zu tragen, bietet es sich daher an, die Datenbestände nach den Vorhaltefristen zu separieren und in unterschiedlichen Backup-Beständen zu verwalten.[4] Schließlich muss auch für die Löschung, Freigabe und Entsorgung von Backup-Medien sichergestellt werden, dass die Vorgaben des Löschkonzepts eingehalten werden.

Kopien, Kopien, Kopien

Oft gibt es zu einer originalen Datei oder einem führenden Datenbestand zahlreiche Kopien. Sie entstehen, weil man mit »eigenen« Dokumenten arbeiten will, Zwischenstände eventuell noch einmal brauchen könnte, offline arbeiten muss, die Zugriffszeiten oder Verarbeitungsgeschwindigkeit lokal besser sind, die Pflegeverantwortung unklar ist oder aus anderen Gründen ein (persönlicher) Bedarf gesehen wird.

Große Datenträger leisten dem Jagd- und Sammeltrieb Vorschub. Das Aufräumen fällt aus, weil die Ablage nicht nach Kriterien organisiert ist, die das Löschen einfach machen. Und wer kann schon schnell aus den vielen Hundert Dateien die auswählen, die noch weiter benötigt werden? Ein solcher Wildwuchs von unkontrollierten und unkontrollierbaren Kopien von Daten erschwert die Identifikation und Pflege von Datenbeständen enorm. Trotzdem muss dieser Herausforderung in einem Löschkonzept Rechnung getragen werden.

Daten zur temporären Nutzung und im Hintergrund

Eine vollständige Löschung vertraulicher Datenbestände kann auch deshalb schwierig sein, weil verschiedene (Betriebs-)Systeme Daten temporär speichern, auslagern, puffern oder sichern. Der Anwender löscht dann zwar die eigentlichen Dateien oder Datensätze, kann aber auf Bestände, die das Betriebssystem oder die Anwendung intern verwalten, möglicherweise gar nicht zugreifen.

In der Praxis werden bei Bedarf Dateien zwischen verschieden Partitionen oder Datenträgern verschoben. Durch das Betriebssystem wird dies mit einem Kopier- und Löschvorgang umgesetzt. Die »alte« Datei ist zwar nicht mehr sichtbar, die Daten sind aber nach

3 Zu den Überscheidungen von Datensicherung und Löschung siehe auch Abschnitt 25.4.3.

4 Siehe dazu auch Abschnitt 25.4.3.

Standard-Löschvorgängen mit entsprechenden Tools noch zugreifbar. Temporäre Datenbestände finden sich z. B. als Swap-Files oder als Hibernation-File des Betriebssystems. Web-Services, Directories oder Datenbanken können Daten im Cache halten, um die Performance zu verbessern. In Druckern, Kopierern, Faxgeräten und Scannern werden häufig Festplatten als Datenträger eingesetzt, um die anfallenden Aufträge zwischenzuspeichern und abzuarbeiten. Für alle diese Speicherorte ist zu prüfen, unter welchen Bedingungen trotz einer vermeintlichen Löschung eines vertraulichen Datenobjekts noch Möglichkeiten zum Zugriff oder zur Wiederherstellung bestehen.

Auch innerhalb von Anwendungsdateien können versehentlich oder unbewusst Daten weitergegeben werden, die nicht für den Empfänger bestimmt sind.[5] So werden Änderungsinformationen im Überarbeitungsmodus in Office-Dokumenten nur mit den richtigen Kommandos endgültig aus dem Dokument gelöscht. Auch die Informationen in den »Dateieigenschaften«, verborgene Texte, Kommentare oder frühere Versionen können ungewollt im Dokument verbleiben.

Speicher- und Wiederherstellungskonzepte

Mehr oder weniger große Teile von Datenbeständen können nach dem Löschen von Datenobjekten im Dateisystem weiter verfügbar sein. So bleiben im Dateisystem NTFS in der Master File Table (MFT) die Namen gelöschter Dateien zum Teil erhalten. Bereits dies kann Rückschluss auf sensitive Informationen geben. Darüber hinaus werden auch Kopien der Inhalte von Dateien in der MFT gespeichert, wenn diese weniger als 1024 Byte groß sind. Die MFT liegt im Wurzelverzeichnis jeder Partition (Dateiname: $MFT). Sie wird mit normalen Dateimanagern nicht angezeigt. Im Transactional File System (TxF, ab Windows Vista) werden zusätzliche Log-Dateien[6] für Dateinamen, Zeitstempel und MFT-Einträge eingeführt. Auch hieraus könnten sich weitere Aufgaben für ein Löschkonzept ergeben.

Aus verschiedenen Gründen kann es hilfreich sein, ein System in einen früheren Zustand zu versetzen. Neben Backups und Images von Partitionen werden dafür inzwischen eine Vielzahl von Konzepten umgesetzt. Darunter fallen Wiederherstellungspunkte und Schattenkopien[7] auf Betriebssystemebene oder in Storage Area Networks (SAN). Sensitive Datenbestände können auch für Sandbox-Konzepte in verschiedenen Formen oder als virtuelle Maschinen kopiert werden. Werden vertrauliche Daten in den genannten Beständen nicht parallel zu den Originaldaten gelöscht, können sie möglicherweise weiterhin ausgeforscht werden. Auch solche Speicherorte müssen deshalb im Löschkonzept berücksichtigt werden.

Schließlich weisen die Datenträger spezifische Eigenschaften auf. Zum Beispiel werden mittlerweile auch WORM-Systeme mit herkömmlichen Festplatten aufgebaut, auf die Zugriffe nur mit speziellen Controllern möglich sind. Ob diese Controller sicher löschen, muss geprüft werden. Die Besonderheiten der Speicherverwaltung in Flash-Medien und

5 Vgl. dazu auch [BSI-CON.9]

6 U. a. $USNJRNL und $Txf

7 Der Shadow-Volume-Copy-Dienst in den Betriebssystemen Windows Vista, Server 2003, Server 2008 und Windows 7 kann periodische Schattenkopien erzeugen.

die Konsequenzen für das sichere Löschen werden im Abschnitt 24.4.6 dargestellt. Die Beispiele zeigen, dass die spezifischen Eigenschaften von Speichermedien in den Löschmaßnahmen berücksichtigt werden müssen.

Ausgelagerte Datenverarbeitung

In vielen Fällen wird die Datenverarbeitung einer Organisation teilweise oder insgesamt an Dienstleister ausgelagert. Soweit es sich um personenbezogene Daten handelt, muss dies im Rahmen der rechtlichen Vorgaben erfolgen, z. B. als Auftragsverarbeitung nach Art. 28 DSGVO. Der Auftraggeber trägt jedoch weiter die organisatorische Gesamtverantwortung und muss den Auftragnehmer im Rahmen der vertraglichen Vereinbarungen anweisen, wann und wie er die Daten zu löschen hat. Aber auch für andere vertrauliche Daten, die nicht unter das Datenschutzgesetz fallen, bietet es sich an, entsprechende vertragliche Vereinbarungen zu treffen.

24.4 Technische Löschmaßnahmen

Insbesondere für die Löschung **ganzer Datenträger** empfiehlt die einschlägige Literatur, z. B. [BSI-CON.6], [NIST SP-800-88] oder [CSEC ITSP.40.006], einen umfassenden Prozess zu etablieren. Dieser soll die Anforderungen an die Löschung/Vernichtung festlegen, die Umsetzung steuern und am Ende das Ergebnis validieren.

Aus datenschutzrechtlicher Sicht sind in den meisten Fällen **einzelne Datenobjekte** zu löschen. Für die Darstellung in diesem Abschnitt wird angenommen, dass für eine Organisation ein Katalog mit Löschregeln definiert wurde. Für alle identifizierten Speicherorte einer Datenart muss dann festgelegt werden, wie die Löschung erfolgen soll. Da auch dafür gewährleistet werden muss, dass die gelöschten Daten nicht wiederhergestellt werden können, sollten solche Maßnahmen grundsätzlich validiert werden.

24.4.1 Drei Schritte in Löschläufen

Wenn Datenobjekte gelöscht werden sollen, sind für die Löschmaßnahme im allgemeinen Fall drei Schritte notwendig:

- **Identifizieren** löschfälliger Datenobjekte
  Anhand von Startzeitpunkt, Vorhaltefrist, Regellöschfrist und möglicherweise weiteren Kriterien muss festgestellt werden, welche Datenobjekte zu löschen sind.
- **Vorbereiten** der löschfälligen Datenobjekte
  Je nachdem, wie die löschfälligen Datenobjekte in ihren Verarbeitungskontext eingebunden sind, müssen Vorbereitungen getroffen werden. Beispielsweise könnte das Löschen eines Datensatzes in einer Datenbank zu Inkonsistenzen führen, wenn Datensätze aus anderen Tabellen noch auf den löschfälligen Datensatz verweisen. Dann sollten zunächst die Verweise angepasst werden, bevor die Löschung erfolgt.
- **Löschen oder Vernichten** der Datenobjekte
  In diesem Schritt müssen die Datenobjekte so behandelt werden, dass die Vorgaben zum Löschen erfüllt werden. Dies ist Aufgabe der Löschmechanismen.

Der letzte Schritt ist Gegenstand der weiteren Diskussion. Häufig soll dabei ein Ausgleich zwischen verschiedenen Zielen gefunden werden: Je nach Grad der Vertraulichkeit, den Möglichkeiten zu unbefugtem Zugriff und den technischen Randbedingungen der Speicherorte und -medien müssen mehr oder weniger große organisatorische, betriebliche, technische und damit gegebenenfalls auch finanzielle Aufwände getrieben werden, um den Löschzielen angemessen Rechnung zu tragen. Dazu sollen zunächst die Anforderungen an die Löschmechanismen etwas präzisiert werden.

24.4.2 Anforderungen an Löschmechanismen

Das Löschen oder Vernichten von Datenbeständen soll häufig nicht nur Platz schaffen, sondern auch die Vertraulichkeit der enthaltenen Informationen sichern. Um Letzteres zu erreichen, dürfen die gelöschten Daten nicht mehr rekonstruiert werden können. Dazu müssen je nach gefordertem Sicherheitsniveau und Datenträgertyp risiko-adäquate Maßnahmen zur Löschung ergriffen werden.

Auch die DSGVO lässt im Datenschutz einen risikoorientierten Ansatz zu. Art. 32 DSGVO fordert den Einsatz eines dem Risiko angemessenen Schutzniveaus – das muss auch für Maßnahmen zum Löschen und Vernichten erreicht werden. Dabei soll die Löschung nicht nur den Zugriff durch Dritte, sondern auch durch die verantwortliche Stelle endgültig ausschließen.

[ISO/IEC 27555:2021, Abschnitt 3.1] definiert Löschen gleichfalls über einen risikoorientierten Ansatz: *»Deletion [is a] process by which personally identifiable information (PII) is changed so that it is no longer present or recognizable and usable and can only be reconstructed with excessive effort.«* Die Formulierung *»excessive effort«* soll »unverhältnismäßigen Aufwand« fordern. Der Standard führt in den Hinweisen zur Definition unter anderem aus, dass die Möglichkeiten forensischer Werkzeuge bei der Bewertung von »unverhältnismäßigem Aufwand« berücksichtigt werden müssen. Dadurch könnten sich die geforderten Maßnahmen im Verlaufe der Zeit auch ändern.

Angemessene oder risikoadäquate Löschmechanismen bedeuten aber andererseits, dass die löschfälligen Datenobjekte unter Umständen nicht wirklich gelöscht sind, sondern nur der Zugriff sehr aufwendig ist.[8] Insbesondere die Frage, welche datenschutzrechtlichen Implikationen sich aus nur »ziemlich gelöschten« Daten ergeben, ist nicht abschließend beantwortet.[9] Dazu werden sich letztlich auch die Aufsichtsbehörden positionieren müssen.[10]

Offensichtlich ist aber auch, dass nicht jede Datenart und jeder Speicherort individuell behandelt werden kann – das würde jeden Rahmen des Informationssicherheitsmanagements sprengen. Daher müssen die Spielräume für die Löschung verschiedener Datenbestände identifiziert und daraus sinnvolle übergreifende Löschstrategien abgeleitet werden.

---

8 Siehe dazu z. B. unten bei den Mechanismen für Flash-Speichermedien.

9 Wenn Daten nicht endgültig gelöscht sind, sind sie eben doch noch vorhanden. Aus der Perspektive des Datenschutzes bedeutet dies möglicherweise, dass: weiter technisch-organisatorische Maßnahmen zu ihrem Schutz ergriffen werden müssen; zu klären ist, inwieweit die Betroffenenrechte Anwendung finden können; womöglich die Aufsichtsbehörde die Daten prüfen könnte; oder im Falle eines Datenmissbrauchs von den Betroffenen Schadenersatz gefordert werden könnte.

10 Zwei Vertreter von Aufsichtsbehörden waren an der Diskussion der Definition in ISO/IEC 27555 beteiligt und haben dem Ergebnis nicht widersprochen.

In den folgenden Abschnitten werden wesentliche Eigenschaften von Löschmechanismen dargestellt.

24.4.3 Grenzen des einfachen Löschens

Die Standard-Löschkommandos eines Systems führen in den meisten Fällen dazu, dass auf Datenträgern Speicherplatz freigegeben wird. Dieses einfache Löschen von Daten bedeutet, dass auf die Daten nicht mehr direkt zugegriffen werden kann. Weder die allgemeinen Löschkommandos noch die Formatierung, eine Repartitionierung von Datenträgern oder das Aufspielen eines Images[11] zerstören aber die gespeicherten Daten zuverlässig. Die Daten werden nicht gezielt überschrieben, die Freigabe des Speicherplatzes erfolgt ggf. nur in der Speicherverwaltung intern.

Irrtümer beim einfachen Löschen können oft auf einfache Weise behoben werden: Die in vielen Betriebssystemen implementierte »Papierkorb«-Funktionalität bietet häufig noch für relativ lange Zeiträume die Möglichkeit, Dateien wiederherzustellen. Diese Möglichkeit besteht dann aber auch für Daten, die nicht mehr rekonstruierbar sein sollen. Selbst wenn der Papierkorb »geleert« wurde, können fachkundige Anwender noch nicht überschriebene Daten mithilfe spezieller Tools mit geringem Aufwand rekonstruieren.

Die auf die einfache Weise gelöschten Daten werden erst dann zerstört, wenn der Speicherplatz wieder verwendet und dadurch überschrieben wird. Selbst dabei verbleiben je nach Speichertechnologie mehr oder wendiger große Teile von Restinformationen des ursprünglichen Inhalts auf dem Speichermedium: Die Größe des neuen Datenbestandes wird in der Regel vom alten Datenbestand abweichen. Da die Speicherbereiche aber blockweise als Sektoren zugeordnet werden, verbleiben im jeweils letzten Sektor möglicherweise Restinformationen oder sogenannte Slack-Bytes. Diese sind mit entsprechenden Werkzeugen lesbar.

24.4.4 Sicheres Löschen durch Überschreiben

Beim sicheren Löschen werden Maßnahmen ergriffen, durch die Unberechtigte auch mit Hilfsmitteln sehr hohen Aufwand treiben müssen, um die Daten zu rekonstruieren. Ist dieser Aufwand sehr viel höher als der Nutzen für den Angreifer, wird angenommen, dass die Löschung der Daten nicht rückgängig gemacht wird (so z. B. die Definition der ISO/IEC 27555 oben). Für vertrauliche Daten ist sicheres Löschen notwendig.

Zum sicheren Löschen von Daten auf Datenträgern werden Hilfsmittel eingesetzt, mit denen beim Löschvorgang die Daten sofort überschrieben werden, z. B. mit zufälligen Werten. Werden die Dateiinhalte physikalisch verändert, lassen sie sich mit einfachen Mitteln nicht mehr wieder herstellen. Bereits ein einfaches Überschreiben erhöht für viele Arten von wieder beschreibbaren Datenträgern den Aufwand zur Rekonstruktion von Daten schon erheblich. Für heutige Festplatten kann mit einem einmaligen Über-

11 Ist das Image kleiner als die Partition, wird der verbleibende Speicherplatz in der Regel gegenüber dem Ursprungszustand nicht verändert.

schreiben bereits ein sehr hohes Sicherheitsniveau erreicht werden.[12] Zur Sicherheit sollte gelegentlich auch der freie Speicherplatz überschrieben werden, um die Reste aus dem einfachen Löschen zu beseitigen.

Für Datenträger mit überschriebenen Speicherbereichen kann versucht werden, mit physikalischen Analysemethoden aus der enthaltenen Restmagnetisierung oder ähnlichen Anhaltspunkten auf den früheren Inhalt von Speicherzellen zu schließen. Je nach gefordertem Sicherheitsniveau und einzuplanenden Angriffsszenarien genügt dann auch ein einfaches Überschreiben nicht. Durch mehrfaches Überschreiben versucht man daher, für streng geheimes Material auch Restspuren zu eliminieren. Um eine hohe Wirksamkeit zu ereichen, müssen dabei die physikalischen Eigenschaften des Datenträgers und des Speicherverfahrens berücksichtigt werden. Solche Verfahren beschreiben z. B. [BSI-CON.6.A12], [CSEC ITSP.40.006], [SP-800-88], [FOX09], [Gutman96] und [Schnei96], teilweise mit Hinweisen zur Umsetzung und weiteren Nachweisen.

Unter den heutigen praktischen Bedingungen erscheint es allerdings viel wichtiger, alle Speicherorte vertraulicher Informationen in die Löschung einzubeziehen, als ein mehrfaches Überschreiben einzelner Dateien umzusetzen. Letzteres wird in der Regel nur für streng geheime Informationen relevant sein.

24.4.5 Verschlüsselung und Löschen

Einen Teil der Löschprobleme kann man umgehen, indem nur Datenträger mit Vollverschlüsselung eingesetzt werden. Gerade für Arbeitsplatzrechner und mobile Endgeräte ist hierdurch ein signifikanter Sicherheitsgewinn auch im Hinblick auf das sichere Löschen zu erreichen. Werden bspw. alle Partitionen einer Festplatte einbezogen einschließlich der System-Partition, werden auch die Schattenkopien, Caches, MFT und temporären Daten auf dem jeweiligen System verschlüsselt. Gute Verschlüsselung und ordentliche Authentisierung vorausgesetzt, wird ein Unberechtigter keine brauchbaren Informationen aus dem Datenträger ableiten können. Zum Löschen muss dann »nur« der Schlüssel vernichtet werden, mit dem auf die Partition oder den Datenträger zugegriffen werden kann. Damit ist das Löschen des Schlüssels die Herausforderung: Für die zugehörige Schlüsselverwaltung muss sichergestellt werden, dass das gesamte relevante Schlüsselmaterial ordnungsgemäß vernichtet wird. Also stellt sich für das Schlüsselmaterial die Aufgabe, es gezielt und sicher zu überschreiben oder anderweitig zu vernichten. Es dürfen keine Kopien mehr vorhanden sein, auch bei den u. U. ehemals berechtigten Benutzern. Auch Seeds oder Backups von Schlüsseln dürfen nicht länger aufbewahrt werden.[13]

Allerdings ist auch die Vollverschlüsselung von Datenträgern kein Allheilmittel. Sie kann nicht angewandt werden, wenn innerhalb der Partition nur einzelne Datenobjekte gelöscht werden sollen.

---

12 Zu den Hintergründen und weiteren Nachweisen sowie Hinweisen auf Löschtools siehe [Fox09] sowie [WGSS11].

13 Bei selbstverschlüsselnden Datenträgern kann das gegeben sein, wenn der Schlüssel direkt im Laufwerk generiert und gespeichert wird und nicht ausgelesen werden kann. Solche Laufwerke bieten dann häufig einen eigenen Befehl an, mit dem der aktuelle Schlüssel überschrieben werden kann.

Crypto-Shredding

Insbesondere der letzte Punkt ist relevant, wenn Datenobjekte nach datenschutzrechtlichen Regeln löschfällig werden und deshalb innerhalb eines Datenbestands gelöscht werden müssen. Der vergleichsweise neue technische Ansatz des sogenannten Crypto-Shreddings zielt darauf, einzelne Datenobjekte oder Teile davon zu verschlüsseln und – statt zu löschen – den Schlüssel zu vernichten.[14] Beim Zugriff auf Datenobjekte werden diese entschlüsselt. Änderungen werden verschlüsselt gespeichert.

Für jedes individuell zu löschende Datenobjekt muss ein eigener Schlüssel generiert werden. Der Crypto-Mechanismus sollte deshalb auf die zu löschenden Einheiten abgestimmt werden. Bei Löschfälligkeit muss über die Schlüsselverwaltung der jeweilige Schlüssel (sicher!) vernichtet werden. Die Praxis wird zeigen, ob solche Techniken die Aufgabe differenzierter Löschung lösen können.

24.4.6 Löschen auf USB-Sticks und anderen Flash-Medien

Ein besonderes Problem für das sichere Löschen tritt bei USB-Sticks und anderen Flash-Speicher-Medien auf, z. B. auch auf Solid State Disks (SSD). Da die einzelnen Speicherzellen durch die Schreibvorgänge »abgenutzt« werden, implementieren die Hersteller Verfahren, durch die Speicherbereiche gleichmäßig häufig benutzt werden (Verschleißausgleich). Der gesamte Speicher wird in Pages aufgeteilt. Mehrere Pages bilden einen logischen Block. Welcher Block zum Abspeichern einer Information verwendet wird, wird nicht durch das Betriebssystem, sondern durch einen Controller des Mediums bestimmt. Nach außen ist kein Unterschied erkennbar, weil die richtige Abbildung der logischen auf die physikalischen Speicherbereiche ebenfalls vom Controller vorgenommen wird.

Geänderte Daten werden innerhalb des Flash-Mediums immer blockweise geschrieben, auch wenn nur ein Zeichen an einer Datei geändert werden soll. Dazu wird ein Block verwendet, der bisher vergleichsweise selten benutzt wurde. Der ursprüngliche Speicherbereich wird »geschont« und bleibt unverändert, bis er in der Menge der freien Bereiche als »selten benutzt« wieder an die Reihe kommt. Die vermeintlich überschriebene Information ist also nach wie vor auf dem Flash-Medium vorhanden und kann grundsätzlich mit Low-Level-Tools rekonstruiert werden. Mehrere Änderungen an einem Datenobjekt führen deshalb typischerweise zu mehreren (ungültigen) Kopien auf dem Flash-Medium.

Flash-Medien können außerdem große Mengen an Reserveblöcken enthalten, um defekte Zellen zu ersetzen. Diese Blöcke können für ein einheitliches Nutzungsniveau mitverwendet werden. Der Benutzer oder das Betriebssystem »sieht« diese Blöcke aber nicht direkt. Sie werden durch den Controller im Hintergrund mitverwaltet.

Durch die zusätzliche Verwaltungsschicht für die Speicherblöcke kann es schwierig sein, Daten auf dem Flash-Medium sicher zu löschen. Verschiedene Ansätze können helfen, dieses Problem zu verringern oder zu lösen.

14 Eine prototypische Lösung beschreibt [Taake22].

Löschen des gesamten Speichermediums

Zum Löschen des gesamten Speichermediums kann an das Laufwerk ein sogenannter »ATA Secure Erase«-Befehl gesendet werden. Dadurch sollen alle Zellen des Speichermediums gelöscht und auf den Status »leer« gesetzt werden.

Manche Laufwerke verschlüsseln alle Inhalte mit einem Laufwerksschlüssel. Das gesamte Laufwerk kann dann dadurch »gelöscht« werden, dass dieser Schlüssel zurückgesetzt oder geändert wird. Auch Reserveblöcke sollten damit abgedeckt sein.

Grenzen dieser Mechanismen ergeben sich zum einen dadurch, dass der Befehl verfügbar sein muss. Bei SSDs ist dies häufig gegeben. Bei USB-Sticks ist dies typischerweise nicht der Fall. Außerdem kann der Mechanismus nicht eingesetzt werden, wenn nur einzelne Dateien und nicht das ganze Speichermedium gelöscht werden sollen.

Leere Bereiche überschreiben

Ungültige Restdaten auf dem Flash-Medium können unter Umständen beseitigt werden, wenn der **gesamte freie Speicherbereich** des Flash-Mediums durch ein geeignetes Werkzeug überschrieben wird. Dabei muss der Speicherplatz des Mediums komplett befüllt werden, um die interne Speicherverwaltung zu »überwinden«.

Grenzen: In der Regel sind wohl viele Durchläufe nötig, um unter anderem auch die Reserveblöcke mit zu erfassen. [WGSS11, 3.3] stellen dar, dass dies in ihren Versuchen trotz 100 Durchläufen teilweise nicht erfolgreich war. Sie konnten immer mehr als 50% ihrer Datenobjekte finden. Die Maßnahme nutzt das Speichermedium auch erheblich ab. Deshalb sollte genau geprüft werden, wann und wie ein Überschreiben eingesetzt wird.

Verschlüsselte Bereiche auf dem Datenträger

Wenn die Löschung insbesondere sicherstellen soll, dass Dritte die Daten nicht zur Kenntnis nehmen können, kann die folgende Maßnahme erwogen werden: Die Datenobjekte werden verschlüsselt, bevor sie auf dem Flash-Medium gespeichert werden, oder direkt in einen verschlüsselten Bereich auf dem Flash-Medium übertragen, bspw. in eine VeraCrypt-Partition. Auf dem Flash-Medium dürfen die Datenobjekte nur innerhalb des verschlüsselten Bereichs verwendet, nicht aber in einen unverschlüsselten Bereich verlagert werden.

Werden Datenobjekte verändert, verbleiben verschlüsselte Restdaten auf dem Flash-Medium. Zu löschende Datenobjekte könnte der Anwender innerhalb des verschlüsselten Bereichs überschreiben. Dann sollte durch den Controller der originale Speicherbereich aus der Partition herausgelöst und durch »frische« Blöcke ersetzt werden. Die zu löschenden Daten sind dann zwar immer noch auf dem Flash-Medium erhalten. Sie liegen aber in der verschlüsselten Form vor und sind nicht mehr Teil der verschlüsselten Partition. Möglicherweise ist Crypto-Shredding auf SSDs ähnlich einzuordnen.

Dritte sollten nach der Löschung nur Chiffrate sehen können. Selbst für den Inhaber des Schlüssels dürfte vergleichsweise hoher Aufwand entstehen, weil er die verschlüsselten Reste zusammensetzen, dann entschlüsseln und schließlich noch hinsichtlich der gesuchten Daten auswerten muss. Ob dieses Vorgehen die Anforderungen für sicheres Löschen hinreichend erfüllt, muss im jeweiligen Kontext bewertet werden.

TRIM-Befehl

Bei modernen SSDs können die Hersteller einen sogenannten TRIM-Befehl implementieren. Mit diesem Befehl kann das Betriebssystem dem Controller des Speichermediums anzeigen, dass die Daten einer Page gelöscht wurden und nicht mehr benötigt werden. Mit dem TRIM-Kommando wird der Speichercontroller auf der SSD angewiesen, die bislang durch die Anwendung gelöschten Speicherbereiche zur Wiederverwendung vorzubereiten. Dazu werden die Speicherzellen in freien Blöcken physikalisch auf null gesetzt. Die vorher enthaltenen Daten sind nicht mehr verfügbar.

Grenzen: Der TRIM-Befehl muss implementiert sein. Für USB-Sticks ist dies in der Regel nicht der Fall. Der Befehl muss ausgelöst werden, bspw. vom Betriebssystem.[15] Das Kommando wird nicht vom Speichermedium selbst gestartet.

Restrisiken

Probleme der verlässlichen Löschung von Flash-Medien wurden in [WGSS11] analysiert. Sie prüften eine Reihe von unterschiedlichen SSDs (mit dem Stand von 2011) bezüglich der Löschmöglichkeiten. Auf verbliebene Daten untersuchte das Team die SSDs, indem sie die Speicherchips ausbauten und auslasen.[16] Das ist zwar Aufwand, der über einen einfachen Angriff hinausgeht. Allerdings ist dies keine besonders hohe Hürde für jemanden, der echtes Interesse an den Daten hat. Mit Werkzeugen, die bspw. bei Herstellern und Datenrettungsunternehmen zur Verfügung stehen, lässt sich der Controller unter Umständen auch so umprogrammieren, dass die Inhalte aller Speicherzellen direkt ausgelesen werden können. In der Studie wird beschrieben, dass in vielen Fällen Rest-Daten auf den SSDs verbleiben. Ursachen können z. B. auch Implementierungsfehler der Hersteller bei Löschkommandos sein.

Bei diesem Szenario waren immerhin keine Restdaten aus verschlüsselten Laufwerken auslesbar. Für ein vollständiges Löschen nicht verschlüsselter Laufwerke genügte in vielen Fällen, das Laufwerk zwei Mal zu überschreiben, allerdings nicht für alle geprüften Laufwerke.

Auch andere Gründe können verhindern, dass Daten gelöscht werden. So wurde an anderer Stelle berichtet, dass manche SATA-Treiber den TRIM-Befehl nicht weiterleiten. Wenn Daten zum Schreiben komprimiert werden, z. B. um Speicherplatz zu sparen, könnten ungünstige Überschreibmuster dazu führen, dass Restdaten auslesbar sind.

Je nach Sensitivität des Datenbestands und nach Rahmenbedingungen des Einsatzes sollte die Löschung auf dem jeweiligen Flash-Medium ggf. evaluiert werden

Als weitere Alternative bleibt noch das physische Zerstören des Datenträgers (s. dazu den folgenden Abschnitt). Das »Ausbauszenario« der Studie muss dabei je nach Sensitivität der enthaltenen Daten aber berücksichtigt werden: Die Zerstörung muss die einzelnen Speicherchips so treffen, dass sie nicht mehr ausgelesen werden können.

15 Neue Versionen von Windows sollten nach der Installation so konfiguriert sein, dass sie den TRIM-Befehl regelmäßig an die SSD senden.

16 Für die Realisierung einer solchen Hardware ging das Team zum damaligen Zeitpunkt von Kosten von etwa 200 US-Dollar und moderaten technischen Kenntnissen aus. Diese Randbedingungen dürften sich heute nicht wesentlich verändert haben.

24.4.7 Vernichten und Entsorgen

Neben dem elektronischen Löschen von Datenbeständen müssen auch physische Datenträger vernichtet und entsorgt werden. Einfaches Entsorgen bedeutet für Papierdokumente oder Datenträger entsprechend den elektronischen Verfahren, dass sie in den Müll gegeben werden, ohne dass weitere Maßnahmen ergriffen werden. Die enthaltenen Informationen können dann durch jeden, der Zugriff auf die Datenträger erhält, weiter verwendet werden. Für vertrauliche Daten ist einfaches Löschen oder Entsorgen grob fahrlässiges Verhalten, wenn Unberechtigte Zugang zu solchen Datenbeständen erhalten können.

Physisches Vernichten ist in jedem Fall erforderlich für vertraulich eingestufte Papierdokumente. Auch elektronische Datenträger, auf denen vertrauliche Informationen gespeichert sind, und die keiner sicheren Löschung unterzogen wurden, müssen geeignet vernichtet werden. Die Zerstörung der Medien muss dabei so erfolgen, dass der Aufwand eines Unbefugten den Nutzen der gewonnenen Information übersteigt.

Abhängig von der Art der Datenträger können unterschiedliche Verfahren eingesetzt werden, um sie zu zerstören, z. B.:

- Zerkleinern: Bei der Zerteilung muss darauf geachtet werden, dass der Datenträger in möglichst viele Stücke zerteilt wird. Der Aufwand für das Zusammensetzen muss für Unbefugte höher als der Nutzen sein.
- Erhitzung der Datenträger über den Curie-Punkt (750 °C bei Eisen).
- Verbrennen oder einschmelzen: Der Datenträger muss vollständig verbrannt oder eingeschmolzen werden.

Die DIN 66399[17] unterscheidet sechs Materialien und sieben Sicherheitsstufen der Vernichtung. Für jedes Material werden für jede Sicherheitsstufe die Vorgaben für die Zerkleinerung festgelegt.

Die Norm schlägt in ihrem ersten Teil für die Festlegung der Sicherheitsstufe ein zweistufiges Verfahren vor: Erst wird eine Schutzklasse für den Datenbestand bestimmt. Diese beschränkt die zulässigen Sicherheitsstufen für die Vernichtung. Tabelle 24.1 stellt für das Beispiel Datenträger aus Papier die Sicherheitsstufen und die Partikelgröße zur Bewertung der Sicherheit eines Aktenvernichters dar. Für andere Medien, die z. B. verkleinerte Darstellungen vertraulicher Daten enthalten, bspw. Mikrofilme, oder diese elektronisch speichern, gelten entsprechende materialspezifische Vorgaben. Hinweise zur Datenträgervernichtung geben neben der [DIN66399-2] z. B. auch [NIST SP-800-88] oder [CSEC ITSP.40.006].

17 Die DIN 66398 wurde inzwischen als Standard [ISO/IEC 21964-1 bis -3] internationalisiert.

Tabelle 24.1: Sicherheitsstufen für Papier-Schredder
Auszug nach [DIN 66399-2] (B=Breite, F= Fläche)

Si.-Stufe	Anforderung	Dokumentenbestände mit
P-1	F ≤ 2000 mm² oder B: ≤ 12 mm	Allgemein
P-2	F ≤ 800 mm² oder B: ≤ 6 mm	interne Daten
P-3	F ≤ 320 mm² oder B ≤ 2 mm	sensiblen und vertraulichen Daten
P-4	F ≤ 160 mm² und B ≤6 mm	besonders sensiblen und vertraulichen Daten
P-5	F ≤ 30 mm² und B ≤ 2 mm	geheim zu haltenden Daten
P-6	F ≤ 10 mm² und B ≤ 1 mm	geheim zu haltenden Daten (außergewöhnliche hohe Sicherheitsanforderungen)
P-7	F ≤ 5 mm und B ≤ 1 mm	streng geheim zu haltenden Daten

Die DIN 66399 geht aber über rein technische Anforderungen hinaus. Teil 3 der Norm beschreibt drei Varianten von Vernichtungsprozessen: rein intern, mit externer Unterstützung bei der verantwortlichen Stelle vor Ort und die Vernichtung beim Dienstleister extern. Für jede Variante werden Kriterien benannt, die für die Schutzklassen nach Teil 1 erfüllt werden müssen.

Je nach Ausgangsmaterial und Ausstattung der Organisation kann die Vernichtungs- und Entsorgungsinfrastruktur intern aufgebaut werden. Vergleichsweise einfach ist dies für Papiermedien möglich, wenn Schredder an den Arbeitsplätzen oder auf den Fluren bereitgestellt werden. Auch für Wechseldatenträger, wie CD und DVD, können Geräte zur mechanischen Zerstörung beschafft und bereitgestellt werden.[18] Die lokale Vernichtung von Datenträgern hat den großen Vorteil, dass die Daten zeitnah gelöscht werden und nicht weitere Möglichkeiten zur Ausforschung im Entsorgungsprozess entstehen.

Für die dezentrale Lösung muss zunächst eine ausreichende Zahl von Geräten in der Nähe der Arbeitsplätze bereitgestellt werden. Weitere Ressourcen müssen für deren Wartung eingesetzt werden. Schließlich ist auch die Arbeitszeit der Mitarbeiter beim Vernichten der Medien anzusetzen. Festplatten oder Flash-Speicher aber können in der Regel

18 Vom Zerstören von CD in der Mikrowelle sollte aus Gründen des Gesundheits- und Umweltschutzes eher abgesehen werden.

nicht mehr an normalen Büroarbeitsplätzen physisch zuerstört werden.[19] Aber auch für die Vernichtung von Papier, CD oder DVD kann eine Aufwandsabschätzung zu zentralen Lösungen führen.

Für Verfahren, die nicht am Arbeitsplatz zur Verfügung stehen, werden die Datenträger in der Regel in verschlossenen Behältern gesammelt und an eine spezielle Stelle in der Organisation gebracht oder an einen externen Dienstleister übergeben. Im Rahmen dieses Prozesses muss die Vertraulichkeit der Daten weiter gewahrt werden. Dabei sind alle Phasen vor der Vernichtung zu betrachten, in denen die Daten übergeben, transportiert oder gelagert werden, sowohl intern wie gegebenenfalls auch extern. Um unnötige Risiken zu vermeiden, müssen die Zahl der Übergaben niedrig, die Länge der Transportwege kurz und die Lagerzeiten gering gehalten werden.

Externe Entsorger

Oft ist es trotzdem sinnvoll, einen Entsorger damit zu beauftragen, die Datenträger entsprechend der Informationsklassifikation sicher zu vernichten. Enthält der Datenbestand personenbezogene Daten, gelten auch für diesen »Verwendungsschritt« die Vorgaben des Art. 28 DSGVO. Der Entsorger muss seine Prozesse so organisieren, dass während der Entsorgungsschritte ausgeschlossen werden kann, dass ihm oder Dritten die Daten bekannt werden.

Um sich von der Eignung und Qualität eines Entsorgers zu überzeugen, kann der Auftraggeber selbst Überprüfungen vornehmen oder auf Zertifikate zurückgreifen, die nach DSGVO geeignet sind.

24.4.8 Integration in den Arbeitsalltag

Alle genannten Maßnahmen müssen so vorbereitet und bereitgestellt werden, dass sie praxisgerecht sind und die Mitarbeiter sie im Arbeitsalltag realistisch anwenden können. Wenn Mitarbeiter für ein Datenobjekt keine Verwendung mehr haben, dann wollen sie sich – möglicherweise bei hoher Arbeitslast – schnell neuen Aufgaben zuwenden. Komplizierte Unterscheidungen und hoher Aufwand erschweren die praktischen Abläufe; in der Folge wird die Quote korrekt gelöschter oder vernichteter Datenobjekte sinken.

Daher helfen einfache Regeln wie »alles wird sicher entsorgt«. Dazu müssen Löschtools oder Löschabläufe vorbereitet sein. Entsorgungscontainer in räumlicher Nähe erleichtern die Vernichtung. Die Mitarbeiter sollten in der Anwendung geschult werden, damit sie nicht versehentlich doch einfach über den Papierkorb (elektronisch wie auch physisch) entsorgen. Handlungsanleitungen und gegebenenfalls Weisungen müssen an die Mitarbeiter kommuniziert werden.

Auch in Sondersituationen müssen vertrauliche Daten geschützt werden, bspw. wenn Komponenten im Garantiefall ausgetauscht, sie bei Störungen gewartet oder nach der Nutzung verkauft werden sollen. Wenn die vorherige sichere Löschung der Datenbestän-

19 So können Festplatten, die mit Glasträgern für die Magnetschicht aufgebaut sind, durch Durchschlagen des Gehäuses und der Glasträger mit einem spitzen Gegenstand bereits relativ gut zerstört werden. Für andere Materialien ist dieses Verfahren aber nicht geeignet.

de nicht gewährleistet werden kann, darf der Datenträger nicht weitergegeben werden. Vielmehr wäre dann in den Prozessvorgaben z. B. statt des Garantieaustauschs die sichere Entsorgung und Neubeschaffung vorzusehen.

Zusammenfassung

Technisch sicheres Löschen und Vernichten ist sowohl aus der Perspektive der Informationssicherheit als auch des datenschutzrechtlichen Löschkonzepts gefordert. Wie oben und im Abschnitt 25.5 dargestellt, können die Aspekte der Informationssicherheit und des Datenschutzes gut in einem übergreifenden Löschkonzept zusammengefasst werden. Dabei sind zunächst Löschregeln notwendig. Ohne die hier beschriebene Umsetzungsebene werden diese aber oft ins Leere laufen oder ungenügend angewandt.

Das vollständige und sichere Löschen und Entsorgen von vertraulichen Daten erfordert große Sorgfalt. Je nach Klassifikation der Daten kann es erforderlich sein, genaue Analysen von Anwendungen, Betriebssystem und Speichermedien durchzuführen, um die Speicherorte zu identifizieren und wirksame Löschmaßnahmen zu etablieren. Das Beispiel der Flash-Medien zeigt, wie technikspezifisch und aufwendig eine sichere Löschung sein kann.

Zur effektiven Umsetzung muss im Löschkonzept meist das Zusammenwirken vieler Einzelmaßnahmen geplant und abgestimmt werden. Dazu gehören insbesondere die Anwenderaufgaben, die Bereitstellung von Löschwerkzeugen, die organisatorische Unterstützung für die Entsorgung, die Implementierung von Löschfunktionen in Anwendungen und Basissystemen, betrieblichen Maßnahmen und die Einbindung von geeigneten Entsorgern. Die Löschaufgaben müssen für die Mitarbeiter der Organisation praxisgerecht gestaltet werden.

Ohne ein Löschkonzept ist zu erwarten, dass Daten nur zufällig richtig gelöscht und Datenträger nur zufällig korrekt vernichtet werden. In vielen Fällen wird dann gegen die Sicherheitsziele für vertrauliche Informationen verstoßen.

Literatur

[BMWT04] *Bundesministerium für Wirtschaft und Technologie:* Handbuch für den Geheimschutz in der Wirtschaft (Geheimschutzhandbuch) 2004; *https://bmwi-sicherheitsforum.de/handbuch/367,0,0,1,0.html* (Stand: 17.01.2024) sowie die zugehörige Anlagen

[BSI-CON.6] *Bundesamt für Sicherheit in der Informationstechnik (BSI):* IT-Grundschutz-Kompendium: CON.6 Löschen und Vernichten; 2022, Bonn PDF zum Abruf unter *https://www.bsi.bund.de/DE/Themen/Unternehmen-und-Organisationen/Standards-und-Zertifizierung/IT-Grundschutz/IT-Grundschutz-Kompendium/it-grundschutz-kompendium_node.html* (Stand: 23.01.2024). Der Baustein verweist auf zahlreiche Maßnahmen

[BSI-CON.9] *Bundesamt für Sicherheit in der Informationstechnik (BSI):* IT-Grundschutz-Kompendium: CON.9: Informationsaustausch; 2022, Bonn PDF zum Abruf unter *https://www.bsi.bund.de/DE/Themen/Unternehmen-und-Organisationen/Standards-und-Zertifizierung/IT-Grundschutz/IT-Grundschutz-Kompendium/it-grundschutz-kompendium_node.html* (Stand: 17.01.2024)

[CSEC ITSP.40.006] *CSEC – Communications Security Establishment Canada:* ITSP.40.006 V2 IT Media Sanitization, 2017; *https://www.cyber.gc.ca/en/guidance/it-media-sanitization-itsp40006* (Stand: 24.01.2024).

[DIN 66398] *Deutsches Institut für Normung e.V.*: DIN 66398 – Leitlinie zur Entwicklung eines Löschkonzepts mit Ableitung von Löschfristen für personenbezogene Daten, Beuth-Verlag, Berlin 2016.

Eine Vorversion zur DIN 66398 bietet: Hammer, V.; Schuler, K.: Leitlinie zur Entwicklung eines Löschkonzepts mit Ableitung von Löschfristen für personenbezogene Daten, Karlsruhe, 2012; *https://www.secorvo.de/publikationen/din-leitlinie-loeschkonzept-hammer-schuler-2012.pdf* (Stand: 17.01.2024)

[DIN-66399-1] *Deutsches Institut für Normung e.V. (2012)*: DIN 66399-1 – Büro- und Datentechnik – Vernichten von Datenträgern – Teil 1: Grundlagen und Begriffe, Berlin, 2012

[DIN-66399-2] *Deutsches Institut für Normung e.V. (2012)*: DIN 66399-2 – Büro- und Datentechnik – Vernichten von Datenträgern – Teil 2: Anforderungen an Maschinen zur Vernichtung von Datenträgern, Berlin, 2013

[DIN-66399-3] *Deutsches Institut für Normung e.V. (2013)*: DIN 66399-3 – Büro- und Datentechnik – Vernichten von Datenträgern – Teil 3: Prozess der Datenträgervernichtung, Berlin, 2013

[Fox09] *Fox, D.*: Sicheres Löschen von Daten auf Festplatten, DuD 2/2009, 110 ff.; *http://www.secorvo.de/publikationen/sicheres-loeschen-fox-2009.pdf* (Stand: 17.01.2024)

[Gutman96] *Gutmann, P.*: Secure Deletion of Data from Magnetic and Solid-State Memory, 1996; *https://www.usenix.org/legacy/publications/library/proceedings/sec96/full_papers/gutmann/index.html* (Stand: 17.01.2024)

[Hammer18] *Hammer, V. (2018)*: Technische Umsetzung von Löschpflichten bei Providern, in: Jandt, S./Steidle, R.: Datenschutz im Internet – Rechtshandbuch zu DSGVO und BDSG, Baden-Baden, 2018, 406 ff.

[ISO/IEC 21964] ISO/IEC 21964-1 bis -3:2018 Information technology – Destruction of data carriers:

- Part 1: Principles and definitions
- Part 2: Requirements for equipment for destruction of data carriers
- Part 3: Process of destruction of data carriers

ISO, Geneva, Switzerland.
Der Standard mit den drei Teilen ist die internationale Übertragung der →DIN 66399.

[ISO/IEC 27002] *International Organization for Standardization, International Electrotechnical Commission (2022):* ISO/IEC 27002:2022 – Information security, cybersecurity and privacy protection — Information security controls, ISO, Geneva, Switzerland.

[ISO/IEC 27018] *Deutsches Institut für Normung e.V. (2020):* DIN EN ISO/IEC 27018:2020 – Informationstechnik – Sicherheitsverfahren – Leitfaden zum Schutz personenbezogener Daten (PII) in öffentlichen Cloud-Diensten als Auftragsdatenverarbeitung (ISO/IEC 27018:2019); Deutsche Fassung EN ISO/IEC 27018:2020; 2020, Berlin

[ISO/IEC 27555] *International Organization for Standardization, International Electrotechnical Commission (2021):* ISO/IEC 27555:2021 – Information security, cybersecurity and privacy protection – Guidelines on personally identifiable information deletion; ISO, Geneva, Switzerland. Der Standard ISO 27555 wurde aus der DIN 66398 abgeleitet und entspricht der Norm weitgehend.

[NIST SP-800-88] NIST, Special Publication 800-88 Revision 1, Guidelines for Media Sanitization, bereitgestellt unter *https://www.nist.gov* (Stand: 17.01.2024)

[Schnei96] *Schneier, B.*: Applied Cryptography, 2nd Edition, John Wiley & Sons, 1996

[Taake22] *Taake, L.*: Nachhaltig unbrauchbar, iX, 1/2022, S. 134 ff.

[WGSS11] *Wei, M.; Grupp, L. M.; Spada, F. E.; Swanso, S.*: Reliably Erasing Data From Flash-Based Solid State Drives; erschienen im Rahmen der Fast'11: 9th USENIX Conference on File and Storage Technologies, February 15–17, 2011, San Jose, CA; *http://www.usenix.org/events/fast11/tech/full_papers/Wei.pdf* (Stand: 17.01.2024)

25 Datenschutzrechtliches Löschkonzept

Einleitung

Die Datenschutz-Grundverordnung (DSGVO) fordert, dass personenbezogene Daten gelöscht werden, wenn die zulässigen Zwecke für sie abgearbeitet sind (s. dazu Abschnitt 25.1). Um diese Pflicht durchgängig für eine Organisation zu erfüllen und die Umsetzung nachzuweisen, bedarf es einiger Anstrengungen. Dabei soll der Aufwand für das Löschen gering gehalten werden – schließlich ist Löschen nicht die Kernaufgabe in den Geschäftsprozessen.

Die DIN 66398 schlägt eine systematische Vorgehensweise für ein datenschutzrechtliches Löschkonzept vor. Diese Vorgehensweise erlaubt es, auch Löschanforderungen aus der Informationssicherheit zu integrieren und in der Umsetzung Synergie-Effekte für beide Bereiche zu erschließen. Diese Vorgehensweise wird im Weiteren vorgestellt.[1]

25.1 Vorgaben der DSGVO zum Löschen personenbezogener Daten

In Artikel 5 Abs. 1e fordert die DSGVO, dass personenbezogene Daten

> *»in einer Form gespeichert werden, die die Identifizierung der betroffenen Personen nur so lange ermöglicht, wie es für die Zwecke, für die sie verarbeitet werden, erforderlich ist; (...) (›Speicherbegrenzung‹)«.*[2]

Die Formulierung *»nur so lange«* bedeutet, dass die Daten zu diesem Zeitpunkt gelöscht, vernichtet oder anonymisiert werden müssen. So fordert auch Erwägungsgrund 39 der DSGVO:

> *»Dies erfordert insbesondere, dass die Speicherfrist für personenbezogene Daten auf das unbedingt erforderliche Mindestmaß beschränkt bleibt.«*

Anonymisierung ist eine mögliche Alternative zur Löschung, weil nach einer guten Anonymisierung kein Personenbezug mehr besteht und die Daten dann nicht mehr unter die Regeln der DSGVO fallen. Im Weiteren sind immer alle drei Alternativen (Löschen, Vernichten oder Anonymisieren) gemeint, wenn von Löschen gesprochen wird.

---

1 Zahlreiche weiterführende Informationen finden sich auf [DIN-66398.de]. Die Löschpflicht für personenbezogene Daten bestand in vergleichbarer Form bereits seit 1990 im Bundesdatenschutzgesetz. Für private Unternehmen war der § 35 Abs. 2 Nr. 3 BDSG alt die zentrale Norm.

2 Abs. 5 (1e) räumt Ausnahmen von der Löschpflicht für im öffentlichen Interesse liegende Archivzwecke oder Forschungs- oder statistische Zwecke ein. Diese werden hier im Weiteren aber nicht betrachtet. Die Datenbestände für diese Zwecke können geeignet aus der Löschung herausgenommen werden.

Unter die zulässigen Zwecke fallen alle Zwecke, die nach Art. 6 DSGVO rechtmäßig sind (s. dazu Abschnitt 4.1.8). Dazu gehören auch eventuelle gesetzliche Aufbewahrungspflichten (Rechtsgrundlage ist dann Art. 6 Abs. 1 lit. c) DSGVO. Für sehr viele personenbezogene Daten werden die zulässigen Zwecke irgendwann abgearbeitet sein. Konkret bedeutet das, dass für einzelne Datenobjekte[3], z. B. einen Datensatz, eine Datei oder einen Vertrag auf Papier, jeweils zu einem spezifischen Zeitpunkt alle Zwecke erfüllt sind. Um der Vorgabe des Art. 5 Abs. 1 lit. e) DSGVO zu entsprechen, muss daher regelmäßig geprüft werden, welche Datenobjekte löschfällig sind. Diese sind dann geeignet zu löschen. Die Löschvorgabe gilt für viele Datenbestände. Dementsprechend muss der Verantwortliche auch die Löschung umfassend etablieren.

Der Verantwortliche im Sinne der DSGVO muss außerdem nachweisen können, dass er die Vorgabe zum Löschen umsetzt. Diese Rechenschaftspflicht legt Art. 5 Abs. 2 DSGVO fest. Wie aber soll eine Organisation dieses nachweisen? Sie muss Löschen dazu systematisch und dauerhaft etablieren und ihre Maßnahmen dokumentieren.

Im Verständnis dieses Kapitels ist das **die Aufgabe eines datenschutzrechtlichen Löschkonzepts**: Anhand von Dokumentationen soll die Aufsichtsbehörde nachvollziehen können, dass Löschen etabliert ist, in datenschutzrechtlich vertretbarer Form umgesetzt wurde und Löschläufe regelmäßig ausgeführt werden.

Informationspflichten des Verantwortlichen

Neben den Vorgaben für die operativen Maßnahmen enthält die DSGVO zahlreiche Dokumentations-, Informations-, Nachweis- und Mitteilungspflichten. Auch diese Vorgaben können insgesamt nur durch eine systematische Vorgehensweise erfüllt werden. Insbesondere muss der Verantwortliche seine Löschregeln kennen.

Sonderfälle: Betroffenenrechte

Betroffene können ihre Rechte nach der DSGVO wahrnehmen. Für das Löschkonzept sind zwei mögliche Ansprüche relevant.

Das *Recht auf Vergessenwerden* nach Art. 17 Abs. 1 DSGVO erlaubt dem Betroffenen, die Löschung von personenbezogenen Daten zu verlangen, die ihm zugeordnet sind. Der Verantwortliche muss diese individuellen Ansprüche auf Löschung erfüllen, wenn die Bedingungen nach Art. 17 Abs. 1 DSGVO erfüllt sind und keine Ausschlusskriterien nach Art. 17 Abs. 3 DSGVO vorliegen. Dann müssen Datenobjekte ggf. schon vor der Regellöschung gelöscht werden. Ausschlusskriterien können z. B. Rechtspflichten des Verantwortlichen sein. Ein anderes Ausschlusskriterium wäre, dass der Verantwortliche in einem Streitfall Rechtsansprüche geltend machen will und die personenbezogenen Daten dazu benötigt.[4] Nach Art. 17 Abs. 2 DSGVO ist der Verantwortliche gegebenenfalls auch **verpflichtet**, Empfänger der Daten über die Löschung zu benachrichtigen.

Die betroffene Person kann nach Art. 18 Abs. 1 lit. b) DSGVO die Löschung rechtmäßig oder unrechtmäßig verarbeiteter Daten ablehnen und stattdessen die Einschränkung der

3 Datenobjekt wird hier als universeller Begriff für alle möglichen kleineren und größeren Einheiten verwendet, die (personenbezogene) Daten enthalten.

4 Der Betroffene kann deshalb nicht vom Verantwortlichen verlangen, dass dieser Beweismittel vernichtet, die er gegen den Betroffenen anführen will.

Nutzung verlangen. Nach Art. 18 Abs. 1 lit. c DSGVO ist eine Einschränkung der Verarbeitung auch einzurichten, wenn

> *»die betroffene Person [die Daten] zur Geltendmachung, Ausübung oder Verteidigung von Rechtsansprüchen benötigt«.*

In diesen Fällen muss das Löschkonzept sicherstellen, dass diese Daten weiter vorgehalten werden, bspw. auch als Beweismittel gegen den Verantwortlichen. Die relevanten Datenobjekte dürfen dann **nicht** in die Regellöschung fallen.[5]

Das Löschkonzept muss also auch Maßnahmen vorsehen, mit denen einzelne Datenobjekte vor der Regellöschung gelöscht oder von der Regellöschung ausgenommen werden können. Die Entscheidung, ob einem Antrag nach Art. 17 oder 18 DSGVO stattgegeben werden muss, ist typischerweise das Ergebnis einer datenschutzrechtlichen Prüfung. Diese sollte als Prozess eingerichtet werden. Wie die Entscheidung umgesetzt wird, ist dann Sache der Fachprozesse oder eine Aufgabe für die IT-Administration. Werden Ausnahmen von der Regellöschung häufig erwartet, kann eine technische Unterstützung sinnvoll sein.

25.2 Vorgehensweise nach DIN 66398

Die [DIN 66398]: *Leitlinie zur Entwicklung eines Löschkonzepts mit Ableitung von Löschfristen für personenbezogene Daten* bietet eine bewährte Vorgehensweise, um ein Löschkonzept zu etablieren. Diese Vorgehensweise wird im Weiteren vorgestellt.

Die DIN 66398 trennt zwischen den Löschregeln und deren Umsetzung. Dieser Trennung liegen einige Erkenntnisse aus der Praxis zugrunde:

- Ohne Löschregeln gibt es keine begründete Umsetzung von Löschmaßnahmen. Angemessene Löschregeln sind Voraussetzung dafür, dass überhaupt Datenbestände entsprechend der Erfordernisse der Fachprozesse und der rechtlichen Anforderungen vorgehalten und dann gelöscht werden können.
- Manche Daten, bspw. Rechnungen, werden an verschiedenen Stellen gespeichert. Wenn sie an diesen Stellen für die gleichen Zwecke verwendet werden, genügt es, die Löschregel einmal zu begründen. Man kann sie dann für alle Speicherorte anwenden.
- Es ist sinnvoll, die Löschregeln technikunabhängig zu definieren. Zum einen können Datenobjekte in unterschiedlichen Formen auftreten: z. B. eine Rechnung als Datensatz als Papierdokument oder als PDF. Zum anderen werden bei der Suche nach Löschregeln oft technische Restriktionen für das Löschen einbezogen. Die Löschregel orientiert sich dann gegebenenfalls am technisch machbaren und nicht primär an den Zwecken. Mit technikunabhängigen Löschregeln lassen sich solche Technikeinflüsse leichter vermeiden.
- Der Austausch von Techniksystemen oder Anpassungen von Abläufen haben keinen Einfluss auf die Löschregeln: Der Regelkatalog bleibt in diesen Fällen unverändert.

5 Gleichzeitig dürfen die Daten aber nicht weiter in den regulären Anwendungsprozessen des Verantwortlichen verwendet werden. Dafür sind dann geeignete Sperrmechanismen vorzusehen. Diese Anforderung liegt aber aus der Perspektive der DIN 66398 außerhalb des eigentlichen Löschkonzepts, weil sonst dessen Komplexität noch einmal erheblich erhöht würde.

Auf der **Umsetzungsebene** empfiehlt die DIN eine Dokumentation, die sich an IT-Systemen, Datenbeständen in manuellen Prozessen oder anderen konkreten Aufgaben zur Löschung orientiert. Details dazu werden in Abschnitt 25.4 dargestellt.

Die Dokumente des Löschkonzepts ergeben dann die Struktur in Abbildung 25.1.

Abbildung 25.1: Dokumentationsstruktur eines Löschkonzepts

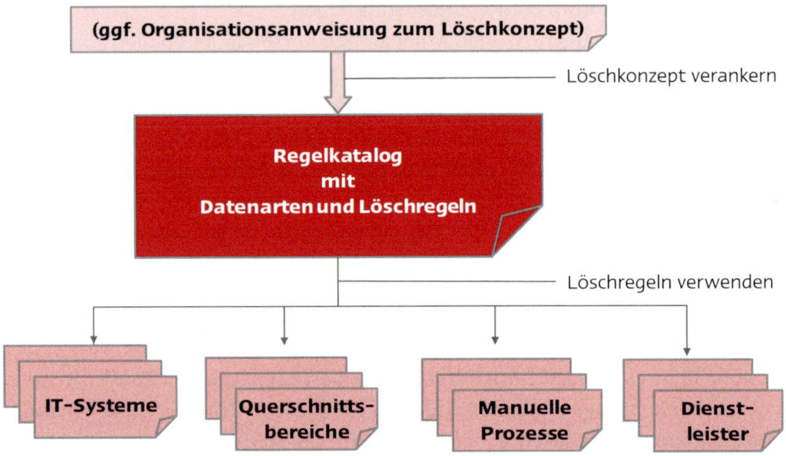

Grafik in Anlehnung an DIN 66398: Das Löschkonzept kann bei Bedarf in der Organisation über eine Organisationsanweisung, Policy oder ähnliche Dokumente als verbindlich verankert werden. Im Regelkatalog werden die Löschregeln definiert und begründet. Auf der Umsetzungsebene können die Löschmaßnahmen durch mehrere Löschkonzepte für Systeme, Richtlinien für Querschnittsbereiche, in Arbeitsanweisungen für manuelle Prozesse und durch Weisungen an Dienstleister dokumentiert werden.

Die Vorgehensweise ist auch geeignet, um Aspekte der Informationssicherheit zu integrieren (s. Abschnitt 25.5). Dadurch können Synergie-Effekte erschlossen werden.

Die DIN 66398 wurde inzwischen für den internationalen Raum in einen ISO/IEC-Standard übertragen. Die [ISO/IEC 27555:2021] empfiehlt die gleiche Vorgehensweise wie die DIN: Inhaltlich gibt es auf dieser Ebene keine Unterschiede.

25.3 Der Regelkatalog

Der Regelkatalog stellt als Nachschlagewerk alle Löschregeln der Organisation zur Verfügung. Es soll das einzige Dokument sein, in dem die Löschregeln verbindlich definiert werden.[6] Alle anderen Dokumente, bspw. auch Betriebsvereinbarungen,[7] die Löschregeln verwenden, sollen auf den Regelkatalog verweisen. Dadurch sind die Definitionen gebündelt, und es ist jedem Mitarbeiter bekannt, wo er nachschlagen muss. Durch diese Strategie kann hohe Konsistenz erreicht werden, weil die Löschregeln nur an einer Stelle gepflegt werden müssen.

Im Regelkatalog werden die Soll-Vorgaben bestimmt. Die Löschregeln sind als Anforderungen an die Umsetzung zu verstehen, auch wenn sie technisch vielleicht (noch) nicht umgesetzt werden können – dazu unten mehr.

25.3.1 Datenarten und Löschregeln

Datenobjekte

Ausgangspunkt der Vorgehensweise, mit der Löschregeln gebildet werden, sind die sogenannten *Datenobjekte.* »Datenobjekt« wird in der DIN 66398 als universeller Begriff für alle möglichen Formen und Einheiten verwendet, in denen personenbezogene Daten dokumentiert und abgespeichert werden, bspw. für ein Papierdokument, einen Datensatz in einer Datenbank, eine PDF-Datei, eine elektronische Tonaufzeichnung, ein Polaroid-Bild etc. Datenobjekte werden für bestimmte Zwecke verwendet: Rechnungen und Quittungen dienen bspw. der Buchhaltung zur Nachverfolgung und dem Ausgleich von Forderungen und als Belege für Finanzprüfungen. Bewerbungsanschreiben, Bewerbungsunterlagen und Notizen im Bewerbungsverfahren (als jeweils eigene Datenobjekte) dienen zur Auswahl eines Bewerbers und möglicherweise zur Abwehr einer Klage nach dem Allgemeinen Gleichstellungsgesetz (AGG).

Datenarten

Für jeden Typ von Datenobjekt können die Verarbeitungszwecke bestimmt werden. Zentraler Ansatz der Vorgehensweise ist es, Datenobjekte zu gruppieren, um sogenannte Datenarten zu bilden. In jede Datenart werden die Datenobjekte eingeordnet, die für die gleichen Zwecke verwendet werden und dadurch der gleichen Löschregel unterliegen. Beispiele für Datenarten sind *Buchhaltungsdaten*, *Bewerberakte*, *Stammdaten Mitarbeiter* oder *Besucherscheine*. Die Datenarten bilden eine logische Sicht auf Datenbestände. Mit ihrer Hilfe kann die Zahl der Löschregeln erheblich reduziert werden. In Abbildung 25.2 wird für exemplarische Datenobjekte in verschiedenen Geschäftsprozessen gezeigt, wie diese eingeordnet werden könnten.

6 Der Regelkatalog kann durchaus in mehrere inhaltlich disjunkte Teilkataloge aufgespalten werden, in denen jede Datenart an genau einer Stelle definiert wird. Er soll aber auch dann eine logische Einheit bilden, damit die Funktion als Nachschlagewerk erhalten bleibt.

7 Das kann in einem geeigneten Rahmen durch die Parteien der Mitbestimmung so festgelegt werden. Der Betriebsrat/Personalrat ist dann ggf. zu beteiligen, wenn Löschregeln geändert werden. Hinweise zu einem solchen Vorgehen geben [HamSchul16].

Abbildung 25.2: Datenarten bilden

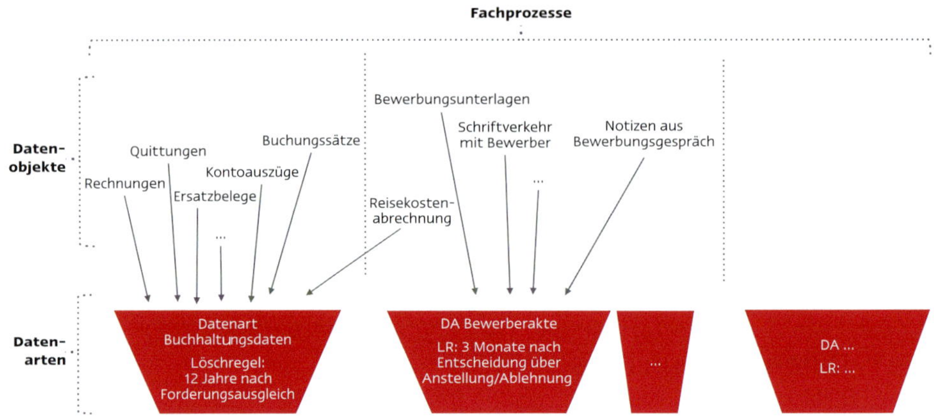

In diesem Beispiel werden verschiedene Datenobjekte aus dem Rechnungswesen in die Datenart Buchhaltungsdaten eingeordnet. Auch die Bewerberakte wird durch verschiedene Datenobjekte gebildet. Die Reisekostenabrechnung eines Bewerbers fällt allerdings in die Datenart Buchhaltungsdaten. Falls im Bewerbungsverfahren ein Assessment-Center eingesetzt wird, könnten die Aufzeichnungen daraus eine eigene Datenart für das Bewerbungsmanagement bilden. Andere Abteilungen verwenden Datenobjekte aus anderen Datenarten mit eigenen Löschregeln.

Löschregeln definieren

Zu jeder Datenart muss bestimmt werden, wie sie zu löschen ist. In der Systematik der DIN 66398 werden dazu Löschregeln definiert, die sich aus einer Regellöschfrist und einem Startzeitpunkt, ab dem die Regellöschfrist beginnt, zusammensetzen.

Die DIN 66398 empfiehlt, die Datenarten so zu bestimmen, dass zu jeder Datenart genau eine Löschregel definiert wird: Das heißt, dass in der Löschregel keine Unterscheidung zwischen verschiedenen Fällen für die Datenobjekte getroffen wird. Notwendige Unterscheidungen sollen bereits auf der Ebene der Datenarten vorgenommen werden. Beispielsweise könnten die beiden Datenarten »Bewerberakten ohne Pooling« und »Bewerberakten mit Einwilligung zum Pooling« unterschieden werden.

Für Datenobjekte kann man in der Regel eine Phase der aktiven Verwendung und eine Dokumentationsphase unterscheiden. Abbildung 25.3 zeigt, wie diese Phasen zur Bildung von Löschregeln genutzt werden können.

Datenarten und Löschregeln sollen technikunabhängig beschrieben werden, also unabhängig von der Repräsentation der Daten, bspw. auf Papier, als Datensatz oder als PDF, unabhängig von Speicherorten und Speichermedien.

Abbildung 25.3: Begriffe im Lebenszyklus eines Datenobjekts

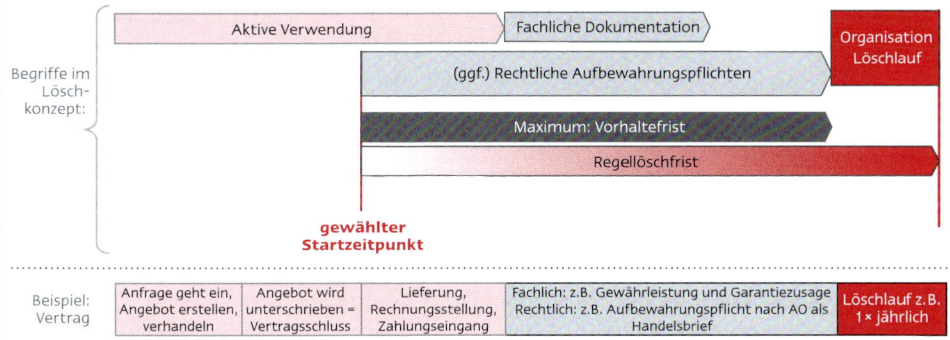

Grafik in Anlehnung an DIN 66398: Am Beispiel einer Bestellung wird deutlich, dass das Datenobjekt zunächst aktiv verwendet wird, um den Fachprozess abzuwickeln. Während der Dokumentationsphase wird es nur noch selten benötigt. Schließlich kann ein kleiner Spielraum genutzt werden, um den Löschlauf zu organisieren.

Wie Abbildung 25.3 zeigt, fließen in die Festlegung der Löschregel für eine Datenart mehrere Faktoren ein. Dazu gehören insbesondere die Geschäftsprozesse, für die die Datenobjekte benötigt werden, sowie eventuelle Dokumentationserfordernisse oder -pflichten. Die Fristanteile müssen datenschutzrechtlich über die Rechtgrundlagen nach Art. 6 der DSGVO oder entsprechender anderer Vorschriften zulässig sein.[8] Soweit rechtliche Vorgaben regeln, wann zu löschen ist,[9] sind diese in der Definition der Löschregel zu berücksichtigen. Zielkonflikte zwischen den Fristen der aktiven Verwendung und der Dokumentationsphase einerseits und Löschvorgaben andererseits müssen aufgelöst werden. Als Ergebnis kann die sogenannte Regellöschfrist bestimmt werden. Die **Regellöschfrist** ist die Frist, nach der die Datenobjekte einer Datenart bei regulärer Verarbeitung gelöscht sein müssen. (Das bedeutet auch, dass es in besonderen Situationen datenschutzrechtlich vertretbar sein kann, die Löschung zu verzögern, s. u. Abschnitt 25.4.3.)

Die DIN 66398 geht davon aus, dass die DSGVO nach dem Ende der Dokumentationsphase noch einen Spielraum für die Durchführung des Löschlaufs einräumt. Diese Annahme lässt sich ableiten über die Formulierungen der Art. 24, 25 und 32 DSGVO der *geeigneten* oder *angemessenen* Maßnahmen in einem risikobasierten Ansatz. Dabei geht die DIN 66398 davon aus, dass die Löschregel immer für alle Repräsentationsformen einer Datenart gilt, bspw. die Buchhaltungsdaten in einer Datenbank gleichermaßen wie für die in Papierakten. Für die Begründung des Spielraums kann dann relevant sein, ob technisch alle Datensätze auf einmal gelöscht werden können, oder ob die Löschung in mehreren

8 Zum Beispiel können nach Art. 88 DSGVO auch kollektivrechtliche Vereinbarungen eine Rechtsgrundlage bilden.

9 Wenn im Recht Löschvorgaben getroffen werden, werden oft keine konkreten Fristen, sondern nur Kriterien genannt. Zum Beispiel sind nach dem Bundesfernstraßenmautgesetz Mautdaten zu löschen, *»wenn ein Mauterstattungsverlangen nicht fristgerecht gestellt worden ist«* (§ 9 (1) BFStrMG). Solche Vorgaben sind dann geeignet zu konkretisieren. An anderer Stelle werden aber auch konkrete Fristen für die Löschung bestimmt, auch im § 9 BFStrMG.

Tranchen erfolgen muss, weil in lastarmen Zeiten immer nur eine bestimmte Anzahl von Datensätzen bereinigt werden können und sich die Löschung deshalb vielleicht auch über Monate erstreckt. Für manuelle Prozesse kann z. B. abgewogen werden, wie oft es angesichts der Sensitivität der Datenobjekte zumutbar ist, Aktenordner nach Dokumenten zu durchsuchen. Vielleich wird die Löschvorgabe mit einer einmaligen Aktion im Jahr hinreichend erfüllt.

Der Spielraum für die Organisation der Löschläufe muss jedenfalls in einem angemessenen Verhältnis zur Summe der Fristen für die aktive Verwendung und der Dokumentationsphase sein. Insbesondere im Fall einer kurzen Regellöschfrist wird sich nur schwer argumentieren lassen, dass der Spielraum zum Löschen diese Frist bspw. verdoppelt. In der Regel wird man von mindestens einem Löschlauf pro Jahr ausgehen. Danach werden meist bereits schon wieder die nächsten Daten löschfällig.

Der **Startzeitpunkt** für die Löschregel kann frei gewählt werden. Meist ist es sinnvoll, dafür ein Ereignis im Lebenszyklus der Datenobjekte zu verwenden.[10]

Der Abstand zwischen Startzeitpunkt und Ende der Dokumentationsphase bestimmt die Vorhaltefrist der Datenart. Aus dem Abstand zwischen Startzeitpunkt und dem Ende des Spielraums für den Löschlauf wird die Regellöschfrist der Datenart bestimmt. Die Startzeitpunkte lassen sich in drei abstrakte Typen gruppieren:

- ab Erhebung: In diesen Fällen läuft die Löschfrist direkt ab dem Zeitpunkt der Erhebung.
- ab dem Ende der Beziehung zum Betroffenen: Bei diesem Typ von Startzeitpunkt startet die Löschfrist erst, wenn die Beziehung zum Betroffenen beendet ist.
- ab dem Ende eines Vorgangs: In diesem Typ werden alle Startzeitpunkte zusammengefasst, bei denen die Löschfrist ab einem anderen Ereignis im Verwendungsprozess läuft.

Bei der Bildung der Löschregeln kann versucht werden, als Regellöschfristen einige wenige Standardfristen zu verwenden. Mit den drei Typen von Startzeitpunkten und den Standardfristen lässt sich dann eine Matrix der Löschklassen erstellen.[11] Jede Kombination von Standardfrist mit dem Typ eines Startzeitpunkts bildet eine Löschklasse, in die die entsprechenden Datenarten »einsortiert« werden können. Die Matrix kann helfen, Löschregeln schneller zu definieren. Sie erlaubt außerdem anhand der Anordnung der Datenarten zu prüfen, ob die zugeordneten Löschregeln konsistent wirken. Schließlich bietet die Matrix einen grafischen Index zum Regelkatalog.

Auch wenn die Vorgehensweise der DIN 66398 datenschutzrechtlich motiviert ist: Sie kann auch für Daten ohne Personenbezug angewandt werden. In diesen Fällen bietet sich eine entsprechende Analyse an, in der dann z. B. vertragliche Aspekte zur Vertraulichkeit berücksichtigt werden können.

10 Für eine technikunabhängige Löschregel ist es wichtig, dass fachlich entschieden werden kann, ob und wann das Ereignis stattgefunden hat oder der Zustand eingetreten ist. Erst für eine automatisierte Löschung ist es dann hilfreich, wenn dazu auch (Meta-)Daten vorliegen, aus denen dies abgeleitet werden kann. Für die Definition der Löschregel ist dies aber zunächst unerheblich, weil die Soll-Vorgabe beschrieben werden soll.

11 Siehe dazu [DIN 66398], [DIN-66398.de] oder auch schon [HamFra11].

25.3.2 Verbindlichkeit des Regelkatalogs

Wenn die Datenbestände der Organisation durch Datenarten abgedeckt sind, sollte ein konsistenter Katalog von Regeln entstanden sein, der die maximale Verwendungsdauer und Löschregel der jeweiligen Datenart angibt und begründet. Der Regelkatalog ist damit ein zentrales Nachschlagewerk. Werden auch nicht-personenbezogene Datenarten im Regelkatalog definiert, stärkt dies diese Funktion.

Es bietet sich dann an, diesen Regelkatalog durch die Leitung der Organisation als verbindlich zu erklären, z. B. in Form der Organisationsanweisung in der Abbildung 25.1. Eine solche Vorgabe schafft den Rahmen, durch den alle Mitarbeiter die Löschregeln anzuwenden haben. In der Organisationsanweisung können auch die Funktionsträger benannt werden, die für die Pflege des Regelkatalogs und für die Umsetzung in den verschiedenen Prozessen und Aufgabenbereichen verantwortlich sind.

25.3.3 Pflegeprozess für den Regelkatalog

An der Definition der Datenarten und ihren Löschregeln können Änderungen notwendig sein. Gründe dafür sind z. B.:

- Die Rechtslage ändert sich. Durch neue Vorgaben ändern sich Aufbewahrungsfristen; die Regellöschfrist muss verkürzt (oder verlängert) werden.
- Der Geschäftsprozess wird angepasst. Im Rahmen der zulässigen Zwecke ergibt sich eine Änderung der Löschregel.
- Die Löschmechanismen sollen implementiert werden. Bei genauer Prüfung des Datenbestands zeigt sich, dass noch weiter Datenobjekte in die Datenart eingeordnet werden sollen.

Solche Änderungsanfragen sollten zügig bearbeitet werden, damit der Regelkatalog aktuell ist und als gutes Arbeitsmittel dienen kann. Um dies zu erreichen, sollte ein Pflegeprozess mit Zuständigkeiten definiert werden. Es sollte auch festgelegt werden, wie geänderte Versionen des Regelkatalogs freigegeben werden. Damit Änderungen schnell erfolgen können, ist es wichtig, die notwendigen personellen Ressourcen bereitzustellen.

25.4 Umsetzung

Auf der Umsetzungsebene sollen Dokumente erstellt werden, mit denen der Verantwortliche der Aufsichtsbehörde nachweisen kann, dass Löschen umgesetzt ist.

25.4.1 Löschmaßnahmen

Für die verschiedenen Bestände der Datenarten müssen jeweils Löschmaßnahmen realisiert werden. Diese Löschmaßnahmen setzen die technikunabhängigen Löschregeln um, bspw. in Anwendungssystemen oder in Archiven. Dabei ist sicherzustellen, dass zumindest an einem Speicherort die Vorhaltefrist eingehalten wird, weil sonst dem Fachprozess die Arbeitsgrundlage entzogen wird oder der Verantwortliche gegen rechtliche Aufbewahrungspflichten verstößt. Werden Daten an mehreren Stellen gespeichert, können sie aber ggf. an manchen bereits vor dem Ablauf der Vorhaltefrist gelöscht werden. Beispielsweise könnte die Vorhaltefrist in einem Archiv für Buchhaltungsdaten erfüllt werden, in einem produktiven System aber vielleicht bereits nach dem Ende der aktiven Verwendung gelöscht werden.

Die Löschmaßnahmen umfassen in der Regel sowohl Aufgaben zur Vorbereitung des Löschens als auch das eigentliche Löschen der löschfälligen Bestände mit dem Löschmechanismus. Für den Löschmechanismus erwartet der Datenschutz ein hohes Sicherheitsniveau, damit die personenbezogenen Daten nicht mehr verfügbar sind. Im Kapitel 24 werden Details dazu diskutiert.

Alternativ zur Löschmaßnahme können Datenbestände auch anonymisiert werden. Dafür müssen aber ebenfalls Qualitätskriterien erfüllt werden, damit der Personenbezug aus der Datenschutzperspektive nicht mehr gegeben ist. Werden das Sicherheitsniveau oder die Qualitätskriterien nicht erfüllt, dann verarbeitet der Verantwortliche die personenbezogenen Daten weiterhin. Das impliziert einerseits, dass er gegen die Vorgabe des Artikel 5 (1e) DSGVO verstößt und dass er die Daten andererseits weiter und umfassend gegen Missbrauch schützen und andere datenschutzrechtliche Pflichten erfüllen muss.

Die DIN 66398 schlägt vor, dass in sogenannten Umsetzungsvorgaben festgelegt wird, wie die Löschregel jeweils konkret implementiert oder angewandt wird. Werden diese Umsetzungsvorgaben konkret genug dokumentiert, beschreiben sie einerseits, wie im Betrieb zu löschen ist. Andererseits können sie auch als Soll-Vorgabe für Audits dienen.

Als Inhalt einer Umsetzungsvorgabe sollten deshalb mindestens beschrieben werden:

- die Datenbestände, auf die die Löschmaßnahme angewandt wird,
- welcher Löschmechanismus mit welchen Parametern für die einzelnen Datenbestände anzuwenden ist,
- welche Rolle die Verantwortung für die Durchführung der Löschläufe trägt und
- wo und wie die Löschläufe dokumentiert werden.

Die Umsetzungsvorgaben sollen alle Bestände personenbezogener Daten abdecken, wenn das Löschkonzept etabliert ist.

25.4.2 Umsetzungsbereiche

Für eine vollständige Umsetzung müssen alle Speicherorte der zu löschenden Daten durch Umsetzungsvorgaben abgedeckt werden. Die DIN 66398 unterscheidet vier große Umsetzungsbereiche (s. a. Abbildung 25.1).

Der Fokus liegt zunächst auf **IT-Anwendungssystemen**. Für diese Systeme sollen jeweils in Umsetzungsvorgaben beschrieben werden, wie die dort gespeicherten Datenarten gelöscht werden.

Einige Aufgaben in Organisationen betreffen nicht einzelne Datenarten, sondern beziehen sich auf vermischte Bestände. Dies gilt bspw. für Backups (mehr dazu im nächsten Abschnitt) oder Log-Protokolle. Auch für solche **Querschnittsbereiche** soll in Umsetzungsvorgaben geregelt werden, wie personenbezogene Daten systematisch gelöscht werden.

Personenbezogene Daten werden auch in **manuellen Prozessen** verwendet und dann z. B. in der Dateiablage oder auf Papier gespeichert. Diese Daten können systematisch gelöscht werden, wenn Arbeitsanweisungen für die Prozesse ergänzt werden. Häufig genügt es, eine Ablagestrategie einzuführen, nach der löschfällige Daten leicht identifiziert werden können und über eine Wiedervorlage regelmäßig den Löschmechanismus anzuwenden.

Schließlich werden personenbezogene Daten auch häufig **bei Dienstleistern** verarbeitet. Wenn der Dienstleister dem Verantwortlichen Löschfunktionen zur Verfügung stellt, kann er die Löschmaßnahmen selbst definieren und durchführen. In anderen Fällen muss der Verantwortliche den Dienstleister anweisen. Wenn Dienstleister gut vorbereitet sind, bieten sie bereits zum Vertragsschluss Löschregeln für die bei ihnen verwalteten Daten an. Der Auftraggeber muss dann prüfen, ob diese Löschregeln zu seinen fachlichen Verarbeitungszwecken passen und datenschutzrechtlich vertretbar sind.

25.4.3 Spezielle Aufgaben für die Umsetzung

Die Löschregeln gelten in Produktiv- wie auch in **Archiv-Systemen**, denn die Dokumentationsphase wird in der Regellöschfrist berücksichtigt und deckt fachliche und rechtliche Aufbewahrungsfristen ab. Wenn die Löschregeln erst definiert werden, wenn das Archivsystem eingeführt ist, kann häufig nicht adäquat gelöscht werden. Je nach technischer Basis kann dann ein großer Umstellungsaufwand entstehen.

Für **Backups** stellt sich das Problem, dass Datenobjekte mit unterschiedlichem Alter in den einzelnen Backup-Generationen enthalten sind. Einige der Datenobjekte können deshalb innerhalb kurzer Zeit löschfällig werden. Allerdings verbietet sich Löschen auf den Backup-Medien: Im Wiederherstellungsfall wären die Daten vermutlich nicht mehr konsistent.

Die DIN 66398 schlägt daher vor, eine gewisse Frist zuzulassen, für die löschfällige Datenobjekte in Backups die Regellöschfrist überschreiten dürfen. Diese Frist muss aber so gewählt werden, dass sie verhältnismäßig in Bezug auf die im jeweiligen Backup enthaltenen Datenarten ist. Backups von Datenarten mit kurzer Regellöschfrist dürfen daher nur wenige Wochen vorgehalten werden. Für Datenarten mit einer Regellöschfrist von mehreren Jahren können dagegen mehrere Monate Vorhaltefrist für die Backups vertretbar sein. Damit Backup-Medien geeignet wiederverwendet und überschrieben werden können, bietet es sich an, die Backups entsprechend nach Datenarten zu »sortieren«.

Oben wurde bereits angedeutet, dass es auch **Ausnahmen von der Regellöschung** geben kann. Beispielsweise muss der Verantwortliche reagieren können, wenn technische Fehler auftreten, sich Abläufe verzögern, eine Systemumstellung zu großen Migrationsrisiken führen kann oder in Ausnahmefällen Produktivdaten auf Testsystemen verwendet werden sollen. Wenn in solchen Situationen Daten nach der Löschregel zu früh gelöscht würden, kann möglicherweise nicht mehr reagiert oder repariert werden. Die DIN schlägt einige Maßnahmen vor, mit denen Ausnahmen gesteuert und kontrolliert werden können. Dazu gehört, dass verantwortliche Mitarbeiter in bestimmten Fällen eine Ausnahme von der Regellöschung beantragen können. Ein Antrag sollte die Rahmenbedingungen der Verwendung, die Befristung und die Maßnahmen beschreiben, mit denen am Ende die Regellöschung wieder erreicht wird. Ein solches Antragsverfahren kann gut in das

Change-Management integriert werden. Das ist unter anderem sinnvoll, weil auch die IT-Administratoren oft über die Ausnahmen informiert werden sollten, um den IT-Betrieb geeignet zu steuern.

Schließlich sollten auch die **Prozesse zur Beschaffung oder Implementierung von IT-Systemen** angepasst werden. Löschen muss von Beginn an als Anforderung berücksichtigt werden, damit am Ende des Projekts Löschmaßnahmen für den Betrieb bereitgestellt werden. Dabei kann auf die Datenarten aus dem Regelkatalog Bezug genommen werden. Neue Datenarten können bei Bedarf im Regelkatalog ergänzt werden. Löschen sollte auch bei der Anpassung von Geschäftsprozessen immer mitgedacht werden.

25.4.4 Umsetzungsdefizite

Im Rahmen der Umsetzung kann es vorkommen, dass Löschregeln nicht implementiert werden können, weil bspw. Metadaten fehlen, um löschfällige Daten zu identifizieren, ein IT-System keine Löschung zulässt oder der Aufwand für Altbestände zu hoch erscheint. Dann sollten solche Abweichungen von den Löschregeln auf der Umsetzungsebene als offene Aufgaben dokumentiert werden.

Je nach Situation kann es sinnvoll sein, Ausnahmen mit dem Datenschutzbeauftragten abstimmen. In Fällen, in denen ein hohes Bußgeld drohen kann, kann es sinnvoll sein, die Abweichung in das Risikomanagement aufzunehmen.

25.5 Nutzen ...

Das Löschkonzept kann zu vielfältigem Nutzen führen. Einige Beispiele werden im Folgenden genannt. Die Beispiele zeigen auch, dass der Aufwand für die Umsetzung nur zu einem Teil dem Datenschutz »angelastet« werden kann.

... für Datenschutzprozesse

Offensichtlich ist, dass mit dem Löschkonzept die Pflichten nach Art. 5 Abs. 1 lit. e DSGVO abgedeckt werden können.

Die systematische Aufarbeitung der Datenbestände verbessert die Arbeitsgrundlagen für Datenschutzprozesse: Auf der Basis des Regelkatalogs und der Umsetzungsvorgaben können Informationspflichten, Auskunftsbegehren und Löschanträge besser und vollständiger bearbeitet werden. Oft wird auch das Verarbeitungsverzeichnis durch die Informationen aus dem Löschprojekt angereichert und präzisiert.

Wenn das Datenschutzteam die Löschregeln mit den Fachabteilungen konstruktiv entwickelt, ist das Löschprojekt eine gute Gelegenheit, den Datenschutz als gestaltendes Element zu verankern. Das Löschkonzept macht auch deutlich, dass es sehr sinnvoll ist, den Datenschutz in IT-Projekten von Anfang an mitzudenken.

... für Fachabteilungen

Wenn die Fachabteilungen die Informationen zur Definition der Datenarten beitragen, überprüfen sie ihre Prozesse. Wenn Löschmaßnahmen entwickelt werden, werden Abläufe angepasst. Die spezielle Sichtweise »Wann sind die Prozesse zu Ende?« verhilft zu einem anderen Blick und kann Optimierungspotenziale erschließen.

Im Rahmen der Umsetzung werden Datenbestände oft konsolidiert, damit Löschmaßnahmen effizient angewandt werden können. Diese »ordentlichen Datenbestände« erleichtern dann auch die Arbeit im Tagesgeschäft.

... für die IT

Regelmäßiges Löschen vermindert Datenbestände. Das kann z. B. die Performance und Stabilität von IT-Anwendungen verbessern. Auch Backups oder eine Systemwiederherstellung können dann effizienter durchgeführt werden.

Konsolidierte Datenbestände lassen sich in IT-Projekten oft besser migrieren. Sind Altdaten gelöscht, reduziert dies unter Umständen die Kosten von IT-Projekten, weil Migrationsaufwände wegfallen.

Auf der Basis von Löschregeln kann außerdem begründet entschieden werden, ob Altsysteme (endlich) rückgebaut werden. Auch dies kann den IT-Etat entlasten.

... für die Informationssicherheit

Schließlich können im Löschkonzept Synergien zwischen Datenschutz und Informationssicherheit zum Tragen kommen.[12] Die Übersicht über die Datenarten im Regelkatalog bietet einen guten Ansatzpunkt, um eine etablierte Informationsklassifikation anzuwenden.

Die Auswahl der Mechanismen für sicheres Löschen ist eine klassische Domäne der Informationssicherheit. Es ist sinnvoll, dafür insbesondere in der Umsetzungsphase die Spezialisten einzubinden.

Das Löschprojekt führt zu einer Inventur von Prozessen und Datenbeständen. Informationssicherheit und Datenschutz können bei den überschneidenden Themen gemeinsam auftreten. Dies kann die Kooperation stärken. Sie können sich gegenseitig informieren, wenn sie Hinweise auf Defizite erkennen, die die jeweils andere Seite betreffen. Damit kann das Löschprojekt dazu beitragen, dass die Niveaus von Informationssicherheit und Datenschutz verbessert werden.

12 Ausführlicher zum Folgenden in [Hammer22].

Zusammenfassung

Soll datenschutzrechtlich korrekt gelöscht werden, erfordert dies ein systematisches Vorgehen. Die DIN 66398 bzw. die ISO/IEC 27555 bieten eine klare Struktur und einen etablierten Ansatz für ein Löschkonzept. Wesentlich ist dabei die Trennung der Ebene des Regelkatalogs von der Umsetzungsebene. Die Soll-Regeln für die Löschung werden anhand der Datenarten technikunabhängig definiert und begründet. Die Umsetzungsebene kann dann diese Löschregeln für die unterschiedlichsten Speicherorte und Verfahren aufgreifen.

Das Durchforsten von Prozessen und Datenbeständen führt nicht nur zur Abdeckung der Löschpflicht. Es trägt in der Regel auch dazu bei, dass Prozesse schlanker, Datenbestände geordneter und die IT effizienter werden können.

Literatur

[DIN 66398] DIN 66398:2016 – Leitlinie zur Entwicklung eines Löschkonzepts mit Ableitung von Löschfristen für personenbezogene Daten, Berlin 2016

[DIN-66398.de] *Hammer, V.*: Webseite zur DIN 66398, Abruf unter *www.din-66398.de* (Stand: 17.01.2024)

[HamFra11] *Hammer, V.; Fraenkel, R. (2011)*: Löschklassen – standardisierte Fristen für die Löschung personenbezogener Daten, DuD 12/2011, 890 ff.; Download unter *www.secorvo.de* > Publikationen > Fachartikel > 2011 (Stand: 17.01.2024)

[Hammer22] *Hammer, V. (2022)*: Das große Reinemachen – Standards für Löschkonzepte und ihr Nutzen für die Informationssicherheit; <kes> – Die Zeitschrift für Informations-Sicherheit, Ausgabe 2022 2 (April), S. 16 ff.; Download unter *www.loeschprojekte.de* > Referenzen > Publikationen > spezielle Aspekte (Stand: 17.01.2024)

[HamSchul12] *Hammer, V.; Schuler, K. (2012)*: Leitlinie zur Entwicklung eines Löschkonzepts mit Ableitung von Löschfristen für personenbezogene Daten; Karlsruhe; Download unter *www.secorvo.de* > Publikationen > Fachartikel > 2012 (Stand: 17.01.2024)

[HamSchul16] *Hammer, V.; Schuler, K. (2016)*: Löschen nach Regeln – die neue Norm hilft; CuA 1/2016, S. 30 ff. Erhältlich über das Archiv der Zeitschrift CuA oder als Download unter *www.secorvo.de* > Publikationen > Fachartikel > 2016 (Stand: 17.01.2024)

[ISO/IEC 27555] ISO/IEC 27555:2021 – Information security, cybersecurity and privacy protection – Guidelines on personally identifiable information deletion; ISO, Geneva, Switzerland 2021

26 Awareness

Einleitung

Viele technische und organisatorische Aspekte der Informationssicherheit sind seit etlichen Jahren verstanden und werden in vielen Unternehmen und Behörden bereits beachtet. Dennoch kommt es immer wieder zu teilweise gravierenden Sicherheitsvorfällen mit hohem Schaden.

Auslöser dieser Vorfälle ist häufig menschliches Verhalten, nicht die Technik, die eingesetzt wird. Unachtsamkeit und Fehler in der Bedienung komplexer Anwendungen können zu ebenso großen Schäden führen wie Fehler in der Konfiguration der zentralen Firmen-Firewall. Dies wissen längst auch die Angreifer, die immer häufiger direkt auf den Menschen zielen, um bspw. an relevante Daten zu gelangen.

Ein umfassendes Konzept der Informationssicherheit muss daher in jedem Fall auch geeignete Maßnahmen zur Sensibilisierung, Schulung und Information von Mitarbeitern beinhalten. Sie können wesentlich dazu beitragen, das Sicherheitsniveau zu erhöhen.

Unter dem auch im deutschsprachigen Raum verwendeten Begriff »Security Awareness« versteht man einerseits die Schaffung von Bewusstsein für bestimmte Risiken und andererseits die Förderung der Motivation zu einem Risiken mindernden Verhalten und dem angemessenen Umgang mit kritischen Daten und IT-Systemen.

Sicherheitsbewusstsein umfasst im Kern drei Dimensionen:

- **Haltung**
  Die Einsicht in die Notwendigkeit sicherheitsbewussten Verhaltens und das Verständnis für die Bedeutung des eigenen Verhaltens im Zusammenhang mit konkreten Bedrohungen der IT-Sicherheit für die Sicherheit der Organisation bzw. des Unternehmens durch die Vermeidung oder Abwehr von Sicherheitsvorfällen und der dadurch möglichen Schädigung des Unternehmens oder der Organisation
- **Wissen**
  Kenntnis aller für die Organisation oder das Unternehmen relevanten konkreten Gefährdungen und deren Erscheinungsformen, der Erkennungsmerkmale, der möglichen (ggf. auch technischen) Konsequenzen bei Eintritt der Gefährdung und des angemessenen Umgangs mit diesen (Vermeidung und Reaktion im Eintrittsfall)
- **Handeln**
  Einüben des Erkennens und der adäquaten Reaktion auf konkrete Gefährdungen und Angriffsformen zur Vermeidung, Abwehr oder Schadensbegrenzung.

26.1 »Risikofaktor« Mensch

Es existieren zahlreiche Studien, die den Ursachen für aufgetretene Sicherheitsvorfälle nachgehen. So werden in regelmäßigen Abständen Unternehmen befragt, ob innerhalb eines bestimmten Zeitraums Sicherheitsvorfälle aufgetreten sind und falls ja, welche Ursachen diese Vorfälle hatten. Bei den Antworten auf solche Fragen findet man die üblichen Verdächtigen – Viren, Würmer, Trojaner, Hardwarefehler, Softwarefehler und Hacking. Die in fast allen Umfragen häufigste Antwort ist jedoch »Irrtum und Nachlässigkeit eigener Mitarbeiter«. Die Anwender der IT-Systeme machen also offenbar Fehler bei der Benutzung von Hard- und Software, kennen im Unternehmen bestehende Sicherheitsrichtlinien nicht oder wenden diese aus den verschiedensten Gründen nicht am Arbeitsplatz an. Hinzu kommt, dass der Anteil an (gezielten) »Social Engineering«-Angriffen zunimmt.

Im Umkehrschluss bedeutet dies: Will ein Unternehmen bzw. eine Behörde das generelle Sicherheitsniveau erhöhen, sind neben den etablierten Maßnahmen – wie Firewall, Virenschutz oder Verschlüsselung – auch solche Maßnahmen notwendig, die eine Verhaltensänderung der eigenen Mitarbeiter bewirken. Dabei sollte es sich allerdings nicht (nur) um klassische Schulungen handeln, will man die Mitarbeiter wirklich »mit ins Boot nehmen«. Vielmehr hat sich gezeigt, dass es insbesondere für größere Einrichtungen Erfolg versprechender ist, gängige Maßnahmen wie Schulungen oder Plakate mit einer Reihe zusätzlicher Maßnahmen zu kombinieren. Die Auswahl und Umsetzung dieser Maßnahmen hängt dabei nicht unwesentlich von der Unternehmenskultur ab: Bestimmte Maßnahmen lassen sich in einem Unternehmen sehr wirkungsvoll platzieren, während sie in einem anderen Unternehmen aufgrund einer anderen internen Kultur unter Umständen überhaupt nicht wahrgenommen oder sogar abgelehnt werden. In jedem Fall geht es bei diesen Maßnahmen darum, bei den Mitarbeitern einerseits das Bewusstsein für bestimmte IT-Risiken zu schärfen und sie andererseits zur Übernahme bestimmter Handlungsweisen zu motivieren. Wie die Mitarbeiter dabei konkret angesprochen werden, unterscheidet sich im Einzelfall sehr stark.

Viele Firmen haben in der jüngsten Vergangenheit verstanden, dass solche Maßnahmen sinnvoll und notwendig sind. Für solche Maßnahmen hat sich auch in Deutschland der englische Begriff »Awareness« durchgesetzt. Da wirksame Awareness-Aktivitäten in der Regel aus einer Reihe unterschiedlicher, aufeinander abgestimmter Maßnahmen bestehen, sprechen viele Firmen auch von Awareness-Kampagnen, die oft über mehrere Monate laufen können oder sogar als ständiger Prozess etabliert werden.

26.1.1 Zur Wahrnehmung von Informationssicherheit

Versucht man, die Ursachen für Sicherheitsvorfälle näher zu ergründen, sollte man – eher früher als später – das Gespräch mit den Mitarbeitern suchen. Dabei stößt man immer wieder auf eine Reihe gängiger Argumente, die von Mitarbeitern genannt werden, wenn sie zu IT-Sicherheit befragt werden:

- **IT-Sicherheit ist Arbeitsbehinderung**
  Viele Mitarbeiter erleben die Maßnahmen der IT-Sicherheit (z. B. häufiges Wechseln von Passwörtern, Verschlüsseln von E-Mails, Einsatz von Chipkarten) als Behinderung oder Einschränkung bei ihrer täglichen Arbeit. IT-Sicherheitsmaßnahmen verlängern Prozesse, weil bspw. Dateien erst entschlüsselt werden müssen, bevor sie zum Be-

arbeiten durch den Mitarbeiter geöffnet werden können. Auch der Umgang mit Passwörtern wird als lästig empfunden; diese werden oft aufgeschrieben oder an Kollegen weitergegeben. Generell sind Maßnahmen der IT-Sicherheit oft nicht transparent oder werden schlicht nicht verstanden – Erläuterungen, warum bestimmte Maßnahmen getroffen wurden und welchem Zweck sie jeweils dienen, sollten daher Bestandteil einer Awareness-Kampagne sein.

- **Risikoannahmen erscheinen realitätsfern**
  Werden Mitarbeiter auf konkrete IT-Bedrohungen, z. B. durch Viren oder Würmer, angesprochen, hört man oft Argumente wie: »Es ist doch noch nie etwas passiert«. In seltenen Fällen hat es tatsächlich noch keinen Vorfall gegeben; häufiger wurden Vorfälle schlicht nicht bemerkt oder intern vertraulich behandelt. Auch ist das Verständnis gegenüber bestimmten Sicherheitsmaßnahmen bei vielen Mitarbeitern nicht gegeben: »Warum muss ich mir ein achtstelliges Passwort merken? Die PIN meiner EC-Karte hat doch auch nur vier Ziffern.« Im Rahmen von Awareness-Maßnahmen kann man solche Missverständnisse aufgreifen und auflösen, und indem man den Mitarbeitern Analogien zu ihrem privaten Umfeld aufzeigt, Verständnis für bestimmte Sicherheitsmaßnahmen am Arbeitsplatz wecken.
- **Verantwortung wird Dritten zugeordnet**
  Ein ebenfalls sehr oft gehörtes Argument von Mitarbeitern lautet: »Dafür haben wir doch die IT-Abteilung!« Mitarbeiter sehen oft nicht, welche Auswirkungen ihr eigenes Verhalten auf die Sicherheit des ganzen Unternehmens haben kann und dass sie für bestimmte Handlungen die unmittelbare Verantwortung tragen. Auch die Bedeutung des eigenen Verhaltens (wie z. B. ein nachlässiger Umgang mit dem persönlichen Passwort) für den Schutz von Daten und Informationen des Unternehmens wird generell unterschätzt.

In vielen Unternehmen und Behörden ist die IT-Sicherheit daher bei Mitarbeitern negativ besetzt und hat einen schlechten Ruf.

26.1.2 Randbedingungen und Konsequenzen

Maßnahmen zur Erhöhung der IT- oder Informationssicherheit waren in der Vergangenheit überwiegend technischer Natur. So sind Firewalls, Viren-Scanner, Verschlüsselungslösungen und Content-Filter seit Jahren etablierte Technologien, werden aber selten unter dem Blickwinkel der Benutzungsfreundlichkeit entwickelt. Während man einem IT-Administrator in Bezug auf die Beherrschbarkeit seiner Systeme unter Umständen viel zumuten kann, gilt dies für den normalen Benutzer nicht: Die Bedienung vieler (Security-)Tools ist schlicht fehleranfällig, auch weil die Benutzer oft nicht verstehen, was bestimmte Eingabemöglichkeiten und Knöpfe in der Benutzungsoberfläche ihrer Software bedeuten. Die Benutzer müssen diese Systeme nutzen, um ihre Aufgaben zu erledigen. Für langes Einarbeiten, komplizierte Sicherheitsabläufe oder gar inhaltliche Analysen haben sie in aller Regel keine Zeit.

Es existieren eine Reihe interdisziplinärer Studien, die untersuchen, wie Benutzer unterschiedlicher Bildungsstufen und Vorkenntnisse reagieren, wenn sie Security-Tools »vorgesetzt« bekommen und versuchen sollen, bestimmte Szenarien nachzustellen. Die in der Regel von Security-Experten entwickelte Software kommt dabei durchgängig schlecht bis sehr schlecht weg (s. z. B. [Gerber18]). Es reicht nicht aus oder ist sogar kontraproduktiv, die Benutzungsoberfläche der Software besonders bunt zu gestalten oder mit Menüs und Optionen zu überfrachten. Leider werden die Erkenntnisse der Softwareergonomie bislang nur selten konsequent auf die sicherheitsrelevanten Arbeitsschritte in Abläufen oder der Konfiguration von Sicherheitsprodukten übertragen.

Ein weiteres, zunehmend größeres Problem ist das des sogenannten *Social Engineering*. Angreifer gehen immer häufiger über die »Schwachstelle Mensch«, um an für sie interessante Informationen zu gelangen. Geschicktes Ausfragen, das Versenden gefälschter E-Mails, das Verschenken manipulierter USB-Sticks oder autoritäres Auftreten am Telefon bringen einen Angreifer oft viel schneller ans Ziel als ein Angriff auf die Firewall oder andere technische Sicherheitsmaßnahmen. Vor einigen Jahren noch als »James Bond-Szenario« abgetan, haben sich derartige Angriffe nicht nur im Rahmen von konkreter Wirtschaftsspionage längst etabliert. Die vielen Phishing-E-Mails der vergangenen Jahre sind hierfür ein Beispiel.

Die Konsequenz aus diesen Erkenntnissen kann demnach nur sein, den Menschen in den Mittelpunkt der IT-Sicherheit zu rücken – nur durch das generelle Verhalten *aller* Mitarbeiter eines Unternehmens kann die IT-Sicherheit wirkungsvoll verbessert werden. Hierzu gehören bspw.:

- Wahl geeigneter Passwörter und deren Geheimhaltung[1]
- Aufmerksamkeit für Social Engineering (interne Rückversicherung, Nachfragen)
- sorgfältiger Umgang mit sensiblen Daten (Laptop, Smartphone, E-Mail-Anhänge)
- Zurückhaltung in der Öffentlichkeit (Gespräche und Telefonate in Bahn, Flugzeug, Lounges, Bars)
- Sicherheitsaspekte im Homeoffice
- Berücksichtigung von Sicherheitsaspekten schon beim Prozess- und Lösungsentwurf
- angemessene Verwendung bestehender (Sicherheits-)Lösungen
- frühzeitiges Erkennen und umgehendes Melden von Sicherheitsvorfällen

Die Erhöhung des Sicherheitsniveaus kann demnach nur durch das Zusammenspiel technischer und organisatorischer Maßnahmen mit einer generellen Anhebung des Sicherheitsbewusstseins erfolgreich sein: Verständnis und verantwortungsbewusstes Verhalten aller Mitarbeiter sind genauso wichtig wie die Umsetzung geeigneter und aufeinander abgestimmter technischer und organisatorischer Schutzmaßnahmen.

1 Aus der Sicht der Risikobewertung und Maßnahmenauswahl müssen allerdings die immanenten Grenzen von Passwort-Konzepten berücksichtigt werden. Awareness kann diese Defizite nicht vollständig aufheben; oft sind andere Authentisierungslösungen geeigneter.

26.2 Durchführung von Awareness-Kampagnen

In zahlreichen Unternehmen ist heute die Sensibilisierung ihrer Mitarbeiter bezüglich IT-Sicherheit ein wichtiges Standbein. Das ist auch dem ISO/IEC-Standard 27002 (bzw. dem Vorgänger-Standard ISO 17799 und dem britischen Vorbild BS 7799, siehe Kap. 6) zu verdanken, der das »Training« der Mitarbeiter zu einem von inzwischen elf Kernbereichen des Information Security Managements gemacht hat.

Im Rahmen umfassender Awareness-Kampagnen werden in der Regel Schulungen mit einer Vielzahl anderer Maßnahmen kombiniert. Art und Umfang dieser Maßnahmen sind dabei – abgesehen vom Budget und möglicherweise der Unternehmenskultur – kaum Grenzen gesetzt: Häufig laufen Awareness-Kampagnen daher über mehrere Monate, auch weil man vermeiden will und muss, dass sie in der Masse anderer Informationen untergehen. Dieser Abschnitt beschreibt einige grundlegende Probleme, Fragestellungen sowie Herangehensweisen, die in den unterschiedlichsten Kampagnen in ähnlicher Form immer wieder auftreten.

26.2.1 Kampagnen-Problematiken

Einige generelle Schwierigkeiten stellen sich in vielen Awareness-Kampagnen. Kennt man diese Probleme im Vorfeld, kann man sich bei der Durchführung darauf vorbereiten und ihre Wirkungen abschwächen:

- **Allmende-Dilemma**
  Der Allmende-Effekt bezeichnet in der Soziologie die Nutzung eines Gemeinschaftsguts durch eine große Zahl von Teilnehmern, z. B. eine von vielen benutzte Weidefläche. Eine solche Nutzung funktioniert gut, solange sich alle an bestimmte Regeln halten und kooperieren. Verletzt ein Einzelner die Regeln – der Hecht im Karpfenteich –, kann das Funktionieren des gesamten Systems beeinträchtigt werden. Übertragen auf das Gemeinschaftsgut IT bedeutet dies, dass es bereits zu Problemen führen kann, wenn ein einzelner Mitarbeiter bspw. sein Passwort einem Kollegen verrät. Es ist daher wichtig, den Mitarbeitern zu verdeutlichen, dass sie nicht »das fünfte Rad am Wagen« sind, sondern das Glied einer Kette, die eben nur so stark ist wie jedes einzelne Kettenglied.
- **Problematik der Komplexität und Unfassbarkeit**
  Die Effekte unzureichender Informationssicherheit sind in der Regel nicht sofort und meist auch nicht am Handlungsort selbst spürbar. Die Wirkungszusammenhänge sind im Gegenteil äußerst komplex und nicht immer leicht vorhersehbar – dass ein schwaches Passwort zum Abfluss sensitiver Dokumente oder dem Einschleusen eines Trojaners führen kann, ist ohne technisches Verständnis nicht unmittelbar einleuchtend.
- **Informationsflut-Problematik**
  Bereits heute leiden die Mitarbeiter vieler Unternehmen, unabhängig von ihrer Position, unter der Vielzahl an Informationen, mit denen sie konfrontiert werden. Nicht immer fällt es den Menschen leicht, diese entsprechend zu priorisieren. Es besteht daher die Gefahr, dass eine Awareness-Kampagne von vielen Mitarbeitern nicht wahrgenommen wird oder zwischen anderen Informationen untergeht, weil die »Kampa-

gnenbelastbarkeit« der Mitarbeiter durch andere Themen[2] bereits überschritten ist. Die Wirksamkeit einzelner Maßnahmen (s. Abb. 26.1) sollte daher sehr genau und bezogen auf das jeweilige Unternehmen überprüft werden – gegebenenfalls sogar im Verlauf der Kampagne, um erforderlichenfalls Korrekturen vornehmen zu können. Denn um Erfolg zu haben, sollte sich eine Awareness-Kampagne von anderen Informationsmaßnahmen deutlich unterscheiden und positiv abheben.

- **Grundlegende Kritik an der Kampagne**
  Jede Awareness-Kampagne wird auch Kritiker im Unternehmen haben (»zu teuer, sinnlos ...«). Konstruktive Kritik sollte jedoch immer willkommen sein, bedeutet sie doch, dass über die Kampagne geredet wird und die Inhalte – zumindest in Teilen – wahrgenommen werden. Kann man Kritikpunkte sogar aufgreifen und im Verlauf der Kampagne Dinge verändern, z. B. neue oder andere Maßnahmen oder Regeln einführen, lassen sich Wirkung und Glaubwürdigkeit der Kampagne deutlich steigern.
- **Psychologische Faktoren**
  Unbedingt vermeiden sollte man Moralisierung und das Auslösen von Angstgefühlen bei den Mitarbeitern: Mit dem erhobenen Zeigefinger zu drohen, ist kontraproduktiv und kann zu unerwünschten Reaktionen führen. Es ist daher wichtig, mögliche IT-Sicherheitsprobleme nicht zu dramatisieren und über positive Formulierungen das ohnehin häufig negative Image zu korrigieren, das der Informationssicherheit anhaftet (»Arbeitsbehinderung«). Außerdem sollte man sich bewusst sein, dass Einstellung und Verhalten eines Menschen nicht immer zueinanderpassen: Psychologen haben seit einiger Zeit erkannt, dass sich bestimmte Verhaltensmuster bei Menschen nur schwer ändern lassen, selbst wenn sie es eigentlich besser wissen.
- **Zeitfaktoren**
  Schließlich bedeutet die Beschäftigung mit dem Thema Informationssicherheit im Rahmen einer Awareness-Kampagne, dass die Mitarbeiter sich dafür Zeit nehmen müssen. Diese Zeit fehlt ihnen unter Umständen für die Erledigung ihrer eigentlichen Aufgaben, was insbesondere bei Führungskräften während der Planung solcher Kampagnen Kritik hervorrufen kann: »Die Mitarbeiter sollen arbeiten, nicht zum IT-Sicherheits-Experten ausgebildet werden.« Für eine wirkungsvolle Kampagne ist es daher wichtig, dass die Geschäftsführung und alle anderen Leitungsebenen die Kampagne von Beginn an unterstützen und neben anderen Ressourcen auch das erforderliche Zeit-Budget zur Verfügung stellen.

2 Solche Themen können z. B. sein: Informationen zur Arbeitssicherheit, Datenschutz-Schulungen, Informationen der Unternehmensleitung im Zusammenhang mit Umstrukturierungen oder Leitbild-Kampagnen.

26.2.2 Zielsetzung einer Awareness-Kampagne

Das primäre Ziel einer Awareness-Kampagne ist – aus Sicht des durchführenden Unternehmens – die Steigerung der realen Informationssicherheit und damit die Verringerung der operativen Risiken. Davon lassen sich sekundäre, direkt mit den Mitarbeitern verbundene Ziele ableiten:

- **Information**
  Die Mitarbeiter werden über Informationssicherheit informiert. Die zentralen Anforderungen der Informationssicherheit sollen im Rahmen der Kampagne effektiv transportiert werden. Die Erfahrung zeigt, dass sich die Kerninhalte von Unternehmen zu Unternehmen kaum unterscheiden: Passwort-Sicherheit, verschlüsselte Kommunikation, Umgang mit mobilen Geräten und Social Engineering sind in fast allen Unternehmen und Behörden zentrale Themen des Informationsschutzes mit Bezug zum Verhalten der Mitarbeiter.

- **Motivation**
  Die Mitarbeiter bekommen Lust auf das Thema IT-Sicherheit und werden motiviert, sich aktiv zu beteiligen. Dies kann bspw. in Form von Gewinnspielen oder Aktionen im Firmen-Intranet geschehen.

- **Identifikation**
  Das Thema Informationssicherheit wird als wesentlicher und positiver Bestandteil des eigenen Arbeitsalltages identifiziert. Analogien aus dem privaten Umfeld helfen, die oft abstrakte Informationssicherheit etwas greifbarer zu gestalten und den Begriff positiv zu besetzen. Bildhafte Analogien, bspw. das Login-Passwort als »privater Haustürschlüssel«, führen in der Regel schnell zu Verständnis: »Sie legen doch Ihren Haustürschlüssel auch nicht unter die Fußmatte.«

- **Sicherheitsbewusstsein**
  Die Mitarbeiter erkennen die mit ihrer Arbeit verbundenen Risiken und wissen, worin ihr individueller Beitrag zu mehr Sicherheit besteht. Ohne den Mitarbeitern zu drohen (s. o.) oder Paranoia zu provozieren, müssen bestimmte Risiken sowie entsprechende Gegenmaßnahmen offen angesprochen werden. Dabei gilt das Prinzip: kein Problem ohne Lösung. Dies kann bspw. auch mit konkreten Fallbeispielen verbunden werden. Zugute kommt den Verantwortlichen dabei die Tatsache, dass bestimmte Themen der IT-Sicherheit mittlerweile auch in Tagespresse und Nachrichtensendungen Erwähnung finden, z. B. Viren-Schäden und Phishing-Angriffe. Derartige Ereignisse kann man innerhalb einer Awareness-Kampagne aufgreifen.

- **Sicherheitsrituale**
  Die Mitarbeiter nehmen Handlungsweisen als »gute Gewohnheit« an, die der Kontrolle und Sicherheit dienen. Gute Beispiele für solche Rituale sind das generelle Sperren des Bildschirms beim Verlassen des Arbeitsplatzes oder das sichtbare Tragen des Firmenausweises. Hier ist es wichtig, dass die Führungskräfte mit gutem Beispiel vorangehen.

Die damit verbundene Erwartung ist, dass der oft schlechte Ruf der IT-Sicherheit zumindest teilweise umgekehrt und der Begriff positiv besetzt werden kann. Dafür ist es wichtig, dass die Mitarbeiter die Kampagne nicht als oberflächliche »Werbung« verstehen, sondern sich emotional und persönlich angesprochen fühlen, Spaß an den Aktionen haben und gegebenenfalls sogar persönlichen Erfolg damit verbinden, z.B. im Rahmen eines Gewinnspiels.

Eher »trockene«, klassische Maßnahmen wie Schulungen oder großflächig verbreitete Plakate sollten also in einer Awareness-Kampagne stets mit weiteren Maßnahmen verknüpft werden, z.B. E-Learning, Gewinnspiel, Tombola, Hausmesse, Aufkleber, passende Give-aways wie z.B. aufklebbare Schieber zum Abdecken der Smartphone- oder Laptop-Kamera. Bestimmte Aktionen, z.B. die gemeinsame Teilnahme einer Abteilung an einem Gewinnspiel, können das »Wir«-Gefühl stärken und den Effekt noch einmal steigern.

Dabei muss die Unternehmenskultur bei der Planung jeder Kampagne unbedingt berücksichtigt werden. Sind bspw. Intranet-Portale zu anderen Themen in der Vergangenheit im Unternehmen gescheitert, so ist wahrscheinlich ein Portal zur IT-Sicherheit ebenfalls wenig Erfolg versprechend. Andererseits kann aber auch das gezielte Setzen von Kontrapunkten wie z.B. (abgestimmte) Abweichungen von der Corporate Identity (CI) oder auch die Wahl bisher unüblicher Maßnahmen (z.B. Clowns in der Kantine oder Trash-Videos über virales Marketing) besonders wirkungsvoll sein – vor allem im Hinblick auf die Aufmerksamkeit, die man mit der Kampagne erreicht. So können z.B. Kommunikationswege, die im Unternehmen vorher noch nie genutzt wurden, sehr effektiv sein.

Abbildung 26.1: Wirksamkeit von Awareness-Maßnahmen

Nach [Enisa07]

Ferner sollten ein konkret messbares Ziel gesetzt sowie die Messverfahren und -zeitpunkte festgelegt werden. Ziele könnten z. B. die Steigerung des Anteils sicherer Passwörter sein, die sich bei einem Routinescan nicht herausfinden lassen, oder eine Quote von 80 % der Mitarbeiter, die auf Nachfrage diese oder jene Regel kennen.

26.3 Awareness in der Praxis

In diesem Abschnitt wird ein Grundmodell für Awareness-Kampagnen vorgestellt, das sich in der Praxis mehrfach bewährt hat [Fox03, FoxKau05, Fox13].

26.3.1 Erfolgsfaktoren

Als zentrale Erfolgsfaktoren einer Awareness-Kampagne haben sich die folgenden Elemente erwiesen:

- **Einbindung des Managements**
  Von besonderer Bedeutung für den Kampagnenerfolg ist eine wirksame Einbindung des Managements in die Durchführung der Kampagne. Sie müssen als unternehmensinterne Multiplikatoren ihren Mitarbeitern die Ziele der Kampagne vermitteln können und vor allem als Vorbild mit gutem Beispiel vorangehen. Aus diesem Grund sollten vor Beginn der ersten Kampagnenphase Maßnahmen ergriffen werden, um die Führungskräfte exklusiv vorab über Kampagneninhalte und -ziele zu informieren und sie an ihre Verantwortung für ein sicherheitsbewusstes Verhalten ihrer Mitarbeiter zu erinnern. Dies kann bspw. im Rahmen einer Informationsveranstaltung geschehen, die in jedem Fall vor Kampagnenbeginn durchgeführt werden muss.

- **Eingrenzung der Zielgruppen**
  Für eine erfolgreiche Kampagne ist eine auf unterschiedliche Zielgruppen im Unternehmen zugeschnittene Aufbereitung der Inhalte wichtig – IT-Administratoren bringen andere Kenntnisse und Voraussetzungen für die Beschäftigung mit dieser Thematik mit als reine IT-Anwender. Man sollte sich also im Vorfeld gut überlegen, welche Zielgruppen man erreichen will, z. B. einzelne Abteilungen, einen Standort oder das gesamte Unternehmen, und feststellen, welche Kenntnisse und Fähigkeiten der »typische« Mitarbeiter dieser Zielgruppe hat. Hat man es bspw. mit einem Callcenter zu tun, werden die Maßnahmen andere sein als für eine Forschungsabteilung, in der überwiegend promovierte Akademiker arbeiten. Einzelne Themen können dabei unterschiedlich tief behandelt werden.

- **Anlassbezogener Start**
  Den Start einer Awareness-Kampagne mit einem konkreten Anlass zu verbinden, ist besonders effektiv und erzeugt in der Regel größere Aufmerksamkeit unter den Mitarbeitern als ein Auftakt ohne aktuellen Bezug. Ein konkreter Anlass könnte bspw. ein großer Virenvorfall sein, von dem das Unternehmen kürzlich betroffen war oder über den in den Nachrichten berichtet wurde. Auch die Umsetzung einer gerade verabschiedeten (IT-)Sicherheitsrichtlinie kann als Anlass für eine Awareness-Kampagne gewählt werden.

- **»Packende« Kreativlinie, Maßnahmenmix**
Die Entwicklung und die durchgängige Verwendung einer einheitlichen Kreativlinie sind sehr wichtig. Sie bildet den Kern der emotionalen Ansprache der Mitarbeiter und zielt auf den »Bauch«. Neben einer klaren Bildsprache mit positiven, in die Unternehmenskultur passenden Assoziationen sollten ein Aktionszeichen und ein Kampagnen-Claim entwickelt werden, die die Informations- (respektive IT-) Sicherheit positiv belegen und die zentrale Richtung der Kampagne vorgeben. Kreativlinie, Claim und Aktionszeichen bilden eine für die Mitarbeiter erkennbare Klammer um alle Maßnahmen der Kampagne. Es ist ferner zu empfehlen, mit einem möglichst breit angelegten Mix unterschiedlicher didaktisch-methodischer Maßnahmen zu arbeiten. Zwar sollten die eigenen Erfahrungen des Unternehmens mit der Wirksamkeit einzelner Maßnahmen berücksichtigt werden, denn je nach Unternehmenskultur wirken z. B. Plakate, E-Mails oder Intranet-Informationen sehr unterschiedlich. Dennoch ist es wichtig, zentrale Aussagen und Informationen mit unterschiedlichen Methoden zu vermitteln, um möglichst viele Mitarbeiter zu erreichen.
- **Kooperation mit weiteren Unternehmensbereichen**
Aus mehreren Gründen ist eine enge Kooperation mit anderen Unternehmensbereichen schon zu einem frühen Zeitpunkt der Kampagne zu empfehlen. Der wichtigste Beweggrund ist sicherlich, dass damit um Unterstützung für die Durchführung der Kampagne in allen betroffenen Bereichen geworben werden kann. Auch sind die Erfahrungen anderer Bereiche wertvoll für die Kampagnenkonzeption; deren Berücksichtigung erhöht die Wahrscheinlichkeit einer hohen Wirksamkeit der Kampagne. Außerdem kann durch eine frühe Einbeziehung anderer Bereiche vermieden werden, dass zu einem späteren Zeitpunkt noch einmal Konzepte oder Materialien verändert werden müssen, weil die Kampagne die Zuständigkeit einzelne Bereiche berührt. Häufig ist das z. B. die Abteilung Unternehmenskommunikation.
- **Modulare Struktur der Hauptphase**
Die Hauptphase der Kampagne (s. u.) sollte sich auf wenige zentrale Themen konzentrieren. Es hat sich gezeigt, dass sich durch eine Fokussierung auf eine klar abgegrenzte Fragestellung und Zielsetzung, z. B. die Vermittlung der Passwort-Policy, in jeweils einem Modul und Zeitabschnitt der Kampagne eine größere und länger anhaltende Wirkung erzielen lässt als durch die gleichzeitige Vermittlung mehrerer Themen und Fragestellungen.

26.3.2 Beteiligte

An der Planung, Umsetzung und Nachbereitung von Awareness-Kampagnen sind in der Regel mehrere Personengruppen beteiligt. Mag die Anzahl der beteiligten Personen auch zunächst abschreckend erscheinen und den Beginn der Kampagne verzögern, so ist es dennoch wichtig, für eine erfolgreiche Kampagne alle relevanten Personen(gruppen) von Beginn an mit ins Boot zu holen, um Kritikpunkte und Erwartungen sowie spätere Auseinandersetzungen zu vermeiden:

- **Information Security/IT-Sicherheit**
  Die fachlichen Grundlagen sowie die Auswahl und Priorisierung der Kampagnenziele werden in der Regel von dieser Fachabteilung kommen, die meist auch die Projektleitung innehat.
- **IT**
  Sofern die IT-Abteilung organisatorisch an anderer Stelle aufgehängt ist als die Informationssicherheit, sollte auch hier eine Abstimmung erfolgen. Denn die IT muss im Zweifel dafür sorgen, dass Sicherheitstools auch verfügbar und einsetzbar sind, wenn ihre Nutzung in der Kampagne propagiert wird, z. B. für einen verschlüsselten Datenaustausch. Auch die Berücksichtigung der Erfahrungen der Hotline (respektive des »Service Desk«) kann hilfreich sein, um die Relevanz bestimmter Themen mit Bezug zur Informationssicherheit im Arbeitsalltag adäquat einschätzen zu können.
- **Geschäftsleitung/Vorstand**
  Wie oben beschrieben, müssen die Führungskräfte die Kampagne unterstützen und selbst mit Überzeugung und gutem Beispiel vorangehen.
- **Kommunikation/Marketing**
  Awareness ist immer auch Marketing. Daher ist es wichtig, bereits vorhandenes internes Know-how entsprechender Abteilungen (Unternehmenskommunikation, Marketing) sowie bereits etablierte Kommunikationswege im Unternehmen (z. B. Mitarbeiterzeitschrift, Intranet) zu nutzen.
- **Schulung/Didaktik**
  Die Umsetzung der zentralen Inhalte in effektive Lernmedien, z. B. bei der Erstellung von Web-Based-Trainings, sollte von den entsprechenden Fachabteilungen unterstützt werden.

Des Weiteren empfiehlt es sich, auch den Datenschutzbeauftragten und den Personal- oder Betriebsrat einzubinden, um hier frühzeitig Mitstreiter zu gewinnen und etwaige Widerstände abzubauen.

26.3.3 Das Vier-Phasen-Konzept einer Awareness-Kampagne

Für die Durchführung von Security-Awareness-Kampagnen hat sich die folgende vierteilige Phasenstruktur bewährt (s. Abb. 26.2):

- **Aufmerksamkeit gewinnen**
  Ziel dieser Phase ist es, die Mitarbeiter über die Durchführung einer Kampagne zu informieren, ihre Aufmerksamkeit zu gewinnen und sie zu einer aktiven Mitwirkung an den einzelnen Maßnahmen der Kampagne zu motivieren.
- **Wissen vermitteln und Einstellungen verändern**
  Diese zweite Phase dient der Vermittlung des für das Verständnis von Sicherheitsmaßnahmen erforderlichen Hintergrundwissens und hat das Ziel, die Einstellungen und damit auch das individuelle Verhalten der Mitarbeiter zu verändern. Es ist als Hauptphase der wichtigste und zugleich anspruchsvollste Teil der Kampagne.

- **Verstärkung der Wirkung**
  Diese Phase schließt an die intensive zweite Phase an und zielt auf eine kontinuierliche Aufrechterhaltung und Weiterentwicklung des Sicherheitsbewusstseins im Unternehmen. In dieser Phase wird eine dauerhafte Veränderung der Einstellungen und des Verhaltens der Mitarbeiter angestrebt. Hier sind Maßnahmen erforderlich, die die Thematik fest im Bewusstsein der Mitarbeiter verankern.
- **Öffentlichkeitsarbeit**
  Diese optionale Phase ist nicht in jedem Unternehmen sinnvoll und zumeist abhängig von Branche und Unternehmenszweck. Häufig ist es jedoch hilfreich, die Durchführung der Kampagne in der Außendarstellung – gegenüber den Kunden, den Aktionären, den Geschäftspartnern, den Kreditinstituten – bekannt zu machen. Ziel dieser Phase ist es, ein positives Vertrauens-Image zu vermitteln und so die Erfüllung gesetzlicher Anforderungen an die Risikovorsorge zu dokumentieren oder möglicherweise sogar den Unternehmenswert zu steigern. Phase 4 kann mit den anderen Phasen der Kampagne zeitlich überlappen.

Phase 1: Aufmerksamkeit gewinnen

Nach der wichtigen Information und Einbindung der Führungskräfte (s. o.) wird in der ersten Phase der Kampagne das Gesamtkonzept verfeinert. Hierzu gehören verbindliche Festlegungen zu Budget, Zeitrahmen und Gesamtzielen der Kampagne.

Das Ziel dieser ersten Phase besteht nicht in der Wissensvermittlung, sondern zunächst darin, Aufmerksamkeit zu erregen und die Mitarbeiter zur Mitwirkung an der Kampagne zu motivieren. Je nach Unternehmenskultur und Ausgestaltung der eigentlichen Kampagne in der Hauptphase (Phase 2) kann das Erzeugen von Spannung unter den Mitarbeitern durch unterschiedlichste Maßnahmen erreicht werden:

- Brief/E-Mail der Geschäftsführung
- Motivationsplakate z. B. in Foyer und Kantine
- Ankündigung eines Gewinnspiels
- Aufkleber, Post-Its oder Flyer, z. B. mit Hinweisen auf die Intranetseiten zur Kampagne
- gezieltes Verteilen kurzer Awareness-Videos; Nutzung von »viralem Marketing« oder »Flurfunk«
- »Werbung« in Firmen-, Mitarbeiter-, Kundenzeitschriften
- Aufstellung von Papp-Figuren

Dabei ist es wichtig, die Kampagne von Beginn an unter Verwendung von Aktionszeichen (»Logos«) sowie eines Kampagnen-Claims mit einem klaren und eindeutigen »Branding« zu versehen, das sich durch die gesamte Kampagne zieht und die Wiedererkennung bei den Mitarbeitern erhöht.

Abbildung 26.2: Vier-Phasen-Modell einer Awareness-Kampagne

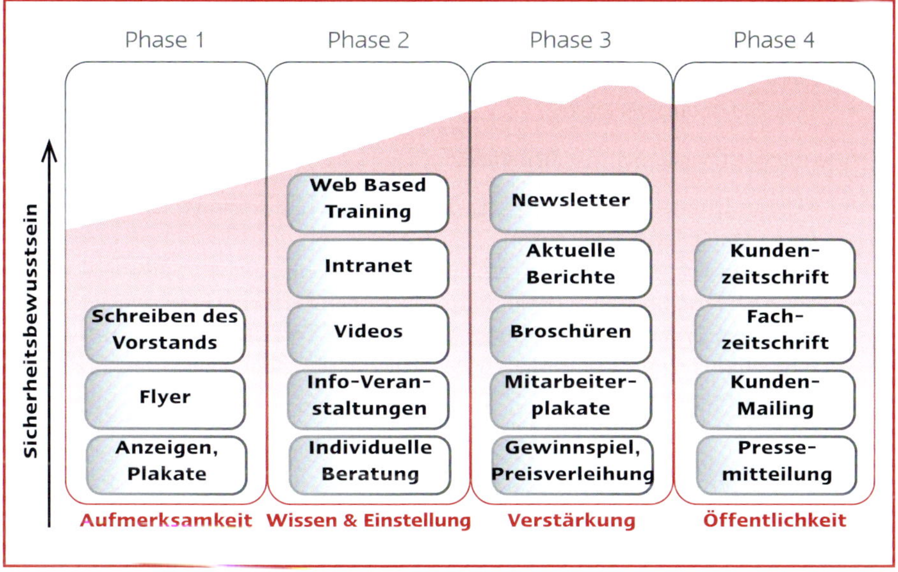

Phase 2: Wissen vermitteln und Einstellungen verändern

In der eigentlichen Hauptphase der Awareness-Kampagne geht es primär darum, Grundwissen im Bereich der IT-Sicherheit und des Informationsschutzes zu vermitteln und etwaige Vorbehalte der Mitarbeiter in bestimmten Punkten ins Positive zu verändern.

Zu den zentralen Maßnahmen vieler Awareness-Kampagnen zählen dabei Web-Based-Trainings und vergleichbare E-Learning-Tools. Diese haben sich vor allem deshalb als hilfreich erwiesen, da sie einerseits flexibel sind und schnelle Anpassungen an aktuelle Ereignisse ermöglichen. Allerdings ist der Browser heute für viele Mitarbeiter ein zentrales und vertrautes Instrument der täglichen Arbeit – man sollte dies also auch nutzen, um Wissen und Informationen zu transportieren. Web-Based-Trainings enthalten in der Regel bereits die kompletten Themen der IT-Sicherheit, die im Laufe der Kampagne angesprochen werden sollen. Sie sind zudem wenig »kommunikativ«, auch wenn sie interaktiv gestaltet werden, und werden von vielen Mitarbeitern oft nur »durchgeklickt«. Vor allem skeptische Mitarbeiter erreicht man damit nicht. Auch darf man nicht vergessen, dass man in bestimmten Unternehmen nicht alle Mitarbeiter mit einem Web-Based-Training erreicht. Falls ein Großteil der Mitarbeiter über keinen PC-Arbeitsplatz verfügt, müssen diese durch andere Maßnahmen angesprochen werden – und zweifellos auch mit anderen Themen des Informationsschutzes, wenn die Benutzung eines PC nicht zur Aufgabenerfüllung erforderlich ist.

Bei der Auswahl der Inhalte ist es wichtig, Tipps für den Heimarbeitsplatz bzw. die private Internet- und PC-Nutzung zur Verfügung zu stellen. Der Hintergrund hierfür ist, dass ein sich privat mit IT-Sicherheit beschäftigender Mitarbeiter meist auch an seinem Arbeitsplatz motivierter ist, sich sicherheitssensibel zu verhalten. Inhalte eines Web-Based-Trainings können z. B. sein:

- Einführung: Grundlagen der Informationssicherheit
- Was leistet das Unternehmen zur IT-Sicherheit?
    - Sicherheitsleitlinie/Security Policy
    - Firewall, VPN
    - Verschlüsselungstechniken
- Wie trage ich persönlich zur Sicherheit bei?
    - sicherer Umgang mit Daten (Klassifikation, Verschlüsselung kritischer Daten, Vernichtung von Datenträgern)
    - Schutz vor Schadsoftware (Virenschutz, Browser-Konfiguration, Software-Updates)
    - sichere Internet-Nutzung (Reaktion auf sicherheitsrelevante Browser-Meldungen, restriktive Browser-Konfiguration, Meldung von Vorfällen)
    - sorgfältige Nutzung von E-Mail (sichere Übermittlung kritischer Daten, Erkennung von Phishing-Angriffen)
    - Umgang mit mobilen Geräten (Risiken bei der Nutzung von Laptops und Smartphones)
    - Verhalten zum Schutz vor Social Engineering
- Wie schütze ich mich privat?
    - Sicherung des privaten PC (Virenschutz, Benutzerverwaltung)
    - sicheres Onlinebanking und Onlineshopping
    - Sicherung des privaten Internet-Zugangs, insbesondere des heimischen WLANs
    - Schutz der Privatsphäre, z. B. in Social Networks

Wie jedoch bringt man die Mitarbeiter dazu, sich ein Web-Based-Training oder ein Intranet-Portal zur Informationssicherheit anzusehen? Neben der Aufmerksamkeitsphase (Phase 1) sollten auch in Phase 2 Maßnahmen getroffen werden, die den Mitarbeiter zur aktiven Mitwirkung motivieren. Aktuelle, kurze Videos oder Fallbeispiele zur Motivation helfen in der Regel ähnlich gut wie passende Give-aways: Dies können z. B. bedruckte Mauspads, Zettelhalter, Bleistifte, Tischkalender, Lesezeichen, Magnete oder Spiele sein – der Fantasie sind hier kaum Grenzen gesetzt.

Eine weitere Maßnahme kann die Durchführung eines Gewinnspiels sein. Wird dies z. B. im Intranet umgesetzt, kann eine Anlehnung an bekannte Formate, wie eine TV-Quizshow, die Aufmerksamkeit weiter erhöhen. Aber auch Aktionen wie z. B. ein »Tag der Datenentsorgung« (private Dokumente können im dienstlichen Schredder vernichtet werden) oder ein »Tag des Passworts« (Aktionsstand zum »Messen« der Sicherheit eines Passworts) können helfen, für das jeweilige Themenmodul das Interesse der Mitarbeiter zu gewinnen und die Inhalte zu veranschaulichen.

Das in der ersten Phase eingeführte Aktionszeichen sowie der Claim sollten sich dabei auf allen Give-aways, Plakaten sowie dem Intranet-Auftritt wiederfinden.

Phase 3: Verstärkung der Wirkung

In der dritten Phase versucht man, durch eine Verstärkung der zweiten Phase eine dauerhafte Verhaltensänderung sowie die positive Identifikation mit der Informationssicherheit zu erreichen. In der Regel werden in dieser Phase nur noch wenige neue Inhalte transportiert. Vielmehr konzentriert man sich auf die wesentlichen Aussagen der zweiten Phase und wiederholt diese oder etabliert regelmäßig wiederkehrende Ereignisse oder Aktionstage, um sie in Erinnerung zu rufen.

Interne Newsletter oder Intranet-Artikel zur Informationssicherheit, z. B. mit einem »Tipp des Monats/der Woche«, dedizierte Broschüren oder Beiträge in der Mitarbeiterzeitschrift können zu den Maßnahmen der Phase 3 gehören. Es ist in diesem Zusammenhang wichtig, vor allem die Informationen im Intranet regelmäßig zu aktualisieren, um den Mitarbeitern ständig informative Inhalte anzubieten, die sie zu einem Besuch der Seite motivieren.

Sofern in der Kampagne ein Gewinnspiel ausgelobt wurde, sollte in dieser Phase die Preisverleihung durchgeführt werden. Auch diese kann, je nach Unternehmenskultur, auf verschiedene Art und Weise realisiert werden: In einem Fall werden die Gewinner persönlich, wenn möglich direkt und nicht nur per E-Mail informiert, im anderen Fall kann die Preisverleihung im Rahmen einer größeren Betriebsversammlung oder eines Kampagnenabschlussevents erfolgen. Auch die Wahl oder Belohnung der Abteilung mit dem höchsten Sicherheitsbewusstsein ist sehr wirkungsvoll.

Diese Phase sollte auch genutzt werden, um Kritik und Verbesserungsvorschläge an der bestehenden Sicherheitsorganisation umzusetzen. Auch eine – möglicherweise ohnehin geplante – Einführung neuer Sicherheitsmaßnahmen, wie z. B. eine Single-Sign-On-Lösung oder eine Zwei-Faktor-Authentifizierung, kann wirksam in diese Kampagnenphase eingebunden werden. Damit wird zugleich die Ernsthaftigkeit der Kampagne verdeutlicht.

Phase 4: Öffentlichkeitsarbeit

Bei der vierten Phase schließlich handelt es sich um eine optionale Phase, die man nicht in allen Awareness-Kampagnen findet. In dieser Phase geht es darum, die Informationssicherheit als Qualitäts- oder Unternehmensmerkmal zu verankern. Einige Unternehmen benutzen die Tatsache, dass eine Awareness-Kampagne durchgeführt wurde, als Marketing-Instrument, indem sie darüber z. B. auf Tagungen referieren. Öffentlichkeit kann auch durch Publikationen in Fachzeitschriften oder Artikel in Kundenzeitschriften, die Veröffentlichung von »Success Stories« in Branchenorganen, Hinweise in Kunden-Mailings oder Presseerklärungen erreicht werden. Auch ein kurzer Beitrag zur Awareness-Kampagne im Geschäftsbericht kann sinnvoll sein.

26.3.4 Gamification

Die Einbindung von spielerischen Elementen kann die Attraktivität und Wirksamkeit der Kampagnenmaßnahmen erheblich verstärken. So steigt erfahrungsgemäß nicht nur die Anzahl der (aktiven) Teilnehmer einer Maßnahme, sondern es verankern sich auch die Lerninhalte nachhaltiger, wenn die Kampagnenteilnehmer sich spielend mit dem Thema Informationssicherheit beschäftigen können.

Spielerische Elemente können von einfachen Gruppenspielen über Exit-Games bis zu einem das gesamte Unternehmen einbeziehenden »Adventure« reichen. Wichtig ist dabei, dass die Konzeption der Elemente an den Lernzielen der Kampagne ausgerichtet wird und die Inhalte von den Teilnehmern selbst (oder in Gruppen) erarbeitet werden müssen. Die Attraktivität einer Teilnahme kann durch das Ausloben von Preisen weiter gesteigert werden.

26.3.5 Erfolgsmessung

In vielen Kampagnen hat sich bewährt, vor Beginn der Maßnahmen das vorherrschende Sicherheitsbewusstsein mit einer sogenannten *Nullmessung* zu evaluieren. Nicht nur kann eine solche Evaluation selbst eine Awareness-Maßnahme in der Aufmerksamkeitsphase darstellen; sie liefert auch einen Vergleichswert zu den Ergebnissen einer Messung nach Abschluss der Phase 2. Mit der Differenz lassen sich die erreichten Verbesserungen quantitativ belegen und so auch den Erfolg der Investition in die Kampagne gegenüber der Geschäftsleitung bzw. dem Vorstand nachweisen. Auch kann eine Evaluation Hinweise auf den Erfolg einzelner Maßnahmen oder auch die Wirkung in unterschiedlichen Unternehmensbereichen liefern, um daraus Erkenntnisse für weiterführende Maßnahmen in Phase 3 der Kampagne abzuleiten.

Es lassen sich im Wesentlichen zwei Ansätze zur Erfolgsmessung unterscheiden: Befragung der Mitarbeiter oder Messung indirekter, aber leicht bestimmbarer Indikatoren für das Sicherheitsbewusstsein der Mitarbeiter, wie bspw. die Anzahl von Anrufen beim Helpdesk, der Zugriff auf bestimmte Intranet-Seiten oder die Geschwindigkeit, mit der sich Login-Passwörter mit einem Passwort-Cracker brechen lassen.

Der Vorteil einer indirekten Messung liegt darin, die tatsächliche Wirkung einzelner themenbezogener Maßnahmen bewerten zu können. Sie liefern allerdings keinen Hinweis auf eine tatsächliche Einstellungsänderung der Mitarbeiter, und es lassen sich auch nicht für jedes Thema geeignete Indikatoren finden. Auch kann die Interpretation der Ergebnisse schwierig sein: Die erzielte Wirkung, z. B. ein messbarer Rückgang von Viren-Alarmen, kann ursächlich mit Entwicklungen oder Ereignissen zusammenhängen, auf die die Kampagne keinen Einfluss hat, wie bspw. einer geänderten Viren-Aktivität, einem Wechsel der Virenschutz-Lösung oder Ähnlichem.

Die direkte Messung erlaubt hingegen bei geeigneter Gestaltung eine Aussage über das Sicherheitsbewusstsein der Mitarbeiter [Zerr07]. Vor allem bei größeren Unternehmen erfordert sie allerdings erhöhten Abstimmungsaufwand; so sind z. B. bei solchen Befragungen Betriebs- oder Personalrat einzubeziehen, da sie der betrieblichen Mitbestimmung unterliegen. Selbst bei repräsentativen Stichprobenerhebungen ist zudem der Zeitaufwand für die Durchführung der Messung selbst nicht unerheblich, wenn man die Arbeitszeit der teilnehmenden Mitarbeiter berücksichtigt.

In der Praxis hat sich eine Kombination aus beiden Verfahren bewährt. Insbesondere auf eine »Nullmessung« sollte in einer Kampagne Wert gelegt werden, um einen Referenzwert zu haben, der einerseits den Bedarf an Sensibilisierungsmaßnahmen belegt und es außerdem erlaubt, Fortschritte in der Mitarbeitersensibilisierung nachzuweisen.

Zusammenfassung

Rein technische und organisatorische Lösungen sind heute nicht mehr ausreichend, um ein durchgängig hohes Sicherheitsniveau zu erzielen. Security Awareness ist deshalb ein wichtiger Bestandteil eines Gesamtkonzepts zur Informationssicherheit. Ziel der Awareness-Maßnahmen ist es, die Mitarbeiter über die Notwendigkeit von Sicherheitsmaßnahmen zu informieren, sie für deren Nutzung zu motivieren und von der Bedeutung eines risikoadäquaten Verhaltens zu überzeugen.

Awareness-Maßnahmen werden für eine nachhaltige Wirkung am besten als Kampagne organisiert. Die Kampagne muss, will man eine hohe Wirkung erzielen, an der Unternehmenskultur und der oder den speziellen Zielgruppen ausgerichtet werden. Allen Awareness-Kampagnen gemeinsam ist jedoch die Tatsache, dass klassische Kommunikationsstrategien mit modernen Methoden »angereichert« werden müssen, um erfolgreich zu sein. Schließlich ist eine Evaluation des Sicherheitsbewusstseins vor und nach einer Kampagne zu empfehlen, um den Kampagnenerfolg zu messen und nachzuweisen.

Begleitend zur Awareness-Kampagne muss aber auch sichergestellt werden, dass im Arbeitsalltag sicherheitssensibles Verhalten möglich ist und durch die IT-Systeme (lange Passwörter) und Tools (bspw. Polarisationsfilter für Laptop-Bildschirme) unterstützt wird. Dazu müssen z. B. auch die Sicherheits-Werkzeuge, die zur Verfügung gestellt werden, geeignet sein. Auch müssen die Arbeitsabläufe entsprechend abgestimmt und Sicherheitsmaßnahmen sinnvoll priorisiert sein. Andernfalls wird die Kampagne – zu Recht – nicht ernst genommen. Eine erfolgreiche Kampagne erkennt man unter anderem daran, dass die Mitarbeiter selbst Hinweise zur Verbesserung von Sicherheitsmaßnahmen beisteuern. Daher sollte man Ressourcen dafür einplanen, diese aufzugreifen und umzusetzen.

Literatur

[Enisa07] *Enisa:* Current practice and the measurement of success. European Network and Information Security Agency (Enisa), July 2007

[Enisa08] *Enisa:* Der neue Leitfaden für die Praxis: Wege zu mehr Bewusstsein für Informationssicherheit, European Network and Information Security Agency (Enisa), Juli 2008; *https://www.enisa.europa.eu/publications/archive/new-users-guide-de* (Stand: 25.01.2024)

[Enisa21] *Enisa:* Raising Awareness of Cybersecurity. European Network and Information Security Agency (Enisa), 21.11.2021; *https://www.enisa.europa.eu/publications/raising-awareness-of-cyber-security* (Stand: 25.01.2024)

[Fox03] *Fox, D.*: Security Awareness. In: Datenschutz und Datensicherheit (DuD), 11/2003, S. 676–680; *http://www.secorvo.de/publikationen/security-awareness-fox-2003.pdf* (Stand: 17.01.2024)

[Fox13] *Fox, D. (Hrsg.)*: Awareness 3.0. Schwerpunktheft Security Awareness, Datenschutz und Datensicherheit (DuD), 5/2013, S. 269–286

[FoxKau05] *Fox, D.; Kaun, S.*: Security Awareness-Kampagnen: In: IT-Sicherheit geht alle an, Tagungsband zum 9. Deutschen IT-Sicherheitskongress des BSI, SecuMedia Verlag, Ingelheim 2005; *http://www.secorvo.de/publikationen/awareness-kampagnen-fox-kaun-2005.pdf* (Stand: 17.01.2024)

[FoxTit21] *Fox, D.; Titze, C.*: Phishing Awareness durch Gamification. In: Datenschutz und Datensicherheit (DuD), 11/2021, S. 727–732; *https://www.secorvo.de/publikationen/phishing_awareness_durch_gamification.pdf* (Stand: 17.01.2024)

[Gerber18] *Gerber, Nina; Zimmermann, Verena; Henhapl, Birgit; Emeröz, Sinem; Volkamer, Melanie; Hilt,, Tobias*: Nutzerwahrnehmung der Ende-zu-Ende-Verschlüsselung in WhatsApp. In: Datenschutz und Datensicherheit (DuD), 11/2018, S. 680–685

[HePo09] *Helisch, Michael; Pokoyski, Dietmar (Hrsg.)*: Security Awareness: Neue Wege zur erfolgreichen Mitarbeiter-Sensibilisierung. Springer Vieweg 2009

[Puha06] *Puhakainen, P.*: A Design Theory for Information Security Awareness, 2006; *http://jultika.oulu.fi/files/isbn9514281144.pdf* (Stand: 25.01.2024)

[Schmidt18] *Schmidt, Holger*: Studie zur Information Security Awareness in kleinen und mittleren Unternehmen (KMU). Hochschule Düsseldorf, Fachbereich Medien, 10.07.2018

[SP800-50] *National Institute of Standards and Technology (NIST)*: NIST Special Publication 800-50: Building an Information Technology Security Awareness and Training Program: Oktober 2003; *https://csrc.nist.gov/publications/detail/sp/800-50/final* (Stand: 17.01.2024)

[Zerr07] *Zerr, K.*: Security-Awareness-Monitoring, In: Datenschutz und Datensicherheit (DuD), 7/2007, S. 519–523

27 Malware und Content Security

Einleitung und Historie

Bereits in den 80er-Jahren – in Zeiten, in denen weder das Internet noch der »Heimcomputer« besondere Verbreitung hatten – entstanden die ersten Beispiele bösartiger Software. Diese Software, die sich in der Anfangszeit insbesondere unter Computer-Spielern schnell verbreitete, bekam bald den Namen »Computer-Virus« – in Analogie zu bösartigen biologischen Viren. Zu den Computer-Viren gesellten sich dann Würmer, Trojaner, Rootkits und etliche andere Formen schädlicher Software. Diese ganze Gruppe wird heute generisch als *Malicious Code* bzw. *Malicious Software* oder schlicht *Malware* bezeichnet.

Entgegen ursprünglichen Annahmen begleitet uns die Viren-Problematik bis heute. Längst ist diese nicht mehr nur lästig, sondern für Unternehmen wie Privatanwender zu einem ernsthaften Problem geworden. Seit deutlich mehr als einem Jahrzehnt gehört Antiviren-Software daher zu den von vielen Seiten dringlich empfohlenen Programmen, die auf einem Rechner laufen, der mit dem Internet verbunden ist.

27.1 Historie

Typisch für Malware ist, dass sie sich von einem bereits infizierten System oder Datenträger auf weitere Systeme verbreitet. Ursprünglich nutzte Malware vor allem Disketten als Verbreitungsweg. Die Übertragung von Malware per Diskette dürfte weitgehend Vergangenheit sein, weil das Medium nicht mehr zum Einsatz kommt. In einigen Fällen – und dann vor allem bei gezielten Angriffen – wird Malware immer noch über mobile Datenträger wie USB-Sticks (z. B. Bad-USB) verbreitet. Da sich Malware jedoch heute nicht mehr primär über den Austausch von Datenträgern, sondern über das Internet per E-Mail sowie Webserver im World Wide Web verbreitet, werden sehr häufig Lösungen zur zentralen Überwachung der ein- und ausgehenden Datenströme eingesetzt.

Traditionell nicht unter Malware gerechnet wird ein *Hoax (englisch für »Streich«, »blinder Alarm«)*: Meist handelte es sich dabei um einfache E-Mails, in denen vor bevorstehenden Massenviren oder -würmern gewarnt wird und mehr oder weniger dubiose Tipps gegeben wurden. Ein Hoax beinhaltet selbst keine Schadfunktion à la Virus oder Wurm. Die Tipps reichen von: »Bitte schicken Sie diese Warnung an sämtliche Freunde und Kollegen!«, bis hin zu: »Löschen Sie zu Ihrem eigenen Schutz auf allen Systemen die Datei xxx!« Prüfen die Empfänger den Realitätsgehalt nicht und warnen ihrerseits einen Mail-Verteiler, entsteht eine E-Mail-Lawine. Schon die Bearbeitung kann viel (Arbeits-) Zeit verschwenden. Folgen Empfänger schließlich noch den dubiosen Empfehlungen, kann dies zusätzliche Schäden anrichten. So stellt dies eine frühe Form von Social Engineering bzw. Phishing dar.

Ebenfalls zunächst getrennt von Thema Malware entwickelte sich die *Spam*-Problematik. Obwohl es sich dabei nicht primär um ein Security-, sondern eher um ein Belästigungsthema handelt, werden Spam bzw. die Anti-Spam-Maßnahmen meist im Kontext mit Maßnahmen zur Abwehr von Malware gesehen. Diese Sichtweise ist sinnvoll, da Spam-Mails immer wieder für Phishing-Angriffe benutzt werden oder Malware beinhalten.

Der Name *Spam* steht ursprünglich für Dosenfleisch,[1] das durch einen Sketch der Komikertruppe »Monty Python« fragwürdige Berühmtheit erlangte. Im IT-Umfeld wurden erstmals Massenpostings in den Usenet News als Spam bezeichnet – diese enthielten in der Regel Werbung für ein bestimmtes Produkt. Mit der zunehmenden Bedeutung des Mediums E-Mail etablierte sich auch hier schnell der Begriff Spam. Technisch und von den Herstellern entsprechender Anti-Spam-Produkte wird Spam oft als *UCE* (Unsolicited Commercial Email) oder *UBE* (Unsolicited Bulk Email) bezeichnet.

Spam ist längst nicht mehr nur lästig: In großen Einrichtungen, vor allem bei Internetprovidern, sorgt Spam für eine erhebliche Belastung der zentralen Mailserver und Content-Filter; Anwender fühlen sich durch Spam-Mails belästigt und verbringen teilweise viel Zeit mit dem Aussortieren solcher Mails. Das Filtern und Kennzeichnen von Spam-Mails hat daher große Bedeutung. Gekennzeichnete Mails können automatisch aussortiert werden. Allerdings besteht auch die Gefahr, dass legitime E-Mails falsch klassifiziert und dann vom Empfänger übersehen werden. Die Filtermechanismen entsprechen grundsätzlich denen für Malware.

Mit dem Versand von Spam lässt sich viel Geld verdienen, wenn die Empfänger wie gewünscht reagieren, also bspw. spenden, sich auf zweifelhafte Geldgeschäfte einlassen, Aktien kaufen oder verkaufen oder Phishing-Websites besuchen. Je kleiner der Anteil der erfolgreichen Mails ist, desto größer muss für eine erfolgreiche Kampagne allerdings der Verteiler sein. Daher wird auch die Vorbereitung von Spam-Kampagnen oder deren Durchführung (semi-)professionell angeboten. Von der Bereitstellung von Listen mit E-Mail-Adressen bis hin zum Versand von Mails über Botnets werden Dienstleistungen angeboten. Die Notwendigkeit großer Verteiler und die Professionalisierung des Spam-Versandes führen zu einer kontinuierlichen Steigerung des Spam-Aufkommens.

Angriffsformen wie Spam und Phishing lassen die Grenzen zur »klassischen« Malware verschwimmen. Zentrale Content-Filter stoßen schnell an ihre Grenzen, wenn die Inhalte – wie von vielen Unternehmen gewünscht – verschlüsselt sind. Ergänzend sind daher auch dezentrale Abwehrmaßnahmen notwendig.

Nachfolgend werden zunächst die technischen Verbreitungswege und Funktionen von Malware vorgestellt. Darauf folgend werden die unterschiedlichen Geschäftsmodelle der Angreifer und die möglichen Auswirkungen eines Malware-Angriffs auf die Opfer betrachtet. Abschließend werden mögliche Gegenmaßnahmen zur Abwehr von Malware dargestellt; der Schwerpunkt liegt dabei auf der Content-Filterung per Netzwerk übertragener Daten und Nachrichten.

1 Abkürzung für SPiced hAM, siehe auch Wikipedia.

27.2 Technische Verbreitungswege und Funktionen

27.2.1 Ablauf einer Infektion

Eine Infektion mit einer Schadsoftware läuft heute in den meisten Fällen in mehreren Schritten ab, beispielhaft:

1. Über den Verbreitungsweg (z. B. einen E-Mail-Anhang) gelangt die initiale Schadsoftware auf das System des Opfers.
2. Die initiale Schadsoftware ist vergleichbar simpel und lädt lediglich von einem Server des Angreifers die eigentliche Schadsoftware nach. In vielen Fällen wird hierbei zuerst ein kleiner Shellcode heruntergeladen, der die eigentliche Schadsoftware von einem weiteren Server eines Angreifers nachlädt.
3. Erst jetzt entscheidet sich in vielen Fällen, welche Schadsoftware eigentlich installiert werden soll. So ist es bspw. möglich, dass aus der gleichen initialen Infektion einmal ein Banking-Trojaner installiert wird und in einem anderen Fall eine Ransomware (s. Ransomware/Verschlüsselungstrojaner, S. 618).
4. Es erfolgt die Wertschöpfung. Der Angreifer versucht mittels der Schadsoftware, ein Maximum an Profit aus der Infektion zu erwirtschaften.

Die Angreifer haben sich mittlerweile stark spezialisiert, sodass jeder Angreifer meist nur einen Schritt des Infektionsprozesses durchführt, siehe Abschnitt 27.3.1.

Früher übliche Begriffe wie Trojaner oder Spyware sind heute schwer anzuwenden. Zum einen kommen im Rahmen der Infektion teilweise verschiedene Typen von Schadcode zum Einsatz und zum anderen bietet die Schadsoftware in vielen Fällen gleichzeitig Funktionalitäten, die mehreren dieser Kategorien zugeordnet werden können. Deswegen wird nachfolgend von der strikten Trennung der Schadsoftware-Kategorien abgesehen und lediglich Schadsoftware oder Malware geschrieben.

27.2.2 Verbreitungswege

In der Vergangenheit nutzte Schadsoftware hauptsächlich Schwachstellen in E-Mail-Clients, Webbrowsern und Betriebssystemen, um die Zielsysteme ohne ein Mitwirken des Opfers zu infizieren. Mittlerweile sind jedoch die hier getroffenen Schutzmaßnahmen deutlich verbessert worden, sodass in den letzten Jahren vielfach Aspekte von Social Engineering Bestandteil der Angriffe sind. Im Rahmen von Phishing werden die Opfer durch scheinbar authentische E-Mails dazu verleitet, bspw. infizierte Word-Dokumente aus dem E-Mail-Anhang zu öffnen und Makros zu aktivieren.

Einen Großteil der Schadsoftware kommt im Gießkannenprinzip zum Einsatz. Angreifer versuchen, die infizierten E-Mails oder Links möglichst weit zu streuen, um eine große Zielgruppe zu erreichen. Sie orientieren sich damit am Prinzip, dass auch ein vergleichsweise schlechter Angriff bei einem kleinen Anteil der Opfer erfolgreich sein wird. Die so durchführten Angriffe wirken teilweise mehr oder weniger plump und haben eine vergleichsweise geringe Erfolgsrate, durch die Skalierbarkeit in die Breite sind sie dennoch für die Angreifer lohnend.

Den Gegenpol bieten gezielte Angriffe, bei denen die Angreifer versuchen, kleinere Gruppen von Opfern bis hin zu einzelnen Personen gezielt anzusprechen, bspw. Mitarbeiter eines bestimmten Unternehmens oder einer gewissen Branche. Diese Angriffe sind hierbei kaum von legitimen E-Mails zu unterscheiden und sehr überzeugend gestaltet. Hierfür wenden die Angreifer teilweise viel Zeit und auch Insider-Informationen (z. B. aus vorherigen Infektionen oder Informationsbeschaffungen) an, um den Erfolg des Angriffs zu gewährleisten. Wird bei Phishing-Angriffen zielgerichtet gegen wenige oder einzelne Personen vorgegangen, spricht man vom sogenannten Spear-Phishing.

E-Mail

Die E-Mail ist trotz zahlreicher Schutzmaßnahmen mit Abstand (s. [VERIZON DBIR 2018]) der wichtigste Verbreitungsweg für Schadsoftware. Dies liegt insbesondere in der Omnipräsenz im Alltag begründet. Des Weiteren können per E-Mail direkt die Benutzer im Push-Verfahren angesprochen werden, der Angreifer kann also den ersten Schritt machen. Zu guter Letzt sind Angreifer in der Lage, massenhaft E-Mails zu versenden, und es ist somit einfacher, viele potenzielle Opfer zu erreichen, als bspw. über eine infizierte Website, die die Opfer besuchen müssten.

Angreifer versuchen, sich im Rahmen von Phishing in den E-Mails oft als legitime Absender zu tarnen und die Benutzer unter falschem Vorwand davon zu überzeugen, die Schadsoftware auf ihrem System auszuführen. Beispielsweise tarnen die Angreifer ihre E-Mails als Zahlungsaufforderungen und hängen die Schadsoftware als angebliche Rechnung an. Teilweise werden auch Rich-Text- und HTML-Mails dazu genutzt, um den Inhalt überzeugender zu gestalten.

Die Schadsoftware wird in den meisten Fällen entweder als Datei an die E-Mail angehängt oder als Link in der E-Mail verlinkt. Derartige Links sind durch kreative Gestaltung der URL häufig schwer von legitimen Verweisen zu unterscheiden. Durch die Inhalte der Mail werden die Opfer dazu verleitet, den Anhang zu öffnen oder den Link anzuklicken, um so den Infektionsprozess zu starten. Schadsoftware, die sich durch das bloße Empfangen oder Lesen des Inhalts der E-Mail verbreitet, ist selten geworden.

Klassische E-Mail-Clients werden zunehmend durch Webmailer ersetzt. Das grundsätzliche Risiko durch E-Mails mit Schadsoftware besteht jedoch unverändert. Gerade bei der Content-Filterung sollte die Nutzung von Cloud-Diensten (z. B. via Cloud Intelligence) berücksichtigt werden. Die Filterung muss hier nicht wie bisher auf dem eigenen SMTP-Gateway erfolgen, sondern beim Betreiber des Diensts.

Dateien

Im Rahmen der meisten Angriffe mittels Schadsoftware kommen Dateien zum Einsatz. Es existieren zwar auch Angriffe, die keine Dateien im Dateisystem ablegen, dies ist jedoch eher eine Ausnahme. Dabei sind zwei Arten von Dateien zu unterscheiden:

- Ausführbare Dateien können Schadcode unmittelbar zur Ausführung bringen, wenn sie gestartet werden. Hierbei gibt es binäre Programme (gängige Dateiendungen unter Windows: exe, scr, com) und Skript-Dateien (gängige Dateiendungen unter Windows: ps1, bat, cmd, js, vbs). Skripte liegen als Textdatei vor und werden von einem Interpreter verarbeitet. Windows verfügt für die genannten Typen standardmäßig über einen Interpreter. Vergleichbare Angriffe sind auch bei Unix-Systemen und macOS nicht ausgeschlossen.
- Dateien mit ausführbaren Inhalten sind Dateiformate, die es als Zusatzfunktion erlauben, Skripte oder Programme einzubetten. Das bekannteste Beispiel hierfür sind Office-Dokumente, die Makros enthalten (Dateiformate, die Makros enthalten können, sind doc, docm, dotm, xls, xlsm, xltm, xlam, ppt, pptm, ppam, pps, sldm). Makros werden in VBA (Visual Basic for Applications) entwickelt und verfügen grundsätzlich über die gleichen Möglichkeiten wie ausführbare Dateien. Das Ausführen von Makros aus einer nicht vertrauenswürdigen Quelle ist dementsprechend mit dem Ausführen einer exe-Datei aus dieser Quelle gleichzusetzen. Office Programme unter Windows und anderen Betriebssystemen warnen zwar vor dem Aktivieren derartiger Makros und unterstützen bspw. Code-Signaturen, dennoch sind es viele Anwender gewohnt, die Warnungen zu ignorieren, oder lassen sich von Angreifern hierzu verleiten. Insbesondere wegen fehlender Sensibilisierung in diesem Bereich erfreuen sich Office-Dokumente mit Malware als Makros nach wie vor großer Beliebtheit.
- Dateiformate, die von bestimmten Programmen dargestellt werden, bspw. PDF-Dateien. Hier versucht der Angreifer, Schwachstellen im Anzeigeprogramm auf dem System auszunutzen, um beliebigen Code zur Ausführung zu bringen. Das PDF-Dateiformat bietet sehr viele Features, bspw. das Einbinden aktiver Inhalte mittels JavaScript, die Anzeigeprogramme wie den Adobe Acrobat Reader sehr komplex werden lassen. Dies führt regelmäßig dazu, dass Schwachstellen in den Programmen ausgenutzt werden, um aus dem Anzeigekontext auszubrechen und beliebigen Code auszuführen.
- Zusätzlich bedienen sich Angreifer oft diverser Archivformate, um ihre Schadsoftware zu tarnen. Beispielsweise wird Schadsoftware in ein Zip-Archiv verpackt, das verschlüsselt und mit einem Passwort geschützt ist. Das Passwort wird dann typischerweise zusammen mit der Datei übermittelt. So wird erschwert, dass die Filtermechanismen auf Proxies oder E-Mail-Servern den Inhalt des Archivs untersuchen und so die Schadsoftware erkennen können.

In vielen Fällen leistet auch die Standardkonfiguration des Windows-Explorer einem Angriff Vorschub, weil standardmäßig bekannte Dateiendungen ausgeblendet werden. Eine ausführbare Datei *Rechnung.pdf.exe* wird im Dateibrowser als *Rechnung.pdf* angezeigt und erscheint einem unvorsichtigen Benutzer als unscheinbares Dokument. Beim Doppelklick auf das Dokument wird jedoch das Programm ausgeführt.

Angriffe über das Web (Drive-by-Malware)

Um Opfer über das Web anzugreifen, verwenden Angreifer neben dem Versenden von Links per E-Mail im Wesentlichen zwei Methoden:

- **Infektion von Webanwendungen**
  Der Angreifer injiziert die Schadsoftware bspw. in eine kompromittierte Webanwendung. Die Opfer sind hier die regulären Besucher der kompromittierten Webanwendung.
- **Einsatz von Werbe-Netzwerken**
  Der Angreifer schaltet über ein Werbe-Netzwerk eine Anzeige, die die Schadsoftware enthält oder darauf verlinkt. Die Websites, die die Werbung einblenden, müssen hierbei keine Schwachstellen aufweisen und werden somit ungewollt zur Infektionsquelle. So ist es möglich, sich auch über vermeintlich seriöse Webseiten zu infizieren. Begünstigt wird diese Methode durch teilweise unseriöse Werbe-Netzwerke, die oft keine ausreichende inhaltliche Kontrolle durchführen.

Bei sogenannten »Watering Hole«-Angriffen handelt es sich um gezielte Angriffe auf bestimmte Zielgruppen. Hierbei werden Websites angegriffen, die von der anvisierten Zielgruppe typischerweise genutzt werden. Setzen die infrage kommenden Websites Werbe-Netzwerke ein, so ist ein gängiger Weg, infizierte Werbung auf genau diesen Seiten zu schalten. Die Werbe-Netzwerke bieten oft präzise Funktionen, um ein spezifisches Zielpublikum zu erreichen. Diese Vorgehensweise findet sich gerade bei hoch-professionellen Angreifern, z. B. im Bereich Geheimdienste und Wirtschaftsspionage.

Download von Schadsoftware

Beispielsweise unter Vorwänden oder falschen Versprechungen werden die Opfer dazu verleitet, die Software in Form von ausführbaren Dateien oder Dokumenten mit aktiven Inhalten (z. B. Office-Dokumente mit Makros) herunterzuladen. Dies geschieht teilweise auch durch automatisch startende Downloads. Diese Angriffe zielen darauf ab, dass das Opfer die heruntergeladene Datei öffnet bzw. startet und so die Schadsoftware zur Ausführung bringt.

Des Weiteren gibt es zahlreiche, mehr oder weniger bekannte Websites, die scheinbar harmlose Freeware zum Download anbieten. Statt der originalen Software bieten diese Websites dem Opfer jedoch »Downloader« oder angepasste Versionen der Freeware an, die zusätzlich Werbefunktionen/Adware oder Spyware auf seinem System installieren. Die Schadsoftware ersetzt dann bspw. Werbeanzeigen im Browser der Opfer oder blendet weitere Werbung ein. Außerdem spioniert sie das Opfer in vielen Fällen aus, um Daten zu sammeln, die der Angreifer wiederum zu Geld machen kann (s. Abschnitt 27.3.2). Dieser Sachverhalt wird in Unternehmen zu einem Problem, wenn die Benutzer auf ihren Systemen Software installieren dürfen, insbesondere weil viele Viren-Scanner diese Programme nicht als Schadsoftware erkennen.

Ausnutzung von Schwachstellen im Browser

Exploit-Kits sind Sammlungen von Werkzeugen zum Ausnutzen von Schwachstellen in Browsern, Browser-Plug-ins oder bspw. PDF-Readern.

Exploit-Kits werden bspw. in Websites eingebunden und versuchen, zuerst zu ermitteln, welche Software in welcher Version auf dem System des Opfers installiert ist. Anschließend wird ermittelt, welche der enthaltenen Exploits zum Angriff auf das System infrage kommen, und die einzelnen Exploits werden eingesetzt, um das System anzugreifen. Ziel ist hierbei ein möglichst intelligentes und gezieltes Vorgehen, um einerseits Seiteneffekte wie Abstürze zu vermeiden und andererseits möglichst viele unterschiedliche Opfer-Systeme angreifen zu können.

Wenn die auf dem Client-System eingesetzte Software (Betriebssystem, Browser, Plug-ins, Drittanbietersoftware) regelmäßig aktualisiert wird, sind Exploit-Kits mittlerweile ein vergleichsweise vernachlässigbares Risiko. Durch die zusätzlichen Schutzmaßnahmen und bspw. Bug-Bounty-Programme sind bisher unbekannte Exploits (Zero-Day-Exploit), die sich zur Infektion von Systemen eignen, stark im Preis gestiegen. Exploit-Kits, die solche Exploits einsetzen, kommen deshalb fast ausschließlich im Rahmen von hochprofessionellen, gezielten Angriffen (bspw. im Rahmen von Wirtschaftsspionage) zum Einsatz. Dabei kommt häufig der Angriff »Men-in-the-Browser« zum Einsatz. Dabei handelt es sich um eine Malware-Infektion, die den Datenverkehr im Browser eines Benutzers abfängt und manipuliert, um z. B. Online-Banking-Informationen zu stehlen.

Viele Browser können durch Browser-Plug-ins um Funktionen wie das Ausführen aktiver Inhaltsformate oder das Anzeigen von Videos erweitert werden. Diese Plug-ins werden in vielen Fällen von Drittanbietern entwickelt und erreichen oft nicht das Sicherheitsniveau der Browser. Somit wird die Angriffsoberfläche im Browser erhöht. Deshalb empfiehlt es sich, generell zu prüfen, ob alle installierten Plug-ins auch benötigt werden, und diese ggf. zu deaktivieren.

Ausführung aktiver Inhalte

Webbrowser bieten diverse Technologien, über die aktive Inhalte im Browser des Anwenders ausgeführt werden können. Alle gängigen Browser können ohne weitere Plug-ins **JavaScript** ausführen und tun dies auch standardmäßig ungefragt. Diese Technologie ist zusammen mit HTML5 eine Schlüsseltechnologie heutiger Webanwendungen. Für den Endanwender ist es unrealistisch, JavaScript im Browser zu deaktivieren, da die meisten Websites heute ohne JavaScript nicht mehr benutzbar sind. JavaScript im Browser wird in einer Sandbox ausgeführt und ist an sich gut gekapselt vom Rest des Systems. Die Auswirkungen der Ausführung beliebigen Codes sind somit typischerweise auf den Kontext des Browserfensters bzw. -Tabs beschränkt. Um aus dieser Sandbox auszubrechen, benötigen Angreifer dann wiederum Schwachstellen im Browser.

Des Weiteren existieren zahlreiche weitere Technologien, die es zumeist durch Plug-ins im Browser erlauben, in weiteren Programmiersprachen geschriebene Programme auszuführen:

- **Java**
  Java-Applets und Java Web Start erlauben es, in Java geschriebene Programme aus dem Browser heraus auszuführen. Die Programme werden hierbei zwar in einer Sandbox ausgeführt, diese wies jedoch in der Vergangenheit immer wieder Lücken auf, die es einem Angreifer erlaubten, auszubrechen. Als Sicherheitsmaßnahme kommen digitale Signaturen der Anwendungen zum Einsatz, sodass Benutzer vor nicht vertrauenswürdigen Applets gewarnt werden. In vielen Fällen führten Opfer dennoch die Applets aus, gerade weil sie vom Angreifer dazu verleitet wurden, die Warnungen zu ignorieren. Die Technologien sind als veraltet einzustufen und werden nur noch vereinzelt eingesetzt. Manche Browser unterstützen bereits kein Java mehr. Wird das Java-Plug-in im Browser nicht benötigt, so sollte es deaktiviert oder deinstalliert werden.

- **Microsoft ClickOnce**
  ClickOnce erlaubt es – ähnlich wie Java Web Start – durch einen Klick auf einer Webseite eine bereits lokal installierte oder von der Webseite geladene Anwendung auszuführen. Nur Internet Explorer und Edge unterstützen ClickOnce nativ, einige andere Browser mittels Plug-ins von Microsoft oder anderen Entwicklern.

- **Microsoft Silverlight**
  Silverlight ist eine mit Adobe Flash und Java konkurrierende, eingeschränkte .Net-Umgebung, in der aus dem Web geladene Anwendungen ausgeführt werden können. Es ist als Plug-in implementiert und aktuell nur noch für Internet Explorer sowie für ältere Versionen von Firefox und Safari unter Windows bzw. macOS verfügbar. Seit 2011 wurde Silverlight nicht mehr wesentlich weiterentwickelt, seit dem 12. Oktober 2021 wird es vom Hersteller nicht mehr unterstützt und es gibt keine Sicherheitsaktualisierungen.

27.2.3 Mobile Datenträger

USB-Massenspeicher und kompromittierte USB-Geräte (Beispiel: »Bad-USB«) sind in der Masse aller Angriffe vernachlässigbar. Bad-USB bezeichnet bösartige USB-Geräte, die als normalerweise harmlos getarnte Geräte programmiert wurden, um Malware auf einem IT-System zu installieren, wenn sie angeschlossen werden. Sie nehmen jedoch einen besonderen Stellenwert bei gezielten Angriffen ein, weil eine Infektion auch ohne eine Internetverbindung und unbeeinträchtigt von Barrieren wie Firewalls und Viren-Scannern möglich ist. Sie kommen deshalb im Rahmen von gezielten Angriffen zur Kompromittierung von geschützten Bereichen zum Einsatz (z. B. durch USB-Tastaturemulation mit Angriffswerkzeugen wie RubberDucky). Infolgedessen können z. B. die Geräte von Servicetechnikern infiziert werden, damit diese anschließend Systeme in besonders geschützten Bereichen, wie z. B. Industrieanlagen der Kunden, infizieren. Nichtsdestotrotz ist generell zu einer strengen Trennung von Unternehmens-IT und privaten Geräten der Mitarbeiter zu raten, da keinerlei Annahmen über die Sicherheit der Geräte getroffen werden können. Ein striktes Mobile Device Management u. a. für tatsächlich zugelassene USB-Geräte hilft häufig sehr viel.

27.3 Geschäftsmodelle und Auswirkungen

27.3.1 Motivation der Angreifer

Die Infektion von Systemen mittels Schadsoftware ist zu einem Geschäftsmodell geworden, die Angreifer betreiben es teilweise haupt- oder nebenberuflich. Um dabei möglichst wirtschaftlich vorzugehen und den maximalen Profit zu erwirtschaften, ist eine Spezialisierung zu beobachten:

Manche Angreifer haben sich auf die Entwicklung und den Vertrieb von Angriffswerkzeugen spezialisiert. Sie entwickeln stets neue Schadsoftware, kümmern sich um deren Kompatibilität mit den Zielsystemen und darum, dass Viren-Scanner die Programme nicht erkennen. Die Bereitstellung der Malware wird hierbei oft als Dienstleistung (Malware-as-a-Service) verstanden, einschließlich Updates und 24/7-Hotline.

Andere Angreifer wiederum führen sogenannte Kampagnen durch, deren Ziel es ist, möglichst viele Opfer mit einer Schadsoftware zu infizieren. Sie entwerfen und versenden Phishing-Mails und verteilen bspw. Schadsoftware über Werbe-Netzwerke.

Die dritte Art von Angreifern versucht, durch verschiedene Techniken ein Maximum an Profit aus einer Infektion zu generieren. Es wird hierbei Zugang zu einem System erworben und nach allen Regeln der Kunst ausgebeutet. Nach Möglichkeit wird ein Maximum an Daten extrahiert und diese werden zum Verkauf angeboten.

Letztlich existieren wiederum Angreifer, die auf dem Markt angebotene Zugangsdaten und Geheimnisse (z. B. Kreditkartendaten) missbrauchen, um mit der Identität des Opfers einzukaufen oder mit den Zugangsdaten Zugang zu weiteren Systemen zu erlangen.

27.3.2 Geschäftsmodelle

Weiterverkauf von Infektionen

Liegt eine initiale Infektion vor, so ist es ein typisches Verhalten, dass das System gleichzeitig mit mehreren Schadprogrammen infiziert wird. Der Angreifer, der das System ursprünglich angegriffen hat, lässt sich von anderen Angreifern dafür bezahlen, dass er ihre Schadsoftware auf den Systemen installiert. Zu diesem Zweck existieren diverse Marktplätze, auf denen Infektionen gehandelt werden. Die Systeme werden nach bestimmten Kriterien zu verschiedenen Preisen zum »Kauf« angeboten. Der Wert eines Systems ist von diversen Rahmenbedingungen abhängig. Stellt der Angreifer fest, dass es sich um einen Arbeitsplatz innerhalb eines »interessanten« Firmennetzes handelt, so steigert das signifikant den Weiterverkaufspreis. Auf manchen Verkaufsplattformen ist es bspw. gezielt möglich, Zugang zu übernommenen IT-Systemen innerhalb der Netze von bestimmten Großunternehmen zu erwerben. Dies machen sich wiederum andere Angreifer im Rahmen von Wirtschaftsspionage zunutze.

Es sollte insbesondere bei der Untersuchung eines Vorfalls berücksichtigt werden, dass mutmaßlich mehrere verschiedene Schadprogramme neben dem initialen Angriffsvektor vorhanden sind. Auch aus diesem Grund gestaltet sich die Desinfektion eines Systems sehr schwierig, sodass in aller Regel eine Neuinstallation empfohlen wird.

Botnet

In vielen Fällen werden übernommene Systeme zu einem sogenannten Botnet zusammengeschlossen. Ein Angreifer verfügt hierbei über ein großes Netzwerk von kompromittierten Zombie-Systemen. Dieses Botnet kann er wiederum einsetzen für:

- DDoS-Angriffe (Distributed Denial of Service), bspw. um Betreiber der angegriffenen Systeme von Webangeboten zu erpressen
- Versand von Spam- oder Phishing-Mails: Angreifer versenden oft Schadsoftware an die Kontakte aus dem Adressbuch des Opfers, da in diesem Fall der Absender der Mail bekannt ist und somit die Wahrscheinlichkeit, dass der Empfänger die Datei öffnet, erhöht wird.
- Angreifer nutzen übernommene Systeme, um Angriffe auf verwundbare Server oder Webanwendungen durchzuführen oder das Netz nach solchen zu durchforsten.
- Botnets werden genutzt, um die Identität der Angreifer zu verschleiern. Sie leiten ihren Verkehr durch einen oder eine Kaskade von Zombies, die hierbei als Proxyserver fungieren.
- Botnets werden vielfach auch für DDoS-Angriffe vermietet. Die Bezahlung orientiert sich hierbei typischerweise an Kriterien wie der Anzahl der Systeme und deren Gesamtbandbreite der Anbindung sowie der Dauer des Angriffs.

Ransomware/Verschlüsselungstrojaner

Ransomware ist Malware, die das Opfer erpresst. Hierbei werden bspw. die Daten auf dem System des Opfers und auf zugreifbaren Netzlaufwerken verschlüsselt und das Opfer anschließend zur Bezahlung eines Lösegelds aufgefordert. In vielen Fällen stellen die Angreifer bei Zahlung des geforderten Betrags tatsächlich ein Werkzeug zur Entschlüsselung bereit.

Die Verschlüsselungsroutinen von Ransomware sind verschieden gut implementiert. Angreifer setzen hierbei häufig Public-Key-Kryptografie ein. Sie generieren auf einem zentralen Server ein Schlüsselpaar und übermitteln den Public-Key an das infizierte System. Es werden symmetrische Schlüssel generiert, mit denen die Dateien anschließend verschlüsselt werden. Diese symmetrischen Schlüssel werden mittels des öffentlichen Schlüssels verschlüsselt und auf dem System des Opfers abgelegt. Das im Optimalfall nach der Zahlung bereitgestellte Entschlüsselungswerkzeug verfügt über den passenden privaten Schlüssel für das jeweilige Opfer und kann so die Verschlüsselung rückgängig machen.

Für manche Ransomware existieren inoffizielle Tools zur Entschlüsselung ohne vorherige Zahlung, bspw. weil Schwachstellen in der Implementierung der Kryptografie festgestellt wurden. Ansonsten kann sich das Opfer einer Ransomware-Infektion nur durch Einspielen eines Backups behelfen. In vielen Unternehmen führen Ransomware-Angriffe zu hohen Schäden, da auch Netzlaufwerke verschlüsselt werden und die Wiederherstellung vom Backup nicht möglich oder sehr zeitaufwendig ist.

Das Geschäftsmodell von Ransomware wurde erst durch die zunehmende Verbreitung von Krypto-Währungen relevant, da hierbei ein entsprechender Zahlungsweg zur Bezahlung des Lösegelds gegeben ist. Zusätzlich kommen bei vielen Kampagnen Tor Hidden Services zum Einsatz, die die Verfolgung der Angreifer-Server signifikant erschweren.

Alternativ zur Verschlüsselung von Dateien gibt es auch Varianten von Ransomware, die den Zugang zum System sperren und Lösegeld verlangen, um überhaupt wieder Zugang zum System zu erlangen.

Krypto-Mining

Ein weiterer Aspekt der Wertschöpfung, der durch Krypto-Währungen begünstigt wurde, ist das sogenannte Mining. Neues Geld wird in den Währungen durch den Einsatz hoher Rechenleistung geschürft. Ein Angreifer kann das aufgebaute Netz aus übernommenen Systemen dazu nutzen, im großen Stil Krypto-Währungen zu schürfen.

Diverse Websites binden auch Krypto-Miner (bspw. für Bitcoin) in ihren Quelltext ein. Alternativ zur Anzeige von Werbemeldungen missbrauchen sie so Rechenleistung der Besucher, um per JavaScript Krypto-Währungen für den Betreiber zu schürfen. Eine Infektion des Opfersystems muss für diesen Angriff nicht vorliegen.

Für den Benutzer entsteht der Schaden typischerweise durch Performance-Einbußen und gestiegenen Stromverbrauch.

Extraktion und Verkauf von Daten

Infizierte Systeme werden oft nach für den Angreifer interessanten Daten durchsucht, und diese Daten werden extrahiert:

- Zugangsdaten zu Systemen, Websites, Social-Networks, Shops und Onlinebanking
- Insider-Informationen und Geschäftsgeheimnisse
- Auf dem System abgelegte Krypto-Währungen können gestohlen werden
- Persönliche Daten und Geheimnisse, die für einen Identitätsdiebstahl genutzt werden können
- Sensible private Bild- und Video-Aufnahmen vom System des Opfers

Manche Angreifer spionieren die Opfer auch aus, bspw. indem sie deren Aktionen am Rechner beobachten, Webcams oder Mikrofone aktivieren. Die so gewonnenen Daten können Angreifer wiederum versuchen, zu verkaufen.

Onlinebetrug

Die Infektion wird dazu genutzt, um Betrug im Bereich Onlinebanking durchzuführen, bspw. indem Überweisungen auf Konten von Angreifern umgeleitet werden. Zu diesem Zweck existiert die eigene Gattung der Banking-Trojaner.

Alternativ leiten Angreifer Bestellungen in Onlineshops um oder führen Bestellungen mit der Identität des Opfers durch.

Werbung

Angreifer blenden auf dem System zusätzliche Werbung ein, die das Opfer belästigen oder stören kann. Für das Anzeigen von Werbung erhalten Angreifer eine Vergütung bspw. von Werbe-Netzwerken. Da die Anzeige zusätzlicher Werbung teilweise auffällig ist, ersetzen Angreifer zunehmend die ohnehin im Browser angezeigte Werbung anderer Anbieter durch eigene Werbung. Die Manipulation kann hierbei sowohl direkt im Browser als auch durch einen eigens installierten Proxy auf dem System des Opfers erfolgen. Ähnlich ist die Installation von unerwünschten Browser-Plug-ins wie bspw. »Toolbars« mit Werbung zu beurteilen.

Angreifer machen sich in diesem Schritt typischerweise Affiliate-Netzwerke zunutze, die für die angezeigte Werbung oder installierte Adware eine Vergütung gewähren.

27.3.3 Auswirkungen von Schadsoftware

Wie bereits angedeutet, können sowohl der Empfang als auch der Versand von Malware zu großen Problemen führen.

Zur unmittelbaren **Auswirkung des Empfangs bösartiger Software** gehört zunächst die Gefährdung der eigenen IT-Infrastruktur. Nicht selten führt die Infektion mit Schadsoftware zum Ausfall eines oder vieler Systeme im Unternehmen. Der mit der Wiederherstellung des geordneten Betriebs verbundene Zeit- und Ressourcen-Aufwand kann erheblich sein. Dieser Aufwand lässt sich in der Regel allerdings verhältnismäßig gut quantifizieren. Weniger genau bis gar nicht quantifizieren lässt sich hingegen der Schaden, der durch einen mit Malware provozierten Datenverlust hervorgerufen wird. Wenn durch Malware Arbeitsprozesse betroffen sind, kann die Arbeitsproduktivität gemindert werden. Außerdem kann Mehrarbeit erforderlich sein, um Störungen zu beseitigen. Mittelbar kann bei häufigen oder weitreichenden Störungen auch die Arbeitsmotivation beeinträchtigt werden. Dies geht oft einher mit einem massiven Vertrauensverlust in »die IT«. Besonders kritisch können Störungen sein, die zu Lieferverzögerungen oder Produktionsausfällen führen und Kundenverluste nach sich ziehen. Wird die IT von einem externen Dienstleister betreut, können auf diesen wiederum Schadensersatzforderungen zukommen.

Auch der **Versand infizierter Inhalte** kann zu negativen Folgen führen, insbesondere dann, wenn ein Kunde, ein anderes Unternehmen oder gar ein Mitbewerber einen Virus vom Mailserver des Absenders erhält. Von einer eventuellen Rufschädigung durch Veröffentlichung solcher Vorfälle abgesehen, spielen auch und insbesondere die rechtlichen Rahmenbedingungen in diesem Umfeld eine Rolle: Liegt ein Organisationsverschulden des absendenden Unternehmens vor, kann der geschädigte Empfänger Schadensersatzforderungen stellen. Die Haftung kann auch den Vorstand oder die Geschäftsführung betreffen.

27.4 Gegenmaßnahmen

Die Wahrscheinlichkeit, dass Malware auf ein IT-System gelangt oder aus ihm verbreitet wird, kann auf verschiedene Weise verringert werden. Dieser Abschnitt gibt eine Übersicht über die verschiedenen Ansätze. In den weiteren Abschnitten wird jeder der Ansätze vertiefend dargestellt.

Soweit die Verbindungen eines IT-Systems nach außen begrenzt werden können, kann auf den geschlossenen Kanälen auch keine Infektion erfolgen. Der erste Ansatz der Abwehr besteht daher in der **Abschottung von Systemen**, bspw. durch physische Trennung, Abschalten von Lesegeräten für Wechseldatenträger oder Firewalls.

Die vollständige Abschottung von Systemen ist nur in wenigen Fällen möglich. Die zweite Verteidigungslinie bildet daher die **Content-Analyse**. Dabei werden Dateien wie auch eingehende und ausgehende Kommunikationsinhalte sowohl zentral (z. B. Proxy) als auch dezentral auf den Clients (z. B. sog. Endpoint-Protection-Lösungen) daraufhin überprüft, ob sie Mustern entsprechen, die als gefährlich eingestuft werden. Ist dies der Fall, werden sie isoliert oder gelöscht.

Wie in anderen Bereichen besteht auch bei der Abwehr von Malware ein Wettkampf zwischen Angreifern und Verteidigern. Gleichzeitig wächst die Abhängigkeit von E-Mail- und Webkommunikation – und damit auch das Schadenspotenzial. Content-Analyse reicht häufig nicht aus, um die mit hoher Dynamik und Kreativität weiterentwickelten Schädlinge rechtzeitig zu erkennen. Ansätze zur **Verhaltensanalyse** von Programmen sollen dem begegnen.

Die Techniken zu Abschottung, Content-Analyse und Verhaltensanalyse setzen teilweise an den gleichen oder ähnlichen Stellen an, bspw. bei ein- und ausgehender Internet-Kommunikation. Auch sind die durchzuführenden Prüfungen nicht scharf abzugrenzen. Neben Produkten, die die Aufgaben einzeln erfüllen, gibt es daher auch integrierte Lösungen, in denen z. B. Firewall-Funktionen mit Content-Analysen kombiniert durchgeführt werden. Soweit die Abläufe und Mechanismen ähnlich sind, können dadurch Synergie-Effekte erreicht werden.

Ergänzt werden sollte der Malware-Schutz am Übergang vom/zum Internet durch lokale **Anti-Virus-Software auf den Endsystemen**, die einen gewissen Schutz gegen Malware bietet, die von den zentralen Filtermechanismen nicht erkannt wurden oder an diesen vorbei (bspw. auf einem Datenträger) auf das System gelangt sind.

Neben den technischen Ansätzen muss auch bei der Abwehr von Malware der Benutzer einbezogen werden. Geht er sorgsam mit Wechseldatenträgern und dem Internet um, dann wird die Bedrohung durch Malware verringert. Das Thema Malware und adäquate Verhaltensweisen müssen daher auch Gegenstand von Awareness-Maßnahmen sein. Dazu gehören bspw.:

- »zurückhaltender« Umgang mit E-Mail-Adressen
- »zurückhaltendes« Surfen im Internet
- strikte Sicherheitseinstellungen in Browser und Mail-Client
- zweifelhafte E-Mails ungelesen löschen
- Vorsicht mit mobilen Datenträgern
- Regelungen für mobile Datenträger beachten
- Reaktionen auf Malware-Verdacht

27.4.1 Abschottung von Systemen

Zu den wichtigsten zentralen Maßnahmen gehört offensichtlich die Abschottung aller zentralen und dezentralen Systeme vor weniger schutzbedürftigen Systemen und Netzen – insbesondere dem Internet. Dazu gehören vor allem der Betrieb von Firewalls, die Einrichtung besonderer Schutzzonen für die aus dem Web erreichbaren Server (demilitarisierte Zone, DMZ) sowie eine angemessene Segmentierung der internen Teilnetze. Diese Maßnahmen sind in den Kapiteln 11 und 12 beschrieben und werden daher an dieser Stelle nicht wiederholt.

Ergänzend zur netzseitigen Abschottung sollte – falls ein relevantes Risiko besteht, dass sich Angreifer physischen Zutritt verschaffen – auch der Zugang zu Systemen und Schnittstellen durch physische Maßnahmen berücksichtigt werden. Werden Systeme bspw. in verschlossenen Systemschränken untergebracht, wird eine vorsätzliche Infektion durch USB-Datenträger erschwert.

27.4.2 Content-Analyse

Content-Analysen können für unterschiedliche Elemente von Dateien oder übertragenen Daten vorgenommen werden. Im Folgenden werden die Techniken und Maßnahmen der Standard-Vorgehensweisen beschrieben; Content-Analyse-Technologien und -Produkte kann man als sehr gut verstanden betrachten. Sie gehören heute in den meisten Unternehmen und Behörden zur Grundausrüstung im Bereich IT-Sicherheit, ähnlich wie bspw. Firewalls. Die nachfolgenden Abschnitte orientieren sich am Einsatz der Mechanismen für die Analyse von E-Mails (Protokolle: SMTP, POP3, IMAP), gelten in der Regel aber auch für andere Protokolle. Mögliche Unterschiede bei der Filterung von HTTP werden jeweils gesondert beschrieben.

Ansatzpunkte für das Filtern von Content

Im einfachsten Fall werden sämtliche Dateien auf möglichen Schadcode überprüft. Die dabei eingesetzte Klassifikation von Inhalten ist in gleicher Weise auch Bestandteil der Überprüfung von ein- und ausgehendem Datenverkehr und wird deshalb im Abschnitt 27.4.5 behandelt. Zum Abschluss des Kapitels werden Besonderheiten zu Anti-Spam-Maßnahmen, verschlüsselten Inhalten und zum Blockieren vertraulicher Informationen sowie neuere Ansätze zur Erkennung von Malware und zur Eingrenzung von deren Auswirkungen dargestellt.

Es wurde bereits darauf hingewiesen, dass in einer heute üblichen IT-Infrastruktur an unterschiedlichen Stellen nach Schadcode gefiltert werden kann und muss: Neben zentralen Content-Filtern und Virenschutz-Programmen sind immer auch dezentrale Abwehrmechanismen erforderlich. Der Begriff »dezentral« umfasst in modernen, heterogenen Umgebungen dabei nicht nur die PCs der Endanwender, sondern auch dedizierte Server sowie besonders die eingesetzten mobilen Geräte wie Tablets und Smartphones. Viele der gängigen Produkte lassen sich daher an unterschiedlichen Stellen einsetzen. Oft existiert auch eine Schnittstelle zu einer zentralen Management-Station, von der die unterschiedlichen Anwendungen gesteuert und ausgewertet werden können, wie z. B. in Abbildung 27.1 dargestellt.

Abbildung 27.1: Platzierung von Viren-Scannern und Spam-Filtern

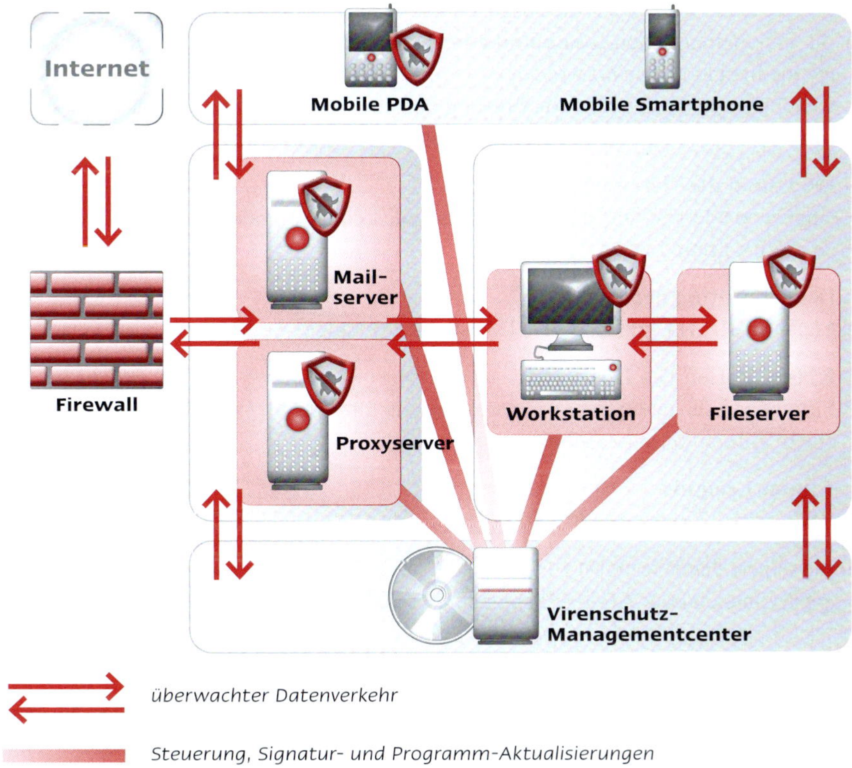

Durch einen umfassenden Einsatz von Filter-Komponenten soll der gesamte Datenverkehr auf Malware und Spam geprüft werden. Für mobile Endgeräte sind die Lösungen unterschiedlich weit entwickelt. Für sie kann es daher notwendig sein, den Datenverkehr über zentrale Filter zu leiten, also bspw. den Zugriff auf das Internet nur über ein VPN mit zentralem Content-Filter zuzulassen.

Durch einen umfassenden Einsatz von Filter-Komponenten soll der gesamte Datenverkehr auf Malware und Spam geprüft werden. Für mobile Endgeräte sind die Lösungen unterschiedlich weit entwickelt. Für sie kann es daher notwendig sein, den Datenverkehr über zentrale Filter zu leiten, also bspw. den Zugriff auf das Internet nur über ein VPN mit zentralem Content-Filter zuzulassen.

Trotz der Mächtigkeit aktueller Produkte hat es sich als Best Practice bewährt, auf mehrere Produkte unterschiedlicher Hersteller zu setzen. Keines der Produkte liefert perfekte Leistungen. Die Stärken und Schwächen, vor allem bezüglich der Viren-Erkennung, unterscheiden sich zwischen den verschiedenen Herstellern. Die Sicherheit eines Unternehmensnetzwerks lässt sich also in der Regel dadurch erhöhen, dass bspw. für die Virus-Abwehr auf dem zentralen Mailserver das Produkt eines anderen Herstellers gewählt wird als auf den Mitarbeiter-PCs.

Die Mechanismen der Content-Filterung unterscheiden sich dabei nicht hinsichtlich der Kommunikationsrichtung: Zum Beispiel arbeitet der Viren-Scanner für die eingehenden E-Mails genauso wie der für die ausgehenden. Je nach Sicherheitskonzept kann der Filter für die unterschiedlichen Kommunikationswege und -richtungen aber möglicherweise unterschiedlich konfiguriert werden.

Unabhängig vom Ort der Ausführung besteht die Filterung aus den folgenden vier Teilschritten, die nachfolgend beschrieben werden:

- **Erfassung des Netzwerkverkehrs**
  eingehend oder ein- und ausgehend, Blockade beim Verbindungsaufbau durch schwarze, weiße, graue Listen
- **Dekomposition der Pakete**
  Mail-Header, HTTP-Header, MIME-Parts, Anhänge, Archive etc.
- **Klassifikation von Inhalten**
  Filterung nach Dateitypen, Virenscan, Inhaltsfilterung und weitere Analyseformen zu einem Klassifikationsergebnis
- **Aktion/Ereignis**
  Quarantäne, Sperre, Modifikation etc.

Für die reinen Datei-Scans ist zumindest der erste der vier Schritte nicht erforderlich. Für komplexe Dateien oder Archive kann aber bereits eine Dekomposition erforderlich sein.

Datei-Scans

Es ist in den meisten Organisationen üblich, einen flächendeckenden Endgeräte-basierenden Malware-Schutz mit den folgenden Mindestanforderungen vorzusehen:

- Überprüfung bei Dateizugriff: ständig laufender, nicht abschaltbarer On-Access-Scan auf allen Servern und Clients sowie auf allen anderen Geräten, deren Einsatzbedingungen Virengefährdungen mit sich bringen (Geräte mit Embedded Windows, Tablets, Smartphones oder andere mobile Endgeräte)
- Überprüfung sämtlicher Dateien: regelmäßiger On-Demand-Scan auf allen Servern und Clients
- Auf Servern und Clients sowie zentralen Gateways sollten Virenschutz-Programme unterschiedlicher Hersteller eingesetzt werden, um den Schutz zu erhöhen
- Generelle Konfiguration der Viren-Scanner über ein zentrales Management-Tool (keine dezentrale Konfiguration)
- Mindestens täglich automatisches Update der Virensignaturen
- Regelmäßige Aktualisierung der Antiviren-Engine/Programmversion

Zur Inhaltanalyse werden die gleichen Mechanismen eingesetzt, wie dies bei den im Folgenden beschriebenen Content-Filtern für den Netzwerkverkehr der Fall ist.

27.4.3 Erfassung des Netzwerkverkehrs

Zunächst einmal muss erreicht werden, dass der gesamte zu überwachende Netzwerkverkehr, insbesondere HTTP sowie SMTP und POP3 oder IMAP, über den Content-Filter geleitet wird. In den meisten Unternehmensnetzen wird dies über die folgenden typischen Architekturvarianten realisiert.

In der ersten Variante wird ein **zentraler Proxy** eingerichtet, über den sämtliche IP-Pakete umgeleitet werden. Um dies zu erreichen, muss gegebenenfalls der Proxy auf allen Clients konfiguriert werden. Der Proxy ist physisch zwischen Firmen-Firewall und internem Netz angesiedelt.

Bei der zweiten Variante handelt es sich um den Standardaufbau eines Content-Filters für den E-Mail-Verkehr in Verbindung mit einer Firewall: Hier wird der Content-Filter als **Mail-Relay** realisiert. In diesem Fall unterbindet die Firewall jeglichen direkten Mail-Transfer und leitet alle ein- und ausgehenden Pakete über den Mail-Relay. Im Internet ist dieser Relay als normaler Mailserver sichtbar.

Eine dritte Variante ebenfalls für den E-Mail-Verkehr integriert den Viren-Scanner und/oder einen allgemeineren Content-Filter direkt in den **Mailserver**. Diese Variante findet man in der Praxis jedoch noch nicht sehr häufig, denn durch die relativ enge Integration kann es zu Problemen bei Updates oder Versionswechseln kommen. Muss bspw. der Mailserver aufgrund einer Sicherheitslücke gepatcht werden, kann gegebenenfalls die Content-Filter-Software nicht mehr mit dem Server korrekt zusammenarbeiten und umgekehrt. Außerdem sorgt diese Lösung für eine unter Umständen erhebliche zusätzliche Belastung des Mailserver-Systems.

Zunehmend findet man auch **Unified-Threat-Management**-(UTM-)Lösungen, die die Komponenten Firewall, Content-Filter und Intrusion Detection/Intrusion Prevention in einem System vereinen.

Der vom Content-Filter beobachtete Netzwerkverkehr kann in einem ersten Filter zugelassen oder abgelehnt werden. Dafür kommen die folgenden Techniken zum Einsatz.

Schwarze, weiße oder graue Listen

Eine Maßnahme, die in früheren Jahren für die Klassifikation von Mails große Bedeutung hatte, ist der Abgleich von Quelladressen mit Positiv- und Negativ-Listen von Internetadressen. Die Klassifikationskomponente vergleicht bspw. bei E-Mails die IP-Adresse des absendenden Mailservers mit:

- »weißen Listen« oder Whitelists, für die der Verkehr zugelassen wird. Eine Whitelist enthält »gute« Mailserver, z. B. die bekannten Server von Kunden und Dienstleistern.
- »schwarzen Listen« oder Blacklists, von denen Mail-Verkehr als problematisch eingestuft wird. Blacklists enthalten IP-Adressen von Mailservern, die als Versender von Malware bekannt sind, z. B. weil sie erfolgreich von einem Angreifer gehackt wurden.
- »grauen Listen« – eine lokale Liste akzeptierter Absender. Für unbekannte Absender führen sie einen Test aus

Der eigene Mailserver kann so konfiguriert werden, dass er noch während des Aufbaus einer TCP-Verbindung die IP-Adresse eines anfragenden Servers gegen die Black- und/oder Whitelist prüft. Befindet sich die IP-Adresse der gerade im Aufbau befindlichen TCP-Verbindung auf einer Blacklist, wird die Verbindung sofort abgebrochen. Auf diese

Weise kann ein Mailserver erheblich entlastet werden. Da keine komplette TCP-Verbindung zustande kommt, werden (schädliche) Inhalte der Mail gar nicht erst übertragen. Die Praxis hat gezeigt, dass das Abfragen der Blacklist in Echtzeit bezüglich der Performance völlig unproblematisch ist.

Die Pflege der Black- und Whitelists kann man dabei selbst betreiben oder sich – insbesondere für Blacklists – der zahlreichen im Internet verfügbaren, teilweise kostenlosen Listen bedienen. Dabei ist jedoch Vorsicht geboten: Nicht immer ist klar, wer die Liste pflegt und nach welchen Regeln IP-Adressen aufgenommen sowie – noch wichtiger – wieder entfernt werden. In der Vergangenheit gab es immer wieder Probleme mit Blacklist-Betreibern, die komplette IP-Adressbereiche in ihre Blacklist aufgenommen haben. Werden die Mailserver eines Unternehmens auf einer Blacklist eingetragen, kann dies den Denial of Service für den Mail-Versand bedeuten.

Eine Mischform von Black- und Whitelists hat sich seit einigen Jahren ebenfalls als wirkungsvoller Mechanismus etabliert: das Führen von »grauen Listen« oder Greylisting. Beim Greylisting schickt der eigene Mailserver dem absendenden Mailserver beim Versuch der E-Mail-Zustellung eine temporäre Fehlermeldung[2], wenn er diesen Server noch nicht in seiner lokalen Datenbank gelistet hat. Ist der sendende Mailserver korrekt konfiguriert, versucht er in der Regel nach ca. 15 Minuten noch einmal, die Mail zu versenden. Er wird vom Empfänger in der Datenbank erkannt und diesmal ohne Fehlermeldung akzeptiert. Dieses Verfahren funktioniert deshalb noch recht gut, weil Spam-Software in der Regel nach der temporären Fehlermeldung aufgibt und nicht noch einmal versucht, die Mail zuzustellen. »Moderne« Spam-Versender umgehen aber inzwischen auch Greylisting leider recht erfolgreich.

27.4.4 Dekomposition der Inhalte und Header-Analyse

Der nächste Schritt besteht darin, die zu filternden Inhalte korrekt zu zerlegen. Die Trennung von Header (bei E-Mail bspw. To:, Cc:, Subject: und andere Elemente) und Body (Inhalt) stellt dabei noch den trivialen Teil der Dekomposition dar. Insbesondere E-Mails können heute beliebig verschachtelt sein: Eine einzelne Mail kann unterschiedliche Darstellungsformen (ASCII und HTML) beinhalten, eine Reihe von Anhängen (Attachments) transportieren sowie schließlich signiert und/oder verschlüsselt sein. Der Content-Filter muss in der Lage sein, mit all diesen Formen umzugehen.

Neben diesen Transportformen können die Anhänge einer Mail unterschiedlichste Archive enthalten. Die Anzahl verschiedener Formate ist inzwischen fast unüberschaubar geworden – zu den gängigen gehören ZIP, RAR, JAR, TAR, CAB, GZ, die ihrerseits wiederum beliebig oft ineinander verschachtelt sein können. Wie geht der Content-Filter z. B. mit einem ZIP-Archiv um, das Unmengen weiterer, verschachtelter ZIP-Archive enthält?

Auch für andere Protokolle wie HTTP und Co gelten dabei vergleichbare Fragestellungen: Der Filter muss auch für sie in der Lage sein, rekursiv Archive zu entpacken und schädliche Inhalte zu erkennen sowie gegebenenfalls zu beseitigen. Einige Produkte können bspw. einzelne Dateien eines Archivs entfernen und das Archiv anschließend »gesäubert« wieder zusammenpacken.

2 Zum Beispiel Fehlercode 450 »Service temporarily unavailable«.

Wie aber geht der Content-Filter mit selbstextrahierenden Dateien um? Was geschieht mit Archiven, die durch ein Passwort geschützt sind? Erkennt der Filter sogenannte »Kompressionsbomben«[3] korrekt? Hier unterscheiden sich die Filterprodukte in der Praxis im Detail recht stark.

27.4.5 Klassifikation von Inhalten

Die eigentliche Arbeit des Content-Filters wird im dritten Schritt verrichtet: Die extrahierten Inhalte werden anhand unterschiedlicher Kriterien eingehend untersucht. Innerhalb eines Produkts können mehrere Techniken zum Einsatz kommen, unabhängig davon, ob es sich um einen zentralen oder dezentralen Scan handelt. Im Weiteren wird dargestellt, welche Klassifikationskriterien für welche Elemente des Inhalts angewandt werden können.

Viren- und Malware-Scan

Der Viren- und Malware-Scan steht im Mittelpunkt der Analysen. Die gefilterten Inhalte werden auf der Basis von Mustern, sogenannten Signaturen, nach bekanntem Schadcode gescannt. In der Regel führen die Content-Filter diesen Scan nicht selbst durch, sondern bedienen sich dedizierter Programme. Teilweise verfügen Content-Filter über Schnittstellen zu einem oder mehreren Antiviren- bzw. sog. Endpoint-Protection-Produkten, teilweise sind die Viren-Scanner auch direkt in den Content-Filter integriert. Letztere Maßnahme zeigt jedoch gelegentlich in der Praxis noch immer Defizite gegenüber spezialisierten AV-Produkten bezüglich der Erkennungsleistung sowie der Aktualität der Signaturdatenbanken bzw. der eingesetzten Heuristiken.

Typen von Dateianhängen

Einige Content-Filter klassifizieren schlicht nach dem Typ von gefilterten Dateianhängen. Insbesondere ausführbare Dateien können von etlichen Produkten komplett blockiert werden. Dabei stellen sich jedoch in der Praxis drei Fragen:

- Welche Dateitypen sind als ausführbar zu klassifizieren? Soll der Content-Filter bspw. auch etwas weniger geläufigere Binaries wie .cmd oder .scr als ausführbar und riskant einstufen?
- Wie viele Ressourcen sollen für die Klassifikation aufgewandt werden? Wird nur die Endung des Dateinamens geprüft? Dann kann der Content-Filter leicht ausgetrickst werden, weil vielleicht schon das einfache Umbenennen einer Datei von .exe nach .ex_, ausreicht, um den Filter zu überlisten. Oder soll die Klassifikationskomponente in der Lage sein, unabhängig von der Dateiendung den Typ der Datei zu erkennen und somit zu bewerten? Dann muss der Dateiinhalt anhand von Mustern (z. B. den ersten Bytes der Datei) analysiert werden.

3 Hierbei handelt es sich um eine vor einigen Jahren recht erfolgreiche Methode, Content Filter zum Absturz zu bringen: Man packe mehrere Zigmilliarden gleiche ASCII-Zeichen (z. B. »A«) in ein ZIP-Archiv und schicke dieses per Mail-Attachment über den Content-Filter. Die ZIP-Datei wird nur wenige Bytes groß sein. Versucht der Content-Filter aber ohne weitere Prüfung, die Datei im Hauptspeicher zu entpacken, wird das System u. U. abstürzen, weil nicht genügend RAM zur Verfügung steht.

Auch bei den Dateianhängen lassen jedoch Multimedia-Funktionalitäten die Grenzen verschwimmen (s. o.). Wie geht der Content-Filter bspw. mit Skripten in HTML-Dateien um? Wie werden Flash-Inhalte bewertet, bei denen es sich ebenfalls um ausführbare Inhalte handelt? Werden Dateitypen, die (auch) ausführbaren Inhalt enthalten könnten, für die tägliche Arbeit genutzt (bspw. PDF-Dateien von Mitarbeitern einer Personalabteilung)? Hier muss ggf. eine Abwägung zwischen Arbeitsfähigkeit und Sicherheit getroffen werden.

Lexikalische Analyse, Schlüsselwörter und Muster-Suche

Eine weitere Möglichkeit schließlich ist die reine Inhaltsfilterung und damit verbunden eine lexikalische Analyse bzw. eine Suche nach bestimmten Mustern oder Schlüsselwörtern im Text.[4] Bei dieser Form der Klassifikation wird nach bestimmten Begriffen (»Viagra« etc.) gesucht und der überprüfte Inhalt entsprechend klassifiziert. Diese Art der Suche ist in der Praxis sehr ressourcenaufwendig. Sie kann außerdem sehr leicht umgangen werden, z. B. durch das Austauschen einzelner Buchstaben. Auf der anderen Seite bietet diese Form der Analyse kurzfristige Reaktionsmöglichkeiten, wenn sich bspw. ein neuer Wurm im Internet schnell verbreitet, aktuelle Antivirensignaturen aber noch nicht zur Verfügung stehen. In diesem Fall kann der Content-Filter einfach mit bestimmten Schlüsselwörtern des gerade aktiven Wurms trainiert werden, um eine Ausbreitung im lokalen Netz einzugrenzen oder gar zu verhindern.

Intelligence Cloud

Eine »Intelligence Cloud« bezieht sich auf eine Art Netzwerk oder eine Plattform, die Daten und Informationen über Bedrohungen und Malware-Angriffe sammelt, analysiert und verteilt. Die Idee hinter einer Intelligence Cloud ist es, eine zentrale Quelle für Bedrohungsinformationen bereitzustellen, die es Organisationen ermöglicht, ihre Netzwerke und Systeme besser zu schützen. Dies kann durch automatisierte Überwachung und Analyse von Bedrohungsdaten erfolgen, aber auch durch die Zusammenarbeit und den Informationsaustausch zwischen Unternehmen und Sicherheitsexperten. Die Informationen, die in einer Intelligence Cloud gespeichert sind, können verwendet werden, um bekannte Bedrohungen zu identifizieren, Vorhersagen über künftige Angriffe zu treffen und eine schnelle Reaktion auf Bedrohungen zu ermöglichen.

27.4.6 Ergebnisgesteuerte Aktionen

Treffen Analysekriterien zu, werden die Inhalte im vorangegangenen Schritt entsprechend klassifiziert. Basierend auf der Klassifikation muss dann eine Aktion ausgeführt werden, bspw. die Kennzeichnung der E-Mail oder das Blockieren der Übertragung einer Flash-Datei. Auch diesbezüglich können die meisten aktuellen Produkte vielfältig konfiguriert werden.

Die vermeintlich einfachste Aktion ist das sofortige Löschen schädlicher Inhalte. Dies ist oft aber auch die schlechteste Möglichkeit: Fehlerkennungen (sogenannte False Positives) lassen sich nicht komplett ausschließen. Es besteht daher die Gefahr, dass eine

4 Eine Filterung von Inhalten ist u. U. aus juristischer Sicht fragwürdig; die rechtliche Thematik ist jedoch nicht Bestandteil dieses Kapitels.

E-Mail oder ein Dateianhang versehentlich als schädlich eingestuft und automatisch gelöscht wird – ein Risiko, das insbesondere im Unternehmensumfeld zu Problemen führen kann oder sogar untragbar ist.

Eine bessere Option ist in der Regel die Weiterleitung der als gefährlich eingestuften Inhalte in eine besonders geschützte Quarantäne-Umgebung, inklusive automatischer Benachrichtigung von Empfänger und/oder IT-Administration. Auf diese Weise können die Inhalte in einem besonders geschützten Bereich angesehen und gegebenenfalls genauer geprüft oder weiterbearbeitet werden, ohne dass die Gefahr einer Vireninfektion besteht. Eine Benachrichtigung des Absenders sollte in der Regel unterbleiben, da dessen Adresse im Fall von Angriffen in der Praxis meist gefälscht ist.

Eine weitere Möglichkeit besteht darin, eine klassifizierte E-Mail lediglich zu kennzeichnen und die abschließende Filterung dem Endsystem zu überlassen. Üblich sind bspw. die Veränderung des Mail-Subjects, z. B. mit einer Ergänzung wie: »[VIRUS FOUND] Originalbetreff«[5], oder das Einfügen neuer Mail-Header, z. B. »X-infected: yes«. Der lokale Mail-Client kann nun anhand dieser Kennzeichen filtern und seinerseits bestimmte Aktionen auslösen.

27.4.7 Besonderheiten bei der Nutzung eines Content-Filters für Anti-Spam-Maßnahmen

Das Thema Spam, das ursprünglich als lediglich lästig betrachtet wurde, ist seit vielen Jahren zu einem ernst zu nehmenden Problem geworden. An Filter-Technologien zur Identifikation von Spam werden daher inzwischen hohe Anforderungen gestellt. Die Techniken der Spammer haben sich im Laufe der Jahre verändert:

- Es existiert eine starke Verbindung zwischen Spam-Mails, Phishing-Mails und Malware-Mails. Für den Versand dieser Mails kommen dabei üblicherweise Botnets zum Einsatz: Waren bis vor wenigen Jahren noch schlecht konfigurierte Mailserver (Open Relay) die Hauptquelle für den Spam-Versand, kommt der Großteil der heute verschickten Spam-Mails von ungepatchten Privat-PCs, die ständig mit dem Internet verbunden sind und oft gar nicht mehr ausgeschaltet werden.
- Das oben beschriebene Greylisting als Filtermethode funktioniert derzeit noch recht zufriedenstellend; Spammer haben jedoch Techniken entwickelt, um das Greylisting zu umgehen.
- Durch den Einsatz von Bot-Rechnern kommen vermehrt Absenderadressen aus dem dynamischen IP-Adressbereich von Internet Providern zum Einsatz.
- Auch weiterführende Sicherheitstechniken, z. B. DomainKeys Identified Mail[6] (DKIM), wurden bereits erfolgreich von Spammern umgangen.
- Spammer setzen häufig auf Einweg IP Adressen, was die Ermittlung der Herkunft einer Spam-Mail deutlich erschwert.

5 Das Verändern des Betreffs ist u. U. aus juristischer Sicht fragwürdig; die rechtliche Thematik ist jedoch nicht Bestandteil dieses Kapitels.

6 DKIM ist ein Verfahren zum Signieren von E-Mail durch den Sender, bei dem der Empfänger den öffentlichen Schlüssel via DNS beziehen kann. Sender und Empfänger sind in der Regel Mailserver (und nicht die Endbenutzer).

- Spammer wechseln über die sogenannte Fast-Flux-Technik ihre DNS-Einträge extrem häufig – teilweise im Minutentakt –, was die Ermittlung der Herkunft einer Spam-Mail ebenfalls deutlich erschwert.

Grundlegende Konzepte der Spam-Abwehr

Wie bereits erwähnt, ähneln die Konzepte der Spam-Bekämpfung den oben beschriebenen Techniken der Content-Filterung. Die Gemeinsamkeiten und Abweichungen sollen daher an dieser Stelle nur kurz beschrieben werden:

- **Blockade beim Verbindungsaufbau**
  Die bereits in Abschnitt 27.4.3 erläuterten Methoden der Filterung beim Verbindungsaufbau stellen auch bei der Spam-Bekämpfung den ersten effektiven Schritt dar. Der Einsatz von Blacklists, Whitelists sowie Greylisting vermag einen Großteil der Spam-Mails zumindest halbwegs zuverlässig zu erkennen und zentrale Mailserver somit zu entlasten: Netzwerkverbindungen werden bereits auf TCP-Ebene blockiert; das komplexere SMTP-Protokoll kommt dann nicht mehr zum Einsatz. Es sei jedoch an dieser Stelle die Warnung wiederholt, dass insbesondere Blacklists u. U. legitime Absenderadressen komplett blockieren, gegebenenfalls sogar große Gruppen von Adressen. Auch bleibt die Frage nach der Zuverlässigkeit der Betreiber solcher Blacklists. Demgegenüber steht die Tatsache, dass Blacklists sehr einfach durch die Mailserver-Administration zu konfigurieren und zu pflegen sind.
- **Filtern anhand des Absenders oder Empfängers**
  Diese eher theoretische Filtermöglichkeit untersucht E-Mails anhand von Mail-Adressen und Domain-Namen. Da diese jedoch trivial gefälscht werden können und bei professionellem Spam in der Regel auch sind, sind »gut«-Klassifikationen nach diesen Kriterien sehr unsicher. Diese Klassifikationsmechanismen sollten daher nur mit Vorsicht eingesetzt werden.
- **Header-Analyse**
  Bei dieser wichtigen Form der Analyse werden die sogenannten Kopfzeilen jeder E-Mail untersucht. In diesen Headern werden einige für den Transport von Nachrichten wichtige Daten und Informationen abgelegt, bspw. IP-Adressen und Zeitstempel. So fügt z. B. jeder am Transport einer Mail beteiligte Mailserver eine weitere Header-Zeile (Received: from …) in die Nachricht ein, die ihn eindeutig identifiziert. Spam-Filter versuchen, anhand »unkorrekter« Header-Einträge Indizien für Spam-Mails zu finden, z. B.:
  - ungültige oder gefälschte Host- oder Domain-Namen
  - ungültige oder gefälschte Received-Einträge
  - nicht existierende Zeitzonen (Beispiel: -0600 EST)
  - nicht existierende IP-Adressen (Beispiel: 165.874.194.259)
  - Message-IDs, wie sie von bekannten Spam-Tools verwendet werden
  - Überschreitung einer bestimmten maximalen Anzahl an Empfängern
  - generelle Verstöße gegen SMTP-Protokollkonformität

- **Inhaltsfilterung**
  Eine weitere wichtige Analyseform ist die Untersuchung der eigentlichen Mail-Inhalte. Bei dieser ebenfalls sehr aufwendigen Form wird nach Schlüsselwörtern (z. B. »Viagra« – s. o.) oder auch bestimmten Text- sowie HTML-Formatierungen gesucht, um eine Mail als Spam zu klassifizieren. Besteht der Text einer Mail bspw. nur aus Großbuchstaben oder enthält viele Bilder und HTML-Frames, ist die Wahrscheinlichkeit hoch, dass es sich nicht um eine legitime Mail handelt. Ganz offensichtlich lässt sich diese Analyse leicht aushebeln, z. B. mit angepassten Schreibweisen wie »V1agra«); dennoch stellt sie den zentralen Bestandteil fast aller Implementierungen dar.

Daneben existieren weitere technische Ansätze, z. B. DKIM oder SPF (Sender Policy Framework[7]), um Spam abzuwehren. Die meisten der heute aktuellen Produkte implementieren Kombinationen der oben beschriebenen Techniken. Sie arbeiten normalerweise mit Wahrscheinlichkeiten (Spam Score) und stufen eine Mail als Spam ein, sobald bei der Überprüfung ein bestimmter, frei wählbarer Schwellenwert (Threshold) überschritten wurde. Grundsätzlich können die Filter- und Analysemethoden dabei client- und/oder serverseitig realisiert werden. In vielen Fällen wird ein zweistufiger Ansatz am erfolgversprechendsten sein.

Bei Mailserver-Betreibern haben sich schon früh Werkzeuge wie Spam-Assassin verbreitet. In Spam-Assassin ist bspw. eine Vielzahl unterschiedlicher Funktionalitäten zum Filtern von Spam implementiert. Je nach Konfiguration dokumentiert Spam-Assassin seine Ergebnisse mehr oder weniger detailliert innerhalb der Header der untersuchten Mail, z. B. mit Einträgen wie:

```
»Subject: **SPAM**«, »X-Spam-Flag«, »X-Spam-Level«, »X-Spam-Status«,
»X-SpamReport«
```

Der Mail-Client kann entsprechend so konfiguriert werden, dass er die gekennzeichneten Mails beim Download vom Mailserver in ein spezielles lokales Verzeichnis verschiebt, das der Benutzer regelmäßig manuell nach falsch eingestuften E-Mails durchsuchen kann.

27.4.8 Content-Filter und verschlüsselte Inhalte

Zur Sicherung der Vertraulichkeit von Kommunikation wird häufig Verschlüsselung eingesetzt. Alle Content-Filter stoßen aber prinzipiell auf Probleme, sobald die zu untersuchenden Inhalte verschlüsselt sind – bspw. über S/MIME bzw. PGP und/oder SSL/TLS. Da der Content-Filter die Inhalte nicht entschlüsseln kann, kann keine Klassifizierung durchgeführt werden.

Sofern verschlüsselte Inhalte innerhalb einer Organisation verwendet werden sollen und nicht grundsätzlich untersagt sind, muss eines der beiden folgenden Konzepte eingesetzt werden, damit Verschlüsselung und Content-Filterung parallel eingesetzt werden können:

7 Für SPF wird in speziellen DNS-Einträgen für eine Mail-Domäne hinterlegt, welche Mailserver autorisiert sind, für diese Domäne E-Mails zu versenden.

- **Priorität Ende-zu-Ende-Verschlüsselung**
  Wird der Vertraulichkeit der Inhalte und damit einer dezentralen Ver-/Entschlüsselung eine höhere Priorität eingeräumt, muss technisch sowie organisatorisch sichergestellt werden, dass die Content-Filterung sowie insbesondere ein Malware-Scan dezentral auf allen Client-Systemen durchgeführt wird. Andernfalls könnten schädliche Inhalte schon durch einfache Verschlüsselungsformen, z. B. in einem verschlüsselten ZIP-Archiv, auf das lokale System gelangen.

- **Priorität zentrale Content-Filterung**
  Wird die zentrale Content-Filterung höher priorisiert als der Schutz der Vertraulichkeit im internen Netz, bietet sich der Einsatz zentraler Ver- und Entschlüsselung an. »Secure Mail Gateways« haben sich in der jüngsten Vergangenheit in vielen, insbesondere größeren, Organisationen etabliert. Eingehende Mails werden hierbei – sofern die entsprechenden Schlüssel vorliegen – zentral entschlüsselt und können nun vom zentralen Content-Filter analysiert werden. Nach der Analyse können die Inhalte für den vorgesehenen Empfänger neu verschlüsselt werden. Häufig kommen derartige Lösungen auch bei einer Kontrolle des Webverkehrs per HTTPS (»SSL-Breaker«) zum Einsatz.

27.4.9 Verhaltensanalyse

Eine stark erweitere Form der Malware-Analyse ist die sogenannte Verhaltensanalyse. Da Viren, Würmer und andere Malware immer häufiger selbst mutieren und auch gezielte Malware-Angriffe eine größere Rolle spielen, kommen normale, auf der Erkennung von Malware-Signaturen basierende Viren-Scanner schnell an ihre Grenzen bzgl. der eindeutigen Erkennung von Malware.

Diesem Umstand trägt die Verhaltensanalyse Rechnung. Hierbei wird der zu untersuchende Code in einer geschützten Umgebung, oft innerhalb einer virtuellen Maschine oder Sandbox, geöffnet bzw. ausgeführt, um zu beobachten, welche Veränderungen am System hervorgerufen werden. Beispielsweise wird analysiert, wie das Dateisystem nach dem Ausführen einer unbekannten EXE-Datei unter Windows durch das Anlegen neuer Dateien, Löschen von Dateien oder ändernde Zugriffe auf Systemdateien verändert wird, ob spontan Netzwerkverbindungen aufgebaut oder signifikante Änderungen an der Registry vorgenommen werden. Inzwischen werden für die Verhaltensanalyse auch KI-basierte Lösungen eingesetzt. Basierend auf dieser Analyse kann anschließend der untersuchte Code als harmlos oder bösartig klassifiziert werden. Die Analyseumgebung wird dann im letzten Schritt in einen definierten, sauberen Ausgangszustand zurückgesetzt, z. B. durch Zurücksetzen auf den ursprünglichen Snapshot, um sämtliche Spuren der analysierten Code-Fragmente zu entfernen.

Diese Verhaltensanalyse ist nicht nur recht aufwendig und zeitintensiv, sie liefert leider auch nicht immer eindeutige Ergebnisse. Wie bspw. soll sicher entschieden werden, ob eine Registry-Änderung gut- oder bösartig ist? Zudem versuchen viele Malware-Autoren inzwischen, zu erkennen, ob die Malware in einer Sandbox ausgeführt wird (bspw. anhand von Anzeichen einer Virtualisierungsumgebung oder fehlender bzw. atypischer Benutzeraktionen auf dem System), und verzichten dann auf die Ausführung der eigentlichen Malware-Funktionen.

27.4.10 Mikrovirtualisierung

Einen völlig anderen Ansatz bieten in den letzten Jahren entwickelte Lösungen, die auf einer Mikrovirtualisierung basieren. Hiermit ist gemeint, dass einzelne Anwendungen jeweils in einem eigenen Sicherheitskontext betrieben werden. So ist es bspw. möglich, einen PDF-Reader in einem Kontext Internet und in einem Kontext internes Netz zu betreiben. Für den Benutzer sind an sich nur zwei Fenster geöffnet, es herrscht aber eine strikte Trennung der Umgebungen. Sofern ein vom Internet geladenes PDF infiziert ist, wirkt dieses nur auf die eine, dem Internet zugeordnete Instanz, des PDF-Readers. Es verbleibt allerdings auch bei einer Mikrovirtualisierung die Frage, wie mit Dokumenten umgegangen werden soll, die aus dem Internet heruntergeladen wurden, aber dann im internen Netz bearbeitet und gespeichert werden sollen.

Interessant an diesem Ansatz ist, dass er dem inzwischen recht hohen Restrisiko Rechnung trägt, dass infizierte Dateien von klassischer Antiviren-Software erst verspätet erkannt werden. Hier wird prinzipiell die Infektion in Kauf genommen, aber deren mögliche Auswirkung eingegrenzt.

Literatur

[Verizon DBIR 2018] *Verizon*: Data Breach Investigations Report, 11th edition, 2018, *https://enterprise.verizon.com/resources/reports/DBIR_2018_Report.pdf* (Stand: 15.01.2024)

28 Intrusion Detection

Einleitung

Intrusion-Detection-Systeme (IDS) sind eine präventive Sicherheitsmaßnahme innerhalb eines Sicherheitskonzeptes. Sie sollen Angriffe erkennen, die durch andere Sicherheitsmechanismen, wie z. B. Firewalls oder Systemhärtungen nicht abgewehrt oder verhindert werden. Ähnlich den Erkennungsalgorithmen moderner Viren-Scanner versucht ein IDS, durch die Analyse der Datenströme eines Netzwerks sowohl bekannte Angriffsmuster anhand von »Signaturen« zu erkennen als auch von der »Norm« abweichendes Kommunikationsverhalten, das auf einen Angriffsversuch zurückzuführen sein könnte, anhand von heuristischen Algorithmen zu identifizieren. Die von einem IDS gesammelten Informationen werden dazu üblicherweise an vorher bestimmte Empfänger zur Bewertung und Eskalation weitergeleitet.

Bei korrekter Konfiguration können Intrusion-Detection-Systeme darüber hinaus Informationen mit Beweiskraft bereitstellen, die Unternehmen nötigenfalls in die Lage versetzen, die Urheberschaft von Angriffen aufzudecken und forensische Untersuchungen zu starten.

28.1 Einordnung und Definitionen

Als *Intrusion Detection* (ID) bezeichnet man die aktive Überwachung von IT-Systemen oder IT-Infrastrukturen mit dem Ziel, Angriffe, Missbrauch oder nicht ordnungsgemäßes Systemverhalten anhand bekannter Strukturen oder Muster zu erkennen.

Die Aufgabe von Intrusion Detection besteht darin, aus allen im Überwachungsbereich stattfindenden Ereignissen diejenigen herauszufiltern, die Hinweise auf Angriffe, Missbrauchsversuche oder Sicherheitsverletzungen geben, um diese anschließend zu analysieren. Die Umsetzung erfolgt durch technische und organisatorische Maßnahmen. Insbesondere müssen technische Befunde regelmäßig bezogen auf den Einzelfall manuell bewertet werden.

Der für den Einsatz von Intrusion Detection erforderliche Sicherheitsprozess funktioniert nur, wenn organisatorische und technische Abläufe kombiniert und angemessen aufeinander abgestimmt werden. Um den Intrusion-Detection-Prozess sinnvoll zu gestalten, kann bei der heutigen Komplexität globaler Netzwerke auf den Einsatz unterstützender Werkzeuge nicht verzichtet werden – insbesondere weil Informationen aus Angriffsversuchen nur einen Bruchteil der zu analysierenden Daten ausmachen und eine rein manuelle Auswertung daher unangemessen aufwendig wäre.

Die technische Umsetzung von Intrusion Detection erfolgt heute meist mit Unterstützung von Werkzeugsammlungen, die dazu dienen, zusammenhängende Ereignisse, die auf IT-Systemen oder in Netzwerken auftreten, zu identifizieren und nach unterschiedlichen Kriterien bewerten zu können. Diese Kriterien sollten aus den Zielen des Sicherheitskonzepts abgeleitet werden.

Dabei liegt das Hauptaugenmerk der Intrusion Detection auf der korrekten und möglichst genauen Identifikation, Analyse, Filterung, Auswertung, Speicherung und Archivierung auftretender Ereignisse. Die Ergebnisse des gesamten Prozesses können dabei immer nur so gut sein, wie die eingesetzten Werkzeuge. Unausgereifte oder ungeeignete Werkzeuge erzielen in der Regel nur unbefriedigende Erkennungsraten.

Ein *Intrusion-Detection-System* (IDS) ist danach ein System aus Hardware und Software, mit dem Angriffe auf ein IT-System oder Netzwerk erkannt werden können. Der Begriff bezieht sich dabei auf alle IT-Systeme, die mit einem internen oder öffentlichen Netzwerk verbunden sind. Sinnvoll geplant und eingesetzt, ergänzt die ID-Technik klassische Sicherheitsmaßnahmen im Bereich der Sicherheitsüberwachung und -steuerung für vernetzte Systeme, Anwendungen und sensitive organisatorische Abläufe wie z. B. der strikt reglementierten Vergabe administrativer Zugriffsrechte. Die durch heutige IDS abgedeckten Aufgaben umfassen Erkennung, Auswertung, Eskalation und zunehmend revisionssichere Dokumentation von Ereignissen und Vorfällen.

IDS können den übergeordneten Prozess der Intrusion Detection (s. o.) in technischer und organisatorischer Weise unterstützen.

28.2 Architektur und Komponenten von Intrusion-Detection-Systemen

IDS-Architekturmodell: Common Intrusion Detection Framework (CIDF)

Weltweit sind heute auf unterschiedlichsten Entwürfen aufbauende IDS im Einsatz. Vergleichbarkeit und Kompatibilität der verschiedenen Lösungen kann man daher in der Regel nicht erwarten. Es gibt jedoch Versuche, standardisierte Modelle zu schaffen, um zumindest die in IDS verwendeten Protokolle und Schnittstellen so zu normieren, dass der Zugriff auf Daten und Ressourcen über Systemgrenzen hinweg ermöglicht wird. Hierfür wurde das Common Intrusion Detection Framework (CIDF) entwickelt,[1] das Modelle für den Aufbau von IDS-Komponenten, deren Kommunikation untereinander und für die Semantik einer Protokollierungssprache enthält.

Das CIDF-Architekturmodell[2] geht davon aus, dass ein Intrusion-Detection-System generell aus vier Komponenten besteht, die in Tabelle 28.1 genannt sind. Jede derartige CIDF-Komponente kann ein eigenständiges oder ein in ein größeres System eingebundenes Softwarepaket sein.

1 Offene Arbeitsgruppe des Fachbereichs Informatik der University of Southern California, Los Angeles, mit Unterstützung des amerikanischen Verteidigungsministeriums: *http://gost.isi.edu/cidf.*

2 *http://gost.isi.edu/cidf/drafts/architecture.txt.*

Tabelle 28.1: Die vier CIDF-Komponenten

Modul-Typ	deutsch	englisch
E-Modul	Ereignisgeneratoren	Event Generators
A-Modul	Analysewerkzeuge	Event Analyzers
R-Modul	Reaktionsmodule	Response Units
D-Modul	Ereignisdatenbank	Event Databases

Die Komponenten des CIDF-Architekturmodells

Bei **E-Modulen** (Ereignisgeneratoren) handelt es sich um Programme, die den Datenverkehr überwachen und anderen Modulen ihre Daten zur Verfügung stellen. Dazu protokollieren sie definierte Ereignisse. Das sind einzelne oder komplexe Vorgänge auf beliebigen Netzwerkebenen, die als potenziell relevant für die Einbruchserkennung gelten. Allerdings lässt sich allein aus der Tatsache der Protokollierung noch nicht ableiten, dass ein Einbruchsversuch vorliegt.

E-Module stellen sozusagen die Sinnesorgane eines vollständigen IDS dar, das ohne die durch die E-Module gelieferten Informationen über sicherheitsrelevante Vorkommnisse gewissermaßen »blind« wäre.

A-Module (Analysewerkzeuge) analysieren die Daten, die von den Ereignisgeneratoren geliefert werden, um sowohl Einbrüche zu erkennen als auch den normalen Betriebszustand des zu schützenden Systems zu erfassen.

Der größte Teil heutiger Entwicklungsarbeit für IDS findet im Bereich der Analysewerkzeuge statt. Dabei werden insbesondere neue Methoden zur Analyse der Ereignisströme gesucht mit dem Ziel, relevante Informationsteile möglichst zuverlässig und effizient herausfiltern zu können.

Im Rahmen dieser Forschung sind verschiedene Verfahren der Ereignisanalyse untersucht worden. Die vorgeschlagenen Ansätze basieren im Wesentlichen auf

- der statistischen Aufdeckung von Anomalitäten,
- grafischen Analysen und
- biologischen Immunsystemmodellen.

Abbildung 28.1: Modell des Zusammenwirkens von CIDF-Komponenten

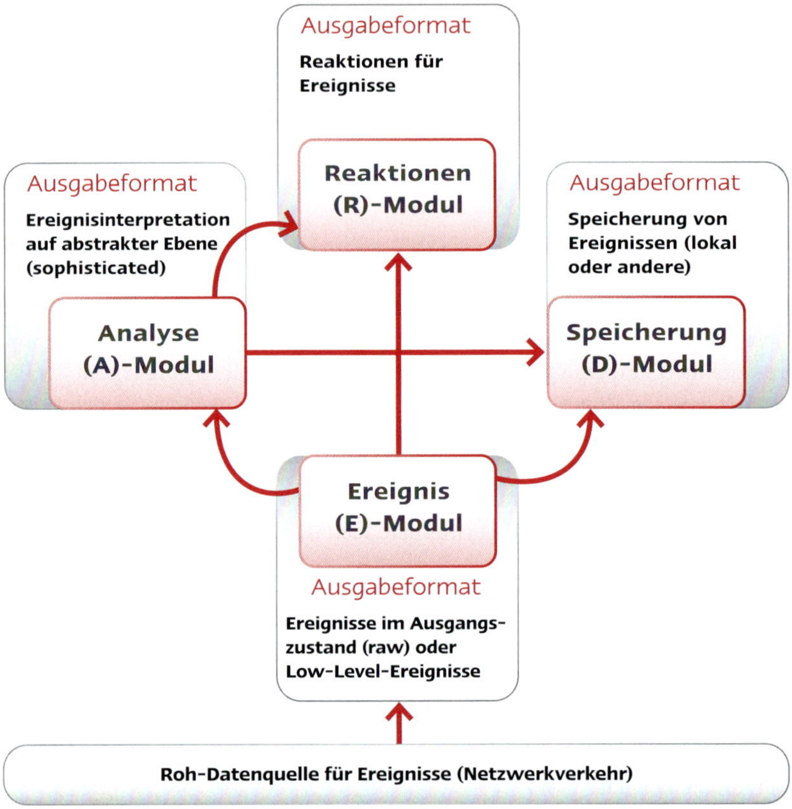

Nach [NePt98]

In allen Fällen werden von den E- und A-Modulen große Datenmengen erzeugt bzw. bearbeitet und ausgewertet. Die einfachste Form der Bereitstellung dieser Informationen für die Sicherheitsadministration besteht in der Auslösung eines Alarms, wenn durch die Analyse definierte Ereignisse erkannt werden. Viele IDS sind auf eine derartige Alarmierung beschränkt.

Die gemeldeten Ereignisse und die Analyseergebnisse werden in der Regel in einem **D-Modul** (Speichermechanismen) gespeichert. Sofern die Ergebnisse der Analysen bei Bedarf auch in einem Rechtsstreit eingesetzt werden sollen, muss diese Speicherung rechtssicher erfolgen – eine Verfälschung oder Ergänzung der Einträge in der IDS-Datenbank sollte daher auch Administratoren nicht möglich sein.

Die meisten im kommerziellen Bereich eingesetzten Systeme liefern jedoch zusätzliche Funktionen zur automatischen Auslösung von unterschiedlichen Reaktionen im sogenannten **R-Modul**[3] (Gegenmaßnahmen). Die hier üblicherweise implementierten Gegenmaßnahmen reichen von der Unterbrechung von TCP-Verbindungen bis hin zur aktiven Rekonfiguration von Router- und Firewall-Filterlisten. Dadurch kann ein IDS im Falle der Detektion eines tatsächlichen Angriffs ein weiteres Eindringen in ein Netz oder ein IT-System unverzüglich und wirksam verhindern.

Ein ähnliches Ergebnis kann jedoch auch mit Systemen erzielt werden, die über kein R-Modul verfügen. Eigenentwicklungen wie z. B. Skripte, die auf die Ergebnisse des A-Moduls reagieren, können ebenfalls zur automatischen Abschottung des Systems bei Erkennung von Angriffsversuchen beitragen.

28.3 Grundproblem der Analyse – oder »der Schein trügt«

Obwohl die Intrusion-Detection-Technologie bereits seit über 20 Jahren im zivilen Sektor und seit über 30 Jahren im militärischen Umfeld weiterentwickelt und eingesetzt wird, ist die grundlegende Schwierigkeit der korrekten Analyse und Bewertung der gesammelten Ereignisse bis heute nicht befriedigend gelöst. Die Entscheidung, ob bestimmte Daten Folge eines bestimmungsgemäßen Einsatzes oder auf einen Angriff zurückzuführen sind, ist sehr häufig nicht trivial. Die automatisierte Bewertung gesammelter Daten führt daher nicht immer zu einem inhaltlich richtigen Ergebnis. Man spricht in diesem Zusammenhang von *fälschlich positiven Ergebnissen* (False Positives) und *fälschlich negativen Ergebnissen* (False Negatives).

In der Intrusion-Detection-Forschung wird die Qualität eines IDS z. T. hinsichtlich dieser Fehlerraten in den Kategorien *Genauigkeit* und *Vollständigkeit* gemessen. Dabei wird die Genauigkeit eines IDS durch eine möglichst geringe Anzahl fälschlich positiver und die Vollständigkeit durch eine möglichst geringe Anzahl fälschlich negativer Meldungen bestimmt.

Fälschlich negative Ergebnisse

Fälschlich negative Ergebnisse, bei denen das System einen tatsächlichen Angriff nicht erkennt, werden auch Fehler erster Art genannt. Diese Fehlerrate zu bestimmen, ist sehr schwierig, da man dafür wissen müsste, welche Art und Anzahl von Angriffen in einem (realen) Datenstrom oder einem Systemkontext tatsächlich auftreten.

Da dies zumindest in der Praxis nicht bekannt ist und daher die Qualität der Erkennung nicht a posteriori bewertet werden kann, lässt sich eine Verbesserung der Erkennungsrate auch nicht in einer Einschwingphase durch Konfigurationsanpassung oder Parametrisierung vornehmen.

Beim Einsatz von IDS bleibt dem Anwender nur, eine Lösung zu wählen, deren Analyseverfahren bekanntermaßen eine geringe False-Negative-Rate erreicht, und zusätzlich organisatorische Vorkehrungen für den Einsatz gezielter Gegenmaßnahmen bei einer Angriffserkennung zu treffen. Blinder Aktionismus und häufige Fehlalarme führen er-

3 Hersteller stellen »R-Module« gerne auch als eigene Produktklasse unter dem Stichwort »Intrusion Prevention« dar, um den Eindruck einer neuen, innovativen Sicherheitstechnik zu vermitteln.

fahrungsgemäß zu einem Vertrauensverlust des Managements in diese Sicherheitstechnik, der deren Einsatzmöglichkeiten auf Dauer begrenzen wird.

Fälschlich positive Ergebnisse

Eine triviale Erkenntnis der Softwareentwicklung gilt auch für IDS: Je mehr Funktionen ein System bietet, desto höher ist die Wahrscheinlichkeit für Fehler. Fälschlich positive Ergebnisse, bei denen das System einen Angriff feststellt, obwohl keiner stattgefunden hat, werden auch Fehler zweiter Art genannt.

Bei signaturbasierten Systemen kann zum Betriebsbeginn oft eine hohe False-Positive-Rate beobachtet werden, die sich aber durch geeignete Konfiguration (bspw. den Aufbau von Whitelists) sehr schnell senken lässt. Anders hingegen verhalten sich Anomalie-basierte Systeme: Bei diesen kann die False-Positive-Rate durch Parametrisierung oder entsprechendes Lernen mit geeigneten Datenmengen verringert werden. Es stellt jedoch eine Herausforderung dar, dabei nicht zugleich auch die Erkennungsrate in Mitleidenschaft zu ziehen.

28.4 Typen von Intrusion-Detection-Systemen

Es werden drei Typen von Intrusion-Detection-Systemen unterschieden:

- Host-based Intrusion-Detection-Systeme (HIDS),
- Network-based Intrusion-Detection-Systeme (NIDS) und
- Hybride Intrusion-Detection-Systeme (Hybrid IDS).

28.4.1 Host-based Intrusion-Detection-Systeme

Als Host-based Intrusion-Detection-System wird ein IDS bezeichnet, das auf einem einzelnen, zu überwachenden IT-System (dem »Host«) installiert wird und Daten über Aktivitäten auf diesem System erhebt. Der Begriff Host darf dabei nicht als »Server« missverstanden werden. In diesem Kontext bezeichnet Host jedes IT-System, auf dem ein IDS installiert wird.

Viele Host-based IDS arbeiten auf Grundlage von Audit-Log-Informationen, die vom Betriebssystem bereitgestellt werden. Sie decken Angriffe auf, indem sie versuchen, verdächtige Angriffsschemata auf einzelnen Computersystemen zu identifizieren.

Die **Stärken** dieses Typs von IDS liegen in der guten Erkennungsrate von Angriffen, die von lokalen Benutzern ausgehen und auf dem Missbrauch der Systemeigenschaften beruhen. Ein weiterer Vorteil liegt in der Möglichkeit, detaillierte Informationen zu einem Vorgang zu erheben und auszuwerten. Je nach Design und Implementierung kann ein durch ein HIDS geschütztes Host-System sehr umfassend überwacht werden – damit besteht z. B. auch die Chance, neuartige Malware durch die verursachten Systemanomalien feststellen zu können.

Als **Schwäche** muss jedoch gelten, dass diesen HIDS eine wichtige Eigenschaft zum Kontextverständnis eines Angriffsszenarios fehlt: Sie betrachten ausschließlich die Vorgänge auf dem jeweiligen System und sind von Ereignissen im Netz vollständig abgeschottet. Eine Informationskorrelation ist daher nur schwer möglich – diese Schwäche hat letztlich zur Weiterentwicklung der HIDS zu Hybrid-IDS geführt.

Ein weiterer potenzieller Schwachpunkt sind Denial-of-Service-Angriffe auf dem Endsystem selbst, mit dem z. B. das HIDS zum Absturz gebracht werden kann (Softwarefehler). Schließlich gibt es ein HIDS nicht für jedes Betriebssystem.

28.4.2 Network-based Intrusion-Detection-System

Network-based Intrusion-Detection-Systeme werden als Interpretationswerkzeuge des Datenstroms im Netz betrieben. Sie versuchen in der Regel, alle Pakete im Netzwerk (raw data) aufzuzeichnen – eine echte Herausforderung bei gut ausgelasteten Core-Switches. Ihre Aufgabe ist es, aus dem Netzwerkverkehr heraus Angriffsmuster zu erkennen und verdächtige Aktivitäten zu melden.

Die **Stärken** dieses Typs von IDS liegen in der guten Erkennungsrate bekannter Angriffe über IP-Netzwerke, die Manipulationen auf unteren Netzschichten zum Ziel haben. Des Weiteren können leicht parallele Angriffe gegen mehrere Maschinen im selben Netz durch Korrelationstechniken erkannt werden. Insbesondere für eine erste Messung[4] in einem Netzübergangsbereich, z. B. in einer DMZ[5], können NIDS sehr schnell erste Daten und Erkenntnisse liefern, wenn bei laufenden Angriffen hoher Handlungsbedarf besteht.

Durch Überwachung der Netzinfrastruktur durch eigenständige Netzsensoren (sogenannte Taps) ist keine Installation auf den Endsystemen notwendig. Zudem ist das IDS selbst gut vor Angriffen geschützt.

Eine wesentliche **Schwäche** von NIDS liegt in deren Fokussierung auf den Netzverkehr und die damit verbundene Blindheit für die Vorgänge auf den überwachten IT-Systemen selbst. Anders als die HIDS erhalten sie über den Zustand von Betriebssystem und Anwendungen keine Informationen.

NIDS werden außerdem bei Verschlüsselung des Datenstroms »blind« oder müssen mit Man-in-the-Middle-Mechanismen implementiert werden. Der Einsatz von z. B. IPsec stellt für NIDS ein operatives Problem dar. Manche Varianten von Malware nutzen diese Schwachstelle, um sich durch verschlüsselte Kommunikation vor NIDS-Analysen zu schützen.

Außerdem ist die Skalierung bei vielen NIDS im operativen Einsatz problematisch, weil bei Volllast im überwachten Netzwerksegment häufiger Pakete verloren gehen und damit die Datenbasis für die Ereignisinterpretation nur unvollständig vorliegt.

28.4.3 Hybride Intrusion-Detection-Systeme

Unter hybriden IDS sind alle Mischformen bekannter IDS zu verstehen, vor allem Kombinationen aus HIDS und NIDS. Sie kombinieren die Erkennungsansätze für Endsysteme und Netzwerkkommunikation und stellen insofern die logische Weiterentwicklung aus NIDS und verteilten HIDS dar, um deren Schwächen zu überwinden und die Stärken zu kombinieren. Der im Zusammenhang mit hybriden IDS häufig genannte Marketingbegriff »Endpoint Security« ist irreführend, da Hybride IDS für Server, Clients, Client-Server-Architekturen und Netzwerkinfrastrukturen existieren.

4 Rechtliche Rahmenbedingungen sind vorab zu klären.

5 Siehe zur Architektur einer demilitarisierten Zone Abschnitt 12.3.3.

Charakteristisch für hybride IDS ist der Einsatz von host- und netzbasierten Sensortypen, die an ein zentrales Managementsystem angeschlossen werden.

Die **Stärken** hybrider IDS liegen in der höheren Erkennungsrate, die durch die Kombination der Analyse von Systemverhalten und Netzwerkereignissen erzielt wird.

Als **Schwäche** muss allerdings gelten, dass nur teilweise eine Verlagerung der rechenintensiven Analyseoperationen auf die Sensorsysteme selbst erfolgt. Vielmehr sind sehr leistungsfähige zentrale Managementsysteme erforderlich, die in der Lage sind, die extrem großen Mengen anfallender Ereignisse zu speichern und auszuwerten.

28.5 Komponenten von Intrusion-Detection-Systemen

Die in IDS am häufigsten zum Einsatz kommenden Komponenten sind Hostsensoren, Netzsensoren, Datenbankkomponenten, Managementstation und Auswertungsstation.

28.5.1 Hostsensoren

Hostsensoren werden zur Überwachung (zumeist der Integrität) von Betriebssystemen, von Anwendungen und für den überwachten Host spezifischen Netzverkehr (Hybrid-Variante) eingesetzt. Sie sind dadurch gekennzeichnet, dass sie auf dem zu überwachenden System selbst betrieben werden. Typischerweise kommen sie zum Einsatz, um Angriffe auf Anwendungs- oder Betriebssystemebene zu erkennen.

Die **Stärke** von Hostsensoren liegt in ihrer direkten Verbindung zum überwachten realen oder virtuellen Host. Im Gegensatz zu den unten vorgestellten Netzsensoren können die Reaktionen des Systems unmittelbar beobachtet und ausgewertet werden.

Da Hostsensoren außerdem zumeist alle möglichen Quellen für Log-Dateien auf den Zielsystemen bekannt sind, können sie Einträge bereits vorsortieren, um das Datenvolumen zu reduzieren, bevor die Ereignisdaten zur zentralen Auswertung in Datenbanken geschrieben werden.

Die enge Verbindung zum überwachten System stellt jedoch gleichzeitig auch die größte **Schwäche** von Hostsensoren dar. Da jedes überwachte System eine eigene Installation benötigt, besteht eine starke Abhängigkeit von den Ressourcen des zu überwachenden Systems. Dadurch entsteht eine nicht unerhebliche Belastung im Produktivbetrieb.

Hostsensoren sind außerdem stärker spezialisiert als netzbasierte Sensoren: Betriebssystem- und gegebenenfalls applikationsspezifische Anforderungen müssen vom IDS-Hersteller integriert werden und können Anpassungen der Software erfordern. Nicht für alle Konfigurationen lassen sich Hostsensoren finden oder anpassen, sodass sich IDS-Konzepte gegebenenfalls nur unvollständig umsetzen lassen.

Zusätzlich ist problematisch, dass sich Hostsensoren aufgrund ihrer Konzeption nicht vor potenziellen Angreifern verbergen lassen, da sie ihren Dienst nicht unsichtbar verrichten können. Daher können sich Angriffe auf ein System auch immer gleichzeitig gegen den Hostsensor und damit das IDS insgesamt richten.

28.5.2 Netzsensoren

Netzsensoren werden zur Überwachung des Netzverkehrs an ausgewählten Punkten – gemäß der jeweiligen NIDS-Konzeption – eingesetzt. Sie überwachen den Netzverkehr eines IT-Systems (Host) oder eines ganzen Teilnetzes auf verdächtige Ereignisse. Zum Betrieb jedes Netzsensors wird typischerweise eine fertige Standard-Lösung (IDS-Hardware-Appliance) oder ein speziell konfiguriertes, separates IT-System verwendet, sodass weder die Ressourcen überwachter Systeme genutzt werden noch Wechselwirkungen beim Betrieb von überwachtem und überwachendem System zu befürchten sind.

Die **Stärken** passiver Netzsensoren liegen in ihrem unabhängigen Betrieb. Dadurch werden die überwachten Endsysteme (Hosts, Server, Anwendungen) nicht zusätzlich belastet. Netzsensoren eignen sich konzeptionell besonders gut zur Erkennung von netzorientierten Angriffen, die sich gegen mehrere Zielsysteme richten (z. B. nicht legitime Nutzung von Administrationskonten, Denial-of-Service-Angriffe).

Netzsensoren können zudem so konfiguriert werden, dass sie für Angreifer unsichtbar sind und daher von ihnen nicht direkt angegriffen werden können. Außerdem können sie über ein zusätzliches Netzwerkinterface miteinander verbunden werden, sodass ein separates IDS-Netz (Out-of-Band) aufgebaut werden kann, das selbst nicht Teil der Produktivumgebung ist.

Als **Schwäche** heute verfügbarer Netzsensoren muss gelten, dass sie komplexe Netze oft nicht mehr vollständig überwachen können. Zusätzlich bestehen Lastprobleme beim Abgreifen des Netzverkehrs in verteilten (switched), lastverteilten (balanced) oder redundant ausgelegten Netzinfrastrukturen. Da Netzsensoren zudem lediglich die im Netzverkehr sichtbaren Auswirkungen von Angriffsversuchen »sehen«, lassen sich mit ihnen Auswirkungen auf das Angriffsziel nur begrenzt nachvollziehen. Sind die untersuchten Kommunikationsströme gar verschlüsselt, können neben dieser Tatsache überhaupt keine weiteren Erkenntnisse aus dem Netzwerkverkehr gewonnen werden.

Ungenau kann die Angriffserkennung durch Netzsensoren zudem durch die Vielfalt herstellerspezifischer Protokollanpassungen werden, die häufig stark von den ursprünglich in den Request for Comments (RFCs) definierten Spezifikationen abweichen und so die Interpretation der Datenströme erschweren.

28.5.3 Datenbankkomponenten

Die bei der Angriffserkennung erzeugten Ereignisdaten müssen für eine spätere Analyse gespeichert werden. Entscheidende Qualitätskriterien, die deren Verwertbarkeit bestimmen, sind die Detailtiefe der Ereignis- oder der Rohdaten und der Zeitraum der Speicherung.

Die bei der Datenspeicherung anfallenden Daten erfordern wegen ihrer Menge Datenbanksysteme, die ausreichend (skalierbare) Aufnahmekapazität, eine zuverlässige Verwaltung, genügend Performance im Zugriff und Schnittstellen für Abfragen und Reportgenerierung bieten. Viele IDS stellen Schnittstellen zu den am meisten verbreiteten SQL-Datenbanken zur Verfügung.

28.5.4 Managementstation

Über die Managementstation erfolgt die Konfiguration und Kalibrierung eines IDS und dessen nachgelagerten Funktionen. Diese Funktionen betreffen einerseits die Einbindung der einzelnen IDS-Teilkomponenten in das IDS (Sensoren, Datenbanken, Managementstationen) und die Festlegung ihrer Kommunikationsparameter (IP-Adressen, Namensgebung, Zertifikate, Heartbeat). Andererseits ermöglichen sie die Aufnahme der zu überwachenden Ressourcenobjekte in das IDS (Netze, aktive Netzkomponenten, IT-Systeme, Anwendungen) und die Erstellung und Anpassung von Überwachungsregeln, der Gruppierung von IDS-Sensoren und die Zuweisung der »IDS-Policies« zu Sensoren oder Sensorengruppen auf der Managementstation.

Als Interface stehen IDS je nach Hersteller Kommandozeilen-orientierte, webbasierte oder proprietäre, IDS-spezifische Anwendungsoberflächen zur Verfügung. Meistens werden Management- und Auswertungsstation (s. folgender Abschnitt) unter einer einheitlichen Oberfläche angeboten. Dieser einfache Zugang darf jedoch nicht dazu verleiten, Zugänge zu schaffen, die dem eigenen Rollenkonzept und den Vorgaben an die interne Funktionstrennung zuwiderlaufen.

28.5.5 Auswertungsstation

Die Auswertungsstation verfügt über Funktionen zur Analyse aufgezeichneter Ereignisse und zur Reportgenerierung. Sie dient in erster Linie der Erkennung und Erstanalyse eingehender IDS-Ereignismeldungen. Dies wird durch die Anzeige eingehender Meldungen, die Sortierung und Klassifikation der Ereignisse, die Einleitung einer Reaktion und Alarmierung sowie die Ablage der spezifischen Ereignisdaten zur späteren Weiterverarbeitung erreicht.

Darüber hinaus sind in vielen Produkten Reportgenerierungsfunktionen realisiert oder lassen die Erstellung von Reports nach unternehmensinternen Kriterien zu. Da der Betrieb eines IDS ohne eine zeitnahe Auswertungsmöglichkeit nutzlos ist, hängt der Erfolg eines IDS wesentlich von dieser Komponente ab.

28.6 Methoden der Angriffserkennung

Bei der Angriffserkennung durch IDS lassen sich im Wesentlichen die folgenden drei Methoden unterscheiden:

- Erkennung von Angriffsmustern
- Anomalieerkennung
- Korrelation von Ereignisdaten

Der Schwerpunkt in der IDS-Entwicklung liegt derzeitig auf der Erkennung von Angriffsmustern und der Protokollanalyse, einer Form der Anomalieerkennung. Zusätzlich bieten aber fast alle IDS auch eine **statistische** Anomalieerkennung auf der Basis der vom IDS erzeugten Ereignisse an. Diese wird durch Sortierungen, Reportgenerierung und Angriffsstatistiken durchgeführt.

Im wissenschaftlichen Bereich wird außerdem an einer automatisierten statistischen Anomalieerkennung gearbeitet, bei der Angriffe mithilfe von Verfahren der künstlichen Intelligenz erkannt werden sollen. Die bisherigen Erfolge auf diesem Gebiet sind allerdings noch nicht überzeugend. Eine zielgerichtete Sensibilisierungskampagne für Mitarbeiter würde vermutlich deutlich bessere Reaktionen bei ungewöhnlichen Systemeffekten erzielen. Dennoch sollte man die Entwicklung dieses Ansatzes weiter beobachten.

28.6.1 Erkennen von Angriffsmustern

Durch Nutzung sogenannter Signaturen, also Beschreibungen bestimmter, für bekannte Angriffe charakteristischer Muster, werden Ereignisse erkannt, die auf einen bekannten Angriff oder ein missbräuchliches Systemverhalten hinweisen. Signaturen reichen von einfacher Zeichenerkennung in Daten (*Pattern Matching*) bis hin zur Erkennung komplexer Verhaltensmuster. Sie ermöglichen die Erkennung fehlerhafter Verhaltensweisen eines Systems oder einzelner Teilelemente.

Die Erkennung eines Angriffs bei signaturgestützten IDS erfolgt auf Basis vordefinierter Angriffsmuster. Dabei alarmiert ein IDS, sobald ein solches Muster erkannt wird. Viele IDS gestatten das Anpassen oder Neuerstellen von Signaturen durch eine einfache oder integrierte Skriptsprache.

Die **Stärke** signaturgestützter Erkennung liegt in ihrer Schnelligkeit. Mit dieser Methode können ca. 80 % aller *bekannten* Angriffsszenarien zuverlässig abdeckt werden.

Die wesentliche **Schwäche** der Methode ist der erforderliche Aufwand: Alle Angriffe in sämtlichen Modifikationen müssen geeignet dargestellt und einzeln überprüft werden, damit sie erkannt werden können.

28.6.2 Anomalieerkennung

Als Anomalieanalyse werden Auswertungsmethoden bezeichnet, bei denen eine Abweichung des Systems von seinem Normalverhalten erkannt und gemeldet wird. Es wird dabei zwischen Anomalieerkennung durch Protokollanalyse, auf Basis statistischer Daten, künstlicher Intelligenz und auf Basis von Honeypots unterschieden.

Protokollanalyse

Bei der Protokollanalyse wird versucht, Anomalien im Netzverkehr aufzuspüren. Dafür ist eine Definition erforderlich, die das Normalverhalten eines Protokolls spezifiziert. Es wird dann geprüft, ob der Kommunikationsverkehr den zugrunde liegenden Protokollspezifikationen genügt. Da im Bereich IP-basierter Netzwerke viele Angriffe auf der Abweichung von spezifizierten Protokollen beruhen, kann durch diese Methode eine recht zuverlässige Erkennung solcher Angriffe erfolgen.

Ihre **Stärke** liegt in der hohen Performance in Echtzeit. Im Gegensatz zur Signaturerkennung muss hierbei keine Vielzahl von Signaturen getestet werden.

Ihre **Schwäche** liegt in der Schwierigkeit, bestimmte Klassen von Angriffen überhaupt zu erkennen. Dabei handelt es sich um solche, die auf Unschärfen oder Fehlern in der Protokollspezifikation beruhen. Werden solche Anomalien nicht erkannt (False Negatives), merkt man unter Umständen nie, dass ein Angriff stattgefunden hat, wenn nicht durch Sekundärereignisse Hinweise darauf entstehen (z. B. durch Verzögerungen, Ausfälle). Fehlinterpretationen korrekter Ereignisse als Anomalie wären dann False Positives.

28.6.3 Korrelation von Ereignisdaten

Bei der Korrelation erfolgt eine Zusammenführung mehrerer, nicht zeitgleicher oder durch unterschiedliche Sensoren protokollierter Ereignisse durch die Auswertungslogik. Dabei können sowohl mehrere Sensoren gleicher als auch unterschiedlicher Art berücksichtigt werden.

Eine Kombination mit der Signaturanalyse und Anomalieanalyse ist möglich und fördert die Aussagefähigkeit des Ergebnisses erheblich. Eine manuelle Korrelation kann durch Filterung nach verschiedenen Kriterien auf Basis der in der Ereignisdatenbank gespeicherten Daten erfolgen.

28.7 Das Intrusion-Detection-Dilemma

Notwendigkeit verlässlicher Intrusion-Detection-Systeme

Um den erwarteten Nutzen ziehen zu können, muss sich die Sicherheitsadministration auf die Informationen, die ihr ein IDS liefert, verlassen können. Denn fehlerhaft arbeitende IDS liefern nicht nur weniger Informationen, sondern verursachen auch ein gefährlich falsches Bild der aktuellen Gesamtsicherheit. Darüber hinaus wird der juristische Beweiswert von Informationen gemindert, die durch ein fehlerhaftes IDS aufgezeichnet wurden. Schließlich können fehlerhafte Angaben auch zu falschen Rückschlüssen über einen tatsächlichen Angriff führen.

Da ein Angreifer Nutzen aus dem fehlerhaften Funktionieren einer Intrusion-Detection-Komponente ziehen kann, muss man realistisch auch mit Angriffen auf die technischen Implementierungen eines IDS selbst rechnen. Gelingt es einem Angreifer, das IDS erfolgreich zu attackieren, kann er die Sicherheitsadministration von seinem eigentlichen Angriff ablenken oder einen anderen Verursacher als Angreifer vorgaukeln. Andere Arten von Angriffen zielen darauf ab, das IDS insgesamt außer Betrieb zu setzen, indem es daran gehindert wird, überhaupt noch effektiv zu arbeiten. Diese Art von Angriffen betrifft z. B. die Störung der *Verfügbarkeit* des IDS. Advanced Persistent Threats (APT) versuchen dagegen, die Verlässlichkeit des IDS zu untergraben.

Damit eine IDS-Softwarekomponente Angriffen standhalten kann, muss sie entsprechend sicher konzipiert, widerstandsfähig und unter Berücksichtigung möglicher Angriffsszenarien realisiert worden sein.

Schwachstellen eines IDS nach dem CIDF-Modell

Für jede Komponente, die im vorgestellten CIDF-Modell eindeutig dargestellt werden kann, müssen eigene Sicherheitsbetrachtungen angestellt werden, da Angriffe aus den verschiedensten Gründen erfolgen können. Die wesentlichen Schwachstellen der vier Kernmodule werden im Folgenden aufgeführt.

Als einzige Eingabequelle von Rohdaten übernehmen **E-Modul-Komponenten** (Ereignisgeneratoren) die Rolle der »Sinnesorgane« eines IDS. Daher ist dieses Modul besonders durch Angriffe verletzbar, die sich gegen die Fähigkeit des IDS richten, Ereignisse zu generieren. Dadurch kann es so abgeschirmt werden, dass es nicht mehr verfolgen kann, welche Vorgänge sich im überwachten System und seinem Umfeld abspielen. Ein denkbarer Angriff bestünde z. B. darin, zu verhindern, dass das E-Modul Pakete aus dem Netz in Empfang nehmen oder richtig decodieren kann.

Verwenden IDS **A-Modul-Komponenten** (Analysewerkzeuge), so ist deren Zuverlässigkeit essenziell, da ein Angreifer, der ihre Schwächen auszunutzen weiß, einer Entdeckung entgehen kann. Bei der Konzeption derartiger Module muss daher ein angemessener Grad an Komplexität zugrunde gelegt werden, denn zu komplizierte Analysetechniken können viele Angriffspunkte liefern; umgekehrt würden zu stark vereinfachte Systeme darin versagen, Angreifer aufzuspüren, die ihre Angriffe in großen Netzwerken durch das Ausnutzen komplexer Systemwechselwirkungen maskieren.

Angriffe auf **D-Modul-Komponenten** (Speichermechanismen) eines IDS können diese daran hindern, die Einzelheiten des Angriffs festzuhalten oder bereits vorgenommene Einträge zu löschen oder zu verfälschen, und damit deren Beweiswert zerstören. Zuverlässige und nicht verfälschbare Datenspeicherungsmechanismen sowie eine Härtung der verwendeten Datenbanken sind aus diesen Gründen unverzichtbar.

Auch **R-Modul-Komponenten** (Gegenmaßnahmen) können Gegenstand von Angriffen werden. Verlässt man sich allein auf den Schutz der durch diese Komponente ausgelösten Gegenmaßnahmen, kann ein erfolgreicher Angreifer sich gegen die ausgelösten Maßnahmen wappnen und seinen Angriff fortsetzen – oder aber seinerseits gezielt eine Gegenmaßnahme auslösen und damit jede legitime Nutzung des Netzes stören oder verhindern. Auf diese Weise könnte der Angreifer gegebenenfalls sogar dafür sorgen, dass das IDS gegen das überwachte Netz arbeiten würde.

28.8 Ausblick und Vorgaben für IDS

Da sich IP-Pakete fälschen lassen und Angreifer so ihre Angriffe unter willkürlich gewählten, gefälschten Absenderadressen durchführen können (Spoofing), lassen sich einem IDS vergleichsweise einfach gefälschte Pakete unterschieben.

Von den meisten Herstellern wird die Möglichkeit ihres IDS, auf Angriffe zu reagieren, indem die Komponenten der Netzwerkinfrastruktur umkonfiguriert werden, als wichtiges (Sicherheits-)Merkmal propagiert. Diese Fähigkeit eines IDS kann jedoch auch von einem Angreifer missbraucht und gegen den laufenden Betrieb eingesetzt werden – und dann eher schaden als nutzen. Daher sollte für den produktiven Einsatz bewusst entschieden werden, wo solche Funktionen automatisch oder nur nach Freigabe eingesetzt werden.

Da der Zustand eines angegriffenen Netzes vom Normalzustand abweicht, ist ein IDS zwar in der Lage, festzustellen, dass ein Angriff stattfindet, kann aber in der Regel keine weitergehenden Aussagen dazu zu treffen.

28.8.1 Anforderungen an die Sicherheitsadministration

Neben der Auswahl eines geeigneten IDS sollte die Sicherheitsadministration bestimmte grundlegende Maßnahmen ergreifen, um die Gesamtsicherheit des Systems zu erhöhen.

Eine wesentliche Anforderung, die auch organisatorisch verankert werden muss, besteht in der regelmäßigen und detaillierten Durchsicht der Protokolle und Ausgabemeldungen des jeweiligen Systems. Die beste Erkennungsrate nutzt dem Betreiber wenig, wenn die Meldungen nicht zur Kenntnis genommen und eskaliert werden.

Auch der Einrichtung der *Spoof-Protection-Filter*, die Angreifer aus dem Internet daran hindern sollen, Pakete mit vorgeblich internen Adressen in das Netz einzuspeisen, kommt eine große Bedeutung bei der Verhinderung von Angriffen auf ein IDS zu. Schafft es ein Angreifer nämlich, bidirektionale Paketfälschungen einzuschleusen, kann er dadurch das Netzeinbruchmeldesystem komplett »verwirren« und so im schlimmsten Fall kontrollieren.

Für Fälle, in denen ein Angreifer erfolgreich war, also ein Einbruch erfolgreich durchgeführt wurde, muss der Betreiber des IDS zunächst sicherheitshalber davon ausgehen, dass auch die Integrität des IDS kompromittiert ist. Auch wenn das IDS noch normal zu funktionieren scheint, kann man nicht ausschließen, dass ein Angreifer mit direktem Netzzugang gültig scheinende Antwortmeldungen des IDS vortäuscht. Derart gefälschte Pakete hindern das IDS jedoch nachhaltig daran, sich ein auch nur annähernd korrektes Bild von den Netzvorgängen zu machen. Bei erfolgreichem Spoofing ist auch auf die Korrektheit von Quelladressen kein Verlass, was die Erkennung von Fälschungen erschwert.

Aus demselben Grund darf auch der Echtzeitüberwachung einer Netzwerkverbindung nicht vertraut werden, wenn diese bspw. auf der Rekonstruktion der Vorgänge im TCP-Stream basiert, anstatt auf der Aufzeichnung von allen Raw-Paketen auf dem Übertragungsweg. Wird in einem überwachten Netz ein erfolgreicher Einbruchsversuch registriert, sollte die Sicherheitsadministration davon ausgehen, dass das System ab diesem Zeitpunkt keine sinnvollen Analysen mehr vornehmen kann und insbesondere Folgeangriffe nicht mehr zuverlässig erkennt.

Zusätzlich sollte die Sicherheitsadministration ihre Systeme so konfigurieren, dass diese möglichst nicht auf willkürliche Angriffe reagieren. Ein Angreifer kann sonst nämlich leicht einen Denial-of-Service-Angriff auf das gesamte Netz ausführen, indem er entsprechend gefälschte Pakete versendet. IDS, die aktiv Routerfilter rekonfigurieren, sind in dieser Hinsicht besonders verwundbar, da ein Angreifer Angriffe vortäuschen kann, die vorgeben, von kritischen Netzwerkkomponenten (wie z. B. DNS-Servern) zu stammen. Als Folge eines solchen Angriffs könnte das IDS die Netzwerkverbindungen zu diesen als »angegriffen« klassifizierten Systemen sperren. Dadurch steht das System der restlichen Netzwerkinfrastruktur nicht mehr zur Verfügung.

Eine mögliche Maßnahme, um diese Bedrohung zu mindern, besteht in einer Anpassung der Konfiguration des IDS, durch die die Ereignisse bestimmter, kritischer Hostrechner keine Reaktionen mehr auslösen (aber sehr wohl noch analysiert werden). Eine solche Einschränkung der Reaktionen führt allerdings auch zu einer Schwachstelle, die ein ambitionierter Angreifer ausnutzen könnte. Wenn er sich als »kritischer Host« tarnen kann, kann er vermeiden, dass auf seine Ereignisse automatische Reaktionen ausgelöst werden.

Bei der Konfiguration des IDS sollte auch berücksichtigt werden, dass die Hürde, ab der überhaupt Reaktionen erfolgen, sinnvoll gewählt werden muss. Auf bestimmte Angriffe, die durch simple Mechanismen etwas vortäuschen (wie z. B. Ping Floods, UDP-basierte Angriffe u. a.), sollte das IDS nicht reagieren.

28.8.2 Auswahl und Test eines IDS

Trotz aller Schwierigkeiten, heute verfügbare IDS zu vergleichen, kann man doch einige Anforderungen formulieren, die im Auswahlprozess berücksichtigt werden sollten.

Resistenz gegen bekannte Angriffe

Als Grundfunktionalität ist unverzichtbar, dass ein IDS gegen bekannte Netzwerkangriffe resistent ist. Darüber hinaus sollten von Herstellern bei der Konzeption ihrer Systeme weitere bekannte Sachverhalte berücksichtigt werden:

- Die meisten fehlerhaften Diagnosen von IDS entstehen, wenn eine anormale Serie von Paketen in das überwachte Netz geschickt wird.
- Da überlappende IP-Fragmente oder TCP-Segmente im Normalbetrieb nur sehr selten vorkommen, handelt es sich bei Verbindungen, die aus sich überlappenden Segmenten bestehen, mit hoher Wahrscheinlichkeit um Angriffsversuche.
- Selbst in Fällen, in denen eine zuverlässige Rekonstruktion der in den Datenströmen enthaltenen Information nicht möglich ist, muss eine Benachrichtigung der Sicherheitsadministration über anormale Paketserien erfolgen.

Zuverlässigkeit

Ein IDS wird seine Aufgaben nur dann erfüllen, wenn es zuverlässig Angriffe erkennt und wenige False Positives meldet. Um die Zuverlässigkeit und ordnungsgemäße Funktion eines IDS zu beurteilen, müssen diese Eigenschaften systematisch getestet werden. Die Tests sollten geplant werden, sobald ein IDS als ergänzender Sicherheitsmechanismus konzipiert wird. Die Testverfahren und -szenarien, die von den Herstellern für das jeweilige Produkt durchgeführt wurden, sollten in eigenen Funktionstests verifiziert werden. Die Tests sollten dabei – das zeigen praktische Erfahrungen – die korrekte Identifizierung von »packet captures« einschließen.

Gerade weil das Testen von IDS zur Überwachung von Netzwerken die Beherrschung komplexer Abläufe erfordert, sind die Hersteller besonders in der Pflicht. Denn um ein IDS im Netz testen zu können, müssen sorgfältig abgestimmte Datenströme mit gefälschten Paketen in das Netz eingespeist werden. Tools, die diese Einspeisung ermöglichen, müssen besonders umsichtig gewählt werden, da sie als eigenständige Produkte ebenfalls fehlerbehaftet sein können und damit verfälschend auf die Testergebnisse wirken würden. Die Komplexität des Testens von IDS spiegelt sich auch darin wider, dass es keine standardisierten Testumgebungen für IDS gibt. Daher bestimmt sich die Sicherheit von IDS heute im Wesentlichen dadurch, mit welchem Aufwand der jeweilige Hersteller die Entwicklung vorantreibt. Unabhängige Analysen durch Dritte und vergleichende Tests sind häufig ein Motor für Verbesserungen – leider werden sie nur selten durchgeführt.

Zusammenfassung

Die Erfahrung lehrt, dass Einführungsprojekte für Intrusion-Detection-Systeme, die in der Anforderungs- und in der nachfolgenden Detailplanungsphase nicht sorgfältig arbeiten, in der Regel an der Komplexität der Aufgabe scheitern. Besonders ungenügende Ressourcenverfügbarkeit, unzureichendes Know-how bei den Verantwortlichen und unerwartete Kosten lassen IDS-Projekte oft schwer kalkulierbar werden. Der Schlüssel zum erfolgreichen Betrieb von Intrusion-Detection-Systemen liegt im Verständnis der Einzelkomponenten und ihrer Einsatzszenarien. Meistens ist in der Praxis der Einsatz von technischen IDS-Teilkombinationen sinnvoll. Unverzichtbar bleibt jedoch immer die organisatorische Steuerung und Fortschreibung der Ablaufprozesse im Kontext eines unternehmensweiten Incident-Managements für Sicherheitsvorfälle.

Literatur

[BSI23] *Bundesamt für Sicherheit in der Informationstechnik*: DER.2.1 Behandlung von Sicherheitsvorfällen – GSK IT-Grundschutz-Kompendium – Edition 2023; *https://www.bsi.bund.de/SharedDocs/Downloads/DE/BSI/Grundschutz/IT-GS-Kompendium_Einzel_PDFs_2023/05_DER_Detektion_und_Reaktion/DER_2_1_Behandlung_von_Sicherheitsvorfaellen_Edition_2023.pdf?__blob=publicationFile&v=3#download=1* (Stand 25.01.2024)

[CIDF99] *Porras, P.; Schnackenberg, D.; Staniford-Chen, S.; Stillman, M.; Wu, F.*: The Common Intrusion Detection Framework Architecture (1999); *http://gost.isi.edu/cidf/drafts/architecture.txt* (Stand: 15.01.2024)

[IDS94] *Kumar, S.; Spafford, E. H.*: An Application of Pattern Matching in Intrusion Detection (1994); *http://wenke.gtisc.gatech.edu/ids-readings/kumar-spaf-overview.ps.gz* (Stand: 15.01.2024)

[ISD87] *Denning, D.*: An Intrusion Detection Model (1987); *http://wenke.gtisc.gatech.edu/ids-readings/id_model.pdf* (Stand: 15.01.2024)

[NePt98] *Newsham,T.; Ptacek,T.*: Insertion, Evasion, and Denial of Service: Eluding Network Intrusion Detection, 1998; *http://insecure.org/stf/secnet_ids/secnet_ids.html* (Stand: 15.01.2024)

[NIDS94] *Mukherjee, B.; Heberlein, L. T.; Levitt, K. N.*: Network Intrusion Detection (1994); *http://wenke.gtisc.gatech.edu/ids-readings/network_id.pdf* (Stand: 15.01.2024)

[SNORT 23] *Roesch, M.; Green, C.; Sourcefire, Inc.; Cisco, Inc.:* Snort Users Manual (2023); *https://www.snort.org/documents* (Stand: 15.01.2024)

[SP800-94] *National Institute of Standards and Technology (NIST)*: NIST Special Publication 800-94: Guide to Intrusion Detection and Prevention Systems (IDPS) – Recommendations of the National Institute of Standards and Technology, Februar 2007; *https://csrc.nist.gov/publications/detail/sp/800-94/final* (Stand: 15.01.2024)

29 Datensicherung

Einleitung

Die Bandbreite von Störfällen, die den IT-Betrieb zum Erliegen bringen können, ist groß. In vielen Fällen kann der Betrieb nur dann in vertretbarer Zeit wieder hergestellt werden, wenn ein früherer Daten- und Softwarebestand zur Verfügung steht und dieser auf geeigneten IT-Systemen eingespielt werden kann.

Sicherungskopien von Daten und Software vorzuhalten, schafft daher Reaktionsmöglichkeiten für vielfältige Störfalltypen. Organisationen, die von Informationsverarbeitung abhängig sind, haben daher Datensicherungen oder Backups als Sicherheitsmaßnahme meist mehr oder weniger gut im IT-Betrieb etabliert. Für eine erfolgreiche Wiederherstellung von Datenbeständen und Systemen ist eine Reihe von Aspekten zu beachten. Dabei sind organisationsspezifische Entscheidungen für die Umsetzung der Datensicherung zu treffen.

29.1 Zwecke der Datensicherung

Datensicherungen oder Backups sind Kopien von Nutzdaten oder installierter Software und deren Konfiguration. Zur Vereinfachung werden die Bestände im Weiteren zusammenfassend als Daten bezeichnet. Der Zweck der Kopien ist das Wiedereinspielen oder *Recovery* von Daten im Falle von Störungen innerhalb vertretbarer Zeit. Backups können bspw. notwendig sein, um nach versehentlichem Löschen von Daten, Viren- oder Ransomware-Befall mit massiven Auswirkungen, Festplatten-Crash, Beschädigungen durch Feuer oder Löschwasser oder Fehlern beim Release-Wechsel von Software ältere Zustände von Nutzdaten oder Software rekonstruieren zu können.

Wesentlich für die Gestaltung der Datensicherung sind dabei die Störfallklassen, die durch ein Recovery beherrscht werden sollen. Beispielsweise ist zu entscheiden, wie lange Datensicherungen vorgehalten werden müssen, u. a. anhand einer Annahme, wie schnell oder spät Störfälle bemerkt werden. Auch ist festzulegen, ob Medien an einem zweiten Lagerort gepflegt werden müssen, weil in den angenommenen Störfallklassen sogar Backup-Medien an einem Lagerort im oder nahe beim Rechenzentrum betroffen sein können. In diesem Punkt und auch hinsichtlich der IT-Ausstattung, die für ein Recovery benötigt wird, bestehen große Überschneidungen mit dem Business-Continuity-Management (s. Kap. 31).

Durch ein Recovery kann ein früher Zustand eines Systems oder eines Datenbestands wiederhergestellt werden. Kann die Organisation außerdem die Veränderungen am System oder den Nutzdaten seit dem Sicherungslauf nachvollziehen, lässt sich der Systemzustand zu einem Zeitpunkt vor der Störung rekonstruieren und der Betrieb in der Regel ohne oder nur mit geringen Datenverlusten fortsetzen. Datensicherung und -wiederherstellung müssen jedoch angemessen geplant und ausgeführt werden, damit im Störfall alle erforderlichen Daten in der vorgegebenen Zeit wieder zur Verfügung stehen.

Umfang der Datensicherung

Zunächst muss sichergestellt werden, dass **alle relevanten Systeme** gesichert werden. Dazu ist zu entscheiden, welche Datenbestände für die Organisation relevant sind. In der Regel hängt dies vom Wiederherstellungsaufwand für Systeminstallationen, Konfigurationen und Nutzdaten einerseits und der Bedeutung der Datenbestände für die Geschäftsprozesse der Organisation und die Arbeitsfähigkeit der Mitarbeiter ab. Ergebnisse von Risikoanalysen (s. Kap. 1 und 7) oder einer Business-Impact-Analyse (s. Kap. 31) können für die Entscheidung herangezogen werden. In der Regel sind die zentralen Systeme im Rechenzentrum und dezentrale Systeme der Netzwerk- und TK-Infrastruktur genauso in das Datensicherungskonzept einzubeziehen wie ausgewählte Arbeitsplatzrechner und Laptops. Insbesondere bei Letzteren ist auch zu prüfen, ob und wie unterwegs gesichert werden soll.

Datensicherung versus Archivierung

Der Zweck der Datensicherungen ist, wie beschrieben, die Rekonstruktion verlorener Daten. Dagegen soll eine Archivierung sicherstellen, dass eine Organisation Nachweispflichten aus rechtlichen oder vertraglichen Anforderungen nachkommt oder für andere Zwecke Nachvollziehbarkeit ermöglicht. Die Prozesse für Datensicherung und Archivierung unterscheiden sich wesentlich. Es ist daher dringend zu empfehlen, die Konzepte zur Datensicherung klar von denen zur Archivierung abzugrenzen. Eine Vermischung von Datensicherung einerseits und Archivierung andererseits ist problematisch:

- Damit relevante Informationen wiedergefunden werden, müssen die Verantwortlichen der Organisation wissen, wo sie abgelegt wurden. Für Nutzdaten in Backups werden keine Ablagestrategien festgelegt. Dies ist Aufgabe eines Archivierungskonzepts. Dieses dient zugleich auch der Dokumentation und stellt langfristig sicher, dass Nutzdaten zu spezifischen Fragestellungen zeitnah bereitgestellt werden können, und ist nicht Aufgabe von Backups.
- Datenschutzrechtlich ist geboten, dass personenbezogene Daten nach Beendigung der Verarbeitungszwecke gelöscht werden (vgl. zur Vorgabe aus der Datenschutz-Grundverordnung Kap. 3 und 24). In Backups sind regelmäßig personenbezogene Nutzdaten mit unterschiedlichen Löschfristen enthalten. Nachträglich können Dateien oder gar einzelne Datensätze aus Backups aber kaum gelöscht werden. Ein Verstoß gegen die Rechtsvorschriften kann nur vermieden werden, wenn die Vorhaltefrist von Backups in einem datenschutzrechtlich vertretbaren Verhältnis zur Löschfrist der Daten steht, die als Nächstes zu löschen sind.[1] Eine generelle Aufbewahrung bspw. von »Jahresbackups« als »Archiv« kann daher leicht zu Verstößen gegen das Datenschutzrecht führen.
- Schließlich werden Systeme verändert, durch neue Produkte abgelöst oder auch rückgebaut. Daher müssen die Archivierungskonzepte gezielt weiterentwickelt und die zugehörigen Datenbestände gegebenenfalls migriert werden. Nur so kann über lange

1 Zur Vorhaltefrist von Backups angesichts datenschutzrechtlicher Vorgaben und zum Unterschied zwischen Archiven und Backup siehe auch [DIN 66398, S. 19].

Zeiträume den Nachweispflichten entsprochen werden, bspw. der zehnjährigen gesetzlichen Nachweispflicht für Buchhaltungsdaten. Backup-Bestände wird man dagegen schwerlich migrieren.

Um auf Störungen in Archivsystemen reagieren zu können, werden diese in Datensicherungen einbezogen.

29.2 Strategien der Datensicherung

Aus der Perspektive des IT-Betriebs spielen drei Faktoren für die Erstellung von Backups eine zentrale Rolle:

1. Die **Dauer der Sicherung**. Je nachdem, wie das zu sichernde System gestaltet ist, kann das Kopieren von Programmen und Nutzdaten nur erfolgen, wenn das System nicht in Betrieb ist. Selbst wenn das System im laufenden Betrieb gesichert werden kann, wird im Allgemeinen die Systemlast durch den Sicherungslauf steigen.
2. Das zu sichernde **Datenvolumen**. Je größer die Software oder der Datenbestand ist, desto mehr Speicherplatz wird auf den Datenträgern für die Sicherung benötigt. Außerdem wird der Sicherungslauf entsprechend länger dauern.
3. Die **Dauer einer Systemwiederherstellung**. Wenn nur wenig Zeit für ein Recovery zur Verfügung steht, müssen die Datensicherungen so gestaltet werden, dass dieser Zeitraum eingehalten werden kann.

Diesen Zielkonflikten zwischen Zeitaufwand und Speicherplatz für Backups auf der einen Seite und Wiederherstellungsaufwand auf der anderen kann über verschiedene Prinzipien Rechnung getragen werden.

Zum einen kann zwischen verschiedenen Arten von Datenbeständen anhand ihrer **Änderungshäufigkeit** unterschieden werden. Software wird in der Regel selten verändert, Konfigurationsdaten oder Stammdaten nur gelegentlich und Bewegungsdaten häufig. Dementsprechend könnten auch Backups der entsprechenden Datenbestände selten, gelegentlich und häufig erzeugt werden.

Zum anderen kann die Sicherungsstrategie mit Vollsicherungen, differenziellen Sicherungen und inkrementellen Sicherungen realisiert werden:

- Eine Vollsicherung enthält den gesamten Datenbestand, der zu einem Sicherungsauftrag gehört, also bspw. die Office-Dateien eines Servers.
- Jede differenzielle Sicherung umfasst alle Dateien zu einem Sicherungsauftrag, die seit der letzten Vollsicherung neu erstellt oder verändert wurden. Zum Recovery muss dann zunächst die Vollsicherung und danach die jüngste differenzielle Sicherung eingespielt werden. Für Datenbanken kann das sogenannte Transaktions-Log die Funktion der differenziellen Sicherung nach der letzten Vollsicherung des Datenbestands übernehmen. Dieser Ansatz wird häufig durch spezielle Backup-Agenten für Datenbanken realisiert.
- Jede inkrementelle Sicherung umfasst alle Dateien zu einem Sicherungsauftrag, die seit der letzten inkrementellen Sicherung neu erstellt oder verändert wurden. Die Kette der inkrementellen Sicherungen beginnt nach einer Vollsicherung jeweils neu. Zum Recovery muss zunächst die Vollsicherung und dann der Reihe nach die Folge der inkrementellen Sicherungen eingespielt werden.

Durch eine Kombination von Vollsicherungen und dazwischen liegenden differenziellen oder inkrementellen Sicherungen sinkt der Zeit- und Speicherbedarf für die Sicherungen. Die Wiederherstellung des Systems ist möglich, wird aber in der Regel länger dauern, weil mehrere Sicherungsbestände zurückgespielt werden müssen. Ein weiterer Nachteil gegenüber reinen Vollsicherungen besteht darin, dass nach den Vollsicherungen gelöschte Dateien durch differenzielle oder inkrementelle Sicherungen beim Wiedereinspielen zunächst nicht gelöscht werden.[2] Manche Backup-Programme unterstützen aber auch die Aufgabe der nachträglichen Löschung.

Mehrere **Generationen** von Backups entstehen, wenn in periodischen Abständen Vollsicherungen erstellt und auch die dazwischen liegenden Veränderungen gesichert werden. Im Störungsfall kann zunächst auf die jüngste Generation zurückgegriffen werden. Ist diese nicht funktionsfähig, könnte die nächstältere eingespielt werden und so fort. Allerdings wird der Aufwand der Wiederherstellung umso größer, je älter die Backup-Generation ist. Ab einem bestimmten Alter können die Sicherungsmedien daher wieder freigegeben und für die nächste Backup-Generation eingesetzt werden. Typische Generationen werden auf Wochen- oder Monatsbasis erstellt. Sinnvolle Vorhaltefristen liegen meist zwischen einigen Wochen bis zu wenigen Monaten.

Wenn nach wesentlichen Änderungen am System oder an Datenbeständen nicht sowieso eine Vollsicherung im Generationen-Rhythmus ansteht, ist es sinnvoll, eine zusätzliche Vollsicherung durchzuführen.

Häufigkeit der Datensicherung

Wie häufig die verschiedenen Bestände an Programmen, Konfigurationsdaten, Bestandsdaten und Bewegungsdaten gesichert werden müssen, ist wesentlich aus den Anforderungen der Geschäftsprozesse, die das System benötigen, abzuleiten. Sie bestimmen den Rahmen für die maximale *Wiederherstellungszeit*. Die *Maximum Tolerable Period of Disruption* (MTPD) gibt die Zeit an, nach der der Geschäftsprozess wieder produktiv sein und liefern muss. Die Dauer, die die Wiederherstellung des Systems benötigt, die sogenannte *Wiederanlaufzeit* oder *Recovery Time Objective* (RTO) muss deshalb entsprechend kürzer sein (vgl. Kap. 31). Die *Sicherungszeitpunkte* oder *Recovery Point Objective* (RPO) müssen dann so gewählt werden, dass das Einspielen aller notwendigen Backups innerhalb der RTO möglich ist.

Als reine Wiedereinspielzeit bleibt der Zeitraum, ab der das gegebenenfalls notwendige Ersatzsystem zum Einspielen von Backups bereitsteht, also nachdem bspw. die Stromversorgung sichergestellt, die Netzwerkverbindungen zum Backup-System hergestellt und das System mit dem bereits installierten aktuellen Softwarestand hochgefahren ist. Je nach Sicherungsstrategie sind in der verbleibenden Zeit die letzte Vollsicherung und das letzte zugehörige differenzielle Backup oder die letzte Vollsicherung und alle zugehörigen inkrementellen Backups einzuspielen. Bei Datenbanken muss auch das Nachfahren der zwischenzeitlich durchgeführten Transaktionen eingeplant werden. Je kürzer die Sicherungsintervalle der Vollsicherungen sind, desto kürzer ist auch der zu erwartende Wiederherstellungszeitraum.

2 In Transaktions-Logs werden auch Löschungen von Attributen oder Datensätzen aufgezeichnet, sodass dieser Nachteil bei Datenbanken in der Regel nicht auftritt.

29.3 Technische Mechanismen

Ziel eines Sicherungslaufs ist es, einen Datenbestand zu einem Zeitpunkt identisch zu kopieren. Um dies zu erreichen, können verschiedene Mechanismen eingesetzt werden. Im Folgenden werden einige mit ihren Eigenschaften kurz skizziert.

Kopieren

Die einfachste Möglichkeit, eine Datensicherung zu erzeugen, ist es, die Dateien aus dem produktiven System auf einen anderen Datenträger zu kopieren. Je nach Datenbestand dauert es lange, um die Sicherung zu erzeugen, und es wird für jede Vollsicherung Speicherplatz im Umfang des Datenbestands benötigt. Um Zeit und Speicherplatz bei den Sicherungsläufen zu sparen, können Voll-, differenzielle und inkrementelle Sicherungen verwendet werden.

Wenn während der Laufzeiten eines Backups die Anwendungen weiter verwendet werden, kann es sein, dass Dateien während des Backups verändert werden. Dadurch können Inkonsistenzen in der Sicherungsgeneration auftreten, weil eine Datei den Stand zum Beginn des Sicherungslaufs, die andere aber einen später veränderten Stand hat. Um solche Veränderungen abzufangen, erzeugen manche Backup-Programme unter Windows zunächst eine sogenannte *Schattenkopie*, die dann einen unveränderten Bestand bereitstellt. Nach Abschluss des Sicherungslaufs wird die Schattenkopie gelöscht.

Speicherplatz kann gespart werden, wenn die Dateien auf dem Sicherungsmedium komprimiert werden. Manche Sicherungsprogramme verwenden dazu standardisierte Kompressionsverfahren, wie das ZIP-Verfahren. Andere setzen proprietäre Lösungen ein. Die Kompressionsverfahren benötigen zusätzliche Zeit beim Erstellen der Medien wie auch beim Wiedereinspielen. Daher hängt es von den Anforderungen an das Wiederherstellen ab, ob Komprimierung sinnvoll ist.

Spiegelung von Datenbeständen und Generationen ohne Redundanz

Eine Alternative zu Vollsicherungen mit differenziellen oder inkrementellen Sicherungen sind Spiegelungen der Datenbestände auf separate Medien. Durch einen solchen Sicherungslauf werden dann alle veränderten Dateien über die bestehenden Dateien des Backups geschrieben. Alle im Primärsystem gelöschten Dateien werden beim Sicherungslauf auch im Backup gelöscht. Beim Wiedereinspielen bildet die Spiegelung den Stand zum letzten Sicherungslauf ab, zuvor gelöschte Dateien müssen im Rahmen des Recovery oder von nachlaufenden Korrekturen nicht identifiziert und nachträglich gelöscht werden. Auch bei diesem Verfahren könnten mehrere Generationen von Spiegelungen, bspw. im Wochenabstand erzeugt werden. Ein Nachteil dieser Sicherungsstrategie ist aber, dass Zwischenstände von Dateien zwischen den Sicherungsläufen nicht rekonstruiert werden können. Dateien, die nur zwischen den Generationen existierten und deren versehentliche Löschung erst nach dem nächsten Sicherungslauf bemerkt wird, stehen auch in älteren Versionen nicht mehr zur Verfügung

In Unix- und modernen Windows-Dateisystemen kann eine Datei über mehrere Hardlinks gleichwertig angesprochen werden. Dieser Mechanismus kann auch eingesetzt werden, um Backups zu erzeugen: Auf dem Backup-Medium ist jede Version einer Datei nur in einem Exemplar vorhanden. Wird in einem Backup-Lauf erkannt, dass die Dateiversion auf dem Backup-Medium schon vorhanden ist, wird nur ein Hardlink angelegt; ansonsten wird sie kopiert. Für Dateibestände, die sich nur wenig ändern, lassen sich Backups so sehr schnell erzeugen. Auf einem Datenträger sind dann die Bestände der jeweiligen Sicherungsläufe unmittelbar wie in einer Vollsicherung zugreifbar, obwohl im Sicherungslauf nur die inkrementellen Änderungen kopiert werden müssen. Allerdings: Anders als bei Vollsicherung ist jede Version einer Datei nur in einem Exemplar vorhanden. Ein Defekt an der Sicherungskopie einer Datei wirkt sich auf alle Generationen aus, in denen diese Datei enthalten ist. Mehrere echte Generationen erhält man daher erst, wenn das Verfahren mit mehreren Datenträgern eingesetzt wird, die bspw. wöchentlich gewechselt werden.

RAID-Medien

Der Einsatz von RAID-Systemen (Redundant Array of Independent Disks[3]) als Speicherlösung erhöht zwar grundsätzlich die Verfügbarkeit von Datenbeständen. Sie ersetzen ein Backup aber nicht, weil einige Störfälle durch RAID nicht abgedeckt werden. So können die Daten im gesamten RAID durch einen Brand oder nach Defekten durch Überspannung verloren gehen. Moderne Speicherlösungen, wie Storage Area Networks, können weitere Funktionalitäten bieten, die eine redundante Datenhaltung oder auch Effizienzsteigerungen bei Backups erlauben.

29.4 Backups von vertraulichen Daten

Eine zentrale Aufgabe der Informationssicherheit ist der Schutz vertraulicher Daten vor Ausforschung durch Unberechtigte. Backups erhöhen die Komplexität dieser Aufgabenstellung, denn Daten sind durch die Backups mehrfach vorhanden. Auch für verschlüsselte Daten können Backups erforderlich sein.

Backups von vertraulichen Daten bieten eine zusätzliche Angriffsmöglichkeit, um diese Daten auszuforschen. So könnten die Daten auf dem Transportweg zum Lagerort verloren gehen oder während des Transports oder aus dem Lager entwendet werden. Entsprechendes gilt für die Speichermedien, die mit mobilen Geräten mitgeführt werden. Werden Datensicherungen im Internet gespeichert, könnten Unbefugte versuchen, dort Zugriff zu erlangen und sie zu kopieren.

Für vertrauliche Daten ist es daher geboten, auf dem Transportweg (auch Data-in-Transit) und am Lagerort (auch Data-at-Rest) für geeigneten Schutz zu sorgen. In vielen Fällen bietet sich die Verschlüsselung der Daten an. Dabei ist allerdings zu beachten, dass die Daten im Recovery-Fall entschlüsselt werden müssen (s. u.). Wenn auf dem Primärsystem bereits verschlüsselte Daten vorliegen, bspw. auf einem Laptop mit Partitionsverschlüsselung, muss geprüft werden, ob diese in der originalen Verschlüsselung gesichert werden sollen oder ob sie umgeschlüsselt werden müssen. Wesentliches Kriterium ist dabei, wer im Regelbetrieb und wer für einen Recovery-Fall auf die Daten zugreifen darf.

Wenn spezifisches Schlüsselmaterial zum Entschlüsseln benötigt wird, sind auch für diese Daten Backups vorzuhalten.[4] Beispielsweise können Schlüssel mehrfach in Hardware-Sicherheitsmodule (HSM) kopiert werden. Eventuell notwendige Passwörter zur

3 Siehe zu RAID-Strategien [Wikipedia].

4 Siehe dazu auch Kapitel 14.

Freischaltung können an mehrere Personen verteilt oder geeignet hinterlegt werden. Je nach Sicherheitskonzept für die Backups ist es notwendig, die Sicherungen des Schlüsselmaterials an anderer Stelle als die eigentlichen Datenbestände zu lagern.

29.5 Backup-Medien

Zur Datensicherung können unterschiedliche Medien eingesetzt werden, die jeweils spezifische Eigenschaften aufweisen. **Bänder** haben bei großen Datenvolumen in der Regel das günstigste Preis-Leistungs-Verhältnis. Allerdings sind spezifische Laufwerke für ihren Einsatz erforderlich. Mithilfe von Bandrobotern können große Menge von Medien automatisiert verwaltet werden. **CD** und **DVD** eignen sich möglicherweise für kleinere Datenvolumen. Die Medien sind relativ unempfindlich gegen elektromagnetische Einflüsse. Allerdings sind die Schreib- und Lesegeschwindigkeiten niedrig. Die Haltbarkeit der Medien wird durch hohe oder sehr niedrige Temperaturen nachteilig beeinflusst. Für normale CD/DVD wird eine Haltbarkeit der gespeicherten Informationen für bis zu zehn Jahren angenommen. Inzwischen werden aber auch CD/DVD aus speziellem Trägermaterial angeboten, die eine Haltbarkeit von 1000 Jahren erreichen sollen. Entsprechende Praxiserfahrungen liegen aber noch nicht vor.

USB-Sticks sind besonders leicht handhabbar und deshalb gut geeignet, um kleine Datenmengen unterwegs zu sichern. Wegen des hohen Verlustrisikos für diese Datenträger müssen Backups vertraulicher Daten aber unbedingt verschlüsselt werden.

Durch den fortschreitenden Preisverfall von Festplatten und die in den letzten Jahren etablierten neuen Anschlusstechniken eignen sich diese auch zunehmend als Backup-Medien. **Wechselfestplatten** können als einzelne Datenträger Backups von mehreren Terabyte aufnehmen. Für noch größere Mengen werden mehrere Platten zu größeren Einheiten zusammengebaut. Hohe Schreibgeschwindigkeiten und Direktzugriff auf einzelne Dateien sind bei diesen Medien möglich. Als Schnittstellen kommen bspw. USB oder Thunderbolt sowie die unbekannteren Firewire oder eSATA zum Einsatz.

Backup-Medien verwalten

Die Medien und Generationen der Backups müssen verwaltet werden. Dazu müssen die Medien gekennzeichnet und Datensicherungen dokumentiert werden. Nur so kann der Sicherungsplan korrekt durchgeführt und die Medien abgelaufener Generationen freigegeben und wiederverwendet werden.

Backup-Medien oder gespeicherte Daten habe eine endliche Lebensdauer. Bei Vorhaltezeiten über mehrere Jahre sollte mithilfe der Dokumentation daher auch gesteuert werden, welche Datenträger nach welchen Zeiten umkopiert werden. Auch im Störfall ist die Kennzeichnung der Medien und die Dokumentation der Backups unverzichtbar, denn nur so kann schnell auf die richtigen Medien zugegriffen werden.

Mit diesen Verwaltungsinformationen kann der Gebrauch der Medien protokolliert und überwacht werden. Vorbeugend oder bei auftretenden Verschleißerscheinungen werden Medien dann ersetzt. Ausgesonderte Medien müssen sicher gelöscht oder sicher entsorgt werden (vgl. Kap. 24).

29.6 Datensicherung in der Cloud

Die Datensicherung kann als Alternative oder ergänzend zu physischen Medien auch auf einem Internetspeicherplatz »in der Cloud« erfolgen (vgl. Kap. 32). Bei Cloud-Speicher kann dabei in Cloud-Speicherplatz und Cloud-Backup-Speicherplatz unterschieden werden. Cloud-Speicherplatz steht Benutzern wie ein Netzlaufwerk über eine Kommunikationsverbindung permanent aktiv zur Verfügung. Cloud-Backup-Speicherplatz empfängt vom Benutzer die zu sichernden Daten über eine Kommunikationsverbindung, d. h., es wird eine passive Datenkopie abgelegt, die bei Bedarf wieder eingespielt werden kann. Daneben gibt es noch hybride Modelle, bei denen die Daten für einen bestimmten Zeitraum on premise auf einer Appliance und zusätzlich in der Cloud vorgehalten werden.

Wenn für die Datensicherung ein Onlinespeicher genutzt werden soll, sollten mindestens folgende Punkte geregelt werden:

- Gestaltung und Umfang der Backup-Dienstleistung in einem Vertrag
- Ort der Datenspeicherung
- Vereinbarungen zur Dienstgüte (sog. Service Level Agreements – SLA), insbesondere in Hinsicht auf die Verfügbarkeit, aber auch zur Integrität und Vertraulichkeit
- geeignete Authentisierungsmethoden
- Verschlüsselung der Daten auf dem Onlinespeicher sowie
- Verschlüsselung auf dem Transportweg und
- bei personenbezogenen Daten zusätzlich: Verantwortlichkeit und geeignete technische sowie organisatorische Maßnahmen in einem Auftragsverarbeitungsvertrag nach Art. 28 DSGVO

Bei der Sicherung in der Cloud sind auch die gesetzlichen Rahmenbedingungen zu beachten. Beispielsweise im Personal- oder Steuerrecht gibt es Regelungen, die eine Datensicherung in der Cloud einschränken bzw. unter einen Genehmigungsvorbehalt stellen.

Daneben sind cloudspezifische Angriffe auf die Datensicherung vorstellbar, bspw. als Denial-of-Service-Attacke, um eine Sperrung des Benutzerkontos herbeizuführen und auf diesem Weg den Zugriff auf das Backup der Daten zu verhindern. Oder als Phishing-Attacke, um mittels eines erlangten Administratorpassworts Zugriff auf die Backup-Daten zu erhalten. Es sollten daher Mehr-Faktor-Authentifizierungs- sowie Verschlüsselungsverfahren eingesetzt werden, um das Sicherheitsniveau des Cloud-Backups bei Übermittlung, Datenspeicherung und Zugriff beim externen Cloud-Dienstleister zu erhöhen.

Bei Cloud-Speichern wird vielfach mit einer erhöhten Sicherheit durch Verschlüsselung geworben. Hier ist allerdings immer zu klären, wie die Verschlüsselung konkret umgesetzt ist. Oftmals ist nur die Übertragung der Daten verschlüsselt (Data-in-Transfer), vor und nach dem Transport sind die Daten unverschlüsselt. Gelegentlich werden die Daten auch verschlüsselt auf den Cloud-Systemen abgelegt (Data-at-Rest), sind aber zwischen Transport und Ablage für die Verarbeitung (für eine logische Sekunde) unverschlüsselt. Sind Daten besonders schützenswert, sollten sie bereits auf dem Quellsystem und damit vor Datentransport und Ablage in der Cloud verschlüsselt werden.

Abschließend ist noch wichtig, dass je nach Ausgestaltung des Datensicherheitskonzepts auch der Cloud-Speicher selbst über ein Backup verfügen sollte.

29.7 Erfolgsfaktoren für Recovery

Zum Einsatz kommen Datensicherungen im Recovery-Fall, wenn mit ihrer Hilfe ein betriebsfähiger Zustand wieder eingespielt werden soll. Die Backups müssen dann aber nicht nur erzeugt worden sein, sondern auch zur Verfügung stehen und erfolgreich eingesetzt werden können. Dazu müssen sie

- physisch verfügbar und auffindbar sein,
- technisch einsetzbar sein und
- gegebenenfalls entschlüsselt werden können.

29.7.1 Physische Verfügbarkeit

Die Sicherungsmedien müssen im Störfall physisch zugreifbar sein. Eine Reihe von Störfällen kann durch die physischen Einwirkungen aber nicht nur die gesicherten Systeme, sondern auch die Backup-Medien beschädigen oder zerstören. Dazu gehören bspw. Brände, Wasserschäden, Überspannung oder unter Umständen sogar ein Blitzschlag. Für solche Störfallklassen muss die physische Verfügbarkeit der Datensicherungen gewährleistet werden. In der Regel muss der Lagerort physisch und elektrisch von den operativen Systemen getrennt sein. Je nach Randbedingungen kann dies bspw. durch brandfeste Tresore, Einlagerung in einem anderen Brandabschnitt oder Auslagern in Bankschließfächer bzw. in andere Gebäude erreicht werden.

Die Lagerbedingungen haben Einfluss auf die Lebensdauer der Sicherungsmedien und die physische »Qualität« der Datenbestände. Die Medien müssen trocken, bei eher niedriger und stabiler Temperatur sowie möglichst staubfrei aufbewahrt und vor Umwelteinflüssen geschützt werden. Dadurch soll erreicht werden, dass die Medien nicht vorzeitig altern oder anderweitig zerstört werden.

Lagerorte können bspw. Bankschließfächer, entfernte Gebäude auf dem Betriebsgelände, ein Raum im Rechenzentrum eines verbundenen oder befreundeten Unternehmens, das eigene Ausweichrechenzentrum oder auch geeigneter Speicherplatz im Internet sein. Wie groß der Abstand zu wählen ist, hängt von den Störfällen ab, für die ein Recovery noch möglich sein soll, und ist von der Organisation festzulegen. Dabei sollten auch die jeweiligen örtlichen Gegebenheiten berücksichtigt werden: In der Nähe von Chemiewerken mit Explosionsgefahr können größere Entfernungen notwendig sein als an einem Standort mit Verwaltungs- und Dienstleistungsunternehmen.

Die Medien müssen allerdings am externen Lagerort für alle Personen zugänglich sein, die sie im Recovery-Fall holen sollen. Dazu sollten bspw. Zutrittsberechtigungen oder Ausweise vorbereitet und Schlüssel verteilt werden. Die Zeiten, zu denen der Zugang zu den Datensicherungsmedien möglich ist, müssen auf das Datensicherungskonzept und die Recovery-Anforderungen abgestimmt sein. Im Zweifel muss der Zugang auch außerhalb üblicher Geschäftszeiten möglich sein.

29.7.2 Betriebliche Voraussetzungen für Recovery

Sicherungsmedien müssen zuverlässig wieder eingespielt werden können. Das bedeutet, dass geeignete Laufwerke an allen Standorten zur Verfügung stehen müssen, an denen die Sicherungen zurückgespielt werden sollen. So müssen die Bandlaufwerke an verschiedenen Standorten kompatibel oder die Lesegeräte oder Anschlusstechnik für andere Wechseldatenträger entsprechend vorbereitet sein.

Soweit Daten im Backup verschlüsselt gespeichert werden, müssen auch die Entschlüsselungsschlüssel verfügbar sein. Auf mögliche Maßnahmen wurde in Abschnitt 29.4 bereits hingewiesen. Die Hardware-Sicherheitsmodule oder hinterlegten Passwörter müssen – wie die anderen Datenträger – physisch zugreifbar sein, um die Backups entschlüsseln zu können.

Beim Einspielen des Backups von einem Internetspeicherplatz erfordert dies eine ausreichende Bandbreite der Kommunikationsleitungen.

Es ist auch zu entscheiden, ob bei Bedarf externes Personal in der Lage sein soll, die Wiederherstellung durchzuführen. In diesem Fall muss sichergestellt werden, dass die Wiederanlaufpläne auch für Personen verständlich sind, die nicht mit dem regulären Betrieb befasst sind. Außerdem müssen diese Einsatzkräfte dann Zugang zu allen relevanten Medien haben, bspw. auch zu Schließfächern und PINs oder Passwörtern.

29.7.3 Recovery-Fähigkeit überprüfen

Während die Datensicherungen im IT-Betrieb regelmäßig erzeugt werden, sollte der Recovery-Fall eine Ausnahmesituation sein. Daher muss das Recovery – wie viele andere Sicherheitsmaßnahmen auch – regelmäßig geprobt werden, um sicherzugehen, dass die angestrebten Recovery-Ziele erreicht werden. Dabei sollte geprüft werden, ob die Datensicherungen fehlerfrei sind. Zum Üben können Backups bspw. auf Test- oder Entwicklungssysteme eingespielt und anschließend Vergleichstests durchgeführt werden. Geübt werden sollte nicht nur für zentrale Systeme und Netzwerke, auch die Backups kritischer Produktionsanlagen oder Desktop-Systeme sollten überprüft werden.

Schließlich sollte getestet werden, ob mit mobilen Backups[5] hinreichend aktuelle Datenstände rekonstruiert werden können. Auch Mitarbeiter von Fachabteilungen sollten daher an Recovery-Übungen gelegentlich beteiligt werden und anschließend testen, ob sie im gewünschten Umfang arbeitsfähig sind.

Als Nebeneffekt von Recovery-Übungen werden Recovery-Pläne getestet und können anhand der Erfahrungen verbessert werden. Außerdem können belastbare Zeiten für den Wiederanlauf zumindest bezüglich RTO erhoben werden.

5 Damit sind Backups gemeint, die Mitarbeiter unterwegs auf mobilen Datenträgern anlegen.

29.8 Datensicherungskonzept

Die vorangegangenen Unterkapitel zeigen, dass vielfältige Maßnahmen aufeinander abgestimmt und Entscheidungen getroffen werden müssen, um für die Organisation angepasste, angemessene und im Störfall tragfähige Datensicherungen zu erhalten. Ein Datensicherungskonzept hilft, dieses Ziel zu erreichen. Im Datensicherungskonzept sind zunächst die Ziele der Datensicherung und für die Recovery-Fälle einschließlich der RTO-Werte abstrakt festzulegen. Anschließend wird festgelegt, wie diese Vorgaben erreicht werden sollen. Dazu sind insbesondere die folgenden Fragen zu beantworten:

- Sind die Mitarbeiter über die Regelungen zur Datensicherung informiert und zu diesen verpflichtet?
- Wer ist für die Datensicherungen verantwortlich und wer hat dabei welche Teilaufgaben?
- Welche Systeme und Datenbestände sind zu sichern? Hilfreich ist es, wenn Sicherungsklassen mit RPO-Vorgaben gebildet werden können.
- Wie werden für die einzelnen Sicherungsklassen die Backup-Generationen gebildet, freigegeben und gegebenenfalls gelöscht?
- Welches Datenvolumen ist zu erwarten, welche Trägermedien werden eingesetzt und wo sind sie zu lagern?
- Wie sind die Backups physisch und durch andere Maßnahmen vor Missbrauch zu schützen?
- Wer soll das Recovery für welche Systeme durchführen können und wie erhalten die Mitarbeiter den Zugriff auf Backup-Medien und andere erforderliche Ressourcen?
- Wer ist für die Recovery-Pläne und -Übungen verantwortlich?

Die Konzeptentscheidungen müssen an den Sicherheitszielen, den betrieblichen Bedingungen und den Arbeitssituationen der Mitarbeiter orientiert werden, die die Datensicherungen durchführen sollen. Andernfalls kann Datensicherung leicht zu einer ungeliebten, im Tagesgeschäft störenden Aufgabe werden. Unvollständige Backups und mangelnde Recovery-Fähigkeit wären die Folge.

Zusammenfassung

Ein Datensicherungskonzept und seine betriebliche Umsetzung sind ein wichtiger Baustein, um auf eine Vielzahl von Störungen reagieren zu können. Das Konzept muss sorgfältig erstellt und fortgeschrieben werden, denn nur dann kann die Datensicherung zum schnellen Recovery beitragen.

Das Datensicherungskonzept muss alle relevanten Systeme umfassen, gegebenenfalls also auch die Arbeitsplatzsysteme der Mitarbeiter. Die Datensicherung muss für die Mitarbeiter leicht neben ihren Kernaufgaben zu erledigen sein. Gleichzeitig müssen der Missbrauch der Sicherungsbestände verhindert und die physische Trennung von den produktiven Systemen möglichst gut erreicht werden.

Zwischen Backups und Archiven muss klar unterscheiden werden, weil beide Datenbestände unterschiedlichen Zwecken dienen.

Bei der Datensicherung in der Cloud sind spezifische Herausforderungen, bspw. bei der Verschlüsselung, und Gefahrenlagen zu beachten und im Datensicherungskonzept entsprechend zu berücksichtigen.

Literatur

[BSI-CON.3] *Bundesamt für Sicherheit in der Informationstechnik (BSI):* IT-Grundschutz-Kompendium – CON.3 Datensicherungskonzept; siehe *https://www.bsi.bund.de/SharedDocs/Downloads/DE/BSI/Grundschutz/Kompendium_Einzel_PDFs_2021/03_CON_Konzepte_und_Vorgehensweisen/CON_3_Daten-sicherungskonzept_Edition_2021.pdf* (Stand: 17.01.2024)

[BSI-CON.3-UH] *Bundesamt für Sicherheit in der Informationstechnik (BSI):* IT-Grundschutz-Kompendium – Umsetzungshinweise zum Baustein CON.3 Datensicherungskonzept; siehe *https://www.bsi.bund.de/SharedDocs/Downloads/DE/BSI/Grundschutz/Umsetzungshinweise/Umsetzungshinweise_2021/Umsetzungshinweis_zum_Baustein_CON_3_Datensicherungskonzept.pdf* (Stand: 17.01.2024)

[DIN 66398] *Deutsches Institut für Normung e.V.:* DIN 66398 – Leitlinie zur Entwicklung eines Löschkonzepts mit Ableitung von Löschfristen für personenbezogene Daten, Beuth-Verlag, Berlin 2016:05

[Wikipedia] *Wikipedia:* Artikel zu RAID, siehe *https://de.wikipedia.org/wiki/RAID* (Stand: 17.01.2024)

30 Incident-Management und Computer-Emergency-Response-Teams

Einleitung

Die Anzahl der IT-Angriffe auf Unternehmen kennt seit Jahren nur eine Richtung – steil aufwärts. Die Bedrohungen der Unternehmen steigen trotz zunehmender Professionalisierung und Investitionen in die IT-Sicherheit. Unternehmen können sich allein durch Prävention nicht mehr wirksam schützen. Sie müssen daher in der Lage sein, auf Störungen der IT-Systeme richtig zu reagieren. Auch Angriffe bzw. Incidents, hier im Sinne von IT-Sicherheitsvorfällen, sollen frühzeitig erkannt werden, bevor größerer Schaden entsteht. Ein möglicher Schaden soll mit optimierten Reaktionszeiten eingedämmt und aufgedeckte Lücken in der IT-Sicherheit schnell geschlossen werden. Das ist im Kern die Aufgabe der sogenannten *CERT* oder *CSIRT* (Computer-Emergency-Response- oder Computer-Security-Incident-Response-Teams). Was beim Aufbau eines solchen Teams zu beachten ist und wie ein systematischer Prozess zur Behandlung von Incidents ablaufen kann, beschreibt dieses Kapitel.

Dieses Kapitel orientiert sich in seiner Grundstruktur am Standard [NIST SP 800-61] »Computer Security Incident Handling Guide«. Der ISO-Standard [ISO 27002] behandelt das Thema ebenfalls (s. Tab. 30.3). Eine Übersicht über weitere CERT-Standards wird am Ende des Kapitels unter »Literatur« gegeben.

30.1 Ziel und Aufgaben des Incident-Managements

Durch das Incident-Management, hier mit Fokus auf IT-Sicherheit, soll in einer Organisation sichergestellt werden, dass sicherheitsrelevante Auffälligkeiten und Vorfälle im Bereich der IT- und Kommunikationssysteme erkannt und sachgerecht behandelt werden. Unter Incidents werden dabei versuchte Angriffe und Störungen aus Angriffen zusammengefasst.

Typischerweise werden für die Analyse und Reaktion auf Incidents – je nach Unternehmensgröße – ein oder mehrere sogenannter Computer-Emergency-Response-Teams (CERTs) aufgebaut. Die Aufgabe der CERTs in einer Organisation ist das Erkennen von IT-Security-Incidents, deren Eindämmung und Behebung mit begrenzten Ressourcen. In diesem Kontext kann das CERT aber noch weitere Aufgaben erhalten:

- das proaktive Erkennen und Reagieren auf Veränderungen der Sicherheitslage, also auf neue Angriffsformen. Hier ist die Abstimmung mit anderen Unternehmensbereichen, z. B. dem Informationssicherheits-Team, dem Business-Continuity-Management oder dem Risikomanagement sinnvoll, um neue Erkenntnisse langfristig in das Sicherheitskonzept des Unternehmens einfließen zu lassen.

- das CERT bekannt zu machen und eine positive Wahrnehmung im Unternehmen zu fördern, denn alle Mitarbeiter sind potenzielle Hinweisgeber. Dazu müssen sie das CERT und einen möglichst direkten Kommunikationsweg kennen.

Mit diesen weiteren Aufgaben kann das CERT effizienter arbeiten, denn es verfügt damit über höhere Kompetenz und definiert die Wahrnehmung im Unternehmen wesentlich durch eigene Maßnahmen.

Die Aufgaben eines CERT beinhalten nur einen kleinen Teil der Aufgaben zur Aufrechterhaltung des Geschäftsbetriebs eines Unternehmens. Das CERT konzentriert sich auf Security-Incidents. Kleine oder häufiger auftretende Fehler sollten durch den Helpdesk oder reguläre Prozesse des Systembetriebs beherrscht werden. Auch andere IT-Störungen sind Aufgaben des Systembetriebs. Für sehr schwere Störfälle sind andere Unternehmensstrukturen zuständig, z. B. das Business-Continuity-Management (s. Kap. 31). Dem widerspricht nicht, dass das CERT in Einzelfällen zur Unterstützung angefragt wird. Auch eine detaillierte forensische Analyse eines Vorfalls gehört üblicherweise nicht zu den Kernaufgaben des CERT.

30.2 Der Aufbau des CERT

Bevor ein neues CERT seine eigentliche Arbeit aufnehmen kann, sind einige vorbereitende Entscheidungen und Planung erforderlich. Denn ein CERT mit schlechten Regelungen und unzureichenden Prozessen gibt dem Unternehmen ein unbegründetes Sicherheitsgefühl. Damit verschlechtert es seine Sicherheitslage.

Regelwerk für die Arbeit des CERT

Die Dokumente, die die Aufgaben des CERT festlegen und seine Arbeitsweise beschreiben, bilden das Regelwerk des CERT.

Zunächst benötigt ein CERT als Legitimation seiner Arbeit einen Auftrag. Dieser oft als »Mission Statement« bezeichnete Auftrag sollte von der Unternehmensleitung erteilt werden. Damit zeigt sie, dass sie das CERT will. Dies ist einer der Erfolgsfaktoren. Der Auftrag ist der Anker für das Selbstverständnis des CERT und begründet seine Arbeit.

Der Auftrag legt den Wirkungsbereich, die Ziele, die Aufgaben, die Kompetenzen und Verantwortlichkeiten fest. Darin sollte auch geregelt werden, welche Themen das CERT allein entscheiden kann und bei welchen eine Abstimmung mit anderen Entscheidungsträgern gefordert wird, z. B. für eine Entscheidung zur Abschaltung unternehmenskritischer Systeme. Im Auftrag sollten diese Kompetenzen unterschieden werden nach:

- **Voll**
  Themen mit alleiniger Kompetenz und Entscheidungsberechtigung des CERT.

- **Teilweise**
  Für diese Themen werden die Entscheidungsträger genannt, mit denen eine Abstimmung gefordert wird.

- **Keine**
  Das CERT hat rein informierende und beratende Aufgaben.

Mit dem Mission Statement soll das CERT auch in der Organisationsstruktur des Unternehmens verankert werden. Dazu werden hier die Personal- und Führungsstruktur und die Reportpflichten festgelegt.

Ebenfalls sind die Regeln für Zusammenarbeit und der Austausch von Informationen mit Externen, z. B. anderen CERTs festzulegen. Das CERT muss wissen, mit wem Informationen ausgetauscht werden können, wie die Kommunikation zu sichern ist und ob gegebenenfalls Anonymisierung erforderlich ist. Diese Festlegung kann auch generisch in Incident-Kategorien gegliedert werden, zu denen konkrete Externe zugeordnet werden.

Das CERT

Die sinnvolle Größe des Teams ergibt sich aus der Unternehmensgröße und dem Umfang des definierten Aufgabenfelds. Folgende Faktoren sollten für die Ausstattung mit personellen Ressourcen berücksichtigt werden:

- Das Team sollte aus Fachspezialisten gebildet werden, die die relevanten Themengebiete abdecken. Für die Themen, für die das nicht möglich ist, soll es auf etablierten Kontakt zu externen Spezialisten zurückgreifen können, die kurzfristig unterstützen.
- Zusätzlich sollte ein Kommunikationsexperte Mitglied im Team sein. Er soll die Informationen aus der Sprache der Fachspezialisten für die Mitarbeiter in anderen Unternehmensbereichen aufbereiten. Er sollte die Kontaktperson für andere externe Stellen sein und kann die Koordinaten mit anderen CERTs unterstützen.
- Der Teamleiter übernimmt die Planungs- und Steuerungsaufgaben und vertritt das CERT gegenüber den Führungsebenen des Unternehmens.
- Falls eine ständige Bereitschaft erforderlich ist, sollten alle Teammitglieder hierfür bereit sein. Die Teamstärke sollte auch für Sondersituationen, wie Krankheiten an Feiertagen oder zu Urlaubszeiten, ausgelegt sein.

Alle Teammitglieder sollten über Projektmanagement-Wissen und -Erfahrung verfügen. Wenn die Teammitglieder Vollzeit für das CERT zur Verfügung stehen, kann die Arbeit gut professionalisiert werden. Werden die CERT-Aufgaben dagegen nur als Zusatzaufgabe wahrgenommen, entstehen leicht Ressourcenkonflikte mit den anderen Arbeiten der jeweiligen Mitarbeiter.

Ausstattung

Das CERT muss mit den notwendigen Arbeitsmitteln ausgestattet werden. Abgestimmt auf die Aufgaben können dies sein:

- Arbeitsplätze und Technik für das CERT, um Daten und Datenströme zu sichern und zu analysieren, z. B. für forensische Untersuchungen oder Netzwerkanalysen. Jede Phase des Incident-Prozesses sollte mit geeigneter Technik unterstützt sein.
- Arbeitsmittel zur Beweissicherung und zur Dokumentation der durchgeführten Arbeiten. Dazu gehören Aufzeichnungsgeräte für Bild und Ton und gegebenenfalls ein Dokumentationssystem.
- Die Ausstattung sollte in gewissem Umfang diversifiziert sein und Reserven gegenüber einer Minimal-Ausstattung aufweisen. Dies gilt insbesondere für die Kommunikationstechnik und die Wege für die CERT-Kommunikation. So wird sichergestellt, dass zeitkritische Aktionen ohne Verzögerungen ausgeführt werden können.

Exotische oder neue Technik sollte vermieden werden, um Fehler und Störungen in der Incident-Bearbeitung zu verhindern. Für die Auswahl geeigneter Ausstattung kann der Austausch mit anderen CERTs hilfreich sein.

Kommunikationspläne und -wege

Wichtig für erfolgreiche CERT-Arbeit ist eine auf das Unternehmen abgestimmte und festgelegte Kommunikation im Incident-Fall: Wer wird bei welchem Thema und welcher Incident-Priorität informiert, wie sind die Kommunikationspartner zu erreichen und welche Informationen werden mit welchen Kommunikationsmitteln weitergegeben? Zu informierende Parteien können sein:

- Geschäftsführung/CIO
- Krisenstab oder das BCM, falls die Eskalation notwendig ist
- Leiter der Unternehmens- oder IT-Sicherheit sowie Sicherheitsmitarbeiter
- andere CERTs
- System- oder Prozessverantwortliche
- die Unternehmensbereiche Personal, Kommunikation, Recht und der Datenschutzbeauftragte
- weitere externe bzw. staatliche Stellen.

Die Kommunikationsmittel, die jeweils vorgesehen sind, sollten einsatzfähig sein. Meldungen oder Informationen können in Form von Vorlagen vorbereitet werden, wie:

- Informationen oder System-Updates, um sie auf Webseiten zum Abruf bereitzustellen
- ein E-Mail-Postfach oder/und ein Anrufbeantworter, um Informationen an große Gruppen zu verteilen
- aktive Informationsverteilung über E-Mail, Telefon oder Papieraushänge
- Präsentationen für Meetings

Erreichbarkeit

Jedes CERT lebt von Hinweisen auf mögliche Incidents, die untersucht werden sollen. Für das Unternehmen sollte ein CERT möglichst einfach erreichbar sein. Dazu gehören:

- der Aufbau einfacher Meldewege, des Benachrichtigungsdiensts, die sowohl innerhalb der Geschäftszeiten, z. B. über einen Helpdesk, als auch nachts oder an Wochenenden, z. B. über feste Telefonnummern, für jeden einfach zu nutzen sind
- Bekanntmachung, wann und was jeder Mitarbeiter melden kann, und regelmäßige Ermunterung, dies auch zu tun
- Festlegung von einfachen Kriterien, z. B. Zeitschranken, nach denen IT-Personal (Administratoren) Auffälligkeiten melden sollte. Dies senkt die Hemmschwelle, einen Hinweis auch zu melden.

Eskalation

Jederzeit im Verlauf des Incident-Prozesses können sich Umstände ergeben, die für das CERT allein nicht mehr zu beherrschen sind. Das kann ein Ansteigen der Wiederherstellungsaufwände sein: Plötzlich reichen die eigenen Ressourcen nicht mehr aus. Oder aus dem Incident entsteht eine breite negative Öffentlichkeitswirkung und die notwendigen Gegenmaßnahmen überschreiten den Zuständigkeitsrahmen des CERT. Sobald sich andeutet, dass ein Incident nicht mehr sicher im CERT beherrscht werden kann, egal aus welchem Grund, sollte eskaliert werden.

Wichtig sind dabei zum einen eine möglichst frühe Eskalation, um wertvolle Reaktionszeit zu sichern, und zum anderen das Beibehalten des Eskalationsgedankens während des gesamten Incident-Prozesses hindurch.

Einer Eskalationsangst sollte man mit der Motivation begegnen, dass zum einen die Aufwände durch unnötige Eskalationen in keinem Verhältnis zu dem Schaden stehen, den eine unterlassene Eskalation zur Folge hat. Im Gegenteil ist jede dieser Eskalationen eine willkommene Übung, um die eigene Organisation zu trainieren und weiter zu verbessern. Die Kultur im CERT muss diese Regeln bestärken: Eskalationen müssen immer ernst genommen werden.

Zur Vereinfachung der Eskalationsentscheidung sollten für Standardaktionen, wie die Benachrichtigung eines Spezialisten, Zeitgrenzen vorgegeben werden. Nach Erreichen der Zeitgrenze muss dann eine Eskalation eingeleitet werden, z. B. an den CERT-Leiter.

Wichtig für die Eskalation ist eine Abstimmung und enge Zusammenarbeit mit anderen unternehmenseigenen Strukturen, wie dem Notfall- und Krisenmanagement oder dem Business-Continuity-Management. Es muss festgelegt sein, wer und ab wann auf welche Weise informiert wird, damit dort bereits erste Vorbereitungen erfolgen können bzw. direkt der weitere Ablauf übernommen werden kann.

Vernetzung und Kommunikation mit Externen

Die Vernetzung und der regelmäßige Informationsaustausch mit anderen regionalen oder nationalen CERTs über aktuelle Entwicklungen oder neue Incidents stärkt die Kompetenz eines CERT maßgeblich. Es sollten daher Kontakte zu anderen CERTs aufgebaut und gepflegt werden. Auch im eigenen Incident-Fall kann der Rat anderer CERT-Kollegen hilfreich sein und die Suche nach dem richtigen Vorgehen verkürzen. Eine Mitgliedschaft in einer nationalen oder internationalen CERT-Organisation kann dieses Vernetzen vereinfachen. Dies ist auch ein guter Weg, um eigenes Wissen mit anderen CERTs zu teilen. Allerdings sollte eine eventuelle Mitarbeit an Veröffentlichungen anderer CERTs, wenn vorgesehen, vorab geregelt werden.

Auch die Kommunikation mit Externen sollte vorbereitet werden. Beispielsweise können Kontakte zu wichtigen Auftraggebern oder Lieferanten oder zu Medien aufgebaut werden. Es ist sinnvoll, dafür auf den Kompetenzen und Ressourcen der Unternehmenskommunikation aufzubauen. Vermutlich ergeben sich nutzbare Überschneidungen mit den Kommunikationsaufgaben im Krisenfall. Die CERT-Maßnahmen können dann gemeinsam mit BCM-Maßnahmen aufgebaut und genutzt werden.

Berichtswesen

Das CERT sollte ein Berichtswesen aufbauen. Dazu ist festzulegen, wie Dokumentationen innerhalb des CERT aufgebaut werden, welche Berichte für die Unternehmensleitung erstellt werden und in welcher Form mit externen Stellen kommuniziert wird. Für Kennzahlen ist die jeweilige Datenbasis festzulegen. Besonders für Berichte an die Unternehmensleitung sollte abgestimmt werden, welche Kennzahlen der CERT-Arbeit die wesentlichen sind. Für jeden Bericht sind der Empfängerkreis und der Report-Zyklus festzulegen.

Standardvorgehen entwickeln

Jedes CERT lebt von seiner Fähigkeit, bei der Incident-Bearbeitung auf erprobte Vorgehensweisen (sog. Playbooks, Workflowbooks, Runbooks) zurückgreifen zu können. Dieser Vorrat sollte auch regelmäßig um neue Erkenntnisse erweitert und verfeinert werden.

Zu Beginn ist es wichtig, zumindest für die schwersten Incidents Vorgehensweisen zur Eindämmung von Schäden parat zu haben. Diese können z. B. sein:

- das Abschalten zentraler Systeme, mit Festlegung genauer Reihenfolgen und Benachrichtigungspflichten
- das Trennen von Netzbereichen oder einzelner Systeme vom Internet oder Intranet

Datenschutz und Recht

Neben generellen rechtlichen Aspekten spielen der Datenschutz und in der Regel auch die Rechte der Beschäftigtenvertretung für deutsche CERTs eine große Rolle (s. dazu die Abschnitte 3.2 und 3.3). Bereits bei der Erstellung eigener Richtlinien sollte der Kontakt zum Datenschutzbeauftragten des Unternehmens und gegebenenfalls zum Betriebsrat gesucht werden. Interne Datenschutz-Regelungen müssen im Incident-Prozess berücksichtigt werden.

Im Verlauf des Incident-Prozesses kann die Zusammenarbeit mit Externen, wie Dienstleistern oder anderen CERTs, erforderlich sein. Dann sollten entsprechende Verträge, die Geheimhaltung und Service-Levels regeln, bereits vorbereitet und mit der Rechtsabteilung abgestimmt sein.

Beweissicherung

Im Verlauf der Incident-Bearbeitung kann es notwendig werden, gerichtsfeste Beweise zu sichern. Die erforderlichen Arbeitsschritte und das genaue Vorgehen sind mit der Rechtsabteilung oder entsprechenden Fachspezialisten zu erarbeiten und zu proben. Hierzu gehören:

- Regelungen für die nachvollziehbare Weitergabe von Informationen, z. B. über Transferbelege
- Vorgaben zur Dokumentation
- Vorgehensweisen für die Sicherstellung, Datensicherung und -analyse von betroffenen Systemen
- Einsatz forensischer Techniken

Es sollte auch geregelt werden, wie mit erhobenem Beweismaterial umgegangen wird. Die notwendigen Dokumentationen und Vorgehensweisen sollten mit der Rechtsabteilung abgestimmt werden. Dazu gehört, dass die Zugriffsberechtigten und Schutzmaßnahmen für das Material festgelegt und umgesetzt werden. Wenn ein Rechtsstreit im Bereich des

Möglichen liegt, sollte das Material bis zum Abschluss des Falles verfügbar sein. Vorhalte- und Löschfristen für die Incident-Daten sollten daher mit dem Datenschutzbeauftragten und der Rechtsabteilung festgelegt werden.

Schließlich muss das CERT über die notwendigen Ressourcen verfügen, um Hardware und große Datenmengen sichern zu können.

Weiterbildung und Training

Die Qualität eines CERT hängt direkt mit den Kenntnissen, der Geschwindigkeit und Genauigkeit getroffener Entscheidungen und dem Beherrschen der eigenen Verfahren und Prozesse ab. Ein hohes Niveau kann nur durch Weiterbildung und regelmäßiges Üben erworben bzw. gehalten werden. Daher sollten auch regelmäßige Übungen fest in die Zeit- und Ressourcenplanung des CERT integriert werden.

Tipps für den Aufbau

Direkt, nachdem das CERT-Regelwerk festgelegt wurde, sollten die Meldewege etabliert und im Unternehmen bekannt gemacht werden. Optional kann die eigene Sichtbarkeit im Unternehmen durch einen kleinen Newsletter an Interessierte gesteigert werden.

Aus den neuen Fachkräften des CERT sollte möglichst rasch ein echtes Team geformt werden. Der Personalbereich oder die Unternehmenskommunikation kann dabei möglicherweise unterstützen.

Besonders zu Beginn der Arbeit des CERT, aber auch später zur Qualitätssicherung sollten die Empfänger von CERT-Ergebnissen und die Melder von Incidents über die Qualität der CERT-Leistung befragt werden. Daraus können wichtige Impulse zur eigenen Verbesserung gewonnen werden.

Nachdem die wichtigsten Voraussetzungen geschaffen sind, kann das CERT mit einem Pilotbetrieb in eine praxisnahe Lernphase starten. Dabei werden Prozesse auf ihre Tauglichkeit geprüft, erste Ergebnisse für das Unternehmen entwickelt und übersehene Probleme beseitigt. Anschließend wechselt das CERT in den offiziellen Produktivbetrieb.

30.3 Regelmäßige Aufgaben des CERT

30.3.1 Überwachen der Informationsströme – Erkennen von Incidents

Die schwierigste Aufgabe im Incident-Prozess ist es, Incidents mit einer möglichst hohen Wahrscheinlichkeit zu erkennen. Jeder unentdeckte Incident bedeutet zumindest, eine Partie des Spiels an die Angreifer verloren zu haben.

Die Voraussetzung zum Erkennen von Incidents ist ein ständiger Strom aktueller Informationen für das CERT. Jede zusätzliche relevante Informationsquelle kann die Wahrscheinlichkeit für die Erkennung erhöhen und einen potenziellen Schaden verringern. Die folgende Aufstellung gibt einen Überblick über relevante Informationsquellen.

Bei der Beschaffung und Auswertung sind Datenschutz- und Mitbestimmungsrechte zu berücksichtigen (s. o.).

Relevante Informationsquellen für die Incident-Erkennung

Eine Reihe von IT-Systemen erzeugen direkt **Alarme**, z. B.

- Intrusion-Detection- oder Intrusion-Prevention-Systeme (IDS, IPS)
- Security Information and Event Management (SIEM)
- Antivirus- und Antispamsoftware
- Firewalls
- Integritätsprüfer für Dateien
- sonstige unternehmensinterne Monitoring-Systeme

Die **Log-Protokolle** vieler Systeme können auf Anzeichen für Incidents automatisiert in Security Operation Centers (SOCs) analysiert werden, dazu gehören insbesondere·

- Protokolle von Betriebs- und Anwendungssystemen
- Logs der Netzwerktechnik
- Logs über Netzwerk-Datenströme

Es ist sicherzustellen, dass diese Logs verfügbar sind. Die Aufbewahrungszeiten sind entsprechend vorzugeben. Damit Korrelationen zwischen den Ereignissen hergestellt werden können, sollten alle Systeme die gleiche Zeitbasis haben.

Wichtige Hinweise ergeben sich auch aus **Meldungen** von Mitarbeitern, Dienstleistern oder Kunden. Darunter fallen

- Unregelmäßigkeiten, die IT-Administratoren auffallen,
- Hinweise auf auffälliges Verhalten von Systemen während der fachlichen Nutzung,
- ungewöhnliche Tickets oder unübliche Häufungen beim Helpdesk oder
- für Externe nicht mehr erreichbare Systeme oder Dienste.

Wichtige Hinweise können auch aus öffentlichen Informationen über **neue Schwachstellen und Exploits** gewonnen werden. Diese finden sich bspw. in Sicherheitshinweisen (Advisories) von befreundeten oder nationalen CERTs oder der CERT-Datenbanken wie der National Vulnerability Database [NVD].

Überwachung der Informationsströme

Die Informationsquellen sind kontinuierlich zu überwachen und auszuwerten. Das Interesse gilt dabei Mustern, die als Vorbote oder Anzeichen für einen Incident einzustufen sind. Welche Information und ab welchem Schwellenwert sie auf einen Incident hindeutet, hängt sehr stark vom jeweiligen Unternehmen ab. In der folgenden Übersicht sind mögliche Indikatoren für Incidents zusammengestellt.

Angriffe werden häufig vorbereitet. **Vorboten** auf mögliche Incidents können z. B. sein:

- Hinweise auf den Einsatz von Schwachstellen-Scannern, bspw. in den Protokollen von Webservern
- direkte »Kampfansagen« einschlägiger Gruppen, z. B. Anonymous

Aus der Überwachung der oben genannten Informationsströme werden Auffälligkeiten identifiziert, die auf Incidents hinweisen können. Diese Auffälligkeiten können durch automatische Auswertungen genauso wie durch Hinweise von Mitarbeitern oder Administratoren bemerkt werden. Konkrete Anzeichen für stattfindende Incidents können bspw. abgeleitet werden aus:

- den oben genannten Alarmen verschiedener Systeme
- unüblichen oder auffälligen Dateien oder Dateinamen, Veränderung von Dateigrößen und -zeiten, z. B. aus Hinweisen von Benutzern
- Anzeichen ungenehmigt geänderter Konfigurationseinstellungen in Systemprotokollen
- der Häufung fehlerhafter Login-Versuche
- Abweichungen von der üblichen Netzwerkbelastung oder von Kommunikationsmustern, z. B. hinsichtlich Systemverbindungen oder Tageszeiten
- Systemabstürzen oder veränderter Systemleistung
- unerwarteten Benutzerkonten oder sprunghafter Steigerung der Aktivität bei bestehenden Accounts
- Denial of Service, Rechteentzug

Spezialisiertes Vorgehen für typische Angriffswege

Im Laufe der Zeit hat sich eine Reihe von häufig verwendeten Angriffswegen herauskristallisiert. Für diese Standardklassen empfiehlt sich gegebenenfalls eine Standardisierung und Spezialisierung der Erkennungsmaßnahmen und des Incident-Prozesses. Die typischen Angriffswege sind:

- Nutzung mobiler Speichermedien wie USB-Sticks zum Einbringen von Schadcode z. B. durch Ausnutzung neugieriger Mitarbeiter
- Lahmlegen von Services z. B. durch verteilte Angriffe (DDoS)
- Web-basierte Angriffe wie Cross-Site Scripting
- Angriffe via E-Mail, z. B. über präparierte Anhänge mit Schadcode
- Unterwandern sicherer Prozesse, z. B. mittels Spoofing, Man-in-the-Middle-Attacken oder Einbringen präparierter WLAN-Access-Points
- Diebstahl von Unternehmenswerten, wie Laptops, ID-Tokens oder Smartphones
- wiederholte Missbrauchsversuche durch Innentäter

Die Ablaufpläne, Checklisten und Dokumentationen werden für solche Standard-Incidents spezialisiert; iterativ können sie beim Auftreten der Fälle weiterentwickelt werden. Treten im Unternehmen weitere Angriffswege und -muster häufig auf, können für diese ebenfalls spezifische Incident-Vorgehen erstellt werden.

30.3.2 Aufbau- und Pflegearbeiten

In den »Ruhephasen« zwischen Incidents werden die Voraussetzungen der CERT-Arbeit geschaffen oder aktualisiert. Dadurch können sie im unten beschriebenen Incident-Prozess unmittelbar eingesetzt werden. Dazu gehören:

- regelmäßige Kontrolle bzw. Aktualisierung der CERT-Ausstattung
- Sammeln von Informationen zur Infrastruktur des Unternehmens, z. B. in Verbindung mit dem Asset-Management die aktuellen Netzwerkdiagramme oder Aktualisierungen zu Systemen mit hohem Schutzbedarf
- Führen einer Wissensdatenbank, insbesondere um Spezialwissen einzelner Experten besser verfügbar und nutzbar zu haben
- Profiling des erwarteten Normzustands von Systemen und Netzwerken, z. B. mittels Werkzeugen zur Integritätsprüfung oder Profilbildung über den Netzwerkverkehr (übliche Auslastungen, Spitzenzeiten usw.)
- Beobachten und Kennenlernen des normalen Systemverhaltens zusätzlich zu Profiling-Werkzeugen z. B. durch regelmäßige Sichtung von Systemmeldungen
- Pflegen der Soll-Vorgaben zulässiger Aktivitäten in den eigenen Netzwerken und Systemen
- Erstellen kryptografischer Hashes kritischer Unternehmensdateien
- Testen des Zugriffs auf Wiederherstellungsressourcen der unternehmenseigenen Systeme
- Pflege der Informationen zu Kommunikationswegen

Kontinuierliche Verbesserung

Das CERT sollte auch Zeit aufwenden, um seine eigenen Prozesse kontinuierlich zu verbessern. Dazu kann es z. B.:

- strategische Unternehmensentscheidungen oder Prozessveränderungen hinsichtlich des Sicherheitsniveaus oder der Incident-Prozesse bewerten,
- regelmäßigen Kontakt zu den Herstellern bzw. Dienstleistern der eingesetzten Produkte und Systeme halten,
- die Veröffentlichungen (»Advisories«) bekannter CERTs auswerten,
- Informationen zu neuen Angriffstechniken recherchieren und austauschen,
- Training durchführen und
- Awareness bei den Mitarbeitern des Unternehmens schaffen oder erhalten,[1] damit Incidents schnell gemeldet werden.

Zu den regelmäßigen Aufgaben des CERT sollte auch gehören, präventive IT-Sicherheitsmaßnahmen mitzuentwickeln und darauf hinzuwirken, dass sie eingehalten werden. Dadurch kann die Anzahl der Incidents verringert und deren jeweilige Auswirkung reduziert werden. Das CERT sollte dazu mit den für IT-Sicherheit verantwortlichen Bereichen eine enge, unterstützende Zusammenarbeit aufbauen.

1 Siehe dazu auch Kapitel 26.

30.4 Der Incident-Prozess

Der hier vorgestellte Incident-Prozess besteht aus drei Phasen:

- Analysieren
- Reagieren
- Nachbereiten

Der Incident-Prozess wird ausgelöst, wenn die überwachten Informationsströme Auffälligkeiten zeigen, die auf einen Incident hindeuten. Die Phasen werden idealerweise nacheinander durchlaufen. Da die Problemstellungen von Incidents oft individuell sind, sind aber auch Sprünge zwischen den Phasen oder mehrere Iterationen notwendig. Abweichungen von einer sequenziellen Bearbeitung der Phasen können bspw. notwendig sein, wenn durch frühe Reaktionen der Schaden eines Angriffs begrenzt werden kann. Vielleicht verfügen im CERT auch mehrere Mitglieder über freie Ressourcen; dann kann durch paralleles Vorgehen der Incident-Prozess beschleunigt werden. Jeder Incident muss aber bis zur Schadensbeseitigung bearbeitet werden. Einzelne Schritte des Incident-Prozesses dürfen nur durch bewusste und dokumentierte Entscheidung, nicht aber unabsichtlich ausgelassen werden.

30.4.1 Phase 1: Analysieren

Am Ende der Phase sind die echten Incidents analysiert und zur weiteren Bearbeitung priorisiert. Ergebnisse und eigene Arbeitsschritte sind dokumentiert. Alle wichtigen Parteien sind informiert.

Analyse

Anzeichen oder Hinweise auf mögliche Incidents haben vielfach eine große Unschärfe: Die Symptomlage ist nicht eindeutig. Beispielsweise kann der Absturz eines zentralen Servers viele Ursachen haben oder die »Angriffsmeldungen« von Mitarbeitern sind oft subjektiv geprägt. Daher müssen die Anzeichen für einen Incident zunächst plausibilisiert werden. Das soll die jetzt anstehende Analyse leisten.

Im Wettkampf gegen die Zeit und den Angreifer helfen folgende Vorgehensweisen dabei, effizient zu bleiben:

- Analyse von Incident-bezogenen Ereignissen in der Vergangenheit in relevanten Log-Protokollen.
- Ereigniskorrelation durch Auswerten unterschiedlicher Log-Quellen, um das tatsächliche Ausmaß besser einschätzen zu können
- Anreicherung der Analyse mit zusätzlichen Daten z.B. durch Suchmaschinenrecherche nach der speziellen Systemmeldung oder dem betroffenen Netzwerk-Port
- Datenreduktion durch Filtern nicht relevanter Informationen bzw. Informationskategorien oder Gruppierung nach Relevanz
- Besprechung des Falles mit anderen CERTs oder Spezialisten im Unternehmen
- Einsatz forensischer Methoden zur Erstanalyse

Am Ende der Analyse muss zunächst entschieden werden, ob es sich um einen Incident handelt, der weiter zu bearbeiten ist, oder um eine Störung, die keinen Angriff darstellt. Letztere würde delegiert und außerhalb des CERT weiterbearbeitet. Bei Unsicherheit sollte die Entscheidung eher in Richtung Incident gefällt werden. Sofern absehbar ist, dass nach dem Incident-Prozess weiterführende forensische Analysen notwendig sein können, muss bereits das CERT Maßnahmen zur forensischen Sicherung von Hardware, Software, Datenbeständen und anderen Materialien ergreifen. Außerdem sollte mindestens in diesen Fällen eine gerichtsfeste Dokumentation begonnen werden. Die Materialien werden dann an die für die forensische Analyse zuständige Gruppe übergeben.

Dokumentation

Die eigene Vorgehensweise, die ermittelten Informationen und die Aussagen der Gesprächspartner sollten unmittelbar nach Auftreten eines Incident-Verdachts dokumentiert werden, also ab Beginn dieser Phase. Dazu kann z. B. ein Logbuch oder ein Tracking- oder Ticket-System verwendet werden. Jeder Eintrag sollte mit Zeitstempel versehen werden.

Datenbestände, die für die Incident-Analyse herangezogen werden, müssen dokumentiert und sollten gesichert werden. Dazu gehören z. B. Log-Protokolle oder Datensätze einer Datenbank, die ausgewertet wurden. Das Gleiche gilt für Dateien, die während der Untersuchung erzeugt wurden, z. B. Reports zu Malware-Analysen. Gegebenenfalls sind aus datenschutzrechtlichen Gründen diese Datenbestände auf die für den Vorfall relevanten Daten zu reduzieren.

Die Falluntersuchung und die gleichzeitige Dokumentation können besonders effizient von einem Zwei-Personen-Team arbeitsteilig durchgeführt werden.

Der Zugang zur Dokumentation und zu den Falldaten sollte zugangsgeschützt werden und nur für die Fallbearbeiter und definierte Verantwortliche zugänglich sein.

Priorisierung der Incidents

Wenn die Ressourcen des CERT für die Fallbearbeitung limitiert sind – das dürfte häufig der Fall sein – ist ein »first come – first serve«-Vorgehen ungeeignet. Stattdessen sind die analysierten echten Incidents erst zu priorisieren, im Sinne einer Klassifikation, und danach abzuarbeiten. Die Priorisierung sollte nach einem einheitlichen und einfachen Schema erfolgen.

Faktoren für die Priorisierung

Die im Folgenden beschriebenen Faktoren können bei der Erstellung eines Priorisierungsschemas in Betracht gezogen werden:

- **Funktionale Auswirkung**
  Es ist abzuschätzen, welche Schäden der Incident durch Störungen von Systemen bzw. den davon abhängigen Geschäftsprozessen hat oder haben kann. Hierzu zählen z. B. finanzielle Schäden oder eine negative Öffentlichkeitswirkung.

- **Auswirkung auf Datenbestände des Unternehmens**
  Die möglichen Auswirkungen des Incidents auf Integrität, Vertraulichkeit und Verfügbarkeit betroffener Informationsbestände sind einzuschätzen. Für diese Fälle sind die zu erwartenden Schäden als Kriterium heranzuziehen, z. B. im Falle eines missbräuchlichen Datenabzugs einer Kundendatenbank.

- **Wiederherstellungsaufwände und Eskalationsentscheidung**
  Die voraussichtlichen Zeit- und Ressourcenaufwände zur Wiederherstellung eines arbeitsfähigen Zustands sind zu schätzen und mit den verfügbaren Ressourcen abzugleichen. Wird vermutet, dass der Incident die eigenen Ressourcen und Leistungsfähigkeit übersteigt, sollten die zuständigen unternehmenseigenen Strukturen, wie Notfall- und Krisenmanagement oder Business-Continuity-Management, informiert werden. Dort können dann gegebenenfalls bereits erste Vorbereitungen getroffen werden. Ist sicher abzusehen, dass der Incident das eigene Leistungsspektrum übersteigt, ist unmittelbar zu eskalieren.

Häufig entwickeln sich die Datenlage und Analyseergebnisse weiter. Daher sind obige Einschätzungen regelmäßig im Prozessverlauf zu überprüfen.

Einordnung ins Priorisierungsschema

Die Priorisierung ergibt sich aus der Kombination von Incident-Auswirkungen und Wiederherstellungsaufwänden. Ein Incident mit weitreichenden funktionalen Auswirkungen oder großen Auswirkungen auf die Datenbestände und kleinem Wiederherstellungsaufwand ist der klassische »Prio-1-Kandidat«. Incidents mit geringen Auswirkungen, aber hohen Wiederherstellungsaufwänden haben geringe Priorität und können zurückgestellt werden. Für eine effiziente Priorisierung sollte jede Organisation einfache Klassen für unterschiedlich schwere Auswirkungen und Wiederherstellungsaufwände von Incidents festlegen. Darin kann auch festgelegt werden, ab wann an andere Stellen, wie den Krisenstab, zu eskalieren ist.

Für die Klassifikation kann auf die Arbeiten anderer Unternehmensbereiche zurückgegriffen werden, insbesondere die des BCM. Dort werden für ausgewählte Geschäftsprozesse Rahmenparameter wie die Wiederanlaufzeit festgelegt, die für die Störungsbehebung einzuhalten sind. Ein drohendes Überschreiten liefert für das CERT sofort das Signal zur Eskalation.

Die Tabellen zeigen eine mögliche Kategorisierung mit den drei Klassen gering, mittel und hoch. Mit Tabelle 30.1 und 30.2 wird die Auswirkung des Incidents auf Funktion und Informationen abgeschätzt. Tabelle 30.3 hilft, den Wiederherstellungsaufwand des Incidents zu klassifizieren und über Eskalationen zu entscheiden. In diesen drei Tabellen wird jeweils beginnend mit der niedrigsten Klasse geprüft, ob alle Kriterien für die Einordnung erfüllt sind. Ist das der Fall, dann ist der Incident in die Klasse einzuordnen, ansonsten ist die Prüfung mit der nächsthöheren fortzusetzen. Es gilt: Treffen Kriterien mehrerer Klassen auf einen Incident zu, so gilt die jeweils höchste Klasse.

Die Werte für Auswirkung und Aufwand ergeben die Prioritätsklasse des Incidents, z. B. nach dem Schema »sofort, umgehend, hat Zeit« oder »Prio 1, Prio 2, Prio 3« (s. Tab. 30.4).

Für diese Prioritätsklassen können auch feste Vorgaben für die Reaktionszeit (sofort oder ein Tag) und die Lösungszeit (z. B. eine Stunde bis eine Woche) entwickelt werden. Nach Durchlaufen der Priorisierung sollte für alle Incidents klar sein, in welcher Reihenfolge sie bearbeitet werden oder ob eskaliert werden muss.

Eine wachsende Zahl von offenen Incidents in der niedrigsten Prioritätsklasse ist ein sicheres Anzeichen dafür, dass die Ressourcenlage des CERT dringend geändert werden muss.

Tabelle 30.1: Funktionale Auswirkungen (Beispiel für eine Klassenbildung)

Klassen	Kriterien
Keine	• Keine Auswirkung auf Systeme oder Geschäftsprozesse absehbar
Gering	• Geringe Auswirkungen wahrscheinlich, lokal begrenzt • Zentrale Geschäftsprozesse werden nicht beeinträchtigt • Geringe finanzielle Auswirkungen (bis Betrag x) • Keine rechtlichen oder öffentlichkeitsrelevanten Auswirkungen • Auswirkungen sicher abschätzbar
Mittel	• Mittlere Auswirkungen wahrscheinlich, der Schaden wird noch zunehmen • Zentrale Geschäftsprozesse sind in Teilen beeinträchtigt (insb. betreffend zeitkritische oder unternehmenseigener Bewertungsgrößen) • Mittlere finanzielle Auswirkungen (bis Betrag y) • Rechtlichen oder öffentlichkeitswirksamen Auswirkungen wahrscheinlich, an Rechtsabteilung/Pressestelle delegierbar • Auswirkungen nur ungenau schätzbar
Hoch	• Hohe Auswirkungen wahrscheinlich oder generell nicht abschätzbar bzw. Schaden nimmt schnell zu • Vermutlich zentrale Systeme und Geschäftsprozess schwer beeinträchtigt, drohende unternehmensweite Ausfälle, Auswirkungen auf andere Unternehmen/Kunden nicht auszuschließen • Hohe finanzielle Auswirkungen (ab Betrag z) • Hohe rechtliche Auswirkungen und negative Öffentlichkeitswirksamkeit wahrscheinlich • Auswirkungen nur schwer oder gar nicht mehr einschätzbar, hohe Unsicherheit

Tabelle 30.2: Auswirkungen auf Datenbestände (Beispiel für eine Klassenbildung)

Klassen	Kriterien
Kein	• Keine Auswirkungen absehbar
Verlust der Vertraulichkeit (gering, mittel, hoch)	• Die Vertraulichkeit entsprechend eingestufter Informationen ist gefährdet oder verloren. Bei mehreren Vertraulichkeitsklassen kann hier entsprechend gestaffelt werden (gering, mittel, hoch usw.).
Verlust der Verfügbarkeit (gering, mittel, hoch)	• Die Verfügbarkeit entsprechend eingestufter Informationen ist gefährdet oder verloren. Bei mehreren Verfügbarkeitsklassen kann hier entsprechend gestaffelt werden
Verlust der Integrität (gering, mittel, hoch)	• Die Integrität entsprechend eingestufter Informationen ist gefährdet oder verloren. Bei mehreren Integritätsklassen kann hier entsprechend gestaffelt werden

Tabelle 30.3: Wiederherstellungsaufwände (Beispiel für eine Klassenbildung)

Klassen	Kriterien
Normal (gering)	• Zeit- und Ressourcenbedarf innerhalb der festgelegten Grenzen (Service-Levels) • Vorgehen zum Beheben bekannt (Standardfall) • Kompetenzen vollständig klar und geregelt
Erweitert (mittel)	• Zeit ist abschätzbar, aber es sind weitere Ressourcen erforderlich, die eigenverantwortlich organisiert werden • Vorgehen zum Beheben bekannt (Standardfall) • Kompetenzen vollständig klar und geregelt
Risikoreich (hoch)	• Zeit ist nicht abschätzbar und es sind weitere Ressourcen und externe Unterstützung erforderlich, die selbst organisiert werden können • Vorgehen zum Beheben unklar • Kompetenzabstimmungen erforderlich
Eskalieren	• Lösungsweg ist nicht ersichtlich und/oder Zeit und Ressourcenbedarf kann nicht geschätzt werden • Plan zum Vorgehen muss erst entwickelt werden • Entscheidungen der Führungsebene bzw. Geschäftsführung erforderlich • Eigene Rolle nur noch als Unterstützer vorstellbar • Kompetenzen völlig unklar

Tabelle 30.4: Ableitung der Priorität auf Auswirkung und Wiederherstellungsaufwand eines Incidents

		Auswirkungen, höchster Wert aus funktionalen Auswirkungen und Auswirkungen auf Datenbestände		
Wiederherstellungsaufwände	+Eskalieren	Gleich eskalieren ohne weitere Priorisierung		
	Hoch	Prio 2	Prio 1	Prio 1
	Mittel	Prio 3	Prio 2	Prio 1
	Gering	Prio 3	Prio 3	Prio 2
		Gering	Mittel	Hoch

Benachrichtigung betroffener Parteien

Nach der Priorisierung des jeweiligen Incidents sind die der Priorität bzw. dem Incident-Typ zugeordneten Betroffenen und Beteiligten zu informieren. Wer jeweils zu benachrichtigen ist, ergibt sich aus den Kommunikationsplänen (s. o.).

30.4.2 Phase 2: Reagieren

Nach den Vorarbeiten des Erkennens, der Analyse und der Priorisierung des Incidents sollen in der zweiten Phase die Auswirkungen minimiert werden. Durch Schadensbegrenzung und -beseitigung sowie Wiederherstellung soll für die betroffenen Prozesse wieder ein arbeitsfähiger Zustand erreicht werden. Zusätzlich ist dafür zu sorgen, dass ähnlich gelagerte Incidents kein oder nur noch ein geringes Problem für das Unternehmen darstellen. Wenn nicht sofort möglich und unkritisch, kann dieser letzte Schritt auch nachgelagert erfolgen.

Vorgehen zur Schadensbegrenzung festlegen

Die Schadensbegrenzung soll das Entstehen weiterer Schäden eindämmen oder unterbinden. Das Vorgehen hierfür ist abhängig vom jeweiligen Incident festzulegen. Dazu ist es sinnvoll, einen Reaktionsplan zu erstellen. Folgende Elemente greifen die Informationen aus Phase 1 auf und helfen bei der Entwicklung des genauen Vorgehens:

- Das Reaktionsziel ist festzulegen: Ist eine teilweise oder eine umfängliche Schadensbegrenzung erforderlich?
- Besteht Potenzial für das Entstehen weiterer Schäden, gegebenenfalls auch ausgelöst durch Begrenzungsmaßnahmen? Könnte z. B. der Angreifer Datenbestände automatisch löschen, nachdem das CERT die Netzwerkverbindung gekappt hat?
- Sind Beweise beweissicher zu sichern?
- Müssen Vorgaben für die Verfügbarkeit betroffener oder bedrohter Services eingehalten werden?

- Können die Reaktionsmaßnahmen in der verfügbaren Zeit und mit den gegebenen Ressourcen umgesetzt werden?
- Wie lange wird die Abwicklung des Reaktionsplans bis zur endgültigen Lösung dauern? Sind Auf- und Abbau von Zwischenlösungen (Workarounds) notwendig und im Zeitplan vorgesehen?

Beweissicherung

Das Erfordernis zur Beweissicherung sollte mit der Rechtsabteilung des Unternehmens abgestimmt werden. Falls Beweise gesichert werden müssen, kommen die oben im Standardvorgehen entwickelten Schritte und Maßnahmen zum Tragen.

Ermittlung des Angreifersystems

Eine solche Ermittlung ist regelmäßig sehr zeitraubend und sollte nur durchgeführt werden, wenn dies z. B. zum Zwecke der Beweissicherung erforderlich ist. Dabei sollte die IP-Adresse des Angreifers vor allen weiteren Aktionen validiert werden, unter anderem durch Abfrage von Suchmaschinen und Incident-Datenbanken. Dadurch erhält das CERT gegebenenfalls Informationen über andere Angriffe des Angreifers, unter Umständen auch auf andere Organisationen.

Schadensbeseitigung und Wiederherstellung

Nach der Begrenzung des Schadens sind in der Regel noch Spuren oder Überreste des Incidents vorhanden und gegebenenfalls noch aktiv. Auch sind die vom Angriff ausgenutzten Schwachstellen nach wie vor vorhanden. Dies gilt es jetzt zu bereinigen.

Zunächst werden alle betroffenen Einzelsysteme ermittelt, um anschließend die Reste der Angriffssoftware zu entfernen. Missbräuchlich verwendete Benutzerzugänge sind zu deaktivieren oder zu sichern.

Anschließend sind die Systeme mittels Wiederherstellungsprozeduren in einen definierten Zustand zu versetzen, z. B. durch Einspielen von Backups oder Neu-Aufsetzen von Systemen mit anschließendem Einspielen erforderlicher Patchs. Ebenfalls wichtig sind die Neuvergabe wichtiger oder betroffener Passwörter sowie die abschließende Prüfung der Systeme gegen Soll-Zustände.

Grundsätzlich sind jeweils die ausgenutzten Schwachstellen zu ermitteln und zu entschärfen, bevor Systeme wieder produktiv genutzt werden. Sonst besteht die Gefahr eines erneuten identischen Angriffs innerhalb kürzester Zeit mit möglicherweise schlimmeren Auswirkungen.

Aktive Gegenmaßnahmen (Vergeltung) sollten unterlassen werden. Man begibt sich damit selbst in die Rolle eines Angreifers und kann Rechtsverstöße begehen. In vielen Fällen wird der Angreifer auch seine Spuren verwischen. Dann besteht die Gefahr, dass die Gegenmaßnahmen die Falschen treffen. Je nach Fall kann es sinnvoll sein, nach Rücksprache mit der Rechtsabteilung die Strafverfolgungsbehörden einzuschalten. Dann übernehmen aber diese häufig die Regie für die weitere Incident-Aufklärung.

30.4.3 Phase 3: Nachbereitung

Rückschau

Jeder bewältigte Incident bietet die Gelegenheit, zu lernen. So kann das CERT das eigene Handeln noch effizienter gestalten oder Wissen über neue Angriffstaktiken hinzuzugewinnen. Diese Chance kann in regelmäßigen Lessons Learned Workshops mit allen Beteiligten beim Auswerten aktueller Incidents genutzt werden. Dabei kann folgenden Fragestellungen nachgegangen werden:

- Was passierte genau und wie oft? Lässt sich ein Muster erkennen?
- Welche neuen, gegebenenfalls noch unbekannten Angriffsmethoden wurden genutzt?
- War die Reaktion des Teams effizient? Gibt es Verbesserungsmöglichkeiten?
- Waren einzelne Aktivitäten negativ für die Gesamtabwicklung des Incident-Prozesses?
- Fehlten Informationen im Prozessverlauf?
- Lassen sich solche Incidents künftig vermeiden oder verhindern?
- Sollten andere oder zusätzliche Anzeichen für die Incident-Erkennung genutzt werden?
- Sind mehr oder andere Ressourcen erforderlich?

Neuen Teammitgliedern bieten diese Meetings die Möglichkeit, schnell vom Vorgehen erfahrener Kollegen zu lernen. Unabhängig von den Workshops kann zu jedem oder zu ausgewählten Incidents ein Abschlussbericht erstellt werden, der als Prozessvorlage für ähnliche Incidents genutzt werden kann.

Kennzahlen

Die Ergebnisse aus vergangenen Lessons Learned Workshops zu den einzelnen Incidents sind eine wertvolle Informationsquelle. Aus ihnen lässt sich der mittlere und absolute Zeit- und Ressourcenbedarf ableiten und für zukünftige Budgetplanungen nutzen. Wiederkehrende Incident-Muster können auf eine bislang ungelöste Schwachstelle hindeuten. Ebenfalls lassen sich Trends in der Incident-Entwicklung – der Zahl der Angriffe – ablesen, die für die CERT-Planung genutzt werden können.

Das Sammeln und Auswerten möglichst vieler Zahlen, wie die Anzahl Portscans pro Woche, ist allerdings selten erhellend. Der Fokus sollte auf Metriken liegen, die dabei helfen, den eigenen Incident-Prozess besser zu verstehen und zu verbessern, z. B.:

- Anzahl bearbeiteter Incidents mit den Gründen für Veränderungen bzw. Schwankungen im Vergleich zur Vergangenheit
- Zeit- und Ressourcenbedarf je Incident
- Effizienzbetrachtungen, wie die Qualität der automatisch ausgewerteten Incident-Anzeichen, das Schadensausmaß vor Erkennen des Incidents oder Incident-Wiederholungen. Es kann auch geprüft werden, ob und unter welchen Voraussetzungen der Incident zu verhindern gewesen wäre.
- Bewertung der CERT-Leistung innerhalb des Teams

Zusammenfassung

Die Grundaufgabe eines CERT ist es, Incidents möglichst früh zu erkennen und zu bewältigen. Dadurch sollen Schäden für die eigene Organisation minimiert werden. Der Fokus liegt dabei auf IT-Angriffen.

Ein CERT benötigt abgestimmte Vorgehensweisen und Regelungen für ein standardisiertes Vorgehen. Das CERT sollte neben Fachspezialisten auch über Kommunikations- und Projektmanagement-Fähigkeiten verfügen. Es muss an geeigneter Stelle in der Unternehmensstruktur verankert sein.

Der Incident-Prozess durchläuft drei Phasen. Damit Analysen (Phase 1) und Reaktionen (Phase 2) schnell erfolgen, muss das Team seine ständige Einsatzfähigkeit sicherstellen und über die Auswertung der Incidents (Phase 3) optimieren.

Ein effizientes CERT hilft, Schäden für das Unternehmen zu mindern. Es vermittelt den Geschäftspartnern und Mitarbeitern, dass IT-Sicherheitsvorfälle ernst genommen und kompetent und souverän behandelt werden. So weit durch Incidents Auswirkungen auf Kundenprozesse entstehen, sollte das CERT auch einen positiven Effekt auf die Zufriedenheit betroffener Kunden erreichen.

Literatur

[ISO 20000] *International Organization for Standardization/International Electrotechnical Commission:* ISO/IEC 20000-1:2018 Information technology – Servicemanagement

ISO/IEC 20000 bearbeitet in den Themenblöcken Information Security Management und Resolution Processes auch den Bereich Incident-Management.

[ISO 27002] *International Organization for Standardization/International Electrotechnical Commission:* ISO/IEC 27002:2022 Information technology – Security techniques – Code of practice for information security controls

[ISO 27035] *International Organization for Standardization/International Electrotechnical Commission*: ISO/IEC 27035:2016 part 1, part 2; ISO/IEC 27035:2020 part 3 Information technology Security techniques Information security incident management

Teil der ISO-27000-Familie. Der Standard behandelt Prozesse für den Umgang mit Information Security Incidents.

[NIST SP 800-61] *National Institute of Standards and Technology:* NIST Special Publication 800-61 Revision 2, Computer Security Incident Handling Guide; *https://csrc.nist.gov/publications/nistpubs/800-61rev2/SP800-61rev2.pdf* (Stand: 17.01.2024)

Diese Publikation enthält die Empfehlungen des National Institute of Standards and Technology für CERTs.

[NVD] *National Institute of Standards and Technology (NIST):* National Vulnerability Database (NVD); *https://nvd.nist.gov* (Stand: 17.01.2024) Diese Datenbank enthält Informationen zu Schwachstellen und Exploits.

[RFC 2350] *Brownlee, N.; Guttman, E.:* Expectations for Computer Security Incident Response Dieser schon etwas ältere RFC (1998) beschreibt Best Practices für CERTs und gibt Hinweise für eine CERT-Struktur. *http://www.ietf.org/rfc/rfc2350.txt* (Stand: 17.01.2024)

Übersicht über CERT-Organisationen

Die Zusammenarbeit mit anderen CERTs und der gegenseitige Austausch von Informationen helfen jedem CERT, die eigene Leistungsfähigkeit im Wettkampf gegen die Angreifer ohne eigene schmerzhafte Erfahrungen zu steigern. Für diesen Zweck haben sich CERT-relevante Organisationen gebildet, deren Rat beim Aufbau und der Lösung von Problemen hilfreich sein kann:

Deutschland

Deutscher CERT-Verbund

Verbund von Sicherheits- und Computer-Notfall-Teams in Deutschland; *http://www.cert-verbund.de* (Stand: 17.01.2024)

CERT-Bund

CERT des Bundesamtes für Sicherheit in der Informationstechnik für Bundesbehörden; *https://www.cert-bund.de* (Stand: 17.01.2024)

Bürger-CERT

CERT des Bundesamtes für Sicherheit in der Informationstechnik speziell für Bürger und kleine Unternehmen; *https://www.buerger-cert.de* (Stand: 17.01.2024)

DFN-CERT

Das CERT des deutschen Forschungsnetzes (DFN); *https://www.cert.dfn.de* (Stand: 17.01.2024)

S-CERT

CERT speziell für die deutsche Kreditwirtschaft; *http://www.s-cert.de* (Stand: 17.01.2024)

Europa

TF-CSIRT

Europäische Task Force für die Zusammenarbeit europäischer CERTs; *https://www.terena.org/activities/tf-csirt* – *https://geant.org* (beide Stand: 17.01.2024)

Trusted Introducer

Ein Service für die Arbeit europäischer CERTs als Teil des TF-CSIRT; *https://www.trusted-introducer.org* (Stand: 17.01.2024)

ENISA

Die European Network and Information Security Agency (ENISA) bietet Informationen für den Bereich CERT, z. B. eine Übersicht über CERTs in Europa; *https://www.enisa.europa.eu/topics/csirts-in-europe/csirt-inventory* (Stand: 17.01.2024)

Weltweit

FIRST

Forum of Incident Response and Security Teams; *https://www.first.org* (Stand: 17.01.2024)

31 Business-Continuity-Management

Einleitung

Störfälle mit weitreichenden Auswirkungen auf Abläufe in einer Organisation können Geschäftsprozesse einschränken oder zum Erliegen bringen. Schwere Störfälle liegen vor, wenn ihre Auswirkungen den Fortbestand der Organisation bedrohen. Für viele Organisationen ist es deshalb wichtig, gegen solche Störfälle Vorsorge zu treffen. Auch rechtliche Vorgaben können ein Notfallmanagement fordern. Das Notfallmanagement oder Business-Continuity-Management (BCM) umfasst daher das geplante und organisierte Vorgehen in einer Organisation, um die Widerstandsfähigkeit der eigenen Geschäftsprozesse nachhaltig zu steigern und um auch bei schweren Störfällen angemessen reagieren und die Geschäftstätigkeiten schnell wieder aufnehmen zu können. Existenzielle Schäden für die Organisation sollen dadurch vermieden werden.

Business-Continuity-Management beschäftigt sich mit digitalen und analogen Geschäftsprozessen. IT Service Continuity Management ist in der Regel der Teil des BCM, der sich mit digitalen Geschäftsprozessen und deren Verfügbarkeit beschäftigt. Je nach Art der Organisation ist das IT Service Continuity Management ein abgegrenzter Teil des BCM oder für sehr IT-affine Organisationen sind beide Managementsysteme gleichzusetzen. Im Folgenden wird im Sinne der Informationssicherheit das Thema aus Sicht einer IT-affinen Organisation betrachtet.

Das Business-Continuity-Management muss als permanenter Prozess verstanden werden, der die BCM-Maßnahmen an die aktuellen Gegebenheiten anpasst, z. B. bei Veränderungen von Geschäftsprozessen, der IT-Landschaft, der Organisation, der Bedrohungslage oder der Auswirkungen von Störungen auf die Organisation. Das Kapitel gibt zunächst einen Überblick über wichtige Elemente und Aufgaben einer Business-Continuity-Organisation. Im letzten Abschnitt werden einige Standards für das Business-Continuity-Management vorgestellt.

»Es kommt nicht darauf an, die Zukunft vorauszusehen,
sondern auf die Zukunft vorbereitet zu sein.«
Perikles, griechischer Staatsmann, um 490–429 v. Chr.

31.1 Business Continuity

31.1.1 Hohe Verfügbarkeit erreichen und schwere Störfälle beherrschen

Fähigkeiten zur Aufrechterhaltung des Geschäftsbetriebs liegen in einer Organisation vor, wenn sie in der Lage ist, durch angemessene Maßnahmen für zentrale Geschäftsprozesse eine hohe Verfügbarkeit zu erreichen und nach schweren Störfällen innerhalb definierter Zeit diese Geschäftsprozesse wieder herzustellen. Damit diesem Ziel im Unternehmensalltag ausreichend Rechnung getragen wird, muss es im Unternehmen verankert werden: Dies ist der Zweck eines institutionalisierten Notfallmanagements oder Business-Continuity-Managements (BCM). Durch das BCM werden kritische Prozesse identifiziert und ihre Verfügbarkeit sichergestellt.

Erforderlich sind Business-Continuity-Fähigkeiten insbesondere für die Geschäftsprozesse, von denen das Überleben der Organisation abhängt. Dahinter steht die Überlegung, dass in der Regel nicht alle Aktivitäten einer Organisation gleichermaßen wichtig für ihren Fortbestand sind. Bei Auftreten eines schweren Störfalls sollen daher zuerst die Maßnahmen ergriffen werden, die die wichtigen Prozesse aufrechterhalten oder wiederherstellen. Das BCM geht dabei über IT-Prozesse hinaus. Beispielsweise ist es nach einem Brand in aller Regel nicht ausreichend, nur Ersatzrechner zur Verfügung zu stellen – meist werden auch Ausweichräume mit Stromversorgung und geeigneten Datenübertragungskapazitäten benötigt.

Störfälle lassen sich nach ihren Auswirkungen auf die Organisation unterscheiden: Kleinere Störfälle sind solche, die nur geringe Auswirkungen auf Geschäftsprozesse haben und die in den normalen betrieblichen Abläufen beherrscht werden können. Für solche Störfälle sind bspw. der Helpdesk oder im Fall begrenzter Angriffe das Computer Emergency Response Team[1] zuständig. Unter schweren Störfällen sind solche zu verstehen, die nicht mehr im Regelbetrieb beherrscht werden, für deren Bewältigung also bspw. Notfall-Teams einberufen werden müssen. Diese Abgrenzung macht deutlich, dass Business Continuity für jede Organisation spezifisch realisiert werden muss: für ein mittelständisches Unternehmen anders als für eine Behörde oder einen multinationalen Konzern. Denn verschiedene Organisationen unterscheiden sich sowohl hinsichtlich ihrer Geschäftsprozesse, hinsichtlich ihrer Fähigkeit, einen bestimmten Schaden zu verkraften, als auch hinsichtlich ihrer Fähigkeiten, mit Störungen umzugehen. Damit unterscheidet sich auch, wie im Einzelfall die Schwere eines Störfalls zu bewerten ist.

1 Siehe dazu Kapitel 30.

31.1.2 Business-Impact-Analyse

Unternehmensverständnis

Eine erste zentrale Frage, die vor der Realisierung von Business-Continuity-Maßnahmen gestellt werden muss, ist: Welche Störfälle muss unsere Organisation beherrschen? Das Hauptziel der Business-Impact-Analyse ist daher, ein Unternehmensverständnis bezüglich der Kritikalität von Geschäftsprozessen zu entwickeln. Das BCM-Team muss dazu Antworten auf Fragen finden wie:

- Wie sehen die strategischen Unternehmensziele aus?
- Welche Anforderungen Dritter, z. B. von Kunden, von Lieferanten und aus Gesetzen, bestehen an Geschäftsprozesse und Leistungen der Organisation?
- Welche Prozesse, Assets und Ressourcen sind kritisch für die Erstellung von Produkten oder Bereitstellungen von Dienstleistungen?
- Welche zeitabhängigen Konsequenzen eines Ausfalls gibt es?

Kritikalitätsbewertung von Geschäftsprozessen

Die Aufgabe der Business-Impact-Analyse (BIA) ist es, zu untersuchen, welche Störfälle weitreichende Auswirkungen auf Geschäftsprozesse haben können.[2] Für eine Business-Impact-Analyse existieren verschiedene Vorgehensweisen. Eine Variante geht von den Unternehmenszielen und den Geschäftsprozessen der Organisation aus. Für diese ist festzustellen, welche Schäden durch Unterbrechungen auftreten können, insbesondere unter Berücksichtigung der Störungsdauer. Die Schadenshöhen sind je Störfallszenario über alle relevanten Schadensarten als Gesamtschaden zu betrachten. Die Anteile können sich z. B. aus monetären Schäden, Vertrauensverlusten, Mehrarbeit oder Verlusten im Kundenstamm ergeben.

Zur Vereinfachung der Darstellung werden einige Begriffe eingeführt. Die Schadenshöhen zur Bewertung von Störungsfolgen müssen auf die jeweilige Organisation bezogen werden, wodurch sich relative Schadenklassen ergeben. **Niedrige Schäden** sind solche, die nur vernachlässigbaren oder geringen Einfluss auf die Unternehmensziele und die Überlebensfähigkeit der Organisation haben. **Schäden mittlerer Höhe** kann die Organisation in einem Jahr mehrfach verkraften. Schäden sind als **bedrohlich** einzustufen, wenn ein Schaden dieser Art von der Organisation zwar verkraftet werden kann, ein weiterer Schaden dieser Höhe (in einem Jahr) aber die Überlebensfähigkeit gefährden würde. Ein Schaden ist **existenzbedrohend**, wenn bereits ein solches singuläres Ereignis den Fortbestand der Organisation infrage stellt. Störungen mit bedrohlichen Folgen, die von einem Team von Spezialisten beherrscht werden können, werden im Folgenden als **Notfälle** bezeichnet. Störfälle, die nur mit komplexen Maßnahmen und im Zusammenwirken unterschiedlicher Fachabteilungen bewältigt werden oder die existenzielle Folgen für die Organisation haben können, also ihren Fortbestand bedrohen, werden im Weiteren unter **Krisen** zusammengefasst.[3]

2 Insofern gibt es starke Bezüge zum Asset-Management.

3 In einem konkreten BCM-Projekt kann eine differenziertere Betrachtung mit abgestuften Störfallreaktionen sinnvoll sein.

Zunächst müssen als Vorarbeit für die Business-Impact-Analyse die **Geschäftsprozesse inventarisiert** werden. Im Rahmen der BIA ist danach zu prüfen, welche Schadenshöhen bei Störungen eines Geschäftsprozesses oder unterstützender Teilprozesses zu erwarten sind. Dazu werden abhängig von der Ausfallzeit die Schäden von Störfallszenarien analysiert. Je höher der Schaden nach einem bestimmten Zeitraum, desto kritischer ist der Prozess für die Organisation. Bei der Kritikalitätsbewertung sind gegebenenfalls auch Abhängigkeiten zwischen Geschäftsprozessen zu berücksichtigen. Die Organisation kann nun entscheiden, wie sie die so bewerteten Störfallszenarien behandeln will:

a) Risiken versichern
b) Risiken verlagern
c) Risiken tragen

Als weitere Möglichkeit kann die Organisation versuchen, das Risiko zu reduzieren. Dazu können zwei Ausrichtungen, gegebenenfalls auch parallel, verfolgt werden:

d) Maßnahmen ergreifen, die die Wahrscheinlichkeit von Störfällen reduzieren
e) Maßnahmen ergreifen, die Reaktionsmöglichkeiten zur Bewältigung der Störfallszenarien schaffen

Mit der Ausrichtung der Risikobehandlung für die verschiedenen Ausfallszenarien wird auch eine Priorisierung der Geschäftsprozesse vorgenommen, die vom BCM zu betrachten sind. Für die letzten beiden Optionen muss festgelegt werden, wie hoch die Verfügbarkeit des Geschäftsprozesses sein soll. Daraus ergibt sich implizit, wie gut oder wie hoch die Ressourcen verfügbar sein müssen, die für die Abwicklung des Geschäftsprozesses notwendig sind, z. B. Gebäude, IT-Prozesse, Telekommunikationsmöglichkeiten und Personal. Um diese Vorsorge gezielt steuern zu können, muss die Abhängigkeit der Prozesse gegebenenfalls bis auf Komponenten-Ebene herunter analysiert werden.

Je nach Verfügbarkeitsanforderung, Kosten-Nutzen-Abwägung und Risikobereitschaft der Organisation ergeben sich für die IT-Prozesse Anforderungen in drei Bereichen:

- **Verfügbarkeitsmaßnahmen im regulären IT-Betrieb**
  Durch betriebliche Maßnahmen kann erreicht werden, dass sich einige Störungen, die in IT-Komponenten auftreten, nicht auf den Geschäftsprozess auswirken. Dazu gehören Rechner-Cluster mit Load-Balancing, die redundante Speicherung von Daten in RAID-Systemen oder eine Mehrwege-Führung von TK-Anschlüssen unterschiedlicher Provider mit Reservekapaziäten.

- **Krisenbewältigungskonzepte**
  Wenn Störungen nicht mehr im Regelbetrieb bewältigt werden können, soll eine Krisenorganisation innerhalb definierter Zeiten in der Lage sein, die Arbeitsfähigkeit von Geschäftsprozessen wiederherzustellen. Diese Maßnahmen stehen im Mittelpunkt der weiteren Diskussion.

- **Design von IT-Anwendungen**
  Oftmals hängt es von der geforderten Funktionalität und dem technischen Design einer Anwendung ab, wie aufwendig Maßnahmen für eine hohe Verfügbarkeit sind und wie gut sie wirken können. Verbesserungen der Verfügbarkeit, der betrieblichen Reaktionsmöglichkeiten und Funktionen für die Krisenbewältigung können oft bereits beim Design von IT-Anwendungen ansetzen und zu Anpassungen von IT-Prozessen führen.

Für die gesamte BCM-Strategie sind neben den IT-Prozessen auch alle anderen relevanten Bereiche zu berücksichtigen, z. B. Gebäude, Energie- und Wasserversorgung oder Personal.

Parameter für die Krisenbewältigung

Abbildung 31.1: Beispiel für eine Leistungskurve mit BCM-relevanten Zeitpunkten während des Verlaufs eines Störfalls

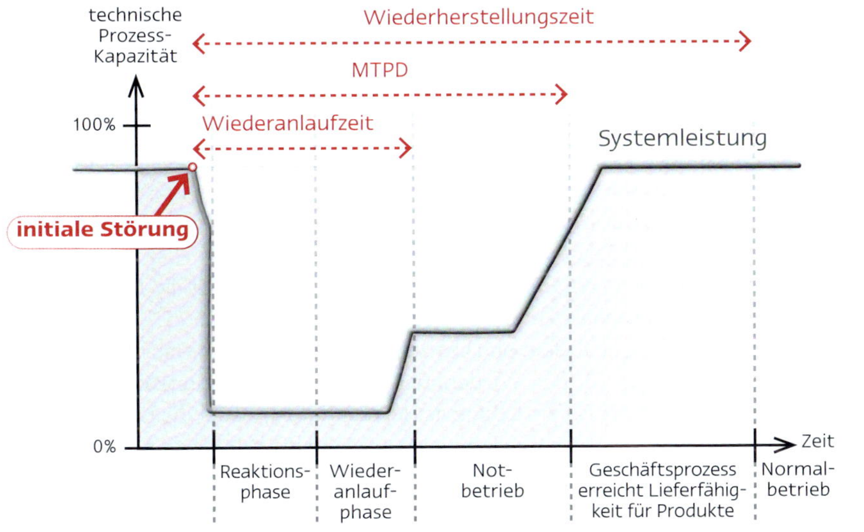

Grafikvorlage: [BSI100-4]

BCM hat das Ziel, für die ausgewählten Geschäftsprozesse nach einem Störfall ein definiertes Produktivitätsniveau zu erreichen. Für Geschäftsprozesse und die sie unterstützende IT wurden einige zentrale Parameter[4] herausgearbeitet, die in der Business-Impact-Analyse identifiziert werden sollten. Sie erlauben es, die Ziele für Krisenreaktionen und ausgewählte Maßnahmen der Notfallvorsorge präzise zu definieren. Für die Steuerung der IT-Krisenvorsorge muss bekannt sein, nach welcher Zeit mit welcher Leistung IT-Prozesse wieder verfügbar sein müssen.

So könnte für eine Krisenbewältigung vorgesehen sein, dass ein Geschäftsprozess im Onlineverfahren nach zwei Stunden wieder unterstützt werden muss, die Abarbeitung von Batch-Aufträgen dagegen zurückgestellt werden kann. Dadurch könnte im Beispiel eine Leistung von 50% des Regelbetriebs ausreichen.

4 Die Begriffe werden in der Literatur leider nicht einheitlich verwendet oder präzise definiert. Möglicherweise hängt dies auch damit zusammen, dass nicht klar zwischen Geschäftsprozess und unterstützenden technischen Prozessen getrennt wird. Die im Folgenden beschriebenen Zeiträume sind aber zentrale Zeiträume, um Vorgaben für die Notfallbewältigung abzuleiten.

Diese Vorgaben für die Krisenbewältigung sind aus der Sicht des Geschäftsprozesses und der Fachabteilungen abzuleiten. Damit die Vorgabe erfüllt wird, muss innerhalb der maximal tolerierbaren Ausfallzeit die Störung erkannt, analysiert und durch Gegenmaßnahmen bewältigt werden. Die verschiedenen Phasen der Krisenbewältigung sind in Abbildung 31.1 beispielhaft skizziert. Die folgenden Kennzahlen eignen sich, um den zeitlichen Verlauf zu beschreiben. Jede der Kennzahlen umfasst dabei den Zeitbedarf der aktuellen und der vorangegangenen Phasen:

- **Reaktionszeit**
  Nachdem eine Störung erkannt wurde, muss sie gemeldet und bewertet werden. Das Team zur Krisenbewältigung muss einberufen werden. Der Zeitraum vom Erkennen bis zum Zusammentreten des Krisenstabes entspricht der Reaktionsphase.[5]
- **Wiederanlaufzeit (Recovery Time Objective, RTO)**
  Mit dem Parameter RTO wird festgelegt, nach welcher Zeit, ausgehend vom Störfall, der jeweilige technische oder IT-Prozess mit einer bestimmten Leistung im Notbetrieb wieder verfügbar sein muss. Die Maßnahmen für die Krisenreaktion müssen dann so ausgelegt werden, dass RTO in den verschiedenen Störfallszenarien erreicht wird. Zur Wiederanlaufzeit tragen zwei Phasen bei: Sie umfasst die Reaktionsphase und die Wiederanlaufphase. In der Wiederanlaufphase müssen möglicherweise die Ursachen der Störung analysiert und beseitigt werden. Außerdem müssen gegebenenfalls Voraussetzungen für den Wiederanlauf des technischen Prozesses geschaffen werden, bspw. durch die Bereitstellung der letzten Backups oder die Beschaffung von Hardwarekomponenten. Der Wiederanlauf muss durchgeführt werden, bspw. durch das Einspielen eines Backups und das Nachfahren von Transaktionen. Der technische Prozess muss gegebenenfalls für die Produktion freigeschaltet werden.
- **Maximum Tolerable Period of Disruption (MTPD oder auch MTPoD)**
  Als MTPD wird die maximale Dauer der Unterbrechung des Geschäftsprozesses festgelegt. Nach Ablauf der MTPD sollen Güter oder Dienstleistungen wieder an den Kunden geliefert werden. Die RTO für IT-Systeme wird insbesondere dann kürzer als die MTPD sein, wenn erst nach dem Wiederanlauf der IT weitere Abläufe beginnen können, die zur Leistungserbringung notwendig sind und die zusätzliche Zeit erfordern.
- **Wiederherstellungszeit**
  Als Wiederherstellungszeit wird der gesamte Zeitraum bezeichnet, der benötigt wird, um nach dem Erkennen der Störung den technischen Betrieb wieder so herzustellen, dass die Leistung des Normalbetriebs verfügbar ist und alle zurückgestellten Aktivitäten abgearbeitet wurden. Die Wiederherstellungszeit schließt daher die Zeit für die Bereitstellung des Notbetriebs ein und umfasst weitere Maßnahmen, z. B. den Ausbau der Ressourcen auf den Normal-Stand.

5 Wenn kein Krisenstab einberufen wird, ist dies die Zeit bis zum Einleiten der Maßnahmen zur Störfallbewältigung.

- **Wiederherstellungspunkt (Recovery Point Objective, RPO)**
  Über den Parameter RPO wird festgelegt, wie groß der maximale Verlust an Arbeitsergebnissen eines Prozesses (bei digitalen Prozessen: Datenverlust) möglichst sein darf. Dieser Parameter bestimmt, wie häufig eine Sicherung der Arbeitsergebnisse erfolgen muss.

Für alle als kritisch erkannten Geschäftsprozesse muss die Wiederanlaufzeit und das Wiederanlauf-Niveau sowie die Wiederherstellungszeit festgelegt werden. Offensichtlich ist, dass aus der Kritikalität von Geschäftsprozessen die Kritikalität von IT-Ressourcen abgeleitet werden kann. Daraus ergibt sich die RTO für die die Geschäftsprozesse unterstützenden IT-Komponenten und -Prozesse und die Bedeutung von Wiederanlaufmaßnahmen.

Wie lange die Zeiträume für Reaktionszeit, Wiederanlaufzeit und Wiederherstellungzeit dauern, hängt von vielen Parametern ab, z. B. dem Verlauf eines konkreten Störfalls, der Qualifikation der beteiligten Mitarbeiter oder den verfügbaren Materialien und Handlungsoptionen. Wenn den Entscheidungsträgern klar ist, dass nach Ablauf einer definierten RTO oder MTPD für die Organisation schwere Schäden eintreten, müssen sie daher versuchen, die Maßnahmen zu Krisenbewältigung so auszulegen, dass die RTO mit hoher Wahrscheinlichkeit eingehalten wird.

Störungen können vielfältige Ursachen haben und unterschiedlich verlaufen. Konkrete Vorsorge in Form von Regelabläufen (oben Option D) lässt sich in der Praxis aber meist nur für erwartete und häufiger auftretende technische Probleme sinnvoll erreichen. Für viele andere, insbesondere schwere Störfallszenarien, ist es daher notwendig, flexible Reaktionsmöglichkeiten zu schaffen (oben Option E). Die weiteren Ausführungen setzen den Schwerpunkt auf solche Maßnahmen zur Krisenbewältigung.

Störfallklassen für schwere Störfälle

Um den Aufwand für die Vorbereitungen zur Krisenbewältigung zu reduzieren, ist es sinnvoll, nicht einzelne Störfallszenarien zu betrachten, sondern Störfallklassen zu bilden. Eine Störfallklasse umfasst unterschiedliche Störfallszenarien, zu denen die gleichen Gegenmaßnahmen wirken können. Um Störfallklassen zu bilden, kann insbesondere oft von unterschiedlichen Störfallursachen abstrahiert werden: Entscheidend für die Zuordnung zu einer Klasse ist, dass mit der gleichen Gruppe von Reaktionen die Auswirkungen auf den Geschäftsprozess gering gehalten werden. Die Störfallklassen sind spezifisch für die Organisation abzuleiten. Beispiele für wichtige Störfallklassen sind:

- Ausfall einer zentralen Anwendung
- Ausfall der externen TK-Infrastruktur
- Ausfall der internen TK-Infrastruktur
- massiver Malware-Befall
- weitreichende Störungen des IT-Einsatzes unklarer Ursache
- massive Inkonsistenzen in Datenbeständen
- weitreichender Datenverlust
- Verlust des RZ-Betriebs an einem Standort: In einem solchen Szenario sind viele Anwendungen betroffen. Ursachen können z. B. schwere Störungen in der Infrastruktur (Klima, Strom), ein RZ-Brand, eine Bombendrohung sein. Als Reaktion muss in einem solchen Szenario der Betrieb des Rechenzentrums verlagert werden.

- Verlust eines Standorts, z. B. wegen Brand, Überschwemmung, Erdbeben oder aus anderen Gründen, z. B. einem Chemieunfall auf der Autobahn neben dem Betriebsgelände. Als Reaktion müssen in diesem Szenario die Arbeitsplätze aller Mitarbeiter des Standorts verlagert werden.
- Ausfall eines großen Anteils des Personals, z. B. wegen einer Lebensmittelvergiftung durch das Kantinenessen oder einer Grippe-Epidemie
- Ausfälle bei Zulieferern

31.1.3 Verantwortung für Business Continuity

Die Entscheidungen über die Ausrichtung und den Umfang des BCM für eine Organisation sind weitreichend: Sie bestimmen einerseits, welche Störfälle potenziell beherrscht werden können, und andererseits damit auch zwingend, welche Ressourcen dafür bereitgestellt werden müssen. Die Entscheidungen hängen unmittelbar zusammen mit der Auswahl der relevanten Geschäftsprozesse aus der BIA. Wegen dieser Einflüsse auf Geschäftsrisiken und Kosten fällt die BCM-Strategie deshalb in den Verantwortungsbereich der Geschäftsführung. Die Entscheidungen betreffen auch deren unmittelbare Interessen: Die Geschäftsführung ist nämlich hinsichtlich der Risikovorsorge auch gegenüber den (Mit-) Eigentümern verantwortlich. Daneben weisen auch rechtliche Vorgaben der Geschäftsführung diese Verantwortung zu. Solche rechtliche Vorgaben für das BCM ergeben sich ausdrücklich bspw. aus dem Kreditwesengesetz oder dem Telekommunikationsgesetz. Implizit sind sie Teil der Pflichten einer ordentlichen Geschäftsführung.

Um ihrer Aufgabe gerecht zu werden, muss die Geschäftsführung die Verantwortlichkeiten für das BCM und die angrenzenden Bereiche klar regeln. Sie sollte einen Leiter BCM benennen, der möglichst auch Richtlinienkompetenz für seinen Bereich erhält. Nur dann kann er das BCM-System effizient aufbauen und aufrechterhalten. Nur wenn weitreichendere Auswirkungen auf das Unternehmen entstehen oder Widerspruch gegen andere Richtlinien besteht, sollte er auf eine Freigabe durch höhere Ebene zurückgreifen müssen. Der Leiter BCM bildet gemeinsam mit seinen Mitarbeitern das BCM-Team.

Der Verantwortliche für das BCM sollte an eine möglichst hohe Ebene berichten.

Die Ausrichtung und die Verantwortlichkeiten sollte die Geschäftsführung in einer BCM-Leitlinie festschreiben und veröffentlichen. Die Geschäftsführung sollte auch die Ergebnisse der BIA freigeben. Andernfalls werden in den Diskussionen um Maßnahmen und Anforderungen an Ressourcen der Notfallvorsorge die Priorisierung der Geschäftsprozesse und die definierten Parameter für die Krisenbewältigung schnell infrage gestellt.

31.2 Business Continuity vorbereiten

Damit eine Organisation in schweren Störfällen reagieren kann, muss sie Vorbereitungen treffen. Zwingend notwendig im Rahmen des BCM sind:

- die Steuerung der Krisenreaktion durch ein Notfall-Team oder einen Krisenstab,
- Meldewege für die Störfalleskalation,
- das Bereitstellen von Ressourcen, die zur Bewältigung des Störfalls eingesetzt werden können und
- das BC-Training.

Da sich BCM-Maßnahmen teilweise mit Sicherheitsmaßnahmen überschneiden und Sicherheitsmaßnahmen möglicherweise auch im Not- oder Krisenfall aufrechterhalten oder berücksichtigt werden müssen, ist eine enge Abstimmung mit dem Sicherheitskonzept der Organisation bzw. des Geschäftsprozesses geboten. Der Wiederanlauf kann sogar unmittelbar auf die Bereitstellung von Sicherheitsmaßnahmen zielen, bspw. wenn PKI-Dienste für den Betrieb des Geschäftsprozesses erforderlich sind.

31.2.1 Notfall-Teams und Krisenstab etablieren

Um Notfälle und Krisen zu beherrschen, müssen die Störfallreaktionen ausgewählt und gesteuert werden. Dies muss mit möglichst großer Kompetenz und Sorgfalt erfolgen.

Notfälle wurden oben von Krisen insofern abgegrenzt, als dass die Auswirkungen der Störung geringer sind und die Störfallreaktion durch ein Team von Spezialisten ausgeführt werden können. Dieses Team wird im Weiteren auch als **Notfall-Team** bezeichnet. Für verschieden Störfälle benötigt man unterschiedliche Spezialisten, z. B. für die Bereiche Betriebssystem, Datenbank, Anwendungen oder Energieversorgung. Daher ist es sinnvoll, verschiedene Notfall-Teams zu etablieren, jedes für seinen Spezialbereich. Die Arbeitsgrundlage der Notfall-Teams sind die Notfallpläne (s. u.).

Komplexere Störfälle – Krisen – erfordern das koordinierte Vorgehen vieler Beteiligter. Für die Steuerung der Störfallreaktion sollte deshalb ein **Krisenstab** etabliert werden. Der Krisenstab wird einberufen, wenn eine Krise erkannt oder befürchtet wird. Seine Aufgabe ist es, alle Maßnahmen zu ergreifen, die notwendig sind, um die vorher definierten Geschäftsprozesse aufrechtzuerhalten oder wieder in Betrieb zu bringen und die Kommunikation nach innen und außen sicherzustellen. Damit ergeben sich für den Krisenstab die folgenden Aufgaben:

- Informationen zur Lage in Gebäuden, Infrastruktur (Strom, Klimaversorgung), Telekommunikationsinfrastruktur, lokalem und externem Netzwerk, zum Zustand der Rechnerhardware, dem Status von Anwendungen und der Integrität, Verfügbarkeit und Vertraulichkeit von Datenbeständen zusammenzutragen und auszuwerten.
- das Ausmaß der Störung und die Störungsursachen zu analysieren,
- die Ziele der Krisenbewältigung festzulegen und zu priorisieren,
- die Handlungsalternativen festzustellen und bezogen auf die Ziele zu planen,
- die Aktivitäten der Beteiligten einschließlich der verschiedener Notfall-Teams entsprechend zu koordinieren und zu steuern, die Effekte zu überwachen und gegebenenfalls die Reaktionen an die entstehenden Situationen anzupassen,
- der Geschäftsführung, den an der Notfallbewältigung Beteiligten, den übrigen Mitarbeitern der Organisation, den Kunden und der Öffentlichkeit konsistente und aktuelle Informationen zur Lage bereitzustellen, jeweils geeignet detailliert und aufbereitet.

Der Krisenstab muss so groß sein, dass er die genannten Aufgaben erfüllen kann. Es ist sinnvoll, den Krisenstab mit Mitabeitern aus verschiedenen Unternehmensbereichen zu besetzen, um die notwendige Bandbreite an Qualifikationen zu erreichen. Da zunächst offen ist, welche Mitarbeiter in einem Störfall zur Verfügung stehen, sollte im Rahmen der Definition des Krisenstabs auch festgelegt werden, welche Mitarbeiter mit welchen Vertretern für welche Rolle des Teams vorgesehen sind und welche Entscheidungsbefugnisse sie haben. Eine mögliche Mindestbesetzung könnte sein:

- Krisenstabsleiter
- Leiter IT-Wiederanlauf
- Verantwortlicher Gebäude und Infrastruktur
- Koordinator Kommunikation und Öffentlichkeitsarbeit

Je nach Konzept kann auch eine Anpassung der Größe des Krisenstabs an die Schwere und Komplexität des Störfalls vorgesehen werden. Wenn wegen einer entsprechenden Risikobewertung sichergestellt sein muss, dass der Krisenstab in kurzer Zeit besetzt werden kann, müssen zwingend entsprechende Bereitschaftsdienste eingeführt werden.

Die Mitglieder des Krisenstabs müssen unter schwierigen Bedingungen Lagebeurteilungen erstellen, Entscheidungen treffen und diese als klare Weisungen an die Ansprechpartner der Fachabteilungen kommunizieren. Die Mitglieder des Krisenstabs benötigen eine gehörige Portion Stressresistenz. Sie müssen nicht nur vordefinierte Notfallpläne abarbeiten, sondern gerade auch auf unvorhergesehenen Eventualitäten geeignet reagieren. Sie müssen entscheidungsfreudig sein, auch wenn die Entscheidungsgrundlagen gegebenenfalls unzureichend erscheinen.

Dazu sind die entsprechenden analytischen, kommunikativen und sozialen Fähigkeiten notwendig. Damit der Krisenstab Weisungen erteilen kann, muss geklärt sein, in welchem Rahmen er eigenständig über Ressourcen entscheiden und Weisungen erteilen darf. Außerdem ist festzulegen, wie der Krisenstab Entscheidungen zu Fragestellungen einholen kann, die seine Kompetenzen überschreiten. Dazu kann bspw. die Einbindung eines Mitglieds der Geschäftsführung vorgesehen werden. Als Arbeitsgrundlage des Krisenstabs sollte ein Krisenmanagementplan erstellt werden (s. u.).

31.2.2 Störfalleskalationswege aufbauen

Der Krisenstab muss im Krisenfall einberufen werden. Daher ist es zwingend, dass eine geeignete Störfalleskalation aufgebaut wird. Störfälle können spontan auftreten oder sich über die Zeit von kleinen zu schweren Störungen entwickeln. In jedem Fall ist es wichtig, dass Störungen möglichst schnell erkannt und zeitnah gemeldet werden und schnellstmöglich über eine angemessene Störfallbehandlung entschieden wird. Eine zentrale Aufgabe des BCM ist es deshalb, für die Störfalleskalation **effiziente Kommunikations- und Entscheidungswege** zu etablieren.

Sofortmaßnahmen einleiten

Einige Störfälle erfordern die sofortige Einbindung professioneller Unterstützung. Dies gilt insbesondere bei Störungen mit unmittelbarer Gefahr für Leib und Leben oder wenn Sachwerte z. B. durch einen Brand oder Unfall mit Umweltfolgen massiv bedroht sind. Die Alarmierung der zuständige Rettungsdienste und/oder Sicherheitsbehörden muss umgehend erfolgen. Hierzu müssen klare Anweisungen und die Kontaktinformationen für alle Personen in einem Unternehmen bekannt und im Notfall sofort zugreifbar sein.

Störfall melden, bewerten und eskalieren

In Störfallsituationen sollte möglichst keine Zeit durch schlechte oder nicht zielgerichtete Kommunikation verloren gehen. Hierzu ist es notwendig, dass zunächst die Meldung von Störungen an eine zentrale Stelle durchgängig für alle Mitarbeiter der Organisation etabliert ist, z. B. Helpdesk oder Incident-Management.

Durch Störfälle wird in der Regel ein Schaden hervorgerufen. Um die notwendigen Störfallreaktionen auszulösen, muss daher von der Meldestelle bewertet werden, welches Ausmaß die Störung im schlimmsten Fall annehmen kann und welches Schadenpotenzial sich daraus ergibt. Als Hilfestellung sollten Bewertungshinweise und Entscheidungskriterien erarbeitet werden, die bspw. auch die oben genannten Störfallklassen aufgreifen und die zugehörige Eskalation festlegt. Die Meldestelle kann dann entscheiden, ob eine reguläre Störfallreaktion ausreicht oder der Krisenstab einberufen werden soll.

Störungsverläufe werden manchmal falsch eingeschätzt oder verhalten sich gelegentlich nicht wie angedacht. Zeigt sich, dass ein niedrig bewerteter Störfall vom zuständigen Team nicht beherrscht wird, sollte dieses entsprechend eskalieren. In einer Regelung festgelegt und den relevanten Mitarbeitern bekannt sein sollte daher:

- Wer trifft die Entscheidung über die Einstufung eines Störfalls, gegebenenfalls unterschieden nach der Art oder Schwere der Störfälle?
- Wer ist je nach Einstufung zu benachrichtigen, damit die Maßnahmen zur Störfallbewältigung eingeleitet werden?
- Wer ist zu benachrichtigen, wenn die Entscheidung über die Klassifizierung oder Behandlung eines Störfalls nicht in der eigenen Kompetenz liegt? Daraus ergibt sich die Eskalationskette.

Mit einer zentralen Stelle zur Störungsannahme und der Regelung über Meldewege kann dann im Störfall effektiv und effizient eine Störungsbehandlung eingeleitet werden.

Krisenstab einberufen

Störfälle, die als Krise eingestuft werden, können in der Regel nicht mit den etablierten Mitteln der Aufbau- und Ablauforganisation eines Unternehmens bewältigt werden. Die Eskalationskette endet dann mit der Einberufung des Krisenstabs. Im Rahmen der Eskalationskette kann auch ein Entscheidungsvorbehalt für eine obere Führungsebene über die Einberufung des Krisenstabs vorgesehen werden.

Der für die Einberufung einzuhaltende Prozess und die für die Einberufung zuständige Stelle müssen festgelegt sein, damit nicht in diesem Stadium des Störfalls wertvolle Zeit verloren geht. Die zuständige Stelle muss über aktuelle Kontaktdaten der Mitglieder des Krisenstabs und ihrer Vertreter verfügen. Möglicherweise ist es sinnvoll, dass die Kommunikationswege vorher abgestimmt werden, sodass die bestmögliche Erreichbarkeit sichergestellt ist. Dies gilt besonders auch für die Entscheidungsträger in Krisensituationen. Unter Umständen sind Regelungen zur (Ruf-)Bereitschaft notwendig.

Damit der Krisenstab schnell arbeitsfähig ist, müssen ihm geeignete Ressourcen bereit gestellt werden. Dazu gehören insbesondere Räume mit Technik- und Kommunikationsausstattung. Diese Ressourcen sollten deshalb bereits im Rahmen des BCM festgelegt werden und werden im Krisenfall geeignet »aktiviert«.

Die Störfalleskalation ist abgeschlossen, wenn der Krisenstab vollständig zusammengetreten ist und seine Arbeitsfähigkeit festgestellt hat. Der Krisenstab kann seinerseits spezialisierte Notfall-Teams einberufen, die ihn unterstützen und bspw. die Abarbeitung von Notfallplänen übernehmen.

31.2.3 Notfallhandbuch bereitstellen

Unter dem **Notfallhandbuch** wird hier die Sammlung aller Dokumente verstanden, die zur Bewältigung von Notfällen und Krisen benötigt werden. Dazu muss nicht ein geschlossenes Buch erstellt werden – sinnvoller ist es, dass das Notfallhandbuch als modulares Dokumentationskonzept entwickelt wird. Dazu wird festgelegt, was in welchen Dokumenten beschrieben wird. Dann muss sichergestellt werden, dass alle Platzhalter ausgefüllt werden und für die Zielgruppen verfügbar sind. Die beiden oberen Ebenen des Notfallhandbuchs werden aus dem Krisenmanagementplan und den Notfallplänen gebildet.

Notfallpläne

Ein **Notfallplan** (Contingency Plan) enthält die konkrete Beschreibung zur Behandlung einer spezifischen Störung. Er trägt dazu bei, dass die Akteure beim Auftreten der entsprechenden Störung effizient handeln können und nach Möglichkeit Fehler in den Störfallreaktionen vermieden werden. Ausfälle der Internetanbindung erfordern allerdings andere Maßnahmen als ein Brand oder ein Virusvorfall. In Notfallplänen werden daher für Störfälle spezifische Handlungsanleitungen und Checklisten vorbereitet, die von den Akteuren abgearbeitet werden können. Neben Maßnahmen zur Wiederherstellung von Einrichtungen oder Systemen enthalten sie häufig auch Handlungsanleitungen, mit denen alternative Prozessabläufe realisiert oder alternative Ressourcen genutzt werden können. Dazu kann bspw. der Einsatz von Personal aus weniger kritischen Bereichen oder auch die Nutzung alternativer Räumlichkeiten gehören.

Allerdings werden sich echte Störfälle nie genau an ein Szenario halten – Notfallpläne für alle Varianten möglicher Störfälle darzustellen, ist aus praktischen und Kostengründen auch nicht möglich. Im Notfallhandbuch kann der Aufwand und die Komplexität durch folgende Strategie beherrscht werden:

- Für Störfälle, die regelmäßig auftreten oder auf die die Organisation mit spezifischen Maßnahmen reagieren will, werden detaillierte Notfallpläne ausgearbeitet.
- Für die anderen schweren Störfälle abstrahiert man von Störfalldetails und gruppiert sie in Störfallklassen, in denen ähnlich reagiert werden kann. Beispiele für wichtige Störfallklassen wurden oben genannt. Der Notfallplan für eine Störfallklasse beschreibt dann zwar möglicherweise weitreichendere Maßnahmen. Diese können für ein konkretes Szenario »Überreaktionen« enthalten, stellen aber sicher, dass die Geschäftsprozesse wieder unterstützt werden können.

Ob für jede der hier genannten Störfallklassen ein eigener Notfallplan erstellt wird, mehrere zusammengefasst werden können oder noch weitere Klassen differenziert werden müssen, hängt von den Rahmenbedingungen der jeweiligen Organisation und den Ergebnissen der Business-Impact-Analyse ab. Die Notfallpläne müssen auch nicht jede Maßnahme bis ins letzte Detail beschreiben. Für einzelne Detail-Abläufe liegen bei den IT-Abteilungen oder Administrator-Teams oft bereits Handlungsanweisungen vor. So enthält eine gute System-Dokumentation Handbücher, in denen die Installation, der Wiederanlauf und Recovery-Maßnahmen beschrieben sind. Der Notfallplan soll keinesfalls diese Beschreibungen wiederholen, sondern auf solche Detaildokumente nur verweisen. Der Notfallplan schließt dann die Lücken zwischen den vorliegenden Beschreibungen, trägt also bspw. dazu bei, dass Abhängigkeiten zwischen Schritten beachtet und die richtige Reihenfolge von Maßnahmen eingehalten wird. Die Funktion des Notfallplans ist die eines Drehbuchs und der Klammer zwischen Einzelmaßnahmen.

Inhalte von Notfallplänen sind für den jeweiligen Störfall oder die Störfallklasse insbesondere

- die Beschreibung der Rollen, **Verantwortlichkeiten und Befugnisse**, soweit diese nicht allgemein im Notfallhandbuch geregelt sind.
- die Zusammenarbeit mit **Notfalldiensten**: Wie werden Rotes Kreuz, Feuerwehr und Polizei und gegebenenfalls andere Notfalldienste eingebunden? Welche Implikation für das weitere Vorgehen hat die Alarmierung?
- Hinweise zur **Bewertung des Schadenspotenzials**
- die **Maßnahmen zur Wiederaufnahme** von Geschäftsprozessen bzw. Wiederherstellung von Unternehmensbereichen einschließlich der Maßnahmen auf operativer Ebene. Die Maßnahmen müssen – soweit für den Störfall relevant – insbesondere die Störungsbeseitigung und den Wiederanlauf für den IT-Bereich, andere Betriebsanlagen sowie die Infrastruktur umfassen. Dazu gehören auch die Mobilisierung und das Management alternativer Ressourcen.
- Details zum Umgang mit **externen Beteiligten.** Müssen für die Störfallklasse bestimmte Kommunikationspartner angesprochen oder alternative Kommunikationswege in Anspruch genommen werden, sollten diese dargestellt werden.
- Hinweise zu **Dienstleistern**, die im Rahmen der Störfallreaktion in Anspruch genommen oder beauftragt werden können,

Erstellen sollten die Notfallpläne in der Regel die Spezialisten für die jeweiligen Bereiche, also bspw. aus den Fachbereichen, der Produktion, den IT-Bereichen und dem Gebäudemanagement.

Krisenmanagementplan

»Normale« Störfälle können mithilfe von Notfallplänen bewältigt werden. Ist der Störfall weitreichender, komplexer oder entwickelt er sich zur Krise, soll der Krisenstab die Steuerung der Störfallbewältigung übernehmen. Auch für das Krisenmanagement sollte daher vorbereitend ein Plan ausgearbeitet werden. In diesem Dokument werden der Aufbau, die Aufgaben, Kompetenzen und Verantwortungen sowie Abläufe und Ressourcen für die Krisenorganisation beschrieben. Der Krisenmanagementplan stellt die Materialien und Checklisten zur Verfügung, die im Krisenfall zusätzlich zu den Notfallplänen benötigt werden.

Verwendung des Notfallhandbuchs

Im Störfall ist es Aufgabe des Krisenstabs oder eines nachgeordneten Notfall-Teams, den richtigen Notfallplan auszuwählen oder auch Elemente aus verschiedenen Plänen zu kombinieren. Diese Maßnahmen müssen dann auf die konkrete Situation angepasst und durch das Notfall-Team gesteuert werden.

Die Beschreibungen in Notfallplänen müssen immer auch für den Vertreter des Vertreters des Vertreters geeignet sein, denn der Störfall wartet nicht auf die optimale Besetzung des Krisenstabs oder Notfall-Teams. Daher müssen die Zielgruppen der Teildokumente bei der Redaktion des Notfallhandbuchs konsequent beachtet werden.

Das Notfallhandbuch nützt nichts, wenn die entscheidenden Teile beim Eintreten des Störfalls nicht zur Verfügung stehen. Die BCM-Konzepte müssen daher dafür Sorge tragen, dass alle Module des Notfallhandbuchs auch unter Krisenbedingungen unmittelbar zur Verfügung stehen – und zwar in der aktuellen Fassung. Diese Anforderung kann starken Einfluss auf die Dokumentationsstrategie für das Notfallhandbuch haben.

31.2.4 Notfallvorsorge

Insbesondere schwere Störfälle können häufig nur dadurch bewältigt werden, dass Alternativen zur Abwicklung von Geschäftsprozessen eingesetzt werden. Für die erfolgreiche und vor allem schnelle Reaktion müssen daher Ressourcen verfügbar sein, bspw. die in den Notfallplänen und dem Krisenmanagementplan geforderten. Hierzu zählen insbesondere technische Ressourcen (Systeme, Telekommunikation, Energie, Produktionsanlagen), personelle Ressourcen (qualifizierte Mitarbeiter, Dienstleister), räumliche Ressourcen einschließlich notwendiger Arbeitsplätze und finanzielle Ressourcen. In manchen Fällen kann auch ein Rückfall auf alternative Verfahren geplant und vorbereitet werden, z. B. Telefon statt E-Mail oder Papier und Bleistift statt Dokumentation am Rechner. Solche Rückfallmöglichkeiten stoßen bei automatisierten Prozessen mit hohem Durchsatz allerdings schnell an ihre Grenzen.

Ob die Ressourcen sofort verfügbar sein müssen, kurzfristig bereitgestellt werden können oder Zeit für einen vorbereiteten Beschaffungsprozess bleibt, ist Teil des Notfallplans und muss im Rahmen des BCM entschieden werden. Im Rahmen des BCM sind daher die Art der Ressourcen und die benötigte Kapazität für den Normalbetrieb und den Notbetrieb zu erheben. Zur Unterstützung von IT- und Telekommunikationssystemen ist insbesondere zu prüfen, wie die Energie- und Klimaversorgung in Störfällen sichergestellt werden kann. Auch ist der Bedarf an Räumlichkeiten sicherzustellen, gegebenenfalls sogar durch ein Ersatz-Rechenzentrum.

IT-Notfallvorsorge

Ein spezifischer Teil der Notfallvorsorge ist die IT-Notfallvorsorge. Sie umfasst die Bereitstellung aller Ressourcen aus dem Bereich der IT: Hardware, Software, Telekommunikationsmittel und Daten. Die Hauptklasse von Störungen, die in der IT auftritt, sind Ausfälle von Anwendungen, Systemen oder Infrastruktur aus verschiedenen Gründen. Ursachen für solche Ausfälle reichen von technischem Versagen bis hin zu menschlichen Fehlhandlungen.

Einen wesentlichen Beitrag zur Wiederherstellung von IT-Prozessen leisten **Backups** von Software und Daten. Diese Bestände werden in der Produktion aber mehr oder weniger dynamisch verändert. Je älter das Backup ist, desto mehr Aufwand entsteht im Störfall, um die Daten nach dem Recovery auf den aktuellen Stand zu bringen. Die im Datensicherungskonzept festgelegte Periode zur Erzeugung der Backups muss deshalb mit den Notfallplänen abgestimmt werden. Für die Ressource »Information« wird dazu der jeweils maximal zulässige Datenverlust festgelegt. Als Parameter ergibt sich in der BCM-Terminologie der Wiederherstellungspunkt (Recovery Point Objective, RPO) für den Datenbestand. Backups müssen so erzeugt werden, dass der zeitliche Abstand zwischen Backup und Wiederanlauf nicht größer wird als die RPO. Neben dieser zeitlichen Steuerung von Backups ist aber genauso wichtig, dass die Backups so vorgehalten werden, dass sie in den relevanten Störfallszenarien verfügbar sind. Liegen die Backup-Medien im brennenden Rechenzentrum, können sie nicht zur Bewältigung der Krisen verwendet werden.

Um **technische Ausfälle zu vermeiden**, kann die Verfügbarkeit von wichtigen Anwendungen, Systemen oder Infrastruktur in vielen Varianten und Kombinationen erhöht werden. Hierzu zählen u. a. hochverfügbare Anwendungen auf Cluster-Systemen, entsprechende Speicherlösungen und eine redundante Kommunikationsinfrastruktur. Wenn eine Störung einer einzelnen Komponente zu einer Störung des Prozesses führen kann, spricht man von Single Point of Failure. Um Hochverfügbarkeit zu erreichen, müssen Single Point of Failures vermieden werden.

Ähnlich wie Alternativen zur Abwicklung von Geschäftsprozessen können auch auf technischer Ebene alternative Möglichkeiten vorgehalten werden, um IT-Prozesse zu erbringen. Dazu gehört auch die Vorsorge über Ausweichrechenzentren. Im **Hot-Standby-Betrieb** werden Anwendungen in zwei Rechenzentren parallel betrieben, wobei in der Regel eines die Führung innehat. Im Falle einer Störung kann dann kurzfristig auf das andere Rechenzentrum umgeschaltet werden. Der mögliche Datenverlust oder die Verzögerungen in der Bereitstellung sind auf die eigentliche Störung, die Reaktionszeit und die Umschaltzeit begrenzt. Im **Warm-Standby-Betrieb** ist das Backup-Rechenzentrum grundsätzlich betriebsbereit, allerdings wird der Datenbestand nur zu bestimmten Zeitpunkten gespiegelt, z. B. nachts. Nach dem Auftreten der Störung müssen dann zunächst Transaktionen nachgefahren werden, bevor der Wirkbetrieb übernommen werden kann. Bei der **Cold-Standby-Variante** steht ein Rechenzentrum mit der gesamten Ausstattung zur Verfügung, muss aber im Störfall angefahren werden. Die Einrichtungen können während des regulären Betriebs auch für andere Zwecke eingesetzt werden, z. B. für Entwicklung und Tests. Dann muss im Störfall gegebenenfalls geordnet gesichert und heruntergefahren werden, bevor der Wiederanlauf starten kann. Schließlich kann auch mit **Dienstleistern** vertraglich vereinbart werden, dass innerhalb bestimmter Fristen geeignete **Ersatzkomponenten** bereitzustellen sind, z. B. in Form eines Container-Rechenzentrums. Das Umschalten mit Wiederanlauf erfordert je nach Variante zusätzliche Schritte und dauert entsprechend länger. Im Rahmen des BCM ist eine Entscheidung zwischen Kosten und Wiederanlaufzeit zu treffen.

31.2.5 Krisenkommunikation vorbereiten

Die Erfahrungen aus vielen vergangenen Krisen zeigen, dass die effiziente und offene Krisenkommunikation nach innen und außen ein wesentlicher Faktor für eine gute Krisenbewältigung ist (vgl. auch mit zahlreichen Hinweisen [BMI11]). Unklare Informationslagen für Mitarbeiter, Kunden, Zulieferer, Medien und die Öffentlichkeit führen leicht zu Fehlern in der Krisenbewältigung und zur Unglaubwürdigkeit. Der Schaden durch schlechte Krisenkommunikation wird für die Organisation größer, nicht kleiner. Eine gute Krisenkommunikation kann insgesamt die Glaubwürdigkeit eines Unternehmens sogar erhöhen.

Um die Krisenkommunikation vorzubereiten, muss geklärt werden, welche Zielgruppe über welche Kanäle informiert wird. Dabei sind auch Ausweichstrategien vorzusehen, wenn die üblichen Informationsmittel wegen des Störfalls nicht zur Verfügung stehen. Es ist außerdem festzulegen, wer die Informationen für die verschiedenen Zielgruppen freigibt. In der Regel sollte dies der Krisenstab sein, da er die besten Voraussetzungen für die Beurteilung der Lage und der ergriffenen Maßnahmen hat. Schließlich ist festzulegen, wer für die Weitergabe der Informationen an die jeweiligen Zielgruppen zuständig ist und wie häufig die Informationen aktualisiert werden sollen. Zur Unterstützung der Verantwortlichen können Übersichten über Kommunikationskanäle mit Kontaktdaten, Checklisten und Templates für Meldungen vorbereitet werden.

Kommunikation in Stresssituationen unterliegt besonderen Bedingungen und ist anfällig für Fehler. Weil Krisenkommunikation einen so hohen Stellenwert für die Bewältigung von Krisen und den Ruf der Organisation hat, muss dieser Aufgabe im BCM große Aufmerksamkeit geschenkt werden.

31.2.6 BC-Training, BC-Awareness und BC-Kultur

Beim Umgang mit Stör- oder Notfällen befinden sich alle Beteiligten in der Regel in einer enormen Stresssituation. Zur Vermeidung von Fehlern in diesen Situationen ist es notwendig, dass das korrekte Verhalten nicht erst in der Störfallsituation am praktischen Fall erprobt wird, sondern durch Training im Vorfeld erlernt worden ist. Hierzu sind regelmäßige Übungen zwingend erforderlich.

Für die Durchführung von Übungen können verschiedene Methodiken zum Einsatz kommen. Auf der technischen Ebene können Ausfälle einzelner Komponenten entweder im Echtbetrieb oder in Wartungsfenstern kontrolliert herbeigeführt und behoben werden. Wartungsarbeiten eignen sich häufig gut dazu, Wiederanlaufpläne durchzutesten. Dazu gehört auch die praktische Prüfung, ob Backups eine ordnungsgemäße Systemwiederherstellung in den erwarteten Zeiträumen erlauben.

Ansonsten können Übungen in Workshops durchgeführt werden, in denen ein Störfallszenario vorgegeben wird. Die Teilnehmer müssen anhand der Katastrophen- und Notfallpläne versuchen, den virtuellen Wirkbetrieb wieder herzustellen. Der Vorteil solcher Trockenübungen ist, dass die Teilnehmer keine Schäden in der Produktion hervorrufen können. Der Nachteil ist aber gleichzeitig, dass die Ausgangssituation nicht realitätsnah ist: Die Teilnehmer wissen im Vorfeld, dass sie in eine Übung kommen.

Wesentlich herausfordernder und realitätsnäher für die Übungsleitung und die Teilnehmer sind daher operative Krisenübungen, bei denen die Teilnehmer während des Wirkbetriebs zu einem (künstlichen) Einsatz gerufen werden. Sie müssen dann bspw.

nach dem Auslösen des Krisenszenarios gemäß Notfallhandbuch agieren und aus dem Alltagsgeschäft heraus einen Krisenstab aufbauen und die Krisenkommunikation steuern.

Die Übungen müssen regelmäßig und möglichst mit allen potenziellen Akteuren durchgeführt werden, um einen hohen Ausbildungsstand zu erreichen. Dennoch bereiten Übungen nur bedingt auf den Realfall vor, da man sich immer in der günstigen Situation befindet, sich darauf einstellen zu können. Ein guter Indikator für ein hohes Ausbildungsniveau und eine gute Krisen-Awareness ist daher die Frage, ob sich das Unternehmen zutraut, für eine reale Übung »den Stecker zu ziehen«.

In realitätsnahen Trainings- und Übungssituationen können auch die Wirksamkeit, Angemessenheit und Effektivität der BCM-Maßnahmen erprobt werden. Das BCM-Team steht dazu vor der Herausforderung, die Notfallübungen so wirklichkeitsgetreu wie nur möglich zu gestalten (z. B. Ausfall von IT-Komponenten, Simulation von Verletzten und Toten, Störungen durch Medienvertreter), ohne dabei durch die Übung einen echten Störfall zu verursachen. Solche Notfallübungen sind deshalb sorgfältig vorzubereiten und gegebenenfalls mit »kritischen« Akteuren geeignet abzustimmen, wobei die Übungszeitpunkte durchaus für die Beteiligten überraschend gewählt werden sollten. Allerdings sollte auf Zeiten, die per se als kritisch einzustufen sind, Rücksicht genommen werden, z. B. die letzen Wochen/Tage vor Veröffentlichung der Konzernergebnisse oder einer Merger- oder Akquisitionsphase.

Aus praxisnahen Übungen ergeben sich oft Hinweise auf Verbesserungsmöglichkeiten für Notfallpläne und Notfallvorsorge. Diese müssen vom BCM-Team geeignet aufgegriffen werden (vgl. Abschnitt 31.3.6). Sinnvollerweise werden die verschiedenen Trainingsformen daher um einen Abschnitt zur Auswertung ergänzt. Umgekehrt müssen sich auch die Anpassungen der BCM-Maßnahmen in den Trainingsmaßnahmen niederschlagen.

Bereits das BCM-Training wird dazu führen, dass viele Mitarbeiter der Organisation mit BCM-Themen befasst sind. Durch Schulungsmaßnahmen können darüber hinaus allgemeine Verhaltensregeln an die Mitarbeiter vermittelt werden. Je nach Zielgruppe sollte über die BCM-Ziele, die Zusammenhänge mit ihren Aufgabenbereichen und Einflussmöglichkeiten zur Verbesserung der BCM-Maßnahmen informiert werden. Dadurch kann in der Organisation eine BCM-Kultur entwickelt und das BCM-System kontinuierlich verbessert werden.

31.3 BCM etablieren

Das Business-Continuity-Management stellt heute einen wichtigen Baustein in der Compliance-Landschaft einer Organisation dar. Ergänzend zu den aus dem Risikomanagement motivierten Sicherheitsmaßnahmen sollen im Rahmen des BCM für die Organisation angemessene Maßnahmen und Prozesse zur Krisenvermeidung und zur Krisenbewältigung vorbereitend geplant, implementiert und weiterentwickelt werden. Dies ist die Aufgabe des BCM-Teams. Das BCM-System umfasst dann die Aufbauorganisation des BCM-Teams mit gegebenenfalls weiteren dezentralen Mitarbeitern, die vom BCM-Team verantworteten Prozesse sowie alle Ressourcen, die der Störfallbewältigung dienen.

Aufgabe des BCM-Teams ist es, das BCM-System aufzubauen und aufrechtzuerhalten. Daher tauchen im Weiteren die Themen der vorangegangenen Abschnitten als Realisierungsaufgabe des BCM-Teams wieder auf. In diesem Abschnitt wird der Schwerpunkt allerdings auf die Steuerungsfunktion des BCM-Teams und die Anpassungsarbeit für die BCM-Prozesse der Organisation gelegt, während oben die Konzepte und Maßnahmen zur Krisenbewältigung im Mittelpunkt standen.

31.3.1 Das BCM-Team

Das BCM-Team ist dafür verantwortlich, dass die in den vorangegangenen Abschnitten vorgestellten Aktivitäten angestoßen und gesteuert und die BCM-Prozesse etabliert werden. Das BCM-Team muss deshalb inhaltlich klar vom Krisenstab und von den Notfall-Teams unterschieden werden:

- Der Krisenstab steuert in der Krise die Maßnahmen zur Krisenbewältigung – auf der Basis der vorbereitenden Maßnahmen des BCM-Teams.
- Die Notfall-Teams führen die Maßnahmen zur Störungsbeseitigung durch, gegebenenfalls unter Leitung des Krisenstabs.
- Das BCM-Team stellt sicher, dass die Krisenorganisation und Notfallvorsorge in der Organisation etabliert wird. Mitglieder des BCM-Teams können in Störfällen im Krisenstab oder in Notfall-Teams mitwirken. Dies ist aber nur eine Option und nicht zwingend.

An die Qualifikation der Mitglieder des BCM-Teams werden deshalb auch andere Anforderungen gestellt als an die des Krisenstabs. BCM-Teammitglieder sollten die Fähigkeit besitzen, komplexe Unternehmenszusammenhänge und -prozesse zu analysieren, die Krisen- und Notfall-Dokumentation zu strukturieren und auf Basis dieser Analysen detailgenaue Notfallpläne zu erarbeiten. Eine kreative Fantasie, ein gewisses Maß an kritischer Paranoia sowie gute Kommunikationsfähigkeit runden das Bild des BCM-Mitglieds ab.

31.3.2 Initialisierung des Business-Continuity-Managements

Die Aufrechterhaltung der Geschäftsprozesse ist, wie oben bereits gezeigt, eine originäre Managementaufgabe. Somit obliegt es dem Management, BCM als strategisches Unternehmensziel zu definieren und alle notwendigen Ressourcen zur BCM-Umsetzung zur Verfügung zu stellen. Der erste Schritt hierzu ist es, den Leiter des BCM-Teams zu benennen. Ihm obliegt es, ein für das Unternehmen angemessenes BCM-Team zusammenzustellen und das initiale BCM-Projekt aufzusetzen.

Bei der Zusammensetzung des BCM-Teams sollte beachtet werden, dass BCM eine »Querschnittsaufgabe« und keine reine IT-Aufgabe ist. Zwar werden heute fast alle Geschäftsprozesse durch IT unterstützt und abgewickelt, aber für den Aufbau der Krisenorganisation wird bspw. genauso Kompetenz in Fachprozessen, Logistik, Gebäudeinfrastruktur und der Energieversorgung benötigt. Diese Abdeckung der verschiedenen Fachthemen sollte durch die spezifische BCM-Aufbauorganisation sichergestellt werden.

Das BCM-Team steht zu Beginn seiner Tätigkeit vor zwei Herausforderungen: Zunächst muss es im Rahmen eines **BCM-Einführungsprojekts** für die Etablierung des BCM im Unternehmen vorbereiten. Zum Zweiten muss das BCM-Team das **BCM-Projekt in den »Regelbetrieb« überführen** und somit BCM in die Unternehmenskultur einbinden.

Als Vorgehensweise für den Basis-Prozess des BCM (BCM-Prozess) wird in den BCM-Standards das Plan-Do-Check-Act-Modell empfohlen. Dadurch soll für das BCM langfristig in einem iterativen Vorgehen mindestens eine kontinuierliche Pflege, nach Möglichkeit aber sogar eine stetige Verbesserung erreicht werden. Die folgenden Abschnitte orientieren sich daher an diesen Phasen. Sie werden zunächst initial und später auch in den Verbesserungszyklen durchlaufen.

31.3.3 BCM-Planungsphase

Zu Beginn der BCM-Planungsphase sollte das BCM-Team eine für die Organisation angemessene BCM-Strategie entwickeln. Diese Strategie wird in der BCM-Leitlinie ausformuliert. Sie sollte spezifisch für die Organisation enthalten:

- den BCM-Geltungsbereich,
- die BCM-Ziele, z. B. in Abhängigkeit von der Unternehmensgröße, dem Geschäftszweck und geografischen Randbedingungen,
- die Verantwortlichkeiten und Kompetenzen sowie
- den Rahmenprozess zum Aufbau und zur kontinuierlichen Pflege.

Die BCM-Leitlinie bildet somit das Grundgerüst für das zu etablierende BCM-System. Die Leitlinie sollte daher durch die Geschäftsleitungsebene verabschiedet werden. Auf der Grundlage der Leitlinie entwickelt das BCM-Team sein Vorgehensmodell und bspw. einen BCM-Entwicklungsplan.

Das Einführungsprojekt dient der Planung der BCM-Maßnahmen. Dazu müssen die Business-Impact-Analyse durchgeführt und die Maßnahmen geplant werden. Weitere wesentliche Tätigkeiten des BCM-Teams im Rahmen dieser ersten Planungsphase sind:

- Entwicklung eines **BCM-Glossars**. Das Glossar dient dazu, ein einheitliches, bereichsübergreifendes Verständnis über Begrifflichkeiten in der Organisation zu entwickeln. Es sollte Definitionen für alle zentralen BCM-Bestandteile liefern, z. B. was ist ein Störfall, was ein »herkömmlicher« Vorfall, worin unterscheiden sie sich, was ist eine Business-Impact-Analyse, was eine Risikobewertung, und was verbirgt sich hinter RTO, RPO, MTPD.
- Zumindest in einer ersten Fassung sind die für die Organisation **relevanten Störfallklassen** auszuwählen sowie die **relativen Schadenshöhen** festzulegen.
- Erstellung einer angemessene **Methodik für die BIA**: Ziel dieser Methodik ist es, ein einheitliches Vorgehen für die BIA zu etablieren und zu gewährleisten, dass die Ergebnisse vergleichbar werden. Subjektive Einflüsse der Durchführenden auf die Risikoeinschätzungen sollten dabei möglichst minimiert werden. Da auch für die BIA nur begrenzte Ressourcen zur Verfügung stehen, müssen Strategien bzw. Kriterien definiert werden, die spezifisch für die Organisation die Komplexität und Detailtiefe der BIA auf geeignete Weise begrenzt.[6] Das Durchführungsverfahren der BIA (was, wann, wo und wie ist zu analysieren) sowie die Verantwortlichkeiten für die Durchführung sind zu planen. Außerdem sollten Vorgaben und Anleitungen für die Darstellung der Ergebnisse vorbereitet werden.

6 Der notwendige Grad der Detaillierung kann z. B. durch die Strategie der Risikobewältigung beeinflusst werden. Wird entschieden, dass ein Ersatzrechenzentrum aufgebaut wird, muss die identische Ausstattung beschafft werden - auf Detailanalysen kann weitgehend verzichtet werden. Sollen dagegen nur kritische Komponenten redundant vorgehalten werden, müssen diese zunächst identifiziert werden.

- Da zwischen einer Risikoanalyse und der BIA große Überschneidungen bestehen, können bei geeigneter Durchführung der Arbeiten Synergie-Effekte genutzt werden. Soweit möglich, sollte daher eine Abstimmung zwischen BIA und Risikobewertung erreicht werden.
- Auch die **Dokumentationsstruktur** für das BCM und insbesondere das Notfallhandbuch sollte im Rahmen der Vorbereitungsarbeiten festgelegt werden. Für jeden Typ von Dokument sollte ein Freigabeverfahren festgelegt werden. An der Abnahme der Notfallpläne sollten die jeweils betroffenen Fachbereiche beteiligt werden. Notfallpläne, in denen Ressourcen beansprucht werden, sollten über die zuständige Führungsebene freigegeben werden.

Außerdem muss das BCM-Team die grundlegenden BCM-Prozesse definieren. Dazu gehören insbesondere der Prozess zur Durchführung und Auswertung von Business-Impact-Analysen, die Einbindung des BCM in Change-Management-Prozesse[7], der BCM-Audit- und Review-Prozess, der BCM-Weiterentwicklungs- und Verbesserungsprozess, die Steuerung der Awareness- und Trainingsmaßnahmen und ein Regel-Reporting an vorgesetzte Stellen.

In späteren Iterationen sind die Leitlinie, die Vorgehensweisen und die anderen Konzepte auf der Basis der Ergebnisse der Phase »Weiterentwicklung« kritisch zu überprüfen und gegebenenfalls anzupassen.

31.3.4 Umsetzungsphase

Entsprechend der beschriebenen Inhalte ist vom BCM-Team die BIA anzustoßen und zu steuern. Sie wird in enger Zusammenarbeit mit den Fachbereichen durchgeführt. Auf Basis der BIA-Ergebnisse müssen kritische Geschäftsprozesse priorisiert und die BCM-Maßnahmen definiert werden. Außerdem sind die erforderlichen Dokumente zu erstellen. Dazu gehören das Notfallhandbuch mit Krisenmanagementplan und Notfallplänen, ein Trainingsplan (wann werden welche Elemente des BCM-Systems trainiert) und das BCM-Awareness-Konzept.

Soweit die BC-Vorsorge in der Praxis umgesetzt werden muss, sind die Maßnahmen für den Wirkbetrieb einzuleiten und ihre Realisierung zu überwachen. Dazu gehört insbesondere:

- Die Gruppen von Personen, die die Rollen in den Eskalationswegen, im Krisenstab und den Notfall-Teams einnehmen sollen, sind zu bestimmen und einzuweisen.
- Es ist sicherzustellen, dass Projekte für den Aufbau oder die Bereitstellung der redundanten Ressourcen aufgesetzt und organisatorische, technische und bauliche Änderungsmaßnahmen umgesetzt werden.
- Die Tests sowie Krisenstabs- und Notfallübungen müssen ausgearbeitet und durchgeführt werden. In diesen Übungen sollten auch die Eskalationswege und das Notfallhandbuch eingesetzt werden. Dadurch können Hinweise für die Evaluation und

7 Mit Change-Management sind die geordneten Verfahren gemeint, mit denen die Veränderung von IT-Systemen und IT-Betrieb vorbereitet, abgestimmt und gesteuert wird.

Verbesserung der BCM-Maßnahmen gewonnen werden. Mithilfe eines Übungsplans kann eine gute Abdeckung der Störfallszenarien, Nofallpläne und beteiligten Mitarbeiter in den Übungen erreicht werden.

- Awareness-Maßnahmen sind vorzubereiten und durchzuführen. Ihr Ziel sollte sein, dass das BCM bei allen Mitarbeitern und auf allen Führungsebenen als integraler Bestandteil des Arbeitsalltags verstanden wird.

Als Hilfsmittel für seine Arbeit sollte das BCM-Team den BCM-Entwicklungsplan fortschreiben und zur Überwachung und zum Reporting einsetzen.

Mit dem Ende der Umsetzungsphase sollte der Status des BCM-Systems aktuell dokumentiert und alle Maßnahmen und Prozesse auf die derzeitig gültigen Gegebenheiten und Randbedingungen abgestimmt sein. Damit kann der Übergang vom BCM-Einführungsprojekt zum zyklischen BCM-Prozess eingeleitet werden. Die Prozesskette wird mit den nächsten Schritten Überwachung und kontinuierliche Weiterentwicklung geschlossen.

31.3.5 Überwachung

Da bekanntlich nichts so stetig ist wie der Wandel, unterliegen auch gute BCM-Maßnahmen einem natürlichen Alterungsprozess. Geschäftsstrategien, -prozesse und -kritikalitäten sowie Verantwortlichkeiten verändern sich. Zuständigkeiten und Aufgaben in der Belegschaft wechseln, Gesetze werden geändert oder Bedrohungen verändern sich, z. B. durch den Einsatz neuer Technologien. Die BCM-Maßnahmen erfordern daher eine kontinuierliche Überwachung. Ziel dieser Überwachung im BCM-Prozess ist es, die Wirksamkeit, Angemessenheit und Effektivität der Maßnahmen sowie die Aktualität von Dokumenten zu überprüfen und Hinweise für Verbesserungsmöglichkeiten zu gewinnen. Dazu können die folgenden Ansatzpunkte genutzt werden – teilweise kontinuierlich und teilweise im Sinne einer »Check-Phase« des PDCA-Modells (s. u.).

Die wichtigsten Erkenntnisse für die Wirksamkeit des BCM-Systems ergeben sich aus **Praxiserfahrungen**. Dazu stehen dem BCM-Team zwei wesentliche Quellen zur Verfügung: echte Notfälle und Krisen einerseits und Übungs- und Trainingssituationen andererseits. Weitere Erkenntnisse aus der Praxis ergeben sich bspw. beim Test technischer Einrichtungen. Das BCM-Team sollte daher nach Möglichkeit die Beobachtung und immer die Nachbereitung und Auswertung dieser Situationen anstreben und dafür Ressourcen vorsehen.

Ein zweiter Ansatzpunkt für die Überwachung des BCM-Systems ist der **Review von Dokumenten**. Der Review-Prozess sollte auf Vollständigkeit der Dokumentenlage gegenüber dem Dokumentationskonzept einerseits und andererseits auf die inhaltliche Prüfung der vorhandenen Dokumente abstellen. Bei geeigneter Auswahl der Review-Partner können Abweichungen zwischen Papier Lage und Wirkbetrieb erkannt und Anpassungsbedarf für Dokumente oder Maßnahmen im Wirkbetrieb festgestellt werden.

Schließlich sollte das BCM-Team in bestehende **Change-Management-Prozesse** eingebunden werden. Bereits die Ankündigung von Projekten beim BCM-Team kann eine Bewertung auslösen, ob Änderungsbedarf für BC-Maßnahmen besteht. Entsprechend detailliertere Hinweise ergeben sich für das BCM-Team, wenn es in den Review von Projektplänen oder Umsetzungskonzepten eingebunden wird. Im letzteren Fall bieten sich Ansatzpunkte für besondere Synergie-Effekte: Das BCM-Team kann bereits in der Konzeptionsphase auf BC-freundliche Gestaltungsoptionen hinweisen. Aufwendigere »nachlaufende Reparaturen« können so vermieden werden.

31.3.6 Weiterentwicklung

In der Act-Phase des PDCA-Modells soll auf die Ergebnisse der Überwachung des BCM-Systems reagiert werden. Die einzelnen Befunde aus der Überwachung sind durch das BCM-Team zu bewerten. Dort, wo Handlungsbedarf identifiziert wird, müssen Lösungsalternativen entwickelt werden. Möglicherweise entstehen komplexe Fragen, für die die Handlungsmöglichkeiten in eigenen Projekten erarbeitet werden müssen. Die Vorschläge für die Weiterentwicklung können sich auf alle Elemente des BCM-Systems beziehen:

- auf die BCM-Prozesse, z. B. die Eskalationsstrategie,
- auf die BCM-Dokumente, z. B. einen Notfallplan,
- das Krisenstabspersonal, z. B. in Form der Zusammensetzung der Gruppen, die Rollen im Krisenfall übernehmen, oder durch veränderte Trainingsmaßnahmen oder
- auf die Ressourcen der Notfallvorsorge, z. B. indem die Technik zur Lastverteilung umgestellt wird.

Die Lösungsvorschläge finden dann Eingang in die nächste Planungsphase. Der nächste Zyklus des PDCA-Modells beginnt. Der Übergang zwischen der Phase »Weiterentwicklung« und der Planungsphase ist dabei allerdings fließend. Das BCM-Team muss in jedem Fall sicherstellen, dass der BCM-Entwicklungsplan fortgeschrieben wird, die notwendigen Ressourcen beschafft und die Anpassungsprojekte angestoßen und überwacht werden. Es muss geklärt sein, wer Änderungen in Dokumente einpflegt und wie die Freigabe geänderter Dokumente erfolgt. Außerdem müssen die geänderten Dokumente so bereitgestellt werden, dass alle Notfall-Teams und der Krisenstab im Störfall die aktuellen Versionen verwenden. Schließlich muss durch das BCM-Team auch sichergestellt werden, dass die Änderungen in den Trainingsmaßnahmen berücksichtigt werden.

31.4 Standards für BCM

In den letzten Jahren wurden zentrale Standards für das BCM weiterentwickelt. So existieren nun die Standards ISO 22301:2019 unter der Überschrift *»Security and resilience – Business continuity management systems – Requirements«* ([ISO 22301]) und ISO 22313:2020 mit dem Titel *»Security and resilience – Business continuity management systems – Guidance on the use of ISO 22301«*. Schließlich wurden im Rahmen der ISO-27000-Reihe zur Informationssicherheit die »Guidelines for information and communication technology readiness for business continuity« erstellt ([ISO/IEC 27031]).

Bereits 2008 erarbeitete das Bundesamt für Sicherheit in der Informationstechnik (BSI) als Ergänzung der Grundschutz-Reihe einen Standard zum »Notfallmanagement« ([BSI100-4]), der hier ebenfalls vorgestellt wird. Dieser wird zurzeit grundlegend überarbeitet und steht zum Zeitpunkt der Aktualisierung dieses Kapitels als Community Draft unter der neuen Nummer BSI 200-4 zur Verfügung. Stellvertretend für viele weitere Materialien zum Thema werden schließlich noch die Good Practice Guidelines [BCI13] des Business Continuity Institute vorgestellt. Sie haben zwar die Ausbildung von BCM-Experten im Fokus, geben dabei aber zahlreiche Anregungen für die Umsetzung von BCM in der Organisation.

Den Standards ist gemeinsam, dass sie die Vorgaben eines BCM-Systems oder seinen Aufbau beschreiben. Insofern werden die in den vorangegangenen Abschnitten beschriebenen Themen auch von den Standards gefordert.

31.4.1 ISO 22301

Der Titel von ISO 22301:2019 lautet *»ISO 22301:2019 Security and resilience – Business continuity management systems – Requirements«*. Der Standard beschreibt die Anforderungen, die für das Einrichten und Aufrechterhalten eines effektiven Business-Continuity-Managementsystems (BCMS) erfüllt werden müssen. Durch das BCMS soll die Organisation in der Lage sein, die Wahrscheinlichkeit schwerer Störfälle zu reduzieren. Wenn sie dennoch auftreten, soll sie darauf reagieren und die Auswirkungen begrenzen können.

ISO 22301 folgt dabei dem Plan-Do-Check-Act-Modell (PDCA), das in ISO 27001 nicht mehr explizit verwendet wird.[8] Das PDCA-Modell schlägt eine zyklische Vorgehensweise mit den namensgebenden vier Phasen vor.

Der Standard ist allgemein gehalten und nicht speziell auf Informationssicherheit ausgerichtet. Die Darstellung folgt – wie auch die von ISO 27001 – der einheitlichen Gliederung der ISO für Standards von Managementsystemen:

- Context of the organization (Kapitel 4)
- Leadership (Kapitel 5)
- Planning (Kapitel 6)
- Support (Kapitel 7)
- Operation (Kapitel 8)
- Performance Evaluation (Kapitel 9)
- Improvement (Kapitel 10)

Die Kapitel beschreiben jeweils die Aufgaben entsprechend der Herausforderungen eines BCM. Kapitel 4 bis 7 sind der Phase Plan zugeordnet. Kapitel 8 bis 10 entsprechen den Phasen Do, Check und Act.

Der Ausgangspunkt der ISO 22301 ist der **Context of the organization**. Darin soll unter anderem bestimmt werden, welche Aktivitäten der Organisation unter dem Blickwinkel von Notfallvorsorge kritisch sind und welche kritischen Abhängigkeiten bestehen. Bezüge zu anderen Unternehmensleitlinien einschließlich der Risikomanagementstrategie sollen hergestellt werden. Wesentlich für die Phase sind auch die allgemeinen Festlegungen zur Risikobewertung und Risikobehandlung im Unternehmen.

Im Kapitel **Leadership** wird gefordert, dass die Unternehmensleitung Führung und Vorbildfunktion für das Thema BCM übernimmt. Sie muss eine Unternehmensleitlinie zum BCM verabschieden, die für die Organisation angemessen ist. Sie muss auch die notwendigen Ressourcen bereitstellen. Schließlich muss die Unternehmensleitung dafür sorgen, dass Rollen, Verantwortliche und Befugnisse festgelegt werden. Dazu gehört auch, dass der Unternehmensleitung über die Effektivität des BCM berichtet wird.

8 Siehe dazu Abschnitt 6.3.1.

Im Kapitel **Planning** wird gefordert, dass durch die zu planenden Maßnahmen die angestrebten Ziele des BCMS erreicht werden können und dabei unerwünschte Effekte vermieden werden. Außerdem sollen die Voraussetzungen für die stetige Verbesserung des BCMS geschaffen werden.

Das Kapitel **Support** fordert, dass die notwendigen Ressourcen für das BCM identifiziert und bereitgestellt werden. Dazu gehören u. a. Mitarbeiter mit den entsprechenden Kompetenzen, Awareness-Maßnahmen für Business Continuity in der Organisation sowie die Kommunikationswege im Störfall. Support schließt auch ein, dass die Dokumente des BCM erstellt und gepflegt werden.

Unter **Operation** wird verstanden, dass die BCM-Prozesse geplant, aufgesetzt und überwacht werden, mit denen die in den vorangegangenen Schritten identifizierten Ziele erreicht werden. Dazu sollen auch Kriterien der Zielerreichung definiert und die Zielerreichung kontrolliert werden. Die für diese Überwachung notwendigen Aufzeichnungen über die Durchführung von Prozessen sind vorzuhalten. Die Prozesse schließen die Business-Impact-Analyse und die Risikoanalyse ein. Auf deren Grundlage sind die Business-Continuity-Strategie abzuleiten und der Ressourcenbedarf festzustellen. Insbesondere sind die Kommunikationswege und Notfallprozesse zu etablieren und Notfallpläne zu entwickeln. Dabei bestehen auch Bezüge zum Incident-Management. Die Notfallprozesse sollen trainiert und getestet werden. Aus den Ergebnissen sollen Verbesserungsvorschläge abgeleitet und gegebenenfalls implementiert werden.

Eine **Performance Evaluation** für das BCMS soll durch ein systematisches Monitoring, Messungen, Analysen und Evaluationen erreicht werden. Regelmäßige interne Audits und Management-Reviews sollen sicherstellen, dass das BCMS auf Dauer angemessen und effektiv ist. In den Management-Reviews sollen u. a. Entscheidungen über Anpassungen des Gegenstandsbereichs und Verbesserungsmöglichkeiten für die BCM-Prozesse getroffen werden. Auch intern oder extern motivierter Anpassungsbedarf, bspw. durch geänderte Anforderungen von Geschäftsprozessen oder neue Rechtsvorgaben, soll identifiziert und eingesteuert werden.

Im Kapitel **Improvement** wird schließlich gefordert, dass Abweichungen von den BCM-Vorgaben systematisch beseitigt werden und das BCMS kontinuierlich verbessert wird.

31.4.2 ISO 22313

ISO 22301 beschreibt nur abstrakte Anforderungen an ein BCMS und gibt keine Hinweise, wie diese auszufüllen sind. *»ISO 22313:2020 Security and resilience – Business continuity management systems – Guidance on the use of ISO 22301«* ([ISO 22313]) stellt genau solche Hinweise bereit. Sie können von Organisationen herangezogen werden, um ihr BCMS aufzubauen.

Der Aufbau der ISO 22313 folgt der Gliederung der ISO 22301. Zu den einzelnen Anforderungen aus ISO 22301 werden konkretisierende Hinweise für die Umsetzung gegeben. Zahlreiche Aufzählungen weisen auf wichtige Elemente im BCM und in Notfallplänen hin. Da das BCMS aber immer auf die Organisation zugeschnitten werden muss, kann es der Standard der Organisation nicht abnehmen, ihre BIA durchzuführen, Kriterien zu entwickeln, Prozesse auszuarbeiten oder Audit-Pläne und Erfolgskriterien zu definieren.

31.4.3 ISO/IEC 27031

[ISO 27031] bietet eine Leitlinie für *Information and Communication Technology Readiness for Business Continuity* (IRBC). In diesem Standard wird das BCM für die Informations- und Telekommunikationstechnik (IKT) von Organisationen als Teil eines umfassenden BCM-Prozesses verstanden. Auf ISO 22301 oder ISO 22313 nimmt ISO 27031 noch nicht Bezug, weil diese beiden Standards noch in der Entwicklung waren.

Auch ISO 27031 folgt dem Konzept des PDCA-Zyklus. Die Gliederung ist allerdings nicht auf die beiden vorgenannten Standards abgestimmt. ISO 27031 behandelt aber im Grundsatz die gleichen Themen und konkretisiert sie für den Bereich IKT.

Als Ziele des IRBC werden in Kapitel 5 beschrieben, dass die jeweilige Organisation auf sich ändernde Risiken reagieren kann, dass kritische Geschäftsprozesse, die auf IKT angewiesen sind, aufrechterhalten werden können, dass möglichst auf Incidents reagiert werden kann, bevor Störungen auftreten, und dass schließlich auch auf schwere Störungen reagiert werden kann. Als Prinzipien werden eingeführt:

- Schutz der IKT-Systeme vor allen Arten von Bedrohungen,
- Identifikation von Incidents,
- angemessene Reaktion auf Incidents,
- eine Recovery-Strategie und
- Verbesserung der IRBC aus den Erfahrungen mit aufgetretenen Störfällen.

Ausgangspunkte im Kapitel **Planning** für die IRBC-Maßnahmen sind die Verantwortung der Unternehmensleitung, das Verständnis der kritischen IKT-Dienste und eine Business-Impact-Analyse. Im – wie auch in anderen Standards vorgesehenen – Planungsschritt sollen die Maßnahmen in den folgenden Bereichen festgelegt werden:

- Fähigkeiten und Wissen,
- alternative Räumlichkeiten,
- Technikausstattung,
- Vorhalten von Datenbeständen,
- BCM-relevante Prozesse für die IRBC und
- Einbindung relevanter Dienstleister.

Im Abschnitt »**Implementation and Operation**« werden die vorgenannten Bereiche aufgegriffen und konkretisiert. So gehören z. B. Notfallpläne, die Dokumentation der BCM-Maßnahmen und Prozesse oder Kommunikationswege zum Implementierungsumfang. Die Darstellung im Standard weist auch auf Umsetzungsalternativen hin. Als Möglichkeiten für das Vorhalten von Ausweichräumen und Reservetechnik werden bspw. angeführt Hot, Warm, Cold Standby und weitere Alternativen für das kurzfristige Bereitstellen von Rechenzentrumskapazitäten sowie auch der Einsatz von Heimarbeitsplätzen für die Mitarbeiter. Beispiel eines weiteren Themas ist die IRCB-Awareness der Mitarbeiter, Training und Übungen. Für BCM-Übungen wird bspw. ausgeführt, welche Sachverhalte vorher geprüft und dokumentiert werden sollten, ebenso wie die Rollen, die für die Durchführung benötigt werden.

Die Kapitel 8 und 9 beschäftigen sich schließlich mit Maßnahmen zur Qualitätssicherung: **Monitor and Review** sowie **IRBC Improvement**. Übungen, Audits und das Management-Review sollen regelmäßig durchgeführt werden und Kennwerte zur Bewertung liefern. Die Ergebnisse sollen in einen klar gesteuerten, kontinuierlichen Verbesserungsprozess einfließen.

Der Standard wird ergänzt durch vier kurze Anhänge, die Ansatzpunkte für die Bearbeitung einiger Aufgaben anbieten:

- IRBC and milestones during a disruption
- High availability embedded system
- Assessing Failure Scenarios
- Developing Performance Criteria.

31.4.4 BSI-Standard 100-4 Notfallmanagement

2008 gab das Bundesamt für Sicherheit in der Informationstechnik (BSI) die Version 1.0 des Standards [BSI100-4] »Notfallmanagement« heraus. Dieser Standard gibt auf knapp 120 Seiten Hinweise für den Aufbau eines BCM-Systems. Er ergänzt den »klassischen« IT-Grundschutz um ein Managementsystem zum Notfallmanagement und zeigt die Verknüpfungen mit der Vorgehensweise des IT-Grundschutzes auf, wo sich solche ergeben.

Der Standard behandelt

- den Notfallmanagement-Prozess,
- die Konzeption der BCM-Maßnahmen,
- die Umsetzung der Notfallvorsorge,
- Maßnahmen zum Testen und Üben und
- die Aufrechterhaltung und Verbesserung des BCM-Systems.

Ergänzend bieten weitere Kapitel und Anhänge Material zur Gestaltung von BCM im Kontext von Outsourcing von Prozessen an Dienstleister, zur Tool-Unterstützung des Notfallmanagement-Prozesses, zu Strategie-Optionen, zu präventiven Maßnahmen sowie zur Gliederung eines Notfallhandbuchs und eines Geschäftsfortführungsplans.

Die Darstellung ist häufig sehr umsetzungsnah. Wo viele andere Standards nur fordern, dass etwas durchgeführt, vorgehalten oder dokumentiert werden muss, beschreibt [BSI100-4] oft auch mit konkreten Vorschlägen, wie es realisiert werden kann. Außerdem werden neben den bereits genannten Anforderungen und Aspekten im Umfeld von BCM weitere Querbezüge zu Bereichen hergestellt, die bei der BCM-Konzeption und den BCM-Maßnahmen beachtetet werden müssen, z. B. den rechtlichen Anforderungen, die die Notwendigkeit eines BCM begründen, zu Kosten-Nutzen-Analysen, zur Vertraulichkeit oder zum Datenschutz für BCM-Informationen.

In absehbarere Zeit wird der BSI-Standard 100-4 durch den zur Zeit der Aktualisierung dieses Kapitels in Bearbeitung befindlichen BSI-Standard 200-4 ersetzt. Dieser liegt aktuell in einer Diskussionsversion (Community Draft) vor, die aber schon sehr gute Hinweise und Arbeitshilfen zum Thema BCM bietet.

31.4.5 BCI Good Practice Guidelines

Die Business Continuity Management Good Practice Guidelines 2018 [BCI18] wurden vom »The Business Continuity Institute« (BCI) veröffentlicht. Das BCI wurde als private Organisation 1994 gegründet und versteht sich als Berufsverband, Weiterbildungs- und Zertifizierungsorganisation für Experten im Gebiet BCM.

Im Folgenden wird [BCI18] auch kurz als GPG bezeichnet. Die erste Fassung der Guidelines wurde im Jahr 2002 herausgegeben. Inhalte flossen in PAS 56[9], dem Vorläufer von BS 25999 ein. Die Guidelines wurden kontinuierlich weiterentwickelt. Sie orientieren sich in der Ausgabe von 2018 an ISO 22301:2012. Die GPG wollen ein Vorgehen nach Best-Practice-Ansätzen motivieren. Sie stellen keine Kriterien für eine BCM-Zertifizierung einer Organisation bereit – für diese wird z. B. auf ISO 22301 verwiesen.

Die GPG fokussieren auf die Implementierung des BCMS in einer Organisation. Sie beschreiben sechs Professional Practices (PP), die von BCM-Experten beherrscht eingesetzt werden sollen, um das BCMS zu etablieren. Die PP sind Gegenstand der beruflichen Weiterbildung des BCI mit der Möglichkeit, dafür ein BCI-Zertifikat zu erhalten.

Die Professional Practices umfassen zunächst zwei Managementpraktiken: die des Policy- und Programm-Managements und die Verankerung von Business Continuity. Gegenstand des **Policy- und Programm-Managements (PP1)** sind die Etablierung von BCM innerhalb der Organisation sowie die Erstellung einer BCM-Policy, die den Gegenstand des BCM in der Organisation und die Steuerung und Führung festlegt. Die **Verankerung von Business Continuity (PP2)** soll den langfristigen, nachhaltigen BCM-Erfolg sicherstellen. Dazu soll BCM in der Unternehmenskultur verankert werden. Die Führungskräfte und Mitarbeiter auf allen Ebenen sollen ihre Aufgaben für das BCM kennen und wahrnehmen.

Des Weiteren werden vier sogenannte technische Praktiken dargestellt:

- **PP3 – Analyse**
  Für das BCM sollen Zielsetzungen, kritische Geschäftsprozesse und Umfeld identifiziert und festgelegt werden. Der Schwerpunkt liegt auf der Business-Impact-Analyse.
- **PP4 – Design**
  Es sollen Strategien und Taktiken für einen möglichst unterbrechungsfreien Betrieb, der Zeitrahmen für einen planmäßigen Wiederanlauf und Maßnahmen zur Risikominderung erarbeitet werden. Außerdem sollen Maßnahmen identifiziert werden, mit denen diese Ziele erreicht werden sollen: Produkte und Dienstleistungen, Prozessinfrastruktur und operationelle Maßnahmen.
- **PP5 – Implementation**
  In diesem Schritt werden die Verfahren, Zuständigkeiten und Ressourcen, mit denen das Unternehmen einem Störfall begegnet, umgesetzt. Dabei werden auch die Notfallpläne erarbeitet.

9 BSI – British Standards Institution: PAS 56:2003 Guide to business continuity management (aufgehoben).

- **PP6 – Validierung**
  Unter Validierung fassen die GPG zusammen: geplante Übungen, die alle Notfallpläne abdecken, die Pflege von BC-Dokumentationen und Maßnahmen sowie weitere Überprüfungen, z. B. in Form von Audits, Qualitätssicherung oder Leistungsbeurteilungen von Mitarbeitern.

Die Beschreibung der PP gibt zahlreiche Hinweise für die Aufgaben im Rahmen der BCM-Organisation und die erwarteten Ergebnisse einzelner Schritte.

Zusammenfassung

Aufgabe des Business-Continuity-Managements ist es, die Organisation in die Lage zu versetzen, zentrale Geschäftsprozesse aufrechtzuerhalten oder im Störfall durch geordnete Prozesse in definierter Zeit wiederherzustellen. Dazu wird eine BCM-Organisation benötigt. Sie umfasst Ressourcen und Regelungen zur Verantwortung sowie die Planungs- und Steuerungsprozesse, in denen relevante Störfälle ausgewählt und für diese die Maßnahmen für Störfallreaktionen entwickelt und umgesetzt werden. Die Verantwortung für die BCM-Organisation muss durch die Geschäftsführung klar geregelt werden.

Durch das BCM-Team sind Maßnahmen zur Krisenbewältigung für alle kritisch bewerteten Geschäftsprozesse vorzubereiten. Dazu gehört, dass:

- ein Krisenstab etabliert wird
- Störfalleskalationswege aufgebaut werden
- Notfallpläne und ein Krisenmanagementplan erstellt werden
- im Rahmen der Notfallvorsorge Ausweich-Ressourcen bereitstehen, z. B. Gebäude, Personal, IT, Energieversorgung und gegebenenfalls Produktionsanlagen und Rohstoffe
- die Krisenkommunikation vorbereitet wird
- durch BC-Training, BC-Awareness und BC-Kultur die Maßnahmen in der Organisation bekannt sind

Das BCM-Team muss in einem kontinuierlichen Prozess das Niveau der Vorbereitungen überprüfen und nach Bedarf die Maßnahmen fortschreiben und verbessern. Die BCM-Prozesse sollten mit den Prozessen und Maßnahmen der Risikoanalyse, IT-Sicherheit und des Change-Managements abgestimmt werden, um Synergie-Effekte zu nutzen. Standards bieten hilfreiche Informationen für den Aufbau der BCM-Systems an.

Ein hohes Niveau zur Krisenbewältigung in einer Organisation trägt nicht nur dazu bei, dass Notfälle und Krisen gut bewältigt werden können, sondern steigert auch das Vertrauen von Geschäftspartnern, Investoren und Mitarbeitern in das Unternehmen.

Literatur

[BCI18] *Business Continuity Institute:* Good Practice Guidelines – Leitfaden für die Umsetzung von Business Continuity, Deutsche Ausgabe 2018; *http://www.thebci.org* (Stand: 17.01.2024)

[BMI11] *Bundesministerium des Inneren:* Schutz Kritischer Infrastrukturen – Risiko- und Krisenmanagement – Leitfaden für Unternehmen und Behörden, Berlin 2011; *https://www.bmi.bund.de/SharedDocs/downloads/DE/publikationen/themen/bevoelkerungsschutz/kritis-leitfaden.html* (Stand: 17.01.2024)

[BSI100-4] *BSI – Bundesamt für Sicherheit in der Informationstechnik:* BSI-Standard 100-4 Notfallmanagement, Version 1.0, Bonn 2008; *https://www.bsi.bund.de/DE/Themen/ITGrundschutz/ITGrundschutzStandards/Standard04/ITGStandard04_node.html* (Stand: 17.01.2024)

[ISO 22301] *International Organization for Standardization (ISO):* ISO 22301:2019 Security and resilience – Business continuity management systems – Requirements

[ISO 22313] *International Organization for Standardization (ISO):* ISO 22313:2020 Security and resilience – Business continuity management systems – Guidance on the use of ISO 22301

[ISO/IEC 27031] ISO/IEC 27031:2011; Information technology – Security techniques – Guidelines for information and communication technology readiness for business continuity

Verschiedene Informationen und weitere Materialien stellen u. a. bereit:

ENISA – European Union Agency for Network and Information Security:
https://www.enisa.europa.eu/activities/risk-management/current-risk/bcm-resilience
(Stand: 17.01.2024)

32 Cloud Security

Einleitung

Die Nutzung von Cloud-Infrastrukturen und Cloud-Diensten ist inzwischen weit verbreitet. Der Betrieb der Lösungen wird an einen Cloud-Anbieter ausgelagert. Wesentlich hierbei ist aber auch, die Informationssicherheit angemessen zu berücksichtigen. Nur weil eine andere Institution die Dienste bereitstellt, ist nicht automatisch ein guter Sicherheitszustand etabliert. Vielfach verbleiben Aufgaben zur Sicherheitskonfiguration und zum Sicherheitsmanagement beim Cloud-Nutzer. In diesem Kapitel sollen einige Cloud-Lösungen kurz vorgestellt und dann im Detail darauf eingegangen werden, was aus Sicherheitssicht beachtet werden muss.

Auf technische Details und Detailkonfigurationen einzelner Cloud-Angebote wird hier bewusst nicht eingegangen. Man sollte sich ausführlich mit den gebotenen Funktionen beschäftigen und diese manuell oder auch automatisiert umsetzen. Da es bei den verschiedenen Angeboten oft Hunderte Konfigurationsmöglichkeiten gibt, sollen in diesem Kapitel nur wesentliche Anforderungen an das Konfigurationsmanagement betrachtet werden.

Cloud-Lösungen nutzen vielfach Virtualisierungslösungen, für entsprechende Anforderungen und Hinweise siehe Kapitel 24. Sicherheitsmaßnahmen müssen sowohl für das betrachtete Cloud-Angebot selbst als auch durch den Cloud-Anbieter bei dessen Einsatz von Virtualisierung etabliert werden.

32.1 Cloud-Modelle und Cloud-Angebote

In diesem Abschnitt werden kurz verschiedene Cloud-Modelle vorgestellt. Aus der Betrachtung soll hervorgehen, wer für die Umsetzung welcher Sicherheitsmaßnahmen verantwortlich ist. Häufig wird irrtümlich angenommen, dass der Cloud-Anbieter sich um alle Aspekte der Sicherheit kümmert. Dies mag im Einzelfall so sein, es verbleiben dennoch sehr oft sicherheitsrelevante Aufgabenstellungen beim Nutzer der Cloud. Die Vorgabe von erforderlichen Rollen und Berechtigungen kann in der Regel nur die nutzende Institution leisten. Die Umsetzung der Rollen und Berechtigungen erfolgt entweder durch die Institution selbst oder alternativ durch den Anbieter im Auftrag. Die korrekte Umsetzung durch den Anbieter erfordert abgestimmte Kommunikationswege. Die Entscheidung, welche Person welche Rolle in der Cloud-Lösung wahrnehmen soll, kann nicht durch den Cloud-Anbieter getroffen werden. Ebenso ist es Nutzer-seitig erforderlich festzulegen, welche Sicherheitsfunktionen genutzt werden sollen, z. B. eine Multi-Faktor-Authentifizierung. Hier werden von vielen Cloud-Anbietern Möglichkeiten angeboten, über die vom Cloud-Nutzer explizit entschieden werden sollte.

Folgende Modelle können als typisch angesehen werden:

- **Public Cloud**
  Bei einer Public Cloud werden von einem Cloud-Anbieter Cloud-Services im Internet für mehrere Nutzer angeboten. Aufgrund des gemeinsamen Betriebs und häufig auch der Abrechnung nach Aufwand werden Kosten optimiert. Vorteil für den Nutzer ist,

dass er sich hauptsächlich nur um seine genutzten Dienste, aber nicht um die Infrastruktur wie Server, Betriebssysteme, Anwendungen kümmern muss. Der Nachteil derartiger Angebote ist, dass eine strikte Mandantentrennung erforderlich ist und die Umsetzung der Trennung risikobehaftet ist. Beispielsweise können Schwachstellen in der Virtualisierungsinfrastruktur zur unbefugten Einsichtnahme oder Veränderung von Daten über andere Mandanten führen.

- **Private Cloud**
  Eine Private Cloud hingegen definiert sich dadurch, dass die Cloud-Lösung in der Regel durch ein Unternehmen oder eine Institution selbst betrieben wird. Die Vorteile liegen auf der Hand: Eine Kompromittierung durch andere Unternehmen oder durch deren Anwendungen und Systeme spielt kaum eine Rolle. Und aus Nutzersicht kann der Dienst ergonomisch genutzt und an den aktuellen Bedarf angepasst werden, wie das bei öffentlichen Cloud-Lösungen üblich ist. Zur Absicherung müssen allerdings die Maßnahmen selbst umgesetzt werden, die auch ein Anbieter für Public Clouds umsetzen würde. Dies kann einigen Aufwand generieren.

- **Hybrid Cloud**
  Eine Hybrid Cloud kombiniert verschiedene Cloud-Angebote aus Public Cloud und Private Cloud. Grundsätzlich wird hier berücksichtigt, dass man für bestimmte Anwendungen kostengünstig eine Public Cloud nutzen, sich bei anderen Anwendungen aber nicht auf die Public Cloud verlassen möchte. Für diese wird dann eine Private Cloud betrieben. Auch wäre möglich, dass man von derselben Anwendung nicht so kritische Daten bei einem Public-Cloud-Anbieter betreibt, besonders kritische Daten aber selbst. Letztendlich muss entschieden werden, welche Datenbestände in einer Public Cloud verarbeitet werden dürfen und können und für welche Datenbestände und Anwendungen man eine Private Cloud vorsehen sollte.

- **Community Cloud**
  Bei einer Community Cloud teilen unterschiedliche Nutzer und Institutionen Ressourcen für gleichartige Aufgabenstellungen. Im Gegensatz zur Public Cloud sind die Nutzer nicht beliebig, sondern Institutionen mit ähnlichen Aufgabenstellungen und vergleichbaren Sicherheitsanforderungen.

  Ein Beispiel für eine Community Cloud ist das ENX-Netzwerk. Gemäß eigenen Angaben wird der folgende Zweck verfolgt: »Das ENX-Netzwerk dient seit dem Jahr 2000 als privates Internet der Automobilindustrie. ENX-Anschlüsse werden von mehr als 1000 Unternehmen in 40 Ländern für die Zusammenarbeit eingesetzt. (…) Haupteinsatzgebiete sind der Austausch von sensiblen Daten, z. B. in der Fahrzeugentwicklung, sowie zeitkritischer Informationen im Bereich der Logistik und Produktionssteuerung.«

  Community Clouds sind somit nicht öffentlich, die Anforderungen zur Absicherung können ähnlich zu einer Public Cloud gesehen werden.

Cloud-Dienstleistungen werden auf vielfältige Weise angeboten. Die wichtigsten Betriebsarten sind:

- **IaaS (Infrastructure as a Service)**
  Bei »Infrastructure as a Service« wird bei manchen Angeboten die (physische) Infrastruktur als Dienstleistung angeboten. Dies ist vergleichbar mit einem typischen Housing in einem externen Rechenzentrum. Der Anbieter stellt klimatisierte, brandgeschützte und zugangsgeschützte Serverräume, Racks oder Rechenzentrumsfläche zur Verfügung und ist auch für die Stromversorgung und ggf. die Netzwerkanbindung an das Internet verantwortlich. Die eigentlichen Systeme können durch den Kunden selbst verwaltet werden, somit obliegt das Management der Hardware und der Betriebssysteme dem Kunden. Die Anwendungen und weiteren Softwarekomponenten werden vom Cloud-Nutzer verwaltet. Vorteil dieser Lösung ist, dass auf eigene Infrastrukturen vor Ort beim Cloud-Nutzer verzichtet oder diese durch eine ggf. bessere Infrastruktur beim Anbieter abgelöst werden kann. Auch lassen sich durch derartige Angebote Redundanzen schaffen, bspw. wenn kundenseitig zwar mehrere Serverräume vorhanden sind, diese aber in Bereichen liegen, für die die gleichen physischen Bedrohungen wie Elementarschäden eine Rolle spielen.

  Oft beinhaltet IaaS aber auch das Angebot der Bereitstellung von Server-Hardware, Storage und Netzwerkkomponenten. Der Vorteil für den Nutzer ist, dass er sich somit gar nicht um die eingesetzte Hardware kümmern muss. In der Regel verbleibt die Verwaltung der Betriebssysteme und Anwendungen beim Cloud-Nutzer.

- **PaaS (Platform as a Service)**
  Bei »Plattform as a Service« wird im Gegensatz zu IaaS auch das Betriebssystem vom Cloud-Anbieter verwaltet. Der Cloud-Nutzer erhält also fertige, vollständig vorkonfigurierte Betriebssysteme. Der Betrieb der Plattformen erfolgt durch den Cloud-Anbieter. Vorteil dieses Angebots ist, dass der Nutzer sich nur noch ausschließlich um die Anwendungen kümmern muss. Die Anforderungen an die Betriebssysteme, Hardware und Netze werden in einem Service Level Agreement geregelt. Hierdurch wird der Betrieb im Vergleich zu IaaS weiter auf den Anbieter verlagert und Aufwände auf Kundenseite reduziert. Demgegenüber stehen erhöhte Kosten und eine erhöhte Abhängigkeit vom Anbieter sowie auch das Risiko von Störungs- und Manipulationsmöglichkeiten durch den Anbieter. Bei Risikobetrachtungen sollten daher neben möglichen Verbesserungen des Sicherheitsniveaus durch einen standardisierten Betrieb der Plattformen auch zusätzliche Risiken durch die Einflussmöglichkeiten des Anbieters bestimmt werden. Nutzungsmöglichkeiten von PaaS sind gelegentlich eingeschränkt, wenn die Anwendungen des Nutzers nicht auf der standardisierten Plattform des Anbieters betrieben werden können.

- **SaaS (Software as a Service)**
  Bei »Software as a Service« werden auch die Anwendungen vom Cloud-Anbieter betrieben, der Nutzer kann sich also ausschließlich auf seine fachlichen Aufgabenstellungen konzentrieren. Aber auch hier muss beachtet werden, dass durch den Betrieb nicht automatisch alle erforderlichen Sicherheitskonfigurationen gesetzt sein müssen. Vorteil ist bei SaaS eine weitere Verschiebung betrieblicher Aufwände und ggf. auch der Sicherheitskonfiguration auf den Anbieter. Der Nachteil ist eine noch größere

Abhängigkeit vom Anbieter. Fällt dieser aus oder stellt nicht mehr alle erforderlichen Funktionen einer Anwendung zur Verfügung, müssen häufig unter Zeitdruck alternative Lösungen gefunden werden.

Bei allen Cloud-Modellen und Angeboten muss also im Detail geklärt werden, wer für welche Sicherheitseigenschaften genau zuständig ist. Die Verantwortlichkeiten in diesem shared responsibility model sollten ganz klar geregelt und die Leistungen und Qualitäten in einem Service Level Agreement (SLA) beschrieben sein. Für alle Angebote und Leistungen sollten vom Cloud-Nutzer Betrachtungen durchgeführt werden, wie bei einem Ausfall der angebotenen Leistungen vorgegangen werden kann. Migrationsmöglichkeiten zu einem anderen Anbieter sollten von Anfang an berücksichtigt werden.

32.2 Gefahren der Cloud-Nutzung

Generell werden durch die Nutzung von Cloud-Diensten Risiken nicht unbedingt vermieden, sondern nur verlagert. Risiken für die eigene Infrastruktur werden weniger relevant, wenn die Infrastruktur bei einem Cloud-Anbieter betrieben wird. Dennoch kann es auch bei Cloud-Lösungen zu Störungen, Manipulationen oder Nicht-Verfügbarkeiten kommen.

Daher sollten in jedem Fall die Risiken bestimmt und mindestens die folgenden Gefährdungen explizit geprüft und ggf. eigene Maßnahmen etabliert werden:

- Einsatz veralteter oder aus Sicherheitssicht schlecht konfigurierter vordefinierter Images und Templates
- Nutzung von Images aus unbekannten Quellen, die Malware enthalten können
- Der Cloud-Anbieter hat in der Regel die Kontrolle über die genutzte Hardware, was die Sicherstellung der Vertraulichkeit/Integrität der verarbeiteten Daten erschwert.
- Sofern auch das Betriebssystem vom Cloud-Anbieter verwaltet wird, besteht hierüber ebenfalls eine Zugriffsmöglichkeit auf Anwendungen und Daten.
- Implizit wird vom Cloud-Nutzer angenommen, dass der Cloud-Anbieter sich um die Sicherheitskonfiguration kümmert. Der Cloud-Anbieter stellt ggf. aber aus seiner Sicht nur Mechanismen bereit, deren Umsetzung und Konfiguration jedoch nicht als seine Aufgabe definiert ist. Ergebnis der impliziten Annahme ist, dass keine Sicherheitskonfiguration vorgenommen wird.
- Backups sollten nicht nur ausschließlich in der Cloud vorhanden sein, bei Störungen oder Manipulationen in der Cloud müssen auch die Risiken für Backups bestimmt und ggf. weitere Maßnahmen etabliert werden.

Images und Templates sollten regelmäßig überprüft werden, ansonsten können Fehler auf eine Vielzahl eingesetzter Systeme und Anwendungen ausgerollt werden. Risiken durch Zugriff durch den Anbieter sollten berücksichtigt und ggf. weitere Maßnahmen wie eine Verschlüsselung von Daten z. B. bei Speicherung vorgesehen werden. Zuständigkeiten sollten explizit geklärt werden, damit Fehler durch implizite Annahmen vermieden werden.

32.3 Identitäts- und Berechtigungsmanagement

Wesentlich beim Einsatz von Cloud-Lösungen ist ein ordentliches Identitäts- und Berechtigungsmanagement. Diese Aufgabenstellung kann in der Regel nicht an den Cloud-Anbieter übertragen werden. Die Nutzer-Institution muss festlegen, welche Rollen und Berechtigungen in den Lösungen genutzt werden sollen. Ebenso wie Benutzer Rollen zugewiesen und entzogen werden sowie wie die Identitäten/Konten verwaltet werden.

Datenklassifikation als Grundlage

Bevor Daten in eine Cloud verlagert werden, sollte eine Datenklassifizierung oder Schutzbedarfsfeststellung durchgeführt werden. Die Anforderungen an die Verfügbarkeit, Integrität und Vertraulichkeit sollten bestimmt und zum einen das Cloud-Angebot passend ausgewählt werden. Zum anderen sollten für die Cloud-Lösung noch entsprechende Anforderungen definiert werden. Hierzu kann bspw. die Herstellerdokumentation oder der vom BSI veröffentlichte Cloud-Computing-Kriterienkatalog C5, vgl. unten, herangezogen werden.

In der Praxis hat sich bewährt, dass man für einen normalen Schutzbedarf eine überschaubare Anzahl von Kern-Anforderungen wie eine erforderliche Anmeldung, personalisierte Accounts, Rollenmodelle, verschlüsselte Übertragung, Überwachung von Fehlanmeldungen etc. definiert und beim Anbieter prüft, damit bereits bei der Auswahl von Cloud-Diensten geklärt werden kann, ob diese Standard-Anforderungen erfüllt sind. Für einen hohen Schutzbedarf in einem der Schutzziele sollten detailliert konkrete Vorgaben definiert und deren Umsetzung geprüft werden.

Identitätsmanagement

Identitäten sollten definiert und klare Prozesse zur Registrierung und De-Registrierung von Benutzern etabliert werden. Bei normalem Schutzbedarf kann es z. B. ausreichend sein, wenn der (Cloud-)Anwendungsverantwortliche eine Übersicht der vergebenen Rollen führt und einträgt, durch welche Personen die Rollen wahrgenommen werden. Bei komplexen Anwendungen und hohen Benutzerzahlen sollten zentrale Systeme für das Identitätsmanagement genutzt werden.

Wesentlich ist, dass zwischen Nutzerrollen und administrativen Rollen unterschieden wird. Somit kann es sinnvoll sein, einer Person mehrere Identitäten/Accounts zuzuordnen, damit zwischen Nutzung der Cloud-Dienste und Verwaltung der Cloud-Dienste unterschieden werden kann.

Berechtigungsmanagement

Berechtigungen sollten so restriktiv wie möglich vergeben werden. In der Regel wird man Berechtigungen zu Rollen zusammenfassen und dann den Benutzern entsprechende Rollen zuweisen. Bei hohem und sehr hohem Schutzbedarf kann eine hohe Granularität der Rollendefinitionen sinnvoll sein. Für einen normalen Schutzbedarf sollte zumindest zwischen Nutzerrollen und administrativen Rollen, vgl. oben, unterschieden werden. Das Konzept sollte regelmäßig geprüft werden, inklusive der Zuordnung von Benutzern zu Rollen.

32.4 Verschlüsselung

Verschlüsselung bietet eine Möglichkeit, die Vertraulichkeit und auch die Integrität von Daten zu schützen. Es sollte allerdings klar zwischen verschiedenen Verschlüsselungsmechanismen unterschieden werden:

- Transportverschlüsselung (encryption of data in transit): Daten werden bei der Übertragung verschlüsselt, z. B. zwischen Client und (Cloud-)Server mit TLS
- Speicherverschlüsselung (encryption of data at rest) – Verschlüsselte Ablage von Daten
- Verarbeitung verschlüsselter Daten – die Daten werden nicht entschlüsselt, sondern verschlüsselt verarbeitet (dies ist eher Gegenstand von Forschung und Entwicklung und in der Regel nicht praxisrelevant)

Die Verschlüsselung kann dabei sowohl auf Kundenseite, aber auch in der Cloud stattfinden. Wesentlich ist immer zu berücksichtigen, wer Zugriff auf die Schlüssel hat und diese verwaltet. Schlüssel können »on premise« beim Cloud-Nutzer verbleiben, als »Bring Your Own Key« (BYOK) auf Nutzerseite generiert, dann an den Cloud-Anbieter übertragen werden oder sogar auf Cloud-Seite ein virtuelles »Hardware Security Modul« (HSM) nutzen. Bei den Überlegungen zum Einsatz von Verschlüsselung sollte klar definiert werden, gegen welche Angreifer und Angriffsszenarien man sich schützen möchte. Manche Konzepte erwecken nur den Anschein von Sicherheit, ergeben bei genauerer Betrachtung aber keinen signifikanten Sicherheitsmehrwert, sondern nur zusätzlichen Aufwand.

Die Verschlüsselung sollte grundsätzlich den Stand der Technik berücksichtigen. Hierzu können einschlägige Richtlinien wie BSI TR-02102 verwendet werden. Im Rahmen einer Cloud-Nutzung sollte vorab geprüft werden, welche Verschlüsselungsverfahren durch den Cloud-Anbieter unterstützt werden und ob diese den Sicherheitsanforderungen genügen.

32.5 Konfigurationsmanagement

Bezüglich eines Konfigurationsmanagements von Cloud-Diensten und Cloud-Anwendungen können hier nur allgemeine Hinweise gegeben werden. Es ist stark von der Funktion und Komplexität der jeweiligen Lösung abhängig, was konfiguriert werden kann. Ebenso gibt es zwischen den verschiedenen Herstellern und Anbietern Unterschiede. Die jeweilige Herstellerdokumentation sollte herangezogen und klar geregelt werden, wer für die Konfiguration zuständig ist. Ebenso, wie über Änderungen befunden wird und wie diese dokumentiert werden.

Es wird empfohlen, Möglichkeiten zur Automatisierung von Konfigurationen zu prüfen und für eine Festlegung, was konfiguriert werden soll, entsprechende Guides und Vorgaben wie den BSI-Kriterienkatalog Cloud Computing C5, die TeleTrusT-Handreichung Cloud Security oder die Cloud Controls Matrix (CCM) der Cloud Security Alliance (CSA) heranzuziehen. Auch Prüfungsstandards wie der IDW PH 9.860.3 des Instituts der Wirtschaftsprüfer (IDW) können herangezogen werden. Für weit verbreitete Cloud-Dienste werden auch Härtungsguides/Benchmarks vom Center for Internetsecurity (CIS) bereitgestellt.

Einige Cloud-Dienste können regelbasiert abgesichert werden, sodass automatisiert die Vorgaben in entsprechenden Profilen gewählt und umgesetzt werden. Hierdurch kann flächendeckend durchgesetzt werden, dass verschiedene Cloud-Instanzen aus Sicherheitssicht gleich konfiguriert sind und den Vorgaben der Institution entsprechen. Bei der Wahl der Profile muss aber sehr sorgfältig vorgegangen werden, da Fehlkonfigurationen oder schwache Sicherheitskonfigurationen sich auf eine Vielzahl von Cloud-Instanzen auswirken.

32.6 Weitere Sicherheitsaspekte Cloud Security

Cloud-Forensik

Die Durchführung forensischer Untersuchungen in Cloud-Umgebungen stellt in der Regel aufgrund der nicht physisch zugeordneten Hardware eine Herausforderung dar. Es muss sichergestellt werden, dass die Untersuchungen nur für den jeweiligen Mandanten und nicht für weitere Kundensysteme und Daten, die dieselbe Hardware nutzen, erfolgt. Es sollte mit dem Anbieter geklärt werden, wie bei Vorfällen vorgegangen werden kann, damit für den Cloud-Nutzer erforderliche Erkenntnisse erarbeitet werden können.

Cloud Pentest

Beim Begriff »Cloud Pentest« sollte vorab geklärt werden, was darunter zu verstehen ist. Handelt es sich um einen Penetrationstest einer in der Cloud gehosteten Anwendung, wird sich ein Penetrationstest nicht deutlich von einem Webanwendungstest bei »on premise« betriebenen Anwendungen unterscheiden. Schwachstellen in der Anwendungsarchitektur oder in der Anwendung selbst werden durch die Verlagerung der Anwendung in die Cloud nicht behoben. Die Durchführung sollte ggf. mit dem Cloud-Anbieter abgestimmt werden. Bei den bekannten großen Cloud-Anbietern, den sogenannten »Hyperscalern«, ist in vielen Fällen sogar auf der Webseite aufgeführt, welche Penetrationstests auch ohne Abstimmung durchgeführt werden können. Aber auch, welche Angriffsvarianten man nicht durchführen darf. Wesentlich ist immer zu beachten, wen man angreift. Wenn es ausschließlich die Anwendungen und Daten eines Kunden sind, ist dieser für diese Anwendungen und Daten verantwortlich und kann auch Penetrationstests in der Cloud vorsehen. Anwendungen und Daten anderer Kunden oder des Cloud-Anbieters selbst dürfen aber nicht in Mitleidenschaft gezogen werden.

Manchmal ist mit »Cloud Pentest« aber auch eine Prüfung der Infrastruktur und konkreten Cloud-Umgebung gemeint. Eigentliche Penetrationstests im Sinne von Schwachstellen finden und aufdecken werden in vielen Fällen nicht zielführend sein. Schwachstellen bei den Hyperscalern werden aufgrund der hohen Exponiertheit von vielen Forschern und echten Angreifern gesucht und, sofern gefunden, auch oft veröffentlicht. In den meisten Fällen wird man daher eher ein Security Audit im Sinne einer Prüfung der durch den Nutzer gewählten Konfigurationen durchführen. Hierzu sollten rein lesende Rollen genutzt und die Konfigurationen geprüft sowie Verbesserungsvorschläge erarbeitet werden. Eine schreibende Konfigurationsmöglichkeit ist für die meisten Untersuchungen nicht erforderlich und sollte restriktiv an Penetrationstester vergeben werden.

Hierdurch können häufig Fehlkonfigurationen identifiziert werden. Diese resultieren einerseits daraus, dass durch den Cloud-Anbieter eine Vielzahl von Konfigurationsoptionen angeboten wird – die der Nutzer dann selbst entsprechend nutzen muss. Zum anderen wird in der Regel eine Konfiguration auch entwickelt, um eine gewünschte Funktion zur

Verfügung zu stellen. Dass etwas funktioniert, was an sich gar nicht funktionieren soll, sollte deshalb gesondert geprüft werden. Erschwert wird das Ganze noch dadurch, dass viele Anbieter die zur Verfügung gestellten Sicherheitsfunktionen fortlaufend ändern, anpassen, an andere Stellen verschieben, sodass es am sinnvollsten ist, zum einen die eigenen Konfigurationswünsche etwas abstrakter zu definieren und dann zum anderen die konkrete Umsetzung regelmäßig prüfen und ggf. anpassen zu lassen.

Notfallkonzepte und Exit-Strategien

Bezüglich Notfallkonzepten bieten Cloud-Anbieter häufig über entsprechende geografische Redundanzen die Möglichkeit, hohe und sehr hohe Verfügbarkeitsanforderungen zu erfüllen. So können virtuelle Systeme an einem Ort als Cluster, verteilt in mehreren Rechenzentren in einer Region oder sogar weltweit verteilt betrieben werden. Systeme können bei Bedarf verschoben werden. Es steht eine hohe Bandbreite an Gestaltungsmöglichkeiten zur Verfügung, die mehr oder weniger Kosten verursachen. Die genauen Anforderungen an einen Cloud-Dienst sollten genau geplant und dann die dazu passenden Dienste gebucht werden. Anforderungen an die Verfügbarkeit von Geschäftsprozessen und Anwendungen müssen im Detail erhoben und mögliche Ausfallszenarien betrachtet werden, erst dann sollte eine Auswahl der Dienste erfolgen.

Allerdings sollte auch der komplette Ausfall eines Anbieters in eigenen Notfallplanungen berücksichtigt werden. Wenn ein Anbieter – aus welchen Gründen auch immer – den Geschäftsbetrieb einstellt, betrifft dies sämtliche gebuchten Dienste. Migrationsmöglichkeiten und Exit-Strategien sollten somit immer mitgeplant werden, damit man vermeidet, ausschließlich von einem Anbieter abhängig zu sein.

Vermeidung von »Schatten-IT«

Mit »Schatten-IT« ist hier gemeint, dass IT-Verarbeitungsinfrastrukturen, seien es Dienste in der Cloud, Anwendungen, Plattformen etc., von Fachabteilungen oder Mitarbeitern unter Umgehung zentraler Beschaffungsprozesse und ohne Einbindung der IT-Abteilung gebucht werden können. Eine zur fachlichen Funktion passende Anwendung kann mehr oder weniger per Mausklick bestellt werden. Neben finanziellen und lizenzrechtlichen Fragestellungen besteht ein hohes Risiko, dass die Anwendung oder der Cloud-Dienst nicht den Sicherheitsvorgaben oder Datenschutzanforderungen einer Institution entspricht. Ist bspw. für alle Cloud-Dienste die Vorgabe definiert, dass die Anmeldung mit einer Zwei-Faktor-Authentifizierung erfolgen muss, ist die Einhaltung dieser Vorgabe bei einer dezentralen Beschaffung von Anwendungen nicht sichergestellt. Dem kann zum einen mit entsprechend klaren organisatorischen Vorgaben entgegengewirkt werden: Jeglicher Cloud-Dienst sollte über das zentrale Beschaffungswesen erfolgen und die Erfüllung von Sicherheitseigenschaften geprüft werden. Zum anderen kann ggf. technisch überwacht werden, welche Anwendungen und Dienste im Internet genutzt werden. Diese können dann gezielt einer Überprüfung unterzogen werden.

Zusammenfassung

Durch den Einsatz von Cloud-Lösungen kann die Bereitstellung von Informationstechno logie vereinfacht werden. Allerdings muss immer beachtet werden, dass der Informationseigentümer verantwortlich für die Informationssicherheit bleibt. Die Informationssicherheit kann nicht beliebig delegiert werden. Auf Nutzerseite müssen bei der Auswahl von Cloud-Diensten Sicherheitsbetrachtungen berücksichtigt und Aufgaben des Cloud-Nutzers identifiziert werden. Erst wenn Details zur verteilten Verantwortung geklärt sind, kann ein angemessenes Sicherheitsniveau etabliert werden.

Literatur

BSI Kriterienkatalog Cloud Computing C5: *https://www.bsi.bund.de/DE/Themen/Unternehmen-und-Organisationen/Informationen-und-Empfehlungen/Empfehlungen-nach-Angriffszielen/Cloud-Computing/Kriterienkatalog-C5/C5_AktuelleVersion/C5_AktuelleVersion_node.html* (Stand: 17.01.2024)

TeleTrusT Leitfaden Cloud Security: *https://www.teletrust.de/publikationen/broschueren/cloud-security* (Stand: 17.01.2024)

Cloud Security Alliance Cloud Controls Matrix: *https://cloudsecurityalliance.org/research/cloud-controls-matrix* (Stand: 17.01.2024)

Center for Internet Security (CIS) Benchmarks: *https://www.cisecurity.org* (Stand: 17.01.2024)

Institut der Wirtschaftsprüfer (IDW) Prüfungsstandard IDW PH 9.860.3: *https://www.idw.de/idw/idw-aktuell/idw-ph-9-860-3-fuer-pruefungen-von-cloud-diensten.html* (Stand: 17.01.2024)

Beispiel Hybrid-Cloud-ENX-Netzwerk: *https://portal.enx.com/de-de/enxnetwork* (Stand: 17.01.2024)

Anhang

Übersicht zu Standards der Informationssicherheit

Dieses Verzeichnis gibt eine Übersicht über die Standards, die im Themenfeld Informationssicherheit einschlägig sind. Primär wurden solche Standards aufgenommen, die in den Kapiteln des Bands angesprochen wurden. Darüber hinaus wurden weitere Standards ergänzt, die wir aus unseren praktischen Erfahrungen als wichtig im Bereich Informationssicherheit erachten. Zu den Standards geben wir kurze Hinweise zum Inhalt und Stand und weisen auch auf evtl. bestehende Zusammenhänge zwischen einzelnen Standards hin.

Zum Erscheinungstermin dieses Buchs sind die aufgeführten Standards auf aktuellem Stand. Angesichts der Vielzahl der Standards und der Änderungsdynamik in manchen Bereichen empfehlen wir jedoch, die Aktualität eines Standards im Einzelfall bei Bedarf zu überprüfen. Über Hinweise auf Aktualisierungen freuen wir uns unter:

http://www.tisp.de

Die Sortierung der Standards erfolgt anhand der Kurzbezeichnungen. Hinweis: Die Nummernkreise verschiedener Standardgruppen, z. B. DIN und DIN/VDE oder ISO und ISO/IEC, können sich überschneiden. Daher bilden sie in dieser Übersicht wie auch im Index jeweils eigene Gruppen.

ANSI 359

American National Standards Institute(ANSI): American National Standard for Information Technology – Role Based Access Control, Februar 2004, *http://profsandhu.com/journals/tissec/ANSI+INCITS+359-2004.pdf*

Die ANSI-Norm 359 standardisiert die rollenbasierten Zugriffskontrolle (Role based Access Control, RBAC). Weitere Informationen zu rbac finden sich bei NIST unter *http://csrc.nist.gov/groups/SNS/rbac*.

BS 25999-1

BSI – British Standards Institution: BS 25999-1:2006 British Standard »Business Continuity Management – Part 1: Code of practice«, *http://www.bsi-global.com*

Dieser Standard ist der erste Teil des zweiteiligen Standards BS 25999 zum Thema Business-Continuity-Management. Er enthält den sogenannten »Code of Practice«. BS 25999 basiert auf dem obsoleten Standard PAS56. Der Standard wurde abgelöst durch ISO 22313.

BS 25999-2

BSI – British Standards Institution: BS 25999-2:2007 British Standard »Business Continuity Management – Part 2: Specification«, *http://www.bsi-global.com*

Dieser Standard ist der zweite Teil des zweiteiligen Standards BS 25999 zum Thema Business Continuity-Management. Er enthält Anforderungen für die Implementierung und den Betrieb eines effektiven Business-Continuity-Managementsystems. BS 25999 basiert auf dem obsoleten Standard PAS56. Der Standard wurde abgelöst durch ISO 22301.

BS 7799-1

British Standards Institution (BSI): BS 7799-1:1999, Information security management systems – Part 1: Code of Practice for Information Security Management

Dieser Standard ist der erste Teil des zweiteiligen Standards BS 7799 zum Thema Informationssicherheitsmanagement. Der Leitfaden zum Management von Informationssicherheit enthält Sicherheitsmaßnahmen und Hinweise zur praktischen Umsetzung von Informationssicherheit. BS 7799-1 wurde im Dezember 2000 durch den internationalen Standard ISO 17799 ersetzt.

BS 7799-2

British Standards Institution (BSI): BS 7799-2:2002, Information security management systems – Specification with guidance for use

Dieser Standard ist der zweite Teil des zweiteiligen Standards BS 7799 zum Thema Informationssicherheitsmanagement. Er beschreibt den Prozess zur Entwicklung eines Information Security Management Systems. Dieser British Standard kann als Grundlage für eine Zertifizierung verwendet werden. BS 7799-2 wurde im Oktober 2005 durch den internationalen Standard ISO 27001 ersetzt.

BSI 200-1

BSI – Bundesamt für Sicherheit in der Informationstechnik: BSI-Standard 200-1: Managementsysteme für Informationssicherheit (ISMS), Version 1.0, Oktober 2017; *https://www.bsi.bund.de/IT-Grundschutz*

Die BSI-Standards 200-x enthalten Empfehlungen für den organisatorischen Rahmen sowie zu Methoden, Vorgehensweisen und Maßnahmen zur Gewährleistung von Informationssicherheit. In dem BSI-Standard 200-1 werden die allgemeinen Anforderungen an ein Informationssicherheitsmanagementsystem definiert. Der Standard ist kompatibel mit den Anforderungen aus dem Standard ISO 27001:2013 und bezieht sich auch auf die Empfehlungen aus dem Standard ISO 27002:2013.

BSI 200-2

BSI – Bundesamt für Sicherheit in der Informationstechnik: BSI-Standard 200-2: IT-Grundschutz-Methodik, Version 1.0, Oktober 2017; *https://www.bsi.bund.de/IT-Grundschutz*

Die BSI-Standards 200-x enthalten Empfehlungen für den organisatorischen Rahmen sowie zu Methoden, Vorgehensweisen und Maßnahmen zur Gewährleistung von Informationssicherheit. Bei dem BSI-Standard 200-2 handelt es sich um das zentrale Werk des IT-Grundschutzes, das die wesentlichen Bestandteile der verbindlichen Vorgehensweise nach IT-Grundschutz festlegt und Schritt für Schritt beschreibt, wie ein Managementsystem für Informationssicherheit in der Praxis aufgebaut und betrieben werden kann.

BSI 200-3

BSI – Bundesamt für Sicherheit in der Informationstechnik: BSI-Standard 200-3: Risikomanagement, Version 1.0, Oktober 2017; *https://www.bsi.bund.de/IT-Grundschutz*

Die BSI-Standards 200-x enthalten Empfehlungen für den organisatorischen Rahmen sowie zu Methoden, Vorgehensweisen und Maßnahmen zur Gewährleistung von Informationssicherheit. Im BSI-Standard 200-3 wird die Einbindung von Risikoanalysen in die IT-Grundschutz-Vorgehensweise beschrieben. Das Dokument beschreibt eine Methodik zur Durchführung von Risikoanalysen, die ein bestehendes IT-Grundschutz-Sicherheitskonzept ergänzen.

BSI IT-Grundschutz-Kompendium

BSI IT-Grundschutz-Kompendium: *https://www.bsi.bund.de/IT-Grundschutz*

Das IT-Grundschutz-Kompendium des BSI enthält eine umfangreiche und gut strukturierte Sammlung von verschiedensten Gefährdungen von IT-Landschaften sowie Empfehlungen für Standardsicherheitsanforderung für das Informationssicherheitsmanagement, für typische IT-Prozesse, IT-Systeme und IT-Anwendungen.

BSI TL 03305

BSI – Bundesamt für Sicherheit in der Informationstechnik: BSI TL 03305 Für staatliche VS zugelassene abstrahlsichere/-arme Hardware, Dezember 2010,
https://www.bsi.bund.de/DE/Themen/Oeffentliche-Verwaltung/Zulassung/BSI-TL-03305/bsi-tl-03305_node.html

Die technische Leitlinie BSI TL-03305 enthält im Wesentlichen eine Liste der für Verschlusssachen (VS) zugelassenen abstrahlsicheren/-armen Hardware. Sie beschreibt einleitend auch die Grundsätze von Vermessung, Handhabung und Vertrieb abstrahlsicherer IT-Produkte und Komponenten. Außerdem erklärt die Leitlinie, wie Anträge auf Zulassung zu stellen sind, welche Prüfgrundlagen und Verfahren es gibt und welche Stellen zur Prüfung anerkannt sind.

BSI TR 03125

BSI – Bundesamt für Sicherheit in der Informationstechnik (BSI): BSI TR-03125 Vertrauenswürdige elektronische Langzeitspeicherung, Februar 2018;
https://www.bsi.bund.de/SharedDocs/Downloads/DE/BSI/Publikationen/TechnischeRichtlinien/TR03125/BSI_TR_03125_V1_2_1.pdf

Die technische Richtlinie BSI TR-03125 beschreibt, wie elektronisch signierte Daten und Dokumente über lange Zeiträume vertrauenswürdig aufbewahrt werden können. Auf Basis von BSI TR-03125 können Konformitätsprüfungen von IT-Produkten oder -Systemen durchgeführt werden.

BTCoreSpec

Bluetooth Special Interest Group: Bluetooth Core Specification;
https://www.bluetooth.com/specifications/bluetooth-core-specification (die jeweils aktuelle Version)

Common Criteria Part 1

Common Criteria: Common Criteria for Information Technology Security Evaluation (CC) Part 1: Introduction and general model, v3.1. Release 4, September 2012, *http://www.commoncriteriaportal.org/files/ccfiles/CCPART1V3.1R4.pdf*

Die CC sind ein internationaler Standard, der die Kriterien für die Bewertung und Zertifizierung der Sicherheit von Computersystemen beschreibt. Teil 1 enthält eine Einführung und beschreibt das allgemeine Modell der CC.

In Deutschland sind die CC Teil 1 als ISO/IEC 15408-1 veröffentlicht.

Common Criteria Part 2

Common Criteria: Common Criteria for Information Technology Security Evaluation (CC) – Part 2: Security functional components, v3.1. Release 4, September 2012, *http://www.commoncriteriaportal.org/files/ccfiles/CCPART2V3.1R4.pdf*

Die CC sind ein internationaler Standard, der die Kriterien für die Bewertung und Zertifizierung der Sicherheit von Computersystemen beschreibt. Teil 2 enthält die funktionalen Sicherheitsanforderungen an die Sicherheitsarchitektur.

In Deutschland sind die CC Teil 2 als ISO/IEC 15408-2 veröffentlicht.

Common Criteria Part 3

Common Criteria: Common Criteria for Information Technology Security Evaluation (CC) – Part 3: Security assurance components, v3.1. Release 4, September 2012, *http://www.commoncriteriaportal.org/files/ccfiles/CCPART3V3.1R4.pdf*

Die CC sind ein internationaler Standard, der die Kriterien für die Bewertung und Zertifizierung der Sicherheit von Computersystemen beschreibt. Teil 3 enthält die Anforderungen an die Vertrauenswürdigkeit, die die Korrektheit der Implementierung des betrachteten Systems bzw. die Prüftiefe beschreiben.

In Deutschland sind die CC Teil 3 als ISO/IEC 15408-3 veröffentlicht.

Common Criteria CEM

Common Criteria: Common Methodology for Information Technology Security Evaluation (CEM) – Evaluation methodology, v3.1. Release 4, September 2012, *http://www.commoncriteriaportal.org/files/ccfiles/CEMV3.1R4.pdf*

Die CEM ist ein Begleitdokument zu den CC. Es beschreibt das Vorgehen eines Prüfers bei einer Evaluation gemäß Common Criteria (CC).

Common PKI

T7&Teletrust: Common PKI, Version 2.0, 20. Januar 2009, *http://www.t7ev.org/ws/T7-de/Common-PKI*

Die Common-PKI-Spezifikation beschreibt ein Profil über international verbreitete und anerkannte Standards für digitale Signaturen, Verschlüsselung und Public-Key-Infrastrukturen. Ziel sind interoperable Sicherheitsprodukte sowohl auf der Ebene der Zertifizierungsdiensteanbieter als auch auf der Anwenderebene.

DIN 18095-1

Deutsches Institut für Normung e.V. (DIN): DIN 18095-1 Türen; Rauchschutztüren; Begriffe und Anforderungen, Oktober 1988, *http://www.din.de*

DIN 18095-1/A1

Deutsches Institut für Normung e.V. (DIN): DIN 18095-1 Türen; Rauchschutztüren; Begriffe und Anforderungen; Änderung A1, Mai 2009, *http://www.din.de*

DIN 18095-2

Deutsches Institut für Normung e.V. (DIN): DIN 18095-2 Türen; Rauchschutztüren; Bauartprüfung der Dauerfunktionstüchtigkeit und Dichtheit, März 1991, *http://www.din.de*

DIN 18106

Deutsches Institut für Normung e.V. (DIN): DIN 18106 Einbruchhemmende Gitter – Anforderungen und Prüfverfahren, September 2003, *http://www.din.de*

DIN 18251-1

Deutsches Institut für Normung e.V. (DIN): DIN 18251-1 Schlösser – Einsteckschlösser – Teil 1: Einsteckschlösser für gefälzte Türen, Juli 2002, *http://www.din.de*

DIN 18251-2

Deutsches Institut für Normung e.V. (DIN): DIN 18251-2 Schlösser – Einsteckschlösser – Teil 2: Einsteckschlösser für Rohrrahmentüren, November 2002, *http://www.din.de*

DIN 18251-3

Deutsches Institut für Normung e.V. (DIN): DIN 18251-3 Schlösser – Einsteckschlösser – Teil 3: Einsteckschlösser als Mehrfachverriegelung, November 2002, *http://www.din.de*

DIN 32757-1

Deutsches Institut für Normung (DIN): DIN 32757-1 – Büro- und Datentechnik – Vernichten von Informationsträgern – Teil 1: Anforderungen und Prüfungen an Maschinen und Einrichtungen, Januar 1995, *http://www.din.de*

Der DIN-Standard 32757-1 wurde durch DIN 66399 abgelöst.

DIN 4102-1

Deutsches Institut für Normung e.V. (DIN): DIN 4102-1 Brandverhalten von Baustoffen und Bauteilen – Teil 1: Baustoffe; Begriffe, Anforderungen und Prüfungen

DIN 66398

Deutsches Institut für Normung e.V. (DIN): DIN 66398 – Leitlinie zur Entwicklung eines Löschkonzepts mit Ableitung von Löschfristen für personenbezogene Daten, Beuth-Verlag, Berlin 2016:5.

Die Norm schlägt eine Vorgehensweise vor, mit der Löschkonzepte in Organisationen etabliert werden können. Die Säulen sind eine klare Dokumentationsstruktur und ein Vorschlag zur effizienten Ableitung von Löschregeln.

DIN 66399-1

Deutsches Institut für Normung e.V. (2012): DIN 66399-1 – Büro- und Datentechnik – Vernichten von Datenträgern – Teil 1: Grundlagen und Begriffe, 2012, *http://www.din.de*
Das Dokument legt die Begriffe der Normreihe fest. Er definiert drei Schutzklassen, in die zur Vernichtung vorgesehene Datenbestände einzuordnen sind. Es werden außerdem sieben Sicherheitsstufen für die Vernichtung von Datenträgern festgelegt, denen Maschinen zur Vernichtung von Datenträgern genügen müssen.

DIN 66399-2

Deutsches Institut für Normung e.V. (2013): DIN 66399-2 – Büro- und Datentechnik – Vernichten von Datenträgern – Teil 2: Anforderungen an Maschinen zur Vernichtung von Datenträgern, 2013, *http://www.din.de*

Der zweite Teil der Norm DIN 66399 legt die Anforderungen an Maschinen zur Vernichtung von Datenträgern fest. Für sechs Gruppen von Datenträgern, z. B. Papier, CD/DVD oder Festplatten, wird für die verschiedenen Sicherheitsstufen die maximale Partikelgröße definiert.

DIN 66399-3

Deutsches Institut für Normung e.V. (2013): DIN 66399-3 – Büro- und Datentechnik – Vernichten von Datenträgern – Teil 3: Prozess der Datenträgervernichtung, 2013, *http://www.din.de*

DIN 66399-3 beschreibt die Anforderungen an Vernichtungsprozesse, damit sie den drei Sicherheitsklassen aus Teil 1 gerecht werden. Unterschieden werden die drei Prozessvarianten Vernichten durch die »verantwortliche Stelle selbst«, durch einen »Dienstleister bei der verantwortlichen Stelle« oder durch einen »Dienstleister extern«. Die Anforderungen werden für mehrerer Kategorien, z. B. für Personal, Organisation, Maschinen oder Dokumentation, angegeben.

DIN 77200

Deutsches Institut für Normung e.V. (DIN): DIN 77200 Sicherungsdienstleistungen – Anforderungen, Mai 2008, *http://www.din.de*

DIN EN 1047-1

Deutsches Institut für Normung e.V. (DIN): DIN EN 1047-1 Wertbehältnisse – Klassifizierung und Methoden zur Prüfung des Widerstandes gegen Brand – Teil 1: Datensicherungsschränke und Disketteneinsätze, Januar 2006, *http://www.din.de*

DIN EN 1047-2

Deutsches Institut für Normung e.V. (DIN): DIN EN 1047-2 Wertbehältnisse – Klassifizierung und Methoden zur Prüfung des Widerstandes gegen Brand – Teil 2: Datensicherungsräume und Datensicherungscontainer, April 2010, *http://www.din.de*

DIN EN 1063

Deutsches Institut für Normung e.V. (DIN): DIN EN 1063 Glas im Bauwesen – Sicherheitssonderverglasung – Prüfverfahren und Klasseneinteilung für den Widerstand gegen Beschuss, Januar 2000, *http://www.din.de*

DIN EN 12604

Deutsches Institut für Normung e.V. (DIN): DIN EN 12604 Tore – Mechanische Aspekte – Anforderungen, August 2000, *http://www.din.de*

DIN EN 1522

Deutsches Institut für Normung e.V. (DIN): DIN EN 1522 Fenster, Türen, Abschlüsse – Durchschusshemmung – Anforderungen und Klassifizierung, Februar 1998, *http://www.din.de*

DIN EN 1523

Deutsches Institut für Normung e.V. (DIN): DIN EN 1523 Fenster, Türen, Abschlüsse – Durchschusshemmung – Prüfverfahren, Februar 1998, *http://www.din.de*

DIN EN 15659

Deutsches Institut für Normung e.V. (DIN): DIN EN 15659 Wertbehältnisse – Klassifizierung und Methoden zur Prüfung des Widerstandes gegen Brand – Leichte Brandschutzschränke, Dezember 2009, *http://www.din.de*

DIN EN 356

Deutsches Institut für Normung e.V. (DIN): DIN EN 356 Glas im Bauwesen – Sicherheitssonderverglasung – Prüfverfahren und Klasseneinteilung des Widerstandes gegen manuellen Angriff, Februar 2000, *http://www.din.de*

DIN EN 50131-1

Deutsches Institut für Normung e.V. (DIN): DIN EN 50131-1 Alarmanlagen – Einbruch- und Überfallmeldeanlagen – Teil 1: Systemanforderungen, Februar 2010, *http://www.din.de*

DIN V ENV 1627

Deutsches Institut für Normung e.V. (DIN): DIN V ENV 1627 Fenster, Türen, Abschlüsse – Einbruchhemmung – Anforderungen und Klassifizierung, April 1999, *http://www.din.de*

DIN VDE 0110

Deutsches Institut für Normung e.V. (DIN): Überspannungsschutz DIN VDE 0110, *http://www.vde-verlag.de*

DIN VDE 0185

Deutsches Institut für Normung e.V. (DIN): Blitzschutz nach DIN VDE 0185, *http://www.vde-verlag.de*

DIN VDE 0833-1

Deutsches Institut für Normung e.V. (DIN): DIN VDE 0833-1 Gefahrenmeldeanlagen für Brand, Einbruch und Überfall – Teil 1: Allgemeine Festlegungen, *http://www.vde-verlag.de*

EA 7/03

European co-operation for Accreditation: EA 7/03, Guidelines for the Accreditation of bodies operating certification/registration of Information Security Management Systems, November 1999, *https://www.iranqc.com/wp-content/uploads/2019/06/EA-7-03-DFEvvGW.pdf*

Die Richtlinie EA 7/03 wurde zurückgezogen und durch ISO 27006 ersetzt. Hintergrund dieser Richtlinie und des ISO-Standard 27006 ist, dass eine ISO-27001-Zertifizierung nur durch speziell akkreditierte, sogenannte Certification Bodies erfolgen darf. Diese Richtlinie bzw. der ISO-Standard 27006 enthält die Grundlage für eine solche Akkreditierung von Certification Bodies. Die Akkreditierung von Certification Bodies erfolgte früher – vor dem Bestehen von ISO 27006 – gemäß EA 7/03 der »European co-operation for Accreditation«.

ETSI TS 101 456

ETSI: Electronic Signatures and Infrastructures (ESI); Policy requirements for certification authorities issuing qualified certificates, Version 1.4.3, Mai 2007, *http://www.etsi.org/deliver/etsi_ts/101400_101499/101456/01.04.03_60/ts_101456v010403p.pdf*

Die technische Richtlinie TS 101 456 liefert Policy-Mindestanforderungen an eine Certification Authority (CA), die qualifizierte Zertifikate gemäß der Europäischen Signaturrichtlinie ausstellt.

Im Februar 2016 wurde ETSI TS 101 456 abgelöst durch ETSI EN 319 411-2 »Policy and security requirements for Trust Service Providers issuing certificates; Part 2: Policy requirements for certification authorities issuing qualified certificates«, *https://www.etsi.org/deliver/etsi_en/319400_319499/31941102/02.02.00_20/en_31941102v020200a.pdf*

ETSI TS 102 042

ETSI: Electronic Signatures and Infrastructures (ESI); Policy requirements for certification authorities issuing public key certificates, Version 2.4.1, Februar 2013, *http://www.etsi.org/deliver/etsi_ts/102000_102099/102042/02.04.01_60/ts_102042v020401p.pdf*

Die technische Richtlinie 102 042 beschreibt Policy-Mindestanforderungen an eine Certification Authority (CA), die fortgeschrittene Zertifikate ausstellt. Dabei werden sieben verschiedene Certificate Policies definiert: »Normalized« Certificate Policy (NCP), Lightweight Certificate Policy (LCP), extended Normalized Certificate Policy (NCP+), Extended Validation Certificates Policy (EVCP), enhanced Extended Validation Certificates Policy (EVCP+), Domain Validation Certificates Policy (DVCP) und Organizational Validation Certificates Policy (OVCP).

Im Januar 2013 wurde ETSI TS 102 042 abgelöst durch ETSI EN 319 411-3 »Policy and security requirements for Trust Service Providers issuing certificates; Part 3: Policy requirements for Certification Authorities issuing public key certificates«. Dieser Standard wird jedoch inzwischen wieder zurückgezogen; seine Inhalte gingen in ETSI EN 319 411-1 »Policy and security requirements for Trust Service Providers issuing certificates; Part 1: General requirements« auf.

ETSI EN 319 411

Mehrteilige Normenreihe zu »Policy and security requirements for Trust Service Providers issuing certificates«, *https://portal.etsi.org/TBSiteMap/ESI/TrustServiceProviders.aspx*

In Part 1 und Part 2 von EN 319 411 gingen die Inhalte von ETSI TS 101 456 und ETSI TS 102 042 auf.

FinTS

Deutsche Kreditwirtschaft: Financial Transaction Services, Version 4.1, November 2018, *https://www.hbci-zka.de/spec/4_1.htm*

Die Spezifikation »Financial Transaction Services« (kurz FinTS) ist die Weiterentwicklung des 1996 erstmals vom Zentralen Kreditausschuss (kurz ZKA) veröffentlichten Onlinebanking-Standards: »Homebanking Computer Interface (kurz HBCI)«. Das Ziel des Standards ist die Vereinheitlichung der Schnittstelle zwischen dem Bankkunden und einem oder mehreren Kreditinstituten.

FIPS 180-4

National Institute of Standards and Technology (NIST): Federal Information Processing Standards Publication 180-4 – Secure Hash Standard (SHS), März 2012, *http://csrc.nist.gov/publications/fips/fips180-4/fips-180-4.pdf*

Der NIST Standard FIPS 180-4 löst seinen Vorgänger FIPS 180-3 ab. FIPS 180-4 definiert zwei weitere Hash-Algorithmen: SHA-512/224 und SHA-512/256 zusätzlich zu den bereits in FIPS 180-3 spezifizierten Algorithmen SHA-1, SHA-224, SHA-256, SHA-384, SHA-512. Die Algorithmen SHA 224, SHA 256, SHA 384 und SHA 512 werden auch als SHA 2 bezeichnet und unterscheiden sich nur in ihren Ausgabe-Bitlängen. SHA-224 wird auch in dem Informational RFC 3874 definiert. Exemplarische Source-Code-Implementierungen für SHA-224, SHA-256, SHA-384 und SHA-512 sind in RFC4634 beschrieben.

Der Hash-Algorithmus SHA-3 wird als eine Alternative zu SHA-2 standardisiert. Dieser Standard liegt jedoch noch nicht vor.

FIPS 186-3

National Institute of Standards and Technology (NIST): Federal Information Processing Standards Publication 186-3 – Digital Signature Standard (DSS), Juni 2009, *http://csrc.nist.gov/publications/fips/fips186-3/fips_186-3.pdf*

Der NIST Standard FIPS 186-3 löst seinen Vorgänger FIPS 186-2 ab. FIPS 186-3 definiert drei Algorithmen zur Erzeugung und Verifikation von digitalen Signaturen: Digital Signature Algorithm (DSA), Elliptic Curve Digital Signature Algorithm (ECDSA) und Rivest-Shamir-Adelman (RSA) algorithm.

FIPS 197

National Institute of Standards and Technology (NIST): Federal Information Processing Standards Publication 197 – Advanced Encryption Standard (AES), November 2001, *http://csrc.nist.gov/publications/fips/fips197/fips-197.pdf*

Der NIST Standard FIPS 197 standardisiert den Advanced-Encryption-Standard-(AES-) Alorithmus. AES ist ein symmetrischer Verschlüsselungsalgorithmus. FIPS 197 beschreibt drei verschiedene Blockchiffrierverfahren, die sich nur in ihrer Schlüssellänge unterscheiden: AES-128, AES-192 und AES-256.

FIPS 46-3

National Institute of Standards and Technology (NIST): Federal Information Pro ces sing Standards Publication 46-3 – Data Encryption Standard (DES), Oktober 1999, *http://csrc.nist.gov/publications/PubsFIPSArch.html*,

Der NIST Standard FIPS 46-3 wurde am 19. Mai 2005 zurückgezogen. FIPS 46-3 beschreibt den Data Encryption Standard (DES) und die Anwendung des Triple-DES-Algorithmus (TDES bzw. 3DES). DES ist ein symmetrischer Verschlüsseungsalgorithmus, der aber aufgrund der Schlüssellänge von nur 56 Bits nicht mehr als sicher gilt. Beim 3DES wird die Schlüssellänge durch Mehrfachanwendung des DES vergrößert. 3DES ist heute noch weit verbreitet, obwohl er als offizieller Standard für die USA durch den Advanced Encryption Standard (AES) abgelöst wurde.

FIPS 65

National Institute of Standards and Technology (NIST): Federal Information Processing Standards Publication 65 – Guideline for Automatic Data Processing Risk Analysis, August 1975, *http://csrc.nist.gov/publications/PubsFIPSArch.html*

Der NIST Standard FIPS 65 wurde am 25. August 1995 zurückgezogen und durch die NIST Special Publication SP 800-30 ersetzt. FIPS 65 beschreibt eine Methode zur quantitativen Risikoanalyse.

HBCI

Weiterentwickelt zu »Financial Transaction Services« (FinTS) →FinTS

IEEE 802.1X

Institute of Electrical and Electronics Engineers (IEEE): IEEE Standard for Local and metropolitan area networks – Port based Network Access control, Februar 2010, *https://ieeexplore.ieee.org/document/5409813*

Der Standard 802.1X definiert die Client-Server-basierte Authentifizierung und Zugangskontrolle in einem Netzwerk. Er wurde von der Arbeitsgruppe 1 des IEEE 802 Komitees entwickelt. 802.1X spielt in der WLAN-Sicherheit nach 802.11i eine entscheidende Rolle. Grundlage für 802.1X bilden das Extensible Authentication Protocol (EAP) nach RFC 3748 und der Remote Authentication Dial-in User Service (RADIUS) gemäß RFC 2865.

IEEE 802.11

Institute of Electrical and Electronics Engineers (IEEE): IEEE Standard for Information technology – Telecommunications and information exchange between systems – Local and metropolitan area networks – Specific requirements – Part 11: Wireless LAN Medium Access Control (MAC) and Physical Layer (PHY) Specifications, Dezember 2016, *https://ieeexplore.ieee.org/document/7786995*

Die Familie der 802.11-Standards für Wireless LAN (WLAN) wurde von der Arbeitsgruppe 11 des Standardisierungskomitees IEEE 802 erarbeitet. Die wichtigsten 802.11-Standards, die von dieser Arbeitsgruppe verabschiedet wurden, sind 802.11a, 802.11b, 802.11g, 802.11h, 802.11i und 802.11n. Von der gleichen Arbeitsgruppe wurden auch Ethernet (als IEEE 802.3) und Token Ring (als IEEE 802.5) standardisiert.

IEEE 802.3

Institute of Electrical and Electronics Engineers (IEEE): IEEE Standard for Information technology – Telecommunications and information exchange between systems – Local and metropolitan area networks – Specific requirements – Part 3: Carrier Sense Multiple Access with Collision Detection (CSMA/CD) Access Method and Physical Layer Specifications, Dezember 2008, *https://standards.ieee.org/ieee/802.3/4227*

IEEE 802.3 standardisiert das Ethernet. Die Familie der 802.3-Standards wurde von der Arbeitsgruppe 3 des Standardisierungskomitees IEEE 802 erarbeitet. Zu diesem IEEE-802.3-Standard gibt es ein Corrigendum »Timing Considerations for PAUSE Operation« von Dezemeber 2009.

IEEE 802.5

Institute of Electrical and Electronics Engineers (IEEE): IEEE Standard for Information technology – Telecommunications and information exchange between systems – Local and Metropolitan Area Networks – Specific requirements – Part 5: Token ring access method and physical layer specifications, *http://www.ieee802.org/5/www8025org*

Der Standard IEEE 802.5 spezifiziert Token Ring als eine Vernetzungstechnik für lokale Netzwerke. Die Technik gilt heute als veraltet. Die Arbeitsgruppe 802.5 ist nicht mehr aktiv. Als ISO-Standard ISO/IEC 8802-5:1998 ist er jedoch noch verfügbar.

ISIS-MTT

wg. Markenrechten umbenannt und weiterentwickelt, →Common PKI

ISO 14001

International Organization for Standardization (ISO): ISO 14001:2004, Environmental management systems – Specification with guidance for use, *http://www.iso.org*

Der ISO-Standard 14001 legt Anforderungen an ein Umweltmanagementsystem fest und schreibt Elemente für eine Zertifizierung vor. Es gibt in ISO 14001 keinen Bezug zur Informationssicherheit. Aber ISO 14001 sowie ISO 9000 werden häufig im Zusammenhang mit ISO 27001 referenziert, da die Gliederung und das Plan-Do-Check-Act-Model aus diesen beiden Standards in ISO 27001 übernommen wurden.

Korrekturen zur aktuellen Version des Standards ISO 14001:2004 sind in der Corrigenda ISO 14001:2004/Cor 1:2009 nachzulesen.

ISO 22301

International Organization for Standardization (ISO): ISO 22301:2019

Security and resilience – Business continuity management systems – Requirements, 2019; *http://www.iso.org*

ISO 22301 beschreibt die generischen Anforderungen an ein Managementsystem für Business Continuity. Durch Planung, Umsetzung und kontinuierliche Verbesserung von Maßnahmen soll die jeweilige Organisation gegen schwere Störfälle besser geschützt werden. Das Auftreten solcher Störfälle soll verringert werden und die Organisation soll gut auf sie reagieren können.

ISO 22313

International Organization for Standardization (ISO): ISO 22313:2020

Security and resilience – Business continuity management systems – Guidance on the use of ISO 22301, 2020; *http://www.iso.org*

ISO 22313 bietet einen Leitfaden zum Aufbau des Business-Continuity-Managementsystems nach ISO 22301. Der Standard umfasst eine Sammlung von Empfehlungen für die verschiedenen Anforderungen zur Planung, Einführung, Durchführung, Überwachung und Verbesserung des Managementsystems.

ISO 31000

International Organization for Standardization (ISO): ISO 31000:2018

Risk management – Guidelines, 2018; *http://www.iso.org*

Dieser internationale Standard stellt Grundsätze und generische Richtlinien für die Umsetzung des Risikomanagements zur Verfügung.

ISO 9000

International Organization for Standardization (ISO): ISO 9000:2005, Quality management systems – Fundamentals and vocabulary, *http://www.iso.org*

Der Standard ISO 9000 stellt ein allgemeines Rahmenwerk für Qualitätsmanagementsysteme dar. Er definiert Grundlagen und Begriffe zu Qualitätsmanagementsystemen. Es gibt in ISO 9000 keinen direkten Bezug zur Informationssicherheit. Aber ISO 9000 sowie ISO 14001 werden häufig im Zusammenhang mit ISO27001 referenziert, da die Gliederung und das Plan-Do-Check-Act-Model aus diesen beiden Standard in ISO27001 übernommen wurden.

ISO 9000-3

International Organization for Standardization (ISO): ISO 9000-3:1997, Quality management and quality assurance standards – Part 3: Guidelines for the application of ISO 9001:1994 to the development, supply, installation and maintenance of computer software, *http://www.iso.org*

Der Standard ISO 9000-3 wurde abgelöst durch ISO/IEC 90003:2004. ISO 9000-3 diente als Leitfaden für die Anwendung von ISO 9001 auf die Entwicklung, Lieferung und Wartung von Software.

ISO 9001

International Organization for Standardization (ISO): ISO 9001:2008, Quality management systems – Requirements, *http://www.iso.org*

Der Standard ISO 9001 beschreibt Anforderungen an das Qualitätsmanagement und kann als Grundlage für eine Zertifizierung des Qualitätsmanagements verwendet werden. Korrekturen zur aktuellen Version des Standards ISO 9001:2008 sind in der Corrigenda ISO 9001:2008/Cor 1:2009 nachzulesen.

ISO 9004

International Organization for Standardization (ISO): ISO 9004:2009, Managing for the sustained success of an organization – A quality management approach, *http://www.iso.org*

Der standardisierte Leitfaden ISO 9004:2009 ersetzt die Vorgängerversion ISO 9004:2000, Quality management systems – Guidelines for performance improvements. Er geht über die Inhalte des alten Leitfadens hinaus. Dies zeigt sich u. a. im geänderten Titel des Standards: vom »Leitfaden zur Leistungsverbesserung« zum »Leiten und Lenken für den nachhaltigen Erfolg einer Organisation«. ISO 9004 ist eine Selbstbewertungsnorm. Sie ist nicht als Grundlage für eine Zertifizierung verwendbar.

ISO/IEC 13335-1

International Organization for Standardization (ISO): ISO/IEC TR 13335-1:1996, Information technology – Guidelines for the management of IT Security – Part 1: Concepts and models for IT Security, *http://www.iso.org*

Im Jahr 2004 wurden die beiden Teile ISO/IEC 13335-1:1996 und ISO/IEC 13335-2:1997 in ISO/IEC 13335-1:2004 zusammengefasst und der Titel dieses Standards umbenannt in: Information technology – Security techniques – Management of information and communications technology security – Part 1: Concepts and models for information and communications technology security management.

Inzwischen wurde auch der Standard ISO/IEC 13335-1:2004 zurückgezogen. Ein direkter Nachfolger aus der Serie der ISO/IEC 27000 wird nicht zugeordnet.

Der Standard ISO 13335-1 gehörte zur Familie der 13335er-Standards zum Management von Informationssicherheit. Er definierte Grundbegriffe der IT-Sicherheit und grundlegende Aspekte wie Bedrohungen, Risiken, Schwachstellen sowie Prozesse, z. B. Notfallvorsorge, Risikoanalyse und Sensibilisierung.

ISO/IEC 15408-1

International Organization for Standardization (ISO): ISO/IEC 15408-1:2009, Information technology – Security techniques – Evaluation criteria for IT security – Part 1: Introduction and general model, *http://www.iso.org*

Der Standard entspricht den →Common Criteria Part 1. Der ISO-/IEC-Standard 15408-1:2009 entspricht nicht dem neusten Release der Common Critera Part 1.

ISO/IEC 15408-2

International Organization for Standardization (ISO): ISO/IEC 15408-2:2008, Information technology – Security techniques – Evaluation criteria for IT security – Part 2: Security functional components, *http://www.iso.org*

Der Standard entspricht den →Common Criteria Part 2. Der ISO-/IEC-Standard 15408-1:2008 entspricht nicht dem neusten Release der Common Critera Part 2.

ISO/IEC 15408-3

International Organization for Standardization (ISO): ISO/IEC 15408-3:2008, Information technology – Security techniques – Evaluation criteria for IT security – Part 3: Security assurance components, *http://www.iso.org*

Der Standard entspricht den →Common Criteria Part 3. Der ISO-/IEC-Standard 15408-3:2008 entspricht nicht dem neusten Release der Common Critera Part 3.

ISO/IEC 17021

International Organization for Standardization (ISO): ISO/IEC 17021:2006, Conformity assessment – Requirements for bodies providing audit and certification of management systems, *http://www.iso.org*

Der ISO-Standard 17021 ersetzt die beiden früheren Standards ISO Guide 62:1996 und ISO Guide 66:1999. ISO 17021 beschreibt international einheitliche Anforderungen an Zertifizierungsstellen, die jegliche Art von Managementsystemen auditieren und zertifizieren, u. a. Informationssicherheits-Managementsysteme.

ISO/IEC 17799

International Organization for Standardization (ISO): ISO/IEC 17799:2005, Information technology – Code of practice for information security management, *http://www.iso.org*

Der internationale Standard ISO 17799 entstand aus dem ersten Teil des British Standards BS 7799 und stellt eine umfassende Sammlung von »Best Practices« zum Thema Management von Informationssicherheit dar. Der Inhalt der ISO 17799:2005 wurde als ISO 27002 in die 27000er-Serie der ISMS-Standards übernommen. ISO 17799 umfasst nicht den zweiten Teil der BS 7799. Dieser zweite Teil wurde in ISO 27001 überführt.

ISO/IEC 20000

International Organization for Standardization / International Electrotechnical Commission: ISO/IEC 20000-1:2018 Information technology – Servicemanagement

ISO/IEC 20000 bearbeitet in den Themenblöcken Information Security Management und Resolution Processes auch den Bereich Incident Management.

ISO/IEC 21964

ISO/IEC 21964-1 bis -3:2018 Information technology – Destruction of data carriers:

- Part 1: Principles and definitions
- Part 2: Requirements for equipment for destruction of data carriers
- Part 3: Process of destruction of data carriers

ISO, Geneva, Switzerland.
Der Standard mit den drei Teilen ist die internationale Übertragung der →DIN 66399.

ISO/IEC 24760-1

International Organization for Standardization (ISO): ISO/IEC 24760-1:2019, Information technology – Security techniques – A framework for identity management – Part 1: Terminology and concepts, *http://www.iso.org*

Der Standard ISO 24760-1 enthält Begriffe und Definitionen aus dem Bereich Identitätsmanagement und beschreibt die grundlegenden Konzepte des Identitätsmanagements.

ISO/IEC 27000

International Organization for Standardization (ISO): ISO/IEC 27000:2018, Infomation technology – Security techniques – Information security management systems – Overview and vocabulary, *http://www.iso.org*

Der Standard ISO 27000 gibt eine Einführung in die Familie der Informationssicherheits-Managementsystem-Standards. Er enthält alle Begriffe und Definitionen, die in der ISO-27000-Serie verwendet werden.

ISO/IEC 27001

International Organization for Standardization (ISO): ISO/IEC 27001:2013, Information technology – Security techniques – Information security management systems – Requirements, *http://www.iso.org*

Der Standard ISO 27001 ist der internationale Nachfolger von BS 7799-2 und beschreibt den Aufbau eines Informationssicherheits-Managementsystems. Im Gegensatz zu ISO 27002, ISO 17799 und BS 7799-1 ist eine Zertifizierung nach ISO 27001 möglich. Wie schon bei BS 7799-2 ist die Gliederung von ISO 27001 analog zu ISO 9000 (Quality Management Systems, kuz QMS) und ISO 14000 (Environmental Management Systems, kurz EMS) strukturiert, und auch das in diesen Standards referenzierte Plan-Do-Check-Act-Model (kurz PDCA-Model) wurde übernommen.

ISO/IEC 27002

International Organization for Standardization (ISO): ISO/IEC 27002:2022 Information security, cybersecurity and privacy protection – Information security controls, 2022; *http://www.iso.org*

Der Standard ISO 27002 bietet einen Leitfaden zum Management von Informationssicherheit und umfasst eine Sammlung von Empfehlungen für die Einführung, Durchführung, Aufrechterhaltung und Verbesserung eines Informationssicherheitsmanagementsystems. Er enthält den Inhalt des ISO-Standard 17799:2005.

ISO/IEC 27003

International Organization for Standardization (ISO): ISO/IEC 27003:2017, Infomation technology – Security techniques – Information security management system implementation guidance, *http://www.iso.org*

Der Standard ISO 27003 konzentriert sich auf die kritischen Aspekte bei der Einführung eines Informationssicherheits-Managementsystems. Der Standard stellt eine Anleitung für die erfolgreiche Konzeption und Implementierung eines ISMS nach ISO 27001 dar.

ISO/IEC 27004

International Organization for Standardization (ISO): ISO/IEC 27004:2016, Infomation technology – Security techniques – Information security management – Measurement, *http://www.iso.org*

Der Standard ISO 27004 der ISO-2700er-Familie definiert die Kennzahlensysteme für die Messung der Wirksamkeit eines nach ISO 27001 implementierten Informationssicherheits-Managementsystems.

ISO/IEC 27005

International Organization for Standardization (ISO): ISO/IEC 27005:2018, Infomation technology – Security techniques – Information security risk management, *http://www.iso.org*

Der Standard ISO 27005 enthält Richtlinien für ein »Information Security Risk Management«, das den Anforderungen nach ISO 27001 gerecht wird. Dieser Standard ersetzt ISO/IEC 13335-3 und ISO/IEC 13335-4.

ISO/IEC 27006

International Organization for Standardization (ISO): ISO/IEC 27006:2015, Infomation technology – Security techniques – Requirements for bodies providing audit and certification of information security management systems, *http://www.iso.org*

Der Standard ISO 27006 legt die Richtlinien für die Akkreditierung von Organisationen als Zertifizierungsstelle fest und enthält Vorgaben zur Prüfung und Zertifizierung eines Informationssicherheits-Managementsystems nach ISO 27001.

ISO/IEC 27007

International Organization for Standardization (ISO): ISO/IEC 27007:2020

Information security, cybersecurity and privacy protection – Guidelines for information security management systems auditing; *http://www.iso.org*

Der Standard ISO 27007 dient – aufbauend auf den Beschreibungen der ISO 19011 – als Leitfaden bei der Auditierung eines Informationssicherheitsmanagementsystems (kurz ISMS). Er beschreibt zudem die Anforderungen an die Qualifikation von Auditoren.

ISO/IEC 27011

International Organization for Standardization (ISO): ISO/IEC 27011:2016, Information technology – Security techniques – Information security management guidelines for telecommunications organizations based on ISO/IEC 27002, 2016; *http://www.iso.org*

Der Standard ISO 27011 enthält Empfehlungen zur Einführung eines Informationssicherheitsmanagementsystems nach ISO 27001 speziell in der Telekommunikationsbranche.

ISO/IEC 27019

International Organization for Standardization (ISO): ISO/IEC 27019:2017

Information technology – Security techniques – Information security controls for the energy utility industry, 2017; *http://www.iso.org*

Der Standard ISO 27011 enthält Empfehlungen zur Umsetzung von Security Controls in der Energiebranche.

ISO/IEC 27031

International Organization for Standardization (ISO): ISO/IEC 27031:2011, Infomation technology – Security techniques – Guidelines for information and communication technology readiness for business continuity, *http://www.iso.org*

ISO/IEC 27031 greift das Thema BCM aus der Perspektive der ISO-270xx-Serie auf und beschreibt Business Continuity-Grundsätze und -Prinzipien für IT. Er liefert ein Rahmenwerk an Methoden und Prozessen zur Sicherstellung der betrieblichen Geschäftsfortführung. Der Standard folgt dem PDCA-Modell. Mit Maßnahmen für systematische Prozesse zur Vorbeugung, Erkennung und Beherrschung von IT-Störfällen soll das allgemeine BCM unterstützt werden.

ISO/IEC 27033

International Organization for Standardization (ISO): ISO/IEC 27033-1:2015, Information technology – Security techniques – Network security – Part 1: Overview and concepts, *http://www.iso.org*

Der Standard ISO 27033-1 bietet einen Überblick über das Thema Netzwerksicherheit und enthält die dazugehörigen Definitionen von Begriffen. Er definiert und beschreibt Konzepte und enthält Leitlinien für die Planung und Implementierung von Netzwerksicherheit in Unternehmen. Dieser ISO-Standard 27033-1:2009 ersetzt die früheren ISO-Standard 13335 5:2001 und 18028-1:2006.

ISO/IEC 27034

International Organization for Standardization (ISO): ISO/IEC 27034:2011, Infomation technology – Security techniques – Application security – Part 1: Overview and concepts, *http://www.iso.org*

Der Standard ISO 27034-1 ist der erste Teil von sechs Empfehlungen für Sicherheit in der Software-Entwicklung. Er liefert einerseits einen Überblick über das Thema Anwendungssicherheit, beschreibt aber auch Konzepte, Rahmenwerk und Prozesse, um Anwendungssicherheit umzusetzen.

ISO/IEC 27035

International Organization for Standardization (ISO): ISO/IEC 27035:2016 part 1, part 2, Information technology – Security techniques – Information security incident management, 2011, *http://www.iso.org*

Der ISO-Standard 27035 gehört zur ISO-/IEC-27000-Reihe von Standards zur IT-Sicherheit. Er dient als Leitfaden für die Umsetzung eines Managementsystems zur Erkennung und Behandlung von Sicherheitsvorfällen und Sicherheitsschwachstellen für große und mittlere Organisationen.

ISO/IEC 27555

International Organization for Standardization, International Electrotechnical Commission (2021): ISO/IEC 27555:2021 – Information security, cybersecurity and privacy protection – Guidelines on personally identifiable information deletion; ISO, Geneva, Switzerland. Der Standard ISO 27555 wurde aus der DIN 66398 abgeleitet und entspricht der Norm weitgehend.

ISO/IEC 7498-1

→ITU-T X.200

ISO/IEC 7816-15

→PKCS#15

ISO/IEC 90003

International Organization for Standardization (ISO): ISO/IEC 90003:2004, Software engineering – Guidelines for the application of ISO 9001:2000 to computer software, *http://www.iso.org*

Der Standard ISO-90003:2004 beschreibt die Grundlagen des qualitätsorientierten Softwareengineering. Er basiert auf der ISO 9001:2000. ISO 90003 passt die Inhalte von ISO 9001 an die Software-Entwicklung, -Installation und -Wartung an. Die Norm ist nicht als Grundlage für eine Zertifizierung verwendbar.

ISO/IEC Guide 62

International Organization for Standardization (ISO): ISO/IEC Guide 62:1996, General requirements for bodies operating assessment and certification/registration of quality systems, *http://www.iso.org*

ISO Guide 62:1996 sowie ISO Guide 66:1999 sind Vorläufer des internationalen Standards ISO 17021:2006. Der Standard ISO Guide 62:1996 sowie der Standard ISO Guide 66:1999 wurden mit der Veröffentlichung von ISO 17021:2006 zurückgezogen.

Der ISO Guide 62 (bzw. DIN EN 45012:1998) definierte die von Zertifizierungsgesellschaften umzusetzenden Anforderungen für die Begutachtung und Zertifizierung von Qualitätsmanagementsystemen. Durch Umsetzung dieser Anforderungen und die damit verbundene Harmonisierung und übereinstimmende Prüfungen der in den Qualitätsmanagements-Standards vorgegebenen Forderungen sollen Zertifizierungsgesellschaften gegenseitig ihre Akkreditierungen anerkennen können.

ISO/IEC Guide 66

International Organization for Standardization (ISO): ISO/IEC Guide 66:1999, General requirements for bodies operating assessment and certification/registration of environmental management systems, *http://www.iso.org*

ISO Guide 66:1999 sowie ISO Guide 62:1996 sind Vorläufer des internationalen Standards ISO/IEC 17021:2006. Der Standard ISO Guide 66:1999 sowie der Standard ISO Guide 62:1996 wurden mit der Veröffentlichung von ISO/IEC 17021:2006 zurückgezogen.

Der ISO Guide 66:1999 definierte die von Zertifizierungsgesellschaften umzusetzenden Anforderungen für die Begutachtung und Zertifizierung von Umweltmanagementsystemen. Durch Umsetzung dieser Anforderungen und die damit verbundene Harmonisierung und übereinstimmende Prüfungen der in den Umweltmanagement-Standards vorgegebenen Forderungen sollen Zertifizierungsgesellschaften gegenseitig ihre Akkreditierungen anerkennen können.

ISO/IEC Guide 73

International Organization for Standardization (ISO): ISO/IEC Guide 73:2009, Risk management – Vocabulary – Guidelines for use in standards, *http://www.iso.org*

Der Standard ISO/IEC Guide 73:2009 enthält die Definitionen von Begriffen im Bereich Risikomanagement. Grundsätze und generische Richtlinien für die Umsetzung des Risikomanagements sind in ISO 31000 beschrieben.

ISO/IEC TR 13335-2

International Organization for Standardization (ISO): ISO/IEC TR 13335-2:1997, Information technology – Guidelines for the management of IT Security – Part 2: Managing and planning IT Security, *http://www.iso.org*

Der Standard ISO/IEC 13335-2:1997 ist obsolet. Er wurde zunächst mit ISO/IEC 13335-1:1996 in einer neuen Version ISO/IEC 13335-1:2004 zusammengeführt. Auch ISO/IEC 13335-1:2004 ist inzwischen obsolet.

Der Standard ISO 13335-1 gehörte zur Familie der 13335er-Standards zum Management von Informationssicherheit. Er gab Hinweise zur Gestaltung des IT-Sicherheitsprozesses, seiner Integration in bestehende Unternehmensprozesse und schlug eine IT-Sicherheitsorganisation vor.

ISO/IEC TR 13335-3

International Organization for Standardization (ISO): ISO/IEC TR 13335-3:1998, Information technology – Guidelines for the management of IT Security – Part 3: Techniques for the management of IT Security, *http://www.iso.org*

Der Standard ISO/IEC 13335-3 ist obsolet. Er wurde durch den Standard ISO/IEC 27005:2008 ersetzt. Alte Versionen von ISO 27001 verweisen im Zusammenhang mit Risk-Management-Methoden auf den Standard ISO/IEC 13335-3.

ISO/IEC TR 13335-4

International Organization for Standardization (ISO): ISO/IEC TR 13335-4:2000, Information technology – Guidelines for the management of IT Security – Part 4: Selection of safeguards, *http://www.iso.org*

Der Standard ISO/IEC 13335-4 ist obsolet. Er wurde durch den Standard ISO/IEC 27005:2008 ersetzt. Alte Versionen von ISO 27001 verweisen im Zusammenhang mit Maßnahmen zur Behandlung von Risiken auf den Standard ISO 13335-4.

ISO/IEC TR 13335-5

International Organization for Standardization (ISO): ISO/IEC TR 13335-5:2001, Information technology – Guidelines for the management of IT Security – Part 5: Management guidance on network security, *http://www.iso.org*

Der ISO-Standard 13335-5:2001 zum Thema Netzwerksicherheit wurde im Jahr 2006 zurückgezogen und durch ISO/IEC 18028-1:2006 ersetzt. ISO 18028-1:2006 wurde im Jahr 2009 ebenfalls zurückgezogen und durch ISO/IEC 27033-1:2009 ersetzt.

ISO/IEC TR 18044

International Organization for Standardization (ISO): ISO/IEC TR 18044:2004, Information technology – Security techniques – Information security incident management, *http://www.iso.org*

Der Standard ISO 18044:2004 beschreibt die Steuerung von Sicherheitsvorfällen im Bereich der Informationssicherheit. Der Standard wurde durch ISO/IEC 27035 ersetzt und damit in die ISO-27000-Serie eingereiht. ISO 27001 verweist bei der Definition der Begriffe im Bereich des Risikomanagements auf diesen Standard.

ITSEC

Information Technology Security Evaluation Criteria (ITSEC), 28. Juni 1991, *https://www.bsi.bund.de/cae/servlet/contentblob/471346/publicationFile/30220/itsec-en_pdf.pdf*

Die Information Technology Security Evaluation Criteria (ITSEC) sind ein europäischer Standard, der am 3. März 1998 im Rahmen des europäischen Abkommens zur gegenseitigen Anerkennung in Kraft gesetzt wurde. Dieser Standard beschreibt die Kriterien für die Bewertung und Zertifizierung von Software und Computersystemen in Hinblick auf ihre Funktionalität und Vertrauenswürdigkeit von Systemen der Informationstechnik. Der ITSEC-Standard wurde in dem internationalen Standard Common Criteria integriert und hat seitdem in der Praxis keine Bedeutung mehr.
→CC Part 1-3

ITU-T X.200

International Organization for Standardization (ISO): ISO/IEC 7498-1:1994, Information technology – Open Systems Interconnection – Basic Reference Model: The Basic Model, Januar 1994, *http://www.iso.org*

Der ISO-/IEC-Standard 7498-1 wird auch häufig mit dem Namen der ITU-T Recommendation bezeichnet: X.200. Dieser Standard beschreibt das OSI-Referenzmodell (engl. Open Systems Interconnection Reference Model). Dieses Referenzmodell besteht aus sieben Schichten und wurde als Designgrundlage von Kommunikationsprotokollen in Rechnernetzen entwickelt.

ITU-T X.500

International Telecommunication Union: Information Technology – Open Systems Interconnection – The Directory: Overview of concepts, models and services, ISO/IEC 9594-1:2008, ITU-T Recommendation X.500, 2008, *http://www.iso.org*

Die gebräuchlichere Bezeichnung für den ISO-Standard 9594-1 ist der Name der ITU-T Recommendation: X.500. Dieser Standard gibt einen Überblick über einen globalen Verzeichnisdienst (engl. Directory). Das grundlegende Konzept von X.500 ist der »Directory Information Tree« (kurz DIT), in dem alle Einträge des Directories hierarchisch sortiert sind. Dabei wird jeder Eintrag eindeutig über seinen »Distinguished Name« spezifiziert. In den Directories werden typischerweise auch PKI-Zertifikate verwaltet. Für diese Zertifikate sind aus der X.500-Familie die Standards →X.509 (Public-Key and Attribute Certificate Frameworks), →X.520 (Selected attribute types) und →X.521 (Selected object classes) von zentraler Bedeutung.

ITU-T X.509

International Telecommunication Union: Information Technology – Open Systems Interconnection – The Directory: Public-Key and Attribute Certificate Frameworks, ISO/IEC 9594-8:2017, ITU-T Recommendation X.509, 2016, *http://www.iso.org*

Die gebräuchlichere Bezeichnung für den ISO-Standard 9594-8 ist der Name der ITU-T Recommendation: X.509. Dieser Standard spezifiziert das Format für digitale Zertifikate und Sperrlisten. Er setzt ein hierarchisches System von Zertifizierungsstellen (engl. Certification Authority, kurz CA) voraus. Aktuell ist Version 3, kurz X.509v3. Seit der Version 3 kann das Datenformat von Zertifikaten und Sperrlisten um weitere Informationen ergänzt werden. Zur Beschränkung dieser Erweiterungen werden Profile definiert. Solche Profile sind z. B. von der IETF in den Internet RFCs 5280 und 3739 spezifiziert, aber auch Common PKI Part 1 enthält ein solches Profil für X.509v3-Zertifikate und Sperrlisten.

ITU-T X.520

International Telecommunication Union: Information Technology – Open Systems Interconnection – The Directory: Selected attribute types, ISO/IEC 9594-6:2008, ITU-T Recommendation X.520, 2008, *http://www.iso.org*

X.520 ist die gebräuchlichere Bezeichnung für den ISO-Standard 9594-6. Er löst die Vorgängerversion ISO/IEC 9594-6:2005 ab. X.520 definiert ausgewählte Attributtypen und Regeln zum Abgleich dieser Attribute. Gebräuchliche Attribute aus X.520 sind bspw. DistinguishedName, CommonName, CountryName, LocalityName, OrganizationName und OrganizationalUnitName. X.520 unterscheidet drei verschiedene Kategorien von Attributen und Vergleichsregeln:

Attribute und Vergleichsregeln, die von einer Vielzahl an Anwendungen oder dem Directory selber verstanden und/oder verwendet werden.

Attribute und Vergleichsregeln, die zwar international standardisiert, aber dennoch anwendungsspezifisch sind. Diese Attribute und Vergleichsregeln sind in den Standards der entsprechenden Anwendungen definiert.

Jede Instanz/Organisation kann ihre eigenen Attributtypen und Vergleichsregeln definieren. Diese sind nicht international bekannt, sondern nur in Absprache mit der für die Definition verantwortlichen Stelle zugänglich.

ITU-T X.521

International Telecommunication Union: Information Technology – Open Systems Interconnection – The Directory: Selected object classes, ISO/IEC 9594-7:2008, ITU-T Recommendation X.521, 2008, *http://www.iso.org*

Die gebräuchlichere Bezeichnung für den ISO-Standard 9594-7 ist der Name der ITU-T Recommendation: X.521. Er löst die Vorgängerversion ISO/IEC 9594-7.2005 ab. X.521 definiert ausgewählte Objektklassen und Namensformen. Die Definition einer Objektklasse umfasst die Attributtypen, die in dieser Objektklasse auftreten müssen bzw. können. Die Definition einer Namensform beschreibt, welche Attribute in einer Objektklassen verwendet werden müssen bzw. dürfen, um Relative Distinguished Names (RDN) für Objekte dieser Klasse zu bilden. Gebräuchliche Objektklassen aus X.521 sind bspw. country, locality, Organization, organizationalUnit und certificationAuthority. Standardisierte Namensformen umfassen bspw. countryNameForm, locNameForm, orgNameForm und orgUnitNameForm. Jede Instanz/Organisation kann zusätzlich ihre eigenen Objektklassen und Namensformen definieren.

MTT

wg. Markenrechten umbenannt und weiterentwickelt, →Common PKI

NIST

Das National Institute of Standards and Technology (NIST) der USA gibt verschiedene Reihen von Standards heraus. Diese sind in dieser Übersicht unter →FIPS und →SP eingeordnet.

OECD

Organisation for Economic Co-operation and Development (OECD): OECD Guide-lines for the Security of Information Systems and Networks – Towards a Culture of Security, July 2002. *http://www.oecd.org*

Diese OECD-Richtlinien für die Sicherheit von Informationssystemen und -netzen appelliert an alle, im Umgang mit Informationstechnik ein besseres Verständnis und Bewußtsein für Sicherheit sowie eine geeignete Sicherheitskultur zu entwickeln. Diese OECD-Richtlinien wurden bspw. im Annex B von ISO 27001 aufgenommen.

PAS 56

BSI – British Standards Institution: PAS 56:2003 Guide to business continuity management (aufgehoben); *http://www.bsigroup.com*

Diese Publicly Available Specification (PAS) war ehemals ein öffentlich zugängliches Dokument des British Standards Institute. Es diente als Basis für den Standard BS 25999 und wurde mit der Veröffentlichung von BS 25999-1 zurückgezogen.

PCI DSS

PCI Security Standards Council (PCI SSC): Payment Card Industry (PCI) – Data Security Standard – Version 2.0, October 2010; *http://de.pcisecuritystandards.org*

Der Payment Card Industry Data Security Standard (kurz PCI DSS) beschreibt Anforderungen und Sicherheitsbeurteilungsverfahren der Payment Card Industry. Es enthält zudem Anweisungen, die die Intention der einzelnen Anforderungen erläutern. Zielgruppe des Standards sind alle Unternehmen, Bereiche, Systeme und Personen, die Kreditkartendaten erheben, verarbeiten, speichern oder übertragen.

PKCS#1 v1.5

RSA Laboratories: Public Key Cryptography Standards (PKCS) #1 Version 1.5, RSA Encryption Standard, November 1993, annähernd wortgleich in: *https://tools.ietf.org/html/rfc2313*

PKCS#1 – RSA Encryption Standard beschreibt eine Verschlüsselungsmethode auf Basis von RSA-Public-Key-Kryptografie. Die RSA-Verschlüsselung nach PKCS#1 v1.5 ist immer noch gebräuchlicher als die nach PKCS#1 Version 2.2 (siehe PKCS#1).

PKCS#1 v2

RSA Laboratories: Public Key Cryptography Standards (PKCS) #1 Version 2.2, RSA Cryptography Standard, Oktober 2012, *https://www.rfc-editor.org/rfc/rfc8017*

PKCS#1 – RSA Cryptography Standard enthält Empfehlungen zur Implementierung von Public-Key Kryptografie basierend auf dem RSA-Algorithmus. Korrekturen zur aktuellen Version von PKCS #1 v2.1 sind in folgender Errata nachzulesen:
ftp://ftp.rsasecurity.com/pub/pkcs/pkcs-1/pkcs-1v2-1errata.txt.

Der PKCS Standard #1 wurde im November 2016 fast wortgetreu mit nur einigen Korrekturen als IETF RFC 8017 veröffentlicht: *http://www.ietf.org/rfc/rfc8017.txt.*

PKCS#3

RSA Laboratories: Public Key Cryptography Standards (PKCS) #3 Version 1.4,
Diffie-Hellman Key-Agreement Standard, November 1993,
https://www.teletrust.de/fileadmin/files/oid/oid_pkcs-3v1-4.pdf

PKCS#3 – Diffie-Hellman Key-Agreement Standard beschreibt eine Methode zur Implementierung des Diffie-Hellman-Schlüsselaustauschverfahrens, mit dem zwei Kommunikationspartner sich auf einen gemeinsamen geheimen Kommunikationsschlüssel einigen können. Dieser Standard findet in Protokollen Anwendung, die zum Aufbau sicherer Verbindungen dienen.

PKCS#5

RSA Laboratories: Public Key Cryptography Standards (PKCS) #5 Version 2.1, Password-Based Cryptography Standard, Oktober 2012, *https://www.rfc-editor.org/rfc/rfc8018*

PKCS #5 – Password-Based Cryptography Standard gibt Empfehlungen für die Implementierung Passwort-basierter Kryptografie. Der Standard beinhaltet Methoden zur Verschlüsselung, wobei der Schlüssel mittels Hash-Verfahren von einem Passwort abgeleitetet wird. Der PKCS Standard #5 Version 2.0 wurde im September 2000 wortgetreu als
IETF RFC 2898 veröffentlicht: *http://www.ietf.org/rfc/rfc2898.txt.*

PKCS#6

RSA Laboratories: Public Key Cryptography Standards (PKCS) #6 Version 1.5, Extended-Certificate Syntax Standard, November 1993.

PKCS #6 – Extended-Certificate Syntax Standard beschreibt die Syntax für erweiterte Zertifikate, die aus einem Zertifkat und einer Menge von Attributen bestehen. Dieser Standard stellt eine Erweiterung der X.509-Version-1-Zertifikatspezifikation dar, um zusätzliche Informationen des Zertifikatsinhabers außer seinem öffentlichen Schlüssel zu zertifizieren. Mit der Version 3 des X.509-Standards sind diese erweiterten Zertifikate gemäß PKCS#6 obsolet geworden.

PKCS#7

RSA Laboratories: Public Key Cryptography Standards (PKCS) #7 Version 1.5, Cryptographic Message Syntax Standard, November 1993.

PKCS #7 – Cryptographic Message Syntax Standard spezifiziert ein Format für verschlüsselte und/oder signierte Nachrichten bzw. Dateien. In diesem Format werden auch Sperrlisten und Zertifikate übertragen. PKCS#7 v1.5 ist die Grundlage des Cryptographic Message Syntax (kurz CMS) Standards und von S/MIME.

Der PKCS Standard #7 wurde im März 1998 als IETF RFC 2315 veröffentlicht: *http://www.ietf.org/rfc/rfc2315.txt*. Die neuste Version der in PKCS#7 definierten Cryptographic Message Syntax wird durch RFC 5652 standardisiert.

PKCS#8

RSA Laboratories: Public Key Cryptography Standards (PKCS) #8 Version 1.2, Private-Key Information Syntax Standard, November 1993.

PKCS #8 – Private-Key Information Syntax Standard beschreibt ein Format zum Speichern von Private Keys. Dabei können diese Schlüssel mit einer Passphrase verschlüsselt werden.

Der PKCS Standard #8 wurde im Mai 2008 wortgetreu als IETF RFC 5208 veröffentlicht: *http://www.ietf.org/rfc/rfc5208.txt*.

Im August 2010 wurde RFC 5208 ersetzt durch den aktualisierten RFC 5958, *https://tools.ietf.org/html/rfc5958*.

PKCS#9

RSA Laboratories: Public Key Cryptography Standards (PKCS) #9 Version 2.0, Selected Object Classes and Attribute Types, Februar 2000.

PKCS #9 – Selected Object Classes and Attribute Types definiert ausgewählte Attributtypen für die Verwendung in anderen PKCS-Standards z. B. PKCS #7, PKCS #8, PKCS #10, PKCS #12 und PKCS #15.

Der PKCS Standard #9 wurde im November 2000 wortgetreu als IETF RFC 2985 veröffentlicht: *http://www.ietf.org/rfc/rfc2985.txt*.

PKCS#10

RSA Laboratories: Public Key Cryptography Standards (PKCS) #10 Version 1.7, Certification Request Standard, Mai 2000.

PKCS #10 – Certification Request Standard beschreibt die Syntax von Zertifizierungsanfragen. Diese liefern die notwendigen Informationen, die von einer CA zum Erzeugen eines Zertifikats benötigt werden, d. h. den öffentlichen Schlüssel, den Namen des Antragstellers sowie evtl. einige zusätzliche Attribute.

Der PKCS Standard #10 wurde im November 2000 wortgetreu als IETF RFC 2986 veröffentlicht: *http://www.ietf.org/rfc/rfc2986.txt*.

PKCS#11

RSA Laboratories: Public Key Cryptography Standards (PKCS) #11 Version 2.20, Cryptographic Token Interface Standard, Juni 2004.

PKCS #11 – Cryptographic Token Interface Standard spezifiziert eine generische Schnittstelle (engl. Application Interface, kurz API) namens Cryptoki, um Soft- und Hardware-Token aus Anwendungen wie bspw. einem Browser oder Mail-Client anzusprechen. Die API bietet insbesondere Zugriff auf Hardware-Token wie Smartcards oder HSMs, die selbst kryptografische Operationen durchführen.

Anfang 2013 wurde die weitere Pflege des PKCS#11 Standards durch OASIS übernommen. Die aktuelle Version ist PKCS#11 v2.40 vom Mai 2016,
http://docs.oasis-open.org/pkcs11/pkcs11-base/v2.40/pkcs11-base-v2.40.pdf.

PKCS#12

RSA Laboratories: Public Key Cryptography Standards (PKCS) #12 Version 1.1, Personal Information Exchange Syntax Standard, Oktover 2012, *https://www.rfc-editor.org/rfc/rfc7292*

PKCS #12 – Personal Information Exchange Syntax Standard spezifiziert ein Datenformat für die Speicherung und den Transport der privaten Schlüssel, Zertifikate und sonstiger geheimer Daten eines Benutzers. In der Praxis ermöglicht dieses Datenformat unter anderem, dass zusammen mit dem privaten Schlüssel und dem Zertifikat eines Benutzers auch die zugehörigen Zertifikate der ausstellenden CA(s) verteilt werden können. Ziel ist die Standardisierung einer einzigen Schlüsseldatei, die von einer Vielzahl von Anwendungen importiert und benutzt werden kann.

PKCS#15

RSA Laboratories: Public Key Cryptography Standards (PKCS) #15 Version 1.1, Cryptographic Token Information Syntax Standard, Juni 2000.

PKCS #15 – Cryptographic Token Information Syntax Standard spezifiziert ein Dateisystem für Soft- und Hardware-Tokens, das es ermöglicht, in gleicher Weise, d. h. mit der gleichen Middleware, auf verschiedene Token zuzugreifen. Seit Januar 2004 gibt es einen ISO-Standard für Hardware-Token (ISO/IEC 7816-15, Identification cards – Integrated circuit cards – Part 15: Cryptographic information application), der auf PKCS #15 basiert. RSA hat die Smartcard-spezifischen Teile des PKCS #15 Standards an die ISO abgetreten (dort werden sie als ISO 7816-15c geführt) und beschränkt sich mit PKCS #15 nun auf Software-Token.

Bei der ISO wird PKCS#15 als ISO/IEC 7816-15:2016, Identification cards – Integrated circuit cards – Part 15: Cryptographic information application weitergeführt

RFC 1334

B. Lloyd, W. Simpson: Internet RFC 1334 – PPP Authentication Protocols, Oktober 1991, *http://www.ietf.org/rfc/rfc1334.txt*

RFC 1334 ist ein Request for Comment (RFC) in der Kategorie »Standards Track«. Er spezifiziert die beiden Authentifizierungsprotokolle PAP und CHAP. PAP steht für Point-to-Point Authentication, CHAP ist die Abkürzung für Challenge Handshake Authentication Protocol. Mittels dieser Authentifizierungsprotokolle kann sich ein Benutzer (Supplikant) bei Point-to-Point-Protokoll-(PPP)Verbindungen authentifizieren. Der RFC 1334 ist inzwischen nicht mehr aktuell, sondern wurde durch RFC 1994 und dieser wiederum durch RFC 2484 abgelöst.

RFC 1492

C. Finseth: Internet RFC 1492 – An Access Control Protocol, Sometimes Called TACACS, Juli 1993, *http://www.ietf.org/rfc/rfc1492.txt*

RFC 1492 ist ein Request for Comment (RFC) in der Kategorie »Informational«. Er beschreibt ein Authentifizierungsprotokoll, das häufig von Routern und Switches zur Authentifikation verwendet wird.

RFC 1661

W. Simpson: Internet RFC 1661 – The Point-to-Point Protocol (PPP), Juli 1994, *http://www.ietf.org/rfc/rfc1661.txt*

RFC 1661 ist ein Request for Comment (RFC) in der Kategorie »Standards Track«, auch bekannt als STD 51. Er spezifiziert das Point-to-Point-Protokoll (PPP). PPP ist das Standardprotokoll, um IP-Pakete über unterschiedliche Netze, zum Beispiel Wählleitungen wie ISDN, Modem-Verbindungen oder auch DSL-Verbindungen, zu transportieren.

RFC 1918

Y. Rekhte, B. Moskowitz, D. Karrenberg, G. J. de Groot, E. Lear: Internet RFC 1918 – Address Allocation for Private Internets, Februar 1996, *http://www.ietf.org/rfc/rfc1918.txt*
RFC 1918 ist ein Request for Comment in der Kategorie »Best Current Practice«. Er beschreibt die Vergabe von »privaten« IP-Adressen.

RFC 1968

G. Meyer: Internet RFC 1968 – The PPP Encryption Control Protocol (ECP), Juni 1996, *http://www.ietf.org/rfc/rfc1968.txt*

RFC 1968 ist ein Request for Comment (RFC) in der Kategorie »Standards Track«. Er bietet die Möglichkeit, PPP-Verbindungen zu verschlüsseln. Das PPP Encryption Control Protokoll dient dem Aushandeln von Verschlüsselungsverfahren und der Festlegung von Formaten und Schlüssellängen.

RFC 1983

G. Malkin: Internet RFC 1983 – Internet Users' Glossary, Februar 1996, *http://www.ietf.org/rfc/rfc1983.txt*

RFC 1983 ist ein Request for Comment (RFC) in der Kategorie »Informational«. Er enthält Definitionen für die gebräuchlichsten Begriffe im Bereich des Internets.

RFC 1994

W. Simpson: Internet RFC 1994 – PPP Challenge Handshake Authentication Protocol (CHAP), August 1996, *http://www.ietf.org/rfc/rfc1994.txt*

RFC 1994 ist ein Request for Comment (RFC) in der Kategorie »Standards Track«. Er löst den Vorgänger-RFC 1334 ab. RFC 1994 spezifiziert das PPP-Challenge-Handshake-Authentication-Protokoll (CHAP). Über dieses 3-Wege-Authentifizierungsprotokoll kann sich ein Benutzer (Supplikant) bei Point-to-Point-Protokoll-(PPP)Verbindungen authentifizieren. Das Verfahren wurde später von Microsoft noch um die modifizierten Varianten MS CHAPv1 (RFC 2433) und MS CHAPv2 (RFC 2759) ergänzt.

RFC 2104

H. Krawczyk, M. Bellare, R. Canetti: Internet RFC 2104 – HMAC: Keyed-Hashing for Message Authentication, Februar 1997, *http://www.ietf.org/rfc/rfc2104.txt*

RFC 2104 ist ein Request for Comment (RFC) in der Kategorie »Informational«. Er beschreibt, wie Message Authentication Codes auf Basis von Hashfunktonen die Integrität und Authentizität von Daten sichern. Einsatz finden HMAC bspw. bei IPsec, wo Integrität und die Authententizität der übertragenen Daten über die HMAC im Authentication Header (AH) gewährleistet werden.

RFC 2289

N. Haller, C. Metz, P. Nesser, M. Straw: Internet RFC 2289 – A One-Time Password System, Februar 1998, *http://www.ietf.org/rfc/rfc2289.txt*

RFC 2289 ist ein Request for Comment (RFC) in der Kategorie »Standards Track«. Er standardisiert das Authentifizierungssystem »One Time Password System«, das auf Einmal-Passwörtern beruht.

RFC 2341

A. Valencia, M. Littlewood, T. Kolar: Internet RFC 2341 – Cisco Layer Two Forwarding (Protocol) »L2F«, Mai 1998, *http://www.ietf.org/rfc/rfc2341.txt*

RFC 2341 ist ein Request for Comment (RFC) in der Kategorie »Historic«. Der RFC 2341 ist ein Tunneling-Protokoll für VPN. L2F (Layer 2 Forwarding Protocol) wurde von der Firma CISCO speziell für Einwahlverbindungen entwickelt. Es bietet keine Verschlüsselung und nur eine schwache Benutzerauthentifizierung. Die Vorteile von L2F sind in das Layer-2-Tunneling-Protokoll (L2TP, RFC 2661) eingeflossen.

RFC 2350

Brownlee, N.; Guttman, E.: Expectations for Computer Security Incident Response
Dieser schon etwas ältere RFC beschreibt Best Practices für CERTs und gibt Hinweise für eine CERT-Struktur. *http://www.ietf.org/rfc/rfc2350.txt*

RFC 2401

S. Kent, R. Atkinson: Internet RFC 2401 – Security Architecture for the Internet Protocol, November 1998, *http://www.ietf.org/rfc/rfc2401.txt*

RFC 2401 ist ein Request for Comment (RFC) in der Kategorie »Standards Track«. Er löst den Vorgänger-RFC 1825 ab. RFC 2401 beschreibt die Sicherheitsarchitektur für das Internetprotokoll. Dabei geht es nicht um eine Sicherheitsarchitektur für das gesamte Internet, sondern nur für die Netzwerkschicht (Schicht 3) des OSI-Referenzmodells. Der RFC 2401 bildete das Hauptdokument zum IPsec-Protokoll. Der RFC 2401 ist inzwischen nicht mehr aktuell, sondern wurde durch RFC 4301 abgelöst, der wiederum durch den neueren RFC 6040 abgelöst ist.

RFC 2407

D. Piper: Internet RFC 2407 – The Internet IP Security Domain of Interpretation for ISAKMP, November 1998, *http://www.ietf.org/rfc/rfc2407.txt*

RFC 2407 ist ein Request for Comment (RFC) in der Kategorie »Standards Track«. Er beschreibt die Internet-IP-Sicherheitsdomäne zur Interpretation für ISAKMP. Der RFC 2407 ist Grundlage für »Das Internet-Key-Exchange-(IKE)Protokoll« (RFC 2409), das der automatischen Schlüsselverwaltung für IPsec dient. Der RFC 2407 ist inzwischen nicht mehr aktuell, sondern wurde durch RFC 4306 abgelöst, der wiederum durch den neueren RFC 5996 abgelöst ist.

RFC 2433

G. Zorn, S. Cobb: Internet RFC 2433 – Microsoft PPP CHAP Extensions, Oktober 1998, *http://www.ietf.org/rfc/rfc2433.txt*

RFC 2433 ist ein Request for Comment (RFC) in der Kategorie »Informational«. Er spezifiziert das Microsoft Challenge Handshake Authentication Protocol (MS-CHAPv1) als Microsofts verwandte Realisierung von CHAP, siehe RFC 1994. Neben MS-CHAPv1 gibt es auch noch eine Version 2 (MS-CHAPv2, RFC 2759). MS-CHAPv1 und MS-CHAPv2 sind nicht miteinander kompatibel.

RFC 2505

G. Lindberg: Internet RFC 2505 – Anti-Spam Recommendations for SMTP MTAs, Februar 1999, *http://www.ietf.org/rfc/rfc2505.txt*

RFC 2505 ist ein Request for Comment (RFC) in der Kategorie »Best Current Practice«. Er enthält Empfehlungen zur Implementierung von SMTP Mail Transfer Agents (MTA) zur Reduktion von Spam.

RFC 2616

Fielding, R.; Gettys, J.; Mogul, J.; Frystyk, H.; Masinter, L.; Leach, P.; Berners-Lee, T.: Internet RFC 2616, The Hypertext Transfer Protocol – HTTP 1.1, IETF, Juni 1999, *http://www.ietf.org/rfc/rfc2616.txt*

RFC 2616 ist ein Request for Comment (RFC) in der Kategorie »Standards Track«. Er standardisiert das im World Wide Web gebräuchliche Hypertext Transfer Protocol (HTTP) »HTTP 1.1«.

RFC 2637

Point-to-Point Tunneling Protocol (PPTP), *https://tools.ietf.org/html/rfc2637*

RFC 2637 ist ein Request for Comment (RFC) in der Kategorie »Informational«. Er spezifiziert das Point-to-Point Tunneling Protocol (PPTP), ein Protokoll mittels dessen PPP durch ein IP-Netzwerk getunnelt werden kann.

RFC 2759

G. Zorn: Internet RFC 2759, Microsoft PPP CHAP Extensions, Version 2, Januar 2000, *http://www.ietf.org/rfc/rfc2759.txt*

RFC 2759 ist ein Request for Comment (RFC) in der Kategorie »Informational«. Er spezifiziert Version 2 des Microsoft Challenge Handshake Authentication Protocol (MS-CHAPv2) als Microsofts verwandte Realisierung von CHAP. CHAP ist in RFC 1994 standardisiert, MS-CHAPv1 in RFC 2433. MS-CHAPv1 (RFC 2433) und MS-CHAPv2 (dieser RFC 2759) sind nicht miteinander kompatibel.

RFC 2818

Rescorla, E.: Internet RFC 2818, HTTP over TLS, Mai 2000, *http://www.ietf.org/rfc/rfc2818.txt*

RFC 2818 ist ein Request for Comment (RFC) in der Kategorie »Informational«. Er beschreibt die Verwendung von TLS (statt SSL) zur Absicherung von HTTP-Verbindungen im Internet.

RFC 2827

Ferguson, P.; Senie, D.: Internet RFC 2827, Network Ingress Filtering: Defeating Denial of Service Attacks which employ IP Source Address Spoofing, Mai 2000, *http://www.ietf.org/rfc/rfc2827.txt*

RFC 2827 ist ein Request for Comment (RFC) in der Kategorie »Best Current Practice«. Er beschreibt, wie DoS-Angriffe unter Ausnutzung von gespooften IP-Adressen durch Filterung des eingehenden Verkehrs verhindert werden können.

RFC 2865 bis RFC 2869

C. Rigney, S. Willens, Livingston, A. Rubens, Merit, W. Simpson, Daydreamer: Internet RFC 2865, Remote Authentication Dial-in User Service, Juni 2000, *http://www.ietf.org/rfc/rfc2865.txt*

RFC 2865 ist ein RFC in der Kategorie »Standards Track«. Er wird als eine der Grundlagen im Standard IEEE 802.1X genannt und beschreibt ein Protokoll für Remote Authentication Dial-in User Service (RADIUS). RFC 2865 wird durch RFC 5080 aktualisiert. Auch die RFC 2866 bis 2869 wurden inzwischen teilweise durch RFC 5080 und RFC 5997 abgelöst.

RFC 3161

C. Adams, P. Cain, D. Pinkas, R. Zuccherato: Internet RFC 3161 – Internet X.509 Public Key Infrastructure Time-Stamp Protocol (TSP), August 2001, *http://www.ietf.org/rfc/rfc3161.txt*

RFC 3161 ist ein Request for Comment (RFC) in der Kategorie »Standards Track«. Er standardisiert das Zeitstempeldienstprotokoll und stellt einige sicherheitsrelevante Anforderungen an den Betreiber eines Zeitstempeldiensts.

RFC 3193

Securing L2TP using IPsec, *https://tools.ietf.org/html/rfc3193*

RFC 3193 ist ein Request for Comment (RFC) in der Kategorie »Standards Track«. Er beschreibt, wie L2TP IPsec verwenden kann, um einen Tunnel mit verschiedenen Sicherheitseigenschaften aufzubauen.

RFC 3647

S. Chokhani, W. Ford, R. Sabett, C. Merrill, S. Wu: Internet RFC 3647 – Internet X.509 Public Key Infrastructure Certificate Policy and Certification Practices Framework, November 2003, *http://www.ietf.org/rfc/rfc3647.txt*

RFC 3647 ist ein Request for Comment (RFC) in der Kategorie »Informational«. Er bietet einen Gliederungsrahmen zur Unterstützung bei der Erstellung von Certificate Policies und Certification Practice Statements.

RFC 3739

S. Santesson, M. Nystrom, T. Polk: Internet RFC 3739 – Internet X.509 Public Key Infrastructure: Qualified Certificates Profile, März 2004, *http://www.ietf.org/rfc/rfc3739.txt*

RFC 3739 ist ein Request for Comment (RFC) in der Kategorie »Standards Track«. Er definiert das Profil für signaturgesetzkonforme Zertifikate – sogenannte qualifizierte Zertifikate – gemäß der EG-Signaturrichtlinie.

RFC 3748

B. Aboba, L. Blunk, J. Vollbrecht, J. Carlson, H. Levkowetz: Internet RFC 3748 – Extensible Authentication Protocol (EAP), Juni 2004, *http://www.rfc-editor.org/rfc/rfc3748.txt*

RFC 3748 ist ein Request for Comment (RFC) in der Kategorie »Standards Track«. Er stellt eine der Grundlagen im Standard IEEE 802.1X dar. Mithilfe des EAP-Protokolls können Authentifikationsverfahren vereinbart werden.

RFC 3833

D. Atkins, R. Austein: Internet RFC 3833 – Threat Analysis of the Domain Name System (DNS), August 2004, *http://www.rfc-editor.org/rfc/rfc3833.txt*

RFC 3833 ist ein Request for Comment (RFC) in der Kategorie »Informational«. Er enthält mit der Auflistung und Bewertung von Schwächen eine Bedrohungsanalyse des Domain-Name-Systems.

RFC 3874

R. Housley: Internet RFC 3874 – A 224-bit One-way Hash Function: SHA-224, September 2004, *http://www.ietf.org/rfc/rfc3874.txt*

RFC 3874 ist ein Request for Comment (RFC) in der Kategorie »Informational«. Er definiert den Hash-Algorithmus SHA-224. Eine exemplarische Source-Code-Implementierung für SHA-224, SHA-256, SHA-384 und SHA-512 ist Im informational RFC 4634 beschrieben. SHA- 224 sowie die anderen Hah-Algorithmen der SHA-2-Familie (SHA-256, SHA-384, SHA-512) und SHA-1 sind in FIPS180-3 standardisiert.

RFC 3931

J. Lau, M. Townsley, I. Goyret: Internet RFC 3931 – Layer Two Tunneling Protocol – Version 3 (L2TPv3), März 2005, *http://www.ietf.org/rfc/rfc3931.txt*

RFC 3931 ist ein Request for Comment (RFC) in der Kategorie »Standards Track«. Er spezifiziert das Layer-2-Tunneling-Protokoll in der Version 3 (L2TPv3). L2TPv3 ist eine Weiterentwicklung von L2TP. Das Layer 2 Tunneling Protocol (L2TP) ist ein Netzwerkprotokoll, das verwendet wird, um ein virtuelles privates Netzwerk (VPN) herzustellen. Der RFC 3931 wird durch RFC 5641 aktualisiert.

RFC 4120

C. Neuman, T. Yu, S. Hartman, K. Raeburn: Internet RFC 4120 – The Kerberos Network Authentication Service (V5), Juli 2005, *http://www.ietf.org/rfc/rfc4120.txt*

RFC 4120 ist ein Request for Comment (RFC) in der Kategorie »Standards Track«. Er definiert die derzeit aktuelle Version 5 des Kerberos-Protokolls.

RFC 4306

C. Kaufman, Ed.: Internet RFC 4306 – Internet Key Exchange (IKEv2) Protocol, Dezember 2005, *http://www.ietf.org/rfc/rfc4306.txt*

RFC 4306 beschreibt eine vereinfachte, aber inkompatible, neue Version von IKE. Diese als IKEv2 bezeichnete Version vereinfacht den Ablauf des ursprünglichen IKE und ist etwas effizienter. Die IKE RFCs 2407, 2408 und 2409 sind in der Version IKEv2 im RFC 4306 zusammengefasst und damit obsolet. RFC 4306 ist inzwischen auch nicht mehr aktuell, sondern wurde durch RFC 5996 abgelöst. RFC 5996 wurde wiederum durch RFC 7296 abgelöst.

RFC 4634

T. Hansen: Internet RFC 4634 – US Secure Hash Algorithms (SHA and HMAC-SHA), Juli 2006, *http://www.ietf.org/rfc/rfc4634.txt*

RFC 4634 ist ein Request for Comment (RFC) in der Kategorie »Informational«. Er enthält Source-Code-Implementierungen für SHA-224, SHA-256, SHA-384 und SHA-512. Korrekturen zur aktuellen Version von RFC 4634 sind in folgender Errata nachzulesen: *http://www.rfc-editor.org/errata_search.php?rfc=4634*.

RFC 4941

T. Narten, R. Draves, S. Krishnan: Internet RFC 4941 – Privacy Extensions for Stateless Address Autoconfiguration in IPv6, September 2007, *http://www.ietf.org/rfc/rfc4941.txt*

RFC 4941 ist ein Request for Comment (RFC) in der Kategorie »Standards Track«. Er aktualisiert den RFC 3041. Der RFC 4941 dient zum Schutz der Privatsphäre durch Verschleierung der Benutzeridentität, sodass keine Nachverfolgung von Benutzern anhand der IPv6-Adresse möglich ist.

RFC 4998

T. Gondrom, R. Brandner, U. Pordesch: Internet RFC 4998 – Evidence Record Syntax (ERS), August 2007, *http://www.ietf.org/rfc/rfc4998.txt*

RFC 4998 ist ein Request for Comment (RFC) in der Kategorie »Standards Track«. Er spezifiziert ein baumbasiertes Verfahren – einen sogenannten Hashtree – als Lösungsansatz zur Langzeitarchivierung insbesondere von digital signierten Daten.

RFC 5080

D. Nelson, A. DeKok: Internet RFC 5080 – Internet RFC 5080 – Common Remote Authentication Dial In User Service (RADIUS) – Implementation Issues and Suggested Fixes, Dezember 2007, *http://www.ietf.org/rfc/rfc5080.txt*

RFC 5080 ist ein Request for Comment (RFC) in der Kategorie »Standards Track«. Er aktualisiert RFC 2865, RFC 2866, RFC 2869 und RFC 3579. RFC 5080 beschreibt allgemeine Probleme in RADIUS-Implementierungen und macht Vorschläge für Nachbesserungen.

RFC 5216

The EAP-TLS Authentication Protocol, *https://tools.ietf.org/html/rfc5216*

RFC 5216 ist ein Request for Comment (RFC) in der Kategorie »Standards Track«. Er ersetzt RFC 2716 und spezifiziert EAP-TLS, ein Authentifikationsprotokoll zur gegenseitigen Authentifizierung mittels TLS

RFC 5246

T. Dierks, E. Rescorla: Internet RFC 5246 – The Transport Layer Security (TLS) Protocol Version 1.2, August 2008, *http://www.ietf.org/rfc/rfc5246.txt*

RFC 5246 ist ein Request for Comment (RFC) in der Kategorie »Standards Track«. Er spezifiziert die Version 1.2 des Transport Layer Security Protocol (TLS), das Verbindungssicherheit im Internet bietet. Während der Übertragung sind die Daten vor Abhörversuchen und Verfälschungen geschützt.

RFC 5280

D. Cooper, S. Santesson, S. Farrell, S. Boeyen, R. Housley, W. Polk: Internet RFC 5280 – Internet X.509 Public Key Infrastructure Certificate and Certificate Revocation List (CRL) Profile, Mai 2008, *http://www.ietf.org/rfc/rfc5280.txt*

RFC 5280 ist ein Request for Comment (RFC) in der Kategorie »Standards Track«. Er definiert ein Zertifikats- und Sperrlisten-Profil. Es legt fest, welche Erweiterungen im Rahmen der Möglichkeiten von X.509 verwendet werden müssen, sollen oder nicht verwendet werden dürfen.

RFC 5374

B. Weis, G. Gross, D. Ignjatic: Internet RFC 5374 – Multicast Extensions to the Security Architecture for the Internet Protocol, November 2008, *http://www.ietf.org/rfc/rfc5374.txt*

RFC 5374 ist ein Request for Comment (RFC) in der Kategorie »Standards Track«. Er beschreibt eine Erweiterung zum IPsec-Schlüsselmanagement für Multicast, da die Sicherheitsarchitektur für Internet Protocol (IP) nur Security-Services für IP Unicast-Pakete-definiert.

RFC 5424

R. Gerhards: RFC 5424 – The Syslog Protocol, März 2009, *https://www.ietf.org/rfc/rfc5424.txt*

RFC 5424 ist ein Request for Comment (RFC) in der Kategorie »Standards Track«. Er beschreibt das Transportprotokoll, über das Logprotokoll-Einträge im Format des üblichen Unix-Tools syslog an ein anderes System - typischerweise einen zentralen Log-Host, auf dem die Logprotokolle vieler Systeme konsolidiert werden - gesendet werden können. Der nachfolgenden RFC 5425 beschreibt, wie dabei TLS zur Transportsicherung eingesetzt werden kann.

RFC 5641

N. McGill, C. Pignataro: Internet RFC 5641 – Layer 2 Tunneling Protocol Version 3 (L2TPv3) Extended Circuit Status Values, August 2009, *http://www.ietf.org/rfc/rfc5641.txt*

RFC 5641 ist ein Request for Comment (RFC) in der Kategorie »Standards Track«. Er aktualisiert den RFC 3931.

RFC 5816

Santesson, S.; Pope, N.: ESSCertIDv2 Update for RFC 3161, März 2010, *http://www.ietf.org/rfc/rfc5816.txt*

RFC 5816 ist ein Update zu RFC3161. Er ist ein Request for Comment (RFC) in der Kategorie »Standards Track«. RFC 5816 enthält Ergänzungen zum Time-Stamp Protocol (RFC 3161).

RFC 5996

C. Kaufman, P. Hoffman, Y. Nir, P. Eronen: Internet RFC 5996 – Internet Key Exchange Protocol Version 2 (IKEv2), September 2010, *http://www.ietf.org/rfc/rfc5996.txt*

RFC 5996 ist ein Request for Comment (RFC) in der Kategorie »Standards Track«. Er löst den RFC 4306 ab. RFC 5996 wurde inzwischen durch RFC 7296 abgelöst.

RFC 6274

F. Gont: RFC 6274 – Security Assessment of the Internet Protocol Version 4, Juli 2011, *http://www.ietf.org/rfc/rfc6274.txt*

RFC 6274 ist ein Request for Comment (RFC) in der Kategorie »Informational«. RFC 6274 enthält eine Sicherheitsanalyse von IPv4 und stellt eine gute Zusammenfassung über die Bedrohungen gegen IPv4 dar.

RFC 6818

Peter Yee: Internet RFC 6818 – Updates to the Internet X.509 Public Key Infrastructure Certificate and Certificate Revocation List (CRL) Profile, Oktober 2012, *http://www.ietf.org/rfc/rfc6818.txt*

RFC 6818 ist ein Update zu RFC 5280. Er ist ein Request for Comment (RFC) in der Kategorie »Standards Track«. RFC 6818 enthält Ergänzungen zum Certificate and CRL Profile (RFC 5280).

RFC 6960

S. Santesson, M. Myers, R. Ankney, A. Malpani, S. Galperin, C. Adams: Internet RFC 6960 – X.509 Internet Public Key Infrastructure Online Certificate Status Protocol – OCSP, June 2013, *http://tools.ietf.org/rfc/rfc6960.txt*

RFC 6960 ist ein Request for Comment (RFC) in der Kategorie »Standards Track«. Er standardisiert den sogenannten Online-Status-Auskunftsdienst (Online Certificate Status Protocol), der den Status eines angefragten Zertifikats zurückliefert.

RFC 7296

RFC 7296 ist ein Request for Comment (RFC) in der Kategorie »Standards Track«. Er standardisiert das Internet Key Exchange Protocol Version 2 (IKEv2) und ersetzt RFC 5996, welcher wiederum RFC 4306 und 4718 ersetzte.

RFC 7519

RFC 7519 ist ein Request for Comment (RFC) in der Kategorie »Standards Track«. Er standardisiert das JSON Web Token (JWT), welches für den Austausch verifizierbarer Claims verwendet werden kann.

RFC 8398

A. Melnikov, W. Chuang: Internet RFC 8398 – Internationalized Email Addresses in X.509 Certificates, Mai 2018, *https://tools.ietf.org/html/rfc8398*

RFC 8398 ist ein Update zu RFC 5280. Er ist ein Request for Comment (RFC) in der Kategorie »Standards Track«. RFC 8398 enthält Ergänzungen zum Certificate and CRL Profile (RFC 5280).

RFC 8399

R. Housley: Internet RFC 8399 – Internationalization Updates to RFC 5280, Mai 2018, *https://tools.ietf.org/html/rfc8398*

RFC 8399 ist ein Update zu RFC 5280. Er ist ein Request for Comment (RFC) in der Kategorie »Standards Track«. RFC 8399 enthält Ergänzungen zum Certificate and CRL Profile (RFC 5280).

RFC 8446

RFC 8446 ist ein Request for Comment (RFC) in der Kategorie »Standards Track«. Er standardisiert die TLS Protokoll Version 1.3, ist ein Update zu den RFCs 5705 und 6066 und löst die RFCs 5077, 5246 und 6961 ab.

SP 800-121 Revision 2

National Institute of Standards and Technology (NIST): NIST Special Publication 800-121 Revision 2: Guide to Bluetooth Security – Recommendations of the National Institute of Standards and Technology, Mai 2017, *https://nvlpubs.nist.gov/nistpubs/SpecialPublications/NIST.SP.800-121r2.pdf*

Die NIST Special Publication SP 800-121 Revision 2 löst seinen Vorgänger SP 800-121 ab. Die SP 800-121 Revision 2 gibt einen Überblick über die Bluetooth-Technologie und beschreibt Sicherheitsmaßnahmen für Bluetooth-Geräte. Des Weiteren werden Bedrohungen und Schwachstellen der Bluetooth-Technologie dargestellt und Gegenmaßnahmen beschrieben. SP 800-121 Revision 2 enthält Checklisten mit umfangreichen organisatorischen, technischen und operativen Empfehlungen für den Einsatz von Bluetooth-Geräten. SP 800-121 Revision 2 bezieht sich auf die Bluetooth-Spezifikation in den Versionen 1.1, 1.2, 2.0 + Enhanced Data Rate (EDR), 2.1+EDR, 3.0 + High Speed (HS) und 4.0, 4.1 und 4.2.

SP 800-30 Revision 1

National Institute of Standards and Technology (NIST): NIST Special Publication 800-30 Revision 1: Guide for Conducting Risk Assessments, September 2012, *http://csrc.nist.gov/publications/nistpubs/800-30-rev1/sp800_30_r1.pdf*

Die NIST Special Publication SP 800-30 Revision 1 löst seinen Vorgänger SP 800-30 ab. Die SP 800-30 dient als Leitfaden, wie ein effektives Risikomanagementprogramm aufgesetzt werden kann. Es enthält die Definitionen der Begriffe im Bereich Risikomanagement sowie eine praktische Anleitung zur Bewertung und Verringerung von identifizierten Risiken in IT-Systemen.

SP 800-38B

National Institute of Standards and Technology (NIST): NIST Special Publication 800-38B – Recommendation for Block Cipher Modes of Operation: The CMAC Mode for Authentication, Mai 2005, *http://csrc.nist.gov/publications/nistpubs/800-38B/SP_800-38B.pdf*

Die NIST Special Publication SP 800-38B spezifiziert ein Verfahren zur Erzeugung und Prüfung von Message Authentication Codes (MAC), das auf einem symmetrischen Blockchiffrierverfahren wie AES FIPS 197 oder Triple DES FIPS 46-3 beruht. Dieser sogenannte CMAC (Cipher Message Authentication Code) sichert die Authentizität und Integrität bei der Übertragung von Daten.

SP 800-38D

National Institute of Standards and Technology (NIST): NIST Special Publication 800-38D – Recommendation for Block Cipher Modes of Operation: Galois/Counter Mode (GCM) and GMAC, November 2007, *http://csrc.nist.gov/publications/nistpubs/800-38D/SP-800-38D.pdf*

Die NIST Special Publication SP 800-38D spezifiziert das sogenannte GCM-Verfahren zur authentisierten Verschlüsselung und ein spezielles Verfahren zur Erzeugung und Prüfung von Message Authentication Codes (MAC) für nicht verschlüsselte Daten. Dieses spezielle Verfahren wird GMAC genannt. GCM und GMAC beruhen auf einem symmetrischen Blockchiffrierverfahren mit einer Blocklänge von 128 Bits. Somit ist das Verfahren für den AES-Algorithmus FIPS 197 geeignet. Ein Blockchiffrierverfahren in Verbindung mit dem GCM- bzw. GMAC-Betriebsmodus sichert die Vertraulichkeit und Integrität der Daten.

SP 800-38E

National Institute of Standards and Technology (NIST): NIST Special Publication 800-38E – Recommendation for Block Cipher Modes of Operation: The XTS-AES Mode for Confidentiality on Storage Devices, Januar 2010,
http://csrc.nist.gov/publications/nistpubs/800-38E/nist-sp-800-38E.pdf

Die NIST Special Publication SP 800-38E bestätigt den speziellen Betriebsmodus XTS-AES für das AES-Blockchiffrierverfahren, der im IEEE[1]-Standard 1619-2007 spezifiziert wird. Dieser XTS-AES-Betriebs modus eignet sich zur Festplattenverschlüsselung. Er bietet jedoch keinen Nachweis für die Authentizität der Daten.

NIST SP 800-61

National Institute of Standards and Technology: NIST Special Publication 800-61 Revision 2, Computer Security Incident Handling Guide;
https://csrc.nist.gov/publications/nistpubs/800-61rev2/SP800-61rev2.pdf

Diese Publikation enthält die Empfehlungen des National Institute of Standards and Technology für CERTs.

SP 800-50

National Institute of Standards and Technology (NIST): NIST Special Publication 800-50: Building an Information Technology Security Awareness and Training Program: Oktober 2003, *http://csrc.nist.gov/publications/nistpubs/800-50/NIST-SP800-50.pdf*

Die NIST Special Publication SP 800-50 dient als strategischer Leitfaden für den Aufbau eines wirksamen IT-Sicherheit-Awareness- und -Trainingsprogramms. Es identifiziert vier wesentliche Phasen im Lebenszyklus eines solchen Programms und stellt drei Modelle vor, wie ein IT-Sicherheits-Awareness- und -Trainingsprogramm aufgebaut werden kann.

SP 800-77

National Institute of Standards and Technology (NIST): NIST Special Publication 800-77: Guide to IPsec VPNs – Recommendations of the National Institute of Standards and Technology Dezember 2005, *http://csrc.nist.gov/publications/nistpubs/800-77/sp800-77.pdf*

Die NIST Special Publication SP 800-77 dient als praktischer Leitfaden für die Einrichtung von IPsec-basierten Sicherheitsdiensten für Virtual Private Networks (VPNs). SP 800-77 beschreibt als Hintegrundinformationen drei verschiedene Modelle für VPN-Architekturen und die grundlegenden IPsec-Konzepte Encapsulating Security Payload (ESP), Authentication Header (AH), Internet Key Exchange (IKE) und IP Payload Compression Protocol (IPComp). Außerdem zeigt SP 800-77 alternative VPN-Protokolle auf, die nicht auf IPsec basieren.

---

1 Institute of Electrical and Electronics Engineers, Inc (IEEE)

SP 800-88

National Institute of Standards and Technology (NIST): NIST Special Publication 800-88: Guidelines for Media Sanitization, September 2006, *http://csrc.nist.gov/publications/nistpubs/800-88/NISTSP800-88_with-errata.pdf*

Die NIST Special Publication SP 800-88 dient als Leitfaden für Systemverantwortliche in Organisationen und Unternehmen, die für das Löschen von Daten auf Speichermedien verantwortlich sind. NIST hat eine neue Version der SP 800-88 angekündigt (SP 800-88 Revision 1). Derzeit befindet sich diese neue Version in der Kommentierungsphase, siehe *http://csrc.nist.gov/publications/drafts/800-88-rev1/sp800_88_r1_draft.pdf.*

SP 800-94

National Institute of Standards and Technology (NIST): NIST Special Publication 800-94: Guide to Intrusion Detection and Prevention Systems (IDPS) – Recommendations of the National Institute of Standards and Technology, Februar 2007, *https://nvlpubs.nist.gov/nistpubs/Legacy/SP/nistspecialpublication800-94.pdf*

Die NIST Special Publication SP 800-94 löst NIST SP 800-31 »Intrusion Detection Systems« ab. SP 800-94 beschreibt die verschiedenen Technologien für Intrusion-Detection- und Intrusion-Prevention-Systeme (IDPS) und enthält Empfehlungen zu Aufbau, Betrieb und Wartung solcher Lösungen.

VDE

Die VDE-Normen sind unter →DIN VDE eingeordnet.

X.[xxx]

→ITU-T

Index

Angaben in eckigen Klammern »[nnn]« sind Platzhalter, z. B. für laufende Nummern in Standards. Standards sind unter ihrer Kurzbezeichnung aufgeführt, eine Verweisliste findet sich unter dem Stichwort »Standards«. Die Sortierung der Standards erfolgt anhand der Kurzbezeichnungen. Da sich die Nummernkreise verschiedener Standardgruppen, z. B. DIN und DIN/VDE oder ISO und ISO/IEC überschneiden können, bilden sie auch im Index jeweils eigene Gruppen. Eine zusammenfassende Übersicht zu Standards gibt der Anhang »Übersicht zu Standards der Informationssicherheit«. Die Einträge dieses Anhangs sind ebenfalls im Index ausgewiesen.

Symbole

A

C

D

E

H

I

J

K

L

M

N

O

Q

R

S

T

U

V

W

X

Z

Abkürzungen und Glossar

Begriffe werden in der Regel in den Kapiteln des Bands eingeführt. Die entsprechenden Textstellen sind über den Index zu finden. In diesem Verzeichnis sind neben den Abkürzungen nur Glossareinträge enthalten, für die die Erläuterung in den Kapiteln nicht passend erschien.

ACE	Access Control Entry SRM
ACL	Access Control List
ACO	Authenticated Ciphering Offset
AD	Active Directory
AD DS	Active Directory Domain Services
AES	Advanced Encryption Standard
AES-CBC	Advanced Encryption Standard Cipher Bock Chaining
AES-CCM	Advanced Encryption Standard Counter mode with CBC7-MAC
AFH	Adaptive Frequency-Hopping
AG	Aktiengesellschaft
AGG	Allgemeines Gleichbehandlungsgesetz
AH	IP Authentication Header
AKA	Authentication and Key Agreement Protocol
AktG	Aktiengesetz
ALE	Annual Loss Expectancy
ANSI	American National Standards Institute
AO	Abgabenordnung
AP	Access Point
API	Application Programming Interface
APT	Advanced Persistent Threat; fortgeschrittene, andauernde Bedrohung für IKT-Infrastrukturen durch mächtige Angreifer
ARP	Address Resolution Protocol
Art.	Artikel
AS	Authentication Server
AS	Autonome Systeme
AS	Standards Australia
ASCII	American Standard Code for Information Interchange
ASLR	Address Space Layout Randomization
ASME	Access Security Management Entity
ASVS	OWASP Application Security Verification Standard

ATM	Asynchronous Transfer Mode
AuC	Authentication Center
Authen-tifizierung	Die Authentifizierung bezeichnet einen Prozess, bei dem die Identität einer Person anhand eines oder mehrerer Merkmale auf Authentizität (Echtheit) überprüft werden. Nach einer erfolgreichen Authentifizierung erhält das Individuum die Berechtigung, eine Funktion (z. B. den Zugriff auf Daten) auszuführen.
AUTN	Authentication Token
Autorisierung	Mit Autorisierung wird die Vergabe von Rechten bezeichnet, die jeweils einer Person zugewiesen werden. Dabei kann es sich um verschiedene Rechte handeln: Dateirechte (z. B. Lesen oder Schreiben), Zutrittsrechte (z. B. Firma oder spezielle Räume) oder Nutzungsrechte (z. B. Internet, Drucker oder Programme).
B2C	Business-to-Consumer
BaFin	Bundesanstalt für Finanzdienstleistungsaufsicht
BC	Business Continuity
BCI	The Business Continuity Institute
BCM	Business-Continuity-Management, Krisenmanagement
BCMS	Business-Continuity-Managementsystem
BC-Team	Team, das das Business-Continuity-Management organisiert
BDSG	Bundesdatenschutzgesetz
BES	BlackBerry Enterprise Server
BetrVG	Betriebsverfassungsgesetz
BGB	Bürgerliches Gesetzbuch
BGP	Border Gateway Protocol
BIA	Business-Impact-Analyse
BIOS	Basic Input Output System
BLP	Bell-LaPadula
BMF	Bundesministeriums der Finanzen
BS	Base Station
BS	British Standard
BSC	Base Station Controller
BSD	Berkley Software Distribution
BSI	Bundesamt für Sicherheit in der Informationstechnik
BSI	British Standards Institution
BSIG	Gesetz über das Bundesamt für Sicherheit in der Informationstechnik
BSS	Basic Service Set
BSSID	Basic Service Set Identifier

BTS	Base Transceiver Station
BVerfGE	Entscheidungssammlung des Bundesverfassungsgerichts
BYOD	Bring Your Own Device
CA	Certification Authority
CAB	Cabinet (Microsoft Windows File Extension)
CAM-Tabellen	CAM steht für Content Addressable Memory
CBC	Cipher Block Chaining; Betriebsmodus für Blockverschlüsselung
CBC-MAC	Cipher Block Chaining – Message Authentication Code
CCSC	Commercial Computer Security Centre
CD	Compact Disc
CD-ROM	Compact Disc – Read Only Memory
CERT	Computer Emergency Response Team
CFB	Ciphertext Feedback; Betriebsmodus für Blockverschlüsselung
CGA	Cryptographically Generated Addresses
Challenge-Response-Verfahren	Challenge/Response ist ein Authentifizierungsverfahren, bei dem das Authentifizierungssystem eine Aufgabe (Challenge) an den Benutzer sendet, auf die der Benutzer mit einer Lösung (Response) antwortet. So beweist der Benutzer, dass er eine bestimmte Information kennt und authentisiert sich auf diese Weise. Es gibt unterschiedliche Methoden für ein solches Challenge-Response-Verfahren: einfache Benutzername-Passwort-Abfragen bis hin zu komplexen Challenge-Response-Verfahren auf Basis von Hash-Algorithmen, symmetrischer oder asymmetrischer Kryptografie.
CHAP	Challenge-Handshake Authentication Protocol
CI	Corporate Identity
CIDF	Common Intrusion Detection Framework
CIFS	Common Internet File System
CK	Cipher Key
CMAC	Cipher-based Message Authentication Code
CoBIT	Control Objectives for Information and Related Technology
COF	Ciphering Offset
COM	Component Object Model (Microsoft). Technologie für Interprozess-Kommunikation. COM bildet die Grundlage für OLE (Object Linking and Embedding) und ActiveX.
COPE	Corporate-Owned, Privately Enabled
CP/M	Control Program for Microprocessors
CPS	Certification Practice Statement
CRC	Cyclic Redundancy Check

Credential	Credential ist der englische Begriff für Berechtigungsnachweis, der sich auch im Deutschen eingebürgert hat. Mithilfe eines Credentials wird einem System die Identität eines Benutzers oder eines anderen Systems bestätigt.
CRL	Certificate Revocation List
CSIRT	Computer-Security-Incident-Response-Team
CSRF	Cross-Site Request Forgery
CSRSS	Client-Server Runtime Subsystem
CT	Certificate Transparency
CTAP2	Client-To-Authenticator-Protocol 2
CTR	Countermode (Betriebsmodus für Blockverschlüsselung)
CW	Clark-Wilson
CWC	Carter-Wegman + CTR mode (Betriebsmodus für Blockverschlüsselung)
DAC	Discretionary Access Control, benutzerbestimmbare Zugriffskontrolle
DACL	Discretionary Access Control Lists
DAD	Duplicate Address Detection
Datenart	Gruppe von Datenobjekten, die zu einem einheitlichen fachlichen Zweck (und damit auch datenschutzrechtlich gleichen Zweck) verwendet werden. Datenarten sollen mit der zugehörigen Löschregel technikunabhängig definiert werden. Der Begriff wird in der DIN 66398 definiert.
Datenobjekt	Datenobjekt wird als universeller Begriff für alle möglichen kleineren und größeren Einheiten verwendet, die (personenbezogene) Daten enthalten. Beispiele sind ein Datensatz in einer Datenbank, eine Textdatei mit einer Rechnung oder ein Vertrag auf Papier. Aber auch Audioaufnahmen, Videos oder eine HTML-Seite im Internet sind Datenobjekte.
DAkkS	Die Deutsche Akkreditierungsstelle; die DAkkS ist von der Bundesrepublik Deutschland als nationale Akkreditierungsstelle beliehen.
DCCP	Datagram Congestion Control Protocol
DCE	Distributed Computing Environment
DECT	Digital Enhanced Cordless Telecommunication
De-Mail-G	De-Mail-Gesetz
DEP	Data Execution Prevention
DES	Data Encryption Standard
DH	Diffie-Hellmann-Protokoll
DHCP	Dynamic Host Configuration Protocol

DHCPv6	Dynamic Host Configuration Protocol für IPv6
DIN	Deutsches Institut für Normung
DIT	Directory Information Tree
DKIM	Domain Keys Identified Mail
DMZ	Demilitarisierte Zone
DNA	Deoxyribonucleic Acid
DNS	Domain Name Service
DNSSEC	DNS Security Extensions
DRM	Digital Rights Management
DSA	Digital Signature Algorithm (NIST-Standard)
DSGVO	Datenschutz-Grundverordnung
DSL	Digital Subscriber Line
DTI	Department of Trade and Industry
DTLS	Datagram Transport Layer Security
DTP	Dynamic Trunking Protocol
DVD	Digital Versatile Disc
EA	European co-operation for Accreditation
EAP	Extensible Authentication Protocol
EAP-MD5	Extensible Authentication Protocol – Message Digest 5
EAP-TLS	Extensible Authentication Protocol – Transport Layer Security
EAP-TTLS	Extensible Authentication Protocol – Tunneled Transport Layer Security
EAX	Encrypted and Authenticated Exchange (Betriebsmodus für Blockverschlüsselung)
ECB	Electronic Codebook mode (Betriebsmodus für Blockverschlüsselung)
EC-DH	Elliptic Curve Diffie-Hellman
ECDSA	Elliptic Curve DSA
EC-Karte	Electronic-Cash – Karte
ECP	Encryption Control Protocol
EDE	Encrypt-Decrypt-Encrypt
EDGE	Enhanced Datarates for GSM Evolution
EDIFACT	Electronic Data Interchange for Administration, Commerce and Transport
EDR	Enhanced Data Rate
EEE	Encrypt-Encrypt-Encrypt
EFI	Extensible Firmware Interface
EFS	Encrypted File System

EG	Europäische Gemeinschaft
EGID	Effective Group Identifier
EL	Ergänzungslieferung
EMET	Enhanced Mitigation Experience Toolkit
EMM	Enterprise Mobility Management
EMS	Environmental Management System
Ende-zu-Ende-Sicherheit	Unter Ende-zu-Ende-Sicherheit wird die durchgehende Sicherung der Verbindung zwischen Anwendern oder Systemen verstanden, die die Endpunkte einer Kommunikationsverbindung oder Datenübertragung darstellen. Ein Beispiel dafür ist die Verschlüsselung einer E-Mail durch den Absender für den Empfänger. Außer den Endsystemen sind weitere an der Kommunikation beteiligte Systeme, bspw. Vermittlungsknoten, Proxys oder Relays, nicht in den Sicherheitsmechanismus involviert. Werden starke Verfahren eingesetzt, können die Zwischensysteme die Sicherheitseigenschaften und das Sicherheitsniveau nicht mindern.
Ende-zu-Ende-Verschlüsselung	Ende-zu-Ende-Verschlüsselung bedeutet die Anwendung eines Verschlüsselungsverfahrens im Sinne der →Ende-zu-Ende-Sicherheit.
ENISA	European Network and Information Security Agency
ERP	Enterprise Resource Planning
eSATA	External Serial Advanced Technology Attachment, Schnittstelle zur Anbindung von externen Laufwerken
ESP	Encapsulating Security Payload
ESS	Extended Service Set
ESSID	Extended Service Set Identifier
EU-DSGVO	siehe DSGVO
EUID	Effective User Identifier
FhG	Fraunhofer-Gesellschaft
FIDO	Fast IDentity Online
FIFO	First In, First Out
FinTS	Financial Transaction Services
FIPS	Federal Information Processing Standards
Firewire	Bus für serielle Datenübertragung
FTP	File Transfer Protocol
GCM	Galois Counter Mode (Betriebsmodus für Blockverschlüsselung)
GDI	Graphics Device Interface
GDPdU	Grundsätze zum Datenzugriff und zur Prüfbarkeit digitaler Unterlagen
GECOS	General Electric Computer Operating System

GewO	Gewerbeordnung
GG	Grundgesetz
GGSN	Gateway GPRS Support Node
GiB	Gibibyte; 1.073.741.824 Byte. ›Gi‹ ist der IEC-Präfix. Der Wert wird auf der Basis von 2er-Potenzen berechnet (im Gegensatz zum Système international d'unités (SI-Präfix), das 10er-Potenzen verwendet).
GID	Group Identifier
GIDs	Group-IDs
GmbH	Gesellschaft mit beschränkter Haftung
GmbHG	Gesetz betreffend die Gesellschaften mit beschränkter Haftung
GMD	Gesellschaft für Mathematik und Datenverarbeitung (heute mehrere Einrichtungen der Fraunhofer-Gesellschaft)
GoBS	Grundsätze ordnungsmäßiger DV-gestützter Buchführungssysteme
GPG	Business Continuity Management Good Practice Guidelines, Dokument des Business Continuity Institute
GPO	Group Policy Object
GPRS	General Packet Radio Service
GPS	Global Positioning System
GSM	Global System for Mobile Communication
GUI	Graphical User Interface
GUID	Globally Unique Identifier
GZ	GNU ZIP
Hardware-Sicherheitsmodul	Ein Hardware-Sicherheitsmodul (HSM) ist eine leistungsfähige spezifische Komponente zur Generierung und sicheren Speicherung von kryptografischem Schlüsselmaterial. Die Daten in einem solchen Modul können nur innerhalb des Moduls nach einer speziellen Authentifizierung verwendet werden. Das Auslesen mit normalen Mitteln ist bei den meisten Modellen nicht möglich. Einsatz finden HSM z.B. in einer PKI für die Zertifizierungsschlüssel.
HBCI	Homebanking Computer Interface
HCI	Host Controller Interface
HGB	Handelsgesetzbuch
HIDS	Host-basiertes Intrusion-Detection-System
HLR	Home Location Register
HMAC	Hash-based Message Authentication Code
HMAC-SHA 1	Hash-based Message Authentication Code auf der Basis von →SHA-1.

HPKP	HTTP Public Key Pinning
HSM	Hardware Security Module, → Hardware-Sicherheitsmodul
HSTS	HTTP Strict Transport Security
HTML	Hypertext Markup Language
HTTP	Hypertext Transfer Protocol
HTTPS	Secure Hypertext Transfer Protocol
Hybrid IDS	Hybride Intrusion-Detection-Systeme
I/O	Input/Output
IAM	Identity and Access Management
IANA	Internet Assigned Numbers Authority
IBSS	Independent Basic Service Set
IcM	DFN Deutsches Forschungsnetz
ICV	Integrity Check Value
ID	Identification Data
ID	Intrusion Detection
Identifizierung	Die Identifizierung bezeichnet den Prozess der Übermittlung einer Identität an ein System. Sie dient dazu, die Identität von Individuen festzustellen.
Identität	Eine Identität ist eine Menge von Attributen eines Individuums (oder eines Objekts), deren Summe das Individuum eindeutig von anderen Individuen (oder Objekten) unterscheidet.
IDS	Intrusion-Detection-System
IEC	International Electrotechnical Commission
IEEE	Institute of Electrical and Electronics Engineers
IETF	Internet Engineering Task Force; von der IETF werden die → RFC herausgegeben. Siehe auch *http://www.ietf.org.*
IGMP	Internet Group Management Protocol
IK	Integrity Key
IKE	Internet Key Exchange
IKE_AUTH	Authentifizierungsnachrichten im Internet-Key-Exchange-Protokoll v2
IKS	Internes Kontrollsystem
IKT	Informations- und Telekommunikationstechnik
IMAP	Internet Message Access Protocol
IMAPS	Internet Message Access Protocol over SSL
IMEI	International Mobile Equipment Identity
IMSI	International Mobile Subscriber Identity
IP	Internet Protocol
ipfw	ipfirewall, Paketfilter des FreeBSD-Betriebssystems

IPng	IP next generation
IPS	Intrusion Prevention System
IPsec	Internet Security Protocol
IPv4	Internet Protocol Version 4
IPv6	Internet Protocol Version 6
IPX	Internetwork Packet eXchange protocol, ein von Novell entwickeltes Netzwerkprotokoll
IRBC	Information and Communication Technology Readiness for Business Continuity
ISAKMP	Internet Security Association and Key Management Protocol
ISDN	Integrated Services Digital Network
ISIS	Industrial Signature Interoperability Specification
IS-IS	Intermediate System to Intermediate System
ISM	Industrial/Scientific/Medical (Frequenzband)
ISM	Information Security Management
ISMS	Information Security Management System
ISM-Team	Information Security Management Team
ISO	International Organization for Standardization
ISP	Internet Service Provider
IT	Informationstechnik
ITIL	IT-Infrastructure Library
ITSEC	Information Technology Security Evaluation Criteria
ITSM	IT Service Management
ITU	International Telecommunication Union
IV	Initialization Vector
JAR	Java Archive
JIT	Just in Time Compilation
JWT	JSON Web Tokens
KDC	Key Distribution Center
KiB	Kibibyte; 1024 Byte. ›Ki‹ ist der IEC-Präfix. Der Wert wird auf der Basis von 2er-Potenzen berechnet (im Gegensatz zum Système international d'unités (SI-Präfix), das 10er-Potenzen verwendet).
KonTraG	Gesetz zur Kontrolle und Transparenz im Unternehmensbereich
KPP	Kernel Patch Protection
KWG	Kreditwesengesetz
L2CAP	Logical Link Control and Adaptation Protocol
L2F	Layer 2 Forwarding
L2TP	Layer 2 Tunneling Protocol

LA	Location Area
LAC	Access Concentrator
LAN	Local Area Network
LAP	Liberty Alliance Project
LC	Link Controller
LDAP	Lightweight Directory Access Protocol
LDAPS	Verwendung des Lightweight Directory Access Protocol in einem SSL-Tunnel
LEAP	Lightweight Extensible Authentication Protocol
LFI	Local File Inclusion
LFSR	Linear Feedback Shift Register (linear rückgekoppeltes Schieberegister)
lit.	steht für littera (lateinisch: Buchstabe). Wird verwendet, um auf gegliederte Aufzählungen in Rechtsnormen zu verweisen.
LLDP	Link Layer Discovery Protocol
LM	LAN Manager
LMP	Link Management Protocol
Löschkonzept	Ein Löschkonzept umfasst alle Festlegungen (Dokumente), mit denen eine verantwortliche Stelle sicherstellt, dass ihre personenbezogenen Datenbestände rechtskonform gelöscht werden. Es soll die Nachweispflichten nach Art. 5 Abs. (2) erfüllen. Der Begriff wird in der DIN 66398 definiert.
LNS	L2TP Network Server
LPC	Local Procedure Call
LSA	Local Security Authority
LSRR	Loose Source and Record Route
LTE	Long Term Evolution
LTPA	Lightweight Third Party Authentication
LUKS	Linux Unified Key Setup
MAC	Mandatory Access Control, systembestimmte Zugriffskontrolle
MAC	Medium Access Control
MAC	Message Authentication Code
MACsec	Media Access Control Security; andere Bezeichnung für IEEE 802.1AE
MAM	Mobile Application Management
MaRisk	Mindestanforderungen an das Risikomanagement; Rundschreiben Bundesanstalt für Finanzdienstleistungsaufsicht
MBR	Master Boot Record
MCM	Mobile Content Management

MD5	Message Digest Algorithm 5 (Krypto-Hashfunktion)
MDA	Mobile Digital Assistant
MDM	Mobile Device Management
ME	Mobile Equipment (Mobiltelefon)
Message-ID	Message Identifier; eindeutige Kennzeichnung einer E-Mail im Header
MFT	Master File Table
MiB	Mebibyte; 1.048.576 Byte. ›Mi‹ ist der IEC-Präfix. Der Wert wird auf der Basis von 2er-Potenzen berechnet (im Gegensatz zum Système international d'unités (SI-Präfix), das 10er-Potenzen verwendet).
MIB	Management Information Base
MIC	Message Integrity Check
MIC	Mandatory Integrity Control
MIM	Mobile Information Managment
MIME	Multipurpose Internet Mail Extensions
MIPv6	Mobile IPv6
MIT	Massachusetts Institute of Technology
MITM	Man-in-the-Middle
MLS	Multilevel Security
MP3	MPEG-1 Audio Layer III oder MPEG-2 Audio Layer III; verlustbehaftetes Kompressionsformat Audio-Daten
MPEG	Moving Picture Experts Group
MPLS	Multiprotocol Label Switching
MS	Mobile Station (Mobiltelefon)
MS	Microsoft
MSC	Mobile Switching Center
MSRPC	Microsoft Remote Procedure Calls
MSRT	Malicious Software Removal Tool
MTA	Mail Transfer Agent
MTPD	Maximum Tolerable Period of Disruption. Als MTPD wird die maximal vertretbare Dauer der Unterbrechung eines Geschäftsprozesses bezeichnet.
MTPoD	→MTPD
MTT	MailTrusT
MTU	Maximum Transmission Unit
MVRP	Multiple VLAN Registration Protocol
NAC	Network Access Control

NAPT	Network Address and Port Translation; spezielle Form von NAT, bei der auch die Port-Nummern umgesetzt werden.
NAS	Network Access Server
NAT	Network Address Translation
NCC	National Computing Centre
ND	Neighbor Discovery
NFC	Near Field Communication
NFS	Network File System
NIDS	netzwerkbasiertes Intrusion-Detection-System
NIS	Network Information System
NIST	National Institute of Standards and Technology
NMS	Network Management System
NTFS	New Technology File System, Dateisystem der Betriebssysteme von Microsoft ab Windows NT
NTLM	NT LAN Manager; unter Windows New Technology eingeführtes Authentifizierungsprotokoll
NTP	Network Time Protocol
NUD	Neighbor Unreachability Detection
NVD	National Vulnerability Database
NVRAM	Non-Volatile Random-Access Memory, nichtflüchtiger Datenspeicher
NX-Bit	No Execute Bit
OASIS	Organization for the Advancement of Structured Information Standards
OCSP	Online Certificate Status Protocol
OECD	Organisation for Economic Co-operation and Development
OFB	Output Feedback mode (Betriebsmodus für Blockverschlüsselung)
ONC	Open Network Computing
OpenVPN	Open Virtual Private Network; Name für ein Open-Source-VPN-Projekt
OS	Operating System
OSF	Open Software Foundation
OSI	Open System Interconnection
OSPF	Open Shortest Path First Protokoll
OTA	Over The Air
OTG	OWASP Testing Guide
OTP	One-Time Password
OWASP	Open Web Application Security Project
PAM	Pluggable Authentication Modules

PAP	»Paketfilter – Application Level Gateway – Paketfilter«, PAP-Firewall-Architektur
PAP	Password Authentication Protocol
PAP	PPP Authentication Protocol
PC	Personal Computer
PCBC	Propagating Cipher Block Chaining mode (Betriebsmodus für Blockverschlüsselung)
PCI	Payment Card Industry
PCI DSS	Payment Card Industry Data Security Standard
PCI-Bus	Peripheral Component Interconnect Bus
PD	Public Document
PDA	Personal Digital Assistant
PDCA	Plan – Do – Check – Act; Lebenszyklus-Modell in Management-Standards
PDF	Portable Document Format
PEAP	Protected Extensible Authentication Protocol
personenbezogene Daten	Personenbezogene Daten sind alle Informationen, die sich auf eine identifizierte oder identifizierbare natürliche Person ([…] betroffene Person) beziehen; […]. Art. 4 Nr. 1 DSGVO
PEX	Privacy Extensions
PGP	Pretty Good Privacy
PHP	PHP Hypertext Preprocessor
PIN	Personal Identification Number
PKCS	Public-Key Cryptography Standards
PKI	Public Key Infrastruktur
PKIX	Internet X.509 Public-Key Infrastructure
PMK	Pairwise Master Key
POP	Post Office Protocol
POP3	Post Office Protocol Version 3
POP3S	Erweiterung des Protokolls POP3 um eine Verschlüsselung mit SSL/TLS
POSIX	Portable Operating System Interface for UNIX
PPP	Point-to-Point Protocol
PPTP	Point-to-Point Tunneling Protocol
PSE	Personal Security Environment
PSK	Pre-Shared Key
QMS	Quality Management System
RA	Registration Authority
RADIUS	Remote Authentication Dial In User Service

RAID	Redundant Array of Independent Disks
RAM	Random Access Memory (flüchtiger Speicher)
RAND	Random value (Zufallswert)
RAR	Roshal Archive (WinRAR compressed file format; file extension)
RARP	Reverse Address Resolution Protocol
RAS	Remote Access Server
RBAC	Role Based Access Control
RC4	Ron's Code 4 (Verschlüsselungsalgorithmus nach Ron Rivest)
RD	Router Discovery
RDP	Remote Desktop Protocol
REST	Representational State Transfer
Reverse-Proxy	Proxy, der die Aufgabe hat, ankommende Verbindungen anzunehmen und abhängig von Filter-Regeln an den zuständigen Server weiterzugeben. Dadurch können Sicherheitsregeln, die nicht im Server realisiert werden können, im vorgelagerten Proxy geprüft werden. Reverse-Proxys sind häufig in Firewall-Appliances realisiert.
RF	Radio Frequency (Funkverbindung)
RFC	Request for Comments; Standards der →IETF. Diese Standards werden in offenen Diskussionsgruppen vorbereitet und verabschiedet. Siehe auch *http://www.ietf.org.*
RFCOMM	Radio Frequency COM port emulation and Multiplexing protocol
RFI	Remote File Inclusion
RFID	Radio Frequency Identification
Richtlinie	Der Begriff Richtlinie wird im Sinne eine Dokuments mit verbindlichen Anweisungen für Mitarbeiter einer Organisation verwandt. Der Begriff steht auch noch für Europäische Richtlinien, die Mitgliedstaaten zur Umsetzung verpflichten, und kann weitere Bedeutungen haben.
RID	Relative ID
RIM	Research In Motion Ltd. (Hersteller des BlackBerry)
RIP	Routing Information Protocol
RIPng bzw. RIPv6	Routing Information Protocol für IPv6
RL	Richtlinie (z. B. des Europäischen Parlaments und des Rats)
RNC	Radio Network Controller
ROI	Return on Investment
ROSI	Return on Security Investment
RPC	Remote Procedure Call

RPO	Recovery Point Objective; Vorgabe für das Datensicherungskonzept
RSA	asymmetrisches Kryptosystem von Rivest, Shamir und Adleman, 1978
RSSI	Receiver Signal Strength Indicator
RSTP	Rapid Spanning Tree Protocol
RStV	Rundfunkstaatsvertrag
RSVP	Resource reSerVation Protocol
RTO	Recovery Time Objective oder Wiederanlaufzeit
s. a.	siehe auch
s. o.	siehe oben
s. u.	siehe unten
S/MIME	Secure/Multipurpose Internet Mail Extension (proposed IETF standard, RFC)
SA	Security Association
SaaS	Software as a Service
SACL	System Access Control Lists
SAD	Security Association Database
SAE	Simultaneous Authentication of Equals
SAFER+	Secure and Fast Encryption Routine Plus (Blockchiffre)
SAK	Secure Attention Key
SAM	Security Accounts Manager
SAML	Security Assertion Markup Language
SAN	Storage Area Network, ein Netz, das Server und Speichersysteme miteinander verbindet
SAS	Secure Attention Sequence
SC Manager	Service Controller Manager (Windows-Dienste)
SCM Manager	Security Configuration Manager für COM-Objekte (Windows)
SCTP	Stream Control Transmission Protocol
SDP	Service Discovery Protocol
SEND	Secure Neighbor Discovery
Session-ID	Session Identifier
SET	Secure Electronic Transaction Protocol
SGID	Set Group Identifier
SGSN	Serving GPRS Support Node
SHA	Secure Hash Algorithm (Familie von Krypto-Hashfunktionen)
SHA-1	Secure Hash Algorithm Version 1
SHS	Secure Hash Standard (NIST, FIPS PUB 180-2, 2002)

SI	Security Investment
Sicherheits-leitlinie	englisch: Security Policy. Ist der Anker eines Informationssicherheits-Managementsystems in einem Unternehmen. In der Leitlinie nimmt die Unternehmensleitung ihre Führungsverantwortung wahr und legt die grundlegenden Ziele, Vorgehensweisen und Verantwortlichkeiten der Organisation für Informationssicherheit fest. In der Regel werden mit der Freigabe der Leitlinie alle Mitarbeiter des Unternehmens auf die Vorgaben verpflichtet.
Sicherheits-richtlinie	siehe Richtlinie
SID	Security Identifier
SIEM	Security Information and Event Management
SIG	Special Interest Group
SigG	Signaturgesetz (außer Kraft)
SIM	Subscriber Identity Module
SIP	Session Initiation Protocol
SLAAC	Stateless Address Autoconfiguration
SLP	Service Location Protocol
SMB	Server Message Block
SMS	Short Message Service
SMTP	Simple Mail Transfer Protocol
SNA	Systems Network Architecture
SNI	Server Name Indication
SNMP	Simple Network Management Protocol
SoA	Statement of Applicability
SOA	Service Oriented Architecture
SOAP	Simple Object Access Protocol
SP	NIST Special Publication
SPA	Single Page Applications
SPD	Security Policy Database
SPI	Security Parameter Index
SPI	Stateful Packet Inspection
SQL	Structured Query Language
SRES	Signed Respose
SRM	Security Reference Monitor
SS7	Signaling System 7
SSD	Solid State Disks
SSH	Secure Shell
SSID	Service Set Identifier

SSL	Secure Sockets Layer Protocol
SSL/TLS	Secure Socket Layer/Transport Layer Security; TLS ist die Weiterentwicklung von SSL
SSO	Single Sign-On
SSP	Secure Simple Pairing
SSP	Stack-Smashing Protection
SSRR	Strict Source and Record Route
SSTP	Secure Socket Tunneling Protocol
ST	Service Ticket
StGB	Strafgesetzbuch
STP	Spanning Tree Protocol
StPO	Strafprozessordnung
SUID	Set User Identifier
T.I.S.P.	TeleTrusT Information Security Professional; Zertifizierung zum Experten für Informationssicherheit. Die Verantwortung für das inhaltliche Konzept liegt bei TeleTrusT. Siehe auch *http://www.teletrust.de.*
TAN	Transaktionsnummer
TAR	Tape Archive, Kompressionsformat
TCB	Trusted Computing Base
TCO	Total Cost of Ownership
TCP	Transmission Control Protocol
TDI	Transport Driver Interface. Veraltetes Windows-Interface zum Transport-Layer
TFTP	Trivial File Transfer Protocol
TGA	Trägergemeinschaft für Akkreditierung
TGS	Ticket Granting Server
TGT	Ticket Granting Ticket
TK	Telekommunikation
TKG	Telekommunikationsgesetz
TKIP	Temporal Key Integrity Protocol
TLS	Transport Layer Security Protocol
TLV-Codierung	Type-Length Value-Codierung, Angabe von Informationen im Format »Type« (Art des Elements), »Length« (Länge der Informationen) und »Value« (eigentliche Informationen)
TMG	Telemediengesetz
TMSI	Temporary Mobile Subscriber Identity
TR	Technical Report
TRA	Threat & Risk Assessment

TTL	Time to Live
TxF	Transactional →NTFS, Erweiterung des Dateisystems NTFS ab Windows Vista
UAC	User Account Control
UBE	Unsolicited Bulk Email
UCE	Unsolicited Commercial Email
UDP	User Datagram Protocol
UDP-Lite	Lightweight User Datagram Protocol
UEFI	Unified Extensible Firmware Interface
UFS	Unix File System
UID	User Identifier
UID	User-ID
ULD	Unabhängiges Landeszentrum für Datenschutz Schleswig-Holstein
UMTS	Universal Mobile Telecommunication System
UrhG	Urhebergesetz
URL	Unified Resource Locator
uRPF	Unicast Reverse Path Forwading
USB	Universal Serial Bus
USIM	UMTS Subscriber Identity Module
UTM	Unified Threat Management
UWG	Gesetz gegen den unlauteren Wettbewerb
U2F	Universal Second Factor
VdS Schadenverhütung GmbH	Unternehmen des Gesamtverbands der Deutschen Versicherungswirtschaft e.V.
Verkehrsanalyse	Der Begriff Verkehrsanalyse wird zusammenfassend für die Verkehrsflussanalyse (wer kommuniziert mit wem wie viel) und die Bewegungsanalyse (in welchem Netz oder welcher Zelle ist der Teilnemher angemeldet) verwendet.
VGA	Video Graphics Adapter
VLAN	Virtual Local Area Network; abgegrenzte Netzwerke werden durch besondere Adressierungsmechanismen erreicht. VLAN bieten im Unterschied zu VPNs keine kryptografische Sicherung.
VLR	Visitor Location Register
VNC	Virtual Network Computing; VNC steht als Sammelbezeichnung für verschiedene Produkte, die den Zugriff auf andere Rechner per Remote Framebuffer Protocol implementieren.
VoIP	Voice over IP
VPN	Virtual Private Network

VwVfG	Verwaltungsverfahrensgesetz
W3C	World Wide Web Consortium
WAF	Web Application Firewall
WAP	Wireless Application Protocol
WebDAV	Web-based Distributed Authoring and Versioning
WEP	Wired Equivalent Privacy Protocol
WFP	Windows-Filterplattform
Wi-Fi	Markenzeichen der Wi-Fi-Alliance, einem Konsotium. Testet Produkte auf Interoperabilität mit Funkstandards.
WLAN	Wireless Local Area Network
WORM	Write Once Read Many, einmal beschreibbare Datenträger
WPA	WiFi Protected Access
WPA2	WiFi Protected Access version 2
WPAN	Wireless Personal Area Network
WS-*	Web-Service, WS-* Web Services Architecture steht für eine Gruppe von Standards für eine Ende-zu-Ende-Architektur für Web-Services.
WSDL	Web Services Description Language
WSH	Windows Service Hardening
WSS	Web Services Security
WWW	World Wide Web
XEX	Xor-Encrypt-Xor (Betriebsmodus für Blockverschlüsselung)
XML	Extensible Markup Language
XML DSIG	XML Digital Signatures
XML Enc	XML Encryption
XOR	Exclusive OR (logische Verknüpfung)
XRES	Expected Respose
XSS	Cross-Site Scripting
XTS	XEX-based Tweaked CodeBook mode with Ciphertext Stealing (Betriebsmodus für Blockverschlüsselung)
Zertifikat	Ein Zertifikat bindet den öffentlichen Schlüssel eines asymmetrischen Verschlüsselungsverfahrens an den Namen einer Person oder Institution. In Verbindung mit dem zugehörigen privaten Schlüssel dient das Zertifikat zur Authentifizierung dieser Person oder Institution.
ZFS	Network File System
ZIP	Zigzag Inline Package. Dateiformat, in dem der Inhalt von Dateien komprimiert gespeichert wird. Die Abkürzung ZIP stammt dabei vom englischen zipper (Reißverschluss).

ZKA	Zentraler Kreditausschuss
ZPO	Zivilprozessordnung
Zugriffskontrolle	Zugriffskontrolle bezeichnet den Prozess der Überprüfung der Zugriffsrechte beim Zugriff auf geschützte Ressourcen und Gewährung des Zugriffs für Berechtigte. Voraussetzung für den Zugriff ist eine erfolgreiche Authentifizierung.

David Wong
Kryptografie
in der Praxis
Eine Einführung in die bewährten
Tools, Frameworks und Protokolle
dpunkt.verlag